Rosoga Edvard
3AHITM

TRAUNER VERLAG
BILDUNG
Bildung, die begeistert!

Naturwissen-schaften

Chemie ■ Biotechnologie ■ Physik

+ digitales Zusatzpaket

HEINER ZECHMANN
BARBARA SCHWAIGER
ALFRED MAR
FRANZ JAKOB
JOHANNES JAKLIN
PETER FISCHER
ROMANA FIALA

III/IV

HTL

Lektorat/Produktmanagement:
Mag. Christoph Schacht
Korrektorat: Mag. Silvia Wiedemann
Titelgestaltung: Mag. Wolfgang Kraml
Grafik und Gestaltung:
Michael Wenigwieser, Teresa Foissner, Gertrud Šimec
Schulbuchvergütung/Bildrechte:
© VBK/Wien
Gesamtherstellung:
Vorarlberger Verlagsanstalt GmbH
Schwefel 81, 6850 Dornbirn

ISBN 978-3-99062-702-0
Schulbuch-Nr. 160.770

ISBN 978-3-99062-703-7
Schulbuch-Nr. Kombi E-Book 176.474

www.trauner.at

Impressum

Naturwissenschaften III/IV HTL
Chemie ■ Biotechnologie ■ Physik
⊕ digitales Zusatzpaket
5. Auflage 2020
Schulbuch-Nr. 160.770
Schulbuch-Nr. Kombi E-Book 176.474
TRAUNER Verlag, Linz

Die Autorinnen und Autoren

Dr. Heiner Zechmann,
Professor i. R. an der Höheren technischen Bundeslehr- und Versuchsanstalt Villach

Di Barbara Schwaiger,
Professorin an der Höheren technischen Bundeslehranstalt Leonding

Di Alfred Mar,
Direktor i. R. der Höheren technischen Lehranstalt für Lebensmitteltechnologie, Getreide- und Biotechnologie Wels, Lehrbeauftragter an der Universität für Bodenkultur Wien, Präsident der ICC-Austria (Internationale Gesellschaft für Getreidewissenschaft und -technologie)

Mag. Di Franz Jakob,
Professor an der Höheren technischen Bundeslehranstalt Leonding

Di Dr. Johannes Jaklin,
Professor an der Höheren technischen Lehranstalt Pinkafeld

Mag. Di Peter Fischer,
Professor an der Höheren technischen Bundeslehranstalt für Automatisierungstechnik und Betriebsinformatik Neufelden

Mag. Romana Fiala,
Professorin an der Höheren technischen Bundeslehranstalt Braunau

Approbiert an Höheren technischen und gewerblichen Lehranstalten gemäß den derzeit geltenden Lehrplänen für den Unterrichtsgebrauch im Unterrichtsgegenstand Naturwissenschaften für den III. und IV. Jahrgang,
GZ BMUKK-5.048/0013-B/8/2012, 13. März 2013

Die Inhalte entsprechen dem vorgeschriebenen Kompetenzraster laut Bildungsstandards und sind laut Lehrplan zu vermitteln. Eine Auswahl bzw. Gewichtung ist nur innerhalb einzelner Kapitel (Beispiele bzw. Vertiefungsangebote) gewährleistet, nicht jedoch dürfen lt. Ministerium einzelne Kapitel oder Kompetenzbereiche ausgelassen werden.

Liebe Schülerin, lieber Schüler,
Sie bekommen dieses Schulbuch von der Republik Österreich für Ihre Ausbildung. Bücher helfen nicht nur beim Lernen, sondern stehen Ihnen auch im Berufsleben zum Nachlesen und Nachschlagen zur Verfügung.

Ziele und Aufbau dieses Lehrbuches

Dieses Buch bereitet Sie auf die in der Technik so häufigen naturwissenschaftlichen Anforderungen vor. Es bildet aber auch die Grundlage für die im Lehrplan vorgesehene verstärkte naturwissenschaftliche Allgemeinbildung. Nicht zuletzt wird die Reifeprüfung für viele von Ihnen die Hochschulreife bringen.

Reines Auswendiglernen kann nicht das Ziel einer höheren Schule und damit des naturwissenschaftlichen Unterrichts sein. Sie werden daher ständig aufgefordert, durch eigene Überlegungen am Lernfortschritt mitzuarbeiten.

Wesentliche Elemente und verwendete Symbole

Am Beginn eines Abschnittes erfahren Sie, welche Ziele gesteckt werden. Die **Ziele kennzeichnen,** was Sie nach Durcharbeiten des Kapitels können sollen. Die Ziele sind farblich nach der **Kompetenzstufe gekennzeichnet.**

Meine Ziele

Nach Bearbeitung dieses Kapitels kann ich

- Blau (Wiedergeben, Verstehen)
- Rot (Anwenden)
- Schwarz (Analysieren und Entwickeln)

Beim Text der Grundlagen-Kapitel sind keine Kürzungen möglich. Es ist unumgänglich, das Basiswissen Schritt für Schritt zu erarbeiten. Bei anwendungsorientierten Kapiteln sind Schwerpunktsetzungen möglich.

Wesentliche Begriffe und Inhalte (Kernaussagen) sind **violett** unterlegt.

Beispiele zu den Inhalten sind sandfarben unterlegt.

Die Randspalte dient nicht nur der Illustration und unverbindlichen Ergänzung, sondern enthält zum Teil Aufforderungen und Informationen, die für eine entwickelnde Lernweise notwendig sind.

Am Ende eines Abschnitts finden Sie:

Ziele erreicht?

Zur Erarbeitung der Kenntnisse und Fertigkeiten sowie zur Kontrolle des Lernerfolgs stehen den Lernenden Wissensfragen, Aufgaben und Abschlusstests („Ziele erreicht?") zur Verfügung. Die Aufgabenstellungen und „Ziele erreicht?"-Aufgaben sind ebenfalls nach dem Kompetenzmodell mit den Farben Blau, Rot und Schwarz gekennzeichnet. Es wird unterschieden zwischen Aufgaben, bei denen die Schüler/innen

- die gelernten Fachinhalte verstehen und wiedergeben;
- erworbenes Wissen anwenden können;
- eigenständig Probleme analysieren und Lösungen entwickeln.

Auch die Niveaustufe laut Bildungsstandards ist angeführt. Alle Aufgabenstellungen sind in Anforderungsniveau 1 [+] bzw. Anforderungsniveau 2 [++] eingeteilt.

Folgende Piktogramme unterstützen das Lehren und Lernen im Buch:

für Verknüpfungen zu anderen Kapiteln, zum zweiten Band dieser Serie oder zu anderen Gegenständen.

für Verweise zu Gesetzen, Normen, rechtlichen Rahmenbedingungen oder für Auszüge aus Gesetzestexten.

für Recherchen bzw. Fragestellungen, die dem Verständnis der Inhalte dienen oder das Thema abrunden. Die Antworten finden sich im digitalen Zusatzpaket.

für Wissenswertes und Tipps, für Fragestellungen komplexerer Natur. Die Antworten finden sich im digitalen Zusatzpaket.

Aufforderung, mit den Kollegen und Kolleginnen in der Klasse ein Thema zu diskutieren. Die Antworten finden sich im digitalen Zusatzpaket.

„Achtung!" – „Beachten Sie!". Vielfach wird mit diesem Piktogramm auf häufig vorkommende Fehler hingewiesen.

für Experimente.

weist auf ergänzende und vertiefende Inhalte und Aufgaben hin, die Sie im **digitalen Zusatzpaket** finden. Das Zusatzpaket enthält auch interaktive Wissenstests zu den einzelnen Kapiteln.

IHR DIGITALES ZUSATZPAKET

Ihre Downloads zum Buch sind verfügbar unter **www.digi4school.at**. Auf der Rückseite des Buches finden Sie dafür einen Zugangscode. Einfach einmal kostenlos registrieren und die Dateien freischalten – Sie können aber auch einen anonymen Zugang wählen. Alle Infos dazu finden Sie unter **www.digi4school.at**.

Beim Experimentieren ist den Sicherheitsanweisungen des Buches und der Lehrkraft unbedingt Folge zu leisten. Vergewissern Sie sich zuvor, dass Ihnen die sicherheitsrelevanten Symbole geläufig sind und dass Sie die Sicherheitseinrichtungen im Physik- bzw. Chemiesaal kennen. Experimentbeschreibungen im Buch bzw. im digitalen Zusatzpaket sind nicht als Anleitungen für Schülerinnen und Schüler gedacht, sondern als Anregungen und Vorschläge für sachkundige Lehrkräfte.

Damit Sie einen kompletten Überblick über die Gefahren und Sicherheitsvorkehrungen bei allen Versuchen, die Sie in diesem Buch finden, erhalten, haben wir eine Übersicht erstellt, in der neben den Sicherheitskennzeichnungen zu jedem Versuch auch die H- und P-Sätze sowie Entsorgungshinweise zu den darin verwendeten Chemikalien aufgelistet sind. Sie finden diese Liste im digitalen Zusatzpaket.

Viel Freude und Erfolg wünschen Ihnen die Autorinnen/Autoren.

Vorwort

„Naturwissenschaften III/IV HTL" stellt – genau wie im Lehrplan vorgesehen – nach den allgemeinen Grundlagen und Übersichten des ersten und zweiten Jahrgangs für den dritten und vierten Jahrgang die Anwendungen und vertiefende Betrachtungen in den Vordergrund.

- Das Kompetenzmodul „Chemische Technologie" aus „Naturwissenschaften I/II HTL" wird betont praxisbezogen auf die organische Chemie fokussiert fortgesetzt.

- Die Biotechnologie ist als eigenes Kompetenzmodul hinzugekommen. Das Buch vermittelt – weitab von einer oberflächlich-polemischen Behandlung der Gentechnologie – ein umfassendes Bild dieser Disziplin.

- Die Kompetenzmodule „Ökologie und Gesellschaft" verlangen den Jugendlichen vermehrt die hohen Kompetenzstufen des Bewertens und Anwendens ab und vermitteln auch die geforderte staatsbürgerliche Erziehung. Das Ziel ist die Mündigkeit, die sich daraus ergibt, dass die Mündigen die Fähigkeiten und Möglichkeiten der Naturwissenschaften einerseits und ihre Grenzen andererseits einschätzen können.

- In den Kompetenzmodulen „Physikalische Phänomene und Methoden" wird neben der Mechanik, den Schwingungen und der Wellenoptik, der Thermodynamik und der Elektrodynamik besonders auf den Bereich Moderne Physik eingegangen. Dabei werden grundsätzlich neue Konzepte und Modelle für das Naturverständnis vorgestellt.

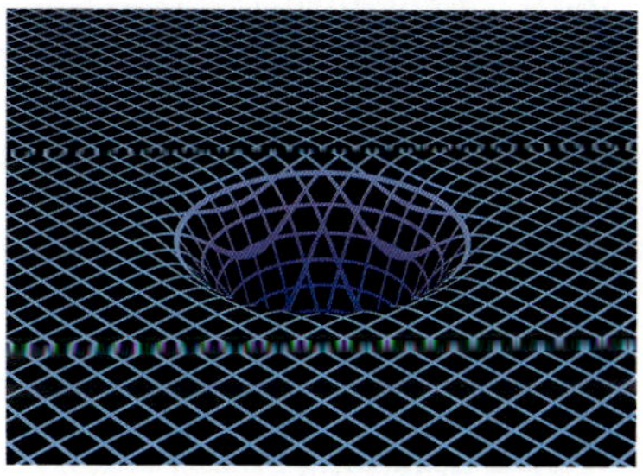

Albert Einstein hat unser Verständnis von Raum und Zeit mit seiner allgemeinen Relativitätstheorie grundlegend verändert.

Die Lehrkräfte können auswählen, ob sie im Bereich Biotechnologie mehr Gewicht auf die biochemischen Grundlagen oder auf die technologischen Aspekte legen. Die Auswahlmöglichkeiten betreffen aber auch andere Themen, beispielsweise in den ausführlich behandelten Bereichen Schwingungen und Wellen, Elektrodynamik, Thermodynamik, Relativitätstheorie, Quanten-, Kern- und Astrophysik sowie bei den Farbstoffen, Waschmitteln, Pharmazeutika und Kunststoffen. Das Buch bietet damit eine umfassende Grundlage für Maturantinnen und Maturanten im Fach Naturwissenschaften. Die Lehrplanintention einer verstärkten Allgemeinbildung und breiten Studierfähigkeit der Absolventinnen und Absolventen wird mit diesem Buch umgesetzt. Zur selbstständigen Festigung des Erlernten sowie für den Freigegenstand „Naturwissenschaftliches Laboratorium" bietet der Inhalt des digitalen Zusatzpakets einige Anregungen.

Johannes Jaklin, Alfred Mar, Barbara Schwaiger und Heiner Zechmann (Chemie und Biotechnologie) sowie Romana Fiala, Peter Fischer und Franz Jakob (Physik) sind für jede Art von Anregung und Kritik dankbar (office@trauner.at). Die Autoren danken der Firma NTL für die freundliche Unterstützung.

Inhaltsverzeichnis

III. JAHRGANG

5. SEMESTER

6. SEMESTER

IV. JAHRGANG

7. SEMESTER

8. SEMESTER

A Physikalische Phänomene und Methoden I

Im Kompetenzmodul A spannt sich der Bogen physikalischer Themen von einer komplexeren Beschreibung der **klassischen Mechanik** über die Beschreibung von **Wellenphänomenen** (insbesondere im Bereich der Optik und Akustik) zur **Elektrodynamik.**

- In der klassischen Mechanik werden die Bewegungsgleichungen für Translationen und Rotationen vorgestellt.
- Bei den Wellenphänomenen studieren Sie Schwingungen und Wellen. Dabei untersuchen Sie beispielsweise Feder-, Faden-, Dreh- und physische Pendel sowie die Ausbreitung, Reflexion, Brechung, Beugung und Polarisation von Wellen.
- In der Elektrodynamik reflektieren Sie beispielsweise über Induktion, die lenzsche Regel und typische Schaltungen von Wechselstromwiderständen sowie Transformatoren.

1 Mechanik

ISAAC NEWTON, 1642 BIS 1727, ENGLISCHER PHYSIKER; BEGRÜNDER DER KLASSISCHEN MECHANIK UND DER KLASSISCHEN GRAVITATIONSTHEORIE

Die Mechanik nimmt in der gesamten klassischen Physik eine Sonderstellung ein. Sie wurde von ***Sir Isaac Newton*** *mithilfe der von ihm entwickelten Differenzialrechnung als erste physikalische Theorie in eine bis heute – für kleine Geschwindigkeiten im Vergleich zur Vakuumlichtgeschwindigkeit – gültige Form gebracht. 1687 erschien sein epochales Werk „Philosophiae Naturalis Principia Mathematica", übersetzt: „Mathematische Prinzipien der Naturphilosophie". Der Titel vermittelt bereits die Bedeutung der Mathematik in den Abhandlungen Newtons.*

1.1 Bewegungsgleichungen für Translationen

In NAWI I/II haben wir die drei newtonschen Axiome kennen- und anwenden gelernt. Das zweite Axiom, das dynamische Grundgesetz, in der Formulierung $F = m \cdot a$ für Translationen ist der Ausgangspunkt unserer Überlegungen für dieses Kapitel.

Gottfried Wilhelm Leibniz hat die Differenzialrechnung aus dem Tangentenproblem, das seit der Antike bekannt war, abgeleitet.

Tangentenproblem: Wie erhält man für eine gegebene Funktion die Tangentensteigungen?

Meine Ziele

Nach Bearbeitung dieses Kapitels kann ich

- das **dynamische Grundgesetz für Translationen** mit Differenzialquotienten angeben;
- **Differenzialgleichungen für Translationen** lösen;
- **Bewegungsgleichungen für Translationen** selbst aufstellen, auflösen und interpretieren.

Die **Differenzialrechnung** ist eine fundamentale Disziplin der höheren Mathematik, die sich mit der Steigerung von Funktionen beschäftigt.

Isaac Newton hat die Differenzialrechnung aus dem Geschwindigkeitsproblem entwickelt. Er fragte sich, wie man für eine gegebene Weg-Zeit-Funktion die (Momentan-)Geschwindigkeit v für jeden Zeitpunkt t berechnen kann. Wir wiederholen dazu die Definition der mittleren Geschwindigkeit (v-quer) als Differenzenquotient aus Wegänderung und benötigter Zeit.

$$\bar{v} = \frac{\Delta s}{\Delta t} \quad \text{bzw. vektoriell} \quad \vec{\bar{v}} = \frac{\Delta \vec{s}}{\Delta t}.$$

Wenn die Zeitintervalle Δt immer kleiner gewählt werden können, erhält man einen immer genaueren Wert für die (Momentan-)Geschwindigkeit v.

Zur newtonschen Schreibweise von Ableitungen:

$$v = \frac{ds}{dt} = \dot{s} \text{ und } k = \frac{df}{dx} = f'$$

Newton definierte den Differenzialquotienten $\frac{ds}{dt}$ (ds nach dt) als Grenzwert (Limes) des Differenzenquotienten $\frac{\Delta s}{\Delta t}$ für Δt gegen null, $\frac{ds}{dt} = \lim\limits_{\Delta t \to 0} \frac{\Delta s}{\Delta t}$.

Newton vermeidet „0/0", wie unser Beispiel für $s(t) = t^2$ zeigt.

$$v = \lim_{\Delta t \to 0} \frac{s(t + \Delta t) - s(t)}{\Delta t}$$

$$v = \lim_{\Delta t \to 0} \frac{(t + \Delta t)^2 - t^2}{\Delta t}$$

$$v = \lim_{\Delta t \to 0} \frac{t^2 + 2 \cdot t \cdot \Delta t + (\Delta t)^2 - t^2}{\Delta t}$$

$$v = \lim_{\Delta t \to 0} \frac{\Delta t \cdot (2 \cdot t + \Delta t)}{\Delta t} = 2t$$

Wir zeigen am Beispiel der gleichmäßigen Beschleunigung, wie Newton mit seiner epochalen Neuerung das Dividieren von null durch null vermeidet. Für die Weg-Zeit-Funktion $s(t) = t^2$ mit $s_0 = s(0\ \text{s}) = 0$ m berechnen wir in der Randspalte die Momentangeschwindigkeit v zur Zeit t.

Geschwindigkeitsfunktion

Die **Geschwindigkeitsfunktion** v ist die erste Ableitungsfunktion des Weges s nach der Zeit t, $v = \frac{ds}{dt}$. Newtonsche Schreibweise: $v = \dot{s}$.

Beispiel 1.1.01: Geschwindigkeitsfunktion

Ein Körper bewege sich gemäß der Weg-Zeit-Funktion s mit $s(t) = t^2 + 2t + 4$ in Meter für t aus dem Intervall [0 s; 5 s]. Wir vernachlässigen vorerst die Einheiten in $s(t)$ und berechnen die **Geschwindigkeitsfunktion** v mit

$v(t) = \frac{ds}{dt} = \frac{d}{dt}(t^2 + 2t + 4) = 2t + 2$. v nimmt linear mit t zu mit $v(0\text{ s}) = 2$ m/s.

Sekante	Tangente
Wegänderung Δs	Differenzielle Wegänderung ds
Benötigte Zeit Δt	Differenzielle Zeitänderung dt
$\bar{v} = \frac{\Delta s}{\Delta t}$	$v = \frac{ds}{dt}$

Gegenüberstellung von Differenzenquotient und Differenzialquotient

Die mittlere Beschleunigung $\bar{a}$ ist als Differenzenquotient aus Geschwindigkeitsänderung und benötigter Zeit definiert.

$\bar{a} = \frac{\Delta v}{\Delta t}$ vektoriell $\vec{\bar{a}} = \frac{\Delta \vec{v}}{\Delta t}$.

Wenn die Zeitintervalle Δt beliebig klein gewählt werden können, erhält man schließlich den genauen Wert für die (Momentan-)Beschleunigung $a = \frac{dv}{dt}$.

Ersetzen wir die Geschwindigkeit v durch den Differenzialquotienten ds/dt, erhalten wir für die Beschleunigung die zweite Ableitung von s nach t, $a = \frac{d^2s}{dt^2}$.

Eine gekrümmte **Wegfunktion s:**

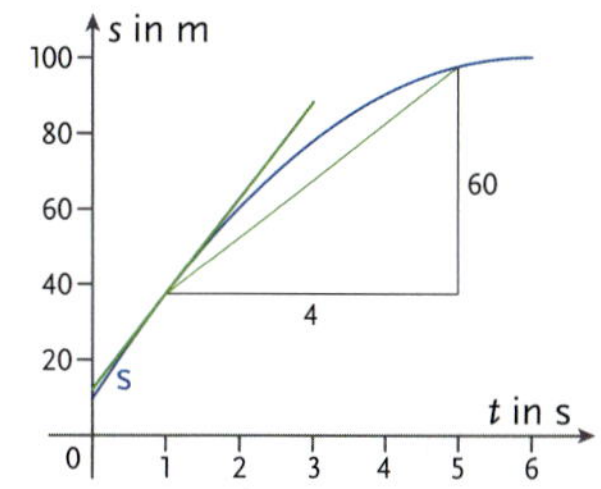

Die **mittlere Geschwindigkeit** im Intervall [1 s; 5 s] ist mit $\frac{60}{4}$ m/s = 15 m/s kleiner als die **Momentangeschwindigkeit** zum Zeitpunkt 1 s, die 25 m/s beträgt.

Anschaulich erhalten wir die **Momentangeschwindigkeit** v für $t = 1$ s, indem wir den zweiten Messpunkt (im Diagramm (5 s|100 m)) längs des Funktionsgraphen gegen den Punkt (1 s|40 m) verschieben. Dann wird aus der Sekantensteigung (Durchschnittsgeschwindigkeit) die Tangentensteigung (Momentangeschwindigkeit).

Beschleunigungsfunktion

Die **Beschleunigungsfunktion** a ist die erste Ableitungsfunktion der Geschwindigkeitsfunktion v nach der Zeit t bzw. die zweite Ableitungsfunktion des Weges s nach der Zeit t,

$a = \frac{dv}{dt} = \frac{d^2s}{dt^2}$. Newtonsche Schreibweise: $a = \dot{v} = \ddot{s}$.

Beispiel 1.1.02: Beschleunigungsfunktion

Wir vertiefen Beispiel 1.1.01, indem wir die **Beschleunigungsfunktion** a berechnen. Zuerst schreiben wir die Weg-Zeit- und die Geschwindigkeit-Zeit-Funktion noch mit Einheiten an. $s(t) = 1\,\frac{\text{m}}{\text{s}^2} \cdot t^2 + 2\,\frac{\text{m}}{\text{s}} \cdot t + 4\text{ m}$ und $v(t) = 2\,\frac{\text{m}}{\text{s}^2} \cdot t + 2\,\frac{\text{m}}{\text{s}}$.

$a(t) = \frac{dv}{dt} = \frac{d}{dt}(2t + 2) = 2\,\frac{\text{m}}{\text{s}^2}$

Die Weg-Zeit-Funktion s beschreibt eine gleichmäßig beschleunigte Bewegung.

Das **dynamische Grundgesetz** können wir als

$$\vec{F} = m \cdot \vec{a} = m \cdot \frac{d\vec{v}}{dt} = m \cdot \frac{d^2\vec{s}}{dt^2}$$

schreiben. Wenn die Masse m konstant ist, was in der klassischen Physik unter dem Begriff Massenerhaltung als fundamental angenommen wird, können wir schreiben:

$$\vec{F} = m \cdot \frac{d\vec{v}}{dt} = \frac{d(m \cdot \vec{v})}{dt} = \frac{d\vec{p}}{dt}.$$

Wenn die Masse m nicht konstant ist, z. B. nimmt die Masse einer Rakete durch Verbrennen von Treibstoff ab, müssen wir die Produktregel für das Differenzieren anwenden und erhalten

$$\vec{F} = \frac{d(m \cdot \vec{v})}{dt} = m \cdot \frac{d\vec{v}}{dt} + \vec{v} \cdot \frac{dm}{dt}.$$

Isaac Newton hat in seinen 1687 erschienenen Principia die Gestalt $\vec{F} = \frac{d\vec{p}}{dt}$ für das dynamische Grundgesetz verwendet. Man kann behaupten, dass dieser Gigant der Physik bereits die Veränderlichkeit der Masse, die wir in der Relativitätstheorie und der Atom- und Kernphysik behandeln werden, vorhergesehen hat.

Eine gekrümmte **Geschwindigkeitsfunktion v:**

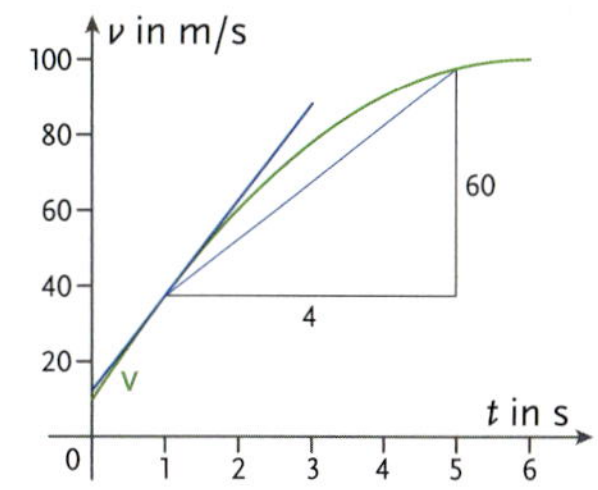

Die **mittlere Beschleunigung** im Intervall [1 s; 5 s] ist mit $\frac{60}{4}$ m/s^2 = 15 m/s^2 kleiner als die **Momentanbeschleunigung** zum Zeitpunkt 1 s, die 25 m/s^2 beträgt.

Bei der Kernspaltung und der Kernfusion ist die Gesamtmasse beispielsweise nicht konstant.

Impuls $\vec{p} = m \cdot \vec{v}$

Produktregel des Differenzierens:

$$\frac{d}{dt}(f \cdot g) = \frac{df}{dt} \cdot g + f \cdot \frac{dg}{dt}$$

Beispiel 1.1.03: Kraftfunktion

Eine Kugel der Masse $m = 1$ kg bewegt sich entlang einer Geraden gemäß der Funktion s mit $s(t) = t^3 + 2t^2 + 4t + 2$ in Meter für t aus dem Intervall [0 s; 2 s]. Wir berechnen die zeitabhängige Kraftfunktion F.

$$F(t) = m \cdot \frac{d^2s}{dt^2} = 1\ \text{kg} \cdot \frac{d^2}{dt^2}(t^3 + 2t^2 + 4t + 2) = 1\ \text{kg} \cdot \frac{d}{dt}(3t^2 + 4t + 4)$$

$$F(t) = 1\ \text{kg} \cdot (6t + 4)$$

Für die Zeit $t = 0$ s ergibt sich $F(0) = 4$ N und für $t = 2$ s ergibt sich $F(2) = 16$ N.

Bewegungsgleichung

Tritt in einer Gleichung eine oder mehrere Ableitungen einer zu bestimmenden Funktion f auf, so nennt man diese Gleichung eine **Differenzialgleichung.**

Implizite Differenzialgleichung erster Ordnung für die zu bestimmende Funktion f in Abhängigkeit von der Zeit t: $F(t, df/dt) = 0$.

Implizite Differenzialgleichung zweiter Ordnung für die zu bestimmende Funktion f in Abhängigkeit von der Zeit t: $F(t, df/dt, d^2f/dt^2) = 0$.

Die **Differenzialgleichung** $m \cdot \frac{d\vec{v}}{dt} = m \cdot \frac{d^2\vec{s}}{dt^2} = \vec{F}$ nennt man **Bewegungsgleichung** einer Punktmasse m unter dem Einfluss der Kraft $\vec{F}$. Die Integrationskonstanten bei der Berechnung von v bzw. s können durch (Anfangs-)Bedingungen bestimmt werden.

Lösen wir die Bewegungsgleichung nach der Geschwindigkeitsfunktion auf, so müssen wir eine Differenzialgleichung erster Ordnung lösen. Wollen wir die Wegfunktion s berechnen, ist eine Differenzialgleichung zweiter Ordnung zu lösen.

Beispiel 1.1.04: Bewegungsgleichung für eine Punktmasse – Trägheitssatz

Eine gedachte Punktmasse m sei keiner Kraft unterworfen. Wir lösen die zugehörige Bewegungsgleichung $m \cdot \frac{d^2s}{dt^2} = 0$.

Durch einmalige Integration nach t erhalten wir $\frac{ds}{dt} = C_1$. Die Integrationskonstante C_1 kann durch eine Bedingung – z. B. $v(t_0) = v_0$ – festgelegt werden. Eine zweite Integration liefert $s(t) = C_1 \cdot t + C_2$.

Die Integrationskonstante C_2 kann durch die Bedingung $s(t_0) = s_0$ festgelegt werden, sodass wir die Lösungsfunktion $s(t) = v_0 \cdot t + s_0$ erhalten.

Die Gleichung $s(t) = v_0 \cdot t + s_0$ bedeutet, dass sich die gedachte Punktmasse mit der Anfangsgeschwindigkeit v_0 gleichförmig bewegt. Damit ist der **Trägheitssatz** bestätigt, der besagt, dass ein Körper im Zustand der Ruhe oder gleichförmigen Bewegung verharrt, wenn keine Kraft auf ihn einwirkt.

Beim Integrieren einer Funktion f mit $y = f(t)$ kommt eine additive Integrationskonstante C hinzu, weil die Ableitung einer Konstanten C null ist.

$$\frac{d}{dt}(F + C) = \frac{dF}{dt} + \frac{dC}{dt} = f$$

$$\int f(t) \cdot dt = F(t) + C$$

Anders formuliert: Zwei verschiedene Stammfunktionen F_1 und F_2 einer Funktion f unterscheiden sich nur in einer Konstanten: $F_1 = F_2 + C$.

Dass das erste newtonsche Axiom – das Trägheitsaxiom – eine Folgerung aus dem zweiten Axiom – dem dynamischen Grundgesetz – ist, haben wir bereits in NAWI I/II festgestellt.

Beispiel 1.1.05: Bewegungsgleichung für den lotrechten Wurf nach oben

Wir stellen die Bewegungsgleichung für einen von der Anfangsposition h_0 mit v_0 lotrecht nach oben geworfenen Körper im Vakuum auf. Die einzige auf den Körper im Vakuum nach dem Abwurf wirkende Kraft ist die in die negative h-Richtung weisende Gewichtskraft F_G.

Die Bewegungsgleichung ist daher $m \cdot \frac{d^2h}{dt^2} = -m \cdot g$.

Durch einmalige Integration nach t erhalten wir $\frac{dh}{dt} = -g \cdot t + C_1$. Die Integrationskonstante C_1 ist durch die Anfangsbedingung $v(0) = v_0$ festgelegt. Eine zweite Integration liefert $h(t) = -\frac{g}{2} \cdot t^2 + v_0 \cdot t + C_2$.

Die Integrationskonstante C_2 ist durch die Anfangsbedingung $h(0) = h_0$ festgelegt, sodass wir die Lösungsfunktion $h(t) = -\frac{g}{2} \cdot t^2 + v_0 \cdot t + h_0$ erhalten. Diese Gleichung kennen wir aus NAWI I/II für eine von der Anfangsposition h_0 mit v_0 lotrecht nach oben geworfene und mit g gleichmäßig in die negative h-Richtung beschleunigte Masse.

Im nachfolgenden Kapitel werden Schwingungen und Wellen behandelt. Als anschauliche und der Alltagserfahrung entnommene Objekte untersuchen wir dabei die periodischen Bewegungen von Pendeln. Im Kapitel D, 2.1.1 werden wir das Federpendel analysieren.

Beispiel 1.1.06: Reibungsfreies Federpendel

Wir stellen die Bewegungsgleichung für eine Masse m auf, die an einer Feder mit der Federkonstante D vertikal aufgehängt ist, wenn die Reibungsverluste vernachlässigt werden können. Auf die Masse m wirken in jedem Augenblick die Gewichtskraft F_G und die Federkraft F_F.

Legen wir den Nullpunkt der y-Achse in die Gleichgewichtslage des ruhenden Federpendels, so können wir den Einfluss der Gewichtskraft eliminieren. Damit bleibt als Gesamtkraft die Federkraft, die proportional zur Auslenkung aus der Gleichgewichtslage ist, übrig.

Die Bewegungsgleichung ist $m \cdot \frac{d^2y}{dt^2} = -D \cdot y$.

Das ist eine Differenzialgleichung zweiter Ordnung mit konstanten Koeffizienten, die man mit einem Exponentialansatz $y(t) = C \cdot e^{\lambda t}$ löst. Einsetzen der Funktion und ihrer zweiten Ableitungsfunktion liefert $m \cdot \lambda^2 = -D$ mit den beiden konjugiert komplexen Lösungen bzw. Eigenwerten

$$\lambda_{1,2} = \pm\sqrt{\frac{D}{m}} \cdot j.$$

Die imaginäre Einheit j ist gemäß $j^2 = -1$ definiert. Der Wurzelterm hat die Einheit 1/s und ist die Eigenkreisfrequenz ω des Federpendels.

$$\omega = \sqrt{\frac{D}{m}}$$

Die Lösungsfunktion der Differenzialgleichung ist dann mithilfe der eulerschen Formel $e^{j \cdot \omega \cdot t} = \cos(\omega \cdot t) + j \cdot \sin(\omega \cdot t)$

$$y(t) = C_1 \cdot \sin(\omega \cdot t) + C_2 \cdot \cos(\omega \cdot t).$$

Die beiden Integrationskonstanten erhalten wir aus den Anfangsbedingungen. Das **reibungsfreie Federpendel** schwingt **sinusförmig** (harmonisch) um seine Gleichgewichtslage.

Die träge Masse – als Widerstand gegen eine Beschleunigung – **und die schwere Masse,** die für die Gewichtskraft verantwortlich ist, **sind identisch.** Daher verzichten wir auf die Indizes t und s bei den Massen.

Pendel siehe Kap. A, 2.1.

Eine **Differenzialgleichung zweiter Ordnung** für eine Funktion y in Abhängigkeit von einer Variablen t mit konstanten Koeffizienten löst man mit einem Exponentialansatz $y(t) = C \cdot e^{\lambda t}$.

Für die erste Ableitung von y nach t ergibt sich mit der Exponential- und der Kettenregel für das Differenzieren

$$\frac{dy}{dt} = \lambda \cdot C \cdot e^{\lambda t} = \lambda \cdot y(t).$$

Die zweite Ableitung ergibt daher

$$\frac{d^2y}{dt^2} = \lambda^2 \cdot C \cdot e^{\lambda t} = \lambda^2 \cdot y(t).$$

Exponentialregel des Differenzierens:

$$\frac{d}{dt}(e^{f(t)}) = e^{f(t)} \cdot \frac{d}{dt}f(t)$$

Kettenregel des Differenzierens:

$$\frac{d}{dt}f(g(t)) = \frac{df}{dt}(g(t)) \cdot \frac{d}{dt}g(t)$$

In Worten: äußere Funktion, abgeleitet und ausgewertet an der inneren Funktion, multipliziert mit der Ableitung der inneren Funktion. Ganz kurz: äußere mal innere Ableitung.

Ziele erreicht? – „Bewegungsgleichungen für Translationen“

1.1.01 + Geben Sie das **dynamische Grundgesetz der Translation** als Differenzialgleichung für die Geschwindigkeits- und Wegfunktion an.

1.1.02 + Geben Sie die **Bewegungsgleichung** für einen von der Position h_0 lotrecht mit v_0 nach unten **geworfenen Körper** im Vakuum an. Berechnen Sie die Geschwindigkeits- und Wegfunktion.

1.1.03 ++ Verwenden Sie die Lösungsfunktion aus Beispiel 1.1.06 und bestimmen Sie die **Integrationskonstanten** für ein **Federpendel** mit einer Masse von 400 g, einer Federkonstante von 1 N/dm und den Anfangsbedingungen $y(0) = 10$ cm und $v(0) = 0$ cm/s. Stellen Sie zwei volle Perioden der Schwingung grafisch dar. Achten Sie auf Beschriftung und Skalierung der Achsen.

Zur Aufgabe 1.1.04: Eine geschwindigkeitsproportionale Kraft wird in einer Bewegungsgleichung durch $k \cdot \frac{dy}{dt}$ berücksichtigt.

1.1.04 + Stellen Sie die **Bewegungsgleichung** für ein **Federpendel** mit Masse m und Federkonstante D auf. Berücksichtigen Sie dabei eine geschwindigkeitsproportionale Reibungskraft.

1.1.05 ++ Geben Sie die **Bewegungsgleichung** für eine waagrecht gelagerte **Masse** m an, die an einer Feder mit der Federkonstante D befestigt ist. Lösen Sie die Bewegungsgleichung, wenn die Masse zur Zeit $t = 0$ s um 5 cm aus der Gleichgewichtslage ausgelenkt ist, $v(0 \text{ s}) = 10$ cm/s ist und Reibungsverluste vernachlässigt werden können.

Zur Aufgabe 1.1.06: Das **Gesetz von George Gabriel Stokes** beschreibt die Abhängigkeit der Reibungskraft sphärischer Körper von ihrem Radius, der Viskosität des Mediums, in dem sich der Körper befindet, und der Geschwindigkeit des Körpers.

1.1.06 ++ Berechnen Sie die **Lösungsfunktion** der **Bewegungsgleichung** für eine auf der Erdoberfläche frei fallende Stahlkugel von zwei Zentimeter Durchmesser. Berücksichtigen Sie den Luftwiderstand durch die stokessche Reibungskraft. Recherchieren Sie über das stokessche Gesetz und die Viskosität von Luft.

1.2 Bewegungsgleichungen für Rotationen

Die Bedeutung von Rotationsbewegungen im Alltag wird durch die Vielzahl von rollenden Verkehrsmitteln demonstriert. In vielen technischen Geräten sind rotierende Bauteile eingebaut. Wir werden in diesem Kapitel die Differenzialgleichung für Rotationen aufstellen und exemplarisch lösen.

Meine Ziele

Nach Bearbeitung dieses Kapitels kann ich

- das **dynamische Grundgesetz für Rotationen** mit Differenzialquotienten angeben;
- **Differenzialgleichungen für Rotationen** lösen;
- **Bewegungsgleichungen für Rotationen** selbst aufstellen, auflösen und interpretieren.

Translation	Rotation
Weg s	Winkel φ
Geschwindigkeit v	Winkelgeschwindigkeit ω
Beschleunigung a	Winkelbeschleunigung α

Translations- und entsprechende Drehgrößen

Die mittlere Winkelgeschwindigkeit $\overline{\omega}$ (ω-quer) ist der Differenzenquotient aus Winkeländerung und benötigter Zeit, $\overline{\omega} = \frac{\Delta\varphi}{\Delta t}$.

Wenn die Zeitintervalle Δt immer kleiner gewählt werden können, erhält man einen immer genaueren Wert für die augenblickliche Winkelgeschwindigkeit ω.

Winkelgeschwindigkeitsfunktion

Die **Winkelgeschwindigkeitsfunktion** ω ist die erste Ableitungsfunktion des Winkels φ nach der Zeit t, $\omega = \frac{d\varphi}{dt}$. Newtonsche Schreibweise: $\omega = \dot{\varphi}$.

Beispiel 1.2.01: Winkelgeschwindigkeitsfunktion

Ein starrer Körper drehe sich um eine Achse gemäß der Winkel-Zeit-Funktion φ mit $\varphi(t) = t^2 + 2t + 4$ in Radiant für t aus dem Intervall [0 s; 5 s]. Wir berechnen die **Winkelgeschwindigkeitsfunktion** ω mit

$$\omega(t) = \frac{d\varphi}{dt} = \frac{d}{dt}(t^2 + 2t + 4) = 2t + 2.$$

Die Winkelgeschwindigkeit nimmt also linear mit der Zeit zu und hat zu Beginn des Beobachtungszeitraums den Wert $2\,\frac{\text{rad}}{\text{s}}$.

Zu Beispiel 1.2.01: die Funktion $\varphi(t) = t^2 + 2t + 4$

lautet mit Einheiten

$$\varphi(t) = 1\,\frac{\text{rad}}{\text{s}^2} \cdot t^2 + 2\,\frac{\text{rad}}{\text{s}} \cdot t + 4\text{ rad}$$

und entsprechend

$$\omega(t) = 2\,\frac{\text{rad}}{\text{s}^2} \cdot t + 2\,\frac{\text{rad}}{\text{s}}.$$

Die mittlere Winkelbeschleunigung $\overline{\alpha}$ ist als Differenzenquotient aus Winkelgeschwindigkeitsänderung und benötigter Zeit definiert, $\overline{\alpha} = \frac{\Delta\omega}{\Delta t}$.
Die momentane Winkelbeschleunigung α ist der Differenzialquotient von Winkelgeschwindigkeit und Zeit, $\alpha = \frac{d\omega}{dt}$. Ersetzen wir die Winkelgeschwindigkeit ω durch den Differenzialquotienten $\frac{d\varphi}{dt}$, erhalten wir für die Winkelbeschleunigung die zweite Ableitung von φ nach t, $\alpha = \frac{d^2\varphi}{dt^2}$.

Translation	Rotation
Geschwindigkeit	Winkelgeschwindigkeit
$v = \frac{ds}{dt}$	$\omega = \frac{d\varphi}{dt}$
Beschleunigung	Winkelbeschleunigung
$a = \frac{dv}{dt}$	$\alpha = \frac{d\omega}{dt}$
$a = \frac{d^2s}{dt^2}$	$\alpha = \frac{d^2\varphi}{dt^2}$

Translations- und entsprechende Drehgrößen als Differenzialquotienten

Winkelbeschleunigungsfunktion

Die **Winkelbeschleunigungsfunktion** α ist die erste Ableitungsfunktion der Winkelgeschwindigkeitsfunktion ω nach der Zeit t bzw. die zweite Ableitungsfunktion des Winkels φ nach der Zeit t, $\alpha = \frac{d\omega}{dt} = \frac{d^2\varphi}{dt^2}$.
Newtonsche Schreibweise: $\alpha = \dot{\omega} = \ddot{\varphi}$.

Beispiel 1.2.02: Winkelbeschleunigungsfunktion

Wir vertiefen Beispiel 1.2.01, indem wir die Winkelbeschleunigungsfunktion α berechnen.

$$\alpha(t) = \frac{d\omega}{dt} = \frac{d}{dt}(2t + 2) = 2$$

Die Winkel-Zeit-Funktion φ mit $\varphi(t) = t^2 + 2t + 4$ beschreibt eine gleichmäßig beschleunigte Drehbewegung mit Anfangswinkelgeschwindigkeit $2\,\frac{\text{rad}}{\text{s}}$ und Anfangsdrehwinkel 4 rad.

Das dynamische Grundgesetz der Rotation können wir als

$$\vec{M} = J \cdot \vec{\alpha} = J \cdot \frac{d\vec{\omega}}{dt} = J \cdot \frac{d^2\vec{\varphi}}{dt^2} = \frac{d\vec{L}}{dt}$$

schreiben, wenn wir das Trägheitsmoment als konstant voraussetzen. Wir nehmen damit eine nicht veränderbare Drehachse während einer bestimmten Zeit an.

Translation	Rotation
Kraft $\vec{F}$	Drehmoment $\vec{M}$
Masse m	Trägheitsmoment J
Impuls $\vec{p}$	Drehimpuls $\vec{L}$
Dynamisches Grundgesetz	Dynamisches Grundgesetz
$\vec{F} = m \cdot \vec{a}$	$\vec{M} = J \cdot \vec{\alpha}$
$\vec{F} = m \cdot \frac{d\vec{v}}{dt}$	$\vec{M} = J \cdot \frac{d\vec{\omega}}{dt}$
$\vec{F} = m \cdot \frac{d^2\vec{s}}{dt^2}$	$\vec{M} = J \cdot \frac{d^2\vec{\varphi}}{dt^2}$
$\vec{F} = \frac{d\vec{p}}{dt}$	$\vec{M} = \frac{d\vec{L}}{dt}$

Translations- und entsprechende Drehgrößen und die Bewegungsgleichungen

Bewegungsgleichung

Die **Differenzialgleichung** $J \cdot \frac{d\vec{\omega}}{dt} = J \cdot \frac{d^2\vec{\varphi}}{dt^2} = \vec{M}$ nennt man **Bewegungsgleichung** eines drehbar gelagerten Körpers mit dem Trägheitsmoment J unter dem Einfluss des Drehmoments $\vec{M}$. Die Integrationskonstanten bei der Berechnung von ω bzw. φ können durch (Anfangs)Bedingungen bestimmt werden.

Zu Beispiel 1.2.03: die Funktion $\varphi(t) = t^3 + 2t^2 + 4t + 2$

lautet mit Einheiten

$$\varphi(t) = 1\frac{\text{rad}}{\text{s}^3} \cdot t^3 + 2\frac{\text{rad}}{\text{s}^2} \cdot t^2 + 4\frac{\text{rad}}{\text{s}} \cdot t + 2\ \text{rad}$$ oder kurz

$$\varphi(t) = \frac{1}{\text{s}^3} \cdot t^3 + \frac{2}{\text{s}^2} \cdot t^2 + \frac{4}{\text{s}} \cdot t + 2$$

Physikalisches Pendel siehe Kap. A, 2.1.4.

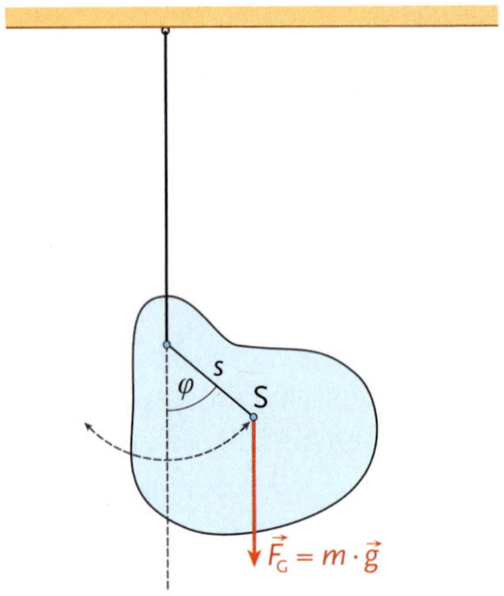

Physisches Pendel

$\sin(\varphi) \approx \varphi$ für kleine Winkel

Zur newtonschen Schreibweise von Ableitungen:

$$a = \frac{dv}{dt} = \frac{d^2s}{dt^2} = \ddot{s}$$

$$\frac{d^2f}{dx^2} = f''$$

Beispiel 1.2.03: Drehmomentfunktion

Ein Stab mit einem Trägheitsmoment $J = 1\ \text{kg} \cdot \text{m}^2$ rotiert um eine feste Achse. Die Winkelfunktion φ mit $\varphi(t) = t^3 + 2t^2 + 4t + 2$ in Radiant für t aus dem Intervall [0 s; 2 s] gibt den Winkel des Stabes zu einer festen Achse an. Wir berechnen das zeitabhängige Drehmoment M.

$$M(t) = J \cdot \frac{d^2\varphi}{dt^2} = 1\ \text{kg} \cdot \text{m}^2 \cdot \frac{d^2}{dt^2}(t^3 + 2t^2 + 4t + 2) = 1\ \text{kg} \cdot \text{m}^2 \cdot \frac{d}{dt}(3t^2 + 4t + 4)$$

$$M(t) = 1\ \text{kg} \cdot \text{m}^2 \cdot (6t + 4)$$

Für $t = 0$ s ergibt sich ein Drehmoment von $M(0) = 4\ \text{N} \cdot \text{m}$ und für $t = 2$ s ist das Drehmoment $M(2) = 16\ \text{N} \cdot \text{m}$.

Beispiel 1.2.04: Reibungsfreies physisches Pendel

Wir stellen die Bewegungsgleichung für ein physisches Pendel mit Trägheitsmoment J auf, das in einem Punkt außerhalb des Schwerpunkts reibungsfrei drehbar gelagert ist. Als Anfangsbedingungen wählen wir $\varphi(0) = 0$ rad und $\omega(0\ \text{s}) = 1$ rad/s. Das wirkende Drehmoment ergibt sich durch das Produkt aus der Gewichtskraft F_G und dem Normalabstand des Gewichtskraftvektors zur Schwerlinie durch die Drehachse.

Die Bewegungsgleichung ist daher $J \cdot \frac{d^2\varphi}{dt^2} = -F_G \cdot s \cdot \sin(\varphi)$.

Dabei bezeichnet s den Abstand des Schwerpunkts von der Drehachse. Das negative Vorzeichen berücksichtigt die rücktreibende Wirkung des Drehmoments zur Gleichgewichtslage. Um die Differenzialgleichung elementar näherungsweise lösen zu können, beschränken wir uns auf sehr kleine Auslenkungswinkel φ aus der Gleichgewichtslage, sodass wir die Sinusfunktion durch ihr Argument ersetzen können.

$$J \cdot \frac{d^2\varphi}{dt^2} \approx -m \cdot g \cdot s \cdot \varphi$$

Nun haben wir eine Differenzialgleichung (Dgl) zweiter Ordnung mit konstanten Koeffizienten vorliegen, die wir mit dem unbestimmten Ansatz $\varphi(t) = C \cdot e^{\lambda t}$ lösen.

Einsetzen der Funktion und ihrer zweiten Ableitungsfunktion liefert $J \cdot \lambda^2 \approx -m \cdot g \cdot s$. Auflösen nach λ liefert die beiden konjugiert komplexen Lösungen bzw. Eigenwerte

$$\lambda = \pm\sqrt{\frac{m \cdot g \cdot s}{J}} \cdot \text{j}.$$

Die imaginäre Einheit j ist gemäß $\text{j}^2 = -1$ definiert. Der Wurzelterm besitzt die Einheit 1/s und ist die Eigenkreisfrequenz ω des Drehpendels,

$$\omega = \sqrt{\frac{m \cdot g \cdot s}{J}}.$$

Die Lösungsfunktion der Dgl ist dann $\varphi(t) = C_1 \cdot \sin(\omega \cdot t) + C_2 \cdot \cos(\omega \cdot t)$. Die beiden Integrationskonstanten sind durch die Anfangsbedingungen festgelegt.

$$\varphi(0) = C_1 \cdot \sin(\omega \cdot 0) + C_2 \cdot \cos(\omega \cdot 0) = C_2 = 0$$

$$\omega(0) = \omega \cdot C_1 \cdot \cos(\omega \cdot 0) = \sqrt{\frac{m \cdot g \cdot s}{J}} \cdot C_1 = 1\frac{\text{rad}}{\text{s}}$$

$$C_1 = \sqrt{\frac{J}{m \cdot g \cdot s}}$$

Damit erhalten wir die Lösungsfunktion

$$\varphi(t) = C_1 \cdot \sin(\omega \cdot t) = \sqrt{\frac{J}{m \cdot g \cdot s}} \cdot \sin\left(\sqrt{\frac{m \cdot g \cdot s}{J}} \cdot t\right).$$

Das reibungsfreie physische Pendel schwingt sinusförmig (harmonisch) um seine Gleichgewichtslage.

Ziele erreicht? – „Bewegungsgleichungen für Rotationen“

1.2.01 + Geben Sie das **dynamische Grundgesetz der Rotation** als Differenzialgleichung für die Winkelgeschwindigkeits- und Winkelfunktion an.

1.2.02 ++ Verwenden Sie die Lösungsfunktion aus Beispiel 1.2.04. Bestimmen Sie die **Integrationskonstanten** für ein **physisches Pendel** mit einem Trägheitsmoment von 1 kg · m², einer Masse von 10 kg und einem Schwerpunktabstand von 5 cm mit den Anfangsbedingungen $\varphi(0) = 10$ rad und $\omega(0) = 0$ rad/s. Stellen Sie zwei volle Perioden der Schwingung grafisch dar. Achten Sie auf Beschriftung und Skalierung der Achsen.

1.2.03 ++ Stellen Sie die **Bewegungsgleichung** für ein **physisches Pendel** mit Masse m, Trägheitsmoment J und Schwerpunktabstand s auf. Berücksichtigen Sie dabei ein geschwindigkeitsproportionales bremsendes Drehmoment.

2 Schwingungen und Wellen

In Österreich hat das Läuten der Pummerin, der größten Glocke Österreichs, zu Neujahr Tradition. Das Schwingen und Läuten dieser drittgrößten Glocke in West- und Mitteleuropa mit einer Masse von etwa 20 Tonnen fasziniert Alt und Jung. Glockenklang und allgemein Musik entsteht bei der Überlagerung von Schwingungen. Die Alltagsbegriffe Tonhöhe und Lautstärke können physikalisch definiert werden.

Die Pummerin wurde nach dem Zweiten Weltkrieg im Jahr 1951 aus dem Metall ihrer Vorgängerin in St. Florian in Oberösterreich erneut gegossen

2.1 Schwingungen

Meine Ziele

Nach Bearbeitung dieses Kapitels kann ich

- die Begriffe lokale und fortschreitende Bewegung unterscheiden;
- die Bedingung für das Zustandekommen einer **harmonischen Schwingung** nennen;
- zwischen **gedämpfter** und **ungedämpfter Schwingung** unterscheiden;
- die **Periodendauer** definieren und eine Gleichung einer (un)gedämpften freien Schwingung angeben;
- die **Periodendauerformeln** für Feder-, Faden-, Drehpendel und physische Pendel angeben und anwenden;
- parallele und senkrechte Schwingungen **überlagern.**

Abbildung zu Beispiel 2.1.01: Jeder der drei Zeiger hat eine eigene Periodendauer.

Schwingungen

Schwingungen sind **periodische Vorgänge,** bei denen sich der Ablauf einer lokalen Bewegung regelmäßig in der Zeit wiederholt. Eine **lokale Bewegung** liegt vor, wenn ein Körper in der Umgebung eines festen Ortes bleibt und sich nicht wie bei einer fortschreitenden Bewegung von einem festen Ort entfernt.

Die bereits in NAWI I/II behandelte **Rotation** ist ein anschauliches Beispiel einer lokalen periodischen Bewegung. Ein um eine feste Achse mit konstanter Winkelgeschwindigkeit rotierender Körper ist nach einer Periode in derselben Position (demselben Zustand) wie vor der Umlaufzeit.

$\frac{2\pi}{T} = 2\pi f = \omega$

Zusammenhang zwischen Periodendauer T, Frequenz $f = \frac{1}{T}$ und Winkelgeschwindigkeit ω.

Periodendauer T und Frequenz f

Die kürzeste Zeit zwischen zwei exakt gleichen Zuständen nennt man **Periodendauer, Periode bzw. Umlaufzeit** T. Mathematisch beschreibe eine Funktion $f(t)$ einen zeitabhängigen Zustand. Dann gilt für die Periodendauer T: $f(t) = f(t + z \cdot T)$, wobei z eine ganze Zahl ist.
Der Kehrwert (Reziprokwert) der Periodendauer T ist die Frequenz f. $f = \frac{1}{T}$.

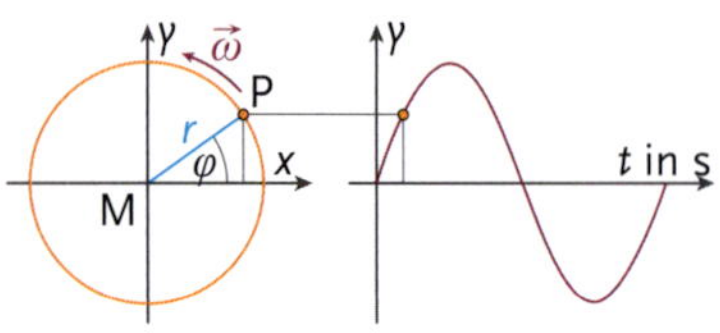

Eine Sinusschwingung als Projektion einer zur Zeit $t = 0$ s im Punkt $(r \mid 0)$ startenden gleichförmigen Kreisbewegung

Beispiel 2.1.01: Analoge Uhr

Die Periodendauer des Sekundenzeigers einer analogen Uhr beträgt 60 Sekunden. Die des Minutenzeigers beträgt 60 Minuten und die des Stundenzeigers 12 Stunden.

Vorerst werden nur Schwingungen behandelt, deren grafische Darstellung durch eine allgemeine **Sinusfunktion** gelingt.

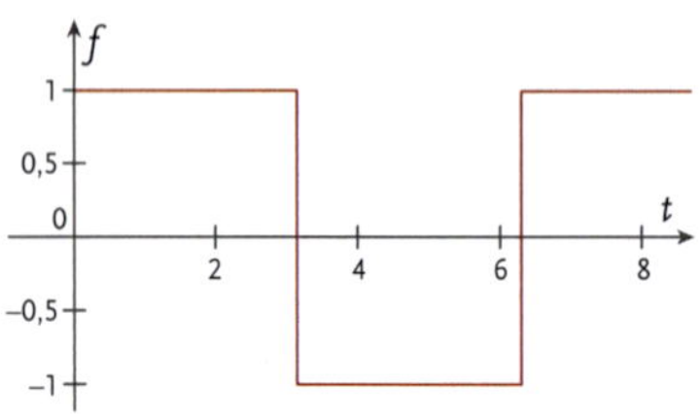

Eine 2π-periodische Rechteckschwingung

Harmonische Schwingung

Eine Schwingung heißt **harmonisch,** wenn die momentane Auslenkung y aus der Gleichgewichtslage durch die Gleichung

$$y(t) = r \cdot \sin\left(\frac{2\pi}{T} \cdot t + \varphi_0\right) = r \cdot \sin(2\pi f \cdot t + \varphi_0) = r \cdot \sin(\omega \cdot t + \varphi_0)$$

beschrieben wird. Dabei ist T die **Perioden-** oder **Schwingungsdauer** und f die Frequenz. Die maximale Auslenkung r nennt man die **Amplitude** und φ_0 den **Nullphasenwinkel.** In der Gleichgewichtslage verschwindet die Vektorsumme aller Kräfte.

Rechteckschwingungen und **Sägezahnschwingungen** sind Beispiele für nicht harmonische Schwingungen.

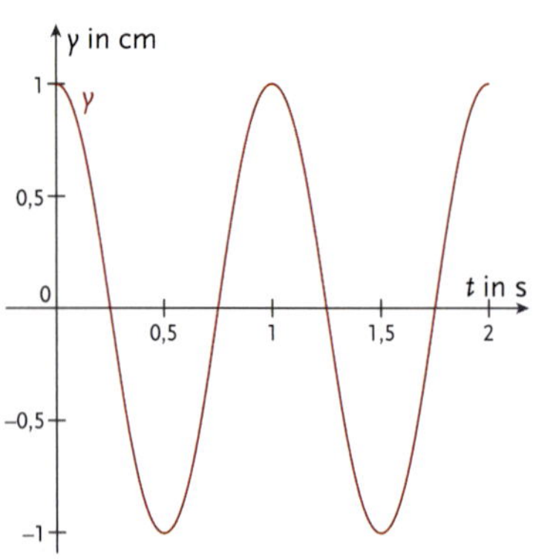

Skizze zu Beispiel 2.1.02: Eine harmonische Schwingung mit einer Periodendauer von einer Sekunde und einer Amplitude von einem Zentimeter

Beispiel 2.1.02: Spezielles Federpendel

Für ein reibungsfreies Federpendel mit einer Periodendauer von einer Sekunde, das zur Zeit $t = 0$ s im oberen Umkehrpunkt startet ($y(0) = r$), gilt die Schwingungsgleichung

$y(t) = r \cdot \sin(2\pi \cdot t + \pi/2) = r \cdot \cos(2\pi \cdot t)$.

Eine harmonische Schwingung kann als Projektion einer gleichförmigen Kreisbewegung auf eine Ebene dargestellt werden.

Wir betrachten einen Punkt P, der mit konstanter Winkelgeschwindigkeit ω im Abstand r um den Koordinatenursprung kreist.

Für die y-Koordinate des Punktes P ergibt sich in Abhängigkeit von der Zeit t:
$y(t) = r \cdot \sin(\omega \cdot t)$, falls $y(0\ \text{s}) = 0\ \text{m}$.

Seine Bahngeschwindigkeit $v = \omega \cdot r$ kann in eine Komponente in x- und eine in y-Richtung zerlegt werden: $v_y(t) = \omega \cdot r \cdot \cos(\omega \cdot t)$.

Damit der Punkt eine Kreisbahn beschreibt, muss auf ihn die zum Mittelpunkt gerichtete Zentripetalkraft $F = m \cdot a = m \cdot \omega^2 \cdot r$ wirken. Die Zentripetalbeschleunigung lässt sich ebenfalls mithilfe der Winkelfunktionen in zwei Komponenten zerlegen:
$a_y(t) = -\omega^2 \cdot r \cdot \sin(\omega \cdot t)$.

Ersetzt man $r \cdot \sin(\omega \cdot t)$ durch $y(t)$, erhält man die Bedingung für eine harmonische Schwingung.

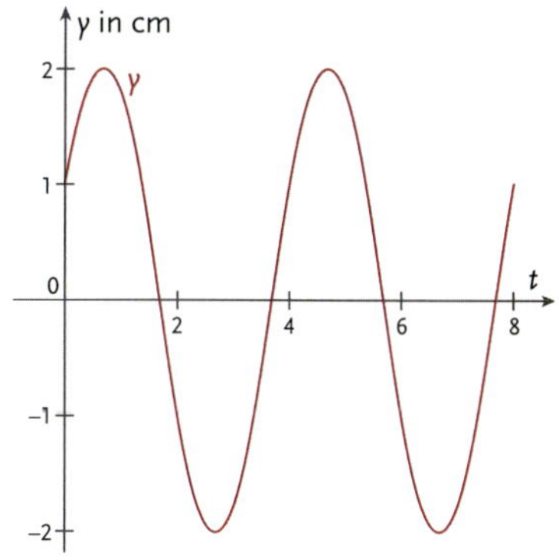

Die Funktion y mit
$y(t) = 2 \cdot \sin\left(\frac{2\pi}{4} \cdot t + \frac{\pi}{6}\right) \cdot \text{cm}$
hat eine Periodendauer von 4 Zeiteinheiten, eine Amplitude von 2 cm und einen Nullphasenwinkel von $\frac{\pi}{6}$ Radiant.

Bedingung für eine harmonische Schwingung – lineares Kraftgesetz

Wenn die Beschleunigung a_y zur Auslenkung y direkt proportional und entgegengesetzt gerichtet ist, erfolgt die Schwingung **harmonisch.**
$a_y(t) \sim -y(t)$.

Multipliziert man die Gleichung mit der Masse m, ergibt sich die analoge Bedingung, dass die zur Gleichgewichtslage zurücktreibende Kraft proportional zur Auslenkung aus der Gleichgewichtslage sein muss. Man spricht wegen des **hookeschen Kraftgesetzes** von einer elastischen Kraft. Das Produkt aus dem Quadrat der Winkelgeschwindigkeit bzw. der Kreisfrequenz ω^2 und der Masse m heißt Richtgröße D.

Das hookesche Kraftgesetz $\Delta F = -D \cdot \Delta y$ wurde bereits in NAWI I/II behandelt. Damit gilt für die Richtgröße
$D = \left|\frac{\Delta F}{\Delta y}\right|$.

Richtgröße

Richtgröße $D = \omega^2 \cdot m$.
Einheit der Richtgröße: $[D] = 1\,\frac{\text{kg}}{\text{s}^2} = 1\,\frac{\text{N}}{\text{m}}$.

$v(t) = \frac{dy}{dt}(t)$

$a(t) = \frac{dv}{dt}(t)$

$a(t) = \frac{d^2y}{dt^2}(t)$

Will man den Verlauf der Geschwindigkeits- und Beschleunigungsfunktion einer harmonischen Schwingung darstellen, muss man lediglich die aus der Kinematik bekannten Beziehungen $v = \omega \cdot r$ und $a = \omega^2 \cdot r$ verwenden. Die Momentangeschwindigkeit verschwindet in den Umkehrpunkten und die Momentanbeschleunigung ist in den Gleichgewichtsdurchgängen null. Weil $y(t)$, $v(t)$ und $a(t)$ zudem dieselbe Periodendauer haben, ergeben sich die Geschwindigkeits- und die Beschleunigungsfunktion für harmonische Schwingungen wie im Beispiel 2.1.03 ausgeführt.

Mithilfe der Differenzialrechnung ergibt sich $v(t)$ durch einmaliges Differenzieren von $y(t)$ nach t und $a(t)$ durch zweimaliges Differenzieren von $y(t)$ nach t.

Beispiel 2.1.03: Spezielles Federpendel

Für ein reibungsfreies Federpendel mit einer Periodendauer von einer Sekunde, das zur Zeit $t = 0$ s einen Dezimeter oberhalb der Gleichgewichtslage startet, gilt die Schwingungsgleichung

$y(t) = r \cdot \sin\left(2\pi \cdot t + \frac{\pi}{2}\right) = 10 \cdot \cos(2\pi \cdot t) \cdot \text{cm}$.

Daher erhält man für die Geschwindigkeitsfunktion

$v(t) = \omega \cdot r \cdot \sin(2\pi \cdot t + \pi) = -20\pi \cdot \sin(2\pi \cdot t) \cdot \text{cm} \cdot \text{s}^{-1}$

und für die Beschleunigungsfunktion

$a(t) = \omega^2 \cdot r \cdot \sin\left(2\pi \cdot t + \frac{3\pi}{2}\right) = -40\pi^2 \cdot \cos(2\pi \cdot t) \cdot \text{cm} \cdot \text{s}^{-2}$.

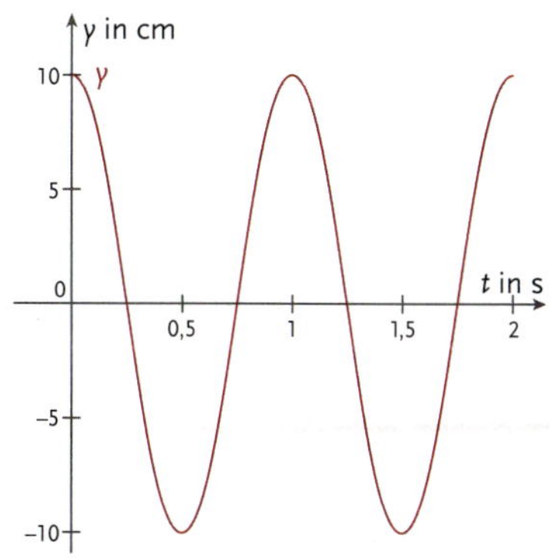

Das y-t-Diagramm für das Federpendel aus Beispiel 2.1.03

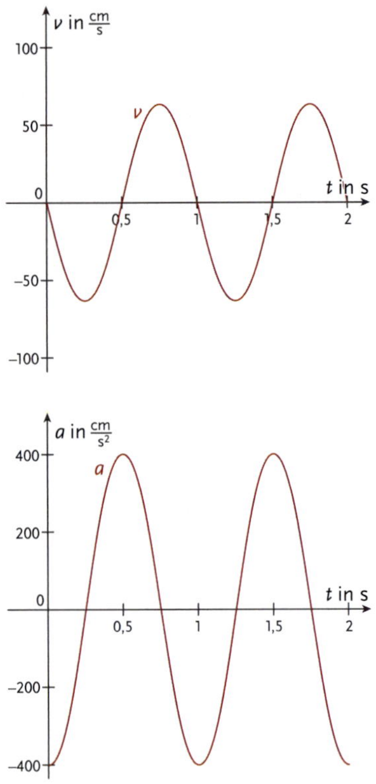

Skizzen zu Beispiel 2.1.03: Das v-t- und a-t-Diagramm einer harmonischen Schwingung mit $T = 1$ s und $r = 10$ cm

Periodendauer einer harmonischen Schwingung

Wirkt auf einen Körper der Masse m eine **elastische Kraft**

$F = -D \cdot y$

mit der Richtgröße D in y-Richtung, so führt der Körper eine **harmonische Schwingung** in y-Richtung gemäß

$y(t) = r \cdot \sin\left(\sqrt{\frac{D}{m}} \cdot t + \varphi_0\right)$ aus.

Für die **Periodendauer *T*** gilt dann wegen $T = \frac{1}{f} = \frac{2\pi}{\omega}$

$T = 2\pi\sqrt{\frac{m}{D}}$ und für die Frequenz $f = \frac{1}{2\pi}\sqrt{\frac{D}{m}}$.

Die Periodendauer bzw. Schwingungsdauer eines harmonisch schwingenden Körpers erhalten wir auch aus seiner Bewegungsgleichung. Ohne Berücksichtigung der Reibung gilt die Differenzialgleichung

$$m \cdot \frac{d^2y}{dt^2} + D \cdot y = 0$$

$$\frac{d^2y}{dt^2} + \frac{D}{m} \cdot y = 0$$

mit der allgemeinen Lösung

$$y(t) = a \cdot \sin\left(\sqrt{\frac{D}{m}} \cdot t\right) + b \cdot \cos\left(\sqrt{\frac{D}{m}} \cdot t\right).$$

Mit $T = \frac{2\pi}{\omega}$

folgt die obige Formel $T = 2\pi\sqrt{\frac{m}{D}}$.

Im Alltag begegnen uns als einfache **mechanische Pendel** Feder-, Faden,- Drehpendel und physische Pendel, die nachfolgend einzeln beschrieben werden.

2.1.1 Federpendel

Ist der Kofferraum eines Pkw mit zu großer Masse – z. B. zu vielen Zementsäcken – gefüllt, werden die Stoßdämpfer über Gebühr belastet. Bei Bodenunebenheiten kann es bei entsprechend stärkerer äußerer Kraft zu stärkeren und vor allem langsameren Schwingungen als ohne zusätzliche Beladung des Kofferraums kommen.

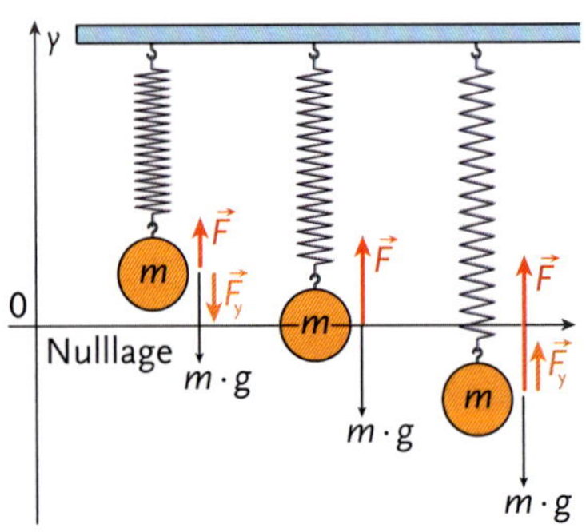

Die Skizze zeigt ein Federpendel samt wirkenden Kräften oberhalb, in und unterhalb der Gleichgewichtslage. Die resultierende Kraft F_y ist stets der Auslenkung y aus der Gleichgewichtslage entgegengesetzt gerichtet.

Meine Ziele

Nach Bearbeitung dieses Kapitels kann ich

- die beiden Parameter eines **Federpendels** angeben;
- die Abhängigkeit der **Periodendauer** eines Federpendels von seinen Parametern experimentell untersuchen;
- die **Periodendauer** eines Federpendels berechnen.

Bei einem Federpendel hängt eine Masse m an einer Feder mit der Federkonstanten D. Die Federmasse m_{Feder} ist verschwindend klein gegen m, also $m_{Feder} << m$. In der Gleichgewichtslage (Nulllage) verschwindet die Vektorsumme aus Gewichts- und Federkraft.

Versuch 2.1.01: Parameter des Federpendels

Wir belasten eine sehr leichte Feder mit einer Federkonstante von 20 N/m einmal mit einer Masse von 20 Gramm und ein andermal mit 80 Gramm. Wenn wir die Schwingungsdauer jeweils messen, erhalten wir etwa ein Schwingungsdauerverhältnis von 1 : 2.

Wenn also die Masse vervierfacht wird, verdoppelt sich die Schwingungs- bzw. Periodendauer.

Wir wählen als Kurzschreibweise den „Geht-über-in-Pfeil" (→).

$m \rightarrow 4m$: $T \rightarrow 2T$

Belasten wir **zwei unterschiedlich harte Federn** mit $D_1 = 2D_2$ nacheinander mit der gleichen Masse m ($>> m_{Feder}$), so ergibt sich ein Schwingungsdauerverhältnis von rund 1 : 1,4.

$D \rightarrow D/2$: $T \rightarrow 1{,}4T \approx \sqrt{2} \cdot T$

Wir erkennen die Wurzelabhängigkeit der Periodendauer T von m und $1/D$, die oben für lineare Kraftgesetze bereits hergeleitet wurde.

Ergebnisse für den Versuch 2.1.01 in Kurzschreibweise:

$m \rightarrow 4m$: $T \rightarrow 2T$

$D \rightarrow D/2$: $T \rightarrow 1{,}4T$

Für ein Federpendel ist für kleine Auslenkungen die Bedingung für eine harmonische Schwingung wegen des hookeschen Kraftgesetzes $F = -D \cdot y$ mit der Federkonstante D erfüllt. Daher erhalten wir die Periodendauer eines Federpendels direkt aus der allgemeinen Formel für die Periodendauer einer harmonischen Schwingung.

Federpendel
Masse m
Federkonstante D

Die Parameter eines Federpendels

Zur Parameterabhängigkeit der Periodendauer eines Federpendels halten wir in Kurzschreibweise fest:

$m \rightarrow 4m$: $T \rightarrow 2T$

$D \rightarrow 4D$: $T \rightarrow T/2$

In Worten:

- Wenn die Masse vervierfacht wird, verdoppelt sich die Periodendauer.
- Wenn die Federkonstante vervierfacht wird, halbiert sich die Periodendauer.

Periodendauer eines Federpendels

Die Periodendauer T ist direkt proportional zur Wurzel aus der Masse m und indirekt proportional zur Wurzel aus der Federkonstante D.

$$T = 2\pi\sqrt{\frac{m}{D}}$$

Beispiel 2.1.04: Periodendauer eines Federpendels

Für die verschiedenen Parameterwerte des Versuches 2.1.01 berechnen wir die zugehörigen Periodendauern.

a) $D = 20$ N/m, $m_1 = 20$ g, $m_2 = 80$ g

$$T_1 = 2\pi\sqrt{\frac{m_1}{D}} = 2\pi\sqrt{\frac{0{,}02\ \text{kg}}{20\ \text{Nm}^{-1}}} \approx 0{,}2\ \text{s}$$

$$T_2 = 2\pi\sqrt{\frac{m_2}{D}} = 2\pi\sqrt{\frac{0{,}08\ \text{kg}}{20\ \text{Nm}^{-1}}} \approx 0{,}4\ \text{s}$$

Weil die Masse vervierfacht wurde, verdoppelt sich die Periodendauer bei konstanter Federkonstante.

b) $m = 80$ g, $D_1 = 20$ N/m, $D_2 = 10$ N/m

$$T_1 = 2\pi\sqrt{\frac{m}{D_1}} = 2\pi\sqrt{\frac{0{,}08\ \text{kg}}{20\ \text{Nm}^{-1}}} \approx 0{,}4\ \text{s}$$

$$T_2 = 2\pi\sqrt{\frac{m}{D_2}} = 2\pi\sqrt{\frac{0{,}08\ \text{kg}}{10\ \text{Nm}^{-1}}} \approx 0{,}56\ \text{s}$$

Weil die Masse konstant ist, die Feder aber durch eine weichere ersetzt wird, schwingt das Pendel um etwa 40 % langsamer, d. h., die Periodendauer wird mit dem Faktor $\sqrt{2} \approx 1{,}41$ multipliziert.

Ziele erreicht? – „Federpendel“

2.1.01 + Geben Sie einfache **mechanische Pendel** an.

2.1.02 + Geben Sie die Bedingung für das Auftreten einer harmonischen Schwingung an.

2.1.03 + Berechnen Sie die Kreisfrequenz, die Frequenz und die Periodendauer eines **Federpendels** mit $m = 1$ kg und $D = 10$ N/cm. Was passiert, wenn die Masse verdoppelt wird? Welche Periodendauer ergibt sich, wenn eine doppelt so harte Feder bei der ursprünglichen Masse verwendet wird? Welche Masse müsste man bei der härteren Feder verwenden, um die gleiche Periodendauer wie zu Beginn zu erhalten?

2.1.04 + Mit welcher Masse wurde eine **Feder** mit einer Federkonstanten von 1 N/dm belastet, wenn die Periodendauer eine Sekunde beträgt? Skizzieren Sie drei volle Schwingungen des Pendels, wenn Sie eine Amplitude von 10 cm verwenden und annehmen, dass zu Beginn das Federpendel nach unten aus der Gleichgewichtslage ausgelenkt wurde. Geben Sie die Schwingungsgleichung der ungedämpften Schwingung an.

2.1.05 + Die Periodendauer eines **Federpendels** verdoppelt sich, wenn die Masse um 300 g erhöht wird. Nehmen Sie die erste Periodendauer mit 1 s an. Verwenden Sie jeweils eine Amplitude von 5 cm. Die Federpendel sind zu Beginn nach oben aus der Gleichgewichtslage ausgelenkt. Geben Sie die Schwingungsgleichungen der ungedämpften Schwingungen an und skizzieren Sie vier volle Schwingungen der beiden Pendel.

2.1.2 Fadenpendel

Ein Pkw diente uns als Modell eines Federpendels. Beim Fadenpendel können wir uns eine Spinne am Ende ihres eigenen Fadens vorstellen.

Meine Ziele

Nach Bearbeitung dieses Kapitels kann ich

- die beiden **Parameter** eines Fadenpendels angeben;
- die **Periodendauer** eines mathematischen Pendels berechnen.

Beim Fadenpendel hängt eine Masse m an einem Faden mit vernachlässigbarer Masse. Idealisiert man die Masse zu einem Massenpunkt und denkt den Faden masselos, erhält man ein **mathematisches Pendel.**

Beim Federpendel konnten wir die allgemein hergeleitete Kreisfrequenzformel $\omega^2 = D/m$ mit der Richtgröße D unmittelbar anwenden, weil die Federkonstante D diese Rolle übernahm.

Beim Fadenpendel sorgt der zur Gleichgewichtslage weisende Anteil der Schwerkraft für die Rücktreibung. Wir zerlegen die Gewichtskraft in eine den Faden spannende Komponente F_S und die rücktreibende Komponente $F_{Rück} = F_G \cdot \sin(\varphi) = \frac{m \cdot g \cdot y}{l}$. Damit erhalten wir als Näherung für die Richtgröße $D = \frac{m \cdot g}{l}$ für das Fadenpendel.

Das Einsetzen in die Periodendauerformel einer harmonischen Schwingung liefert die Periodendauer eines Fadenpendels.

Fadenpendel
Fadenlänge l
Gravitationsbeschleunigung g

Die Parameter eines Fadenpendels

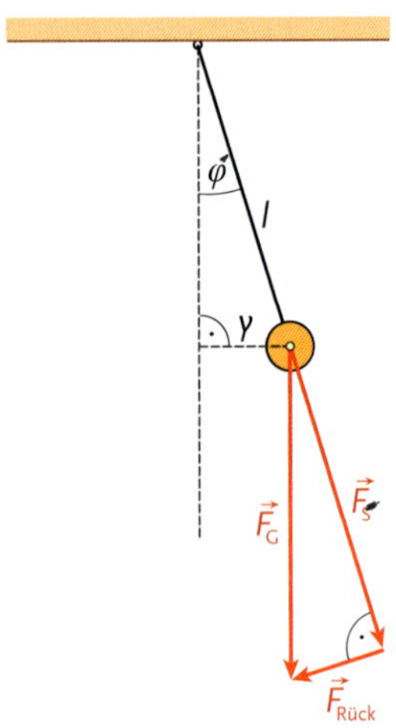

Beim Fadenpendel wird die Gewichtskraft in eine Fadenspannkraft F_S und eine zur Gleichgewichtslage rücktreibende Kraft $F_{Rück}$ zerlegt

Zur **Parameterabhängigkeit der Periodendauer eines Fadenpendels** halten wir in Kurzschreibweise fest:

$l \rightarrow 4l$: $T \rightarrow 2T$

$g \rightarrow 4g$: $T \rightarrow T/2$

In Worten:

- Wenn die Länge vervierfacht wird, verdoppelt sich die Periodendauer.
- Wenn die Gravitationsbeschleunigung vervierfacht wird, halbiert sich die Periodendauer.

Periodendauer eines Fadenpendels

Die **Periodendauer** T ist für kleine Auslenkungen direkt proportional zur Wurzel aus der Fadenlänge l und indirekt proportional zur Wurzel aus der Gravitationsbeschleunigung g.

$$T = 2\pi\sqrt{\frac{l}{g}}$$

Wenn die Auslenkung eines Fadenpendels aus der Gleichgewichtslage größer wird, ist die rücktreibende Kraft F_R nicht zur Auslenkung parallel. Mathematisch kann der Sinus des Auslenkungswinkels nicht mehr durch den Winkel (in Radiant) selbst ersetzt werden. Als genauere Näherung kann man ein Taylorpolynom n-ter Ordnung ($n > 1$) für den Sinus verwenden.

Taylorpolynom fünfter Ordnung für sin(x).
$p_5(x) = x - x^3/3! + x^5/5!$

Wenn wir die Fakultäten auswerten, erhalten wir
$p_5(x) = x - x^3/6 + x^5/120$.

Beispiel 2.1.05: Periodendauer eines Fadenpendels

Wir berechnen wie im Beispiel 2.1.04 vier verschiedene Periodendauern.

a) $l = 1$ m, $g_1 = 9{,}81$ m/s^2, $g_2 = 9{,}79$ m/s^2

$$T_1 = 2\pi\sqrt{\frac{l}{g_1}} = 2\pi\sqrt{\frac{1\text{ m}}{9{,}81\text{ ms}^{-2}}} \approx 2{,}006\text{ s}$$

$$T_2 = 2\pi\sqrt{\frac{l}{g_2}} = 2\pi\sqrt{\frac{1\text{ m}}{9{,}79\text{ ms}^{-2}}} \approx 2{,}008\text{ s}$$

Weil die Gravitationsbeschleunigung beim zweiten Fall etwas kleiner ist, nimmt die Periodendauer um zwei Millisekunden zu.

b) $g = 9{,}81\text{ms}^{-2}$, $l_1 = 30$ cm, $l_2 = 1{,}2$ m

$$T_1 = 2\pi\sqrt{\frac{l_1}{g}} = 2\pi\sqrt{\frac{0{,}3\text{ m}}{9{,}81\text{ ms}^{-2}}} \approx 1{,}1\text{ s}$$

$$T_2 = 2\pi\sqrt{\frac{l_2}{g}} = 2\pi\sqrt{\frac{1{,}2\text{ m}}{9{,}81\text{ ms}^{-2}}} \approx 2{,}2\text{ s}$$

Weil die Länge vervierfacht wurde, verdoppelt sich die Periodendauer bei unveränderter Erdbeschleunigung.

Ziele erreicht? – „Fadenpendel“

2.1.06 + Geben Sie die Parameter für die Periodendauer eines **Fadenpendels** an.

2.1.07 + Berechnen Sie die Kreisfrequenz, die Frequenz und die Periodendauer eines **Fadenpendels** mit $l = 75$ cm auf dem Mond. Was passiert, wenn die Länge des Fadens halbiert wird? Welche Fadenlänge müsste man auf der Erde verwenden, um die gleiche Periodendauer wie auf dem Mond zu erhalten?

2.1.08 ++ Welche Länge hat ein **Fadenpendel** auf der Erdoberfläche, wenn die Periodendauer zwei Sekunden beträgt? Informieren Sie sich über Maxima und Minima der Erdbeschleunigung auf unserem Planeten und lösen Sie die Aufgabe für diese Extremfälle.

2.1.09 + Bei Messungen der **Erdbeschleunigung** wurden bei der Normerdbeschleunigung von $g = 9{,}81$ m/s^2 in einer bestimmten Zeit 3 900 Pendelschwingungen gezählt. Wie viele wären es bei $g = 9{,}79$ m/s^2?

Translation	Rotation
Kraft F	Drehmoment M
Masse m	Massenträgheitsmoment J
Richtgröße D	Winkelrichtgröße D^*

Translationsgrößen und entsprechende Rotationsgrößen

2.1.3 Drehpendel

Beispiele für Drehpendel findet man im Alltag zur Genüge. Die mechanische Armbanduhr fällt uns sofort ein. Wir denken aber auch an Sportgeräte, die an Seilen befestigt sind oder an Kräne, die Lasten an Stahlseilen bewegen sowie an analoge Messgeräte. Beim Seilklettern und beim Pendeln mit einem „Riesenpendel" erfährt man das Verdrehen am eigenen Leib.

Meine Ziele

Nach Bearbeitung dieses Kapitels kann ich

- die **Analogien** zwischen Dreh- und Translationsgrößen in Bezug auf Pendel nennen;
- die **Parameter** eines Drehpendels angeben;
- die **Periodendauer** eines Drehpendels berechnen.

Bei einem **Dreh-** oder **Torsionspendel** führt eine an einem Draht befestigte Scheibe bzw. ein mit einer Feder verbundener Körper eine **Drehschwingung** aus.
Beim Feder- und Fadenpendel konnten wir die Kräfte als Ursache der Schwingung festmachen und untersuchen. Bei einem Drehpendel ist – wie in der Dynamik der Rotation erläutert – ein **Drehmoment** für die **Winkelbeschleunigung** verantwortlich.

Für das **Massenträgheitsmoment** J wird auch die Kurzbezeichnung Trägheitsmoment verwendet.

Der rücktreibenden **Kraft** beim Feder- und Fadenpendel entspricht nun das rücktreibende **Drehmoment,** der **Masse** das **Massenträgheitsmoment** und der **Richtgröße** D die **Winkelrichtgröße** D^*.

Drehpendel
Massenträgheitsmoment J
Winkelrichtgröße D^*

Die Parameter eines Drehpendels

Drehpendel werden zur experimentellen Bestimmung von Massenträgheitsmomenten verwendet.

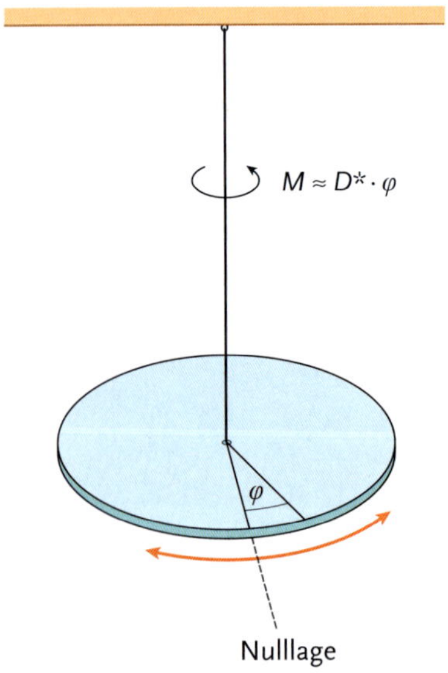

Beim Dreh- bzw. Torsionspendel wirkt ein Drehmoment, das näherungsweise der Auslenkung (Elongation) aus der Gleichgewichtslage proportional ist

Periodendauer eines Drehpendels

Die **Periodendauer** T ist für kleine Auslenkungen näherungsweise direkt proportional zur Wurzel aus dem Massenträgheitsmoment J und indirekt proportional zur Wurzel aus der Winkelrichtgröße D^*.

$$T = 2\pi\sqrt{\frac{J}{D^*}}$$

Merkhilfe: Ersetzen Sie die Translations- durch die entsprechenden Rotationsgrößen.

$$\text{Richtgröße } D = \frac{\text{Kraft}}{\text{Weg}} \qquad T_{Federpendel} = 2\pi\sqrt{\frac{m}{D}}$$

$$\text{Winkelrichtgröße } D^* = \frac{\text{Drehmoment}}{\text{Drehwinkel}} \qquad T_{Drehpendel} = 2\pi\sqrt{\frac{J}{D^*}}$$

Die **Periodendauer** T kann auch mit der Bewegungsgleichung

$$J \cdot \frac{d^2\varphi}{dt^2} + D^* \cdot \varphi = 0$$

hergeleitet werden.

Beispiel 2.1.06: Periodendauer eines Drehpendels

$D^* = 1\ \text{Nm} \cdot \text{rad}^{-1}, J_1 = 1\ \text{kg} \cdot \text{m}^2, J_2 = 1/9\ \text{kg} \cdot \text{m}^2.$

$$T_1 = 2\pi\sqrt{\frac{J_1}{D^*}} = 2\pi\sqrt{\frac{1\ \text{kg} \cdot \text{m}^2}{1\ \text{Nm} \cdot \text{rad}^{-1}}} \approx 6{,}28\ \text{s}$$

$$T_2 = 2\pi\sqrt{\frac{J_2}{D^*}} = 2\pi\sqrt{\frac{\frac{1}{9}\ \text{kg}\cdot\text{m}^2}{1\ \text{Nm}\cdot\text{rad}^{-1}}} \approx 2{,}09\ \text{s}$$

Weil das Massenträgheitsmoment im zweiten Fall der neunte Teil des Trägheitsmoments im ersten Fall ist, wird die Periodendauer gedrittelt.

Zur **Parameterabhängigkeit der Periodendauer** eines Drehpendels halten wir in Kurzschreibweise fest:

$J \rightarrow 4J$: $T \rightarrow 2T$

$D^* \rightarrow 4D^*$: $T \rightarrow T/2$

In Worten:
- Wenn das Massenträgheitsmoment vervierfacht wird, verdoppelt sich die Periodendauer.
- Wenn die Winkelrichtgröße vervierfacht wird, halbiert sich die Periodendauer.

Ziele erreicht? – „Drehpendel"

2.1.10 + Geben Sie die Parameter für die Periodendauer eines **Drehpendels** an.

2.1.11 + Berechnen Sie die Kreisfrequenz, die Frequenz und die Periodendauer eines **Drehpendels** mit $J = 5\ \text{kg}\cdot\text{dm}^2$ und $D^* = 1\ \text{N}\cdot\text{cm/rad}$. Bestimmen Sie, welche Periodendauer sich ergibt, wenn durch Hinzufügen eines Probekörpers das Massenträgheitsmoment um 50 % zunimmt und die Winkelrichtgröße als unverändert angenommen werden kann.

2.1.12 + Berechnen Sie die Winkelrichtgröße eines **Drehpendels** mit einem Massenträgheitsmoment von $2\ \text{kg}\cdot\text{cm}^2$, wenn die Periodendauer 10 s beträgt.

2.1.13 + Eine an einem Draht hängende Scheibe führt in einer Minute 30 **Drehschwingungen** aus. Gibt man einen Zusatzkörper auf die Scheibe, werden um ein Drittel weniger Schwingungen in der gleichen Zeit ausgeführt. Bestimmen Sie das Massenträgheitsmoment des Zusatzkörpers, wenn die Scheibe eines von $0{,}1\ \text{kg}\cdot\text{m}^2$ hat.

2.1.4 Physisches Pendel

Ein nicht gewuchtetes Rad ist ein Beispiel für ein unerwünschtes physisches Pendel im Alltag. Allgemein führt ein beliebiger Körper, der auf einer Achse gelagert ist, die nicht durch seinen Schwerpunkt verläuft, eine Schwingung aus.

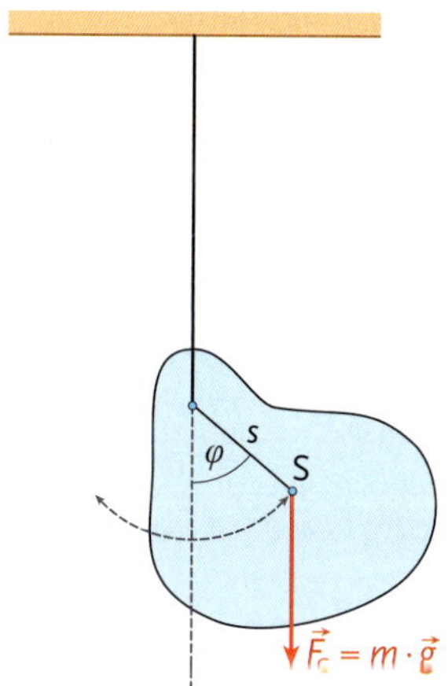

Beim **physischen Pendel,** das auf einer nicht durch den Schwerpunkt S verlaufenden Achse gelagert ist, erzeugt die Gewichtskraft ein zur Gleichgewichtslage rücktreibendes Drehmoment. Das Drehmoment ist näherungsweise proportional zum Schwerpunktsabstand s von der Drehachse.

Meine Ziele

Nach Bearbeitung dieses Kapitels kann ich
- die **Parameter** eines physischen Pendels angeben;
- die **Periodendauer** eines physischen Pendels berechnen.

Periodendauer eines physischen Pendels

Die **Periodendauer** T ist für kleine Auslenkungen näherungsweise
- direkt proportional zur Wurzel aus dem Massenträgheitsmoment J,
- indirekt proportional zur Wurzel aus der Masse m,
- indirekt proportional zur Wurzel aus der Gravitationsbeschleunigung g
- und indirekt proportional zur Wurzel aus dem Schwerpunktabstand s.

$$T = 2\pi\sqrt{\frac{J}{m\cdot g\cdot s}}$$

Physisches Pendel
Massenträgheitsmoment J
Masse m
Gravitationsbeschleunigung g
Schwerpunktabstand s

Die Parameter eines physischen Pendels

Wir leiten die Periodendauerformel des physischen Pendels aus der allgemeinen Formel für ein Drehpendel her. Dazu verwenden wir die Näherung $\sin(\varphi)$ rund φ für kleine Winkel in Radiant.

Zur **Parameterabhängigkeit der Periodendauer eines physischen Pendels** halten wir in Kurzschreibweise fest:

$J \rightarrow 4J$: $T \rightarrow 2T$
$m \rightarrow 4m$: $T \rightarrow T/2$
$g \rightarrow 4g$: $T \rightarrow T/2$
$s \rightarrow 4s$: $T \rightarrow T/2$

In Worten:
- Wenn das Massenträgheitsmoment vervierfacht wird, verdoppelt sich die Periodendauer.
- Wenn entweder die Masse, die Gravitationsbeschleunigung oder der Schwerpunktabstand vervierfacht wird, halbiert sich die Periodendauer.

$$T = 2\pi\sqrt{\frac{J}{D^*}} = 2\pi\sqrt{\frac{J}{\frac{M}{\varphi}}} = 2\pi\sqrt{\frac{J \cdot \varphi}{F_G \cdot s \cdot \sin(\varphi)}} \approx 2\pi\sqrt{\frac{J \cdot \varphi}{F_G \cdot s \cdot \varphi}} = 2\pi\sqrt{\frac{J}{m \cdot g \cdot s}}$$

Beispiel 2.1.07: Periodendauer eines physischen Pendels

$J = 0{,}5\ \text{kg} \cdot \text{m}^2$, $m = 10$ dag, $g = 9{,}81\ \text{m/s}^2$, $s = 5$ cm.

$$T = 2\pi\sqrt{\frac{J}{m \cdot g \cdot s}} = 2\pi\sqrt{\frac{0{,}5\ \text{kg} \cdot \text{m}^2}{0{,}1\ \text{kg} \cdot 9{,}81\ \text{m} \cdot \text{s}^{-2} \cdot 0{,}05\ \text{m}}} \approx 20{,}1\ \text{s}$$

Ziele erreicht? – „Physisches Pendel"

2.1.14 + Geben Sie die Parameter für die Periodendauer eines **physischen Pendels** an.

2.1.15 + Berechnen Sie die Kreisfrequenz, die Frequenz und die Periodendauer eines **physischen Pendels** mit $J = 2{,}5\ \text{kg} \cdot \text{cm}^2$, $m = 100$ g, und $s = 5$ mm auf dem Mond. Welchen Schwerpunktabstand müsste man für das Pendel auf der Erde verwenden, um die gleiche Periodendauer zu erhalten?

2.1.16 + Bestimmen Sie den Schwerpunktabstand eines **physisches Pendels** mit einer Masse von rund 20 dag auf der Erdoberfläche, wenn die Periodendauer vier Sekunden und das Massenträgheitsmoment $5\ \text{kg} \cdot \text{dm}^2$ beträgt.

2.1.17 + Erstellen Sie eine systematische Zusammenstellung aller paarweisen Änderungen der Parameter eines **physischen Pendels,** die die Periodendauer unverändert lassen.

2.1.5 Überlagerung von Schwingungen

Ein Mehrklang ist die additive Überlagerung mehrerer Einzeltöne. Allgemeiner ergibt sich die resultierende Gesamtbewegung aus der vektoriellen Summe der Einzelschwingungen, wenn mehrere periodische Kräfte auf ein System einwirken. Bei Schwingungen und ihren Überlagerungen denken wir aber nicht nur an Musik, sondern auch an elektromagnetische Wellen und damit an die Optik, die Thermodynamik und die Elektrodynamik. Schwingungs- und Wellenüberlagerung spielen in Natur und Technik eine fundamentale Rolle.

Meine Ziele

Nach Bearbeitung dieses Kapitels kann ich
- **Schwingungsüberlagerungen** im Alltag angeben und zwischen **paralleler** und **senkrechter Überlagerung** von harmonischen Schwingungen unterscheiden;
- die Anwendungsgebiete von **Lissajousfiguren** angeben;
- die Überlagerung von zwei Schwingungen **grafisch** ermitteln;
- aus der grafischen Überlagerung zweier senkrechter Schwingungen das **Amplituden-** und (rationale) **Frequenzverhältnis** ablesen.

Schwingung_1	Schwingung_2
r_1	r_2
ω_1	ω_2
φ_{01}	φ_{02}

Die Parameter zweier harmonischer nicht gedämpfter Schwingungen

Bei der Überlagerung von Schwingungen ist stets auf die Amplituden, die Frequenzen, eine eventuelle Phasenverschiebung und die relative Lage der Schwingungen zu achten. Wir beschränken uns auf die Überlagerung von **parallelen** und **senkrechten Schwingungen.**

Überlagerung von parallelen Schwingungen

Wir überlagern zuerst zwei Schwingungen gleicher Frequenz ohne Phasenverschiebung.

Beispiel 2.1.08: Zwei Töne gleicher Frequenz aber unterschiedlicher Lautstärke

Wenn der erste Ton durch die Gleichung
$y_1(t) = r_1 \cdot \sin(\omega \cdot t)$

und der zweite gleichfrequente Ton durch
$y_2(t) = r_2 \cdot \sin(\omega \cdot t)$

beschrieben wird, so ergibt sich für die Überlagerung der beiden Einzeltöne
$y_{ges}(t) = r_1 \cdot \sin(\omega \cdot t) + r_2 \cdot \sin(\omega \cdot t) = (r_1 + r_2) \cdot \sin(\omega \cdot t)$.

Das ist eine Sinusschwingung der gleichen Frequenz wie die beiden Töne mit der Summe der beiden Einzelamplituden.

Die beiden verstärken einander maximal; es liegt **vollständige konstruktive Interferenz (ungestörte Überlagerung)** vor.

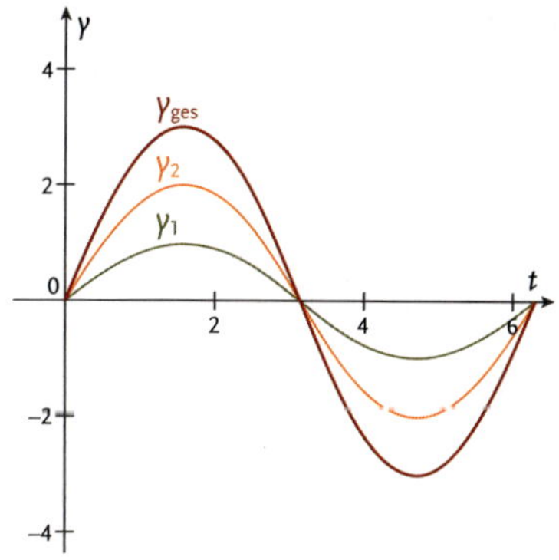

Beispiel für eine vollständige konstruktive Interferenz zweier harmonischer Schwingungen. Vergleichen Sie mit Beispiel 2.1.08.

Wir analysieren nochmals zwei Schwingungen gleicher Frequenz und gleicher Amplitude, aber nun mit einer Phasenverschiebung.

Beispiel 2.1.09: Zwei phasenverschobene Töne gleicher Frequenz und gleicher Amplitude

Wenn zwei identische Töne mit einer Periodendauer von 2π s nicht gleichzeitig erzeugt werden, ergibt sich nicht die doppelte Amplitude für die Gesamtschwingung.

Wir nehmen an, dass der zweite Ton
a) eine Viertelperiode,
b) eine Halbperiode nach dem ersten erklingt.

a) Für den ersten Ton gilt: $y_1(t) = r \cdot \sin(t)$
Für den zweiten gilt: $y_2(t) = r \cdot \sin(t + \pi/2)$

Damit ergibt sich die Gesamtschwingung für $t \geq 0$ s:
$y_{ges}(t) = r \cdot \sin(t + \pi/2) + r \cdot \sin(t)$.
$y_{ges}(t) = r \cdot (\sin(t + \pi/2) + \sin(t))$.

Verwendet man einen Teil des zweiten Summensatzes, erhält man
$y_{ges}(t) = 2 \cdot \cos(\pi/4) \cdot r \cdot \sin(t + \pi/4)$.

Die Gesamtschwingung ist wieder eine Sinusschwingung der **gleichen Frequenz** wie die Einzelschwingungen.

b) Für den ersten Ton gilt: $y_1(t) = r \cdot \sin(t + \pi) = -r \cdot \sin(t)$
Für den zweiten gilt: $y_2(t) = r \cdot \sin(t)$

Damit ergibt sich die Gesamtschwingung für $t \geq 0$ s:
$y_{ges}(t) = 0$.

Die beiden Schwingungen löschen sich aus; es liegt **vollständige destruktive Interferenz** vor.

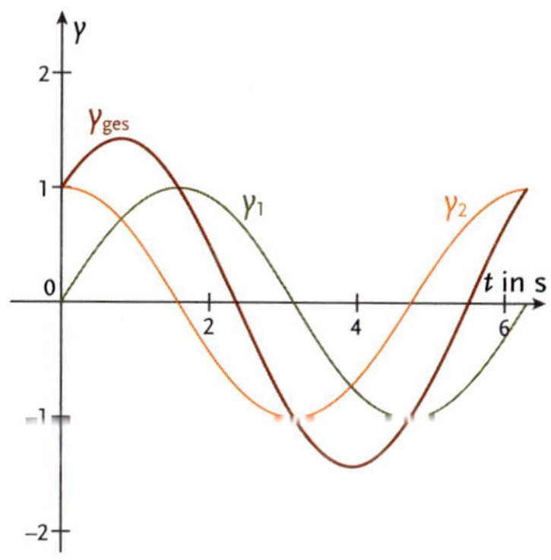

Skizze zu Beispiel 2.1.09: a) mit $r = 1$ Längeneinheit und $\omega = 1\,\frac{\text{rad}}{\text{s}}$

Eine **spezielle goniometrische Beziehung** (Teil des zweiten Summensatzes):
$\sin(x) + \sin(y) =$
$2\sin\frac{(x+y)}{2}\cos\frac{(x-y)}{2}$

Zur mathematischen Behandlung paralleler Schwingungen eignet sich auch ein **Zeigerdiagramm.** Stimmen die Frequenzen der Einzelschwingungen nicht mehr überein, so ist die Summe nicht mehr durch eine einzige Winkelfunktion darstellbar. Die Gesamtschwingung ist nicht harmonisch (anharmonisch), wie das nachfolgende Beispiel zeigt.

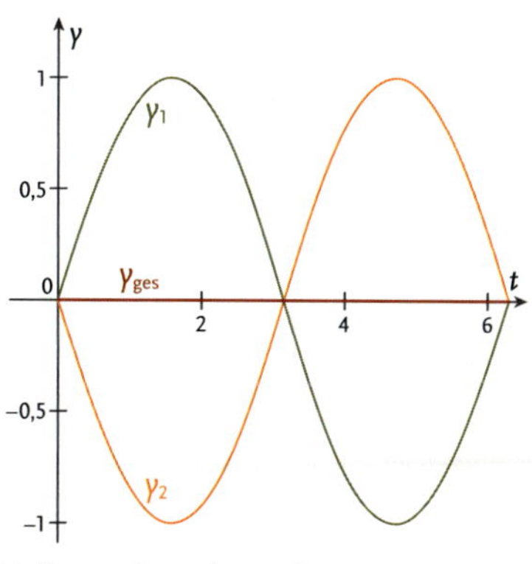

Vollständige destruktive Interferenz. Vergleichen Sie Beispiel 2.1.09 b)

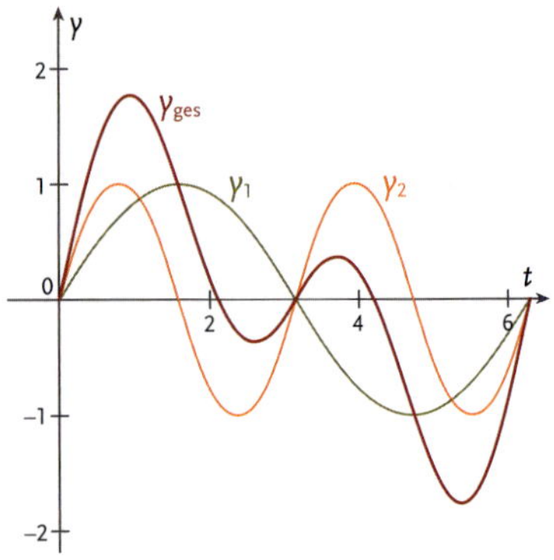

Skizze zu Beispiel 2.1.10: Die Gesamtschwingung (rot) aus den beiden harmonischen Einzelschwingungen ist nicht mehr harmonisch.

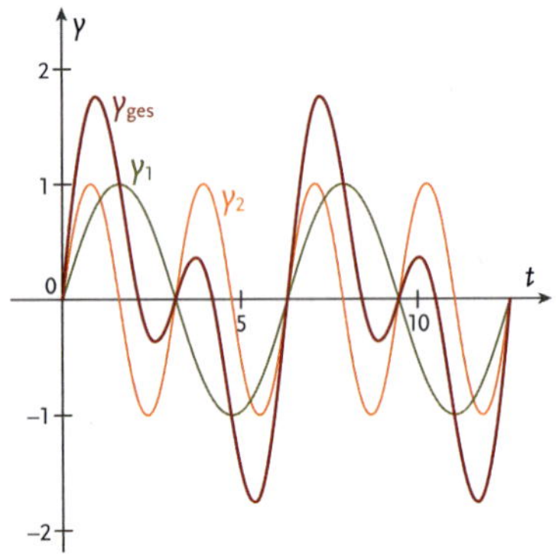

Die Periodendauer der nicht harmonischen Summenfunktion aus Beispiel 2.1.10 beträgt 2π Zeiteinheiten.

JOSEPH BARON DE FOURIER, 1768 BIS 1830, FRANZÖSISCHER PHYSIKER

Amplituden	Kreisfrequenzen
1	1
$\frac{1}{2}$	2
$\frac{1}{3}$	3
$\frac{1}{4}$	4
$\frac{1}{5}$	5
⋮	⋮
$\frac{1}{k}$	k

Zum Beispiel 2.1.12: die Amplituden und Kreisfrequenzen der Einzelschwingungen

Beispiel 2.1.10: Grundton und Oktave

Ein Ton und seine Oktave werden mit gleicher Amplitude erzeugt. Dann gilt für die Überlagerung der beiden Einzeltöne:

$$y_{ges}(t) = r \cdot \sin(\omega \cdot t) + r \cdot \sin(2\omega \cdot t)$$

Der Graph zeigt, dass die überlagerte Schwingung periodisch aber nicht mehr harmonisch, also sinusförmig ist.

Bei der grafischen Überlagerung von zwei Schwingungen mit gemeinsamen Nulldurchgängen ist die punktweise Addition der Einzelauslenkungen sehr effizient, um den Verlauf der Gesamtschwingung qualitativ zu erfassen.

In den behandelten Beispielen und angestellten Überlegungen wurden bisher zwei parallele Schwingungen überlagert. Nachstehend werden einige Beispiele für die **Überlagerung von mehreren harmonischen Schwingungen** angeführt, die mit Computerunterstützung sehr leicht grafisch behandelt werden können.

Die Umkehraufgabe, wie man aus einer periodischen Summenfunktion die einzelnen additiven Teilfunktionen erhält, wird mithilfe von Fourierreihen gelöst.

Überlagerung von mindestens drei parallelen Schwingungen

Die Sägezahnschwingung spielt in der Elektro- und Automatisierungstechnik ebenso wie die Rechteckschwingung eine bedeutende Rolle.

Beispiel 2.1.11: Drei parallele harmonische Schwingungen mit Frequenzverhältnis 1 : 2 : 3

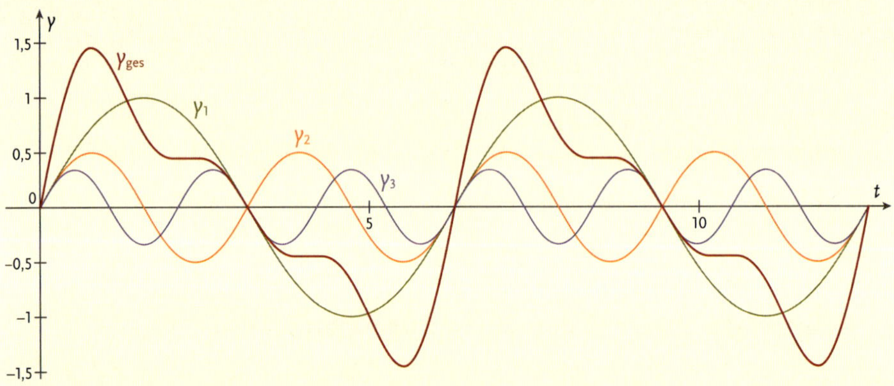

Die Summenfunktion nähert sich an eine fallende Sägezahnfunktion an.

Beispiel 2.1.12: 24 parallele harmonische Schwingungen mit Frequenzverhältnis 1 : 2 : 3 : ...

Nachstehend sind die ersten 24 Summanden überlagert.

$$y_1(t) = \sin(t)$$

$$y_2(t) = \frac{1}{2} \cdot \sin(2t)$$

$$y_3(t) = \frac{1}{3} \cdot \sin(3t)$$

$$\vdots$$

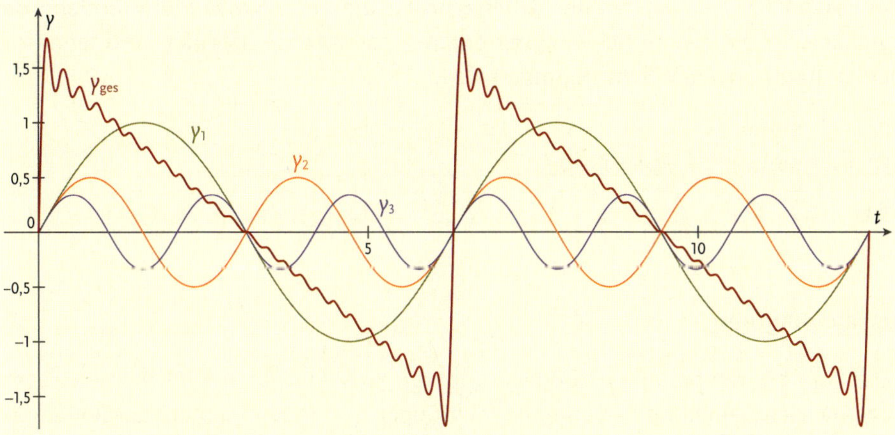

Die fallende **Sägezahnfunktion** mit einer Periodendauer von 2π s ist bereits deutlich ausgeprägt.

Bei einer Sägezahnschwingung tritt also jedes ganzzahlige Vielfache der Grundfrequenz als Frequenz einer sogenannten Oberschwingung auf.

Beim nachfolgenden Beispiel werden nur Schwingungen mit einem ungeraden ganzzahligen Vielfachen der Grundfrequenz überlagert.

Beispiel 2.1.13: Fünf parallele harmonische Schwingungen mit Frequenzverhältnis 1 : 3 : 5 : 7 : 9

$y_1(t) = \sin(t)$
$y_2(t) = 1/3 \cdot \sin(3t)$
$y_3(t) = 1/5 \cdot \sin(5t)$
$y_4(t) = 1/7 \cdot \sin(7t)$
$y_5(t) = 1/9 \cdot \sin(9t)$

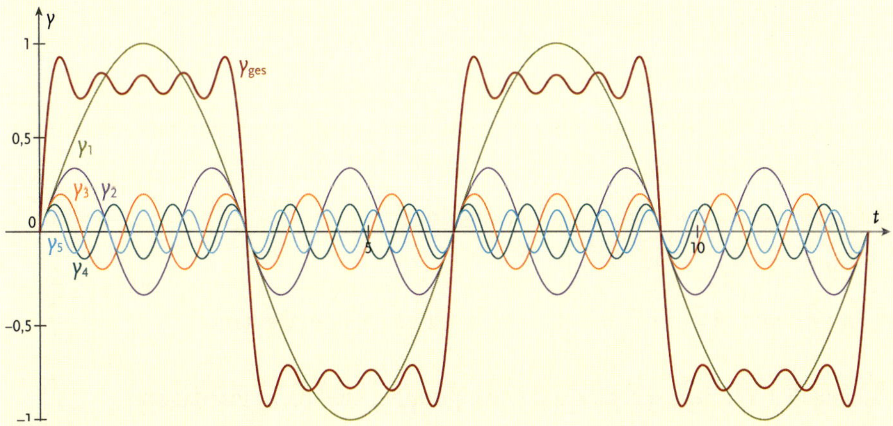

Die Überlagerung ist als Annäherung an die 2π-periodische **Rechtecksfunktion** zu erkennen. Diese wird auch als **Einundausschaltfunktion** bezeichnet und spielt ebenso wie die Sägezahnfunktion in der Elektrotechnik bzw. Informatik eine bedeutende Rolle.

Amplituden	Kreisfrequenzen
1	1
1/3	3
1/5	5
1/7	7
1/9	9

Zum Beispiel 2.1.13: die Amplituden und Kreisfrequenzen der Einzelschwingungen

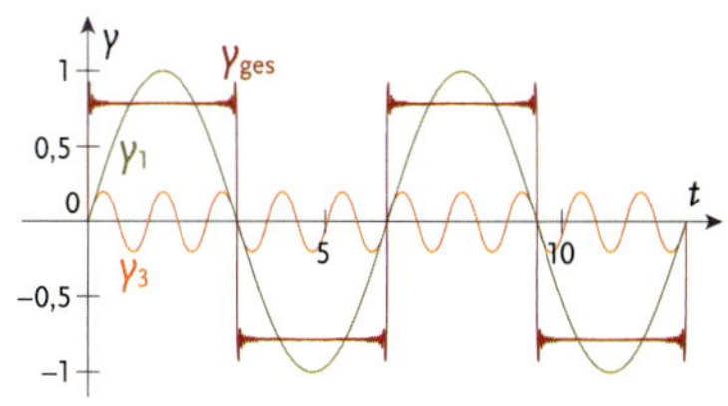

Fortführung von Beispiel 2.1.13: Überlagerung der ersten 51 Einzelschwingungen:

$$\sum_{k=1}^{51} \frac{[\sin(2k-1) \cdot t]}{2k-1}$$

Überlagerung von senkrechten Schwingungen

Jeder kennt die Bilder von Intensivstationen mit Oszillografen, die ein EKG (Elektrokardiogramm) anzeigen. Die nachstehend gezeigten Figuren können ebenfalls mit einem Oszillografen und den entsprechenden sinusförmigen Wechselspannungen an den beiden Eingängen (x- und y-Eingang) dargestellt werden.

Jules Antoine Lissajous, 1822 bis 1880, französischer Physiker

Wir lassen bei der senkrechten Überlagerung die erste Schwingung entlang der x-Achse und die zweite Schwingung entlang der y-Achse ablaufen und legen die beiden harmonischen Schwingungen als

$$x(t) = r_x \cdot \sin(\omega_x \cdot t)$$
$$y(t) = r_y \cdot \sin(\omega_y \cdot t + \varphi_{0y}) \quad t \geq 0\ \text{s}$$

fest.

Lissajousfiguren

Die Figuren, die bei einer Überlagerung von zwei Schwingungen mit senkrecht zueinander stehenden Schwingungsrichtungen entstehen, heißen **Lissajousfiguren.** Das rationale Frequenzverhältnis der beiden Einzelschwingungen ist gleich dem Verhältnis der Anzahl der **Berührungspunkte** mit den umschriebenen Rechteckseiten der Lissajousfigur.

Eine systematische Untersuchung der senkrechten Überlagerung von zwei harmonischen Schwingungen nach den Parametern Amplitude r, Winkelgeschwindigkeit ω und Phasenverschiebung – φ_{0y} für unsere Festlegung – bietet sich an.

Senkrechte Überlagerung ohne Phasenverschiebung ($\varphi_{0y} = 0$ rad)

Beide Schwingungen starten im Koordinatenursprung, sodass die Überlagerung durch den Punkt (0|0) verläuft.

Senkrechte Überlagerung ohne Phasenverschiebung und mit gleicher Amplitude

Die Lissajousfigur verläuft durch den Punkt (0|0) und kann in ein Quadrat mit der Seitenlänge $a = 2r$ eingeschrieben werden.

Senkrechte Überlagerung ohne Phasenverschiebung, mit gleicher Amplitude und gleicher Frequenz

Überlagert man zwei identische Schwingungen

$$x(t) = y(t) = r \cdot \sin(\omega \cdot t),$$

ergibt sich als Lissajousfigur ein Ausschnitt der ersten Mediane.

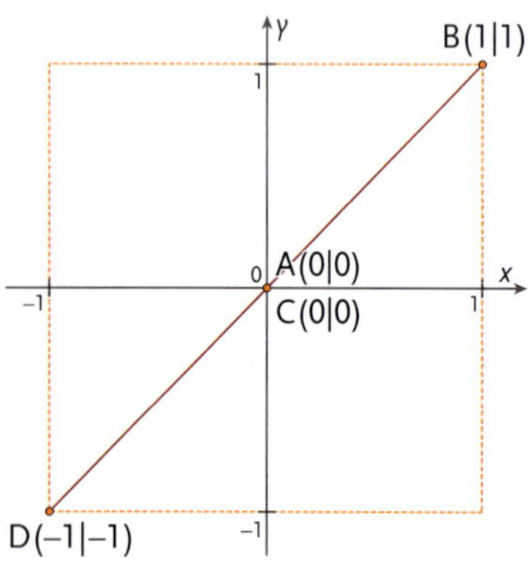

Skizze zu Beispiel 2.1.14: Hier ist die Amplitude $r = 1$

t	0	$\pi/2$	π	$3\pi/2$	2π
$x(t)$	0	1	0	–1	0
$y(t)$	0	1	0	–1	0
Punkt	A	B	C	D	E

Die Punkte werden in ihrer alphabetischen Reihenfolge durchlaufen.

Beispiel 2.1.14: Zwei identische Schwingungen, senkrecht überlagert

Für $x(t) = y(t) = r \cdot \sin(\omega \cdot t) = \sin(t)$

ergibt die Überlagerung die Diagonale eines Quadrats mit Seitenlänge 2 und dem Koordinatenursprung als Mittelpunkt.

Die Diagonale wird von A(0|0) beginnend nach rechts oben durchlaufen. Die Überlagerung kehrt im Punkt B(1|1) um, läuft bis zum unteren Eckpunkt des Quadrats D(–1|–1) und hat beim nachfolgenden Passieren des Koordinatenursprungs eine volle Schwingung vollendet.

A

Senkrechte Überlagerung ohne Phasenverschiebung, mit gleicher Amplitude, aber unterschiedlicher Frequenz

Beispiel 2.1.15: Frequenzverhältnis 1 : 2

$x(t) = \sin(t)$
$y(t) = \sin(2t)$

Am besten fertigt man eine Wertetabelle für t aus [0 rad; π rad] in $\pi/4$-Schritten und überlegt sich die vollständige Lissajousfigur mithilfe von Symmetrieüberlegungen.

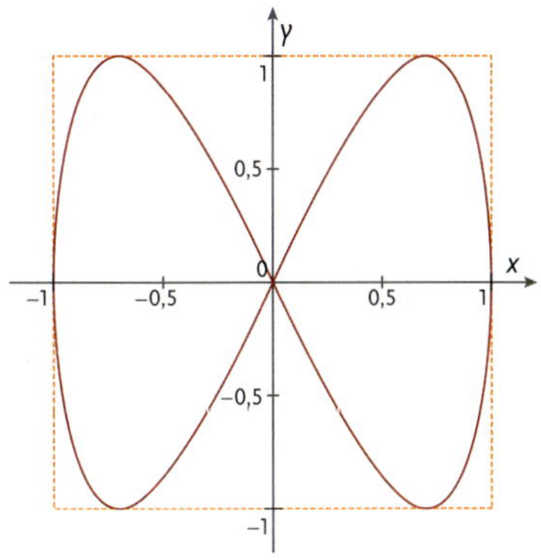

Skizze zu Beispiel 2.1.15: Die waagrechten Rechteckseiten werden zweimal, die lotrechten einmal berührt

Beispiel 2.1.16: Frequenzverhältnis 2 : 3

$x(t) = \sin(2t)$
$y(t) = \sin(3t)$

Weil die x-Schwingung π-periodisch und die y-Schwingung $2\pi/3$-periodisch ist, wählt man für die Wertetabelle eine Schrittweite von $\pi/12$.

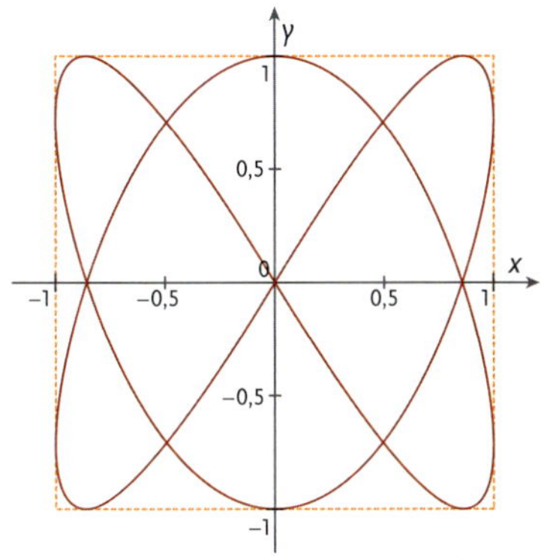

Skizze zu Beispiel 2.1.16: drei Berührungspunkte für die waagrechten und zwei für die senkrechten Rechteckseiten

Bisher haben wir **rationale Frequenzverhältnisse** gewählt, sodass die entstehende Figur stets **geschlossen** war. Liegt ein **irrationales Frequenzverhältnis** vor, so ist die Lissajousfigur **offen** und füllt umso mehr Punkte des Quadrats aus, je länger die Einzelschwingungen überlagert werden.

Beispiel 2.1.17: Irrationales Frequenzverhältnis 1 : $\sqrt{2}$

$x(t) = \sin(t)$
$y(t) = \sin(\sqrt{2} \cdot t)$

Wir lassen vorerst t von 0 s bis 2π s laufen und erhalten nebenstehende offene Figur.

Wenn t nun auch Werte aus [2π s; 6π s] annimmt, macht die Einzelschwingung in x-Richtung bereits drei volle Schwingungen, sodass die Überlagerung mehr Platz im Quadrat einnimmt.

Lässt man die Schwingung in x-Richtung 25 volle Perioden durchlaufen, so ergibt sich eine beeindruckende Vielfalt.

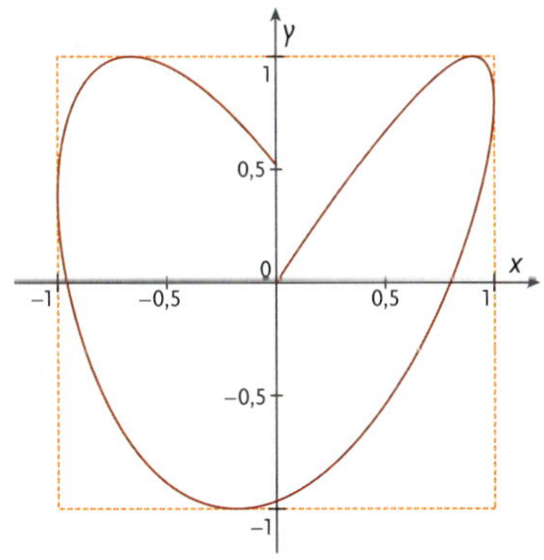

Skizze zu Beispiel 2.1.17: t durchläuft die Werte von 0 s bis 2π s

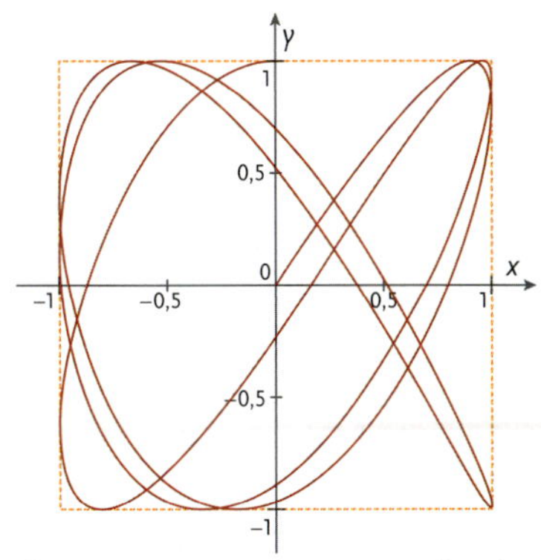

Skizze zu Beispiel 2.1.17: t durchläuft die Werte von 0 s bis 6π s

Senkrechte Überlagerung ohne Phasenverschiebung, aber mit unterschiedlicher Amplitude

Die Überlagerung kann in ein Rechteck mit den Seitenlängen $a = 2r_x$ und $b = 2r_y$ eingeschrieben werden.

Senkrechte Überlagerung ohne Phasenverschiebung, mit unterschiedlicher Amplitude, aber gleicher Frequenz

Die Lissajousfigur ergibt einen Ausschnitt einer homogenen linearen Funktion mit der Steigung r_y/r_x.

Beispiel 2.1.18: $y = kx$

$x(t) = 5\sin(t)$ d. h. Rechteckseite $a = 10$
$y(t) = 3\sin(t)$ d. h. Rechteckseite $b = 6$

Steigung $k = 3/5 = 0{,}6$

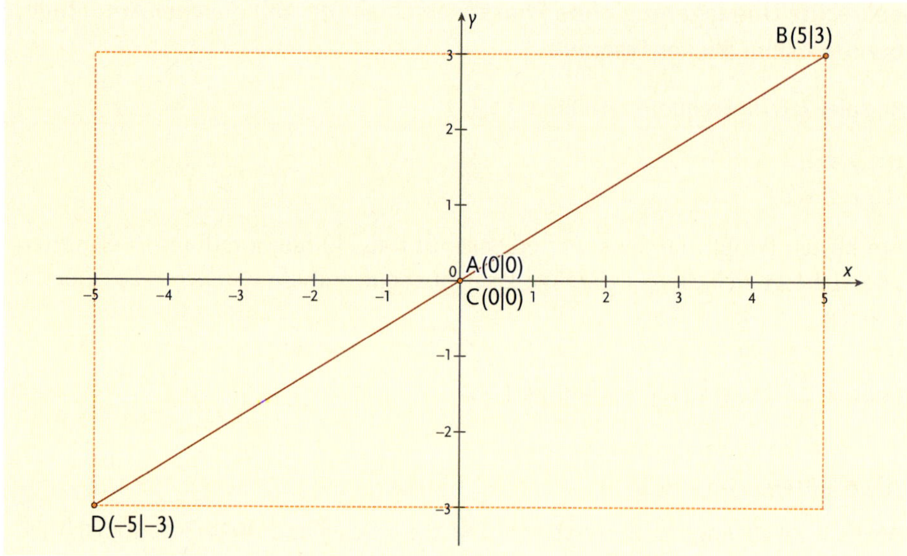

Senkrechte Überlagerung mit Phasenverschiebung

Wegen

$x(0\ \text{s}) = 0\ \text{m}$
$y(0\ \text{s}) = r_y \cdot \sin(\varphi_{0y})\ \text{m}$

startet die Überlagerung im Punkt $(0 \mid r_y \cdot \sin(\varphi_{0y}))$.

Senkrechte Überlagerung mit Phasenverschiebung, mit gleicher Amplitude und gleicher Frequenz

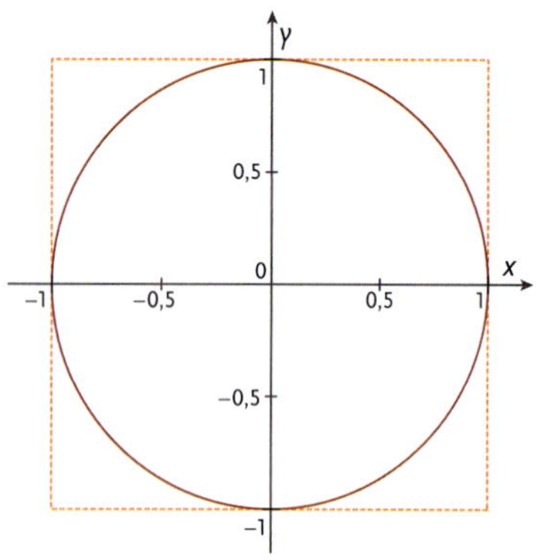

Diagramm und Wertetabelle zu Beispiel 2.1.19:

t	0	$\pi/2$	π	$3\pi/2$	2π
$x(t)$	0	1	0	−1	0
$y(t)$	1	0	−1	0	1
Punkt	A	B	C	D	E

Die Punkte werden in ihrer alphabetischen Reihenfolge durchlaufen und erzeugen so den Einheitskreis.

Beispiel 2.1.19: Der Einheitskreis als Lissajousfigur

$x(t) = \sin(t)$
$y(t) = \sin\left(t + \frac{\pi}{2}\right) = \cos(t)$

Als Überlagerung ergibt sich der Einheitskreis, der vom Punkt A(0| 1) beginnend im Uhrzeigersinn (in technisch negativer Drehrichtung) durchlaufen wird.

Senkrechte Überlagerung mit Phasenverschiebung, mit gleicher Amplitude, aber unterschiedlicher Frequenz

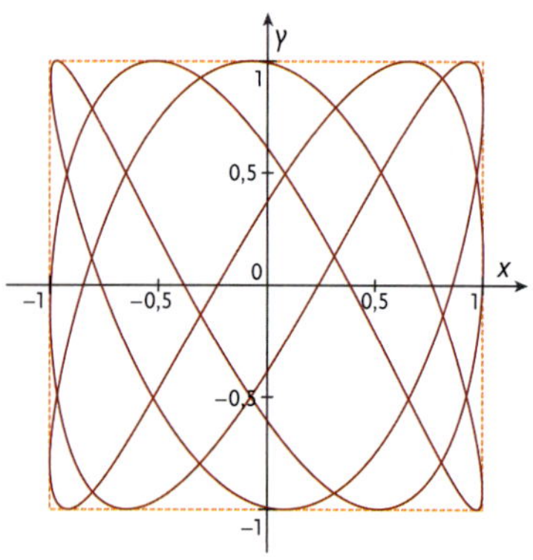

Skizze zu Beispiel 2.1.20: Die Lissajousfigur berührt die waagrechten Quadratseiten fünfmal und die senkrechten dreimal, weil das Frequenzverhältnis von x-Schwingung zu y-Schwingung 3 : 5 beträgt

Beispiel 2.1.20: Lissajousfigur für ein Frequenzverhältnis von 3 : 5

$x(t) = \sin(3t)$
$y(t) = \sin\left(5t + \frac{\pi}{3}\right)$

Ohne Rechnerunterstützung empfiehlt sich für dieses Beispiel eine Wertetabelle mit einer gemeinsamen Schrittweite von $\pi/30$.

Senkrechte Überlagerung mit Phasenverschiebung, unterschiedlicher Amplitude, aber gleicher Frequenz

Beispiel 2.1.21: Eine Ellipse als Lissajousfigur

$x(t) = 3\sin(t)$ d. h. Rechteckseite $a = 6$
$y(t) = \sin\left(t + \frac{\pi}{2}\right) = \cos(t)$ d. h. Rechteckseite $b = 2$

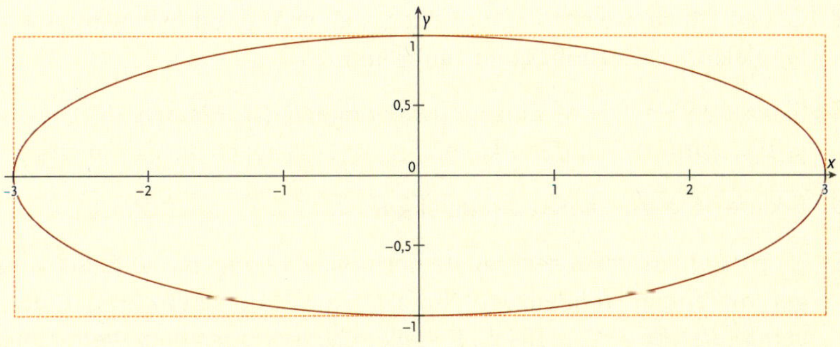

Die Ellipse, die vom Punkt A(0|1) startend im Uhrzeigersinn durchlaufen wird, berührt das umschriebene Rechteck in den Haupt- und Nebenscheiteln, sodass das Frequenzverhältnis 1 : 1 bestätigt wird. Eine Überprüfung mit einigen Werten empfiehlt sich mit einer Schrittweite von $\pi/4$, um jeweils zwischen den Scheiteln einen weiteren Ellipsenpunkt zu erhalten.

t	0	$\pi/4$	$\pi/2$	$3\pi/4$	π
$x(t)$	0	$3/\sqrt{2}$	3	$3/\sqrt{2}$	0
$y(t)$	1	$1/\sqrt{2}$	0	$-1/\sqrt{2}$	–1
Punkt	A	B	C	D	E

Wertetabelle zu Beispiel 2.1.21: Die Punkte werden in ihrer alphabetischen Reihenfolge durchlaufen und erzeugen so die Ellipse $\frac{x^2}{9} + y^2 = 1$.

A

Senkrechte Überlagerung mit Phasenverschiebung, unterschiedlicher Amplitude und unterschiedlicher Frequenz

Beispiel 2.1.22: Eine axialsymmetrische Lissajousfigur

$x(t) = 2\sin(t)$ d. h. Rechteckseite $a = 4$

$y(t) = 5\sin\left(2t + \frac{\pi}{4}\right)$ d. h. Rechteckseite $b = 10$

Den vier Berührungspunkten mit den waagrechten Rechteckseiten stehen zwei mit den vertikalen Seiten gegenüber, sodass das Frequenzverhältnis von 1 : 2 bestätigt wird.

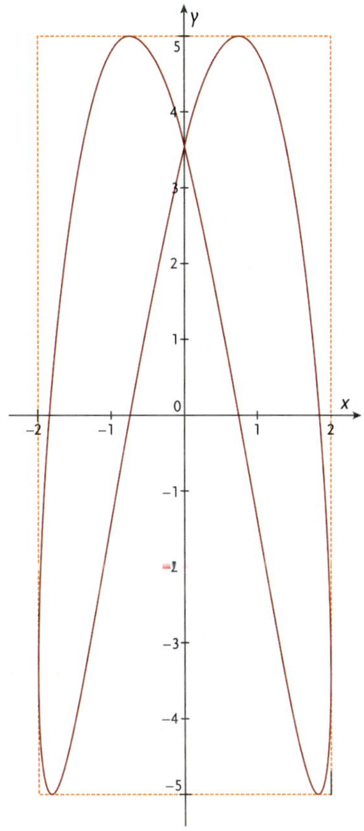

Skizze zu Beispiel 2.1.22: Die Schwingung in y-Richtung ist doppelt so schnell wie die in x-Richtung

Ziele erreicht? – „Überlagerung von Schwingungen"

2.1.18 + Beschreiben Sie, unter welcher Bedingung eine Überlagerung von zwei parallelen Sinusschwingungen wieder **harmonisch** ist.

2.1.19 + Geben Sie an, wie groß die **Periodendauer** der Summenfunktion zweier paralleler Sinusschwingungen mindestens ist.

2.1.20 ++ Überlagern Sie **zwei parallele harmonische ungedämpfte Schwingungen** gleicher Frequenz mit einem Amplitudenverhältnis von 3 : 1 grafisch.

2.1.21 ++ Ermitteln Sie die **Überlagerung** zweier paralleler harmonischer ungedämpfter Schwingungen mit einem Frequenz- und Amplitudenverhältnis von 2 : 3 a) ohne Phasenverschiebung und b) mit einer Phasenverschiebung von π grafisch.

2.1.22 ++ Ermitteln Sie qualitativ die **Überlagerung** eines Tons und seiner Quinte (Frequenzverhältnis = 3 : 2, z. B. c und g) grafisch im folgenden Diagramm. Ermitteln Sie zuerst jene Punkte der Gesamtschwingung, bei denen mindestens eine der beiden Einzelschwingungen eine Nullstelle hat.

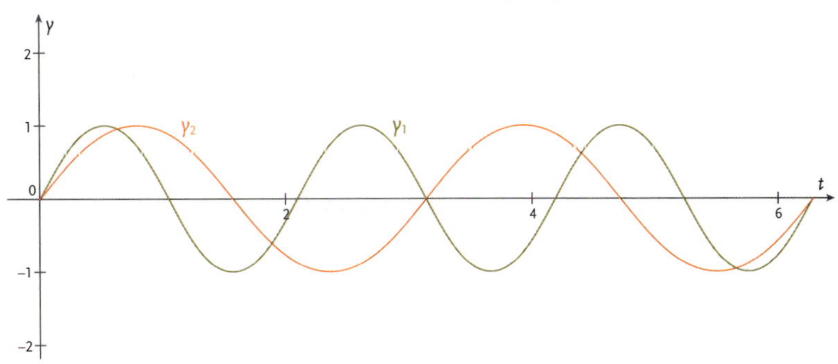

Zu Aufgabe 2.1.22:
Bei einer Oktave beträgt das Frequenzverhältnis 2 : 1 und bei einer (reinen) Quinte 3 : 2. Die reine Quinte wird auch als pythagoreische Quinte bezeichnet.

2.1.23 + Geben Sie an, welche Frequenzen bei einer **Sägezahnschwingung** im Vergleich zur Grundfrequenz auftreten.

2.1.24 + Skizzieren Sie die drei **Einzelschwingungen** $y_1(t) = 2\sin(t)$, $y_2(t) = -\sin(2t)$, $y_3(t) = 2\sin(3t)/3$ und markieren Sie die Nullstellen der Summenfunktion.

2.1.25 + Erklären Sie, was eine **Lissajousfigur** ist.

2.1.26 ++ Überlagern Sie **zwei senkrechte harmonische ungedämpfte Schwingungen** mit einem Frequenzverhältnis von 2 : 1 und einem Amplitudenverhältnis von 3 : 1 grafisch. Erstellen Sie eine geeignete Wertetabelle. Überlegen Sie die dazu nötige Schrittweite.

2.1.27 ++ Überlagern Sie **zwei senkrechte harmonische ungedämpfte Schwingungen** mit einem Frequenzverhältnis von 1 : 3 und einem Amplitudenverhältnis von 3 : 2 grafisch. Erstellen Sie eine Wertetabelle und überlegen Sie zuvor die nötige Schrittweite.

2.1.28 ++ Fertigen Sie eine **tabellarische Zusammenfassung** aller Möglichkeiten der senkrechten Überlagerung für harmonische Schwingungen im Hinblick auf ihre drei Parameter an.

2.1.29 ++ Modellieren Sie die Überlagerung von **zwei parallelen harmonischen Schwingungen** im Hinblick auf ihre drei Parameter. Die oben durchgeführte systematische senkrechte Überlagerung von zwei harmonischen Schwingungen ist dabei hilfreich.

2.1.6 Erzwungene und gedämpfte Schwingung

In der Praxis treten aufgrund der unvermeidlichen Reibung gedämpfte Schwingungen auf. Am Beispiel einer mechanischen Pendeluhr erkennen wir auch, dass die Pendelstange der Pendeluhr nur durch einen äußeren Zwang – den Energieübertrag durch Anker und Steigrad – zu einer konstanten Amplitude und Periodendauer gebracht werden kann.

Schwingtüren kommen in klassischen Western immer wieder vor. Sie führen eine gedämpfte Schwingung aus.

Meine Ziele

Nach Bearbeitung dieses Kapitels kann ich

- die Begriffe **freie** bzw. **erzwungene** sowie **ungedämpfte** und **gedämpfte harmonische Schwingung** unterscheiden;
- die **Schwingungsgleichung** einer freien ungedämpften sowie einer freien gedämpften Schwingung angeben und mit ihr rechnen;
- **Resonanzdiagramme** interpretieren.

Bisher haben wir ein Pendel mithilfe einer Kraft aus der Gleichgewichtslage ausgelenkt und danach sich selbst überlassen. Die dabei unvermeidlichen Reibungsverluste wurden vernachlässigt. Solche Schwingungen sind freie, also nicht erzwungene ungedämpfte Schwingungen.

Bei einer Pendeluhr wird im jeweils richtigen Moment über den Anker durch die Zähne des Steigrades Energie zugeführt. Diese ist als potenzielle Energie in den angehobenen Antriebsmassen gespeichert. Dadurch erreicht man eine Schwingung mit fast konstanter Amplitude.

Gedämpfte Schwingungen

Will man in der Technik eine nahezu ungedämpfte Schwingung realisieren, führt man einem reibungsbehafteten Pendel **(Oszillator)** zu einem geeigneten Zeitpunkt die durch Reibung verlorene Energie wieder zu **(Rückkopplung).** Beispiele sind elektromagnetische Schwingkreise sowie mechanische Uhren. Die dadurch entstehenden Schwingungen entsprechen freien ungedämpften Schwingungen.

Die in der Praxis unvermeidliche Reibung beeinflusst eine Schwingung in zweierlei Hinsicht:

- Die **Amplitude** nimmt exponentiell mit der Zeit ab, wenn die Reibungskraft proportional und entgegengesetzt zur Geschwindigkeit gerichtet ist

  $r(t) = r_0 \cdot \exp(-\delta t) = r_0 \cdot e^{-\delta t}.$

  δ ist die Dämpfungskonstante mit der Einheit s^{-1}.

- Die **Kreisfrequenz** ändert sich

  $\omega^2 = {\omega_0}^2 - \delta^2.$

  ω_0 bezeichnet die Kreisfrequenz des idealisierten ungedämpften Pendels und wird Eigenkreisfrequenz genannt.

Damit ergibt sich folgende Gleichung der gedämpften harmonischen Schwingung.

Gleichung der gedämpften harmonischen Schwingung

Die momentane Auslenkung y einer gedämpften harmonischen Schwingung nimmt exponentiell mit der Zeit ab.

$y(t) = r_0 \cdot e^{-\delta t} \cdot \sin(\sqrt{{\omega_0}^2 - \delta^2} \cdot t + \varphi_0).$

Der Wurzelausdruck schränkt die Gültigkeit der obigen Formel für $\delta < \omega_0$ ein. Ist die Dämpfungskonstante δ kleiner als die Eigenkreisfrequenz ω_0, liegt eine **schwache Dämpfung** vor.

Beispiel 2.1.23: Schwach gedämpfte harmonische Schwingung

Eine Masse $m = 500$ g werde an eine sehr leichte Feder mit einer Federkonstanten von $5\ N \cdot dm^{-1}$ gehängt und zur Zeit $t = 0$ s 10 cm oberhalb der Gleichgewichtslage sich selbst überlassen.

Wir nehmen eine Dämpfungskonstante von 5 % der Eigenkreisfrequenz an und erhalten damit

$$\omega_0 = \sqrt{\frac{D}{m}} = \sqrt{\frac{50\ N \cdot m^{-1}}{0{,}5\ kg}} = 10\ \frac{rad}{s}$$

$$\delta = 0{,}05 \cdot \omega_0 = 0{,}5\ \frac{1}{s}$$

sowie

$$y(t) = r_0 \cdot e^{-\delta t} \cdot \sin\left(\sqrt{{\omega_0}^2 - \delta^2} \cdot t + \varphi_0\right) = 10 \cdot e^{-0{,}5t} \cdot \sin\left(\sqrt{100 - 0{,}5^2} \cdot t + \frac{\pi}{2}\right)\ cm.$$

Zusätzlich zur schwachen Dämpfung unterscheidet man zwischen **mittlerer** und **starker Dämpfung.**

- Ist die Dämpfungskonstante genauso groß wie die Eigenkreisfrequenz, liegt eine mittlere Dämpfung vor. Die Rückkehr in die Nulllage erfolgt in kürzester Zeit. Mittlere Dämpfung wünscht man sich beispielsweise bei analogen Messinstrumenten mit Zeigerausschlag.
- Wenn die Dämpfungskonstante größer ist als die Eigenkreisfrequenz, ist das Pendel stark gedämpft und kriecht in seine Ruhelage, ohne dass eine Hin-und-Herbewegung erfolgt. In der Mathematik nennt man diesen Vorgang **aperiodisch.**

Die **Gleichung für die Amplitude** $r(t)$ erhalten wir aus der Annahme, dass die Abnahme proportional zur Amplitude selbst und zur Zeitspanne ist. In differenzieller Schreibweise

$dr - \delta\ r(t)\ dt.$

Zur **Dämpfungskonstante:** Wenn eine Reibungskraft F_R mit $|F_R| = k \cdot v$ auf ein Pendel der Masse m wirkt, gilt

$\delta = \frac{k}{2m}.$

Der Reziprokwert (Kehrwert) der Dämpfungskonstante hat die Dimension einer Zeit und gibt an, nach welcher Zeit die Amplitude auf das 1/e-Fache der Anfangsamplitude gefallen ist.

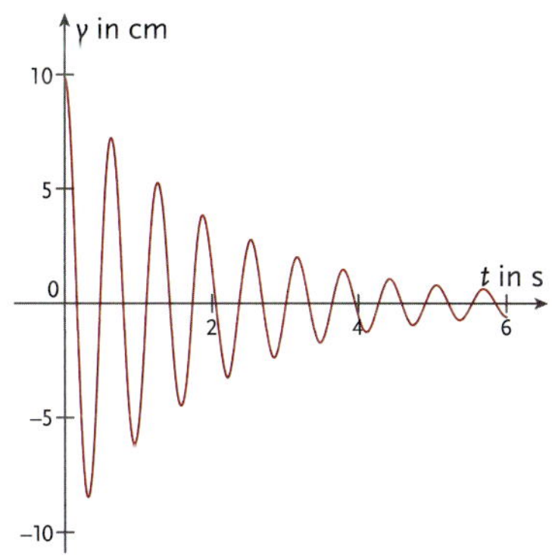

Skizze zu Beispiel 2.1.23: Die Amplitude nimmt exponentiell ab

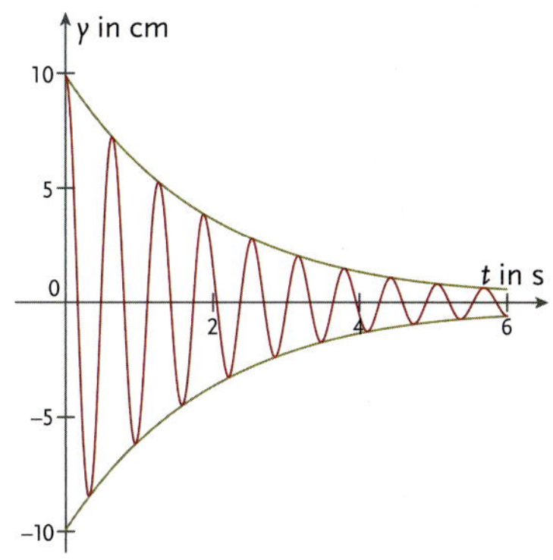

Nochmals zu Beispiel 2.1.23: nun auch mit den beiden einhüllenden Exponentialfunktionen $y(t) = 10 \cdot \exp(-0{,}5 \cdot t)$ und $y(t) = -10 \cdot \exp(-0{,}5 \cdot t)$.

Kriterium	Schwingung
$\delta < \omega_0$	schwach gedämpft
$\delta = \omega_0$	mittel gedämpft
$\delta > \omega_0$	stark gedämpft (aperiodisch)

Je nach der Größe von Dämpfungskonstante δ und Eigenkreisfrequenz ω_0 ergeben sich drei verschiedene Fälle von gedämpften Schwingungen.

Physikalische Größe	Bezeichnung
ω_0	Eigenkreisfrequenz
ω	Kreisfrequenz des gedämpften Pendels
ω_E	Erregerkreisfrequenz

Zur Unterscheidung der Kreisfrequenzen bei Schwingungen

Die Tacoma-Narrows-Hängebrücke wurde 1938–1940 erbaut und stürzte nach nur vier Monaten Betriebszeit am 7. November 1940 aufgrund winderregter Schwingungen spektakulär ein. Mit einer Mittelspannweite von 853 Metern besaß sie zum Zeitpunkt ihrer Fertigstellung die drittgrößte Spannweite einer Hängebrücke weltweit. Dieser Einsturz war keine Resonanzkatastrophe im eigentlichen Sinn, weil die Erregung nicht durch eine periodische Kraft erfolgte.

Erzwungene Schwingungen

Ist ein **schwingungsfähiges System (ein Oszillator)** einer periodischen äußeren Kraft unterworfen, liegt eine **erzwungene Schwingung** vor. Nach einer **Einschwingzeit** schwingt der Körper mit der Frequenz der äußeren Kraft, also mit der **Erregerfrequenz** f_E, die in Hertz angegeben wird.

Resonanzdiagramm

Trägt man die Oszillatoramplitude als Funktion der Erregerfrequenz auf, erhält man ein **Resonanzdiagramm.** Je größer die Dämpfung, desto flacher das Resonanzdiagramm.

Resonanzerscheinungen sind einerseits oft **erwünscht:**

- Beim Funkempfang (Radio, Fernsehen, Handfunk ...) wird die Resonanzfrequenz des Empfängers auf die Erregerfrequenz des gewünschten Senders abgestimmt.
- Mit Ultraschall können kleine Körper zur Resonanz gebracht und damit zerstört werden (Nierensteinzertrümmerung).
- Bei Zungenfrequenzmessern wird durch die zu messende Frequenz eine der geeichten Zungen am stärksten zum Schwingen gezwungen.

Andererseits sind **Resonanzerscheinungen** aber auch **unerwünscht** und sogar **gefährlich:**

- Die Frequenz einer Glocke bzw. die Drehzahl einer Maschine darf nicht mit der Eigenfrequenz der Biegeschwingung ihrer eigenen Welle, der Eigenfrequenz des Gebäudes oder des Fundaments ... übereinstimmen.
- Verkehrslärm – vor allem der niederfrequente von Lastkraftwagen – kann Fensterscheiben zu Schwingungen zwingen, sodass sie klirren.
- Das Marschieren im Takt bzw. Wind kann Tribünen bzw. Brücken gefährden.
- Das Dröhnen von Teilen eines Fahrzeuges hängt von der Geschwindigkeit ab und kann zur Lockerung oder sogar Ablösung von Teilen führen.

Resonanzkatastrophe

Wird die Amplitude eines durch eine periodische Kraft zu Schwingungen gezwungenen Oszillators so groß, dass er zerstört wird, liegt eine **Resonanzkatastrophe** vor.

Ein berühmtes auf verschiedenen Videos festgehaltenes Beispiel einer Resonanzkatastrophe ist die Zerstörung eines (Trink)Glases durch einen Tongenerator.

Versuch 2.1.02: Pohlsches Pendel – Aufnahme eines Resonanzdiagramms

Die Erregerfrequenz wird von null beginnend langsam gesteigert.

- Zuerst schwingen die Kupferscheibe und der Erreger **phasengleich** und mit gleicher Amplitude.
- Aufgrund der Trägheit ergibt sich für größere Erregerfrequenzen, die aber noch wesentlich kleiner als die Eigenfrequenz f_0 sind, eine **Phasenverschiebung** und **Vergrößerung der Amplitude.**
- Stimmt die Erregerkreisfrequenz etwa mit der Eigenfrequenz überein, tritt **Resonanz** auf. Die Amplitude nimmt je nach Dämpfung ein **Vielfaches der Erregeramplitude** an und die Phase eilt um 90° nach.
- Bei geringer Dämpfung kann der Oszillator zerstört werden: **Resonanzkatastrophe.**

A

Wird die Erregerfrequenz über die Eigenfrequenz hinaus gesteigert, **nimmt die Amplitude wieder ab.** Die Phase eilt um 180° nach, weil der Oszillator dem schnellen Schwingen des Erregers aufgrund seiner Trägheit nicht mehr folgen kann.

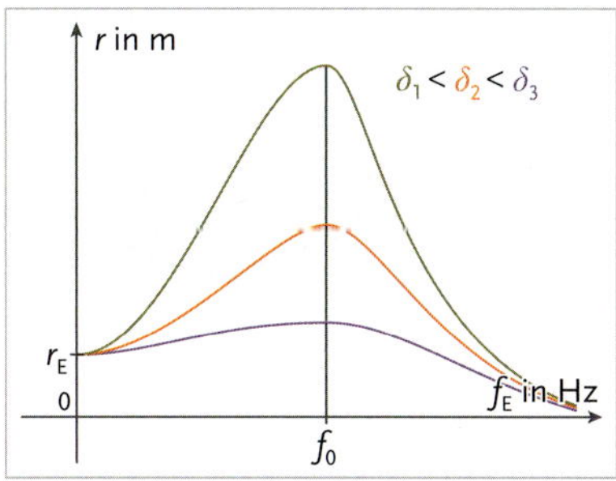

Die drei **Resonanzkurven** zeigen ein Maximum bei der Eigenfrequenz f_0 und sind umso flacher, je stärker die Dämpfung ist.

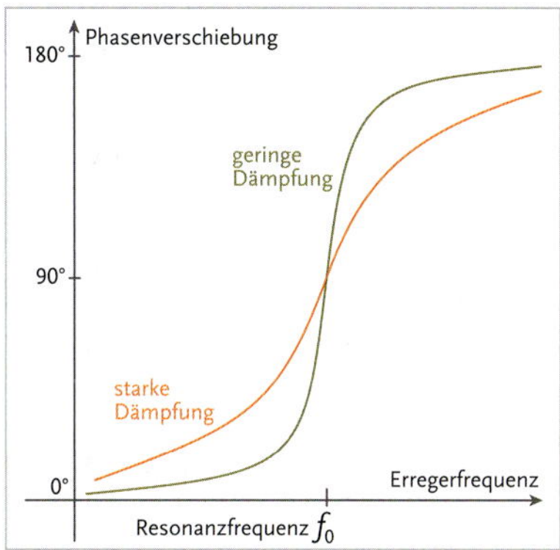

Die Kurve zeigt das Nacheilen der **Phase** des Pendels im Vergleich zum Erreger in Abhängigkeit von der Erregerfrequenz.

Ziele erreicht? – „Erzwungene und gedämpfte Schwingung"

2.1.30 + Unterscheiden Sie die drei Fälle von **Dämpfung.**

2.1.31 ++ Berechnen Sie die **Schwingungsgleichung** eines schwach gedämpften Pendels mit 250 g Masse an einer Feder mit $D = 2\ \text{N} \cdot \text{dm}^{-1}$, das zur Zeit $t = 0$ s um 5 cm aus der Gleichgewichtslage nach unten ausgelenkt wird. Die Dämpfungskonstante beträgt 4 % der Eigenkreisfrequenz. Zeichnen Sie den Graphen rechnerunterstützt.

2.1.32 + Berechnen Sie, wie viel Prozent der **Eigenkreisfrequenz** die **Dämpfungskonstante** sein muss, damit die Kreisfrequenz einer schwach gedämpften Schwingung a) um 10 % kleiner, b) um ein Viertel und c) um 90 % kleiner ist als die Eigenkreisfrequenz.

2.1.33 ++ Eine Kugel von 10 g schwingt an einer sehr leichten Feder mit einer Federkonstante $D = 1\text{N} \cdot \text{dm}^{-1}$. Berechnen Sie die **Schwingungsgleichung,** wenn die Dämpfungskonstante 2 s^{-1} und die Amplitude 8 cm beträgt. Auf welchen Bruchteil der Anfangsamplitude sinkt die Amplitude nach a) fünf vollen Schwingungen und b) nach zehn vollen Schwingungen? Zeichnen Sie den Graphen rechnerunterstützt und kontrollieren Sie damit Ihre Berechnungen.

2.1.34 + Geben Sie erwünschte und unerwünschte **Resonanzphänomene** an.

2.1.35 + Berechnen Sie die Geschwindigkeit, die ein Pkw auf einer Autobahnbrücke mit Dehnfugen im Abstand von 20 m vermeiden soll, wenn der Pkw eine **Eigenfrequenz** von 0,5 Hz hat.

2.1.36 + Erklären Sie, welchen Einfluss eine zusätzliche Beladung des Pkws in Aufgabe 2.1.35 hat.

2.1.37 ++ Analysieren Sie den Einfluss des Dehnfugenabstandes aus dem Beispiel 2.1.35 auf die zu meidende Geschwindigkeit.

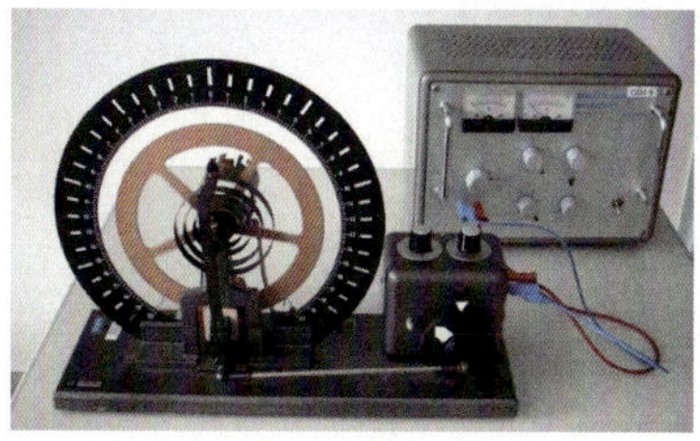

Das pohlsche Drehpendel zur Demonstration von erzwungenen gedämpften Schwingungen

Resonare: lateinisch für wieder klingen.

Die **Einschwingzeit** ist auch beim Sprechen sowie bei Musikinstrumenten von großer Bedeutung. Sie beträgt bei einer Trompete ca. 20 ms. Die Einschwingzeit einer Flöte beträgt etwa das 15-Fache der Einschwingzeit einer Trompete.

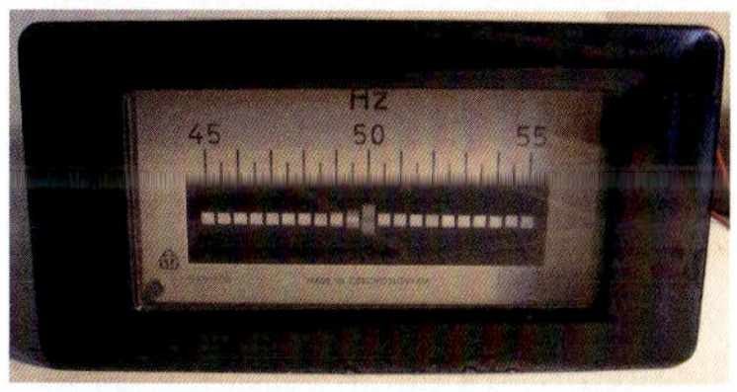

Die Zungen mit einer der Erregerfrequenz entsprechenden Eigenfrequenz führen eine erzwungene Schwingung aus

Die mathematische Behandlung von erzwungenen Schwingungen wird im Allgemeinen mithilfe von Differenzialgleichungen der Art

$$m \cdot \frac{d^2y}{dt^2} = D \cdot y - k \cdot \frac{dy}{dt} + F(t)$$

durchgeführt, wobei $F(t)$ die erzwingende äußere Kraft ist. Siehe Kap. A, 1.

2.1.7 Energieformen bei Schwingungen

Die Energie ist eine der wichtigsten physikalischen Größen, die die Beschreibung vieler Vorgänge vereinfacht. So auch bei Schwingungen. Bei den erzwungenen Schwingungen haben wir bereits erwähnt, dass dem Pendel Energie zugeführt wird, um die Reibungsverluste auszugleichen.

Meine Ziele

Nach Bearbeitung dieses Kapitels kann ich

- die **elastische** und die **kinetische Energie** eines ungedämpften Federpendels skizzieren;
- die **Abhängigkeit der Gesamtenergie** von der Masse, der Schwingungsfrequenz und der Amplitude angeben;
- die **maximale elastische** bzw. **maximale kinetische Energie** spezieller Pendel berechnen.

Zusätzlich zur kinetischen Energie tritt bei Pendeln mindestens eine weitere Energieform auf.

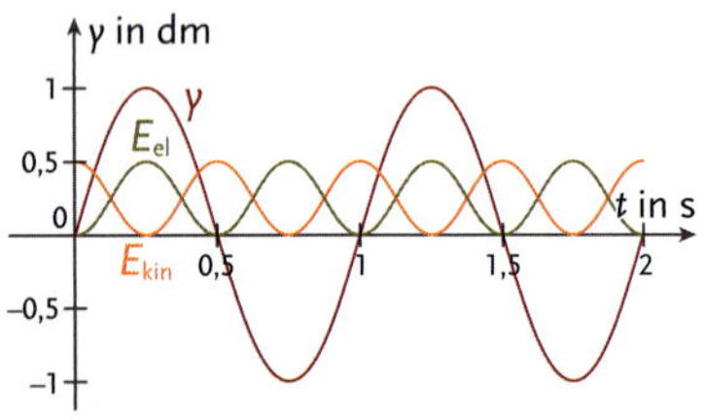

Skizze zu Beispiel 2.1.24: Verlauf der kinetischen und der elastischen Energie eines reibungsfreien Federpendels im Vergleich zur Schwingung selbst. Die Energie ist in Joule aufgetragen; die momentane Auslenkung in Dezimetern und die Zeit in Sekunden.

Beispiel 2.1.24: Energieformen bei einem speziellen Federpendel

Wir betrachten ein reibungsfreies Federpendel, das um 10 cm aus der Gleichgewichtslage ausgelenkt wird und mit einer Periodendauer von einer Sekunde schwingt. Im höchsten Punkt hat das Pendel nur die in der gestauchten Feder ($D = 1$ N/cm) gespeicherte elastische Energie, in der Gleichgewichtslage nur kinetische Energie.

Trägt man die beiden **Energieformen** in ein E-t-Diagramm ein, erkennt man die **doppelte Periode** des Wechsels zwischen den Energieformen im Vergleich zum y-t-Diagramm. Da die **elastische** und die **kinetische Energie** jeweils quadratisch von y bzw. v abhängen, werden nur positive Werte angenommen.

Zu Beginn des Kapitels 2.1 Schwingungen haben wir die harmonische Schwingungsfunktion $y(t)$ und die zugehörige Geschwindigkeitsfunktion $v(t)$ angegeben. Mithilfe von $y(t)$ erhalten wir die elastische Energie eines harmonischen Federpendels; mithilfe von $v(t)$ die kinetische Energie eines harmonischen Pendels als Funktion der Zeit.

Energieformen beim Federpendel

Die **kinetische** und die **elastische Energie** eines Federpendels sind **zeitabhängig:**

$E_{kin}(t) = m \cdot \frac{v(t)^2}{2}$ und $E_{el}(t) = D \cdot \frac{y(t)^2}{2}$.

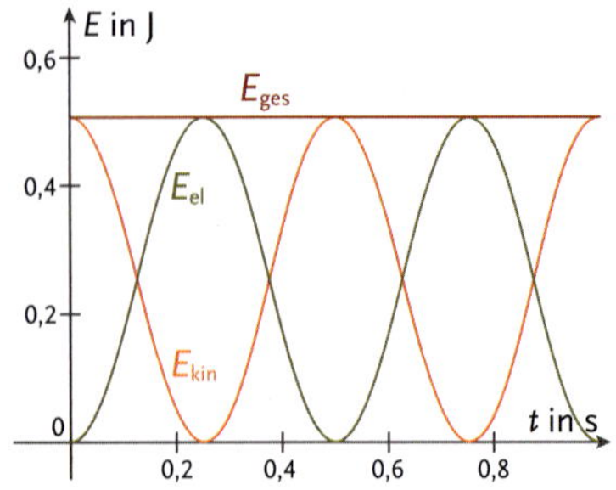

Kinetische, elastische und Gesamtenergie eines reibungsfreien Federpendels. Zu den numerischen Daten vergleichen Sie Beispiel 2.1.24.

Weil $\sin(x)$ zwischen –1 und 1 beschränkt ist, nimmt $\sin(x)^2$ Werte zwischen 0 und 1 an. Damit wird mathematisch das stets positive Vorzeichen der Energien bei Pendelvorgängen bestätigt, weil $y(t)$ und $v(t)$ proportional zu $\sin(t)$ sind.

Gesamtenergie einer ungedämpften harmonischen Schwingung

Die **Gesamtenergie ist konstant** und gleich der maximalen kinetischen Energie:

$$E_{ges} = E_{kin,\,max} = m \cdot \frac{v_{max}^2}{2} = m \cdot \frac{(\omega \cdot r)^2}{2} = m \cdot 4\pi^2 \cdot f^2 \cdot \frac{r^2}{2} = 2\pi^2 \cdot m \cdot f^2 \cdot r^2 = E_{pot,\,max} = D \cdot \frac{r^2}{2}.$$

Ziele erreicht? – „Energieformen bei Schwingungen"

2.1.38 + Geben Sie die Formeln für die **kinetische** und die **elastische Energie** eines **Federpendels** an.

2.1.39 ++ Ein nahezu ungedämpftes **Federpendel** wird um 5 cm aus der Gleichgewichtslage ausgelenkt. Berechnen Sie die maximale Geschwindigkeit, wenn die Richtgröße 2 N/dm und die Pendelmasse 100 g beträgt. Skizzieren Sie das v-t- und das E_{kin}-t-Diagramm.

2.1.40 ++ Ein nahezu ungedämpftes **Federpendel** schwingt mit 5 dm/s durch die Gleichgewichtslage. Berechnen Sie die Richtgröße, wenn die Amplitude 10 cm und die Masse 10 dag beträgt. Skizzieren Sie das y-t- und das E_{pot}-t-Diagramm.

2.1.41 + Geben Sie die Formel für die **Gesamtenergie** einer **ungedämpften harmonischen Schwingung** an und interpretieren Sie sie.

2.1.42 + Berechnen Sie die **Gesamtenergie** eines Federpendels mit einer Masse von 1 kg, einer Periodendauer von 1 s und einer Amplitude von 1 dm. Skizzieren Sie die kinetische Energie sowie die momentane Auslenkung für zwei volle Perioden der Auslenkung.

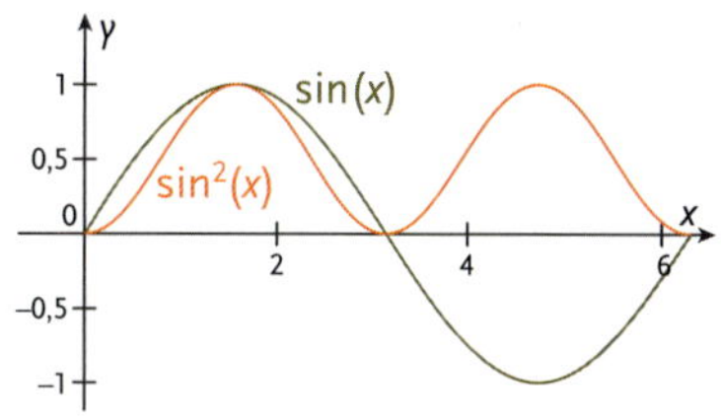

Die Funktion f mit
$f(x) = \sin^2(x) = \{\sin(x)\}^2 = \{1 - \cos(2x)\}/2$
ist zwischen 0 und 1 beschränkt. Bei der Leistung von Wechselstrom wird uns diese Kurve wieder begegnen.

Die Gesamtenergie einer ungedämpften harmonischen Schwingung ist direkt proportional zur Masse, zum Quadrat der Frequenz und zum Quadrat der Amplitude.

$m \rightarrow 2m \Rightarrow E_{ges} \rightarrow 2E_{ges}$
$f \rightarrow 2f \Rightarrow E_{ges} \rightarrow 4E_{ges}$
$r \rightarrow 2r \Rightarrow E_{ges} \rightarrow 4E_{ges}$

2.1.8 Kopplung von Pendeln

Den Begriff der Kopplung, genauer der Rückkopplung, hört man im Alltag oft bei Liveübertragungen, wenn beispielsweise ein Zuhörer das Radiogerät eingeschaltet hat und an der Sendung mittels Telefon teilnimmt.

Meine Ziele

Nach Bearbeitung dieses Kapitels kann ich
- angeben, wovon die **Geschwindigkeit der Energieübertragung** abhängt;
- eine **Schwebung** erklären;
- die **y-t-Diagramme** zweier gleicher gekoppelter Pendel interpretieren.

Bisher haben wir stets ein einzelnes Pendel betrachtet und bezüglich
- momentaner Auslenkung $y(t)$ bzw. Amplitude r,
- Periodendauer T bzw.
- Energie E

untersucht.

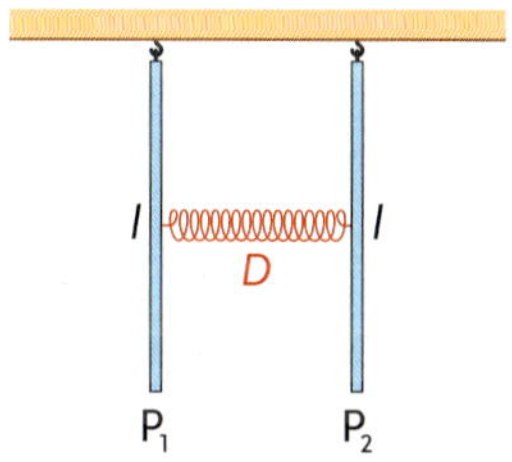

Zwei identische Stabpendel sind durch eine Feder miteinander gekoppelt.

Die
- Federkonstante D,
- die vertikale Position der Feder,
- die Stabmassen und
- der Abstand der beiden Stabpendel

bestimmen die Kopplungsstärke und damit die Geschwindigkeit der Energieübertragung.

Nun untersuchen wir die Kopplung von Pendeln, beschränken uns aber auf den einfachsten Fall der **Kopplung von gleichen Oszillatoren.** Wird das Pendel 1 in der nebenstehenden Abbildung angestoßen, wird durch die **Kopplung** eine periodische Kraft auf das Pendel 2 ausgeübt, sodass es zu Schwingungen gezwungen wird. Dabei wird Energie vom ersten auf das zweite Pendel übertragen, bis die Amplitude des ersten Pendels verschwindet. Dann beginnt der Energieübertrag von Pendel 2 auf Pendel 1. Ohne Reibung erfolgt der Energieübertrag unaufhörlich. Der zeitliche Verlauf der Schwingung eines Kopplungspartners ist als spezielle Überlagerung von zwei Schwingungen mit den Kreisfrequenzen ω_1 und ω_2, aber gleicher Amplitude r darstellbar:

$$y_1(t) = r \cdot \sin(\omega_1 \cdot t) + r \cdot \sin(\omega_2 \cdot t) = r \cdot \{\sin(\omega_1 \cdot t) + \sin(\omega_2 \cdot t)\}$$

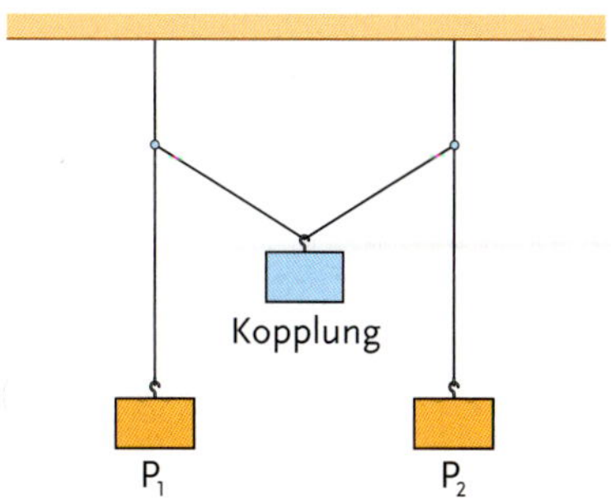

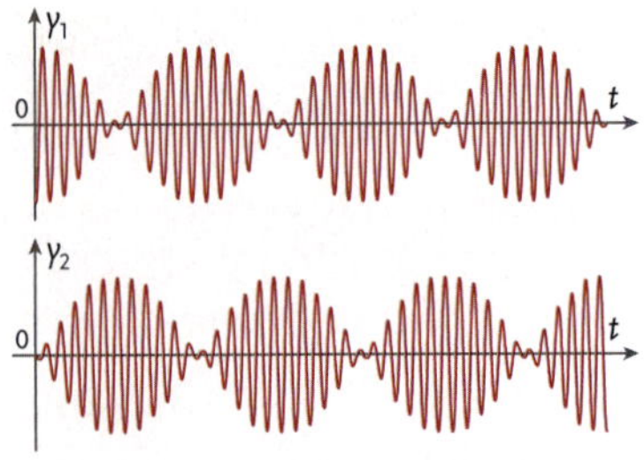

Die beiden y-t-Diagramme zeigen das Bild einer Schwebung. Diese entsteht, wenn zwei parallele Schwingungen gleicher Amplitude, aber leicht unterschiedlicher Frequenz überlagert werden.

Mithilfe der bereits bei der Überlagerung von Schwingungen verwendeten goniometrischen Beziehung $\sin(x) + \sin(y) = 2 \cdot \sin\left(\frac{x+y}{2}\right) \cdot \cos\left(\frac{x-y}{2}\right)$ folgt

$y_1(t) = 2r \cdot \{\sin[(\omega_1 + \omega_2) \cdot t/2] \cdot \cos[(\omega_1 - \omega_2) \cdot t/2]\}$

Der Term $2r \cdot \cos[(\omega_1 - \omega_2) \cdot t/2]$ kann als zeitlich veränderliche Amplitude aufgefasst werden, d. h., die Amplitude ist **moduliert.** Die Schwingung erfolgt mit der Kreisfrequenz $(\omega_1 + \omega_2)/2$.

$(\omega_1 - \omega_2)/2\pi = f_1 - f_2$

wird **Schwebungsfrequenz** genannt und ist doppelt so groß wie die Frequenz der Amplitudenschwingung.

Auch Molekül- oder Atomverbände eines Körpers stellen gekoppelte Oszillatoren dar. Sie werden in der Festkörperphysik eingehend untersucht **(Gitterschwingungen).**

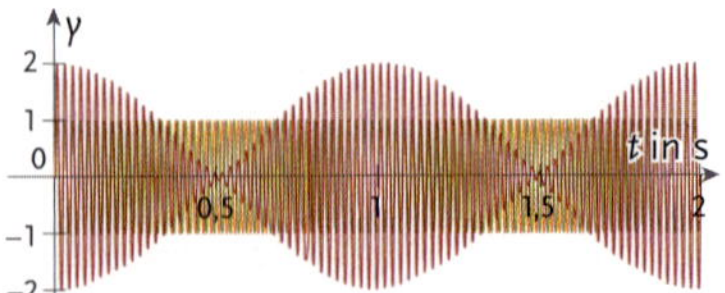

Ein Ton mit 40 Hz wird mit einem Ton der gleichen Amplitude mit 41 Hz überlagert. Es ergibt sich eine Schwebung mit der Schwebungsfrequenz von 1 Hz.

Ziele erreicht? – „Kopplung von Pendeln“

2.1.43 + Geben Sie die physikalischen Größen an, von denen die Geschwindigkeit der **Energieübertragung** bei gekoppelten Pendeln abhängt.

2.1.44 + Skizzieren Sie die beiden **y-t-Diagramme** zweier gleicher gekoppelter Pendel.

2.1.45 ++ Überlegen Sie, mit welcher Schwingung die Schwingung $y(t) = 10 \cdot \sin(200 \cdot t)$ cm überlagert werden muss, um eine **Schwebung** mit 2 Hz zu ergeben. Stellen Sie die beiden Schwingungen und ihre Überlagerung mit einem Grafikprogramm dar.

2.2 Wellen

Am 26. Dezember 2004 löste eine Riesenwelle – ein ***Tsunami*** *– verheerende Verwüstungen rund um den Indischen Ozean aus.*

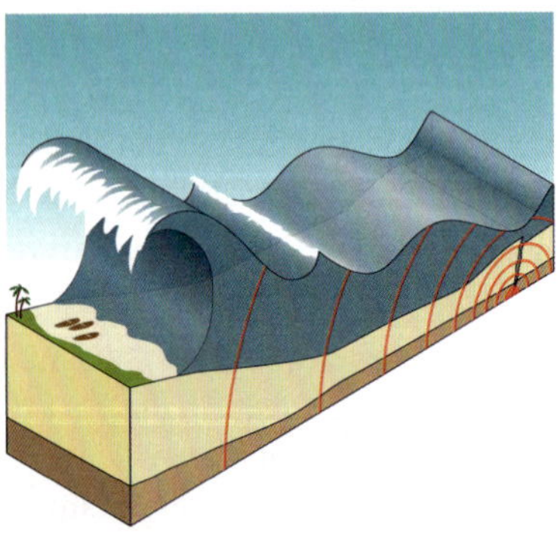

Das Seebeben bzw. der dadurch ausgelöste Tsunami am 26. Dezember 2004 und seine Folgen kosteten insgesamt etwa 230 000 Menschen, davon allein in Indonesien rund 165 000, das Leben. Mehr als 110 000 Menschen wurden verletzt und mehr als 1,7 Millionen Küstenbewohner rund um den Indischen Ozean wurden obdachlos.

Meine Ziele

Nach Bearbeitung dieses Kapitels kann ich

- die Begriffe **lineare Welle, Flächen-** und **Raumwelle, Stoß-** und **periodische Welle** sowie **Transversal-** und **Longitudinalwelle** unterscheiden;
- die Formel für die **Ausbreitungsgeschwindigkeit** von Wellen angeben;
- die Begriffe **Wellenzentrum, Wellenfront** und **Wellenstrahl** beschreiben, experimentell untersuchen und für spezielle Wellen skizzieren;
- die **allgemeine Form einer harmonischen Welle** angeben und mit ihr rechnen;
- den Zusammenhang zwischen **Wellenlänge, Frequenz** und **Ausbreitungsgeschwindigkeit** interpretieren.

Im Kapitel über gekoppelte Pendel haben wir den Energieübertrag zwischen zwei gekoppelten identischen Pendeln behandelt. Auf der nächsten Seite ist eine **Wellenmaschine** mit 48 gekoppelten Drehpendeln abgebildet. Wenn wir eines der Pendel auslenken, wird die Auslenkung durch die Kopplung zeitverzögert an die benachbarten Pendel weitergegeben, bis beim letzten Pendel eine Reflexion an einem losen Ende auftritt und die Welle zurückläuft. Dabei wird keine Masse transportiert. Jedes Drehpendel schwingt um seine Ruhelage. Zusätzlich zur **Zeitabhängigkeit** der momentanen Auslenkung (Elongation) y aus der Gleichgewichtslage einer Schwingung tritt also noch die **Ortsabhängigkeit** dazu.

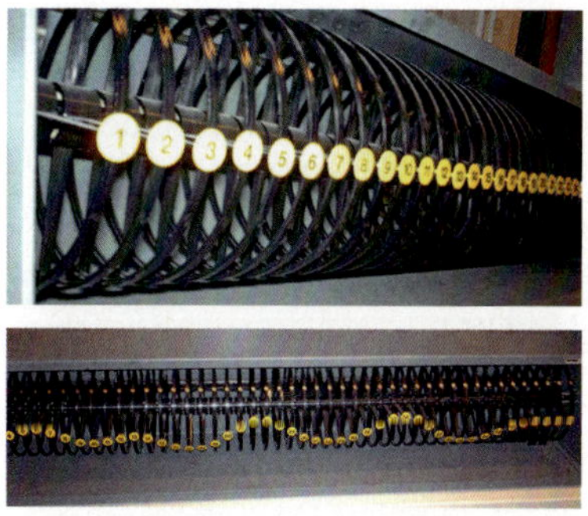

Die 48 gekoppelten identischen Drehpendel einer Wellenmaschine zeigen eine typische Wellenformation

Welle

Eine **Welle** ist eine zeitliche und räumliche Veränderung eines Schwingungszustandes. Die **Ausbreitungsgeschwindigkeit** einer Welle bezeichnen wir mit c. Eine Welle transportiert Energie.

Um eine mathematische Beschreibung einer Welle zu erhalten, gehen wir von der Gleichung einer Schwingung $y(t) = r \cdot \sin(\omega \cdot t)$ aus. Die momentane Auslenkung einer Welle an der Position x zur Zeit t – also $y(x, t)$ – ist genauso groß wie an der Stelle $x - z \cdot c \cdot T$. Dabei ist z eine ganze Zahl und T die Periodendauer und c die Ausbreitungsgeschwindigkeit der Welle. Damit ergibt sich die folgende Gleichung.

Die Ausbreitungsgeschwindigkeit von etwa 343 m/s von Schallwellen in Luft bei 1 013 hPa macht man sich bei der Dreisekundenregel bei Gewittern zunutze. Folgt Donner etwa drei Sekunden nach einem Blitz, ist er in rund einem Kilometer Entfernung gesichtet worden.

Ungedämpfte harmonische Welle

$y(x, t) = r \cdot \sin\left(\omega \cdot \left(t - \frac{x}{c}\right)\right) = r \cdot \sin\left(\omega \cdot t - \omega \cdot \frac{x}{c}\right) = r \cdot \sin(\omega \cdot t - k \cdot x).$

Der Quotient aus der Kreisfrequenz ω und der Ausbreitungsgeschwindigkeit c der Welle heißt **Wellenzahl** k oder Wellenvektor (bzw. Wellenvektorbetrag) (in Ausbreitungsrichtung) und hat die Einheit 1/m.

Mit dem Wellenvektor ergibt sich die allgemeine Form einer harmonischen Welle zu $y(\vec{x}, t) = r \cdot \sin(\omega \cdot t - \vec{k} \cdot \vec{x})$.

Licht breitet sich im Vakuum mit beinahe 300 000 km/s aus, also $c_{\text{Licht}} \approx 3 \cdot 10^5$ km/s $= 3 \cdot 10^8$ m/s.

Um die allgemeine Form einer harmonischen Welle leichter interpretieren zu können, halten wir einen der beiden Parameter x oder t fest.

- x = konstant $= x_0$: $y(x_0, t) = y(t) = r \cdot \sin(\omega \cdot (t - t_0)) = r \cdot \sin(\omega \cdot t - \omega \cdot t_0)$, also $y(t) = r \cdot \sin(\omega \cdot t - \varphi_0)$

  Das ist die **zeitabhängige** ungedämpfte harmonische Schwingung(sgleichung). Der Oszillator in der Entfernung x_0 vom Erreger der Welle wird durch $y(t)$ beschrieben.

- t = konstant $= t_0$: $y(x, t_0) = y(x) = r \cdot \sin(\omega \cdot (t_0 - x/c)) = r \cdot \sin(\omega \cdot t_0 - \omega \cdot x/c)$, also $y(x) = r \cdot \sin\left(\varphi_0 - \omega \cdot \frac{x}{c}\right) = r \cdot \sin(\varphi_0 - k \cdot x)$

  Dabei handelt es sich um eine **ortsabhängige** ungedämpfte harmonische Schwingungsgleichung. D. h., wir haben eine Momentaufnahme (ein Momentanbild) der Welle zur Zeit t vor uns.

Wellenzahl k bzw. Betrag des Wellenvektors

$|\vec{k}| = k = \frac{\omega}{c} = \frac{2\pi}{\lambda}.$

Wir halten zusammenfassend fest: Ungedämpfte harmonische Wellen weisen eine **räumliche und zeitliche Periodizität** auf. Die räumliche ist durch die Wellenlänge und die zeitliche durch die Periodendauer bestimmt.

Die konzentrischen Kreise sind die **Wellenfronten** einer Flächenwelle; der Abstand zwischen zwei Wellenfronten beträgt eine Wellenlänge. Wasserwellen sind **Transversalwellen.** Die einzelnen Wassermoleküle bewegen sich senkrecht zur Ausbreitungsrichtung der Wasserwelle.

Wellen treten sehr variantenreich auf. Es empfiehlt sich eine Einteilung nach

- der **Bewegungsrichtung** der einzelnen Oszillatoren,
- der **Ausbreitung,**
- der Art der **übertragenen Energie** und
- nach der Art der **Erregung.**

Konzentrische Kugeloberflächen sind die Wellenfronten einer Kugelwelle (einer speziellen Raumwelle) in einem homogenen Medium.

Versuch 2.2.01: Seilwelle und Federwelle

- Zwei Schülerinnen halten ein Seil leicht gespannt fast horizontal. Eine der beiden bewegt ihre Hand senkrecht auf und ab. Die einzelnen gedachten sehr kurzen **Seilabschnitte** führen **vertikale Schwingungen** aus, während sich die **Seilwelle** senkrecht dazu **horizontal** ausbreitet.
- Eine Feder wird vertikal gehalten und ein Ende vertikal in Schwingung versetzt. Die einzelnen **Windungen** der Feder führen ebenfalls **vertikale Schwingungen** aus und auch die **Federwelle** breitet sich **vertikal** aus.

Polarisation von Wellen siehe Kap. A, 2.3.

Transversal- und Longitudinalwelle

- Bei einer **Transversalwelle (TW)** bzw. **Querwelle** bewegen sich die einzelnen Oszillatoren quer (transversal) zur Ausbreitungsrichtung der Welle.
- Bei einer **Longitudinalwelle (LW)** bzw. **Längswelle** bewegen sich die einzelnen Oszillatoren in der Ausbreitungsrichtung der Welle.

Beispiele für Transversalwellen sind Lichtwellen, wie wir im Kapitel 2.3 mithilfe der Polarisation noch nachweisen werden. Schallwellen sind Longitudinalwellen.

Vielleicht kennen Sie auch den Liedtext: „Ins Wasser fällt ein Stein, ganz heimlich, still und leise. Und ist er noch so klein, er zieht doch weite Kreise."

Versuch 2.2.02: Wasser- und Schallwelle

- Fällt ein Stein ins Wasser, bilden sich konzentrische **Flächenwellen** längs der **Wasseroberfläche** aus.
- Wenn wir eine nahezu punktförmige Schallquelle in die Mitte eines sehr großen Raumes (eines Fußballstadions) stellen, messen wir an verschiedenen Punkten im Abstand *r* um die Schallquelle die gleiche Lautstärke. Schallwellen in homogenen Räumen (gleiche Dichte, Temperatur und Druck) sind kugelsymmetrische **Raumwellen.**

Louis-Victor de Broglie, 1892 bis 1987, französischer Physiker, Nobelpreis für Physik im Jahr 1929 für die Entdeckung der Wellennatur von Elektronen – Welle-Teilchen-Dualismus

Lineare Welle, Flächen- und Raumwelle

- Eine lineare Welle breitet sich längs einer Geraden aus,
- eine Flächenwelle längs einer (Ober-)Fläche und
- eine Raumwelle im Raum.

Weitere Beispiele für lineare Wellen sind linear polarisierte Wellen. Die Membranen von Trommeln führen Flächenschwingungen aus. Eine punktförmige Schallquelle sendet Raumwellen aus.

Versuch 2.2.03: Seil- und Lichtwelle

- Eine **Seilwelle** können wir mittels **mechanischer Energie** erzeugen.
- Eine **Lichtwelle** können wir mit einem Laser erzeugen.

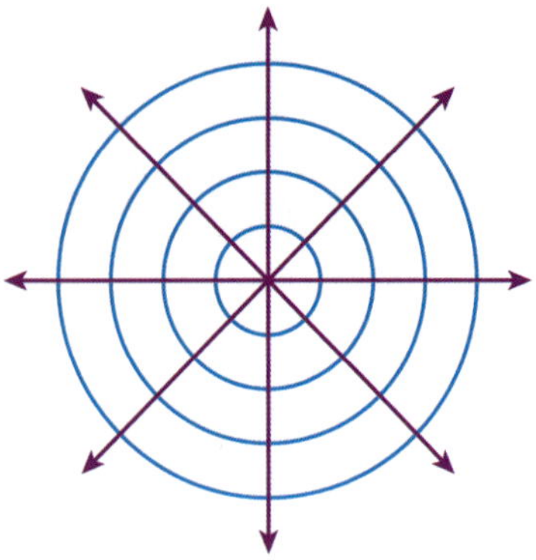

Vier **Wellenfronten** und acht senkrecht zu den Wellenfronten verlaufende **Wellenvektoren**

Mechanische, elektromagnetische und Materiewelle

- Eine **mechanische Welle** überträgt mechanische Energie,
- eine **elektromagnetische Welle** elektromagnetische.
- **Materiewellen** (z. B. Elektronenwellen) wurden 1924 von Louis-Victor de Broglie postuliert. Mit **Materiewellen** wurden und werden auch Interferenzversuche durchgeführt. Beim Elektronenmikroskop erreicht man aufgrund der viel kleineren Wellenlänge der Elektronenwelle höhere Auflösungen als mit Lichtmikroskopen. Lichtmikroskope verwenden sichtbares Licht mit Wellenlängen zwischen rund 400 nm und 800 nm. Als Auflösung bezeichnet man die kleinste Distanz zwischen zwei noch als getrennt wahrgenommenen Punkten.

Versuch 2.2.04: Stoßwelle und periodische Welle

- Ein leicht gespanntes, mehrere Meter langes, in Ruhe befindliches Gummiband wird durch einen Handkantenschlag einmal gestört: eine **Stoßwelle** bzw. ein Wellenpaket breitet sich durch das Band aus.
- Das leicht gespannte Gummiband wird durch regelmäßige Bewegungen zu einer periodischen Schwingung gezwungen: Eine **periodische Welle** wird erzeugt.

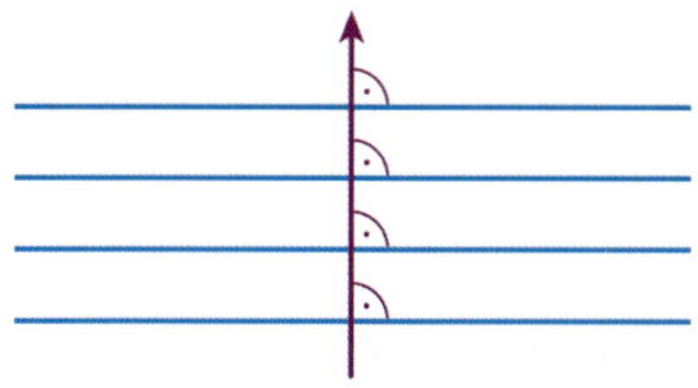

Vier parallele **Wellenfronten** und ein dazu senkrecht verlaufender **Wellenvektor,** der die Ausbreitungsrichtung der Welle angibt

Stoß- und periodische Welle

- Eine **Stoßwelle** breitet sich nach einer **einmaligen Störung** aus,
- eine **periodische Welle** bei einer **periodischen Erregung.**

Ein weiteres Beispiel für (akustische) Stoßwellen ist der Knalleffekt. Eine harmonische (sinusförmige) Welle ist eine spezielle periodische Welle.

Zur Beschreibung von Wellen werden die Begriffe Wellenzentrum, Wellenfront und Wellenstrahl benötigt.

Wellenzentrum, Wellenfront und Wellenvektor

- Das **Wellenzentrum** ist der Ort des Erregers, von dem sich die Welle ausbreitet.
- Die **Wellenfront** verbindet alle Punkte der Welle mit gleicher Phasenlage. Bei punktförmigen Erregern ergeben sich in der homogenen Ebene Kreise und im homogenen Raum Kugeln als Wellenfronten. Ebene Wellen haben als Wellenfront eine Ebene. Das Sonnenlicht kommt auf der Erde aufgrund der großen Entfernung gleichsam als ebene Welle an.
- **Wellenvektoren** stehen senkrecht auf den Wellenfronten und geben damit die Ausbreitungsrichtung der Welle an.

Elastische Seile sind beim Bungee-Jumping ebenso im Einsatz wie in der Forsttechnik

Versuch 2.2.05: Ausbreitungsgeschwindigkeit einer Stoßwelle

Ein horizontal leicht gespanntes, mehrere Meter langes, in Ruhe befindliches Gummiseil wird durch einen Handkantenschlag einmal gestört. Die Spannung des Seiles wird schrittweise gesteigert und die Ausbreitungsgeschwindigkeit der Stoßwelle beobachtet und gegebenenfalls gemessen.

a) Je **größer** die mechanische Spannung $\sigma = F/A$, die als Maß für die Kopplung der einzelnen gedachten Seilstücke angesehen werden kann, ist, umso **schneller** breitet sich die Stoßwelle aus.

b) Ist ein Gummiseil mit **größerer** Dichte vorhanden, kann man feststellen, dass die Ausbreitungsgeschwindigkeit **niedriger** ist.

Für Musiker ist die Frequenz von 440 Hz die Referenzfrequenz. Der Kammerton a^1 schwingt mit einer Frequenz von 440 Hz.

Begründung für b): Die größere Dichte ergibt bei gleichem Volumen eine größere Masse und damit eine größere Trägheit. Allgemein gilt für die Ausbreitungsgeschwindigkeit von Wellen Folgendes.

Die samstägliche Sirenenprobe liefert in Österreich eine Referenzfrequenz von 420 Hz, also relativ nahe am Kammerton a^1.

Ausbreitungsgeschwindigkeit von Wellen

Die **Wellenausbreitungsgeschwindigkeit *c*** ist direkt proportional zur Wurzel aus dem Kopplungsmaß und indirekt proportional zur Wurzel aus dem Trägheitsmaß.

$$c = \sqrt{\frac{Kopplungsmaß}{Trägheitsmaß}}$$

Bei den Pendeln haben wir die Formel

$\omega = \sqrt{\frac{D}{m}}$

kennengelernt.

m ist ein Maß für die Trägheit und wegen

$v = \frac{\omega}{r}$

ist es nicht mehr sehr weit zur Ausbreitungsgeschwindigkeit von Wellen.

Für eine Seilwelle, bei der die Spannung σ ein Maß für die Kopplung und die Dichte ρ ein Maß für die Trägheit ist, gilt folglich für die Wellenausbreitungsgeschwindigkeit:

$$c = \sqrt{\frac{\sigma}{\rho}} = \sqrt{\frac{F}{A \cdot \rho}}$$

Beispiel 2.2.01: Wellenausbreitungsgeschwindigkeit in einer Gitarrensaite

Der Durchmesser der dicksten Saite einer klassischen Gitarre beträgt rund 1 mm.

Die Dichte kann mit rund 3 kg/dm³ angenommen werden, weil der Kunststoffkern mit Metall umhüllt ist.

Für eine Kraft mit einem Betrag von 100 N ergibt sich für eine frei schwingende Länge von etwa 65,5 cm eine Frequenz von rund 157,3 Hz, wie die nachstehende Berechnung zeigt.

$$f = \frac{c}{\lambda} = \frac{c}{2 \cdot l} = \frac{1}{2 \cdot l} \cdot \sqrt{\frac{4\,F}{d^2 \cdot \pi \cdot \rho}} = \frac{1}{d \cdot l} \cdot \sqrt{\frac{F}{\pi \cdot \rho}}$$

$$f = \frac{1}{0{,}001\ \text{m} \cdot 0{,}655\ \text{m}} \cdot \sqrt{\frac{100\ \text{N}}{\pi \cdot 3\,000\ \text{kg/m}^3}} \approx 157{,}3\ \text{Hz}$$

Die E-Saite klingt eine Quarte tiefer als die A-Saite, die die halbe Frequenz des Kammertons a¹ besitzt. Also $f_A = 220$ Hz.

Die 157,3 Hz sind realistisch, weil ¾ von 220 Hz = 165 Hz und weil bei einer Quarte das Frequenzverhältnis 4:3 beträgt.

Für das Beispiel 2.2.01 ergibt sich bei **pythagoreischer Stimmung** $f_E : f_A = 3 : 4$ bzw. $f_E = 3 \cdot f_A / 4 = 165$ Hz.

Die Grundschwingung einer Saite besitzt als Wellenlänge die doppelte Seitenlänge.

Pythagoras (um 570 bis nach 510 v. Chr.) fand heraus, dass Akkorde angenehm klingen, wenn die Frequenzen der Teiltöne im Verhältnis kleiner ganzer Zahlen stehen.
Oktave: 2 : 1
Quinte: 3 : 2
Quarte: 4 : 3
Große Terz: 5 : 4
Kleine Terz: 6 : 5

Ziele erreicht? – „Wellen“

2.2.01 + Geben Sie die drei **Arten von Wellen** an.

2.2.02 + Geben Sie die Formel für die **Ausbreitungsgeschwindigkeit** von Wellen an.

2.2.03 + Berechnen Sie die Geschwindigkeit einer Welle in einer **Stahlsaite** mit 1 m Länge, einem Durchmesser von 1 mm und einer Dichte von 7,5 t/m³, wenn die Saite durch eine Kraft von 1 kN gespannt wird.

2.2.04 + Ermitteln Sie, um wie viel Prozent die Spannkraft einer eingespannten **Saite** vergrößert werden muss, um eine um 40 % höhere Ausbreitungsgeschwindigkeit zu erreichen, wenn Sie alle anderen Parameter unverändert lassen. Geben Sie Alternativen für die Erhöhung der Ausbreitungsgeschwindigkeit an.

2.2.1 Das Prinzip von Huygens und mechanische Wellen

Naturwissenschafter möchten möglichst viele Phänomene mit nur einem zugrunde liegenden Prinzip erklären. Das von ***Christiaan Huygens*** *formulierte und von* ***Gustav Kirchhoff*** *(1824 bis 1887) modernisierte Prinzip ist ein mustergültiges Beispiel dafür.*

Wasser-, Seil- und Schallwellen sowie Druckwellen bei Explosionen sind Beispiele für mechanische Wellen. Sich von Wasserwellen auf offener See oder im Meer treiben zu lassen, ist für viele Menschen eine klassische Urlaubsbeschäftigung.

Christiaan Huygens, 1629 bis 1695, holländischer Physiker

A

Meine Ziele

Nach Bearbeitung dieses Kapitels kann ich
- Beispiele für **mechanische Wellen** nennen;
- das **huygenssche Prinzip** angeben;
- mit **mechanischen Wellen** experimentieren und eine **mechanische Welle** definieren.

Die Ausbreitung von Wellen wird durch ein erstmals von Christiaan Huygens aufgestelltes Prinzip beschrieben.

Prinzip von Huygens

Eine Welle breitet sich aus, indem von jedem ihrer Punkte eine neue im Allgemeinen (halb)kugelförmige **Elementarwelle** ausgeht. Durch **Interferenz** aller Elementarwellen ergibt sich die tatsächlich beobachtete Welle. Die Einhüllende aller Elementarwellenfronten ergibt die **Wellenfront.**

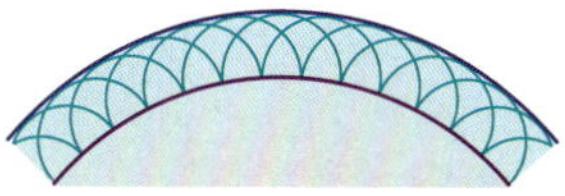

Die **Einhüllende aller Elementarwellenfronten** ergibt konzentrische Kreise bzw. konzentrische Kugeln als Wellenfronten für eine Kreis- bzw. eine Kugelwelle

Beispiel 2.2.02: Prinzip von Huygens für eine ebene Welle

Jeder Punkt einer Wellenfront einer ebenen Welle ist selbst Ausgangspunkt einer Elementarwelle, sodass die Einhüllende wieder eine Ebene ist.

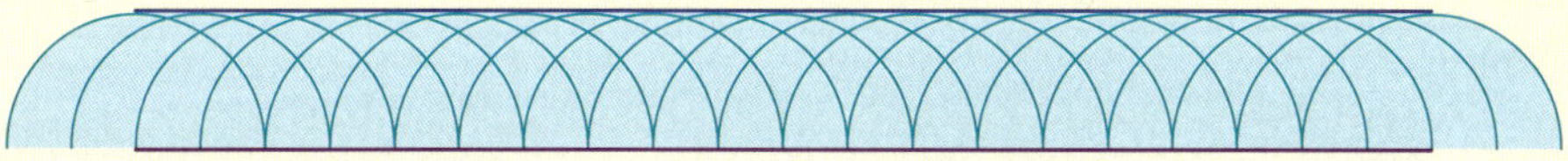

Die typischen **Wellenphänomene Beugung** und **Brechung** können mit dem huygensschen Prinzip ebenso erklärt werden wie die **Ausbreitung in einem homogenen Medium** und die **Reflexion.**

Die Wellenphänomene **Reflexion, Beugung** und **Brechung** werden uns bei Lichtwellen wieder begegnen, sodass wir uns hier kurzfassen.

Zur Ausbreitungsgeschwindigkeit von Wellen gelten folgende Formeln:

$$c_{\text{Flüssigkeit,Gas}} = \sqrt{\frac{K}{\rho}}$$

$$c_{\text{Festkörper, longitudinal}} = \sqrt{\frac{E(1-\nu)}{\rho(1-\nu-2\nu^2)}}$$

$$c_{\text{Festkörper, transversal}} = \sqrt{\frac{E}{2\rho(1+\nu)}} = \sqrt{\frac{G}{\rho}}$$

Beispiel 2.2.03: Prinzip von Huygens für eine Kugelwelle

Jeder Punkt einer Wellenfront einer Kugelwelle ist selbst Ausgangspunkt einer Elementarwelle, sodass die Einhüllende wieder eine Kugel ist.

Schnitt durch eine Kugelwelle

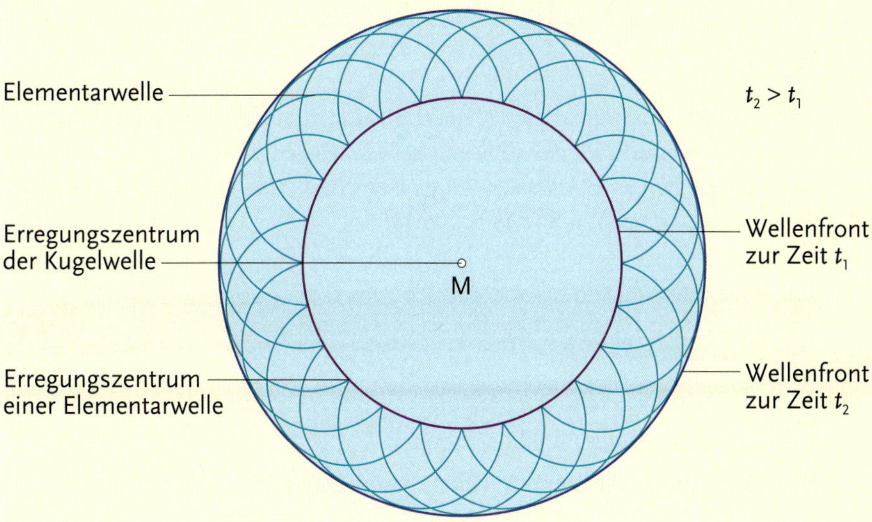

Reflexionsgesetz: Der Einfallswinkel α ist gleich dem Reflexionswinkel β.

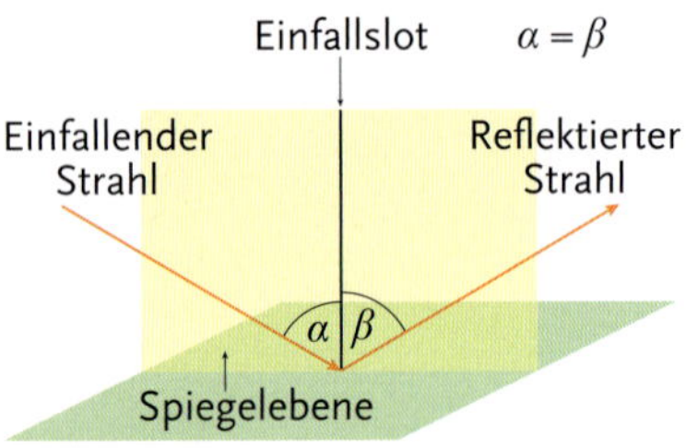

Der **einfallende** und der **reflektierte Strahl** liegen in einer **Ebene**

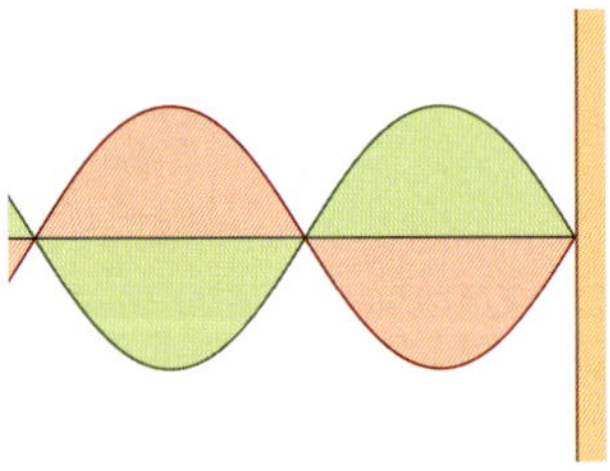

Reflexion an einem festen Ende bewirkt am Ort der Reflexion einen Phasensprung um π. Der Schwingungszustand der reflektierten Transversalwelle (grün) ist also entgegengesetzt zum Schwingungszustand der (von links) einlaufenden Transversalwelle (rot). Die gesamte Elongation der einfallenden und reflektierten Welle ist an dieser Stelle immer gleich 0. Man nennt so eine Position einen Schwingungsknoten.

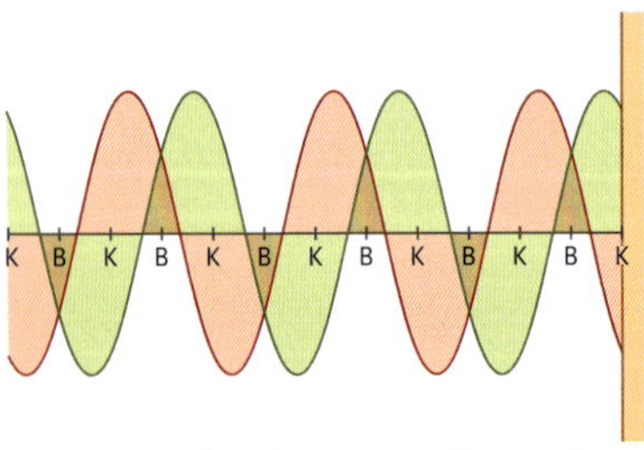

Die einlaufende rote Welle wird am rechten festen Ende mit einem Phasensprung von 180° reflektiert, sodass sie als grün markierte Welle zurückläuft.

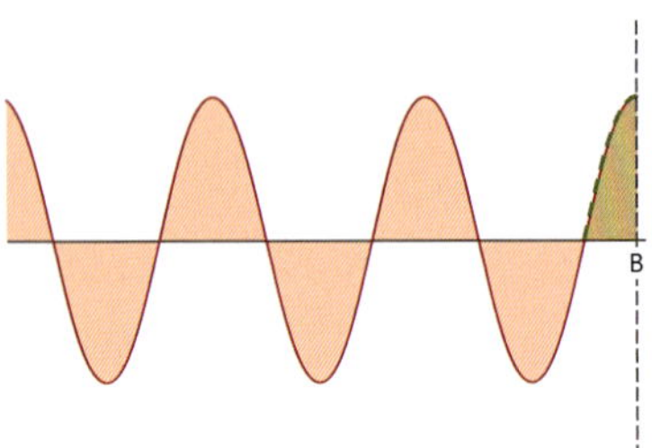

Die einlaufende rote Welle wird am rechten losen Ende ohne Phasensprung reflektiert, sodass sie als grün markierte Welle zurückläuft.

Das Reflexionsgesetz für Wellen – Winkelbetrachtung

Trifft eine Welle unter dem Einfallswinkel α, gemessen zum Lot, auf eine Grenzfläche, so wird die Welle unter dem Reflexionswinkel $\beta = \alpha$, wieder gemessen zum Lot, reflektiert. Kurz: **Einfallswinkel = Reflexionswinkel.**

Betrachtet man eine Welle auch im Hinblick auf ihre Phase, so muss man unterscheiden, ob die Reflexion an einem festen (z. B. bei einem angebundenen Seil) oder einem losen Ende (z. B. bei einem Peitschenschlag) auftritt.

Das Reflexionsgesetz für Wellen – Phasenbetrachtung

Bei einer Reflexion an einem festen Ende tritt ein Phasensprung um π auf.
Bei einer Reflexion an einem losen Ende tritt kein Phasensprung auf.

In der Einleitung haben wir Wasser-, Seil- und Schallwellen sowie Druckwellen als Beispiele für mechanische Wellen genannt. Die Definition einer mechanischen Welle benützt das Modell des Masseteilchens.

Mechanische Wellen

Die **Oszillatoren mechanischer Wellen** sind gekoppelte Masseteilchen.
Nach der Art der Kopplung können die gekoppelten Masseteilchen eine transversale oder eine longitudinale Welle erzeugen.

Ziele erreicht? – „Prinzip von Huygens"

2.2.05 + Geben Sie das Prinzip von **Huygens** und das **Reflexionsgesetz** für Wellen an.

2.2.06 ++ Konstruieren Sie den Strahlengang und berechnen Sie alle auftretenden Winkel für folgende Spiegelanordnungen. Variieren Sie den Einfallswinkel für den Fall b).

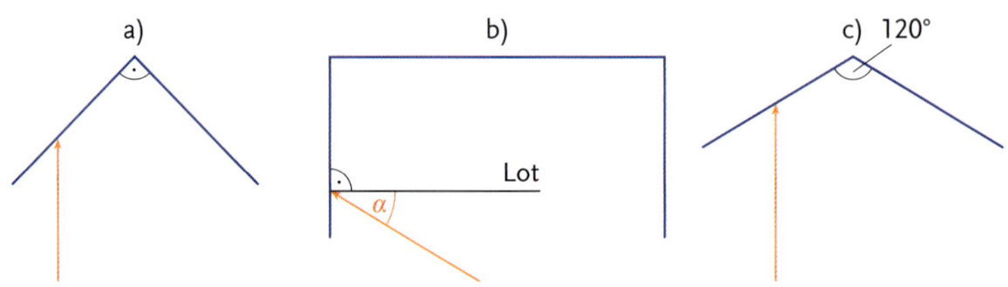

2.2.2 Brechung

Wasserwellen werden beim Übergang in einen Bereich mit einer geringeren Wassertiefe langsamer. Daher nimmt dort die Wellenlänge der Wasserwellen ab. Dies kann man experimentell überprüfen (z. B. durch Einbringen einer Platte in ein Wasserbecken) oder mit etwas Glück auch an einem Strand beobachten.

Meine Ziele

Nach Bearbeitung dieses Kapitels kann ich
- das Brechungsgesetz von Snellius angeben;
- mit dem **Brechungsgesetz von Snellius** operieren;
- das Brechungsgesetz von Snellius interpretieren und dokumentieren.

Tritt eine Welle von einem (isotropen) Medium 1 mit einer Ausbreitungsgeschwindigkeit c_1 in ein (isotropes) Medium 2 mit c_2, wird die Welle von ihrer Ausbreitungsrichtung abgebracht; die Welle wird **gebrochen.**

Twillabrord Snel van Rojen (Snellius), 1580 bis 1626, holländischer Physiker

Brechungsgesetz von Snellius

Trifft eine Welle unter dem Winkel α zum Lot auf eine Grenzfläche zwischen Medium 1 mit Ausbreitungsgeschwindigkeit c_1 und Medium 2 mit c_2, so ergibt sich der **Brechungswinkel** β, gemessen zum Lot, gemäß

$$\frac{\sin\alpha}{\sin\beta} = \frac{c_1}{c_2}.$$

Also $\beta = \arcsin\left(\frac{c_2}{c_1} \cdot \sin\alpha\right)$.

Das Verhältnis von Vakuumlichtgeschwindigkeit zur Ausbreitungsgeschwindigkeit in einem Medium wird **Brechungsindex** bzw. **Brech(ungs)zahl *n*** genannt.

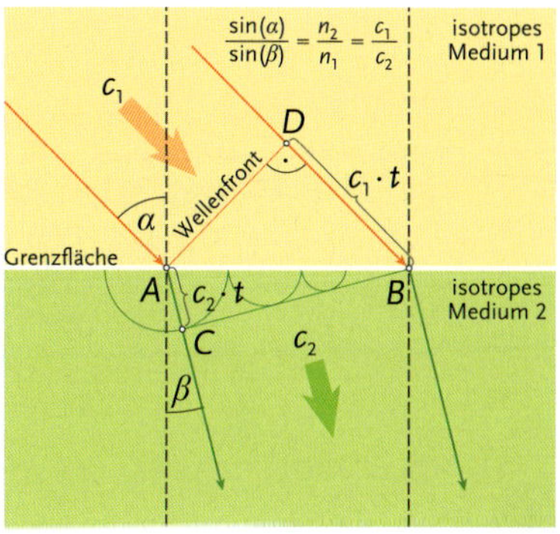

Das Brechungsgesetz von Snellius kann mit dem huygensschen Prinzip begründet werden

Ableitung des Brechungsgesetzes mit dem huygensschen Prinzip

Die einfallende Welle trifft zuerst im Punkt A auf. Zu diesem Zeitpunkt beträgt der Abstand der Wellenfront zum Punkt B noch $\overline{DB}$.

In den $t = \overline{DB}/c_1$ Sekunden bis zum Erreichen von B hat sich die in A erzeugte Elementarwelle um die Strecke $c_2 \cdot t$ im Medium 2 ausgebreitet und den Punkt C erreicht.

$$\frac{\overline{DB}}{c_1} = t = \frac{\overline{AC}}{c_2} \qquad \frac{\overline{AB} \cdot \sin\alpha}{c_1} = \frac{\overline{AB} \cdot \sin\beta}{c_2} \qquad \frac{\sin\alpha}{c_1} = \frac{\sin\beta}{c_2}$$

Die Verbindung von B mit C liefert die neue Wellenfront. Senkrecht zur neuen Wellenfront erhalten wir die Ausbreitungsrichtung im Medium 2 und damit den Brechungswinkel.

Wellenlängen für Schallwellen:

Aus $c = \lambda \cdot f$ folgt

$\lambda = \frac{c}{f} \approx \frac{330}{f}$ m, also

$\lambda(20\ \text{Hz}) \approx 16{,}5$ m

$\lambda(20\ \text{kHz}) \approx 1{,}65$ cm

Brechzahl *n*

Das dimensionslose Verhältnis von Vakuumlichtgeschwindigkeit c_0 zur Lichtgeschwindigkeit c in einem Medium heißt **Brechzahl *n*** des Mediums.

$$n = \frac{c_0}{c}$$

Damit können wir mit $c_1 = c_0/n_1$ und $c_2 = c_0/n_2$ das Brechungsgesetz von Snellius wie folgt schreiben:

$$\frac{\sin\alpha}{\sin\beta} = \frac{c_1}{c_2} = \frac{n_2}{n_1} = \frac{\lambda_1}{\lambda_2}$$

Im Beispiel 2.2.04 wird das einfallende Licht zum Lot hin gebrochen.

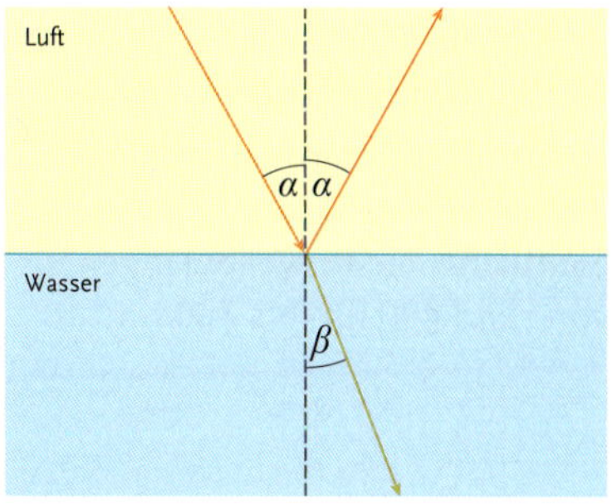

Das unter 30° zum Lot einfallende Licht wird teilweise an der Grenzfläche reflektiert. Der in das Wasser eindringende Lichtanteil wird gebrochen.

Beispiel 2.2.04: Brechung von Licht beim Übergang von Luft in Wasser

Licht treffe unter einem Winkel von 30° zum Lot auf die Grenzfläche zwischen Luft und Wasser.

$n_1 = 1{,}000\,3$, $n_2 = 1{,}33$, $\alpha = 30°$

$$\frac{\sin 30°}{\sin\beta} = \frac{1{,}33}{1{,}000\,3}$$

$$\beta = \arcsin\frac{1{,}000\,3 \cdot 0{,}5}{1{,}33} \approx 22{,}09°$$

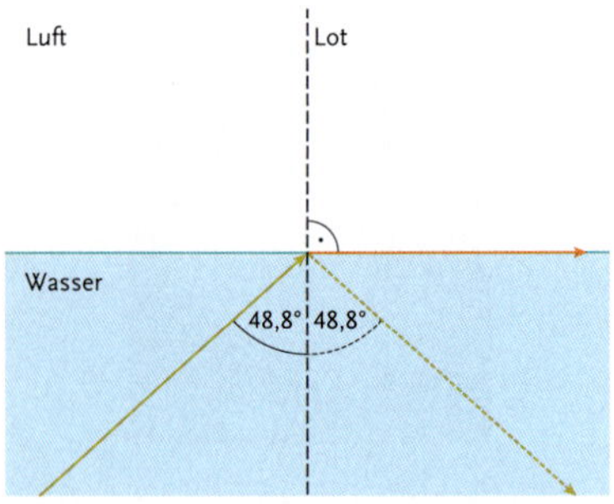

Totalreflexion beim Übergang von Wasser in Luft: Das Licht, das unter 48,8° zum Lot auf die Grenzfläche zwischen Wasser und Luft auftrifft, verbleibt vollständig im Wasser

Der Brechungswinkel ist also etwa 22,09°.
Resümee:
- Beim **Übergang ins dichtere Medium** tritt eine **Brechung zum Lot** auf.
- Beim **Übergang ins dünnere Medium** erfolgt eine **Brechung vom Lot** weg.

Totalreflexion

Bei einer Totalreflexion verbleibt die Welle innerhalb des ersten Mediums und tritt nicht mehr in das andere Medium über.

Der **Grenzwinkel** für die **Totalreflexion** ergibt sich als:
$\alpha_{\text{Grenz}} = \arcsin(n_2/n_1) = \arcsin(c_1/c_2) = \arcsin(\lambda_1/\lambda_2)$.

Totalreflexion kann nur bei einer Brechung vom Lot auftreten. Beim Grenzwinkel α_{Grenz} beträgt der Brechungswinkel 90°.

Beispiel 2.2.05: Totalreflexion von Licht beim Übergang von Wasser in Luft

Den Grenzwinkel der Totalreflexion erhalten wir, wenn der Brechungswinkel 90° beträgt.

$n_1 = 1{,}33,\ n_2 = 1{,}000\,3,\ \beta = 90°$

$$\alpha_{\text{Grenz}} = \arcsin\frac{1{,}000\,3}{1{,}33} \approx 48{,}8°$$

Zur Totalreflexion: Eine Fata Morgana und das Flirren des erwärmten Asphalts sind damit auch erklärbar.

Halten Sie eine wasserdichte Uhr unter Wasser und beschreiben Sie qualitativ und quantitativ Ihre Beobachtungen für verschiedene Positionen bzw. Einfallswinkel.

Ziele erreicht? – „Brechung“

2.2.07 + Geben Sie das **Brechungsgesetz von Snellius** an.

2.2.08 + Berechnen Sie für eine Welle mit 2 m Wellenlänge im Medium 1 und einer um 20 % größeren Wellenlänge im Medium 2 den **Brechungswinkel.** Die Welle trifft unter 30° auf die Grenzfläche 1 nach 2.

2.2.09 ++ Geben Sie die Formel für den Grenzwinkel der **Totalreflexion** an und fertigen Sie eine ausreichend beschriftete Skizze an.

2.2.10 ++ Berechnen Sie für die Welle aus Aufgabe 2.2.08 den Grenzwinkel für die **Totalreflexion.** Was ergibt sich für einen Einfallswinkel, der um 20 % größer als der **Grenzwinkel** ist? Skizzieren Sie Ihre Berechnungen.

2.2.3 Beugung und Interferenz

Hörschall: Frequenzen von rund 20 Hz bis 20 kHz; Wellenlängen von rund 16,5 mm bis 16,5 m

Sichtbares Licht: Wellenlängen von rund 400 nm bis 800 nm

Hörschall besitzt Frequenzen von rund 20 Hz bis 20 kHz. Für eine Schallgeschwindigkeit von rund 330 m/s ergeben sich damit Wellenlängen von Hörschall von rund 16,5 mm bis 16,5 m. Das ist gerade die Ausdehnung vieler Alltagsgegenstände, sodass wir Hörschall um die Ecke wahrnehmen können. Sichtbares Licht mit Wellenlängen von rund 400 bis 800 nm wird an Alltagsgegenständen kaum gebeugt, sodass wir nicht um die Ecke sehen können. Die Beugung von Lichtwellen an kleinen Hindernissen bedingt beispielsweise, dass Schatten nicht scharf begrenzt sind. Die Beugung von Licht ist daher für das Auflösungsvermögen (die kleinste Distanz zwischen zwei noch als getrennt wahrgenommenen Punkten) von optischen Instrumenten entscheidend. Nicht nur Schall- und Lichtwellen werden gebeugt. Die Beugung von Materiewellen von Protonen, Neutronen und Elektronen dient z. B. zur Kristallstrukturuntersuchung.

Den Begriff der Interferenz haben wir bereits beim huygensschen Prinzip kennengelernt. Im Alltag ist die ungestörte Überlagerung von Wasser-, Schall- und Lichtwellen präsent. In der angewandten Physik sind Interferometer als präzise Messinstrumente nicht mehr wegzudenken.

Meine Ziele

Nach Bearbeitung dieses Kapitels kann ich

- **Beugungsphänomene** im Alltag angeben;
- die **Bedingungen** für **maximale Verstärkung** und **Auslöschung** bei gleicher Amplitude angeben;
- die Begriffe **Gangunterschied** und **Interferenz** erklären;
- die **Beugung** mit dem Prinzip von Huygens erklären.

Beugung

Beugung beschreibt das Eindringen einer Welle in den geometrischen Schattenraum. Nach dem Prinzip von Huygens breitet sich von jedem Punkt der auf die Öffnung treffenden Welle eine neue im Allgemeinen kugelförmige **Elementarwelle** aus. Durch **Interferenz** aller Elementarwellen ergibt sich die tatsächlich beobachtete Welle. Die Einhüllende aller Elementarwellenfronten ergibt die **Wellenfront der gebeugten Welle.**

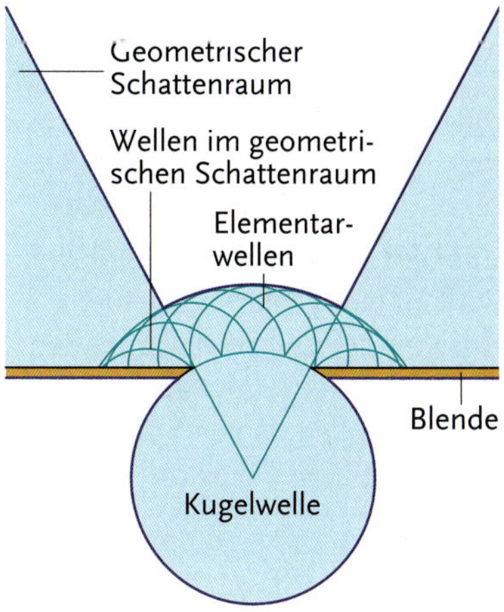

Die Überlagerung aller Elementarwellen erklärt das Eindringen der Welle in den geometrischen Schattenraum

Beispiel 2.2.06: Beugung von Schall- und Lichtwellen

Wenn wir die Schallgeschwindigkeit in Luft bei einer bestimmten Temperatur mit rund 330 m/s annehmen, dann hat eine Schallwelle mit einer Frequenz von 100 Hz (tiefe Bassstimme) eine Wellenlänge von

$$\lambda = \frac{c}{f} = \frac{330 \cdot \text{m/s}}{100 \cdot 1/\text{s}} = 3{,}3 \text{ m.}$$

Eine Schallwelle mit einer Frequenz von 330 Hz (übliche Stimmlage beim Sprechen) eine Wellenlänge von

$$\lambda = \frac{c}{f} = \frac{330 \cdot \text{m/s}}{330 \cdot 1/\text{s}} = 1 \text{ m.}$$

Einer sehr schrillen Kinderstimme mit einer Frequenz von 660 Hz entspricht gar eine Wellenlänge von

$$\lambda = \frac{c}{f} = \frac{330 \cdot \text{m/s}}{660 \cdot 1/\text{s}} = 0{,}5 \text{ m.}$$

Alle diese Größenordnungen (3,3 m; 1 m und 0,5 m) treten im Alltag als Hindernisse (Kfz, Bäume, Türen ...) auf, sodass Schall zusätzlich zu zahlreichen Reflexionen viele Beugungen erfährt.

Für eine Lichtwelle aus dem mittleren sichtbaren Wellenlängenbereich mit rund 600 nm Wellenlänge findet man im Alltag nur sehr wenige Hindernisse von dieser Größenordnung.

Beugung von Lichtwellen siehe Kap. A, 2.3.10.

Versuch 2.2.06: Beugung in einer Wellenwanne

Wird der Spalt in einer Wellenwanne für die einlaufende Kreiswelle immer kleiner gemacht, so dringt die Welle immer tiefer in den Schattenraum des Spaltes ein. Für den Eindringwinkel gilt näherungsweise $\alpha \approx$ *Wellenlänge/Spaltbreite.*

Interferenz von Schwingungen siehe Kap. A, 2.1.5.

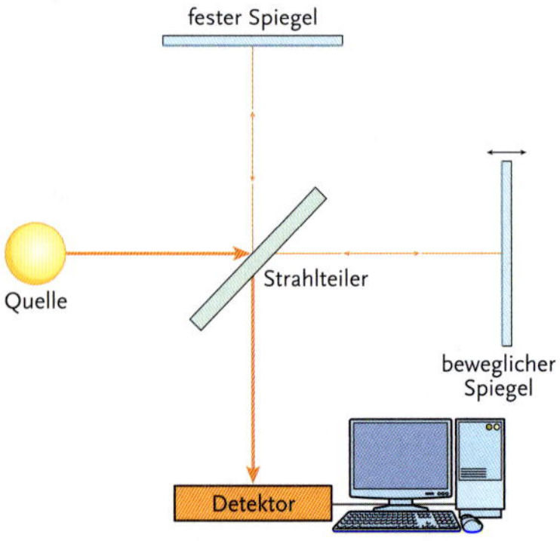

Die Skizze zeigt den prinzipiellen Aufbau eines Interferometers. Die von der Quelle ausgehenden Wellen interferieren nach der Reflexion an den beiden Spiegeln auf dem Weg zum Detektor.

Gang- und Phasendifferenz

Gelangt eine Welle von einem Erreger auf zwei verschieden langen Wegen zu einem Punkt P, so kommt es

- zu einer **Verstärkung** im Punkt P, wenn der **Gangunterschied** $s_2 - s_1$ ein ganzzahliges Vielfaches der Wellenlänge ist. $s_2 - s_1 = k \cdot \lambda$, k eine ganze Zahl,
- zu einer **Auslöschung** im Punkt P, wenn der Gangunterschied $s_2 - s_1$ ein ungerades ganzzahliges Vielfaches der halben Wellenlänge ist: $s_2 - s_1 = (2k + 1) \cdot \lambda/2$, k eine ganze Zahl.

Versuch 2.2.07: Interferenz in der Wellenwanne

In einer Wellenwanne werden zwei zylindrische Erreger phasengleich im Abstand *d* in Wasser eingetaucht. Auf der Symmetrieachse der beiden Eintauchorte kommt es stets zu konstruktiver Interferenz, weil der Gangunterschied 0 ist. Die Punkte mit einer ganzen Wellenlänge Gangunterschied liegen auf zwei Hyperbelästen.

Die Gleichung $s_2 - s_1 = \lambda =$ konstant mit den beiden Eintauchorten als Brennpunkten und den beiden Wellenwegen als Leitstrecken ergibt eine Hyperbel.

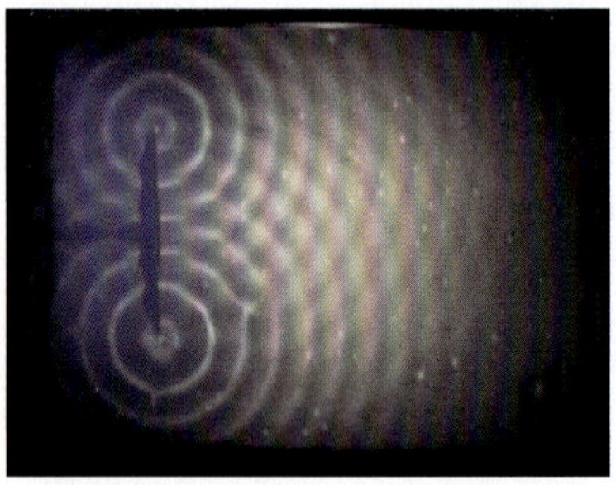

Abbildung zu Versuch 2.2.07: Die beiden Erreger tauchen zeitgleich in das Wasser ein.

Versuch 2.2.08: Interferenz von einfallender und reflektierter Welle

Eine Transversalwelle laufe auf ein Ende zu und werde dort reflektiert.

Ist das Ende **fest,** tritt ein **Phasensprung** um π auf und die Überlagerung der einfallenden und reflektierten Welle hat am festen Ende einen Schwingungsknoten K.

Ist das Ende **lose,** tritt **kein Phasensprung** auf. Der Schwingungszustand der reflektierten Transversalwelle ist also gleich wie der Schwingungszustand der einlaufenden Transversalwelle. Der Betrag der gesamten Elongation der einfallenden und reflektierten Welle ist an dieser Stelle immer maximal. So eine Position heißt Schwingungsbauch B.

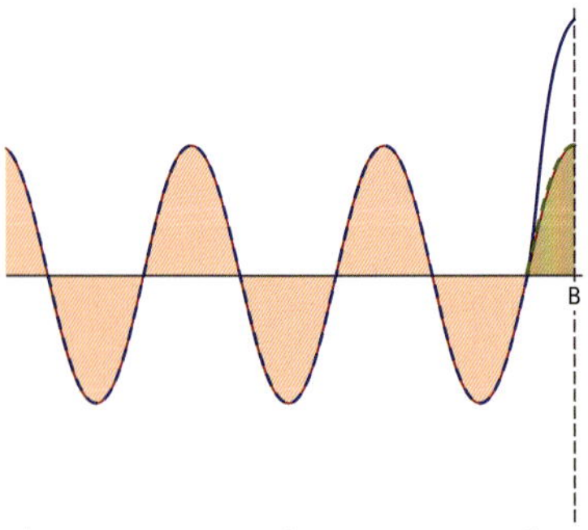

Skizze zu Versuch 2.2.08: Interferenz einer einfallenden Transversalwelle (rot) mit ihrer an einem losen Ende reflektierten Welle (grün). Die Reflexion an einem losen Ende bewirkt am Ort der Reflexion keinen Phasensprung.

Das nachstehende Bild zeigt eine auf ein festes Ende (vertikaler Balken rechts) zulaufende Transversalwelle (rot), ihre mit einem Phasensprung um 180° reflektierte Welle (grün) und deren Überlagerung (blau). Diese überlagerte Welle ist eine **stehende Welle,** weil sie Positionen mit stets verschwindender Auslenkung – ihre Knoten – hat.

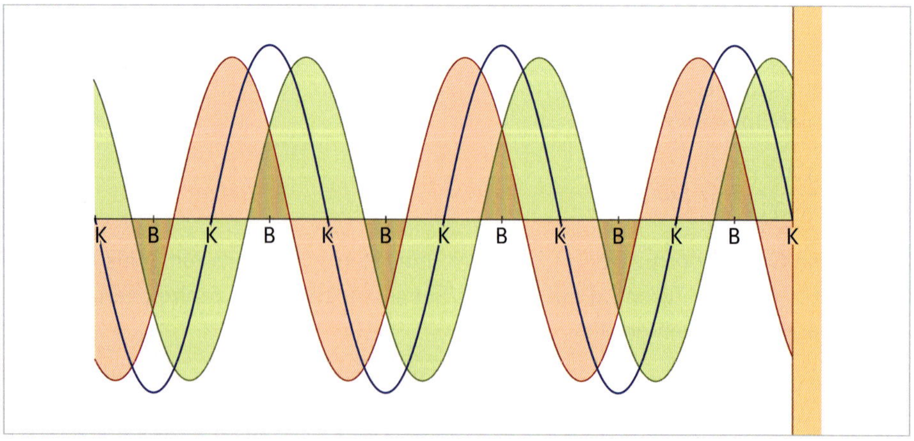

Beispiel 2.2.07: Grund- und Oberschwingungen einer beiderseits eingespannten Saite

Eine Gitarrensaite der Länge *l* führt bei transversaler Auslenkung gleichzeitig ihre Grundschwingung mit der geringsten Frequenz und je nach Bauweise mehrere Oberschwingungen mit einem ganzzahligen Vielfachen der Grundfrequenz aus.

Das Bild der Grundschwingung bei stehenden Wellen erhält man immer als jene Schwingung mit der geringsten Anzahl an Knoten. Bei der eingespannten Saite hat die Grundschwingung daher zwei Knoten an den Einspannstellen.

Die erste Oberschwingung der Saite hat drei Knoten, die zweite vier und so fort.

Je nach den Amplitudenverhältnissen von Grund- zu Oberschwingung ergibt sich der charakteristische Klang der Saite bzw. des Saiteninstruments.

Beispiel 2.2.08: Grund- und Oberschwingungen einer einseitig offenen Luftsäule

Bei einem einseitig offenen Zylinder der Länge l erhält man als Bild der Grundschwingung der Luftsäule den vierten Teil einer Sinuswelle. Das geschlossene Ende bildet einen Knoten und das offene Ende einen Bauch.

Die erste Oberschwingung des einseitig offenen Zylinders hat zwei Knoten und zwei Bäuche. Die Wellenlänge der ersten Oberschwingung beträgt also vier Drittel der Länge l.

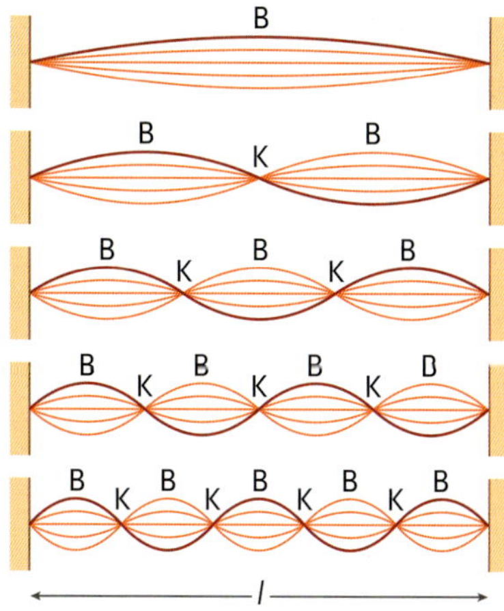

Die Grundschwingung und die ersten vier Oberschwingungen einer beiderseits eingespannten Saite der Länge l sind dargestellt

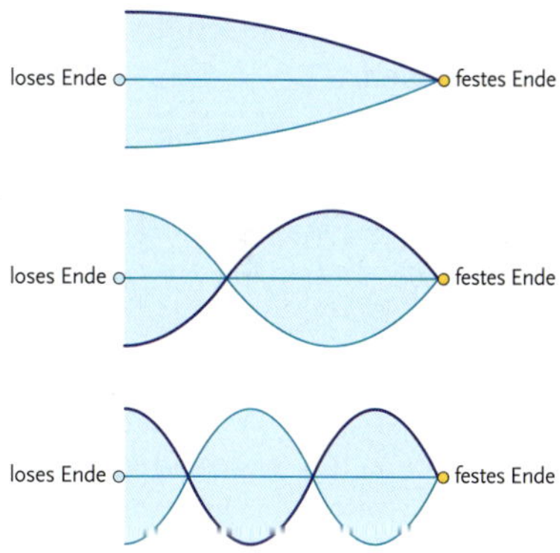

Die Grundschwingung und die ersten beiden Oberschwingungen einer einseitig offenen Luftsäule, also bei einem festen und einem losen Ende

Ziele erreicht? – „Beugung und Interferenz"

2.2.11 + Geben Sie die **Bedingungen** für **Verstärkung** bzw. **Auslöschung** einer Welle, die zwei unterschiedliche Wege zurückgelegt hat, an.

2.2.12 ++ Skizzieren Sie möglichst viele Wellenfronten für eine **Wellenwanne,** in der die Wellengeschwindigkeit 1 cm/s, der Abstand der beiden zylindrischen Erreger 5 cm und die Erregerfrequenz zwei Hertz beträgt.

2.2.13 ++ Skizzieren Sie die Graphen von **stehenden Wellen** für a) eine **beiderseits eingespannte Saite,** b) eine **einseitig offene Luftsäule** („gedeckte" Orgelpfeife) und c) eine **beiderseits offene Luftsäule** (Windspiel). Geben Sie jeweils die Formeln für die Frequenz f der Grundschwingung und die Frequenz f_n der n-ten Oberschwingung in Abhängigkeit von l und c (und n) an.

Orgelpfeifen können „gedeckt" oder „ungedeckt" sein. Siehe Kap. A, 2.4.

2.3 Geometrische und Wellenoptik

„Ein Bild sagt mehr als tausend Worte", sagt der Volksmund und unser Alltag ist voller Bilder. In der ***geometrischen Optik*** *gelingt die Beschreibung vieler optischer Phänomene mit einfachen abbildenden Elementen. Die Wirkungsweise von Spiegeln und Linsen erklären wir mit dem Reflexions- und Brechungsgesetz und der Absorption.*

Treten Interferenzphänomene bzw. Hindernisse in der Größenordnung der Wellenlänge auf, müssen wir zur Erklärung die ***Wellenoptik*** *heranziehen.*

2.3.1 Lichtausbreitung und Schattenbildung, Spektrum

Wenn man „Licht und Schatten" in Suchmaschinen eingibt, erhält man mehr als vier Millionen Einträge. In Zeitungskommentaren findet man Licht und Schatten ebenso wie in Gedichten und sogar CDs tragen diesen Titel.

Die Sonnenstrahlen breiten sich in alle Richtungen von der Sonne aus. Denkt man sich die Lichtquelle punktförmig bzw. kugelsymmetrisch, ergeben sich Kugeloberflächen als Wellenfronten.

Meine Ziele

Nach Bearbeitung dieses Kapitels kann ich

- die Begriffe **Lichtstrahl** sowie **Schatten** erklären und angeben, unter welchen Bedingungen die **Strahlenoptik** bzw. **geometrische Optik** angewendet wird;
- die Begriffe **Reflexions-, Absorptions-** sowie **Transmissionsgrad** definieren und die Begriffe **Halb-** und **Kernschatten** sowie **Spektrum** erklären;
- die Größenordnung der **Lichtgeschwindigkeit** angeben und mit ihr operieren.

Licht – Lichtstrahlen – Schatten – geometrische Optik

- Licht ist eine **elektromagnetische Welle,** die für das menschliche Auge erkennbar ist und **Wellenlängen zwischen ca. 400 nm und 800 nm** hat.
- In der Regel breitet sich Licht vom Ort seiner Entstehung als **Kugelwelle geradlinig** nach allen Seiten aus.
- Einzelne **Sektoren** der Kugelwelle heißen **Strahlenbündel.** Die **Strahlenbündel** beginnen im Kugelmittelpunkt und haben einen endlichen Öffnungswinkel.
- **Lichtstrahlen** sind Strahlenbündel mit verschwindendem Öffnungswinkel, also unendlich enge Strahlenbündel.
- Treffen Lichtstrahlen auf ein undurchsichtiges Objekt, ist die Projektion des Objektes sein **Schatten.**
- Die **geometrische Optik** oder **Strahlenoptik** beschreibt den Verlauf von Lichtstrahlen hinreichend genau, wenn die innerhalb des Strahlenbündels dargestellten Objekte groß im Vergleich zur Wellenlänge sind, d. h. sehr viel größer als 1 µm.

Reflectere: lateinisch für zurückbiegen.

Absorbere: lateinisch für verschlucken.

Transmittere: lateinisch für durchlassen.

Isos: griechisch für gleich.

Tropos: griechisch für Drehung, Richtung.

Licht breitet sich in einem homogenen isotropen Medium geradlinig aus. Ein Medium ist homogen und isotrop, wenn die betrachteten physikalischen Parameter gleich und richtungsunabhängig sind. Trifft Licht auf eine Grenzfläche zwischen zwei Medien, z. B. von homogener Luft auf eine völlig ebene Glasplatte der Dicke d, dann wird

- ein Teil **reflektiert (zurückgeworfen),**
- ein Teil in der Platte **absorbiert (aufgenommen)** und
- ein Teil geht **durch** die Platte **hindurch** – er wird **transmittiert.**

Isotropie ist die Unabhängigkeit einer Eigenschaft von der Richtung.

Beispiel 2.3.01: Fensterglas

Bei einem herkömmlichen Fensterglas mit 3 mm Dicke werden rund 6 % der einfallenden Lichtenergie reflektiert, 2 % erwärmen das Glas und 92 % gehen durch die Scheibe hindurch.

Bei einem Doppelglasfenster treten daher rund $0{,}92^2 = 0{,}846 = 84{,}6\ \%$ der einfallenden Lichtintensität (Lichtenergie pro Zeit und Fläche) durch.

Bei einer Dreifachverglasung werden in Summe 22,1 % reflektiert bzw. absorbiert und $77{,}9\ \% = 0{,}92^3$ werden transmittiert.

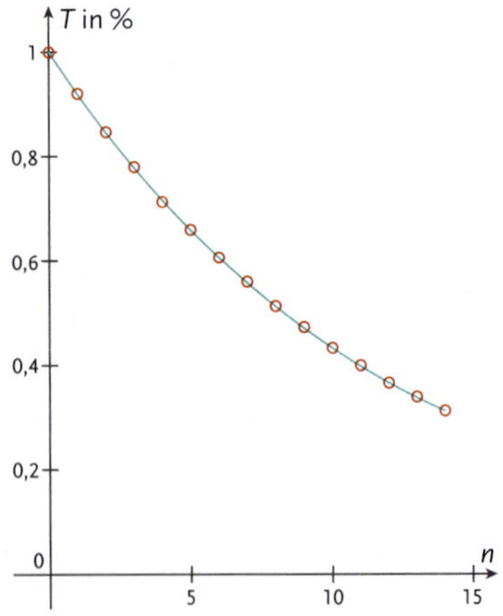

Der Graph zeigt den diskreten Energiedurchlass in Abhängigkeit der Anzahl n der hintereinanderliegenden **Fensterglasscheiben** von ca. 3 mm Stärke sowie die kontinuierliche Interpolationsfunktion

Reflexions-, Absorptions- und Transmissionsgrad

$$\text{Reflexionsgrad } \rho = \frac{\text{reflektierte Strahlungsleistung}}{\text{auftreffende Srahlungsleistung}}$$

$$\text{Absorptionsgrad } \alpha = \frac{\text{absorbierte Strahlungsleistung}}{\text{auftreffende Strahlungsleistung}}$$

Transmissionsgrad $\tau = \dfrac{\text{transmittierte Strahlungsleistung}}{\text{auftreffende Strahlungsleistung}}$

Aufgrund der Energieerhaltung gilt: $\rho + \alpha + \tau = 1$.

Anstelle der Bezeichnung Reflexionsgrad wird auch der Begriff Reflexionskoeffizient verwendet. Analog für Absorptions- und Transmissionsgrad auch Absorptionskoeffizient sowie Transmissionskoeffizient.

Beispiel 2.3.02: Mattglas

Bei einem Mattglas mit 3 mm Dicke, wie es gerne bei Türen verwendet wird, werden rund 15 % der einfallenden Lichtenergie reflektiert und 15 % im Glas absorbiert, sodass 70 % durch die Scheibe hindurchgehen: $\rho = \alpha = 0{,}15$ und $\tau = 0{,}7$.

Bei zwei Mattglasscheiben hintereinander treten daher rund $0{,}70^2 = 0{,}49 = 49$ % der einfallenden Lichtintensität durch: $\tau_2 = \tau^2 = 0{,}49$.

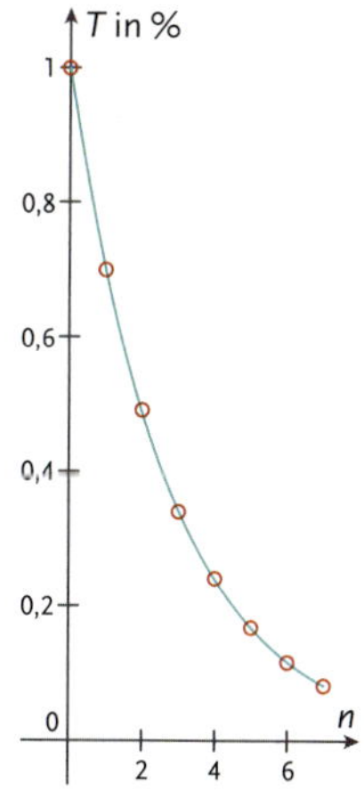

Der Graph zeigt den diskreten Energiedurchlass für n hintereinanderliegende **Mattglasscheiben** von ca. 3 mm Stärke sowie die kontinuierliche Interpolationsfunktion.

Licht ist eine **elektromagnetische Welle.** Die nachfolgende Tabelle zeigt den winzigen Ausschnitt, den das sichtbare Licht im elektromagnetischen Spektrum einnimmt. Die gesamte Tabelle umfasst 24 Zehnerpotenzen.

	Kosmische Strahlung	Gammastrahlung / Röntgenstrahlung		Ultraviolett	Sichtbares Licht	Infrarot	Radar / Mikrowellen	Rundfunk		Technischer Wechselstrom
λ in m	10^{-16}		10^{-12}		$\approx 4 \cdot 10^{-7}$	$\approx 8 \cdot 10^{-7}$	10^{0}	10^{4}		10^{8}
f in Hz	$3 \cdot 10^{24}$		$3 \cdot 10^{20}$		$\approx \frac{3}{4} \cdot 10^{14}$	$\approx \frac{3}{8} \cdot 10^{14}$	$3 \cdot 10^{8}$	$3 \cdot 10^{4}$		$3 \cdot 10^{0}$

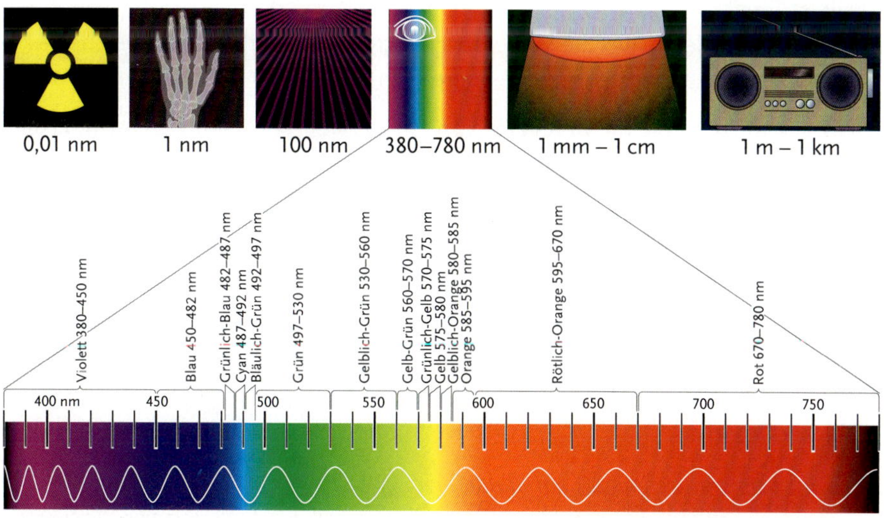

Den einzelnen Frequenzen und wegen $c = \lambda \cdot f$ auch den einzelnen Wellenlängen entsprechen unterschiedliche Farben innerhalb des sichtbaren Lichtes von Rot, Gelb, Grün, Blau bis Violett. Man unterscheidet die Regenbogenfarben Rot, Orange, Gelb, Grün, Blau, Indigo und Violett.

Sicherlich haben Sie schon von der Problematik des Schmelzens der Polkappen gehört. Schnee hat einen durchschnittlichen Reflexionsgrad von 93 %, wirft also 93 % der einfallenden Sonnenstrahlung teilweise in den Weltraum zurück. Erde und Fels absorbieren hingegen die auftreffende Sonnenstrahlung sehr stark.

Zu den Abkürzungen:

- **UV** = ultraviolett: oberhalb von Violett
- **VIS** = visible, engl. sichtbar
- **IR** = infrarot: unterhalb von Rot.

Die Ordnung erfolgt also nach der Frequenz.

Spektrum

Das **Spektrum** ist die Intensitätsverteilung einer elektromagnetischen Strahlung in Abhängigkeit von der **Wellenlänge.**

Spectrum: lateinisch für Bild, Erscheinung.

Die verschiedenen Arten von Spektren werden uns bei Prismen und Gittern wieder begegnen.

Brechung an Prismen und Beugung an Gittern.

Für Überschlagsrechnungen verwenden wir für die **Brechzahl von Luft** 1,000 3 den Näherungswert 1.

Eine ausgedehnte Lichtquelle:

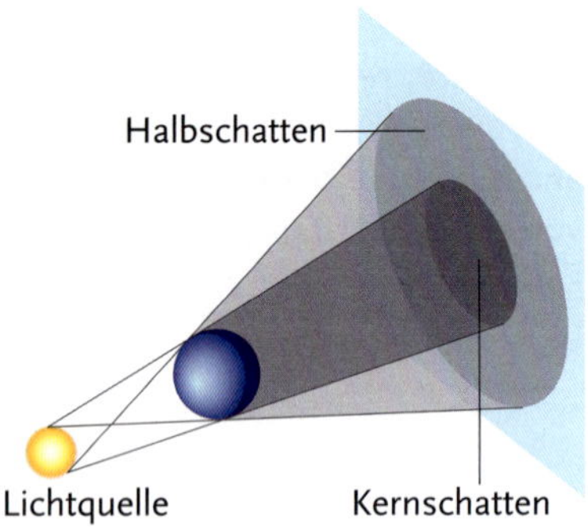

Zwei ausgedehnte Lichtquellen:

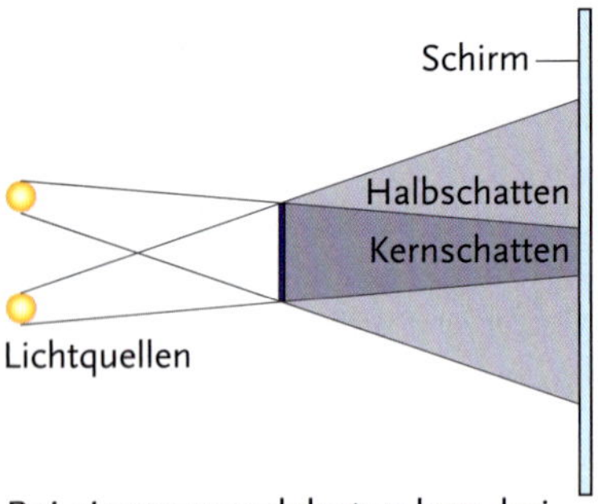

Bei einer ausgedehnten bzw. bei zwei oder mehreren ausgedehnten Lichtquellen ergeben sich ein **Kernschatten** und mehrere **Halbschattenbereiche**

Konstanz der Lichtgeschwindigkeit

Die Ausbreitungsgeschwindigkeit von Licht, kurz Lichtgeschwindigkeit, ist **unabhängig vom Bewegungszustand der Lichtquelle bzw. des Beobachters** und stets **konstant.**

Der Wert der **Naturkonstante Vakuumlichtgeschwindigkeit** wurde 1983 festgelegt.

Vakuumlichtgeschwindigkeit

Licht breitet sich im Vakuum definitionsgemäß mit der **Vakuumlichtgeschwindigkeit** $c_0 = 299\,792\,458$ m/s ≈ 1 079 252 848,8 km/h aus.

In Luft ist Licht nur unwesentlich langsamer: $c_{\text{Luft}} \approx 299\,703\,000$ m/s. Damit ergibt sich für die Brechzahl von Luft:

$$n_{\text{Luft}} = \frac{c_0}{c_{\text{Luft}}} \approx \frac{299\,792\,458}{299\,703\,000} \approx 1{,}000\,3.$$

Kern- und Halbschatten

Der dunkelste Bereich eines schattigen Gebietes ist der **Kernschatten.**
Der **Halbschatten** ist für eine reale Lichtquelle jener Bereich, in dem Teile der Lichtquelle sichtbar sind.

Ziele erreicht? – „Lichtausbreitung und Schattenbildung, ..."

2.3.01 + Geben Sie an, welche Wellenlänge **sichtbares Licht** hat und welche Bereiche an welchem Ende angrenzen.

2.3.02 + Berechnen Sie die **Brechzahl** von Quarz, wenn die Lichtgeschwindigkeit in Quarz rund 193 084 km/s beträgt.

2.3.03 ++ Nach wie vielen etwas verschmutzten **Fensterscheiben** mit einem Transmissionskoeffizienten τ von rund 80 % ist die anfängliche Intensität auf etwa a) 51 %, b) 41 % bzw. c) 26 % gesunken? Stellen Sie die transmittierte Intensität als Funktion der Scheibenanzahl grafisch dar.

2.3.2 Reflexion

Licht wird beim Auftreffen auf ein Hindernis teilweise reflektiert. Im Alltag können Reflexionen auch erwünscht sein. Bereits Archimedes soll die Reflexion von Sonnenlicht zielgerichtet angewendet haben.

Meine Ziele

Nach Bearbeitung dieses Kapitels kann ich

- die Begriffe **Einfallswinkel, Reflexionswinkel** und **Lot** erklären;
- **diffuse** und **reguläre Reflexion** unterscheiden;
- das **Reflexionsgesetz** nennen und anwenden.

Ist eine Grenzfläche sehr glatt poliert oder verspiegelt, wird ein einfallendes Lichtbündel in eine bestimmte Richtung reflektiert und behält seine Bündelung. Es liegt **reguläre Reflexion** bzw. **Spiegelung** vor, für die das Reflexionsgesetz gilt.

Reflexionsgesetz

Trifft Licht unter dem Winkel α zum Lot auf eine (sehr glatte) Grenzfläche, wird ein Teil unter dem Winkel $\beta = \alpha$ zum Lot reflektiert.

Kurz: **Einfallswinkel** α = **Reflexionswinkel** β.

Im Raum gilt die Zusatzbedingung, dass der einfallende, der reflektierte Strahl und das Lot in einer Ebene liegen.

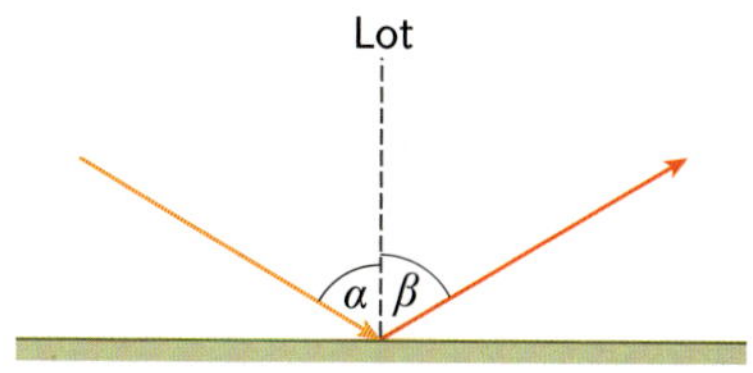

Die Abbildung zeigt das Reflexionsgesetz: Einfallswinkel = Reflexionswinkel β (reguläre Reflexion)

Beim Sonderfall des senkrechten Lichteinfalls sind die beiden Winkel, gemessen zum Lot, null Grad: $\alpha = \beta = 0°$ (Retroreflexion).
Ist die Grenzfläche rau, wird das auftreffende Licht in alle Richtungen zerstreut, sodass die Fläche allseits sichtbar ist. Es liegt diffuse Reflexion vor.

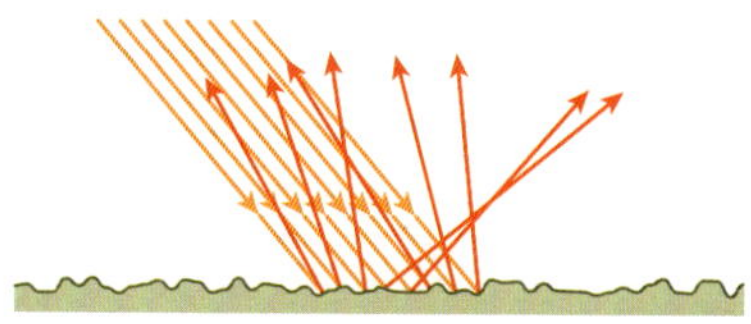

Bei der **diffusen Reflexion** wird das auftreffende gebündelte Licht in alle Richtungen zerstreut. Die Bündelung geht verloren.

Ziele erreicht? – „Reflexion"

2.3.04 ++ Skizzieren Sie einen speziellen Fall einer **regulären Reflexion** und eine **diffuse Reflexion.** Beschriften Sie bei der regulären Reflexion das Lot, den Einfalls- und den Reflexionswinkel. Skizzieren Sie bei der diffusen Reflexion mehrere Lote.

2.3.05 ++ Skizzieren Sie den Spezialfall einer **Retroreflexion.**

2.3.3 Brechung

Trifft Licht auf eine Grenzfläche zweier homogener (überall gleichartiger) Medien, wird es nicht nur gemäß dem Reflexionsgesetz reflektiert, sondern dringt auch in das andere Medium ein. Dabei ändert es seine Richtung: Der Lichtstrahl wird ***gebrochen.*** *Der Vorgang heißt* ***Lichtbrechung*** *oder* ***Refraktion.***

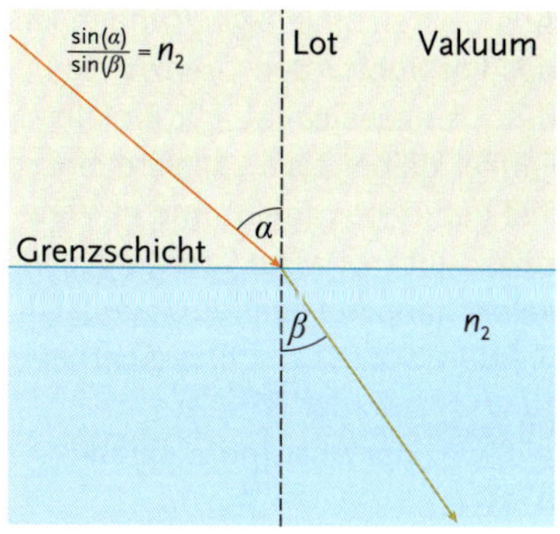

Der Lichtstrahl wird zum Lot gebrochen. Im Vakuum ist der Brechungsindex $n = 1$.

Meine Ziele

Nach Bearbeitung dieses Kapitels kann ich
- Brechungserscheinungen im Alltag qualitativ beschreiben und die Begriffe **Einfallswinkel, Brechungswinkel** und **Lot** erklären;
- mit dem **Brechungsgesetz** von Snellius operieren;
- das **Brechungsgesetz** von Snellius herleiten.

Herleitung des Brechungsgesetzes siehe Kap. A, 2.2.2.

Brechungsgesetz von Snellius

Trifft eine Welle unter dem Winkel α zum Lot auf eine Grenzfläche zwischen einem Medium 1 mit Ausbreitungsgeschwindigkeit c_1 und einem Medium 2 mit Ausbreitungsgeschwindigkeit c_2, ergibt sich der Brechungswinkel β gemäß

$$\frac{\sin\alpha}{\sin\beta} = \frac{c_1}{c_2} = \frac{\lambda_1}{\lambda_2} = \frac{n_2}{n_1}$$

Das Brechungsgesetz von Snellius kann mit dem fermatschen Prinzip (Licht wählt den Weg mit der kürzesten Gesamtzeit) hergeleitet werden.

Beim Übergang von einem homogenen Medium in ein anderes homogenes Medium mit verschiedenen Brechungsindizes treten **zwei** Fälle auf:

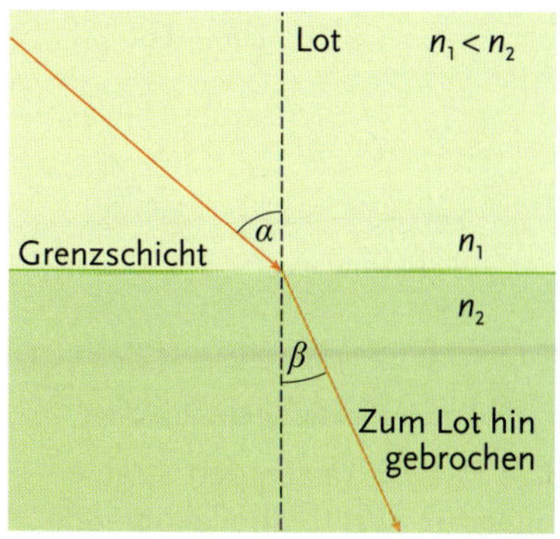

Lichtbrechung **zum** Lot

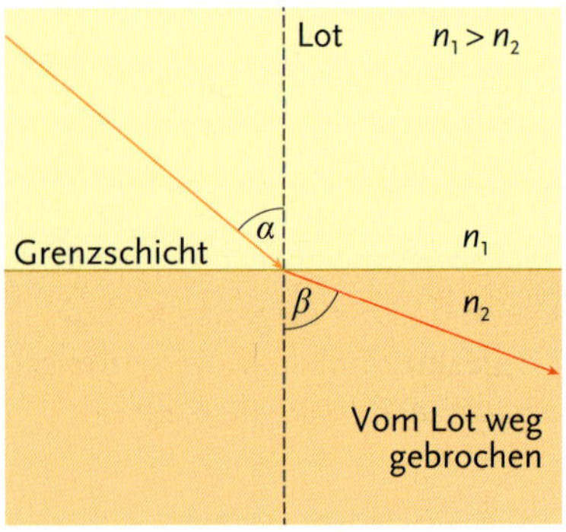

Lichtbrechung **vom** Lot

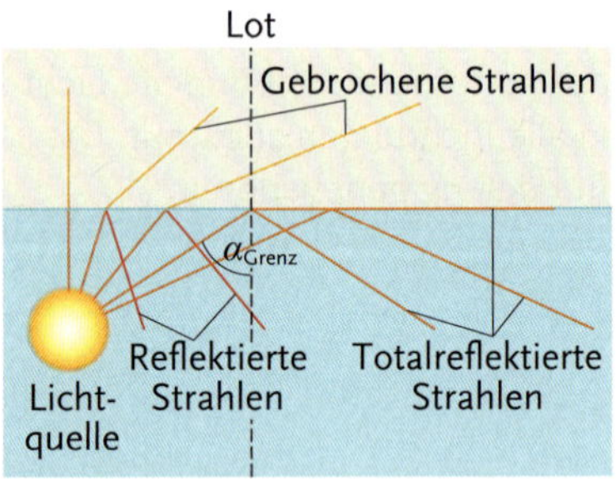

Aus Übersichtlichkeitsgründen ist das Lot nur für den Grenzwinkel α_{Grenz} eingezeichnet. Für Einfallswinkel kleiner als α_{Grenz} wird ein Teil gebrochen (gelb) und ein Teil reflektiert (rot). Die Grenzschicht selbst kann beliebig dünn gedacht werden, sodass der Energieerhaltungssatz in der Form $\rho + \tau = 1$ gilt, weil der Absorptionsgrad $\alpha = 0$ ist.

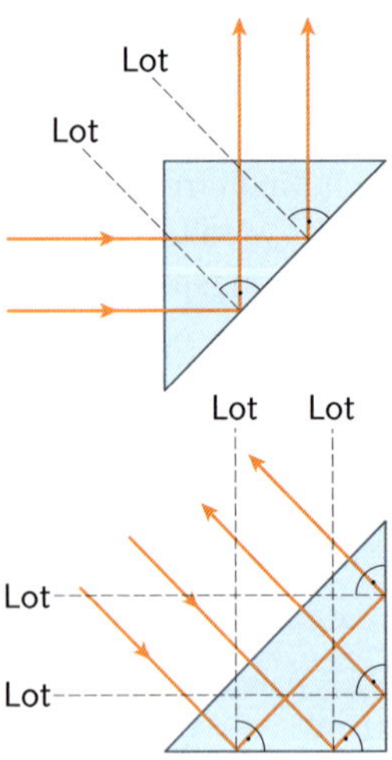

Totalreflektierende Prismen

Die Skizzen zeigen den Strahlengang für zwei totalreflektierende Umlenkprismen

Beispiel 2.3.03: Lichtbrechung zum Lot

Wenn Licht von einem optisch dünneren Medium 1 mit Brechzahl n_1 in ein optisch dichteres Medium 2 mit Brechzahl $n_2 > n_1$ eintritt, wird es zum Lot hin gebrochen. Der Brechungswinkel ist kleiner als der Einfallswinkel, also $\beta < \alpha$.

Brechung zum Lot tritt beispielsweise auf, wenn Licht von Luft in Wasser oder Glas übergeht.

Beispiel 2.3.04: Lichtbrechung vom Lot

Wenn Licht von einem optisch dichteren Medium 1 mit Brechzahl n_1 in ein optisch dünneres Medium 2 mit Brechzahl $n_2 < n_1$ eintritt, wird es vom Lot weg gebrochen. Der Brechungswinkel ist größer als der Einfallswinkel, also $\beta > \alpha$.

Brechung vom Lot tritt beispielsweise auf, wenn Licht von Wasser oder Glas in Luft übergeht.
Bei der Brechung vom Lot ergibt sich ein Grenzfall für einen Brechungswinkel β von 90°. Der gebrochene Lichtstrahl tritt nicht mehr in das optisch dünnere Medium über, sondern verbleibt im dichteren Medium.

Totalreflexion

Beim Übergang von einem optisch dichteren Medium 1 in ein optisch dünneres Medium 2 ($n_1 > n_2$)

- nennt man den **Einfallswinkel** α_{Grenz}, für den der Brechungswinkel $\beta = 90°$ ist, **Grenzwinkel der Totalreflexion.**
  $\alpha_{Grenz} = \arcsin(n_2/n_1) = \arcsin(c_1/c_2) = \arcsin(\lambda_1/\lambda_2)$.
- Für größere Einfallswinkel als den Grenzwinkel α_{Grenz} tritt **Totalreflexion** auf. Der Lichtstrahl verbleibt im Medium 1; es findet keine Brechung mehr statt.

Beispiel 2.3.05: Totalreflexion beim Übergang von Glas in Luft

Wenn Licht von einem Glas mit einer Brechzahl von rund 1,5 in Luft mit einer Brechzahl von 1,000 3 übertritt, findet bis zu einem Grenzwinkel von

$$\alpha_{Grenz} = \arcsin\left(\frac{1{,}000\,3}{1{,}5}\right) \approx 41{,}83°$$

eine Brechung vom Lot statt.

Dieser Grenzwinkel ist kleiner als 45°, sodass rechtwinkelige gleichschenkelige, gerade Glasprismen als Strahlumlenkprismen verwendet werden können. Dieser Winkel ist auch relativ klein im Vergleich zu 90° bei einem senkrechten Einfall auf die Stirnfläche einer Glasfaser. Daher lassen sich Glasfaserkabeln aus der modernen Informationstechnologie nicht mehr wegdenken.

Wir behandeln diese beiden wichtigen Anwendungen der Totalreflexion noch etwas genauer.

Anwendung der Totalreflexion bei Strahlumlenkprismen

Wenn Licht senkrecht auf die Kathetenfläche eines rechtwinkeligen gleichschenkeligen, geraden Glasprismas fällt, passiert es diese wegen $\alpha = 0°$ ungebrochen. Der Einfallswinkel auf die Grenzfläche im Inneren des Prismas ist dann 45° und damit größer als der im Beispiel 2.3.05 berechnete Grenzwinkel für die Totalreflexion. Der Lichtstrahl kann daher die Hypotenusenfläche nicht passieren, sondern er wird an ihr total reflektiert. Er verlässt das Glasprisma durch die andere Kathetenfläche wieder senkrecht.

Anwendung der Totalreflexion bei Lichtleitern

Lichtleiter sind lange Glasfasern mit einem Kern mit hohem Brechungsindex, einer konzentrischen Ummantelung mit niedrigem Brechungsindex und einer Hülle zum mechanischen Schutz der Faser. Durch Bündelung werden rund 400 Einzelfasern pro mm^2 zusammengefasst. Treffen Lichtstrahlen beinahe senkrecht auf die Stirnfläche einer Glasfaser, so treffen sie im Inneren der Faser unter einem großen Einfallswinkel auf die Grenzfläche Glas–Luft und werden dort total reflektiert. Vielfache Totalreflexion (rund 20 000 Totalreflexionen pro Laufmeter Glasfaserkabel) leitet das Licht in der Faser fort. Ist die Lichtwellenlänge vernachlässigbar klein gegen den Faserdurchmesser, tritt am Ende der Faser ein homogenes Lichtbündel aus.

Lichtleiter sind mechanisch beanspruchbar und erlauben Beobachtungen sonst unzugänglicher Bereiche. Die Endoskopie in der Medizin muss ebenso angeführt werden wie handelsübliche Endoskope für den Haushalt und verschiedene Handwerksbetriebe.

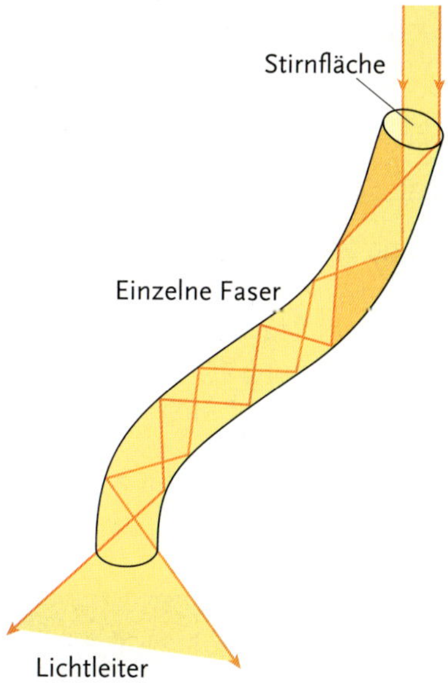

Die Skizze zeigt den Verlauf zweier Strahlen in einem Lichtleiter

Beispiel 2.3.06: Totalreflexion beim Übergang von Glas in Wasser

Wenn Licht von einem Glas mit einer Brechzahl von rund 1,5 in Wasser mit einer Brechzahl von 1,333 übertritt, findet bis zu einem Grenzwinkel von

$\alpha_{Grenz} = \arcsin(1{,}333/1{,}5) \approx 62{,}71°$
eine Brechung vom Lot statt.

Wir stellen fest, dass dieser Grenzwinkel um 20,88 ° oder rund 49,9 % größer als der Grenzwinkel beim Übergang von Glas in Luft (aus Beispiel 2.3.05) ist.

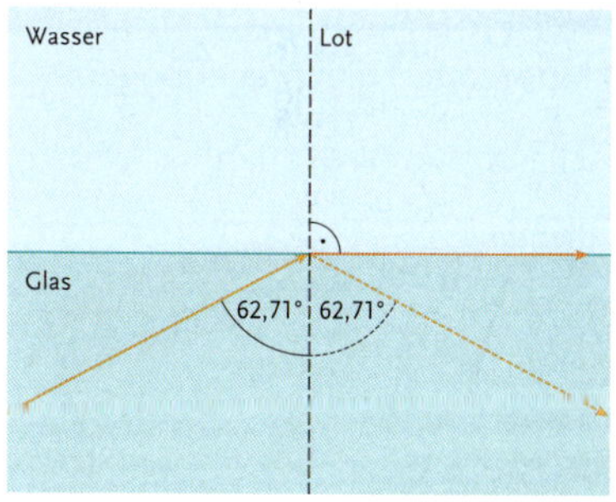

Totalreflexion beim Übergang von Glas in Wasser

Ziele erreicht? – „Brechung"

2.3.06 + Geben Sie das **snelliussche Brechungsgesetz** an und argumentieren Sie, unter welchen Bedingungen **Brechung zum** bzw. **vom Lot** stattfindet.

2.3.07 ++ Unter welchem Winkel ist Licht auf eine Grenzfläche zwischen Luft und Wasser eingefallen, wenn es sich im Wasser unter 30° zum Lot weiterbewegt und $n_{Wasser} \approx 1{,}333$? Fertigen Sie eine Skizze mit dem berechneten Einfallswinkel und dem gegebenen **Brechungswinkel** an.

2.3.08 ++ Licht trifft, aus Luft kommend, unter 60° zum Lot auf eine Flüssigkeit, in der es sich mit rund 240 000 km/s fortbewegt. Unter welchem Winkel dringt es in die Flüssigkeit ein? Fertigen Sie eine Skizze mit dem gegebenen Einfallswinkel und dem berechneten **Brechungswinkel** an.

2.3.09 ++ Licht breite sich in einem Kristall mit rund 180 000 km/s aus. Ab welchem Winkel tritt **Totalreflexion** auf? Fertigen Sie eine Skizze mit dem berechneten Grenzwinkel und einem selbst gewählten Winkel $\alpha > \alpha_{Grenz}$ an sowie mit einem weiteren Winkel $\alpha < \alpha_{Grenz}$, für den Sie auch den Brechungswinkel berechnen und eintragen.

2.3.10 + Wie groß ist die **Parallelverschiebung** eines unter dem Winkel α zum Lot auf eine planparallele Platte einfallenden Lichtstrahls? Die Platte hat die Dicke d und die Brechzahl $n > 1{,}1$. Die Platte befindet sich in Luft. Interpretieren Sie Ihre abgeleitete Formel.

Medium	Brechzahl
Wasser	1,333
Äther	1,353
Leichtes Kronglas	1,515
Schweres Kronglas	1,752

Einige Brechzahlen für Licht mit einer Wellenlänge von rund 590 nm

Die **Fraunhoferlinie D** für das Element Natrium hat eine Wellenlänge von 589,3 nm. Natriumdampflampen zeichnen sich durch warmes gelbes Licht aus.

Die **Fraunhoferlinie A** hat eine Wellenlänge von 759,3 nm und die **Fraunhoferlinie H** eine von 396,8 nm.

Bei einem Regenbogen kommt es zur Aufspaltung des weißen Sonnenlichts in seine **Spektralfarben**

Dispersus: lateinisch für zerstreut.

Haupt- und Nebenregenbogen

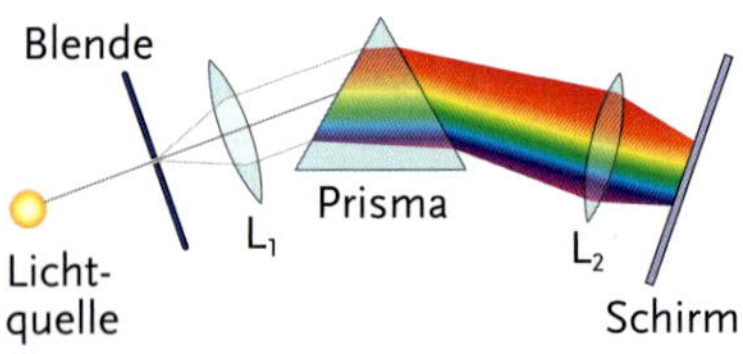

Dispersionsspektrum eines Prismas: Man erkennt sehr gut, dass rotes Licht am wenigsten und violettes am stärksten gebrochen wird. Damit gilt für die frequenzabhängigen Brechzahlen $n_{rot} < n_{violett}$.

Für Wasser werden folgende Werte verwendet:
$n_{rot} = 1{,}329$ und $n_{violett} = 1{,}343$.

Genauer ist mit Rot hier die Fraunhofer-Linie A (759,3 nm) und mit Violett die Fraunhoferlinie H (396,8 nm) gemeint.

Wellenlänge/nm	Brechungsindex
759,3	1,329
686,7	1,330
656,3	1,331
589,3	1,333
527,0	1,335
486,1	1,337
430,8	1,341
396,8	1,343

Ausschnitt aus der Dispersionstabelle für Wasser

2.3.4 Dispersion

Im Vakuum ist die Lichtgeschwindigkeit für alle Frequenzen gleich. In durchsichtigen Körpern ist die Ausbreitungsgeschwindigkeit des Lichtes hingegen frequenzabhängig. Damit ist die Entstehung von ***Regenbögen*** *teilweise erklärbar.*

Meine Ziele

Nach Bearbeitung dieses Kapitels kann ich
- **Dispersionserscheinungen** im Alltag erklären;
- die **Dispersion** kommunizieren und für ein Prisma skizzieren;
- das **Dispersionsspektrum** einer Grenzfläche berechnen.

Dispersion

Die Abhängigkeit der Brechzahl n von der Frequenz heißt **Dispersion:** $n = n(f)$. Rotes Licht ist in durchsichtiger Materie schneller als violettes, weshalb bei normaler Dispersion $n_{rot} < n_{violett}$ ist.

In Glas liegt normale Dispersion vor, d. h., langwelliges Licht hat kleinere Brechungswinkel.

Beispiel 2.3.07: Rot und Violett

Wenn rotes Licht mit rund 760 nm und violettes Licht mit rund 397 nm von Luft (Brechzahl von 1,000 3) auf Wasser auftreffen, wird das violette stärker gebrochen.

Für einen Einfallswinkel von 60° zum Lot ergibt sich mit

$n_{rot} = 1{,}329$ und $n_{violett} = 1{,}343$, wegen $\frac{\sin\beta}{\sin 60°} = \frac{1{,}000\,3}{n_2}$

für den Brechungswinkel des roten Lichtes:

$$\beta_{rot} = \arcsin\left(\frac{\sqrt{3}}{2} \cdot \frac{1{,}000\,3}{1{,}329}\right) \approx 40{,}68°$$

für den Brechungswinkel des violetten Lichtes:

$$\beta_{violett} = \arcsin\left(\frac{\sqrt{3}}{2} \cdot \frac{1{,}000\,3}{1{,}343}\right) \approx 40{,}17°$$

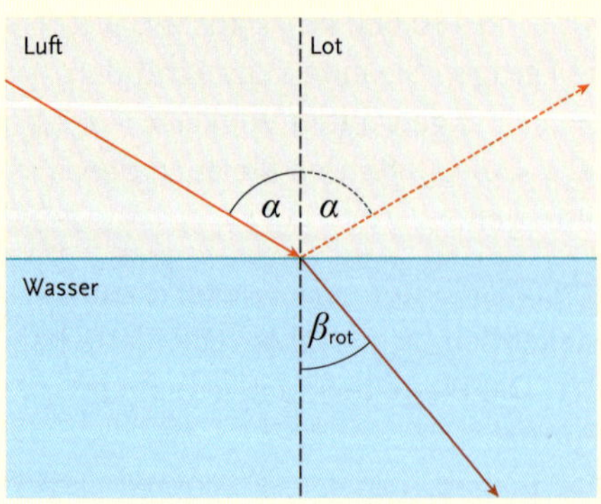

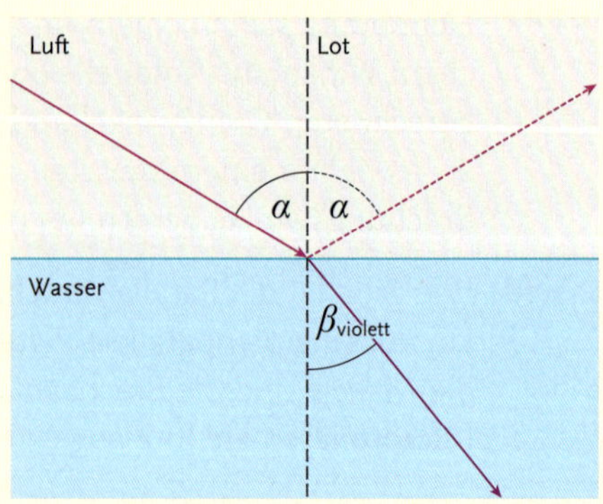

Mit freiem Auge sind die unterschiedlichen Brechungswinkel (links Rot und rechts Violett) nicht zu erkennen.

Ziele erreicht? – „Dispersion“

2.3.11 + Sortieren Sie die folgenden **Spektralfarben (Regenbogenfarben)** nach aufsteigender Brechzahl: Indigo, Gelb, Grün, Orange, Rot, Blau und Violett.

2.3.12 + Berechnen Sie die maximale absolute und maximale relative Abweichung des **Brechungsindex** für sichtbares Licht mithilfe der Dispersionstabelle.

2.3.13 ++ Licht mit einer Wellenlänge von rund 590 nm trete von Wasser unter 30° zum Lot in Luft über. Berechnen Sie den **Brechungswinkel** für rotes und violettes Licht und fertigen Sie eine Skizze an.

2.3.14 ++ Unter welchem Winkel ist **rotes Licht** auf eine Grenzfläche zwischen Luft und Wasser eingefallen, wenn es sich im Wasser unter 30° zum Lot weiterbewegt und $n_{\text{Wasser, rot}} \approx 1{,}329$? Fertigen Sie eine Skizze mit dem berechneten Einfallswinkel und den gegebenen Brechungswinkeln.

Die **Dispersion** spielt auch bei der Unterscheidung von digitaler und analoger Signalübertragung eine wichtige Rolle.

Die **Regenbogenfarben** treten in der Natur auch bei Perlmutt (schillerndes Biomineral, das Weichtiere auf der Innenseite ihrer Schale bilden) auf. Perlmutt ist hart und elastisch zugleich, sodass es die Ausbreitung von Rissen in der Schale verhindert.

2.3.5 Spiegel

„Spieglein, Spieglein an der Wand ... ?“ Wissen Sie noch, wie die Frage weitergeht und wer sie stellte? Wir wachsen mit so vielen Spiegeln um uns herum auf, dass uns die Seitenvertauschung als Erwachsene meist kaum mehr erstaunt. Mithilfe der ***geometrischen Optik*** *ist die Sache schnell erklärt.*

Meine Ziele

Nach Bearbeitung dieses Kapitels kann ich

- **Spiegelung** im Alltag qualitativ beschreiben;
- **ebene Spiegel, Kugel-** und **Parabolspiegel** unterscheiden;
- **reelle** und **virtuelle Bilder** von Spiegeln auseinanderhalten und mit Strahlengängen konstruieren.

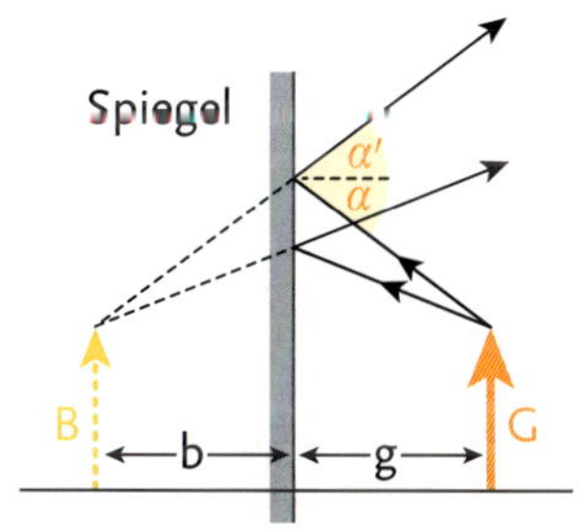

Ebener Spiegel

Ebener Spiegel

Der verspiegelte Teil einer Ebene wird **ebener Spiegel** genannt.

Er begegnet uns täglich in Badezimmern, Garderoben und anderen Räumlichkeiten sowie in optischen Geräten.

Seitenvertauschung beim ebenen Spiegel

Sphärischer Hohl- und Wölbspiegel

- Der verspiegelte Teil einer Kugel (Sphäre) wird **sphärischer Hohl-** oder **Wölbspiegel** genannt, je nachdem welche Seite beleuchtet wird.
- Ein **sphärischer Hohlspiegel** lenkt parallel einfallende Lichtstrahlen zu einem gemeinsamen **Brennpunkt** (Fokus F) ab.
- Ein **sphärischer Wölbspiegel** zerstreut parallel einfallende Lichtstrahlen so, dass ihre gedachten Verlängerungen durch einen gemeinsamen Brennpunkt (Fokus F) hinter dem Wölbspiegel verlaufen.

Sphärische Hohlspiegel werden beispielsweise im Straßenverkehr sowohl in Fahrzeugen als auch an unübersichtlichen Stellen, in vielen optischen Geräten sowie bei Solarkraftwerken eingesetzt.

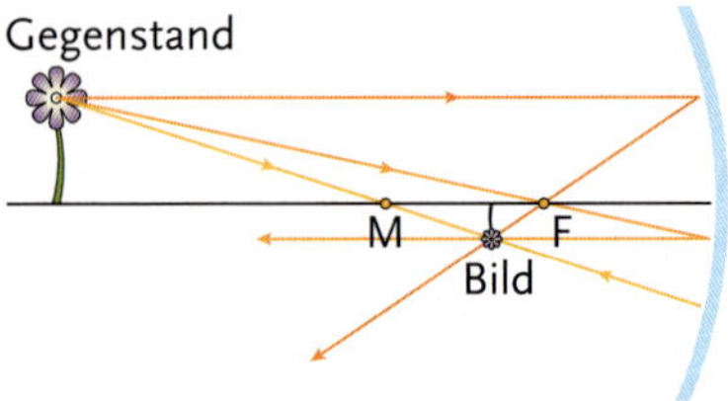

Der eingezeichnete Parallel- und der Brennpunktstrahl legen nach der Reflexion am Hohlspiegel die Bildspitze fest. Hohlspiegel liefern **reelle Bilder.**

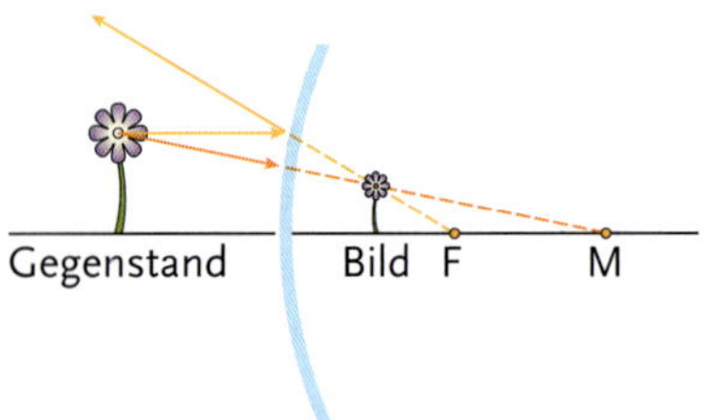

Erst die Verlängerungen des eingezeichneten Parallel- und Mittelpunktstrahls legen nach der Reflexion am Wölbspiegel die Bildspitze des **virtuellen Bildes** fest

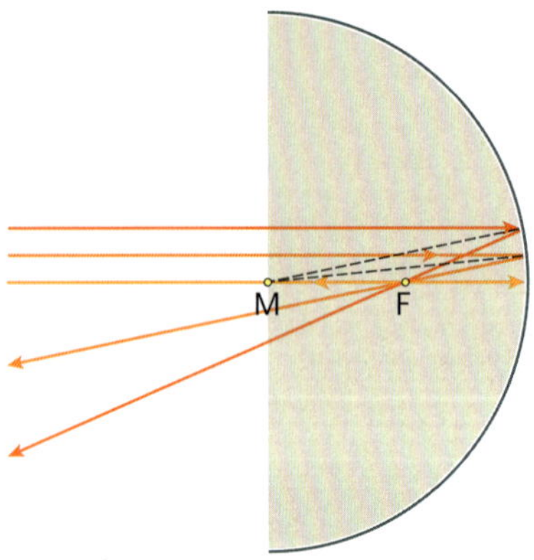

Nur bei kleinen Einfallswinkeln, gemessen zum Lot, gilt die Sammlung der Parallelstrahlen im Brennpunkt bei $r/2$. Das Lot verläuft stets durch den Kugelmittelpunkt

Beispiel 2.3.08: Sphärischer Hohlspiegel

Wir zeichnen einen Achsenschnitt durch eine verspiegelte Halbkugel mit 5 cm Radius und zeichnen zuerst zwei parallele Lichtstrahlen im Abstand von 2 cm ein. Das Lot verläuft stets durch den Mittelpunkt M.

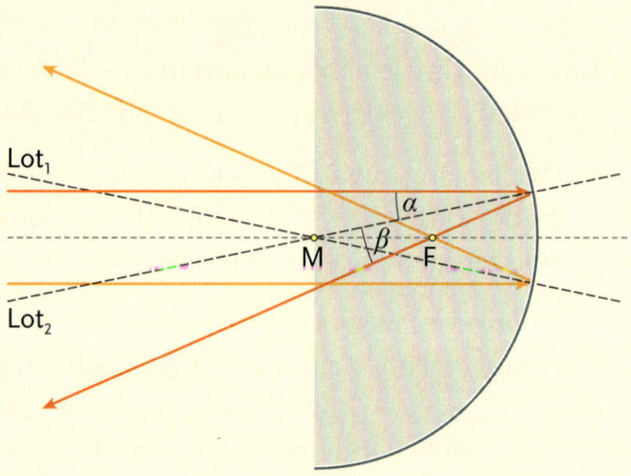

Mit dem Reflexionsgesetz erhalten wir einen Brennpunkt F bei etwa 2,5 cm Abstand vom Mittelpunkt.

Tragen wir nun zwei Parallelstrahlen mit 6 cm Abstand ein (rechtes Bild), erhalten wir einen anderen Brennpunkt.

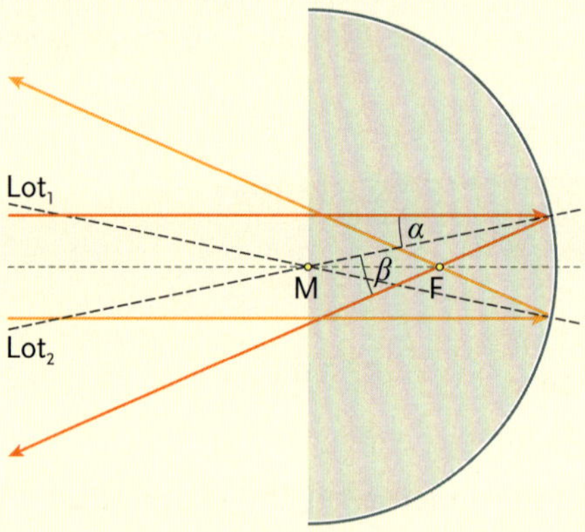

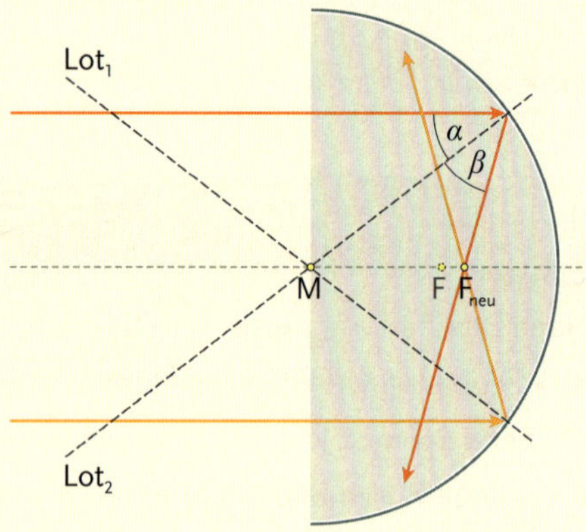

Es tritt ein Abbildungsfehler auf, der uns auch bei Linsen wieder begegnen wird und **sphärische Aberration** genannt wird.

Ziele erreicht? – „Spiegel"

2.3.15 ++ Skizzieren Sie analog zum Beispiel 2.3.08 einen **sphärischen Wölbspiegel** mit 5 cm Radius und konstruieren Sie den Verlauf der vier Parallelstrahlen mit dem Reflexionsgesetz.

2.3.16 ++ Konstruieren Sie die Bilder eines Gegenstandes mit einer Gegenstandsgröße $G = 3$ cm, der sich einmal 2 cm links und ein andermal 2 cm rechts vom Mittelpunkt eines **sphärischen Hohlspiegels** mit 9 cm Radius befindet.

2.3.17 ++ Konstruieren Sie das Bild eines Gegenstandes mit einer Gegenstandsgröße $G = 3$ cm, der sich in einer Entfernung von 12 cm vom Mittelpunkt eines **sphärischen Wölbspiegels** mit 8 cm Radius befindet.

2.3.18 + Berechnen Sie, in welcher Entfernung vor einem **Hohlspiegel** mit 2 m Radius wir einen Gegenstand positionieren müssen, um **a)** ein reelles Bild mit Bildgröße $B = G/2$ bzw. um **b)** ein virtuelles, zweifach vergrößertes Bild zu erhalten.

2.3.6 Linsen

Kurzsichtige Spitzensportler tragen bei ihrer Sportausübung meist Linsen. In modernen Laptops ist eine Linse eingebaut, um das Skypen zu ermöglichen. Bildfähige Handys und Fotoapparate kommen ebenfalls nicht ohne Linsen aus. Also Linsen, soweit das Auge reicht.

Meine Ziele

Nach Bearbeitung dieses Kapitels kann ich

- die Wirkung von Linsen im Alltag qualitativ erklären und **Sammel-** und **Zerstreuungslinsen** unterscheiden;
- **reelle** und **virtuelle Bilder** von Linsen auseinanderhalten und mit Strahlengängen konstruieren;
- die **Brechkraft** und ihre Einheit angeben;
- den **Abbildungsmaßstab** definieren und berechnen sowie die **Abbildungsgleichung** für Linsen angeben und anwenden;
- **Linsenfehler** angeben.

Beim Spiegel haben wir die Reflexion von Lichtstrahlen an Grenzflächen genützt. Bei Linsen legen wir das Augenmerk auf den gebrochenen und transmittierten Anteil des einfallenden Lichts.

Sammel- und Zerstreuungslinsen

- **Sammel-** bzw. **Konvexlinsen (Positivlinsen)** sind in der Mitte dicker als am Linsenrand.
- **Zerstreuungs-** bzw. **Konkavlinsen (Negativlinsen)** sind in der Mitte dünner als am Linsenrand.

Die Gerade durch die beiden Krümmungsmittelpunkte der beiden Linsenflächen und damit auch durch die beiden Brennpunkte einer Linse heißt **optische Achse.** Wir beschränken uns auf dünne Linsen, bei denen die Brechungen an den beiden Linsenflächen durch eine einzige Brechung in ihrer **Hauptebene** (bei symmetrischen Linsen der Mittelebene) ersetzt werden kann.

Die weitere Einschränkung bezieht sich auf **achsennahe Strahlen.**

Die wichtigste Kenngröße einer dünnen Linse ist ihre reziproke Brennweite, die **Brechkraft.**

Brechkraft und Dioptrie

Der Kehrwert der Brennweite f, also des Abstandes des Brennpunktes F von der Hauptebene einer dünnen Linse, heißt **Brechkraft:** $D = 1/f$.
Die Einheit der Brechkraft D ist daher 1/m = 1 Dioptrie (1 dpt).

Beispiel 2.3.09: Dünne Linsen

Eine dünne symmetrische Sammellinse hat eine Brechkraft von zwei Dioptrien. Ihre Brennweite ist daher ½ m, d. h., achsennahe Parallelstrahlen schneiden sich 50 cm hinter der Hauptebene der Sammellinse.

Fresnellinsen sind spezielle Linsen.

Augustin Jean Fresnel, 1788 bis 1827, französischer Physiker

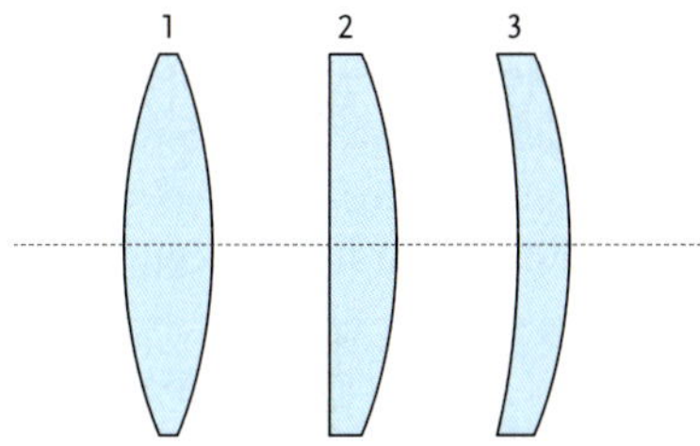

Drei Sammellinsen: eine bikonvexe, eine plankonvexe und eine konkavkonvexe Sammellinse.

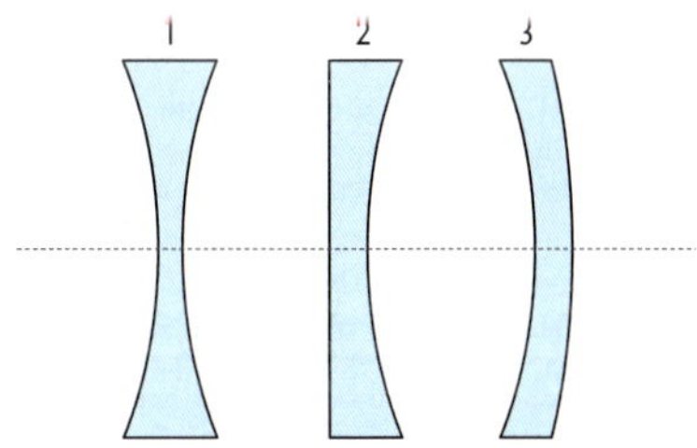

Drei Zerstreuungslinsen: eine bikonkave, eine plankonkave und eine konvexkonkave Zerstreuungslinse.

Convexus: lateinisch für gewölbt.
Concavus: lateinisch für hohl.

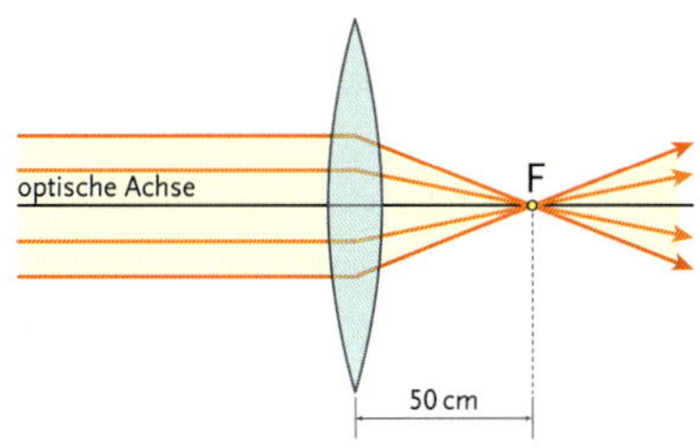

Eine **bikonvexe Sammellinse** mit einer Brennweite von ½ m bzw. mit einer Brechkraft von zwei Dioptrien sammelt das achsenparallel einfallende Licht ½ m von der Hauptebene entfernt im Brennpunkt F

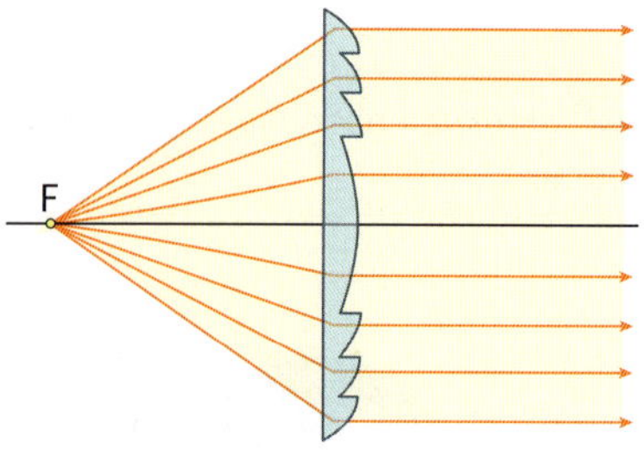

Eine Fresnellinse hat überall die richtige Neigung, um alle durch den Brennpunkt einfallenden Strahlen parallel zur optischen Achse auszurichten. Die Linse ist aber von überflüssigem Material befreit.

Schaltet man einen Overheadprojektor ein, kann man an der Projektionswand konzentrische Kreise erkennen, die eine Fresnellinse charakterisieren.

Zur Parallelverschiebung des Mittelpunktstrahls bei dicken Linsen vergleichen Sie die Aufgabe 2.3.10 zur Parallelverschiebung eines Lichtstrahls beim Durchgang durch eine planparallele Platte im Kap. A, 2.3.3.

Linsen mit großer Brechkraft und großem Durchmesser haben große Massen, sodass in der Praxis möglichst **Fresnel-** oder **Stufenlinsen** verwendet werden. Diese werden meist aus Glas oder Kunststoff gepresst und finden beispielsweise in Overheadprojektoren Verwendung.

Konstruktion von Linsenbildern

Für die Konstruktion der Abbildung eines Gegenstandes durch symmetrische Linsen eignen sich

- der **Haupt-** oder **Mittelpunktstrahl,**
- der **Brennpunktstrahl** und
- der **Parallelstrahl** zur optischen Achse

am besten.

- Der **Mittelpunkt-** oder **Hauptstrahl** geht ungebrochen durch den Mittelpunkt der dünnen Linse.
- Der durch den Brennpunkt auf die Linse fallende **Brennpunktstrahl** verläuft nach der Brechung parallel zur optischen Achse.
- Der **Parallelstrahl** läuft nach der Brechung durch den Brennpunkt.

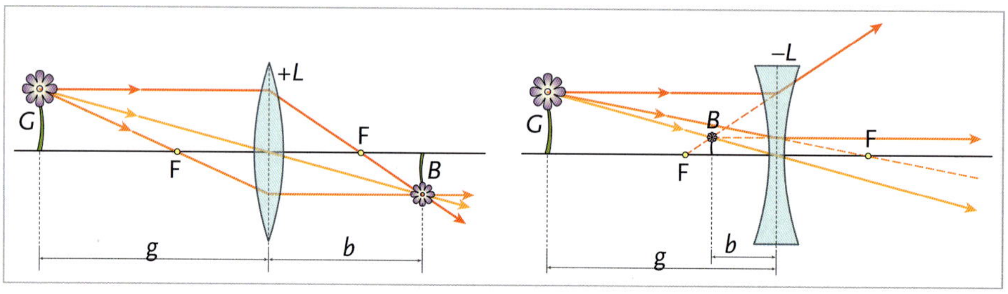

Bei dicken Linsen, die durch zwei Hauptebenen beschrieben werden können, kommt es zu einer Parallelverschiebung des Mittelpunktstrahls.

Gegenstandsweite, Gegenstandsgröße, Bildweite und Bildgröße

Für dünne Linsen mit einer Hauptebene gilt:

- Der Abstand des Gegenstandes mit der **Gegenstandsgröße *G*** von der Hauptebene heißt **Gegenstandsweite *g*.**
- Der Abstand des Bildes mit der **Bildgröße *B*** von der Hauptebene heißt **Bildweite *b*.**

Der Zusammenhang zwischen den vier Größen g, G, b und B wird durch den **Abbildungsmaßstab** und der zwischen f, g und b durch die **Abbildungsgleichung** beschrieben. Beide Beziehungen ergeben sich durch den Strahlensatz.

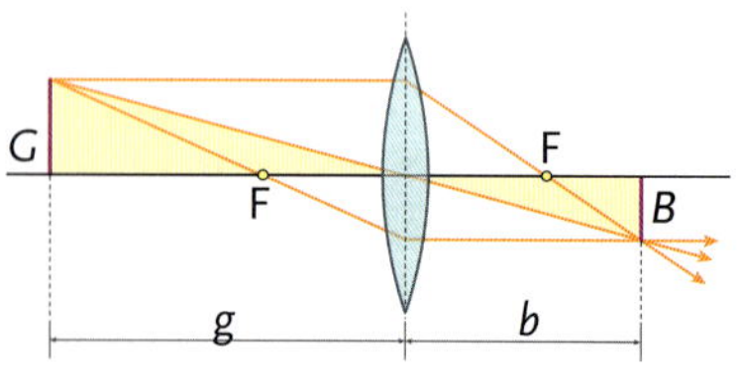

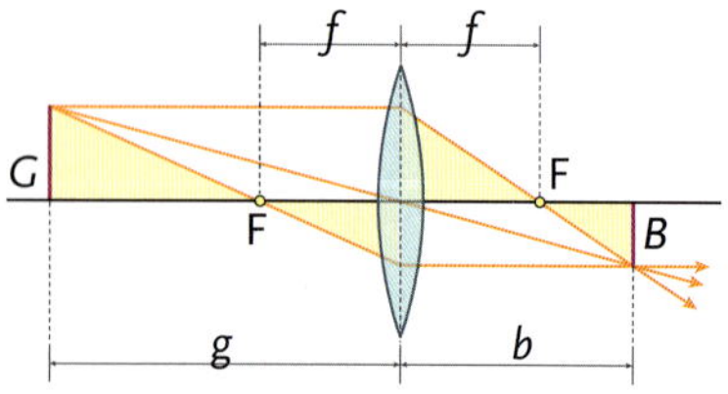

Abbildungsmaßstab und Abbildungsgleichung folgen durch Anwendung des Strahlensatzes auf die gelb unterlegten ähnlichen rechtwinkeligen Dreiecke. Die Abbildungsgleichung können wir aus

$$\frac{G}{g-f}=\frac{B}{f}$$

ableiten, indem wir den Abbildungsmaßstab verwenden.

Abbildungsmaßstab und Abbildungsgleichung

Das Verhältnis von Bildgröße B zu Gegenstandsgröße G heißt **Abbildungsmaßstab.**

$$\text{Abbildungsmaßstab} = \frac{B}{G}$$

Die **Abbildungsgleichung** verbindet Bild- und Gegenstandsweite mit der Brennweite f.

$$\frac{1}{f}=\frac{1}{g}+\frac{1}{b}$$

Beispiel 2.3.10: Sammellinsenbild

Wir konstruieren das Bild eines drei Zentimeter großen Gegenstandes, der 6 cm vor einer dünnen Sammellinse mit einer Brennweite von 4 cm steht.

$G = 3$ cm, $g = 6$ cm, $f = 4$ cm.

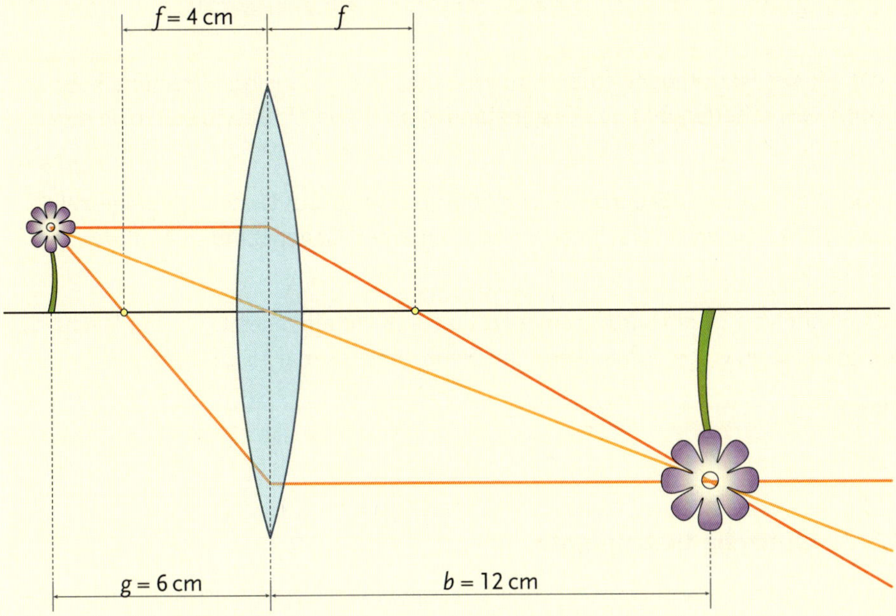

Für die Bildweite gilt: $1/b = 1/f - 1/g$, also $1/b = (g - f)/(f \cdot g)$ und damit $b = f \cdot g/(g - f) = 4\text{ cm} \cdot 6\text{ cm}/(6\text{ cm} - 4\text{ cm}) = 12$ cm.

Die Bildgröße B ergibt sich zu $B = G \cdot b/g = 3\text{ cm} \cdot 12\text{ cm}/6\text{ cm} = 6$ cm. Das Bild ist umgekehrt, reell und zweifach vergrößert.

Die Formel $b = \dfrac{f \cdot g}{g - f}$ für die Bildweite b zeigt, dass b für $g < f$ negativ wird, also ein virtuelles Bild entsteht. Die Sammellinse wirkt dann als Lupe.

Wir untersuchen die Gegenstandsweite g in Abhängigkeit von der Brennweite f für fünf Fälle:

1. $g > 2f$
2. $g = 2f$
3. $f < g < 2f$
4. $g = f$
5. $g < f$.

- Für den ersten Fall folgt $b < g$, und damit wegen $B/G = b/g$ ein verkleinertes, umgekehrtes und reelles Bild. Eine mögliche Anwendung ist der **Fotoapparat.**
- Im zweiten Fall $g = 2f$ erhalten wir $b = g$, also ein reelles, nicht vergrößertes auf dem Kopf stehendes Abbild des Gegenstandes; bei einer **Umkehrlinse** ist dies der Fall.
- Im Fall 3 ist das Bild vergrößert, umgekehrt und reell.
- Fall 4 ergibt eine unendliche Bildweite, weil der Parallel- und Mittelpunktstrahl nach der Brechung parallel verlaufen; eine mögliche Anwendung ist ein **Scheinwerfer.**
- Befindet sich der Gegenstand innerhalb der einfachen Brennweite der Sammellinse, ist das Bild aufrecht, vergrößert und virtuell; dies nützt man bei einer **Lupe.**

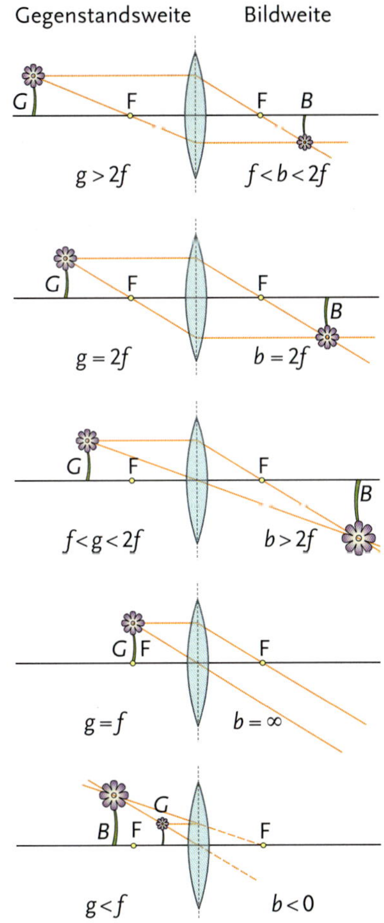

Die Bilder und Bildweiten b einer Sammellinse ($f > 0$ m) in Abhängigkeit von der Gegenstandsweite g

Ziele erreicht? – „Linsen“

2.3.19 ++ Skizzieren Sie eine **bi-**, eine **plan-** und eine **konkavkonvexe Linse** und skizzieren Sie (näherungsweise) die Hauptebene.

2.3.20 ++ Skizzieren Sie eine **bi-**, eine **plan-** und eine **konvexkonkave Linse.** Skizzieren Sie (näherungsweise) die Hauptebene.

2.3.21 ++ Ein Gegenstand befinde sich 30 cm vor der Hauptebene einer dünnen Linse. Wie groß ist die **Brechkraft** der Linse, wenn diese ein reelles, doppelt vergrößertes Bild des Gegenstandes produziert? Konstruieren Sie den Strahlengang.

2.3.22 + Eine **Kleinbildkamera** besitze ein Objektiv mit einer Brennweite von 50 mm und sei auf Unendlich eingestellt. Um welche Strecke müssen wir das Objektiv jeweils verschieben, wenn wir einen Gegenstand in 4 m bzw. in 1 m Entfernung fotografieren möchten?

2.3.23 + Eine **Luftbildkamera** mit einer Brennweite von 30 cm wird in einer Höhe von 6 km eingesetzt. Welche Fläche der Erdoberfläche kann damit näherungsweise erfasst werden, wenn das Bildformat 15 mal 15 cm beträgt?

2.3.24 + Leiten Sie die **Abbildungsgleichung** ab.

2.3.7 Optische Instrumente

Optische Instrumente sind in technologisch orientierten Gesellschaften unverzichtbar
- *bei der Unterstützung des menschlichen Auges durch Lupen, Brillen oder Linsen;*
- *für Untersuchungen von mikroskopischen Proben durch Lichtmikroskope;*
- *für terrestrische (erdbezogene) und astronomische Beobachtungen;*
- *bei der fotografischen bzw. filmischen Dokumentation;*
- *bei Projektionen jeglicher Art.*

Gleich mehrere Teleskope auf engem Raum

In der Trigonometrie (Dreiecksvermessung) verwendet man zusätzlich zum Sehwinkel den Höhen- und den Tiefenwinkel.

Meine Ziele

Nach Bearbeitung dieses Kapitels kann ich
- den **Sehwinkel** eines Gegenstandes und die **Vergrößerung** optischer Instrumente definieren;
- **Lupe, Mikroskop, Fernrohr, Fotoapparat** bzw. **Kamera** und **Projektor** beschreiben und die **Vergrößerung** einer Lupe berechnen.

Sehwinkel

Der **Sehwinkel** ist jener Winkel, unter dem eine lineare Ausdehnung eines Gegenstandes in einer bestimmten Entfernung erscheint.

Zur Feststellung des Sehwinkels der Höhe eines Objekts denkt man sich vom Auge der beobachtenden Person einen Sehstrahl zum höchsten und einen zum tiefsten Punkt. Der von den beiden Sehstrahlen eingeschlossene Winkel ist der Sehwinkel.

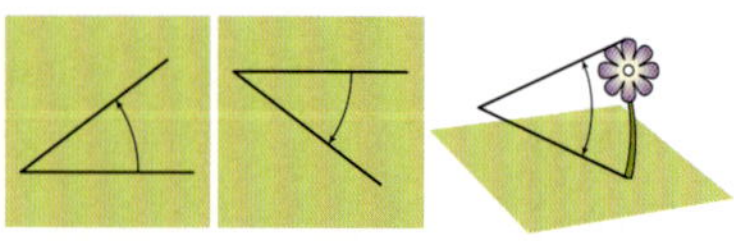

Höhen-, Tiefen- und Sehwinkel. Beim Höhen- und Tiefenwinkel verläuft einer der beiden Sehstrahlen horizontal und der zweite Sehstrahl bildet mit dem ersten eine Vertikalebene.

Beispiel 2.3.11: Sehwinkel des Stephansdoms

Der Stephansdom – genauer die vertikale Ausdehnung seines Südturmes mit 136,4 m – erscheint uns in einer Entfernung von 50 m unter dem Sehwinkel

$$\alpha \approx \arctan\left(\frac{135\ \text{m}}{50\ \text{m}}\right) + \arctan\left(\frac{1{,}4\ \text{m}}{50\ \text{m}}\right) \approx 69{,}7° + 1{,}6° = 71{,}3°,$$

wenn wir eine Augenhöhe von 1,4 m voraussetzen.

Nähern wir uns um 10 m an den Südturm an, steigt der Sehwinkel auf

$$\alpha \approx \arctan\left(\frac{135\text{ m}}{40\text{ m}}\right) + \arctan\left(\frac{1{,}4\text{ m}}{40\text{ m}}\right) \approx 73{,}5° + 2{,}0° = 75{,}5°.$$

Wenn wir uns dem Fußpunkt der Turmkreuzspitze des Südturmes bis auf 20 m nähern, erscheint uns der Südturm unter einem Sehwinkel von

$$\alpha \approx \arctan\left(\frac{135\text{ m}}{20\text{ m}}\right) + \arctan\left(\frac{1{,}4\text{ m}}{20\text{ m}}\right) \approx 81{,}6° + 4{,}0° = 85{,}6°.$$

Beispiel 2.3.12: Sehwinkel des vorliegenden Naturwissenschaftsbuches

Während wir beim Stephansdom den Sehwinkel aus zwei unterschiedlichen Höhen- und Tiefenwinkeln zusammengesetzt haben, können wir beim Buch den symmetrischen Fall annehmen, dass sich das betrachtende Auge in der Mittellotebene des Buches befindet. Für den Sehwinkel gilt dann:

$$\alpha = 2 \cdot \arctan\left(\frac{h}{2e}\right),$$

wobei h die Höhe des Buches und e die Entfernung des Auges vom Buch bezeichnet.

Für eine Entfernung von 75 cm (ausgestreckte Arme) ergibt sich

$$\alpha \approx 2 \cdot \arctan\left(\frac{29{,}7\text{ cm}}{150\text{ cm}}\right) \approx 22{,}4°.$$

Halten wir das Buch in 25 cm Entfernung, also der Weite des deutlichen Sehens, vergrößern wir den Sehwinkel zu

$$\alpha \approx 2 \cdot \arctan\left(\frac{29{,}7\text{ cm}}{50\text{ cm}}\right) \approx 61{,}4°.$$

Das Auge ist entspannt, wenn es auf große Entfernung akkommodiert ist, wie es für eine große Bildweite b der Fall ist.

Das menschliche Auge kann seine Brennweite ändern; man spricht von Akkommodation. Siehe Kap. A, 2.3.8.

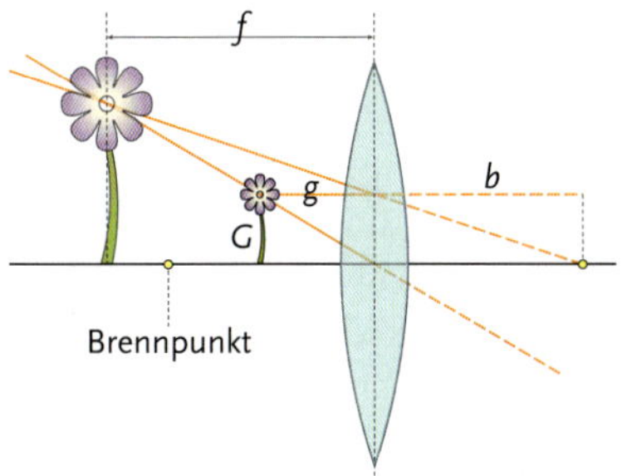

Die Lupe erzeugt vom Gegenstand (der kleinen Blume), der sich innerhalb der Brennweite befindet, ein aufrechtes, vergrößertes und virtuelles Bild (die große Blume)

Lupe

Eine **Lupe** bzw. ein **Vergrößerungsglas** ist eine Konvexlinse kleiner Brennweite. Befindet sich ein Gegenstand mit der Gegenstandsgröße G innerhalb der Brennweite f, also $g < f$, erzeugt die Lupe ein aufrechtes, vergrößertes und virtuelles Bild des Gegenstandes.

Die **Brennweite** einer Lupe bestimmt ihre **Vergrößerung** und ist damit ihre wichtigste Kenngröße. Sie lässt sich für den Alltag hinreichend genau bestimmen. Dazu wird mithilfe der Lupe der Durchmesser des kreisförmigen Lichtflecks einer möglichst weit entfernten Lichtquelle mit parallel einfallendem Licht (z. B. der Sonne) beim Abbilden z. B. auf ein Blatt Papier minimiert. Der Abstand zwischen Lupe und Papier ist dann ihre Brennweite.

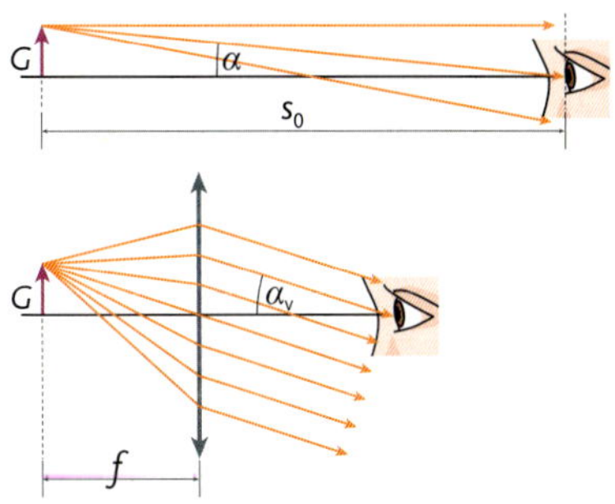

Der Strahlengang macht die beiden rechtwinkeligen Dreiecke zur Berechnung der Vergrößerung einer Lupe sichtbar

Vergrößerung v

Die Vergrößerung ist das Verhältnis vom Tangens des Sehwinkels mit optischem Instrument zum Tangens des größtmöglichen Sehwinkels ohne optisches Instrument.

$$v = \frac{\tan\alpha_v}{\tan\alpha}$$

Ableitung der Vergrößerung v einer Lupe

Um die Vergrößerung einer Lupe abzuschätzen, wählt man die Weite des deutlichen Sehens $s_0 = 25$ cm als Bezugsgröße.

Ein Gegenstand mit Gegenstandsgröße bzw. Objektgröße G erscheint in dieser Entfernung s_0 unter dem Sehwinkel α mit $\tan\alpha = \frac{G}{s_0}$.

Leselupe

Für $g = f$ erscheint das vergrößerte Bild unter dem Winkel α_v:

$\tan(\alpha_v) = G/f$.

Bei der **Ableitung der Vergrößerungsformel für die Lupe** sind wir davon ausgegangen, dass das Auge entspannt, also unendlich akkommodiert ist; dann entsteht auch kein virtuelles Bild.

Für die **Vergrößerung v einer Lupe** gilt daher:

$$v = \frac{\tan\alpha_v}{\tan\alpha} = \frac{\frac{G}{f}}{\frac{G}{s_0}} = \frac{s_0}{f} = \frac{250\ \text{mm}}{f}$$

Strengen wir unser Auge an, können wir den Gegenstand näher an die Lupe heranbringen, sodass ein virtuelles Bild in der Entfernung der Weite des deutlichen Sehens s_0 entsteht. Die Lupe müssen wir dazu nahe an unser Auge heranführen, damit sich die Brechkräfte von Lupe und nah akkommodiertem Auge addieren. Die maximale Vergrößerung beträgt dann $v_{max} = \frac{s_0}{f} + 1$.

Das Wort Mikroskop leitet sich aus dem Griechischen ab. μικρός: griechisch für klein. σκοπειν: griechisch für betrachten.

Beispiel 2.3.13: Lupe mit 5 cm Brennweite

Eine Lupe mit einer Brennweite von 5 cm erlaubt es, einen Gegenstand aus der Entfernung von 5 cm zu betrachten, statt aus der Entfernung der Weite des deutlichen Sehens von 25 cm.

Die Vergrößerung der Lupe ist gemäß
$v = s_0/f = (25\ \text{cm})/(5\ \text{cm}) = 5$
bei entspanntem Auge.

Mit nah akkommodiertem Auge ergibt sich eine sechsfache Vergrößerung.

Leselupen vergrößern meist zwei- bis sechsfach und haben aufgrund eines großen Linsendurchmessers ein relativ großes Sichtfeld.

Wegen eines zu kleinen Gesichtsfeldes und zu starker Abbildungsfehler ist die Vergrößerung von Lupen über das Fünfzehnfache nicht möglich.

Setzen wir in der Vergrößerungsformel der Lupe die Weite des deutlichen Sehens in Metern ein, so erhalten wir

$v = (0{,}25\ \text{m})/f = 1\text{m}/(4f)$.

Wird die reziproke Brennweite $1/f$ durch die Brechkraft D der Linse ersetzt, erhalten wir die Vergrößerung der Lupe zu

$v = D/4$.

Die Brechkraft der Lupe muss also größer sein als vier Dioptrien, um eine Vergrößerung zu bewirken.

Das Wort **Okular** leitet sich aus dem Lateinischen ab.

Oculus: lateinisch für Auge.

Zur Stabilisierung von Notfallpatienten ohne Bewusstsein und ohne Atmung führt der Notarzt eine Intubation durch.

Tubus: lateinisch für Röhre.

Mikroskope sind ein wesentliches Hilfsmittel in der Biologie, in der Medizin und in den Materialwissenschaften.

Mikroskop

- Ein **Mikroskop** besteht aus zwei Sammellinsen(systemen) auf einer gemeinsamen optischen Achse.
- Die dem Objekt zugewandte Linse heißt **Objektiv,** die andere **Okular.**
- Der Abstand der inneren Brennpunkte heißt **Tubuslänge.**

Die älteste bekannte Mikroskopietechnik ist die Lichtmikroskopie, die zeitgleich mit der Herstellung der ersten handgeschliffenen Linsen etwa seit 1600 entwickelt wurde.

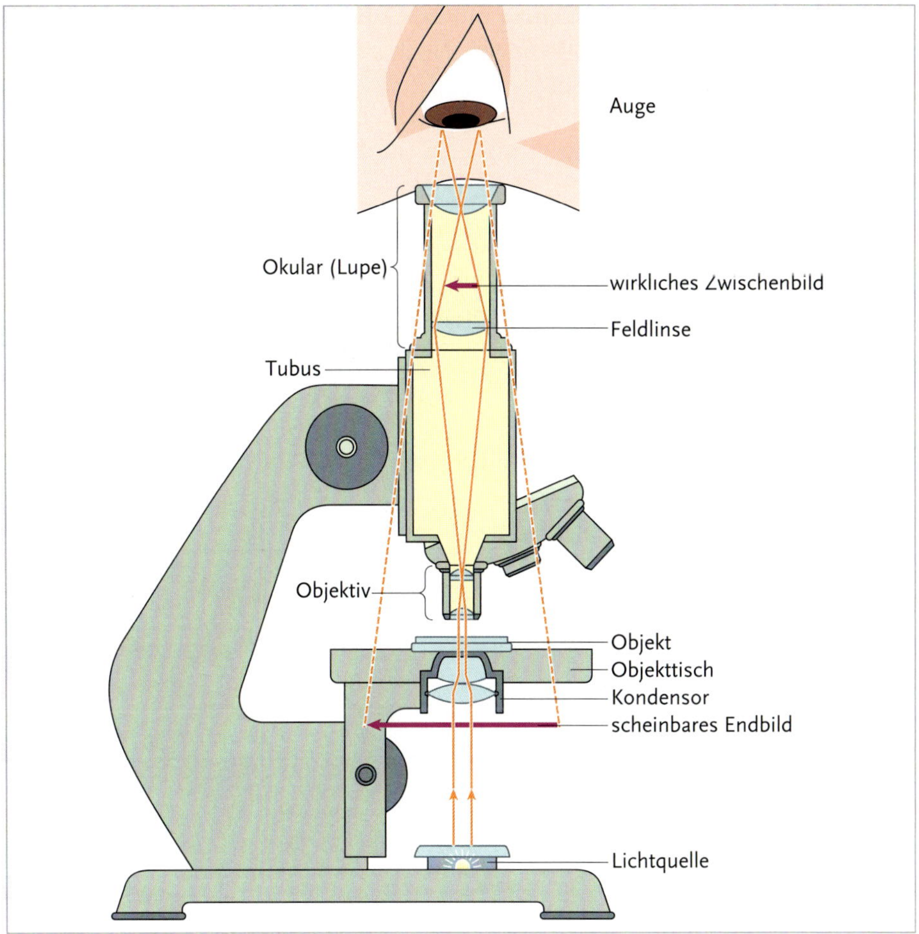

Das physikalisch maximal mögliche Auflösungsvermögen eines klassischen Lichtmikroskops ist von der Wellenlänge des verwendeten Lichts abhängig und auf etwa 0,2 Mikrometer beschränkt. Diese Grenze wird als **Abbelimit** bezeichnet.

Elektronenmikroskope ermöglichen eine höhere Auflösung als Lichtmikroskope, weil die Wellenlänge eines Elektrons wesentlich kleiner ist als die Wellenlänge von sichtbarem Licht.

ERNST ABBE, 1840 BIS 1905, DEUTSCHER PHYSIKER

Auflösungsvermögen

Als **Auflösungsvermögen** bezeichnet man den kleinsten noch wahrnehmbaren Abstand zweier punktförmiger Objekte.

Das menschliche Auge schafft unter idealen Bedingungen eine Auflösung von rund einer halben Bogenminute bis zu einer Bogenminute.

Beispiel 2.3.14: Das menschliche Auge

In einer Entfernung e von 25 cm kann das menschliche Auge bei einer Auflösung von einer Bogenminute zwei Punkte in einem Abstand von

$$d = 2 \cdot \tan\left(\frac{\alpha}{2}\right) \cdot e = 2 \cdot \tan\left(\frac{1°}{120}\right) \cdot 25\ \text{cm} \approx 0{,}07\ \text{mm}$$

noch als getrennt wahrnehmen.

Beträgt die Entfernung drei Meter, so können zwei Punkte nur mehr dann als getrennt wahrgenommen werden, wenn sie mindestens

$$d = 2 \cdot \tan\left(\frac{1°}{120}\right) \cdot 3\ \text{m} \approx 0{,}87\ \text{mm}$$

voneinander entfernt sind.

Bei einer Auflösung von einer halben Bogenminute ergeben sich näherungsweise die halben Werte für die gerade noch aufzulösenden Distanzen bei gleichem Abstand.

Das menschliche Auge (siehe Kap. A, 2.3.8) ist eines der Sinnesorgane und das Sehen wird auch der Leitsinn des Menschen genannt.

Bereits Aristoteles hat **fünf Sinne** beschrieben.

Sehen, die visuelle Wahrnehmung mit den Augen.

Hören, die auditive Wahrnehmung mit den Ohren.

Riechen, die olfaktorische Wahrnehmung mit der Nase.

Schmecken, die gustatorische Wahrnehmung mit der Zunge.

Tasten, die taktile Wahrnehmung mit der Haut.

Während bei Lupen die Vergrößerung mit ca. 15 begrenzt ist, schaffen Lichtmikroskope etwa 1 500-fache Vergrößerungen. Noch stärkere Vergrößerung wird hauptsächlich durch Beugung verhindert.

Fernrohr

- Ein **Fernrohr** vergrößert den Sehwinkel mit einer fernrohrabhängigen Optik.
- Die **Fernrohroptik** kann aus Linsen, Prismen oder Spiegeln bestehen.
- **Linsenfernrohre** bzw. **Refraktoren** nützen die **Brechung.**
- **Spiegelfernrohre, Spiegelteleskope** bzw. **Reflektoren** nützen die **Spiegelung.**

Das keplersche oder astronomische Fernrohr

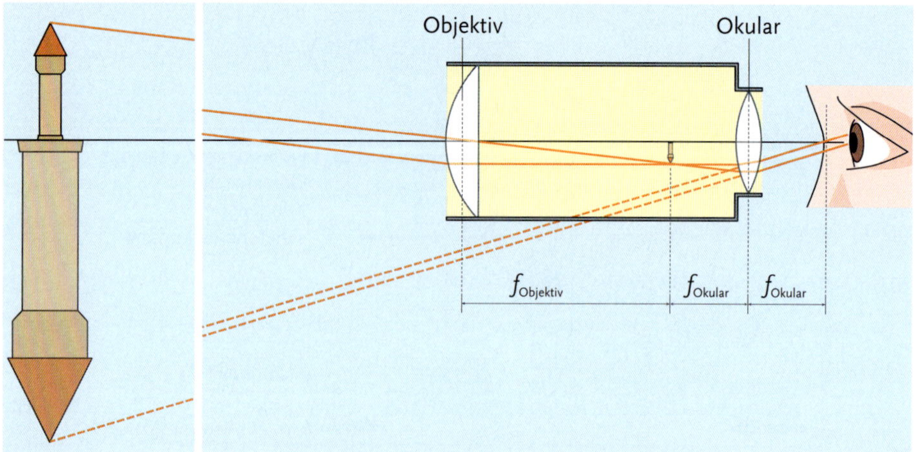

Wie das Bild zeigt, erzeugt das Objektiv von einem weit entfernten Objekt ein reelles, umgekehrtes Zwischenbild. Das Zwischenbild wird durch das Okular, das wie eine Lupe wirkt, betrachtet. Die ins Auge fallenden Strahlenbündel entsprechen einem winkelmäßig vergrößerten, umgekehrten virtuellen Bild.

Auf der Netzhaut entsteht ein aufrechtes reelles Bild, das das Gehirn als kopfstehendes Objekt in geringerer Entfernung interpretiert. Das röhrenförmige Gehäuse, das die Optik trägt, ist der Tubus des Fernrohrs.

Ein Fernglas ermöglicht weitreichende Beobachtungen

Die Vergrößerung eines Fernrohrs ist durch das Verhältnis der Brennweiten von Objektiv und Okular gegeben:

$$\nu_{Fernrohr} = \frac{f_{Objektiv}}{f_{Okular}}.$$

Beispiel 2.3.15: Fernrohr

Ein Fernrohr mit einer Objektivbrennweite von 80 cm und einer Okularbrennweite von 4 cm hat eine 20-fache Vergrößerung.

Ein Teleskop, das auch auf öffentlichen Plätzen im Einsatz ist

Bei Teleskopen für die Astronomie kommt es für Lichtstärke und Auflösung auf den freien (optisch wirksamen) Durchmesser des Objektivs an, der Öffnung oder Apertur genannt wird. Für Aperturen ab etwa einem Meter sind Linsenobjektive ungeeignet, weshalb etwa ab dem 20. Jahrhundert alle größeren Teleskope als Reflektoren (Spiegelteleskope) ausgeführt werden. Diese haben meist einen oder mehrere Sekundärspiegel, die das Licht aus dem Strahlengang des Hauptspiegels herauslenken.

Für terrestrische Beobachtungen (z. B. Kultur [Oper], Sport, Ornithologie, Jagd und Militär) verwendet man Ferngläser. Man versteht darunter kompakte Refraktoren (Linsenfernrohre) kürzerer Brennweite mit Prismensystemen, die ein aufrechtes und seitenrichtiges Bild liefern.

Fotoapparat und Kamera

- Ein **Fotoapparat** dient zur Aufnahme und Speicherung eines einzelnen Bildes oder einer kurzen Serie von Einzelbildern.
- Eine **Kamera** bzw. genauer **Laufbildkamera** kann kontinuierliche Bildfolgen festhalten.

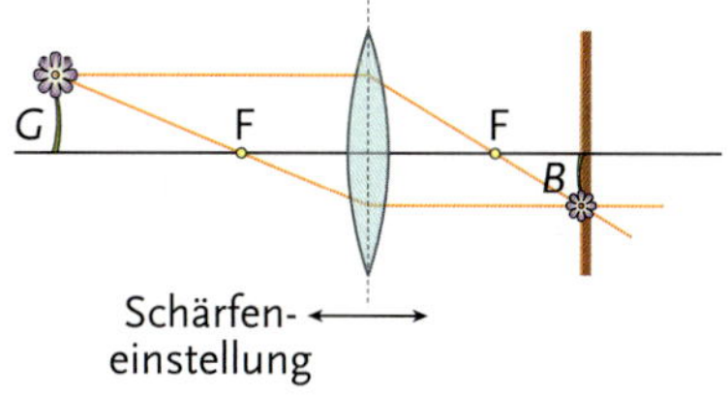

Schematischer Strahlengang in einer Kamera. Die Linse kann zur Schärfeneinstellung (oft durch Autofokus) entlang der optischen Achse verschoben werden.

Im Alltag haben sich Digitalkameras durchgesetzt, die auch kurze Filmsequenzen aufnehmen können.

Das Objektiv eines Fotoapparats bzw. einer Kamera ist ein System von Linsen, das wie eine Sammellinse wirkt. Durch die Kombination verschiedener Linsen werden Farbfehler und Verzerrungen teilweise vermieden.

Die richtige Lichtmenge wird durch die Irisblende, meist als Kreisblende mit variabler Öffnung ausgeführt, und den Verschluss festgelegt. Die Verschlusszeit gibt für eine bestimmte, bei hochwertigen Geräten einstellbare Zeit den Lichtweg zum Belichten frei. Typische Verschlusszeiten variieren von einigen Sekunden bis zu Millisekunden.

Projektor

- Optische Projektoren haben ein sehr helles Leuchtmittel und ein Projektionsobjektiv (Projektionslinse).
- Durchlichtprojektoren (Diaskope) durchstrahlen ein Medium.

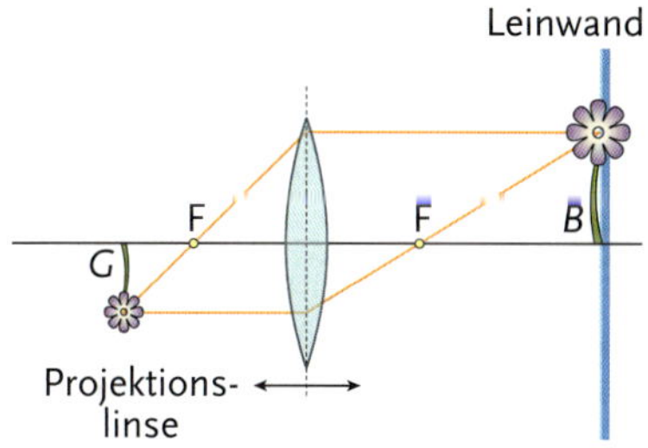

Schematischer Strahlengang in einem Projektor. Die Projektionslinse kann zur Schärfeneinstellung (oft durch Autofokus) entlang der optischen Achse verschoben werden.

Die nebenstehende Abbildung zeigt, dass ein Projektor die Umkehrung einer Kamera in Bezug auf den Strahlengang darstellt. Dieser ist gleichsam bezüglich der optischen Achse gespiegelt. Weil das projizierte Bild aufrecht sein soll, muss der Gegenstand verkehrt (auf dem Kopf stehend) in den Projektor eingebracht werden.

Ein Tageslichtprojektor, mit dem bedruckte oder beschriebene Kunststofffolien projiziert werden, ist ein Durchlichtprojektor. Die Ausrichtung (Kollimation) der vom Leuchtmittel zunächst ungerichtet ausgehenden Lichtstrahlen wird von einem Kondensor übernommen.

Proicere: lateinisch für hinwerfen.

Condensare: lateinisch für verdichten.

Ziele erreicht? – „Optische Instrumente"

2.3.25 ++ Skizzieren Sie einen **Höhen-**, einen **Tiefen-** und einen **Sehwinkel.**

2.3.26 + Berechnen Sie den **Sehwinkel,** unter dem ein Besatzungsmitglied der ISS (International Space Station) die Erde sieht.

2.3.27 + Berechnen Sie die **Brechkraft** einer Lupe, mit der man bei entspanntem Auge eine Vergrößerung von 8 erreicht.

2.3.28 ++ Skizzieren Sie die beiden Extremfälle, in denen ein Besatzungsmitglied der ISS den Erdmond unter einem möglichst großen bzw. möglichst kleinen **Sehwinkel** sieht. Recherchieren Sie dazu die nötigen Größen.

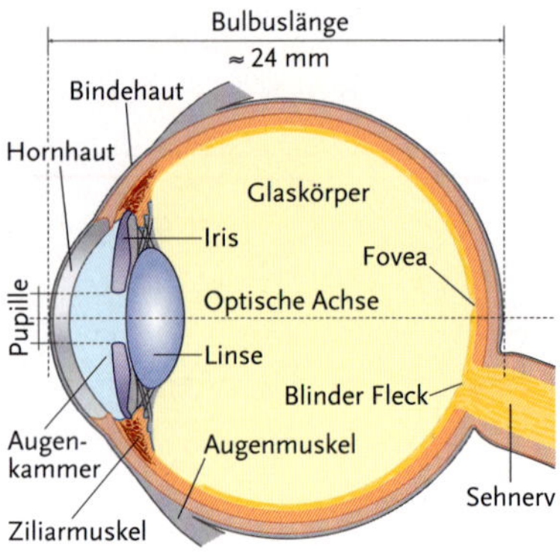

Vereinfachte Skizze des menschlichen Auges. Die Linse benötigt das Auge zum Akkomodieren.

Korrektur von Kurzsichtigkeit (Bild wird vor der Netzhaut erzeugt) durch **angepasste Zerstreuungslinsen.**

Korrektur von Weitsichtigkeit (Abbildung erfolgt hinter der Netzhaut) durch **angepasste Sammellinsen.**

Die Brennweite und somit auch die Brechkraft des Auges sind nicht fix. Sie können zur Anpassung auf bestimmte Sehentfernungen vergrößert oder verkleinert werden.

2.3.8 Das menschliche Auge

Cineasten kennen sicherlich das Zitat „Ich seh' dir in die Augen, Kleines", das Humphrey Bogart im Film Casablanca improvisiert zu Ingrid Bergman sagte. Brillen leisten nicht nur fehlsichtigen Menschen unschätzbare Dienste. Sie sind als Schutz-, Sonnenbrillen und solche mit speziellem UV-Schutz bei Arbeit, Sport und Freizeitbeschäftigung unverzichtbare Schutzmittel für unsere Augen. Die Beeinträchtigung der Sehleistung und Reaktionsgeschwindigkeit durch Übermüdung, Alkohol und andere Drogen hat leider immer wieder dramatische Folgen und gerichtliche Nachspiele.

Meine Ziele

Nach Bearbeitung dieses Kapitels kann ich
- die **Akkommodation** erläutern und erklären, zu welcher Gruppe von optischen Instrumenten das **Auge** vereinfachend gerechnet werden kann;
- die **Brechkraft** des menschlichen Auges berechnen.

Das Auge mit einem mittleren Durchmesser von rund 2,4 cm funktioniert prinzipiell wie eine zuvor beschriebene Kamera. Das **Linsensystem** besteht hauptsächlich aus **Hornhaut** und der bikonvexen **Augenlinse.** Wir können die beiden vereinfachend zu einer dicken Linse mit einer Brennweite von ca. 17 mm zusammenfassen. Mit $D = 1/f$ ergibt sich eine Brechkraft von rund 58,8 dpt.

Wichtige Kennzahlen des menschlichen Auges:
- Die **Hornhaut** (Cornea) hat eine Brechzahl von rund 1,378 und eine Brechkraft von ca. 43 dpt.
- Die Brechkraft des **Kammerwassers** ($n = 1{,}336$) ist vernachlässigbar.
- Der Durchmesser der von der **Iris** gebildeten **Pupille** (kreisrunde Öffnung vor der Augenlinse) variiert je nach Beleuchtungsstärke zwischen 2 und 8 mm.
- Der Krümmungsradius und damit die **Brennweite** der Augenlinse kann durch einen Ringmuskel verändert werden. Dies bezeichnet man als **Akkommodation.**
- Der **Glaskörper** besteht aus einer wasserklaren gallertartigen Masse mit der gleichen Brechzahl wie das Kammerwasser.
- Die **Netzhaut** (Retina) ist eine mosaikartige Struktur aus sehr vielen Sehzellen, deren Empfindlichkeit 15 Zehnerpotenzen umspannt. Die größte Lichtempfindlichkeit besitzt die Netzhaut in der Sehgrube (Fovea centralis).
- Ein Auge heißt **kurzsichtig** (myop), wenn sich parallel zur optischen Achse eintretende Strahlen vor der Netzhaut schneiden. Die Brechkraft ist zu groß.
- Schneiden sich parallel zur optischen Achse eintretende Strahlen hinter der Netzhaut, heißt das Auge **weitsichtig** (hyperop). Die Brechkraft ist zu klein.

Ziele erreicht? – „Das menschliche Auge"

2.3.29 + Erklären Sie die **Akkommodation.**

2.3.30 + Berechnen Sie die **Brechkraft** des menschlichen Auges, wenn Sie eine Brennweite von 17 mm voraussetzen.

2.3.9 Interferenz von Lichtwellen

Lässt man einen Laserstrahl durch ein Beugungsgitter mit gekreuzten Linien fallen, ergibt sich ein faszinierendes Muster, das mithilfe der Interferenz einfach erklärt werden kann. Im Alltag kann man sich der Faszination von Regenbogenfarben am Himmel, auf Seifenblasen, auf CDs oder in Ölpfützen kaum entziehen.

Meine Ziele

Nach Bearbeitung dieses Kapitels kann ich

- die Begriffe **Gang-** und **Phasendifferenz** erklären und die Begriffe **Kohärenz** und **Interferenz** unterscheiden;
- den **optischen** und den **geometrischen Weg** auseinanderhalten;
- die **Bedingungen** für **konstruktive** und **destruktive Interferenz** angeben und anwenden.

Regenbogenfarben auf einer CD

Gang- und Phasendifferenz

Gelangt eine Lichtwelle von einem Erreger auf zwei verschieden langen Wegen in einem homogenen Medium zu einem Punkt P, kommt es

- zu einer **Verstärkung** im Punkt P, wenn der **Gangunterschied** $s_2 - s_1$ ein ganzzahliges Vielfaches der Wellenlänge ist: $s_2 - s_1 = k \cdot \lambda$, k eine ganze Zahl;
- zu einer **Auslöschung** im Punkt P, wenn der Gangunterschied $s_2 - s_1$ ein ungerades ganzzahliges Vielfaches der halben Wellenlänge ist: $s_2 - s_1 = (2k + 1) \cdot \frac{\lambda}{2}$, k eine ganze Zahl.

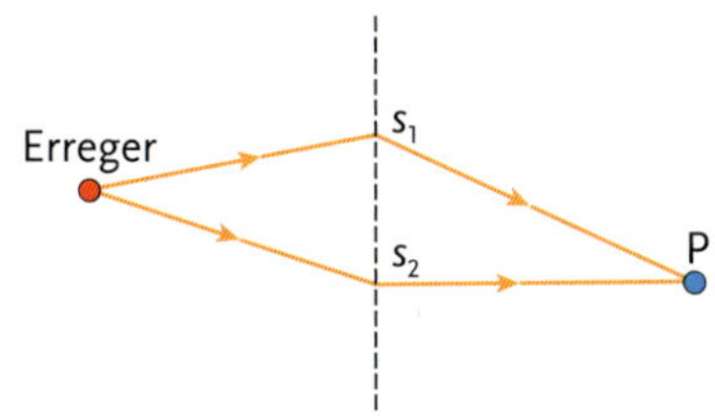

Eine Welle gelangt auf zwei verschiedenen Wegen s_1 und s_2 zum Punkt P. Dadurch ist Kohärenz, also eine feste Phasenbeziehung, und damit die Voraussetzung für Interferenz gegeben. Ob eine Verstärkung oder eine Auslöschung in P stattfindet, hängt vom Gangunterschied $s_2 - s_1$ ab.

Kohärenz und Interferenz

Kohärentes (interferenzfähiges) Licht besitzt eine konstante Phasenbeziehung. Laser können als Paradebeispiel für Quellen von kohärentem Licht angeführt werden. Zwei oder mehrere verschiedene Temperaturstrahler (Glühlampe, Kerze usw.) liefern kaum interferenzfähiges Licht.

Interferenzen an dünnen Schichten

Auf Seifenblasen kann man oft die schillerndsten Farben beobachten. Dasselbe gilt auch für einen Ölfilm auf Wasser, CDs, Oxidschichten auf Metallen, Perlmutt, Fischschuppen usw. Es handelt sich dabei jeweils um dünne Schichten aus durchsichtigen Stoffen. Die schillernden Farben entstehen durch Interferenz des an der Ober- und Unterseite der dünnen Schicht reflektierten Lichts.

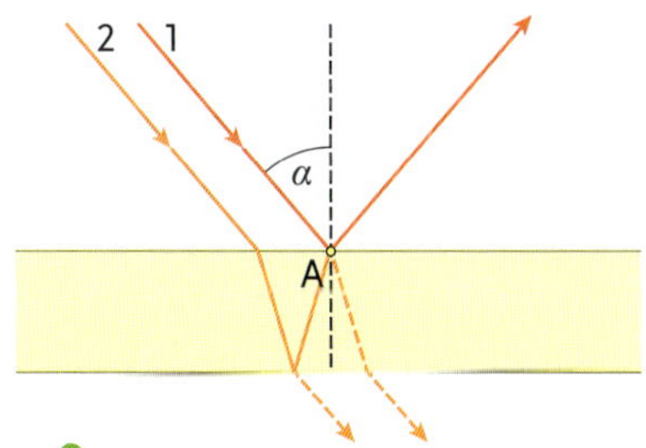

Im Punkt A der Oberseite der dünnen Schicht vereinigen sich in der nebenstehenden Skizze zwei Lichtwellen. Die an der Unterseite der dünnen Schicht reflektierte Welle 2 legt, bevor sie mit der an der Oberseite der dünnen Schicht reflektierten Welle 1 vereinigt wird, einen weiteren optischen Weg (= geometrischer Weg · Brechungsindex) zurück. Dieser hängt von der Schichtdicke *d*, der Brechzahl *n* und dem Einfallswinkel α ab.

Die beiden Bedingungen für Verstärkung

$s_2 - s_1 = k \cdot \lambda$

und Auslöschung

$s_2 - s_1 = (2k + 1) \cdot \frac{\lambda}{2}$

von Lichtwellen.

Dabei ist k eine ganze Zahl.

Für die optische Gangdifferenz $s_2 - s_1$ bei dünnen Schichten ist zu beachten, dass sich der optische Weg als geometrischer Weg, multipliziert mit dem Brechungsindex, ergibt. Zusätzlich tritt bei einer Reflexion an einer Grenzschicht zwischen einem optisch dünneren und einem optisch dichteren Medium ein Phasensprung um π auf, der einer Gangdifferenz einer halben Wellenlänge entspricht.

Zum Phasensprung vgl. Kap. A, 2.2.

Geometrischer und optischer Weg

In einem homogenen Medium mit der Brechzahl *n* gilt für den **geometrischen** (also den tatsächlich zurückgelegten) **Weg** $s_{geometrisch}$ und den für die Berechnung entscheidenden **optischen Weg** $s_{optisch}$:

- $s_{optisch} = s_{geometrisch} \cdot n$.

Nur im Vakuum ($n = 1$) sind der optische und der geometrische Weg identisch.

Öl auf Wasser kann zu sehr eindrucksvollen Farben führen

Prinzip der destruktiven Interferenz zur Entspiegelung von Gläsern

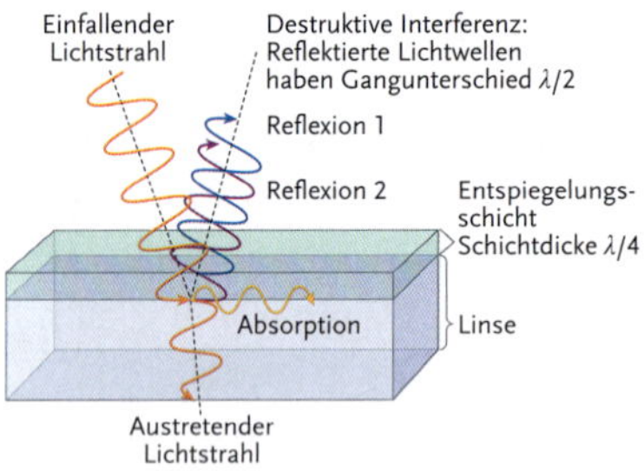

Die beiden reflektierten Strahlen löschen sich durch destruktive Interferenz aus

Viele Wellenphänomene kann man an dieser Seifenblase beobachten

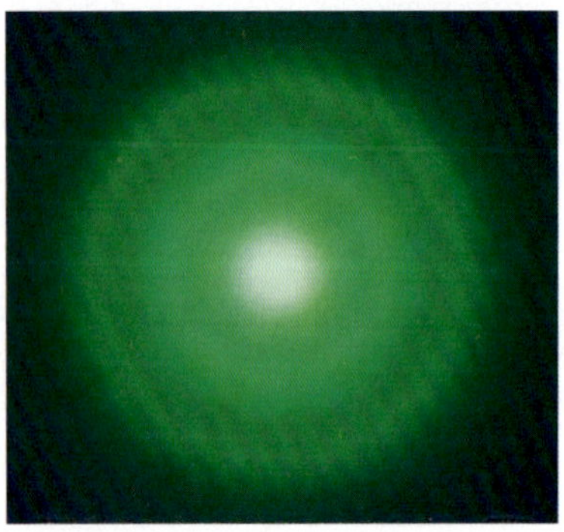

Ein typisches Beugungsmuster

■ Zur Erinnerung:

Brechzahl $n = \frac{\text{Vakuumlichtgeschwindigkeit}}{\text{Mediumlichtgeschwindigkeit}}$.

Beispiel 2.3.16: Dünner Ölfilm

Wir berechnen die optische Gangdifferenz für senkrechten Lichteinfall auf einen Ölfilm der Dicke d mit der Brechzahl n.

$s_2 - s_1 = 2 \cdot d \cdot n - \lambda/2$

Trifft eine Welle der Wellenlänge λ auf diesen Ölfilm, tritt **Verstärkung** für eine Gangdifferenz $s_2 - s_1 = 2 \cdot d \cdot n - \lambda/2 = k \cdot \lambda$ auf.

Für $n = 4/3$ und $d = \frac{3}{4} \cdot 10^{-6}$ m gilt beispielsweise $2 \cdot 10^{-6}$ m $= (k + \frac{1}{2}) \cdot \lambda$ bzw. $\lambda = \{4/(2k + 1)\} \cdot 10^{-6}$ m, wobei k eine natürliche Zahl (größer oder gleich 1) ist.

Beispiel 2.3.17: Entspiegelung durch eine Schicht mit der Dicke $\lambda/4$

Die Abbildung in der Randspalte zeigt, dass durch Aufbringen einer Entspiegelungsschicht mit der Dicke $\lambda/4$ genau jener Anteil des einfallenden Strahls mit der Wellenlänge λ ausgelöscht wird. Für seine Gangdifferenz gilt nämlich $s_2 - s_1 = 2\lambda/4 = \lambda/2$.

Ziele erreicht? – „Interferenz von Lichtwellen"

2.3.31 ++ Skizzieren Sie einen **dünnen Film** und einen senkrecht einfallenden Lichtstrahl, der teilweise an der Filmoberfläche reflektiert wird. Der andere Teil dringt in den Film ein, wird an der Filmunterfläche reflektiert und tritt nach der Brechung vom Lot aus dem Film aus. Berechnen Sie die optische Gangdifferenz für eine Wellenlänge von 700 nm. Die Absorption kann vernachlässigt werden.

2.3.32 + Leiten Sie die **optische Gangdifferenz** für einen unter dem Winkel α, gemessen zum Lot, auf einen dünnen Film auftreffenden Lichtstrahl ab. Nehmen Sie an, dass der Lichtstrahl teilweise an der Filmoberseite und an der Filmunterseite einmal reflektiert wird.

2.3.10 Beugung von Lichtwellen

Im Alltag ist die Beugung vor allem für Fotografen, Optiker und Techniker, die mit abbildenden Verfahren arbeiten, von großer Bedeutung. Wir haben schon im Kapitel 2.2 ein Beugungsexperiment angeführt. Jetzt wollen wir die Beugung quantitativ untersuchen und damit den Wellencharakter von Licht erneut nachweisen.

Meine Ziele

Nach Bearbeitung dieses Kapitels kann ich

- **Beugungsphänomene** im Alltag qualitativ beschreiben;
- die Begriffe **Beugung, Beugungsmaximum** und **Beugungsminimum** sowie **Gitterkonstante** erklären und interpretieren;
- die **Formel** für Helligkeitsminima beim Einzelspalt und die **Formel** für Helligkeitsmaxima beim Beugungsgitter ableiten und anwenden.

Beugung

Die Richtungsänderung von Wellen, die nicht durch Reflexion oder Brechung bedingt ist, heißt **Beugung.**

Bei Schallwellen bewirkt die Beugung, dass nicht sichtbare Schallquellen um die Ecke hörbar sind.

Beispiel 2.3.18: Beugung von Schall

Ein Ton mit einer Frequenz von 330 Hertz hat bei einer Schallgeschwindigkeit von 330 m/s eine Wellenlänge von einem Meter. Daher führen typische Alltagsgegenstände zu einer Beugung.

Bei sichtbarem Licht bewirkt die geringe Wellenlänge im Vergleich zu typischen Alltagsgegenständen, dass die Beugung im Alltag selten direkt wahrgenommen wird.

Beispiel 2.3.19: Beugung von sichtbarem Licht

Eine sichtbare Lichtwelle hat eine Wellenlänge zwischen etwa 400 und 800 nm, sodass nur sehr kleine Hindernisse zu einer merklichen Beugung führen.

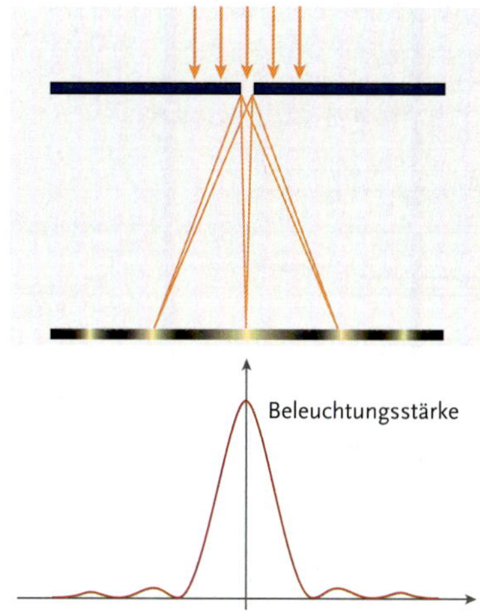

Beugung und Interferenz beim **Einzelspalt:** Die Beleuchtungsstärke ist in der Mitte am größten und fällt symmetrisch nach beiden Seiten bis zum ersten Beugungsmaximum (Helligkeitsmaximum) stark ab

Beugung von Licht am Einzelspalt

Für den Beugungswinkel α_n des n-ten **Beugungsminimums** gilt beim Einzelspalt der Breite b, wenn er mit monochromatischem Licht der Wellenlänge λ beleuchtet wird: $\sin(\alpha_n) = n \cdot \lambda/b$.

n ist eine natürliche Zahl und heißt **Ordnung der Beugung.**

Beispiel 2.3.20: Beugung von grünem Licht an einem Einzelspalt

Fällt grünes Licht mit 530 nm Wellenlänge auf einen Einzelspalt mit $6 \cdot 10^{-7}$ m Breite, beträgt der **Beugungswinkel** erster Ordnung $\alpha_1 = \arcsin(\lambda/b) \approx 62°$.

Eine scharfe Trennung zwischen Beugungsminima und Beugungsmaxima erhält man mit Doppel- und Mehrfachspalten bzw. mit Beugungsgittern.

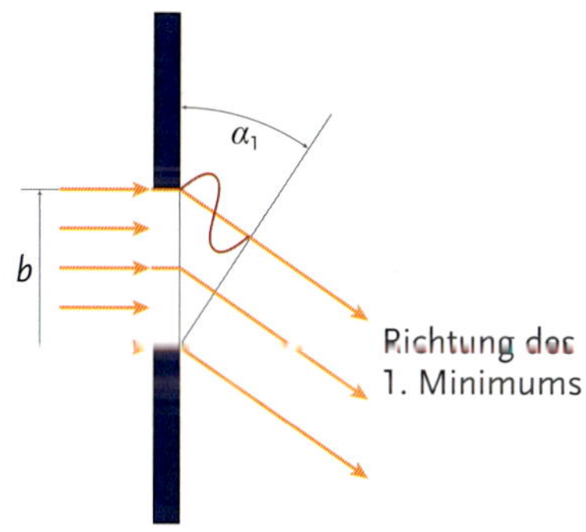

Das erste Minimum bei der Beugung am **Einzelspalt:** Weil es zu jedem Teilstrahl einen Strahl mit einer Gangdifferenz von einer halben Wellenlänge gibt, ergibt sich für den Winkel α_1 ein Beleuchtungsminimum

Beugung von Licht am Doppel- und Mehrfachspalt bzw. am Beugungsgitter

Für den Beugungswinkel α_n des n-ten **Beugungsmaximums** gilt bei einem Beugungsgitter mit Gitterkonstante a = Abstand der einzelnen Spalten:
$\sin(\alpha_n) = n \cdot \lambda/a$.

Die natürliche Zahl n ist wieder die **Ordnung der Beugung.**

Um die Formel $\sin(\alpha_n) = n \cdot \lambda/a$ besser zu verstehen, betrachten wir die nebenstehenden Abbildungen genauer. Beim Einzelspalt konnten wir zu jedem Strahl einen parallelen Strahl im Abstand $b/2$ betrachten. Beim Doppelspalt und beim Gitter können wir zu jedem Strahl (0, 1, ...) einen parallelen Strahl im Abstand a finden, deren Gangunterschied genau null, eine, ... ganze Wellenlänge beträgt.

Beispiel 2.3.21: Beugung von gelbem Licht an einem Beugungsgitter

Gelbes Licht fällt mit 590 nm Wellenlänge auf ein Beugungsgitter mit 200 Linien pro Millimeter. Die Gitterkonstante ist $a = 1\ \text{mm}/200 = 5 \cdot 10^{-6}$ m.

Der Beugungswinkel **erster Ordnung** ist $\alpha_1 = \arcsin(\lambda/a) = 6{,}8°$.

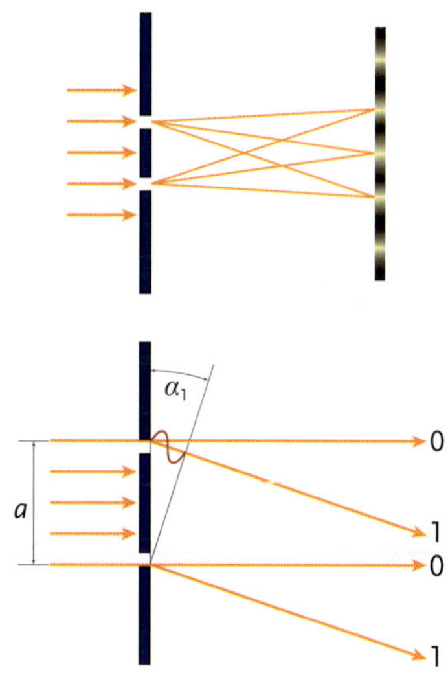

Beugung und Interferenz am **Doppelspalt**

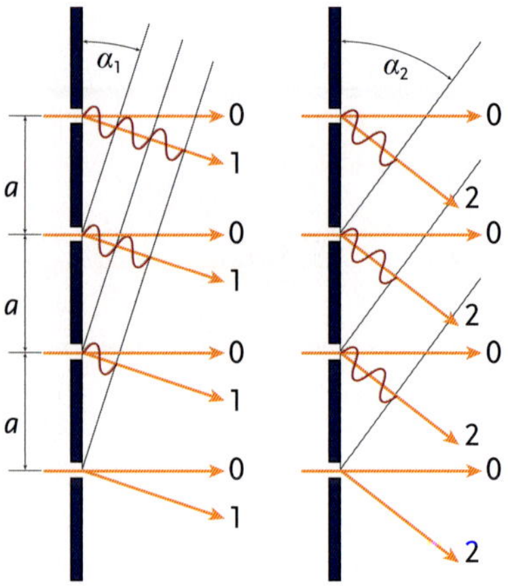

Zur Entstehung des ersten und des zweiten Beugungsmaximums an einem **Beugungsgitter**

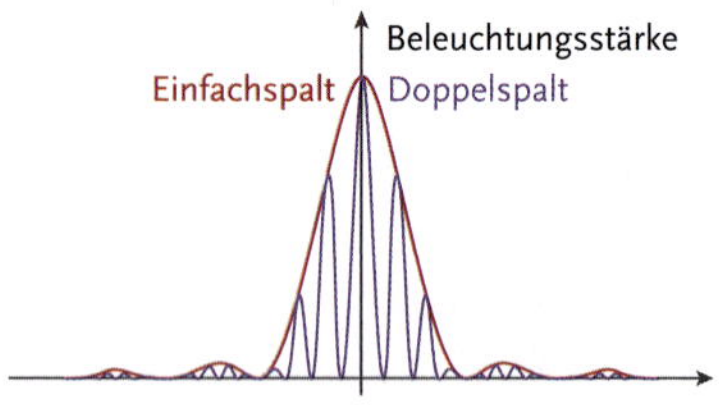

Helligkeitsverteilungen für den **Einzel-** und **Doppelspalt**

Ein Beugungsgitter erzeugt ein Beugungsspektrum.

Polarisation siehe Kap. B, 6.

Der Beugungswinkel **zweiter Ordnung** ist $\alpha_2 = \arcsin(2\lambda/a) = 13{,}7°$.

Für den größten beobachtbaren Beugungswinkel α_n ist $\sin(\alpha_n) < 1$, also $n \cdot \lambda/a < 1$, sodass $n < a/\lambda$.

$n < (5 \cdot 10^{-6}\,\text{m})/(0{,}59 \cdot 10^{-6}\,\text{m}) \approx 8{,}5$

Damit sind links und rechts vom zentralen Helligkeitsmaximum **acht Nebenmaxima** sichtbar, wobei der Beugungswinkel des achten Helligkeitsmaximums $\alpha_8 = \arcsin(8 \cdot \lambda/a) = 70{,}7°$ beträgt.

Ziele erreicht? – „Beugung von Lichtwellen“

2.3.33 ++ Wie klein muss ein **Einzelspalt** mindestens sein, damit Beleuchtung mit blauem Licht mit 430 nm zwei Beugungsminima jeweils links und rechts vom zentralen Helligkeitsmaximum liefert? Berechnen Sie die Beugungswinkel und fertigen Sie eine beschriftete Skizze an.

2.3.34 ++ Wie groß sind die **Beugungswinkel** der Helligkeitsnebenmaxima, wenn ein **Beugungsgitter** mit $a = 1{,}3$ µm mit orangefarbigem Licht der Wellenlänge 660 nm beleuchtet wird? Fertigen Sie eine Grundrissskizze mit den von Ihnen berechneten Winkeln an.

2.3.35 + Ein **Beugungsgitter** liefert auf einem zwei Meter entfernten Schirm einen Meter vom zentralen Helligkeitsmaximum entfernt das zweite Helligkeitsmaximum. Begründen Sie, wie viele Helligkeitsmaxima man insgesamt mit dieser Anordnung beobachten kann, wenn rotes Licht mit 760 nm Wellenlänge verwendet wird. Wie viele sind es bei violettem Licht mit 400 nm?

2.3.11 Polarisation

Polarisationsfilter sind vor allem bei Kameras und Brillen bekannt. Im Kino erhält man Polarisationsbrillen, um 3D-Filme effektreich konsumieren zu können. Wir haben in den vorangegangenen Kapiteln nachgewiesen, dass Licht Wellencharakter hat. Mithilfe von Polarisationsexperimenten können wir feststellen, ob eine Welle eine Längs- (Longitudinal-) oder eine Querwelle (Transversalwelle) ist, weil Längswellen nicht polarisiert werden können.

Meine Ziele

Nach Bearbeitung dieses Kapitels kann ich

- angeben, wo **Polarisation** im Alltag auftritt;
- die Wirkungsweise von **Polaroidbrillen** und die **Doppelbrechung** sowie die **optische Aktivität** beschreiben;
- das **Gesetz von Brewster** anwenden;
- das **brewstersche Gesetz** ableiten.

Die in den folgenden Versuchen beschriebenen Polarisationsfilter bestehen im Allgemeinen aus Kunststofffolien mit parallel orientierten fadenförmigen Molekülen, die die Vorzugsrichtung bzw. Durchlassrichtung festlegen. Die parallele Ausrichtung erfolgt durch mechanische Streckung.

Versuch 2.3.01: Polarisationsfilter

- Wir stellen uns in rund einem Meter Entfernung vor eine Mitschülerin und halten einen Polarisationsfilter so zwischen uns, dass wir einander durch den Filter sehen.
- Nun geben wir einen zweiten Polarisationsfilter senkrecht (gekreuzt) zum ersten Filter dazu und stellen fest, dass wir uns nicht mehr sehen können.
- Drehen wir nun einen der beiden Filter parallel zum anderen, können wir einander wieder sehen.

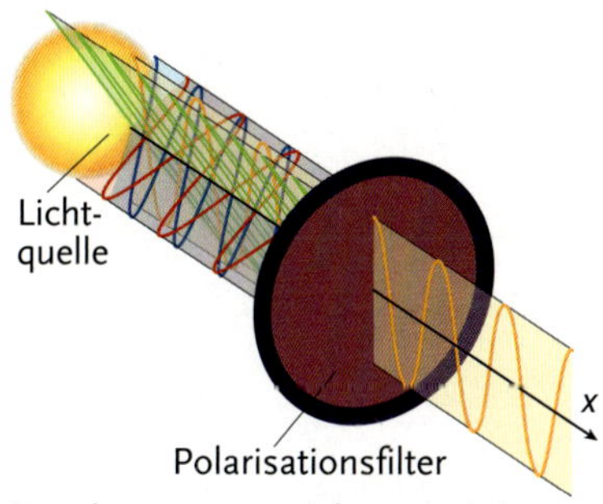

Durchgang von nicht polarisiertem Licht durch einen Polarisationsfilter: nur eine Schwingungsebene wird durchgelassen. Das Licht ist nach dem Polarisator linear polarisiert.

Wir folgern aus dem Versuch, dass beim Durchgang durch den ersten Polarisationsfilter nur mehr jener Anteil des auftreffenden Lichtes durchkommt, der in der durch den Polarisator vorgegebenen Ebene schwingt. Ist der zweite Polarisationsfilter (Analysator) parallel dazu ausgerichtet, kann das durch den ersten Filter durchgelassene Licht auch durch den zweiten dringen; wir sehen einander. Bei senkrechter Ausrichtung des zweiten Polarisationsfilters hingegen kann das durch den ersten Filter linear polarisierte Licht nicht hindurch, sodass wir einander nicht sehen.

Den Versuch 2.3.01 können wir auch mit einer Glühlampe und zwei Polarisationsfiltern durchführen. Bei einer Glühlampe ist sofort einsichtig, dass die Wellen, die von den einzelnen angeregten Atomen ausgesandt werden, völlig unabhängig voneinander sind und daher alle eine andere Polarisationsebene haben. Weil in einem Lichtstrahl eine so große Anzahl von Wellen auftritt, kommen im statistischen Mittel alle möglichen Polarisationsebenen gleich häufig vor: Das Licht erscheint nicht polarisiert (unpolarisiert).

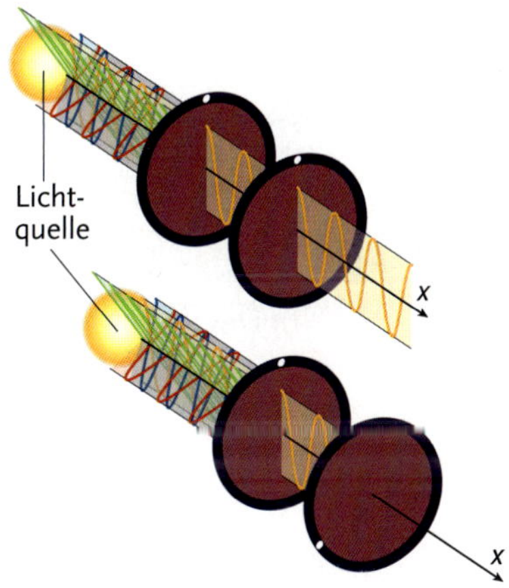

Skizze zu Versuch 2.3.01: Beachten Sie die weißen Punkte am Rand der Polarisationsfilter. Die Punkte legen gemeinsam mit dem Mittelpunkt des Filters die Polarisationsebene fest. Der Polarisationsfilter, der der Lichtquelle am nächsten ist, heißt **Polarisator**, der andere **Analysator.**

Lineare Polarisation

Eine Welle ist **linear polarisiert,** wenn die Auslenkung nur mehr in einer Ebene senkrecht zur Ausbreitungsrichtung erfolgt.

Weil Licht eine elektromagnetische Welle ist, variiert die elektrische Feldstärke periodisch nach Größe und Richtung. Die Ebene, in der sich die elektrische Feldstärke von linear polarisiertem Licht periodisch ändert, nennt man die Polarisations- oder Schwingungsebene.

Streuung

Ändert eine Lichtwelle beim Durchgang durch ein Medium lediglich seine Ausbreitungsrichtung, so heißt dieser Vorgang **Streuung.** Die Wahrscheinlichkeit für eine Streuung von Licht ist proportional zur vierten Potenz der Frequenz, also indirekt proportional zur vierten Potenz der Lichtwellenlänge.

Zur Streuung von Licht siehe auch Kap. B, 9.

Der Tageshimmel ist blau, weil das Sonnenlicht an den Luftmolekülen in alle Richtungen gestreut wird und der blaue (kurzwellige) Anteil wesentlich stärker gestreut wird.

Versuch 2.3.02: Himmelsblau

Wir halten einen Polarisationsfilter gegen den blauen Himmel. Bei Drehung ergeben sich Helligkeitswechsel, die auf polarisiertes Licht hinweisen.

Erklärung des Versuchs: Durch **Streuung** (Ablenkung) von Licht an den Molekülen der Atmosphäre kommt es zur Polarisation.

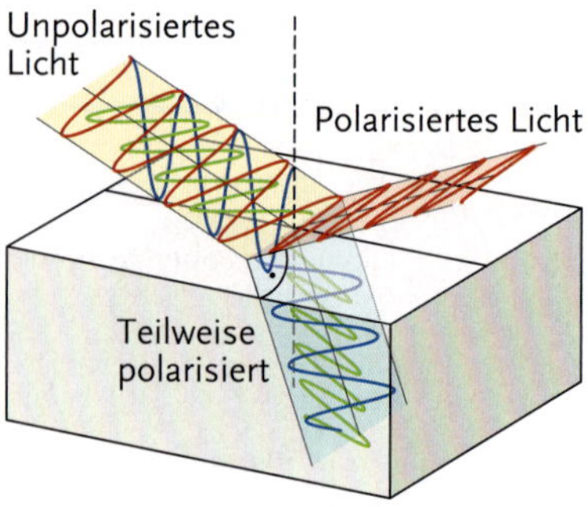

Zum brewsterschen Gesetz: Der reflektierte und vollständig linear polarisierte Strahl (rot) und der gebrochene teilweise polarisierte Strahl (blau) schließen einen rechten Winkel ein.

Sir David Brewster, 1781 bis 1868, englischer Physiker

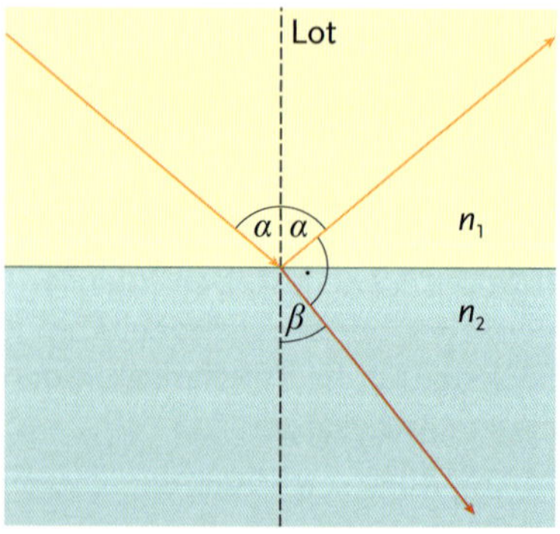

Zum brewsterschen Gesetz: Der reflektierte und der gebrochene Strahl schließen einen rechten Winkel ein

$\sin(90° - \alpha) = \cos\alpha$.
$90° - \alpha$ ist der Komplementärwinkel (Ergänzungswinkel) von α.

Das brewstersche Gesetz

Wenn ein reflektierter Strahl mit dem gebrochenen Strahl einen Winkel von 90° einschließt, ist der reflektierte Strahl **vollständig linear polarisiert.**

Den zugehörigen Einfallswinkel – gemessen zum Lot – berechnet man als

$\alpha = \arctan\left(\frac{n_2}{n_1}\right)$.

Für den Sonderfall, dass eine Welle vom Vakuum ($n_1 = 1$) in ein homogenes Medium mit dem Brechungsindex n eintritt, vereinfacht sich das brewstersche Gesetz zu $\alpha = \arctan(n)$.

Ableitung des brewsterschen Gesetzes

Weil der reflektierte und der gebrochene Strahl einen Winkel von 90° einschließen müssen, können wir im Brechungsgesetz von Snellius

$$\frac{\sin\alpha}{\sin\beta} = \frac{n_2}{n_1}$$

β durch $90° - \alpha$ ersetzen.

Weil der Sinus des Komplementärwinkels gleich dem Cosinus des Winkels ist, erhalten wir

$$\frac{\sin\alpha}{\cos\alpha} = \frac{n_2}{n_1}$$

Das Verhältnis vom Sinus eines Winkels zum Cosinus des gleichen Winkels ist gleich dem Tangens dieses Winkels, sodass

$$\tan\alpha = \frac{n_2}{n_1}$$

Beispiel 2.3.22: Vollständige Polarisation beim Übergang von Luft in Wasser

Wir berechnen jenen Winkel, unter dem gelbes Licht mit einer Wellenlänge von rund 590 nm aus Luft ($n_1 = 1{,}000\,3$) in Wasser ($n_2 = 1{,}333$) übertreten muss, damit der reflektierte Strahl vollständig linear polarisiert ist.

$$\alpha = \arctan\left(\frac{n_2}{n_1}\right) \approx 53{,}11°$$

Zur Probe berechnen wir den Brechungswinkel mit Snellius und bilden die Winkelsumme.

$$\beta = \arcsin\left(\frac{n_2}{n_1} \cdot \sin\left[\arctan\left\{\frac{n_2}{n_1}\right\}\right]\right) \approx 36{,}89° \qquad \alpha + \beta = 90{,}00°$$

Der reflektierte und der gebrochene Strahl stehen senkrecht aufeinander, wenn der Einfallswinkel etwa 53,11° ist.

Wird Licht von einem durchsichtigen nicht metallischen Körper reflektiert, ist dieses meist zumindest teilweise polarisiert. Wenn diese Reflexe stören, etwa im Straßenverkehr oder beim Fotografieren (von Menschen mit Brillen, Bildern in Glasrahmen, von in Glasvitrinen geschützten wertvollen Gegenständen), können Polarisationsfilter (teilweise) Abhilfe schaffen. Polaroidbrillen sind eine Anwendung.

Zusammenfassend halten wir fest:

Polarisation von Wellen tritt bei Streuung, Reflexion und Brechung auf.

Einen Sonderfall der Polarisation stellt der Durchgang durch doppelbrechende Medien wie Kalkspat dar, weil die beiden Polarisationsrichtungen der gebrochenen Strahlen senkrecht aufeinander stehen.

Versuch 2.3.03: Doppelbrechung

Wir legen einen Kalkspatkristall auf einen Schriftzug.

Wir können den Schriftzug doppelt wahrnehmen, weil das auftreffende Licht im Kalkspat in zwei Strahlen aufgespalten wird: einen **ordentlichen** und einen **außerordentlichen.** Mithilfe von Analysatoren können wir die Polarisationsebenen der beiden Strahlen feststellen.

Doppelbrechung

Licht wird in doppelbrechenden Substanzen in zwei Teilstrahlen aufgespalten: einen **ordentlichen Strahl,** für den das Brechungsgesetz von Snellius gilt, und einen **außerordentlichen.** Ihre Schwingungsebenen sind senkrecht zueinander.

Beim Nicolprisma, benannt nach dem schottischen Physiker **William Nicol** (1768 bis 1851), wird einer der beiden Strahlen ausgeblendet. Dazu kittet man zwei Prismen so aneinander, dass der auszublendende Strahl an der Kittschicht total reflektiert wird.

Bei dichroitischen Stoffen wird einer der beiden gebrochenen Strahlen wesentlich stärker als der andere absorbiert. Dadurch bleibt ab einer bestimmten Schichtstärke des dichroitischen Stoffes nur mehr der andere linear polarisierte Strahl übrig. Ein dichroitischer Stoff ist Turmalin. Er ist auch der erste Kristall, bei dem der pyroelektrische Effekt – also Ladungstrennung durch Temperaturänderung – beobachtet wurde.

Weil isotrope Körper durch äußere Einflüsse – wie mechanische oder elektrische Spannung – doppelbrechend werden, findet die Polarisation zahlreiche technische Anwendungen.

Spannungsdoppelbrechung

Durch **mechanische Spannung** werden bestimmte sonst isotrope Körper **doppelbrechend.**

Versuch 2.3.04: Plexiglas zwischen Polarisator und Analysator – Spannungsoptik

Wir geben ein Stück Plexiglas zwischen zwei gekreuzte Polarisationsfilter in den Strahlengang einer Lichtquelle.
Der zuerst dunkle Schirm wird bei mechanischer Belastung hell.

Durch die Doppelbrechung im belasteten Plexiglas entstehen zwei senkrecht zueinander linear polarisierte Strahlen, die nicht beide durch den Analysator zurückgehalten werden können.

Elektrische Doppelbrechung

Durch **elektrische Felder** werden bestimmte Flüssigkeiten – beispielsweise Nitrobenzol – **doppelbrechend.**

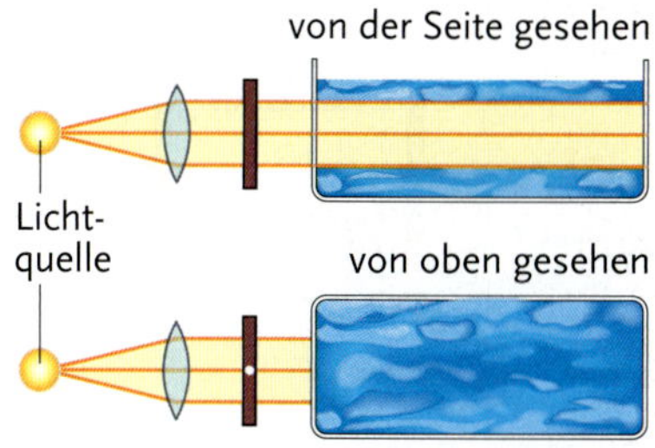

Polarisation durch Streuung: Grund- und Aufriss sind dargestellt

Bienen und andere Tiere können die Schwingungsebene von Licht feststellen, sodass sie sich am Himmelslicht auch orientieren können, ohne die Sonne direkt sehen zu können. Menschen haben diese Fähigkeit nicht.

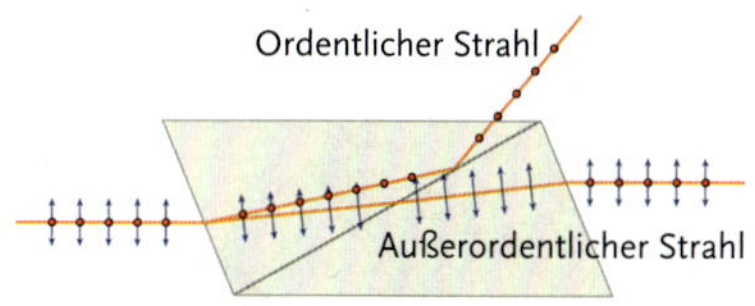

Schematischer Strahlengang durch ein **Nicolprisma.** In diesem Fall wird der ordentliche Strahl an der Kittschicht total reflektiert, sodass der linear polarisierte außerordentliche Strahl für weitere Anwendungen zur Verfügung steht.

Dichroos: griechisch für zweifarbig.

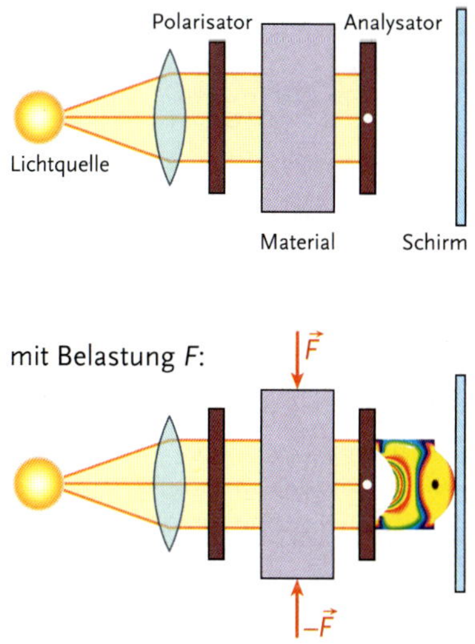

Spannungsdoppelbrechung: Ohne mechanische Belastung des Werkstücks bleibt der Schirm wegen der gekreuzten Stellung von Polarisator und Analysator dunkel

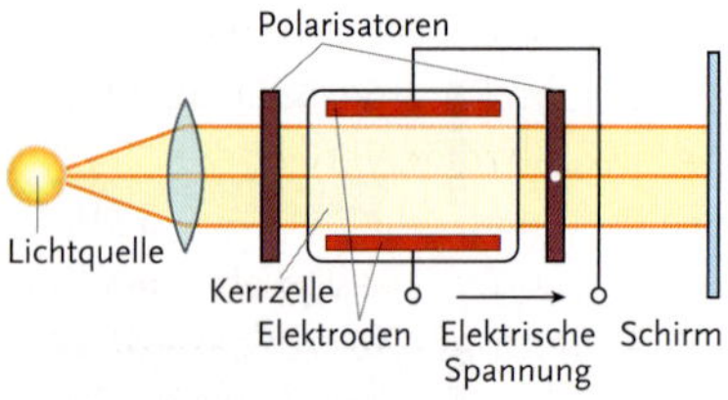

Die **Kerrzelle,** benannt nach dem schottischen Physiker John Kerr (1824 bis 1907). Bestimmte Flüssigkeiten werden in elektrischen Feldern doppelbrechend.

Versuch 2.3.05: Die Kerrzelle

Wir geben einen Behälter mit Nitrobenzol () zwischen zwei gekreuzte Polarisationsfilter in den Strahlengang einer Lichtquelle.

Der zuerst dunkle Schirm wird bei Anlegen einer elektrischen Spannung an die Elektroden und damit dem Aufbau eines elektrischen Feldes hell.

Mit einer Kerrzelle kann daher Licht sehr rasch (Anstiegszeit von ca. 0,01 µs) gesteuert werden, sodass sie bei schnellen Kameraverschlüssen Anwendung finden.

? Recherchieren Sie zum Thema Contergan.

Optische Aktivität

Bestimmte Substanzen – beispielsweise Quarzplatten, Contergan (Arzneimittelskandal in der 1960er-Jahren) oder Zuckerrohrlösungen – drehen die Schwingungsebene von linear polarisiertem Licht. Diese Stoffe werden **optisch aktive Stoffe** genannt. Die Drehung ist wellenlängenabhängig: Man spricht von **Rotationsdispersion.**

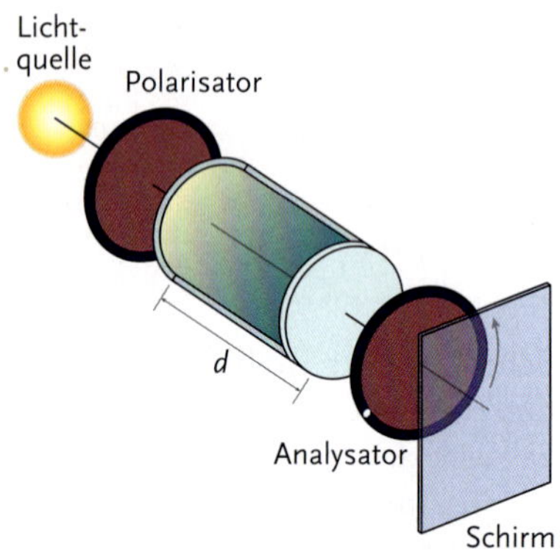

Drehung der Polarisationsebene durch optisch aktive Stoffe

Versuch 2.3.06: Rohrzucker

Wir geben zwei gekreuzte Polarisationsfilter in den Strahlengang einer Lichtquelle, sodass der nachfolgende Schirm dunkel bleibt. Positionieren wir einen Behälter mit Rohrzuckerlösung zwischen Polarisator und Analysator, wird der Schirm wieder hell.

Für die Drehung der Schwingungsebene sind nicht spiegelsymmetrische Strukturen verantwortlich. Beim Quarz ist es etwa der nicht spiegelsymmetrische Kristallgitteraufbau und bei den optisch aktiven Lösungen der nicht spiegelsymmetrische Molekülaufbau.

Lcd – Flüssigkristallanzeigen

Ein Lcd (**L**iquid **c**rystal **d**isplay) nützt die Änderung der optischen Aktivität durch elektrische Felder.

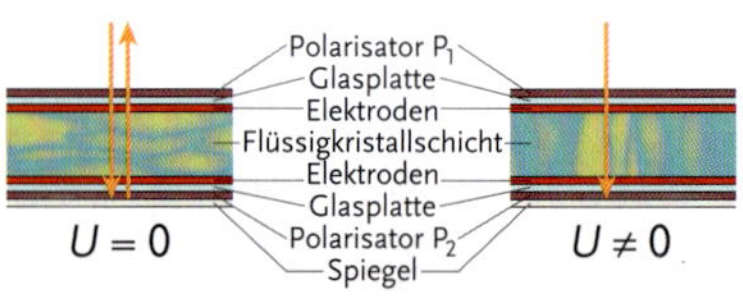

Lcd: Die beiden Polarisationsfilter sind gekreuzt. Links ist keine Spannung angelegt. Das einfallende Licht wird durch P_1 linear polarisiert. Die Flüssigkristallschicht dreht die Schwingungsrichtung um 90°; P_2 lässt daher das Licht durch.
Rechts ist eine Spannung angelegt. Die Drehung der Schwingungsebene entfällt, und P_2 lässt das Licht nicht mehr durch. Dieses Feld bleibt dunkel.

Ziele erreicht? – „Polarisation"

2.3.36 + Geben Sie an, wodurch Licht **polarisiert** wird.

2.3.37 + Beschreiben Sie, wozu ein **Nicolprisma** dient und wie es funktioniert.

2.3.38 + Erklären Sie, was **dichroitische Stoffe** sind.

2.3.39 + Beschreiben Sie, wodurch ein Körper bzw. eine Substanz **doppelbrechend** gemacht werden kann.

2.3.40 + Geben Sie das **brewstersche Gesetz** an.

2.3.41 ++ Unter welchem **Winkel** muss Licht mit einer Wellenlänge von 500 nm auf ein Medium ($n_2 = 1{,}4$) aus Luft kommend auftreffen, damit der reflektierte Strahl vollständig linear polarisiert ist? Fertigen Sie eine beschriftete Skizze an.

2.3.42 + Der **Brewsterwinkel,** jener Einfallswinkel zum Lot, bei dem der reflektierte Strahl vollständig linear polarisiert ist, betrage 60°. Was können Sie berechnen und welcher numerische Wert ergibt sich?

2.3.43 ++ Licht von 700 nm Wellenlänge wird beim Übergang von einem homogenen Medium mit $n_1 = 1{,}2$ in ein anderes homogenes Medium teilweise reflektiert und teilweise gebrochen. Wie groß ist der **Brechungsindex** des zweiten Mediums, wenn der reflektierte Strahl bei einem Einfallswinkel von 50° vollständig linear polarisiert ist? Skizzieren Sie den Strahlengang zu Ihren Berechnungen.

2.3.44 ++ Leiten Sie das **brewstersche Gesetz** ab und fertigen Sie den zugehörigen Strahlengang an.

Lcds verbrauchen sehr wenig elektrische Energie, weil sie eine passive Anzeige verwenden. Sie emittieren also selbst kein Licht, sondern nützen lediglich Kontraständerungen für reflektiertes Licht. Daher können Lcds im Dunkeln nicht abgelesen werden.

A

2.4 Akustik

Die akustische Erfassung der Umwelt ist nach dem Sehen die wichtigste Sinneswahrnehmung des Menschen. Personen, die Behinderungen des Sehsinnes haben, sind sogar in der Lage, dieses Defizit durch eine besondere Schärfung der akustischen Wahrnehmung zum Teil zu kompensieren. Die Informationsübertragung erfolgt bei beiden Wahrnehmungskanälen, Sehen und Hören, über die Ausbreitung von Wellen, nämlich Licht- bzw. Schallwellen.

Fledermäuse erfassen im Dunkeln ihre Umwelt fast ausschließlich durch akustische Wahrnehmung von ausgestoßenen und reflektierten Ultraschalllauten

2.4.1 Schallfeld und Schallausbreitung

Schall ist eine Druckwelle in Materie. Als Schallfeld wird der Bereich in elastischen Medien bezeichnet, in dem sich Schallwellen ausbreiten. Ohne Medium, also im Vakuum, ist keine Schallausbreitung möglich.

Meine Ziele

Nach Bearbeitung dieses Kapitels kann ich

- Schall als eine **Druckwelle** angeben, die Materie zur Ausbreitung benötigt;
- die **Schallgeschwindigkeit** als eine Materieeigenschaft in Abhängigkeit von den Umgebungsbedingungen erklären.

Transversalwellen auf einer Flüssigkeitsoberfläche

Versuch 2.4.01: Schallausbreitung

Unter eine Evakuierungsglocke wird ein läutender Wecker oder eine andere kompakte Geräuschquelle platziert. Bei Absaugung der Luft wird mit abnehmendem Luftdruck in der Glocke die Wahrnehmung des Weckergeräusches immer leiser.

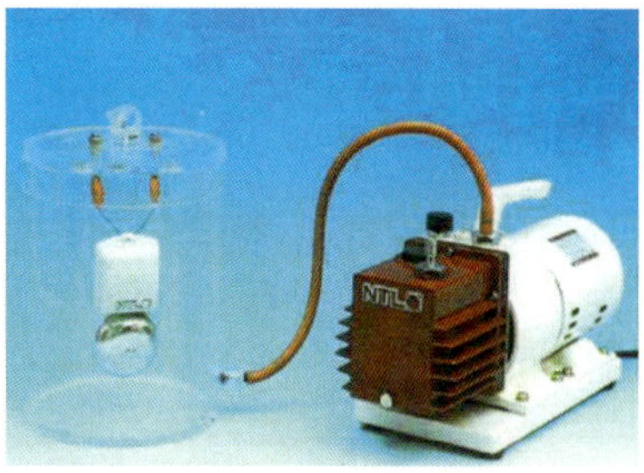

Abbildung zu Versuch 2.4.01

Materie hat in **allen Aggregatzuständen** mehr oder weniger Volumselastizität. Materie ist **kompressibel.** Daher können in allen Aggregatzuständen **Longitudinalwellen** (Dichtewellen) auftreten. **Formelastizität** ist dagegen nur bei **Festkörpern** gegeben. Daher können Transversalwellen (Wellen der Verformung) nur in Festkörpern auftreten. Für diese Formelastizität ist eine anziehende Wechselwirkung zwischen den Atomen oder Molekülen eines Stoffes nötig. Eine **Ausnahme** von der obigen Regel stellt eine **Flüssigkeitsoberfläche** dar. Dort liefert die Oberflächenspannung die anziehende Wechselwirkung zwischen den Molekülen. Auf einer Flüssigkeitsoberfläche sind also auch **Transversalwellen** möglich.

Bei den gekoppelten Schwingungen haben wir gesehen, dass die Geschwindigkeit des Energietransportes von der Kopplungsstärke zwischen den Oszillatoren abhängt. **Je stärker** sie war, **umso schneller** erfolgte die Weitergabe der Schwingungsenergie. Aus diesen Überlegungen ergibt sich:

Geschwindigkeit der Wellenausbreitung siehe Kap. A, 2.2.

Medium	$v_{longitudinal}$ in m/s	$v_{transversal}$ in m/s
Luft	343	---
Wasser	1 484	---
Blei	1 200	360
Kupfer	4 700	2 260
Stahl	5 920	3 255

Schallgeschwindigkeiten in verschiedenen Medien unter Normbedingungen (20 °C)

Im Alltag sind wir immer irgendwelchen Schallquellen ausgesetzt. Ein schallleerer Raum existiert nirgends.

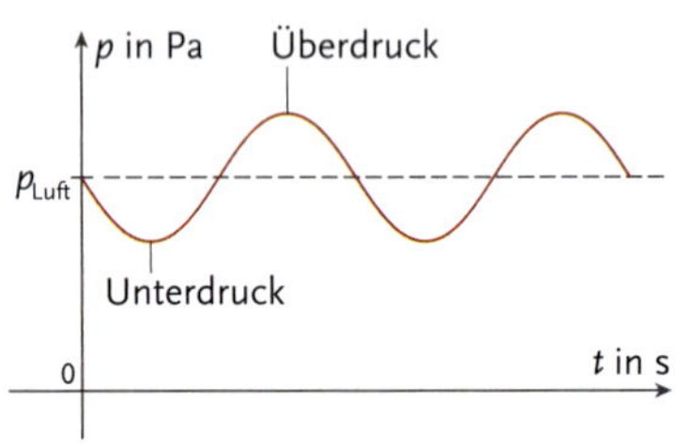

Druckverlauf einer Schallwelle

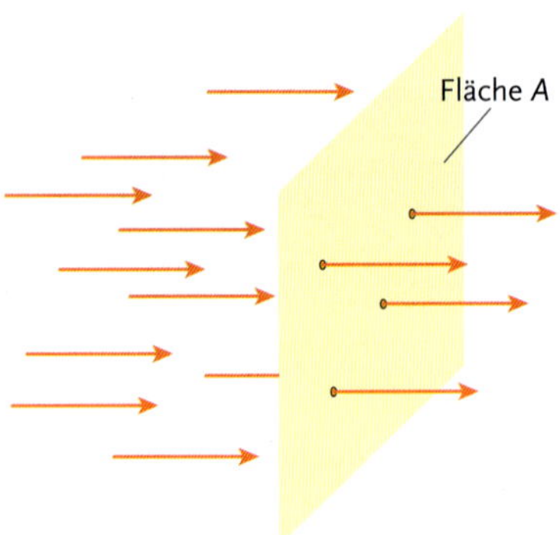

Schema: Schallintensität (Energie pro Zeit und Fläche)

Die **Schallgeschwindigkeit** ist eine Größe, die von den mechanischen Eigenschaften der Materie und somit auch von den Umgebungsbedingungen (Druck, Temperatur) abhängt.

Ziele erreicht? – „Schallfeld und Schallausbreitung“

2.4.01 + Geben Sie an, welche Form von Schallwellen in welchem Aggregatzustand von Materie auftreten kann. Begründen Sie dies auch.

2.4.02 + Erläutern Sie, wovon die Ausbreitungsgeschwindigkeit von Schall abhängt.

2.4.2 Schallfeldgrößen

*Die physikalischen Größen zur Beschreibung des Schallfeldes werden als **Schallfeldgrößen** bezeichnet. Die gängigsten sind der **Schalldruck,** der Schalldruckpegel und die **Schallintensität.***

Meine Ziele

Nach Bearbeitung dieses Kapitels kann ich

- **Schalldruck** und **Schallintensität** als physikalische Größen zur Beschreibung des Schallfeldes nennen und deren Einheiten angeben;
- die Mechanismen der **Abschwächung** von Schall erklären;
- die Abschwächungsmechanismen zur Berechnung des **Intensitätsverlaufes** bei Schallausbreitung anwenden.

Schalldruck

Schallwellen in der Luft sind Schwankungen des Luftdrucks um den aktuell herrschenden statischen Luftdruck p_{Luft}. Diese Schwankung nennt man den Schallwechseldruck. Den Mittelwert (Effektivwert) dieser Druckschwankung bezeichnen wir in der Folge einfach als den **Schalldruck *p*.**

Schalldruck = Normalkraft des Schallwechseldrucks pro Fläche

$$p = \frac{F}{A} \qquad [p] = \left[\frac{F}{A}\right] = 1\,\frac{N}{m^2} = 1 \text{ Pascal (1 Pa)}$$

Der insgesamt wirkende Druck der Luft ist eine Überlagerung des statischen Luftdrucks und des Schallwechseldrucks (kurz Schalldruck).

Schallintensität

Die **Schallintensität *I*** beschreibt den Energiefluss der Schallwelle, der in einer bestimmten Zeit durch eine gegebene Fläche hindurchgeht.

Schallintensität = mittlere Energie pro Zeit und Fläche

$$I = \frac{E}{t \cdot A} \qquad [I] = \left[\frac{E}{t \cdot A}\right] = 1\,\frac{J}{s \cdot m^2} = 1\,\frac{W}{m^2}$$

Die Ausbreitungsrichtung des Schalls ist in Skizzen mittels des Wellenvektors $\vec{k}$ oder auch mithilfe der Wellenflächen darstellbar.

Schalldruck und Schallintensität hängen über die **Schallkennimpedanz *Z*** (oder den Schallwellenwiderstand) des Mediums zusammen.

Es gilt für die **Schallkennimpedanz:**

$p^2 = Z \cdot I$ und somit $Z = \frac{p^2}{I}$; $[Z] = \left[\frac{p^2}{I}\right] = 1\,\frac{\text{kg}}{\text{s} \cdot \text{m}^2}$

Sie beschreibt die energetische Durchlässigkeit eines Materials für Schall. Die Bezeichnung leitet sich aus einer Analogie zum ohmschen Gesetz her, wobei das Quadrat des Schalldrucks der antreibenden Spannung gleichgesetzt wird.

Die Schallkennimpedanz für **Luft** unter Normbedingungen (20 °C) beträgt **416,6 kg · s^{-1} · m^{-2}.** Für Wasser beträgt der Wert **1 490 000 kg · s^{-1} · m^{-2}.**

Abnahme der Schallintensität durch kugelförmige Abstrahlung

Eine Schallquelle mit einer Schallleistung P verteilt diese Leistung bei Aussendung einer Kugelwelle über eine Kugeloberfläche von $A = 4 \cdot \pi \cdot r^2$.

Für die **Schallintensität *I*** einer derartigen Schallquelle mit Leistung P in einer Entfernung r von der Schallquelle erhalten wir: $I(r) = \frac{P}{4\pi \cdot r^2}$

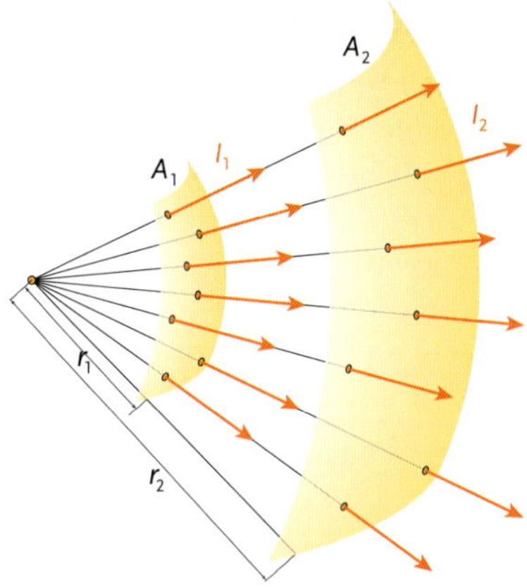

Intensitätsabnahme mit steigendem Abstand beim kugelförmigen Abstrahlen einer Schallwelle

Die Schallintensität sinkt mit dem Quadrat der Entfernung zur Schallquelle. Ausreichende Distanz ist somit der beste Lärmschutz.

Beispiel 2.4.01: Schallintensität eines Lautsprechers

Ein Lautsprecher mit einer effektiven Schallleistung von 80 W sendet den Schall ideal kugelförmig aus. Welche Schallintensität tritt in einer Distanz von 20 m vom Lautsprecher auf?

$$I(r = 20\text{ m}) = \frac{P}{4\pi r^2} = \frac{80\text{ W}}{4\pi \cdot 20^2\text{ m}^2} = 0{,}015\,9\,\frac{\text{W}}{\text{m}^2}$$

Lautsprecher wandeln elektrische Schwingungen mit einer in einem Magnetfeld befindlichen Spule, an der eine Membran befestigt ist, in Druckschwankungen der Luft um

Abnahme der Schallintensität durch Absorption von Energie im Medium

Nicht nur die Geometrie der Schallabstrahlung führt zu einer Abschwächung der Intensität. Auch die Absorption von Energie der Schallwelle im Ausbreitungsmedium führt zu einer Dämpfung. Wir nehmen für unsere weiteren Überlegungen eine ebene Schallwelle an. Auf gleichen Streckenlängen wird dabei immer der gleiche nur vom Ausbreitungsmedium abhängige Prozentsatz der aktuellen Anfangsintensität vom Medium aufgenommen. Mathematisch wird dies von einer Exponentialfunktion beschrieben.

Die Intensität einer Schallwelle mit **Anfangsintensität I_0** beträgt nach einer Distanz x: $I(x) = I_0 \cdot e^{-\alpha \cdot x}$

Dabei ist α der **Dämpfungskoeffizient** des Ausbreitungsmediums. $[\alpha] = \frac{1}{\text{m}}$

Der Dämpfungskoeffizient ist nicht nur vom Material, sondern auch von der Frequenz abhängig. Bei steigender Frequenz nimmt die Energieabsorption im Medium zu.

Medium	Frequenz	Dämpfungskoeffizient
Luft	63 Hz	$0{,}27 \cdot 10^{-4}\text{ m}^{-1}$
Luft	1 kHz	$4{,}6 \cdot 10^{-4}\text{ m}^{-1}$
Luft	8 kHz	$86{,}3 \cdot 10^{-4}\text{ m}^{-1}$
Wasser	50 Hz	$1 \cdot 10^{-7}\text{ m}^{-1}$
Wasser	1 MHz	$5 \cdot 10^{-2}\text{ m}^{-1}$

Tabelle von Dämpfungskoeffizienten

Wale kommunizieren mit tiefen Tönen, dem Walgesang, über erstaunliche Distanzen von Hunderten Kilometern. Tiefe Töne werden im Wasser nicht so stark absorbiert.

Beispiel 2.4.02: Abnahme der Schallintensität in Luft

Welcher Prozentsatz der Anfangsintensität von Schall mit einer Frequenz von 63 Hz bzw. 8 kHz ist nach einer Laufstrecke von 1 000 m in Luft noch vorhanden? Eine Ausbreitung als ebene Welle wird vorausgesetzt.

$$\frac{I(1\,000\text{ m})}{I_0} = e^{-0{,}27 \cdot 10^{-4}\text{ m}^{-1} \cdot 1\,000\text{ m}} = 0{,}973 \text{ bei } 63\text{ Hz}$$

$$\frac{I(1\,000\text{ m})}{I_0} = e^{-86{,}3 \cdot 10^{-4}\text{ m}^{-1} \cdot 1\,000\text{ m}} = 0{,}000\,179 \text{ bei } 8\text{ kHz}$$

Die niedrige Frequenz weist also noch immer 97,3 % der Anfangsintensität auf, während der Schall der hohen Frequenz auf dieser Laufstrecke praktisch zur Gänze absorbiert wurde.

Im allgemeinen Fall treten beide Arten der Abschwächung von Schallintensität auf (Abnahme durch kugelförmige Abstrahlung bzw. durch Absorption). Es sind dann die **beiden Effekte multiplikativ** zu kombinieren.

Das **menschliche Gehör** nimmt Frequenzen in einem Bereich von ca. **20 Hz bis 20 kHz** wahr. Die obere Grenze ist deutlich altersabhängig und verschiebt sich mit zunehmendem Alter zu tieferen Frequenzen.

Ziele erreicht? – „Schallfeldgrößen"

2.4.03 + Ein Lautsprecher hat eine Schallleistung von 10 W und strahlt diese kugelförmig ab. Berechnen Sie die Schallintensität und den Schalldruck in einer Entfernung von 30 Metern.

2.4.04 + Berechnen Sie die Distanz, auf der ein Ton der Frequenz 50 Hz bei linearer Ausbreitung im Wasser auf die Hälfte seiner Anfangsintensität abgeschwächt wird.

2.4.05 ++ Berechnen Sie, wie Sie bei Vernachlässigung der Dämpfung Ihren Abstand zu einer Schallquelle, die kugelförmig abstrahlt, verändern müssen, um die wahrgenommene Schallintensität auf 10 % des anfänglichen Wertes zu verkleinern.

2.4.06 ++ Bestimmen Sie den Prozentsatz, auf den die Schallintensität bei 50 Hz in Wasser nach einer Laufstrecke von 250 m abfällt, wenn man sowohl kugelförmige Abstrahlung als auch Absorption berücksichtigt.

2.4.07 ++ Bestimmen Sie die Gesetzmäßigkeit, nach der die Schallintensität bei einer halbkugelförmigen Abstrahlung durch Verwendung eines Reflektors mit der Entfernung abfällt.

2.4.3 Schallintensitätspegel

Die Erfahrung, dass das Lautstärkeempfinden in gewissem Ausmaß subjektiv ist, kennt wohl jeder von uns. Und wenn wir nichts hören, heißt das nicht, dass keine Schallwellen vorhanden sind. Sie könnten auch zu leise sein.

Meine Ziele

Nach Bearbeitung dieses Kapitels kann ich

- angeben, dass sich der hörbare Schall über **mehrere Zehnerpotenzen** von Intensität bzw. Druck erstreckt und der Lautstärkeeindruck einer logarithmischen Skala entspricht;
- den **Schallintensitätspegel** als eine logarithmische Skala für einen Lautstärkevergleich nennen und Pegelwerte errechnen;
- den **Schallintensitätspegel** von mehreren inkohärenten Schallquellen **ermitteln** und **Lautstärkevergleiche** anstellen.

Der **Schallintensitätspegel *L*** ist definiert als

$$L = 10 \cdot \lg\left(\frac{I}{I_0}\right)$$

Dabei ist **I_0 die Hörschwelle** ($I_0 = 10^{-12}$ W/m² bei 1 kHz).

Mit dem vorher erwähnten Zusammenhang von Schallintensität und Schalldruck ist dies gleichwertig zu

$$L = 20 \cdot \lg\left(\frac{p}{p_0}\right)$$

p_0 ist dabei der **Schalldruck bei der Hörschwelle.**
$[L] = 1$ (dB) (Dezibel)

Das menschliche Hörvermögen erstreckt sich über zwölf Zehnerpotenzen der Intensität bzw. sechs Zehnerpotenzen des Schalldruckes (siehe Grafik in der Randspalte). Derartige Größenunterschiede sind am besten mit einer logarithmischen Skala darstellbar. Diese entspricht auch der Wahrnehmung von Lautstärke. So wird eine Verdopplung der Intensität oder des Druckes bei Weitem nicht als Verdopplung der Lautstärke empfunden. Unsere Lautstärkewahrnehmung ist daher größtenteils „logarithmisch". Das Bel und somit das Dezibel ist eine nach Alexander **Graham Bell** benannte Hilfsmaßeinheit für einen **logarithmischen Vergleich** zweier physikalischer Größen.

Beispiel 2.4.03: Erhöhung des Schallintensitätspegels

Um wie viel Dezibel erhöht sich der Schallintensitätspegel, wenn die Schallintensität verdoppelt wird? Mit den Rechenregeln für Logarithmen erhalten wir:

$$L_2 = 10 \cdot \lg\left(\frac{2 \cdot I}{I_0}\right) = 10 \cdot \lg\left(\frac{I}{I_0}\right) + 10 \cdot \lg(2) = L_1 + 3{,}01 \text{ dB} = L_1 + \Delta L$$

Eine **Verdopplung** der Schallintensität bedeutet also eine Erhöhung des Pegels um etwa **3 dB.**

Schallquellen, deren Schwingungen keine feste Frequenz- und Phasenbeziehung zueinander haben, bezeichnet man als **inkohärent.** Bei inkohärenten Schallquellen ergibt sich die Gesamtintensität aus der **Addition der Einzelintensitäten.** Bei kohärenten Schallquellen tritt Interferenz auf.

	Schall-druck in N/m²	Schall-intensität in W/m²
Hör-schwelle	$2 \cdot 10^{-5}$	10^{-12}
Schmerz-schwelle	20	1

Druck- bzw. Intensitätswerte für Hör- und Schmerzschwelle bei 1 000 Hz

Die **akustische Wahrnehmung** ist nicht nur **frequenz-,** sondern auch **intensitätsabhängig.** In der Literatur wird für die Schmerzschwelle ein Schallpegel von 120 bis 140 dB angegeben. Der obige Wert von Druck und Intensität entspricht 140 dB.

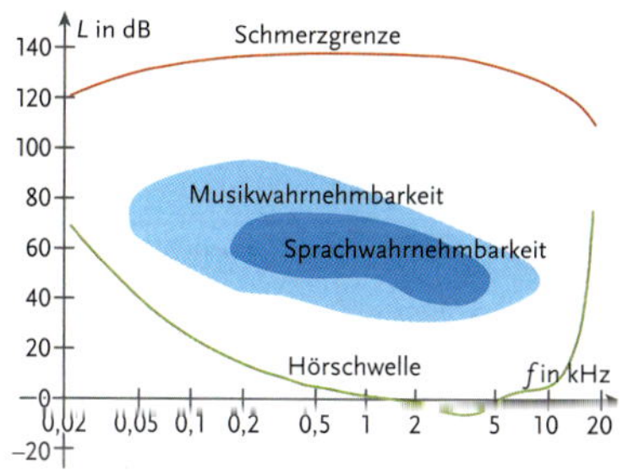

Der Wahrnehmungsbereich des menschlichen Ohres wird auch als **Hörfläche** bezeichnet

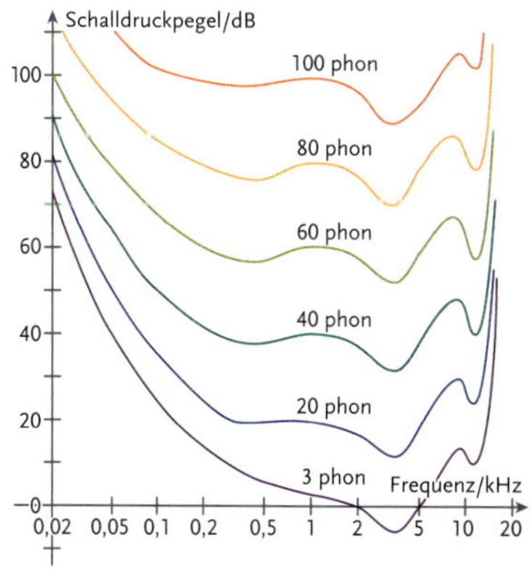

Kurven gleicher Lautstärkeempfindung

Das **Dezibel** ist eine **technische Maßeinheit.** Geräusche gleicher Intensität werden aber bei unterschiedlichen Frequenzen nicht als gleich laut empfunden. Die Stärke der **subjektiven Wahrnehmung** wird mit der **Phonskala** beschrieben. Bei 1 kHz stimmen die beiden Skalen überein.

Interferenz siehe Kap. A, 2.2.

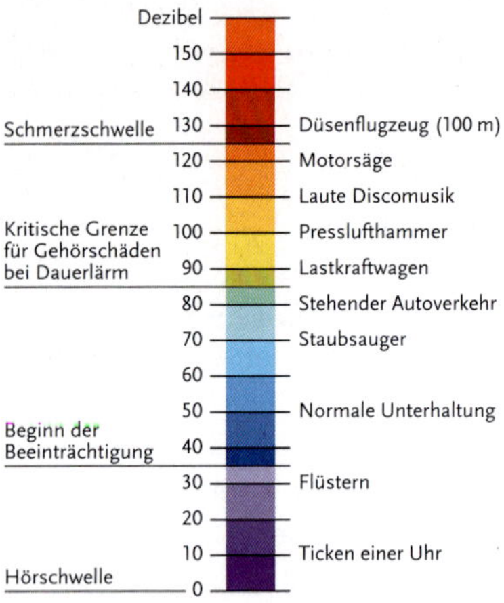

Vergleichswerte für verschiedene Schalldruckpegel (in dBA). Die A-Bewertung der Dezibelskala berücksichtigt das unterschiedliche Lautstärkeempfinden des menschlichen Gehörs bei verschiedenen Frequenzen.

Die ÖAL-Richtlinie 3 (Österreichischer Arbeitskreis für Lärmbekämpfung, gefördert durch das Bundesministerium für Land- und Forstwirtschaft, Umwelt und Wasserwirtschaft sowie die Bundesländer) stellt eine Richtlinie zur gesundheitlichen und rechtlichen Beurteilung von Schallimmissionen zur Verfügung.

Beschallungsfrei

Weitere Information zur Kampagne erhalten Sie hier: www.trauner.at/beschallungsfrei.aspx

Beispiel 2.4.04: Schallpegel mehrerer gleich lauter Schallquellen

Eine Bandsäge in einer Tischlerei erreicht im Betrieb einen Schallpegel von 92 dB. Wie hoch wäre der Schallpegel, wenn vier weitere Sägen in gleichem Abstand in Betrieb wären?

$$L_5 = 10 \cdot \lg\left(\frac{5 \cdot I}{I_0}\right) = 10 \cdot \lg\left(\frac{I}{I_0}\right) + 10 \cdot \lg(5) = 92\text{ dB} + 6{,}99\text{ dB} = 98{,}99\text{ dB} \approx 99\text{ dB}$$

Beispiele für die Lautstärke von alltäglichen Geräuschen

Schmerzgrenze	130 dB	unerträglich
Rockkonzert, Düsentriebwerk	120 dB	schmerzhaft
Presslufthammer	110 dB	schmerzhaft
Diskothek, Sägewerk	100 dB	schmerzhaft
Fabrikhalle, Lkw	90 dB	laut
Straßenverkehr, Pkw	80 dB	laut
Lautes Rufen, Mofa	70 dB	laut
Büro	60 dB	leise
Unterhaltung	50 dB	leise
Flüstern	40 dB	leise
Blättergeräusch	30 dB	ruhig
Atmen	10 dB	ruhig
Hörschwelle	0 dB	Stille

Ziele erreicht? – „Schallintensitätspegel"

2.4.08 + Ein Lautsprecher erzeugt einen Schalldruck von $p = 420 \cdot 10^{-3}\ \text{N/m}^2$. Wie groß ist der Schallpegel?

2.4.09 + Geben Sie Schallintensität und Schalldruck bei einem Schallpegel von 72 dB an.

2.4.10 + Vier typengleiche Fräsmaschinen erzeugen einen Schallpegel von 97 dB. Bestimmen Sie den Schallpegel, den eine Maschine erzeugen würde.

2.4.11 ++ Berechnen Sie, wie viele Kreissägen mit einem Einzelpegel von 95 dB laufen müssten, um die Schmerzschwelle von 120 dB zu erreichen.

2.4.12 ++ Bestimmen Sie, um welchen Wert sich der Schallpegel bei einer Zunahme der Schallintensität um 85 % erhöht. Bewerten Sie, ob man die Pegelerhöhung ebenfalls prozentuell angeben könnte.

2.4.13 ++ Bestimmen Sie, wie hoch der Schallpegel eines Motors in 10 m Entfernung ist, wenn er in 5 m Entfernung 75 dB beträgt. Eine kugelförmige Abstrahlung des Schalls und eine Vernachlässigung von Absorption dürfen vorausgesetzt werden.

2.4.14 + Beschallungsfrei ist eine Kampagne gegen Hintergrundmusik, die seit 2008 besteht. Eines der Kernstücke der Kampagne ist die Positivkennzeichnung **„Beschallungsfrei – Zone ohne Hintergrundmusik"** für jeden beliebigen öffentlich zugänglichen Raum ohne Zwangsbeschallung. Betriebe, Organisationen, Vereine und Dienstleister, die in ihren öffentlich zugänglichen Räumen bzw. in einzelnen Bereichen nicht mit Hintergrundmusik beschallen, können dies mit einem Aufkleber kennzeichnen. Diskutieren Sie diese Kampagne mit Ihren Mitschülerinnen und Mitschülern.

A

2.4.4 Schallquellen

Unter Schallquellen versteht man Körper, die mechanische Schwingungen ausführen und dabei Druckschwankungen in der umgebenden Luft verursachen. Dies kann eine schwingende Saite einer Gitarre sein oder eine schwingende Luftsäule einer Orgelpfeife.

Die Orgel ist das Instrument, das den größten Tonumfang aufweist (nicht selten den gesamten Hörbereich)

Meine Ziele

Nach Bearbeitung dieses Kapitels kann ich

- **Funktionsprinzipien** von Schallquellen nennen;
- die **Eigenfrequenzen** verschiedener Schallquellen **errechnen;**
- die **bestimmenden Parameter** für die Eigenfrequenzen von Schallquellen **angeben.**

Schallquellen stellen eine **Anwendung von stehenden Wellen** dar. Diese sind ein Sonderfall der Interferenz, bei der Wellen gleicher Frequenz und Amplitude gegeneinanderlaufen. Am einfachsten und häufigsten geschieht dies bei Reflexion einer Welle.

Siehe Kap. A, 2.3 Geometrische- und Wellenoptik: Reflexion am losen und am festen Ende.

Schwingende Saite

Eine schwingende Saite ist an beiden Enden („festes Ende") über eine Länge l eingespannt. Am festen Ende ist die Amplitude einer stehenden Welle null, sodass nur bestimmte Schwingungen der Saite möglich sind. Diese werden auch als „Eigenschwingungen" bezeichnet.

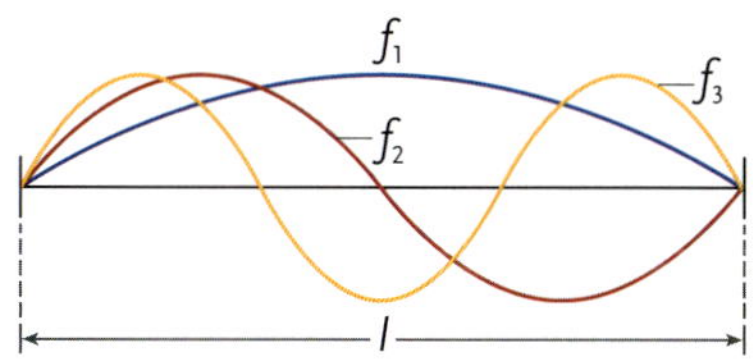

Schwingende Saite und ihre drei ersten Eigenschwingungen

Auf der Länge l der Saite sind also nur **Vielfache von halben Wellenlängen** möglich. Mit dem Zählindex n = 1, 2, 3 ... erhalten wir $n \cdot \frac{\lambda_n}{2} = l$ oder $\lambda_n = \frac{2 \cdot l}{n}$

Daraus erhalten wir für die **Eigenfrequenzen f_n:**

$f_n = \frac{c}{\lambda_n} = \frac{n \cdot c}{2l}$ mit n = 1, 2, 3 ... (n = 1: Grundton, n = 2: 1. Oberton usw.)

Diese Eigenfrequenzen schwingen bei Anzupfen der Saite alle gleichzeitig, wobei gemessen an der Amplitude der Grundton dominiert.

Die Saiten eines Instrumentes lassen sich durch die Änderung der **Spannung** stimmen. Dies **ändert** nämlich die **Ausbreitungsgeschwindigkeit c** der Welle.

Eine Gitarre wird durch Veränderung der Spannung der einzelnen Saiten gestimmt

Wenn man die Ausbreitungsgeschwindigkeit mit der Zugspannung und der Dichte der Saite beschreibt, ergibt sich für die Eigenfrequenzen:

$$f_n = \frac{n}{2l} \cdot \sqrt{\frac{\sigma}{\rho}} = \frac{n}{2l} \cdot \sqrt{\frac{F}{A \cdot \rho}} = \frac{n}{2l} \cdot \sqrt{\frac{F}{m^*}}$$

Dabei ist **A die Querschnittsfläche** und **m^* die Masse pro Länge** der Saite.

Geschwindigkeit der Wellenausbreitung siehe Kap. A, 2.2.

Einseitig offene Luftsäule

Die Situation einer einseitig offenen Luftsäule ist z. B. bei einer Panflöte oder „gedeckten" Orgelpfeifen gegeben. Dabei kommt es am festen Ende der Luftsäule zu einem Schwingungsknoten und am losen Ende zu einem Schwingungsbauch.

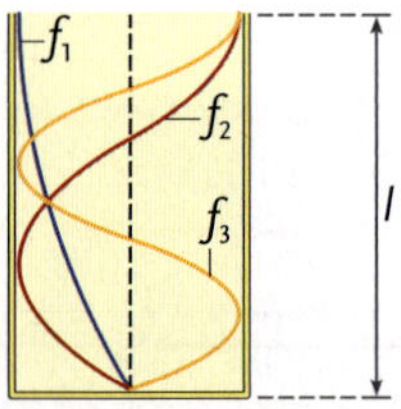

Einseitig offene Luftsäule und ihre drei ersten Eigenschwingungen

Auf der Länge l der Luftsäule sind also nur **ungerade Vielfache des Viertels einer Wellenlänge** möglich. Mit dem Zählindex n = 1, 2, 3 ... erhalten wir

$$(2n-1)\cdot\frac{\lambda_n}{4} = l \text{ oder } \lambda_n = \frac{4\cdot l}{2n-1}$$

Daraus erhalten wir für die **Eigenfrequenzen f_n:**

$$f_n = \frac{(2n-1)\cdot c}{4l} \text{ mit } n = 1, 2, 3 \dots \text{ (n = 1: Grundton, n = 2: 1. Oberton usw.)}$$

Beiderseits offene Luftsäule

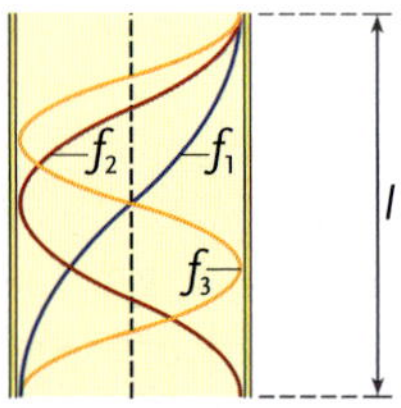

Beiderseits offene Luftsäule und ihre drei ersten Eigenschwingungen

Eine beiderseits offene Luftsäule ist z. B. bei „ungedeckten" Orgelpfeifen gegeben. An den beiden losen Enden kann es nur Schwingungsbäuche geben.

Auf der Länge l der Luftsäule sind also nur **Vielfache einer halben Wellenlänge** möglich. Mit dem Zählindex n = 1, 2, 3 ... erhalten wir $n\cdot\frac{\lambda_n}{2} = l$ oder $\lambda_n = \frac{2\cdot l}{n}$

Daraus erhalten wir für die **Eigenfrequenzen f_n:**

$$f_n = \frac{n\cdot c}{2l} \text{ mit } n = 1, 2, 3 \dots \text{ (n = 1: Grundton, n = 2: 1. Oberton usw.)}$$

Nach einem Vergleich erkennen wir, dass dies formal der gespannten Saite entspricht.

Ziele erreicht? – „Schallquellen"

2.4.15 + Berechnen Sie die Frequenz der dritten Oberschwingung einer einseitig offenen Luftsäule mit einer Länge von 30 cm.

2.4.16 + Berechnen Sie, um wie viel Prozent sich die Frequenz der Grundschwingung einer Saite ändert, wenn man ihre Länge um 15 % erhöht und ihre Spannung um 10 % verringert.

2.4.17 ++ Ermitteln Sie, in welchem Verhältnis die Grundschwingungen einer einseitig und einer gleich langen beiderseits offenen Luftsäule stehen.

2.4.18 ++ Bestimmen und begründen Sie, bei welcher Schallquelle die Oktaven des Grundtones nicht als Obertöne mitschwingen können. Unter einer Oktav versteht man ein Tonintervall, das einer Frequenzverdopplung entspricht.

2.4.5 Dopplereffekt

Jeder von uns kennt die akustische Wahrnehmung von bewegten Schallquellen. Am Straßenrand stehend nehmen wir die Geräusche eines sich nähernden Autos in einer höheren Tonlage wahr als wenn sich dasselbe Auto wieder von uns entfernt.

Christian Doppler, 1803 bis 1853, österreichischer Mathematiker und Physiker

Meine Ziele

Nach Bearbeitung dieses Kapitels kann ich
- den Dopplereffekt qualitativ erklären;
- Frequenzänderungen bei Bewegung von Sender und Empfänger berechnen;
- den Dopplereffekt auf andere Arten von Wellen anwenden.

Im Folgenden werden wir nur den einfachen Fall betrachten, dass sich Schallquelle und Beobachter entlang der direkten Verbindungslinie gegeneinander bewegen. Dabei bezeichnen wir die **Schallquellen** als **Sender** und die **Person, die den Schall** hört, als **Empfänger.**

Da es einen Unterschied macht, ob sich der Sender oder der Empfänger **bezüglich des ruhenden Ausbreitungsmediums** des Schalls (der Luft) bewegt, müssen wir zwischen drei Situationen unterscheiden.

Bei Formel-Eins-Rennen ist der akustische Dopplereffekt bei vorbeifahrenden Rennwagen besonders gut hörbar

Bewegter Sender und ruhender Empfänger

Bewegt sich ein Sender einer Welle, so läuft er der zu einem früheren Zeitpunkt ausgesendeten Wellenfront in Bewegungsrichtung hinterher. Der Wellenfront hinter ihm läuft er davon. In Bewegungsrichtung schieben sich die Wellenfronten also zusammen, in der Gegenrichtung werden sie auseinandergezogen. Da die Entfernung der Wellenfronten die Wellenlänge darstellt und somit die Tonhöhe bestimmt, wird diese dadurch verändert.

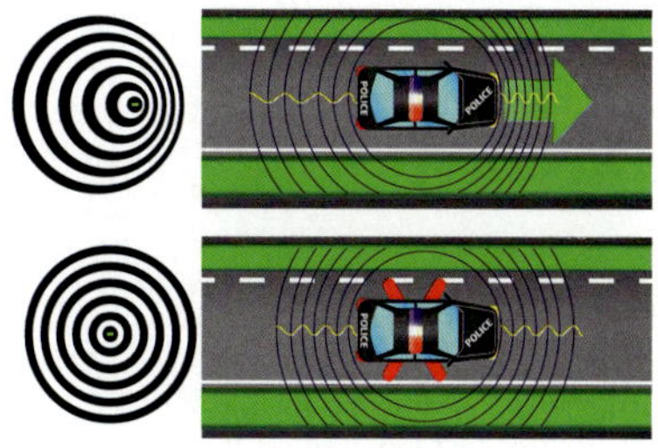

Bei Bewegung eines Senders verformt sich das Bild der ausgesendeten Wellenfronten.
oben: fahrendes Auto
unten: stehendes Auto

Die Wellenlänge λ_0 in Ruhe verändert sich entsprechend dem Zusammenhang $\lambda = \lambda_0 - v \cdot T = \lambda_0 - \frac{v}{f_0}$ wenn sich der Sender mit der Geschwindigkeit v bewegt.

Mit $\lambda = \frac{c}{f}$ erhält man daraus $\frac{c}{f} = \frac{c}{f_0} - \frac{v}{f_0} = \frac{c}{f_0} \cdot \left(1 - \frac{v}{c}\right)$ und somit $f = \frac{f_0}{1 - \frac{v}{c}}$.

Die wahrgenommene Frequenz beträgt also bei ruhendem Empfänger und bei

- **sich näherndem Sender** $f = \frac{f_0}{1 - \frac{v}{c}}$
- **sich entfernendem Sender** $f = \frac{f_0}{1 + \frac{v}{c}}$

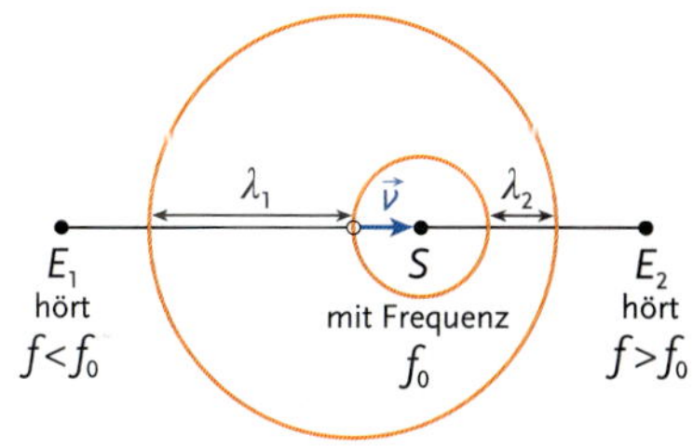

Skizze zur **Herleitung bei bewegtem Sender:**
Jede emittierte Wellenfront ist um eine Distanz $v \cdot T$ im Vergleich zur vorherigen verschoben.

Beispiel 2.4.05: bewegte Schallquelle

Ein Auto, das ein Geräusch der Frequenz 2 000 Hz aussendet, nähert sich einem Passanten mit 50 km/h. Welche Tonhöhe nimmt dieser ungefähr wahr?

$$f = \frac{f_0}{1 - \frac{v}{c}} \approx \frac{2\,000 \text{ Hz}}{1 - \frac{13{,}89 \text{ m/s}}{340 \text{ m/s}}} \approx 2\,085 \text{ Hz}$$

Bewegter Empfänger und ruhender Sender

Bewegt sich nun ein Empfänger mit einer konstanten Geschwindigkeit v auf einen ruhenden Sender zu, dann verändert sich in seiner Beobachtung die Relativgeschwindigkeit der Welle und somit wieder die wahrgenommene Frequenz.
$f = \frac{c + v}{\lambda_0}$ und mit dem Zusammenhang $\lambda_0 = \frac{c}{f_0}$ folgt $f = f_0 \cdot \left(1 + \frac{v}{c}\right)$

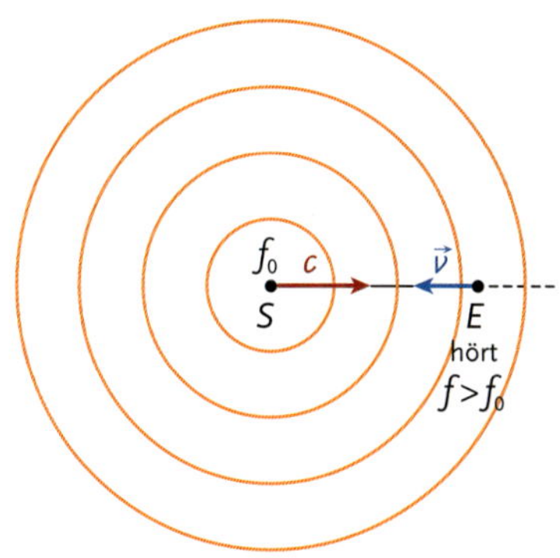

Skizze zur **Herleitung bei bewegtem Empfänger:**
Der Empfänger läuft den Wellenfronten entgegen. Sie haben relativ zu ihm eine erhöhte Geschwindigkeit $c + v$. Der Empfänger nimmt dadurch eine erhöhte Frequenz wahr.

Die wahrgenommene Frequenz beträgt also bei ruhendem Sender und bei

- **sich näherndem Empfänger** $f = f_0 \cdot \left(1 + \frac{v}{c}\right)$
- **sich entfernendem Empfänger** $f = f_0 \cdot \left(1 - \frac{v}{c}\right)$

Beispiel 2.4.06: ruhende Schallquelle

Ein Auto fährt mit 50 km/h an einer Lärmquelle vorbei, die einen Ton mit 2 000 Hz erzeugt. Welche Tonhöhen nimmt der Fahrer ungefähr wahr?

$$f_n = f_0 \cdot \left(1 + \frac{v}{c}\right) \approx 2\,000 \text{ Hz} \cdot \left(1 + \frac{13{,}89 \text{ m/s}}{340 \text{ m/s}}\right) \approx 2\,082 \text{ Hz bei Annäherung und}$$

$$f_e = f_0 \cdot \left(1 - \frac{v}{c}\right) \approx 2\,000 \text{ Hz} \cdot \left(1 - \frac{13{,}89 \text{ m/s}}{340 \text{ m/s}}\right) \approx 1\,918 \text{ Hz beim Entfernen.}$$

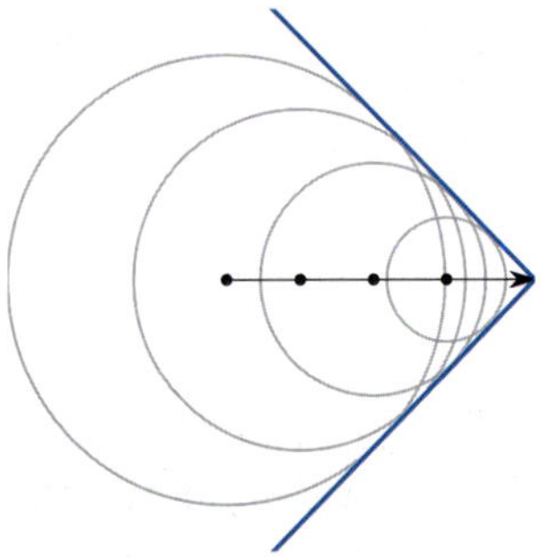

Bewegt sich die Schallquelle **schneller als der Schall,** dann ergibt die Hüllkurve der Wellenfronten einen **Machschen Kegel.**

Bewegter Sender und bewegter Empfänger

Bewegen sich sowohl der Sender mit der Geschwindigkeit v_S als auch der Empfänger mit der Geschwindigkeit v_E, so lassen sich die beiden obigen Situationen formal verbinden.

Die wahrgenommene Frequenz beträgt also bei **bewegtem Sender** und **bewegtem Empfänger**

- wenn sie sich einander **nähern** $f = f_0 \cdot \dfrac{1 + \frac{v_E}{c}}{1 - \frac{v_S}{c}} = f_0 \cdot \dfrac{c + v_E}{c - v_S}$
- oder **entfernen** $f = f_0 \cdot \dfrac{1 - \frac{v_E}{c}}{1 + \frac{v_S}{c}} = f_0 \cdot \dfrac{c - v_E}{c + v_S}$

Somit ließe sich eine **allgemein gültige Formel** für den Dopplereffekt formulieren:

$$f = f_0 \cdot \frac{c \pm v_E}{c \pm v_S}$$

Beim Licht von kosmischen Objekten ist eine sogenannte **Rotverschiebung** beobachtbar. Spektrallinien erscheinen aufgrund der Ausdehnung des Universum **in Richtung rot (zu niedrigeren Frequenzen hin) verschoben.** Aus Messungen der Frequenzverschiebung ist mithilfe des Dopplereffekts die Entfernungsgeschwindigkeit der kosmischen Objekte abschätzbar.

Die Veränderung in der Wahrnehmung der Frequenz einer Welle bei Bewegung von Sender und Empfänger lässt sich nicht nur bei Schallwellen sondern bei jeder anderen Welle beobachten.

Ziele erreicht? – „Dopplereffekt"

2.4.19 + Ein Empfänger nimmt eine Erhöhung der Frequenz einer von einem Sender abgestrahlten Welle war. Was kann man daraus schließen?

2.4.20 + Ein Zug, der Schallwellen mit der Frequenz von 500 Hz aussendet, fährt auf einen Beobachter zu. Dieser nimmt die Tonhöhe um 10 % erhöht wahr. Berechnen Sie, wie schnell der Zug fährt.

2.4.21 + Ein Sender bewegt sich vom ruhenden Empfänger weg. Dieser nimmt eine 8 % niedrigere Frequenz als ausgesendet wahr. Berechnen Sie, wie schnell sich der Sender bewegt.

2.4.22 + Ein Empfänger bewegt sich auf einen ruhenden Sender zu. Dabei nimmt er eine 5 % höhere Frequenz als ausgesendet wahr? Berechnen Sie, wie schnell sich der Empfänger bewegt.

2.4.23 ++ Sender und Empfänger bewegen sich mit jeweils 36 km/h aufeinander zu. Berechnen Sie die Veränderung der Tonhöhe in Prozent.

2.4.24 ++ Ein Auto fährt an einem Fußgänger vorbei. Bei Annäherung des Autos nimmt dieser eine Frequenz von 633,54 Hz wahr, bei Entfernung 569,832 Hz. Bestimmen Sie die Geschwindigkeit des Autos.

2.4.25 ++ Zur Messung der Geschwindigkeit eines sich entfernenden Flugzeugs wird ein Radargerät verwendet, das Wellen der Frequenz $f_0 = 150$ MHz aussendet. Die Überlagerung des reflektierten mit dem ausgesandten Signal ergibt eine Schwebung mit der Frequenz $f_S = 120$ Hz. Bestimmen Sie die Geschwindigkeit des Flugzeugs.

3 Elektrodynamik

3.1 Elektromagnetische Induktion

Elektrische Energie ist neben dem Erdöl die wichtigste Energieform unserer modernen Gesellschaft. Ein Leben ohne die Vielzahl unserer elektrisch betriebenen Geräte ist fast nicht mehr vorstellbar. Strom wird, egal ob in Wasser-, Wärme- oder Atomkraftwerken, zum größten Teil mit Generatoren aus mechanischer Arbeit gewonnen. Diese Generatoren arbeiten nach dem Prinzip der Induktion.

Dampfmaschinenbetriebener Generator aus dem Jahre 1910 für die Stromerzeugung einer Fabrik

3.1.1 Magnetfeld und Leiterschleife

Michael Faraday entdeckte 1831 die elektromagnetische Induktion. Er versuchte das Prinzip des Elektromagnets (ein Stromfluss erzeugt ein Magnetfeld) umzukehren (ein Magnetfeld erzeugt Strom).

Meine Ziele

Nach Bearbeitung dieses Kapitels kann ich
- das **Induktionsgesetz** angeben;
- die Größe einer auftretenden **Induktionsspannung** berechnen;
- erklären, von welchen **Faktoren die Induktionsspannung** abhängt.

Versuch 3.1.01: Magnetfeld in einer Spule

Wir schließen die Enden von Spulen mit unterschiedlicher Wicklungsanzahl an ein Voltmeter an. Danach werden Stabmagnete verschiedener Stärke in die Spule eingebracht. Wir stellen Folgendes fest:
- Befindet sich der Magnet in der Spule in Ruhe, tritt keine Spannung auf.
- Wird der Magnet in der Spule bewegt, messen wir einen Spannungsstoß.
- Die **Polarität** des auftretenden Spannungsstoßes hängt von der **Bewegungsrichtung** des Magnets ab.
- Mit der Anzahl der Wicklungen steigt die Höhe des Spannungsstoßes.

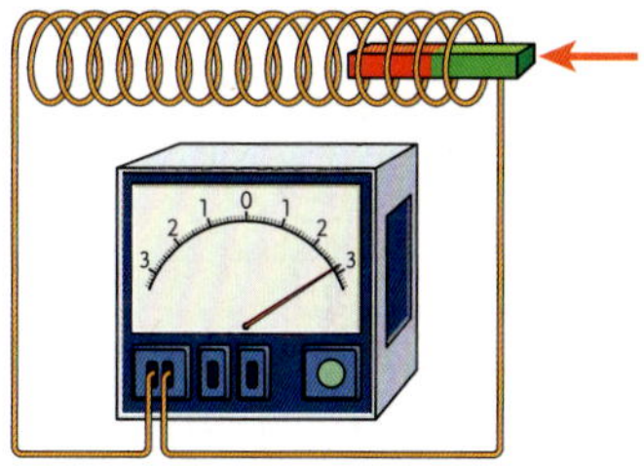

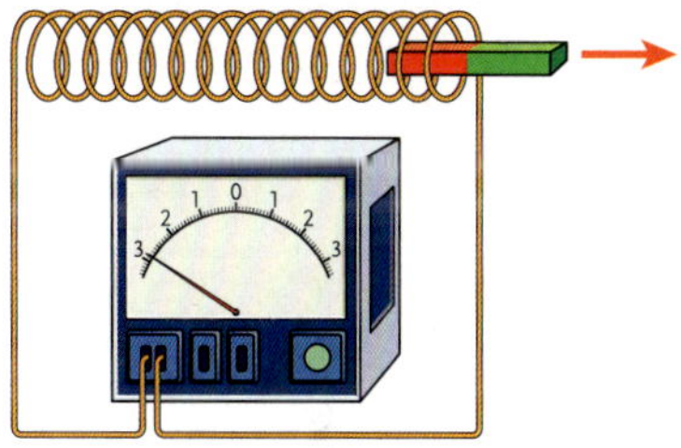

Aufbau des Versuchs 3.1.01

Die Grundlagen des Magnetismus siehe NAWI I/II, Kap. Magnetismus: $\Phi = B \cdot A$

B ist die magnetische Flussdichte und A die Fläche, die von der Flussdichte durchdrungen wird.

$[B] = 1$ Tesla (1 T)
$[\Phi] = 1$ Weber (1 Wb)

Die im Versuch 3.1.01 beobachtete Spannung nennen wir die **Induktionsspannung** des Magnetfeldes. Sie hängt von der Stärke der Änderung des magnetischen Flusses Φ durch die Windungen der Spule ab ($U_{ind} \sim \Delta\Phi$). Je schneller die Änderung des Flusses vor sich geht, umso größer ist die auftretende Induktionsspannung ($U_{ind} \sim 1/\Delta t$). Auch die Anzahl N der Spulenwicklungen spielt eine Rolle ($U_{ind} \sim N$). Aus dem Versuch ergibt sich empirisch das Induktionsgesetz.

Induktionsgesetz

$|U_{ind}| = \frac{\Delta\Phi}{\Delta t} = \frac{\Delta(B \cdot A)}{\Delta t}$ für eine Leiterschleife

$|U_{ind}| = N \cdot \frac{\Delta\Phi}{\Delta t}$ für eine Spule mit N Windungen

sowie **in differenzieller Form:** $|U_{ind}| = \frac{d\Phi}{dt}$ bzw. $|U_{ind}| = N \cdot \frac{d\Phi}{dt}$

Michael Faraday, 1791 bis 1867, englischer Naturwissenschafter

Für die Induktion ist es egal, ob sich der Magnet bewegt oder die Leiterschleife. Die durch die Änderung des magnetischen Flusses in der Spule verursachte Induktionsspannung bewirkt einen Induktionsstrom. Wie wir aus NAWI I/II wissen, führt ein Stromfluss wiederum zum Aufbau eines Magnetfeldes um den Leiter. Es tritt eine Kraftwirkung zwischen dem verursachenden Magnetfeld und dem Feld des induzierten Stromes auf. Diese Kraftwirkung werden wir in den folgenden Kapiteln näher betrachten.

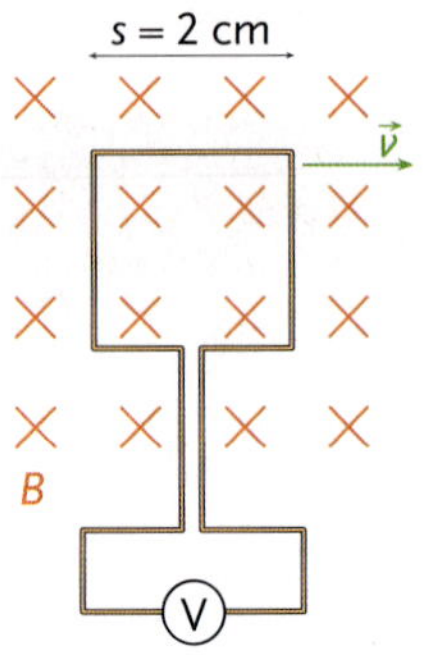

Skizze zu Beispiel 3.1.01

Beispiel 3.1.01: Bewegte Leiterschleife im Magnetfeld

Wir bewegen eine quadratische Leiterschleife (siehe Randspalte) mit einer Seitenlänge von $s = 2$ cm mit einer konstanten Geschwindigkeit von $v = 1$ m/s senkrecht durch ein begrenztes homogenes Magnetfeld der Stärke $B = 0{,}3$ T. Welche Induktionsspannung tritt beim Herausziehen der Leiterschleife aus dem Magnetfeld auf?

Während sich die Leiterschleife **im homogenen Feld** bewegt, ändert sich der Fluss durch die Schleife nicht. Somit tritt **keine Induktionsspannung** auf.

Erst beim **Herausziehen** ändert sich der Fluss durch die Schleife. Wir erhalten für die Induktionsspannung

$$U_{ind} = \frac{\Delta\Phi}{\Delta t} = \frac{B \cdot s^2}{\frac{s}{v}} = B \cdot v \cdot s = 0{,}3\ \mathrm{T} \cdot 1\ \mathrm{m/s} \cdot 0{,}02\ \mathrm{m} = 0{,}006\ \mathrm{V} = 6\ \mathrm{mV}$$

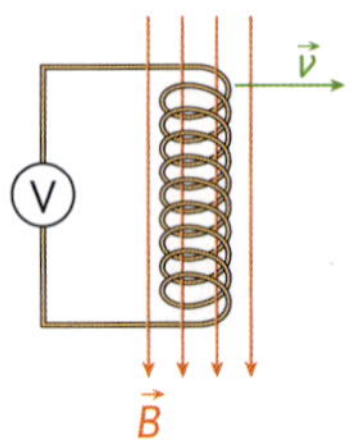

Skizze zu Aufgabe 3.1.02: Spule im Magnetfeld

Ziele erreicht? – „Magnetfeld und Leiterschleife“

3.1.01 + Geben Sie die Induktionsspannung in einer Leiterschleife mit einer Fläche von 10 cm² an, wenn sich die senkrecht darauf stehende magnetische Flussdichte in 0,4 s um 0,9 T ändert.

3.1.02 + Eine Spule mit 1 300 Windungen wird von einem magnetischen Fluss von 0,01 Wb (Weber) durchdrungen. Die Spule wird innerhalb von 0,5 s mit konstanter Geschwindigkeit aus dem magnetischen Fluss herausgezogen. Berechnen Sie die auftretende Induktionsspannung.

3.1.03 ++ Die Leiterschleife aus Beispiel 3.1.01 wird einmal aus dem Magnetfeld herausgezogen und danach wieder hineinbewegt. Begründen Sie, warum die Zeigerausschläge des Voltmeters unterschiedliche Vorzeichen haben.

3.1.2 Lenzsche Regel; allgemeines Induktionsgesetz

Die japanische JR-Maglev-Magnetschwebebahn verwendet für den Fahrbetrieb das elektrodynamische Schwebesystem (EDS). Dabei werden durch Induktion magnetischer Wechselfelder in supraleitenden Spulen die Fahrzeuge erst ab einer bestimmten Geschwindigkeit über die Schienen angehoben.

Die japanische JR-Maglev-Magnetschwebebahn erzielte den bis heute gültigen Geschwindigkeitsrekord von 581 km/h auf der Yamanashi Test Line

Meine Ziele

Nach Bearbeitung dieses Kapitels kann ich

- die **lenzsche Regel** und das **allgemeine Induktionsgesetz** angeben;
- die **Induktionsspannung** in Leiterschleifen und bewegten Leitern berechnen;
- das **Auftreten** und die **Wirkungen von Wirbelströmen** erklären.

Versuch 3.1.02: Kraftwirkung eines Magnets auf eine Spule

Eine kurzgeschlossene Spule wird an einem Faden aufgehängt. Schiebt man einen Stabmagnet berührungslos in die Spule hinein, wird sie abgestoßen. Zieht man den Magnet berührungslos heraus, kann man sehen, dass die Spule angezogen wird.

Die Änderung des magnetischen Flusses durch die Spule in Versuch 3.1.02 führt, wie wir im vorigen Kapitel gesehen haben, zur Induktion einer Spannung durch die Spule. Damit verbunden ist ein Stromfluss, der seinerseits ein Magnetfeld aufbaut. Dadurch kommt es zu einer Kraftwirkung zwischen Spule und Magnet. Aus dem Versuch sieht man, dass die Induktionsspannung versucht, den aktuellen magnetischen Fluss durch die Spule beizubehalten.

Wird der Magnet der Spule angenähert, weicht die Spule dem auftretenden Fluss aus. Wird der Magnet herausgezogen, versucht die Spule, den Fluss beizubehalten, und zieht mit. 1833 formulierte Emil Lenz zum ersten Mal diese beobachtete Gesetzmäßigkeit.

EMIL LENZ, 1804 BIS 1865, DEUTSCHBALTISCHER PHYSIKER

Lenzsche Regel
Der durch eine Induktionsspannung verursachte Strom ist so gerichtet, dass er der Änderung des Magnetfeldes entgegenwirkt.

Bisher haben wir beim Induktionsgesetz noch keine Richtung der Induktionsspannung angegeben. Aus der lenzschen Regel ergibt sich nun das allgemeine Induktionsgesetz.

Allgemeines Induktionsgesetz

$U_{ind} = -\frac{\Delta \Phi}{\Delta t}$ für eine Leiterschleife

$U_{ind} = -\frac{N \cdot \Delta \Phi}{\Delta t}$ für eine Spule mit N Windungen

Versuch 3.1.03: Thomsonsche Kanone

Ein Eisenkern wird so in einer Netzspule befestigt, dass ein Ende über die Spule herausragt. Über dieses Ende des Eisenkerns wird ein loser Aluminiumring geschoben. Beim Einschalten des Stromes durch die Spule wird der Ring vom Kern geschossen.

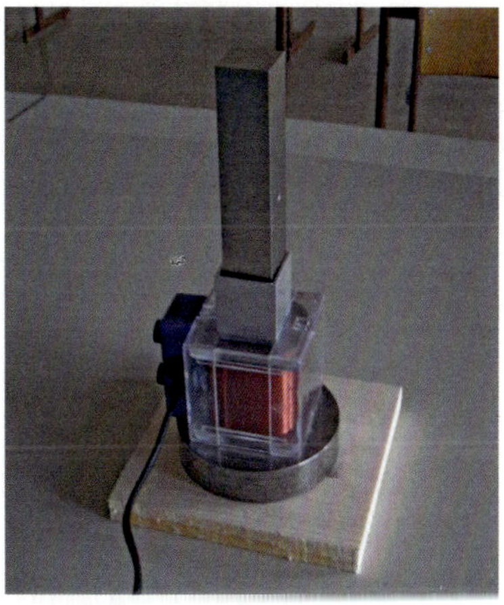

Abbildung zu Versuch 3.1.03: Thomsonsche Kanone

Bei der thomsonschen Kanone wird durch das Einschalten eines starken Magnetfeldes nach der lenzschen Regel im Aluminiumring ein Stromfluss induziert, der gegen das eingeschaltete Feld gerichtet ist. Da der Aluminiumring sehr leicht ist, wird er vom Eisenkern geschleudert.

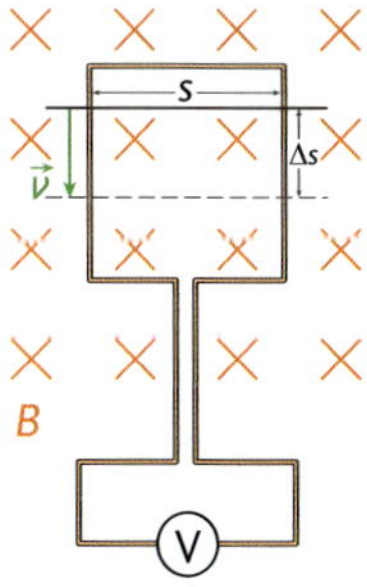

Skizze zu bewegtem Leiter im Magnetfeld

Bewegter Leiter im Magnetfeld

Im Folgenden betrachten wir nur ein Verschieben einer Seite der Leiterschleife im Magnetfeld und nicht das Herausziehen einer quadratischen Leiterschleife aus einem Magnetfeld.
Durch Bewegung einer Seite der Schleife in einer Zeit Δt um eine Länge Δs tritt eine Veränderung der Fläche innerhalb der Leiterschleife bei konstantem Magnetfeld ein. Daraus ergibt sich eine Änderung des Flusses $\Delta \Phi = B \cdot \Delta A$ durch die Leiterschleife. Es folgt daraus eine Induktionsspannung

$$|U_{ind}| = -\frac{\Delta \Phi}{\Delta t} = \frac{B \cdot \Delta A}{\Delta t} = \frac{B \cdot s \cdot \Delta s}{\Delta t} = B \cdot s \cdot v \quad \text{mit der Geschwindigkeit } v = \frac{\Delta s}{\Delta t}.$$

Wir erhalten also für die **Induktionsspannung** in einem **bewegten Leiter**

Allgemeines Induktionsgesetz

$|U_{ind}| = B \cdot l \cdot v$ mit der Länge l des Leiters und seiner Geschwindigkeit v senkrecht zum Magnetfeld B

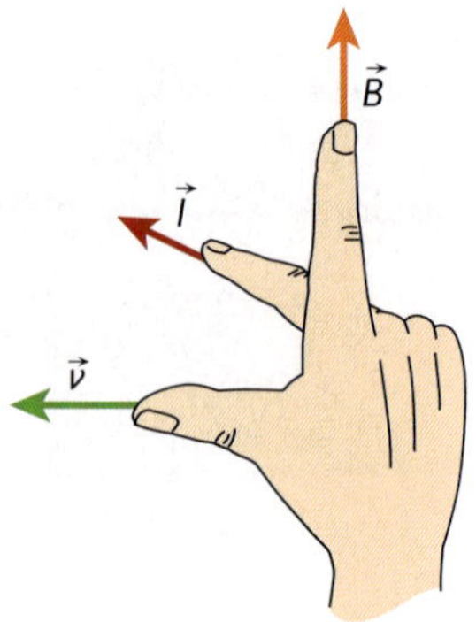

Rechte-Hand-Regel für die Richtung des Induktionsstroms

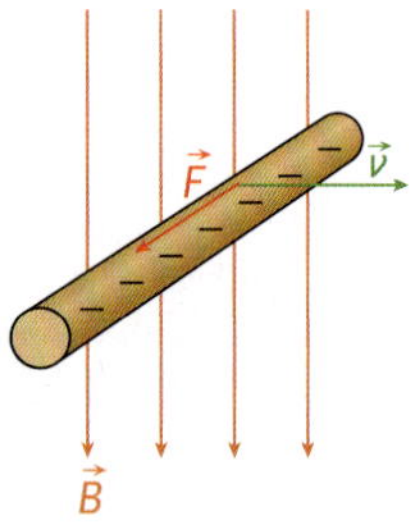

Die Lorentzkraft wirkt auf Elektronen im bewegten Leiter:

$\vec{F} = q \cdot \vec{v} \times \vec{B}$

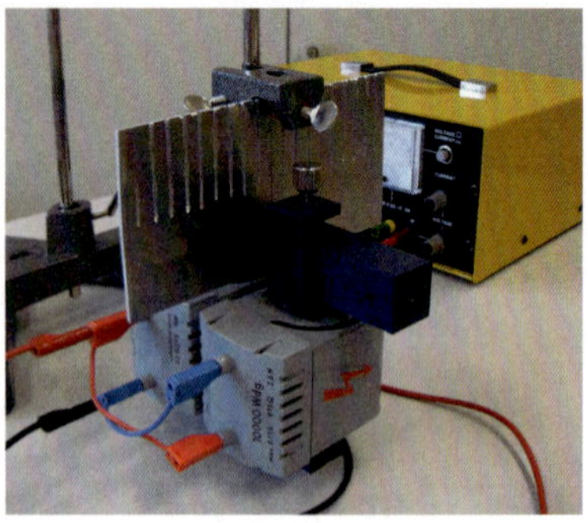

Abbildung zu Versuch 3.1.04: Waltenhofensches Pendel

Bei qualitativ hochwertigen Ergometern wird die Bremswirkung meist durch eine Wirbelstrombremse erzielt.

Diese Formel gilt nur, wenn der Leiter senkrecht zu den magnetischen Feldlinien bewegt wird. Die **Richtung des Stromes** ergibt sich aus der **Rechte-Hand-Regel** für die Induktion (siehe Randspalte).
Schließen die Geschwindigkeitsrichtung und die Feldlinien einen Winkel φ ein, lässt sich obige Regel für die Induktionsspannung schreiben als

$\vec{U}_{ind} = l \cdot \vec{v} \times \vec{B}$ oder betragsmäßig $U_{ind} = l \cdot v \cdot B \cdot \sin(\varphi)$

Das Auftreten einer Induktionsspannung bei Bewegung eines stabförmigen Leiters durch ein Magnetfeld lässt sich einfach durch die aus NAWI I/II bekannte Lorentzkraft erklären. Ein elektrischer Leiter enthält frei bewegliche Elektronen. Werden die Elektronen mit dem Leiter **durch ein Magnetfeld bewegt,** wirkt auf sie die **Lorentzkraft.** Die Elektronen werden **an ein Ende des Leiters gedrückt.** Dort herrscht Elektronenüberschuss, am anderen Ende Elektronenmangel. Dies verursacht eine elektrische Spannung zwischen den Enden des Leiterstabes.

Beispiel 3.1.02: Induktion in einem bewegten Leiter

Ein Metallstab wird auf zwei parallelen Leitern, die einen Abstand von 7 cm haben, bewegt, und zwar mit einer Geschwindigkeit von 3 m/s senkrecht zu den Feldlinien eines homogenen Magnetfeldes mit einer Flussdichte von 1,3 T. Wie groß ist die im Metallstab induzierte Spannung?

$U_{ind} = B \cdot l \cdot v = 1{,}3\ \text{T} \cdot 0{,}07\text{m} \cdot 3\text{m/s} = 0{,}273\ \text{V}$

Wirbelströme

Versuch 3.1.04: Waltenhofensches Pendel

Ein Pendel mit einer elektrisch leitenden Metallplatte schwingt zwischen den Polen eines Elektromagnets. Schaltet man den Strom durch den Elektromagnet ein, wird das Pendel rasch gebremst.

Im Versuch 4.1.04 wird eine elektrisch leitende Metallplatte durch ein Magnetfeld bewegt. Dadurch werden kreisförmige Ströme (Ring- oder Wirbelströme) induziert, die nach der lenzschen Regel der Änderung des äußeren Magnetfeldes entgegengerichtet sind. Schneidet man in die Metallplatte Schlitze, ist die Bremswirkung des Magnetfeldes deutlich gemindert, da die Wirbelströme nicht ungehindert fließen können.

Bewegt man einen **leitenden Körper durch ein Magnetfeld,** dann werden Wirbelströme induziert. Aufgrund **des ohmschen Widerstandes** des Leiters wird dieser durch die **fließenden Kreisströme erwärmt.** Das wiederum führt zu einem **Verlust an Bewegungsenergie.**

Dieses Prinzip wird zu **Bremszwecken** (Wirbelstrombremse) in Fahrzeugen und Fitnessgeräten, in Strommessgeräten (Ferrariszähler) aber auch zur **zerstörungsfreien Materialprüfung** angewendet.
Eine weitere sehr gängige Anwendung ist das **Induktionskochfeld** moderner Elektroherde. Unterhalb der Glaskeramik des Kochfeldes befindet sich eine Spule, die ein wechselndes Magnetfeld erzeugt. Die Glaskeramik des Kochfeldes erhitzt sich dadurch nicht. Zum Kochen ist nur ein elektrisch leitender Metallkochtopf (Aluminium oder Kupfer) nötig. Ein besonders hoher Wirkungsgrad wird mit Töpfen aus ferromagnetischem Metall erreicht. Im Boden des Kochtopfes sorgen Ringströme und der Widerstand des Topfmaterials für die Erhitzung des Topfes und des Kochgutes. Zu beachten ist aber, dass nach längerer Kochzeit das Kochfeld sehr heiß wird. Der Grund dafür ist der Kontakt mit dem stark erhitzten Boden des Topfes.

Ziele erreicht? – „Lenzsche Regel; allgemeines ...“

3.1.04 + Ein 12 cm langer gerader Leiter wird mit 15 m/s senkrecht zu einem Magnetfeld mit $B = 0{,}8$ T bewegt. Berechnen Sie die auftretende Induktionsspannung.

3.1.05 + Ein Leiter ($l = 8$ cm) wird in einem Winkel von 60° zu den Feldlinien eines homogenen Magnetfeldes ($B = 1$ T) mit 15 m/s bewegt. Berechnen Sie, welche Induktionsspannung zwischen seinen Enden auftritt.

3.1.06 + Ein 10 cm langer gerader Leiter wird mit 25 m/s senkrecht zu den Feldlinien eines homogenen Magnetfelds bewegt. Berechnen Sie die magnetische Flussdichte, wenn die Induktionsspannung 0,5 V beträgt.

3.1.07 ++ Erklären Sie detailliert das Funktionsprinzip eines Induktionsherdes. Wird Geschirr aus Plastik oder Glas auf diesem Herd erhitzt? Begründen Sie Ihre Antwort.

3.1.08 ++ Lassen Sie einen sehr starken Magnet durch ein Aluminiumrohr (elektrisch leitend, nicht magnetisierbar) fallen. Schildern und erklären Sie Ihre Beobachtung. Als Alternative kann man auch ein Kupferrohr oder eine Rolle mit Alufolie verwenden.

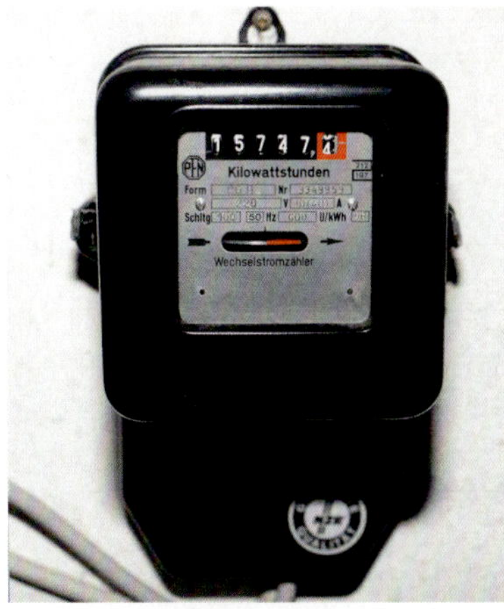

Ferrariszähler zur Strommessung: Zur **Kalibrierung** des Zählers wird ein Permanentmagnet nahe einer Wirbelstrombremsscheibe justiert. Die **sichtbare Scheibe** ist **nicht immer auch die Bremse,** sondern eine spezielle Form eines Asynchronmotors. Bei Stromdurchfluss treibt er das Zählwerk an. Die Wirbelstrombremse, die häufig eine eigene Scheibe hat, gewährleistet ein lastabhängiges Bremsmoment für den Antriebsmotor.

3.1.3 Selbstinduktion einer Spule

Die Zündung des Treibstoff-Luft-Gemisches in einem Ottomotor erfolgt durch eine Zündkerze. Dabei springt bei hoher Spannung ein Funke zwischen den etwa 1 mm voneinander entfernten Elektroden über. Da eine Autobatterie nur etwa 12 V aufweist, wird die benötigte Spannung durch Unterbrechung des Stromflusses einer Zündspule erzeugt.

Tausch der Zündkerzen eines Pkw-Motors; sie werden über ein Gewinde in den Zylinder geschraubt

Meine Ziele

Nach Bearbeitung dieses Kapitels kann ich

- das Phänomen **Induktivität** beschreiben und ihre Einheit nennen;
- die **Induktivität von Spulen** mit und ohne Kern berechnen;
- das Auftreten der **Selbstinduktionsspannung** erklären und den daraus resultierenden Stromfluss verstehen und herleiten.

Schaltzeichen für Spulen

nach IEC 617 (International Electronical Comission) — nach DIN EN 60617 (Deutsches Institut für Normung)

ohne Kern — mit Eisenkern — ohne Kern — mit Eisenkern

Versuch 3.1.05: Schaltvorgang in einem Stromkreis mit Spule

In einem Stromkreis werden ein Lämpchen L_1 und ein zweites Lämpchen L_2 mit einer seriell vorgeschalteten Spule mit größerer Windungsanzahl von derselben Spannungsquelle versorgt (Stromkreis siehe Randspalte). Schaltet man den Strom ein, reagiert das Lämpchen L_2 mit vorgeschalteter Spule verzögert. Beim Ausschalten leuchten die Lämpchen kurz nach. Die Spule hemmt also jede Änderung des Stromflusses.

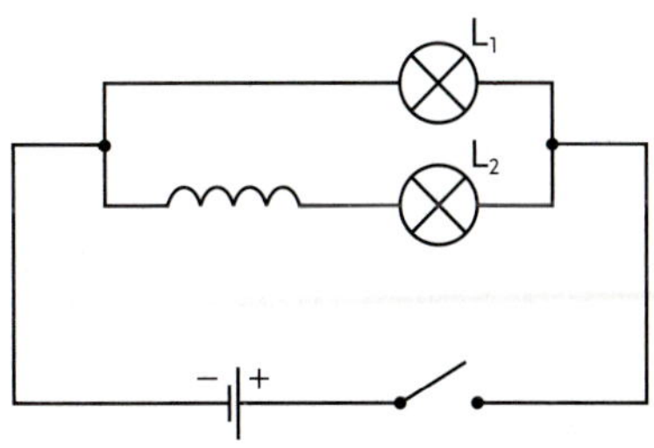

Schaltbild zu Versuch 3.1.05

Wird der Strom im Versuch 3.1.05 eingeschaltet, ändert sich durch den beginnenden Stromfluss der magnetische Fluss in der Spule. Durch diese Änderung des Flusses induziert die Spule selbst eine Spannung U_L, die der Änderung des Flusses entgegenwirkt. Dies hemmt den beginnenden Stromfluss durch die Spule. Beim Ausschalten des Stromflusses „wehrt sich" die Spule durch Selbstinduktion gegen das Abnehmen des Stromes. Die Lämpchen leuchten nach.

Für die Induktionsspannung in einer Spule gilt das allgemeine Induktionsgesetz $U_L = -N \cdot \frac{d\Phi}{dt}$. Für den magnetischen Fluss durch die Spule ergibt sich mit der magnetischen Erregung H und mit dem ampereschen Gesetz

$$\Phi = B \cdot A = \mu_0 \cdot H \cdot A = \mu_0 \cdot \frac{I \cdot N}{l} \cdot A = \frac{\mu_0 \cdot A \cdot N}{l} \cdot I.$$

Der Wert des Bruches vor der Stromstärke I ist konstant und nur von der Geometrie der Spule abhängig (Länge l der Spule, Querschnittsfläche A der Wicklungen, Anzahl N der Wicklungen). Für die zeitliche Änderung des Flusses ergibt sich

$$\frac{d\Phi}{dt} = \frac{\mu_0 \cdot A \cdot N}{l} \cdot \frac{dI}{dt}.$$

Setzt man dies in die Formel für die Induktionsspannung ein, erhält man die Selbstinduktionsspannung.

Selbstinduktionsspannung U_L

$$U_L = -N \cdot \frac{d\Phi}{dt} = \frac{\mu_0 \cdot A \cdot N^2}{l} \cdot \frac{dI}{dt} = -L \cdot \frac{dI}{dt}$$

Dabei ist **L die Induktivität der Spule**

$$L = \frac{\mu_0 \cdot A \cdot N^2}{l} \qquad [L] = 1\frac{V \cdot s}{A} = 1 \text{ Henry (1 H)}$$

Die Induktivität ist ein Maß dafür, welchen „Widerstand" durch Selbstinduktion eine Spule einer Stromänderung entgegensetzt. Sie ist nur von der **Bauform der Spule** abhängig. Je größer die Induktivität ist, desto langsamer reagiert die Spule auf eine Stromänderung. Man kann dies auch durch die Verwendung verschiedener Spulen im Versuch 3.1.05 zeigen.

Beispiel 3.1.03: Induktivität einer Spule

Wie groß ist die Induktivität einer 15 cm langen Zylinderspule mit 1 200 Windungen? Die Spule ist zylinderförmig mit einem Durchmesser von 2 cm gewickelt.

$$L = \frac{\mu_0 \cdot A \cdot N^2}{l} = \frac{4\pi \cdot 10^{-7} \frac{Vs}{Am} \cdot 10^{-4} \cdot \pi\,m^2 \cdot 1\,200^2}{15 \cdot 10^{-2}\,m} = 0{,}001\,206\text{ H} = 1{,}206\text{ mH}$$

Gängige Werte der Induktivität von kleinen luftgefüllten Spulen bewegen sich im Bereich von einigen Millihenry.

Selbstinduktion in Spulen mit Eisenkern

In einer Spule mit Eisenkern wird die magnetische Flussdichte durch die Magnetisierung des Kernes verstärkt. Die Magnetisierung von Materie ist durch eine **Permeabilitätszahl (relative Permeabilität) μ_r** beschreibbar. Es gilt
$B = \mu_r \cdot B_0 = \mu_r \cdot \mu_0 \cdot H$.

Induktivität L einer Spule mit Eisenkern: $L = \frac{\mu_r \cdot \mu_0 \cdot A \cdot N^2}{l}$

Grundbegriffe und Gesetzmäßigkeiten des Magnetismus:

Magnetische Erregung H:
$B = \mu_0 \cdot H$
mit der magnetischen Feldkonstante bzw. absoluten Permeabilität
$\mu_0 = 4\pi \cdot 10^{-7}\frac{Vs}{Am} = 1{,}256\,6 \cdot 10^{-6}\frac{Vs}{Am}$

Amperesches Gesetz:
$N \cdot I = H \cdot l$
mit der Länge l einer geschlossenen Feldlinie, die von einem Strom der Stärke $N \cdot I$ durchflossen wird

Joseph Henry, 1797 bis 1878, amerikanischer Physiker

Stoff	Permeabilität μ_r
Ferromagnetische Stoffe	
Gusseisen	500
Eisen	6 000
Permalloy (Ni, Mo)	70 000
Eisen-Nickel-Legierungen	bis 300 000
Paramagnetische Stoffe	
Luft	1,000 000 4
Aluminium	1,000 020 8
Diamagnetische Stoffe	
Wasser	0,999 991
Kupfer	0,999 990
Zink	0,999 988

Tabelle mit Permeabilitätszahlen

Anhand der Formel sehen wir, dass die Permeabilitätszahl μ_r eines Eisenkernes die Induktivität einer Spule vervielfacht.

Beispiel 3.1.04: Induktivität einer Spule mit Eisenkern

Wie groß ist die Induktivität der Spule aus dem Beispiel 4.1.03, wenn sie mit einem Kern aus Eisen gefüllt ist?

$$L = \mu_r \cdot \frac{\mu_0 \cdot A \cdot N^2}{l} = \mu_r \cdot L_0 = 6\,000 \cdot 1{,}020\,6 \text{ mH} = 7{,}238 \text{ H}$$

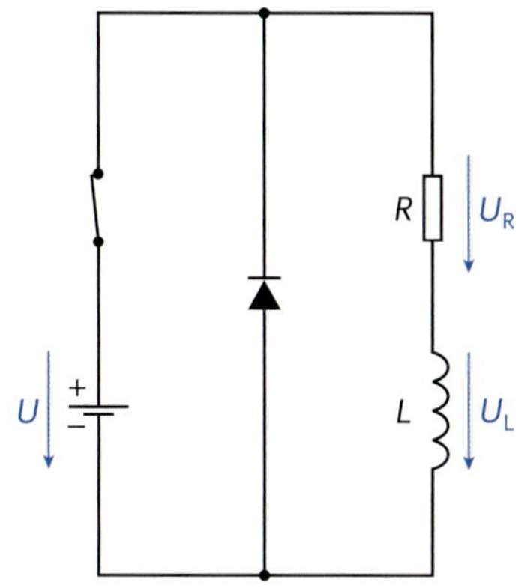

Vereinfachtes Schaltbild zum Versuch eines Lämpchens mit Spule mit den **Spannungen beim Ausschalten**

Verhalten einer Spule bei Änderung des Stromflusses

Wir werden nun versuchen, die im Versuch 3.1.05 gemachte Beobachtung rechnerisch nachzuvollziehen. Um die Situation etwas zu vereinfachen, ersetzen wir das Lämpchen durch einen einfachen ohmschen Widerstand R. Der Widerstand eines Lämpchens ist nämlich nicht konstant und sehr stark von der Temperatur und somit vom Stromfluss abhängig. Um nach dem Abschalten weiterhin einen Induktionsstrom zu ermöglichen, wird parallel zu Widerstand und Spule eine Diode in Sperrrichtung eingefügt (siehe Randspalte).

Im stationären Zustand bei geschlossenem Schalter fließt bei einer angelegten Spannung U_0 ein Strom $I_0 = U_0 / R$. Der ohmsche Widerstand der Spulenwicklungen ist in der Regel vernachlässigbar klein. Bei Stromänderung tritt an der Spule eine Selbstinduktionsspannung $U_L = -L \cdot \frac{dI}{dt}$ auf.

Ausschaltvorgang

Wird der Schalter geöffnet, liegt an der Serienschaltung von Widerstand und Spule keine Spannung mehr. Der Strom würde aufhören zu fließen, die Selbstinduktionsspannung versucht ihn aufrecht zu halten. Der Betrag der Selbstinduktionsspannung ist gegengleich dem Spannungsabfall am Widerstand: $-|U_L| = U_R$. Mit dem ohmschen Gesetz am Widerstand und der Selbstinduktionsspannung an der Spule erhält man:

$$-L \cdot \frac{dI}{dt} = R \cdot I \quad \Leftrightarrow \quad \frac{dI}{I} = -\frac{R}{L} \cdot dt \quad \Leftrightarrow \quad \int \frac{dI}{I} = -\int \frac{R}{L} \cdot dt \quad \Leftrightarrow \quad \ln(I) = -\frac{R}{L} \cdot t + C_1$$

Daraus ergibt sich für den zeitlichen Verlauf des Stroms: $I(t) = C \cdot e^{-\frac{R}{L} \cdot t}$

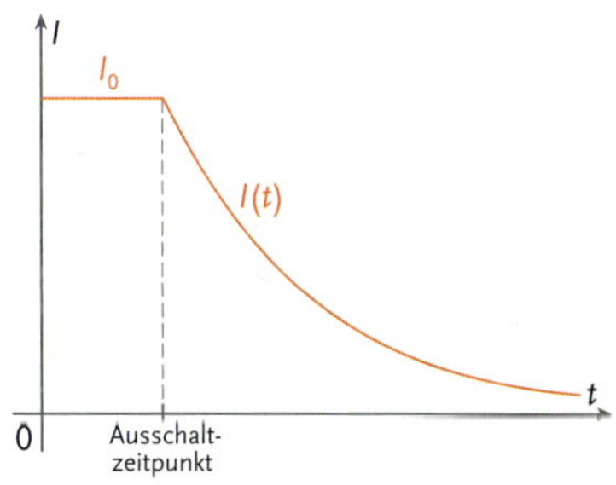

Exponentielles Abklingen des Stromes nach dem Ausschalten

Mit der Bedingung, dass vor dem Ausschalten noch ein Strom I_0 geflossen ist, erhält man für den **Zeitverlauf des Stroms** beim **Ausschaltvorgang** ein exponentielles Anklingen.

Exponentielles **Abklingen:** $I(t) = I_0 \cdot e^{-\frac{R}{L} \cdot t}$ (siehe Randspalte)

Beispiel 3.1.05: Abklingen des Stromflusses durch Selbstinduktion

Ein Widerstand ($R = 100\ \Omega$) und eine Spule ($L = 50$ H) liegen seriell an einer Spannung von 12 V. Welche Zeit verstreicht nach dem Ausschalten der Spannung, bis der Strom durch die Schaltung auf 10 % des Wertes vor dem Ausschalten zurückgegangen ist?

Wegen $I(t) = I_0 \cdot e^{-\frac{R}{L} \cdot t}$ ergibt sich $0{,}1 \cdot I_0 = I_0 \cdot e^{-\frac{R}{L} \cdot t}$ und damit $t = -\frac{\ln(0{,}1) \cdot L}{R} = 1{,}15$ s

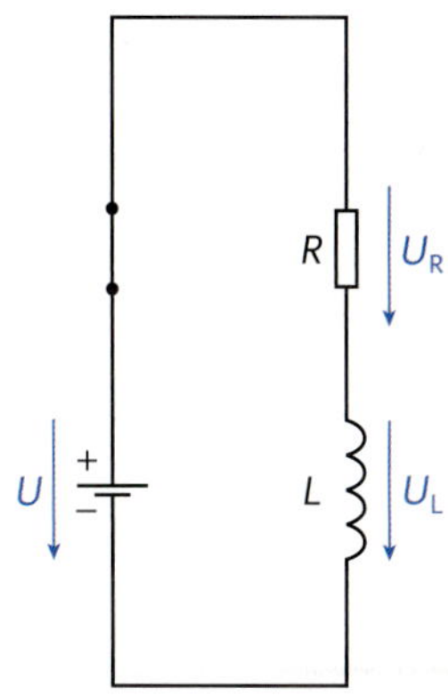

Vereinfachtes Schaltbild zum Versuch eines Lämpchens mit Spule mit den **Spannungen beim Einschalten**

Einschaltvorgang

Wird der Schalter geschlossen, ist die Summe der Spannungsabfälle an Widerstand und Spule gleich der angelegten Spannung. Selbstinduktionsspannung und ohmscher Widerstandsabfall ergeben: $|U_L| + U_R = U$. Man erhält für die zeitliche Änderung des Stroms $L \cdot \frac{dI(t)}{dt} + R \cdot I(t) = U$.

Bei dieser Differenzialgleichung für die Stromstärke $I(t)$ handelt es sich um eine inhomogene lineare Differenzialgleichung erster Ordnung.

Mit dem Ansatz $I_{hom}(t) = C_1 e^{\lambda \cdot t}$ für die homogene Gleichung

$L \cdot \frac{dI_{hom}(t)}{dt} + R \cdot I_{hom}(t) = 0$ erhält man

$\lambda \cdot L \cdot I_{hom}(t) + R \cdot I_{hom}(t) = 0 \quad \Leftrightarrow \quad \lambda = -\frac{R}{L} \quad \Leftrightarrow \quad I_{hom}(t) = C_1 e^{-\frac{R}{L} \cdot t}$.

Der Ansatz $I_{part}(t) = C_2$ für die inhomogene Gleichung

$L \cdot \frac{dI_{part}(t)}{dt} + R \cdot I_{part}(t) = U$ ergibt $R \cdot C_2 = U \quad \Leftrightarrow \quad C_2 = U/R = I_0$.

Dies ist der Stromfluss I_0 im stationären Zustand.

Die allgemeine Lösung ist die Summe der homogenen und der partikulären Lösung:

$I(t) = I_{hom}(t) + I_{part}(t) = C_1 e^{-\frac{R}{L} \cdot t} + C_2 = C_1 e^{-\frac{R}{L} \cdot t} + I_0$

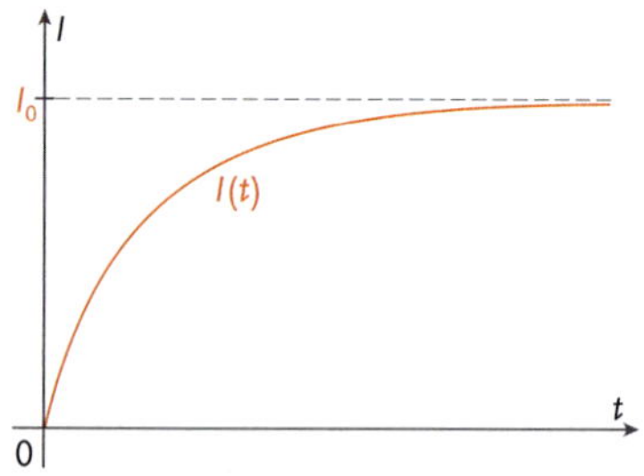

Exponentieller Anstieg des Stromes durch Spule und Widerstand nach dem Einschalten

Mit der Bedingung, dass zum Einschaltzeitpunkt kein Strom fließt, $I(t = 0) = 0$, erhält man für den **Zeitverlauf des Stroms** beim **Einschaltvorgang** einen exponentiellen Anstieg.

Exponentieller **Anstieg:** $I(t) = I_0 \cdot (1 - e^{-\frac{R}{L} \cdot t})$ (siehe Randspalte)

Die Selbstinduktion findet **Anwendung** bei der **Zündvorrichtung** von Motoren, beim **Elektrozaun** für Tierweiden und zur Erzeugung der **Zündspannung für Leuchtstofflampen.** Durch eine Unterbrechung eines Stromkreislaufes mit Spule lassen sich Spannungsspitzen mit bis zu mehreren Tausend Volt generieren.

Elektrozäune sind für die Tierweide sehr beliebt. Sie sind baulich nicht aufwendig, mobil und werden meist mit einer Autobatterie als Stromversorgung betrieben. Darüber hinaus verhindern sie sehr zuverlässig das Ausbrechen der Weidetiere.

Ziele erreicht? – „Selbstinduktion einer Spule"

3.1.09 ++ Geben Sie die Formel für die Induktivität und für die Selbstinduktionsspannung einer Spule an. Zeichnen Sie auch die Schaltsymbole für Spulen mit und ohne Eisenkern nach DIN und IEC-Norm.

3.1.10 + Leiten Sie aus der Definitionsgleichung der Induktivität ihre Einheit ($1 \text{ V} \cdot \text{s/A} = 1 \text{ H}$) ab.

3.1.11 + Berechnen Sie die Induktivität einer 20 cm langen Spule mit Wicklungsdurchmesser $d = 7$ cm und 25 000 Windungen mit und ohne Eisenkern.

3.1.12 ++ Berechnen Sie die Induktivität einer Ringspule mit 35 000 Windungen und Eisenkern. Der Außendurchmesser beträgt 24 cm, der Wicklungsdurchmesser 4 cm.

3.1.13 + Bestimmen Sie, wie lange es im Stromkreis aus Beispiel 4.1.05 dauert, bis der Strom nach dem Einschalten 90 % seines stationären Wertes erreicht hat.

3.1.14 ++ Bestimmen Sie, wovon die Höhe der Spannungsspitze eines Unterbrecherstromkreises abhängt.

3.1.4 Energie des Magnetfeldes einer Spule

Ein Ausschalten von Strömen durch große Induktivitäten kann hohe Selbstinduktionsspannungen verursachen. Die daraus resultierenden kurzzeitig sehr hohen Ströme können eine Gefahr für den Schalter oder die Isolation der Spulenwicklungen sein.

Meine Ziele

Nach Bearbeitung dieses Kapitels kann ich

- die **Energie des Magnetfeldes einer Spule** berechnen;
- die Energie des Magnetfeldes sowie die **Verlustleistung einer realen Spule** herleiten und verstehen.

Im Versuch 4.1.05 haben wir gesehen, dass ein mit einer Spule seriell geschaltetes Lämpchen bei Unterbrechung der Spannungsversorgung nachleuchtet. Das bedeutet aber, dass das Lämpchen noch zu einem Zeitpunkt leuchtet, da die Stromversorgung keine Energie mehr liefert. Wo kommt die **Energie für das Lämpchen** her? Da sich während dieser Zeit das Magnetfeld der Spule abbaut, liegt der Schluss nahe, dass diese **Energie im Feld der Spule gespeichert war.** Umgekehrt muss beim Einschalten das Magnetfeld der Spule erst aufgebaut werden, sodass vorerst für das Lämpchen nur eine geringere Leistung übrig bleibt.

Wir betrachten nun die Leistung beim Anlegen einer Spannung an eine Spule.

$P(t) = \frac{dW(t)}{dt} = U(t) \cdot I(t)$ dabei ist $U(t) = L \cdot \frac{dI(t)}{dt}$ die Selbstinduktionsspannung der Spule und $I(t)$ der Stromfluss durch die Spule.

Wir erhalten daraus: $\frac{dW(t)}{dt} = L \cdot \frac{dI(t)}{dt} \cdot I(t) \quad \Leftrightarrow \quad dW = L \cdot I \cdot dI$

Im vorigen Kapitel haben wir erkannt, dass der Strom von 0 auf den stationären Wert I_0 ansteigt, sodass sich für die Arbeit ergibt:

$$W = \int_0^{I_0} L \cdot I \cdot dI = \left[L \cdot \frac{I^2}{2} \right]_0^{I_0} = \frac{L \cdot I_0^2}{2}$$

Die bei stationärem Strom I_0 im magnetischen Feld der Spule gespeicherte Energie beträgt $W = E_{magn} = \frac{L \cdot I_0^2}{2}$.
Bei Unterbrechung des Stromkreises gibt die Spule diese Energie wieder ab.

Beispiel 3.1.06: Energie des magnetischen Feldes

Eine Spule (Länge l = 10 cm, N = 2 000 Wicklungen, Wicklungsquerschnitt A = 3 cm²) mit Eisenkern wird mit einem Vorwiderstand (R = 200 Ω) an eine Spannungsquelle (U = 10 V) angeschlossen. Wie groß ist die Energie, die im Magnetfeld der Spule gespeichert ist, wenn im Stromkreis nach dem Einschaltvorgang der stationäre Stromfluss erreicht wurde?

$$L = \frac{\mu_r \cdot \mu_0 \cdot A \cdot N^2}{l} = \frac{6\,000 \cdot 4\pi \cdot 10^{-7} \frac{\text{Vs}}{\text{Am}} \cdot 3 \cdot 10^{-4}\,\text{m}^2 \cdot 2\,000^2}{10^{-1}\,\text{m}} = 90{,}5\ \text{H}$$

$$I_0 = \frac{U}{R} = \frac{10\ \text{V}}{200\ \Omega} = 0{,}05\ \text{A} \qquad E_{magn} = \frac{L \cdot I_0^2}{2} = \frac{90{,}5\ \text{H} \cdot (0{,}05\ \text{A})^2}{2} = 0{,}113\ \text{J}$$

Ein Kurzschließen der Spule mit einem Lastwiderstand vermeidet die anfangs erwähnten Beschädigungen durch einen Selbstinduktionsstrom. In Gleichstromkreisen kann dies auch mit einer Schutzdiode (siehe Randspalte) realisiert werden.

Vorführung eines Magnetkranes auf der Technischen Messe in Leipzig 1954

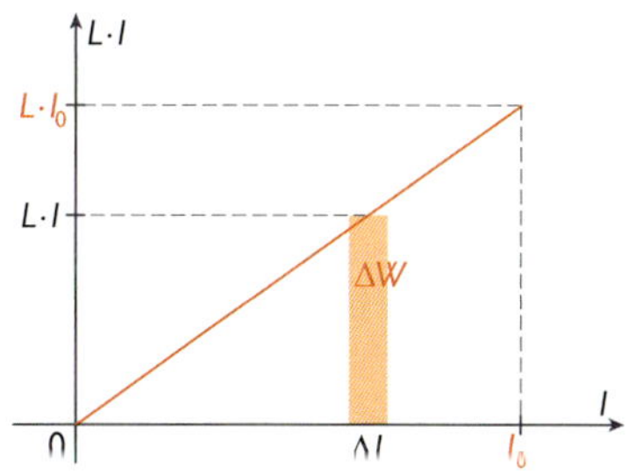

Im $L \cdot I$-I-Diagramm ist die Energie des Magnetfeldes die Fläche unter dem Graphen. Dieser ist allerdings nur für Luftspulen eine Gerade. μ_r und damit L sind erst im Sättigungsbereich der magnetisierbaren Substanz konstant.

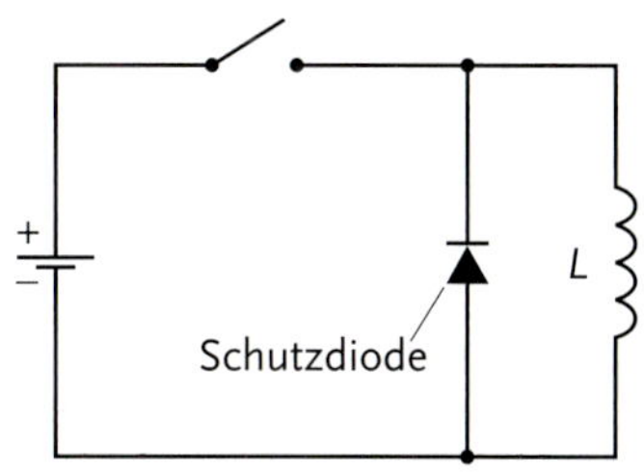

Die **Schutzdiode** verhindert, dass beim Öffnen des Schalters ein Funke überspringt. Der Selbstinduktionsstrom beim Ausschalten fließt über die Diode. Bei geschlossenem Schalter fließt der Strom ausschließlich über die Spule. Die Diode ist in Sperrrichtung geschaltet. Man kann auch einen nicht zu großen **Widerstand** verwenden. Er wird wie die Diode **parallel** zur Spule in den Stromkreis geschaltet.

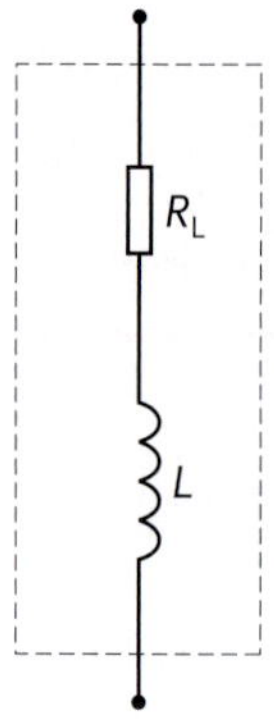

Ersatzschaltbild für eine **reale Spule:** Der ohmsche Widerstand der Wicklungen liegt seriell zur Induktivität. Das elektrische Verhalten einer realen Spule lässt sich mit der Serienschaltung im Kapitel „Induktivität einer Spule" vergleichen.

Reale Spule

Eine reale Spule hat aber nicht nur eine Induktivität. Die Wicklungen der Spule haben auch einen ohmschen Widerstand, der nicht vernachlässigbar ist. Eine reale Spule lässt sich durch ein Ersatzschaltbild darstellen, das dem Spulenstromkreis aus dem vorigen Kapitel entspricht (siehe Randspalte).

Wird an diese Spule eine Spannung U gelegt, so gilt für die Summe der Spannungsabfälle am ohmschen Widerstand und an der Induktivität: $U = L \cdot \frac{dI}{dt} + R \cdot I$.

Die momentane Leistung ergibt sich aus einer Multiplikation der Gleichung mit dem Strom I: $U \cdot I = L \cdot \frac{dI}{dt} \cdot I + R \cdot I^2$

Man sieht, dass nicht die gesamte von der Spannungsquelle gelieferte Leistung $P = U \cdot I$ in den Aufbau des magnetischen Feldes geht. Ein Anteil $R \cdot I^2$ geht im ohmschen Widerstand der Wicklungen in Wärme verloren. Dies ist auch dann weiter der Fall, wenn das Magnetfeld bis zum stationären Strom aufgebaut ist.

Beispiel 3.1.07: Verlustleistung einer realen Spule

An eine Spule ($L = 25$ mH, $R = 2\ \Omega$) wird eine Spannung von 4 V angelegt. Wir berechnen zuerst die im Magnetfeld gespeicherte Energie, wenn nach dem Einschalten der stationäre Stromfluss erreicht wird.

$$I_0 = \frac{U}{R} = \frac{4\ \text{V}}{2\ \Omega} = 2\ \text{A} \qquad E_{magn} = \frac{L \cdot I_0^2}{2} = \frac{0{,}025\ \text{H} \cdot (2\ \text{A})^2}{2} = 0{,}05\ \text{J}$$

Danach tritt am ohmschen Widerstand der Wicklungen eine ständige Verlustleistung in folgender Höhe auf: $P_R = R \cdot I^2 = 2\ \Omega \cdot (2\ \text{A})^2 = 8$ W

Es geht am ohmschen Widerstand der Spule 160-mal mehr Energie pro Sekunde verloren, als im magnetischen Feld insgesamt gespeichert ist.

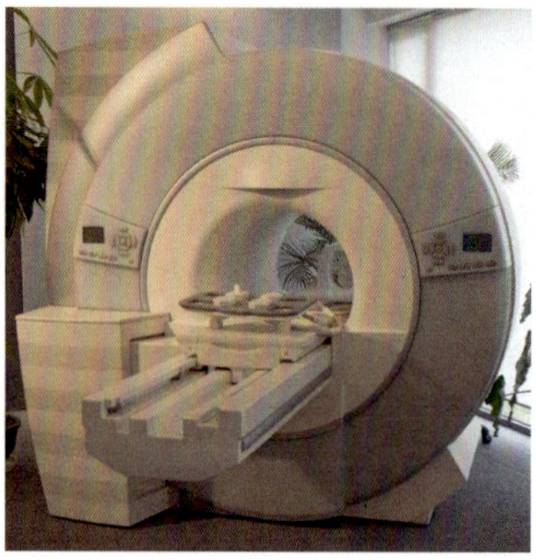

Kernspintomograf: In der medizinischen Diagnostik liefert dieses Gerät Schnittbilder des menschlichen Körpers. **Starke Magnete** richten die Kernspins der Atome des menschlichen Gewebes aus. Nach dem Abschalten des Feldes klappen die **Kernspins** wieder in ihre **Ausgangslage zurück.** Die unterschiedliche Zeit für diese sogenannte Relaxation, das Zurückkehren der Spins in die Ausgangslage, ist **typisch für verschiedene Gewebesubstanzen.**

Ziele erreicht? – „Energie des Magnetfeldes einer Spule"

3.1.15 + Geben Sie die Formel für die im magnetischen Feld einer Spule gespeicherte Energie an.

3.1.16 + Eine luftgefüllte Spule (Länge $l = 15$ cm, $N = 1\,100$ Wicklungen, Wicklungsquerschnitt $A = 3\ \text{cm}^2$) wird mit einem Vorwiderstand ($R = 300\ \Omega$) an eine Spannungsquelle ($U = 20$ V) angeschlossen. Berechnen Sie, wie groß die Energie ist, die im Magnetfeld der Spule gespeichert ist, wenn im Stromkreis nach dem Einschaltvorgang der stationäre Stromfluss erreicht wurde.

3.1.17 ++ An eine reale Spule ($L = 1$ H, $R = 5\ \Omega$) wird eine Spannung von 5 V angelegt. Berechnen Sie die Energie, die im Magnetfeld der Spule gespeichert ist, wenn nach dem Einschalten der stationäre Strom erreicht ist. Berechnen Sie, welche permanente Verlustleistung im stationären Zustand auftritt.

3.1.18 ++ An eine reale Spule ($L = 0{,}1$ H, $R = 2\ \Omega$) wird eine Spannung von 3 V angelegt. Nach 50 Sekunden wird die Spule wieder abgeschaltet.
a) Berechnen Sie die zum Aufbau des Magnetfeldes nötige elektrische Energie.
b) Geben Sie an, wie groß die gespeicherte Energie des Magnetfeldes ist.
c) Berechnen Sie, welche Energie im eingeschalteten Zustand verbraucht wird. Die Dauer der Schaltvorgänge darf vernachlässigt werden!
d) Bestimmen Sie, in welchem Verhältnis die Energie des Magnetfeldes und die ohmsche Verlustenergie stehen.

3.2 Wechselstrom

*Unter **Gleichstrom** versteht man einen elektrischen Strom, der in einem Stromkreis immer in die gleiche Richtung fließt. Als Bezeichnung wird = oder **DC** (**D**irect **C**urrent) verwendet. Im Gegensatz dazu ändert der **Wechselstrom** in periodischen Abständen seine Flussrichtung. Man findet häufig das Symbol ~ oder die Bezeichnung **AC** (**A**lternating **C**urrent).*

3.2.1 Wechselspannung

Weltweit werden zur Energieversorgung mit elektrischem Strom sinusförmige Wechselspannungen verwendet. Die Gründe dafür sind die niedrigen Verluste bei Fernübertragung mit hohen Spannungswerten, die Transformierbarkeit der Spannung und die einfache Erzeugung der sinusförmigen Wechselspannung. Die Frequenz der Wechselspannung beträgt im EU-Raum 50 Hz, in Nordamerika 60 Hz. Wechselspannungen mit sehr hoher Frequenz werden in der Nachrichtentechnik unter anderem zur Funkübertragung mit elektromagnetischen Wellen benötigt.

Meine Ziele

Nach Bearbeitung dieses Kapitels kann ich

- die formale Beschreibung der **momentanen Spannung** angeben;
- die **Sinusspannung mit einem Zeigerdiagramm** beschreiben;
- die **Sinusspannung aus dem Induktionsgesetz** für eine sich in einem homogenen Magnetfeld drehende Leiterschleife herleiten.

Im vorigen Großkapitel haben wir gesehen, dass ein Spannungsimpuls mittels Induktion auf einfachem Wege generierbar ist. Besonders einfach kann man eine Wechselspannung erzeugen, wenn man eine Leiterschleife in einem festen Magnetfeld ständig dreht (Prinzip des Generators; siehe Randspalte).

Eine im Winkel φ zum homogenen Magnetfeld B geneigte Leiterschleife mit Querschnittsfläche A wird von einem magnetischen Fluss $\Phi = B \cdot A \cdot \cos(\varphi)$ durchdrungen. Bei einer gleichförmigen Drehbewegung mit einer Winkelgeschwindigkeit ω gilt für den Drehwinkel $\varphi = \omega \cdot t$ und damit für den zeitabhängigen magnetischen Fluss $\Phi(t) = B \cdot A \cdot \cos(\omega \cdot t)$. Aus der Änderung des magnetischen Flusses ergibt sich eine Induktionsspannung

$$U_{ind}(t) = -\frac{d\Phi(t)}{dt} = -\frac{d(B \cdot A \cdot \cos(\omega \cdot t))}{dt} = B \cdot A \cdot \omega \cdot \sin(\omega \cdot t)$$

Wir beschreiben eine **Sinuswechselspannung** folgendermaßen:

$u = U(t) = U_0 \cdot \sin(\omega \cdot t)$ mit den **Bezeichnungen:**

$u = U(t)$	Momentanwert der Spannung
U_0	Scheitelwert der Spannung oder Spitzenspannung
$\varphi = \omega \cdot t$	momentaner Phasenwinkel oder Phase (Drehwinkel)
$f = \frac{\omega}{2\pi}$	Frequenz der Wechselspannung
$T = \frac{1}{f}$	Periodendauer der Wechselspannung

Das u-t-Diagramm in der Randspalte zeigt den zeitlichen Verlauf des Momentanwertes einer Wechselspannung. Es wird auch als Liniendiagramm bezeichnet.

Frontpaneel eines **Netzgerätes** für **Gleich- und Wechselspannung**

Rotierende Leiterschleife im Magnetfeld

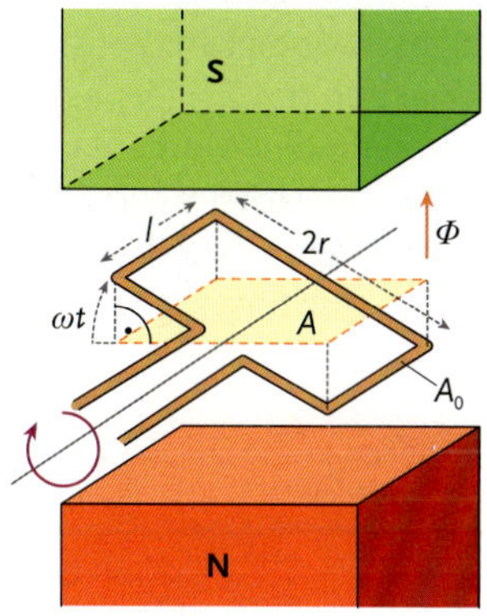

Wechselspannung

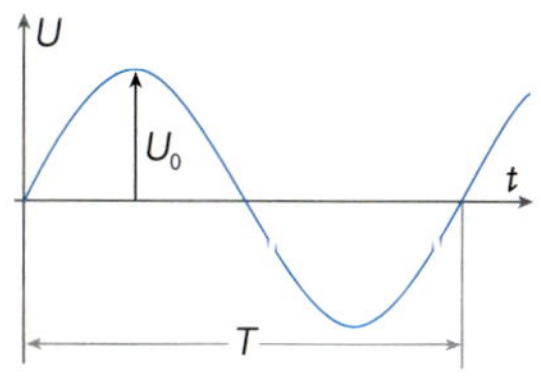

U_0 ... maximaler Wert der induzierten Spannung

Prinzip des Generators zur Erzeugung von Wechselspannung

⚠ Da Stromfluss eine Form von Energie ist, kann man Strom (wie auch Energie) nicht erzeugen sondern nur umwandeln. So wandelt der Generator mechanische Arbeit (Drehbewegung) in elektrische Energie (Stromfluss) um.

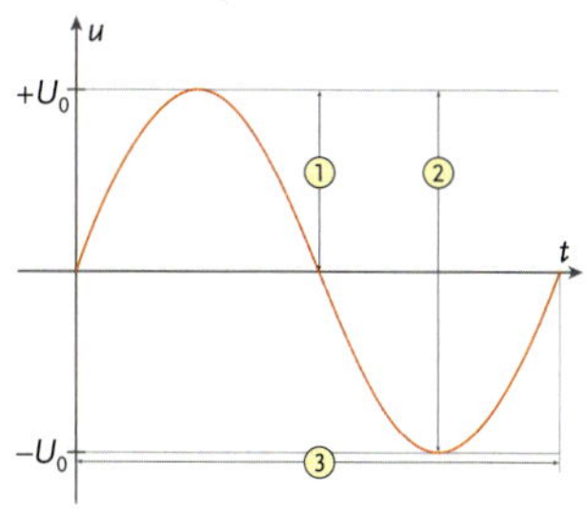

u-t-Diagramm **(Liniendiagramm)** einer sinusförmigen Wechselspannung mit einigen Kennwerten
1) Amplitude, Spitzenspannung
2) Spitze-Spitze-Wert
3) Periodendauer

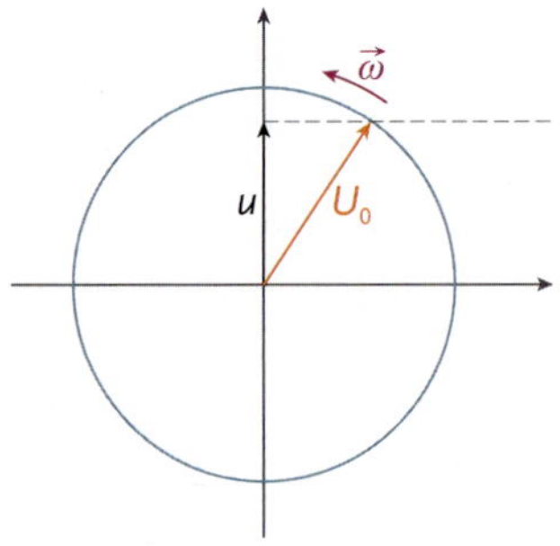

Zeigerdiagramm einer Wechselspannung: Der Zeiger mit der Länge der Spitzenspannung U_0 rotiert im Gegenuhrzeigersinn mit der Winkelgeschwindigkeit $\omega = 2\pi \cdot f$. Die Projektion des Zeigers auf die y-Achse ergibt den Momentanwert der Spannung. Überträgt man die Projektion in ein Liniendiagramm, erhält man eine Sinusschwingung.

Eine weitere sehr gängige Darstellungsmöglichkeit für eine Wechselspannung ist das Zeigerdiagramm. In diesem Diagramm rotiert ein Zeiger im Gegenuhrzeigersinn mit einer konstanten Winkelgeschwindigkeit $\omega = 2\pi \cdot f$ auf einem Kreis mit dem Radius U_0. Den Momentanwert der Spannung erhält man durch Projektion des Zeigers auf die Ordinate.

Beispiel 3.2.01: Momentanwert einer Sinusspannung

Wie groß ist der Momentanwert einer Sinusspannung mit einem Spitzenwert von $U_0 = 325$ V und einer Frequenz von 50 Hz nach einer Zeit von 1,002 s nach dem Nulldurchgang der Sinusschwingung?

$u(t) = U_0 \cdot \sin(2\pi \cdot f \cdot t)$
$u(1{,}002\text{ s}) = 325\text{ V} \cdot \sin(2\pi \cdot 50\text{ Hz} \cdot 1{,}002\text{ s}) = 191{,}03\text{ V}$

Üblicherweise verwendet man zur Angabe der Spannung in einem Stromnetz die Effektivspannung U und nicht den Scheitelwert U_0. Es gilt der Zusammenhang $U = \frac{U_0}{\sqrt{2}}$, den wir im folgenden Kapitel noch genau begründen werden.

In Österreich erfolgt die Stromversorgung mit einem **Dreiphasensystem.** Der Effektivwert der Netzwechselspannung eines Phasenleiters zur Erdung beträgt **230 V** mit Schwankung von **+10 % bzw. –5 %** bei einer Frequenz von **50 Hz.**

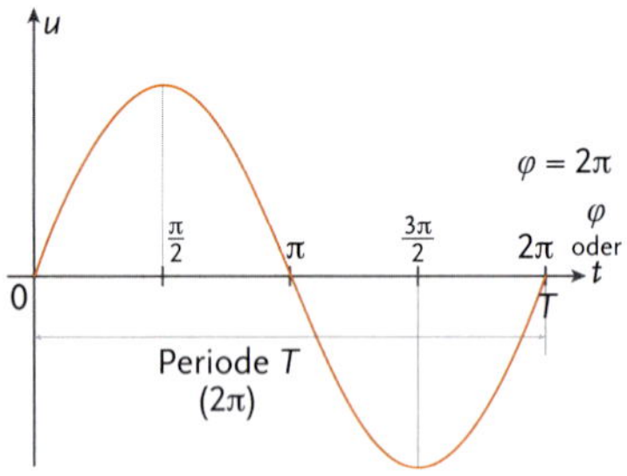

Liniendiagramm mit Periode und Phaseninformationen zu einer sinusförmigen Wechselspannung

Ziele erreicht? – „Wechselspannung“

3.2.01 + Geben Sie die Formel zur Beschreibung einer Sinusspannung an. Erklären Sie die Begriffe Momentanwert, Spitzenspannung, Phase, Frequenz, Periode und Effektivspannung.

3.2.02 + Nennen Sie die Kenndaten der Spannung der österreichischen Stromversorgung.

3.2.03 + Berechnen Sie den Momentanwert einer Sinusspannung mit einem Spitzenwert von $U_0 = 110$ V und einer Frequenz von 50 Hz nach einer Zeit von 0,001 8 s nach dem Nulldurchgang der Sinusschwingung.

3.2.04 ++ Erklären Sie, wodurch die Frequenz der Wechselspannung eines Generators bestimmt wird.

Ohmsche Widerstände, auf einer Platine verlötet

3.2.2 Wechselstromwiderstände

Wie sich ein ohmscher Widerstand, ein Kondensator oder eine Spule im Gleichstromkreis verhält, ist uns bekannt. In Stromkreisen mit sinusförmiger Wechselspannung unterscheidet sich das Verhalten dieser Bauelemente zum Teil markant von dem im Gleichstromkreis.

Meine Ziele

Nach Bearbeitung dieses Kapitels kann ich

- die **Wechselstromwiderstände** von ohmschem Widerstand, Kondensator und Spule angeben;
- die **mittlere Leistung des Wechselstroms** berechnen;
- den Wert von induktiven und kapazitiven **Blindwiderständen** berechnen;
- den Strom- und Spannungsverlauf an Wechselstromwiderständen sowie deren **Phasenverschiebung** erklären und skizzieren.

In diesem Kapitel werden wir das Verhalten verschiedener elektrischer Bauteile wie eines ohmschen Widerstands, des Kondensator und einer Spule, im Wechselstromkreis untersuchen.

Der ohmsche Widerstand

Wird ein ohmscher Widerstand an eine Wechselspannung angeschlossen (siehe Randspalte), fließt ein Wechselstrom $i(= i(t))$. Es gilt auch hier das ohmsche Gesetz.

$$i = \frac{u}{R} = \frac{U_0 \cdot \sin(\omega \cdot t)}{R} = \frac{U_0}{R} \cdot \sin(\omega \cdot t) = I_0 \cdot \sin(\omega \cdot t)$$

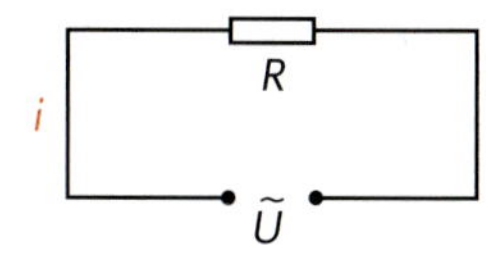

Schaltbild zum ohmschen Widerstand im Wechselstromkreis

Der Momentanwert des Wechselstromes verhält sich wie der Momentanwert der Wechselspannung. Der Wechselstrom hat **dieselbe Frequenz** wie die Wechselspannung und hat auch **zum gleichen Zeitpunkt seine Spitzenwerte.** Er ist **phasengleich** zur Spannung.
Da sich Strom und Spannung ständig ändern, ist auch die momentane Leistung p, die am ohmschen Widerstand in Wärme umgesetzt wird, nicht konstant.

$$p = u \cdot i = U_0 \cdot \sin(\omega \cdot t) \cdot I_0 \cdot \sin(\omega \cdot t) = U_0 \cdot I_0 \cdot \sin^2(\omega \cdot t) = P_0 \cdot \sin^2(\omega \cdot t)$$

Um den zeitlichen Mittelwert der Leistung am ohmschen Widerstand zu ermitteln, muss die zeitlich veränderliche Leistung über eine Periodendauer summiert (integriert) und durch die Periodendauer dividiert werden. Es ergibt sich dann

$$P = \frac{\int_0^T U_0 \cdot I_0 \cdot \sin^2(\omega \cdot t) \cdot dt}{T} = \frac{U_0 \cdot I_0 \cdot \left[\frac{1}{2\omega} \cdot (\omega \cdot t - \sin(\omega \cdot t) \cdot \cos(\omega \cdot t))\right]_0^T}{T} = \frac{U_0 \cdot I_0}{2}.$$

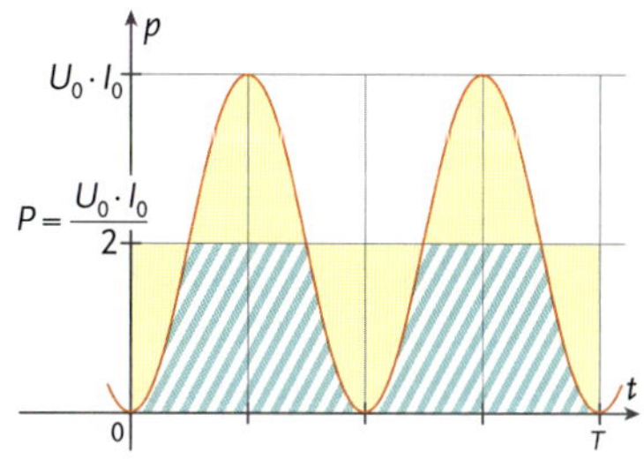

Momentane Leistung *p* und **mittlere Leistung *P*** im Liniendiagramm:
Man sieht gut, dass die mittlere Leistung der halben Spitzenleistung entspricht.

Die **mittlere Leistung *P*** ist gleich der **halben Spitzenleistung.**

$P = \frac{U_0 \cdot I_0}{2} = \frac{U_0}{\sqrt{2}} \cdot \frac{I_0}{\sqrt{2}}$ mit folgenden Bezeichnungen

Effektivwert der Spannung: $U = \frac{U_0}{\sqrt{2}}$

Effektivwert der Stromstärke: $I = \frac{I_0}{\sqrt{2}}$

$P = U \cdot I$

Mittlere Leistung = Effektivwert der Spannung · Effektivwert der Stromstärke

Der Effektivwert der Spannung im österreichischen Stromnetz beträgt 230 V. Der Spitzenwert der Spannung liegt also bei $U_0 = \sqrt{2} \cdot U = \sqrt{2} \cdot 230\text{ V} \approx 325{,}3\text{ V}$. Auch **Messgeräte** (Volt- und Amperemeter) zeigen in den Messbereichen für Wechselstrom die **Effektivwerte** von Strom und Spannung an.

Der ideale Kondensator

Versuch 3.2.01: Verhalten eines Kondensators im Stromkreis

- Wir schalten ein Lämpchen und einen Kondensator seriell an ein Netzgerät für Gleich- und Wechselspannung. Wir stellen dabei Folgendes fest: Bei Gleichspannung leuchtet das Lämpchen nicht auf. Es fließt kein Strom. Bei Wechselspannung leuchtet das Lämpchen. Es fließt ein Wechselstrom.
- Verwenden wir einen Frequenzgenerator statt des Netzgerätes, so sehen wir, dass das Lämpchen mit steigender Frequenz heller leuchtet.

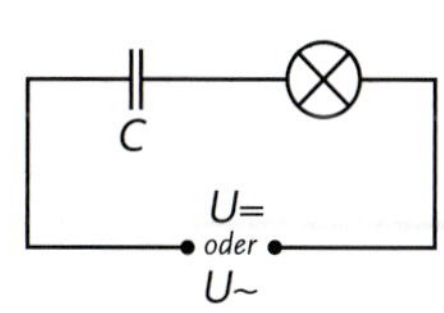

Schaltbild zu Versuch 3.2.01: Verhalten eines Kondensators

Die Kondensatorgleichung lautet: $Q = C \cdot U$ (Ladung = Kapazität · Spannung).

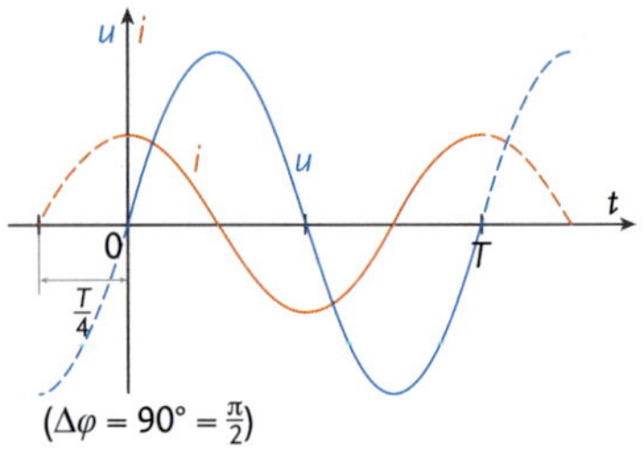

Liniendiagramm mit momentaner Spannung u und momentanem Strom i an einem idealen Kondensator im Wechselstromkreis

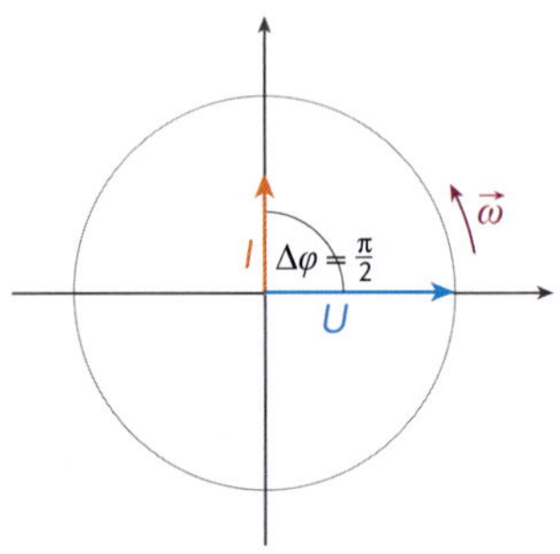

Im Zeigerdiagramm ist die Phasenverschiebung von Strom und Spannung am idealen Kondensator gut ersichtlich

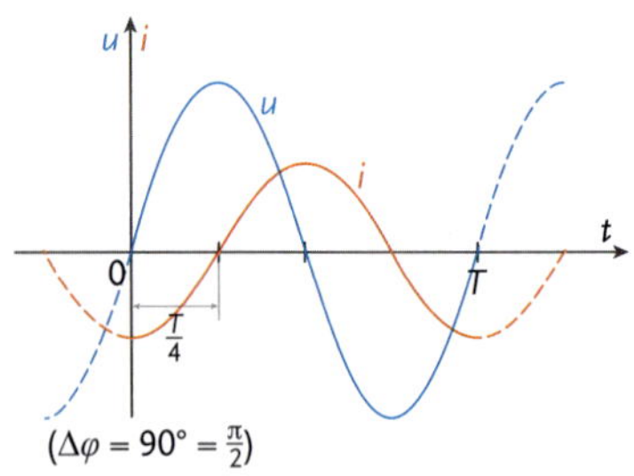

Liniendiagramm mit momentaner Spannung u und momentanem Strom i an einer idealen Spule im Wechselstromkreis

Ein Kondensator sperrt also Gleichstrom, lässt Wechselstrom aber fließen. Um dies zu verstehen, betrachten wir die zeitliche Änderung der Kondensatorgleichung.

$$Q = C \cdot U \quad \Leftrightarrow \quad i = \frac{dQ}{dt} = \frac{d}{dt}(C \cdot u) = \frac{d}{dt}(C \cdot U_0 \cdot \sin(\omega \cdot t)) = C \cdot \omega \cdot U_0 \cdot \cos(\omega \cdot t)$$

Das Verhältnis von U_0/I_0 beträgt $\frac{U_0}{I_0} = \frac{U_0}{C \cdot \omega \cdot U_0} = \frac{1}{\omega \cdot C}$.

Beim Kondensator läuft der Wechselstrom der Spannung um eine Phasendifferenz von 90° (π/2) voraus. Der **kapazitive Blindwiderstand** oder Wechselstromwiderstand eines Kondensators ist $X_C = \frac{1}{\omega \cdot C}$.

Der kapazitive Widerstand ist **indirekt proportional zur Frequenz** des Wechselstroms.

Bei hohen Frequenzen ist der Widerstand sehr gering. Geht die Frequenz gegen null (Gleichstrom), dann geht der Widerstand gegen unendlich (kein Stromfluss). Der Strom- und der Spannungsverlauf, die in der Randspalte im Liniendiagramm eingezeichnet sind, lassen sich auch im Zeigerdiagramm sehr anschaulich darstellen.

Beispiel 3.2.02: Der Wechselstromwiderstand eines idealen Kondensators

Wie groß ist der Wechselstromwiderstand eines Kondensators mit $C = 4{,}7\ \mu F$ bei einer Frequenz von a) 50 Hz, b) 10 kHz? c) Wie groß ist der Stromfluss bei einer Spannung von 20 V und einer Frequenz von 1 kHz?

a) $X_C = \frac{1}{\omega \cdot C} = \frac{1}{2\pi \cdot f \cdot C} = \frac{1}{2\pi \cdot 50\ \text{Hz} \cdot 4{,}7 \cdot 10^{-6}\ \text{F}} = 677{,}3\ \Omega$

b) $X_C = \frac{1}{2\pi \cdot f \cdot C} = \frac{1}{2\pi \cdot 10^4\ \text{Hz} \cdot 4{,}7 \cdot 10^{-6}\ \text{F}} = 3{,}39\ \Omega$

c) $X_C = \frac{1}{2\pi \cdot f \cdot C} = \frac{1}{2\pi \cdot 10^3\ \text{Hz} \cdot 4{,}7 \cdot 10^{-6}\ \text{F}} = 33{,}9\ \Omega$

$X_C = \frac{U_0}{I_0} \quad \Leftrightarrow \quad I_0 = \frac{U_0}{X_C} = \frac{20\ \text{V}}{33{,}9\ \Omega} = 0{,}59\ \text{A}$

Die ideale Spule

Versuch 3.2.02: Verhalten einer Spule im Stromkreis

- Wir schalten ein Lämpchen und eine Spule seriell an ein Netzgerät für Gleich- und Wechselspannung. Wir stellen dabei Folgendes fest: Bei Gleichspannung leuchtet das Lämpchen heller als bei Wechselspannung.
- Verwenden wir einen Frequenzgenerator statt des Netzgerätes, so sehen wir, dass das Lämpchen mit steigender Frequenz immer dunkler wird.

Bei Gleichstrom wirkt bei der Spule nur der ohmsche Widerstand des Windungsdrahtes. Mit steigender Frequenz der Wechselspannung steigt der Wechselstromwiderstand, verursacht durch die Induktivität der Spule, immer stärker an. Um dies auch quantitativ zu verstehen, vernachlässigen wir in den folgenden Überlegungen den ohmschen Widerstand und betrachten nur den induktiven Widerstand einer idealisierten Spule. Für die Spannung an der Spule, der die Induktionsspannung entgegengerichtet ist, gilt der folgende Zusammenhang:

$$u = -u_{ind} = -\left(-L \cdot \frac{di}{dt}\right) = L \cdot \frac{d}{dt}\left(I_0 \cdot \sin(\omega \cdot t)\right) = L \cdot \omega \cdot I_0 \cdot \cos(\omega \cdot t).$$

Das Verhältnis von U_0/I_0 beträgt somit $\frac{U_0}{I_0} = \frac{\omega \cdot L \cdot I_0}{I_0} = \omega \cdot L$.

Bei der Spule läuft die Spannung der Stromstärke um eine Phasendifferenz von 90° ($\pi/2$) voraus. Der **induktive Blindwiderstand** oder Wechselstromwiderstand einer idealen Spule ist $X_L = \omega \cdot L$.

Der induktive Widerstand ist **direkt proportional zur Frequenz** des Wechselstroms.

Bei hohen Frequenzen wird, wie im Versuch 3.2.02 beobachtet, der Widerstand immer größer. Der zeitliche Strom- und Spannungsverlauf ist in der Randspalte im Linien- und im Zeigerdiagramm dargestellt.

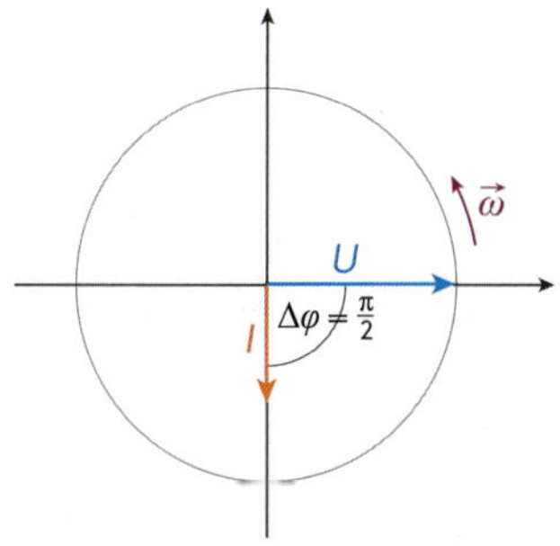

Zeigerdiagramm von Strom und Spannung an einer idealen Spule

Beispiel 3.2.03: Der Wechselstromwiderstand einer idealen Spule

Wie groß ist der Wechselstromwiderstand einer Spule mit $L = 3$ mH bei einer Frequenz von a) 50 Hz, b) 10 kHz. c) Wie groß ist der Stromfluss bei einer Spannung von 20 V und einer Frequenz von 1 kHz?

a) $X_L = \omega \cdot L = 2\pi \cdot f \cdot L = 2\pi \cdot 50 \text{ Hz} \cdot 3 \cdot 10^{-3} \text{ H} = 0{,}942\ \Omega$

b) $X_L = \omega \cdot L = 2\pi \cdot f \cdot L = 2\pi \cdot 10\,000 \text{ Hz} \cdot 3 \cdot 10^{-3} \text{ H} = 188{,}5\ \Omega$

c) $X_L = \omega \cdot L = 2\pi \cdot f \cdot L = 2\pi \cdot 1\,000 \text{ Hz} \cdot 3 \cdot 10^{-3} \text{ H} = 18{,}85\ \Omega$

$$X_L = \frac{U_0}{I_0} \Leftrightarrow I_0 = \frac{U_0}{X_C} = \frac{20 \text{ V}}{18{,}85\ \Omega} = 1{,}06 \text{ A}$$

Zwei Drosselspulen und etliche Elektrolytkondensatoren auf einer Platine

Der kapazitive Widerstand X_C und der induktive Widerstand X_L werden deshalb als **Blindwiderstand** bezeichnet, weil im Mittel an diesen Widerständen bei Stromfluss **keine elektrische Energie verloren geht.**

Ziele erreicht? – „Wechselstromwiderstande"

3.2.05 + Geben Sie an, wie ohmscher, kapazitiver und induktiver Wechselstromwiderstand von der Frequenz der Wechselspannung abhängen.

3.2.06 + Zeichnen Sie das Linien- und das Zeigerdiagramm eines ohmschen, eines kapazitiven und eines induktiven Wechselstromwiderstandes.

3.2.07 + Berechnen Sie den kapazitiven Blindwiderstand eines Kondensators mit $C = 4{,}7$ µF bei einer Spannung von 14 V und bei einer Frequenz von a) 50 Hz, b) 100 Hz, c) 1 kHz. Geben Sie jeweils auch den Stromfluss bei diesen Frequenzen an.

3.2.08 + Berechnen Sie den induktiven Blindwiderstand einer Spule mit $L = 2$ mH bei einer Spannung von 14 V und bei einer Frequenz von a) 50 Hz, b) 100 Hz, c) 1 kHz. Geben Sie jeweils auch den Stromfluss bei diesen Frequenzen an.

3.2.09 ++ Bestimmen Sie, wie sich der induktive Blindwiderstand einer Luftspule ändert, wenn man einen Eisenkern hineinschiebt.

3.2.3 Schaltung von Wechselstromwiderständen

Das Verhalten von Schaltungen aus den Bauelementen Widerstand, Kondensator und Spule ist in der Nachrichtentechnik von entscheidender Bedeutung. Sogenannte Schwingkreise werden als Filter zum Empfang, aber auch als Frequenzfilter für Sendeanlagen verwendet. Geeignete Kombinationen aus Wechselspannungsschaltung und einer Antennenanlage sind für die Leistungsfähigkeit von Funksendern wichtig.

Für die Funktechnik sind Schaltungen aus den Bauelementen Widerstand, Kondensator und Spule von entscheidender Bedeutung. Ohne sogenannte Schwingkreise und Frequenzfilter wäre diese Informationstechnologie nicht möglich.

Meine Ziele

Nach Bearbeitung dieses Kapitels kann ich

- serielle und parallele **Schaltungen mit Widerstand, Kondensator und Spule** zeichnen;
- aus dem Zeigerdiagramm **Strom, Spannung und Widerstand** dieser Schaltungen berechnen;
- das **Resonanzverhalten von Schwingkreisen** erklären.

Bei der Behandlung von Schaltungen mit Wechselstromwiderständen werden wir zwischen Serien- und Parallelschaltungen unterscheiden.

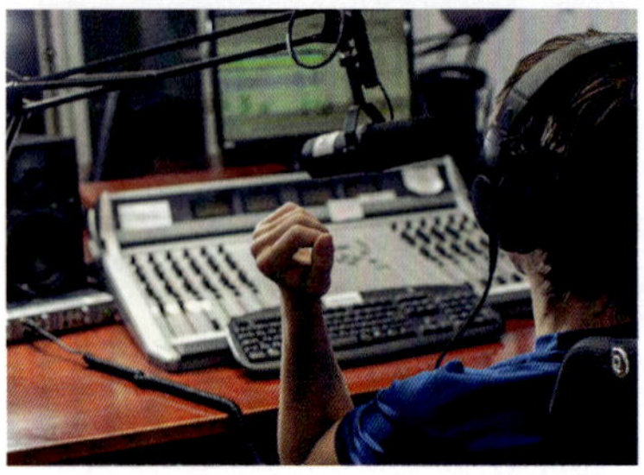

Rundfunkstudio

Serienschaltungen

RC-Schaltung

Bei einer RC-Schaltung werden ein **ohmscher Widerstand** und ein **Kondensator** seriell an eine Wechselspannung angeschlossen. Die beiden Bauelemente werden vom **gleichen Strom durchflossen,** die Spannung am Kondensator läuft dem Strom aber um eine Phase von 90° hinterher. Am einfachsten ist das Verhalten dieser Schaltung durch ein Zeigerdiagramm (siehe Randspalte) zu verstehen. Die Spannung U ist zu jedem Zeitpunkt die vektorielle Addition der Zeiger von U_R und U_C. Das ohmsche Gesetz für den Wechselstromwiderstand lautet $U = Z \cdot I$. Daraus ist der Widerstand der Schaltung errechenbar. Die Phasenverschiebung der Spannung zum Strom errechnet sich aus dem Quotienten von U_C und U_R.

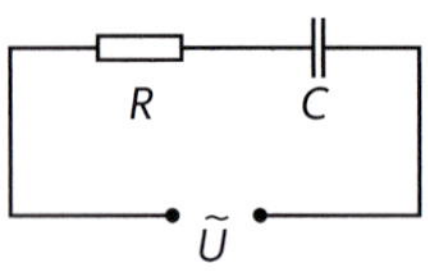

Schaltbild der seriellen RC-Schaltung

Somit gilt für die **RC-Schaltung:**

Spannung: $U = \sqrt{U_R^2 + U_C^2}$

Scheinwiderstand: $Z = \frac{U}{I} = \sqrt{R^2 + X_C^2} = \sqrt{R^2 + \left(\frac{1}{\omega \cdot C}\right)^2}$

Phasenverschiebung: $\Delta\varphi = \arctan\left(\frac{U_C}{U_R}\right) = \arctan\left(\frac{1}{\omega \cdot R \cdot C}\right)$

Die Spannung hinkt dem Strom um den Phasenwinkel $\Delta\varphi$ nach.

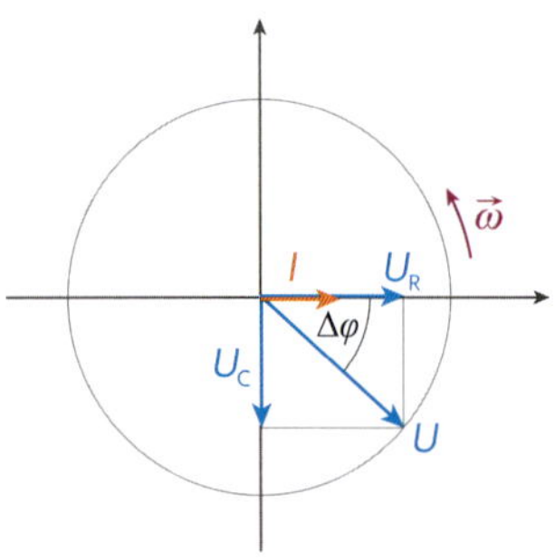

Zeigerdiagramm der seriellen RC-Schaltung

Der **Scheinwiderstand** einer Schaltung wird auch als **Impedanz** bezeichnet.

RL-Schaltung

Ein **Widerstand** und eine ideale **Spule** werden **seriell** an eine Wechselspannung U angeschlossen. Analog zur vorigen Schaltung ist der Strom durch beide Bauteile gleich.

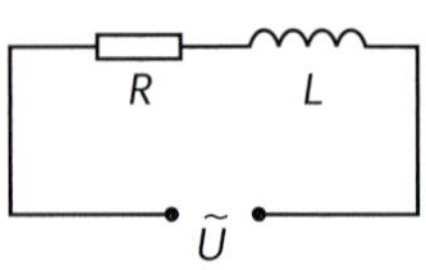

Schaltbild der seriellen RL-Schaltung

Wir erhalten somit aus dem Zeigerdiagramm für die **RL-Schaltung:**

Spannung: $U = \sqrt{U_R^2 + U_L^2}$

Scheinwiderstand: $Z = \frac{U}{I} = \sqrt{R^2 + X_L^2} = \sqrt{R^2 + (\omega \cdot L)^2}$

Phasenverschiebung: $\Delta\varphi = \arctan\left(\frac{U_L}{U_R}\right) = \arctan\left(\frac{\omega \cdot L}{R}\right)$

Die Spannung läuft dem Strom um den Phasenwinkel $\Delta\varphi$ voraus.

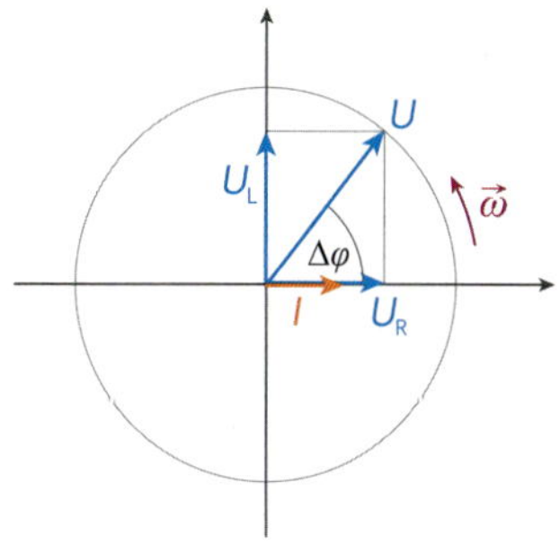

Zeigerdiagramm der seriellen RL-Schaltung

Die RL-Schaltung entspricht im Verhalten einer realen Spule. Deren Wicklungen haben immer auch einen nicht verschwindenden ohmschen Widerstand. Je kleiner dieser ist, umso eher entspricht das Verhalten der realen Spule dem der idealen Spule (vergleichen Sie hierzu die Zeigerdiagramme).

Beispiel 3.2.04: Ermittlung der Induktivität einer realen Spule

Der Stromdurchfluss einer Spule wird bei 20 V Gleich- bzw. Wechselspannung mit Netzfrequenz gemessen. Im ersten Falle wird ein Gleichstrom von 1,94 A ermittelt. Bei Wechselspannung tritt ein Strom von 0,021 A auf.

Gleichstromwiderstand: $R = \frac{U}{I} = \frac{20\ \text{V}}{1{,}94\ \text{A}} = 10{,}31\ \Omega$

Impedanz: $Z = \frac{U}{I} = \frac{20\ \text{V}}{0{,}021\ \text{A}} = 952{,}38\ \Omega;\ Z = \sqrt{R^2 + (\omega \cdot L)^2}$

Induktivität: $L = \frac{\sqrt{Z^2 - R^2}}{\omega} = \frac{\sqrt{(952{,}38\ \Omega)^2 - (10{,}31\ \Omega)^2}}{2\pi \cdot 50\ \text{Hz}} = 3{,}03\ \text{H}$

RLC-Schaltung

Bei dieser Schaltung werden die drei Bauteile Widerstand, Spule und Kondensator hintereinander an eine Wechselspannung angeschlossen. Wieder ist der Strom durch diese drei Bauteile gleich groß.

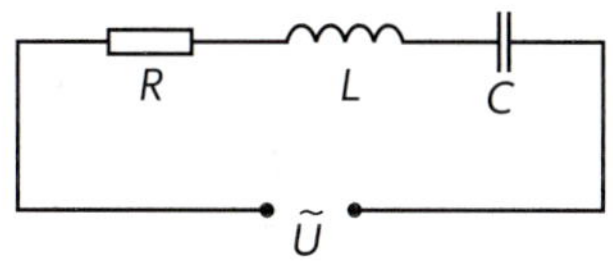

Schaltbild der seriellen RLC-Schaltung

Für eine **RLC-Schaltung** ergibt sich aus dem Zeigerdiagramm:

Spannung: $U = \sqrt{U_R^2 + (U_L - U_C)^2}$

Scheinwiderstand: $Z = \frac{U}{I} = \sqrt{R^2 + (X_L - X_C)^2} = \sqrt{R^2 + \left(\omega \cdot L - \frac{1}{\omega \cdot C}\right)^2}$

Phasenverschiebung: $\Delta\varphi = \arctan\left(\frac{U_L - U_C}{U_R}\right) = \arctan\left(\frac{\omega \cdot L - \frac{1}{\omega \cdot C}}{R}\right)$

Die Spannung läuft dem Strom um den Phasenwinkel $\Delta\varphi$ voraus.

Welche Phase $\Delta\varphi$ die Spannung zum Strom hat, hängt davon ab, ob die Spule oder der Kondensator einen größeren Widerstand hat.

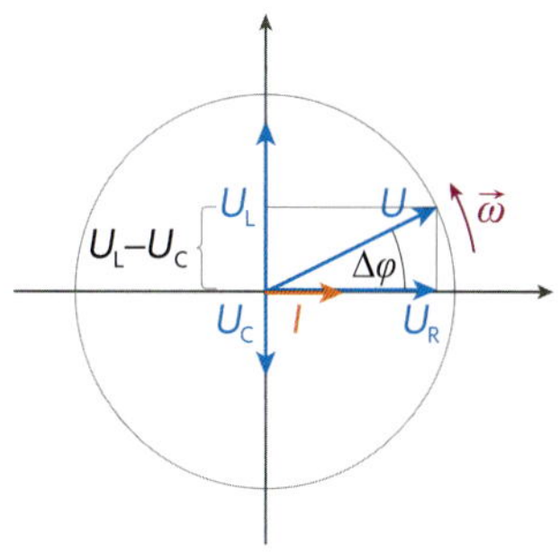

Zeigerdiagramm der seriellen RLC-Schaltung

Diese Schaltung hat für $\omega \cdot L - \frac{1}{\omega \cdot C} = 0$ den kleinstmöglichen Widerstand $Z = R$.

Es fließt dann der größtmögliche Wechselstrom bei vorgegebener Wechselspannung. Die Frequenz f_0 der Wechselspannung, bei der dies passiert, bezeichnet man als Resonanzfrequenz.

Resonanzfrequenz: $f_0 = \frac{\omega_0}{2\pi} = \frac{1}{2\pi \cdot \sqrt{L \cdot C}}$ (thomsonsche Gleichung)

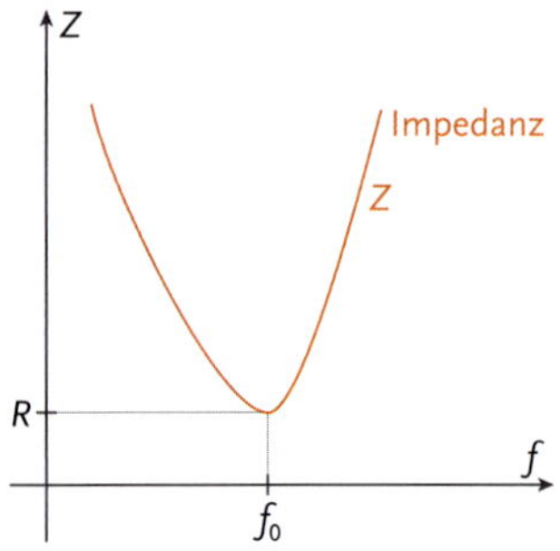

Verlauf der Impedanz bei einer seriellen RLC-Schaltung (Spannungsresonanz)

Im Fall der Resonanz sind die Spannungsabfälle an Spule und Kondensator genau gegengleich und erreichen Werte, die größer sind als die angelegte Spannung **(Spannungsresonanz).** Das kann Spule und Kondensator gefährden.

Parallelschaltung

RLC-Schaltung

Bei einer Parallelschaltung von Widerstand, Kondensator und Spule liegen diese drei Bauteile an derselben Wechselspannung. Daher zeichnen wir die Spannung im Zeigerdiagramm auf die positive x-Achse.

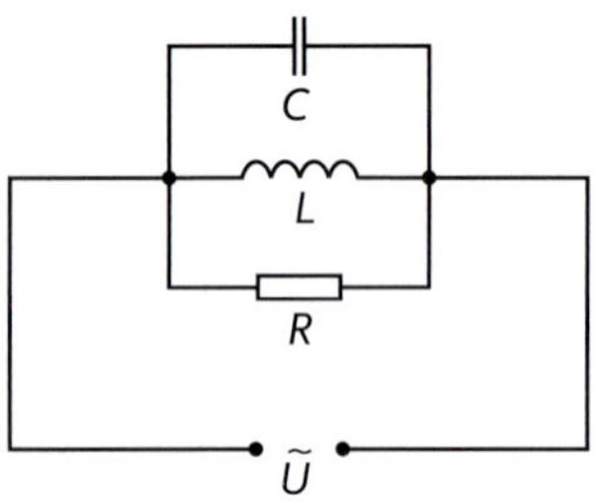

Parallele RLC-Schaltung

Wir erhalten somit aus dem Zeigerdiagramm für die parallele **RLC-Schaltung:**

Strom: $$I = \sqrt{I_R^2 + (I_C - I_L)^2} = \sqrt{\left(\frac{U}{R}\right)^2 + \left(\frac{U}{X_C} - \frac{U}{X_L}\right)^2}$$

Reziproke Impedanz: $$\frac{1}{Z} = \frac{I}{U} = \sqrt{\left(\frac{1}{R}\right)^2 + \left(\frac{1}{X_C} - \frac{1}{X_L}\right)^2} = \sqrt{\frac{1}{R^2} + \left(\omega \cdot C - \frac{1}{\omega \cdot L}\right)^2}$$

Phase: $$\Delta\varphi = \arctan\left(\frac{I_C - I_L}{I_R}\right) = \arctan\left(\frac{\omega \cdot C - \frac{1}{\omega L}}{\frac{1}{R}}\right)$$

Welche Phase $\Delta\varphi$ der Strom zur Spannung hat, hängt davon ab, ob die Spule oder der Kondensator einen größeren Widerstand hat.

Diese Schaltung hat für $\omega \cdot C - \frac{1}{\omega \cdot L} = 0$ den größtmöglichen Scheinwiderstand $Z = R$. Wie bei der seriellen RLC-Schaltung gilt auch hier:

Resonanzfrequenz: $$f_0 = \frac{\omega_0}{2\pi} = \frac{1}{2\pi \cdot \sqrt{L \cdot C}}$$

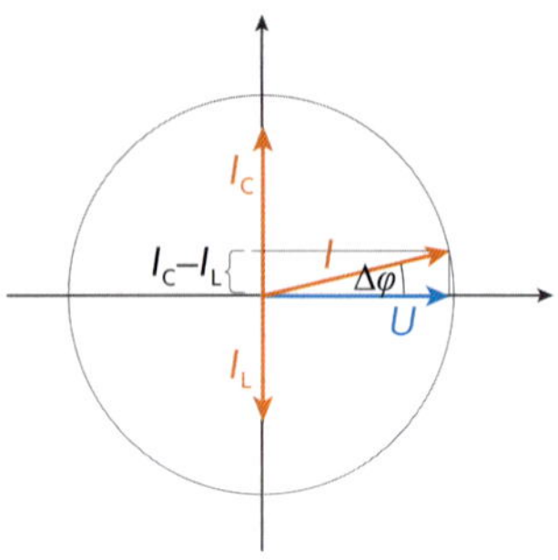

Zeigerdiagramm der parallelen RLC-Schaltung

Im Fall der Resonanz sind die Ströme durch Spule und Kondensator genau gegengleich. Der Strom pulsiert zwischen diesen beiden Bauteilen hin und her **(Stromresonanz).** Nach außen wirkt nur der ohmsche Widerstand.

Beispiel 3.2.05: Resonanzfrequenz einer RLC-Parallelschaltung

Welche Resonanzfrequenz hat eine Parallelschaltung einer Spule $L = 275$ mH mit einem Widerstand $R = 2$ kΩ und einem Kondensator $C = 970$ nF? Welche Phasenbeziehung herrscht zwischen Spannung und Strom?

$$f_0 = \frac{\omega_0}{2\pi} = \frac{1}{2\pi \cdot \sqrt{L \cdot C}} = \frac{1}{2\pi \cdot \sqrt{0{,}275 \text{ H} \cdot 9{,}7 \cdot 10^{-7} \text{ F}}} = 308{,}15 \text{ Hz}$$

$$\omega_0 = 2\pi \cdot f_0 = 1\,936{,}2 \text{ rad} \cdot \text{s}^{-1}$$

$$\Delta\varphi = \arctan\left(\frac{\omega \cdot C - \frac{1}{\omega \cdot L}}{\frac{1}{R}}\right) =$$

$$= \arctan\left(\frac{1\,936{,}2 \text{ rad} \cdot \text{s}^{-1} \cdot 9{,}7 \cdot 10^{-7} \text{ F} - \frac{1}{1\,936{,}2 \text{ rad} \cdot \text{s}^{-1} \cdot 0{,}275 \text{ H}}}{\frac{1}{2\,000\ \Omega}}\right) = 0°$$

Bei einer Resonanzfrequenz von 308,15 Hz haben Strom und Spannung zueinander keine Phasenverschiebung (Resonanz).

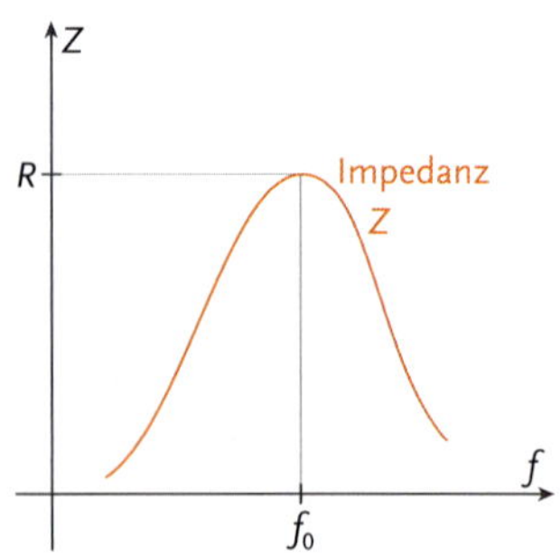

Verlauf der Impedanz bei einer parallelen RLC-Schaltung (Stromresonanz)

Schaltungen wie die **serielle** oder die **parallele RLC-Schaltung** werden auch als **Schwingkreise** bezeichnet. Anwendung finden sie sehr häufig in der **Nachrichten-**

technik. Dort fungieren sie als Filterschaltungen, die nur auf einen schmalen Bereich um ihre Resonanzfrequenz ansprechen. Aus einer Überlagerung von verschiedenen Trägerfrequenzen des Rundfunks kann durch Abstimmung der Empfängerschaltung (passende Werte von R, L und C) die gewünschte Frequenz herausgefiltert werden.

Umgekehrt verhält sich in der **Sendertechnik** eine Spule mit einer Dipolantenne wie ein Schwingkreis; die Dipolantenne übernimmt die Funktion der Kapazität. Von einer Dipolantenne, an deren Enden eine Wechselspannung liegt, wird eine elektromagnetische Welle ausgesandt. Diese ist eine Welle des elektrischen bzw. magnetischen Feldes. Die beiden Feldkomponenten stehen senkrecht aufeinander. Diese Welle benötigt kein Ausbreitungsmedium.

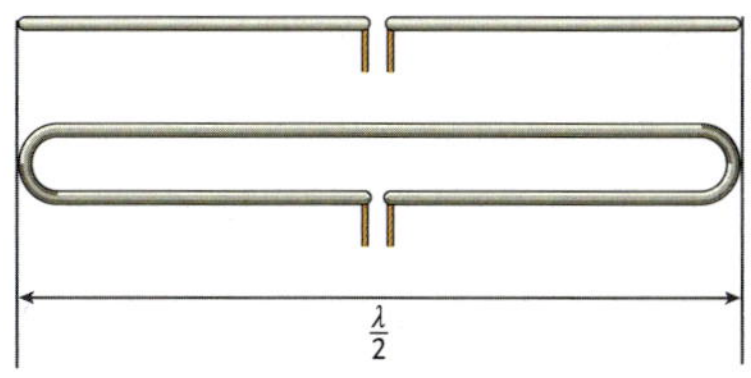

Dipolantenne: Die optimale Länge eines derartigen Dipols beträgt die halbe Wellenlänge. Sie übernimmt die Funktion eines Kondensators in einer Schwingkreisschaltung, wenn man sie parallel zu einer Spule schaltet.

Ziele erreicht? – „Schaltung von Wechselstromwiderständen"

3.2.10 + Zeichnen Sie das Verhalten einer seriellen RC-, einer seriellen RL-, einer seriellen RLC- und einer parallelen RLC-Schaltung mit Zeigerdiagrammen.

3.2.11 + Berechnen Sie für eine serielle RC-Schaltung ($R = 10$ kΩ, $C = 140$ pF) die Impedanz und die Phasenverschiebung für eine Wechselspannungsfrequenz von 200 Hz.

3.2.12 + Berechnen Sie für eine serielle RL-Schaltung ($R = 2{,}4$ kΩ, $L = 850$ mH) die Impedanz und die Phasenverschiebung bei einer Wechselspannungsfrequenz von 100 Hz.

3.2.13 + Berechnen Sie für eine serielle RLC-Schaltung ($R = 1{,}5$ kΩ, $L = 720$ mH, $C = 80$ µF) die Impedanz und die Phasenverschiebung bei einer Wechselspannungsfrequenz von 50 Hz. Bei welcher Frequenz würde Spannungsresonanz auftreten?

3.2.14 + Lösen Sie die Aufgabe 4.2.13 für eine parallele RLC-Schaltung. Welche Art der Resonanz tritt nun auf?

3.2.15 ++ Bestimmen Sie, wie groß die Kapazität einer RC-Schaltung ($R = 4{,}7$ kΩ) sein muss, damit eine Phase von 45° zwischen Strom und Spannung auftritt.

3.2.16 ++ Bestimmen Sie, wie groß in einer RL-Schaltung ($L = 450$ mH) der Widerstand sein muss, damit eine Phase von 30° zwischen Strom und Spannung auftritt.

3.2.17 ++ Bestimmen Sie, welche Phasenverschiebung zwischen Strom und Spannung bei RLC-Schaltungen im Resonanzfall auftritt.

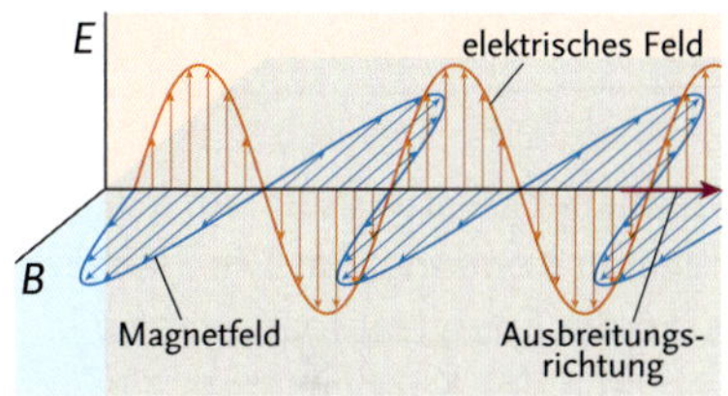

Elektromagnetische Welle: Das elektrische und das magnetische Feld stehen normal aufeinander und schwingen senkrecht zur Ausbreitungsrichtung (Transversalwelle). Da das elektrische bzw. das magnetische Feld ohne Vorhandensein von Materie im Raum wirken, benötigt die elektromagnetische Welle kein Medium zu ihrer Ausbreitung.

3.2.4 Energie und Leistung im Wechselstromkreis

Im Kapitel Wechselstromwiderstände haben wir beim ohmschen Widerstand festgestellt, dass die an ihm verloren gehende Leistung mit der Wechselspannung schwankt. Wir werden diese Überlegungen auf andere Wechselstromwiderstände erweitern.

Im Kap. A, 3.2.2 Wechselstromwiderstände wurden die Begriffe **Momentanleistung** und **mittlere Leistung** bereits behandelt.

Meine Ziele

Nach Bearbeitung dieses Kapitels kann ich

- die **Wirkleistung von Bauelementen** nennen;
- die **Wirkleistung eines ohmschen Widerstandes** und einer realen Spule berechnen;
- die Begriffe **Wirk- und Scheinleistung** erklären.

Von den **Summensätzen** in der Mathematik wissen wir:

$\sin(x) \cdot \cos(x) = \frac{1}{2} \cdot \sin(2x)$

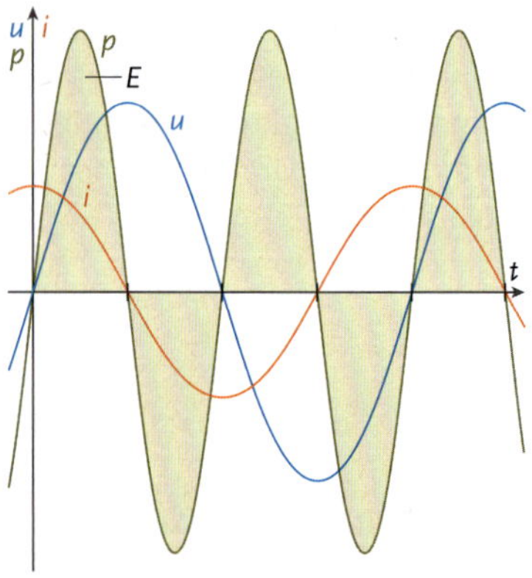

Zeitlicher Leistungsverlauf am **idealen Kondensator:** Die Flächen sind die Energieaufnahme bzw. -abgabe des Kondensators. Da die Summe der positiven und der negativen Flächen gleich ist, geht am idealen Kondensator keine elektrische Energie verloren.

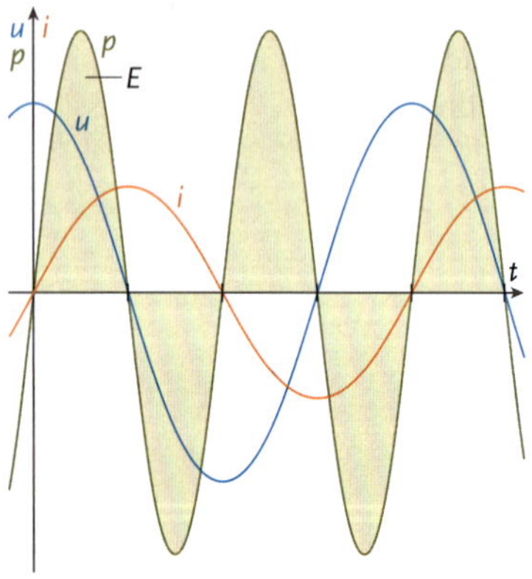

Zeitlicher Leistungsverlauf an der idealen Spule: Auch hier ersieht man aus der Gleichheit der positiven und der negativen Flächen, dass die Wirkleistung null ist.

Ohmscher Widerstand

Am ohmschen Widerstand sind Strom und Spannung in Phase.

$u = U_0 \cdot \sin(\omega \cdot t)$,	$i = I_0 \cdot \sin(\omega \cdot t)$
Momentanleistung:	$p = I_0 \cdot U_0 \cdot \sin^2(\omega \cdot t)$
Mittlere Leistung:	$P = \frac{U_0}{\sqrt{2}} \cdot \frac{I_0}{\sqrt{2}} = \frac{U_0 \cdot I_0}{2} = U \cdot I$

Diese Leistung wird wirklich am ohmschen Widerstand verbraucht (in Wärme umgewandelt). Man bezeichnet sie daher als **Wirkleistung.**

Idealer Kondensator

Der Strom eilt beim idealen Kondensator der Spannung um 90° voraus.

$u = U_0 \cdot \sin(\omega \cdot t)$,	$i = I_0 \cdot \cos(\omega \cdot t)$
Momentanleistung:	$p = I_0 \cdot U_0 \cdot \sin(\omega \cdot t) \cdot \cos(\omega \cdot t) = \frac{I_0 \cdot U_0}{2} \cdot \sin(2 \cdot \omega \cdot t)$
Mittlere Leistung:	$P = 0$

Ist die momentane Leistung am Kondensator positiv, so wird ihm von der Spannungsquelle Energie zugeführt. Ist die momentane Leistung negativ, dann gibt der Kondensator die gespeicherte Energie an die Spannungsquelle zurück. Die Energie pendelt zwischen Spannungsquelle und Kondensator hin und her, sie wird nicht verbraucht. Die **Wirkleistung des Kondensators** ist **null.**

Ideale Spule

An der idealen Spule ist die Spannung dem Strom mit einer Phase von 90° voraus.

$u = U_0 \cdot \cos(\omega \cdot t)$,	$i = I_0 \cdot \sin(\omega \cdot t)$
Momentanleistung:	$p = I_0 \cdot U_0 \cdot \sin(\omega \cdot t) \cdot \cos(\omega \cdot t) = \frac{I_0 \cdot U_0}{2} \cdot \sin(2 \cdot \omega \cdot t)$
Mittlere Leistung:	$P = 0$

Auch bei der idealen Spule pendelt die Energie zwischen der Spannungsquelle und der Spule hin und her und wird nicht wirklich verbraucht. Die **Wirkleistung der idealen Spule** ist **null.**

Reale Spule

Wie wir im vorigen Kapitel erfahren haben, kann eine reale Spule durch eine Serienschaltung eines ohmschen Widerstandes mit einer idealen Spule dargestellt werden. Dadurch ist die Phasendifferenz zwischen Spannung und Strom kleiner als 90°.

$u = U_0 \cdot \sin(\omega \cdot t + \Delta\varphi)$,	$i = I_0 \cdot \sin(\omega \cdot t)$
Momentanleistung:	$p = I_0 \cdot U_0 \cdot \sin(\omega \cdot t + \Delta\varphi) \cdot \sin(\omega \cdot t)$
Mittlere Leistung:	$P \neq 0$

Im Falle der realen Spule überwiegen die positiven Anteile der Momentanleistung. Am ohmschen Widerstand der Spule geht wirklich Energie verloren. Im Zeigerdiagramm ergibt die Projektion des Spannungszeigers auf den Stromzeiger die **Wirkleistung.**

Wirkleistung: $P = U \cdot I \cdot \cos(\Delta\varphi)$

Sie führt zur Erwärmung der Spule. Das Produkt $P_S = U \cdot I$ wird als **Scheinleistung** bezeichnet, da zwar der Strom I in der Leitung fließt, aber das obige Produkt P_S nicht in der Schaltung verloren geht.

Beispiel 3.2.06: Leistung einer realen Spule

Eine reale Spule ($L = 0{,}56$ H, $R = 12\ \Omega$) wird an die Netzspannung angeschlossen. Wie groß sind Wirk- und Scheinleistung der Spule?

$$\Delta\varphi = \arctan\left(\frac{\omega \cdot L}{R}\right) = \arctan\left(\frac{2\pi \cdot 50\ \text{Hz} \cdot 0{,}65\ \text{H}}{12\ \Omega}\right) = 86{,}64°$$

$$Z = \sqrt{R^2 + (\omega \cdot L)^2} = \sqrt{(12\ \Omega)^2 + (2\pi \cdot 50\ \text{Hz} \cdot 0{,}65\ \text{H})^2} = 204{,}56\ \Omega$$

$$I = \frac{U}{Z} = \frac{230\ \text{V}}{204{,}56\ \Omega} = 1{,}12\ \text{A}$$

$$P_S = U \cdot I = 230\ \text{V} \cdot 1{,}12\ \text{A} = 257{,}6\ \text{W}$$

$$P = U \cdot I \cdot \cos(\Delta\varphi) = 230\ \text{V} \cdot 1{,}12\ \text{A} \cdot \cos(86{,}64°) = 15{,}1\ \text{W}$$

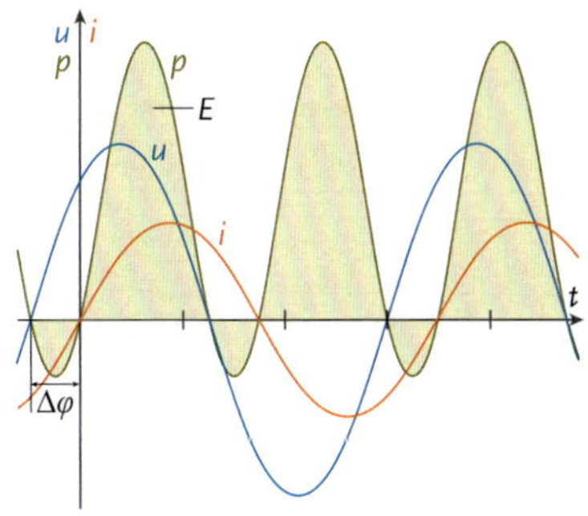

Zeitlicher Leistungsverlauf an einer **realen Spule:** Die positiven Energieanteile sind größer als die negativen, d. h., Energie geht in der Spule als Wärme verloren.

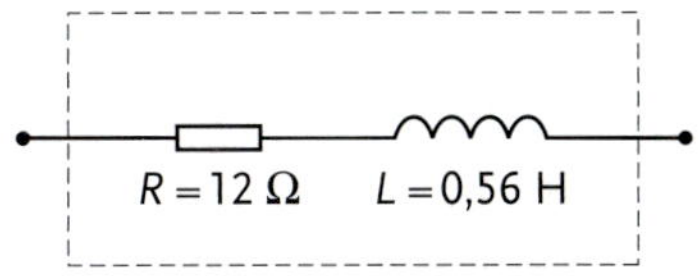

Skizze zu Beispiel 3.2.06: Ersatzschaltbild der realen Spule

Ziele erreicht? – „Energie und Leistung im Wechselstrom..."

3.2.18 + Geben Sie an, wie groß die Wirkleistung einer realen Spule bei den Effektivwerten von Strom und Spannung von $U = 110$ V, $I = 1{,}8$ A und $\Delta\varphi = 75°$ ist.

3.2.19 + Berechnen Sie die Wirk- und die Scheinleistung einer realen Spule ($L = 0{,}48$ H, $R = 8\ \Omega$), die an eine Wechselspannung von 30 V mit einer Frequenz von 100 Hz angeschlossen ist.

3.2.20 + Erklären Sie die Begriffe Wirk- und Scheinleistung.

3.2.5 Der Transformator

Transformatoren werden in der Elektrotechnik häufig verwendet. Sie dienen zum Verändern (Transformieren) von Wechselspannungen sowie zur Schutztrennung von Stromkreisen (Trenntrafo). In letzterem Fall wird dadurch ein Stromunfall durch Masse- oder Erdkontakt verhindert.

Meine Ziele

Nach Bearbeitung dieses Kapitels kann ich

- die **Übersetzung von Strom und Spannung** bei einem Transformator angeben;
- den **Energietransport beim Transformator** erklären.

Ein Transformator (kurz Trafo) besteht aus einem **geschlossenen Eisenkern,** auf den zwei getrennte Spulen **(Primär- und Sekundärspule)** aufgewickelt sind. Der Primärspule wird elektrische Energie zugeführt, über die Sekundärspule wird sie entnommen.

Die an der Primärspule mit N_1 Wicklungen angelegte Wechselspannung U_1 verursacht im Eisenkern einen wechselnden magnetischen Fluss Φ. Das wiederum führt zu einer Selbstinduktionsspannung in der Spule, die der Änderung des Magnetfeldes und damit der angelegten Spannung entgegengerichtet ist.

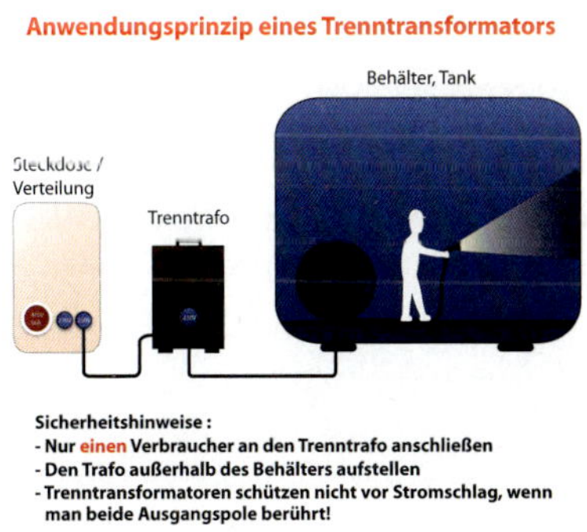

Da die Erdung immer ein Teil des normalen Stromnetzes ist, ist die Berührung eines Phasenleiters gefährlich. Ein Trenntrafo kommt in sensiblen Bereichen zur Anwendung. Der Stromkreis des Verbrauchergerätes ist dadurch vom Stromnetz getrennt, die Erde ist nicht mehr Teil des Stromkreises. Es kann zu keinem Stromunfall bei Berührung von nur einem Anschlusskontakt kommen. Ein Trenntrafo schützt aber nicht bei versehentlichem Berühren beider Anschlussleitungen.

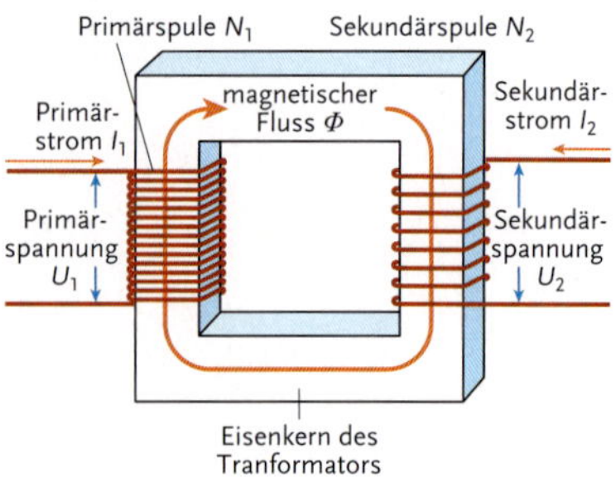

Schema eines Transformators

Das sich ändernde Magnetfeld im Eisenkern induziert in der Sekundärspule mit N_2 Wicklungen eine Wechselspannung U_2. Es gilt dabei:

$$N_1 \cdot \left|\frac{d\Phi}{dt}\right| = U_1 \quad \text{und} \quad N_2 \cdot \left|\frac{d\Phi}{dt}\right| = U_2$$

Die **Spannungen an Primär- und Sekundärspule** verhalten sich **wie die Windungsanzahlen:**

$$\frac{U_1}{U_2} = \frac{N_1}{N_2}$$

Ein **idealer unbelasteter Transformator** nimmt **keine Leistung** auf.

Hängt an der Sekundärspule ein ohmscher Verbraucher, dann fließt ein Wirkstrom durch den Verbraucher, der das Magnetfeld im Kern schwächt. Auf diese Art wirkt die Sekundärspule auf die Primärspule. Die Primärspule nimmt nun ebenfalls einen Wirkstrom auf. Ein idealer Trafo nimmt an der Primärspule eine Wirkleistung $P = U_1 \cdot I_1$ auf und gibt diese Leistung $P = U_2 \cdot I_2$ an der Sekundärspule wieder ab.

In Umspannwerken wird der Strom auf die zum Transport nötigen hohen Spannungen transformiert bzw. auf die im Haushalt nötigen niederen Spannungen zurücktransformiert

Ein idealer belasteter Transformator **überträgt Energie** von der Primär- zur Sekundärspule. **Spannungen und Stromstärken werden dabei transformiert.**

$$\frac{U_1}{U_2} = \frac{I_2}{I_1} = \frac{N_1}{N_2}$$

Ökologische Hintergründe zur Energieversorgung siehe NAWI I/II Kap. C, 2.

Eine ganz wichtige Anwendung von Trafos ist der möglichst **verlustarme Transport von elektrischer Energie** über längere Strecken. Dazu wird Wechselspannung auf einen möglichst hohen Wert transformiert, um den Strom und damit verbunden den Energieverlust beim Stromfluss zu minimieren. In Österreich besteht das Hochspannungsnetz aus Leitungen mit 110 kV, 220 kV und 380 kV. Das Netz von Leitungen mit 380 kV dient auch zum Austausch von elektrischer Energie mit unseren Nachbarstaaten.

Hochspannungsleitungen dienen der Übertragung größerer elektrischer Leistungen. Durch die hohen Spannungen wird der Strom möglichst gering gehalten. Das wiederum minimiert die Verluste am ohmschen Widerstand der Leitungen.

Größere Industrieanlagen werden direkt mit Hochspannungsleitungen versorgt, um das Entgelt für weitere Netzebenen zu sparen.

Das österreichische Stromnetz wird nach §63 Elektrizitätswirtschafts- und -organisationsgesetz in **sieben Netzebenen (nach Spannungsniveau)** eingeteilt.

Ziele erreicht? – „Der Transformator"

3.2.21 + Geben Sie die Formel zur Berechnung von Strom und Spannungen an einem belasteten idealen Trafo an. Erklären Sie, wodurch dieses Übersetzungsverhältnis bestimmt wird.

3.2.22 + Ein Netztrafo hat auf der Primärspule 800 Windungen und nimmt eine Leistung von 42 W auf. Auf der Sekundärseite liefert er eine Spannung von 6 V. Berechnen Sie die Anzahl der Wicklungen der Sekundärspule sowie die Stromstärken auf der Primär- und der Sekundärseite.

3.2.23 + Berechnen Sie, welche Stromstärke bei der Übertragung einer Leistung von 1 MW in einer 220-V- bzw. in einer 380-kV-Leitung fließen müsste.

3.2.24 ++ Begründen Sie, warum der Transport elektrischer Energie über weitere Strecken mit Hochspannungsleitungen erfolgt.

3.2.25 + Recherchieren Sie die Spannungsniveaus der sieben Netzebenen im österreichischen Stromnetz.

B Chemische Technologie

Wir nutzen täglich – ob direkt oder indirekt – Rohstoffe und Produkte der organisch-chemischen Industrie. Verpackungen aus Kunststoff, atmungsaktive Freizeitjacken, Medikamente, Duftstoffe und Aromen, Farben und Lacke sind nur einige von zahlreichen Beispielen. Diese vielen verschiedenen Produkte bestehen aus wenigen gleichen Grundstoffen, die heutzutage fast ausschließlich aus Erdöl und Erdgas gewonnen werden. Sie lernen in diesem Kapitel wichtige Rohstoffe und Produkte kennen und werden über ihre Bedeutung für Wirtschaft, Technik, Gesellschaft und Umwelt informiert.

1 Fossile Rohstoffe

Braunkohlebagger

Vor 50 Jahren wurde gesagt, dass die weltweiten Erdölvorräte den Bedarf 30 bis 40 Jahre lang decken werden können. Diese Aussage gilt durch Neuentdeckungen und andere Fördermethoden (z. B. Ölsand oder Fracking) heute immer noch. Die Kohlevorkommen reichen für weit größere Zeiträume und könnten auch für die Herstellung von Treibstoffen herangezogen werden. Die Frage ist aber, wollen wir weiterhin ungebremst Kohle und Erdölprodukte verbrennen? Wir belasten dabei die Umwelt und verändern das Weltklima. Statt die fossilen Rohstoffe zu verbrennen, ist ihr Einsatz zur Herstellung organischer Produkte wie Kunststoffe, Düngemittel, Pharmazeutika, Reinigungsmittel, Farben und Lacke usw. viel sinnvoller.

Anthrazit, eine besonders wertvolle Steinkohlenart

Meine Ziele

Nach Bearbeitung dieses Kapitels kann ich
- beschreiben, auf welchen Säulen die **Energieversorgung** beruht;
- die derzeitige **Abhängigkeit von fossilen Brennstoffen** erklären;
- die **Komplexität der Raffinerieprozesse** bis hin zu den kommerziellen Endprodukten nachvollziehen.

Besprechen Sie die Wirtschaftlichkeit (Förderung, Transport etc.) von Kohle sowie ihre Umwelt(un)freundlichkeit im Vergleich mit anderen Energieträgern.

Fossile Rohstoffe entstanden in geologischer Vorzeit durch Zersetzung abgestorbener Pflanzen oder Tiere. 90 % des weltweiten Primärenergieverbrauchs basieren auf fossilen Energieträgern.

1.1 Kohle

Was soll diese Abbildung aussagen?

Wenn sich über lange Zeiträume hinweg Pflanzenreste unter Druck und Luftabschluss zersetzen, entsteht Kohle. Je älter die Kohle ist, desto geringer ist ihr Wassergehalt und desto höher ihr Kohlenstoffgehalt. Sie enthält außer C, H und O auch N- und S-Verbindungen. Nach dem Verbrennen bleiben anorganische Verbindungen als Asche zurück.

Braunkohle stammt aus dem Tertiär (ca. 50 Millionen Jahre alt, C-Gehalt ca. 70 %, Heizwert ca. 25 000 kJ/kg), Steinkohle aus dem Erdaltertum (ca. 300 Millionen Jahre alt, C-Gehalt ca. 80 %, Heizwert ca. 30 000 kJ/kg). Braunkohle wird weitgehend im Tagebau abgebaut, Steinkohle im Untertagebau gefördert.

Stellen Sie Holzkohle her, indem Sie in einem Reagenzglas Sägespäne erhitzen. Die Abgase können entzündet werden. Die Produkte (Teer, Methanol etc.) sind denen des Zigarettenrauchens ähnlich.

Weniger als ein Prozent der bekannten Kohlevorkommen werden jährlich verbraucht. Kohle könnte den Weltenergieverbrauch daher über einen längeren Zeitraum decken. Die Umwandlung von Kohle in flüssige Treibstoffe ist möglich, aber derzeit zu teuer.

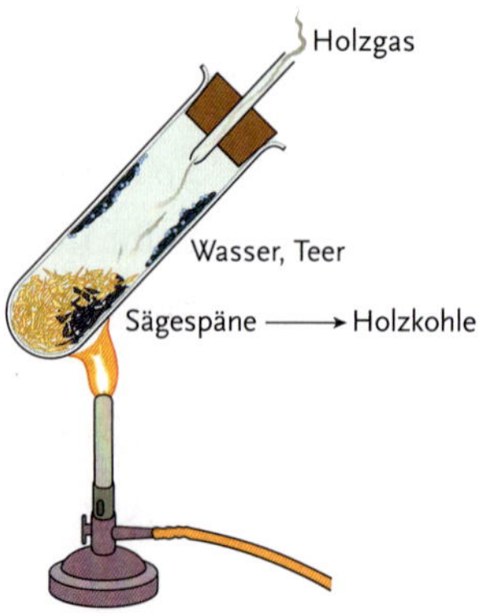

Verwendung von Kohle:
- Braunkohle: 87 % zur Stromerzeugung (kalorische Kraftwerke).
- Steinkohle: 44 % für die Roheisenerzeugung (Koks zur Beschickung der Hochöfen), 32 % zur Stromerzeugung, 6 % für die chemische Industrie.

Als Brennstoff in Haushalten spielt Kohle in westlichen Ländern nur mehr eine geringe Rolle.

Das wichtigste österreichische Kohlekraftwerk wird in Dürnrohr (NÖ) mit polnischer Steinkohle betrieben.

1.2 Erdöl und Erdgas

Erdöl und Erdgas sind fossile Rohstoffe, die aus abgestorbenen Kleinstlebewesen, die sich am Meeresgrund ablagerten, entstanden sind. Sie bestehen hauptsächlich aus einem Gemisch verschiedener aliphatischer und cyclischer Kohlenwasserstoffe. Erdöl und Erdgas bilden derzeit das Rückgrat unserer Industriegesellschaft. Der überwiegende Teil wird verbrannt, d. h., es wird chemische Energie in andere Energieformen überführt. Nur ein geringer Teil dient als Schmiermittel, Baustoff oder zur Erzeugung organischer Produkte.

Was ist älter – Erdöl oder Erdgas? Begründen Sie Ihre Entscheidung.

Suche, Förderung und Transport

Erdgas und Erdöl kommen oft gemeinsam vor; es gibt auch reine Gasvorkommen. Erdölvorkommen stellen keine unterirdischen Seen dar, sondern das Öl findet sich meist aufgesaugt in porösen Gesteinsschichten. Daher ist nie eine vollständige Förderung möglich. Die **Suche (Exploration)** erfolgt vor allem mit seismischen Methoden. Dabei wird die Reflexion von künstlichen Erdbebenwellen an ölhältigen Gesteinsschichten ausgewertet. Trotzdem sind Bohrungen nach Öl bzw. Gas nicht immer erfolgreich (fündig).

Bohrtürme (werden wieder abgebaut), elektrische Pumpe

Beim **Rotary-Tiefbohrverfahren** werden rotierende Bohrköpfe (meist Rollenmeißel aus Edelstahl; Diamantbohrer werden nur selten verwendet) über zusammensetzbare Bohrstangen angetrieben. Das Bohrgestänge ist doppelmantelig und kann mit Spülflüssigkeit den Gesteinsabrieb hochpumpen. Eine fündige Bohrung hat zunächst oft genügend Druck, um das Öl an die Oberfläche zu bringen. Wenn der Lagerstättendruck nachlässt, muss mit Pumpe weiter gefördert werden. Das vor Ort von Erdgas, Wasser und Schlamm befreite Erdöl wird Rohöl genannt.

Rollenmeißel aus Edelstahl

Eine seit einigen Jahren vor allem in den USA übliche Fördermethode ist das **Fracking.** Dabei wird das Gestein mit einem Gemisch aus Wasser, Sand und Chemikalien unter hohem Druck aufgebrochen, um Öl und Gas frei zu bekommen. Die Methode ist umstritten. Man befürchtet Unstabilitäten des Gesteins bis hin zu Mini-Erdbeben sowie die Verschmutzung des Grundwassers.

Der **Transport** kann **mit Pipeline** (Rohrleitung mit ca. 1 m Durchmesser) **oder Schiff** erfolgen. LNG-Schiffe transportieren bis zu 160 000 t **L**iquid **N**atural **G**as (gekühlt und unter Druck verflüssigt). Öltanker sind bis zu 400 m lang und haben ein Fassungsvermögen von bis zu 550 000 t. Der Bau von Pipelines und deren schlechte Wartung wie auch Unglücksfälle mit Öltankern und Bohrinseln führen immer wieder zu Umweltkatastrophen.

Öltanker

Ein mittlerer Öltanker fasst so viel wie ein Kesselwagenzug von 100 km Länge.

Österreich besitzt zwar noch kleinere Vorkommen in Nieder- und Oberösterreich, muss aber den Großteil an Öl und Gas importieren. Der Transport erfolgt hauptsächlich mit Öltankern, die arabisches oder lybisches Öl in Triest in die **Adria-Wien-Pipeline AWP** einspeisen.

Erdgas bezieht Österreich vorzugsweise aus Russland. Die Übernahme- und Verdichterstation Baumgarten an der March versorgt dabei etwa ein Drittel von Westeuropa mit russischem Gas. Die **Trans-Austria-Gasleitung TAG** führt nach Italien und Slowenien, die **West-Austria-Gasleitung WAG** nach Deutschland und Frankreich. Ehemalige Gasvorkommen im Marchfeld wurden als Energiereserve wieder mit russischem Erdgas aufgefüllt.

Pipeline (in Alaska und Sibirien oberirdisch)

Aufarbeitung von Erdgas

Erdgas besteht hauptsächlich aus Methan, ein wenig Ethan, Propan und Butan sowie je nach Quelle stark schwankenden Mengen an Wasser und Dihydrogensulfid (Schwefelwasserstoff H_2S). Wasser, Stickstoff, Schwefelverbindungen und Helium werden meist noch am Gasfeld abgetrennt. Das Erdgas wird mit Geruchsstoffen versetzt, damit ausströmendes Gas aus Pipelines bzw. im Haushalt schneller bemerkt und aufgespürt werden kann.

Clausverfahren

OMV-Raffinerie Schwechat (die schlanken Türme sind Destillierkolonnen)

Aus Gründen des Umweltschutzes (und weil S-Verbindungen Katalysatoren schädigen) werden Erdölprodukte entschwefelt. H_2S aus Erdgas und aus der Entschwefelung von Treibstoffen dient zur Produktion von Schwefel. Dabei wird H_2S verbrannt und das entstandene SO_2 mit weiterem H_2S zu Schwefel umgesetzt:

$$H_2S + 1\tfrac{1}{2}\,O_2 \rightarrow SO_2 + H_2O$$
$$SO_2 + 2\,H_2S \rightarrow 3\,S + 2\,H_2O$$

Der Schwefel dient vor allem zur Herstellung von Schwefelsäure und Gummi.

Aufarbeitung von Rohöl in der Raffinerie

Prinzip einer Glockenbodenkolonne

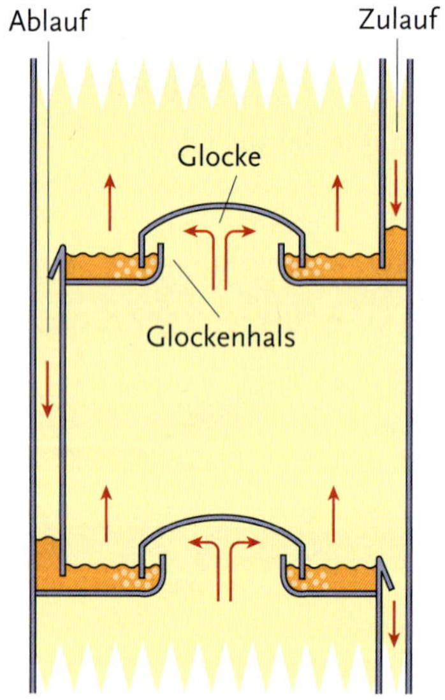

Der aufsteigende Dampf wird auf jedem Boden durch Glocken gezwungen, die flüssige Fraktion zu durchströmen

Rohöl als homogenes Flüssigkeitsgemisch wird durch Destillation in seine Bestandteile zerlegt. Genauer gesagt: Man erhitzt Rohöl auf etwa 400 °C, sodass der Großteil dampfförmig vorliegt, und trennt aufgrund der unterschiedlichen Siedepunkte beim Kondensieren. Die Dämpfe steigen in einer Glockenbodenkolonne sich abkühlend von Boden zu Boden auf. Substanzen mit niedrigen Siedepunkten (aus kleinen Molekülen aufgebaut) gelangen am höchsten. Man erhält dabei aber nicht reine Stoffe, sondern Fraktionen (Gemische, die aus Stoffen ähnlicher Moleküle bestehen).

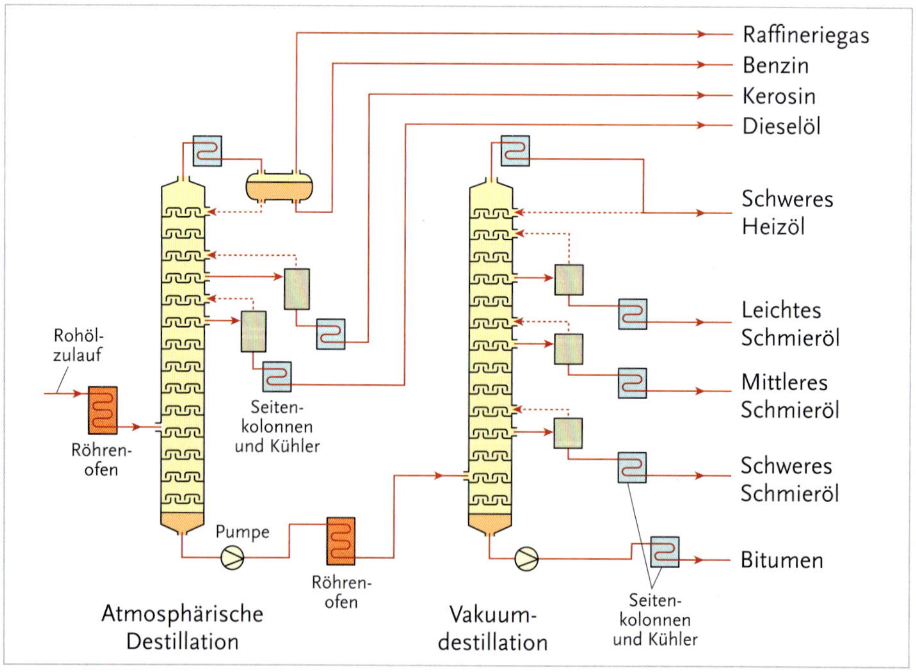

Glockenboden

Der Vorgang wird in zwei Stufen durchgeführt. In der **Primärdestillation** (atmosphärischen Destillation) erhält man die im Rohöl gelösten Gase sowie Treibstofffraktionen (siehe Abbildung). Es handelt sich um Stoffe mit Molekülgrößen bis etwa 20 Kohlenstoffatome. Der nicht verdampfte Anteil der Primärdestillation (enthält Substanzen aus größeren Molekülen) dient als Heizöl oder wird in der **Vakuum-**

destillation in Schmieröle aufgetrennt. Dabei wird nicht bei erhöhter Temperatur verdampft (dies würde viele Stoffe unkontrolliert zersetzen), sondern bei verringertem Druck gearbeitet. Der unverdampfte Rückstand ist Bitumen.

Produkte der Raffinerie

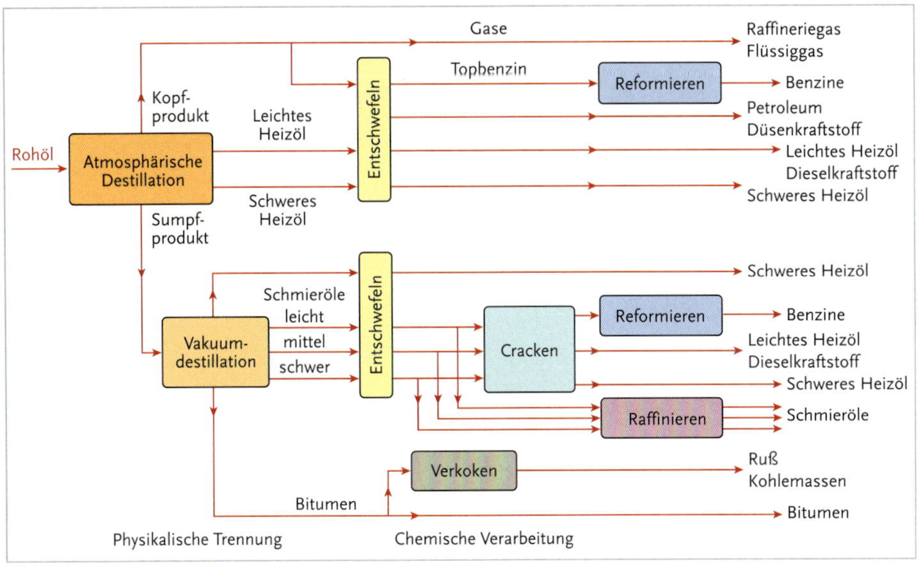

Benzin

Benzine verschiedener Fraktionen (d. h. verschiedener Siedebereiche) werden als Lösungsmittel – beispielsweise in der Lackindustrie – verwendet. Der weitaus überwiegende Teil dient aber dem Antrieb von Ottomotoren. Ein Maß für die Qualität von Ottokraftstoff ist die **Octanzahl OZ (Klopffestigkeit).** Eine hohe OZ bedeutet eine gleichmäßige Explosion des Benzin-Luft-Gemisches im Arbeitstakt des Motors sowie geringe Neigung zu Frühzündungen durch die Verdichtung. Ungleichmäßige sowie verfrühte Explosionen führen zum Klopfen oder Klingeln, wobei die Lager stark belastet werden und die Lebensdauer des Motors verringert wird.

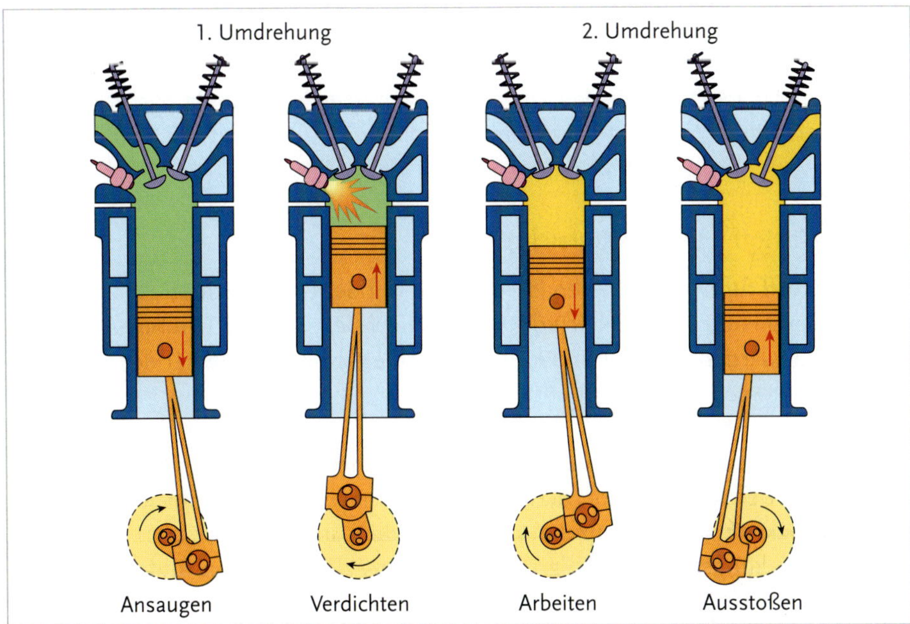

Die OZ ist eine Vergleichsgröße, die in Testmotoren festgestellt wird. Man vergleicht dabei den Treibstoff mit Mischungen aus **Heptan** (ist mit **OZ = 0** festgelegt) und **2,2,4-Trimethylpentan** (die auch iso-Octan genannte Verbindung ist mit **OZ = 100**

Als primitive Destillationsapparatur wird ein großes Reagenzglas mit seitlichem Ansatz und angesetztem Glasrohr verwendet. Man destilliert Rohöl und wechselt nach jedem Milliliter die Reagenzglasvorlage. Die Entzündlichkeit der erhaltenen Fraktionen kann auf einer Platte mit dem Zündholz geprüft werden.

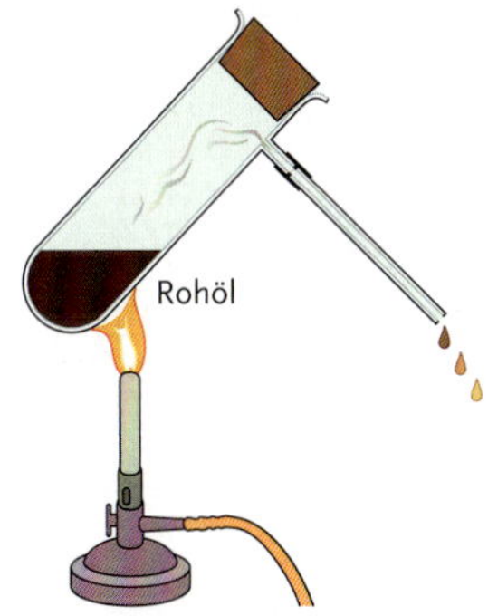

1936

Heute

Die Formel 1 war vor 80 Jahren ungefähr gleich schnell wie heute. Während in diesen Frühzeiten des Motorsports oft abenteuerlich giftige und explosive Treibstoffe verwendet wurden, ist heute die Formel 1 verpflichtet, Benzin mit maximal ROZ 102 einzusetzen.

Nicolaus August Otto, 1832 bis 1891

B

Wie sieht die Strukturformel von iso-Octan aus?

In Brasilien wird aus Zuckerrohr hergestelltes Ethanol nicht nur als Zusatz, sondern als Hauptkomponente des Treibstoffs verwendet.

MTBE = Methyl-tertiärbutyl-ether (Methoxy-methyl-propan)

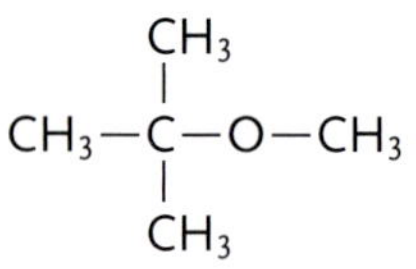

Cracken siehe Kap. B, 2.

festgelegt). Verhält sich beispielsweise ein Treibstoff im Testmotor wie ein Gemisch aus 5 % Heptan und 95 % iso-Octan, erhält er die Octanzahl 95. Geradkettige Alkane zeigen niedrige Werte, während verzweigte Alkane, Cycloalkane und Aromaten hohe Werte haben. Mit Alkoholen (z. B. Ethanol) und Ethern (z. B. **MTBE**) kann die Octanzahl gesteigert werden. Damit sind sogar Werte über 100 möglich. Die Verwendung von Bleiverbindungen zur Steigerung der OZ ist in Österreich nicht mehr zulässig.

ROZ einiger Verbindungen (das „R“ steht für „Research“):	
Heptan	0
Octan	0
Hexan	26
Cyclohexan	83
Benzen	99
2,2,4-Trimethylpentan (iso-Octan)	100
2,3-Dimethylbutan	102
Ethanol	109
Methyl-tertiärbutyl-ether (MTBE)	118

Platforming (Reformieren) ist ein Raffinerieprozess, bei dem geradkettige in verzweigte und ringförmige Kohlenwasserstoffe umgewandelt werden. Der Name resultiert aus der Verwendung von Platin als Katalysator.

Beim **Cracken** werden die weniger benötigten längerkettigen Kohlenwasserstoffe zu Verbindungen mit Kettenlängen der Benzin- und Dieselfraktionen gespalten.

Kerosin (Petroleum)

Auftanken eines Flugzeugs

Für die Luftfahrtindustrie bedeutete es einen großen Fortschritt, als statt der Benzinmotoren, die teures Flugbenzin von ROZ 100 benötigen, Strahltriebwerke zur Verfügung standen. Diese können bei höherer Leistung mit dem billigen Kerosin (Petroleum) betrieben werden.

Die verschiedenen Sorten von Kerosin haben Siedebereiche zwischen 150 und 250 °C. Sie werden für die Strahltriebwerke der Düsenflugzeuge und die Turbinen von Turbopropflugzeugen und Hubschraubern verwendet. Die OMV hat eine eigene Pipeline eingerichtet, die den Flughafen Wien-Schwechat direkt von der Raffinerie mit Kerosin der Sorte Jet-A1 versorgt.

Dieseltreibstoff (Heizöl extraleicht)

Der Treibstoff für Dieselmotoren ist identisch mit dem extraleichten Heizöl (HEL). Den Unterschied macht lediglich die steuerliche Belastung aus. Um Missbrauch zu verhindern, werden Dieselöl und HEL unterschiedlich gefärbt (einer der Farbstoffe des HEL kann nur sehr schwer entfernt werden).

Rudolf Diesel, 1858 bis 1913

Der Dieselmotor benötigt keine Zündkerze. Das Dieselöl-Luft-Gemisch wird durch die mithilfe der Kompression erzeugte Wärme gezündet. Die von **Robert Bosch 1927** entwickelte **Einspritzpumpe** sorgte mit dem im Vergleich zum Ottomotor besseren Wirkungsgrad für die große Verbreitung des **1892 von Rudolf Diesel erfundenen Dieselmotors.** Ein Nachteil des Dieselmotors ist, dass sich seine Abgase deutlich weniger gut entgiften lassen als die des Ottomotors. An der Oberfläche von Rußteilchen (Partikeln) im Abgas von Dieselmotoren haften sehr viele problematische Substanzen (u. a. krebserregende Stoffe). Partikelfilter bringen nur teilweise Abhilfe.

Dieseltreibstoff enthält überwiegend Moleküle mit 9 bis 22 C-Atomen. Die **Cetanzahl CZ** gibt die **Zündwilligkeit von Dieseltreibstoff** an. Kohlenwasserstoffe aus kürzeren und geradkettigen Molekülen sind leichter entzündbar als verzweigte und ringförmige Verbindungen. Die Cetanzahl wird über die aromatische Verbindung 1-Methylnaphthalen (CZ = 0) und Hexadecan (CZ = 100) definiert. Bei zu niedriger Cetanzahl werden Zündungen verzögert oder verhindert (der Motor „nagelt"). Übliche Cetanzahlen liegen bei 50 bis 60. Verbindungen aus zu großen Molekülen verringern nicht nur die CZ, sondern bergen auch die Gefahr, dass der Treibstoff bei tiefen Temperaturen in der Einspritzpumpe stockt.

Dieselmotoren sind aufgrund des höheren Drucks bei der Verdichtung schwerer als Benzinmotoren

? Hat der im Winter oder der im Sommer ausgelieferte Dieseltreibstoff die höhere CZ?

Schmieröle

Schmieröle verringern die Reibung zwischen festen Flächen. Der Schmierfilm zwischen Zylinder und Kolben soll auch bei schneller Bewegung und hohen Temperaturen nicht reißen. Schmieröle werden in **Viskositätsklassen (SAE-Klassen)** eingeteilt. Damit wird die Zähflüssigkeit des Öls angeben. Die gängigen Mehrbereichsöle haben eine dünnflüssige Basis. **Zusätze (Additive)** sorgen dafür, dass die Viskosität bei höheren Temperaturen nur wenig abnimmt. Daher sind derartige Motor- bzw. Getriebeöle für den Sommer- und auch für den Winterbetrieb geeignet. Die **Wintertauglichkeit** wird durch den **Zusatz „W"** gekennzeichnet.

Die Kennzeichnung eines Schmieröls mit „SAE 5W-30" bedeutet, dass es sich um ein Mehrbereichsöl handelt, das im Winter dünnflüssig ist („5W") und im Sommer durch Additive die Viskosität bis zur Kennzahl „30" steigert.

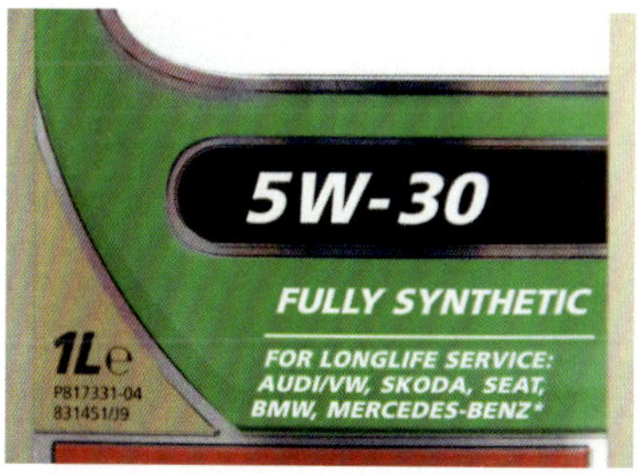

Schmieröl (Motoröl)

Mit Additiven versehene Öle heißen auch **„legierte" oder HD-Öle („heavy duty")**. Synthetische Öle bestehen im Gegensatz zu den Mineralölen aus der Vakuumdestillation aus einheitlichen Molekülsorten. Man erzeugt sie aus Synthesegas (Gemisch aus Kohlenstoffmonoxid und Wasserstoff). Sie werden durch Zusatz von Estern und Siliconölen exakt auf die gewünschten Eigenschaften eingestellt. Sie sind deutlich teurer, aber sie verlängern die Ölwechselintervalle.

Bitumen

Bitumen (Erdpech) ist der sehr zähflüssige **Rückstand der Vakuumdestillation.** Es besteht aus hochmolekularen Kohlenwasserstoffen und einem relativ hohen Anteil an heterocyclischen Verbindungen. Als hydrophobes Stoffgemisch eignet es sich als Dichtmasse für Keller bzw. Dächer sowie für den Korrosionsschutz. Die Hauptverwendung liegt im Straßenbau: **Asphalt** ist eine Mischung aus Sand und Bitumen; moderne Asphaltsorten enthalten noch quer vernetzende Komponenten wie Kautschuk. Asphalt ist sehr gut recyclingfähig. Aufgrund der hohen Zähigkeit muss Bitumen immer heiß verarbeitet werden.

Asphaltiermaschine

! Der Bitumenanteil von Asphalt wird oft überschätzt. Er beträgt nur 4 bis 5 %.

Ziele erreicht? – „Fossile Rohstoffe"

1.01 + Begründen Sie die unterschiedlichen Heizwerte von Braunkohle und Steinkohle.

1.02 + Geben Sie die Summenformel von Hexadecan an. Erklären Sie die Bedeutung der Verbindung für die Beschreibung eines Treibstoffs.

1.03 ++ Stellen Sie mithilfe des Fließbildschemas die Verfahrensschritte vom Rohöl bis zu einem Benzin mit ROZ 98 bzw. bis zu einem Dieseltreibstoff dar.

1.04 + Nennen Sie die Testmischung, die in einem ROZ-Testmotor dem Vergleich für einen Treibstoff mit ROZ 98 dient.

1.05 + Erklären Sie, wie man die Octanzahl für Flugbenzin auf über 100 anheben kann.

1.06 ++ Recherchieren Sie, wie viel Tonnen Braunkohle, Steinkohle, Erdöl und wie viel Kubikmeter Erdgas jährlich weltweit gefördert werden.

1.07 + 2,2,4-Trimethylpentan zeigt eine Verbrennungswärme von 5 461 kJ/mol. Bestimmen Sie, wie viel Wärme frei wird, wenn ein Liter ($\rho = 0{,}69$ kg/dm^3) verbrannt wird.

1.08 ++ Nennen Sie Vorteile des Autoabgaskatalysator (siehe NAWI I/II, Kap. D, 3.2 und Kap. H, 2.2) bzw. der Partikelfilter. Beschreiben Sie auch die Funktionsweise.

2 Petrochemie – Kohlenwasserstoffe

Bis in die 50er-Jahre des vorigen Jahrhunderts bildete Steinkohlenteer – ein Produkt, das neben Koks beim Erhitzen von Kohle unter Luftausschluss entsteht – die Basis der organischen chemischen Industrie. Derzeit werden fast alle organischen Stoffe aus Erdöl und Erdgas produziert. Der Schlüsselvorgang zur Erzeugung der Rohstoffe ist das Cracken.

Meine Ziele

Nach Bearbeitung dieses Kapitels kann ich

- die **technische Bedeutung der Crackprozesse** erkennen;
- erklären, **welche Wege zu Treibstoffen,** Kunststoffen, Pharmazeutika, Sprengstoffen, Farbstoffen und Reinigungsmitteln **führen;**
- die **Vernetzung von anorganischer und organischer Chemie** nachvollziehen.

Das Cracken kann auf zwei Arten durchgeführt werden:

- Das **katalytische Cracken** in einem Wirbelschichtreaktor dient der Herstellung von **Treibstoffen.** Dabei werden längere Moleküle bei etwa 500 °C vorzugsweise zu Molekülen mit fünf bis zwölf Kohlenstoffatomen (Benzin) bzw. zu Molekülen mit zehn bis 22 Kohlenstoffatomen (Dieselöl) gespalten. Wenn zusätzlich Wasserstoff eingepresst wird (Hydrocracken), wird die Bildung von Alkenen zugunsten von Alkanen unterdrückt.
- Das **Steamcracken** ist ein rein thermisches Cracken und bildet die Grundlage der **Petrochemie.** In Gegenwart von Wasserdampf werden Benzinfraktionen ganz kurz (0,2 bis 0,4 s) hoch erhitzt (800 bis 900 °C). Man erhält dabei vorzugsweise Alkene, Diene und Aromaten (hochoctaniges Pyrolysebenzin ist ein erfreuliches Nebenprodukt).

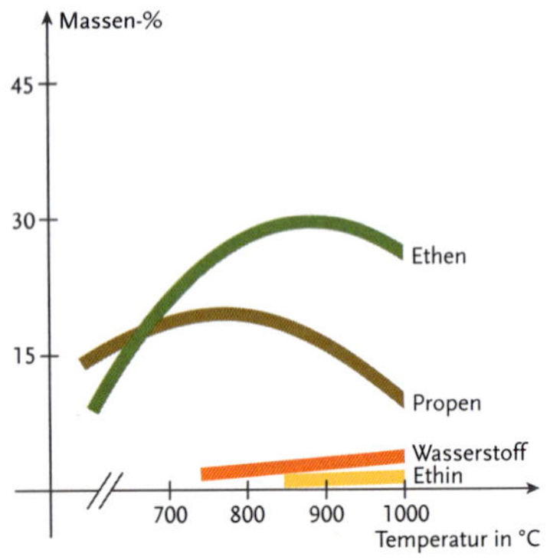

Einfluss der Cracktemperatur auf die Spaltgaszusammensetzung

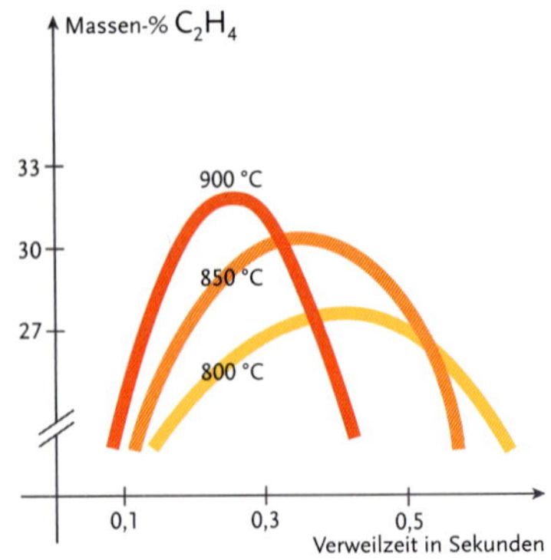

Einfluss der Cracktemperatur und der Verweilzeit im Spaltreaktor auf die Ethenausbeute

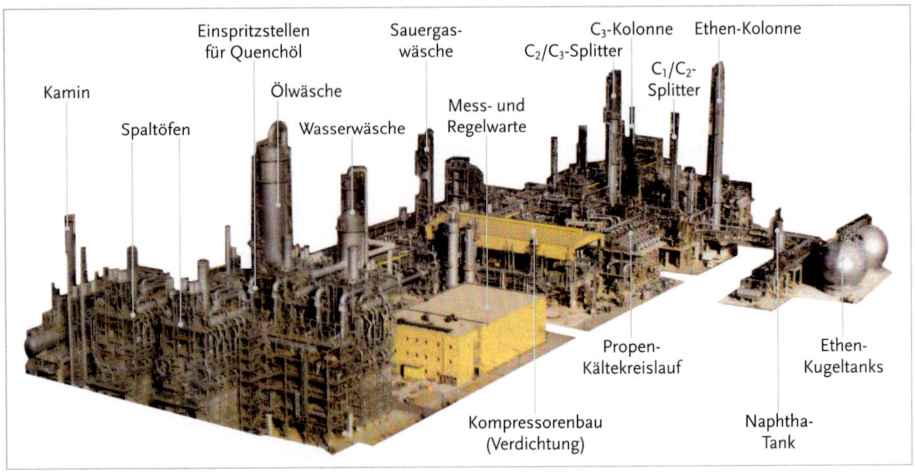

Steamcracker der BASF (produziert 1 Million t Ethen pro Jahr)

Typische Zusammensetzung der beim Steamcracken erhaltenen wichtigsten **Spaltprodukte** (Angabe in Massenprozent, Hauptverwendungen):

1 % Wasserstoff	Hydrierungen
15 % Methan	Beheizen des Steamcrackers
24 % Ethen	Kunststoffe, Ethanol
5 % Ethan	Umwandlung in Ethen
15 % Propen	Kunststoffe, Propanole
5 % Butadien	Kautschuk (Gummi)
5 % Butene	Kunststoffe
25 % Pyrolysebenzin	Benzin, Lösungsmittel, Aromatenchemie

Durch Wahl der **Reaktionsbedingungen** (Cracktemperatur, Verweilzeit) können die Prozentsätze der Ausbeuten in gewissen Grenzen variiert werden. **Je höher** man **die Temperatur** wählt, **desto kleinere Moleküle** entstehen.

Beispielsweise steuert man das Verhältnis Ethen C_2H_4 zu Propen C_3H_6 durch Veränderung der Temperatur bzw. der Verweilzeit im Spaltreaktor des Crackers.
Unmittelbar nach dem Erhitzen muss das Gasgemisch abgekühlt (gequencht) werden, damit die Crackprodukte nicht miteinander reagieren.

Bei **aliphatischen Kohlenwasserstoffen** unterscheidet man:
Alkane = Kohlenwasserstoffe mit durchwegs Einfachbindungen zwischen den C-Atomen, gesättigt, Name endet auf „-an", allgemeine Summenformel C_nH_{2n+2}
Alkene = ungesättigte Kohlenwasserstoffe mit einer Doppelbindung zwischen zwei C-Atomen (ansonsten Einfachbindungen), Name endet auf **„-en"**, allgemeine Summenformel C_nH_{2n}
Alkine = ungesättigte Kohlenwasserstoffe mit einer Dreifachbindung zwischen zwei C-Atomen, Name endet auf **„-in"**, allgemeine Summenformel C_nH_{2n-2}

Nachfolgend werden die wichtigsten Kohlenwasserstoffe besprochen.

2.1 Methan

Methan ist der Hauptbestandteil von Erdgas und fällt außerdem beim Cracken an. In erster Linie wird es als Heizgas verwendet, aber es bildet in der Petrochemie auch die Grundlage vieler Produkte.

Ruß ist eine feine Form von Grafit. Die Herstellung erfolgt durch Verbrennen von Methan mit einem Unterschuss an Luft.
$CH_4 + O_2 \rightarrow C + 2\ H_2O$
Verwendung von Ruß: schwarzes Farbpigment, Füllstoff für Gummi.

Ethin (Acetylen) C_2H_2 wird mit einem Katalysator bei hohen Temperaturen hergestellt:
$2\ CH_4 \rightarrow C_2H_2 + 3\ H_2$
Aufgrund der Dreifachbindung $CH{\equiv}CH$ (zwei π-Bindungen!) ist Ethin sehr reaktionsfähig. Es verbrennt mit sehr heißer und heller Flamme. Ethin-Luft-Gemische sind hochexplosiv. Ethin ist das übliche Schweißgas (kastanienbraune Kennzeichnung der Druckgasflaschen).

Chloriertes Methan
Durch S_R-Reaktionen entstehen aus Methan und Chlorgas die Lösungsmittel Chlormethan, Dichlormethan, Trichlormethan (Chloroform) und Tetrachlormethan.

Warum wird in der Tabelle der Produkte des Steamcrackers bei Propanol und Buten die Mehrzahl verwendet?

Welche allgemeine Summenformel schlagen Sie für die Cycloalkane vor?

Früher erzeugte man Ethin in zwei Stufen: Erhitzen von gebranntem Kalk mit Kohle liefert Calciumcarbid CaC_2; dieses ergibt mit Wasser Acetylen.

Carbidlampen waren als Grubenlampen in Verwendung

Streuen Sie auf eine Platte ein wenig Calciumcarbid, bespritzen Sie es mit Wasser und zünden Sie die Gasblasen mit einem brennenden Span an.

Dissousgas

S_R (Methanchlorierung) siehe NAWI I/II, Kap. F, 4.4.

2.2 Ethen

Das Crackgas Ethen C_2H_4 ist Ausgangspunkt für eine Vielzahl von Synthesen.

Die Doppelbindung besteht nicht aus zwei gleichwertigen Bindungen: Um die komplette Doppelbindung zu spalten, sind 614 kJ/mol notwendig. Für die Spaltung der Einfachbindung (σ-Bindung) des Ethan sind es 348 kJ/mol. Daraus ergibt sich, dass die π-Bindung schwächer ist, denn für ihre Spaltung sind nur 614 – 348 = 266 kJ/mol notwendig. Alkene sind daher reaktionsfreudiger als Alkane.

A_E und A_R siehe NAWI I/II, Kap. F, 4.4.

Als ungesättigte Verbindung bevorzugt Ethen Additionsreaktionen. Üblicherweise erfolgen Additionen nach einem A_E-Mechanismus. Polymerisationen zu Kunststoffen laufen meist nach einem A_R-Mechanismus ab.

Vergleichen Sie Cyclohexan und Cyclohexen, indem Sie kleine Proben mit wässriger Bromlösung durchschütteln.

Der Nachweis von Doppelbindungen (besser gesagt von π-Bindungen) erfolgt meist durch Addition von Brom unter milden Bedingungen. Die Farbe des Broms verschwindet dabei.

$CH_2{=}CH_2$ + Br_2 → $CH_2Br{-}CH_2Br$ (1,2-Dibromethan)
farblos rotbraun farblos

Einen kleinen Teil der **aus Ethen erzeugten Zwischen- und Endprodukte** zeigt der nachstehende **„Ethenbaum“:**

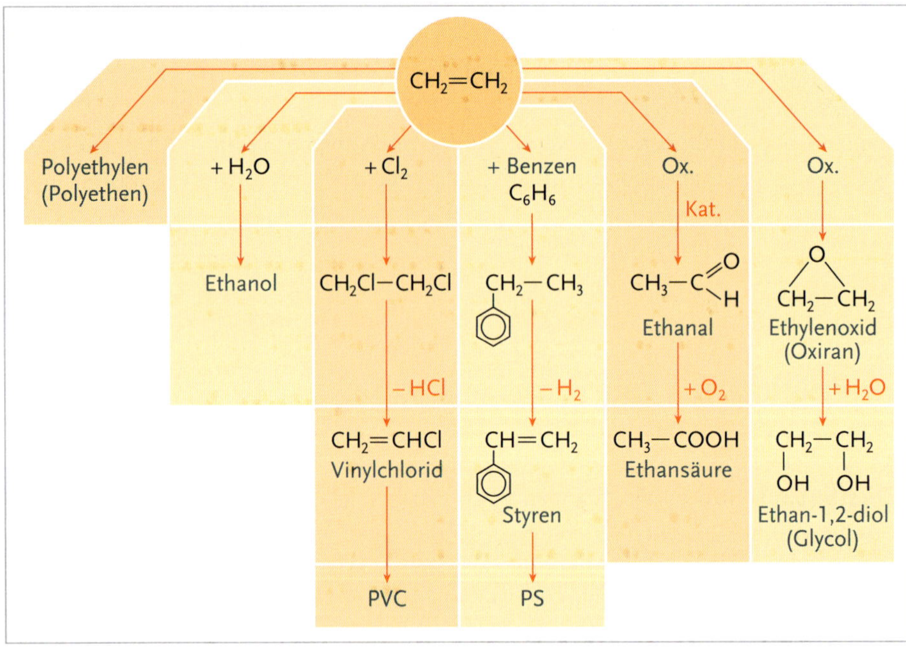

Kunststoffe siehe Kap. B, 8.

Nomenklatur siehe NAWI I/II, Kap. F, 4.2; funktionelle Gruppen NAWI I/II, Kap. F, 4.3.

Wie lautet der IUPAC-Name von Vinylchlorid?

Von Ethen leiten sich drei der vier wichtigsten Kunststoffe ab: PE = Polyethylen (Polyethen), PVC = Polychlorethen (Polyvinylchlorid), PS = Polystyren (Polystyrol). Der vierte wichtige Kunststoff ist Polypropylen (Polypropen).
Ethylenoxid ist ein Vorprodukt für Epoxidharze. Glycol ist ein Frostschutzmittel.

2.3 Propen

Der „Propenbaum“ ist dem „Ethenbaum“ sehr ähnlich, d. h., die Produkte sind analog. Allerdings ist bei Propen die Vielfalt größer, weil Gruppen an die 1- oder 2-Position addieren können. Das wichtigste Produkt ist **Polypropylen (PP),** der leichteste Kunststoff: Man erhält PP durch Polymerisation von Propen:

Gegenstände aus Polypropen

$$n\,CH_2{=}CH{-}CH_3 \longrightarrow \left[CH_2{-}\underset{\displaystyle CH_3}{\underset{|}{CH}} \right]_n$$

Addition von Wasser an Propen liefert das Isomerengemisch Propan-1-ol und Propan-2-ol. Durch Wahl der Reaktionsbedingungen kann das Isomerenverhältnis beeinflusst werden. Man erhält überwiegend Propan-2-ol, das gegen Vereisung eingesetzt wird und zur Produktion von Propanon (Aceton) dient.

2.4 Buten

Für die Summenformel C_4H_8 sind einige Isomere denkbar. Zwei davon sind:
$CH_2{=}CH{-}CH_2{-}CH_3$ But-1-en
$CH_3{-}CH{=}CH{-}CH_3$ But-2-en

Welche weiteren Isomere sind für C_4H_8 vorstellbar?

Allerdings existieren von But-2-en wiederum zwei Varianten, die sich ergeben, weil die π-Bindung eine freie Drehbarkeit um die Bindungsachse verhindert:

Starre π-Bindung siehe NAWI I/II, Kap. F, 4.1.

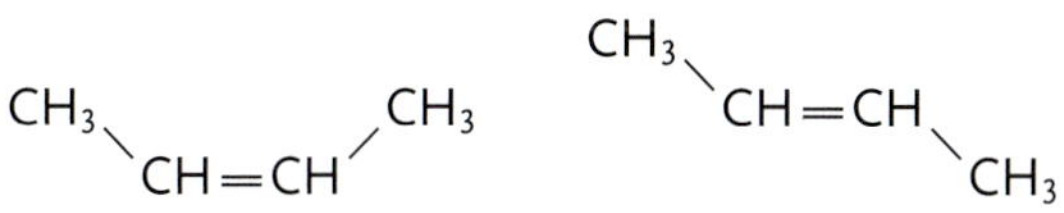

(Z)-But-2-en und (E)-But-2-en

Die Bezeichnungen „Z“ und „E“ leiten sich von „zusammen“ bzw. „entgegen“ ab.

Butene dienen der Herstellung von Alkoholen, Antiklopfmitteln und Kunststoffen.

2.5 Diene – Gummi

Diene (Alkadiene) sind ungesättigte Kohlenwasserstoffe mit zwei Doppelbindungen zwischen C-Atomen. Die allgemeine Summenformel lautet C_nH_{2n-2}.

$=-=$ konjugiert
$==$ kumuliert
$=\ldots\ldots=$ isoliert

Das wichtigste Dien ist das **Buta-1,3-dien** $CH_2{=}CH{-}CH{=}CH_2$. Es entsteht beim Cracken. Buta-1,3-dien ist das einfachste konjugierte Dien. Der Begriff **„konjugiert“** bedeutet, dass sich zwischen zwei Doppelbindungen formal genau eine Einfachbindung befindet. Im Unterschied dazu sind **kumulierte Doppelbindungen** benachbart. **Isolierte Doppelbindungen** sind durch mehr als eine Einfachbindung getrennt.

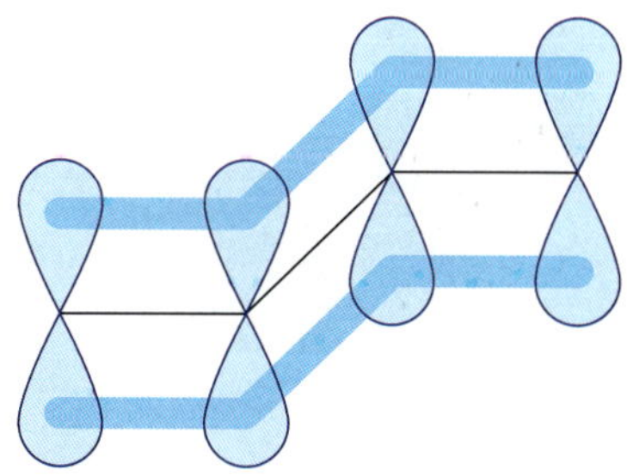

Orbitalmodell von Buta-1,3-dien

Dass die Formelschreibweise nicht exakt der Wirklichkeit entspricht, erkennt man aus dem Orbitalmodell. Jedes C-Atom des Buta-1,3-dien ist sp^2-hybridisiert, d. h., es hat für die vier Valenzelektronen außer je drei sp^2-Hybridorbitalen je ein p_z-Orbital. Die p_z-Orbitale ermöglichen durch Überlappungen einen durchgehenden Mehrfachbindungscharakter. Insgesamt fünf Elektronenpaare verteilen sich auf drei Bindungsstellen, womit drei 5/3-Bindungen entstehen. Statt der in der Formel ausgedrückten Reihenfolge Doppel-, Einfach-, Doppelbindung existiert daher durchgehend eine (formelmäßig schlecht anschreibbare) Bindungsordnung BO von 1,67. Es liegt **Mesomerie** vor.

Mesomerie siehe NAWI I/II, Kap. D, 2.4.3.

Das in der Natur von vielen Pflanzen (besonders vom brasilianischen Gummibaum) produzierte Isopren $CH_2{=}C(CH_3){-}CH{=}CH_2$ polymerisiert leicht. Weil durch die Mesomerie der Mehrfachbindungscharakter vom ersten bis zum letzten Kohlenstoffatom reicht, geht diese 1,4-Polymerisation von den Molekülenden aus.

Wie lautet der IUPAC-Name von Isopren?

B

$$n\,CH_2{=}\underset{\displaystyle CH_3}{\underset{|}{C}}{-}CH{=}CH_2 \longrightarrow \left[CH_2{-}\underset{\displaystyle CH_3}{\underset{|}{C}}{=}CH{-}CH_2\right]_n$$

Das Polymerisat heißt **Kautschuk.** Durch die an jedem vierten Kohlenstoffatom wiederkehrende Doppelbindung ist Kautschuk reaktionsfähig.

Der Name **Kautschuk** leitet sich vom indianischen „cahutschu" (Holzträne) ab.

Bei der **Vulkanisation** werden die Ketten der Kautschukmoleküle unter Aufreißen von π–Bindungen mit Schwefel quervernetzt: Man erhält **Gummi.**

Der US-Amerikaner **Charles Goodyear** fand 1839 durch Zufall die **Vulkanisation.** Der Engländer **Henry Wickham** schmuggelte **Samen des Gummibaums** 1876 aus Brasilien, worauf die Plantagen in der damaligen britischen Kolonie Malaysia entstanden. Der Schotte **John Dunlop** erfand 1888 den **luftgefüllten Reifen.**

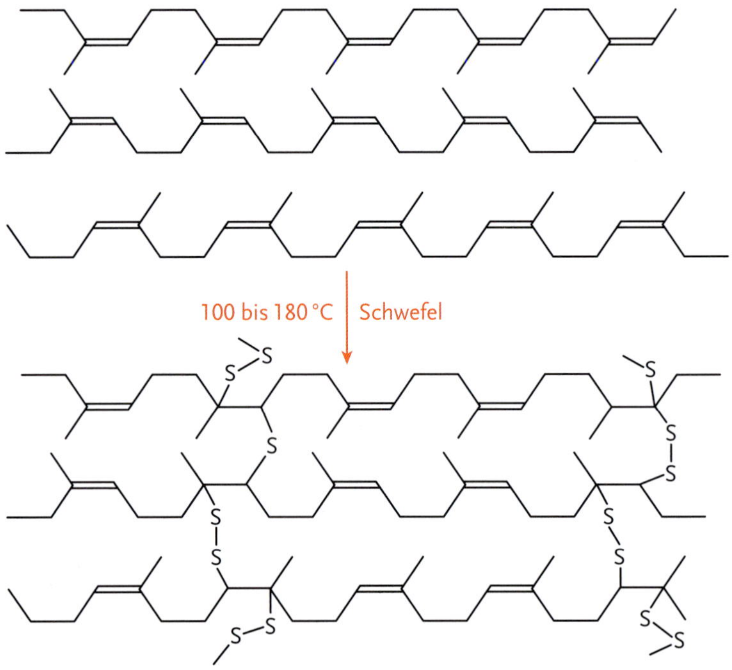

Die Schwefelbrücken zwischen den ehemaligen fadenförmigen Molekülen des Kautschuks bestehen aus ein oder meist zwei Schwefelatomen. Schwache Vernetzung (1 bis 3 % Schwefel) liefert Weichgummi, starke Vernetzung (etwa 30 % Schwefel) Hartgummi.

Reifen werden **nicht** aus **Hart-, sondern** aus **Weichgummi** hergestellt.

Weichgummi zählt zu den Elastomeren. Gummi wird mit der Zeit brüchig: Er versprödet, weil die noch vorhandenen Doppelbindungen mit dem Sauerstoff der Luft reagieren. Um Gummi unempfindlicher gegen UV-Licht sowie hitze-, kälte- und alterungsbeständiger sowie ölfester zu machen, wird er mit Antioxidantien versetzt und mit verschiedenen Kunststoffen angereichert. Als Füllstoff dient Ruß, womit auch eine UV-Stabilisierung erzielt wird.

Querschnitt eines Winterreifens

Seit dem Ersten Weltkrieg gibt es auch **synthetische Kautschuksorten.** Die bekannte Gummiart „Buna S" erhielt diese Bezeichnung, weil man von Buta-1,3-dien ausgeht, Polystyren als Kunststoff eingefügt ist und Natrium als Katalysator bei der Herstellung dient. Ein üblicher Autoreifen wird mehrheitlich aus synthetischem, aber auch aus Naturkautschuk produziert. Winterreifen haben nicht nur ein tieferes Profil, sondern auch eine weichere Gummimischung.

Autoreifen werden mit Fasern verstärkt: Meist mit Stahl und Cellulose, aber auch mit Polyamid oder Polyester.

2.6 Aromaten

Einige bekannte Verbindungen, deren Moleküle einen stark ungesättigten Ring enthalten (z. B. Vanillin), riechen sehr angenehm. Die Chemie definiert **„aromatisch"** heute aber nicht als wohlriechend, sondern es ist dies eine Bezeichnung für **mesomeriestabilisierte Ringsysteme.**

Das Pyrolysebenzin des Steamcrackers enthält 30 % Benzen, 15 % Toluen (Methylbenzen, Toluol) und 20 % C_8-Aromaten. Unter C_8-Aromaten versteht man Ethylbenzen und die drei isomeren Xylene (Dimethylbenzen, Xylol). Die genannten Anteile nennt man **BTX-Fraktion.** Diese einfachen Aromaten sind bedeutende Syntheserohstoffe.

Aromat = mesomeriestabilisiertes Ringsystem (meist mit der Bindungsordnung BO = 1,5).

Benzen

Benzen (alter Name: Benzol) ist die wichtigste aromatische Verbindung. Für seine Summenformel C_6H_6 könnte man 157 Isomere formulieren. Aber von diesen ist nur das Benzen eine stabile Substanz.

Benzen ist eine farblose, benzinähnlich riechende, giftige und krebserregende Flüssigkeit (Siedepunkt t_b = 80 °C, ρ = 0,88 g/cm^3). Obwohl Benzen gesundheitlich bedenklich ist, darf in Benzin 1 % Benzen enthalten sein. Hingegen sind mehr als 0,2 % Benzen als Lösungsmittel in Lacken verboten.

Die Entdeckung der **Benzenformel** wird dem deutschen Chemiker **August Kekulé** zugeschrieben. Tatsächlich gebührt aber dem Österreicher **Joseph Loschmidt** die Ehre, die Struktur des Benzens 1861 als Erster erkannt zu haben.

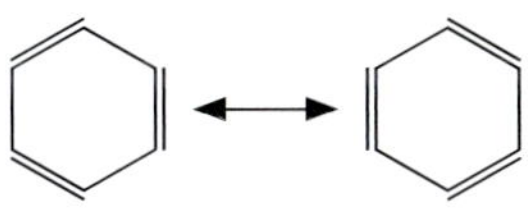

Kekulé nahm an, dass die Doppelbindungen oszillieren (springen). Heute ist man der Ansicht, dass nach dem Orbitalmodell jedes C-Atom sp^2-hybridisiert ist. Die an jedem C-Atom vorhandenen p_z-Orbitale überlappen so, dass oberhalb und unterhalb der Ringebene ringförmige π-Elektronenwolken entstehen. Die experimentelle Bestätigung liefert die Messung der Elektronendichte: Sie ergibt, dass sich nicht Doppel- und Einfachbindungen abwechseln, sondern dass die von der Molekülorbital-Theorie vorhergesagten durchgehenden Eineinhalbfachbindungen vorliegen. Benzen ist mesomer.

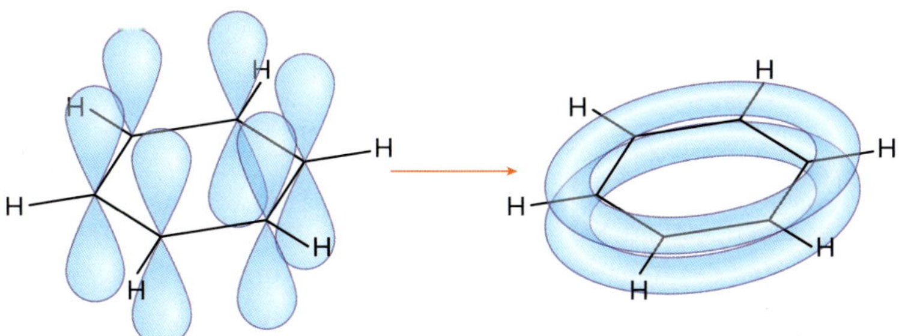

Seit dieser Erkenntnis verwendet man meist folgende Formel:

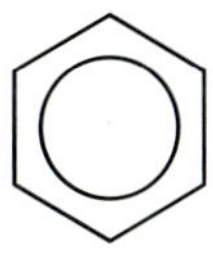

Einen weiteren Beweis liefert die Vermessung der Bindungslängen:

In Alkanen beträgt die Bindungslänge zwischen zwei C-Atomen 0,154 nm. In Alkenen beträgt die Bindungslänge zwischen zwei C-Atomen einer Doppelbindung 0,134 nm. Im Benzen sind alle Bindungen zwischen den C-Atomen mit 0,139 nm gleich lang.

Benzen ist eine mutagen wirkende, krebserregende, entflammbare, haut- und augenreizende, bei Verschlucken tödlich wirkende, bei wiederholtem Kontakt gesundheitsschädliche Flüssigkeit. Viele Verbindungen, die den Benzenring enthalten, sind aber ungiftig, zum Teil sogar lebensnotwendig.

Joseph Loschmidt, 1821 bis 1895, österreichischer Physiker und Chemiker

Siehe NAWI I/II, Kap. F, 4.1.

Nicht vergessen: An jedem C-Atom hängt ein H-Atom.

B

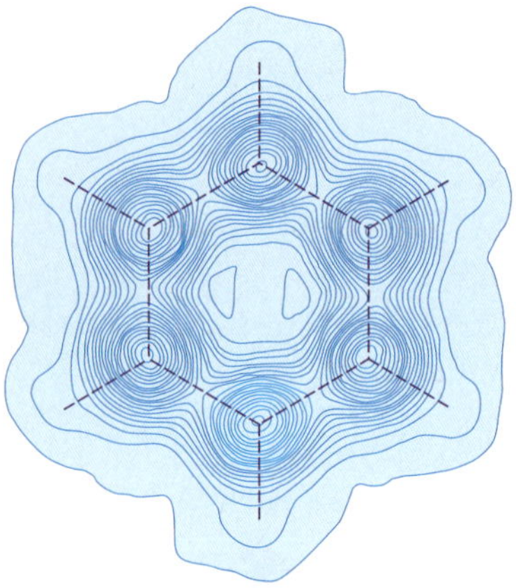

Elektronendichteverteilung in Benzen

Für das Entstehen eines Aromaten bestehen auch quantenmechanische Vorgaben.

Allgemein lässt sich als Voraussetzung für den aromatischen Zustand festhalten: Es muss sich um ein (halbwegs) ebenes Ringsystem handeln, in dem durchgehend konjugierte Doppelbindungen vorliegen. Die Konjugation sorgt dafür, dass an jedem Ringglied eine p_z-Hantel für Überlappungen oberhalb und unterhalb der Bindungsebene zur Verfügung steht.

Aromaten sind im Vergleich zu anderen ungesättigten Verbindungen stabil. Dass das Benzen deutlich stabiler ist als ein hypothetisches Cyclohexa-1,3,5-trien zeigt folgende Modellrechnung:

Die Addition von 1 mol H_2 an eine Doppelbindung liefert 120 kJ. Daher müsste die Addition von 3 mol H_2 an Cyclohexatrien 360 kJ erbringen. Tatsächlich erhält man bei Addition von 3 mol H_2 an 1 mol Benzen 209 kJ. Der Differenzbetrag von 151 kJ/mol wird als **Mesomerieenergie** bezeichnet.

Damit wird quantitativ angegeben, um wie viel das Benzen stabiler ist als eine Verbindung mit drei echten Doppelbindungen.

Weiters bestimmt die im Vergleich zu den aliphatischen Verbindungen (mit dominierenden Einfachbindungen) erhöhte Elektronendichte das chemische Verhalten der Aromaten.

Wegen der Stabilität der Aromaten scheiden Additionsreaktionen, die zwangsläufig den aromatischen Zustand aufheben, weitgehend aus. Aufgrund der vor allem an der Außenseite erhöhten Elektronendichte werden elektrophile (positive) Angreifer bevorzugt.

Der bevorzugte Reaktionsmechanismus der Aromaten ist die **S_E-Reaktion.**

Elektrophile Substitution (S_E) am Beispiel der Nitrierung von Benzen:

1. Erzeugung des positiven Angreifers mithilfe von Schwefelsäure als Katalysator: Die Schwefelsäure als stärkere Säure protoniert die Salpetersäure, die in der Folge in Wasser und den Angreifer NO_2^+ zerfällt.

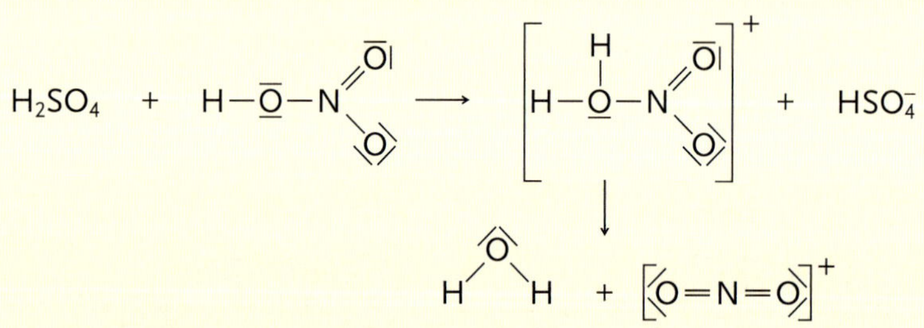

2. Angriff des elektrophilen NO_2^+ am Benzen: Der Angreifer „beißt" zunächst am π-Elektronenring des Benzens an und bildet den π-Komplex. Dieser wandelt sich in den σ-Komplex um, bei dem sich der Angreifer für ein bestimmtes C-Atom entschieden hat. Dieses C-Atom hat nun vier Bindungspartner, ist daher sp^3-hybridisiert, womit der Aromat vorübergehend nicht existiert. Schließlich wird ein Proton abgespalten, wodurch der stabile Aromat wiederhergestellt wird.

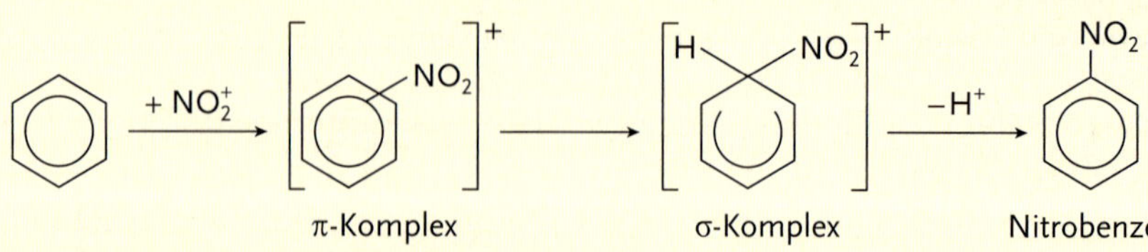

3. Das Proton kehrt zum Hydrogensulfation zurück (womit der Katalysator Schwefelsäure wiederhergestellt ist).

Die **Gesamtreaktion** kann daher kurz angeschrieben werden:

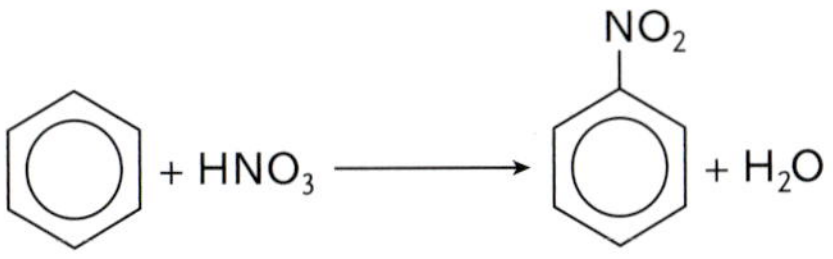

Für weiterführende Synthesen ist zu beachten, dass der Erstsubstituent den zweiteintretenden Substituenten in bestimmte Positionen lenkt. Methyl-, Amino- und Hydroxygruppen dirigieren bevorzugt in die Ortho- oder Paraposition. Nitro- und Sulfonsäuregruppen lenken bevorzugt in die Metaposition.

Spezielle Positionsbezeichnungen am Benzen:
1,2 ...... ortho (o)
1,3 ...... meta (m)
1,4 ...... para (p)

Beispiel: Die nochmalige Nitrierung von Nitrobenzen führt zu m-Dinitrobenzen (1,3-Dinitrobenzen).

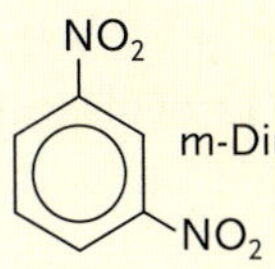

m-Dinitrobenzen (1,3-Dinitrobenzen)

Die dirigierende Wirkung von Erstsubstituenten wird im digitalen Zusatzpaket begründet.

Die wichtigsten vom Benzen ausgehenden **Synthesewege („Benzenbaum")**:

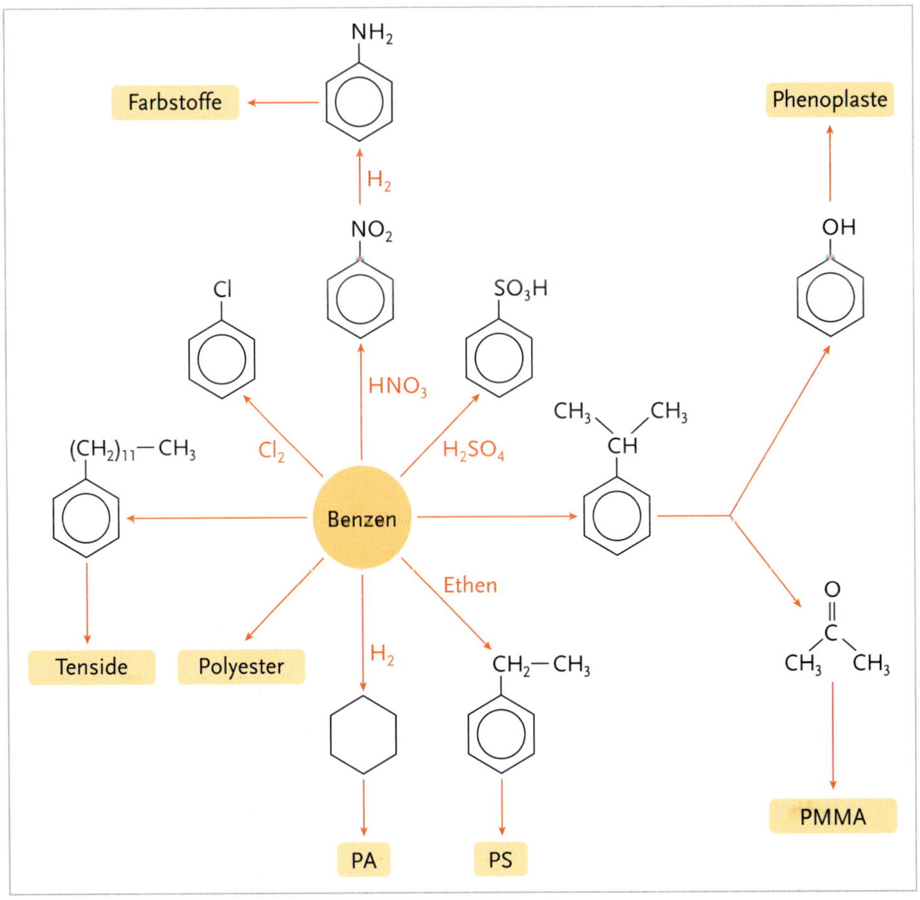

Versuchen Sie, allen im Schema aufgezeichneten Formeln Namen zuzuordnen (für Benzenol ist die Bezeichnung Phenol üblich).

Das Schema zeigt vom Benzen ausgehend fast durchgehend S_E-Reaktionen. Eine Ausnahme ist die Hydrierung: Im Zuge von drei Additionen über die Zwischenstufen Cyclohexa-1,3-dien (weniger stabil als Benzen) und Cyclohexen (ebenfalls weniger stabil als Benzen) erhält man das stabile Cyclohexan.

Wie lauten die Gleichungen für die vollständige Hydrierung von Benzen?

2.7 Mehrkernige Aromaten

Die für Aromaten verwendete Bezeichnung „Kern“ hat nichts mit dem Atomkern zu tun.

Polycyclische aromatische Kohlenwasserstoffe PAK (engl. Polycyclic Aromatic Hydrocarbons, PAH) bestehen aus mindestens zwei kondensierten Aromaten. Sie sind immer eben gebaut.

Der aromatische Ring wird auch als „Kern“ bezeichnet. Mehrkernige Verbindungen findet man im Steinkohlenteer, im Erdöl und vor allem in Crackgemischen.

Triphenylmethan (ein Grundgerüst für Farbstoffe) ist dreikernig.

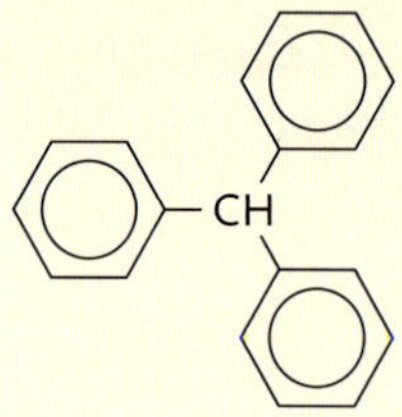

„Phenyl“ ist (historisch bedingt) die Bezeichnung für den Benzenrest C_6H_5–, während „Benzyl“ den Rest C_6H_5–CH_2– bezeichnet. Eine systematische Nomenklatur der mehrkernigen Aromaten hat sich bis jetzt noch nicht durchgesetzt.

Biphenyl ist zweikernig.

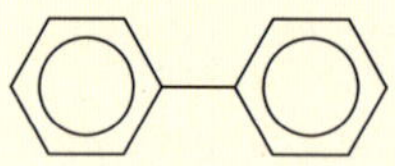

Das Wort **„kondensiert“** hat unterschiedliche Bedeutungen:

a) verflüssigter Dampf;
b) verknüpft unter Abspaltung kleiner Moleküle;
c) über mehrere gemeinsame Kohlenstoffatome verbundene Ringe.

„Kondensierte Ringsysteme“ („anellierte Ringsystem“): Miteinander verbundene Ringe besitzen mehrere gemeinsame Kohlenstoffatome.

Naphthalen (alt: Naphthalin) ist ein zweikerniges, kondensiertes System.

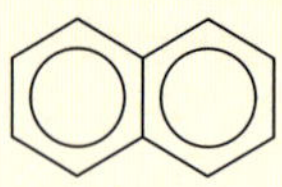 oder 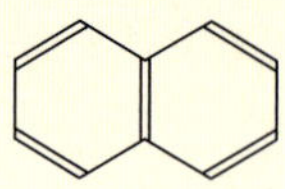

Wie lautet die Summenformel von Naphthalen?

Wenn drei Ringe aneinander kondensiert werden, gibt es zwei Möglichkeiten:

Anthracen und Phenanthren

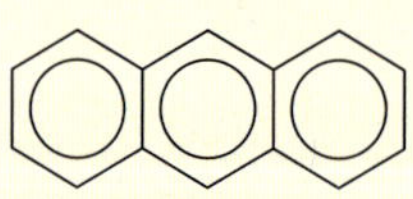 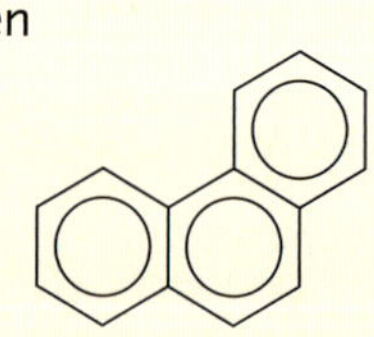

Naphthalen und Anthracen sind Grundgerüste der Farbstoffindustrie.

Höher kondensierte Aromaten kommen in Tabakrauch und Dieselruß vor. Sie sind stark krebserregende Substanzen.

Das bekannteste Beispiel dafür ist die Verbindung Benzpyren.

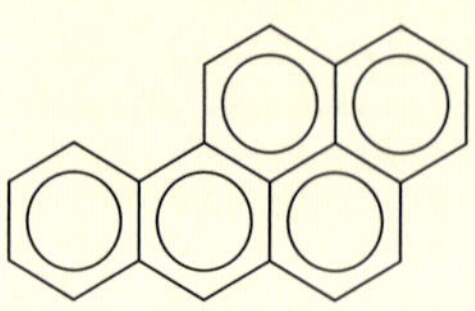

2.8 Verbundsystem in der chemischen Industrie

Die Petrochemie nimmt in der chemischen Industrie eine zentrale Stellung ein.

Schema der **wichtigsten Verknüpfungen der Petrochemie** mit anderen Bereichen der Chemie (Verbundwirtschaft der chemischen Industrie):

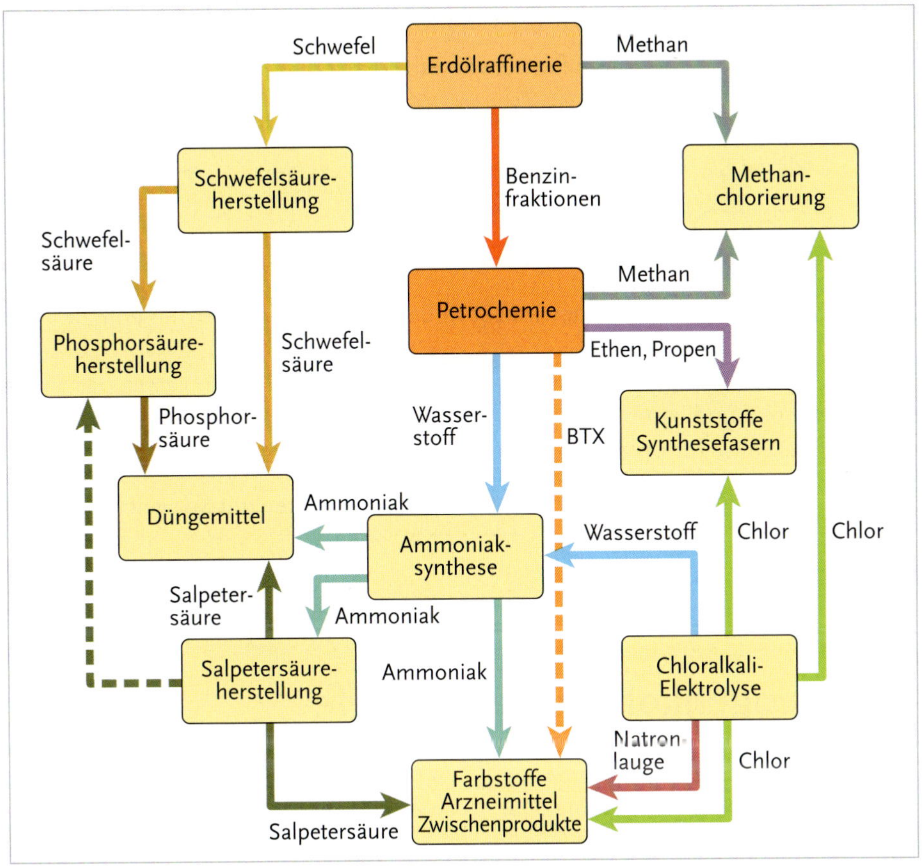

Die großen Chemiekonzerne haben viele der gezeigten Vorgänge auf einem Industriegelände konzentriert. Der Transport von Stoffen zwischen Betriebsstätten innerhalb einer Firma bzw. zwischen den Firmen wird nach Möglichkeit über Rohrleitungen durchgeführt. Zum Beispiel gibt es quer durch Deutschland ein Rohrleitungsnetz zur Verteilung von Ethen.

Versuchen Sie (auch mithilfe von NAWI I/II), möglichst viele Gleichungen zum Verbundschema anzuschreiben. Manche Wege sind dabei mehrstufig. Den unteren Kasten mit Farbstoffen lassen Sie aus (er wird erst in Folge besprochen).

Das BASF-Stammwerk in Ludwigshafen ist mit 10 km² das größte zusammenhängende Industrieareal Europas

Rohrleitungen sind typisch für die chemische Industrie

Ziele erreicht? – „Petrochemie – Kohlenwasserstoffe"

2.01 + Nennen Sie die Verweilzeit im Spaltofen des Steamcrackers bzw. die Temperatur, bei der man eine möglichst gute Ausbeute an Ethen erhält.

2.02 + Schreiben Sie die Gleichung für die Reaktion von Methan mit Chlorgas an. Formulieren Sie dann die Gleichungen für weitere Chlorierungen des Chlormethans bis hin zum Tetrachlormethan (vier Gleichungen).

2.03 + Formulieren Sie die Gleichungen für die Polymerisationen von Chlorethen (Vinylchlorid) bzw. von Styren (Styrol).

2.04 + Geben Sie die Gleichung für die Verbrennung von Ethin an.

2.05 + Formulieren Sie die Gleichungen für die zweistufige Herstellung von Ethin aus Kohle. Im ersten Schritt entsteht neben Calciumcarbid auch Kohlenstoffmonoxid, im zweiten Schritt ist das Nebenprodukt Calciumhydroxid.

2.06 + Schreiben Sie die Gleichung für die Reaktion von Cyclohexen mit Brom an.

2.07 + Geben Sie die Gleichung für die Erzeugung von Propan-2-ol an.

2.08 + Geben Sie die Formel und den Namen für das einfachste kumulierte Dien an.

2.09 + Schreiben Sie die Gleichungen an für:
a) 1,2-Addition von 1 mol Brom an 1 mol Buta-1,3-dien,
b) 1,4-Addition von 1 mol Brom an 1 mol Buta-1,3-dien.

2.10 + Geben Sie die Summenformel von Ethylbenzen an.

2.11 + Geben Sie die Formeln und Namen für die isomeren Xylene an.

2.12 + Erklären Sie, warum diese Verbindung nicht existiert.

2.13 ++ Geben Sie an, warum der Treibstoff Benzin das giftige Benzen enthält.

2.14 + Nennen Sie die Summenformel von Phenanthren.

2.15 + Nennen und begründen Sie, wie viele Isomere es für Nitronaphthalen gibt. Sowie für Chloranthracen und für Dibromnaphthalen.

2.16 + Geben Sie die Gleichung für die Reaktion von Benzen mit Schwefelsäure an.

3 Halogenkohlenwasserstoffe

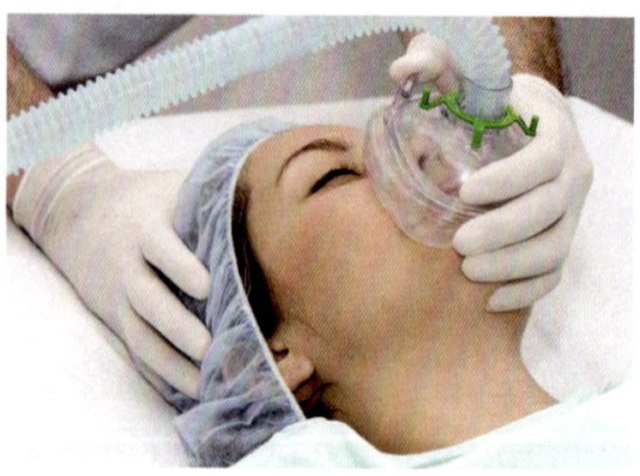

Anwendung von Narkosegas

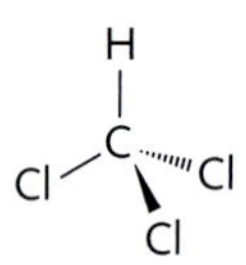

Strukturformel von Trichlormethan (Chloroform)

Diethylether siehe Kap. B, 4.

Bis zur Mitte des 19. Jahrhunderts gab es nur sehr unzureichende Methoden der Schmerzbekämpfung bei chirurgischen Eingriffen. So mussten die Patienten Operationen bei vollem Bewusstsein erdulden. Sie waren oft nur mit Stricken und Bändern festgebunden, bis die erlösende Ohnmacht aufgrund der großen Schmerzen eintrat. Die Verwendung von Distickstoffmonooxid (Lachgas) und Diethylether (Äther) als Narkosemittel war ein erster Schritt in Richtung der modernen Anästhesie. Der chlorierte Kohlenwasserstoff Trichlormethan (Chloroform) spielte dabei etwa ein halbes Jahrhundert eine große Rolle. Sein angenehmer Geruch und die schnell einsetzende narkotisierende Wirkung machten es zu einem populären Mittel zur Schmerzbekämpfung, besonders bei Geburten. Mit Beginn des 20. Jahrhunderts wurden die stark toxischen Eigenschaften von Trichlormethan erkannt, daher wird es nicht mehr als Narkosemittel eingesetzt. Heute werden neben Lachgas und Xenon fluorhältige Halogenkohlenwasserstoffe (Flurane) als Narkosegase eingesetzt.

Meine Ziele

Nach Bearbeitung dieses Kapitels kann ich

- die **Eigenschaften und Verwendung** wichtiger Halogenkohlenwasserstoffe beschreiben;
- erklären, **warum** heute **Halogenkohlenwasserstoffe immer weniger zum Einsatz kommen.**

Kohlenwasserstoffe, deren Moleküle anstelle von Wasserstoffatomen Halogenatome (Fluor, Chlor, Brom oder Iod) enthalten, bezeichnet man als **Halogenkohlenwasserstoffe.** Diese Verbindungen wurden wegen ihrer positiven Eigenschaften vielfältig hergestellt und waren weit verbreitet. Ihre negativen Eigenschaften machten sie erst nach und nach zu Problemstoffen.

Eigenschaften von Halogenkohlenwasserstoffen
- Die meisten sind bei Raumtemperatur flüssig.
- Schwach polar, in Wasser nicht löslich (lipophil).
- Gute Lösungsmittel für organische Stoffe.
- Schwer bis gar nicht entflammbar.
- Sehr stabil, in der Natur schlecht abbaubar.
- Viele sind giftig (leberschädigend), manche krebserregend.
- Die meisten haben ein starkes Ozon zerstörendes Potenzial und fördern somit die Bildung des Ozonlochs.

Die Zwischen- und Endprodukte werden durch eine Halogenierung von Alkanen nach dem S_R-Mechanismus hergestellt.

S_R-Mechanismus siehe NAWI I/II, Kap. F, 4.4.

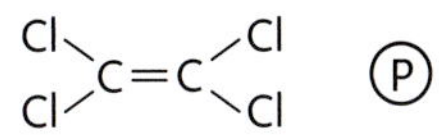

Formel von Tetrachlorethen und Textilpflegesymbol

Lösungsmittel

Tetrachlorethen (Perchlorethylen, Per) ist ein ausgezeichnetes Fettlösemittel, das in der Metallindustrie und chemischen Textilreinigung angewandt wird. Das Pflegesymbol „P" auf Textiletiketten weist auf die „Reinigung mit Perchlorethylen" hin. **Trichlorethen** (Trichlorethylen, Tri) war ein weit verbreitetes Fleckputzmittel, das heute wegen seiner hohen Giftigkeit nicht mehr verwendet wird. Im Handel erhältliche Fleckputzmittel sind Gemische aus n-Alkanen und Alkoholen, die eine ähnliche Fettlösekraft besitzen. Sie sind deutlich weniger schädlich, problematisch ist aber ihre leichte Entzündlichkeit.

Etikette eines Fleckputzmittels

Narkosemittel

Zur Durchführung von schmerzfreien operativen Eingriffen werden heute leicht flüchtige **Flurane** in Kombination mit anderen Narkosemitteln eingesetzt. Sie dienen zur Aufrechterhaltung der Bewusstlosigkeit des Patienten, sind leicht verdampfbar, unbrennbar und haben nur geringe Nebenwirkungen. Flurane sind mit Fluor und Chlor halogenierte Ether.

Welches chemische Strukturelement eines historischen Narkosemittels enthalten alle Flurane?

Wichtige Flurane

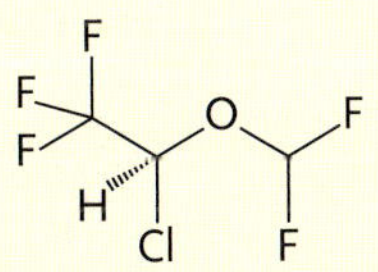

Isofluran (S-Form)

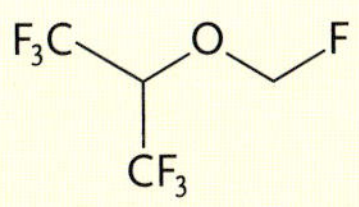

Sevofluran

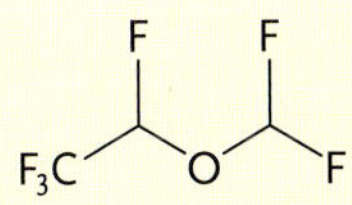

Desfluran

Pestizide

Zur Gruppe der Pestizide genannten Schädlingsbekämpfungsmittel gehören Mittel gegen verschiedenste Schädlinge (z. B. Insektizide gegen Insekten oder Rodentizide gegen Nagetiere). Neben den Pestiziden im engeren Sinn gibt es Herbizide (Unkrautmittel) und Fungizide (gegen Pilze). Wichtige Vertreter der Pestizide waren in früheren Zeiten Chlorverbindungen von aromatischen Kohlenwasserstoffen.

So ermöglichte der Einsatz des hochwirksamen **Insektizids** DDT eine erfolgreiche Bekämpfung der durch die Anophelesmücke übertragenen Malariaerkrankung und anderer Tropenkrankheiten wie Gelbfieber und Denguefieber. Durch den breiten Einsatz und die hohe Umweltstabilität wird DDT über die Nahrungskette angereichert, sodass es bis heute in hohen Konzentrationen in fettreichen Nahrungsmitteln zu finden ist. DDT wurde daher in zahlreichen Ländern verboten. In der Folge nahmen und nehmen aber die Malariaerkrankungen wieder zu.

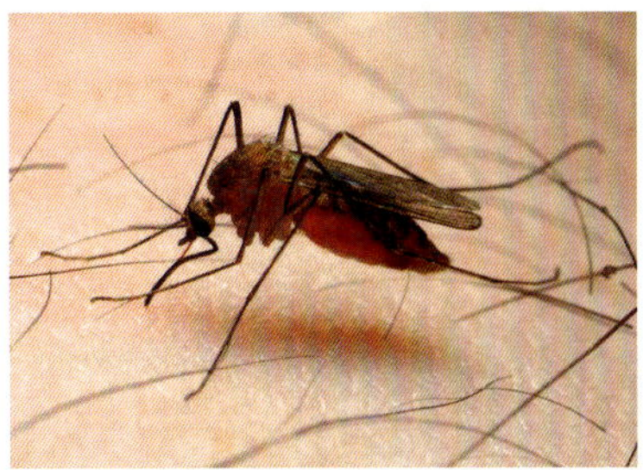

Anophelesmücke beim Stich

Anreicherung in der Nahrungskette siehe Kap. C, 2.

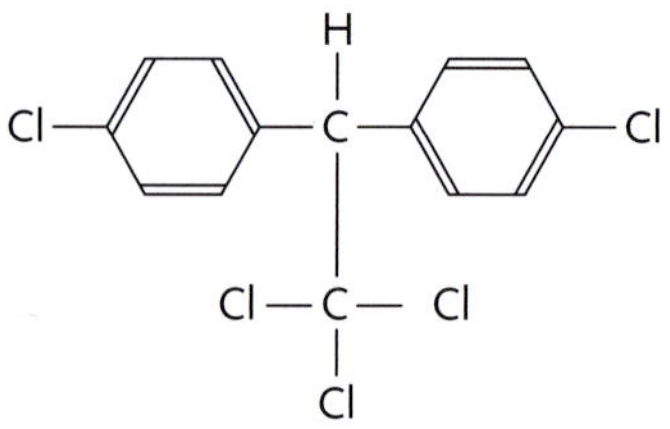

Dichlordiphenyltrichlorethan DDT

TCDD siehe NAWI I/II, Kap. F, 4.5.

Integrierter Pflanzenschutz siehe NAWI I/II, Kap. H, 4.

Große Mengen an Dioxin wurden 1976 in Seveso (Norditalien) bei einem Chemieunfall in der Firma Icmesa freigesetzt. Viele Menschen erkrankten an Chlorakne. Bis heute leidet die Bevölkerung an den Spätfolgen. Recherchieren Sie zu diesem Unglück, dessen Ablauf, den gesundheitlichen Folgen sowie der Reaktion von den Behörden bzw. der Betreiberfirma.

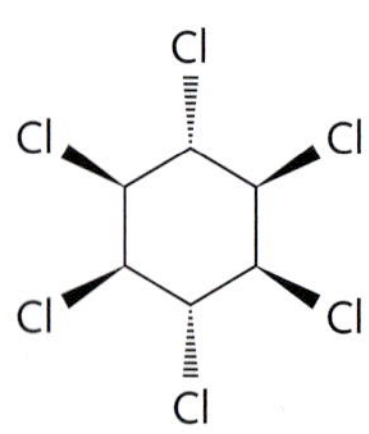

Lindan (γ-Hexachlorcyclohexan)

Halogenkohlenwasserstoffe siehe Kap. C, 2.

Chlorhältige Verbindungen der Phenoxyessigsäure sind äußerst wirksame **Herbizide,** die durch den Einsatz als Entlaubungsmittel im Vietnamkrieg („Agent Orange") traurige Berühmtheit erlangten. Da sich produktionsbedingt Verunreinigungen mit dem Ultragift Dioxin nicht vermeiden lassen, sind diese Stoffe nicht mehr als Pflanzenschutzmittel zugelassen.

2,4-D, 2,4,5-T und Dioxin

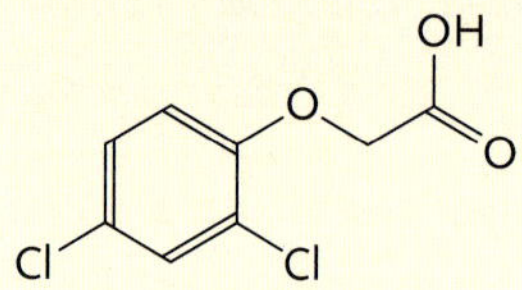

2,4-Dichlorphenoxy-essigsäure

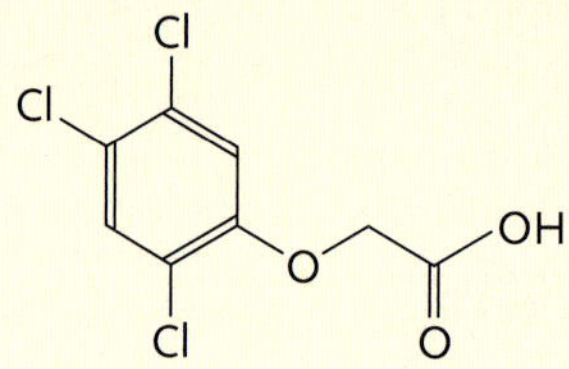

2,4,5-Trichlorphenoxy-essigsäure

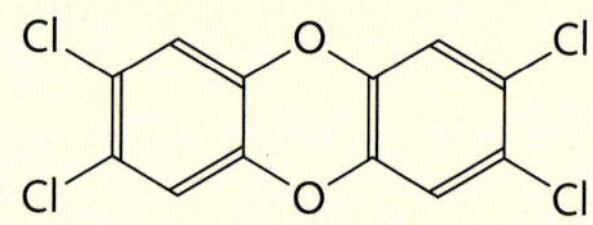

2,3,7,8-Tetrachlordibenzodioxin „TCDD-Dioxin"

Intensive landwirtschaftliche Nutzung, vor allem Monokulturen, erfordert den Einsatz von Pestiziden. Durch gezielter wirkende Stoffe und den Einsatz nicht chemischer Methoden können heute Pflanzenschutzverfahren mit geringer Pestizidverwendung eingesetzt werden (integrierter Pflanzenschutz).

Das hochgiftige und umweltgefährdende Lindan (γ-Hexachlorcyclohexan) wurde früher nicht nur als Pflanzenschutzmittel, sondern vor allem in Holzschutzmitteln verwendet. Sein Einsatz ist heute verboten.

Fluorchlorkohlenwasserstoffe FCKW

FCKW sind eine Gruppe von Halogenkohlenwasserstoffen mit einem oder zwei C-Atomen, bei denen die H-Atome durch Fluor und Chlor teilweise bzw. vollständig ersetzt werden.

Gemäß IUPAC-Nomenklatur nennt man sie Chlorfluorkohlenwasserstoffe CFKW. Sind alle Wasserstoffatome durch Halogenatome ersetzt, so heißen sie Chlorfluorkohlenstoffe CFK. Bekannte Markennamen dieser Stoffe sind Freon, Frigen und Solkane.

Technisch wichtige CFK

CCl_3F	CCl_2F_2	$C_2Cl_3F_3$
Trichlorfluormethan	Dichlordifluormethan	1,1,2-Trichlor-1,2,2-trifluorethan
Freon-11	Freon-12	Freon-113

FCKW eignen sich aufgrund ihrer Eigenschaften als Treibgase und Kältemittel und wurden zwischen 1960 und 1990 in enormen Mengen produziert und an die Umwelt abgegeben. Sie sind heute wegen ihres Ozon zerstörenden Potenzials weitgehend verboten.

Halone sind bromhältige Halogenkohlenwasserstoffe, die in Feuerlöschern und automatischen Löschanlagen verwendet wurden. Sie sind wegen ihrer Ozon zerstörenden Wirkung ebenfalls weitgehend verboten.

Ziele erreicht? – „Halogenkohlenwasserstoffe"

3.01 ++ Erklären Sie die Funktionsweise eines Fleckputzmittels und erklären Sie, warum chlorfreie Produkte nicht nur Vorteile haben.

3.02 + Geben Sie an, woher die Abkürzung DDT kommt.

3.03 ++ Erklären Sie, warum man Rückstände von DDT und 2,4,5-T besonders in fettreichen Nahrungsmitteln findet.

3.04 ++ Recherchieren Sie im Internet, woher die Bezeichnung „Agent Orange" kommt und warum die US-Soldaten des Vietnamkrieges und die vietnamesische Bevölkerung bis heute an den Spätfolgen leiden.

3.05 + Schreiben Sie die Strukturformeln von Freon-11, Freon-12 und Freon-113 an.

B

4 Alkohole – Phenole – Ether

Der Begriff Alkohol geht auf das arabische Wort „al-kuhl" (auch „al kuhul" bzw. „al ghawl") zurück und bedeutete ursprünglich eine aus Antimonpulver zubereitete Augenschminke. Außerdem verwendete man den Begriff für etwas besonders Feines im Sinne eines Auszugs oder einer Essenz. Die Alchemisten übernahmen ihn für Produkte der Destillation. Reiner Alkohol (Ethanol) wurde erstmals etwa um 900 n. Chr. durch Destillation von Wein hergestellt. In der Alltagssprache bezeichnet man als Alkohol ausschließlich Ethanol oder Weingeist.

Frauen beim Destillieren, aus „Georgica curiosa", Lehrbuch über alle Aspekte der Haus- und Landwirtschaft, Wolf Helmhardt von Hohberg (1612–1688)

Meine Ziele

Nach Bearbeitung dieses Kapitels kann ich

- **technisch wichtige Alkohole, Phenole und Ether** nennen und ihre Eigenschaften beschreiben;
- die **strukturellen Unterschiede dieser Stoffgruppen** und die daraus resultierenden Eigenschaften erklären;
- die Bedeutung der Alkohole, Phenole und Ether als **Grundstoffe der chemischen Industrie** bei der Herstellung von Massengütern beurteilen.

Gemeinsam ist diesen drei Substanzklassen das Sauerstoffatom. Bei den Alkoholen und Phenolen ist die funktionelle Gruppe die Hydroxygruppe (OH-Gruppe). Bei den Ethern bildet das Sauerstoffatom die Brücke zwischen zwei Kohlenstoffatomen. Etherbrücken zählen nicht zu den funktionellen Gruppen, leiten sich aber von den Alkoholen ab.

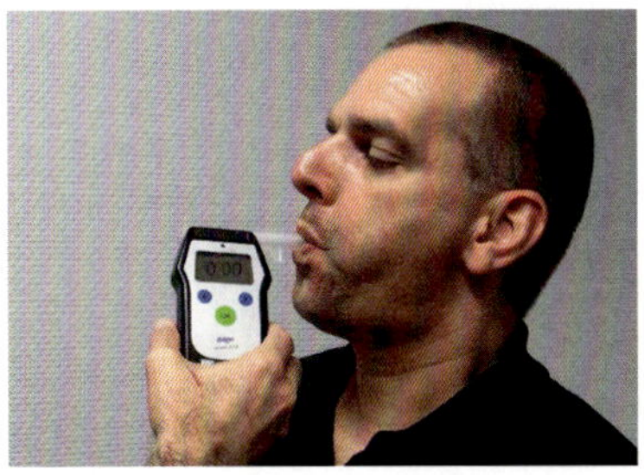

Alkotestgerät: Der Atemalkoholgehalt wird heute mit elektronischen Messgeräten bestimmt

Überblick über die chemischen Strukturen

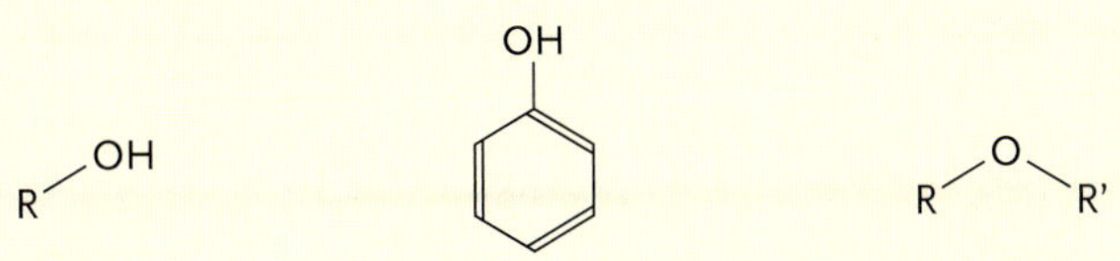

Alkohole | Phenole | Ether

Nomenklatur siehe NAWI I/II, Kap. F, 4.2, funktionelle Gruppen siehe NAWI I/II, Kap. F, 4.3.

4.1 Alkohole

Leiten sich Alkohole von Alkanen ab, werden sie gemäß IUPAC als Alkanole bezeichnet. Sie werden nach zwei Gesichtspunkten eingeteilt: nach der Anzahl der im Molekül vorhandenen OH-Gruppen und nach der Stellung der OH-Gruppen.

Wertigkeit der Alkohole (Anzahl der OH-Gruppen)

Einwertige Alkohole: z. B. $CH_3—CH_2—OH$ Ethanol

Zweiwertige Alkohole: z. B. $HO—CH_2—CH_2—OH$ Ethan-1,2-diol

Dreiwertige Alkohole: z. B.

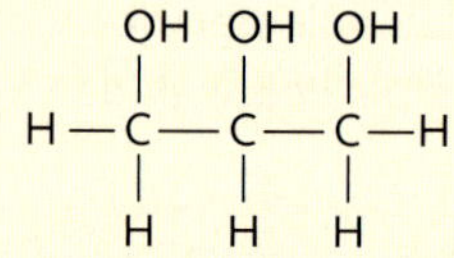

Propan-1,2,3-triol

Sechswertige Alkohole: z. B.

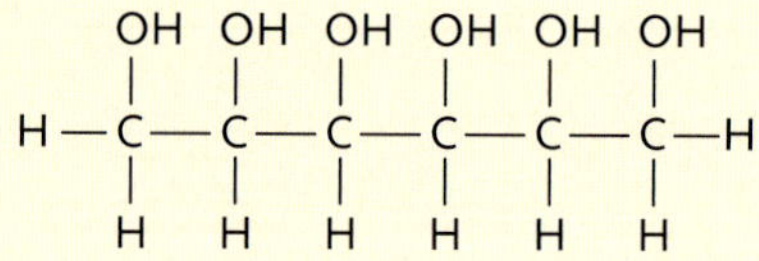

Hexan-1,2,3,4,5,6-hexol

Stellung der OH-Gruppe

Primärer Alkohol

$CH_3—CH_2—CH_2—OH$

Propan-1-ol

Sekundärer Alkohol

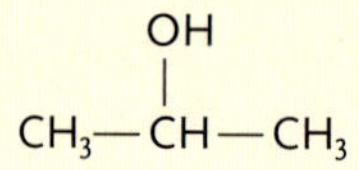

Propan-2-ol

Tertiärer Alkohol

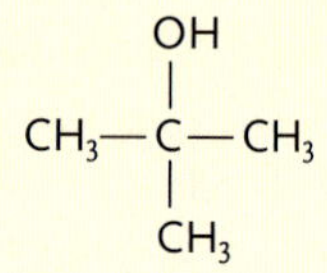

Methyl-propan-2-ol

Physikalische Eigenschaften

δ^- δ^+
R—O—H

Dipol der OH-Gruppe

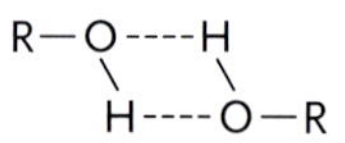

Wasserstoffbrücken zwischen zwei Alkoholmolekülen

Sie sind stark von der Kettenlänge und von der Wertigkeit des Alkohols abhängig. Aufgrund der hohen Elektronegativität des Sauerstoffs entsteht ein Dipol, der zu Wasserstoffbrücken und somit zu einer starken Anziehung zwischen Alkoholmolekülen führt.

Siedepunkte der Alkohole

- Deutlich höher als bei Alkanen mit annähernd gleicher Molmasse.
  Z. B. Propan $M = 44$ g/mol, $t_b = -45$ °C, Ethanol $M = 46$ g/mol, $t_b = 78{,}3$ °C.
- Linearer Anstieg der Siedepunkte bei einwertigen Alkanolen.
- Bei höherer Wertigkeit steigt der Siedepunkt stark an.
  Z. B. Propan-1-ol $t_b = 97{,}2$ °C, Propan-1,2,3-triol $t_b = 290$ °C (unter Zersetzung).

Siedepunkte n-Alkane – einwertige Alkanole

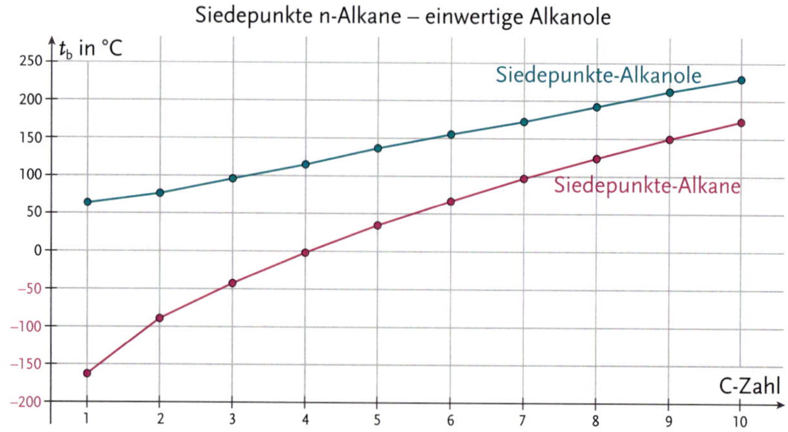

Die Krümmung der Siedepunktskurve der n-Alkane ist auf den Einfluss der unterschiedlich starken Van-der-Waals-Kräfte zwischen den Molekülen zurückzuführen (Kettenlänge!). Bei den einwertigen Alkanolen kommt ausgleichend der Effekt der Wasserstoffbrücken dazu, sodass die Kurve linear ist.

Van-der-Waals-Kräfte und Wasserstoffbrücken siehe NAWI I/II, Kap. D, 2.4.5.

Das Alkoholmolekül besteht aus einem hydrophoben Kohlenwasserstoffrest R und der stark hydrophilen OH-Gruppe. Je nach Länge von R bzw. Anzahl der OH-Gruppen ist der Alkohol gut oder schlecht wasserlöslich.

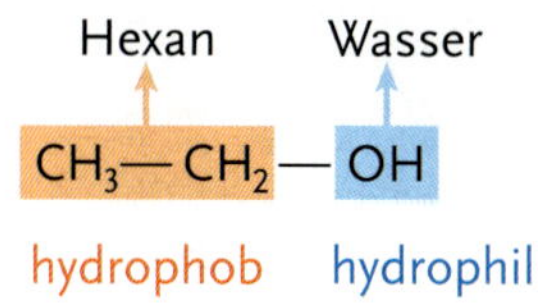

Ethanol CH_3–CH_2–OH ist sowohl mit Hexan als auch mit Wasser in jedem Verhältnis mischbar.

Wasserlöslichkeit der Alkohole

- Kurzkettige Alkohole sind gut wasserlöslich.
- Bei einwertigen Alkoholen nimmt die Wasserlöslichkeit ab Butan-1-ol mit zunehmender Kettenlänge stark ab.
- Mehrwertige Alkohole sind gut wasserlöslich.

Chemische Eigenschaften

Kurzkettige Alkohole wie Methanol und Ethanol sind leicht entzündlich und reagieren beim Verbrennen mit dem Luftsauerstoff zu CO_2 und H_2O. Auch Alkoholgemische mit Wasser sind ab einer Alkoholkonzentration von etwa 50 Vol.-% gut brennbar.

Heizwerte von Brennstoffen:

Methanol	19,9 MJ/kg
Ethanol	26,8 MJ/kg
Benzin	ca. 41 MJ/kg

Alkohole reagieren in wässriger Lösung neutral. Es besteht eine kovalente Bindung zwischen dem C-Atom und der OH-Gruppe. Im Gegensatz dazu reagieren die ionischen Hydroxide basisch. Nur sehr starke Basen (z. B. metallisches Natrium) lösen bei Alkoholen eine Protolyse aus. Die Reaktionsprodukte nennt man Alkoholate.

$R-OH \neq Na^+OH^-$

Bildung von Alkoholaten

$$C_2H_5OH + Na \rightarrow \underset{\text{Natriumethanolat}}{C_2H_5O^-Na^+} + 0{,}5\ H_2$$

Bei der Oxidation von Alkoholen entscheidet die Stellung der OH-Gruppe über den Reaktionsverlauf:

Oxidation von Alkoholen

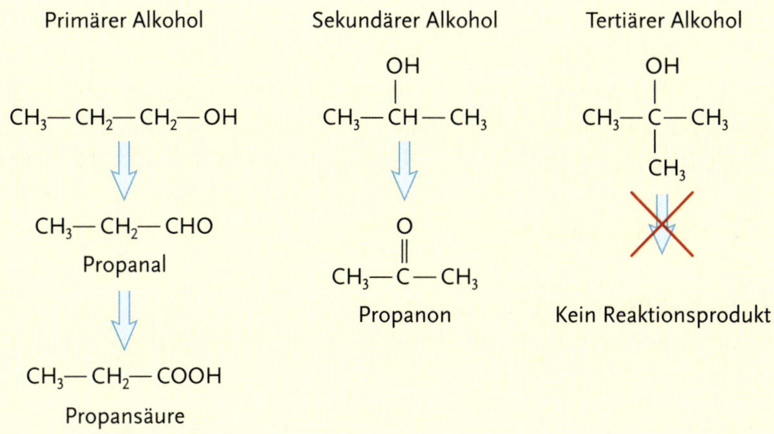

Aldehyde und Ketone siehe Kap. B, 5, Carbonsäuren siehe Kap. B, 6.

Primäre Alkohole können zum Aldehyd und zur Carbonsäure oxidiert werden. Bei sekundären Alkoholen endet die Oxidation beim Keton. Tertiäre Alkohole werden unter diesen Reaktionsbedingungen (z. B. Oxidation mit Kupferoxid) nicht oxidiert.

Ascanio Sobrero, 1812 bis 1888, Entdecker des Nitroglycerins und Lehrer von Alfred Nobel

Alkohole bilden mit anorganischen Säuren und Carbonsäuren unter Wasserabspaltung Ester.

Beispiele von Estern mit anorganischen Säuren

Salpetersäure: Glyceroltrinitrat (Nitroglycerin)

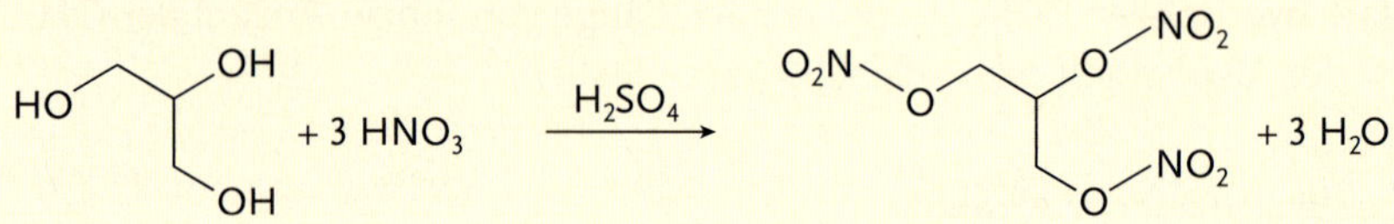

Schwefelsäure: Langkettige Alkohole (Fettalkohole) bilden Fettalkoholsulfate, die als anionische Tenside in Waschmitteln verwendet werden.

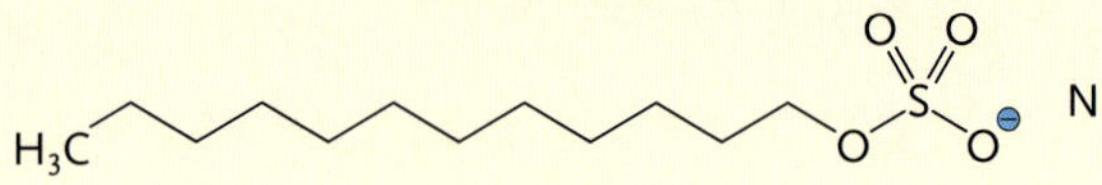

Natriumlaurylsulfat (Fettalkoholsulfat)

Phosphorsäure: in biologisch wichtigen Molekülen (DNA, ADP, ATP), Insektiziden (E 605), Kampfstoffen (Sarin)

Molekulare Grundlagen der Zelle siehe Kap. D, 2.

Chemische Eigenschaften der Alkohole
- Kurzkettige Alkohole sind leicht entzündlich.
- Alkohole reagieren in wässriger Lösung neutral.
- Primäre und sekundäre Alkohole werden unterschiedlich oxidiert, tertiäre unter vergleichbaren Bedingungen gar nicht.
- Alkohole bilden mit anorganischen Säuren Ester und mit organischen Säuren Carbonsäureester.

Carbonsäureester siehe Kap. B, 6.

Technisch wichtige Alkohole

Methanol CH_3-OH

Bei der trockenen Destillation von Holz sind im Destillat etwa 3 % Methanol (Holzgeist) enthalten. Methanol wird großtechnisch aus Synthesegas hergestellt:

Eigenschaften von Methanol
- Farblose, alkoholisch riechende Flüssigkeit
- $t_b = 65$ °C
- Giftig, verursacht Erblindung

Erzeugung von Methanol aus Synthesegas

$$CO(g) + 2\,H_2(g) \rightleftharpoons CH_3OH(g) \qquad \Delta H = -92\ \text{kJ/mol}$$

Für eine wirtschaftliche Produktion ist es erforderlich, das chemische Gleichgewicht in Richtung Produkt zu verschieben. Es wird möglichst hoher Druck (in der Praxis 340 bar) angewendet und eine Reaktionstemperatur von 380 °C nicht überschritten. Für brauchbare Reaktionsgeschwindigkeiten wird die Reaktion mithilfe eines Katalysators beschleunigt.

Synthesegas siehe NAWI I/II, Kap. E, 1.1; chemisches Gleichgewicht siehe NAWI I/II, Kap. D, 3.3.

Recherchieren Sie, mit welcher Reaktion Methanol nachgewiesen werden kann.

Technische Bedeutung von Methanol
- Sehr wichtiger Chemierohstoff (zur Herstellung von Formaldehyd, Essigsäure, Chlormethan, Methanamin)
- Energieträger (als Kraftstoff oder Kraftstoffzusatz)
- In Brennstoffzellen als Wasserstofflieferant

Ethanol (Alkohol) $CH_3—CH_2—OH$
Ethanol wird durch Gärung von zuckerhaltigen Lösungen aus Naturstoffen gewonnen. Dabei kann eine Lösung mit etwa 17 Vol.-% erhalten werden. Bei dieser Konzentration stellen die meisten Hefen die Alkoholproduktion ein. Durch Destillation erreicht man 96 %igen Alkohol („Weingeist"). Technisches Ethanol wird durch Wasseranlagerung an Ethen gewonnen.

Eigenschaften von Ethanol
- Farblose, charakteristisch riechende Flüssigkeit
- $t_b = 78{,}3$ °C
- Hat schon in geringen Dosen physiologische Effekte

Erzeugung von technischem Ethanol

$$CH_2{=}CH_2 + H_2O \rightarrow CH_3—CH_2—OH$$

Alkoholische Gärung siehe Kap. D, 5.2; Droge Alkohol siehe Kap. F, 1.

Technische Bedeutung von Ethanol
- Lösungsmittel im Haushalt (Kosmetik-, Reinigungsmittel)
- Technisches Lösungsmittel
- Desinfektionsmittel
- Zur Herstellung von Essigsäure
- Energieträger (in den Kraftstoffen E 85 und E 10)

E 85: 85 % Ethanol, 15 % Benzin
E 10: 10 % Ethanol, 90 % Benzin

Ethan-1,2-diol (Glycol) $HO—CH_2—CH_2—OH$
Die Herstellung erfolgt aus 1,2-Epoxyethan (Ethylenoxid) und Wasser.

Eigenschaften von Ethan-1,2-diol
- Farblose, viskose Flüssigkeit
- $t_b = 197$ °C
- Gesundheitsschädlich

Erzeugung von Ethan-1,2-diol

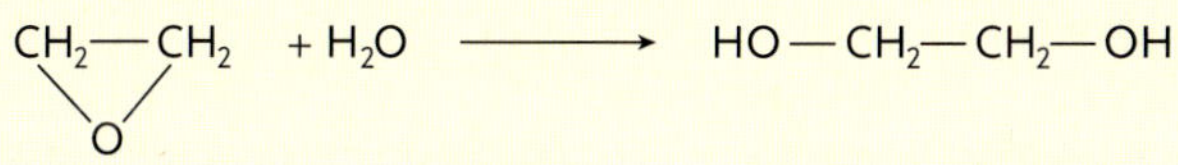

Technische Bedeutung von Ethan-1,2-diol
- Herstellung von Polyestern (z. B. PET)
- Frostschutzmittel, Enteisung von Flugzeugen
- In Kühlflüssigkeiten als Korrosionsschutzmittel

Propan-1,2,3-triol (Glycerol, Glycerin)
Glycerol ist am Aufbau aller pflanzlichen und tierischen Fette beteiligt und wird durch Verseifung aus ihnen hergestellt (Nebenprodukt der Seifenherstellung). Es ist ein Nebenprodukt bei der Biodieselherstellung, wo das Glycerol des Pflanzenöls durch Methanol ausgetauscht wird (Umesterung). Petrochemisch wird es aus Propen in einem mehrstufigen Prozess hergestellt.

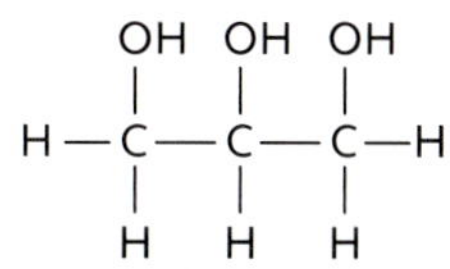

Eigenschaften von Propan-1,2,3-triol
- Farblose, hochviskose Flüssigkeit
- Stark hygroskopisch
- $t_b = 290$ °C
- Ungiftig, schmeckt süß

Technische Bedeutung von Propan-1,2,3-triol
- Feuchthaltemittel in Lebensmitteln und Tabak
- In der Kosmetik für Salben und Cremen
- Zur Herstellung von Glyceroltrinitrat
- Als Gummipflegemittel
- Als Bremsflüssigkeit und Frostschutzmittel

Hexan-1,2,3,4,5,6-hexol (Sorbit, Sorbitol)
Sorbit ist ein Zuckeralkohol und kommt in der Natur in vielen Früchten, besonders in Kernobst, vor.

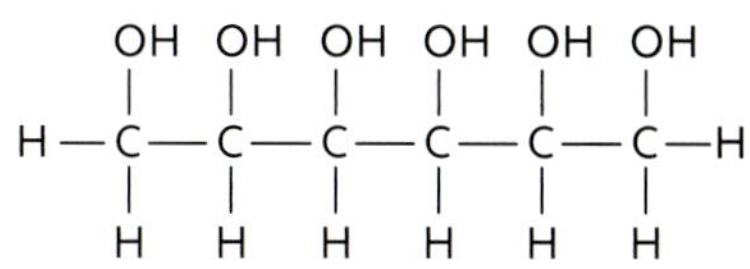

Eigenschaften von Hexan-1,2,3,4,5,6-hexol
- Farblose, hygroskopische Nadeln
- $t_m = 111$ °C
- Süßer Geschmack
- Nur schwach Karies fördernd
- Wirkt bei übermäßigem Verzehr abführend

Technische Bedeutung von Hexan-1,2,3,4,5,6-hexol
- Zuckeraustauschstoff (für zuckerfreie Kaugummis und Bonbons)
- Zum Süßen von Diabetikerlebensmitteln
- Als Feuchthaltemittel in Lebensmitteln

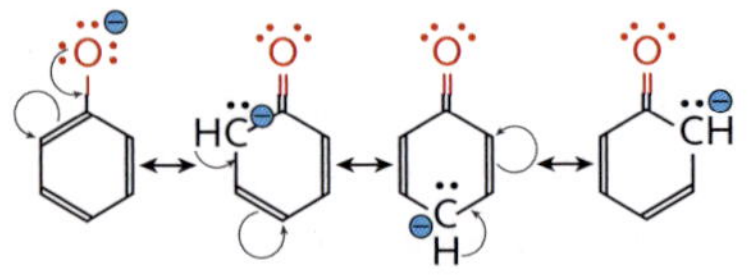

Mesomere Grenzstrukturen des Phenolat-Ions

Mesomerie siehe NAWI I/II, Kap. D, 2.4.3.

4.2 Phenole

Phenole sind Verbindungen, die aus einem aromatischen Ring und daran gebundenen OH-Gruppen bestehen. Sie reagieren im Unterschied zu den Alkoholen im Wasser schwach sauer (alter Name für Phenol: Carbolsäure) und bilden mit Basen wasserlösliche Salze.

Reaktion von Phenol mit Wasser und mit Natronlauge

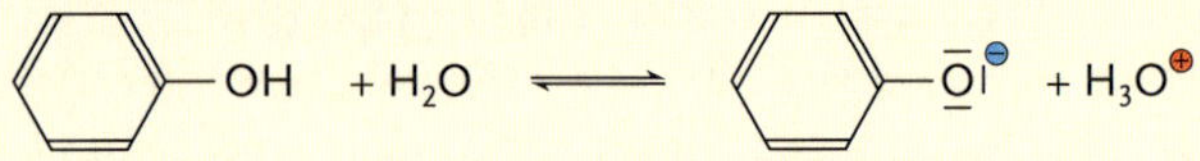

Phenol — Phenolat-Ion

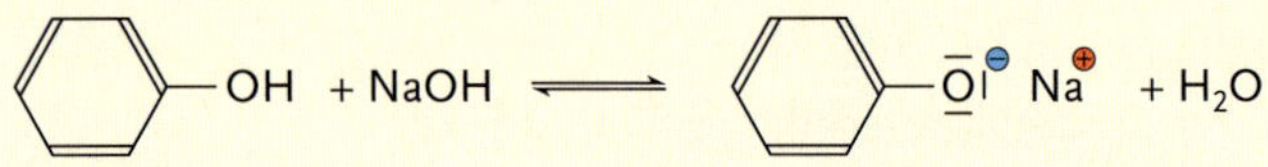

Phenol — Natriumphenolat

Der saure Charakter der Phenole wird durch die Stabilisierung des Phenolat-Ions durch Mesomerie hervorgerufen.

Phenol (Hydroxybenzen)

Bei der Destillation von Steinkohlenteer wurde Phenol im 19. Jahrhundert entdeckt. Der Arzt **Joseph Lister** erkannte die antiseptische Wirkung von Phenollösungen und setzte sie zur Wunddesinfektion ein. Wegen seiner hautirritierenden Nebenwirkungen wurden Phenollösungen bald durch schonendere Stoffe ersetzt.

Eigenschaften von Phenol

- Farblose Kristalle, die sich an der Luft rosa färben
- Typischer, durchdringender Geruch
- $t_m = 41$ °C
- Giftig und ätzend

Joseph Lister, englischer Chirurg, 1827 bis 1912, Begründer der antiseptischen Chirurgie

Technische Bedeutung von Phenol

- Wichtige Grundchemikalie zur Herstellung zahlreicher organischer Verbindungen (z. B. Acetylsalicylsäure – Aspirin, Phenolphthalein)
- Zur Herstellung von
  - Phenol-Formaldehydharzen (Bakelit)
  - Klebstoffen (Zweikomponentenklebern für Holz)
  - Herbiziden (Di- und Trichlorphenolen, 2,4-D, 2,4,5-T)

Dihydroxybenzene

Sind zwei OH-Gruppen am Benzen gebunden, ergeben sich drei isomere Verbindungen.

Dihydroxybenzene

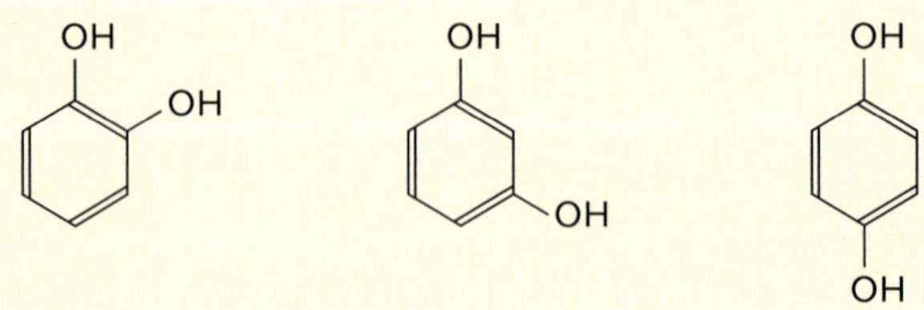

Benzen-1,2-diol Brenzcatechin — Benzen-1,3-diol Resorcin — Benzen-1,4-diol Hydrochinon

Brenzkatechin und Hydrochinon können leicht oxidiert werden. Deshalb wird besonders Hydrochinon als Reduktionsmittel bei der Entwicklung von Filmen verwendet. Ein analoges Redoxsystem spielt bei der großtechnischen Herstellung von Wasserstoffperoxid eine entscheidende Rolle:

Herstellung von H_2O_2 mithilfe von 2-Ethylhydroanthrachinon

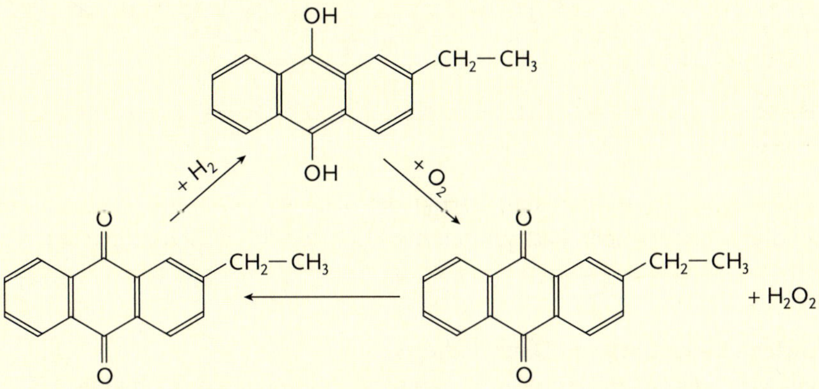

Durch katalytische Hydrierung hergestelltes 2-Ethylhydroanthrachinon wird oxidiert. Dabei spaltet sich H_2O_2 ab.

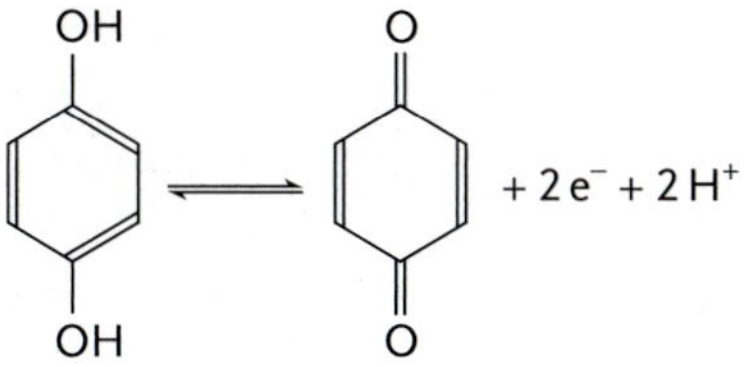

Oxidation von Hydrochinon zu Chinon (Chinon ist mesomeriestabilisiert)

H_2O_2 ist ein starkes Oxidationsmittel und wird zum Bleichen verwendet.

Phenolphthalein und Anthrachinonfarbstoffe siehe Kap. B, 10.

Die Ausbildung einer mesomeriestabilisierten Chinonstruktur in Molekülen ist für die Farbigkeit von Stoffen verantwortlich. Dies zeigt sich am Beispiel des pH-Indikators Phenolphthalein und bei den Anthrachinonfarbstoffen.

Die **Gerbstoffe** (Tannine) sind hochmolekulare Verbindungen mit phenolischen OH-Gruppen. Sie werden bei der Ledererzeugung verwendet und sind für den herben Geschmack von fermentiertem Tee und Wein verantwortlich. Das Phenolderivat **2,4,6-Trichloranisol** verursacht den unangenehmen Korkgeschmack bei Weinen („Stoppeln" des Weines).

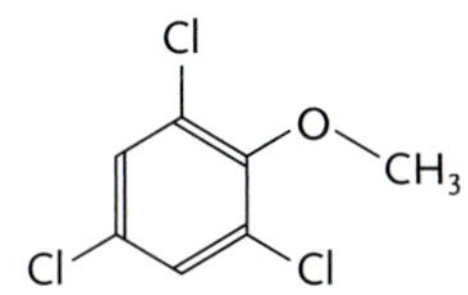

2,4,6-Trichloranisol

4.3 Ether

Der Begriff Ether („ätherisch") bedeutet leicht verdampfend, flüchtig und weist auf den niedrigen Siedepunkt einfacher Ether hin. Diese markante Verringerung des Siedepunktes gegenüber Alkoholen mit gleicher Summenformel hängt mit dem Fehlen von OH-Gruppen im Molekül zusammen. Ether bilden deshalb keine zwischenmolekularen Wasserstoffbrücken aus und sind daher in Wasser schlecht löslich.

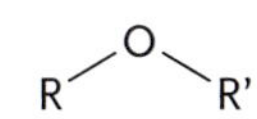

Allgemeine Formel linearer Ether

Vergleich von Ethanol und Methoxymethan (Dimethylether)

	Summenformel	Siedepunkt	Wasserlöslichkeit (g/L bei 20 °C)
CH_3-CH_2-OH	C_2H_6O	$t_b = +78{,}3$ °C	beliebig mischbar
CH_3-O-CH_3	C_2H_6O	$t_b = -24{,}8$ °C	70 g/L

Viele Naturstoffe sind Ether, z. B. die Aromastoffe von Anis (Anethol), Eukalyptus (1,8-Cineol), Gewürznelken (Eugenol) und Vanille (Vanillin). Lineare, gesättigte Ether werden nach der IUPAC-Nomenklatur als Alkoxyalkane bezeichnet.

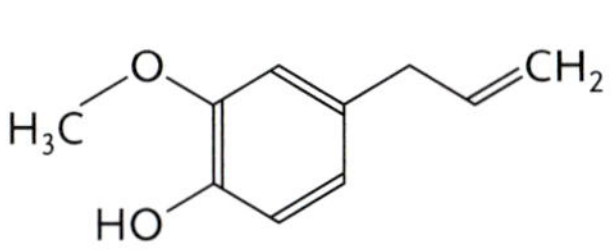

Strukturformel von Eugenol

Ethoxyethan (Diethylether, Ether) $CH_3-CH_2-O-CH_2-CH_3$
Bereits im 19. Jahrhundert wurde Diethylether als Narkosemittel verwendet. Aufgrund der Nebenwirkungen (Übelkeit nach der Narkose) und seiner Feuergefährlichkeit kommt er als Narkotikum kaum mehr zum Einsatz. Die Herstellung erfolgt durch Reaktion von Ethanol mit konzentrierter Schwefelsäure bei ca. 130 °C.

Eigenschaften von Ethoxyethan
- Farblose, charakteristisch riechende Flüssigkeit
- $t_b = 35$ °C
- Hochentzündlich
- Dämpfe sind deutlich schwerer als Luft
- Wasserlöslichkeit: 69 g/L (20 °C)
- Gut mischbar mit organischen Lösungsmitteln

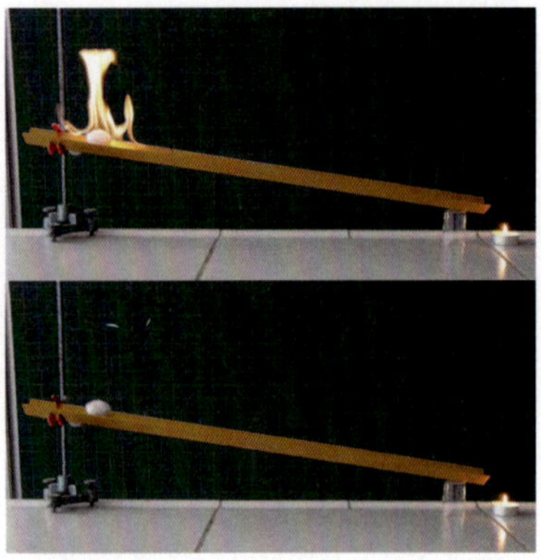

Wattebausch mit Ether getränkt; Etherdämpfe entzünden sich an der Kerzenflamme

Herstellung von Diethylether

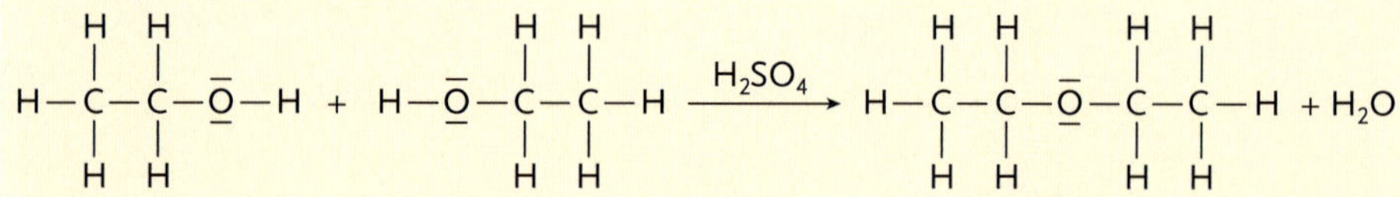

Ethanol Ethanol Diethylether Wasser

Bei dieser Kondensationsreaktion wirkt die Schwefelsäure einerseits wasseranziehend und andererseits katalysieren die H_3O^+-Ionen der Schwefelsäure die Reaktion.

Technische Bedeutung von Diethylether

- Sehr wichtiges Lösungsmittel in der präparativen organischen Chemie
- Extraktionsmittel für organische Stoffe in wässrigen Lösungen („Ausschütteln")
- Starthilfespray beim Anlassen von Ottomotoren

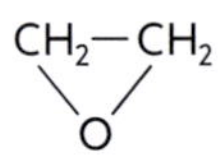

Eigenschaften von 1,2-Epoxyethan

- Farbloses, leicht entzündliches Gas
- Giftig, reizend und krebserregend
- Keimtötend

1,2-Epoxyethan (Ethylenoxid, Oxiran)
Dieses einfachste Epoxid („innerer Ether") wird durch katalytische Oxidation von Ethen hergestellt. Ethylenoxid ist aufgrund seiner Ringspannung sehr reaktiv.

Technische Bedeutung von Ethylenoxid

- Erzeugung von Glycol und Diethylenglycol
- Erzeugung von Polyestern (z. B. PET)
- Zur Sterilisation von chirurgischen Instrumenten und Einmalspritzen

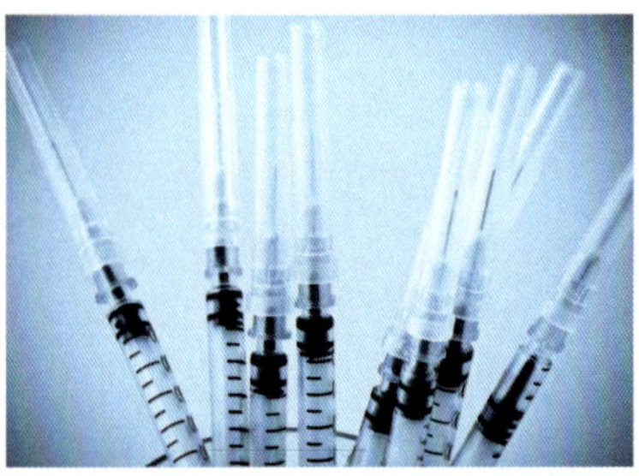

Einmalspritzen, mit Ethylenoxid (EO) sterilisiert

2-Methoxy-2-methylpropan (Methyl-tert-butylether, MTBE)
Wegen seiner hohen Oktanzahl (ROZ = 118) wird MTBE als Kraftstoffzusatz für hochklopffeste Treibstoffe verwendet. Er bildet – im Gegensatz zu Diethylether – keine explosiven Peroxide und wird daher statt Diethylether immer öfter als Lösungsmittel verwendet.

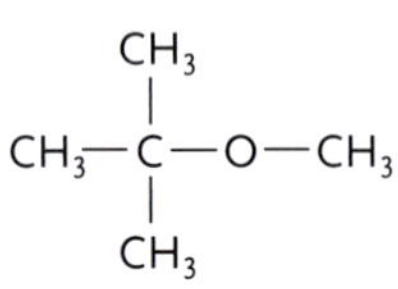

MTBE

Oktanzahl siehe Kap. B, 1.2.

4-Hydroxy-3-methoxybenzencarbaldehyd (Vanillin)
Chemisch gesehen ist Vanillin ein aromatischer Aldehyd mit einer phenolischen OH-Gruppe und einer Ethergruppe. Es ist der Hauptaromastoff der Gewürzvanille. Vanillin für die Aromenindustrie wird größtenteils aus den bei der Zellstofferzeugung anfallenden Sulfitablaugen gewonnen. Mengenmäßig ist Vanillin der weltweit meistverwendete Aromastoff.

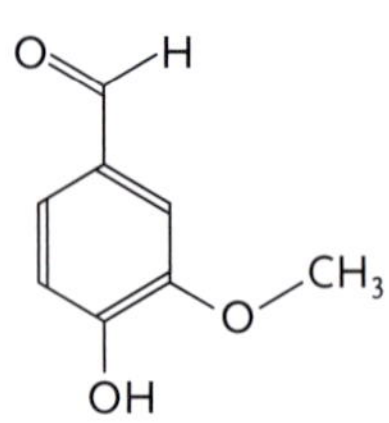

Vanillin

Diethylenglycol (2,2'-Oxydiethanol) **$OH-CH_3-CH_2-O-CH_2-CH_3-OH$**
Dieser Stoff ist sowohl ein Ether als auch ein zweiwertiger Alkohol. Die beiden OH-Gruppen ermöglichen die Ausbildung von Wasserstoffbrücken, sodass Diethylenglycol einen sehr hohen Siedepunkt hat (t_b = 244 °C) und sehr gut wasserlöslich ist. Daher eignet es sich – wie Glycol – als Frostschutzmittel und als Bremsflüssigkeit.

Traurige Berühmtheit erlangte Diethylenglycol beim Weinskandal 1985. Winzer verfälschten billigen, sauren Wein mit Frostschutzmitteln und täuschten so einen höheren Zuckergehalt vor (Diethylenglycol schmeckt süß und erhöht die Viskosität der Flüssigkeit). So wurde die Qualitätsstufe „Prädikatwein" vorgetäuscht. Aufgrund der geringen Toxizität und der kleinen Konzentrationen im Wein kam es zu keinen Vergiftungen. Der Weinskandal hatte aber schwerwiegende Auswirkungen auf die österreichische Weinwirtschaft. Als Reaktion wurde 1985 ein neues, strenges Weingesetz eingeführt. Dadurch erreichte der österreichische Wein eine deutliche Qualitätsverbesserung.

Recherchieren Sie Fakten zum Weinskandal und vor allem über die Auswirkungen auf die österreichische Weinwirtschaft.

Ziele erreicht? – „Alkohole – Phenole – Ether“

4.01 ++ Ist der Stoff 3-Methylbutan-2-ol ein primärer, sekundärer oder tertiärer Alkohol? Zeichnen Sie die Halbstrukturformel.

4.02 + Erklären Sie, warum lineare, einwertige Alkohole einen deutlich höheren Siedepunkt haben als Alkane mit annähernd gleicher Molmasse.

4.03 + Formulieren Sie die Reaktionsgleichung der Verbrennung von Ethanol.

4.04 ++ Erklären Sie, warum der Heizwert von Methanol und Ethanol deutlich unter dem Heizwert von Benzin liegt.

4.05 ++ Das Ethanolmolekül hat einen hydrophoben und einen hydrophilen Teil. Erklären Sie, warum dies wichtig ist für den Einsatz von Ethanol als Treibstoff E85 und E10 und warum kein reines Ethanol als Treibstoff verwendet wird.

4.06 + Früher wurde Phenol durch Behandlung von Steinkohlenteer mit Natronlauge gewonnen. Erklären Sie, wie Phenol durch diese Behandlung vom Steinkohlenteer abgetrennt und in einem zweiten Schritt als Reinstoff gewonnen werden kann.

4.07 ++ Der Stoff Guajacol leitet sich von Brenzkatechin ab. Er hat ein sehr intensives Raucharoma und trägt wesentlich zum Aroma von geräucherten Lebensmitteln und Kaffee bei. Sein IUPAC-Name ist 2-Methoxy-phenol. Zeichnen Sie die Halbstrukturformel.

4.08 + Erklären Sie, warum Ether einen deutlich niedrigeren Siedepunkt haben als Alkohole mit der gleichen Summenformel.

4.09 + Erhitzt man Methanol und Propan-1-ol mit konzentrierter Schwefelsäure, läuft eine chemische Reaktion ab. Formulieren Sie die Reaktionsgleichung und benennen Sie das Reaktionsprodukt.

4.10 + Der Stoff Vanillin ist chemisch gesehen (kreuzen Sie die richtigen Antworten an):

☐ ein Ether	☐ ein Amin	☐ ein Phenol	☐ ein Aldehyd
☐ eine Carbonsäure	☐ ein Ester	☐ ein Keton	☐ ein FCKW

5 Aldehyde und Ketone

Holz wird von der Menschheit seit Urzeiten als Werkstoff intensiv genutzt. Von entscheidender Bedeutung für eine optimale Nutzung sind dabei die Holzart und die durch Standort und Wuchsbedingungen geprägte Holzqualität. Holz unterliegt aber auch in optimaler Qualität gewissen Veränderungen. Es kann sich bei veränderter Luftfeuchtigkeit ausdehnen oder zusammenziehen. Um dies zu verhindern und um einen Werkstoff mit sehr einheitlicher Qualität in großflächigen Formaten herzustellen, wurde die Spanplatte entwickelt. Die Spanplatte ist ein Produkt aus Holzspänen, die mit einem Kunstharzbindemittel unter Hitzeeinwirkung zu einer Platte gepresst werden. Die Kunstharzbindemittel werden immer mithilfe des Aldehyds Methanal (Formaldehyd) hergestellt. Auch um Bakelit, den ersten industriell hergestellten Kunststoff, herzustellen, wurde Methanal mit Phenol zur Reaktion gebracht. Methanal zählt zu den wichtigsten organischen Grundstoffen der chemischen Industrie.

Spanplatte mit Kunststoffbeschichtung

Meine Ziele

Nach Bearbeitung dieses Kapitels kann ich

- die Aldehyde und die Ketone als **Oxidationsprodukte der Alkohole** darstellen;
- **die Eigenschaften und die Verwendung** dieser Substanzklassen beschreiben;
- anhand der Strukturformel auf das **chemische Verhalten** schließen;
- **Problemstellungen aus dieser Stoffklasse** analysieren und Lösungen finden.

Telefon aus Bakelit

Aldehyde und Ketone sind Beispiele für Substanzklassen, die in ihren funktionellen Gruppen die Carbonylgruppe enthalten. Sie besteht aus einem Kohlenstoffatom mit einer Doppelbindung zu einem Sauerstoffatom. Trägt das Kohlenstoffatom der Carbonylgruppe ein Wasserstoffatom, erhält man die Aldehydgruppe. Sind zwei organische Reste gebunden, erhält man die Ketogruppe, die für Ketone spezifisch ist.

Überblick über die chemischen Strukturen

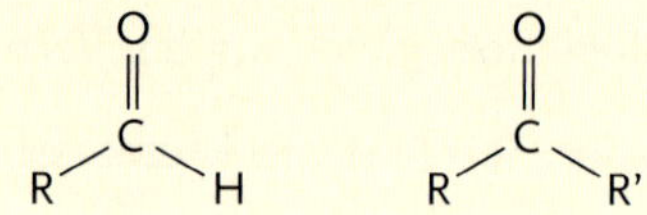

Aldehyde Ketone

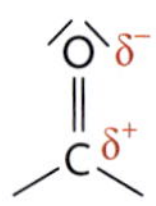

Carbonylgruppe mit positiven und negativen Teilladungen

Die hohe Elektronegativität des Sauerstoffs führt dazu, dass die Carbonylgruppe stark polar und entsprechend reaktiv ist. Aus diesem Grund gehen Aldehyde typische Additions- und Polymerisationsreaktionen ein. Diese Reaktivität ist die Grundlage für viele technische Prozesse, wie z. B. die Erzeugung von Bakelit. Die intramolekulare Ringbildung bei Glucose und Fructose ist ebenfalls auf die Reaktivität der Carbonylgruppe zurückzuführen. Ketone haben eine deutlich geringere Reaktionsfreudigkeit.

? Was bedeutet der Begriff Elektronegativität?

Ringbildung siehe Kap. D, 1.3.

Aldehyde und Ketone sind Oxidationsprodukte der primären bzw. sekundären Alkohole. Da Aldehyde weiter zu Carbonsäuren oxidiert werden können, haben sie im Unterschied zu den Ketonen eine reduzierende Wirkung. Dieser Unterschied wird zum Nachweis der Aldehyde verwendet.

Oxidation von Alkoholen siehe Kap. B, 4.

Aldehyde

Das Wort „Aldehyd" kommt aus dem Lateinischen (**al**cohol **dehyd**rogenatus) und bezieht sich auf die Abspaltung von Wasserstoffatomen bei der Oxidation von Alkoholen zu Aldehyden.

Oxidierte Kupferspirale in Ethanol

Oxidation von Ethanol mit Kupferoxid zu Ethanal

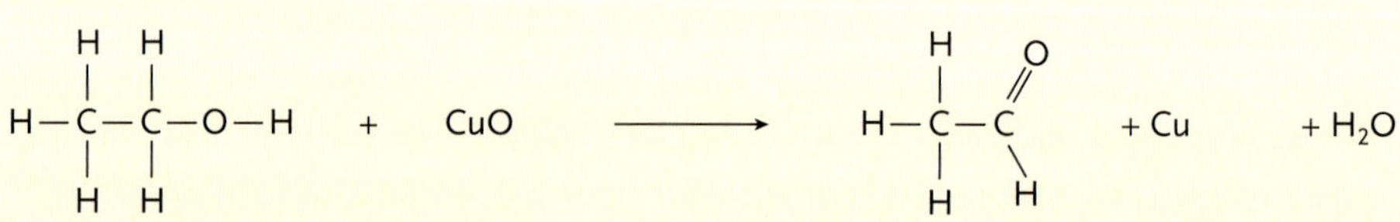

Ethanol Kupferoxid Ethanal Kupfer Wasser

Eigenschaften der Aldehyde

- Höhere Siedepunkte als die entsprechenden Alkane (Dipol-Dipol-Wechselwirkungen der Carbonylgruppen)
- Niedrigere Siedepunkte als bei den entsprechenden Alkoholen (keine Wasserstoffbrückenbindungen zwischen Aldehydmolekülen)
- Kurzkettige Aldehyde sind gut wasserlöslich (zwischen Aldehyd und Wasser bilden sich Wasserstoffbrücken aus)
- Mit zunehmender Kettenlänge nimmt die Wasserlöslichkeit ab
- Kurzkettige Aldehyde haben einen stechenden, unangenehmen Geruch
- Höhere bzw. aromatische Aldehyde duften angenehm und sind Geruchsträger in vielen ätherischen Ölen (z. B. Vanille, Bittermandeln, Anis, Zitronen)
- Leicht oxidierbar zu Carbonsäuren
- Leicht reduzierbar zu primären Alkoholen

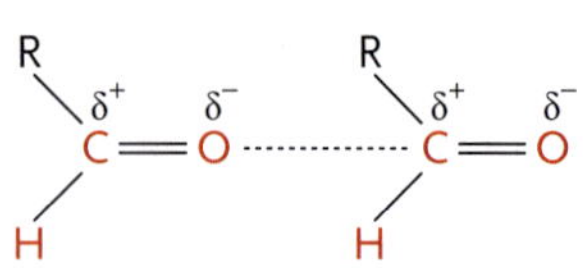

Dipol-Dipol-Wechselwirkungen zwischen zwei Aldehydmolekülen

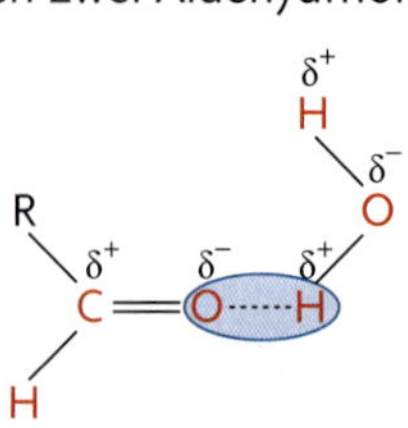

Wasserstoffbrücke zwischen Aldehyd und Wassermolekül

Nachweis von Aldehyden mit fehlingscher Lösung

In basischer Lösung werden Cu^{2+}-Ionen (blaue Lösung) zu einwertigen Cu^{+}-Ionen (als Cu_2O) reduziert (orangeroter Niederschlag). Aldehyde werden zu Carbonsäuren oxidiert.
Mit der fehlingschen Lösung werden reduzierende Zucker (z. B. Glucose) nachgewiesen. Darauf beruhte die quantitative Glucosebestimmung im Harn nach Fehling, die den Nachweis von Zuckerkrankheit wesentlich erleichterte.
Diese Analysenmethode entdeckte **Hermann von Fehling** 1848.

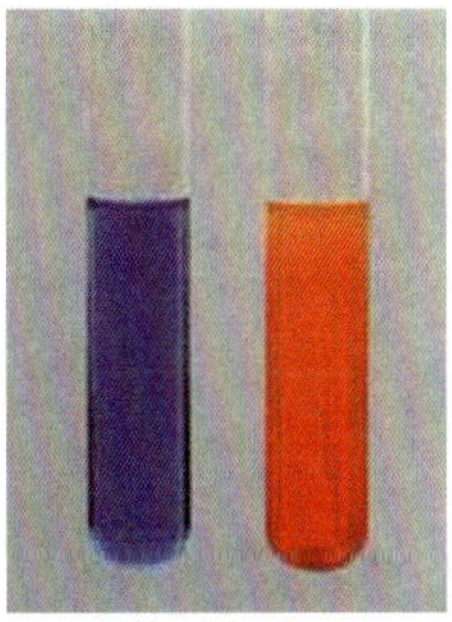

Fehlingsche Lösung vor der Reaktion (links), positiver Aldehydnachweis (rechts)

Technisch wichtige Aldehyde

Methanal (Formaldehyd), **H—CHO**
Der Trivialname Formaldehyd des einfachsten Aldehyds leitet sich vom lateinischen Wort für Ameise („formica") ab, denn Methanal kann leicht zu Ameisensäure (Methansäure) oxidiert werden.

Reduzierende Zucker siehe Kap. D, 1.3.

Erzeugung von Methanal: katalytische Oxidation von Methanol

Methanal wird nach der Reaktion in Wasser gelöst und kommt als 40%ige Formalinlösung in den Handel.

Eigenschaften von Methanal
- Farbloses, stechend riechendes Gas
- $t_b = -19$ °C
- Ätzend, giftig
- Verdacht auf krebserregende Wirkung
- Wirkt denaturierend auf Proteine
- Kann Allergien auslösen
- Gut wasserlöslich
- Polymerisiert leicht zu festem Paraformaldehyd

Technische Bedeutung von Methanal
- Sehr wichtiger Chemierohstoff
- Zur Herstellung von
  - Kunstharzbindemitteln für die Spanplattenindustrie
  - Kunststoffen (Bakelit, Aminoplasten, Harnstoff- und Melaminharzen)
  - Farb- und Arzneistoffen
  - Stoffen zur Textilveredelung (knitterfrei-Ausrüstung)
  - Desinfektionsmitteln (Lysoform)
- Zur Konservierung anatomischer und biologischer Präparate
- Als Konservierungsmittel in Kosmetika

Konservierung einer Schlange in Formalinlösung

Bei der Herstellung von Spanplatten wird das im Kunstharzbindemittel enthaltene Methanal nicht vollständig chemisch gebunden. Die vor allem im Möbelbau verwendeten Spanplatten geben geringe Mengen Methanal an die Raumluft ab, was zu gesundheitlichen Beeinträchtigungen der Bewohner führen kann. Für diese Anwendungen sind daher nur Spanplatten der Emissionsklasse E1 zugelassen.

Emissionsklasse E1: Formaldehydausgasung max. 0,1 ppm

Ethanal (Acetaldehyd) **CH_3—CHO**
Ethanal ist ein häufig vorkommendes Zwischenprodukt bei biochemischen Stoffwechselvorgängen. Beim Alkoholabbau in der Leber wird Ethanal gebildet, das für das Unwohlsein („Kater") nach Alkoholgenuss mitverantwortlich ist. In der chemischen Industrie spielt Ethanal vor allem als Zwischenprodukt eine wichtige Rolle.

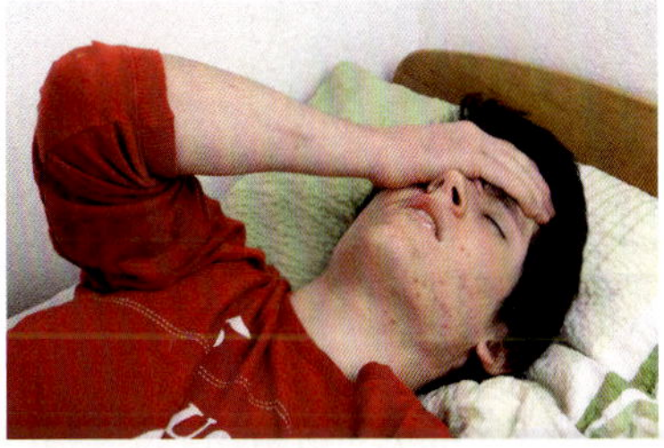

Ethanal sorgt für Unwohlsein nach Alkoholgenuss

Erzeugung von Ethanal: katalytische Oxidation von Ethen

$$2\,C_2H_4 + O_2 \longrightarrow 2\,CH_3\text{—}CHO$$

Durch Cyclisierung von drei Molekülen Ethanal bildet sich der Stoff Paraldehyd, der als starkes Schlaf- und Beruhigungsmittel verwendet wird. Bilden vier Moleküle Ethanal ein ringförmiges Molekül, erhält man den Stoff Metaldehyd. Dieser Feststoff wird als Trockenbrennstoff (Trockenspiritus) und als Wirkstoff gegen Gartenschnecken (Schneckenkorn) verwendet.

Eigenschaften von Ethanal
- Farblose, stechend riechende Flüssigkeit
- $t_b = 20{,}4\ °C$
- Extrem entzündbar
- Reizend, vermutlich krebserregend
- Mit Wasser mischbar

Ringförmige Verbindungen aus Ethanal

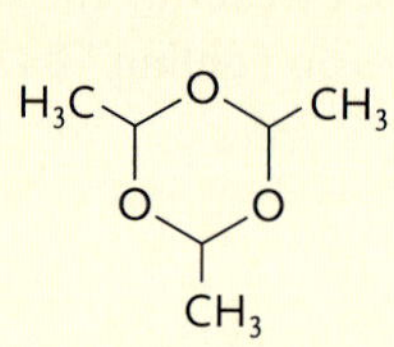

Paraldehyd

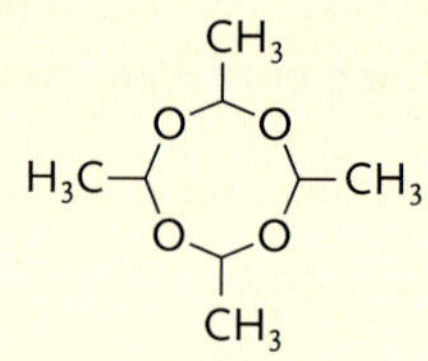

Metaldehyd

Technische Bedeutung von Ethanal
Zur Herstellung von
- Ethansäure (Essigsäure)
- Ethylethanoat (Essigsäureethylester)

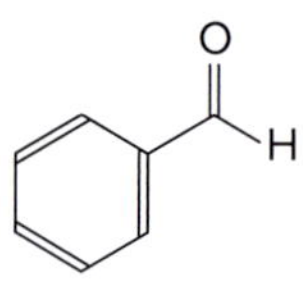

Eigenschaften von Benzencarbaldehyd
- Farblose Flüssigkeit
- $t_b = 179\ °C$
- Typischer Geruch nach Bittermandeln
- Bei großen Aufnahmemengen gesundheitsschädlich

Benzencarbaldehyd (Benzaldehyd)
Benzencarbaldehyd wird wegen seines typischen Geruchs umgangssprachlich auch Bittermandelöl genannt. Die Substanz kommt in Fruchtkernen verschiedener Steinfrüchte (Aprikosenkernen, Bittermandeln) chemisch gebunden im Aromastoff Amygdalin vor. Durch das Einwirken von Säuren (z. B. Magensäure) zerfällt Amygdalin in Glucose, Benzencarbaldehyd und Hydrogencyanid (Cyanwasserstoff, Blausäure). Durch den Genuss einer größeren Menge von Aprikosenkernen kann es daher zu einer Blausäurevergiftung kommen.

Technische Bedeutung von Benzencarbaldehyd
- Aromastoff für Marzipan, Backwaren
- Als Duftstoff in Parfümerieartikeln

Marzipan wird durch intensives Vermahlen von Mandeln mit Zucker hergestellt

Ketone

Bei den Ketonen befindet sich die Carbonylgruppe immer zwischen zwei Kohlenstoffatomen. Dies bewirkt im Vergleich zu den Aldehyden mit einem Wasserstoffatom an der Carbonylgruppe eine deutlich geringere Reaktivität. Ketone entstehen durch Oxidation von sekundären Alkoholen.

Eigenschaften der Ketone
- Höhere Siedepunkte als bei den entsprechenden Alkanen (Dipol-Dipol-Wechselwirkungen der Carbonylgruppen)
- Niedrigere Siedepunkte als bei den entsprechenden Alkoholen (keine Wasserstoffbrückenbindungen zwischen Ketonmolekülen)
- Bessere Wasserlöslichkeit als bei den Aldehyden mit gleicher Kohlenstoffzahl
- Ketone zeigen keine positive Reaktion mit der fehlingschen Lösung

Technisch wichtige Ketone

Eigenschaften von Propanon
- Farblose, angenehm riechende Flüssigkeit
- $t_b = 56\ °C$
- Leicht entzündlich
- Reizt Augen und Haut
- Dämpfe wirken narkotisierend
- Mit Wasser und vielen organischen Lösungsmitteln mischbar

Propanon (Aceton), $CH_3{-}CO{-}CH_3$
Der Trivialname Aceton geht auf ein historisches Verfahren zurück, als Propanon durch trockenes Erhitzen von Calciumacetat (Kalksalzdestillation) hergestellt wurde.

Erzeugung von Propanon und Phenol: Hockverfahren

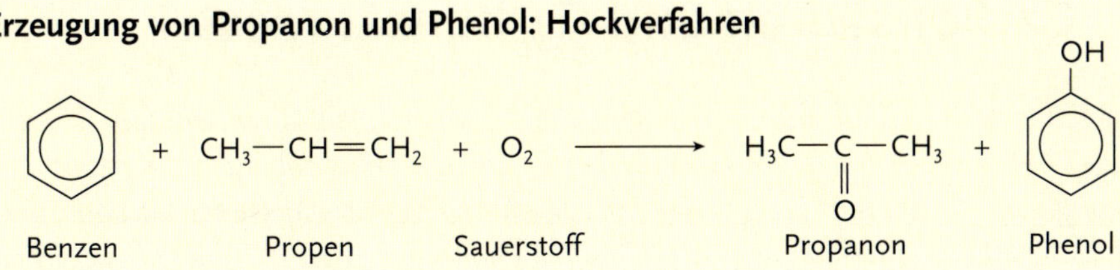

Technische Bedeutung von Propanon
- Sehr wichtiges Lösungsmittel für Lacke, Harze, Fette, Kunststoffe
- Zur Herstellung von Plexiglas
- Als Lösungsmittel für Ethin (Acetylen) in den Dissousgasflaschen
- Als Lösungsmittel bei der Herstellung von Celluloseacetatfasern (Kunstseide)
- Früher zur Herstellung von Tränengas (Bromaceton)

Bei Diabetes mellitus (Zuckerkrankheit) wird wegen des gestörten Stoffwechsels (Mangel an Insulin) Propanon im Blut angereichert, das im Harn und in der Atemluft nachgewiesen werden kann.

Butanon (Methylethylketon, MEK), **CH_3—CO—CH_2—CH_3**
Ethanol, das nicht für Genusszwecke vorgesehen ist, wird mit einem Vergällungsmittel versetzt. Butanon wird aufgrund seines gleichen Siedepunktes dazu verwendet (siehe Etikette).

Erzeugung von Butanon
- Durch Oxidation (Dehydrierung) von Butan-2-ol
- Durch direkte katalytische Oxidation von n-Butan

Technische Bedeutung von Butanon
- Vergällungsmittel für Ethanol
- Lösungsmittel für Lacke, Harze und Nitrocellulose
- Dient zur Entparaffinierung von Schmierölen
- Extraktionsmittel zur Entcoffeinierung von Kaffee und Tee
- Als Treibstoffzusatz zur Erhöhung der Oktanzahl

Inhalt einer Acetylen-Dissousgasflasche

Poröse Masse	~ 8 %
Aceton	~ 40 %
Acetylen, gelöst	~ 40 %
Expansionsraum	~ 12 %

Dissousgas: in Stahlflaschen gefülltes, in Propanon gelöstes Acetylengas; dient zum autogenen Schweißen

Eigenschaften von Butanon
- Farblose, süßlich riechende Flüssigkeit
- t_b = 80 °C
- Extrem entzündbar
- Reizt Augen und Haut
- Dämpfe wirken narkotisierend
- Mäßig gut in Wasser löslich
- Mit organischen Lösungsmitteln gut mischbar

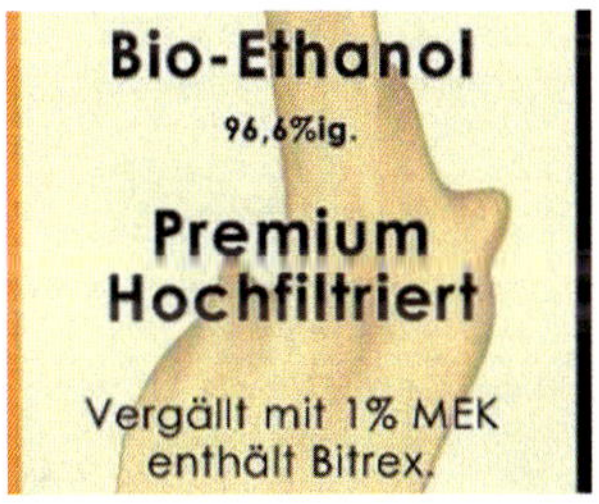

Etikette mit dem Hinweis auf die Vergällung mit MEK (Butanon) und dem Bitterstoff Bitrex

Ziele erreicht? – „Aldehyde und Ketone"

5.01 + Vergleichen Sie die Eigenschaften der Aldehyde und der Ketone.

5.02 + Welchen Stoff gewinnt man durch die Oxidation von Butan-1-ol? Schreiben Sie die Gerüstformel des Reaktionsproduktes.

5.03 + Die Stoffe Propan-1-ol und Propanal haben unterschiedliche Siedepunkte. Welcher Stoff hat den höheren Siedepunkt? Begründen Sie Ihre Antwort.

5.04 + Bei dem sogenannten Tollensreagenz liegen Silberionen (Ag^+) in ammoniakalischer Lösung vor (die Lösung ist farblos!). Fügt man einen Aldehyd dazu, kommt es – ähnlich wie mit fehlingscher Lösung – zu einer erstaunlichen Reaktion. Welche Veränderung tritt nach Zugabe des Aldehyds ein? Versuchen Sie, die Reaktion zu erklären.

5.05 ++ Erklären Sie die desinfizierende Wirkung von Formalin.

5.06 + Die ringförmigen Verbindungen Paraldehyd und Metaldehyd verlieren durch die Cyclisierung ihre Aldehydfunktion. Zu welcher Substanzklasse gehören diese beiden Verbindungen?

5.07 + Benennen Sie diese Substanz:
Erklären Sie, aus welchem Ausgangsstoff und mit welcher Reaktion sie herzustellen ist.

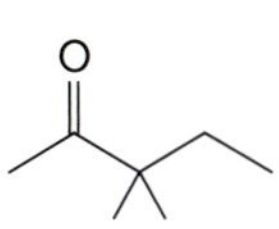

6 Carbonsäuren und Carbonsäureester

Kleopatra, 69 bis 30 v. Chr., Pharaonin des Ägyptischen Ptolemäerreiches

Essig war eine der ersten sauren Lösungen, die die Menschheit schon seit dem Altertum intensiv nutzte. Neben den konservierenden Eigenschaften wurde auch die erfrischende Wirkung von verdünntem Essig geschätzt. Die sauren Eigenschaften der Carbonsäurelösung Essig dokumentiert der römische Chronist Plinius der Ältere in seiner Naturalis Historia, die um 77 n. Chr. entstanden ist. Er beschreibt im neunten Buch, wie die ägyptische Pharaonin Kleopatra eine sehr wertvolle Perle in Essig auflöste, um ihren Geliebten Marcus Antonius zu beeindrucken. Da Perlmutt überwiegend aus Calciumcarbonat besteht, löste sich die Perle in der sauren Lösung Essig unter CO_2-Entwicklung auf.

Meine Ziele

Nach Bearbeitung dieses Kapitels kann ich

- die **chemischen Strukturen der Carbonsäuren und Carbonsäureester** erkennen und Stoffen zuordnen;
- das **Vorkommen** von Carbonsäuren und Carbonsäureestern in Naturstoffen und ihre Verwendung beschreiben;
- **chemische Reaktionen** dieser Stoffklasse erklären und auf neue Problemstellungen anwenden;
- **Lösungskonzepte für Problemstellungen** aus dieser Stoffklasse erarbeiten.

Carbonsäuren enthalten eine oder mehrere Carboxygruppen als funktionelle Gruppen. Sie bestehen aus einer Carbonylgruppe, an die eine Hydroxygruppe gebunden ist. Durch die Kondensationsreaktion (Abspaltung von Wasser) mit einem Alkohol entsteht ein Carbonsäureester.

Überblick über die chemischen Strukturen

Carbonsäure (R–COOH) Carbonsäureester (R–CO–O–R')

Citronensäure in Zitronen

Carbonsäuren und Carbonsäureester sind in der Natur weit verbreitet und haben eine große biologische Bedeutung.

Bienenwachs, ein Carbonsäureester

Carbonsäuren

Carbonsäuren werden durch Oxidation von primären Alkoholen mithilfe starker Oxidationsmittel gebildet. Als Zwischenprodukt entsteht ein Aldehyd bzw. ein instabiles Aldehydhydrat. Der Oxidationsschritt ist als Dehydrierung (Abspaltung von Wasserstoff) zu sehen.

Primärer Alkohol siehe Kap. A, 4.

Entstehung von Carbonsäuren

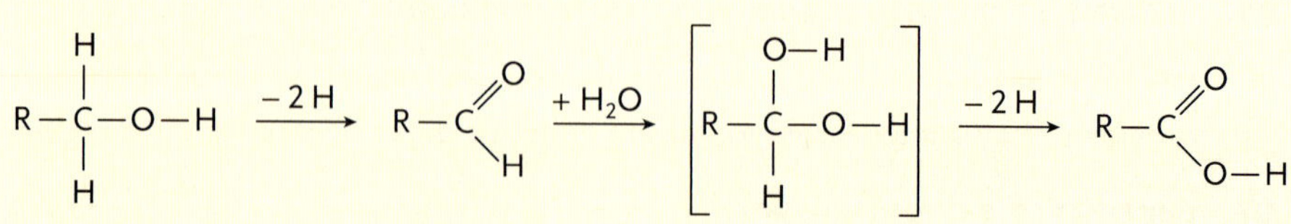

Primärer Alkohol Aldehyd Aldehydhydrat Carbonsäure

Nach IUPAC werden die Carbonsäuren mit dem Suffix „-säure" bezeichnet. Da viele Carbonsäuren in der Natur vorkommen, sind Trivialnamen, die auf ihre Herkunft hinweisen, üblich. Carbonsäuren, die Bestandteil der Öle und Fette sind, nennt man Fettsäuren. Ihr Kohlenstoffgerüst ist unverzweigt, sie haben eine gerade C-Anzahl und eine Kettenlänge von mindestens vier C-Atomen.

Monocarbonsäuren sind Carbonsäuren mit einer Carboxygruppe.

Beispiele von Carbonsäuren mit bekannten Trivialnamen

IUPAC-Name	Trivialname	Summenformel	Vorkommen
Methansäure	Ameisensäure	HCOOH	In vielen Organismen (u. a. im Ameisensekret, im Bienengift, in Nesseln)
Ethansäure	Essigsäure	CH_3COOH	Essig
Propansäure	Propionsäure	C_2H_5COOH	Käse
Butansäure	Buttersäure	C_3H_7COOH	Butter, Schweiß
Hexa-2,4-diensäure	Sorbinsäure	C_5H_7COOH	Vogelbeeren (als Vorstufe)
Hexadecansäure	Palmitinsäure	$C_{15}H_{31}COOH$	Öle und Fette
Octadecansäure	Stearinsäure	$C_{17}H_{35}COOH$	Öle und Fette
Octadeca-9-ensäure	Ölsäure	$C_{17}H_{33}COOH$	Öle und Fette
Octadeca-9,12-diensäure	Linolsäure	$C_{17}H_{31}COOH$	Pflanzenöle
Octadeca-9,12,15-triensäure	Linolensäure	$C_{17}H_{29}COOH$	Pflanzenöle

Bei welchem Lebensmittel spielt der Gehalt an Linol- und Linolensäure eine große Rolle?

Die Bindung des Protons an der Hydroxygruppe ist durch den Elektronen anziehenden Effekt der Carbonylgruppe stark polarisiert. Mit Wasser reagiert daher eine Carbonsäure unter Abspaltung dieses Protons zu Oxoniumion und Säureanion. Das Säureanion ist mesomeriestabilisiert, was seine Stabilität erhöht. Durch die Protolysereaktion bildet sich eine saure Lösung.

Protolyse siehe NAWI I/II, Kap. F, 1.1.

Protolyse von Ethansäure

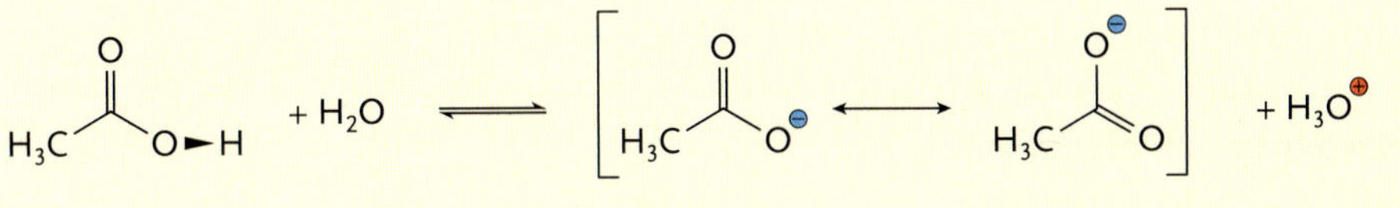

Die Säurestärke – charakterisiert durch den pK_a-Wert – hängt bei Carbonsäuren sehr stark von Atomen bzw. Atomgruppen ab, die an ein der Carboxygruppe benachbartes C-Atom (α-C-Atom) gebunden sind. Bei stark Elektronen anziehenden Atomen (z. B. Chlor) wird durch den negativen induktiven Effekt (–I-Effekt) die Bindung des Protons an die Hydroxygruppe stark polarisiert und die Abspaltung des Protons erleichtert.

Die Nummerierung beginnt nach IUPAC immer beim C-Atom der Carboxygruppe. Das der Carboxygruppe benachbarte C-Atom trägt den Lokanten „2", wird aber nach einer älteren Bezeichnung auch α-Kohlenstoffatom genannt.

Säurestärke und induktiver Effekt

	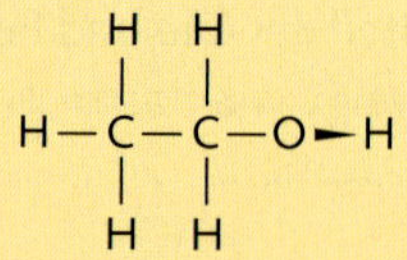 Ethanol	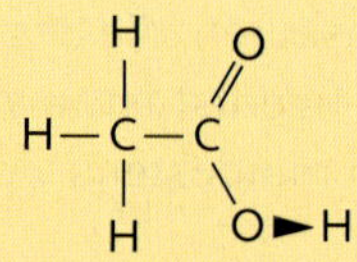 Ethansäure	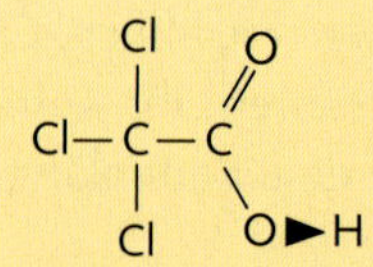 Trichlorethansäure
pK_a-Werte	16	4,75	0,6
pH-Wert einer 0,1-molaren Lösung	7	2,9	1

pK_a-Wert siehe NAWI I/II, Kap. F, 1.2.

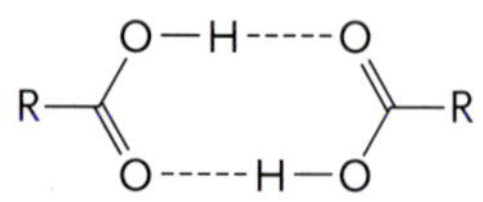

Zwei Carbonsäuremoleküle bilden ein Dimer

Die Trichlorethansäure ist aufgrund des –I-Effektes eine wesentlich stärkere Säure als die Ethansäure.

Die polarisierte Hydroxygruppe ermöglicht bei kurzkettigen Carbonsäuren die Ausbildung von Wasserstoffbrückenbindungen zwischen zwei Carbonsäuremolekülen, die auch im dampfförmigen Zustand stabil sind. Dies führt zu hohen Siedepunkten der Carbonsäuren.

Eigenschaften der Carbonsäuren
- Deutlich höhere Siedepunkte als bei entsprechenden Alkoholen (Dipol-Dipol-Wechselwirkungen und Ausbildung von Carbonsäuredimeren)
- Carbonsäuren ab zehn C-Atomen sind bei Raumtemperatur fest
- Carbonsäuren mit bis vier C-Atomen sind in Wasser gut löslich
- Carbonsäuren mit mehr als vier C-Atomen lösen sich gut in organischen Lösungsmitteln
- Kurzkettige Carbonsäuren haben einen stechenden Geruch
- Mit zunehmender Kettenlänge wird der Geruch unangenehm schweißartig
- Kettenförmige Monocarbonsäuren sind schwache Säuren ($pK_a = 3{,}75 - 4{,}85$)
- Carbonsäuren bilden Salze; die Natrium- und Kaliumsalze langkettiger Fettsäuren wirken als Tenside und werden als Seifen verwendet

Tenside und Seifen siehe Kap. B, 9.

Technisch wichtige Carbonsäuren

Methansäure (Ameisensäure; Salze: Formiate), **H—COOH**

Die Methansäure ist in der Natur weit verbreitet und wird von Insekten, Nesseltieren (Quallen) und Brennnesselgewächsen als Abwehrflüssigkeit verwendet. Sie wurde bereits im 17. Jahrhundert aus Ameisen isoliert.

Eigenschaften von Methansäure
- Farblose, stechend riechende Flüssigkeit
- $t_m = 8$ °C, $t_b = 101$ °C
- Ätzend
- Löslich in Wasser, Ethanol und Ethoxyethan
- Wirkt stark reduzierend

Welcher Teil des Methansäuremoleküls ist für die reduzierende Wirkung verantwortlich?

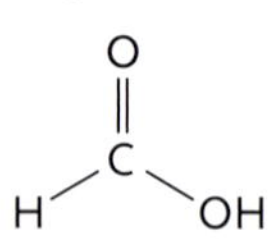

Erzeugung von Methansäure

Reaktion von Natronlauge mit Kohlenstoffmonooxid bei 130 °C und 8 bar zu Natriumformiat:

$$NaOH + CO \rightarrow H{-}COONa$$

Freisetzung der Methansäure durch Zugabe von verdünnter Schwefelsäure und Abtrennung durch anschließende Destillation:

$$2\ H{-}COONa + H_2SO_4 \rightarrow 2\ H{-}COOH + Na_2SO_4$$

Technische Bedeutung von Methansäure
- Desinfektionsmittel (für Bier- und Weinfässer)
- Entkalkungsmittel im Haushalt
- Mittel zum Beizen und Imprägnieren in der Textil- und Lederindustrie

- Antirheumatikum
- Mittel zur Behandlung von Bienenstöcken gegen die Varroamilbe (einen Bienenparasiten)

In Gegenwart von konzentrierter Schwefelsäure zerfällt die Methansäure zu Kohlenstoffmonooxid und Wasser (Herstellung von CO im Labor!). Methansäure lässt sich leicht mit Sauerstoff oxidieren. Es entsteht Kohlensäure, die in CO_2 und Wasser zerfällt.

Versetzen Sie in einem Reagenzglas wenige Milliliter Methansäure mit einigen Tropfen konzentrierter H_2SO_4. Bei gelindem Erwärmen entsteht Kohlenstoffmonooxid, das an der Öffnung des Reagenzglases entzündet werden kann.

Oxidation von Methanol

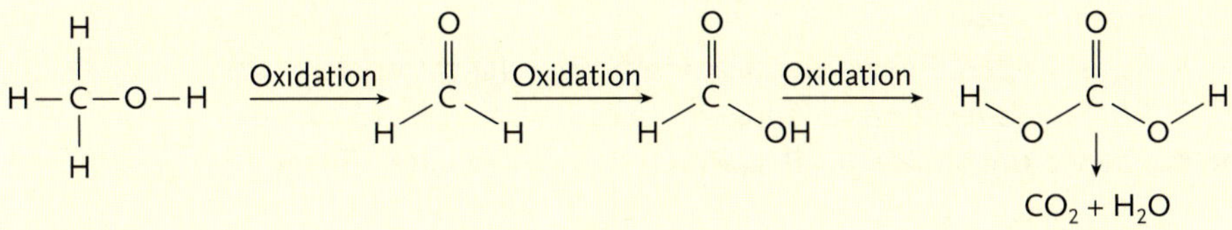

Methanol Methanal Methansäure Kohlensäure

Ethansäure (Essigsäure; Salze: Acetate), **CH_3–COOH**
Seit der Antike ist die Herstellung von Ethansäurelösungen (Essig) aus alkoholhältigen Flüssigkeiten bekannt. Dabei erfolgt die Oxidation von Ethanol zu Ethansäure durch Essigsäurebakterien mithilfe von Luftsauerstoff. Diese Essiggärung erfolgte früher in flachen, offenen Bottichen (Orleansverfahren). Später wurde die alkoholische Lösung langsam über Buchenholzspäne gegossen, wobei im Gegenstrom Luft durch den Behälter strömte. Heute wird Essig in geschlossenen Fermentern durch gezielten Eintrag von Luftsauerstoff und Kontrolle der Prozessparameter gewonnen **(Submersverfahren** – eine österreichische Erfindung).

Eigenschaften von Ethansäure
- Farblose, charakteristisch riechende Flüssigkeit
- $t_m = 17$ °C, $t_b = 118$ °C
- Ätzend, entflammbar
- Löslich in Wasser, Ethanol und Ethoxyethan

Durch Essiggärung hergestellte Essige enthalten 5–6 % Ethansäure. Reine Ethansäure wird durch den Monsantoprozess hergestellt.

Erzeugung von Ethansäure (Monsantoprozess)

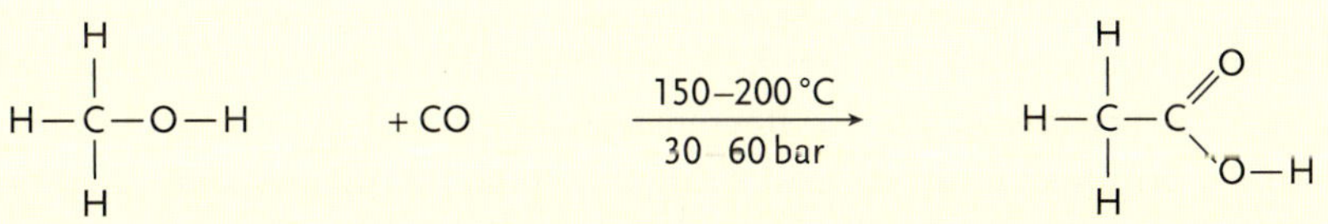

Methanol Kohlenstoffmonoxid Ethansäure

Kristalline Ethansäure (Eisessig)

Wasserfreie Essigsäure erstarrt bei 17 °C und wird deshalb Eisessig genannt.

Technische Bedeutung von Ethansäure
- Sehr wichtiger Chemierohstoff
- Herstellung von
  - Ethansäurevinylester (Vinylacetat), Ausgangsstoff für Polyvinylacetat (PVA); PVA dient zur Herstellung von Farben, Lacken, Klebstoffen
  - Celluloseacetat (Kunstseide, Zigarettenfiltern, Folien, Kunststoffen)
  - Essigsäureanhydrid, einem wichtigen Reagenz für Pharmazeutika (Aspirin, Heroin)
  - Ethansäureestern (Lösungsmitteln, Aromastoffen)
- In Form von Essig bzw. Essigessenz (25 %) als
  - Geschmacksstoff und Säuerungsmittel
  - Konservierungsmittel
  - Entkalkungsmittel

Eigenschaften von Propansäure
- Farblose, unangenehm riechende Flüssigkeit
- $t_m = -22\ °C$, $t_b = 141\ °C$
- Ätzend
- Löslich in Wasser, Ethanol und Ethoxyethan

Propansäure (Propionsäure; Salze: Propionate), $\mathbf{CH_3{-}CH_2{-}COOH}$
Die Propansäure entsteht bei Gärungsvorgängen z. B. im Darm von Wiederkäuern oder bei der Reifung von Hartkäse (die Löcher des Emmentalers entstehen durch von Propansäurebakterien gebildetes CO_2 und Propansäure).

Erzeugung von Propansäure

$CH_2{=}CH_2$	+	CO	+	H_2O	→	$CH_3{-}CH_2{-}COOH$
Ethen		Kohlenstoffmonooxid		Wasser		Propansäure

Technische Bedeutung von Propansäure
- Herstellung von
  - Kunststoffen, Pharmazeutika, Herbiziden (Dichlorprop)
  - Propansäureestern (Lösungsmitteln, Geruchstoffen)
- Konservierungsmittel für Backwaren und Futtermittel (Silage)

Eigenschaften von Butansäure
- Farblose, sehr unangenehm nach Schweiß und Erbrochenem riechende Flüssigkeit
- $t_m = -5\ °C$, $t_b = 163\ °C$
- Ätzend
- Löslich in Wasser, Ethanol und Ethoxyethan

Butansäure (Buttersäure; Salze: Butyrate), $\mathbf{CH_3{-}CH_2{-}CH_2{-}COOH}$
Die Butansäure ist Bestandteil des Butterfettes und beim Fettverderb für den unangenehmen Geruch verantwortlich (Ranzigwerden). Weiters entsteht Butansäure bei der bakteriellen Zersetzung von Schweiß.

Erzeugung von Butansäure

$CH_2{=}CH{-}CH_3$	+	CO	+	H_2O	→	$CH_3{-}CH_2{-}CH_2{-}COOH$
Propen		Kohlenstoffmonooxid		Wasser		Butansäure

Technische Bedeutung von Butansäure
Herstellung von
- Butansäureestern (Ananasaroma)
- Cellulosebutyrat (schlagzähem Kunststoff)

Eigenschaften von Hexa-2,4-diensäure
- Farblose Nadeln
- $t_m = 134\ °C$
- Reizt Atmungsorgane, Augen und Haut
- Schlecht löslich in Wasser
- Gut löslich in Ethanol und Aceton

E-, Z-Nomenklatur siehe Fette, Kap. D, 1.2.

E 200 und E 202 sind E-Nummern, die Lebensmittelzusatzstoffe kennzeichnen und in den EU-Staaten verwendet werden.

Hexa-2,4-diensäure (Sorbinsäure; Salze: Sorbate),
$\mathbf{CH_3{-}CH{=}CH{-}CH{=}CH{-}COOH}$
Der Trivialname Sorbinsäure leitet sich von der lateinischen Bezeichnung der Vogelbeere *Sorbus aucuparia* ab. Die Beeren enthalten Parasorbinsäure, eine Vorstufe (Lacton) der Sorbinsäure. Die Herstellung erfolgt aus But-2-enal und Ethenon über eine mehrstufige Reaktion. (2E,4E)-Hexa-2,4-diensäure ist eine zweifach ungesättigte Carbonsäure.

Technische Bedeutung von Hexa-2,4-diensäure
Sehr wichtiges Konservierungsmittel für Lebensmittel und Futtermittel (verwendet werden die freie Säure E 200 und das Kaliumsalz E 202)

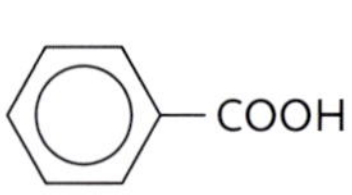

Eigenschaften von Benzencarbonsäure
- Farbloser Feststoff
- $t_m = 122\ °C$
- Reizend, gesundheitsschädlich beim Verschlucken
- Schlecht löslich in Wasser
- Gut löslich in Toluen, Ethoxyethan und Ethanol

Benzencarbonsäure (Benzoesäure; Salze: Benzoate)
Die einfachste aromatische Carbonsäure ist in vielen Früchten enthalten (Preiselbeeren, Himbeeren, Pflaumen) und kommt als wichtiger Bestandteil im Benzoeharz (Baumharz) vor.

Erzeugung von Benzencarbonsäure: Oxidation von Toluen

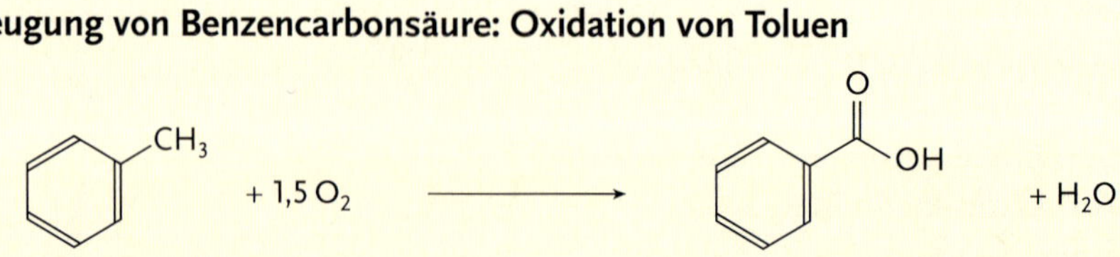

Toluen — Benzencarbonsäure

Technische Bedeutung von Benzencarbonsäure
- Wichtiges Konservierungsmittel für sauer eingelegte Lebensmittel (verwendet werden die freie Säure E 210, das Natriumsalz E 211, das Kaliumsalz E 212 und das Calciumsalz E 213)
- Herstellung von
  - Benzencarbonsäureestern (Aromastoffen)
  - Benzoylverbindungen (z. B. Dibenzoylperoxid; in Aknepräparaten, als Radikalstarter in Zweikomponentenklebstoffen)

Etikette einer Fischkonserve mit Konservierungsmitteln

Ethandisäure (Oxalsäure; Salze: Oxalate), **HOOC—COOH**
Der Trivialname der einfachsten Dicarbonsäure stammt vom lateinischen Namen für Sauerklee *(Oxalis acetosella)*. Das Kaliumsalz der Ethandisäure wurde im 18. Jahrhundert in dieser Pflanze entdeckt und unter der Bezeichnung Kleesäure bekannt. Ethandisäure kommt in Rhabarber, Sauerklee, Spinat, Kakao, Roten Rüben und Petersilie vor. Mit Calciumionen bildet die Ethandisäure schwerlösliches Calciumoxalat. Diese Reaktion tritt bei gestörtem Stoffwechsel oder übermäßigem Genuss ethandisäurereicher Nahrungsmittel in der Niere auf und verursacht die Bildung von Nieren- bzw. Harnsteinen.

Eigenschaften von Ethandisäure
- Farbloser Feststoff
- t_m = 189,5 °C (wasserfreie Säure)
- Gesundheitsschädlich beim Verschlucken und bei Hautkontakt
- Löslich in Wasser und Ethanol

Erzeugung von Ethandisäure

Erhitzen von Na-Formiat: 2 H—COONa → NaOOC—COONa + H_2
Umsetzung von Na-Oxalat mit $Ca(OH)_2$ zu schwerlöslichem Ca-Oxalat CaC_2O_4
Freisetzung von Ethandisäure mit Schwefelsäure:

$$CaC_2O_4 + H_2SO_4 \rightarrow HOOC{-}COOH + CaSO_4$$

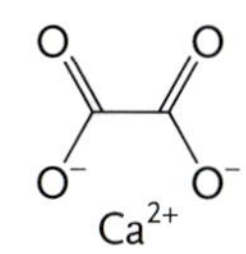

Strukturformel von Ca-Oxalat

Technische Bedeutung von Ethandisäure
- Reduktiv wirkendes Bleichmittel für Wolle, Rohbaumwolle, Kork, Stroh
- Bleichmittel für Bergkristalle und Poliermittel für Marmor
- Entfernung von Rostflecken (reduzierende und komplexbildende Wirkung)
- Primärer Standard (Urtiter) in der Maßanalytik zur Herstellung von Maßlösungen mit exakt bemessenem Gehalt

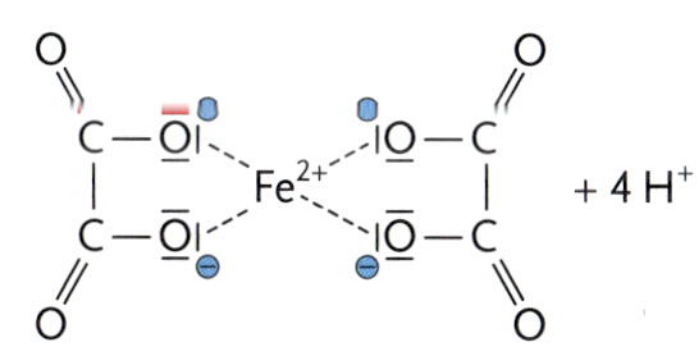

Löslicher Eisen-Oxalat-Komplex

2-Hydroxypropansäure (Milchsäure; Salze: Lactate), **CH_3—CHOH—COOH**
Die Herstellung von Sauermilchprodukten und Sauergemüsen ist der Menschheit schon seit Jahrtausenden bekannt. Bei diesen Fermentationsprozessen produzieren Milchsäurebakterien zwei verschiedenen Arten von Milchsäuren, die sich nur in ihrer Molekülsymmetrie unterscheiden. Sie verhalten sich zueinander wie Bild und Spiegelbild. Diese Moleküleigenschaft nennt man **Chiralität** und die beiden Molekülformen **Enantiomere.** Eine 1:1-Mischung beider Enantiomere wird **Racemat** genannt.

Eigenschaften von 2-Hydroxypropansäure (Racemat)
- Farblose, sirupartigeFlüssigkeit
- t_m = 18 °C
- t_m = 53 °C (Enantiomere)
- Ätzend
- Löslich in Wasser und Ethanol

Enantiomere der Milchsäure

Beide Formen der Milchsäure entsprechen vergleichsweise einer linken und rechten Hand.

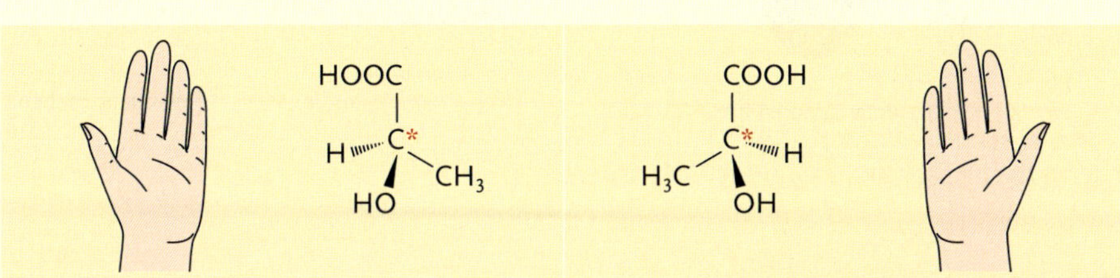

(R)-Milchsäure	(S)-Milchsäure
linksdrehende D-(–)-Milchsäure	rechtsdrehende L-(+)-Milchsäure

Emil Fischer ,1852 bis 1919, 1902 Nobelpreis für Chemie, entwickelte die D-L-Nomenklatur

Chiralität bedeutet aus dem Griechischen übersetzt „Händigkeit“.

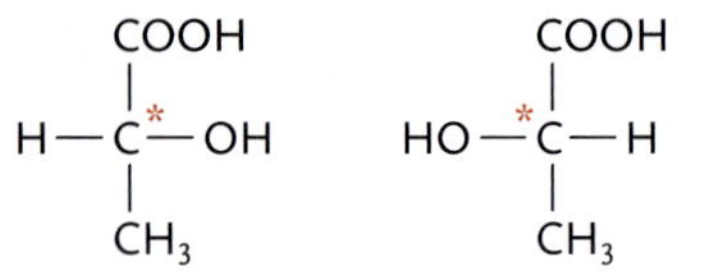

D(–)-Milchsäure L(+)-Milchsäure

D- und L-Milchsäure in der Fischerprojektion

Das D- oder L-Symbol drückt die Stellung der OH-Gruppe und nicht die Drehrichtung aus. Nur (+) oder (–) geben die Drehrichtung an.

Chiralität tritt auf, wenn im Molekül ein Stereozentrum (ein C-Atom mit vier verschiedenen Substituenten; ältere Bezeichnung: asymmetrisches C-Atom) vorhanden ist. Es wird mit einem Stern (*) gekennzeichnet. Für die Benennung chiraler Verbindungen wird die D-L-Nomenklatur oder das R-S-System verwendet.

D-L-Nomenklatur (Fischerprojektion)

Zur Abbildung dreidimensionaler chiraler Moleküle in der Ebene wird die längste Kohlenstoffkette senkrecht angeordnet, wobei das C-Atom in der höchsten Oxidationsstufe oben steht. Nun wird die Kette so gedreht, dass die Substituenten mit C-Atomen (vom Stereozentrum aus gesehen) hinter die Zeichenebene zeigen (senkrechte Linie). Die anderen Substituenten zeigen nach vorne (waagrechte Linie). Weist der Substituent der waagrechten Linie mit der höheren Priorität (bei der Milchsäure die OH-Gruppe) nach rechts, wird mit D bezeichnet, weist er nach links, wird mit L bezeichnet.

R-S-System (Cahn-Ingold-Prelog-Konvention)

Nach Bestimmung des Stereozentrums werden die Atome der Substituenten nach ihrer Ordnungszahl gereiht. Priorität 1 erhält das Atom mit der höchsten Ordnungszahl. Bei gleichen Ordnungszahlen hat der Substituent die höhere Priorität, an den ein anderes Atom mit der höheren Ordnungszahl gebunden ist. Nun wird das Molekül so positioniert, dass der Substituent mit der niedrigsten Priorität 4 (zumeist der Wasserstoff) hinter die Zeichenebene weist. Dann umkreist man das Molekül von der Priorität 1 bis zur Priorität 3. Beschreibt man dabei einen Kreis im Uhrzeigersinn, so liegt die *(R)*-Konfiguration vor. Eine Beschreibung gegen den Uhrzeigersinn kennzeichnet die *(S)*-Konfiguration.

Benennung der Milchsäure nach dem R-S-System

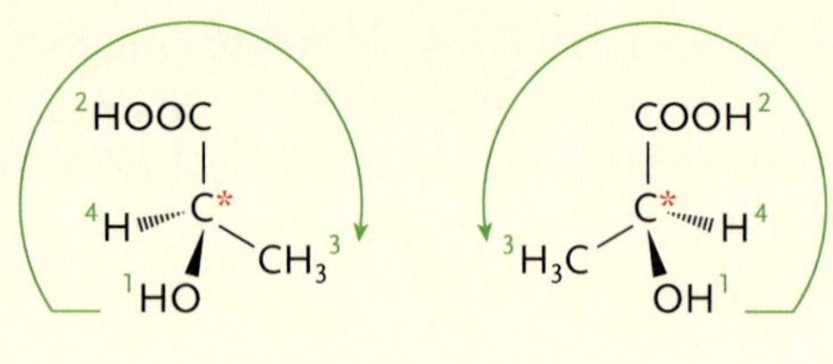

(R)-Milchsäure *(S)*-Milchsäure

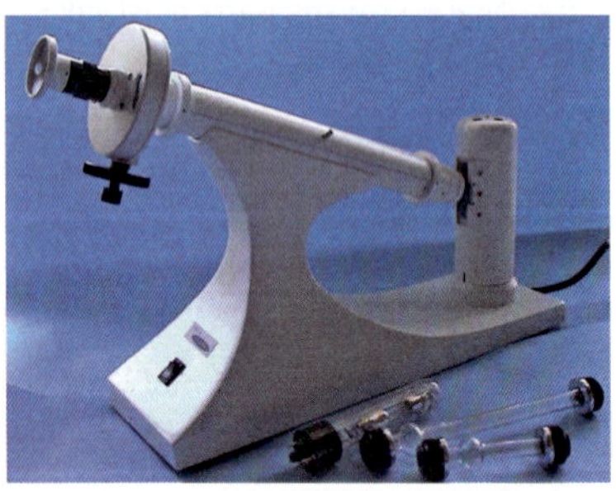

Polarimeter

Optische Aktivität

Chirale Moleküle haben die Eigenschaft, die Schwingungsebene von linear polarisiertem Licht zu drehen. Sie sind optisch aktiv. Man unterscheidet rechtsdrehende (+) und linksdrehende (–) Enantiomere. Bei einem Racemat hebt sich die optische Aktivität auf. Gemessen wird die optische Aktivität mit einem Polarimeter.

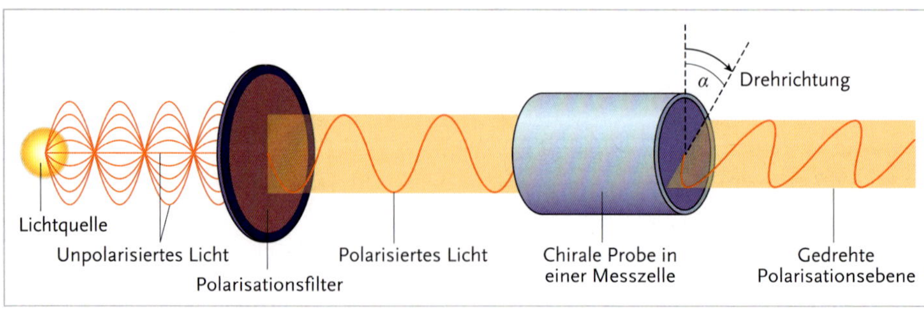

Schematische Darstellung eines Polarimeters

Polarisation siehe Kap. A, 2.3.11.

Erzeugung von 2-Hydroxypropansäure

- Biotechnologisch:
  Es werden Fermentationsverfahren mit Milchsäurebakterien eingesetzt. Als Substrate kommen Milch, Molke und kohlenhydrathaltige Stoffe zum Einsatz. Dabei entsteht das Racemat der Milchsäure. Spezielle Bakterienstämme produzieren auch reine Enantiomere.
- Synthetisch:

$$\underset{\text{Ethanal}}{CH_3{-}CHO} + \underset{\text{Hydrogencyanid}}{HCN} \rightarrow \underset{\text{Lactonitril}}{CH_3{-}CHOH{-}C{\equiv}N}$$

$$CH_3{-}CHOH{-}C{\equiv}N + \underset{\text{Salzsäurelösung}}{HCl + 2\,H_2O} \rightarrow CH_3{-}CHOH{-}COOH + NH_4Cl$$

Milchsäuregärung siehe Kap. D, 5.2.

2-Hydroxypropansäure spielt im menschlichen und tierischen Stoffwechsel als Zwischenprodukt des Kohlenhydrat- und Aminosäurestoffwechsels eine große Rolle. Dabei kommt sie als (S)-Milchsäure im Blut, in Muskeln, der Niere und im Schweiß vor. Im Darm und auf der Haut verhindert die Milchsäure die Ausbreitung von krankheitserregenden Mikroorganismen.

Stoffwechsel siehe Kap. D, 3.

Technische Bedeutung von 2-Hydroxypropansäure
- Herstellung von Lebensmitteln (Sauerkraut, Sauermilchprodukten, Rohwürsten, Sauerteig)
- In Futtermittelsilage
- Säuerungsmittel für Backwaren, Softdrinks (E 270)
- In kosmetischen und pharmazeutischen Präparaten (sie regt die Neubildung von Hautzellen an)
- Entkalken von Tierhäuten bei der Lederherstellung
- Herstellung biologisch abbaubarer Biokunststoffe

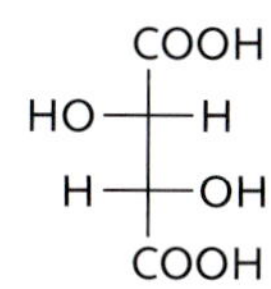
(2S,3S)-Weinsäure

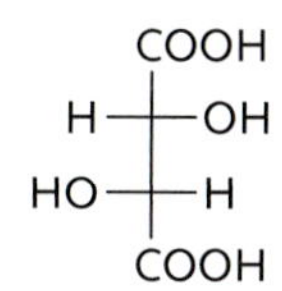
(2R,3R)-Weinsäure

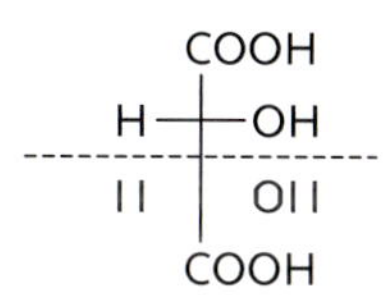
meso-Weinsäure

2,3-Dihydroxybutandisäure (Weinsäure; Salze: Tartrate)
Die Bezeichnung Weinsäure geht auf die schwer löslichen Ablagerungen (Weinstein, Kaliumhydrogentartrat) zurück, die bei der Lagerung von Wein auskristallisieren und für eine Säure gehalten wurden. In der Mitte des 18. Jahrhunderts wurde die Weinsäure im Weinstein entdeckt. Es existieren zwei natürlich vorkommende, optisch aktive Enantiomere. Synthetische und optisch inaktive Formen sind das Racemat (Traubensäure) und die Mesoweinsäure. Die optische Inaktivität der Mesoweinsäure beruht auf der intramolekularen Symmetrieebene.

Eigenschaften von 2,3-Dihydroxybutandisäure
- Farblose Kristalle
- t_m = 170 °C (Enantiomere)
- t_m = 206 °C (Racemat)
- t_m = 140 °C (Mesoform)
- Reizt Augen und Haut
- Löslich in Wasser und Ethanol

Gewinnung von Weinsäure
Weinstein (Kaliumhydrogentartrat) wird mit $Ca(OH)_2$ in Calciumtartrat umgewandelt. Fügt man H_2SO_4 hinzu, bilden sich die freie Weinsäure und Gips.

Weinsteinkristalle auf Korken

Technische Bedeutung von Weinsäure
- Als Säuerungsmittel und Säureregulator in Lebensmitteln (E 334)
- Als Säurekomponente in Back- und Brausepulver

2-Hydroxypropan-1,2,3-tricarbonsäure (Citronensäure; Salze: Citrate)
Die Citronensäure ist die dominierende Säure in Zitrusfrüchten und vielen anderen Früchten. Sie befindet sich in fast allen, bei Schülerinnen und Schülern so beliebten Erfrischungsgetränken (Limonaden, Eistee ...). Als Zwischenprodukt spielt sie im Kohlenhydrat- und Fettstoffwechsel eine entscheidende Rolle (Citratzyklus).

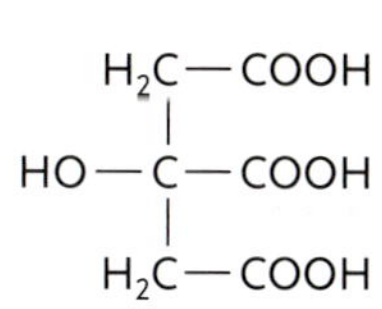

Eigenschaften von 2-Hydroxypropan-1,2,3-tricarbonsäure

- Farblose Kristalle
- $t_m = 153\ °C$
- Reizt die Augen
- Gut löslich in Wasser

Citratzyklus siehe Kap. D, 3.2.

Ursprünglich gewann man Citronensäure durch Reaktion von Zitronensaft mit Ammoniaklösung. Die durch Filtration gereinigte Ammoniumcitratlösung wurde mit $CaCl_2$ versetzt und das schwer lösliche Calciumcitrat abfiltriert. Durch Ansäuern mit H_2SO_4 bilden sich die freie Citronensäure und Gips. Nach Abtrennen des Gipses erhält man die Citronensäure durch Auskristallisieren.

Erzeugung von Citronensäure
Durch Fermentation von zuckerhaltigen Rohstoffen mit dem Schimmelpilz *Aspergillus niger.*

Technische Bedeutung von Citronensäure

- Meistverwendetes Säuerungsmittel in Lebensmitteln (E 330)
- Antioxidationsmittel in Lebensmitteln
- Säurekomponente in Brausepulver
- Entkalkungsmittel
- Konservierungsmittel für Blutkonserven (Citronensäure verhindert die Blutgerinnung)

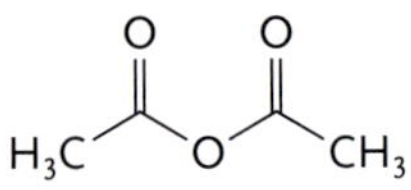

Ethansäureanhydrid

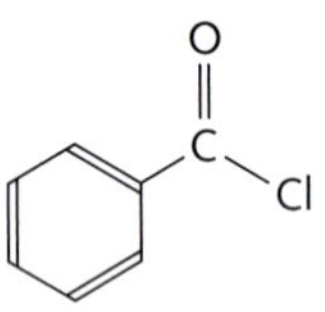

Benzoylchlorid

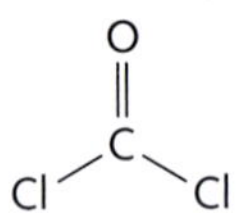

Kohlensäuredichlorid (Phosgen)

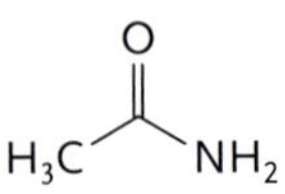

Acetamid

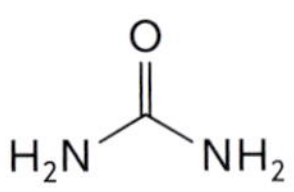

Kohlensäurediamid (Harnstoff)

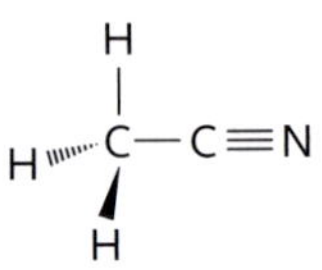

Methylcyanid (Acetonitril)

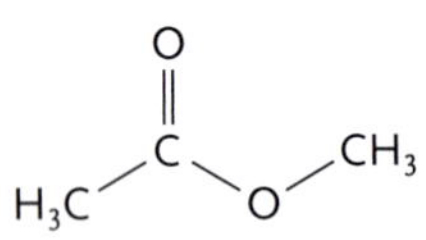

Methylethanoat (Essigsäuremethylester)

Derivate von Carbonsäuren (Strukturen)

Carbonsäureanhydride: entstehen aus zwei Carbonsäuren durch Wasserabspaltung.

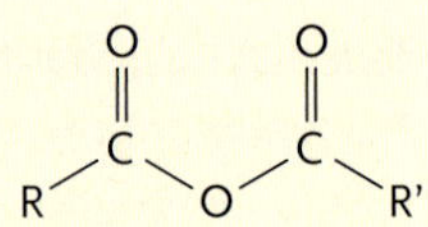

Carbonsäurechloride: Die Hydroxygruppe ist durch ein Chloratom ersetzt.

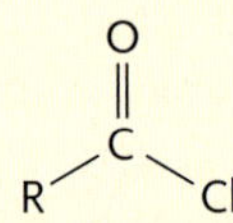

Carbonsäureamide: Die Hydroxygruppe ist durch eine Aminogruppe ersetzt.

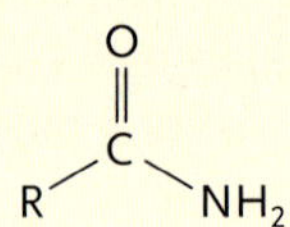

Nitrile: An den Kohlenstoff der Carboxygruppe ist nur ein Stickstoffatom gebunden.

R—C≡N

Carbonsäureester: Sie entstehen aus einer Carbonsäure und einem Alkohol unter Wasserabspaltung.

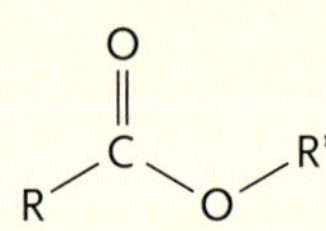

Carbonsäureester

Die Reaktion einer Carbonsäure mit einem Alkohol oder einem Phenol wird Veresterung genannt. Bei dieser Kondensationsreaktion entstehen ein Carbonsäureester (kurz Ester genannt) und Wasser. Edukte und Produkte dieser Reaktion stehen miteinander im Gleichgewicht.

Die Bezeichnung **„Ester"** leitet sich von der veralteten Bezeichnung „Essigäther" für Ethylethanoat ab.

Die Veresterung ist eine Gleichgewichtsreaktion

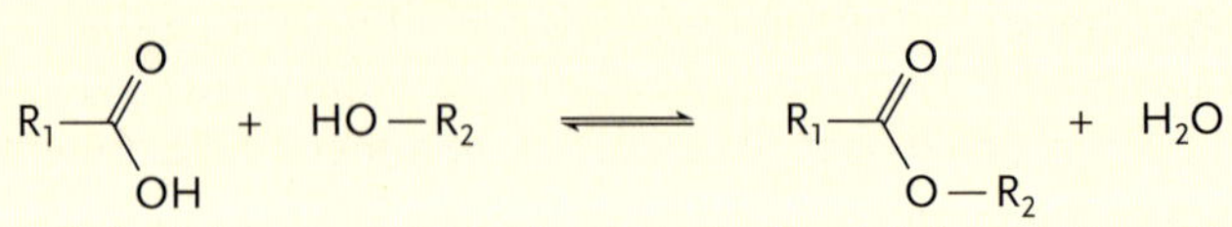

Carbonsäure   Alkohol   Ester   Wasser

Chemisches Gleichgewicht siehe NAWI I/II, Kap. D, 3.3.

Für die Veresterung wird eine starke Säure (meist H_2SO_4) als Katalysator benötigt. Sie leitet die Reaktion durch Protonierung der Carbonsäure zu einem Carbeniumion ein. Ein Elektronenpaar der Hydroxygruppe des Alkohols greift das Carbeniumion an. Das entstandene Zwischenprodukt spaltet Wasser ab und wird zum Ester deprotoniert.

Mechanismus der Veresterung

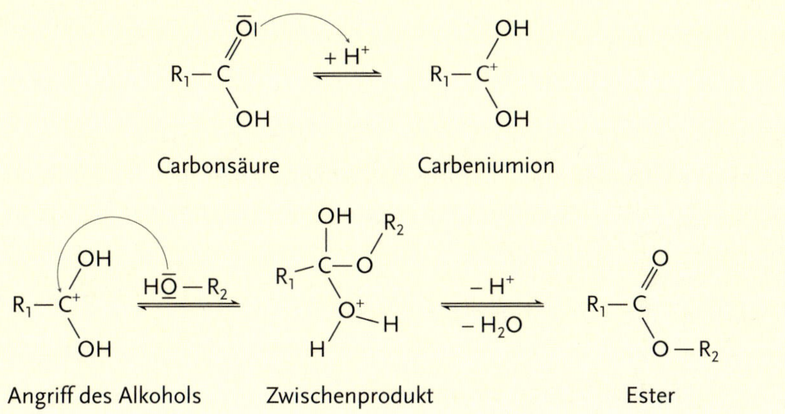

Bei der Herstellung von Estern muss zur Erhöhung der Ausbeute das Gleichgewicht verschoben werden. Dies erreicht man entweder durch Abdestillieren des Esters bzw. des Wassers oder durch Zufügen eines Eduktes in den Überschuss.

Die Esterspaltung unter sauren Bedingungen (saure Esterhydrolyse) führt zu den Ausgangsstoffen Carbonsäure und Alkohol. Unter basischen Bedingungen entstehen ein Alkohol und das Alkalisalz der Carbonsäure. Diese Reaktion wird Verseifung genannt, da bei der basischen Hydrolyse von Fetten die Seifen entstehen.

Verseifung eines Triglycerides (Fettes)

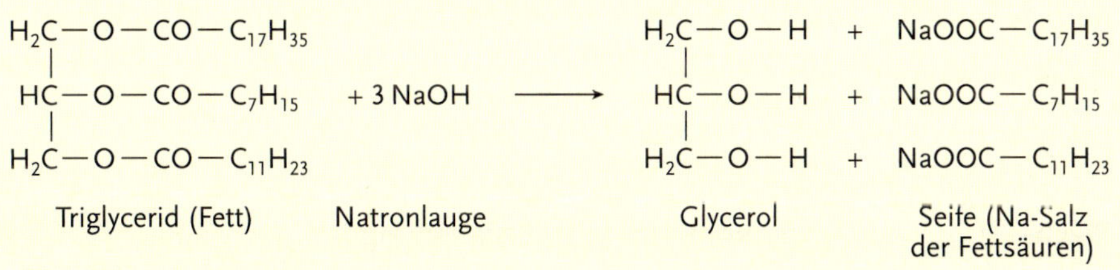

Eigenschaften der Carbonsäureester

- Geringe Polarität der Carbonsäureester-Gruppe
  - Daher niedrigere Siedepunkte der Carbonsäureester als bei Carbonsäuren bzw. Alkoholen mit vergleichbarer molarer Masse
  - Daher schlechte bis keine Löslichkeit in Wasser
- Kurzkettige Ester sind gute Lösungsmittel für Fette, Wachse

Fruchtester

Ester aus kurzkettigen Carbonsäuren und Alkoholen sind Duft- und Aromastoffe, die für das Fruchtaroma verschiedener Obstsorten verantwortlich sind. Wenngleich das Aroma einer Frucht aus unterschiedlichen Verbindungen besteht, haben viele Fruchtester eine charakteristische Duftnote einer bestimmten Frucht.

Der Name von Estern wird aus Säure und Alkohol zusammengesetzt (z. B. Ethansäuremethylester).

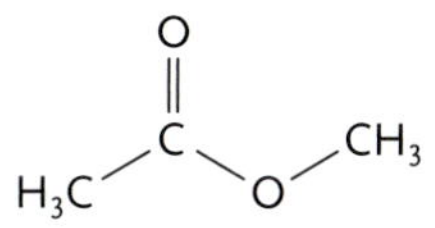

Man kann aber Ester auch wie Salze bezeichnen (z. B. Methylethanoat).

Warum ist aufgrund des Namens eine Verwechslung von Salz und Ester nicht möglich?

Seifen siehe Wasch- und Reinigungsmittel, Kap. B, 9.

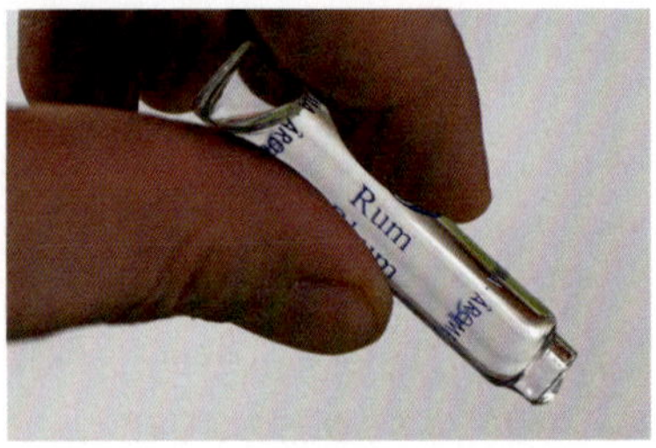

Backaroma mit Rumgeschmack

Eigenschaften von Ethylethanoat
- Farblose Flüssigkeit mit typischem Geruch nach Klebstoff
- $t_b = 77\ °C$
- Leicht entzündlich, reizend
- Führt beim Einatmen zu Schläfrigkeit und Benommenheit
- Schlecht löslich in Wasser
- Sehr gut löslich in Ethanol, Ethoxyethan und Aceton

Beispiele von Fruchtestern

Aroma	Name	Formel
Ananas	Ethylbutanoat	$CH_3-CH_2-CH_2-CO-O-CH_2-CH_3$
Apfel	Methylbutanoat	$CH_3-CH_2-CH_2-CO-O-CH_3$
Banane	2-Methylpropylethanoat	$CH_3-CO\text{–}O\text{–}CH_2\text{–}CH\text{–}(CH_3)_2$
Birne	Methylbutylethanoat	$CH_3-CO-O-CH_2-CH_2-CH-(CH_3)_2$
Rum	Ethylmethanoat	$H-CO-O-CH_2-CH_3$

Ethylethanoat (Ethylacetat, Essigester), $\mathbf{CH_3-CO-O-CH_2-CH_3}$
In geringen Konzentrationen kommt Ethylethanoat natürlich in Spirituosen vor. Im Wein ist es für den Weinfehler „Lösungsmittelton" verantwortlich, wenn zur Herstellung durch Fäulnis geschädigte Trauben verwendet wurden. Da die Dämpfe narkotisierend wirken, werden Klebstoffe mit dem Lösungsmittel Ethylethanoat missbräuchlich als „Schnüffeldroge" verwendet.

Technische Bedeutung von Ethylethanoat
- Lösungsmittel für Klebstoffe (Uhu, Pattex-Kraftkleber)
- Vielseitig verwendetes Lösungsmittel (für schnell trocknende Lacke, für Fette, Öle und Harze)
- Bestandteil von Nagellackentfernern
- Duft- und Aromastoff

Wachse

Ester aus langkettigen Carbonsäuren (Fettsäuren) und langkettigen Alkoholen (Fettalkoholen) sind tierische und pflanzliche Wachse, die in vielen Naturstoffen vorkommen. Auf Blättern und Früchten schützen die Wachse die Pflanze vor dem Eindringen von Feuchtigkeit. Tierische Wachse haben ebenfalls Schutzfunktion und werden als Baumaterial verwendet.

Karnaubawachs und Bienenwachs als Trennmittel bei Gummibären

Beispiele von pflanzlichen Wachsen

Wachs	Vorkommen	Verwendung
Karnaubawachs	Karnaubapalme	Überzugs- und Trennmittel in der Lebensmittelindustrie (z. B. für Gummibären)
Zuckerrohrwachs (Polycosanol)	Zuckerrohr	Lipidsenkendes Nahrungsergänzungsmittel
Jojobaöl (flüssiges Wachs)	In den Samen des Jojobastrauches	In Kosmetikprodukten und Polituren

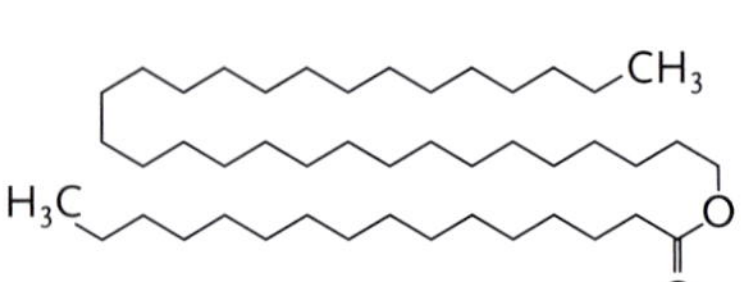
Palmitinsäuremyricylester ($C_{15}H_{31}\text{–}CO\text{–}O\text{–}C_{30}H_{61}$) ist ein Inhaltsstoff von Bienenwachs

Beispiele von tierischen Wachsen

Wachs	Vorkommen	Verwendung
Bienenwachs	Bienenstock	In kosmetischen und pharmazeutischen Produkten, für Kerzen, Überzugs- und Trennmittel in der Lebensmittelindustrie
Wollwachs (Lanolin)	Schafwolle	In kosmetischen Präparaten, Wundsalben und Pflegecremes

Fette und Öle

Diese Naturstoffe sind Ester aus langkettigen Carbonsäuren (Fettsäuren) und dem dreiwertigen Alkohol Glycerol. Sie sind als Nahrungsmittel wichtige Energielieferanten.

Fette und Öle siehe Kap. D, 1.2.

Technische Bedeutung von Fetten und Ölen
- Herstellung von Biodiesel durch Umesterung von Rapsöl mit Methanol
- Treibstoff in modifizierten Dieselmotoren
- Herstellung von Seifen
- Biologisch abbaubare Schmiermittel (z. B. für Motorsägen)
- Herstellung von Ölfarben und Linoleum (Basis ist das trocknende Öl Leinöl, das durch Sauerstoffaufnahme aushärtet)

Linoleum-Farbkollektion

Polyester

Findet die Veresterung zwischen Carbonsäuren mit mehreren Carboxygruppen (z. B. Terephthalsäure, Benzen-1,4-dicarbonsäure) und mehrwertigen Alkoholen (z. B. Glycol, Ethandiol) statt, so entstehen Makromoleküle – die Polyester. Die technisch wichtigsten Polyester sind Polyethylenterephthalat (PET) und Polycarbonat (PC).

PET und PC siehe Kap. B, 8.2, Beispiele für Polykondensate.

Herstellung eines Polyesters: Erhitzen Sie zwei Gramm Citronensäure mit vier Gramm Rizinusöl unter Rühren, bis Schaumbildung einsetzt. Nach dem Abkühlen erhält man ein hellbraunes, klebriges, wasserunlösliches Harz.

Ziele erreicht? – „Carbonsäuren und Carbonsäureester“

6.01 + Beschreiben Sie die chemische Reaktion, die stattfand, als Kleopatra eine Perle in Essig tauchte. Formulieren Sie die Reaktionsgleichung.

6.02 + Zeigen Sie anhand der Strukturformel einer Carbonsäure die Molekülteile Hydroxygruppe, Carbonylgruppe und Carboxygruppe.

6.03 + Führen Sie aus, welche Carbonsäure durch Oxidation von Methylpropan-1-ol entsteht. Schreiben Sie die beiden Gerüstformeln auf.

6.04 + Der pK_a-Wert von Chlorethansäure ist 2,9 und der pK_a-Wert von Trichlorethansäure ist 0,6. Analysieren Sie den Unterschied der pK_a-Werte.

6.05 + Analysieren Sie die Schmelz- und Siedetemperaturen der ersten sechs Monocarbonsäuren und tragen Sie die Daten in je ein Diagramm ein. Leiten Sie Gesetzmäßigkeiten aus den Daten ab und begründen Sie diese.

Pentansäure:
$t_m = -35$ °C, $t_b = 187$ °C

Hexansäure:
$t_m = -2$ °C, $t_b = 206$ °C

6.06 + Bei der Oxidation von Methansäure mit $KMnO_4$ in saurer Lösung entsteht ein farb- und geruchloses Gas, das Kalkwasser beim Einleiten trübt. Erklären Sie, welche Reaktionsschritte erfolgen und welches Gas entsteht. Nennen Sie die bei der Nachweisreaktion stattfindende chemische Reaktion.

6.07 + Geben Sie an, warum reine Essigsäure auch Eisessig genannt wird.

6.08 ++ Der Bezug von Essigsäureanhydrid unterliegt bestimmten Auflagen, da dieser Stoff für die Herstellung einer illegalen Droge unbedingt erforderlich ist. Nennen Sie diese Droge.

6.09 + Das Herbizid Dichlorprop hat folgende Strukturformel:

Geben Sie an, welche Carbonsäure zur Herstellung dieser Substanz verwendet wird. Das Molekül hat auch eine besondere optische Eigenschaft. Nennen Sie diese.

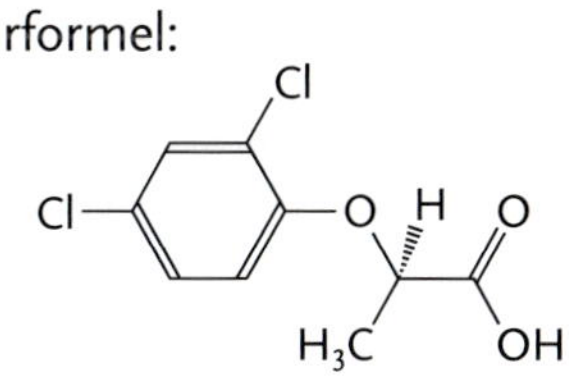

6.10 + Die Zutatenliste eines Lebensmittels enthält den Zusatzstoff E 202. Geben Sie an, um welche Substanz es sich handelt.

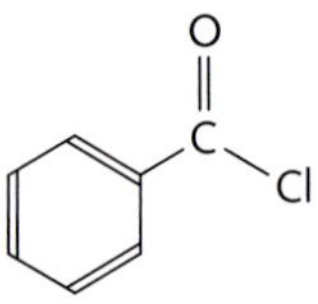

Benzoylchlorid

6.11 + Durch Reaktion einer Carbonsäure mit dem Reagenz Thionylchlorid ($SOCl_2$) entsteht die Verbindung Benzoylchlorid (Nebenprodukte sind SO_2 und HCl). Erklären Sie, welche Carbonsäure für diese Reaktion eingesetzt wird.

6.12 + Zeichnen Sie die Gerüstformel der Ethandisäure.

6.13 + Zur Herstellung des Massenkunststoffes PET benötigt man die Terephthalsäure (Benzen-1,4-dicarbonsäure). Zeichnen Sie die Strukturformel.

6.14 ++ Calciumoxalat ist in Wasser sehr schwer löslich. Bewerten Sie den Umstand, wenn durch eine Störung des Stoffwechsels Ca^{2+}-Ionen und Oxalationen z. B. in der Niere aufeinandertreffen.

6.15 + Erklären Sie die Begriffe Chiralität, Enantiomere, Stereozentrum, optische Aktivität und Racemat.

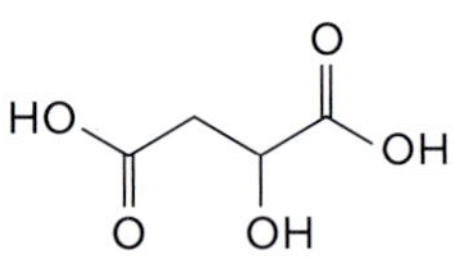

Hydroxybutandisäure

6.16 ++ Die Hydroxybutandisäure (Trivialname Apfelsäure, siehe Formel) ist eine Dicarbonsäure mit einem Stereozentrum. Zeichnen und benennen Sie beide Enantiomere in der Fischerprojektion und kennzeichnen Sie das Stereozentrum.

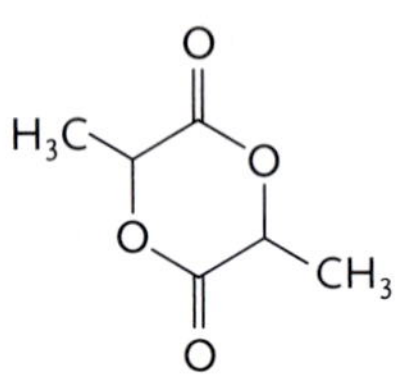

Lactid

6.17 + Die Verbindung Lactid (siehe Formel) entsteht durch Reaktion zweier Carbonsäuren. Nennen Sie die miteinander reagierenden Carbonsäuren und ermitteln Sie die stattfindende chemische Reaktion.

6.18 + Das schwer lösliche Calciumsalz der Citronensäure (Ca-Citrat) spielte bei der Gewinnung (Reinigung) der Citronensäure aus Zitronensaft eine wichtige Rolle. Es entsteht durch Reaktion von Citronensäure, $C_6H_8O_7$, mit Calciumhydroxid, $Ca(OH)_2$. Geben Sie die Reaktionsgleichung dieser Reaktion (mit der Summenformel der Citronensäure) an.

6.19 + Bei der Synthese einer Carbonsäure wird als Zwischenprodukt ein Nitril hergestellt und anschließend sauer hydrolysiert. Welches Nitril ist gemeint? Benennen Sie dieses Nitril nach der IUPAC-Nomenklatur.

6.20 + Bei der Reaktion von 2-Hydroxybenzencarbonsäure (Salicylsäure) mit Methanol entsteht der Duft- und Geruchsstoff Wintergrünöl. Nennen Sie die Art der chemischen Reaktion und geben Sie die Reaktionsgleichung an.

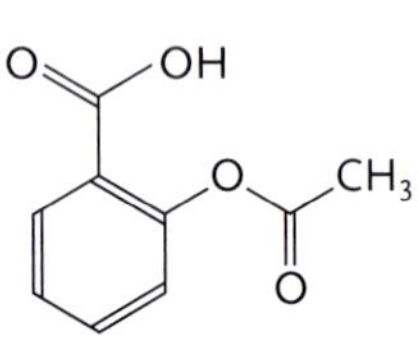

2-Acetoxybenzencarbonsäure

6.21 + 2-Acetoxybenzencarbonsäure (siehe Formel) ist das sehr bekannte Arzneimittel Aspirin. Nennen Sie die Rohstoffe, aus denen dieser Stoff hergestellt werden kann, und ermitteln Sie die chemische Reaktion dazu.

6.22 ++ Die Herstellung von Biodiesel erfolgt durch eine Umesterung: Die bestehende Esterbindung im Fett wird gelöst und mit Methanol neu gebildet. Bestimmen Sie das Nebenprodukt dieser Reaktion.

7 Organische Stickstoffverbindungen

Das Wort „Protein“ kommt aus dem Griechischen und heißt übersetzt „das Erste“. Dadurch soll ausgedrückt werden, wie lebenswichtig Eiweiß ist. Sehr viele lebenswichtige Stoffe sind stickstoffhältig. Andererseits handelt es sich auch bei einem Großteil der stärksten Gifte um stickstoffhältige Stoffe. Ein Beispiel ist das Atropin, das Gift der Tollkirsche (lat. Atropa belladonna, weil sich bei geringer Dosierung die Pupillen weiten, wodurch die Schönheit gesteigert wird). Die LD_{50} von Atropin liegt bei etwa 450 mg für einen Erwachsenen. Auch bei nahezu allen Sprengstoffen handelt es sich um Stickstoffverbindungen.

Tollkirsche

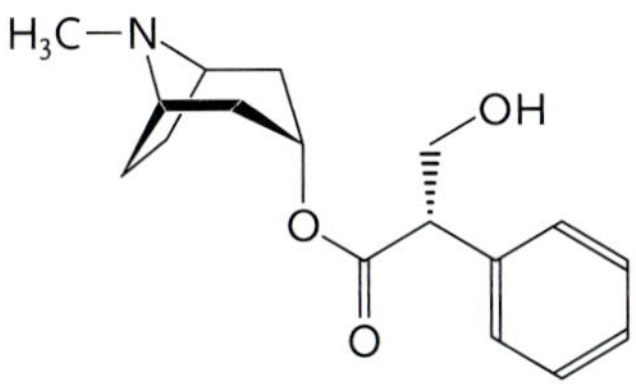

Atropin (Gift der Tollkirsche)

Meine Ziele

Nach Bearbeitung dieses Kapitels kann ich

- die **Einteilung und Herstellung** organischer Stickstoffverbindungen beschreiben;
- die Stickstoffverbindungen als **lebenswichtige Substanzen** einerseits und als wirtschaftlich **wichtige Zwischen- und Endprodukte** andererseits einschätzen;
- die **Basizität organischer Verbindungen** beurteilen.

7.1 Nitroverbindungen, Amine und Amide

Nitroverbindungen

Nitroverbindungen $R-NO_2$ werden mithilfe der Nitriersäure (eines Gemisches aus konzentrierter Schwefelsäure und konzentrierter Salpetersäure) aus Kohlenwasserstoffen hergestellt.

Nitrierung siehe Kap. B, 2.6.

Nitroverbindungen tragen die stark Elektronen anziehende Nitrogruppe $-NO_2$.

Nitromethan CH_3-NO_2 wird durch Nitrierung von Methan erzeugt. Es wird vor allem als Zusatz zu Treibstoffen eingesetzt, um die Leistung erheblich zu steigern. Reines Nitromethan erbringt die doppelte Leistung von Benzin. Es wird bei Dragsterrennen (Beschleunigungsrennen) und Modellflugzeugen verwendet. Der 1939 mit 755 km/h aufgestellte Geschwindigkeitsweltrekord für Kolbenmotorflugzeuge wurde mithilfe von Nitromethan erzielt. In der Formel 1 ist die Verwendung von Nitromethan untersagt.

Dragster

2,4,6-Trinitrotoluen (TNT) kann relativ einfach durch dreifache Nitrierung von Toluen (Methylbenzen, $C_6H_5-CH_3$) hergestellt werden. Es wird militärisch und zivil genutzt und ist der für den militärischen Bereich wichtigste Sprengstoff.

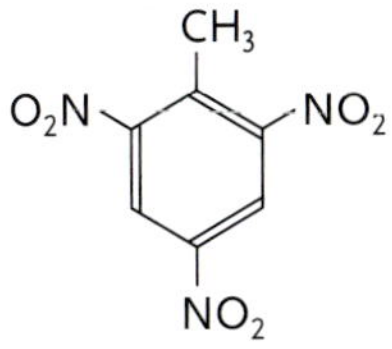

2,4,6-Trinitrotoluen (Trinitrotoluol)

Die Explosion von TNT erfolgt hauptsächlich nach der Gleichung

$$C_7H_5N_3O_6 \rightarrow 6\,CO + CH_4 + \frac{1}{2}H_2 + 1\frac{1}{2}N_2$$

TNT ist ein guter Sprengstoff, weil nach der Zündung auch ohne Zufuhr von Luft (Sauerstoff) sehr große Mengen an Gasen entstehen. TNT gilt als Sicherheitssprengstoff, weil es unempfindlich gegen Schlag und Hitze ist und nur durch einen Initialsprengstoff gezündet werden kann.

Die Detonationsstärke von Kernwaffen wird üblicherweise durch Vergleich mit TNT angegeben; z. B. kann eine H-Bombe die Sprengkraft von 100 Mt TNT haben.

TNT-Kennzahlen: Detonationsgeschwindigkeit 6 900 m/s
Energieinhalt 4 MJ/kg
Explosionstemperatur 2 800 °C
Schwadenvolumen (entstehendes Gas) 700 L/kg

Amine

Die meisten Amine werden durch Reduktion von Nitroverbindungen hergestellt.

Herstellung von Methanamin aus Nitromethan

$$CH_3{-}NO_2 \;+\; 3\,H_2 \;\rightarrow\; CH_3{-}NH_2 \;+\; 2\,H_2O$$

Amine tragen die basische Aminogruppe $-NH_2$ als funktionelle Gruppe.

Ebenfalls zu den Aminen gehören die quartären Ammoniumsalze:

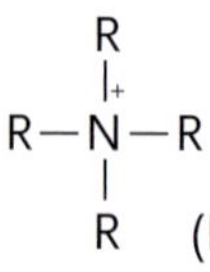
(Kation des Salzes)

Neben dem Typ $R{-}NH_2$ (primäre Amine) zählt man Verbindungen wie

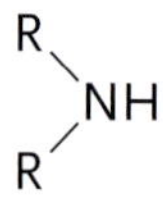 (sekundär) und 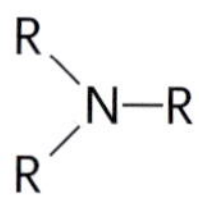 (tertiär) zu den Aminen.

Amine sind meist unangenehm fischartig riechende Substanzen. Sie treten bei der Zersetzung von Eiweiß auf.

Analog der Verbindung Ammoniak sind die Amine basisch, weil das Stickstoffatom ein freies Elektronenpaar besitzt, mit dem es Protonen einfangen kann:

$$R{-}\overline{N}H_2 \;+\; H^+ \;\rightarrow\; R{-}NH_3^+ \text{ (ein Ammoniumion)}$$

Nylon siehe Kap. B, 8.2.

Hexan-1,6-diamin (Hexamethylendiamin) ist ein Rohstoff zur Herstellung des Kunststoffs Polyamid-6,6 (Nylon).

Anilin 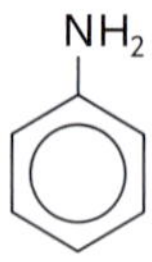

Anilin (Benzenamin) ist das technisch wichtigste Amin. Es wird aus Nitrobenzen durch Reduktion mit Wasserstoff erzeugt.

Anilin ist schwächer basisch als die aliphatischen Amine. Es wird nämlich das freie Elektronenpaar des N-Atoms teilweise in das aromatische System miteinbezogen, wodurch es nicht mehr in vollem Umfang für die Bindung von Protonen zur Verfügung steht – und damit nicht mehr so basisch ist. Wenn Elektronen in ein aromatisches System hineingezogen werden, spricht man von einem **+M-Effekt.**

Die **BASF** ist der weltweit größte Chemiekonzern. Die Abkürzung bedeutet „Badische Anilin- und Sodafabrik".

Anilin ist ein wichtiges Zwischenprodukt der organischen Chemie. Aus Anilin werden sehr viele Farbstoffe, Kunststoffe und Pharmazeutika hergestellt.

Amide

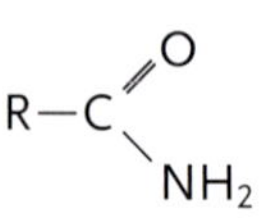 Säureamid

Säureamide (kurz: Amide) liegen vor, wenn die Hydroxygruppe einer Carbonsäure durch eine Aminogruppe ersetzt ist.

–I-Effekt siehe Kap. B, 6.

Säureamide zeigen praktisch keine Basizität mehr. Durch den –I-Effekt des stark elektronegativen Sauerstoffs wird dem Stickstoff das freie Elektronenpaar entzogen.

Das vorangestellte „N-" ist ein Lokant. Es zeigt an, dass die betreffende Gruppe an einem Stickstoffatom hängt.

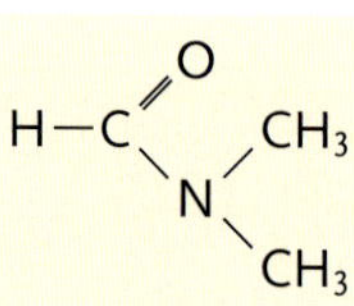 N,N-Dimethylformamid (N,N-Dimethylmethansäureamid, DMF) ist ein wichtiges Lösungsmittel für Kunststoffe.

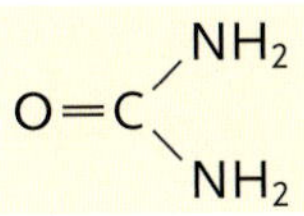

Harnstoff (Kohlensäurediamid) wird unter Druck aus Kohlenstoffdioxid und Ammoniak produziert.

Harnstoff zeigt schwache Basizität, weil der –I-Effekt eines Sauerstoffatoms nicht ausreicht, um die freien Elektronenpaare von zwei Stickstoffatomen abzuziehen. Der menschliche Harn enthält Harnstoff, womit überschüssiger Stickstoff (vom Eiweißabbau) aus dem Körper ausgeschieden wird. Allerdings ist der Harn leicht sauer, weil er außer Harnstoff auch noch andere Abbauprodukte enthält.

Harnstoff ist einerseits ein Langzeitdüngemittel und andererseits ein Vorprodukt für Kunststoffe (z. B. Harnstoff- und Melaminharze für die Möbelindustrie).

Einfüllstutzen für Dieseltreibstoff und **AdBlue** bei einem Audi – AdBlue ist eine hochprozentige Harnstofflösung. Sie dient bei Dieselfahrzeugen (vor allem Lkw) der Abgasreinigung durch katalytische Reduktion der Stickoxide.

7.2 Aminosäuren und Peptide

Aminosäuren (AS) tragen zumindest je eine (basische) Amino- und eine (saure) Carboxygruppe.

Zu den organischen Stickstoffverbindungen zählen auch die Nitrile R—CN – siehe Kap. B, 6.

$R-CH(NH_2)-COOH$ α-Aminosäure

Aminosäuren bauen die Eiweiße (Proteine) auf. Die Benennung erfolgt üblicherweise mit Trivialnamen.

Die in der Natur vorkommenden AS tragen die Aminogruppe fast ausnahmslos direkt neben der Carboxygruppe, d. h. in der Zweierposition (die auch als α bezeichnet wird). Sie sind meist chirale L-Aminosäuren. Eine der wenigen AS, die die Aminogruppe nicht in der Zweierposition trägt, ist die 4-Aminobutansäure (γ-Aminobuttersäure, GABA). Sie ist für den Stoffwechsel im Gehirn wesentlich.

Welche Aminosäure ist nicht chiral? Wie sieht die GABA-Formel aus?

Aminosäuren protolysieren mit sich selbst.

$$R-CH(NH_2)-COOH \rightleftharpoons R-CH(NH_3^+)-COO^-$$

Das Resultat kann man als inneres Salz bezeichnen. Man spricht von einem Zwitterion. Aufgrund der Ladungen sind die einfachen Aminosäuren gut wasserlöslich.

Proteine siehe Kap. D, 1.1.

Der Zustand von Aminosäuren ist pH-abhängig. Im sauren Magensaft liegen sie positiv, im basischen Darmmilieu negativ vor.

$$R-CH(NH_3^+)-COOH \underset{}{\overset{H^+}{\rightleftharpoons}} R-CH(NH_3^+)-COO^- \overset{OH^-}{\rightleftharpoons} R-CH(NH_2)-COO^-$$

Die Natur baut – von wenigen Ausnahmen abgesehen – alle Proteine aus den 20 nachstehend aufgelisteten L-Aminosäuren auf.

Liste der 20 wichtigsten Aminosäuren

	Name	Code	Seitenkette R
1	Glycin	Gly (G)	$-H$
2	Alanin	Ala (A)	$-CH_3$
3	*Valin	Val (V)	$-CH(CH_3)_2$
4	*Leucin	Leu (L)	$-CH_2-CH(CH_3)_2$
5	*Isoleucin	Ile (I)	$-CH(CH_3)-CH_2-CH_3$
6	Serin	Ser (S)	$-CH_2-OH$

Ein * vor dem Namen zeigt an, dass die AS essenziell ist (sie muss mit der Nahrung zugeführt werden, weil sie der Körper nicht durch Umbau aus anderen AS herstellen kann).

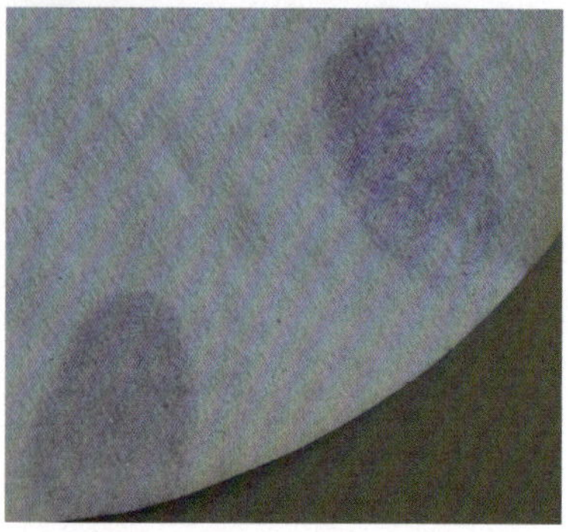

Nachweis von AS: Drücken Sie Ihren Daumen kräftig auf ein Filterpapier, besprühen Sie das Papier mit Ninhydrinlösung und erwärmen Sie es vorsichtig fächelnd über einer Flamme. Ein Fingerabdruck erscheint, weil sich Haut immer ein wenig zu AS zersetzt.

7	*Threonin	Thr (T)	$-CH(OH)-CH_3$
8	Cystein	Cys (C)	$-CH_2-SH$
9	*Methionin	Met (M)	$-CH_2-CH_2-S-CH_3$
10	Phenylalanin	Phe (F)	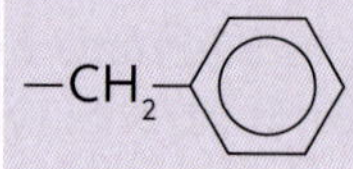
11	*Tyrosin	Tyr (Y)	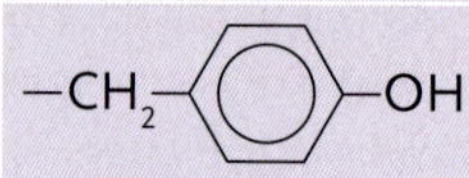
12	Asparaginsäure	Asp (D)	$-CH_2-COOH$
13	Asparagin	Asn (N)	$-CH_2-CO-NH_2$
14	Glutaminsäure	Glu (E)	$-CH_2-CH_2-COOH$
15	Glutamin	Gln (Q)	$-CH_2-CH_2-CO-NH_2$
16	*Lysin	Lys (K)	$-(CH_2)_4-NH_2$
17	Arginin	Arg (R)	$-(CH_2)_3-NH-C(NH)NH_2$
18	*Histidin	His (H)	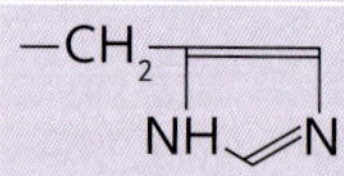
19	*Tryptophan	Trp (W)	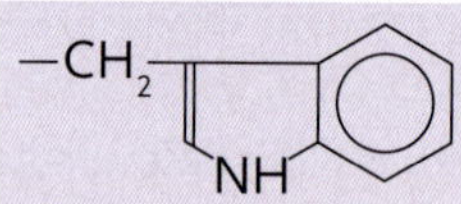
20	Prolin	Pro (P)	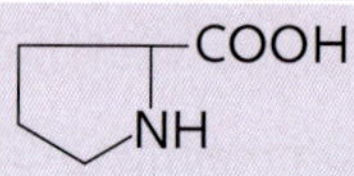

Man kann die Aminosäuren einteilen in solche mit hydrophober aliphatischer Seitenkette (Nr. 1 bis 5), wozu man auch das Methionin (Nr. 9) zählt, und in solche mit polarer aliphatischer Seitenkette (Nr. 6 bis 8) und solche mit aromatischem Rest (Nr. 10 und 11). Andere AS tragen eine zusätzliche Carboxygruppe in der Seitenkette (Nr. 12 und 14). Diese sauren AS können in der Amidform vorliegen (Nr. 13 und 15).

Wiederum andere AS tragen eine zusätzliche basische Gruppe (Nr. 16 bis 19), wobei Histidin (Nr. 18) und Tryptophan (Nr. 19) auch aromatisch sind. Das Prolin (Nr. 20) nimmt eine Sonderstellung ein, weil die Aminogruppe in einen Ring eingebunden ist. Das in Proteinen ebenfalls vorkommende Hydroxyprolin (in der Tabelle nicht angeführt) trägt am Ring des Prolins eine zusätzliche OH-Gruppe.

Durch Verknüpfung von zwei AS mit Kondensation entsteht ein Dipeptid.

Verknüpfung von Alanin mit Glycin

$$CH_3-CH(NH_2)-C(=O)-OH + H_2N-CH_2-COOH \rightarrow CH_3-CH(NH_2)-C(=O)-NH-CH_2-COOH + H_2O$$

Das nebenstehende Dipeptid wird mit Ala—Gly abgekürzt. Hingegen bedeutet die Abkürzung Gly—Ala, dass Glycin links (mit unverknüpfter Aminogruppe) steht.

An der Verknüpfungsstelle liegt die Amidstruktur —CO—NH— vor. In der Biochemie wird dafür die Bezeichnung **Peptidbindung** verwendet.

Wenn wenige AS verknüpft sind, spricht man von einem Peptid. Wenn viele AS verknüpft sind, von einem Polypeptid (Protein, Eiweiß). Dabei ist die Reihenfolge der AS (die sogenannte Sequenz oder Primärstruktur) entscheidend. Beim Anschreiben eines Peptids – egal ob Formel oder abgekürzte Schreibweise – wird immer mit der AS begonnen, deren Aminogruppe frei ist (N-terminales Ende). Rechts steht die AS mit der unveränderten Carboxygruppe (C-terminales Ende).

Enkephalin ist ein Pentapeptid, das im Gehirn Schmerzempfindungen unterdrückt. Seine Sequenz lautet Tyr—Gly—Gly—Phe—Met. Die Glückshormone genannten Endorphine enthalten ebenfalls die Sequenz Tyr—Gly—Gly—Phe.

7.3 Heterocyclen

Heterocyclen sind ringförmige Verbindungen, die außer Kohlenstoff auch andere Atome als Ringglieder enthalten.

Die wichtigsten Fremdatome in Heterocyclen sind Stickstoff, Sauerstoff und Schwefel. Vor allem Stickstoff spielt in biochemischen Verbindungen eine große Rolle.

Wie bei den normalen ringförmigen Verbindungen findet man bei den Heterocyclen in erster Linie die spannungsfreien Fünf- und Sechsringe. Eine bekannte Ausnahme stellen die **Penicilline** dar. Diese von Schimmelpilzen produzierten Antibiotika enthalten einen Ring aus vier Atomen, der eine Verformung der normalen Bindungswinkel von 109° (sp^3-Hybride) bzw. 120° (sp^2-Hybride) zeigt.

Auch bei den Heterocyclen werden eher die Trivialnamen als die systematische Nomenklatur verwendet.

Die bekanntesten Fünfringheterocyclen sind:

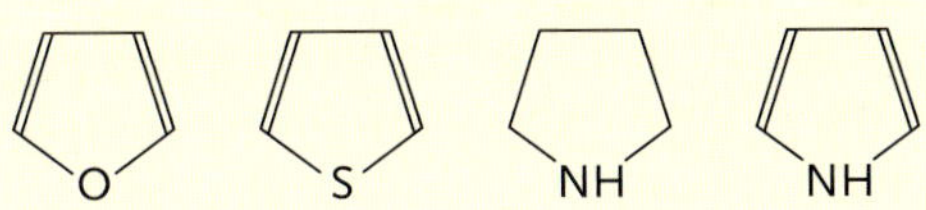

Furan Thiophen Pyrrolidin Pyrrol

Von diesen Verbindungen zeigen Furan, Thiophen und Pyrrol aromatischen Charakter. Die Aromatizität kommt dadurch zustande, dass die Heteroatome freie Elektronenpaare besitzen, die sie dem ringförmigen π-Elektronensystem zur Verfügung stellen. Nahezu die gleichen Eigenschaften wie Benzen hat Thiophen, weil das Schwefelatom seine Elektronen am wenigsten für sich beansprucht (keine hohe Elektronegativität hat). Furan ist deutlich weniger aromatisch (hohe EN des Sauerstoffs). Pyrrol ist nicht basisch, weil das freie Elektronenpaar des Stickstoffatoms für die Ausbildung des aromatischen π-Elektronensystems benötigt wird und daher nicht mehr als Protonenfänger wirken kann.

Die bekanntesten Sechsringheterocyclen sind:

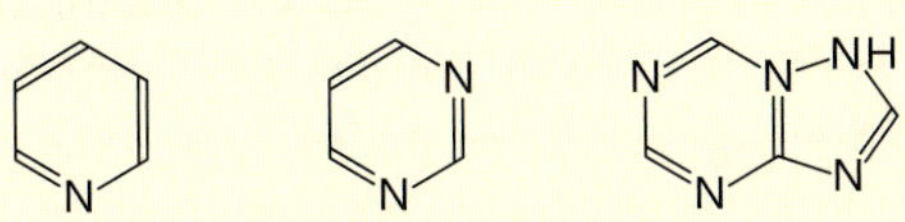

Pyridin Pyrimidin Purin

Pyrimidin und Purin bilden das Gerüst für die Basen der Nucleinsäuren.

Pyridin ist basisch, da sein freies Elektronenpaar für den Aufbau des aromatischen Systems nur geringfügig herangezogen werden muss.

Viele Naturstoffe, aber auch Drogen sind heterocyclische Stickstoffverbindungen, die aufgrund ihrer Basizität unter dem Begriff Alkaloide zusammengefasst werden. Beispiele sind Nicotin (Nikotin) und Coffein (Koffein).

Warum kommt Chlor als Ringglied in einem Heterocyclus nicht infrage?

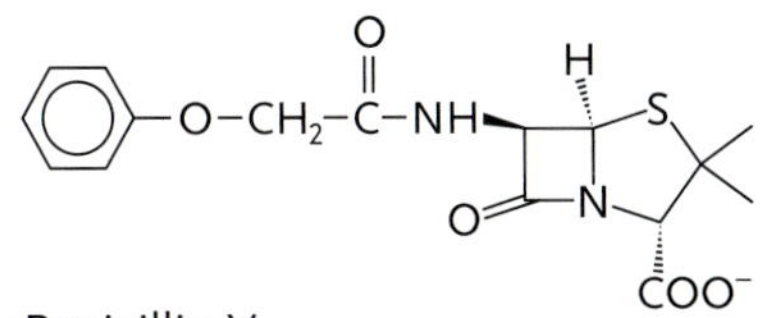

Penicillin V

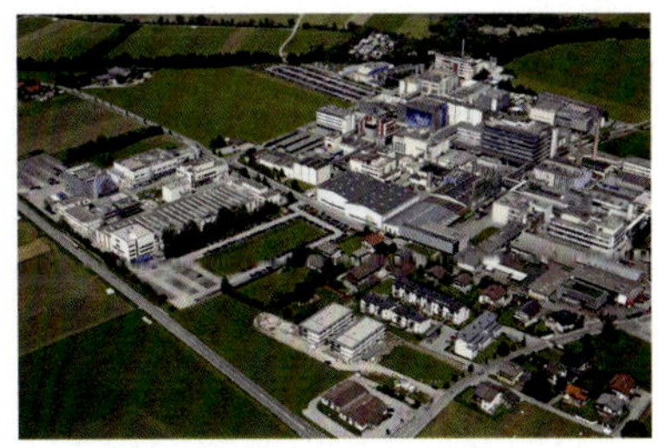

Sandoz Österreich in Kundl (Tirol). Hier wurden Penicilline entwickelt, die oral eingenommen werden können.

Penicillin siehe Kap. B, 11 und Kap. D, 5.2.

RNA und DNA siehe Kap. D, 2.1.

Drogen siehe Kap. B, 11.2.

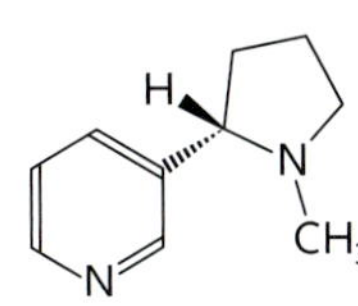

Nicotin

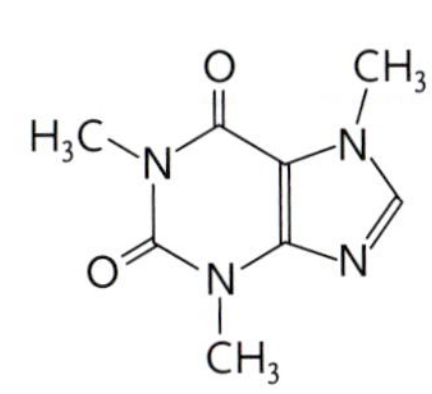

Coffein

Ziele erreicht? – „Organische Stickstoffverbindungen“

7.01 + Erstellen Sie die chemische Gleichung für die Herstellung von TNT.

7.02 ++ Geben Sie an, warum TNT im Bergbau nicht eingesetzt wird. Betrachten Sie dazu die Gleichung der TNT-Explosion.

7.03 + Formulieren Sie die Gleichung für die Reaktion von Methanamin mit Salzsäure.

7.04 + Geben Sie an, warum quartäre Ammoniumsalze nicht basisch sind.

7.05 + Schreiben Sie die Reaktionsgleichung für die Produktion von Anilin an.

7.06 + Schreiben Sie die Formeln für das Kampfgas Trichlornitromethan, für das bei Eiweißfäulnis entstehende Pentan-1,5-diamin (Cadaverin) und für den Weichmacherzusatz Ethansäureamid an.

7.07 + Erstellen Sie die Gleichung für die Produktion von Harnstoff aus Kohlenstoffdioxid und Ammoniak.

7.08 + Reihen Sie folgende Verbindungen nach steigender Basizität:

☐ Natronlauge ☐ Ethanamin ☐ Ethansäureamid
☐ Harnstoff ☐ Benzenamin

7.09 + Ordnen Sie folgende Verbindungen nach steigender Wasserlöslichkeit:

☐ Harnstoff ☐ Benzen
☐ Anilin ☐ Ethanamin

7.10 + Schreiben Sie die Aminosäure Prolin in der zwitterionischen Form sowie in der bei pH = 1 vorliegenden Form an.

7.11 + Geben Sie für nachstehende Verbindungen die Verbindungsklasse an:

$C_2H_5-NH-C_2H_5$ $C_6H_5-NH_2$ $C_3H_7-NO_2$ $C_3H_7-O-NO_2$
CH_3-CH_2-CN H_2N-CH_2-COOH $[N(CH_3)_4]Cl$

7.12 + Schreiben Sie die Formel des Dipeptids Gly—Ala an.

7.13 + Ordnen Sie nach steigender Basizität:

☐ Pyrrol ☐ Pyrrolidin ☐ Pyridin

Stabhochsprung

8 Makromolekulare Substanzen

Was haben ein Baum und ein Stabhochsprungstab gemeinsam? Beide sind aus parallel angeordneten Fasern aufgebaut, die aus Makromolekülen (Riesenmolekülen) bestehen. Beide erzielen damit eine hohe Biegefestigkeit. Stabhochsprungstäbe wurden früher aus Bambusrohr gefertigt, heute bestehen sie aus glasfaserverstärktem Kunststoff. Dass es nicht nur beim Stabhochsprung, sondern ganz allgemein im Sport zu immer neuen Rekorden kommt, ist vielfach eine Folge der Weiterentwicklung des Materials.

Meine Ziele

Nach Bearbeitung dieses Kapitels kann ich

- die **Synthese in Natur und Technik** sowie die **allgemeinen Eigenschaften** makromolekularer Stoffe darstellen;
- **Kunststoffe** untersuchen, einteilen und Argumente für diese Einteilung finden;
- die speziellen **Eigenschaften von Kunststofftypen** begründen.

Lange Zeit glaubte man, dass in der Natur alles aus kleinen Molekülen aufgebaut wäre. Später kam die Erkenntnis hinzu, dass viele Stoffe einen Gitteraufbau zeigen. **Hermann Staudinger** erkannte, dass es noch eine weitere Substanzgruppe gibt: Stoffe aus sehr großen Molekülen (Makromolekülen). Zu dieser Gruppe gehören neben etlichen Naturstoffen wie Cellulose, Stärke und Eiweiß sämtliche Kunststoffe. Diesen Stoffen ist gemeinsam, dass sie aus vielfach (griech. „poly") miteinander verknüpften kleinen Baueinheiten – den Monomeren – bestehen.

Ein Makromolekül entsteht immer aus tausenden Monomeren.

Der Aufbau kann kettenförmig sein, er kann miteinander vernetzte Ketten zeigen oder es kann durch Vernetzung ein einziges Makromolekül entstehen.

Hermann Staudinger, 1881 bis 1965, deutscher Chemiker, Nobelpreis für Chemie 1953

Meros: griechisch für Teil

8.1 Cellulose und halbsynthetische Kunststoffe

Cellulose ist der am häufigsten vorkommende organische Stoff in der Natur. Etwa die Hälfte der Biomasse ist Cellulose (Zellstoff). Cellulose ist eine durch vielfache Kondensation entstandene Polyglucose. Im Unterschied zu Stärke ist sie unverzweigt und besteht durchgehend aus ß-D-Glucose-Einheiten. Dies bedingt ihren nahezu linearen Aufbau (die aus α-D-Glucose aufgebaute Stärke ist verzweigt und spiralig geformt). Die Verknüpfung erfolgt durch Wasserabspaltung zwischen den OH-Gruppen an den C-Atomen 1 und 4 der Glucose.

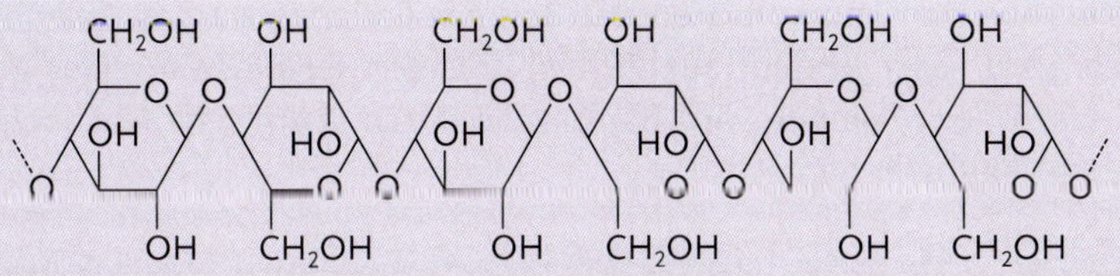

Cellulose ist ein 1,4-Polykondensat der ß-D-Glucose.

Kondensation siehe NAWI I/II, Kap. F, 4.4.

Stärke siehe Kap. D, 1.3.

Die parallel liegenden Fäden der Cellulosemoleküle werden durch Wasserstoffbrücken zusammengehalten. Der lineare Aufbau prädestiniert die Cellulose als Faserstoff für Pflanzen bzw. für Kleidung. Die Cellulose ist damit ein Vorbild für viele Kunststoffe.

Hergestellt wird Cellulose in Cellulosefabriken entweder nach dem **Sulfit-** oder nach dem **Sulfatverfahren.** Bei beiden Verfahren werden Holzschnitzel mit einer sulfonierenden Lösung behandelt. Die Sulfonierung macht das Lignin (Holzstoff) und die Harze wasserlöslich, während die unlösliche Cellulose übrig bleibt. Die ligninhaltigen, intensiv riechenden Abwässer müssen einer Kläranlage zugeführt werden.

Ein Teil der Cellulose wird zu Papier weiterverarbeitet, ein anderer Teil zu Fasern für Bekleidung sowie zu Hygieneartikeln (z. B. Watte).

Cellulosefabriken werden umgangssprachlich Papierfabriken genannt.
Papierfabriken haben Einwohnergleichwerte um 100 000, d. h., sie würden ohne Kläranlage die Gewässer wie eine Stadt von der Größe Innsbrucks belasten.

Recherchieren Sie, wo in Österreich Papierfabriken stehen und ob sie mit Kläranlagen ausgerüstet sind.

Herstellung von Papier

Papiermaschinen sind zum Teil über hundert Meter lang. Der Cellulosefaserbrei wird auf ein endloses, sich ständig bewegendes Drahtsieb aufgebracht. Der größte Teil des Wassers läuft dabei sofort ab. Aus dem gebildeten Faservlies wird zwischen rotierenden Walzen weiteres Wasser herausgepresst. Die Cellulosefasern verfilzen dabei miteinander. Anschließend durchläuft das Papier heiße Walzen zum Trocknen und Glätten und wird schließlich zu Rollen aufgewickelt. Die Papierbahnen laufen dabei mit Geschwindigkeiten von bis zu 130 km/h bei Arbeitsbreiten von etwa 10 m. Eine moderne Papiermaschine produziert über 1 000 Tonnen pro Tag.

Papiermaschine der Leykam AG (am steirischen Standort in Gratkorn werden über 700 000 t Papier pro Jahr erzeugt)

Überprüfen Sie mit einer stark HCl-sauren Lösung von Anilin, ob Papier holzfrei ist. Mit Lignin tritt Gelbfärbung auf.

Kalk als Füllstoff für Papier und Kunststoffe siehe Kap. B, 8.3.

Recycling von Altpapier siehe NAWI I/II, Kap. H, 5.

Hochwertige Papiere werden aus verschiedenen Holzsorten hergestellt. Nach dem Bleichen der Cellulose mit Wasserstoffperoxid werden in der Papiermaschine Füllstoffe und Leime hinzugegeben. Minderwertige Papiersorten wie Zeitungspapier enthalten einen hohen Anteil an Holzschliff. Sie sind nicht alterungsbeständig, d. h., sie vergilben und werden brüchig.

Der wichtigste Füllstoff ist Kalk. Feinstgemahlener Kalk wird als Slurry (eine stabile Aufschlämmung des Feststoffs in Wasser) vom Kalksteinbruch zur Papierfabrik transportiert und dort in der Papiermaschine verarbeitet.

Hochwertiges Papier für den Offsetdruck besteht beispielsweise aus
- 20 % Sulfatcellulose (Kiefer),
- 20 % Sulfitcellulose (Fichte),
- 45 % Sulfitcellulose (Laubholz),
- 15 % Füllstoff und Leim.

Zeitungspapier besteht etwa aus
- 75 % Holzschliff,
- 15 % Sulfitcellulose (Fichte),
- 10 % Füllstoff und Leim.

Kraftpapier (Packpapier) wird in erster Linie aus Sulfatcellulose produziert.

Cellulosefaser

Baumwollkapsel

Baumwolle: Aus den Samenhaaren der Baumwollpflanze werden Cellulosefasern gewonnen. Jede Faser besteht aus 20 bis 30 Lagen Cellulose in einer gedrehten Struktur. Nach dem Spinnen wird Baumwolle durch chemische Nachbehandlung (Ausrüstung) haltbarer gemacht.

Die Lenzing AG in Oberösterreich ist (mit Produktionsstätten in aller Welt) der weltweit größte Hersteller von Cellulosefasern auf der Basis von Holz.

Cellulose ist in Wasser und gängigen organischen Lösungsmitteln nicht löslich. Beim **Viskoseverfahren** wird Cellulose mithilfe von Kohlenstoffdisulfid (Schwefelkohlenstoff, CS_2) und Natronlauge (NaOH) gelöst. Die hohe Viskosität (Zähigkeit) der Lösung ist namensgebend für das Verfahren. Aufgrund der Giftigkeit und hohen Entzündlichkeit von CS_2 muss in geschlossenen Kreisläufen gearbeitet werden.

Spinndüsen bestehen aus Platin-Gold-Tantal-Legierungen. In einer Cellulosefabrik ist daher viel Kapital in Form von Spinndüsen gebunden.

Die Lösung (das Natriumxanthogenat) wird durch Spinndüsen in ein Fällbad aus verdünnter Schwefelsäure gedrückt. Jede Spinndüse besteht aus einer Lochplatte mit über 100 000 feinen Bohrungen. Durch die Schwefelsäure wird die Cellulose ausgefällt, d. h., sie erstarrt zu langen Fäden. Das CS_2 wird in den Prozess zurückgeführt.

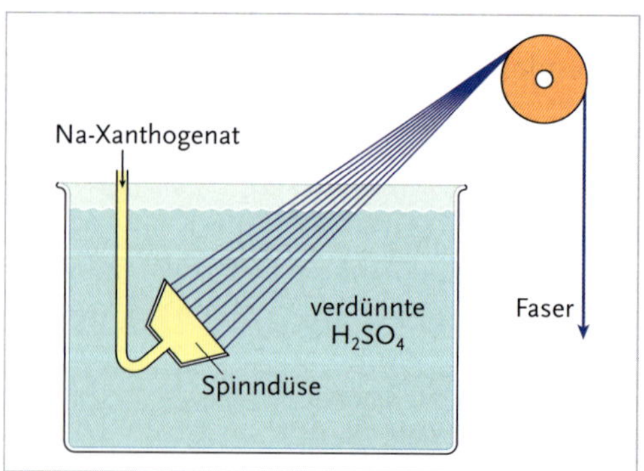

Die Fäden werden gestreckt, um die Cellulosemoleküle parallel anzuordnen und damit die notwendige Festigkeit zu erzielen. Stoffe aus Viskosefasern sind leicht zu verarbeiten und angenehm zu tragen.

Das **Lyocellverfahren** wurde von der Lenzing AG entwickelt und in einer Fabrik in Heiligenkreuz (Burgenland) großtechnisch umgesetzt. Dieses Verfahren arbeitet mit einem Morpholinoxid (NMO) als Lösungsmittel für die Cellulose. NMO ist ungiftig und damit umweltfreundlich, aber teurer als CS_2. Zur Ausfällung der Cellulosefäden beim Austritt aus der Spinndüse genügt die Verdünnung mit Wasser. Textilien aus Lyocell sind weich und knittern weniger als Baumwolle.

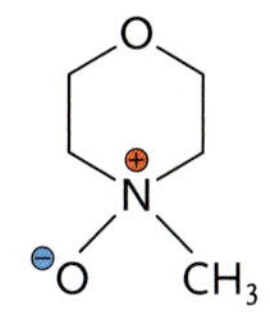

NMO
N-Methyl-morpholin-N-oxid

Cellulosenitrate

Wenn ein Teil der Hydroxygruppen der Cellulose mit Salpetersäure verestert wird, entsteht der Kunststoff **Celluloid.** Er wurde früher als Material für Filme eingesetzt. Wegen der Feuergefahr wurde diese Verwendung verboten. Tischtennisbälle werden aus Celluloid hergestellt. Wenn alle Hydroxygruppen der Cellulose mit Salpetersäure verestert werden, entsteht Cellulosetrinitrat (Schießbaumwolle, CN), das wegen seiner Gefährlichkeit als Kunststoff nicht mehr verwendet wird.

Dreifache Nitrierung jeder Glucoseeinheit der Cellulose mit einem Nitriergemisch aus Salpetersäure und Schwefelsäure liefert Cellulosetrinitrat.

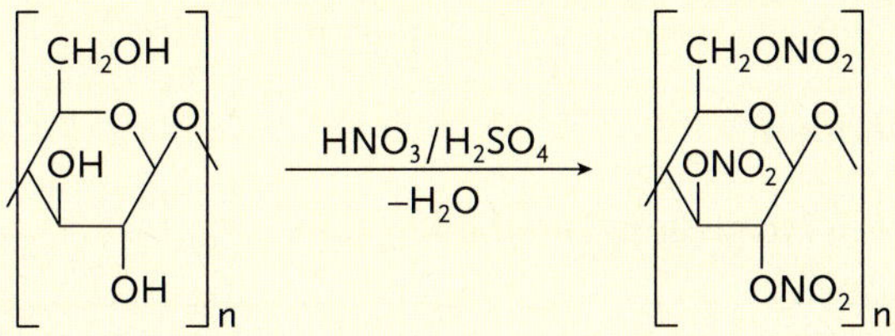

Patronen für Pistolen und Gewehre enthalten CN als rauchloses Schießpulver.

Entzünden Sie einen Tischtennisball aus Celluloid auf einer feuerfesten Unterlage.

Kaum zu glauben – man fertigte Puppen aus Celluloid und trug sogar Kleidung aus CN!

Celluloseacetat

Durch vollständige Veresterung aller Hydroxygruppen der Cellulose mit Ethansäure (Essigsäure) entsteht **Celluloseacetat** (genauer: Cellulosetriacetat, CA). Aus diesem Kunststoff werden Folien hergestellt. Die Hauptverwendung liegt in der Bekleidungsindustrie als Kunstseide, weil die Fasern sehr glatt sind und wie Seide glänzen.

Faschingsseide ist Celluloseacetat

Ziele erreicht? – „Cellulose und halb synthetische ..."

8.01 + Nennen Sie den Unterschied in Aufbau und Eigenschaften von Stärke und Cellulose.

8.02 ++ Nennen Sie (von Wasser und Harzen abgesehen) die beiden Hauptbestandteile von Holz.

8.03 + Geben Sie die Formel von Kalk (Calciumcarbonat) an.

8.04 + Zählen Sie die Verfahren auf, die entwickelt wurden, um aus Cellulose Faserstoffe für Bekleidungszwecke herzustellen.

8.05 + Erklären Sie, warum die Viskose (Xanthogenatlösung) beim Eintritt in das Fällbad (in verdünnte Schwefelsäure) zu einem festen Cellulosefaden erstarrt.

8.06 + Erklären Sie, warum Spinndüsen aus einer teuren Edelmetalllegierung gefertigt sein müssen.

8.07 + Entwerfen Sie einen Formelausschnitt aus einer Kette von Cellulosetriacetat.

B

8.2 Vollsynthetische Kunststoffe

Wie kann man die geringe Hitzebeständigkeit der Kunststoffe begründen?

Kunststoffe haben wegen ihrer geringen Dichte sowie der günstigen mechanischen, chemischen und elektrischen Eigenschaften einen breiten Anwendungsbereich. Die wichtigen Massenkunststoffe sind billig herzustellen, leicht einzufärben und leicht zu verarbeiten. Nachteilig ist ihre meist geringe thermische Belastbarkeit.

Cracken siehe Kap. B, 2.

Die vollsynthetischen Kunststoffe werden auf petrochemischer Grundlage hergestellt. Die Grundbausteine dieser Polymere sind kleine Moleküle, genannt Monomere. Sie werden in der Raffinerie hauptsächlich durch das thermische Cracken hergestellt.

Die Kunststoffe können nach verschiedenen Kriterien eingeteilt werden. Die zwei bedeutendsten sind

- die Herstellungsmethode und
- die Art der Verknüpfung.

Herstellungsmethoden

Monomer: ein einzelnes Teilchen
Polymer: aus vielen Teilchen bestehend

Die drei wichtigsten **Herstellungsmethoden** sind

- die **Polymerisation,**
- die **Polykondensation,**
- die **Polyaddition.**

Die Produkte von Polymerisationen (die **Polymerisate**), von Polykondensationen (die **Polykondensate**) und von Polyadditionen (die **Polyaddukte**) werden unter dem Begriff **Polymere** zusammengefasst. Der Begriff Polymerisationsgrad wird ebenfalls bei allen drei Herstellungsmethoden verwendet.

Produkte von Polymerisationen nennt man Polymerisate.

Der mittlere **Polymerisationsgrad** gibt an, wie viele Monomere durchschnittlich ein Polymermolekül bilden.

Er liegt bei den üblichen Kunststoffen im Bereich einiger Tausend. Die Viskosität der Lösung oder Schmelze eines Kunststoffs lässt Rückschlüsse auf den Polymerisationsgrad zu.

Die Eigenschaften von Polymeren mit gleichem mittlerem Polymerisationsgrad unterscheiden sich in Abhängigkeit von der Verteilung der tatsächlichen Kettenlängen um diesen Mittelwert. Wenn die meisten Moleküle ungefähr gleiche Polymerisationsgrade (d. h. ähnliche molare Massen) aufweisen, spricht man von einer engen Molmassenverteilung (MMV).

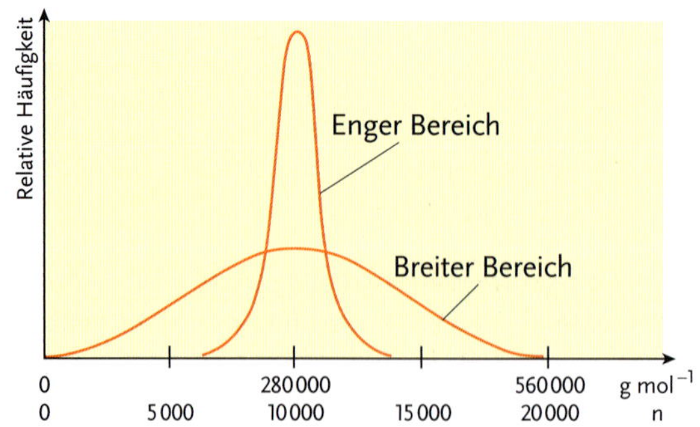

Molmassenverteilung in synthetischen Polymeren: Zwei Sorten von Polyethylen:

Molmassenverteilung
eng n = 7000 bis 13000
breit n = 2000 bis 18000

mittlerer Polymerisationsgrad
$\bar{n} = 10000$

mittlere molare Masse
$\overline{M} = M(\text{Ethen}) \cdot n$
$= 280000 \text{ g mol}^{-1}$

Beim Erwärmen eines Polymergranulates beobachtet man das allmähliche klebrige Weichwerden beim Übergang zur Schmelze. Beim Erkalten erstarrt der Kunststoff in der neuen Form.

Niedrige molare Massen (Molmassen) begünstigen die Fließfähigkeit der Schmelze und damit die Verarbeitbarkeit. Hohe molare Massen bedingen bessere mechanische Eigenschaften.

Substanzen, die aus identischen Molekülen aufgebaut sind, zeigen einen scharfen Schmelzpunkt. Da aber Kunststoffe ein Gemisch von Molekülen unterschiedlicher Kettenlängen sind, zeigen sie keinen exakten Schmelzpunkt, sondern werden beim Erwärmen weich und zerfließen allmählich (ähnlich wie Butter).

Polymerisation

Bei der Polymerisation entstehen Makromoleküle aus Monomeren, die zumindest je eine Doppelbindung im Molekül aufweisen. Die π-Bindungen der Monomeren werden geöffnet, worauf ein Zusammenschluss zu langen (eventuell leicht verzweigten) Ketten erfolgt.

Die Polymerisation ist eine Addition vieler gleichartiger Moleküle aneinander. Sie erfolgt meist nach einem A_R-Mechanismus.

A_R-Mechanismus am Beispiel der Polymerisation von Styren (Ethenylbenzen):

1. Ein Radikalkettenstarter Y—Y wird in Radikale zerlegt.

   Y—Y → 2 Y·

2. Das Y-Radikal greift die π-Bindung des Monomermoleküls an, wodurch ein Kohlenwasserstoffradikal entsteht.

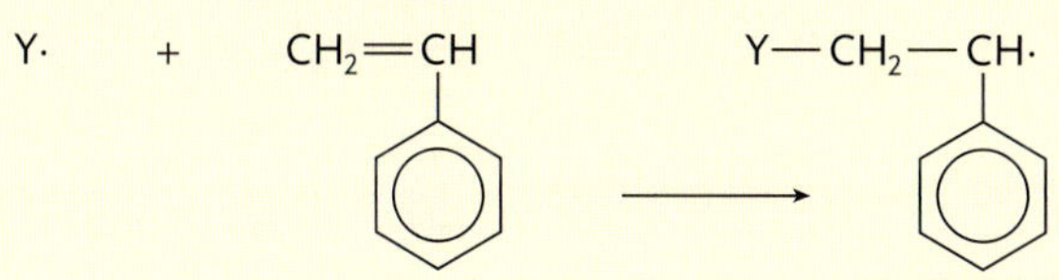

3. Das Kohlenwasserstoffradikal greift die nächste π-Bindung an, womit das Kettenwachstum beginnt (viele weitere dieser Schritte folgen).

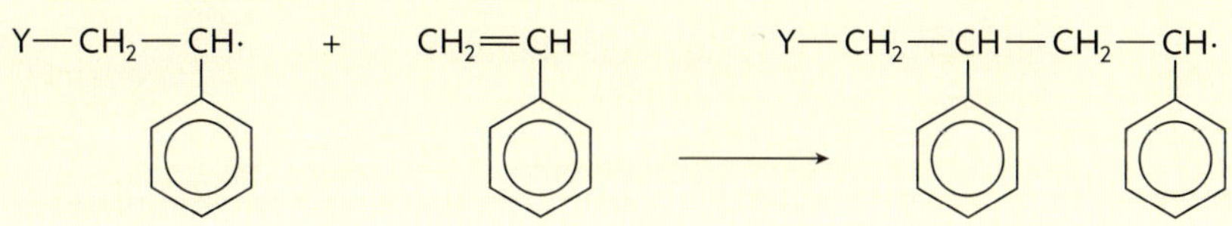

usw.

Der Radikalkettenstarter Dibenzoylperoxid reißt leicht zwischen den beiden Sauerstoffatomen und wird wegen seiner thermischen Empfindlichkeit immer mit 20 % Wasser aufbewahrt.

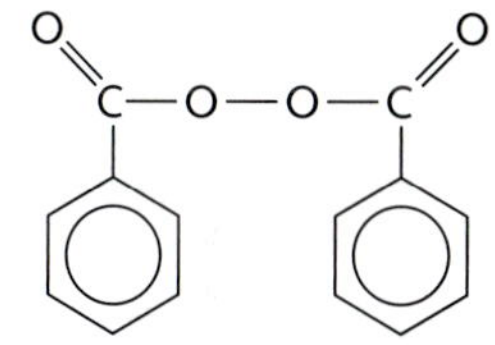

Styren wird mit ein wenig Dibenzoylperoxid (50 : 1) erhitzt. Nach einigen Minuten wird die Mischung durch Bildung von Polystyren zäh.

Das Erhitzen einer kleinen Menge von Dibenzoylperoxid im Reagenzglas führt zur Verpuffung.

Polykondensation

Bei der Polykondensation müssen an den Enden der Monomermoleküle funktionelle Gruppen vorliegen, die miteinander unter Abspaltung kleiner Moleküle reagieren. Diese als Nebenprodukt entstehenden Moleküle (meist Wasser, aber auch Hydrogenchlorid, Ammoniak u. a.) müssen aus dem Reaktionsgleichgewicht entfernt werden, damit die Bildung der Makromoleküle nicht vorzeitig gestoppt wird.

Gleichgewicht siehe NAWI I/II, Kap. D, 3.3.

Entstehung des Polyamid-6 (Perlon) aus 6-Amino-hexansäure:

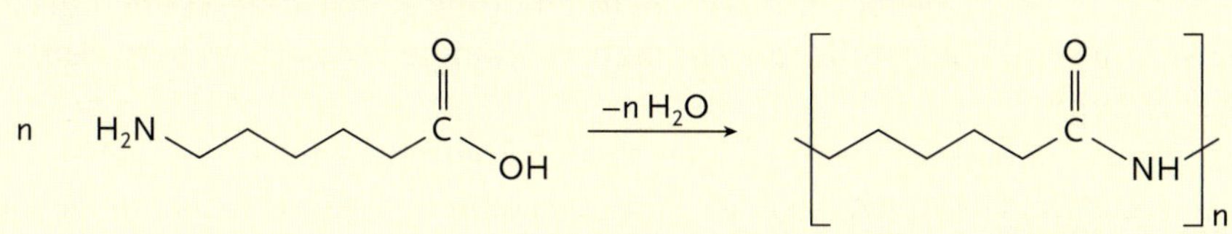

Die Zahl 6 ist ein Hinweis auf die sechs C-Atome des Monomermoleküls.

Welcher aus Makromolekülen bestehende Naturstoff zeigt die gleiche Art der Verknüpfung wie Polyamid?

Polyaddition

Die Polyaddition ist eine Addition verschiedener Moleküle aneinander. Es entsteht kein Nebenprodukt.

Entstehung eines Polyurethans aus Butan-1,4-diol und 1,4-Phenylendiisocyanat als Beispiel einer Polyaddition: Entsprechend den Polaritäten geht H an N und O an C.

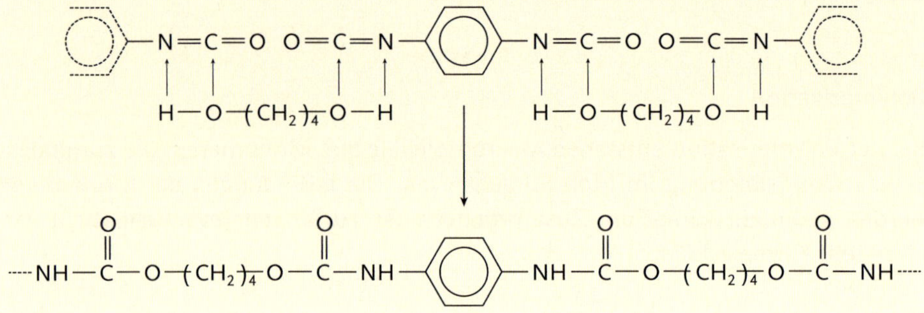

Thermoplast: Der Übergang vom festen zum geschmolzenen Zustand ist allmählich (erweichendes PA im polarisierten Licht)

Molekülordnung in Thermoplasten:

Verknäuelt (amorph)

Teilkristallin

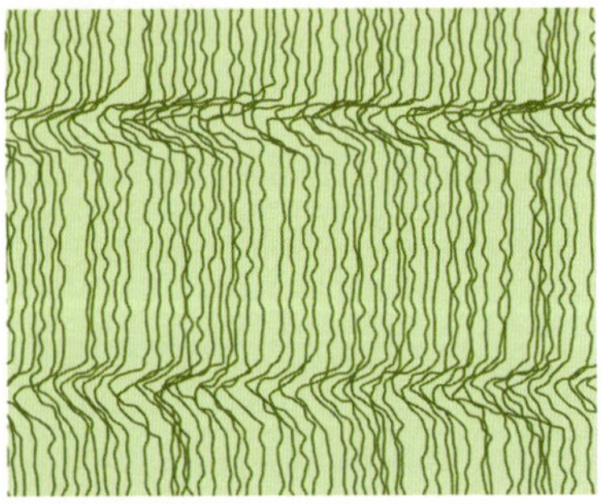

Teilkristallin (verstreckt)

Verknüpfungsarten

Durch die drei wichtigsten **Arten der Verknüpfung** entstehen
- **Thermoplaste** (Plastomere),
- **Elastomere,**
- **Duromere.**

Die Art der Verknüpfung bedingt die mechanischen und thermischen Eigenschaften eines Kunststoffs.

Verhalten beim Erhitzen:

	Steigende Temperatur →				
Thermoplaste	glasig spröde	Gebrauchsbereich	weich formbar	Schmelze	Zersetzung
Elastomere	glasig spröde	Gebrauchsbereich elastisch			Zersetzung
Duromere	Gebrauchsbereich hart, spröde				Zersetzung

Thermoplaste

Thermoplaste sind Kunststoffe mit einem linearen oder schwach verzweigten Molekülaufbau. Bereits vor dem Schmelzen werden sie weich und klebrig. In diesem erwärmten Zustand können sie sehr gut durch Walzen oder Pressen geformt werden.

Die **Molekülordnung** hat großen Einfluss auf die Eigenschaften eines Kunststoffs. Wenn keine Molekülordnung vorliegt, ist der Kunststoff amorph. Die Fadenmoleküle liegen in verknäuelter Form vor. Rein amorphe Kunststoffe können glasklar durchsichtig sein. Kunststoffe, die aus stark verzweigten Molekülen bestehen, sind immer amorph.
Abhängig von den Abkühlbedingungen können Thermoplaste aus weitgehend parallel orientierten Molekülen bestehen oder sie können teilweise kristalline Bereiche (Lamellen) ausbilden.
Bei Faserkunststoffen kann durch Verstrecken der Kunststofffäden der Kristallisationsgrad gesteigert werden. Parallele Ketten üben aufeinander Van-der-Waals-Kräfte aus oder sind durch Wasserstoffbrücken miteinander verbunden.
Teilkristalline Kunststoffe sind immer trüb. Sie haben eine höhere Dichte und bessere mechanische Eigenschaften als amorphe Kunststoffe.

Die vier wichtigsten Kunststoffe sind **Thermoplaste.** Es handelt sich dabei um die Polymeren **PE, PP, PS und PVC.** Bei den Polykondensaten entstehen Thermoplaste, wenn der Kunststoff aus linearen Molekülen besteht. Dies ist der Fall, wenn er aus einem Monomer mit zwei verschiedenen funktionellen Gruppen aufgebaut ist (z. B. Polyamid-6) oder aus zwei unterschiedlichen Monomeren, die an den Enden jeweils gleiche funktionelle Gruppen aufweisen (z. B. Polyamid-6,6).

Gummi und Buna siehe Kap. B, 2.5.

Elastomere

Elastomere sind Kunststoffe, bei denen die Molekülketten in einem geringen Ausmaß miteinander vernetzt sind. Wenn Elastomere einer Zugbelastung ausgesetzt sind, werden die Bindungswinkel verformt. Die Vernetzung sorgt dafür, dass die Ketten nicht aneinander vorbeigleiten können. Bei Nachlassen der Belastung stellen sich die ursprünglichen Winkel wieder ein. Das Zurückkehren in die ursprüngliche verknäulte Form ist auch damit erklärbar, dass diese Form mehr Entropie hat als eine gestreckte. Das **wichtigste Elastomer** ist **Gummi.**

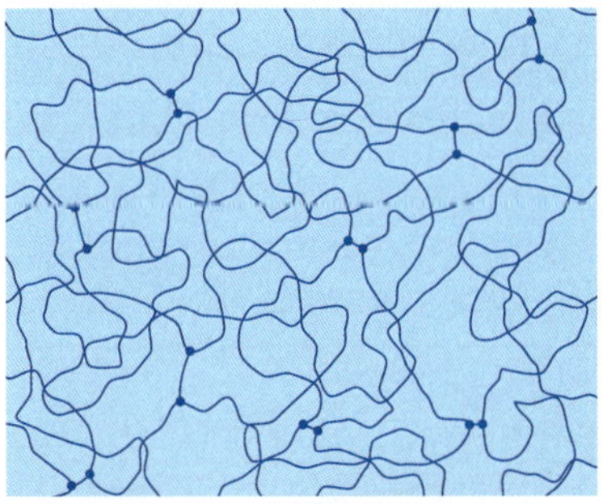

Elastomer
(grobmaschige Vernetzung)

Duromere

Duromere (früher: Duroplaste) entstehen, wenn in den Monomeren mehr als zwei funktionelle Gruppen vorliegen. Sie sind Kunststoffe, die einen engmaschig dreidimensional vernetzten Molekülaufbau zeigen.
Da Duromere nicht thermoplastisch sind, müssen sie in einer dem endgültigen Werkstück entsprechenden Form erzeugt werden. In der Form entsteht ein einziges durchgehendes Riesenmolekül. Eine nachträgliche Änderung der Form ist thermisch nicht mehr möglich, weil Duromere weder weich werden noch schmelzen, sondern sich bei höherer Temperatur zersetzen.

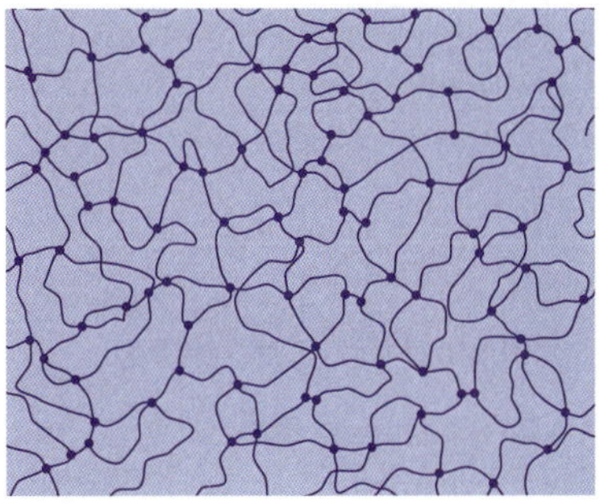

Duromer
(engmaschige Vernetzung)

Beispiele für Polymerisate

Polyethylen (Polyethen, PE)

$$n\,CH_2{=}CH_2 \rightarrow -\!\!\left[CH_2{-}CH_2\right]\!\!-_n$$

PE ist der **am häufigsten verwendete Kunststoff.**
Ethen ist ein relativ billiges Gas, das beim thermischen Cracken bestimmter Fraktionen der Rohöldestillation anfällt.
Bei der Erzeugung von Polyethylen nach dem Hochdruckverfahren (1 500 bis 2 000 bar; 200 °C) erhält man PE niedriger Dichte (LDPE), bei der Herstellung nach dem Niederdruckverfahren PE höherer Dichte (HDPE). Dies ist zunächst paradox, da hoher Druck zu hoher Dichte führen sollte. Der Grund dafür ist, dass durch die extremen Bedingungen des Hochdruckverfahrens einige der Bindungen aufgerissen und neu geknüpft werden. Die entstandenen Verzweigungen wirken wie Abstandhalter von einer Molekülkette zur nächsten. Sie verringern die Dichte und auch die Festigkeit.
Das **Niederdruckverfahren** (1 bis 50 bar; etwa 100 °C) wurde vom Deutschen **Karl Ziegler** und dem Italiener **Giulio Natta** 1953 (20 Jahre nach dem Hochdruckverfahren) entwickelt. Die Polymerisation wird dabei von metallorganischen Verbindungen katalysiert und gesteuert. Das Resultat sind nahezu verzweigungsfreie Polymerketten. Die linearen Moleküle bilden leicht teilkristalline Strukturen, womit die Festigkeit gesteigert wird.

Verwendung von PE: für Behälter, Flaschen, Tragtaschen, Folien, Rohre ...

Ethen- und Benzenbaum siehe Kap. B, 2.2 und 2.6.

Eigenschaften von PE
- Thermoplastisch
- $\rho = 0{,}91$ bis $0{,}97\ g/cm^3$
- Anwendung bis ca. 80 °C
- Guter Isolator
- Beständig gegen Säuren, Basen und viele Lösungsmittel

Karl Ziegler, 1898 bis 1973, und Giulio Natta, 1903 bis 1979, gemeinsamer Nobelpreis für Chemie 1963

Eigenschaften von PP
- Ähnlich PE
- Härter und steifer als PE
- $\rho = 0{,}89$ bis $0{,}92\ g/cm^3$
- Anwendung bis ca. 100 °C

Polypropylen (Polypropen, PP)

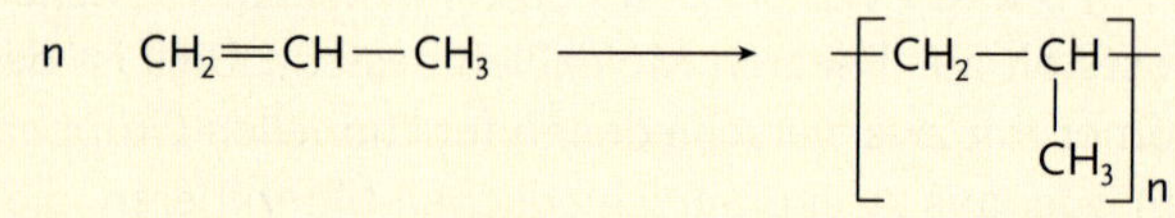

PP ist der **leichteste aller Kunststoffe.** Mithilfe geeigneter Katalysatoren erreicht man, dass die Methylgruppen nicht ungeordnet von der Kette abstehen, sondern alle in die gleiche Richtung zeigen. Dieses isotaktische Polypropen zeichnet sich durch erstklassige mechanische Eigenschaften aus.

Verwendung von PP: für Behälter, Flaschen, Rohre, Funktionstextilien ...

Eigenschaften von PS
- Glasklar, spröde
- $\rho = 1{,}05\ g/cm^3$
- In vielen organischen Lösungsmitteln löslich

Styropor wird von Aceton regelrecht zerfressen.

Polystyren (Polystyrol, PS)

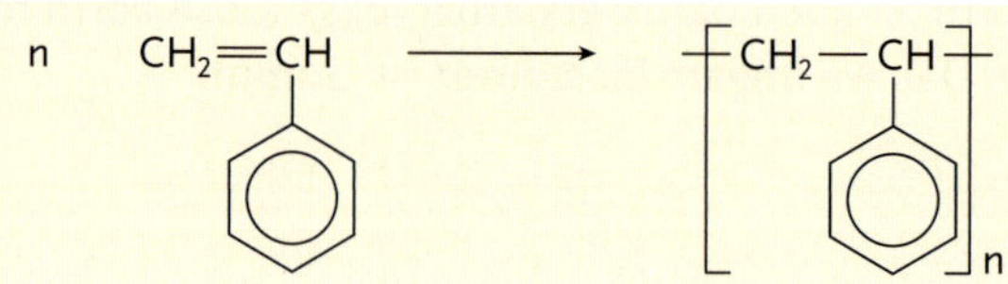

PS ist stets amorph und daher glasklar und spröde. PS für Hartschaum-Dämmplatten gibt es als **expandiertes PS** (EPS; Styropor®) für Wände und als **extrudiertes PS** (XPS; Styrodur®) für Trittdämmungen. Dazu werden Stoffe zugesetzt, die beim Erwärmen Gasblasen entwickeln. Die Dichte kann so bis $0{,}015\ g/cm^3$ gesenkt werden.

Verwendung von PS: für Becher (ungeschäumt z. B. für Joghurt, geschäumt für warme Getränke), Dämmstoffplatten, Geodreiecke ...

Eigenschaften von PVC
- Guter Isolator
- $\rho = 1{,}2$ bis $1{,}4\ g/cm^3$
- Chemikalienfest
- Nicht brennbar
- Kann geschweißt werden

PVC-Recycling siehe Kap. C, 2.

Polyvinylchlorid (Polychlorethen, PVC)

$$n\ CH_2{=}CHCl \rightarrow -\!\!\left[CH_2{-}CHCl\right]_n\!\!-$$

Das monomere Vinylchlorid ist aus Ethen leicht herstellbar. Weil Vinylchlorid (Chlorethen) krebserregend ist, muss die Polymerisation in geschlossenen Apparaturen erfolgen. PVC ist ungiftig. Es ist in reiner Form hart und spröde. Durch Weichmacher und Stabilisatoren wird es weich und formbar gemacht. Seine Dichte ist höher als die anderer Kunststoffe. Bei der Verbrennung von PVC entsteht Hydrogenchlorid bzw. Salzsäure. Daher müssen Müllverbrennungsanlagen mit Säurewäschern ausgerüstet sein.

Verwendung von PVC: für Bodenbeläge, Rohre, Fensterprofile, Blutbeutel ...

Eigenschaften von PAN
- Wollähnlich
- Hitzeempfindlich
- Gut einfärbbar

DMF siehe Kap. B, 7.1.

Polyacrylnitril (Acryl, PAN)

Polyacrylnitril war zunächst ohne Bedeutung, bis man ein Lösungsmittel (DMF) fand, mit dessen Hilfe man den Kunststoff durch Spinndüsen drücken kann. Der Faserstoff wird meist mit Baumwolle oder Wolle gemischt zu Textilien verarbeitet. Gewebe aus PAN dürfen nur mit einer Temperatur von maximal 40 °C gewaschen und nicht heiß gebügelt werden.

Verwendung von PAN: für wollähnliche Fasern, Seile ...

Polymethylmethacrylat (Acrylglas, PMMA)

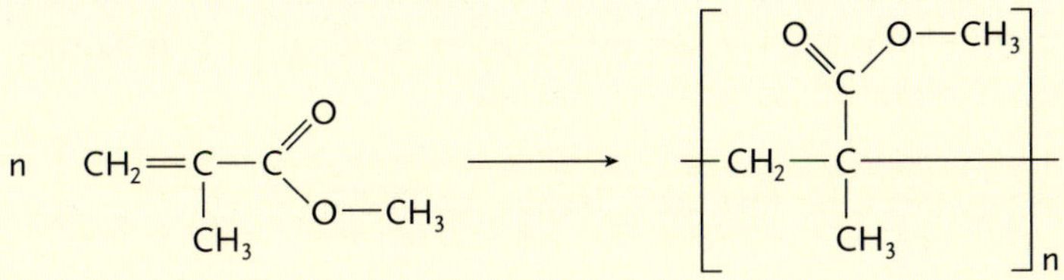

Die Polymerisationsgleichung zeigt, dass einzig die π-Bindung der Kohlenstoff-Kohlenstoff-Doppelbindung reagiert.

PMMA **(Handelsname Plexiglas)** ist ähnlich transparent wie Polystyren, aber wesentlich elastischer. Es ist kratzunempfindlicher als andere Thermoplaste, aber deutlich weniger kratzfest als Glas (Mineralglas).

Verwendung von PMMA: für Flugzeug- und Schutzscheiben, Kontaktlinsen, Brillen ...

Eine Variante des PMMA ist das **Polycyanacrylat,** bei dem die Methylgruppe durch eine Nitrilgruppe ersetzt ist. Das Monomer ist als Superkleber bekannt. Die beim Kleben erfolgende Polymerisation wird durch Feuchtigkeit katalysiert. Dabei ist Vorsicht angebracht, da (feuchte) Haut besonders gut verklebt.

Eigenschaften von PMMA
- Lichtdurchlässiger als Glas
- $\rho = 1{,}2\ g/cm^3$
- Elastisch
- Spannungsrissempfindlich

Scheinwerferglas aus PMMA

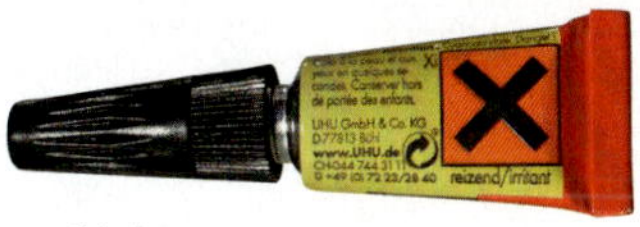

Superkleber

Polytetrafluorethen (PTFE)

$$n\,CF_2{=}CF_2 \rightarrow -\!\!\left[CF_2{-}CF_2\right]\!\!-_n$$

PTFE (Handelsname Teflon) ist ein Spezialkunststoff, dessen Herstellung und Verarbeitung teuer sind. Die Bindung zwischen Kohlenstoff und Fluor ist wegen der hohen Differenz der Elektronegativitäten sehr stark. PTFE besteht zwar aus linearen Makromolekülen, doch ist es nicht thermoplastisch, weil sein theoretischer Schmelzpunkt höher liegt als die Zersetzungstemperatur der Kohlenstoff-Kohlenstoff-Bindung. PTFE muss daher durch Sintern (Pressen des Pulvers unter hohem Druck und Temperatur) in die gewünschte Form gebracht werden. PTFE wird selbst von Flusssäure und Königswasser nicht angegriffen. Es wird aufgrund seiner geringen Benetzbarkeit und guten Hitzebeständigkeit als Antihaftbeschichtung verwendet.

Verwendung von PTFE: für die Beschichtung von Bratpfannen, Funktionsbekleidung (Handelsname Goretex), Laborgeräte, Implantate ...

Eigenschaften von PTFE
- Nicht thermoplastisch
- $\rho = 2{,}2\ g/cm^3$
- Hitzebeständig bis ca. 300 °C
- Sehr chemikalienresistent

Beispiele für Polykondensate

Polyethylenterephthalat (PET, PETP)
PET ist ein Polyester, der aus den Monomeren Terephthalsäure (Benzen-1,4-dicarbonsäure) und Glycol (Ethan-1,2-diol) durch Polykondensation hergestellt wird. Die Reaktion kann so gelenkt werden, dass das Produkt amorph und damit transparent ist.

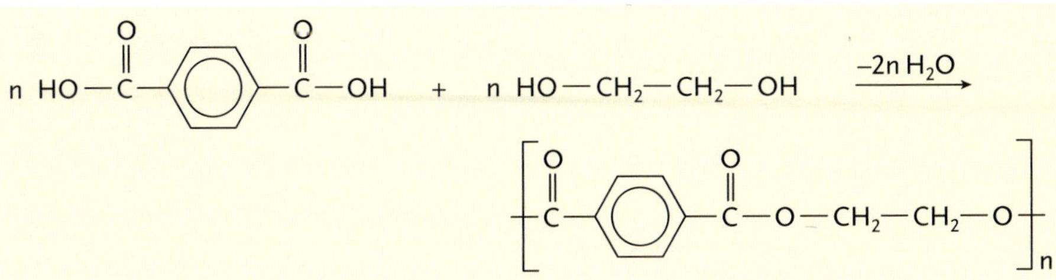

Eigenschaften von PET
- Thermoplastisch
- $\rho = 1{,}4\ g/cm^3$
- Formbeständig bis 80 °C
- Bruchfest

Siehe ungesättigte Polyester.

Kunststoffrecycling siehe Kap. C, 3.

Segel aus Polyester

Als Faserstoff für Bekleidung wird **PET** im Sprachgebrauch als Polyester bezeichnet **(Handelsname z. B. Trevira).** Polyethylenterephthalat lässt sich eindimensional zu Fasern, zweidimensional zu Folien und dreidimensional zu Formkörpern (z. B. zu transparenten Getränkeflaschen) verarbeiten.

Verwendung von PET: für Flaschen, Textilfasern, Folien ...

PET-Flaschen sind leicht, nicht bruchanfällig und recyclingfähig.

Eigenschaften von PC

- Schlagzäh, steif
- Hochtransparent
- Guter Isolator

Polycarbonat (PC)

Polycarbonat ist ebenfalls ein Polyester. Das gängigste Polycarbonat wird aus Bisphenol A und Phosgen unter Abspaltung von Hydrogenchlorid hergestellt. Dabei sind umfangreiche Sicherheitsmaßnahmen notwendig, denn Phosgen (Kohlensäuredichlorid) ist sehr giftig. Es ist ein Kampfgas, das im Ersten Weltkrieg eingesetzt wurde.

Astronaut mit Helmvisier aus PC

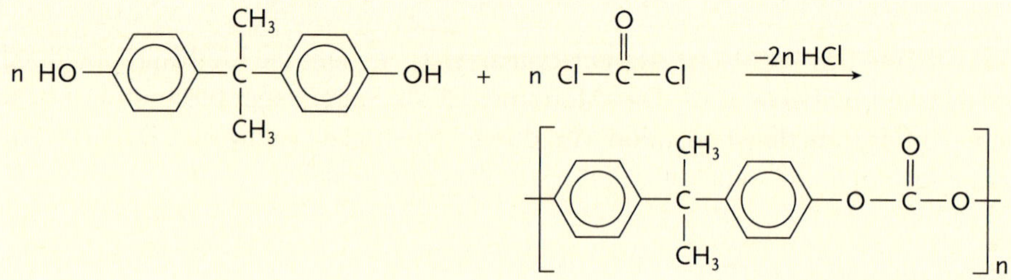

Die thermoplastischen Polycarbonate zeigen einen linearen Aufbau, sind aber trotzdem kaum kristallin. Daher sind Werkstücke aus PC hochtransparent. PC ist kratzfester und weniger zerbrechlich als PMMA, aber teurer.

Wolle und Seide sind aus Aminosäuren kondensierte natürliche Polyamide (Polypeptide).

Verwendung von PC: für Flugzeugscheiben, Glasdächer, Linsen, Brillen, Reflektoren, Lichtwellenleiter, CDs ...

Polyamide (PA)

Polyamide entstehen durch Polykondensation von Amino- mit Carboxygruppen. Dabei bildet sich die Amidgruppe –CO–NH– als Wiederholungseinheit.

Aus welchem Material ist Ihre Oberbekleidung? Sehen Sie auf dem Etikett nach.

Eigenschaften von PA

- Steif, zäh
- $\rho = 1{,}0$ bis $1{,}3\ g/cm^3$
- Reißfest
- Schlecht brennbar

Das berühmteste Polyamid ist **Nylon**, weil es als erster Kunststoff die Herstellung dünner Damenstrümpfe ermöglichte. Nylon (Polyamid-6,6) wird im Unterschied zu Perlon aus zwei bifunktionellen Ausgangsstoffen, nämlich Hexan-1,6-diamin und Hexandisäure, hergestellt.

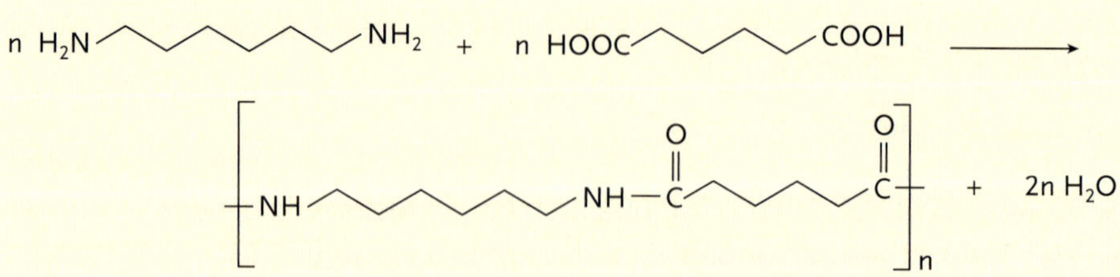

Geschichte von Nylon und Perlon; Mechanismus der Perlonherstellung; Experiment zur Herstellung von Nylon.

Polyamidketten sind über Wasserstoffbrücken miteinander verbunden. Daher ist die Festigkeit der Polyamide höher als die anderer Kunststoffe. Die Reißfestigkeit macht Polyamide zum idealen Material für Textilfasern und Seile.

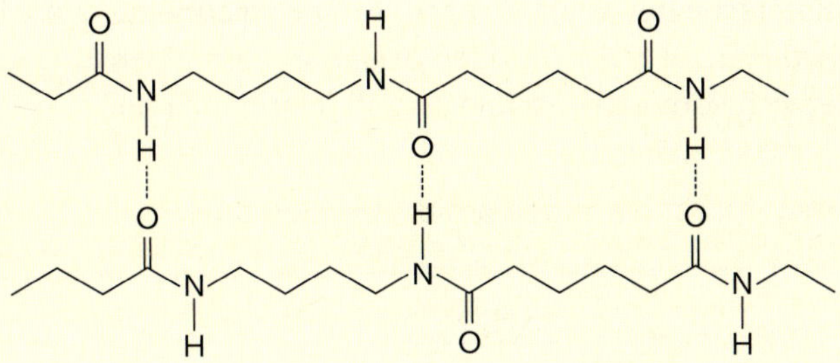

H-Brücken zwischen Polyamidketten

Anwendungen von Nylon- bzw. Perlonfasern

Aufgrund seiner guten Fähigkeit zur Bildung von Wasserstoffbrücken nimmt PA gerne zwei bis drei Prozent Wasser auf. Daher ist PA als Isolator weniger geeignet als andere Kunststoffe.

Verwendung von PA: für Textilien, Seile, Zahnräder, Lager, Rollen, Dübel ...

Eine Besonderheit stellen die **Aramide** (aromatischen Polyamide) dar.

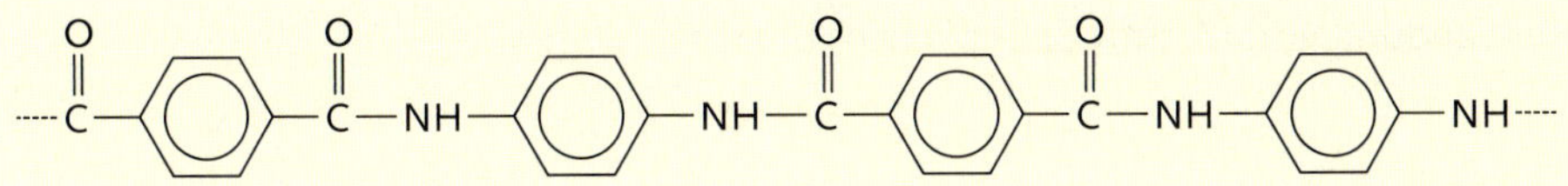

Sie zeichnen sich durch besondere Zugfestigkeit, enorme Hitzebeständigkeit (bis 400 °C) und auch hitzeabweisende Eigenschaften aus. Aramide verwendet man u. a. anstelle des früher gebrauchten krebserregenden Asbestes: für hitzefeste Textilien für Feuerwehrleute, Bremsbeläge, aber auch schusssichere Westen und Helme **(Handelsname Kevlar).**

Schutzweste aus Kevlar

Phenoplaste (PF) und **Aminoplaste** (UF, MF)

Phenoplaste und Aminoplaste sind die klassischen Kunstharze. Sie entstehen durch Kondensationsreaktionen von Phenolen oder Aminen mit Methanal (Formaldehyd).

Methanal siehe Kap. B, 5.

PF: Zwei bis drei H-Atome des Phenols werden substituiert, wodurch eine dreidimensionale Vernetzung über CH_2-Brücken erfolgt.

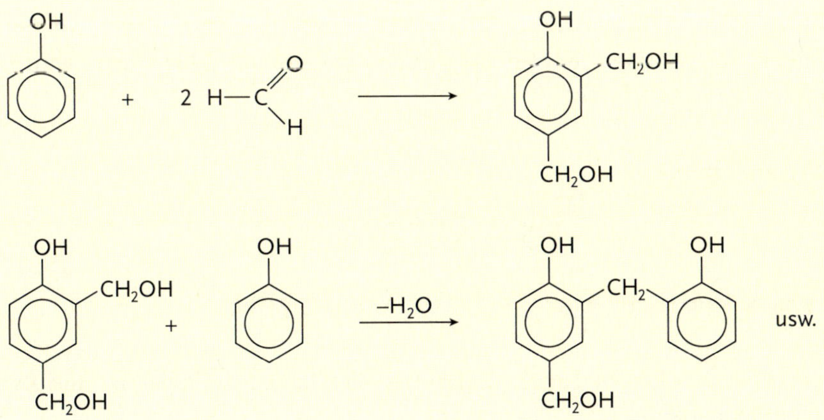

Eigenschaften von PF
- Hart, bruchfest
- $\rho = 1{,}3$ bis $1{,}4\ g/cm^3$
- Dunkelt nach

Herstellung von Bakelit (einer der ältesten Kunststoffe): Resorcin mit Formalin und einem Tropfen konzentrierter HCl als Katalysator ergibt bei gelindem Erwärmen spontan Bakelit.

Bei schwacher Vernetzung entstehen Rohstoffe für die Lackindustrie. Bei starker Vernetzung erhält man typische Duromere. Die Phenoplaste sind temperaturbeständiger als die Aminoplaste, haben aber den Nachteil, im Laufe der Zeit zu vergilben.

Verwendung von PF: für kleine Behälter, als Bindemittel für Schleifscheiben ...

Eigenschaften von UF und MF
- Ähnlich PF
- Lichtecht
- Hitzeempfindlicher als PF

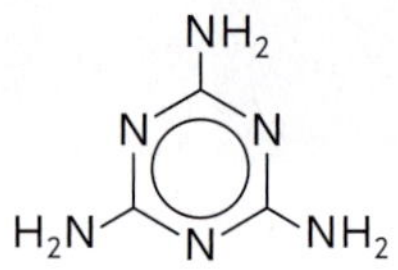

Melamin

Bei den Aminoplasten unterscheidet man je nach Aminkomponente zwischen den Harnstoff-Formaldehyd-Harzen (UF) und den Melamin-Formaldehyd-Harzen (MF). Das „U" in UF leitet sich vom Lateinischen „urea" (Harnstoff) ab.

UF: Vernetzung von Harnstoff (Kohlensäurediamid) mit Methanal

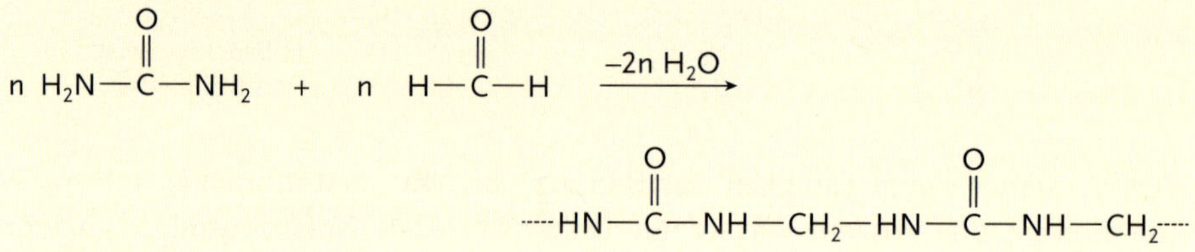

Die Quervernetzung ist möglich, weil die NH-Gruppe des linearen Polykondensates mit weiterem Methanal kondensieren kann.

MF: Vernetzung von Melamin mit Methanal

Verwendung von UF: für Spanplatten, Elektroinstallationsmaterialien ...
Verwendung von MF: für Spanplatten, Beschichtungen ...

Elektroinstallation aus UF

Beispiele für Polyaddukte

Epoxidharze (Epoxyharze, EP)
Epoxidharze werden durch Reaktion von Bisphenol A an Epichlorhydrin hergestellt. Der unstabile Oxiranring (Ethylenoxid, Epoxid) des Epichlorhydrins wirkt ähnlich wie eine Doppelbindung. Bei Ringöffnung wird an die frei gewordenen Bindungen addiert.

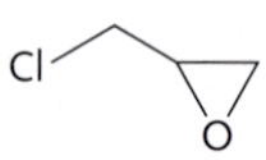

Epichlorhydrin ist wegen des dreigliedrigen Ringes sehr reaktiv und krebserregend.

Eigenschaften von EP
- Hochfest, vor allem im Verbund mit anorganischen oder organischen Faserstoffen
- Guter Isolator

Epoxidkette nach Addition von Bisphenol A an Epichlorhydrin und Abspaltung von Hydrogenchlorid:

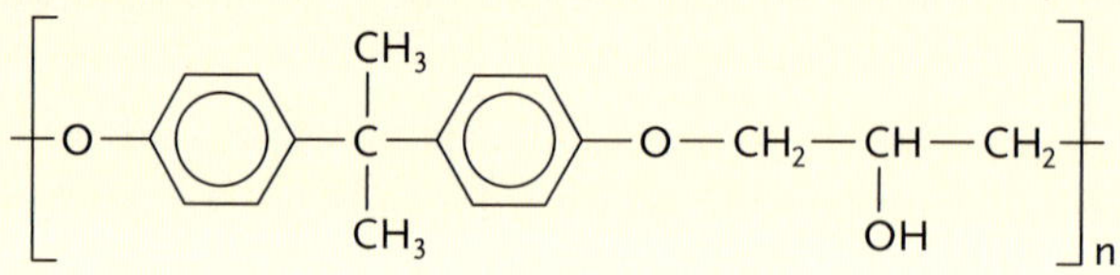

Dieses Vorprodukt (Basisharz) kommt in den Handel und wird vom Anwender mithilfe eines Härters über die Hydroxygruppen quervernetzt. Als Härter wird meist Diethylentriamin verwendet.

Diethylentriamin

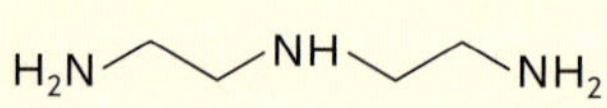

Epoxidharze sind relativ teuer. Sie sind nicht recyclingfähig.

Verwendung von EP: für Lacke, Gießharze, Klebharze, im Flugzeug- und Bootsbau, für Hochspannungsisolatoren, Ski ...

Polyurethan (PU, PUR)
Polyurethane werden gebildet, wenn ein Diol (HO–R–OH) an ein Diisocyanat (OCN–R–NCO) addiert wird. Durch die Polyaddition bildet sich an jeder Verknüpfungsstelle die charakteristische Urethangruppe –NH–CO–O–.

Eigenschaften von PU
- Sowohl als synthetischer Gummi als auch für harte Oberflächen geeignet
- Gut schäumbar

Lineares Polyurethan

…—NH—CO—O—R—O—CO—NH—R—NH—CO—O—…

Durch geeignete Wahl der Ausgangsstoffe kann man Polyurethane produzieren, die sich sehr gut quervernetzen lassen. Polyurethane können daher bei der Herstellung so modifiziert werden, dass sie entweder weich und elastisch oder hart und spröde sind.

Auch die Herstellung von PU-Schaum kann so gelenkt werden, dass als Produkt entweder ein dauerelastischer Weichschaum oder ein harter Montageschaum entsteht. **Weichschäume** werden **offenzellig** hergestellt, **Hartschäume** mit **geschlossenen Poren.** Beide Typen werden im Handel ein- oder zweikomponentig angeboten.

Als Zellgas diente früher das die Ozonschicht schädigende Trichlorfluormethan (R 11). Es wurde durch ein Gemisch aus Kohlenstoffdioxid und Cyclopentan ersetzt. Letzteres macht aber wiederum den Einsatz von Flammschutzmitteln erforderlich.

Verwendung von PU: für Lacke, Kunstkautschuk, Vergussmassen, Ski, Lederersatz, Schuhsohlen, Klebstoffe, Weich- und Hartschaum (Matratzen, Skischuhe, Türfüllungen), Fasern (Elastan für dehnbare Sportbekleidung) …

Spraydose mit PU-Schaum

Spezielle Kunststoffe

Copolymerisate

Um auf Kundenwünsche exakt einzugehen, ist bei den Kunststoffen eine Vielzahl von Varianten allein dadurch möglich, dass man verschiedene Monomere in geeignetem Verhältnis miteinander zur Reaktion bringt.

Bei der radikalischen Copolymerisation erhält man üblicherweise eine statistische Verteilung der ehemaligen Monomere im Polymerisat:

—A—B—A—A—B—A—B—B—B—A—B—A—B—A—A—B—B—A—B— usw.

Durch gezielte Wahl der Reaktionsbedingungen kann man eine alternierende Verteilung der Kettenbausteine erreichen:

—A—B—A—B—A—B—A—B—A—B—A—B—A—B—A—B—A—B—A— usw.

Durch abwechselnde Zugabe der Monomere kann es zur Blockcopolymerisation kommen. Der Kunststoff besteht aus Segmenten (Blöcken):

—A—A—A—A—A—A—A—A—B—B—B—B—B—B—B—B—A—A—A— usw.

Die Segmente sind deutlich länger als hier dargestellt.

Die Lösungsmittelbeständigkeit von Polystyren kann durch Copolymerisation von Styren mit relativ wenig Acrylnitril deutlich verbessert werden. Die Abkürzung für diesen neuen Kunststoff lautet **SAN** (Styrol-Acrylnitril-Copolymer). SAN ist transparent und steif.

Wenn man die Sprödigkeit von SAN mildern und seine Schlagzähigkeit (z. B. für Gehäuse) erhöhen will, muss zusätzlich Butadienkautschuk verwendet werden. Dieser Kunststoff wird als Acrylnitril-Butadien-Styren-Copolymer bezeichnet, abgekürzt **ABS.**

Je 1 cm hoch Desmodur und Desmophen, in einem Becher gemischt, ergeben in kurzer Zeit einen Hartschaum.

Elastan ist ein Blockcopolymerisat aus Polyethylenglycol und Polyurethan. Diese Faser für Sportbekleidungen kann auf das Siebenfache gedehnt werden.

SAN kann in der Montage nur geschraubt werden. ABS kann auch geclipst werden.

Wenn fertige Kunststoffe zu einem neuen Stoff gemischt werden, spricht man hingegen von einem **Mischpolymerisat.**

Eigenschaften von UP

- Duromer
- Hohe Festigkeit (vor allem mit Faserverstärkung, z. B. mit Glasfasermatten)

Ungesättigte Polyester (UP)

In eine lineare Polyesterkette können beispielsweise außer Terephthalsäure auch Moleküle der Butendisäure eingebaut werden. Die dadurch in der Kette vorhandenen Doppelbindungen werden zur Quervernetzung (Härtung) genutzt. Diese Querverbindungen werden in erster Linie mit Styren (meist zwei Einheiten als Brücke) errichtet.

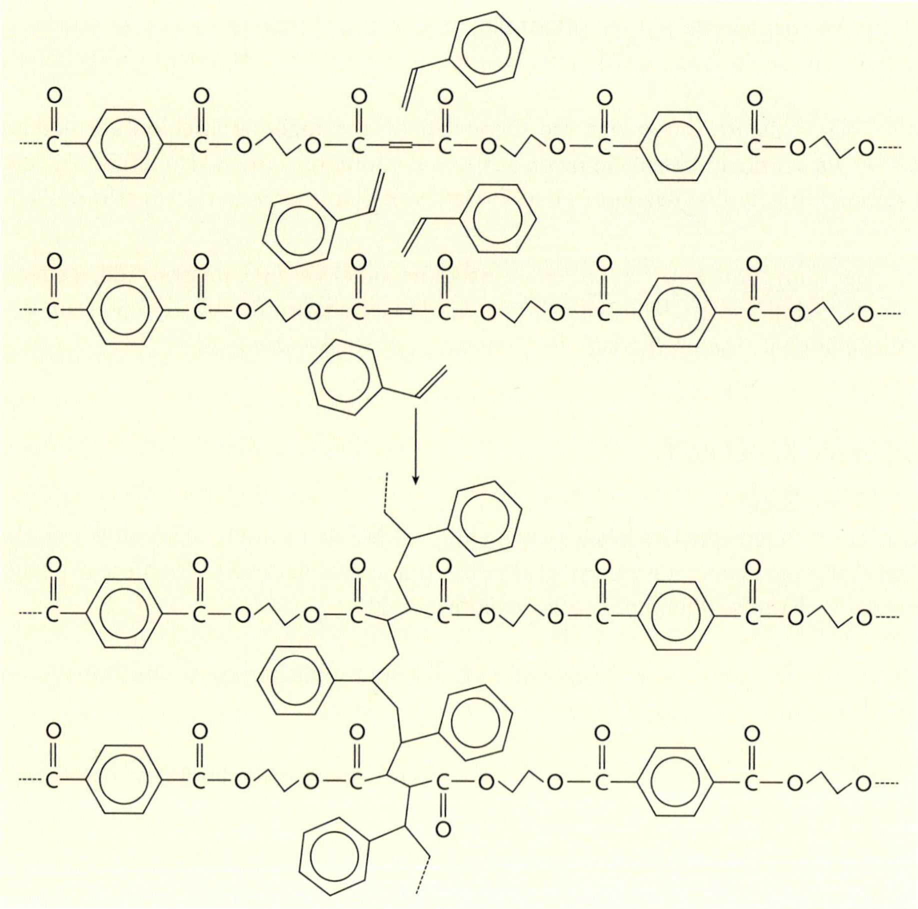

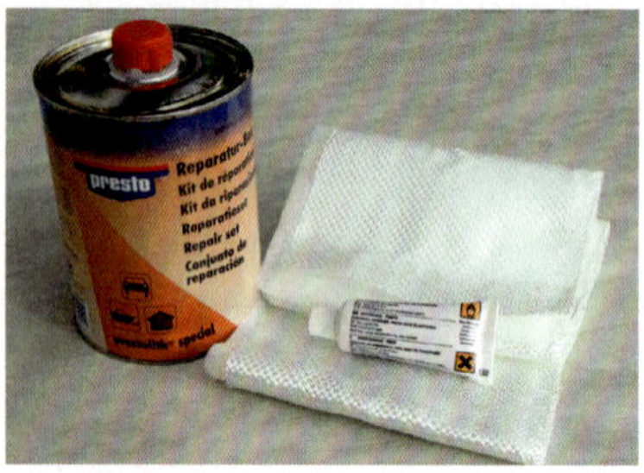

Set (Polyester, Härter, Glasfaser) für die Ausbesserung von rostigen Autoblechen

Die Härtung wird mit organischen Peroxiden, die leicht in Radikale zerfallen, katalysiert. Die Einleitung der Härtung ist auch mit UV-Licht möglich.

Verwendung von UP: für Spachtelmassen, Möbellacke, Gießharze, faserverstärkte Kunststoffe (z. B. für Karosserieausbesserungen, Bootsbau, Behälter) ...

Soll ein geringer oder hoher Polymerisationsgrad angestrebt werden, um eine gute Leitfähigkeit zu erzielen?

Elektrisch leitende Kunststoffe

Mangels frei beweglicher Elektronen sind die üblichen Kunststoffe Nichtleiter. Ähnlich wie bei den Halbleitern kann man Polymere mit elektronenreicheren Elementen dotieren oder mit elektronenärmeren Elementen Elektronenlücken schaffen. Damit ist eine gezielte Einstellung der Leitfähigkeit möglich. Voraussetzung ist allerdings ein hochkonjugiertes System, das die Beweglichkeit der Elektronen (bzw. der positiven Lücken) ermöglicht. Der spezifische Widerstand des Materials ergibt sich daraus, wie oft Elektronen (oder Lücken) von einer Molekülkette zur nächsten wechseln müssen.

Polyethin (Polyacetylen, PAC) entsteht durch Polymerisation von Ethin und bildet ein durchgehendes π-Elektronensystem.

E-Polyethin

Bei Dotierung des Polyethin mit Oxidationsmitteln (p-Dotierung) steigt die Leitfähigkeit stark an.

Polyanilin wird als organisches Metall bezeichnet.

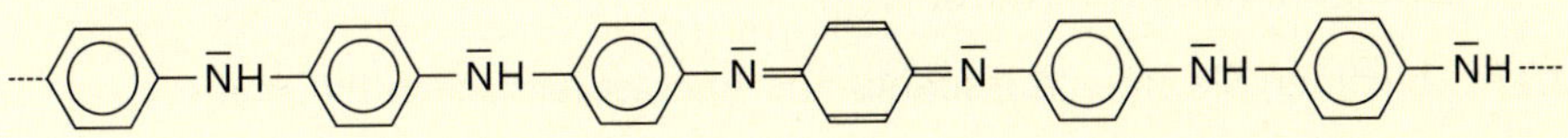

Die Anzahl der zur chinoiden Form oxidierten Ringe entspricht der Dotierung.

Für beide Verbindungen gilt, dass bei der Polymerisation auf eine möglichst lineare Anordnung der Ketten und damit hohe Kristallinität zu achten ist, um gute Leitfähigkeiten zu erlangen.

Verwendung elektrisch leitender Kunststoffe: für Batterien, Leuchtdioden ...

Heeger, MacDiarmid und **Shirakawa** entwickelten 1976 das dotierte Polyethin. Sie erhielten für ihre Leistung gemeinsam den Chemienobelpreis des Jahres 2000.

Chinone siehe Kap. B, 4.

B

Silicone (Polysiloxane, Silikone)
Die Silicone nehmen eine Sonderstellung unter den Kunststoffen ein, da ihr Grundgerüst keinen Kohlenstoff enthält, sondern ähnlich den Silicaten abwechselnd aus Silicium- und Sauerstoffatomen besteht. Die restlichen Bindungen des Siliciums sind meist mit Methylgruppen gesättigt.

Lineares Polydimethylsiloxan

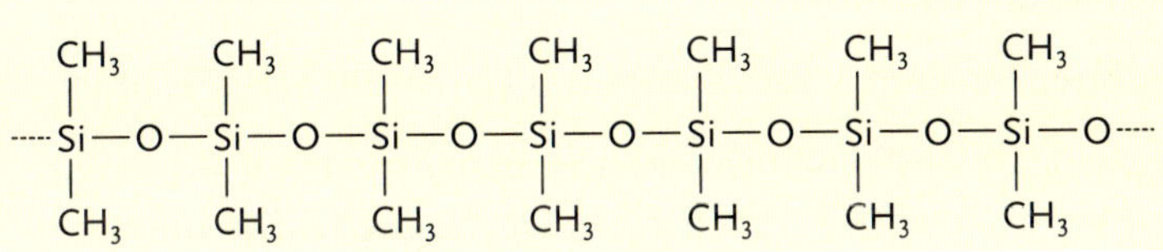

Es gibt auch verzweigte, cyclische und vernetzte Silicone.

Die Herstellung ist nur formal durch einfache Polykondensation wie bei den Kieselsäuren möglich. Sie ist aufwendiger als bei den üblichen Kunststoffen, was den höheren Preis erklärt.

Je nach mittlerer molarer Masse sind die Silicone viskose Öle, Pasten oder Stoffe mit gummiähnlicher Konsistenz. Allen Siliconen ist gemeinsam, dass sie sich durch Hitzebeständigkeit bis 200 °C, z. T. sogar bis 300 °C, auszeichnen.
Siliconöle sind hydrophobe (und damit schlecht benetzende) Flüssigkeiten. Ihre Viskosität kann in sehr weiten Bereichen eingestellt werden. Die Schmierfähigkeit ist allerdings schlechter als die der Mineralöle.
Feste Silicone sind relativ weich und daher für selbsttragende Konstruktionen nicht geeignet.
Aus Siliconkautschuk, der in der Kette Doppelbindungen enthält, kann durch Vernetzung Silicongummi gemacht werden.

Verwendung der Silicone: für Hydrauliköle, Schutz- und Isolieranstriche, Imprägnierungen, Dichtungen, Isolatoren, Synthesegummi, Schaumstoffe ...

Das englische Wort „silicon" bedeutet im Deutschen nicht Silicon, sondern Silicium.

Eigenschaften der Silicone
- Sehr temperaturbeständig
- Wasser abweisend
- Chemikalienbeständig

Wie kann die hohe thermische Stabilität der Silicone begründet werden?

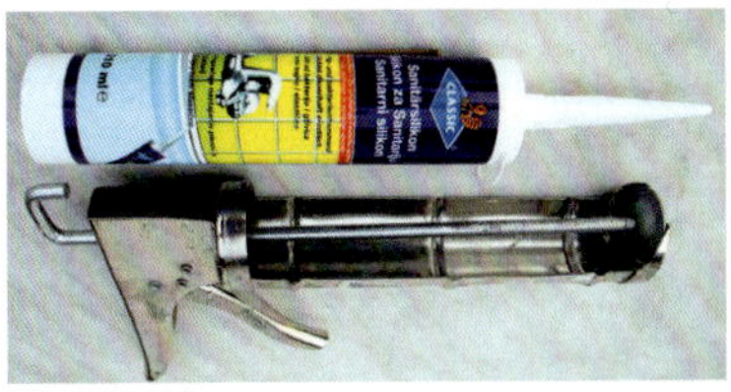

Elastische Fugenmasse auf der Basis von Silicongummi

Recherchieren Sie, warum Silicone als medizinische Implantate für Schönheitsoperationen in die negativen Schlagzeilen geraten sind.

Ethenbaum siehe Kap. B, 2.2.

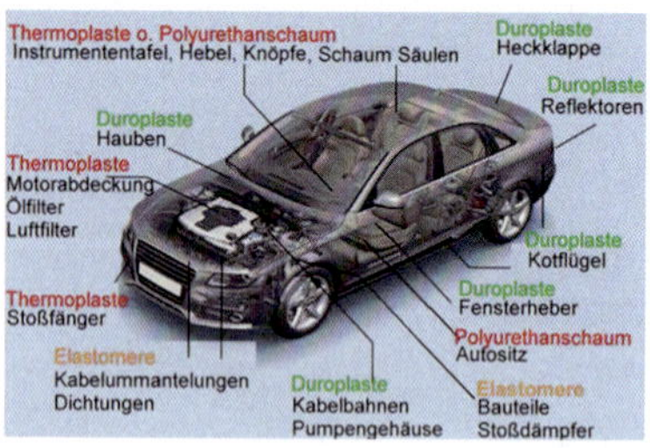

Der Kunststoffanteil von Automobilen nimmt ständig zu. Recherchieren Sie den durchschnittlichen Prozentsatz in einem gängigen Pkw.

Ziele erreicht? – „Vollsynthetische Kunststoffe"

8.08 + Geben Sie an, warum Kunststoffe mit stark verzweigten Molekülen immer amorph sind.

8.09 + Nennen Sie das Monomer mit der Formel $C_6H_5 - CH = CH_2$.

8.10 + Schreiben Sie die drei Gleichungen der Entstehung von PVC, ausgehend von Ethen, an. Die Eliminierung von Hydrogenchlorid im zweiten Schritt erfolgt mithilfe von Natronlauge.

8.11 + Zeichnen Sie einen Ausschnitt aus einer isotaktischen PVC-Kette.

8.12 + Berechnen Sie die mittlere molare Masse von Polyethylen mit dem mittleren Polymerisationsgrad 40 000.

8.13 + Altes Verfahren der PAN-Herstellung: Ethin (Acetylen) reagiert mit Hydrogencyanid (HCN); das Additionsprodukt wird polymerisiert. Erstellen Sie diese beiden Gleichungen.

8.14 + Geben Sie an, warum PMMA transparent ist.

8.15 + Schreiben Sie die Gleichung für die Herstellung des Monomers von PMMA an. Dabei wird Methylpropensäure mit Methanol verestert.

8.16 + Geben Sie die Formel des Monomers von Polycyanacrylat an.

8.17 + Polyvinylacetat (PVAC) ist ein Kunststoff für Klebstoffe und Holzleime. Das Monomer hat die Formel $CH_2{=}CH{-}O{-}CO{-}CH_3$. Erstellen Sie die Gleichung für die Polymerisation.

8.18 + Zeichnen Sie in der PC-Formel ein, welcher Molekülteil den Ester der Kohlensäure darstellt.

8.19 + Zeichnen Sie Formelausschnitte von Harnstoff- und Melaminharzen.

8.20 + Bisphenol A wird durch eine Kondensationsreaktion aus Phenol und Propanon hergestellt. Beschreiben Sie die chemische Gleichung.

8.21 + Wenn mit aggressiven Chemikalien gearbeitet wird, verwendet man als Gefäß oft einen Platintiegel. Nennen Sie den Kunststoff, der in vielen Fällen statt des Platins genommen werden kann.

8.22 + Für ungesättigte Polyester wird Butendisäure benötigt. Schreiben Sie die Strukturformel der Butendisäure an.

8.23 + Erklären Sie, welche Art von Isomerie bei der Butendisäure auftritt.

8.24 + Erklären Sie die Rolle des freien Elektronenpaars am Stickstoff beim Polyanilin.

8.25 ++ Nennen Sie Anwendungen von Kunststoffen in der Medizin.

8.26 ++ Analysieren Sie die Abbildung und geben Sie an, was mit ihr gezeigt wird.

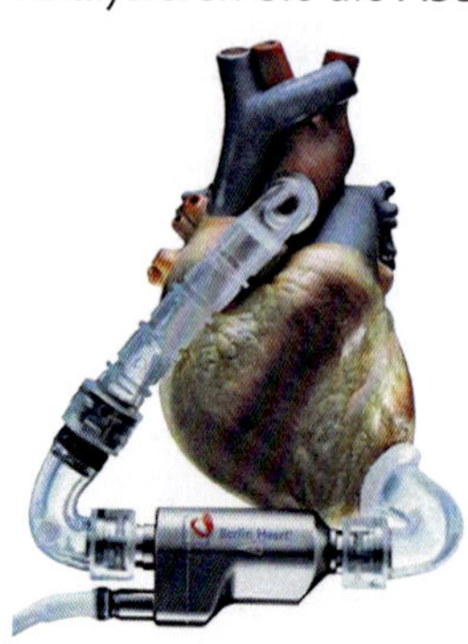

8.3 Kunststoffverarbeitung

In vielen Fällen machen erst Füllstoffe, Weichmacher, Stabilisatoren, verstärkende Fasern und/oder Farbstoffe einen Kunststoff zu einem maßgeschneiderten Werkstoff. Man beeinflusst damit neben der Farbe die mechanischen Eigenschaften sowie die Haltbarkeit und gibt dem Kunststoff mehr Körper. Die Verarbeitungsmethode und die geplante Verwendung bestimmen, wie man Kunststoffe mit Zusatzstoffen behandelt.

Zusätze vor der Verarbeitung

Farbgebung: Kunststoffe werden nicht an der Oberfläche (wie Holz oder Stahl), sondern in der Masse gefärbt. Dazu werden der Kunststoffschmelze schon vor der Verarbeitung Farbpigmente zugesetzt. Ähnlich wie bei den Lacken, die zum Teil auch auf Kunststoffen basieren, können dafür entweder anorganische oder organische Pigmente (wenn die Verarbeitungstemperatur nicht zu hoch ist) verwendet werden. Dabei ist eine nahezu unendliche Vielfalt von Farbtönen möglich. Der vom Verarbeiter gewünschte Farbton wird bereits vom Kunststoffhersteller exakt eingestellt, oft als eine unentgeltliche Serviceleistung.

Verschiedenfärbige Granulate (vor der Verarbeitung)

Stabilisatoren sollen einem möglichen Abbau des Kunststoffs während der Verarbeitung durch Hitze oder Luftsauerstoff entgegenwirken.

Trennmittel verhindern das Haften eines Formteils an den Wänden der Form. Dazu werden in erster Linie Wachse und Siliconöle herangezogen. Eine ähnliche Funktion haben die Gleitmittel für das Extrusionsverfahren.

Polyamidplättchen für den Vergleich von Farbtönen

Weichmacher dienen zur Herabsetzung der Härte und Sprödigkeit von Kunststoffen, die starke Wechselwirkungen zwischen den Ketten zeigen. Der wichtigste Weichmacher ist Dioctylphthalat, mit dem PVC thermoplastischer und geschmeidiger gemacht wird.

Recherchieren Sie zu Bisphenol A und den damit verbundenen gesundheitlichen Auswirkungen auf den Menschen.

Alterungs- und Lichtschutzmittel werden ebenfalls vor der Verarbeitung zugesetzt. Sie sollen verhindern, dass der Kunststoff später allmählich durch Luftsauerstoff oder UV-Licht zersetzt wird.

Flammschutzmittel setzen die Entzündlichkeit und Brennbarkeit des Kunststoffs herab. Hauptsächlich werden dafür Halogenverbindungen eingesetzt.

Antistatika verhindern die elektrostatische Aufladung des Kunststoffs.

Antioxidantien werden vor allem bei PVC benötigt. Das dafür gebräuchliche **Bisphenol A** ist für Mensch und Umwelt gefährlich und wird mehr und mehr durch andere Stoffe (z. B. Arylamine) ersetzt.

Füllmittel bzw. **Faserstoffe** sind die wichtigsten Zusätze.

Die Firma Omya in Gummern (Kärnten) liefert Kalkfüllstoff für Kunststoffe und Papier. Omya ist mit 2 000 000 t Abbau pro Jahr der weltweit größte Kalkbetrieb und Österreichs zweitgrößter Bergbaubetrieb.

Füllmittel senken den Preis und bringen oft gleichzeitig mechanische Vorteile. Die beliebtesten Füllstoffe sind Kalk und Ruß. Faserstoffe erhöhen in erster Linie die Zug- und Bruchfestigkeit. Die am meisten verwendeten Faserstoffe sind Glasfasern, Carbonfasern und Aramidfasern.

Füllstoff Kalk: Kalk erhöht die Steifigkeit, Schlagzähigkeit und Formstabilität des Kunststoffs. Die durch Kalk verbesserte Wärmeleitfähigkeit ermöglicht kürzere Arbeitstakte bei der formgebenden Verarbeitung.

Füllstoff Ruß: Ruß verbessert die Abriebfestigkeit (besonders wichtig bei Gummi für Autoreifen) und bietet aufgrund seiner schwarzen Farbe auch einen guten Lichtschutz.

Wicklung eines Stabhochsprungstabes

Glasfaser wird zur Verstärkung von Kunststoffen in Größenordnungen von bis zur Hälfte der Masse eingesetzt. Umgekehrt werden Glasfasern oder Glasfasermatten mit Kunstharzen getränkt.

Ein Stabhochsprungstab entsteht durch die Wicklung von Glasfaserbändern um ein Rohr. Die Glasfaser wird während des Wickelvorganges mit Kunstharz getränkt. Auch Carbonfaser wird dafür verwendet. Am Ende der Herstellung wird das Rohr herausgezogen.

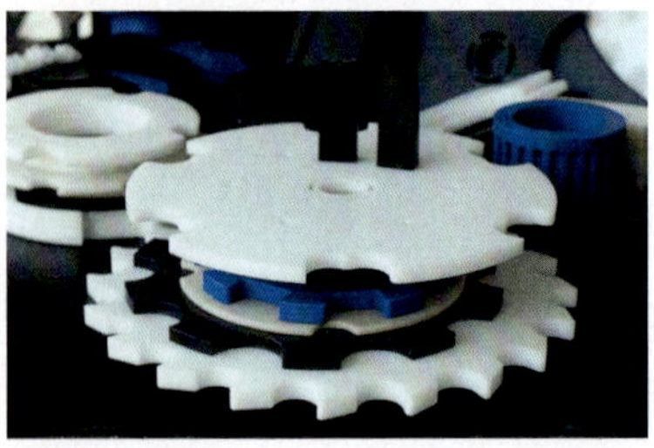

Verwendung der GFK: für mechanisch sehr beanspruchte Teile wie Zahnräder aus Ultramid (Polyamid der BASF), Behälter (z. B. Mineralöltanks aus glasfaserverstärktem Polyester), Boote, Flugzeugteile, Sportgeräte, Angelruten ...

GFK ist die Abkürzung für **glasfaserverstärkte Kunststoffe.** Der hohe Elastizitätsmodul von Glasfasern ist mit ungefähr 80 000 MPa etwa gleich hoch wie der des Aluminiums. Er verleiht den GFK elastische Steifigkeit bei hoher Zugfestigkeit.

Für kleinere Bauteile werden der Kunststoffschmelze kurze Stapelfasern beigegeben. Größere Bauteile enthalten lange Glasfasern oder Glasfasermatten in Richtung der zu erwartenden größten Belastung.

Kohlenstofffaser (Carbonfaser, Kohlefaser) wird in erster Linie aus Polyacrylnitril erzeugt. Dazu werden PAN-Fasern pyrolysiert (durch Hitze zersetzt). Alle Elemente entweichen dabei in Form gasförmiger Verbindungen, lediglich der Kohlenstoff bleibt als Carbonfaser zurück.

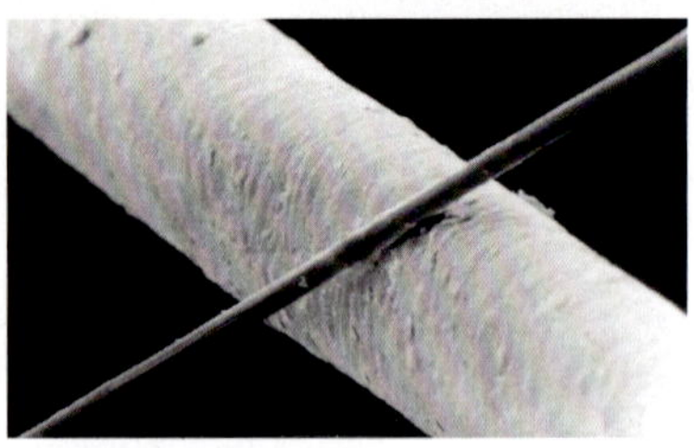

Rasterelektronenmikroskopische Aufnahme einer einzelnen Carbonfaser (6 µm Dicke) im Vergleich mit einem menschlichen Haar (50 µm).

Man kann die Kohlenstofffaser annähernd als aus Grafitbändern bestehend beschreiben. Durch Verstreckung werden die Fasern parallelisiert und erreichen durch Bündelung eine besonders hohe Zugfestigkeit. 1 000 bis 50 000 Einzelfasern werden dabei zu einem Strang (Roving) zusammengefasst.

Kohlenstofffasern sind elektrisch gut leitfähig. Sie zeigen in Längsrichtung einen negativen Wärmeausdehnungskoeffizienten, d. h., sie ziehen sich bei Erwärmung zusammen. Kohlenstofffasern sind zwar teurer als Glasfasern, bestechen aber durch ihre geringere Masse und noch bessere mechanische Eigenschaften. Die Abkürzung für **carbonfaserverstärkte Kunststoffe** lautet **CFK.**

Verwendung der CFK: für Tennisschläger, Rahmen von Rennfahrrädern, Monocoque (selbsttragende Karosserie) von Formel-1-Autos, Flugzeugteile, Verstärkungen von Beton ...

Leitwerk des Airbus A380 aus carbonfaserverstärktem Kunststoff

Maschinelle Verarbeitung

Die Verarbeitung von Kunststoffen erfolgt entweder
- **flüssig** (als Lösung, Schmelze, Suspension oder Paste) oder
- **fest** (als Pulver oder Granulat) oder
- **in Form von Halbzeug** (Blöcke, Tafeln, Folien oder Fasern).

Welche Art der Verarbeitung gewählt wird, hängt davon ab, ob das Endprodukt ein Formteil, eine Folie oder eine Faser werden soll.

Die wichtigsten Verarbeitungsverfahren sind Pressen, Kalandrieren, Gießen, Spritzgießen, Extrudieren, Schäumen, Kleben, Schweißen und Blasen, Beschichten (inklusive Lackieren) sowie Faserspinnen.

Dazu kommt noch die spanabhebende Bearbeitung.

Pressen

Die Kunststoffmasse wird in eine Form gefüllt, erhitzt und mit einem Pressstempel zu einem Werkstück verpresst. Das Erwärmen des Kunststoffs in der Form kann bei einigen Kunststoffen mithilfe eines Hochfrequenzfeldes erfolgen. Damit wird vermieden, dass der Kunststoff an manchen Stellen überhitzt und dadurch teilweise abgebaut wird.

Anwendung bei aus mehreren Schichten bestehenden Platten; vor allem für Faserplatten, die Holzspäne enthalten.

150-t-Kalander zur Erzeugung von Bodenbelägen aus PVC

Kalandrieren

Thermoplastischer Kunststoff wird geschmolzen in einen breiten Spalt zwischen zwei gegenläufige Walzen aufgebracht. Durch nachfolgende, enger stehende und immer weniger beheizte Walzen wird die gewünschte Schichtdicke erreicht.

Anwendung: zur Erzeugung dicker Folien, dünner Platten, beschichteter Gewebe und von Bodenbelägen.

Spritzgießen

Beim Spritzgießen wird thermoplastisches Granulat oder Pulver in einen beheizten Zylinder gefüllt. Ein Schneckengewinde fördert und drückt den Kunststoff in eine Form, die sich zum periodischen Ausstoßen der Werkstücke öffnet.

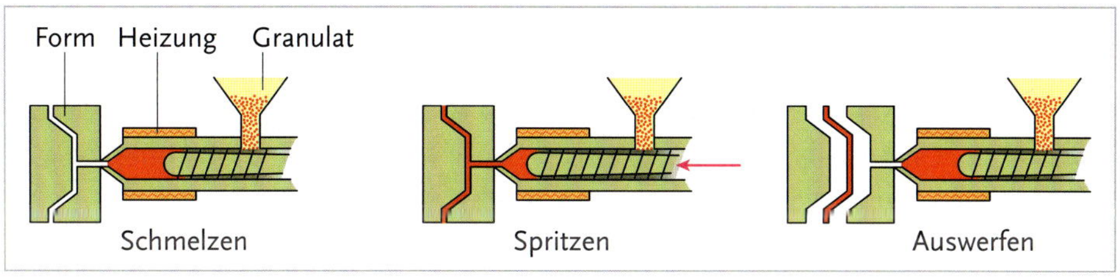

Schema einer Schneckenkolbenspritzgussmaschine

Mundstück eines Extruders zur Erzeugung eines Rohres

Anwendung: Erzeugung komplizierter Formteile.

Extrudieren (Strangpressen)

Auch beim Extrudieren wird der geschmolzene Kunststoff mit einer beheizten Schnecke gefördert und verdichtet. Er wird dann durch ein auswechselbares formgebendes Mundstück (Matrize oder Düse) gepresst. Ein Förderband zieht das ausgestoßene Profil ab. Man erhält endlose Stränge, die auf die gewünschte Länge zugeschnitten werden.

⚠ Auch Metalle (z. B. Aluminium) können extrudiert werden.

Anwendung: Erzeugung von nahtlosen Rohren und Profilen jeglicher Art (z. B. Fensterprofilen, Tennisschlägerrahmen).

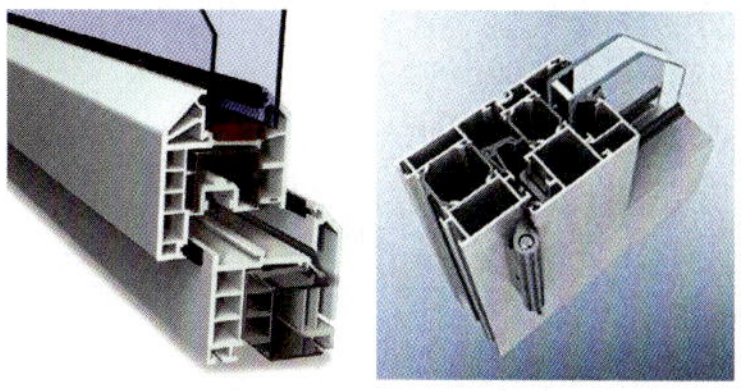

Fensterprofile aus Kunststoff und Aluminium

Hohlkörperblasen

Beim Hohlkörperblasen werden abgemessene Portionen aus dem Extruder ausgetragen. Diese Portionen zähflüssigen Kunststoffs werden mit Druckluft an die Wände der gekühlten Hohlform gepresst. Die Hohlkörper werden mit hoher Taktfrequenz aufgeblasen und ausgeworfen. Der überwiegende Teil der Flaschen wird aus Polyethylen hergestellt. Das Hohlkörperblasen der Kunststoffindustrie ist völlig analog der Massenherstellung von Glasflaschen.

Anwendung: Herstellung von Flaschen und Kanistern.

Blasen einer PE-Folie

Folienblasen

Ähnlich wie Rohre können sogenannte Schlauchfolien hergestellt werden. Dazu wird die Schmelze des thermoplastischen Kunststoffs kontinuierlich durch eine ringförmige Düse gepresst und anschließend von einem warmen Luftstrom bis zur gewünschten Wandstärke aufgeblasen. Die Folien werden je nach Bedarf geschnitten und verschweißt.

Anwendung: Erzeugung dünner Folien (z. B. für die Landwirtschaft, für Tragtaschen aus PE).

Insekt in UP-Gießharz

Gießen

Aus zwei Komponenten bestehende Gießharze werden gemischt und sofort in eine Form gegossen. Dabei kommen PU, UP und Epoxidharze zum Einsatz.

Anwendung: Schutz von Objekten in Gießharzblöcken, Herstellen von Abgüssen.

Polyamide können aus der Schmelze zu Blöcken vergossen und danach spanabhebend bearbeitet werden. Andere Kunststoffe können als Lösung vergossen werden. Nach Verdampfen des Lösungsmittels bleibt eine Folie (Film) zurück.

Mit Superkleber (Araldite) auf handtellergroßen Flächen an die Wand geklebtes Auto

Schweißen und Kleben

Beim Schweißen werden thermoplastische Werkstücke mit einem präzisen Heißluftstrom oder mit einem elektrisch beheizten Stahlstempel verbunden. Das Schweißen kann mit oder ohne weitere Materialzufuhr erfolgen.

Bei einigen Kunststoffen können die Teile durch ein Lösungsmittel angelöst und dadurch klebrig gemacht werden. Für hochwertige Verklebungen gibt es eigene Kunststoffe (z. B. Cyanacrylat oder verschiedene Mehrkomponentenklebstoffe). Solche Klebungen zeigen oft höhere Festigkeiten als das verklebte Grundmaterial.

Beschichten

Kunststoffe können selbst beschichtet werden (z. B. mit Nickel oder mit anderen Kunststoffen). Häufiger werden sie aber zur Beschichtung anderer Materialien eingesetzt. Beispiele sind der Überzug von Holzfaserplatten mit harten Oberflächen und vor allem das Lackieren verschiedenster Produkte.

Beschichtungen sollen einem Produkt ein dekoratives Aussehen verleihen, das Produkt schützen oder ihm besondere Funktionen verleihen (z. B. Härte, Leitfähigkeit). Bei Pulverbeschichtungen wird das Kunststoffpulver meist elektrolytisch aufgebracht. Die Haftung und Filmbildung erreicht man entweder auf thermoplastischem Wege oder durch Vernetzungsreaktionen. Vernetzungen werden üblicherweise durch Einbrennen bei Temperaturen um 200 °C erzielt.

Klassische Lacke enthalten Lösungsmittel, die nach dem Auftrag verdunsten müssen. Sikkative (Trocknungsbeschleuniger) oder UV-Licht fördern die Vernetzung und damit die Bildung eines dichten Kunststofffilms. Der filmbildende Kunststoffanteil eines Lacks wird auch als Bindemittel bezeichnet.

Besprechen Sie die Vor- und Nachteile von Lacken auf der Basis organischer Lösungsmittel, Lacken mit Wasser als Lösungsmittel und Pulverbeschichtungen.

Lacke enthalten als Bindemittel vorzugsweise Cellulosederivate, Polyvinylacetat, Alkydharze, Acrylharze, Epoxidharze oder Polyurethane.

Welchen Nachteil haben CN-Lacke?

Cellulosenitrate dienen seit über 90 Jahren als Bindemittel für Möbellacke. Sie werden als Klarlacke oder mattiert eingesetzt.

Polyvinylacetat (PVAC) ist die Basis für wässrige Dispersionen zum Ausmalen von Innenräumen. Als Dispersionen bezeichnet man zähflüssige Emulsionen oder Suspensionen für Anstrichzwecke.

Alkydharze sind die am häufigsten verwendeten Bindemittel. Sie werden aus Fetten (Pflanzenölen) hergestellt. Dabei werden die Fette meist mit Phthalsäure (Benzen-1,2-dicarbonsäure) modifiziert. Das Glycerol bildet mit der Phthalsäure einen linearen Polyester. Die dritte Hydroxygruppe des Glycerols ist mit einer mehrfach ungesättigten Fettsäure verestert. Dafür kommen Linolsäure (Octadecadiensäure) und insbesondere Linolensäure (Octadecatriensäure) infrage. Die Fettsäuren ermöglichen mit ihren Doppelbindungen die Quervernetzung mit Luftsauerstoff und sorgen damit für die Bildung des Lackfilms.

Acrylharze auf der Basis von PMMA liefern haltbare und gut aussehende Beschichtungen. In Kombination mit den Wasser abweisenden Siliconharzen werden sie für den Anstrich von Fassaden verwendet.

Epoxidharze werden meist zweikomponentig (Vorprodukt plus Härter) eingesetzt. Sie sind sehr chemikalienfest und werden für Unterwasseranstriche sowie den Korrosionsschutz von Stahl und Beton verwendet.

Polyurethane liefern Beschichtungen, die sich durch Chemikalienfestigkeit und Härte auszeichnen. Man verwendet sie für Haushaltsgeräte, Waggons und Flugzeuge.

Spinnverfahren

Zur Herstellung von Fasern kommen Verfahren zum Einsatz, die dem Extrudieren ähneln. Die Matrize (Spinndüse) ist eine Lochplatte, die die gleichzeitige Herstellung von vielen Fasern ermöglicht. Die Fasern werden zu einem Garn gebündelt. Die Endlosgarne werden Filamente genannt. Sie werden verstreckt und aufgespult.

Beim **Trockenspinnen** wird das gelöste Polymer durch die Spinndüse gedrückt und anschließend durch einen warmen Luftstrom geführt. Dabei verdampft das leicht flüchtige Lösungsmittel (z. B. Aceton) und der Faden bleibt übrig.

Beispiele: CA, Elastan ...

Beim **Nassspinnen** wird das gelöste Polymer durch die Spinndüse in ein Bad gepresst, in dem die Faser ausgefällt wird.

Beispiele: Viskose, Lyocell, PAN, Aramid ...

Beim **Schmelzspinnen** wird das geschmolzene Polymer nach dem Durchgang durch die Spinndüse gekühlt und erstarrt dabei.

Beispiele: PET, PA, PP ...

Textilfasern können anschließend gebleicht, gefärbt, gekräuselt (texturiert) und imprägniert sowie mit Antistatika behandelt werden.

Ziele erreicht? – „Kunststoffverarbeitung"

8.27 ++ Nennen Sie die Vorteile von GFK und CFK gegenüber herkömmlichen Werkstoffen wie Holz und Metall.

8.28 + Der Weichmacher Dioctylphthalat ist ein Ester, der aus Phthalsäure (Benzen-1,2-dicarbonsäure) und Octan-1-ol hergestellt wird. Erstellen Sie die Reaktionsgleichung.

Die steirische Firma Cytec Austria (vormals Vianova) entwickelte wasserlösliche Alkydharzlacke für die Autoindustrie. Weltweit sind Autohersteller Kunden oder Lizenznehmer der Cytec.

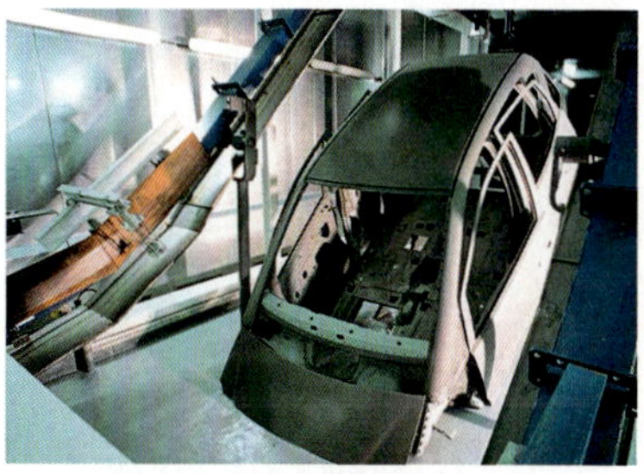

Elektrotauchlackierung eines Automobils (der geladene Lack wird katodisch abgeschieden)

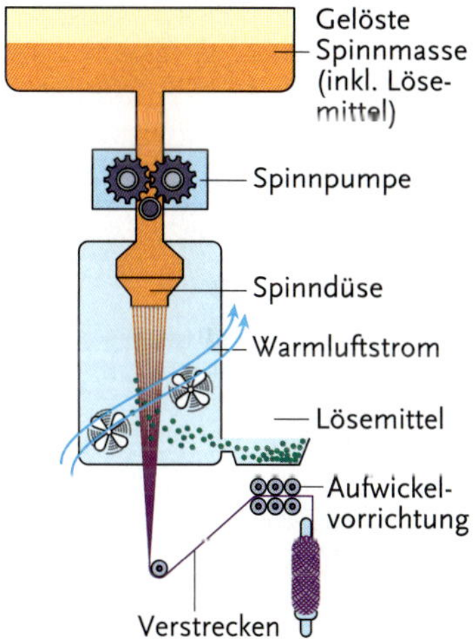

Trockenspinnen

Siehe Viskose, Kap. B, 8.1.

Naturfasern werden zusätzlich mit Mitteln gegen Insekten (z. B. Motten) behandelt.

8.29 ++ Geben Sie die Formel des Füllstoffs Kalk an. Formulieren Sie weiters, was Sie unter dem Kunststoffverstärker Glas verstehen.

8.30 + Geben Sie an, warum die Filamente verstreckt werden.

8.31 + Erklären Sie, ob die für die Lackherstellung eingesetzten Farbstoffe (Pigmente) anorganische oder organische Verbindungen sein sollen.

8.32 + Erklären Sie, warum die üblichen Alkydharzlacke im Laufe der Jahre verspröden. (Die Begründung ist ähnlich derjenigen für die Alterungserscheinungen bei Gummi.)

8.33 + Geben Sie an, ob beim Schmelzspinnen Thermoplaste, Elastomere oder Duromere zu Fasern verarbeitet werden können.

Kalk und Glas siehe NAWI I/II, Kap. G, 1.5.

Farbstoffe siehe Kap. B, 10.

8.4 Kunststoffanalytik

Die qualitative Analyse der wichtigsten Kunststoffe kann mit relativ einfachen Mitteln bewerkstelligt werden.

Man benötigt dafür
- einen Behälter mit Wasser für die **Schwimmprobe,**
- ein Feuerzeug (einen Brenner) für die **Brennprobe,**
- Kupferdraht oder Kupferblech für die **Beilsteinprobe.**

Die Schwimmprobe macht nur Sinn bei ungeschäumten Kunststoffen. Umgekehrt kann Glasfaser die Dichte beeinflussen.

Versuch – „Brennprobe/Beilsteinprobe"
Zuerst wird der Kunststoff optisch beurteilt. PS, PMMA, PC, CA und PET können glasklar durchsichtig sein.

Die Schwimmprobe zeigt, ob PE oder PP vorliegt. Diese beiden Kunststoffe sind leichter als Wasser.

Bei der Brennprobe ( ) entzündet man den Kunststoff, achtet dabei auf abtropfendes Material, zieht die Probe aus der Flamme, beobachtet das Weiterbrennen oder Verlöschen und riecht nach dem Verlöschen oder Ausblasen an den Brandschwaden.

Bei Verdacht auf PVC wird die Brennprobe auf einem Kupferblech (Beilsteinprobe) durchgeführt. Eine dabei auftretende blaugrüne Flammenfärbung zeigt generell einen Stoff an, der halogenhaltig ist.

Flammschutzmittel können die Brennprobe verfälschen. Sie können auch eine positive Beilsteinprobe zeigen.

Brennprobe: abtropfendes PMMA

	Brennprobe/Beilsteinprobe
PE	Schmilzt in der Flamme, tropft. Brennt außerhalb der Flamme gelb leuchtend weiter. Geruch nach verlöschendem Kerzenwachs.
PP	Schmilzt in der Flamme, tropft. Brennt außerhalb der Flamme gelb leuchtend weiter. Geruch nach verlöschendem Kerzenwachs.
PS	Schmilzt in der Flamme, tropft. Brennt außerhalb der Flamme stark rußend weiter.
PVC	Brennt in der Flamme schlecht, außerhalb gar nicht. Geruch stechend säuerlich (HCl). Beilsteinprobe positiv.
PMMA	Schmilzt in der Flamme, brennt leuchtend, tropft. Eventuell süßlicher Geruch.

Umweltaspekte der Kunststoffe siehe Kap. C, 3.

PET	Brennt mit gelborangefarbiger Flamme, schwach rußend, tropft. Eventuell leicht aromatischer Geruch.
PC	Schwer entflammbar, nur in der Flamme brennend, leuchtend, rußend, verkohlend. Phenolartiger Geruch (nach Desinfektionsmittel).
PA	Schmilzt, brennt nicht besonders gut, leuchtend, nicht erlöschend. Geruch nach verbranntem Haar oder Horn.
PF	Schmilzt nicht, brennt in der Flamme leuchtend und verkohlend, außerhalb verlöschend. Phenolgeruch.
UF/MF	Schmilzt nicht, brennt in der Flamme verkohlend, außerhalb verlöschend. Geruch nach Aminen (fischartig).
CA	Schwer entflammbar, brennt leuchtend, schmilzt, tropft. Spritzt beim Brennen ein wenig. Geruch nach verbranntem Stroh und Essig.

Beilsteinprobe

Unterscheidung von PE und PP: LDPE ist mit dem Fingernagel leicht ritzbar, HDPE ritzbar und PP nicht ritzbar.

Ziele erreicht? – „Kunststoffanalytik“

8.34 + Nennen Sie ungeschäumte Kunststoffe, die auf Wasser schwimmen.

8.35 + Zählen Sie schwer brennbare Kunststoffe auf.

8.36 + Nennen Sie rußend brennende Kunststoffe. Geben Sie dafür eine Begründung ab.

8.37 + Erklären Sie, wie der ähnliche Geruch von verbranntem Haar und PA zustande kommt.

9 Wasch- und Reinigungsmittel

„Wasser ist zum Waschen da, falleri und fallera ...“, heißt es in einem Kinderlied. Wasser ist als Waschmittel sicher unentbehrlich, kann aber die in unseren Tagen sehr hoch gewordenen Ansprüche an Hygiene und Sauberkeit alleine nicht erfüllen. Die ersten Seifen stellten die Sumerer bereits 2500 v. Chr. aus Fetten und Pflanzenasche her, verwendeten sie allerdings als Heilmittel und Kosmetikum. Die reinigende Wirkung von Seife lernten die Römer etwa im 2. Jahrhundert n. Chr. kennen. Die industrielle Seifenherstellung begann im 18. Jahrhundert mit der technischen Herstellung von Soda. Erst im 20. Jahrhundert wurden andere waschaktive Substanzen – die Tenside – entwickelt. Sie werden heute in einer Vielzahl von Wasch- und Reinigungsmitteln eingesetzt, um Schmutz – „Materie am falschen Ort“ – optimal entfernen zu können.

Wäschewaschen mit Seife und Waschbrett

Meine Ziele

Nach Bearbeitung dieses Kapitels kann ich

- die **Eigenschaften und die Verwendung von Tensiden** beschreiben;
- die **molekularen Vorgänge beim Waschen** erklären;
- bewerten, welche **Waschmittelkomponenten für bestimmte Anforderungen** infrage kommen.

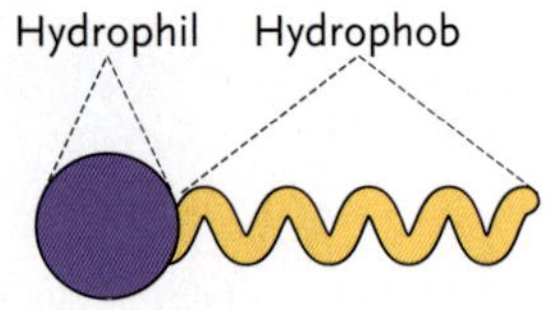

Aufbau eines Tensidmoleküls

Oberflächenspannung siehe NAWI I/II, Kap. D, 1.1.2.

Warum reichern sich Tenside bevorzugt an der Wasseroberfläche an?

Tyndalleffekt: Streuung eines Lichtstrahls (Laserpointer) an den Mizellen einer Seifenlösung

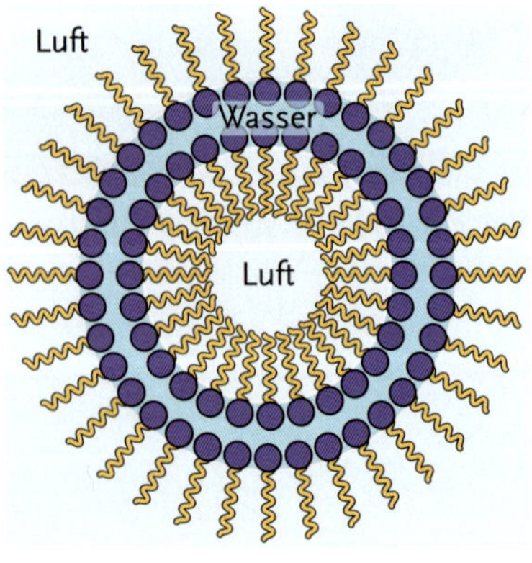

Lamellenbildung einer Schaumblase

Tenside

Tenside sind Verbindungen, die einen unpolaren, hydrophoben (wasserfeindlichen) und einen polaren, hydrophilen (wasserfreundlichen) Molekülteil besitzen. Der hydrophobe Teil ist zumeist ein Kohlenwasserstoffrest, der zehn bis 20 Kohlenstoffatome umfasst. Der hydrophile Teil ist je nach Tensidart unterschiedlich aufgebaut.

Vermischt man Tensidmoleküle mit Wasser, treten verschiedene Effekte auf: An der Grenzfläche zwischen Luft und Wasser reichern sich die Tenside an und setzen die Oberflächenspannung des Wassers stark herab. Im Wasser bilden Tenside kugelförmige und stäbchenförmige Aggregate – sogenannte Mizellen.

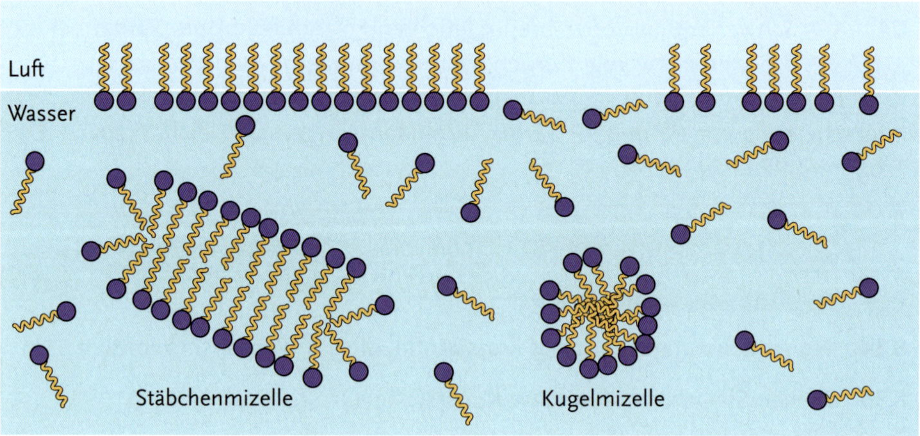

Mizellen haben eine Größe von wenigen Nanometern. Daher sind Tensidlösungen im Unterschied zu echten Lösungen nicht völlig klar, sondern leicht trüb (opaleszierend). Tritt ein Lichtstrahl durch eine Tensidlösung, wird er an den Mizellen gestreut (Tyndalleffekt).

Beim Vermischen einer Tensidlösung mit Gas (z. B. Luft) kommt es zur typischen Schaumbildung. Tenside ermöglichen durch die Verringerung der Grenzflächenspannung diese starke Vergrößerung der Oberfläche. Die sehr dünne Haut einer Schaumblase – Lamelle genannt – besteht aus Wasser und wird durch Tensidmoleküle stabilisiert.

Waschvorgang

Schmutz besteht aus wasserlöslichen, leicht entfernbaren Bestandteilen (Salzen, Harnstoff) und aus wasserunlöslichen, schwer entfernbaren Teilchen (Eiweiß, Kohlenhydraten, Fett, Ruß). Früher erfolgte die Schmutzablösung durch eine starke mechanische Bearbeitung der Wäsche (z. B. Waschbrett). Heute erledigt das Waschmittel die Hauptarbeit der Reinigung.

Beim Waschvorgang laufen eine Vielzahl von physikalischen und chemischen Vorgängen ab:

Phasen des Waschvorganges beim Wäschewaschen
- Herabsetzen der Oberflächenspannung des Wassers
- Benetzung des Gewebes
- Ablösen des Schmutzes vom Gewebe
- Zerteilen des Schmutzes in feinste Teilchen (Emulgieren und Dispergieren)
- Ausspülen der Waschlauge

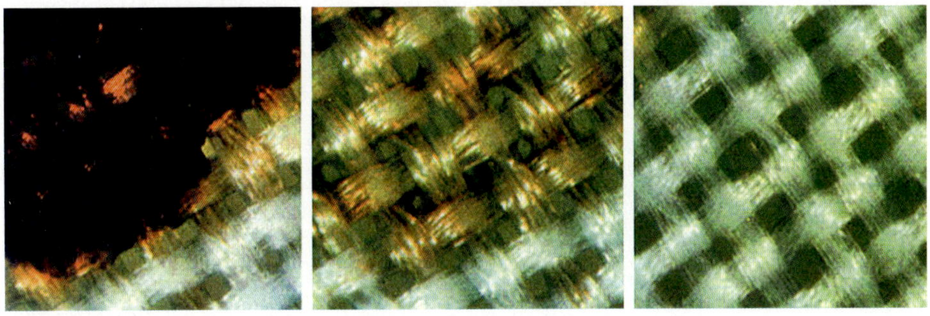

Phasen der Schmutzentfernung aus einem Gewebe durch Tenside

Durch die Oberflächenspannung wird das Benetzen der Fasern mit Wasser stark behindert. Tenside verringern die Oberflächenspannung des Wassers und ermöglichen ein Benetzen des Gewebes und das Eindringen von Tensidlösung in das Gewebe.

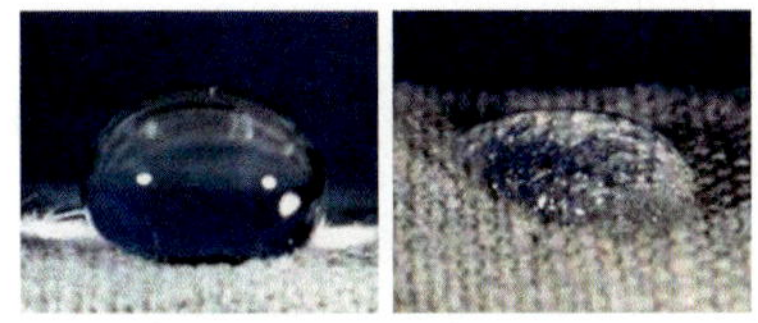

Links: Wassertropfen auf Gewebe, rechts: Benetzung durch Tenside

Nun treten Tensidmoleküle in Wechselwirkung mit dem Gewebe und den hydrophoben Schmutzteilchen. Sie lagern sich an der Oberfläche des ebenfalls hydrophoben Gewebes an, dringen mit ihrem hydrophoben Teil in das Schmutzteilchen ein und schieben sich zwischen Gewebe und Schmutz. Das Schmutzteilchen wird vom Gewebe abgelöst.

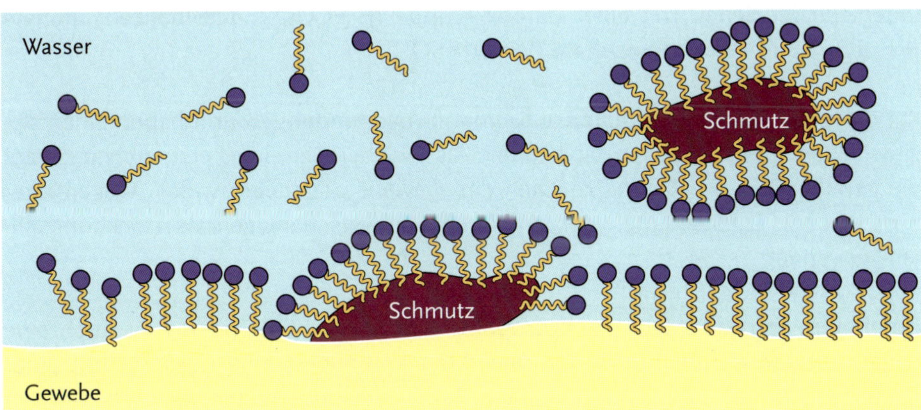

In den abgelösten Schmutz dringen weitere Tensidmoleküle ein. Dabei wird er in feinste Teilchen emulgiert und dispergiert. Die von den Tensidmolekülen bewirkte hydrophile Hülle der Schmutzteilchen verhindert eine Wiedervereinigung zu größeren Einheiten (vor allem bei geladenen Tensiden durch Abstoßung gleichartiger Ladungen) und ein erneutes Anlagern am Gewebe.

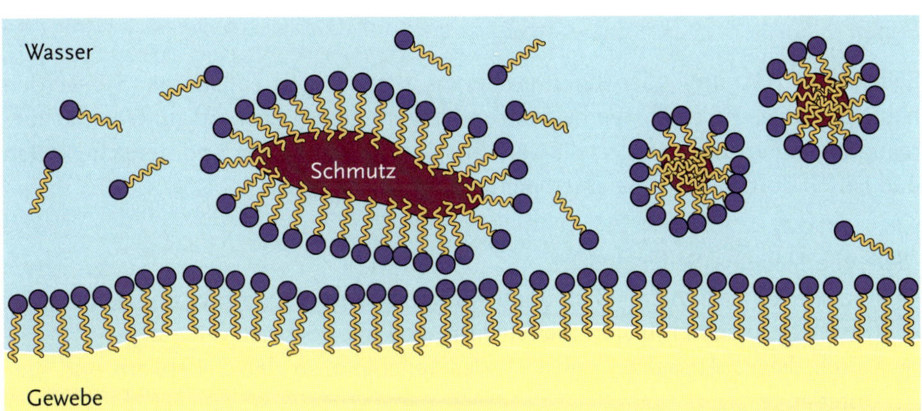

In der letzten Phase des Waschvorganges wird das nun gereinigte Gewebe von der Waschlauge getrennt und mit frischem Wasser gespült. Dabei wird das Gewebe auch von anhaftenden Tensiden befreit. Ein Großteil des Wassers wird beim

Schleudern aus der Wäsche entfernt. Der gesamte Waschvorgang wird durch die Bewegung der Wäsche in der Waschmaschine und die entsprechende Temperatur der Waschlauge unterstützt.

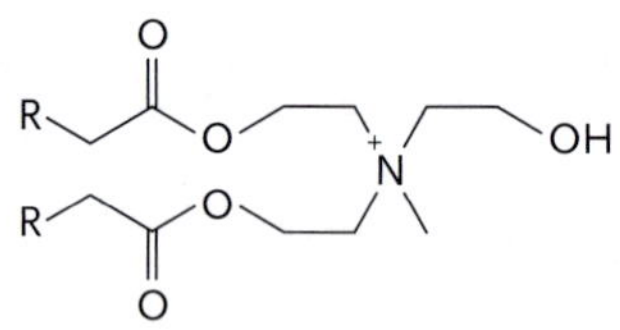

Struktur eines kationischen Tensids (R = hydrophobe Alkylreste)

Diskutieren Sie, ob die Kombination von kationischen mit anionischen Tensiden eine Steigerung, ein Sinken oder ein Gleichbleiben der Waschwirkung mit sich bringt.

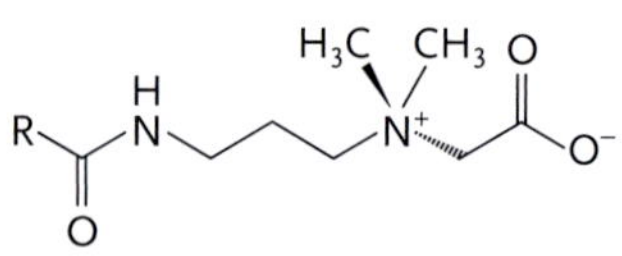

Struktur des Betainteils (R = hydrophober Alkylrest)

$R-O-[CH_2-CH_2-O]_n-H$

Struktur des nichtionischen, hydrophilen Teils (R = hydrophober Alkylrest)

Tensidarten

Tenside werden in erster Linie durch den hydrophilen Molekülteil unterschieden. Der hydrophobe Teil ist zumeist ein linearer Kohlenwasserstoffrest.

Tensidarten

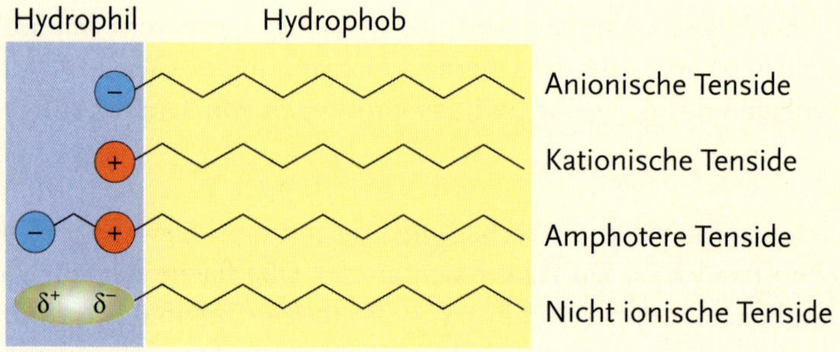

Anionische Tenside haben einen negativ geladenen hydrophilen Molekülteil. Man unterscheidet **Seifen** mit einer Carboxygruppe ($R-COO^-$), **Alkylbenzensulfonate** ($R-SO_3^-$) und **Fettalkoholsulfate** ($R-O-SO_3^-$).

Kationische Tenside sind **quartäre Ammoniumverbindungen** und haben einen positiv geladenen hydrophilen Molekülteil. Als Weichspüler eingesetzt, ziehen sie auf die gereinigte Faser auf und machen das Gewebe angenehm weich. Wegen ihrer hydrophoben Eigenschaften werden sie bei Autowaschanlagen als Trocknungshilfen verwendet.

Amphotere Tenside tragen im hydrophilen Teil sowohl eine positiv als auch eine negativ geladene funktionelle Gruppe. Man kombiniert eine Carboxy- mit einer quartären Ammoniumgruppe zu einem Betain. Amphotere Tenside verbessern in Haarshampoos die Hautverträglichkeit des Produktes.

Nicht ionische Tenside sind im hydrophilen Teil ungeladen und bestehen aus Fettalkoholen und kurzkettigen polaren Polyoxyethylenen. Wegen ihrer guten Hautverträglichkeit werden sie vor allem in Körperpflegeprodukten eingesetzt.

Verseifung eines Triglycerides siehe Carbonsäureester, Kap. B, 6.

Seifen

Seifen sind Natrium- oder Kaliumsalze von langkettigen Fettsäuren. Sie werden heute überwiegend zur Körperhygiene und in geringerem Ausmaß zur Oberflächenreinigung verwendet. Hergestellt werden sie aus pflanzlichen und tierischen Ölen und Fetten durch alkalische Esterspaltung (Verseifung).

Handgemachte Kernseife

Seifenherstellung (Seifensieden)

- Kochen von geeigneten Ölen und Fetten mit Natronlauge bzw. Sodalösung.
- Die entstehende Emulsion (Seifenleim) wird mit Kochsalz versetzt.
- Durch dieses Aussalzen teilt sich der Seifenleim in den Seifenkern und die Unterlauge.
- Nach dem Abtrennen der Unterlauge und einem Reinigungsschritt mit Wasser erhält man **Kernseife.**
- Bei Verwendung von Kalilauge erhält man pastöse **Schmierseife.**

Bei der industriellen Seifenherstellung werden Öle und Fette mit Heißdampf behandelt und in Fettsäuren und Glycerol gespalten. Nach Abtrennen des Glycerols und Reinigen der Fettsäuren erfolgt die Salzbildung mit Natron- oder Kalilauge.

Eigenschaften von Seifen

- **Vorteil:** sehr gut biologisch abbaubar
- **Nachteile:**
  - Seifenlösungen sind stark alkalisch (können Hautreizungen auslösen, führen zum Verfilzen von Wolle).
  - Bei hartem Wasser bilden sich unlösliche Ca^{2+}- und Mg^{2+}-Salze der Fettsäuren (Kalkseifen), die sich auf der Wäsche als Grauschleier ablagern.
  - In saurem Milieu bilden sich freie Fettsäuremoleküle (Verringerung der Waschaktivität und Fleckenbildung auf der Wäsche).
  - Seifenlösungen schäumen sehr stark (nachteilig in der Waschmaschine).

Lineare Alkylbenzensulfonate (LAS)

Alkylbenzensulfonate sind Salze von Sulfonsäuren mit einem Benzenring und einem Alkylrest. Die ersten großtechnisch synthetisierten Verbindungen waren im Alkylrest stark verzweigt. Sie lösten ab den 1950er-Jahren die Seifen in Waschmitteln ab und kamen weitverbreitet zum Einsatz. Ihre schlechte biologische Abbaubarkeit führte zu starker Schaumbildung in Flussläufen und Seen. Das störte, verbunden mit den damals in Waschmitteln verwendeten Phosphaten zur Wasserenthärtung, das ökologische Gleichgewicht massiv (Eutrophierung und daraus resultierendes Fischsterben).

Mit der Entwicklung von im Alkylrest linear gebauten Verbindungen (mit nur einer Verzweigung) wurde eine weitgehende biologische Abbaubarkeit erreicht. Das großtechnisch hergestellte Natriumdodecylbenzensulfonat (als Isomerengemisch, Alkylrest mit zwölf C-Atomen) ist die wichtigste Tensidkomponente in heutigen Waschmitteln.

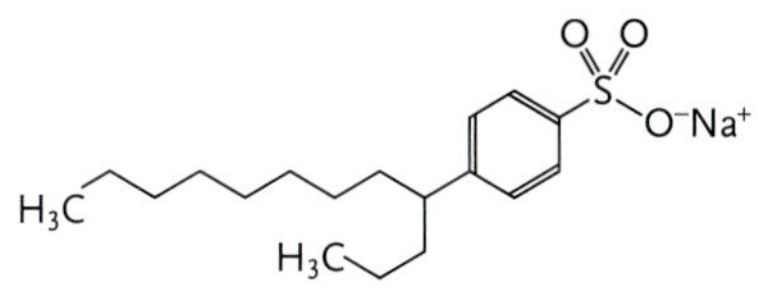

Natriumdodecylbenzensulfonat (typischer Vertreter aus dem Isomerengemisch)

Schaumbildung im Rhein 1971

Recherchieren Sie die EU-Verordnungen über die biologische Abbaubarkeit von Tensiden.

Fettalkoholsulfate (FAS)

Fettalkoholsulfate sind Ester von langkettigen Alkoholen (Fettalkohole) mit Schwefelsaure. Die Fettalkohole gewinnt man durch Reduktion von Fettsäuren. FAS sind gut biologisch abbaubar.

Fettalkoholsulfate siehe Kap. B, 4.

Eigenschaften von LAS und FAS

- Wässrige Lösungen reagieren neutral und sind gut hautverträglich.
- Bei hartem Wasser bilden sich keine unlöslichen Ca^{2+}- und Mg^{2+}-Salze.
- LAS und FAS sind nicht säureempfindlich.
- Sie verursachen nur geringe Schaumbildung.

Textilpflegesymbol: Waschen bei max. 60° C

Bestandteile eines Vollwaschmittels

Vollwaschmittel sind für den Großteil der zu reinigenden Gewebe geeignet und können im Temperaturbereich von 20 bis 95° C verwendet werden. Sie sind meist pulverförmig.

Tenside: Es werden LAS, FAS und nicht ionische Tenside verwendet. Sie sind die waschaktiven Stoffe und lösen den Schmutz vom Gewebe.

Wasserenthärter: Zeolith A ist ein synthetisches Natriumaluminiumsilicat, Handelsname Sasil (engl. **s**odium **a**luminium **sil**icate). Es bindet Ca^{2+}- und Mg^{2+}-Ionen

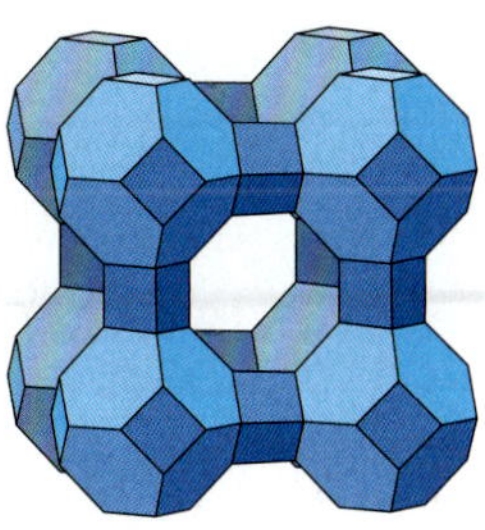
Struktur von Zeolith A

Waschmittelwerbung von 1908

des Wassers durch Ionenaustausch gegen Na^+-Ionen. Zeolith A verhindert Kalkablagerungen in der Waschmaschine und auf der Wäsche und die Waschkraft der Tenside bleibt erhalten.

Waschalkalien: Als Waschalkalie kommt üblicherweise Soda (Na_2CO_3) zum Einsatz. Durch die Erhöhung des pH-Wertes der Waschlauge quellen die Gewebefasern auf und der Schmutz löst sich besser.

Bleichmittel: Farbige Verschmutzungen, wie Obst- und Gemüseflecken, Rotwein oder Tinte, lassen sich mit Tensiden nicht auswaschen. Durch Bleichmittel werden die Farbstoffe oxidativ zerstört. Das gängigste Bleichmittel ist Natriumperborat. Es spaltet im Wasser ab etwa 60 °C Wasserstoffperoxid H_2O_2 ab, das zu Wasser und Sauerstoff zerfällt.

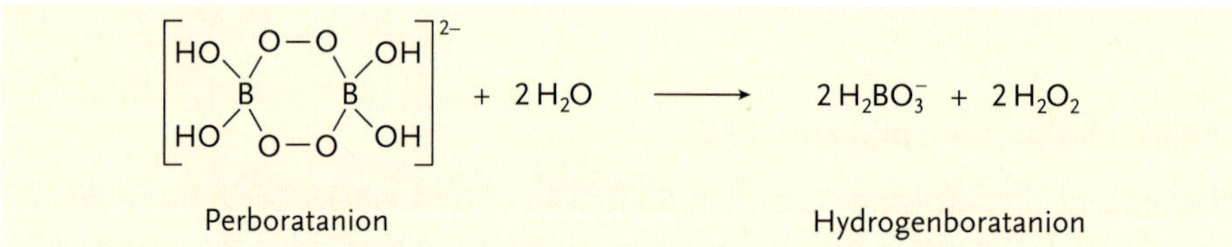

Der Markenname des bekannten Waschmittels Persil wurde aus Wortsilben der zu dieser Zeit neuen Inhaltsstoffe **Per**borat und Natrium**sil**icat gebildet. Natriumsilicat verbesserte das Ablösen des Schmutzes. Persil reinigte als erstes Waschmittel die Wäsche selbsttätig.

Um bei niedrigeren Temperaturen eine Bleichwirkung zu erzielen, werden Bleichaktivatoren (z. B. Tetraacetylethylendiamin TAED) zugefügt. TAED reagiert mit Natriumperborat zur Peroxyessigsäure, die bleicht.

Reaktion von TAED (Bleichaktivator) mit H_2O_2:

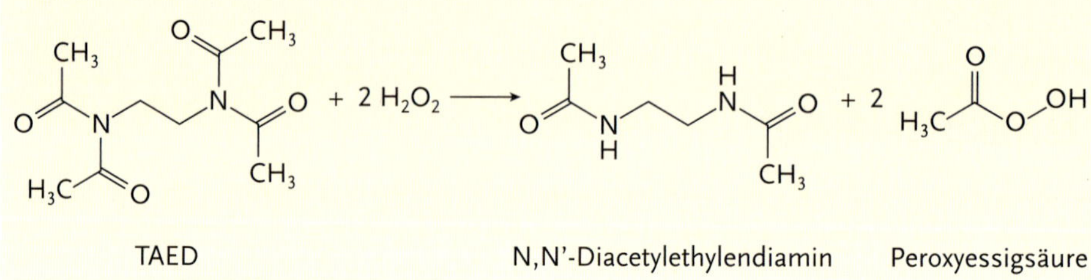

Enzyme siehe Kap. D, 3.1.

Welche unerwünschte Nebenwirkung haben Cellulasen?

Enzyme helfen, die Waschwirkung schon bei niederen Temperaturen zu verbessern. Es kommen Eiweiß spaltende (Proteasen), kohlenhydratspaltende (Amylasen) und Fett spaltende Enzyme (Lipasen) zum Einsatz. Mikroskopisch kleine Cellulosefasern von stark beanspruchter Baumwollbekleidung werden durch Cellulasen entfernt. Dadurch wird die Farbe der Textilien aufgefrischt.

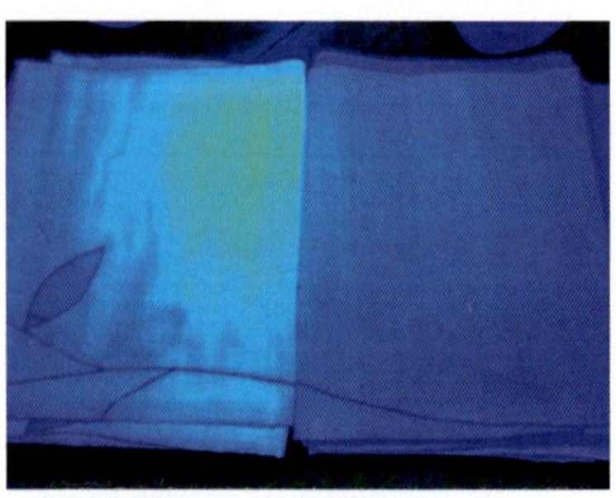

Textilstück mit und ohne optischem Aufheller (unter UV-Licht)

Optische Aufheller: Ein häufig gewaschenes weißes Wäschestück wird mit der Zeit durch Waschmittelablagerungen leicht gelblich, es vergilbt. Optische Aufheller sind Fluoreszenzfarbstoffe, die UV-Licht absorbieren und Licht im sichtbaren (blauen) Bereich emittieren. Dadurch erscheint die Wäsche „strahlend" weiß.

Neben Vollwaschmitteln gewinnen Flüssigwaschmittel, Buntwaschmittel und Feinwaschmittel immer mehr an Bedeutung. Bei Reinigungsmitteln wie beispielsweise Duschgels, Shampoos, Geschirrspülmitteln, Spülmaschinenreinigern und Haushaltsreinigern werden je nach gewünschter Wirkungsweise unterschiedliche Tensidarten mit weiteren Komponenten (z. B. Scheuermitteln, Säuren, Bleichmitteln, Farb- und Duftstoffen) gemischt.

Ziele erreicht? – „Wasch- und Reinigungsmittel"

9.01 + Beschreiben Sie den grundsätzlichen Aufbau eines Tensidmoleküls und erklären Sie die Unterschiede der vier Grundtypen von Tensiden.

9.02 + Erklären Sie den Begriff Mizelle und beschreiben Sie, wie man Mizellen sichtbar machen kann.

9.03 + Erklären Sie den Aufbau einer Seifenblase und erläutern Sie, warum Seifenblasen so instabil sind.

9.04 + Beschreiben und erklären Sie die mikroskopischen Vorgänge beim Waschen.

9.05 + Beim Seifensieden wird der Seifenleim mit Kochsalz versetzt. Erklären Sie, warum es durch die Salzzugabe zur Trennung in Seifenkern und Unterlauge kommt.

9.06 + Seifenlösungen reagieren stark alkalisch. Analysieren Sie dieses Verhalten und beschreiben Sie es mit einer chemischen Gleichung.

9.07 + Planen Sie einen Versuch, mit dem Sie hartes und weiches Wasser mithilfe von Seifenlösung unterscheiden können.

9.08 ++ In der geschichtlichen Entwicklung der industriellen Tensidherstellung war es ab einem gewissen Zeitpunkt unbedingt erforderlich, einen Teil des Tensidmoleküls gezielt aufzubauen. Erklären Sie, warum diese Notwendigkeit bestand.

9.09 + Erklären Sie den chemischen Unterschied zwischen LAS und FAS. Geben Sie je eine Strukturformel an.

9.10 ++ Bei der Entwicklung eines Buntwaschmittels wurden folgende Basisbestandteile in der Rezeptur vorgesehen: Tenside, Bleichmittel, Wasserenthärter, Waschalkalien, Enzyme. Beurteilen Sie die Zusammensetzung und finden Sie den Fehler darin.

9.11 + Erklären Sie, warum die Enzyme in einem Vollwaschmittel ihre Wirkung bei Verwendung des Kochprogramms nur sehr kurz entfalten können.

B

10 Farbstoffe

Bunte Kleidung war lange Zeit ein Privileg der Reichen. Blaue Farbstoffe waren zum Teil teurer als Gold. Im 19. Jahrhundert legten die Engländer in ihrer Kolonie Indien große Plantagen mit Indigopflanzen an. Der blaue Farbstoff Indigo war bis 1890 ein britisches Monopol. In der BASF erforschte man in 17-jähriger Arbeit unter Einsatz enormer Geldmittel (18 Millionen Goldmark, das war mehr als das damalige Grundkapital der Firma) die chemische Struktur des Indigos und fand Wege zu seiner synthetischen Herstellung aus Steinkohlenteer. 1890 wurde der BASF das kaiserliche Patent auf Indigo erteilt, worauf sich der Farbstoffmarkt nach Deutschland verlagerte. Der Ausbruch des Ersten Weltkrieges kann auch damit erklärt werden, dass davor in relativ kurzer Zeit große wirtschaftliche Machtverschiebungen stattfanden.

Meine Ziele

Nach Bearbeitung dieses Kapitels kann ich
- das **Entstehen von Farbe** beschreiben;
- **Farbstoffe einteilen** und ihre **technischen Eigenschaften** angeben;
- den **Zusammenhang zwischen Molekülbau und Farbe** erklären.

Historische Indigoplantage in Indien

Mit Indigo gefärbte Jeans

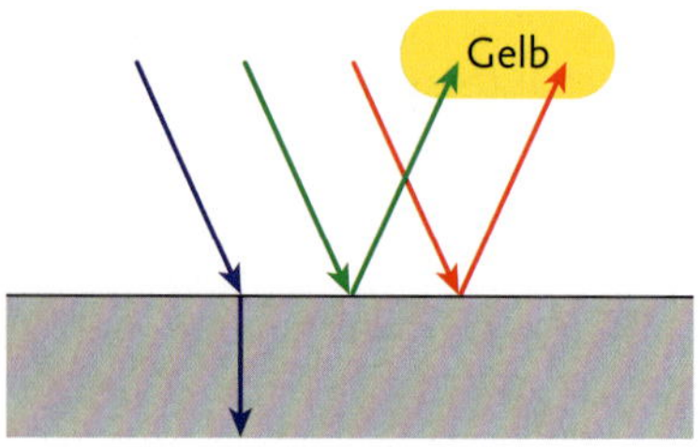

Wenn von weißem Licht Blauviolett absorbiert wird, ergibt die Summe des reflektierten Lichtes die Komplementärfarbe Gelb.

Synthetische Farbstoffe sind den Naturfarbstoffen überlegen. Sie sind farbkräftiger, gleichmäßiger in der Qualität, nicht ernteabhängig, besser zu dosieren und preiswerter. Weil Indigo nicht besonders lichtecht und waschecht ist (es bleicht aus), sind inzwischen noch viel bessere Farbstoffe entwickelt worden. Indigo hat als Farbstoff aber Kultstatus und wird daher für Jeans nach wie vor verwendet.

- Die **Ursache von Farbe** ist **bei Emission** von sichtbarem Licht die Abgabe von Energie infolge eines Elektronenübergangs von einem höheren auf ein tieferes Energieniveau.
- Die **Ursache der Farbe von Farbstoffen** ist die Absorption von sichtbarem Licht infolge der Anregung von Elektronen des Farbstoffs (Anhebung auf ein höheres Energieniveau). Die nicht absorbierten Anteile des sichtbaren Lichts werden reflektiert und ergeben den Farbeindruck.

Anorganische Farbstoffe sind meist Mineralfarben, deren Metallionen leicht anregbare Elektronen besitzen.

Sie sind billig und deckkräftig, aber ihre Brillanz ist gering. Man nimmt sie für Druckfarben und Lacke sowie für Anwendungen, bei denen Hitzestabilität gefragt ist (z. B. für Glas). Am günstigsten kommen Eisenoxide, mit denen man rote, gelbe, orange, braune und schwarze Farbtöne erzielt. Anorganische Farbstoffe sind meist Pigmente. Als **Pigmente** werden Farbstoffe bezeichnet, die in gängigen Lösungsmitteln nicht löslich sind.

Additive und subtraktive Farbmischung siehe Kap. A, 2.3.

Beispiele: Fe_2O_3 (Oxidrot, Tizianrot), FeO(OH) (Ocker, Schönbrunnergelb), CoO (Cobaltblau), Cr_2O_3 (Chromgrün), Pb_3O_4 (Minium, Mennige), HgS (Zinnober), TiO_2 (Titanweiß), C (Grafit, Ruß).

Farbe siehe NAWI I/II, Kap. F, 4.5.

Organische Farbstoffe erzielen ihre Farbe durch die Anregung schwach gebundener, delokalisierter π-Elektronen eines ausgedehnten mesomeren Systems.

Gelb bzw. Braun ist eine in der Natur sehr häufige Farbe, weil sie mit relativ wenigen konjugierten Doppelbindungen erreichbar ist.

π-Elektronensysteme zeigen ab etwa sieben bis acht konjugierten Doppelbindungen Absorption im sichtbaren Bereich des Lichtes.
400 nm (Blauviolett) ist eine Wellenlänge im energiereichsten Bereich des sichtbaren Lichtes. Eine Substanz, die im Bereich von 400 nm Licht absorbiert, erscheint dem Betrachter in der Komplementärfarbe Gelb.

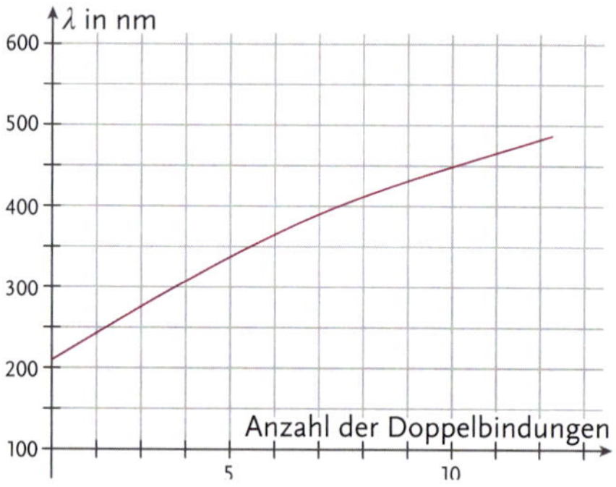

Das Lycopin, der Farbstoff der Tomate, ist mit dem Carotin verwandt und enthält ein π-Elektronensystem mit elf konjugierten Doppelbindungen.

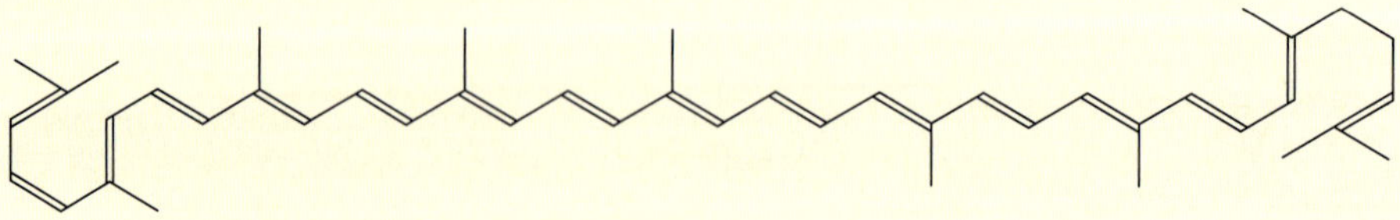

Lycopin absorbiert blaues Licht mit $\lambda = 450$ nm und erscheint daher in der Komplementärfarbe Orangerot.

Kaiserin Eugénie (die Gattin von Napoleon III.) war eine Modeikone ihrer Zeit. Sie trug als Erste ein grünes Kleid.

Für die Farben Blau und Grün ist es notwendig, besonders ausgedehnte Chromophore herzustellen. Daher wird Indigo als der König der Farbstoffe bezeichnet. Deshalb kamen auch synthetische grüne Textilfarbstoffe zuletzt auf den Markt und hatten die höchsten Preise.

Das farberzeugende π-Elektronensystem eines Moleküls wird als **Chromophor** (griechisch: chroma = Farbe; phoros = Träger) bezeichnet. Chromophore enthalten oft aromatische Ringe.

Chrom... sollte nicht mit chron... verwechselt werden, denn griechisch **chronos** = Zeit.

Die Farbe eines Stoffes kann verändert werden, wenn man an das Chromophor **auxochrome Gruppen** anfügt (lateinisch: auxilium = Hilfe).
Auxochrome Gruppen erniedrigen die Absorptionswellenlänge, wenn sie einen Elektronen abziehenden –M-Effekt haben (z. B. Nitrogruppen).
Auxochrome Gruppen mit +M-Effekt erhöhen die Absorptionswellenlänge (z. B. Hydroxy- oder Aminogruppen). Die Verschiebung des Absorptionsspektrums von Violett über Blau, Cyan, Grün und Gelb bis Rot hat zur Folge, dass die wahrgenommene Farbe des betreffenden Stoffs sich in genau umgekehrter Reihenfolge ändert, d. h. aus Blau wird Violett, aus Rot Gelb.

Diphenyldiazen (Azobenzen) ist ein orangeroter Farbstoff.

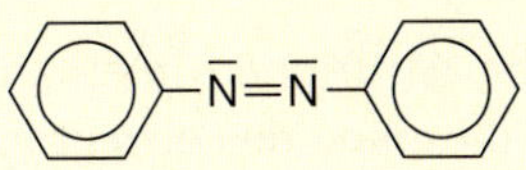

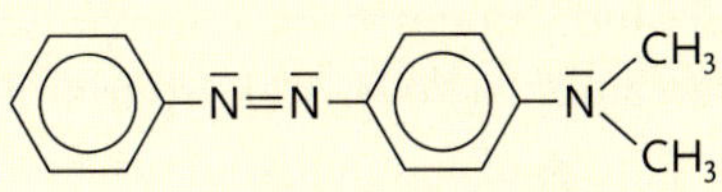

N,N-Dimethylamino-diphenyldiazen (Buttergelb) zeigt eine intensive gelbe Farbe, weil das freie Elektronenpaar am Aminostickstoff in Konjugation zum aromatischen Ring steht. Dies führt zu einer Vergrößerung des π-Elektronensystems.

Buttergelb verwendete man zum Färben von Butter. Es wurde wegen seiner krebserregenden (cancerogenen) Wirkung verboten.

Organische Farbstoffe sind farbkräftiger und leuchtender als die anorganischen Farbstoffe, aber weniger stabil. Sie werden vorzugsweise in der Textilfärbung eingesetzt.

Man kann die organischen Farbstoffe nach dem chemischen Grundgerüst (oder nach der Färbemethode) einteilen.

Azofarbstoffe

Sie enthalten die Gruppe –N=N–, flankiert von Aromaten. Die systematische Bezeichnung lautet Diazen („en" für die Doppelbindung; „az" leitet sich von französischen azote = Stickstoff ab).

Die Herstellung erfolgt ausgehend von einem aromatischen Amin, das mit Natriumnitrit und Salzsäure in ein temperaturempfindliches Diazoniumsalz umgewandelt wird.

$$Ar{-}NH_2 + NaNO_2 + 2\,HCl \longrightarrow Ar{-}N{\equiv}N^+Cl^- + NaCl + 2\,H_2O$$

Herstellung von Methylorange.

Der zweite Schritt wird Kupplungsreaktion genannt: Das gekühlte Diazoniumsalz wird mit einem weiteren Aromaten (der durch eine Gruppe mit +M-Effekt aktiviert ist) verbunden. Es handelt sich um eine S_E-Reaktion mit dem Diazoniumkation als positivem Angreifer am π-Elektronensystem des aktivierten Aromaten.

$$Ar{-}N{\equiv}N^+Cl^- + Ar{-}Y \longrightarrow Ar{-}N{=}N{-}Ar{-}Y + HCl \longrightarrow Ar{-}N{=}N{-}Ar{-}Y$$

Woher stammt das H-Atom des bei der Kupplung entstehenden Hydrogenchlorids?

Ein bekannter Azofarbstoff ist der pH-Indikator und Baumwollfarbstoff Kongorot:

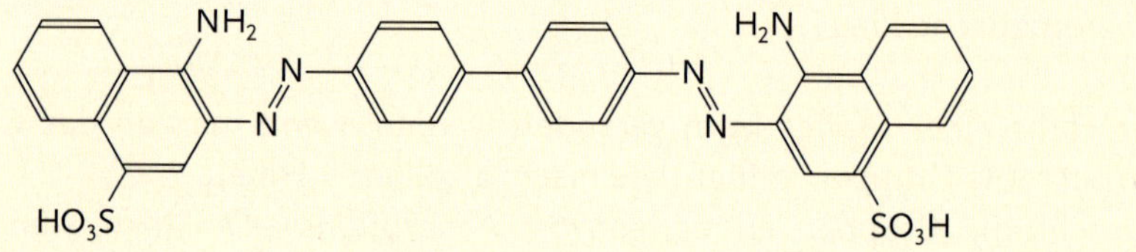

Die Sulfonsäuregruppen dienen dazu, die Verbindung wasserlöslich zu machen.

Die Azofarbstoffe bilden die größte Farbstoffklasse. Man kennt Tausende von ihnen. Beispiele sind Methylorange, Methylrot (pH-Indikatoren), Chrysoidin (orange, für Baumwolle sowie Leder) und Ponceaurot (für Lebensmittel).

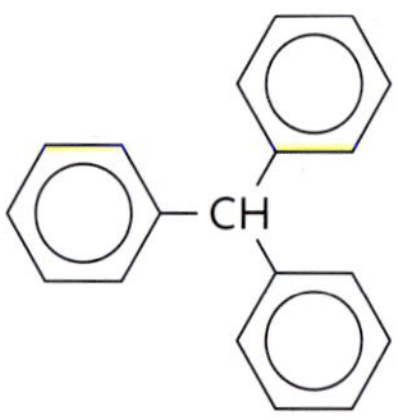

Warum ist Triphenylmethan nicht farbig?

Triphenylmethanfarbstoffe

Das Grundgerüst dieser Farbstoffe ist Triphenylmethan, das selbst keine Farbe zeigt. Wenn einer der drei Ringe in die chinoide Form umgewandelt wird, kommt es zur Absorption von sichtbarem Licht.

Phenolphthalein ist ein pH-Indikator, dessen saure Form farblos ist, während die im Basischen vorliegenden anionische Form Purpurfärbung zeigt.

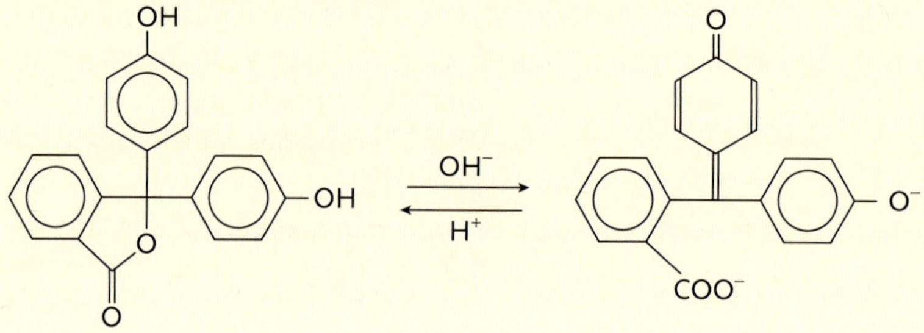

Die anionische Form ist mesomeriestabilisiert.

Wie sieht die zweite mesomere Grenzstruktur der anionischen Form des Phenolphthaleins aus?

Weitere Triphenylmethanfarbstoffe sind Malachitgrün (zur Färbung von Bakterien in der Mikroskopie), Kristallviolett (Druckfarbe), Patentblau (für Lebensmittel) und Eosin (rote Tinte).

Anthrachinonfarbstoffe

Es handelt sich um eine Farbstoffklasse, die besonders lichtechte Farben liefert. Wichtige Vertreter sind Alizarin (Krapprot) und Indanthrenblau, die für Textilien verwendet werden.

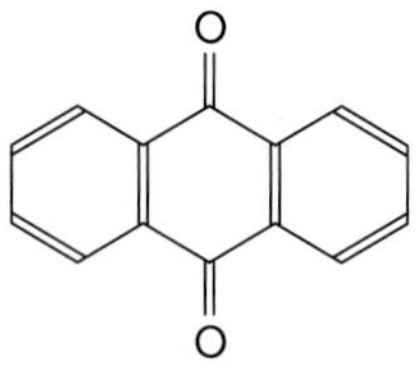

Anthrachinon

Chinone siehe Kap. B, 4.

Indanthrenblau

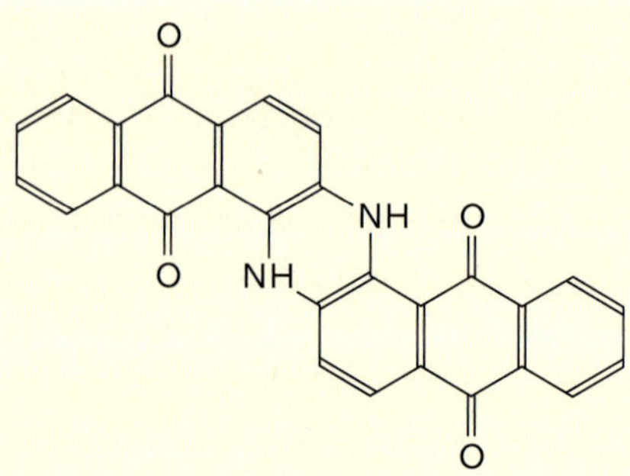

Indigofarbstoffe

Indigo war vor etwa 100 Jahren der weltweit wichtigste blaue Farbstoff. Es wurde dann durch Indanthren und andere waschechtere Farbstoffe abgelöst. Indigo wird heute nur mehr für Jeans verwendet. Es wird aus Anilin (Benzenamin), Formaldehyd (Methanal) und Hydrogencyanid HCN erzeugt.
Weitere Indigofarbstoffe sind Indigokarmin (zur Färbung von Teigwaren, Getränken und Eis) sowie das schon in der Antike bekannte Purpur (Dibromindigo; für Textilien).

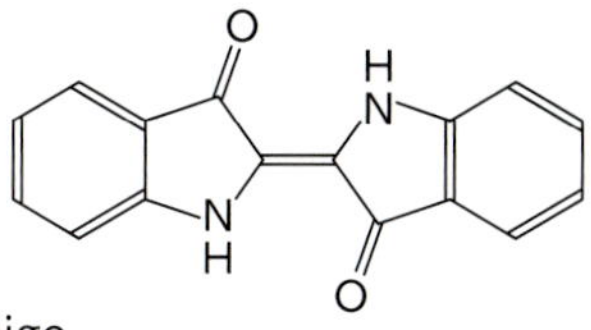

Indigo

Für ein Gramm Purpur mussten früher 9 000 Purpurschnecken ihr Leben lassen.

Pyrrolfarbstoffe (Porphyrine und Phthalocyanine)

Diese Farbstoffklasse spielt sowohl in der Natur als auch in der Industrie eine wichtige Rolle.
Bei den **Porphyrinen** sind vier Pyrrolringe über CH-Brücken miteinander verknüpft. In ihrer Mitte befindet sich ein komplex gebundenes Metallkation, das zangenartig von den freien Elektronenpaaren der Stickstoffatome umfasst wird. Derartige Chelate (griechisch: **chele** = Krebsschere) sind besonders stabile Verbindungen. Die bekanntesten Porphyrine sind der grüne Blattfarbstoff Chlorophyll mit Mg^{2+} als Zentralion, das Vitamin B_{12} mit Co^{2+} und das Häm mit Fe^{2+} als Zentralion. Das Häm bildet gemeinsam mit dem Protein Globin den roten Blutfarbstoff Hämoglobin.
Bei den **Phthalocyaninen** sind die Pyrrolringe über N-Brücken miteinander verknüpft. Es handelt sich ebenfalls um Komplexverbindungen.

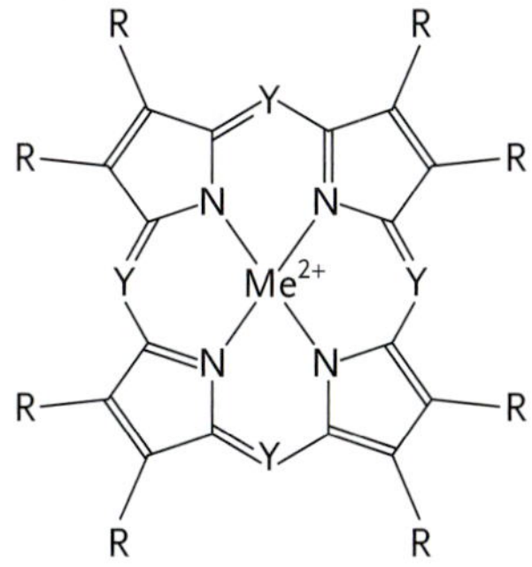

Porphyrine: Y = CH
Phthalocyanine: Y = N

Beim Abbau von Häm in der Leber entsteht als Zwischenprodukt der gelbe Gallenfarbstoff Bilirubin. Er zeigt sich (und damit eine Überforderung der Leber) im Auge eines Betrunkenen oder bei Gelbsucht.

Kupferphthalocyanin (Heliogenblau; für Lacke, Kunststoffe, Druckfarben, Stempelfarbe, Kosmetika)

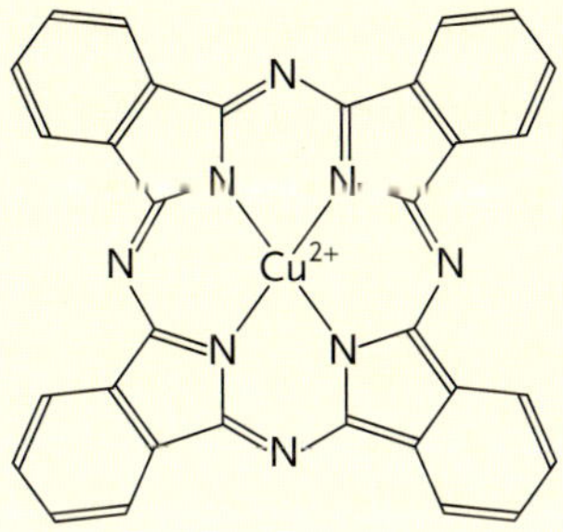

Die Autoindustrie verwendet für Lackierungen gerne Phthalocyanin-Pigmente, weil sie sich durch hohe Deckkraft, sehr gute Lichtechtheit und Wetterfestigkeit auszeichnen.

Neben den genannten gibt es noch viele andere Farbstoffklassen (z. B. Dioxazin-, Nitro-, Nitroso-, Schwefelfarbstoffe).

Färbemethoden

Nach der Technologie unterscheidet man prinzipiell zwei **Färbeverfahren:**

- **Färben in der Masse:** Dabei werden anorganische oder organische Farbpigmente in die geschmolzene Masse eingebracht und von dieser beim Festwerden umschlossen. Diese Methode wird bei Kunststoffen inklusive Synthesefasern und Lacken sowie Glas angewandt.
- **Färben durch Bindung:** Dabei werden organische Farbstoffe durch mehr oder weniger starke Bindungen (Ionenbindung, Atombindung, Wasserstoffbrückenbindung oder Van-der-Waals-Bindung) an das Färbegut gebunden. Diese Methode wird bei allen natürlichen und halbsynthetischen Textilfasern sowie einigen Synthesefasern verwendet. Die chemische Natur der Textilfaser entscheidet, welche Art der Bindung an die Faser möglich ist. Die Fasern werden in ein Färbebad (Flotte) eingelegt, wobei der Farbstoff aufzieht (er dringt in die Fasern ein und wird gebunden).

Diskutieren Sie die Vor- und Nachteile der beiden Färbeverfahren.

B

Trennen von Blattfarbstoffen: Man zerreibt grüne Blätter in einer Reibschale mit Sand, Kreide und Propanon. Nach dem Filtrieren trägt man die grüne Lösung mehrfach auf die Startlinie einer DC-Platte (Kieselgel G) auf. Fließmittel ist Petroleumbenzin (30 – 140 °C)/Propan-2-ol (9 : 1). Beim Entwickeln läuft Carotin an der Laufmittelfront, gefolgt von den Chlorophyllen und Xanthophyllen.

Küpenfärbung: In einem Kolben wird ein wenig Indigo mit 0,5 g Natriumdithionit, 100 mL Wasser und 20 mL verdünntem NaOH versetzt. Man erwärmt auf 60 °C. In die nun gelbe Lösung wird ein Streifen Baumwolle 15 Minuten lang eingelegt und dann an der Luft getrocknet.

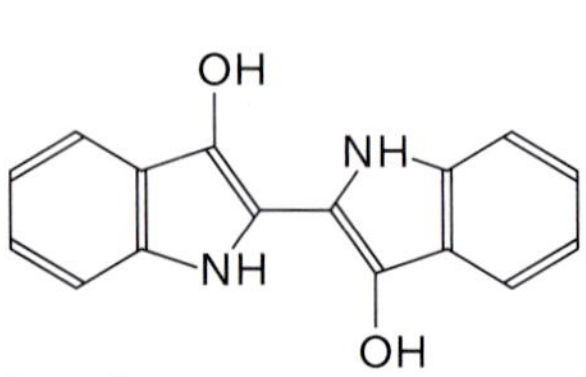

Leukoindigo

Färbemethoden für Fasern

Voraussetzung ist, dass der Farbstoff selbst lichtecht ist (durch Sonnenlicht nicht ausbleicht), leicht auf die Faser aufzieht und eine gute Bindung an die Faser hat, die den mechanischen Belastungen des Tragens sowie den chemischen Belastungen des Waschens standhält.

Die in den Blättern grüner Pflanzen enthaltenen grünen und gelben Farbstoffe sind für Färbezwecke ungeeignet, weil sie unter Einwirkung von Sauerstoff aus der Luft rasch Veränderungen zeigen und auch nicht gut auf Fasern haften.

- **Saure Farbstoffe (anionische Farbstoffe)** werden durch Ionenbindung an die Faser (Wolle, Seide, Polyamid) gebunden.

  Patentblau, Naphtholgelb, Eosin, Fluorescein ...

- **Basische Farbstoffe (kationische Farbstoffe)** werden ebenfalls durch Ionenbindung an die Faser (Wolle, Seide, Polyester, Polyacrylnitril) gebunden.

  Fuchsin, Methylenblau, Kristallviolett ...

- **Reaktivfarbstoffe** ziehen mittels Atombindungen auf die Faser (vor allem Baumwolle und andere Cellulosefasern, aber auch Wolle) auf. Dabei reagieren OH-Gruppen der Cellulose mit dem Farbstoff. Die Haftung ist sehr gut.

  Kongorot, Remazol, Levafix ...

- **Direktfarbstoffe (Substantivfarbstoffe)** bilden Wasserstoffbrückenbindungen zur Faser (Baumwolle und anderen Cellulosefasern). Die Haftung ist mäßig gut.

  Kongorot, Benzopurpurin ...

- **Beizenfarbstoffe** lässt man erst auf der Faser (Wolle, Seide) durch Reaktion der Farbstoffkomponente mit einer Metallsalzlösung (Al^{3+}, Fe^{3+}, Cr^{3+} ...) entstehen. Der entstandene Farbstoff-Metall-Komplex haftet gut.

  Krapprot (Aluminium-Alizarin-Komplex), Phthalocyaninfarbstoffe ...

- **Entwicklungsfarbstoffe** sind Azofarbstoffe, die durch Kupplung ebenfalls erst auf der Faser (Baumwolle und andere Cellulosefasern) gebildet werden. Die Haftung ist dadurch sehr gut.

  Anilinschwarz, Naphtholrot ...

- **Küpenfarbstoffe** werden zuerst durch Reduktion in eine lösliche Form (Leukoform, Küpe) gebracht. Nach dem Aufziehen der Lösung lässt man an der Luft trocknen, wobei durch Oxidation der wasserunlösliche Farbstoff auf der Faser (Cellulose, Viskose) rückgebildet wird.

  Indigo, Purpur ...

- **Dispersionsfarbstoffe** sind Pigmente, die im Molekülgitter der Faser (Polyester, Polyamid, Polyacrylnitril) physikalisch eingefangen werden.

  Viele unlösliche Azofarbstoffe

Ziele erreicht? – „Farbstoffe“

10.01 + Geben Sie die Farbe an, die Farbstoffe zeigen, deren Chromophore zehn bzw. 13 konjugierte Doppelbindungen aufweisen.

10.02 + Beschreiben Sie, warum Benzen farblos ist, Diphenyldiazen hingegen orangerot.

10.03 + Erklären Sie die schwarze Farbe von Grafit (Ruß).

10.04 + Diazoniumsalze sind temperaturempfindlich, weil sie leicht ein bekanntes Gas abspalten. Bestimmen Sie die Stoffe, die beim Erwärmen von Benzendiazoniumchlorid entstehen.

10.05 + Formulieren Sie die Gleichungen für die Erzeugung von Buttergelb aus den Rohstoffen Anilin und N,N-Dimethylanilin.

10.06 + Erklären Sie, warum Sulfonsäuregruppen zur Wasserlöslichkeit eines Farbstoffes führen.

10.07 + Erklären Sie den Nachteil von Textilfärbungen mit Kongorot.

10.08 + Schreiben Sie die Gleichung für die an der Luft stattfindende Oxidation von Leukoindigo zu Indigo an.

Der Ausdruck „Blaumachen“ für Sich-frei-Nehmen stammt von den Indigofärbern, die die Baumwolle über das Wochenende in der Küpe liegen ließen und am Montag nach dem Aufhängen der Stücke frei hatten, weil der Luftsauerstoff für sie die weitere Arbeit übernahm.

11 Pharmazeutika – Drogen – Doping

Skrupellose Geschäftemacher finden ihre Opfer oft unter männlichen Jugendlichen, die nach Anerkennung suchen. Diese Jugendlichen versuchen ihrem Körper durch Training und Nahrungsergänzungsmittel (NEM) ein vermeintlich besseres Aussehen zu verleihen. Der weltweite NEM-Markt setzt 22 Milliarden Euro pro Jahr um. Eine Studie weist nach, dass in Österreich etwa 20 Prozent der NEM mit Dopingmitteln verseucht sind – ohne dass dies auf der Packung steht. Die wichtigste Substanz ist Testosteron, ein männliches Geschlechtshormon. Dieses muskelaufbauende Anabolikum zeigt in entsprechender Dosis gravierende Nebenwirkungen wie Herz- und Leberschaden und überraschenderweise auch Impotenz. Die Vertriebsnetze der Dopingmittel sind zum Teil deckungsgleich mit jenen der Drogen.

Bodybuilding (1996 starb der österreichische Bodybuildingwettkämpfer Andreas Münzer an den Folgen seines Anabolikamissbrauchs)

Meine Ziele

Nach Bearbeitung dieses Kapitels kann ich

- die wichtigsten **Kategorien der Pharmazeutika** nennen und Beispiele anführen;
- die **Parallelen zwischen Pharmazeutika, Aufbaustoffen und Drogen** erkennen;
- einschätzen, **welche Vorteile** einerseits und **Gefährdungen** andererseits **diese Substanzklassen aufweisen.**

Recherchieren Sie, welche Todesursachen in Mitteleuropa die häufigsten sind.

11.1 Pharmazeutika

Durch Jahrhunderte war es die Aufgabe des Apothekers, Arzneimittel (Pharmazeutika) herzustellen. Diese Aufgabe hat heute die pharmazeutische Industrie übernommen. Sie betreibt auch die Erforschung der Zusammenhänge zwischen dem chemischen Aufbau und der biologischen Wirkung von Substanzen. Heutige Arzneistoffe sind überwiegend synthetisch hergestellte organische Verbindungen sowie reine oder chemisch abgewandelte Naturstoffe.

Hippokrates, 460 bis 377 v. Chr., griechischer Arzt

Seit Hippokrates sind Ärzte verpflichtet, zum Wohle ihrer Patienten zu handeln (hippokratischer Eid).

Die wichtigsten Gruppen der Pharmazeutika sind:
- Mittel für das Zentralnervensystem
- Mittel für das periphere Nervensystem
- Mittel gegen Infektionen
- Mittel gegen Krebserkrankungen (Cytostatika)
- Herzmittel
- Antidiabetika
- Hormone und Vitamine

Für nahezu alle Funktionsstörungen des menschlichen Körpers existieren Medikamente. Vor ihrer Zulassung müssen sie aufwendigen Untersuchungen unterzogen werden. Ein Risiko aufgrund von Nebenwirkungen ist trotzdem oftmals gegeben. Ärzte sollten vor jeder Verschreibung den Nutzen und den möglichen Schaden gegeneinander abwägen.

Mittel für das Zentralnervensystem

Auf das Zentralnervensystem wirken Beruhigungs-, Schlaf- und Narkosemittel, Antiepileptika, Antirheumatika, Mittel gegen Schmerzen, Fieber und Entzündungen, Psychopharmaka.

Lachgas (Distickstoffmonooxid, N_2O) wirkt schwach narkotisch.

Chloroform (Trichlormethan, $CHCl_3$) und **Diethylether** (Ethoxyethan, $C_2H_5–O–C_2H_5$) werden wegen ihrer Toxizität und Nebenwirkungen als Narkosemittel kaum mehr verwendet.

Um welchen Reaktionstyp handelt es sich bei der Herstellung der Barbitursäure?

Barbiturate sind Derivate (Abkömmlinge) der Barbitursäure. Man stellt sie aus Harnstoff und Propandisäure her.

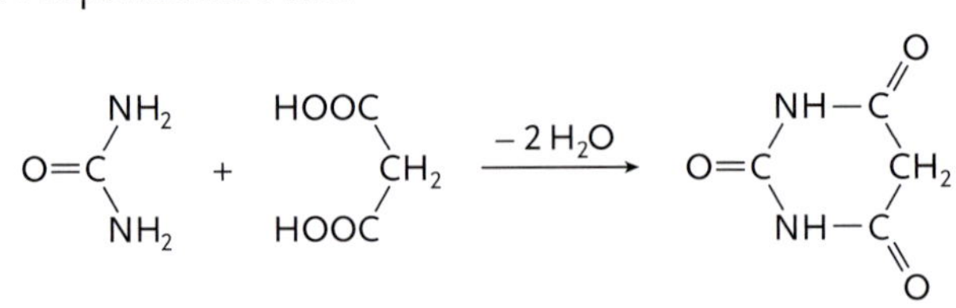

Die saure Stelle dieser heterocyclischen Verbindung ist die CH_2-Gruppe. Durch den —I-Effekt der benachbarten Sauerstoffatome werden die Wasserstoffatome positiviert und als Protonen ablösbar. Barbiturate werden als Schlaf- und Narkosemittel sowie als Antiepileptika verwendet. Bekannte Namen sind Veronal, Evipan und Luminal.

Die **Acetylsalicylsäure** wurde von den Bayer-Chemikern **Eichengrün** und **Hoffmann** 1897 erstmals hergestellt. 1899 wurde die Verbindung unter dem Namen **Aspirin** patentiert. Die Bayer AG musste das Patent 1919 an die Siegermächte des Ersten Weltkriegs abtreten, kaufte es aber 1994 um 1 Milliarde Dollar zurück.

Acetylsalicylsäure (ASS, 2-Acetoxybenzencarbonsäure) wird durch Veresterung von o-Hydroxybenzencarbonsäure (Salicylsäure) mit Ethansäure (bzw. Ethansäureanhydrid) hergestellt.

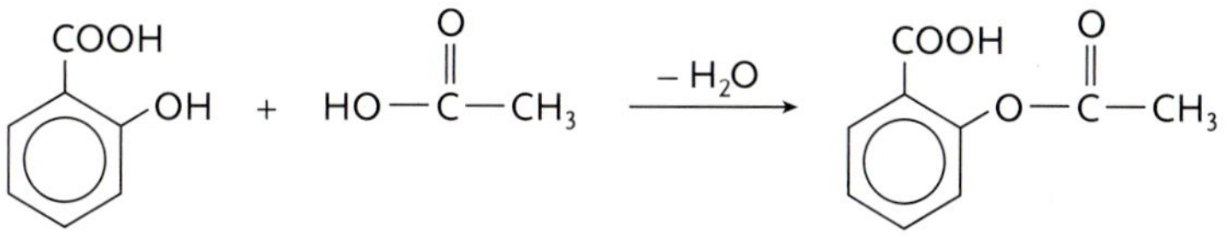

ASS hemmt die Synthese der Prostaglandine, einer Gruppe von Gewebshormonen, die für Schmerzen, Fieber und Entzündungen sowie für die Blutgerinnung verantwortlich sind. ASS kann auch vorbeugend bei Thrombosegefahr eingenommen werden. ASS wirkt wie auch andere Mittel gegen Schmerzen (Analgetika) und Fieber (Antipyretika) bzw. Mittel gegen Entzündungen (Antiphlogistika) antirheumatisch, da Rheuma zum Teil auf entzündlichen Prozessen beruht.

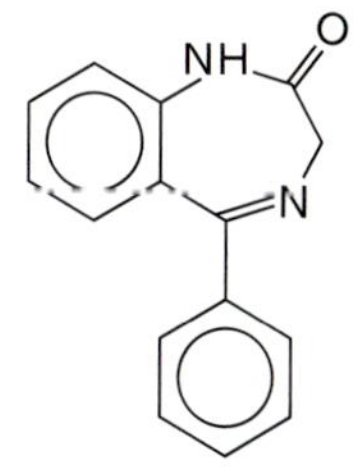

Grundgerüst des Benzodiazepins

Benzodiazepine sind Schlaf- und Beruhigungsmittel, die eine (selten vorkommende) siebengliedrige Ringstruktur aufweisen. Bekannt sind Nitrazepam und Diazepam (Valium).

Ibuprofen (2-[4-Methylpropyl-phenyl]-propansäure, Brufen) ist das wichtigste Mittel gegen Schmerzen.

Diclofenac (2-[2,6-Dichlorphenylamino]-phenylethansäure, Voltaren) ist der wichtigste nichtsteroidale Entzündungshemmer.

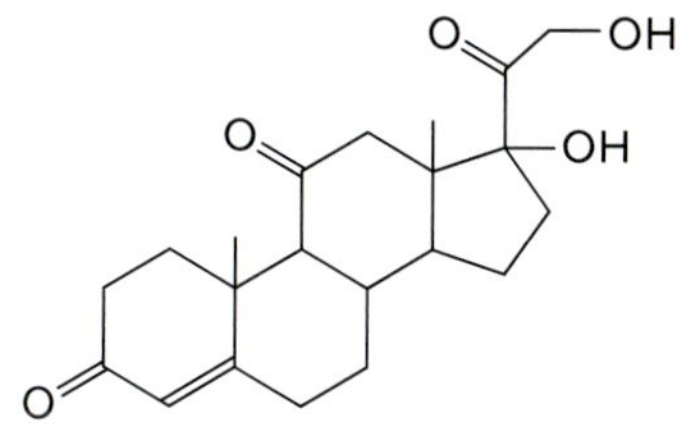

Cortison

Cortison, Cortisol und **Prednisolon** sind die bekanntesten Antiphlogistika mit Steroidgerüst (einem kondensierten System aus drei sechsgliedrigen und einem fünfgliedrigen Ring). Diese Corticosteroide wirken sehr gut und schnell, zeigen aber bei höherer Dosierung eine Reihe schwerwiegender Nebenwirkungen.

Angeritzte Mohnkapsel

Opiate sind die wirksamsten Analgetika. Ihr Nachteil ist, dass sie ein hohes Suchtpotenzial haben. Sie werden in der Medizin entsprechend zurückhaltend eingesetzt und unterliegen strengen rechtlichen Vorschriften.
Opium ist der zahlreiche Alkaloide enthaltende Milchsaft des Schlafmohns. Aus ihm werden Opiate wie Morphin, Codein, Papaverin u. a. gewonnen. Heroin (Diacetylmorphin) ist ein halbsynthetisches Opiat.

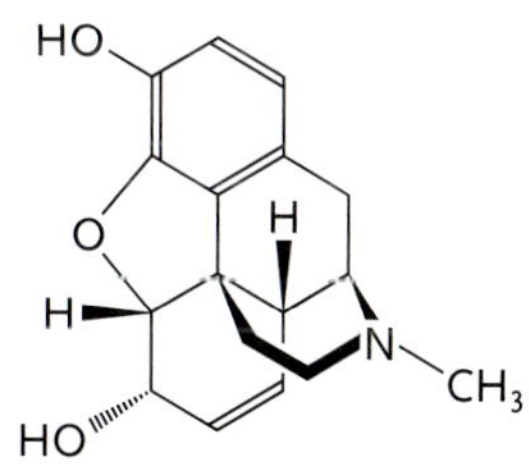

Morphin

Psychopharmaka können dämpfend oder stimulierend auf Gehirnprozesse wirken. Sie dienen der Behandlung von Geisteskrankheiten und von seelischen Störungen (oft zusammengefasst unter dem Begriff Psychosen). Sie sind aber vielfach auch gefährliche Drogen. Bekannte Beispiele sind Valium (beruhigend) sowie Coffein, Amphetamin, Marihuana, Mescalin und das synthetische LSD (anregend).

Mittel für das periphere Nervensystem

Das somatische Nervensystem steuert bewusste Reaktionen. Das vegetative Nervensystem reguliert automatisch ablaufende Vorgänge wie Herzschlag, Atmung, Stoffwechsel bzw. den Blutdruck und die Reaktionen der Sexualorgane.

Das vegetative Nervensystem wird nach der Funktion in die Bereiche sympathisches und parasympathisches Nervensystem unterteilt:

- Der Sympathikus ist das anregende System. Er aktiviert den Körper zu Höchstleistungen („fight and flight").
- Der Parasympathikus ist das dämpfende System. Er fördert die Erholung und die Verdauung („rest and digest").

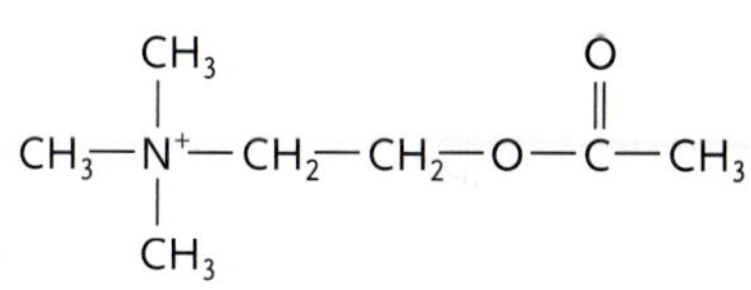

Acetylcholin (Kation eines quartären Ammoniumsalzes)

Die Medikamente greifen meist in die Übertragung von Nervenimpulsen ein. Die Reizweiterleitung zwischen zwei Nervenzellen erfolgt an einer eigenen Übergabestelle (Synapse). Die signalisierende Zelle setzt Acetylcholin frei, das über den synaptischen Spalt zum Rezeptor der Empfängerzelle diffundiert (und dort beispielsweise eine Muskelkontraktion auslöst). Nach der Stimulation muss das Acetylcholin mit Acetylcholinesterase abgebaut werden, damit die Empfängerzelle für den nächsten Impuls bereit ist.

Formel des Atropins siehe Kap. B, 7.

Atropin, das Gift der Tollkirsche, ist dem Acetylcholin (geringfügig) chemisch und räumlich ähnlich und bindet sich daher ebenfalls an den Rezeptor. Atropin kann Nervensignale blockieren und zum Tod führen. In geringerer Dosis wird es als Medikament eingesetzt, das Muskelkrämpfe lösen kann.

Von Nervenkampfstoffen durch Acetylcholinesteraseblockade ausgelöste Krämpfe können mit Atropin behandelt werden (zusätzlich versucht man, die Acetylcholinesterase mit Pralidoxim wieder in ihre ursprüngliche aktive Form zu bringen).

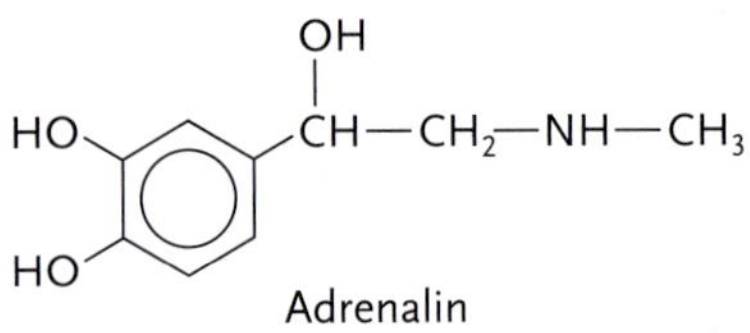

Adrenalin

Buscopan ist dem Atropin chemisch ähnlich und wirkt ebenso hemmend auf den Parasympathikus. Es wird dank seiner spasmolytischen (krampflösenden) Wirkung bei Durchfallerkrankungen, Darmkoliken und Regelbeschwerden eingesetzt.

Sympathomimetika ähneln dem Adrenalin. Mittel wie Ephedrin werden gegen Kreislaufschwäche, Asthma und Bronchitis verwendet. Sie sind aber gleichzeitig aufputschende Drogen bzw. Dopingmittel.

Antihistaminika werden gegen Allergien eingesetzt. Sie hemmen, indem sie mit der allergieauslösenden Verbindung Histamin in Konkurrenz treten.

Alexander Fleming, 1881 bis 1955, schottischer Bakteriologe, Nobelpreis für Medizin 1945

Mittel gegen Infektionen

Infektionen werden durch Krankheitserreger verursacht. Die wichtigsten Erreger sind Bakterien, Viren und Pilze.

Antibiotika sind die wirksamsten Mittel gegen **Bakterien**. Alexander Fleming entdeckte 1928 durch Zufall, dass Ausscheidungsprodukte von Schimmelpilzen Bakterien schädigen. Dies war die Geburtsstunde des Penicillins.
Seither wurden eine große Anzahl von Pilzkulturen und anderen Kleinlebewesen gefunden oder gezüchtet, um Mittel herzustellen, die die Zellwände von Bakterien oder ihre Proteinbiosynthese schädigen.

Penicillin V siehe Kap. B, 7.3.

Neben den verschiedenen Penicillinarten gehören Cephalosporine, Tetracycline, Makrolide und andere zu den Antibiotika.

Augmentin ist das bekannteste Breitbandantibiotikum. Es enthält ein halb synthetisches Penicillin, dessen viergliedriger Ring durch einen Zusatz stabilisiert ist.

Gerhard Domagk, 1895 bis 1964, deutscher Pharmakologe, Nobelpreis für Medizin 1939

Sulfonamide, $R{-}SO_2{-}NH_2$, sind gegen Bakterien wirksam, weil sie einem Bakterienwuchsstoff (der p-Aminobenzencarbonsäure) ähnlich sind. Sulfonamide sind kompetitive Hemmstoffe, d. h., sie verdrängen den Wuchsstoff. Ihre Wirkung wurde 1935 von **Gerhard Domagk** entdeckt. Sie wurden zwischenzeitlich durch die Antibiotika verdrängt. Da aber viele Bakterienstämme bereits Resistenzen (Widerstandsfähigkeit) gegen Antibiotika aufgebaut haben, greift man wieder öfter auf Sulfonamide zurück.

Sulfmethoxazol (in Bactrin enthalten) ist ein oft verwendetes Sulfonamid.

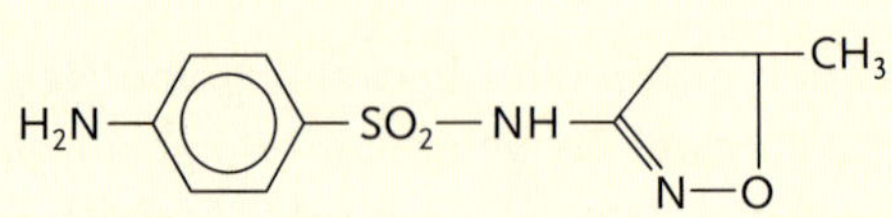

Viren bedienen sich des Stoffwechsels der menschlichen Zellen, sind sehr wandlungsfähig, werden rasch resistent und können daher nur sehr schwer bekämpft werden. Zu den Viruserkrankungen zählen Grippe, Hepatitis (Gelbsucht), FSME (eine von Zecken übertragene Hirnkrankheit), Aids sowie einige Krebsarten. Zur Behandlung versucht man, das menschliche Immunsystem zu stärken. Medikamente, die versuchen, das Eindringen von Viren in die Wirtszellen zu verhindern, sowie Mittel gegen die Virenvermehrung haben oft ungünstige Nebenwirkungen.

Virenerkrankungen können nicht mit Antibiotika behandelt werden.

Fungizide dienen in der Medizin, aber auch in der Landwirtschaft, zur Bekämpfung von Pilzen. Pharmazeutische Fungizide werden auch als Antimykotika bezeichnet.

Recherchieren Sie, welche wichtigen Krankheiten von Bakterien verursacht werden und welche (außer den angeführten) zu den Viruserkrankungen zählen.

Mittel gegen Krebserkrankungen

Unter der Krankheitsbezeichnung Krebs versteht man bösartige Geschwulste (maligne Tumore), die ein unkontrolliertes Zellwachstum aufweisen. Auch die Leukämien, bei denen zu viele weiße Blutkörperchen gebildet werden, zählen zu den Krebserkrankungen. Krebsauslösende Stoffe werden Carcinogene oder Cancerogene genannt.

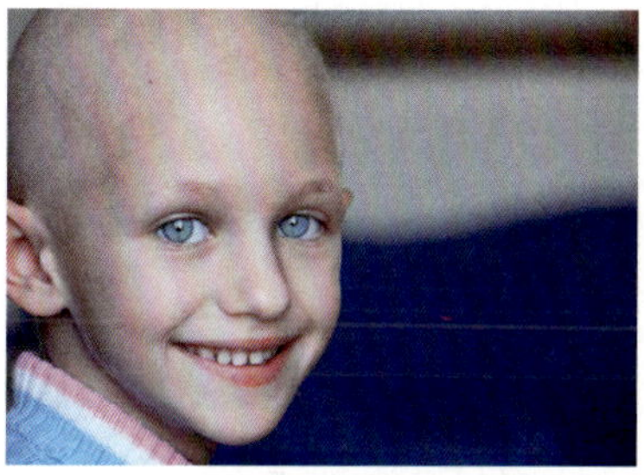

Haarausfall bei Chemotherapie

Cytostatika sind Teilungsgifte, die hemmend auf die Vermehrung der Krebszellen einwirken. Als Gifte wirken sie aber auch auf normale Zellen, vor allem auf solche mit hoher Teilungsrate. Daher werden durch Cytostatika vor allem die Keimzellen, die Darmschleimhaut, blutbildendes Gewebe und Haarwurzelzellen geschädigt. Der Einsatz von Cytostatika wird als Chemotherapie bezeichnet.

Als Cytostatika dienen u. a. der Natur entnommene giftige Alkaloide, giftige Schwermetallverbindungen sowie Stoffe, die von im Ersten Weltkrieg entwickelten Kampfstoffen abgeleitet werden.

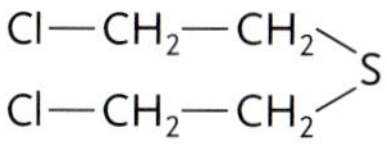

Kampfstoff Lost (Senfgas, Gelbkreuz)

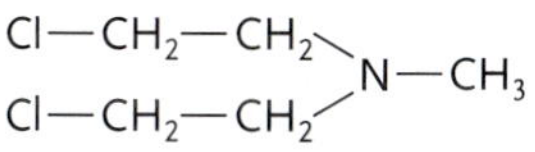

Cytostatikum N-Lost

Die **Strahlentherapie** ist eine weitere Möglichkeit der Tumorbekämpfung. Dabei wird das befallene Organ mit energiereicher ionisierender Strahlung (Gamma-, Röntgen- oder Elektronenstrahlung) bestrahlt.

Weiters können radioaktive Nuklide, die sich in befallenen Organen anreichern oder in diese implantiert werden, eingesetzt werden. Beispielsweise wird radioaktives Iod bei Schilddrüsenerkrankungen oder das dem Calcium ähnliche radioaktive Strontium bei Knochenkrebs verwendet.

Ionisierende Strahlung und Strahlenbelastung siehe Kap. F, 3.

Herzmittel

Das Herz überführt die aus dem venösen Teil des Kreislaufs stammende Blutmenge in das Arteriensystem. Dabei werden im Ruhezustand von einem gesunden Herz etwa fünf Liter pro Minute in die Blutbahn befördert. Bei Belastung pumpt das Herz eines austrainierten Sportlers bis zu 40 Liter pro Minute. Der Herzmuskel hat infolge seiner ununterbrochenen Tätigkeit einen besonders hohen Bedarf an Nährstoffen und Sauerstoff.
Die Herzaktivität wird durch das sympathische und das parasympathische Nervensystem gesteuert. Eine verminderte Leistungsfähigkeit des Herzens wird Herzinsuffizienz genannt.

Betablocker sind Arzneistoffe, die die Wirkung des Stresshormons Adrenalin und des Neurotransmitters Noradrenalin hemmen, indem sie die entsprechenden Rezeptoren blockieren. Sie senken die Herzfrequenz und damit den Blutdruck.

James Whyte Black, 1924 bis 2010, schottischer Pharmakologe, Nobelpreis für Medizin 1988

Propanolol, der erste Betablocker, wurde 1963 von **James Whyte Black** entwickelt.

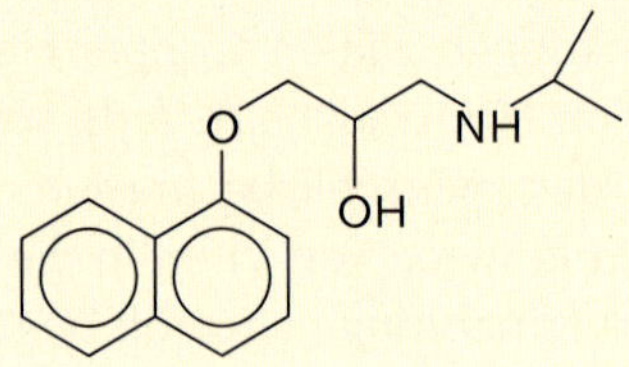

ACE-Hemmer („angiotensin converting enzymes") sind ebenfalls Arzneistoffe zur Therapie von Bluthochdruck (Hypertonie). Sie hemmen ein blutdrucksteigerndes Enzym. ACE-Hemmer zählen zu den umsatzstärksten Pharmazeutika.

ACE-Hemmer **Captopril**

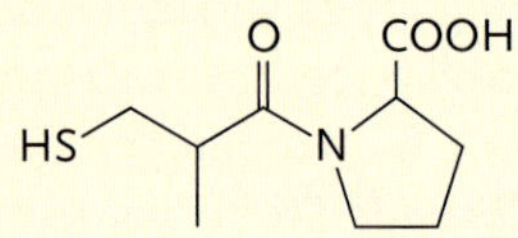

Glyceroltrinitrat (bekannt als Sprengstoff „Nitroglycerin") wird in Form von Nitrokapseln bei akuter Angina Pectoris angewandt. Es handelt sich dabei um eine Durchblutungsstörung des Herzens, die meist auf der Verengung eines Herzkranzgefäßes beruht.

Wenn ein Herzkranzgefäß verstopft wird (z. B. durch ein Blutgerinnsel), sterben Teile des Herzmuskels ab und es liegt ein lebensbedrohlicher **Herzinfarkt** vor. Zur Behandlung werden Betablocker, ACE-Hemmer und ASS verwendet.

Calcium-Antagonisten und Diuretika sind die wichtigsten Mittel gegen die Höhenkrankheit.

Calcium-Antagonisten hemmen allgemein den Einstrom von Calciumionen in die Muskelzellen und vermindern damit die Kontraktionsfähigkeit der glatten Gefäßmuskulatur. Auch sie senken den Blutdruck, fördern aber die Durchblutung.

Diuretika entziehen den Zellen Wasser, indem die Rückresorption von Wasser durch die Niere vermindert und damit die Ausscheidung vermehrt wird. Sie wirken Wasseransammlungen (Ödemen) entgegen und entlasten dadurch das Herz.

Das Peptidhormon Insulin kann gentechnisch hergestellt werden. Siehe Kap. D, 5.2.

Antidiabetika

Antidiabetika sind Medikamente gegen die Zuckerkrankheit (Diabetes mellitus).

- Typ-1-Diabetes ist angeboren. Die Bauchspeicheldrüse produziert zu wenig des blutzuckersenkenden Hormons Insulin. Betroffene müssen ständig Insulin spritzen.
- Typ-2-Diabetes wird auch als Wohlstandsdiabetes bezeichnet. Aufgrund genetischer Disposition, falscher Ernährung und Übergewicht kommt es zur Insulinresistenz der Zellen. Die Bauchspeicheldrüse reagiert mit erhöhter Insulinproduktion. Sobald sie dies nicht mehr schafft, bricht die Krankheit aus. Orale Antidiabetika hemmen die Aufnahme von Zucker aus dem Darm. Die beste Therapie ist aber eine Änderung des Lebensstils mit weniger Nahrungsaufnahme und mehr Bewegung.

Hormone

Hormone sind chemische Signalstoffe. Sie werden in spezialisierten Zellen (meist in einer Drüse) produziert und vom Blut zu einem Zielorgan transportiert. Dort üben sie eine Regulierungsfunktion aus. Die Tätigkeit vieler Hormondrüsen wird vom Zentralnervensystem und vom Hypothalamus vom Gehirn aus gesteuert.

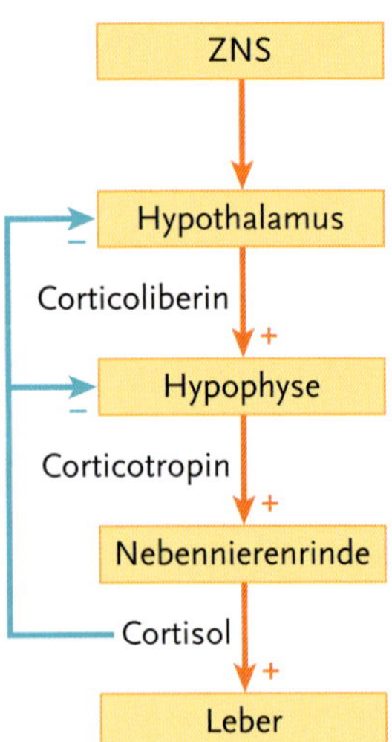

Die übergeordnete Hormondrüse Hypothalamus wird durch Rückkopplung selbst gesteuert.
„+" = stimulierend
„–" = hemmend

Beispiel für die Hierarchie der Hormone:
Der Hypothalamus steuert über das Hormon Corticoliberin die Hypophyse, diese mit Corticotropin die Nebennierenrinde, worauf diese Cortisol ausschüttet. Cortisol wiederum steuert die Leber und andere Organe und wirkt zusätzlich in einem Regelkreis zurück auf die Corticoliberinproduktion der Hypophyse.

Die Bauchspeicheldrüse produziert sowohl **Insulin** (senkt den Glucosespiegel nach der Nahrungsaufnahme) als auch seinen Gegenspieler **Glucagon** (hebt den Glucosespiegel bei Belastung). In Krisensituationen schüttet das Nebennierenmark das Stresshormon **Adrenalin** aus, das neben der Hebung des Glucosespiegels auch die Herzfrequenz steigert, den Blutdruck erhöht und die Pupillen weitet. Insulin und Glucagon sind Peptidhormone.

Blut soll ständig etwa 0,1 % Glucose (Traubenzucker, Blutzucker) enthalten.

Die Schilddrüse erzeugt **Calcitonin**, das den Mineralstoffhaushalt (vor allem den Ca^{2+}-Spiegel im Blut) reguliert.

Die Schilddrüse produziert auch **Thyroxin**, eine iodhältige Verbindung, die sich von der Aminosäure Tyrosin ableitet. Thyroxin steuert den Energiestoffwechsel und die Geschwindigkeit von Stoffwechselvorgängen.

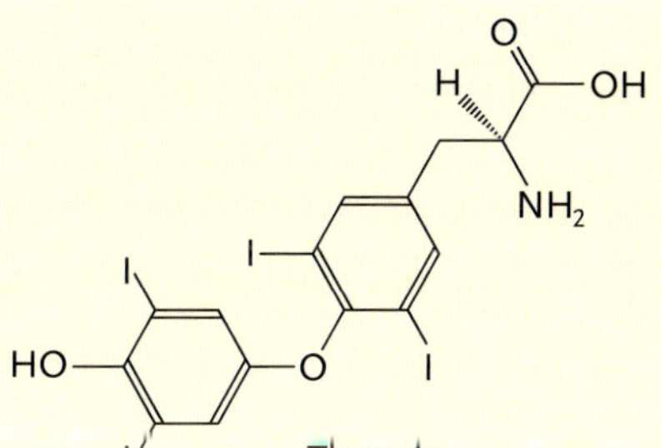

Thyroxin

Bei nuklearen Katastrophen entsteht auch das radioaktive Iodnuklid ^{131}I, das bei Aufnahme die Schilddrüse schädigt. Bei den Behörden lagern für einen solchen Fall Kaliumiodidtabletten: Rechtzeitig eingenommenes KI sättigt die Schilddrüse mit nicht radioaktivem Iod und verhindert damit die Aufnahme des ^{131}I. Andererseits kann mit radioaktiven Nukliden Schilddrüsenkrebs behandelt werden.

Die Keimdrüsen, d. h. die Eierstöcke bzw. die Hoden, produzieren nicht nur Eizellen bzw. Samenzellen, sondern sie schütten auch die Sexualhormone aus. Dies sind bei der Frau die **Östrogene** (Follikelhormone) und die **Gestagene** (Corpus-luteum-Hormone), beim Mann die **Androgene** (vor allem Testosteron). Die Androgene haben neben ihrer genitalen auch eine starke anabole (muskelaufbauende) Wirkung. Sie werden in der Viehzucht und im Sport vielfach missbraucht.
Die Östrogene steuern u. a. den weiblichen Zyklus, die Entwicklung der Brustdrüsen und die Anlage von Fettdepots unter der Haut. Die Gestagene wirken auf die Gebärmutterschleimhaut, die Brustdrüsen und steuern die Schwangerschaft.

Ein Pionier der Hormonforschung war Adolf Butenandt, der Tausende Liter Harn schwangerer Stuten aufarbeitete, um zu wenigen Milligramm der Steroidhormone zu gelangen.

ADOLF BUTENANDT, 1903 BIS 1995, DEUTSCHER BIOCHEMIKER, NOBELPREIS FÜR CHEMIE 1939

Alle Geschlechtshormone sind Steroide.

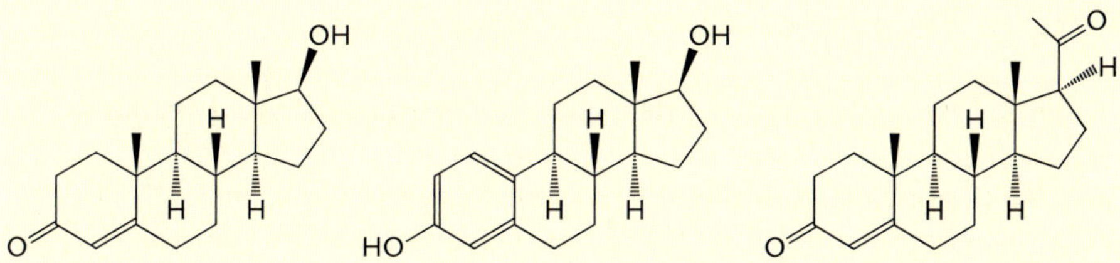

Testosteron — 17ß-Estradiol (Östradiol) — Progesteron (ein Gestagen)

Die Ovulationshemmung (Hemmung des Eisprungs) durch die „Pille“ – die beispielsweise Ethinylestradiol enthält – dient der Verhütung von Schwangerschaften. Älteren Frauen werden oft Östrogene und Gestagene verschrieben, um das plötzliche Ende der körpereigenen Hormonproduktion im Klimakterium abzumildern. Es ist nicht eindeutig geklärt, ob diese Hormongaben cancerogen wirken können.

Diskutieren Sie (auch fächerübergreifend) die Themen Schwangerschaft, Empfängnisverhütung und Schwangerschaftsabbruch.

Vitamine

Vitamine sind Stoffe, die lebensnotwendig sind (wie der Name sagt), die aber vom Körper nicht selbst hergestellt werden können. Sie müssen daher mit der Nahrung zugeführt werden. Vitamine sind meist Vorstufen von Coenzymen. Sie können in wasserlösliche (B, C und H) und fettlösliche Vitamine (A, D, E und K) eingeteilt werden.

Carotinformel siehe NAWI I/II, Kap. F, 4.5. Vitamine siehe auch Kap. D, 1.2 und Kap. F, 2.

Vitamin A (Retinol) entsteht aus Carotin. Es ist für den Sehvorgang essenziell. Hohe Überdosierungen wirken toxisch.

Unter **Vitamin B** ist eine Vielzahl wasserlöslicher Vitamine zusammengefasst, die für Stoffwechselvorgänge (z. B. die Wasserstoffübertragung) in den Zellen verantwortlich sind.

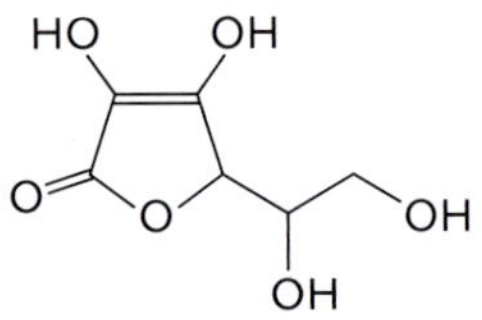

Vitamin C = L(+)-Ascorbinsäure

Vitamin C ist das einzige Vitamin, von dem größere Mengen (etwa 100 mg pro Tag) notwendig sind. Für Schwangere und Stillende sowie zu Erkältungszeiten wird eine Zufuhr von 200 mg pro Tag empfohlen. Vitamin C wirkt als Antioxidationsmittel und Radikalfänger auch vorbeugend gegen Krebs. Eine Überdosierung ist nicht möglich. Die Mangelkrankheit heißt Skorbut (Seefahrerkrankheit).

Vitamin D (Calcitriol) wird in der Haut bei Einstrahlung von Sonnenlicht aus einem Provitamin erzeugt. Es ist ein Hormon für den Calciumstoffwechsel.

Bei ausgewogener Ernährung (mit ausreichend Obst und Gemüse) ist die Einnahme von Vitaminpräparaten nicht notwendig.

11.2 Drogen

Das englische Wort „drug" wird nicht nur für Drogen, sondern auch für Medikamente verwendet.

Der menschliche Körper verfügt über Mechanismen, um Gifte unschädlich zu machen oder in wasserlöslicher Form auszuscheiden. Gifte werden dabei entweder gespalten (hydrolysiert) oder durch Oxidation bzw. Reduktion wasserlöslich gemacht oder nach Kopplung an wasserlösliche Verbindungen (meist Zucker) ausgeschieden. Es gibt aber auch Verbindungen, bei denen die Entgiftungsmechanismen versagen. Wenn sie auch berauschende oder bewusstseinsverändernde Wirkung zeigen, spricht man von Drogen.

Auf Gebinden, die reines Coffein oder Nicotin enthalten, muss das Totenkopfsymbol aufgedruckt sein.

Nicotin, Coffein und der **Alkohol** Ethanol sind giftig oder gesundheitsschädlich. Sie sind aber aus historischen Gründen in entsprechender Verdünnung oder mit bestimmten Einschränkungen im Handel legal erhältlich. Dies darf nicht darüber hinwegtäuschen, dass auch diese Stoffe abhängig machen.

Der Besitz bzw. Handel mit nachstehenden Stoffen ist in Österreich verboten:

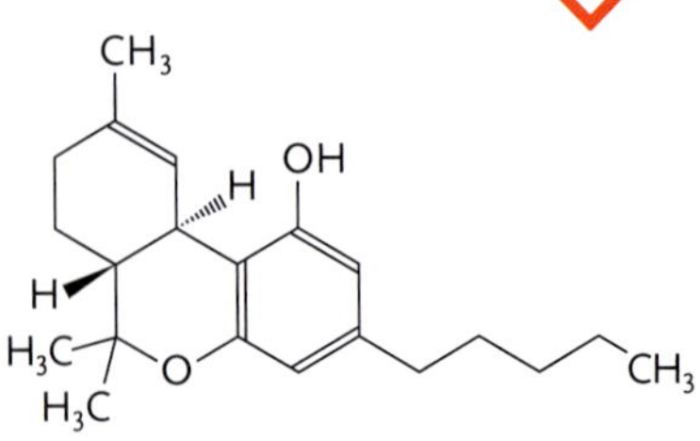

THC

Cannabis (Marihuana, Haschisch) ist die am häufigsten konsumierte illegale Droge. Die psychotropen Inhaltsstoffe von Hanfpflanzen heißen Cannabinoide. Der wichtigste Vertreter ist das Tetrahydrocannabinol (THC).

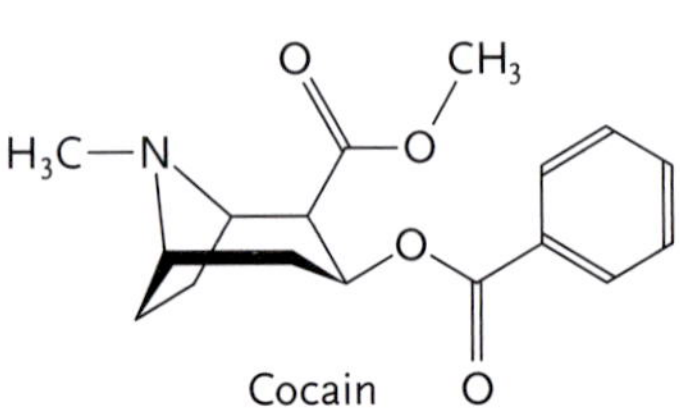

Cocain

Cocain ist ein Tropanalkaloid mit hohem Abhängigkeitspotenzial. Es wird aus dem südamerikanischen Cocastrauch gewonnen. Seine Wirkung ist stimulierend, aber auch betäubend und analgetisch.

Opiate sind die im Sekret des Schlafmohns enthaltenen Alkaloide. Wegen der extrem hohen Suchtgefahr werden Schmerzmittel aus Opiaten in Apotheken und Krankenhäusern speziell gesichert.

Lysergsäurediethylamid (LSD) ist ein synthetisch hergestelltes Mutterkornalkaloid. Es ruft starke Halluzinationen hervor.

Methylendioxymethylamphetamin (MDMA, Ecstasy) ist eine dem Adrenalin ähnliche, synthetische, stark euphorisierende Droge. Es steigert das Verlangen nach Sex, vermindert aber die Fähigkeit dazu.

Der immer häufiger vorkommende Medikamentenmissbrauch ähnelt aufgrund der vergleichbaren Abhängigkeit dem Konsum von Drogen.

11.3 Doping

Doping ist bei Weitem nicht nur im Bereich des Spitzensports angesiedelt. Man schätzt, dass allein in Österreich etwa 80 000 Freizeitsportler und Bodybuilder zu Dopingmitteln greifen. Viele Dopingmittel stammen aus der Drogenszene und diese Mittel sind wiederum vielfach dem pharmazeutischen Bereich entnommen.

Anabolika sind Muskelaufbaustoffe. Es handelt sich dabei um männliche Sexualhormone, Sympathomimetika und Polypeptid-Wachstumsfaktoren. Die Nebenwirkungen sind gravierend: Diese Mittel führen zu Herz- und Leberschäden und bei Frauen zur Vermännlichung. Bei Männern kommt es infolge der Überdosierung nicht zu gesteigerter Potenz, sondern zu Hodenschrumpfung, Impotenz und Zeugungsunfähigkeit.

Stimulanzien sind wie die Sympathomimetika meist dem Adrenalin ähnlich. Sie gelten als die klassischen Dopingmittel, weil sie es Sportlern ermöglichen, die letzten Leistungsreserven abzurufen. Bekannte Stimulanzien sind Amphetamin (Speed), N-Methylamphetamin (Pervitin), Ephedrin, MDMA und Cocain.

Analgetika (Schmerzmittel) werden in Training und Wettkampf eingesetzt. Sie erhöhen die natürliche Leistungsgrenze und die Risikobereitschaft. Daraus folgende Entzündungen werden meist mit Corticoiden behandelt, wobei nicht ausgeheilte Entzündungen bei gleichzeitigem Fehlen der Schmerzsymptome ein großes Verletzungsrisiko in sich bergen.

Blutdoping bedeutet, dass sich Sportler vor Wettkämpfen Infusionen mit Fremdblut oder Eigenblut geben lassen. Es handelt sich dabei immer um Erythrozytenkonzentrat (erhöhter Anteil an roten Blutkörperchen). Doping mit Eigenblut ist nachträglich nicht nachweisbar, es sei denn, man findet Indizien wie gebrauchte Blutbeutel.

EPO (Erythropoetin) ist ein körpereigenes Hormon, das die vermehrte Bildung der für den Sauerstofftransport im Blut verantwortlichen roten Blutkörperchen (Erythrocyten) veranlasst. Ein hoher Gehalt an Erythrocyten (Hämatokritwert) ist für Sportler gefährlich, weil die Gefahr von Thrombosen (Verstopfung von Blutbahnen) besteht. Doping mit EPO ist mittlerweile gut analytisch nachweisbar.

Coca-Cola enthielt bis 1906 Cocain.

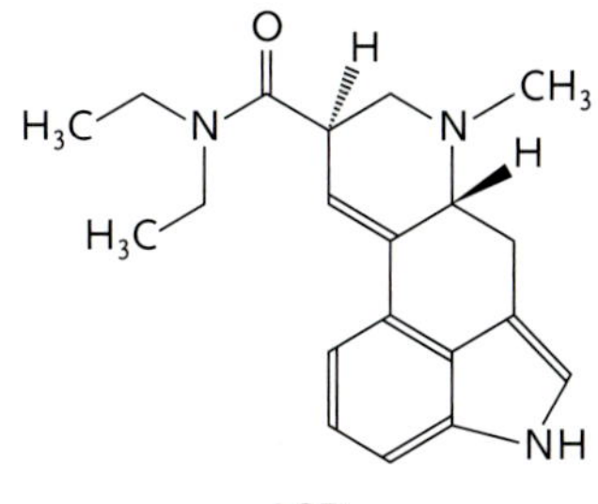

LSD

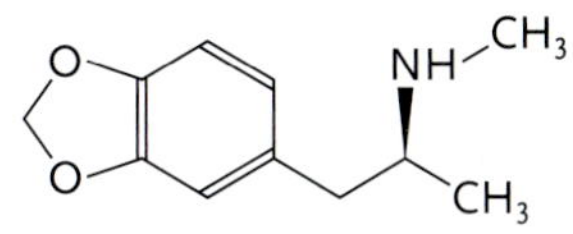

MDMA

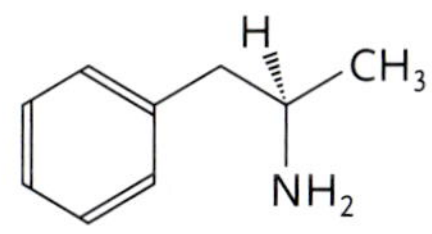

Amphetamin

Im Zweiten Weltkrieg war es bei Piloten üblich, außer den üblichen Aufputschmitteln Nicotin und Coffein auch Amphetamine zu nehmen.
Der Tod des Radrennfahrers Tom Simpson bei der Tour de France 1967 war auf die Einnahme von Amphetamin zurückzuführen.

Bei der Tour de France 2008 wurde ein Österreicher positiv auf EPO getestet. Er hätte damit die Gesamtbergwertung gewonnen.

B

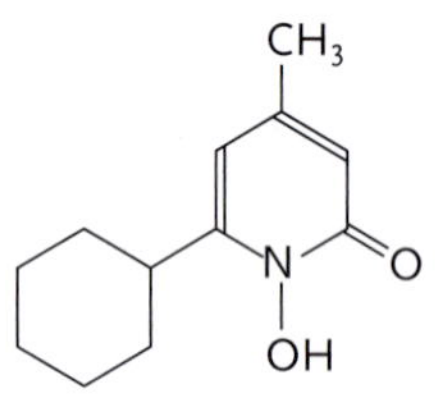

Ciclopirox

„Enol" = Hydroxygruppe an einer Doppelbindung

Ziele erreicht? – „Pharmazeutika – Drogen – Doping"

11.01 ++ Führen Sie weitere Gruppen von Pharmazeutika außer den angeführten an.

11.02 + Erstellen Sie die Elektronenformel von N_2O.

11.03 + Behandlung von Barbitursäure mit Natronlauge ergibt das Dinatriumsalz. Weiterreaktion mit Chlorethan liefert das Diethylbarbiturat (Veronal). Erstellen Sie die beiden Gleichungen.

11.04 + Erklären Sie, womit die Acetylsalicylsäure ASS in Salicylsäure und Essigsäure gespalten werden kann.

11.05 + Erstellen Sie die chemischen Formeln von Ibuprofen und Diclofenac.
Ibuprofen: 2-(4-Methylpropyl-phenyl-)propansäure
Diclofenac: 2-[(2,6-Dichlorphenylamino)-phenyl-]ethansäure

11.06 + Histamin entsteht durch Decarboxylierung (CO_2-Abspaltung) aus der Aminosäure Histidin. Schreiben Sie die Formel von Histamin auf.

11.07 + Erstellen Sie die chemischen Formeln für das einfachste Sulfonamid, das p-Aminobenzensulfonamid, sowie für das von Sulfonamiden verdrängte Bakterienvitamin PAB (p-Aminobenzencarbonsäure).

11.08 + Ciclopirox ist ein lokales Antimykotikum gegen Fusspilz. Geben Sie seine Summenformel an.

11.09 + Ascorbinsäure ist ein Reduktionsmittel. Sie wird dabei an den enolischen OH-Gruppen oxidiert. Schreiben Sie die Formel des entstehenden dreifachen Ketons auf.

11.10 ++ Erklären Sie, warum die nationale Dopingagentur NADA eine Positivliste herausgibt, aus der Sportler entnehmen können, welche Nahrungsergänzungsmittel (NEM) zertifiziert und damit frei von Dopingmitteln sind.

11.11 + Geben Sie die Formel von Pervitin an.

C Ökologie und Gesellschaft I

Wir stellen in diesem Kapitel die Einsetzbarkeit von Energiequellen, bestimmten Produktgruppen und Technologien vor und wiegen deren Vor- und Nachteile ab. Der Gebrauch und das Konsumverhalten werden dabei auch im kulturellen, ökonomischen und sozialpolitischen Zusammenhang gezeigt. Neben Grundbegriffen lernen Sie aktuelle Problemkreise und nachhaltige Entwicklungen kennen und werden zu einem verantwortungsvollen Umgang mit Konsumgütern und Energieträgern angeleitet.

1 Fossile und erneuerbare Energieträger

„Think global, act local" ist zu einem in den verschiedensten Zusammenhängen strapazierten Schlagwort geworden. Die Internetgesellschaft benutzt diese Phrase ebenso wie internationale Konzerne, wenn sie ihre Geschäftspolitik beschreiben. Global erfolgreiche Systeme und Produkte sollen maßgeschneidert für Abnehmer in bestimmten Regionen oder für spezielle Zielgruppen angeboten werden. Ursprünglich wurde dieser Satz jedoch im Zusammenhang mit den Herausforderungen des Umweltschutzes und dem sparsamen Umgang mit Rohstoffen verwendet. Gemeint war, dass es für den Einzelnen oder eine überschaubare Gemeinschaft leichter ist, den eigenen Energie- und Rohstoffverbrauch zu reduzieren, als auf eine weltweite Änderung zu warten.

Meine Ziele

Nach Bearbeitung dieses Kapitels kann ich

- angeben, welche Rohstoffe als **fossile Energieträger** genutzt werden und in welcher Form **erneuerbare Energieträger** technisch umgesetzt werden;
- die in der Physik verwendeten Begriffe **primäre und sekundäre Energiequellen** auf die Begriffe fossile und erneuerbare Energieträger übertragen;
- **Energieträger** nach ihren Vor- und Nachteilen **klassifizieren;**
- die **Biogaserzeugung** als Beispiel für eine Insellösung zur Energieversorgung darstellen;
- den Aufbau und die Funktion einer **Brennstoffzelle** erklären;
- die **Verfügbarkeit von Energieträgern** beurteilen und ihre Abhängigkeit von politischen und wirtschaftlichen Interessen nachvollziehen.

Primäre und sekundäre Energiequellen siehe NAWI I/II, Kap. C, 2.

Die Natur stellt uns primäre Energiequellen in Form von Erdöl, Erdgas, Kohle und Torf zur Verfügung. Während diese fossilen Rohstoffe in begrenztem Ausmaß zur Verfügung stehen, regenerieren sich Wasserkraft, Sonnenenergie, Windenergie, Geothermie und Biomasse selbst beziehungsweise erschöpft die Nutzung die Quelle nicht. Kernenergie zählt ebenfalls zu den primären Energien.

Sekundäre Energiequellen, also Strom aus Wärmekraftwerken, aufbereitete fossile Energieträger (Benzin, Heizöl, Koks, Briketts), Biogas, Biodiesel, Bioethanol und Wasserstoff, entstehen durch Umwandlung primärer Energie.

Erdöl und Erdgas

Die Offshore-Förderung ist eine sehr kostenintensive Nutzung von Ölfeldern. Hier ist eine möglichst hohe Förderquote wichtiger als an Land, wo geringere laufende Kosten anfallen.

Wird eine Lagerstätte gefunden und erschlossen, bewirkt der geologische Druck der um- und aufliegenden Gesteinsschichten und der innere Druck durch gelöste Gase, dass die Quelle wie ein artesischer Brunnen von selbst sprudelt. Diese Förderung nennt man **Primär- oder Eruptivförderung.**

Nach einer Förderung von etwa 10 bis 15 % lässt der Lagerstättendruck nach und das Öl muss mit Pumpen zutage gefördert werden. Bei dieser **Sekundärförderung** wird die Ausbeute dadurch gesteigert, dass eingepresstes Wasser oder Erdgas den Lagerstättendruck wieder erhöht. Mit diesen Methoden erreicht man Förderquoten von 30 bis 40 %.

Eine nachfolgende **Tertiärförderung** kann die Quote auf etwa 60 % erhöhen. Handelt es sich um sehr zähflüssiges, bitumenartiges Erdöl in einem schlecht durchdringbaren Speichergestein, ist dies mit einem hohen technischen und energetischen Aufwand verbunden. Heißwasser oder Heißdampf wird eingepresst, um die

Viskosität des zähflüssigen Erdöls zu senken, oder die Lagerstätte wird mit N_2 oder CO_2 geflutet. Auch das Einpressen von Leichtbenzin oder Flüssiggas verringert die Viskosität. Beim **Polymerfluten** dienen organische Polymere dazu, das Öl von den Feststoffen abzulösen. Dieses Loslösen kann auch mit Tensiden erreicht werden. Bei der **MEOR-Methode** (**m**icrobial **e**nhanced **o**il **r**ecovery) werden Mikroorganismen zusammen mit Nährstoffen in die Lagerstätte eingebracht. Dort erhöhen sie in situ durch ihre Stoffwechselprodukte den Lagerstättendruck oder die Durchlässigkeit des Speichergesteins.

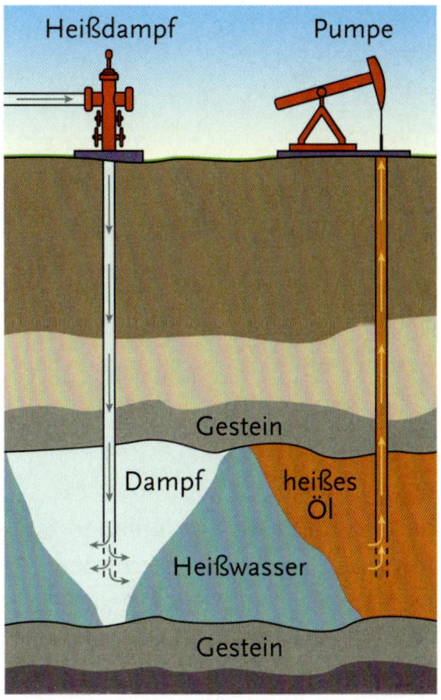

Tertiäre Erdölförderung

Diskutieren Sie, auch fächerübergreifend, die Situation der indigenen Bevölkerung, die weiterhin unmittelbar neben Ölsand-Abbaugebieten lebt (z. B. in Alberta, Kanada). Recherchieren Sie, wie sich die konventionelle Ölförderung in afrikanischen Ländern auf die ansässige Bevölkerung und die Umwelt auswirkt.

Unkonventionelle Erdöl- und Erdgasförderung

Unter unkonventioneller Erdölförderung versteht man die Gewinnung von in Schiefern und Sandschichten meist in Form von Bitumen eingelagerten Vorkommen. Die bedeutendsten Lagerstätten befinden sich in Kanada und Venezuela.

Nach dem **Abbau im Tagebau** müssen die ölhaltigen Sande mit Dampf oder heißem Wasser behandelt werden. Anschließend wird das Bitumen in einer Zentrifuge vom Sand getrennt und verdünnt, damit es zu den Verarbeitungsanlagen gepumpt werden kann.

Am Ende des Transports wird das Lösungsmittel wieder vom Bitumen abgetrennt und recycelt. Nach der Umwandlung von Bitumen in Kohlenwasserstoffketten mit hohem Wasserstoffanteil und anschließender Entschwefelung erhält man synthetisches Rohöl mit geringem Schwefelgehalt, sogenanntes „sweet crude", das in der Raffinerie weiterverarbeitet werden kann.

Der Tagebau hinterlässt neben Absetzbecken, in denen Wasser, Sand und nicht gelöstes Bitumen gelagert werden, eine verwüstete Landschaft, die rekultiviert werden muss. Berücksichtigt man neben dem technischen Aufwand bei der Produktion auch die Kosten für die Rekultivierung, geht etwa ein Drittel der im gewonnenen Rohöl enthaltenen Energiemenge verloren. Aufgrund von Spekulationen auf den Ölpreis und fortschrittlicheren Verarbeitungstechniken wurde die Produktion in den vergangenen Jahren jedoch immer rentabler.

Methanhydrat bildet sich aus Wasser und Methangas bei einem Druck ab circa 20 bar

Methaneis bzw. **Methanhydrat** besteht aus Methan, das in erstarrtem Wasser eingelagert und dabei von Wassermolekülen vollständig umschlossen ist. Methanhydrat ist nur unter bestimmten Druck- und Temperaturbedingungen stabil. Es bildet sich in großer Menge an den Kontinentalabhängen, an denen der Druck hoch und die Temperatur niedrig genug ist. Weitere Vorkommen finden sich in den Permafrostböden der Polargebiete. Man schätzt das natürliche Vorkommen auf zwölf Billionen Tonnen. Daraus schließt man, dass im Methaneis mehr als doppelt so viel Kohlenstoff gebunden ist wie in allen Erdöl-, Erdgas- und Kohlevorräten zusammen.

Durch den Klimawandel kann es laut aktuellen Studien zu starken Druck- und Temperaturveränderungen z. B. im Ozean kommen, wodurch das dort gespeicherte Methanhydrat an Stabilität verlieren könnte. Schon bei kleinen Temperaturänderungen kann es somit zu einer Freisetzung von Methan kommen.

Der Abbau der Methanhydratfelder ist schwierig, da sich Methanhydrat in den höheren Wasserschichten bei geringerem Druck und höherer Temperatur zersetzt und große Mengen gasförmigen Methans entweichen (Blow-out). Natürlichen Gashydraten wird auch eine den Untergrund zementierende Wirkung zugeschrieben, da sie die Porenräume des Gesteins ausfüllen und zusammenhängende Ablagerungen bilden.

Neben der Erdgasförderung ist die gewünschte Nutzung als Kohlenstoffdioxidspeicher ein weiterer Grund für intensive Forschungen. CO_2 soll als Hydrat am Meeresboden gelagert werden, während durch seine Einleitung gleichzeitig Methan freigesetzt wird.

In Krasnojarsk, Sibirien, ist die erste und einzige industriell-kommerzielle Anlage, mit der Methanhydrat abgebaut wird, in Betrieb. In Japan, dem norwegischen Spitzbergen, Kanada und Alaska wird intensiv geforscht.

Weltweite Berühmtheit erlangte Methaneis durch den Roman „Der Schwarm" von Frank Schätzing.

C

Die Verfügbarkeit und die Preisentwicklung von Erdöl und Erdölprodukten hängen stark von politischen und wirtschaftlichen Entwicklungen ab. Die Kartelle der Ölproduzenten versuchen, mit ihren individuellen Förderraten das Angebot auf dem Ölmarkt und damit den Preis zu steuern.

Diskutieren Sie fächerübergreifend, welche politischen und wirtschaftlichen Ereignisse und welche Naturkatastrophen nach 2010 großen Einfluss auf den Rohölpreis hatten. Holen Sie Informationen über die derzeitige Liefer- und Preissituation ein und ergänzen Sie damit die abgebildete Grafik.

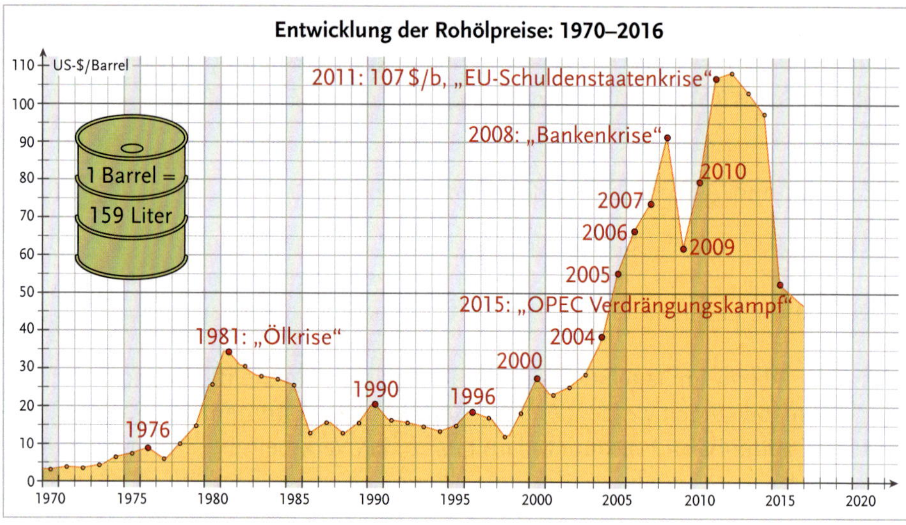

Kohle

Kohle als primärer Energieträger wird den fossilen Brennstoffen zugeordnet. Es gibt aber eine Kohlenart, die in der Gegenwart entsteht: Torf. **Torf** entsteht sehr langsam in Mooren, hauptsächlich aus Moosen. Zehn Zentimeter Torfmoos werden unter Luftabschluss und durch den auf ihm lastenden Wasser- und gegebenenfalls Schneedruck auf einen Millimeter Torf verdichtet.

Torfmoos

Frisch gestochener Torf hat einen sehr hohen Wassergehalt und muss vor der Verbrennung ausreichend lange getrocknet werden, um einen mit Braunkohle vergleichbaren Heizwert zu erreichen. Nachteilig sind der starke Geruch und der hohe Aschegehalt. Interessanterweise ist es gerade der Torfrauch, der bei der Malzherstellung für viele schottische Whiskysorten erheblich zum Geschmack des Endproduktes beiträgt.

Vergleichen Sie den Regenwald und Moorlandschaften. Stellen Sie neben der Fläche auch die Artenvielfalt dieser Ökosysteme dar.

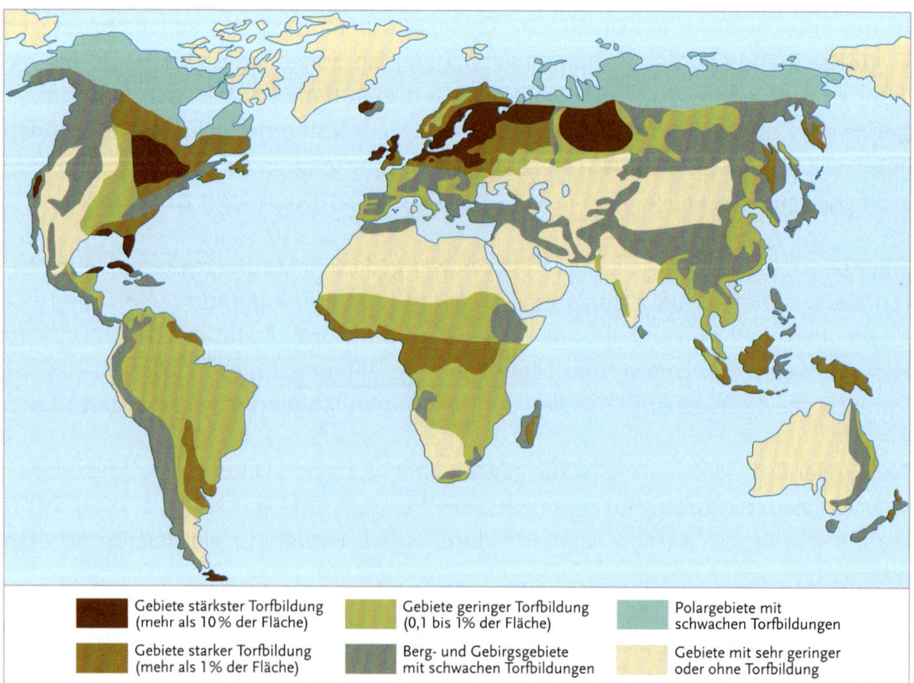

Moorlandschaften

Als Brennstoff in Haushalten oder Heizkraftwerken wird Torf heute in der EU in nennenswerten Mengen nur noch in Irland und Schottland, in Finnland und Schweden sowie im Baltikum verwendet, dort wiederum in jenen Regionen, in denen es ausgedehnte Moorlandschaften gibt.

In Österreich hat Torf als Brennstoff längst ausgedient. Moorlandschaften sind in Nationalparks integriert und neben Wanderern sind es Kurgäste, die Moore wegen der Wirkung von Torf als Heilerde zu schätzen wissen. Allerdings wird in österreichischen Baumärkten Importtorf als Blumenerde angeboten.

Dabei sollten Moore besonders geschützt werden! Bei der maschinellen Torffräsung gehen viele Quadratkilometer eines riesigen Süßwasser- und CO_2-Speichers verloren. Abgeerntete Flächen erholen sich nur langsam.

Torfabbau in der Connemara, Irland

Frästorfgewinnung

Bei **Stein- und Braunkohle** haben moderne Technologien und hohe Sicherheitsstandards die Förderung derart verteuert, dass die europäischen Industriestaaten, allen voran Deutschland, Kohlegruben schließen. Im Gegensatz dazu setzt beispielsweise China die Kohle intensiv als Energielieferanten ein. Der Umweltschutz spielt dort zudem eine untergeordnete Rolle, während in den Ländern, die um eine Hebung der Luftgütequalität bemüht sind, die Kohle als schmutziger Energieträger gilt.

Vergleicht man in einfachen Versuchen Erdgas, Erdöl und Kohle, hat Erdgas die beste Umweltverträglichkeit, Öl die höchste Effizienz – Kohle liegt in allen Bereichen auf Platz drei.

Nimmt man je 1 kg dieser primären Energieträger, so setzt Erdgas 2,0 kg, Erdöl 3,12 kg und Kohle 3,5 kg CO_2 frei.

Misst man die Erwärmung von 1 L Wasser, um so eine Reihung für den Heizwert zu bekommen, stellt man beim Verbrauch von 1 g Kohle eine Erwärmung um 3,2 °C, bei Erdgas eine um 5,0 °C und bei Erdöl eine um 5,7 °C fest.
Bei der Verbrennung bei 1 000 °C liefern 100 g Erdgas 0 g, 100 g Erdöl 5 g und 100 g Kohle 36 g Rückstände (Ruß, Asche).

Eine Forderung der seit 2019 weltweit aktiven „Fridays for Future"-Bewegung ist der Ausstieg aus der Nutzung fossiler Energieträger.

Treibstoffe aus Kohle – Kohlevergasung, Kohleverflüssigung

Bereits 1913 wurde in Deutschland das **Bergiusverfahren** patentiert. Bei dieser **direkten Kohlehydrierung (Kohleverflüssigung)** reagiert in Steinkohlenteer fein verteilte Steinkohle bei beispielsweise 500 °C und 300 bar mit Wasserstoff. Das entstandene Gemisch aus vorwiegend flüssigen Kohlenwasserstoffen wird destilliert und als Kraftstoff (Benzin, Diesel) und Heizöl verwendet.

Die **indirekte Kohlehydrierung (Kohlevergasung)** des **Fischer-Tropsch-Verfahrens** (patentiert 1925) setzt als Ausgangsstoffe Braunkohle, Steinkohle, Koks und Teeröle ein. Mit Sauerstoff und Wasserdampf werden als Zwischenprodukte die Synthesegase CO und H_2 hergestellt. Als Endprodukt kann entweder Methanol erzeugt werden oder kurzkettige Kohlenwasserstoffe (Benzin, Diesel).

Diskutieren Sie, ob das Bild der Katze, die sich selbst beißt, auf das Thema „Benzin aus Kohle" zutrifft.

In Deutschland wurden die Kohleverflüssigung und die Kohlevergasung im Zweiten Weltkrieg großtechnisch eingesetzt. Sie sollten von Erdölimporten unabhängig machen. Gegenwärtig produziert nur Südafrika Benzin nach dem Fischer-Tropsch-Verfahren, Anlagen in den USA und China sind geplant.

Beide Verfahren erfordern hohen Energieeinsatz und sind trotz derzeit hoher Rohölpreise keine wirtschaftliche Alternative. Auch erscheint die Kette „Strom erzeugen, um damit Benzin zu erzeugen, um daraus wieder Antriebsenergie zu erzeugen" aus energie- und umweltpolitischer Sicht fragwürdig. Der mit dem Energieaufwand verbundene CO_2-Ausstoß bei der Herstellung von Benzin aus Kohle ist deutlich höher und somit klimaschädlicher als der des Erdölproduktes!

⚠ Der Begriff **„Bio“** weist hier nicht auf eine Herkunft aus ökologischer Landwirtschaft oder Nachhaltigkeit hin, sondern auf den **pflanzlichen oder tierischen Ursprung** im Gegensatz zum fossilen Erdgas.

⚠ Eine Biogasanlage kann nur dann als CO_2-neutral bezeichnet werden, wenn sie mit Gülle und biogenen Abfällen betrieben wird.

Biogas

Der Begriff Biogas ist in Österreich eng mit dem Begriff Ökostrom verknüpft. Mehr als 300 landwirtschaftliche Biogasanlagen und rund 100 Klärgasanlagen sind neben 15 Deponiegasanlagen in Betrieb. Mit dem daraus produzierten Strom wird rund 1 % des jährlichen Bedarfs gedeckt.

In **Biogasanlagen** können sowohl Abfälle und Reststoffe wie Bioabfall, Speisereste und Klärschlamm als auch Wirtschaftsdünger (Gülle, Mist) und nicht genutzte Pflanzen und Pflanzenteile, aber auch gezielt angebaute Energiepflanzen (schnellwachsende Hölzer, Gräser, Mais, Getreide) vergoren werden. Bis auf Energiepflanzen handelt es sich dabei, abgesehen von Transport- und sonstigen Nebenkosten, um kostengünstige Ausgangsstoffe.

Ein Großteil der genannten Rohstoffe, insbesondere Wirtschaftsdünger, Pflanzenreste und Energiepflanzen, fällt in der Landwirtschaft an. Als Kosubstrate werden regional unterschiedlich u. a. Speisereste aus Großküchen und der Gastronomie oder Grünschnitt öffentlicher Anlagen verwendet. Für den **Landwirt** stellt die Biogasnutzung einen zweiten Wirtschaftszweig dar, er wird zum **Energiewirt.** Primäres Ziel ist die Erzeugung von Strom und Wärme für den eigenen Betrieb, Überschuss wird als Ökostrom an die Energieversorger geliefert.

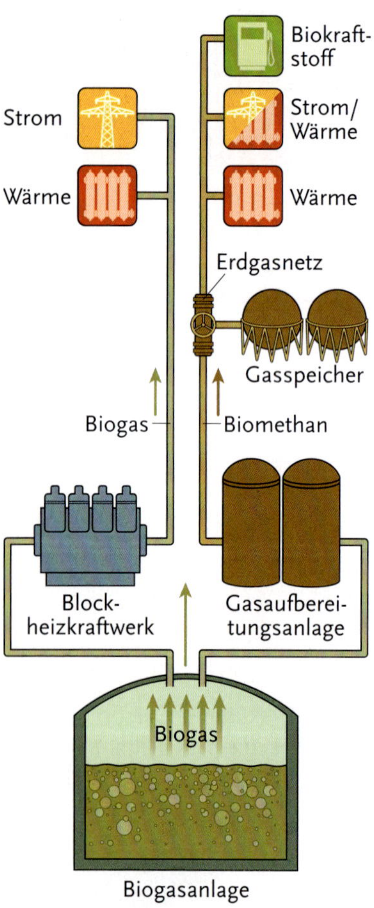

Nutzung von Biogas. Kläranlagen und Deponien nutzen die erzeugte Energie ebenfalls für den Betrieb der eigenen Anlagen und speisen elektrische Energie ins öffentliche Stromnetz ein.

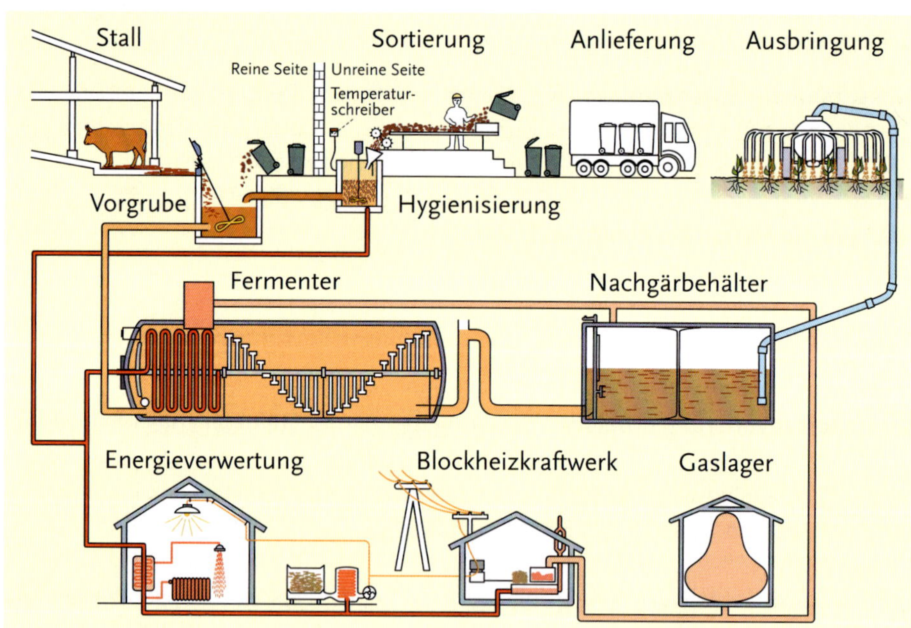

Schema einer landwirtschaftlichen Biogasanlage

In der Vor- und Sammelgrube wird das organische Material homogenisiert. Der Fermenter ist ebenfalls mit einem Rührwerk ausgestattet. Hier und im Nachgärbehälter findet bei Temperaturen von 35 bis 55 °C innerhalb von rund 30 Tagen die Umwandlung in etwa 60 % Methan, Kohlenstoffdioxid und Wasserdampf statt. Ebenfalls entstandener unerwünschter Schwefelwasserstoff (Dihydrogensulfid, H_2S) wird durch Mikroorganismen bei gezielter Luftzufuhr an der Substratoberfläche im Fermenter zu festem Schwefel umgewandelt, der mit dem Restsubstrat ausgebracht wird. Diese Biogasgülle wird als natürlicher Dünger wieder dem Nährstoffkreislauf über Boden und Pflanzen zugeführt.

Der **Gärprozess** selbst besteht aus mehreren Stufen: Anaerobe Bakterien bauen die hochmolekularen organischen Stoffe wie Cellulose, Lignin und Proteine durch Hydrolyse zu niedermolekularen organischen Verbindungen ab. Diese werden durch Säurebakterien zu Alkoholen, organischen Säuren, Kohlenstoffdioxid und Wasserstoff abgebaut (Acidogenese). Durch Essigsäurebakterien erfolgt der weitere Abbau zu Essigsäure und Wasserstoff (Acetogenese). In der letzten Phase (Methanogenese) erzeugen Methanbakterien aus Kohlenstoffdioxid, Wasserstoff und Essigsäure die Endprodukte Methan und Wasser.

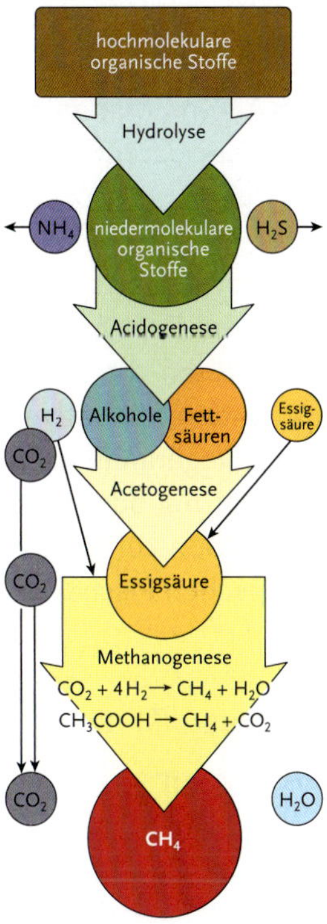

Landwirtschaftliche Biogasanlage in Pucking, Oberösterreich

Biodiesel (Agrodiesel) und Bioethanol (Agroethanol)

Essbare Rohstoffe oder Futtermittel zur Energieerzeugung zu nutzen ist vor allem angesichts der Welternährungssituation nicht unumstritten. Neben dem Flächen- und Energiebedarf bei Anbau und Ernte stellt der Verarbeitungsprozess eine positive Ökobilanz infrage.

Als Rohstoffe für die **Biodieselproduktion** eignen sich pflanzliche und grundsätzlich auch tierische Fette. In Europa wird vor allem Rapsöl eingesetzt, während in Nordamerika Sojaöl und in Südostasien Palmöl verwendet wird. Für die Produktion von Palmöl werden im Regenwald Plantagen angelegt. Die Abholzung des Regenwaldes, für Monokulturen notwendiger Pestizideinsatz und die niedrigen Löhne und Sozialstandards für die Arbeiter machen den Palmöleinsatz bedenklich – wirtschaftlich aber konkurrenzfähig. Raps und Soja werden ebenfalls in Monokulturen mit entsprechendem Düngemittel- und Pestizideinsatz produziert. Gentechnisch veränderte Sorten sollen den Ertrag erhöhen.

Für den Einsatz von Biodiesel sprechen die biologische Abbaubarkeit, der geschlossene CO_2-Kreislauf, die Unabhängigkeit von Mineralölimporten und die Sicherung von Arbeitsplätzen in der Landwirtschaft und der Verarbeitung. Zahlreiche Projekte greifen diese Vorteile auf, gesetzliche Rahmenbedingungen und Förderungen unterstützen die Betreiber dabei. Da herkömmliche Dieselmotoren nicht mit reinem Rapsöl betrieben werden können, wurde eine Beimischung von bis zu 5 % europaweit vereinbart. Zusätzlich zur Beimischung werden kommunale und betriebliche Fuhrparkumstellungen auf pure Biokraftstoffe bzw. über 40 % Biokraftstoffzusatz forciert.

Bei der Umesterung wird das Pflanzenöl als Triester von Fettsäuren katalytisch aufgespalten und Glycerol (Glycerin, Propantriol) durch Methanol ersetzt:

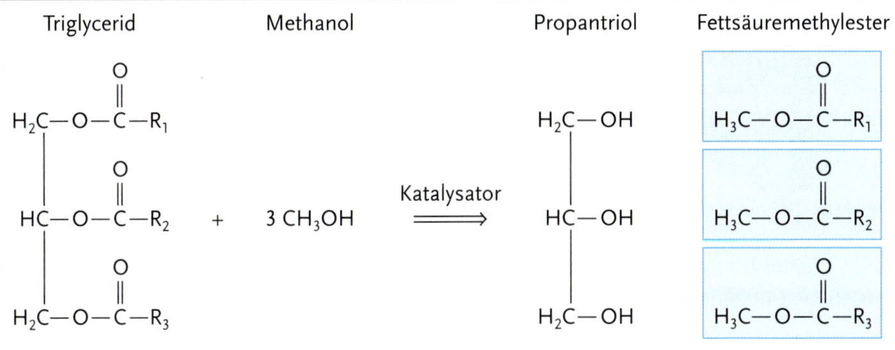

R_1, R_2, R_3: verschiedene Fettsäurereste (z. B. Stearinsäure, Ölsäure, Linolensäure)

Der Name **Biodiesel** bzw. **Bioethanol** erweckt durch das Präfix **„Bio-"** den Anschein, dass diese Kraftstoffe aus ökologischer Landwirtschaft stammen. Jedoch weist es lediglich auf den pflanzlichen Ursprung hin.
Um diesem Missverständnis vorzubeugen wird selten auch das Präfix **„Agro-"** verwendet – also Agrodiesel bzw. Agroethanol. Jedoch sind die Begriffe „Biokraftstoff" bzw. „Biodiesel" in Österreich gesetzlich verankert (Erdölbevorratungsgesetz 2012).

Rapsfeld

RME ist **Rapsölmethylester** und wird meist als „Biodiesel" bezeichnet. **FAME (Fettsäuremethylester)** steht allgemein für Methylester auf Basis von Pflanzen- und Tierölen, **PME** für **Palmölmethylester, AME** für **Altölmethylester** und **FME** für **Tierfettmethylester.**

In Österreich sind 14 Anlagen zur Produktion von Biodiesel in Betrieb.

Die Argumentation pro und kontra **Bioethanol** ähnelt der über Biodiesel. Verstärkt wird hier darauf hingewiesen, dass die Ausgangstoffe Weizen, Gerste, Mais, Zuckerrüben und Zuckerrohr in vielen Ländern Grundnahrungsmittel sind.

Die dem „E" angefügte Zahl gibt an, wie viel Volumenprozent Ethanol dem Benzin beigemischt wurden.

Ethanol eignet sich grundsätzlich auch rein zum Betrieb von Ottomotoren und wird dem Superbenzin beigemischt. Derzeit ist in Österreich als „Biosprit" für Benzinmotoren die Sorte E5 erhältlich. In Deutschland war die Einführung von E10 umstritten, da zahlreiche Automobilhersteller keinen einwandfreien Betrieb ihrer Modelle garantieren wollten. Hergestellt wird Bioethanol durch die klassische Hefevergärung oder durch Vergärung mit speziellen Bakterien. Zur großindustriellen Produktion von Bioethanol steht in Österreich eine einzige Anlage im niederösterreichischen Pischelsdorf zur Verfügung.

Alkoholische Gärung siehe Kap. D, 5.2.

Wasserstoff – Brennstoffzelle

Wasserstoff erscheint auf den ersten Blick als Treibstoff sehr attraktiv, da er aus verschiedenen Primärenergiequellen gewonnen werden kann und Brennstofzellenfahrzeuge emissionsfrei betrieben werden können. Das Problem liegt bei der Erzeugung des „Ökowasserstoffs", denn diese soll nachhaltig erfolgen. Das Ziel ist eine effiziente Erzeugung aus erneuerbaren, regional verfügbaren Energiequellen. Aber nicht nur das **Problem der Erzeugung,** sondern auch der **Speicherung** und **Verteilung** ist bisher nicht so gelöst, dass eine nennenswerte Fahrzeugflotte im Alltagsgebrauch im Einsatz ist.

In den 1980er-Jahren bezeichnete man als „Hybridfahrzeug" optimistisch eine Kombination aus Benzin- oder Dieselmotor und einem Brennstoffzellenantrieb. Heute versteht man darunter das wahlweise Verwenden eines Verbrennungs- oder Elektromotors in einem Pkw.

Der brennbare Wasserstoff hat einer Technologie seinen Namen gegeben, bei der durch Oxidation entstandene chemische Energie direkt in elektrische Energie umgewandelt wird. Mit der von **William Grove** entwickelten historischen Brennstoffzelle haben moderne Zellen äußerlich nur mehr wenig Ähnlichkeit.

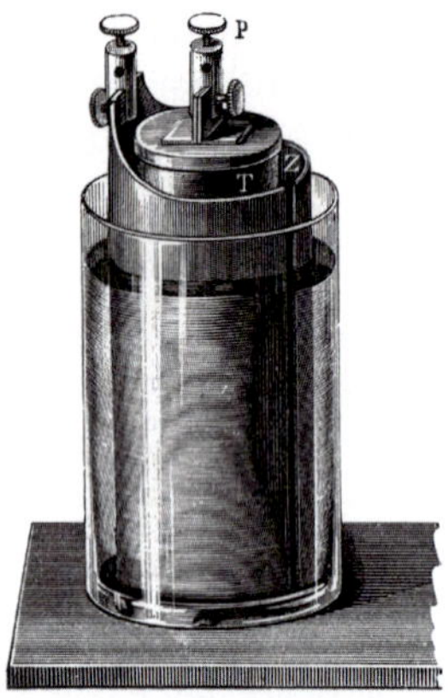

Grovesches Element (Holzstich 1897). Grove schaltete bereits 1839 mit Sauerstoff und Wasserstoff umspülte Platinelektroden in Schwefelsäure in Reihe.

In einer **PEMFC** (**p**olymer **e**lektrolyte **m**embrane **f**uel **c**ell) trennt eine Polymerfolie die beiden Reaktionsräume. Sie ist durchlässig für die wandernden Protonen, die zum Ladungsausgleich führen.

Die ablaufenden elektrochemischen Reaktionen sind

an der negativen Elektrode $2\,H_2 + 4\,OH^- \rightarrow 4\,H_2O + 4\,e^-$

an der positiven Elektrode $O_2 + 2\,H_2O + 4\,e^- \rightarrow 4\,OH^-$

$$2\,H_2 + O_2 \rightarrow 2\,H_2O$$

Die Gesamtreaktion entspricht der Knallgasreaktion und liefert eine Spannung von 1,2 Volt. Der Wirkungsgrad liegt bei etwa 55 bis 60 %.

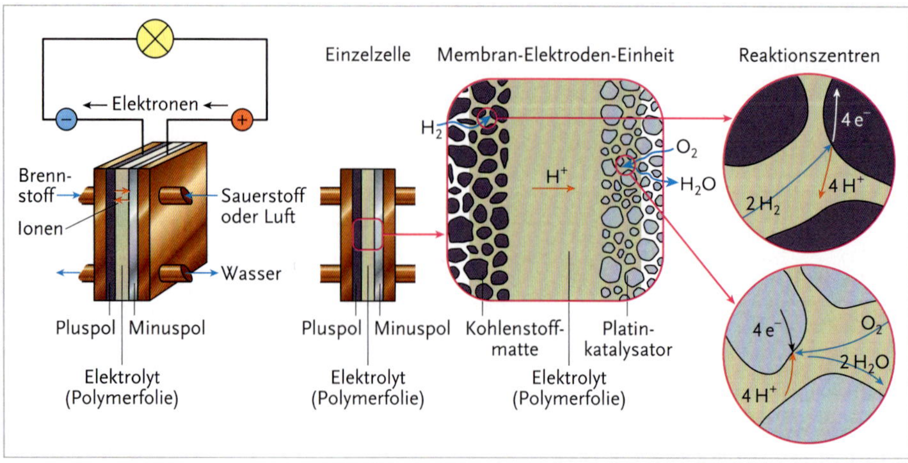

Aufbau und Funktion einer PEMFC

Derzeit werden **Brennstoffzellen** in überschaubarer Stückzahl in drei Hauptanwendungsgebieten – meist zur Erprobung – eingesetzt:

- **Portable Anwendungen** zur Stromversorgung elektronischer Kleingeräte (Laptops, Smartphones, MP3-Player)
- **Mobile Anwendungen** für den Antrieb von Kraftfahrzeugen und Booten und für die Bordstromversorgung von Satelliten und Booten
- **Stationäre Anwendungen** als Energieversorgung für einzelne Häuser

Als naheliegende Wasserstoffquelle bietet sich Wasser an, elektrolytisch in Wasserstoff und Sauerstoff zerlegt. Wasser als Rohstoff wäre dazu ausreichend vorhanden, aber Elektrolysen laufen nur unter Stromzufuhr ab! Die Frage bleibt daher offen, woher die Energie dafür stammen könnte.

Wasserstoff wird gegenwärtig vor allem aus fossilen Energieträgern gewonnen, an erster Stelle steht dabei das Reformieren von Erdgas.

Auch Methanol steht als Wasserstoffquelle zur Verfügung. Hier treten aber der Einsatz von Methanol als Verbrennungskraftstoff, der Einsatz in einer mit Methanol gespeisten Brennstoffzelle (DMFC, **d**irect **m**ethanol **f**uel **c**ell) und das Reformingverfahren zur Erzeugung von Wasserstoff aus Methanol in Konkurrenz.

Übersicht über die Möglichkeiten zur Herstellung von Treibstoffen:

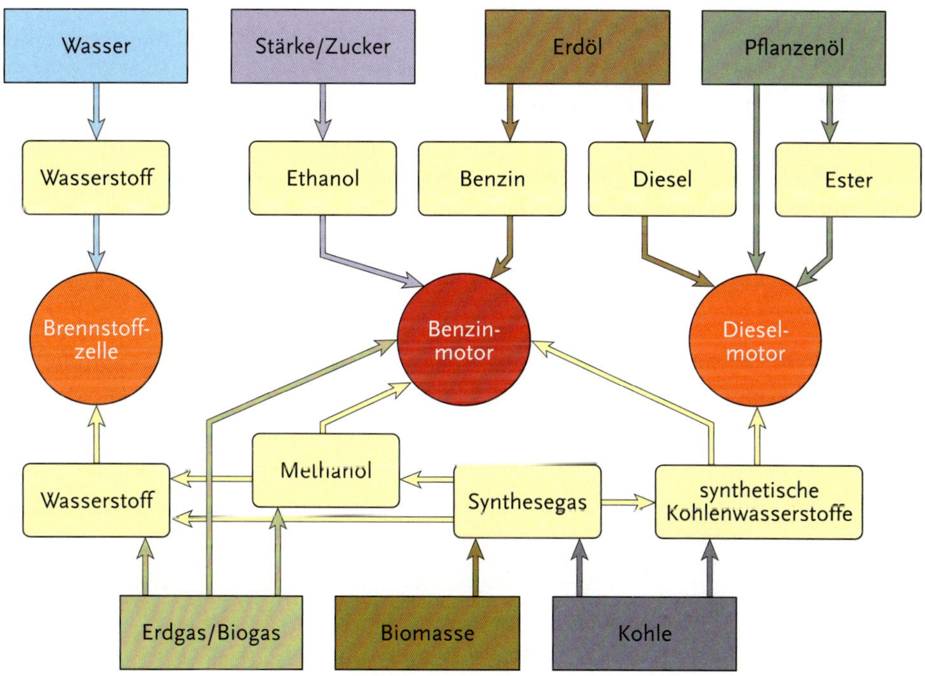

Beispiele für Brennstoffzellen in portablen Anwendungen

Als „Wasserstoffauto“ bewerben einzelne Automobilhersteller Fahrzeuge, die Wasserstoff als Treibstoff in einem Verbrennungsmotor verwenden. Allerdings gibt es noch kein flächendeckendes Wasserstofftankstellennetz.

Welcher Pfad in nebenstehender Abbildung erscheint Ihnen aus **ökologischer,** welcher aus **ethischer** und welcher aus **wirtschaftlicher Sicht** sinnvoll?

Ziele erreicht? – „Fossile und erneuerbare Energieträger“

1.01 + Ordnen Sie Rohstoffe den primären und den sekundären Energiequellen zu.

1.02 + Beschreiben Sie, welche Verfahren zur Erhöhung der Förderquote bei der Sekundärforderung eingesetzt werden.

1.03 + Begründen Sie, warum bei manchen Erdöllagerstätten eine Tertiärförderung nicht angewendet wird.

1.04 ++ Beschreiben Sie, welche Auswirkungen auf die Umwelt die Gewinnung von Erdöl aus Ölsanden hat.

1.05 ++ Bewerten Sie drohende Gefahren, mit denen man bei der Förderung von Methanhydrat rechnen muss.

1.06 ++ Fragen Sie in Ihrem Familien- und Bekanntenkreis nach, welche Energiesparmaßnahmen in Österreich 1973 verordnet wurden.

1.07 ++ Nennen Sie die baulichen Maßnahmen zur Errichtung einer landwirtschaftlichen Biogasanlage für den Eigenbedarf nötig und die Herkunft der in den Fermenter eingebrachten Biomasse.

1.08 + Erklären Sie die Begriffe Acidogenese, Acetogenese und Methanogenese im Zusammenhang mit der Biogasherstellung.

1.09 + Geben Sie an, wofür die Abkürzungen RME, AME, E5 und PEMFC stehen.

1.10 + Geben Sie die Reaktionsgleichungen für die Herstellung von Fettsäuremethylestern und Bioethanol an.

1.11 ++ Beurteilen Sie, welche Importe in Brasilien durch den verstärkten Einsatz von Zuckerrohr für die Bioethanolerzeugung nötig wurden.

1.12 ++ Recherchieren Sie, welche Automobilhersteller „Wasserstoffautos" oder „Brennstoffzellenautos" anbieten, und vergleichen Sie die Anschaffungs- und Betriebskosten mit denen herkömmlicher Modelle.

2 Halogenkohlenwasserstoffe

„Kein Licht ohne Schatten ...", „Jedes Ding hat zwei Seiten", „Die Geister, die ich rief ..." – auf kaum eine Stoffgruppe treffen diese Redensarten so zu wie auf die halogenierten Kohlenwasserstoffe! Begegnen wir diesen Stoffen mit ihren sehr guten technischen Eigenschaften doch im alltäglichen Gebrauch, finden sie mit ihren nachteiligen Wirkungen aber angereichert in der Nahrungskette und in der Atmosphäre.

Dort, wo Vorteile – und die positive Bilanz der Kosten-Nutzen-Rechnung – für die Verwendung sprechen, ist ein sorgfältiger und sparsamer Einsatz angebracht. Ein Verwendungsverbot dieser Stoffe in Österreich in vielen Bereichen ist ein wichtiger Schritt, hierzulande das Gefahrenpotenzial einzugrenzen.

Die Tatsache, dass in einem Zoo mit Nordseesprotten gefütterte Pinguine sich kaum mehr vermehrten und lieber gleichgeschlechtliche Paare bildeten, darf nicht zur Anekdote verkommen! Die Ursachen waren der hohe Gehalt an Halogenverbindungen (besonders PCB) in ihrer Nahrung und ein damit verbundener Rückgang der Spermienzahl und ein gestörter Sexualhormonhaushalt.

Meine Ziele

Nach Bearbeitung dieses Kapitels kann ich

- **Anwendungsgebiete, Vor- und Nachteile** der Halogenverbindungen nennen;
- den **Nutzen** und die **Folgen** des Einsatzes von Halogenverbindungen vergleichen;
- den **langfristigen Einfluss** von Halogenverbindungen auf Lebewesen und Umwelt erkennen und beurteilen;
- erklären, welche **Ersatzstoffe** infrage kommen.

Organische Halogenverbindungen, besser bekannt als **Halogenkohlenwasserstoffe,** kommen als Lösungs- und Extraktionsmittel, als Narkosemittel, als Pestizide und als Monomere bei der Kunststoffherstellung zum Einsatz. Die Verwendung als Treibgase und Schäummittel, als Kälte- und Feuerlöschmittel wurde verboten oder stark eingeschränkt. Ihre physikalischen und chemischen Eigenschaften machen sie neben einer ausgereiften Herstellungstechnik und einem vergleichsweise niedrigen Preis für diese unterschiedlichen Anwendungsgebiete geeignet.

Halogenverbindungen werden seit etwa 1930 hergestellt und sind in großtechnischen Prozessen sowohl als Zwischenprodukte bei Synthesen als auch als maßgeschneiderte Endstoffe im Einsatz. Die ökologische Langzeitwirkung dieser vergleichsweise jungen Produktgruppe ist Gegenstand zahlreicher Studien.

Die Moleküle sind sehr stabil und reagieren weder als Treibgas mit dem Füllgut in Druckbehältern noch als Treibmittel mit den zu schäumenden Kunststoffen.

Sie können nur schlecht abgebaut werden, sind somit langlebig und haben überdurchschnittlich lange Verweilzeiten in der Atmosphäre, in Wasser und Boden.

Als schwach polare Moleküle sind sie lipophil und werden daher als Lösungs- und Reinigungsmittel für Stoffe, die sich in Wasser nicht lösen, eingesetzt. Als Extraktionsmittel werden sie bei der Herstellung pflanzlicher Öle und Fette verwendet. Sie lösen hervorragend Fette, lösen sich aber ebenso gut in Fetten! Über tierische und pflanzliche Fette reichern sie sich in der Nahrungskette an.

Sie sind schwer bis gar nicht entflammbar und müssen durch Verbrennung bei höheren Temperaturen in Sondermüllverbrennungsanlagen umweltschonend entsorgt werden.

Die Toxizität bestimmter Halogenverbindungen macht sie gezielt als Pestizide gegen Unkräuter, Insekten und Pilze einsetzbar. Vergleichsweise geringe Mengen kumulieren in der Nahrungskette und erhöhen das Gefahrenpotenzial.

Halogenverbindungen haben ein hohes Potenzial, das Ozonmolekül zu zerstören. Internationale Abkommen, wie das **Protokoll von Montreal (1987),** sollen langfristig die Reduzierung und schließlich die vollständige Abschaffung der Emission von Chemikalien, die das Ozon in der Stratosphäre zerstören, sicherstellen.

Ordnen Sie nebenstehende Argumente in solche, die für den Einsatz, und solche, die gegen den Einsatz sprechen.

Mit welchen Fachbegriffen werden Schädlingsbekämpfungsmittel je nach Einsatzgebiet bezeichnet?

Pestizide siehe Kap. B, 3.

Ozonloch siehe NAWI I/II, Kap. H, 2.1.

Halogenverbindungen als Kältemittel

Kältemittel transportieren Enthalpie (das heißt Wärmeenergie) vom Kühlgut zur Umgebung. Ihre große spezifische Verdampfungsenthalpie macht Halogenverbindungen für den Einsatz in Kühl- und Gefrierschränken sowie in Klimaanlagen geeignet.

Gekennzeichnet werden anorganische und organische Kältemittel nach DIN 8960 mit „R" für die englische Bezeichnung „refrigerant" und einer Zahlen- und Buchstabenkombination. Bekannte Handelsnamen sind **Frigen** und **Freon.**

R 22	Chlordifluormethan, Frigen 22
R 123	2,2-Dichlor-1,1,1-trifluorethan
R 1234YF	2,3,3,3-Tetrafluorpropen
R 134 A	1,1,1,2-Tetrafluorethan
R 401A	53,0 % Chlordifluormethan, 13,0 % 1,1-Difluorethan, 34,0 % 2-Chlor-1,1,1,2-tetrafluorethan
R 402A	38 % Chlordifluormethan, 2 % Propan, 60 % Pentafluorethan
R 404A	44 % Pentafluorethan, 4 % 1,1,1,2-Tetrafluorethan, 52 % 1,1,1-Trifluorethan

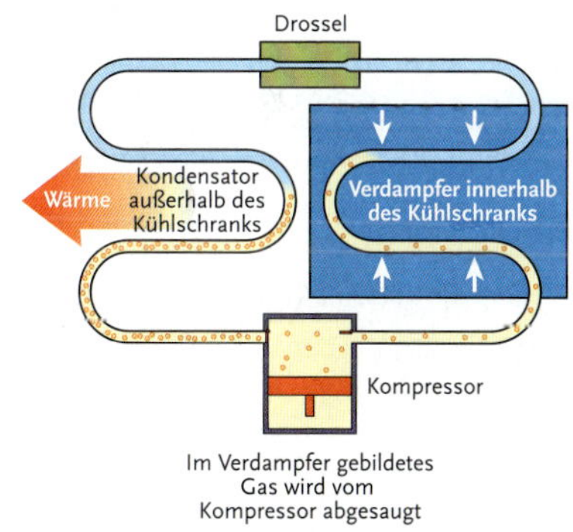

Funktionsweise eines Kühlschrankes: Im Inneren des Kühlschranks entnimmt das Kältemittel die notwendige Verdampfungswärme und strömt als Gas zum außenliegenden Kompressor. Dort wird es verdichtet und erwärmt sich dabei. Beim Durchlauf durch den Kondensator (schwarze Kühlschlangen an der Geräterückseite) wird die Wärme an die Umgebung abgegeben und das Kühlmittel kondensiert. Die Drossel dient der Druckabsenkung vor dem Einströmen in das Innere des Gerätes.

Benennung der Kältemittel

Mit dem Kühlschrankmodell „Greenfreeze“ kam 1991 erstmals ein Modell auf den Markt, das in zweifacher Hinsicht „ozonkillerfrei“ beworben werden konnte. Recherchieren Sie, welche Neuerungen dabei eingesetzt wurden und wie die marktführenden Hausgerätehersteller darauf reagierten.

In Österreich sind seit 1. Jänner 2010 der Verkauf und die Verwendung von R 22, R 401A, R 402A und R 123 verboten.

Als Alternativen bieten sich Propan, Butan, Pentan, Ammoniak und Kohlenstoffdioxid sowie die chlorfreien Kältemittel R 134A, R 1234YF oder R 404A an. Zu beachten ist, dass die ersten drei Substanzen feuergefährlich, Ammoniak und R 1234YF ätzend und giftig sind. R 134A zerstört Ozon zwar nicht, hat aber ein hohes Treibhausgaspotenzial!

Für Kühlschränke ist der Ersatz der halogenhaltigen Kältemittel technisch längst umgesetzt. Gewerbliche Kühlaggregate und veraltete Autoklimaanlagen enthalten nach wie vor „Ozonkiller“ – Halogenverbindungen.

Halogenverbindungen als Treibgase und Schäummittel

Der Einsatz als Treibgas in Spraydosen und als Treibmittel für Schaumstoffe setzt voraus, dass die verwendeten Verarbeitungshilfsmittel keine chemische Reaktion mit dem Inhalt des Behälters oder dem zu verschäumenden Stoff eingehen. Einige der bekanntesten **Treibgase** sind **FCKW** (Trichlorfluormethan, Dichlordifluormethan), **Kohlenwasserstoffe** (Propan, Butan), **Dimethylether, Kohlenstoffdioxid, Stickstoff** und **Luft.** CO_2, N_2 und Luft werden auch in der Lebensmittelindustrie als Treib- und Schäummittel eingesetzt, um die Cremigkeit zu erhöhen.

Welches Gefahrensymbol und welcher Sicherheitshinweis müssen auf einer Spraydose angebracht werden?

Ozonschädliche FCKW-Treibmittel werden in Österreich in Sprühdosen seit Jahrzehnten nicht mehr verwendet. Auch als Schäummittel für Kunststoffe wurden sie vorwiegend durch gasförmige Alkane ersetzt. Aufgrund der **Langlebigkeit der Halogenverbindungen** werden die früher eingesetzten Halogenkohlenwasserstoffe aber noch jahrzehntelang in der Stratosphäre ihre die Ozonschicht zerstörende Wirkung entfalten.

Halon 1301, Bromtrifluormethan, ist für die Verwendung in automatischen Löschanlagen in der Luftfahrt zugelassen

Feuerlöschmittel

Seit dem Jahr 2000 dürfen in Europa die **als Halone bezeichneten bromhaltigen Kohlenwasserstoffe** nur mehr für sogenannte kritische Anwendungen verwendet werden. Gemeint sind damit Feuerlöscher für Frachträume in Flugzeugen oder auf Flügen mitgeführte Handfeuerlöscher. Sowohl in der zivilen Luftfahrt (z. B. Airbus, Boeing), wie auch in der militärischen werden Halone als Löschmittel für Triebwerksschächte und Triebwerke eingesetzt.

Begründet wird dies damit, dass die Halone als chemisch wirkende Löschmittel mit bedeutend weniger Löschmittelvolumen auskommen als Inertgase und CO_2, die die Flamme ersticken. Dem Vorteil der Gewichtsersparnis steht jedoch die im Vergleich zu CO_2 zum Teil überaus starke **Wirkung als Treibhausgas** und eine wahrscheinliche Zersetzung zu giftigen Folgeprodukten gegenüber.

Halogenhaltige Kunststoffe

Polyvinylchlorid PVC

Vinylchlorid ist der unsystematische Name für Chlorethen $H_2C{=}CHCl$. Der durch Polymerisation daraus hergestellte Kunststoff Polyvinylchlorid (PVC) steht mit einem Produktionsvolumen von weltweit über 30 Millionen Jahrestonnen hinter Polyethlyen (PE) und Polypropylen (PP) an dritter Stelle der Massenkunststoffe.

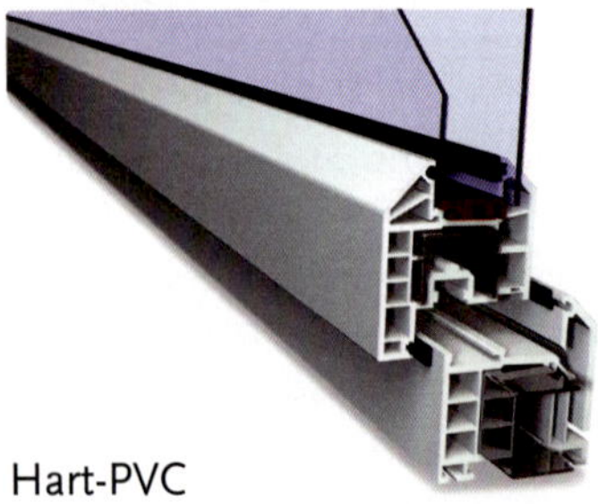

Hart-PVC

Das Monomer ist giftig und verursacht bei längerem Kontakt Haut- und Gelenksbeschwerden. Um die Vinylchloridbelastung gering zu halten, sind umfangreiche betriebstechnische und arbeitshygienische Maßnahmen notwendig. Beim **Verbrennen von PVC** bei zu niedrigen Temperaturen bilden sich neben Hydrogenchlorid (HCl) auch **hochgiftige Dioxine.** Aus diesem Grund wird PVC entweder stofflich recycliert oder in geeigneten Verbrennungsanlagen entsorgt.

Weich-PVC

Der harte Thermoplast PVC kommt als Hart-PVC für Platten, Rohre und Profile zum Einsatz. Um ihn als Weich-PVC für Bodenbeläge, Kabelummantelungen, Schläuche, Folien, Kinderspielzeug, Schuhsohlen und Kunstleder geeignet zu machen, müssen sogenannte **äußere Weichmacher** zugesetzt werden. Dabei wird der Weichmacher nicht kovalent in das Polymer eingebunden, sondern tritt nur über seine polaren Gruppen mit dem Polymer in Wechselwirkung und erhöht so die Kettenbeweglichkeit. Dafür werden neben Phthalaten (Phthalsäureester) auch polychlorierte Biphenyle (PCB) eingesetzt. Beide Weichmacherarten gelten als **entwicklungs- und reproduktionshemmend.** Sie stören den Hormonhaushalt und verringern die Anzahl der Spermien.

Äußere Weichmacher sind im Kunststoff nicht fest gebunden und können verdampfen, ausgewaschen oder abgerieben werden. Die **Verwendung** dieser Substanzen für Babyartikel und Kinderspielzeug ist **in der EU verboten** – allerdings wird die Mehrzahl des in der EU erhältlichen Spielzeugs importiert. In Österreich sind Phthalate und PCB in Lebensmittelverpackungen nicht zugelassen.

Getränkeflaschen aus Kunststoff bestehen meist aus **PET (Polyethylenterephthalat).** Für die Produktion von PET-Flaschen sind keine Phthalate oder PCB als Weichmacher erforderlich.

Grundformel für PCB:

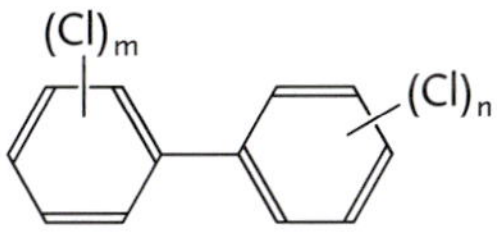

Weichmacher werden unter anderem auch in Dispersionen und Lacken, Dichtmassen, Klebstoffen, Kosmetika und Textilien verwendet.

PCB gelangen aus ausdampfenden PVC-Einrichtungsartikeln oder durch hohe Konzentrationen im Autoinnenraum (Neuwagengeruch) über die Atmung, über die Nahrung oder durch direkten Kontakt in den Körper.

Polytetrafluorethen PTFE

Die herausragenden Eigenschaften dieses Kunststoffes sind seine ausgezeichnete Chemikalienbeständigkeit, der sehr geringe Reibungskoeffizient und die extrem niedrige Oberflächenspannung. PTFE wird daher im Chemieanlagenbau, für Dichtungen und Beschichtungen verwendet. Die Schmelze ist hochviskos und depolymerisiert teilweise. Daher werden Beschichtungen so hergestellt, dass PTFE-Pulver aufgetragen und mithilfe einer Flamme gesintert wird (Plasmaspray-Verfahren).

PTFE ist unter dem **Handelsnamen Teflon** vor allem als Beschichtungsmaterial für Bratpfannen bekannt

Kritisch gesehen werden müssen bei PTFE sowohl die bei der Herstellung benötigten als auch die bei der Entsorgung (Verbrennung) entstehenden Fluorverbindungen. Neben deren kanzerogenen und toxischen Wirkung muss vor allem der **bioakkumulative Effekt in der Nahrungskette** beachtet werden!

Beim Überhitzen (dauerhaft über 260°C bzw. kurzzeitig über 300°C) von Teflonbeschichtungen kann es zur Depolymerisation kommen!

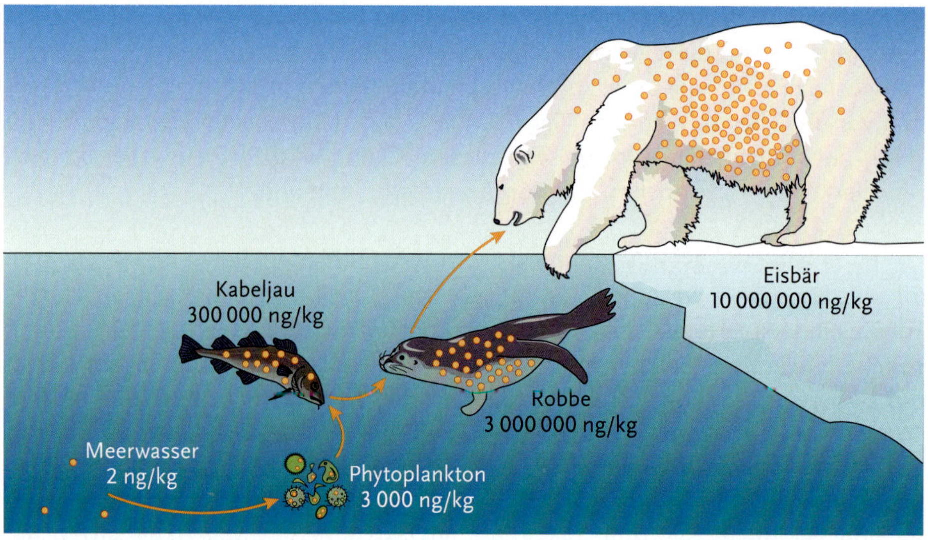

Bioakkumulativer Effekt: Anreicherung von Schadstoffen in der arktischen Nahrungskette

Ziele erreicht? – „Halogenkohlenwasserstoffe"

- **2.01** ++ Ordnen Sie den Eigenschaften der organischen Halogenverbindungen geeignete Einsatzgebiete zu.
- **2.02** ++ Erklären Sie den Nachteil des natürlichen Kältemittels Wasser im Gegensatz zu halogenierten Kohlenwasserstoffen.
- **2.03** ++ Begründen Sie, warum bei Babyspielzeug besonderer Wert auf weichmacherfreie Produkte gelegt werden muss.
- **2.04** ++ Zeichnen Sie eine Nahrungskette für den Thunfisch, die den bioakkumulativen Effekt von Schadstoffen zeigt.
- **2.05** + Nennen Sie Produkte, die Weichmacher enthalten.
- **2.06** ++ Recherchieren und begründen Sie den Einsatz von PTFE beim Manhattan-Projekt.
- **2.07** ++ Recherchieren Sie das Funktionsprinzip von Gore-Tex-Kleidung.
- **2.08** ++ Begründen Sie, warum mehr als 30 Jahre nach dem Verbot des Pestizids DDT immer noch dessen Auswirkungen auf Organismen nachweisbar sind.

3 Kunststoffe

Kunststoffe sortenrein der Entsorgung zuführen

„Kunst kommt von Können." So können auch die Kunststoffe sehr viel! Sie lassen sich je nach gewünschten Gebrauchseigenschaften modifizieren, sind in allen Farben und Formen erhältlich. Sie können wie traditionelle Werkstoffe verarbeitet werden und ersetzen diese auch in vielen Anwendungen – und das oft zu einem niedrigeren Preis. Ideal angepasst an unsere schnelllebige Konsumgesellschaft. Doch halt: Wird unsere Lebensweise nicht auch als „Wegwerfgesellschaft" bezeichnet? Und können und sollen gerade die Kunststoffe weggeworfen werden?

Meine Ziele

Nach Bearbeitung dieses Kapitels kann ich

- **Anwendungsgebiete, Vor- und Nachteile** der Kunststoffe nennen;
- beispielhaft **Kunststoffe trennen** und sortenrein **der Entsorgung zuführen;**
- ein zeitlich und örtlich begrenztes **Konzept zur Vermeidung von Kunststoffabfällen** erstellen und anwenden.

Anwendungsgebiete

Kunststoffe finden sowohl in der Technik als auch in allen Wirtschaftszweigen und im täglichen Leben Verwendung. Durch die zahlreichen Möglichkeiten, den chemischen Aufbau zu verändern, verschiedene Additive zuzusetzen und die Verarbeitungsbedingungen zu wählen, lassen sich die Eigenschaften der Kunststoffe in weiten Grenzen verändern. Es sind wie bei keiner anderen Werkstoffgruppe die unterschiedlichsten Eigenschaftskombinationen erreichbar. Dazu kommen eine unerreichbar hohe Fertigungsgeschwindigkeit und eine weitgehend freie Gestaltung der Formen.

So können Kunststoffe sein:

- Fest und hart oder gummiartig weich bis klebrig
- 50-mal leichter als Wasser oder doppelt so schwer
- Elektrisch sehr gut isolierend oder elektrisch leitend gemacht
- Sowohl wärme- als auch kältedämmend
- Völlig glasklar durchsichtig oder völlig undurchsichtig
- Löslich in Wasser bzw. organischen Lösungsmitteln oder von keiner Chemikalie angreifbar
- Der Witterung ausgesetzt, über viele Jahrzehnte haltbar und gebrauchsfähig oder binnen weniger Wochen zerfallend
- Einfärbbar oder mit dekorativen Oberflächen versehen
- Als Thermoplaste über die Schmelze umformbar
- Allgemein haben Kunststoffe eine geringe Wärmebeständigkeit und sind zum Teil brennbar

Welche dieser Eigenschaften treffen auch auf Metalle, Glas und Keramik zu?

Massenkunststoffe

Mehr als die Hälfte der Kunststofferzeugung entfällt auf die vier **Thermoplaste Polyethylen (PE), Polypropylen (PP), Polyvinylchlorid (PVC)** und **Polystyrol (PS).** Die daraus hergestellten Produkte sind überwiegend für den einmaligen Gebrauch bestimmt (z. B. Tragetaschen, Flaschen, Verpackungsfolien) oder werden mechanisch und thermisch nur vergleichsweise wenig beansprucht (z. B. Rohre, Bodenbeläge, Schaumstoffe).

Massenkunststoffe

Technische Kunststoffe

Wenn Kunststoffe als belastbare oder Kraft übertragende Teile verwendet werden, stellt man an sie besonders hohe Anforderungen: möglichst geringe Verformung bei lang andauernder Belastung auch bei höheren Temperaturen, gute Schlagzähigkeit, günstiges Gleit- und Abriebverhalten, kleine Wärmeausdehnung, geringe Schwindung. Zu den technischen Kunststoffen mit der geforderten guten Maßgenauigkeit und Maßhaltigkeit zählt man **Polyamide (PA), Polyoximethylen (POM), Polyphenylenoxid (PPO), Polycarbonat (PC), Polyethylenterephthalat (PETP), Polybutylenterephthalat (PBTP)** und die **Duromeren.**

Technische Kunststoffe

Spezialkunststoffe

Herausragende Eigenschaften machen bestimmte Kunststoffe zu Spezialisten. Bei **Polymethylmethacrylat (PMMA)** sind es die hervorragende Lichtdurchlässigkeit, Farblosigkeit und Lichtbeständigkeit, die den Einsatz in der Beleuchtungstechnik rechtfertigen. Hohe Temperatur- und Chemikalienbeständigkeit sind die Voraussetzung für die Auskleidung von Rohren und Ventilen, die für chemische Verfahren verwendet werden. Diesen Ansprüchen wird **Polytetrafluorethylen (PTFE)** gerecht, das auch über ausgezeichnete Gleit- und Reibeigenschaften verfügt (antiadhäsive Beschaffenheit). Als hochtemperaturbeständige Kunststoffe werden **Polyimide (PI)** oder **Polyethersulfon (PES)** eingesetzt.

Spezialkunststoffe

Die aus gemischten Kunststoffabfällen herstellbaren Produkte genügen geringen Ansprüchen und sind meist in dunklen Farben erhältlich.

Komposter aus recyceltem Kunststoff

Allgemeines Recyclingsymbol

Recherchieren Sie, mit welchen Recyclingcodes Zeitungspapier, Aluminium, Baumwolle und grünes Glas versehen sind.

Fasern aus recyceltem PET gelangen als **Fleece** in den Handel und werden für Decken, Pullover oder Füllstoffe in Jacken verwendet

Recherchieren Sie unter www.pet2pet.at den Kreislauf von PET-Flaschen.

Recycling, Entsorgung, Abfallwirtschaft

Kunststoffe sind sowohl für stoffliches, chemisches als auch für thermisches Recycling geeignet:

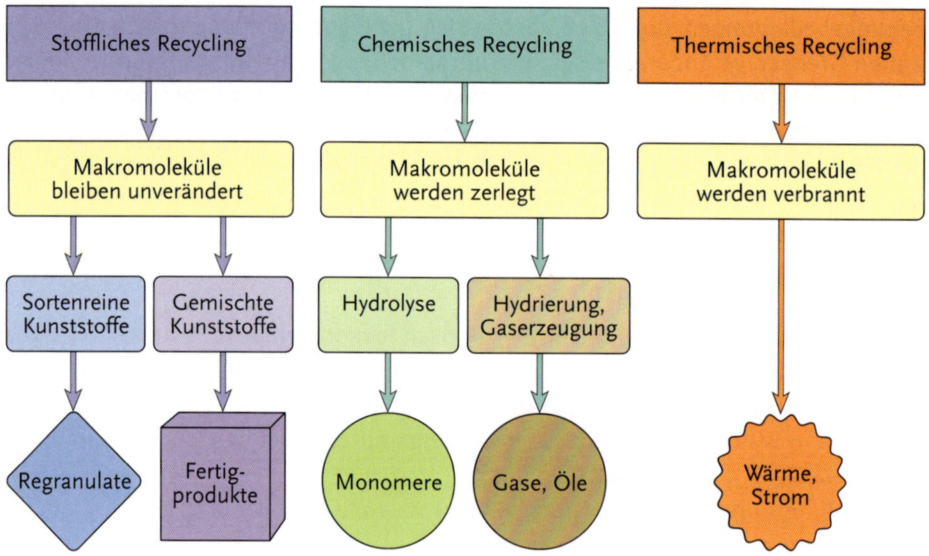

Sortenreine, saubere **Regranulate** fallen in der Produktion in Form von Angüssen, Randbeschnitten und Stanzabfall an. Gebrauchte Kunststoffe aus dem Produktkreislauf können sortenrein nur sehr aufwendig gesammelt werden. Die Kennzeichnung mit dem Kurzzeichen der Kunststoffsorte oder mit **Recyclingnummern** soll dem Konsumenten das Sortieren erleichtern. Diese sind festgelegt in ÖNORM ISO 11469 „Kennzeichnung von Kunststoff-Formteilen" bzw.im Anhang 1 der Verpackungsverordnung.

07 des Recyclingcodes umfasst mit „O" (OTHER) unter 01 bis 06 nicht erfasste Kunststoffe. Von 80 bis 100 sind die Nummern des Recyclingcodes für Verbundwerkstoffe reserviert: Mit 80 bis 85 gekennzeichnete Produkte enthalten Kunststoffe in Kombination mit Papier, solche mit 90 bis 92 sind Kunststoff-Metall-Verbundwerkstoffe.

Recycling von PET

In Österreich gelangen jährlich rund 40 000 t PET-Flaschen in den Handel, rund zwei Drittel davon werden recycelt. Zunächst werden die Kunststoffflaschen in einer Mühle zerkleinert, anschließend gewaschen und getrocknet. Die sogenannten Flakes werden mit Extrudern zu Granulat oder Fasern weiterverarbeitet. Einige österreichische Firmen bieten bereits Granulat aus wiederverwertetem PET an, das für Lebensmittelverpackungen zugelassen ist. Auch ein Bottle-to-Bottle-System wird umgesetzt. Der Großteil der in Europa gesammelten PET-Flaschen wurde vor 2018 jedoch als Sekundärrohstoff nach China exportiert und dort zu Fasern verarbeitet. Die daraus hergestellten Textilien wurden wieder nach Europa gebracht und hierzulande als Importware verkauft. Geringe Transport- und Produktionskosten und niedrige Umwelt- und Sozialstandards in China machte diesen Umweg rentabel und gebrauchtes PET zu einem Wirtschaftsfaktor. Das chinesische Importverbot für PET-Flaschen, aber auch für PE-Folien und für unsortierten Kunststoffmüll zwang europäische Recycler zum Umdenken.

Biokunststoffe

Im Hinblick auf Abfallvermeidung und die Verwendung von nachwachsenden Rohstoffen erscheinen **biologisch abbaubare Kunststoffe** sehr interessant. Nicht alle als Biokunststoffe bezeichneten und im Handel befindlichen Produkte erfüllen aber diese beiden Ansprüche. So gibt es sehr wohl auch biologisch abbaubare Kunststoffe auf Mineralölbasis und sogenannte **Wood-Plastic-Compounds (WPC),** bei denen Holzmehl als biogener, nachwachsender Rohstoff mit herkömmlichen Kunststoffen wie PE, PP oder PVC vermischt und durch Extrusion verarbeitet wird.

Unter **Biopolymeren** versteht man biogene Polymere, also von einer lebenden Zelle erzeugte Makromoleküle wie Cellulose, Fette oder Proteine.

Celluloseacetat siehe Kap. B, 8.1.

Beim Produkt **„thermoplastische Stärke"** handelt es sich um aus Kartoffeln, Mais oder Weizen hergestellte Stärke, die mit biologisch abbaubaren Polyestern, Polyesteramiden oder Polyvinylalkohol kombiniert wird. Letztere sind Wasser abweisend, während die Stärke selbst ein wenig wasserlöslich ist. Durch die Kombination erhält man einen wasserfesten Stärkekunststoff, der thermoplastisch z. B. zu Tragetaschen, Verpackungsfolien, Bechern und Blumentöpfen verarbeitet wird.

Lactid siehe Kap. B, 6.

Polymilchsäure (Polylactid, PLA) entsteht durch Polymerisation von Lactid, einem zyklischen Diester der beiden Isomeren der Milchsäure. Aus PLA werden vor allem Verpackungsfolien hergestellt, auch Getränkebecher und Verpackungsschalen für Obst, Gemüse und Fleisch, hier dominiert jedoch nach wie vor PS.

Verpackung für Süßigkeiten aus Polymilchsäure (PLA)

Polyhydroxybuttersäure (PHB) ist ein Polyester und ähnelt in seinen Eigenschaften PP. Die Herstellung erfolgt mithilfe von Bakterien hauptsächlich aus Zucker und Stärke. Allerdings konkurriert die PHB-Herstellung aus Zucker mit der Nahrungsmittelindustrie und der Erzeugung von Biokraftstoffen!

Kunststoffdeponien

Weltweit gesehen landet gebrauchter Kunststoff mehrheitlich auf Deponien, auf angelegten und auf wilden – und in den Weltmeeren! Allerdings darf man sich hier keine großflächigen im Meer treibenden Müllteppiche vorstellen. Aus den Flüssen eingespülter oder von Schiffen auf offener See abgeladener Müll wird durch die Strömung relativ schnell in kleine Fetzen zerrissen und zerrieben. Durch diese feine Verteilung und Pulverisierung wird der Kunststoffabfall jedoch leicht von den Meeresbewohnern als vermeintliche Nahrung aufgenommen. So reichern sich aber nicht nur die **Plastikpartikel,** sondern, was noch viel problematischer ist, die **Kunststoffadditive in der Nahrungskette** an.

Diskutieren Sie fächerübergreifend, warum in welchen Regionen der Weltmeere Müllstrudel anzutreffen sind.

Da der Restmüll der Industrieländer und der Großstädte aller Kontinente neben Kunststoffen weitere verwertbare Komponenten enthält, ist er in den letzten Jahren mehr und mehr zur Lebensgrundlage der **„Müllmenschen"** nicht nur in den Entwicklungsländern geworden. Erwachsene, vor allem aber auch Kinder leben von und in dem Müll, den sie sammeln, sortieren und verkaufen. Fehlende Hygiene, verschmutztes Wasser, die Belastung durch giftige Schwermetalle und ungeschützter Umgang mit ätzenden oder gesundheitsschädlichen Chemikalienresten kennzeichnen die Lebensbedingungen. Auf den Müllhalden setzen Schwelbrände toxische Gase frei. Elektrogeräte werden per Hand zerlegt, um an die Metalle im Inneren zu gelangen. Die Gesetze der EU verbieten den Müllexport, gestatten aber die Ausfuhr von vermeintlich wiederverwertbaren Secondhandwaren.

Mülldeponie als Arbeitsplatz und „Lebensraum"?

Ziele erreicht? – „Kunststoffe"

3.01 ++ Nennen Sie Beispiele für Massen-, technische und Spezialkunststoffe und ihre Anwendungsgebiete.

3.02 + Begründen Sie, warum Fertigprodukte aus regranulierten gemischten Kunststoffen geringen mechanischen Ansprüchen genügen und meist in dunklen Farben gehalten sind.

3.03 ++ Sortieren Sie mitgebrachte Kunststoffteile mithilfe der Recyclingcodes.

3.04 + Analysieren Sie mithilfe der Schwimmprobe, welche mitgebrachte Kunststoffverpackungen aus PE oder PP hergestellt wurden. Stellen Sie mit der Ritzprobe fest, bei welchen Teilen es sich um PP, LDPE oder HDPE handelt.

3.05 + Untersuchen Sie mithilfe der Beilsteinprobe, ob sich unter mitgebrachten Kunststoffabfällen auch Teile aus PVC befinden.

3.06 + Stellen Sie anhand der Kennzeichnung fest, ob sich unter von Ihnen gesammelten Verpackungsfolien für Süßwaren und Obst auch solche aus PLA befinden.

3.07 + Schlagen Sie eine einfache Untersuchung vor, wie Verpackungsflocken aus PS von solchen aus thermoplastischer Stärke unterschieden werden können.

3.08 ++ Argumentieren Sie, welche Vorteile für Getränkeverpackungen aus Kunststoff sprechen und welche Vorteile Glasflaschen aufweisen. Berücksichtigen Sie dabei besonders das Pfandsystem bei Mehrwegflaschen.

3.09 ++ Recherchieren Sie, welche Getränke in einem Lebensmittelmarkt Ihrer Wahl in Kunststoffflaschen und welche in Glasflaschen erhältlich sind. Finden Sie dabei für ein und dasselbe Produkt beide Verpackungsarten?

3.10 ++ Erheben Sie, wie viele der Pausengetränke in Einweg-PET-Flaschen abgefüllt sind, und schlagen Sie praktikable Alternativen vor.

3.11 ++ Recherchieren Sie über den Zeitraum einer Woche, wie viele Kunststofftragetaschen bei Einkäufen Ihrer Mitschüler/innen und deren Familien angefallen sind. Erstellen Sie eine Statistik, wie viele dieser Tragetaschen gratis waren und wie viele von vornherein nur für den einmaligen Gebrauch (Obstsackerl) bestimmt waren. Schlagen Sie Strategien zur Reduktion des Kunststoffverbrauches in diesem Bereich vor.

3.12 ++ Stellen Sie durch eine Umfrage fest, wie oft Tragetaschen aus Papier und Textilien verwendet werden. Sammeln Sie Argumente pro und kontra Kunststofftragetaschen. Recherchieren Sie, in welchen Ländern Kunststofftragetaschen verboten sind.

3.13 ++ Erstellen Sie ein praktikables Konzept zur Vermeidung von Kunststoffabfällen in Ihrer Klasse, wobei Sie den Schwerpunkt beispielsweise auf Verpackungen legen.

3.14 ++ Recherchieren Sie, ob Sie und Ihre Mitschüler/innen Produkte aus recycelten Kunststoffen oder Kunsstoffmehrwegverpackungen verwenden.

3.15 ++ Im Verpackungssektor wurde 1978 der Slogan „Jute statt Plastik!" propagiert. Recherchieren Sie, warum diese pflanzliche Faser in diesem Bereich nicht mehr verwendet wird.

3.16 ++ Recherchieren Sie unter www.ara.at unter „Sammlung und Verwertung in Zahlen", wie viel an Leichtverpackungen, Papier, Glas und Metall in Ihrem Bundesland pro Kopf gesammelt wird.

Kunststoffanalytik siehe Kap. B, 8.4.

Verpackungsflocken aus PS

Verpackungsflocken aus Stärke

Informieren Sie sich auf der Website des Lebensministeriums (www.bmlfuw.gv.at) über die Initiative „Pfiatdisackerl".

D Biotechnologie

In diesem Kapitel wird die Biotechnologie als interdisziplinäre Ingenieurwissenschaft mit den drei Säulen der Biochemie, der Mikrobiologie und der Verfahrenstechnik dargestellt. Das biochemische Verständnis der Hauptnährstoffe und deren Stoffwechselwege in der Zelle sind wichtige Voraussetzungen für die Anwendung von Mikroorganismen in der biotechnologischen Verfahrenstechnik. Traditionelle und neu entwickelte biotechnologische Verfahren, die von der Brauereitechnologie bis zur Herstellung von Pharmazeutika reichen, unterstreichen die Komplexität der Anwendung lebender Zellen in technischen Prozessen.

D

1 Grundlagen der Biochemie und Ernährung

Lebewesen benötigen neben Wasser vor allem drei Grundnährstoffe: Proteine (Eiweiß), Fette und Kohlenhydrate.

1.1 Proteine

Gegen Mitte des 19. Jahrhunderts verwendete Gerardus Johannes Mulder für stickstoffhaltige Stoffe in tierischen Geweben, die mengenmäßig den ersten Platz einnahmen, den Begriff Proteine, abgeleitet von „proteion" (altgriechisch an erster Stelle). Da Proteinuntersuchungen in weiterer Folge vor allem an Hühnereiweiß durchgeführt wurden, setzte sich im deutschen Sprachraum der Begriff „Eiweiß" durch.

Spiegelei

Ein Hühnerei besteht zu rund 13 % aus Eiweiß. Was sind die anderen Bestandteile?

GERARDUS JOHANNES MULDER, 1802 BIS 1880, NIEDERLÄNDISCHER ARZT UND BIOCHEMIKER

Enzyme siehe Kap. D, 3.1.

Essenzielle Aminosäuren siehe digitales Zusatzpaket, Kap. F, 2.

Meine Ziele

Nach Bearbeitung dieses Kapitels kann ich

- die **Proteine** nach ihrem Aufbau und ihren Aufgaben unterscheiden;
- darstellen, wie eine **Peptidbindung** entsteht;
- das Zustandekommen der **räumlichen Struktur eines Proteins** erklären;
- den **Proteingehalt** einer Probe aufgrund des Stickstoffgehaltes berechnen;
- **Raumstruktur, Nichtproteinkomponente** und **biologische Funktion eines Proteins** bewerten.

Die Proteine spielen in der lebenden Zelle nicht nur mengenmäßig, sondern auch funktionell eine herausragende Rolle.

- Als **Strukturproteine** sind sie am Aufbau der Zellen und größerer Zellkomplexe (der Organe, des Bindegewebes, der organischen Substanz der Knochen) beteiligt.
- **Membranproteine** tragen auch zum Transport von Stoffen in die Zelle und aus der Zelle im Rahmen des Stoffwechsels bei. Transportproteine sind für den Transport außerhalb der Zellen verantwortlich, z. B. der rote Blutfarbstoff Hämoglobin für den Sauerstofftransport von der Lunge zu den Körperzellen.
- **Speicherproteine,** wie das Gluten in den Getreidearten Weizen, Roggen, Gerste und Hafer, versorgen den Keimling mit den nötigen Stickstoffverbindungen.
- In der Biotechnologie stehen die **Enzyme,** die die biochemischen Reaktionen im Stoffwechsel katalysieren, im Mittelpunkt des Interesses.

Bausteine der Proteine sind die Aminosäuren, konkret die Stereoisomere der L-Aminosäuren (siehe Kap. 1.7.2). In pflanzlichen und tierischen Geweben sind 20 Aminosäuren für den Aufbau der Proteine verantwortlich, die sogenannten proteinogenen Aminosäuren. Die Aminosäuren sind über Peptidbindungen (Amidbindungen) zu Polymeren verknüpft. Die Bindung entsteht zwischen der Carboxylgruppe einer Aminosäure und der Aminogruppe der folgenden Aminosäure unter Wasserabspaltung.

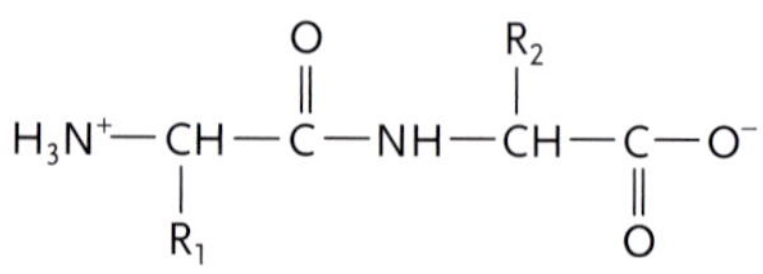

Strukturformel der Peptidbindung am Beispiel eines Dipeptids: R_1, R_2 ... Seitenäste (Seitenketten) der Aminosäuren

Protein (Eiweiß): Makromolekül aus ca. 100 bis zu 10 000 Aminosäuren, die durch Peptidbindungen verknüpft sind

Die Folge der Aminosäuren, die Aminosäuresequenz, auch Primärstruktur genannt, ist genetisch determiniert. Sie bestimmt durch den chemisch-physikalischen Charakter der einzelnen Aminosäuren, die als Seitenäste (Seitenketten) aus der Peptidbindungskette (Hauptkette) ragen, die Raumstruktur und die weiteren Eigenschaften der Proteine.

Ausbildung der Raumstruktur eines Proteinmoleküls

Hydrophobe (unpolare) Aminosäuren bilden durch hydrophobe Wechselwirkungen einen inneren Zusammenhalt des Proteinmoleküls und damit seine Gestalt. Nach außen hin ragen aus der Hauptkette die Seitenketten der hydrophilen (polaren) Aminosäuren, die über Wasserstoffbrückenbindungen mit Wassermolekülen eine Hydrathülle ausbilden und damit die Eigenschaft der Wasserlöslichkeit (ein molekular disperses System) bewirken.

Weitere innere (intramolekulare) Bindungen ergeben sich aus der elektrostatischen Wechselwirkung zwischen positiv geladenen Seitenketten basischer Aminosäuren und negativ geladenen Seitenketten saurer Aminosäuren. Eine besonders starke Bindung in Form der kovalenten Bindung ergibt sich durch die Disulfidbrücke zwischen zwei L-Cystein-Seitenketten. Die Disulfidbrücke wird durch Oxidation (Dehydrogenierung) gebildet. Die Reaktion ist durch Reduktionsmittel reversibel.

$$\text{Cys—SH} + \text{HS—Cys} + \tfrac{1}{2}\,O_2 \rightleftharpoons \text{Cys—S—S—Cys} + H_2O$$

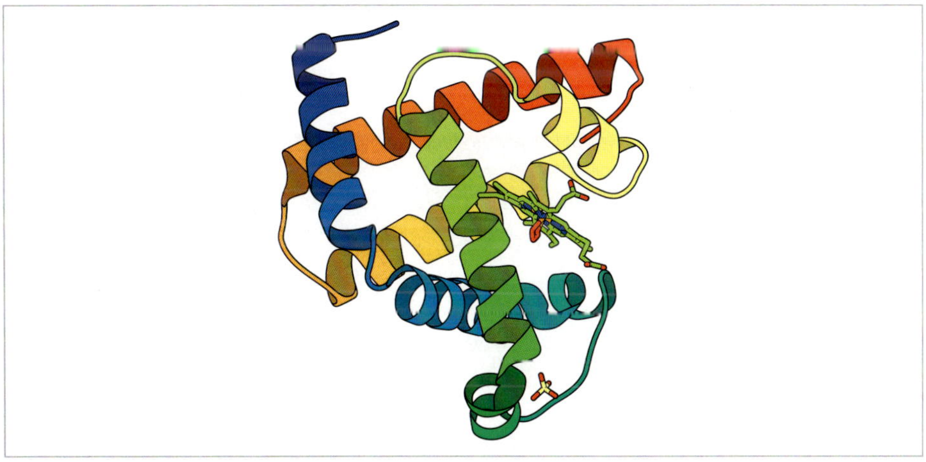

Modell des Myoglobins, des roten Muskelfarbstoffes

Die Raumstruktur eines Proteins wird auch als Kettenkonformation bezeichnet. Dabei findet man geometrisch geordnete Abschnitte (z. B. eine schraubenförmige Helixstruktur oder Faltblattstruktur) und Abschnitte ohne geometrische Ordnung („random coil“ = Zufallsknäuel). Die geometrisch geordneten Abschnitte eines Proteins werden als Sekundärstruktur bezeichnet, die räumliche Anordnung des ganzen Proteinmoleküls als Tertiärstruktur. Weiters bestehen manche Proteine aus mehreren Peptidhauptketten (Quartärstruktur), so das als Transportprotein erwähnte Hämoglobin, das aus vier Proteinuntereinheiten besteht (tetrameres Protein).

Primärstruktur: Abfolge der Aminosäuren
Sekundärstruktur: einzelne geordnete Abschnitte des Proteinmoleküls (Helix oder Faltblatt)
Tertiärstruktur: räumliche Gestalt eines ganzen Proteinmoleküls
Quartärstruktur: Aggregat aus mehreren Proteinmolekülen (Untereinheiten)

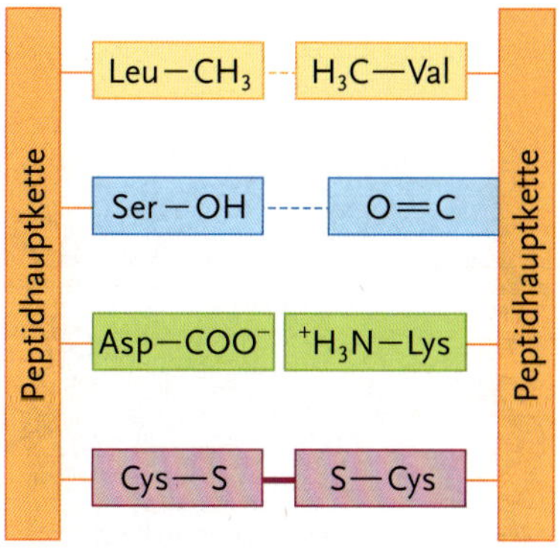

Wechselwirkungen zwischen Aminosäuren-Seitenketten innerhalb eines Proteins. Von oben nach unten von der schwächsten zur stärksten Bindung: Hydrophobe Wechselwirkung, Wasserstoffbrücke zwischen Seitenkette und –CO der Hauptkette, elektrostatische Wechselwirkung, kovalente Bindung.

Welche Aminosäuren werden in der Darstellung der Wechselwirkungen (siehe oben) mit den verwendeten Abkürzungen bezeichnet?

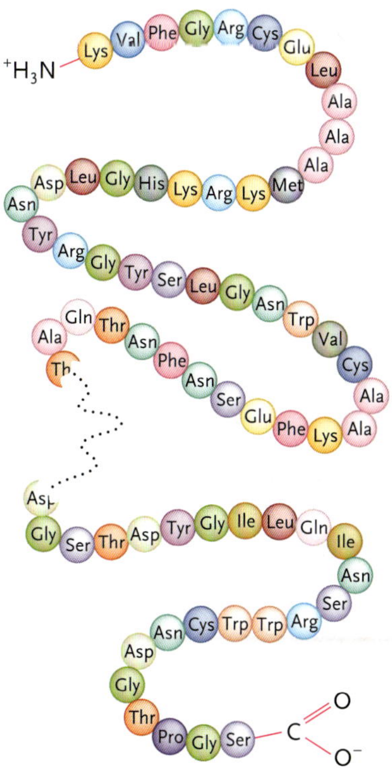

Primärstruktur eines Proteins

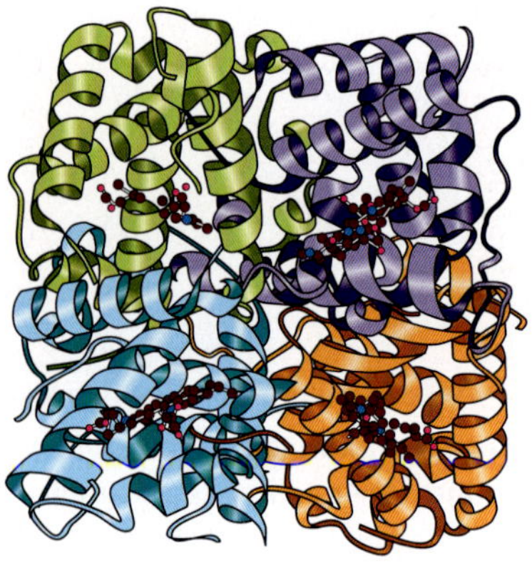

Quartärstruktur: Das Molekül in diesem Beispiel besteht aus vier Protein-Untereinheiten. Andere Proteinmoleküle können auch aus einer anderen Anzahl an Untereinheiten bestehen.

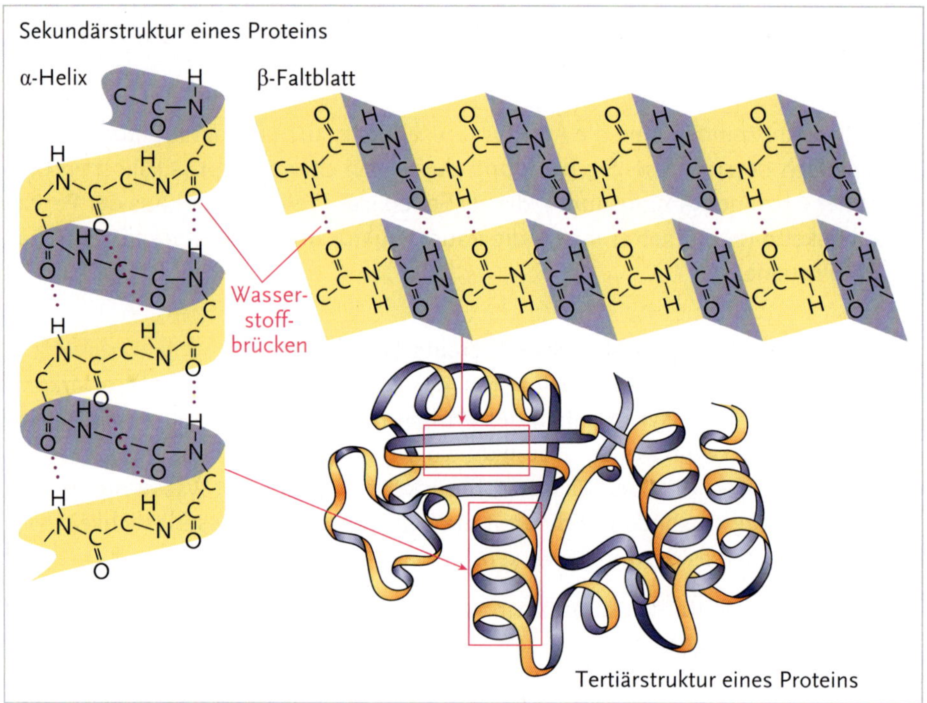

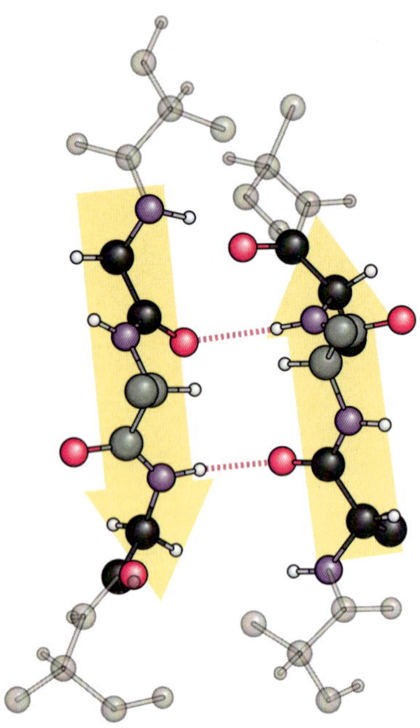

Sekundärstruktur β-Faltblatt mit zwei H-Brücken zwischen dem O-Atom (rot) und dem H-Atom (weiß)

Zusammengesetzte Proteine werden oft auch als Proteide bezeichnet.

Coenzyme siehe Kap. D, 3.1.

Die biologische Funktion eines Proteins steht mit der Raumstruktur in unmittelbarem Zusammenhang. Wird die Raumstruktur verändert, z. B. irreversibel durch Hitzeeinwirkung, spricht man vom Denaturieren des Proteins, das dadurch seine Funktionalität verliert.

Zusammengesetzte Proteine enthalten Nichtproteinbestandteile, die prosthetische Gruppe, die für die biologische Funktion des Proteins von ausschlaggebender Bedeutung ist.

Zusammengesetztes Protein	Prosthetische Gruppe	Beispiel
Metallprotein	Häm mit Eisen	Hämoglobin im Blut
Phosphoprotein	Phosphat	Casein in Wiederkäuermilch
Lipoprotein	Lipid (Fett)	Gluten (Weizeneiweiß)
Glycoprotein	Kohlenhydrat	Allergene aus Birkenpollen

Auch viele Enzyme sind zusammengesetzte Proteine, die als Nichtproteinbestandteil ein Coenzym (auch Cofaktor genannt) enthalten. Coenzyme sind jedoch im Gegensatz zu den zuvor genannten irreversibel gebundenen prosthetischen Gruppen reversibel an das Protein gebunden und können dissoziiert werden.

Nach ihrer Raumstruktur und damit ihren Eigenschaften können Proteine in zwei Gruppen eingeteilt werden:

- **Globuläre Proteine** (auch **Sphäroproteine** genannt): Die Raumstruktur entspricht weitgehend einem Knäuel (siehe „random coil"). Die Proteine zeichnen sich durch gute Wasserlöslichkeit aus. Beispiele dafür sind das Hühnereiweiß (Ovalbumin) und das Molkeneiweiß (Lactalbumin), wobei unter Albuminen generell wasserlösliche Proteine zu verstehen sind. In die Gruppe der globulären Proteine sind auch die Enzyme einzuordnen.
- **Fibrilläre Proteine** (auch **Faserproteine** oder **Skleroproteine** genannt): Die Raumstruktur entsteht aus mehreren parallel angeordneten, in sich geometrisch geordneten Polypeptidhauptketten (z. B. Faltblattstruktur oder Tripelhelix). Beispiele dafür sind das Kollagen in Bindegewebe, Haut und Knochen und das Keratin in Haaren und Wollfasern.

Der durchschnittliche Stickstoffgehalt von Proteinen beträgt 16 %. Diesen Umstand macht man sich in der Analytik zunutze, indem von organischen Substanzen der N-Gehalt ermittelt (z. B. mit Methode nach Kjeldahl) und daraus durch Multiplikation mit dem Faktor 6,25 (100/16) die Menge an Protein berechnet wird.

Methode nach Kjeldahl: Aufschluss der N-haltigen Substanz mit konzentrierter H_2SO_4 zu $(NH_4)_2SO_4$, Wasserdampfdestillation mit NaOH und Titration des in Borsäure aufgefangenen NH_3 mit 0,1 mol/L HCl.

Beispiel 1.1.01: Proteingehalt eines Frischkäses

Einwaage 1 g Frischkäse
Verbrauch an 0,1 mol/L HCl: 13,7 ml
Berechnung:
1 ml 0,1 mol/L HCl entspricht 0,1 mMol H^+ bzw. NH_3 bzw. N
0,1 mMol N für 1,4 mg N (da M(N) = 14 g/mol)
1 ml 0,1 mol/L HCl entspricht somit 1,4 mg N * 6,25 = 8,75 mg Protein
13,7 ml 0,1 mol/L HCl entspricht daher (gerundet) 120 mg Protein
120 mg Protein in 1 g Frischkäse entspricht 12 % Protein

Proteine haben eine Molekülmasse zwischen 10 000 und 1 Mio. Da. Da eine durchschnittliche Aminosäure mit 120 Da berechnet wird, bestehen Proteine aus 80 bis 8 000 Aminosäuren. Unter 10 000 Da spricht man von Peptiden, die im Gegensatz zu Proteinen keine definierte räumliche Struktur ausbilden.

Da (Dalton) ist die Maßeinheit für die Molekülmasse. 1 Da = 1 u = 1/12 der Masse des ^{12}C-Nuklids.

Ziele erreicht? – „Proteine"

1.1.01 ++ Nennen Sie die Aufgaben von Proteinen in lebenden Zellen.

1.1.02 + Geben Sie an, was man unter proteinogenen Aminosäuren versteht.

1.1.03 + Definieren Sie die Begriffe Primär-, Sekundär-, Tertiär- und Quartärstruktur.

1.1.04 + Erklären Sie, welche Rolle hydrophobe Aminosäuren im Zusammenhang mit der räumlichen Struktur eines Proteins spielen.

1.1.05 + Der Ausschnitt aus der Primärstruktur eines Proteins besteht aus den Aminosäuren Asparaginsäure, Leucin, Tyrosin, Lysin und Threonin. Beschreiben Sie die möglichen Funktionen dieser Aminosäuren in der Raumstruktur des Proteins.

1.1.06 + Ordnen Sie Ovalbumin, Kollagen, Keratin und Lactalbumin den globulären bzw. den fibrillären Proteinen zu.

1.1.07 + Handelt es sich beim Bluteiweiß Albumin und bei der Seide um globuläre Proteine? Begründen Sie Ihre Entscheidung.

1.1.08 ++ Kjeldahl-Beispiel: Ein Hühnerei besteht zu 13 % aus Protein. Berechnen Sie, wie viel Milliliter 0,1 mol/L HCl bei einer Einwaage von 1,4 g Hühnerei verbraucht werden.

Pommes frites enthalten ca. 15 % Fett, die rund 40 % des Energieanteils ausmachen. Kartoffelchips enthalten etwa 35 % Fett, der Energieanteil des Fettes beträgt ca. 60 %. (Prozentangaben berechnet auf Lebensmittelgewicht bzw. Energiegehalt des Lebensmittels.)

1.2 Fette

Der Fettbedarf eines Erwachsenen liegt bei 60 bis 80 g je Tag. Individuell übersteigt die tägliche Fettaufnahme diesen Wert oft erheblich. Dies liegt häufig im besonderen Geschmackserlebnis fetter Speisen. Fett ist der energiereichste Nahrungsbestandteil. Übergewicht und daraus resultierend die sogenannten Zivilisationskrankheiten, wie Bluthochdruck, erhöhter Serumcholesterinspiegel, Herz-Kreislauf-Erkrankungen und Diabetes, sind die Folge davon. Bei der gesundheitspolitischen Zielsetzung, den Fettverbrauch zu reduzieren, wird Fett allerdings zu rasch ein negatives Image zugeschrieben. Fett hat nämlich als Quelle für essenzielle Fettsäuren und fettlösliche Vitamine große Bedeutung in der täglichen Ernährung. Es kommt auf die richtige Wahl des Fettes an. Pflanzlichen Fetten und Fischfetten ist der Vorzug zu geben. Seit einigen Jahren wird Fett auch in Form von Methylestern als Treibstoff bzw. Treibstoffzumischung für Dieselfahrzeuge eingesetzt. Um den Wettbewerb zwischen fettbasierten Treibstoffen und Speisefetten, der zu Preiserhöhung für Fett führen könnte, zu entschärfen, ist es eine Zukunftsvision der Biotechnologie, Fett durch Algenzucht zu gewinnen.

Meine Ziele

Nach Bearbeitung dieses Kapitels kann ich

- die **Fette** nach ihrem Aufbau und ihren Aufgaben unterscheiden;
- das **Neutralfettmolekül** darstellen;
- die Eigenschaften der **verschiedenen Fettsäuren** erklären;
- die ernährungsphysiologische Bedeutung **der mehrfach ungesättigten Fettsäuren** beschreiben;
- die **Gruppen der Lipoide** und ihre Bedeutung darstellen.

Fette (Lipide) sind durch die gemeinsame Eigenschaft der Löslichkeit in unpolaren Lösungsmitteln, wie z. B. Chloroform, Ether, Petrolether (Leichtbenzin), definiert. Man unterscheidet zwischen **Neutralfetten** und **Lipoiden.**

Die biologische Funktion der Lipide ist einerseits im Aufbau von Membranen gemeinsam mit Proteinen (z. B. Zellmembranen) zu sehen, andererseits stellen sie eine wichtige Form der gespeicherten chemischen Energie in Lebewesen dar.

Neutralfette

Glycerol siehe Kap. B, 4.1.

Neutralfette bestehen aus dem dreiwertigen Alkohol Glycerol (Glycerin), der mit drei Fettsäuren über Esterbindungen verknüpft ist. Davon leiten sich die Bezeichnungen Triglyceride oder Triacylglycerole ab.

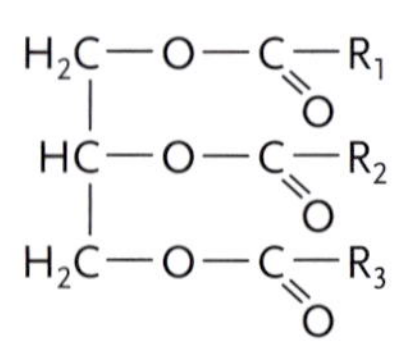

Strukturformel eines Neutralfettmoleküls. R_1, R_2, R_3 stellen die verschiedenen Fettsäurereste dar.

Aktivierte Essigsäure siehe Kap. D, 3.2.

Die chemisch-physikalischen Eigenschaften der Neutralfette leiten sich von den Eigenschaften der Fettsäuren ab. In pflanzlichen und tierischen Geweben kommen hauptsächlich Fettsäuren mit einer geraden Anzahl von C-Atomen vor, weil die Synthese aus C-2-Einheiten (aktivierter Essigsäure) erfolgt. Grundsätzlich unterscheidet man:

- Kurzkettige (bis zu zehn C-Atome) und langkettige Fettsäuren (ab zwölf C-Atomen)
- Gesättigte Fettsäuren (ausschließlich Einfachbindungen zwischen den C-Atomen)
- Einfach ungesättigte Fettsäuren (eine Doppelbindung an einer Stelle des Fettsäuremoleküls)
- Mehrfach ungesättigte Fettsäuren (zwei oder mehr Doppelbindungen)

$$CH_3 - (CH_2)_{16} - COOH$$

$$CH_3 - (CH_2)_4 - CH = CH - CH_2 - CH = CH - (CH_2)_7 - COOH$$

Strukturformel einer gesättigten und einer zweifach ungesättigten Fettsäure mit je 18 C-Atomen: Stearinsäure und Linolsäure

Doppelbindungen sind jeweils durch eine CH_2-Gruppe getrennt = **isolierte Doppelbindungen.**

Die meisten in der Natur vorkommenden Fettsäuren bestehen aus 16, 18 oder 22 C-Atomen. Die entsprechenden ungesättigten Fettsäuren weisen ein bis sechs Doppelbindungen auf.

Fettsäure	Anzahl der C-Atome	Anzahl der Doppelbindungen
Palmitinsäure	16	–
Palmitoleinsäure	16	1
Stearinsäure	18	–
Ölsäure	18	1
Linolsäure	18	2
Linolensäure	18	3
Arachidonsäure	20	4
Erucasäure	22	1
Docosahexaensäure	22	6

Besonders in Fischfetten kommen Fettsäuren mit 22 und mehr C-Atomen und bis zu sechs Doppelbindungen vor. Im Milchfett (in Butter) findet sich die gesättigte Buttersäure mit vier C-Atomen.

Das lang gestreckte Molekül der Fettsäuren ist mit seinem C-1-Atom, das die Carboxylgruppe trägt, über die Esterbindung (Sauerstoffbrücke des Alkohols) mit dem Glycerol verbunden. Das entgegengesetzte Ende der Kohlenwasserstoffkette der Fettsäure schließt mit einer Methylgruppe (CH_3), dem sogenannten Ω-C-Atom ab. Mehrfach ungesättigte Fettsäuren, die die erste Doppelbindung am dritten C-Atom, vom Ω-Ende gezählt, tragen, werden Ω-3-Fettsäuren genannt.

Die in Pflanzen und in den meisten Tierarten vorkommenden ungesättigten Fettsäuren weisen Doppelbindungen in Cisstellung (Z-Konfiguration) auf, d. h., die beiden H-Atome stehen auf derselben Seite der Bindungsebene. Als Konsequenz für die Raumstruktur ergibt sich ein Knick im Molekül der Fettsäure. Dieser Knick bewirkt eine Erhöhung des Abstandes zwischen den Kohlenwasserstoffketten eines Neutralfettes (Triacylglycerols) und somit eine Herabsetzung der hydrophoben Wechselwirkung. Die Folge ist in physikalischer Hinsicht ein niedrigerer Schmelzpunkt von ungesättigten Fettsäuren gegenüber den gesättigten mit gleicher Anzahl von C-Atomen. Dabei gilt aber grundsätzlich, dass der Schmelzpunkt wie bei den Kohlenwasserstoffen von der Kettenlänge (Anzahl der C-Atome) abhängt.

Physikalische Eigenschaften von **Kohlenwasserstoffen** siehe Kap. B, 2.

Hohe Schmelzpunkte ergeben sich durch gesättigte und langkettige, **niedrige Schmelzpunkte** durch ungesättigte und kurzkettige Fettsäuren

Strukturformel der Cis-(Z-)- und Trans-(E-)Stellung

Durch die Doppelbindung in Transisomerie bleibt die gerade Ausrichtung in der Kohlenwasserstoffkette erhalten. Transfettsäuren verhalten sich daher hinsichtlich physikalischer Eigenschaften, besonders des Schmelzpunktes, weitgehend wie gesättigte Fettsäuren.

§ In **Österreich** wurde der Transfettsäuregehalt in verarbeiteten Fetten durch die **Transfettsäureverordnung** gesetzlich mit 2 % limitiert.

Transfettsäuren (transisomere Fettsäuren) kommen in der Natur im Milch- und Körperfett von Wiederkäuern vor, wo sie im Zuge der Verdauung von den Pansenbakterien gebildet werden. Der natürliche Transfettsäuregehalt von Rinderfett (Milch- und Körperfett) liegt bei ca. 3,5 %. Außerdem kommen Transfettsäuren in verarbeiteten Fetten vor. Hier entstehen sie durch unvollständige Wasserstoffanlagerung (Hydrogenierung) bei der Fetthärtung. Darunter versteht man die katalytische Addition von atomarem Wasserstoff an die Doppelbindungen der natürlich vorkommenden Cisfettsäuren. Weiter bilden sich Transfettsäuren in hohen und langen Erhitzungsprozessen, z. B. beim Frittieren.

Halbfeste Fette sind bei Raumtemperatur fest, schmelzen jedoch bei Körpertemperatur (im Mund).

In den Neutralfettmolekülen sind jeweils zwei oder drei verschiedene Fettsäuren mit einem Molekül Glycerol verestert. Das durchschnittliche Vorkommen einzelner Fettsäuren ist dabei für eine bestimmte Fettart charakteristisch. In Abhängigkeit vom Schmelzpunkt einzelner Fettsäuren ergibt sich für Neutralfette gleichfalls ein für die jeweilige Fettart charakteristischer Schmelzbereich. Ihrem Zustand bei Raumtemperatur (20 bis 23 °C) entsprechend werden flüssige Fette als Öle bezeichnet.

Mehrfach ungesättigte Fettsäuren, essenzielle Fettsäuren, Ω-3-Fettsäuren siehe digitales Zusatzpaket, Kap. F, 2.

In ernährungsphysiologischer Hinsicht gelten mehrfach ungesättigte Fettsäuren als besonders wertvoll. Gesättigte und besonders Transfettsäuren werden hingegen als Risikofaktor für koronare Herzerkrankungen angesehen.

Lipoide

Lipoide sind fettähnliche Stoffe mit sehr unterschiedlichen chemischen Strukturen.

Von den Lipoiden haben zwei Gruppen besondere biologische Bedeutung: die Phospholipide und die Gruppe der Steroide und Terpene.

In wirtschaftlicher Hinsicht ist die **Sojabohne** die bedeutendste Quelle für Lecithin.

Phospholipide sind in ihrer Struktur den Neutralfetten verwandt. Das wohl bekannteste Phospholipid ist Lecithin. Es besteht aus Glycerol, das mit zwei Fettsäuren verestert ist. Die dritte alkoholische Gruppe ist mit Phosphorsäure verestert, die weiter mit dem Aminoalkohol Cholin über eine Esterbrücke verbunden ist.

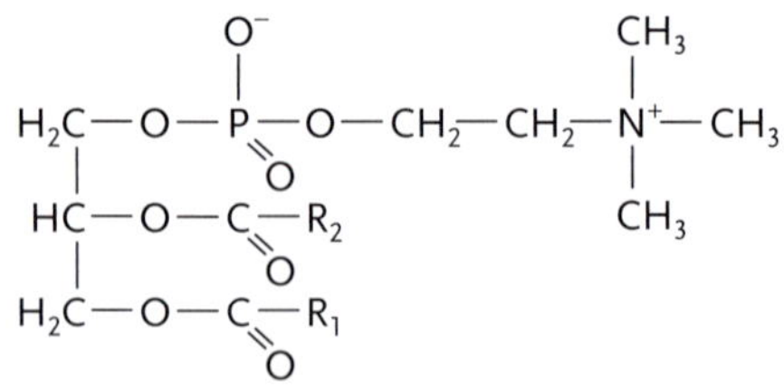

Strukturformel des Lecithins mit Phospho-Cholin-Gruppe

Unter **Emulgatoren** versteht man Stoffe, die durch ihren amphiphilen Charakter die Grenzflächenspannung herabsetzen und dadurch eine Verteilung von z. B. Fett in Wasser (Milch) oder Wasser in Fett (Butter) ermöglichen.

Die Konsequenz aus der Phospho-Cholin-Gruppe ist ein polarer Charakter in diesem Bereich des Moleküls, während das Lecithin im Abschnitt der beiden Fettsäuren unpolar wirkt. Diese Eigenschaft der polaren und unpolaren Bereiche im selben Molekül, amphiphil genannt, ist einerseits für die Anwendung als **Emulgator** ausschlaggebend, andererseits erklärt es die Bedeutung beim Aufbau von **biologischen Membranen,** z. B. Zellmembranen.

Biologische Membranen siehe Kap. D, 3.1.

Die Gruppe der **Steroide** und **Terpene** ist hinsichtlich Molekülaufbau von cyclischen und kondensiert cyclischen Grundstrukturen geprägt. Grundstruktur der Steroide ist das Steran. In dieser Gruppe finden wir als bekanntesten Vertreter das Cholesterin (Cholesterol). Ihm werden häufig nachteilige Effekte in Bezug auf koronare Herzerkrankungen zugewiesen, wobei aber nur die sogenannten Low-Density-Lipoproteine (LDL) dafür verantwortlich zeichnen. Cholesterin (Cholesterol) selbst ist als wichtiges Stoffwechselprodukt an der Bildung von z. B. Sexualhormonen, aber auch Gallensäuren beteiligt. Auch das Vitamin D, das Cholecalciferol, wird aus Cholesterin (Cholesterol) synthetisiert.

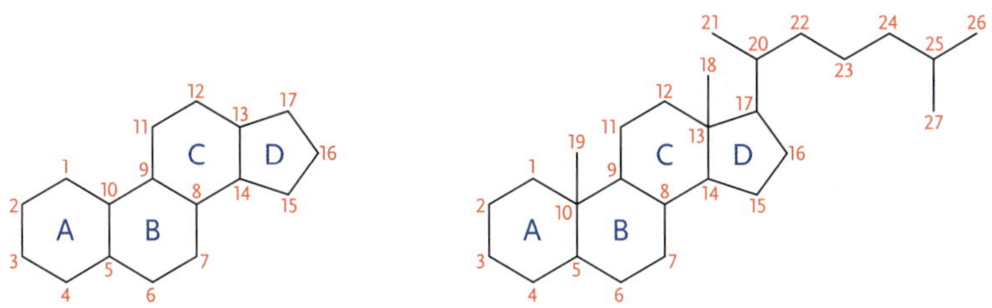

Strukturformel von Steran und Cholesterin

Die Terpene sind in ihrer Grundstruktur ebenfalls durch cyclische Verbindungen charakterisiert, wobei auch aromatische und kondensierte aromatische Strukturen vorkommen. Die Carotinoide (Provitamin A) und die fettlöslichen Vitamine A (Retinol), E (Tocopherol) und K (Phyllochinon) zählen zu dieser Verbindungsklasse.

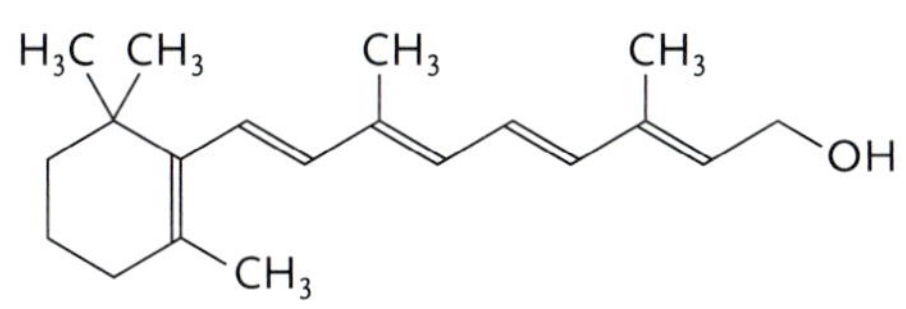

Strukturformel des Vitamins A (Retinols)

Ziele erreicht? – „Fette"

1.2.01 + Nennen Sie die biologische Funktion der Fette.

1.2.02 + Nennen Sie die gemeinsame Eigenschaft von Neutralfetten und Lipoiden sowie deren Unterschieden.

1.2.03 + Beschreiben Sie den molekularen Aufbau einer gesättigten und einer mehrfach ungesättigten Fettsäure sowie einer Transfettsäure.

1.2.04 + Ermitteln Sie die Unterschiede zwischen Fetten und Ölen.

1.2.05 ++ Nennen Sie das Phospholipid mit wirtschaftlich großer Bedeutung und nennen Sie auch dessen Funktion.

1.2.06 + Beschreiben Sie den Aufbau des Lecithinmoleküls und begründen Sie die Wirkung als Emulgator.

1.2.07 ++ Geben Sie die im Stoffwechsel bedeutenden Substanzen an, die aus Cholesterin synthetisiert werden.

Cyclische Kohlenwasserstoffe siehe Kap. B, 2.

In der deutschsprachigen Fachliteratur ist der Name **Cholesterin** gebräuchlich. In der angloamerikanischen Fachliteratur wird die Bezeichnung **Cholesterol** gewählt. Dabei wird mit der Endsilbe „-ol" zum Ausdruck gebracht, dass es sich aufgrund der –OH-Funktion um einen **Alkohol mit kondensiert** cyclischer Grundstruktur handelt.

Vitamine siehe Kap. B, 11.1 und Kap. F, 2.

Karotten

1.3 Kohlenhydrate

Bei den Kohlenhydraten handelt es sich um eine faszinierende Gruppe der Naturstoffe, ohne die ein Leben auf unserem Planeten nicht möglich wäre. Sie entstehen in grünen Pflanzen durch die Energie des Sonnenlichts aus Kohlenstoffdioxid und Wasser. Kohlenhydrate sind einerseits das wichtigste Stützelement der Pflanzen, andererseits neben Fett der wichtigste Speicherstoff. Für die Tierwelt und den Menschen sind sie aber auch der mengenmäßig wichtigste Bestandteil der Ernährung. Auch als Ausgangsstoff für die Erzeugung von Biogas und Bioethanol sowie vielen Erzeugnissen der Biotechnologie sind Kohlenhydrate unverzichtbar.

Meine Ziele

Nach Bearbeitung dieses Kapitels kann ich

- die **Kohlenhydrate** nach ihrem Aufbau und ihren funktionellen Gruppen systematisch zuordnen;
- **Beispiele für Zucker** nennen und ihren reduzierenden oder nicht reduzierenden Charakter darstellen;
- die **Bedeutung der glycosidischen Bindung** bei der Bildung von Di-, Oligo- und Polysacchariden erklären;
- den **Unterschied zwischen Stärke und Cellulose** beschreiben;
- die **Bedeutung der Kohlenhydrate als Verdickungs- und Geliermittel** in der Lebensmittelwirtschaft erklären;
- die **Ballaststoffe** in Gruppen einteilen und ihre physiologische Funktion erklären.

Falsch wäre es, die Zucker als „Kohlehydrate" zu bezeichnen, da sich ihr Name nicht von Kohle ableitet.

Der Name **Kohlenhydrate,** synonym auch Zucker oder Saccharide genannt, leitet sich von der formalen Betrachtung der Summenformel als Hydrate (Verbindungen des Wassers) mit Kohlenstoff ab.

Allgemeine Formel der Kohlenhydrate: $C_xH_{2y}O_y$

Nach der **Anzahl der C-Atome** wird zwischen Triosen (drei C-Atome), Tetrosen (vier C-Atome), Pentosen (fünf C-Atome) und Hexosen (sechs C-Atome) unterschieden.

Nukleinsäuren siehe Kap. D, 2.1. **Glycoproteine** siehe Kap. D, 1.1.

Diese Systematik gilt für **Monosaccharide** (Einfachzucker), die im Stoffwechsel als Einzelmoleküle von Bedeutung sind, in Verbindung mit anderen Stoffgruppen vorkommen (Nukleinsäuren, Glycoproteine) oder als Bausteine für weitere Gruppen von Kohlenhydraten Bedeutung haben. Nach der Anzahl der vorhandenen Monosaccharide (Einfachzucker) als Baustein der Kohlenhydrate wird wie folgt klassifiziert:

Zuckerstoffwechsel siehe Kap. D, 3.2.

Saccharide	Anzahl der Monosaccharidbausteine	Beispiele
Monosaccharide (Einfachzucker)	1	**Hexosen:** Glucose (Traubenzucker), Fructose (Fruchtzucker), Galactose (Schleimzucker) **Pentosen:** Ribose und Desoxyribose (in den Nukleinsäuren) **Triosen:** Glycerinaldehyd (2,3-Dihydroxypropanal und Dihydroxyaceton (im Zuckerstoffwechsel)

Disaccharide (Zweifachzucker)	**2**	Maltose (Malzzucker; zwei Glucosemoleküle); Saccharose (Rüben- oder Rohrzucker; ein Molekül Glucose und ein Molekül Fructose), Lactose (Milchzucker; ein Molekül Glucose und ein Molekül Galactose)
Oligosaccharide (Mehrfachzucker)	**3 – 10**	Raffinose (Trisaccharid – Dreifachzucker aus je einem Molekül Galactose, Glucose, Fructose), Oligofructosen (Mehrfach-Fruchtzucker; Bestandteil von prebiotischen Lebensmitteln), Maltodextrine (Mehrfach-Glucose)
Polysaccharide (Vielfachzucker)	**11 – 5 000**	Stärke und Cellulose (Vielfachglucosen mit unterschiedlichen Bindungen)

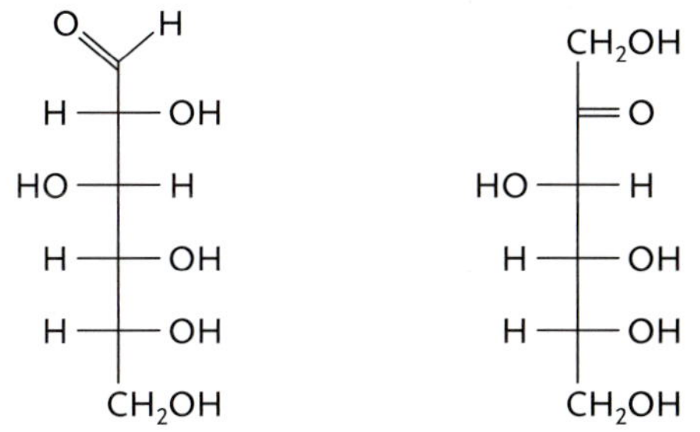

Offenkettige Strukturformel der D-Glucose und D-Fructose – fischersche Projektionsformel

Die Strukturformeln der Glucose und Fructose unterscheiden sich dadurch, dass das C-1-Atom der Glucose eine Aldehydfunktion und das C-2-Atom der Fructose eine Ketofunktion aufweist.

Aldosen tragen eine Aldehydgruppe, **Ketosen** eine Ketogruppe.

An den übrigen C-Atomen finden wir alkoholische Hydroxylgruppen. Das jeweilige OH steht am C-5-Atom in der fischerschen Projektion rechts, es werden demnach die beiden Zucker als D-Stereoisomere bezeichnet. Die einzelnen Monosaccharide unterscheiden sich durch die Stellung der OH-Gruppen an den übrigen C-Atomen voneinander. So liegt z. B. der Unterschied zwischen den beiden Aldosen Glucose und Galactose nur an der Stellung der OH-Gruppe am C-4-Atom.

Aldehyd- und Ketogruppen zeigen große Reaktionsfähigkeit. Dies führt zur Reaktion mit der OH-Gruppe am C-5-Atom und zur Ausbildung eines Ringes über eine Sauerstoffbrücke.

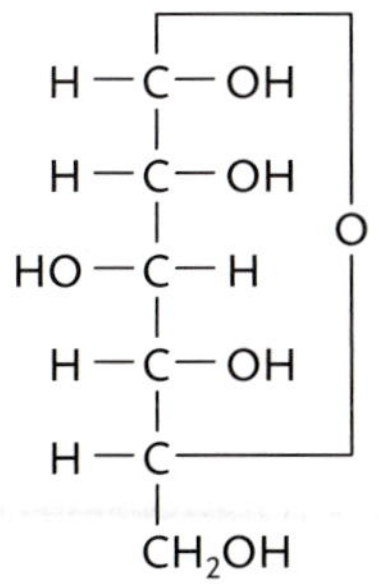

Strukturformel der D-Glucose nach Ringschluss zwischen der Aldehydgruppe am C-1-Atom und der alkoholischen OH-Gruppe am C-5-Atom – fischersche Projektionsformel

Prebiotische Lebensmittel enthalten quellfähige (lösliche) Ballaststoffe, die für die Ernährung und Entwicklung der Bakterien der Dickdarmflora von Bedeutung sind. Demgegenüber enthalten **probiotische Lebensmittel** (z. B. Joghurt) lebende Milchsäurebakterien.

Aldehyde und **Ketone** siehe Kap. B, 5, Alkohole siehe Kap. B, 4.

Die Unterscheidung einzelner Zucker durch die Isomerie der OH-Gruppe an einem C-Atom wird als **Epimerie** bezeichnet.

D

Heterocyclen siehe Kap. B, 7.3.

Auf diese Weise entsteht bei Aldosen ein 6-er Ring, abgeleitet vom Pyran die pyranoide Form, und bei Ketosen ein Fünferring, abgeleitet vom Furan die furanoide Form. Die Zucker werden daher auch als **Pyranosen** oder **Furanosen** bezeichnet.

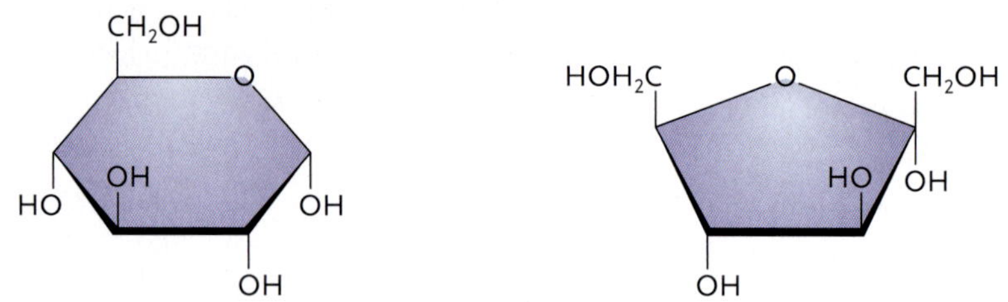

Strukturformel der D-Glucose und der D-Fructose in der haworthschen Ringform

Pentosen und Hexosen liegen meist in Ringform vor.

Am Beispiel der D-Glucose erkennt man die freie Drehbarkeit der OH-Funktion am chiralen C-1-Atom. In der Darstellung der pyranoiden Form unterscheidet man demnach die α-Glucose (OH am C-1-Atom nach unten gerichtet) von der β-Glucose (OH am C-1-Atom nach oben gerichtet).

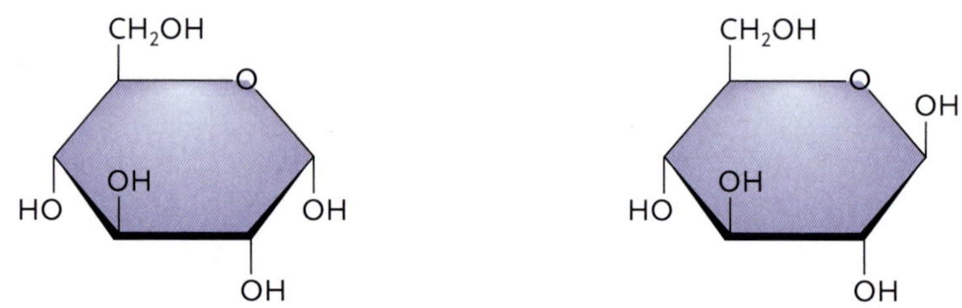

Strukturformel der α-D-Glucose und der β-D-Glucose in der Ringform

Die Aldose **Glucose** ist der wichtigste reduzierende Zucker.

Bei der **fehlingschen Probe,** siehe Kap. B, 5, werden Cu^{2+}-Ionen zu einwertigem Cu^{+} (als Cu_2O) reduziert, während der reduzierende Zucker Glucose zu Gluconsäure oxidiert wird.

Die α-Glucose und die β-Glucose stehen über die offenkettige Form mit der Aldehydgruppe im Gleichgewicht. Dadurch bleibt die reduzierende Wirkung des Zuckers erhalten. Die reduzierende Wirkung von Zuckern wird in manchen Nachweisreaktionen genützt, z. B. beim Nachweis mit der fehlingschen Lösung.

Weiters ist die **reduzierende Wirkung** bei der nicht enzymatischen Bräunungsreaktion, der Maillardreaktion, einer komplexen Reaktion von reduzierenden Zuckern mit Aminen (z. B. Aminosäuren), z. B. beim Frittieren oder Backen, von Bedeutung.

Auch nach Ringschluss zur Pyranose oder Furanose bleibt eine wesentliche Reaktionsfähigkeit am C-1-Atom von Aldosen bzw. am C-2-Atom von Ketosen erhalten, nämlich die Reaktion mit der OH-Gruppe eines weiteren Zuckermoleküls. Dabei wird unter Wasserabspaltung eine Sauerstoffbrücke zwischen den beiden Zuckermolekülen gebildet, die glycosidische Bindung genannt wird.

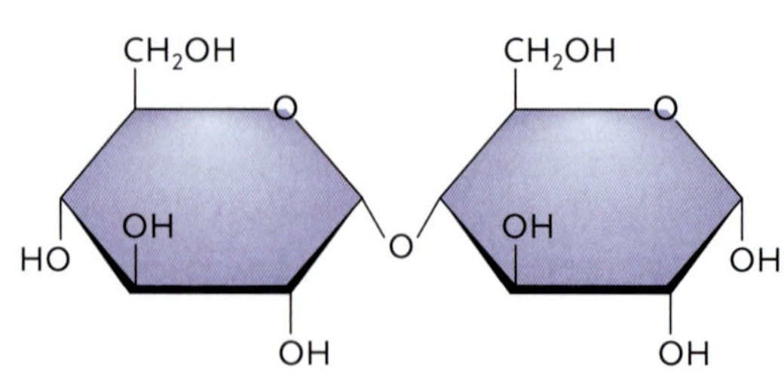

Strukturformel der Maltose mit der α-1,4-glycosidischen Bindung von zwei Glucosen

Die Verknüpfung von Monosacchariden erfolgt über die **glycosidische Bindung** (eine Etherbrücke).

Sämtliche in der Tabelle angeführten Di-, Oligo- und Polysaccharide bestehen aus Monosaccharid-Bausteinen, die über glycosidische Bindungen verknüpft sind. Bleibt dabei das OH am C-1-Atom einer Aldose ungebunden, wie das bei der Maltose der Fall ist, weist das Disaccharid eine reduzierende Wirkung auf. Reagieren hingegen die beiden reaktionsfreudigen Funktionen am C-1-Atom der Aldosen und am C-2 der Ketosen miteinander, geht die reduzierende Wirkung im Disaccharid verloren, wie dies bei der Saccharose der Fall ist.

Wir unterscheiden zwischen **reduzierenden** und **nicht reduzierenden Disacchariden.**

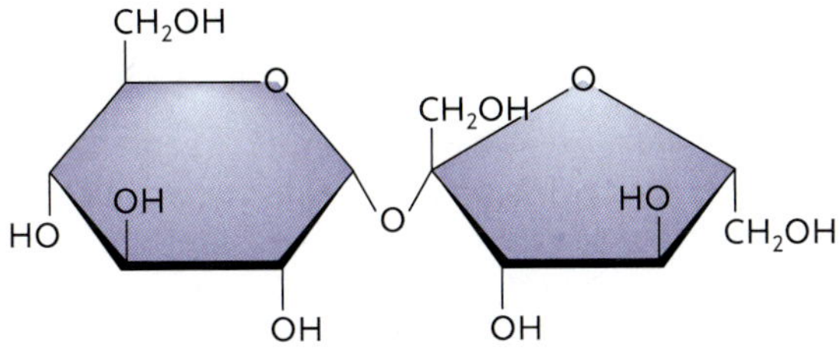

Strukturformel der Saccharose mit der glycosidischen Bindung zwischen dem C-1-Atom der α-D-Glucose mit dem C-2-Atom der β-D-Fructose

Laut Tabelle bestehen Polysaccharide aus über 10 bis zu mehr als 5 000 Einheiten an Monosacchariden. Die in der Natur häufigsten Polysaccharide bestehen aus Glucosebausteinen, verknüpft über glycosidische Bindungen. Es sind dies die Stärke und die Cellulose. Der Unterschied zwischen Stärke und Cellulose besteht in der Stellung der OH-Gruppe am C-1-Atom der Glucosebausteine. Stärke ist das Polymer der α-D-Glucose, Cellulose das der β-D-Glucose.

Stärke besteht aus zwei Fraktionen, Amylose und Amylopektin. Amylose ist ein lang gestrecktes, schraubenförmiges Makromolekül. Amylopektin ist in seiner räumlichen Struktur verzweigt, und zwar setzt bei etwa jedem 25. Glucosemolekül der Hauptkette eine über eine α-1,6-glycosidische Bindung verknüpfte Seitenkette aus Glucoseeinheiten an.

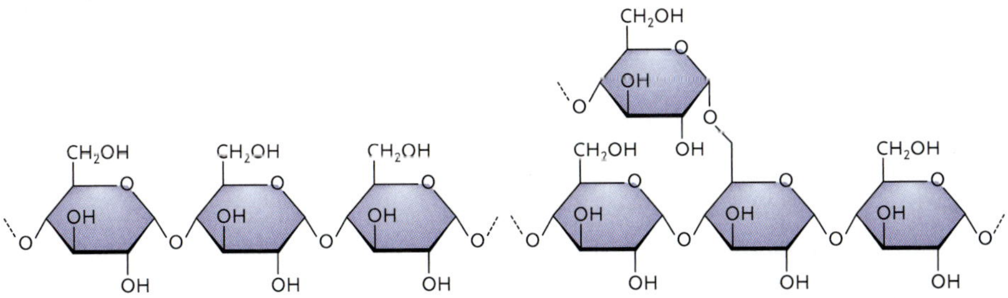

Strukturausschnitt aus der unverzweigten Stärkefraktion Amylose und dem verzweigten Amylopektin

Die β-1,4-glycosidische Bindung der Cellulose führt zu abwechselnd um 180° gedrehten Glucoseeinheiten und zu einer geradlinigen Struktur. Diese ermöglicht es, dass sich mehrere Makromoleküle zu parallel angeordneten Strukturen über Wasserstoffbrücken binden. Daraus entstehen mechanisch sehr feste und widerstandsfähige Faserbündel, die eine wichtige Stützfunktion in Pflanzen erfüllen und dem Menschen auch als Baumwolle dienen. Die Struktur der Cellulose verhindert zudem einen Abbau der Glucosemoleküle mit den Verdauungsenzymen, z. B. im Darm des Menschen. Wiederkäuer hingegen vermögen durch die Enzyme der Pansenbakterien die Cellulose abzubauen und zu verwerten.

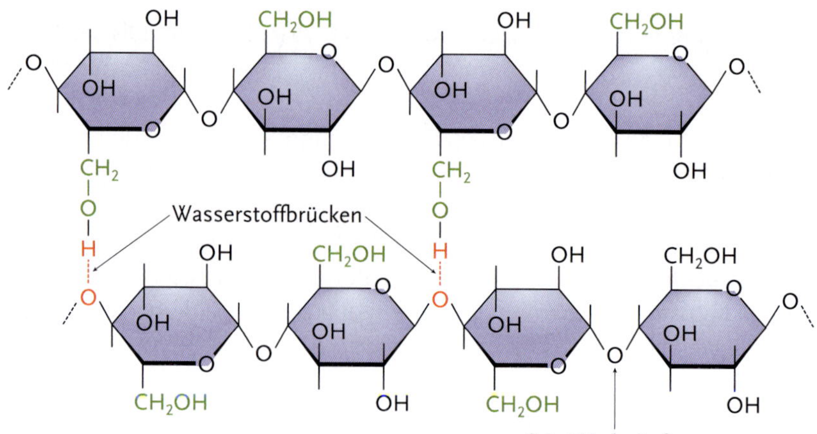

Strukturausschnitt aus der Cellulose mit jeweils um 180° gedrehten Glucoseeinheiten (grün markiert) und Wasserstoffbrücken zwischen den geradlinigen Makromolekülen (rot markiert)

Das Beispiel der Stärke und der Cellulose zeigt uns die beiden Hauptfunktionen von Kohlenhydraten in biologischen Systemen und Organismen, nämlich als **Energiespeicher** und **Strukturkohlenhydrate.**

Stärke ist ein typischer Vertreter der sogenannten **Speicherkohlenhydrate,** die dem Keimling die erforderliche Energie zur Verfügung stellen (z. B. Getreidekörner, Kartoffeln). Weitere Beispiele für Speicherkohlenhydrate sind das Inulin, ein Polymer der Fructose besonders in Wurzeln von Korbblütlern (z. B. Zichorien, Löwenzahn, Sonnenblumen, Topinambur) sowie das Disaccharid Saccharose in Zuckerrüben und Zwiebeln. Auch im Organismus der Säugetiere und des Menschen finden wir ein Speicherkohlenhydrat, das Glycogen, das eine ähnliche Struktur wie das Amylopektin hat. Glycogen ist der kurzfristig verfügbare Energiespeicher zur Aufrechterhaltung des Blutzuckerspiegels und findet sich vor allem in der Leber und in Muskeln.

Mehr als 50 % des weltweit organisch gebundenen Kohlenstoffes liegen in Form von Cellulose vor!

Cellulose ist ein Vertreter der sogenannten **Strukturkohlenhydrate,** die am Aufbau von Zell- und Organstrukturen in der Pflanzen- und Tierwelt von großer Bedeutung sind.

Das Außenskelett von Insekten, Krebs- und Spinnentieren besteht aus dem Polysaccharid Chitin, einem Polymer des Stickstoff-Essigsäure-Derivats der Glucose, N-Acetylglucosamin.

Weitere Strukturkohlenhydrate sind am Aufbau von Zellstrukturen und an der Bildung von Schleimen maßgeblich beteiligt. Für diese Polysaccharide ist die hohe Wasserbindungskapazität typisch. Dadurch finden sie bei der Herstellung von Lebensmitteln als Verdickungs- und Geliermittel Anwendung. Sie sind entweder natürlich in den Zutaten vorhanden oder werden dem Lebensmittel als Zusatzstoff zugesetzt.

Lebensmittelzusatzstoffe siehe digitales Zusatzpaket, Kap. F, 2.

- Die Verdickungsmittel Guarkernmehl und Johannisbrotkernmehl (aus Leguminosensamen) bestehen aus dem Polysaccharid Galactomannan (Hauptkette aus Mannoseeinheiten, kurze Seitenketten aus Galactose).
- Das Geliermittel Pektin (z. B. aus Äpfeln oder Zitrusfrüchten) ist ein Polymer aus Galacturonsäure, einem Oxidationsprodukt der Galactose.
- Agar-Agar wird als Geliermittel in der Lebensmittelproduktion und in Laboratorien zur Verfestigung von Nährböden verwendet. Es wird aus maritimen Algen gewonnen und besteht aus Galactoseeinheiten und Schwefelverbindungen der Galactose.

Mannose ist eine Hexose, ein C-2-Atom-Epimer zur Glucose.

Strukturkohlenhydrate können von den menschlichen Verdauungsenzymen nicht abgebaut werden und sind daher energetisch nicht bzw. eingeschränkt verwertbar. In der Ernährungswissenschaft werden sie als **Ballaststoffe** bezeichnet, die wichtige Verdauungs- und Stoffwechselfunktionen erfüllen.

Unter **Ballaststoffen** versteht man im Allgemeinen die durch menschliche Verdauungsenzyme nicht abbaubaren Inhaltsstoffe von Lebensmitteln, im Besonderen sogenannte pflanzliche Faserstoffe. Man teilt sie in nicht quellfähige (unlösliche) und quellfähige (lösliche) Ballaststoffe ein.

	Wirkung	Beispiele
Nicht quellfähige Ballaststoffe	**Darmfüllung** (Anregung der Darmperistaltik)	Cellulose, Lignin (Holzstoff)
Quellfähige Ballaststoffe	**Nährstoff (Prebiotikum) für die Darmbakterien** (Gesunderhaltung des Darms); **Bindung von Gallensäuren** (Senkung des Cholesterins); **verlangsamte Aufnahme von Glucose** (Regulierung des Blutzuckerspiegels, Slow-Carb-Effekt).	Pentosane (Vielfachzucker von Pentosen) in Roggenbrot, Schleimstoffe in Hafer, Pektin in Früchten

Darmbakterien sind mit mehr als 50 % an der Masse des Darminhaltes (am Stuhlgewicht) beteiligt.

Ziele erreicht? – „Kohlenhydrate"

1.3.01 + Geben Sie die allgemeine Formel der Kohlenhydrate an und unterteilen Sie die Monosaccharide.

1.3.02 + Ordnen Sie folgende Kohlenhydrate der Systematik nach dem Aufbau zu: Ribose, Lactose, Raffinose, Cellulose.

1.3.03 + Beschreiben Sie die Reaktion des Ringschlusses zur pyranoiden Form der Glucose und zur furanoiden Form der Fructose.

1.3.04 + Unterscheiden Sie zwischen α- und β-Glucose und erklären Sie, welche Konsequenzen daraus für die Eigenschaften von Stärke und Cellulose zu ziehen sind.

1.3.05 + Erklären Sie, wovon der reduzierende oder nicht reduzierende Charakter eines Disaccharids abhängt.

1.3.06 + Beschreiben Sie die glykosidische Bindung.

1.3.07 + Zählen Sie die Wirkungen von Ballaststoffen auf.

2 Molekulare Grundlagen der Zelle und Genetik

Nur ein kleines Teilgebiet der Biotechnologie steht manchmal im Rampenlicht öffentlichen Interesses, und zwar die Gentechnik, ein Teilgebiet der Molekularbiologie. Viele Anwendungen gentechnisch veränderter Organismen in der Medizin, der Pharmazie und auch im Bereich der Futtermittel-Zusatzstoffe werden als willkommen und selbstverständlich akzeptiert, einzig und allein die Verwendung gentechnisch veränderter Nutzpflanzen bei der Herstellung von Lebensmitteln wird in einigen Ländern, darunter Österreich, zurzeit abgelehnt.

D

2.1 DNA und genetischer Code

Die Verbraucher/innen können sich ***gentechnikfreie*** *Lebensmittel wünschen,* ***genfreie*** *gibt es aber nicht! In jeder pflanzlichen und tierischen Zelle, die wir mit der Nahrung aufnehmen, sind die Gene der Pflanze oder des Tieres enthalten. Dies stellt jedoch kein Problem dar, da die in der Nahrung enthaltenen Gene teilweise schon bei der Zubereitung, in jedem Fall während der Verdauung, in die einzelnen Bausteine zerlegt und für den Aufbau körpereigener Verbindungen herangezogen werden.*

Meine Ziele

Nach Bearbeitung dieses Kapitels kann ich

- die Begriffe **„Gene"** und **„genetischer Code"** erklären;
- die **Bestandteile der Chromosomen** und ihren chemischen **Aufbau** beschreiben;
- den **Aufbau und die Bedeutung der DNA** darlegen.

Die Eigenschaften der Organismen (Bakterien, Pflanzen, Tiere) sind in den **Erbanlagen** festgelegt. Diese bestehen aus den fadenförmigen **Chromosomen,** die der wesentliche Bestandteil des **Zellkerns** sind. **Körper- oder Gewebezellen** enthalten stets Chromosomenpaare, **Geschlechtszellen** einzelne Chromosomenstränge.

⚠ Chromosomenpaare werden als **diploider Chromosomensatz** bezeichnet, einzelne Chromosomenstränge als **haploider Chromosomensatz.**

Gene sind einzelne Abschnitte auf den Chromosomensträngen, die jeweils ein oder mehrere bestimmte Eiweißmoleküle (Enzym bzw. Gewebe- oder Gerüsteiweiß) in der **Proteinbiosynthese** bestimmen und mittels weiterer Mechanismen bilden. Dadurch werden alle **Ausprägungen unseres Lebens** definiert, von den Abläufen des Stoffwechsels, die auf den Enzymen beruhen, bis hin zu der Charakteristik der Gewebe- und Gerüsteiweiße, die letztendlich auch die Merkmale **Gestalt und Aussehen** bestimmen. Die Gesamtheit aller Gene nennt man das **Genom,** das für jede Art spezifisch ist.

⚠ Zur Veranschaulichung der Größenordnungen sei das zur Jahrtausendwende entschlüsselte und 2001 veröffentlichte menschliche Genom herangezogen. Es besteht – und das in jedem einzelnen Zellkern – aus 23 Chromosomen-Doppelsträngen, also 46 Einzelsträngen, rund 23 000 Genen und aus etwa drei Milliarden Stickstoffbasenpaaren.

In chemischer Hinsicht besteht das Erbmaterial aus **Desoxyribonukleinsäure** (abgekürzt DNS oder englisch DNA, „A" für Acid = Säure), deren Bausteine **vier organische Stickstoffbasen,** der Zucker **Desoxyribose** und **Phosphorsäure** sind.

Die **vier Stickstoffbasen, Adenin, Cytosin, Guanin und Thymin,** treten jeweils in einer bestimmten Kombination und Folge im DNA-Strang auf und sind auf diese Weise für den **genetischen Code** verantwortlich, der die Proteinbiosynthese bestimmt.

Genetically Modified Organisms (GMOs) enthalten mit molekularbiologischen Methoden eingepflanzte Fremdgene (Transgene).

Genetically Edited Organisms (GEOs) enthalten mit molekularbiologischen Methoden eingepflanzte Gene der gleichen Art.

Die DNA aller Lebewesen (Bakterien, Pflanzen, Tiere) und der Viren hat exakt den **gleichen chemischen Aufbau.** Daher werden einerseits Bausteine der Gene aus der Verdauung zum **Aufbau von körpereigenen Genen** herangezogen, andererseits ist dadurch die **Herstellung von GMO** durch Fremdgeneinpflanzung möglich.

Stickstoffbasen, Nukleoside, Nukleotide

Zwei der vier Stickstoffbasen der DNA sind von der heterozyklischen Verbindung **Pyrimidin** und zwei von der heterozyklischen Verbindung **Purin** abgeleitet.

Pyrimidin und Purin siehe Kap. B, 7.3.

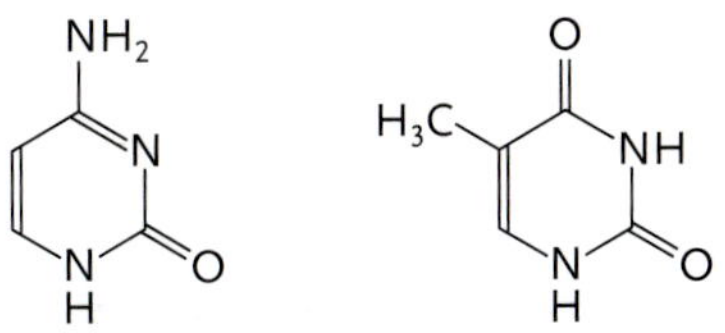
Strukturformeln der Pyrimidinbasen Cytosin und Thymin

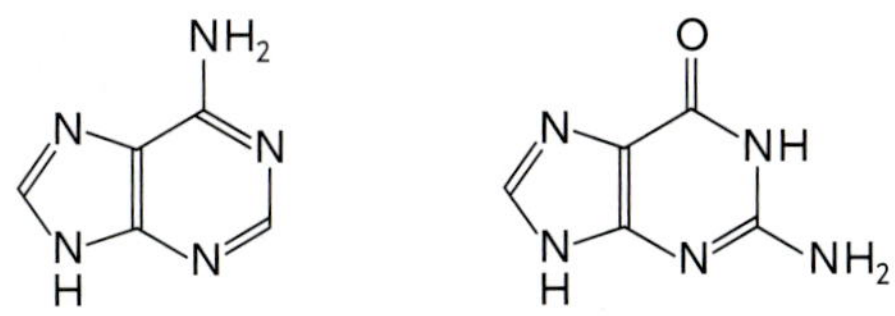
Strukturformeln der Purinbasen Adenin und Guanin

Über eine **glycosidische Bindung** sind die Stickstoffbasen mit der Pentose **Desoxyribose** am C-1-Atom verknüpft. Weiters ist am C-5-Atom der Ribose ein **Phosphatmolekül** gebunden.

Glycosidische Bindung und Pentosen siehe Kap. D, 1.3.

Die Verbindung einer Stickstoffbase mit einer Pentose wird als **Nukleosid** bezeichnet, die Verbindung eines Nukleosids mit einem Phosphatmolekül als **Nukleotid.**

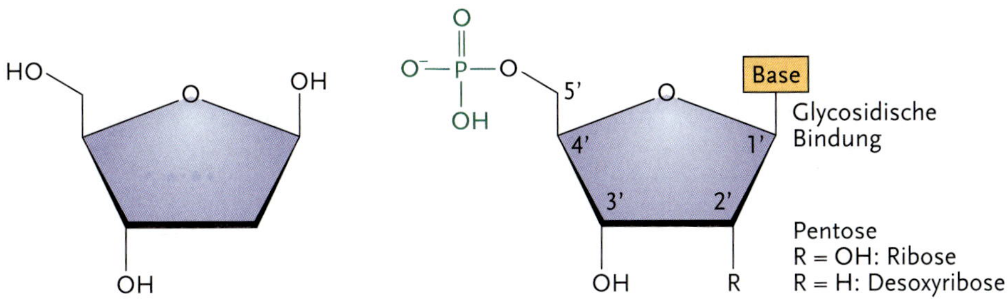

Strukturformeln der Desoxyribose und eines Nukleotidbausteins

Desoxyribonukleinsäure (DNA)

Die DNA besteht aus einem **helixförmigen Doppelstrang.** Nukleotide stellen die Einzelbausteine dar. Die beiden **Hauptstränge** werden aus den **Desoxyribosemolekülen,** verbunden über **Phosphatbrücken,** gebildet. Die Stickstoffbasen sind nach Innen gerichtet. Über **Wasserstoffbrücken** sind die jeweils **korrespondierenden Basenpaare** Adenin und Thymin sowie Cytosin und Guanin verbunden.

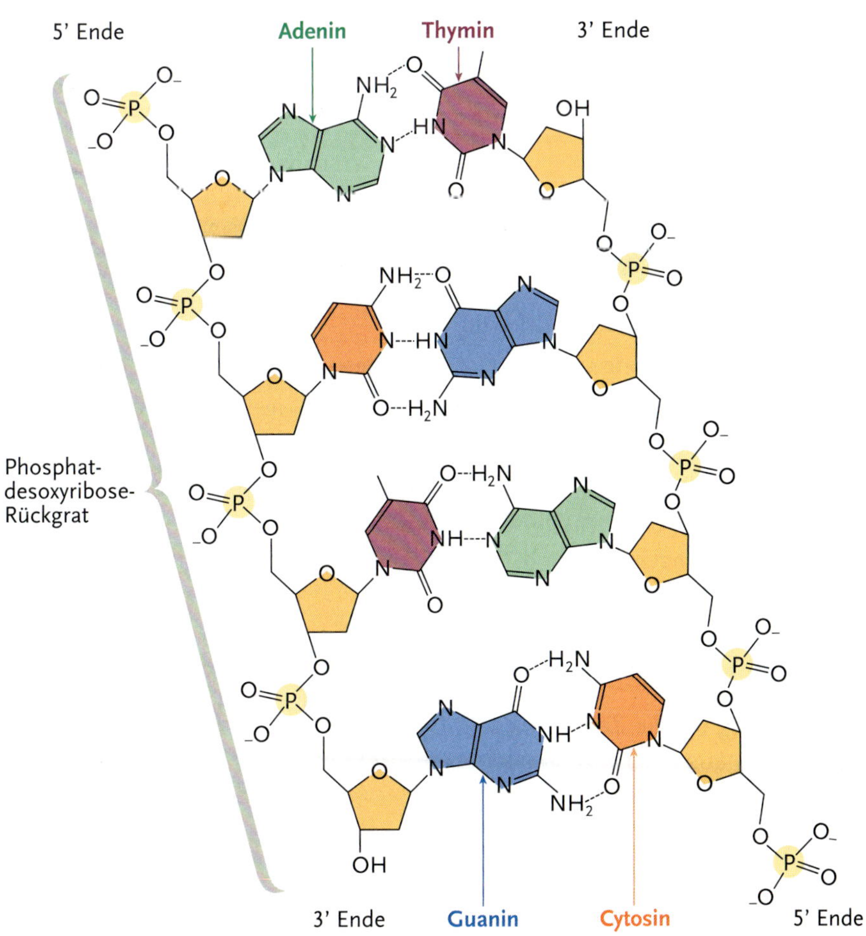

Abkürzungen der Stickstoffbasen:

A = Adenin, C= Cytosin, G = Guanin, T = Thymin

Zwischen A und T bestehen **zwei H-Brücken,** zwischen C und G **drei.**

Im nebenstehenden Ausschnitt aus der **Doppelhelix der DNA** bezeichnen die Zahlen die C-Atome der Desoxyribose.

Das Modell der **Doppelhelix der DNA** entdeckten 1953 die Biochemiker **Francis Crick** (GB) und **James Watson** (USA).

Francis H. C. Crick, 1916 bis 2004, britischer Biochemiker

James D. Watson, geb. 1928, US-amerikanischer Biochemiker

Aminosäuresequenz in der Proteinbiosynthese siehe Kap. D, 2.2.

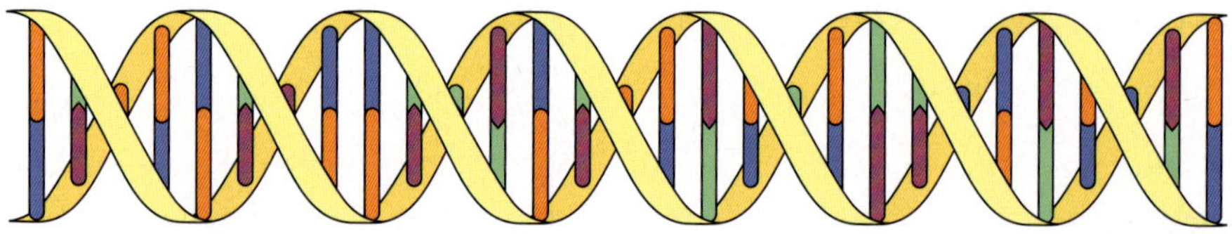

Die Abfolge der Stickstoffbasen (Basensequenz) bestimmt den genetischen Code, der in weiterer Folge für die Primärstruktur (Aminosäuresequenz) der Proteine verantwortlich ist.

Ziele erreicht? – „DNA und genetischer Code“

2.1.01 + Geben Sie an, was man unter Chromosomen und unter Genen versteht.

2.1.02 + Beschreiben Sie den Aufbau von Chromosomen der Körperzellen und der Geschlechtszellen.

2.1.03 + Nennen Sie die Bausteine der DNA und beschreiben Sie ihren räumlichen Aufbau.

2.1.04 + Ordnen Sie die Stickstoffbasen den heterozyklischen Verbindungen zu und beschreiben Sie die korrespondierenden Basenpaare mit ihren Bindungen zueinander.

2.1.05 ++ Erklären Sie den genetischen Code und seine Wirkung.

2.2 Zellteilung und Proteinbiosynthese

Leben ist durch ständige Zellvermehrung gekennzeichnet. Besonders in Phasen der embryonalen, fötalen, kindlichen und jugendlichen Entwicklung können wir die Zellvermehrung am sichtbaren Wachstum erkennen. Aber nicht nur in diesen Phasen, sondern solange der Mensch lebt, erneuern sich die Körperzellen durch ständige Zellteilung.

Meine Ziele

Nach Bearbeitung dieses Kapitels kann ich

- die Begriffe **Zellteilung** und **Proteinbiosynthese** erklären;
- die einzelnen Phasen der **Verdoppelung der DNA,** der **Replikation,** beschreiben;
- den Aufbau und die Bedeutung der verschiedenen **Formen der RNA** und die **Vorgänge der Proteinbiosynthese** darlegen;
- die Begriffe **Transkription** und **Translation** erklären.

Zellteilung, Replikation

Mitose ist der biologische Fachausdruck für Zellteilung.

Voraussetzung für die **Zellteilung,** die Entwicklung zweier genetisch identischer Tochterzellen aus einer Mutterzelle, ist die **Verdoppelung der DNA.** Diesen Vorgang nennt man **Replikation.**

Bei der **Replikation** werden folgende Abschnitte unterschieden:

- **Initiationsphase:** Auftrennung der DNA-Doppelhelix durch das Enzym **Helicase** und Setzen eines Primers durch das Enzym **Primase.**
- **Elongationsphase:** Das Enzym DNA-Polymerase synthetisiert einen komplementären DNA-Hauptstrang (Tochterstrang) mit den jeweils komplementären Stickstoffbasen (A-T und C-G) zum Mutterstrang. Auf diese Weise entstehen **semikonservativ,** das heißt jeweils zur Hälfte erhaltend, zwei identische DNA-Doppelhelices.
- **Terminationsphase:** Ende der DNA-Polymerisation an einer besonders codierten Sequenz der Nukleotide.

Der **Primer** kennzeichnet und ermöglicht den Beginn der Anknüpfung neuer Nukleotide, siehe auch Kap. D, 2.3.

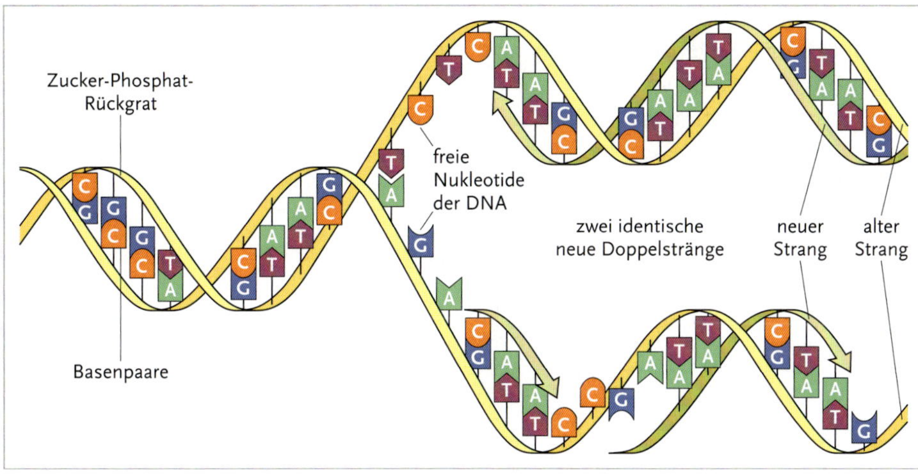

Schematische Abbildung der Replikation

Ribonukleinsäure (RNA)

Nach der **Verdoppelung der DNA** muss zur Neubildung einer Zelle auch der wichtigste Baustoff synthetisiert werden, nämlich Protein. Für die **Proteinbiosynthese** ist eine weitere Form der Nukleinsäuren, nämlich die **Ribonukleinsäure (RNA),** erforderlich.

Desoxyribonukleinsäure und Ribonukleinsäure unterscheiden sich in drei Merkmalen:

- **Struktur:** Während die DNA eine Doppelhelix von enormer Länge bildet, sind RNA-Moleküle relativ kurze Moleküle aus einem Einfachstrang.
- RNA enthält die Pentose **Ribose.**
- Anstelle von Thymin enthält RNA die **Pyrimidinbase Uracil,** die die komplementäre Base zu Adenin bildet.

Das **menschliche Genom** besteht aus rund drei Milliarden Nukleotidpaaren mit einer DNA-Länge von etwa 1,8 Meter pro Zellkern!

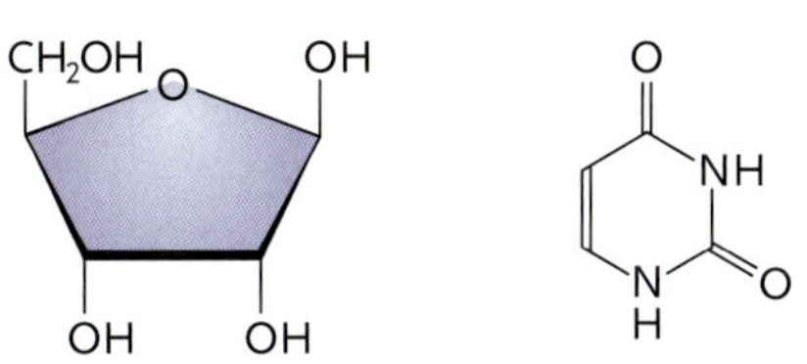

Strukturformeln der Pentose Ribose und der Pyrimidinbase Uracil

Wir unterscheiden drei Arten der RNA:

- **Messenger-RNA (mRNA):** Überträger des genetischen Codes an die Ribosomen.
- **Ribosomale RNA (rRNA):** Baustein der Ribosomen gemeinsam mit Proteinen.
- **Transfer-RNA (tRNA):** Überträger von Aminosäuren zur Proteinbiosynthese; für jede Aminosäure gibt es eine oder mehrere spezifische tRNAs.

Die **Ribosomen** sind Teile der Zellen (Organellen), an denen die Proteinbiosynthese stattfindet. Die Ribosomen befinden sich entweder frei im Cytosol oder an der Membran des endoplasmatischen Reticulums.

Aufbau der Zelle siehe Kap. D, 4.

Die **Transkription** erfolgt bei Prokaryoten im Cytoplasma der Zelle, bei Eukaryoten im Zellkern.

Für die Aminosäure Glycin steht z. B. der Code GGC (Guanin-Guanin-Cytosin) bzw. für Methionin der Code AUG (Adenin-Uracil-Guanin).

Kompletter genetischer Code.

Proteinbiosynthese

Bei der Synthese von Proteinen, die sowohl die äußere Erscheinungsform als auch den Stoffwechsel der Lebewesen determinieren, wird der **genetische Code** in zwei Schritten in die **Aminosäuresequenz** (Primärstruktur des Proteins) übersetzt.

Der Übertragung des genetischen Codes in der Proteinbiosynthese liegen folgende Vorgänge zugrunde:

- **Transkription:** Ein für ein Protein spezifischer **Abschnitt der DNA** wird auf eine **Messenger-RNA** (mRNA) in Form der korrespondierenden Basenpaare übertragen. Das entsprechende Enzym ist die **RNA-Polymerase,** die die einzelnen Nukleotide zur mRNA verbindet.
- **Translation:** An den **Ribosomen** wird die **mRNA** schrittweise und gemäß dem übertragenen Code von der tRNA abgetastet. Die Abfolge von drei Basen determiniert eine bestimmte Aminosäure. Die **tRNA** transportiert diese **Aminosäure** und dockt an den komplementären Basen der **mRNA** an. Die zuvor gebildete **Peptidkette** wird mit der Aminosäure verknüpft.

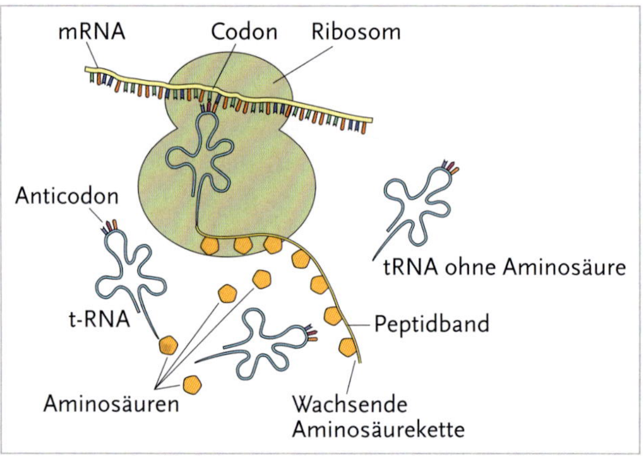

Die Abbildung zeigt die jeweils mit einer Aminosäure beladenen tRNAs, die sich an die mRNA gemäß dem übertragenen genetischen Code anbinden. Die schon synthetisierte Peptidkette wird an die neu ankommende tRNA bzw. deren Aminosäure geknüpft.

Ziele erreicht? – „Zellteilung und Proteinbiosynthese"

2.2.01 + Geben Sie an, was man unter Zellteilung und unter Proteinbiosynthese versteht.

2.2.02 + Geben Sie an, was man unter Replikation versteht und wie sie abläuft.

2.2.03 + Nennen Sie die Unterschiede zwischen DNA und RNA sowie die Ihnen bekannten Arten von RNA.

2.2.04 + Beschreiben Sie den Vorgang der Transkription.

2.2.05 ++ Erklären Sie die Bildung einer Peptidkette bei der Proteinbiosynthese.

2.3 Molekularbiologische Analytik

Jedes Lebewesen hinterlässt mit der DNA aus jeder seiner Zellen einen spezifischen genetischen Fingerprint. Diesen Umstand macht sich z. B. die Gerichtsmedizin zunutze und findet den Täter durch Identifikation seiner DNA. In der Lebensmittelanalytik werden auf diese Weise Spuren von genetisch veränderten Pflanzenzellen gefunden. Ermöglicht wird dies im Labor durch die Anwendung von Enzymen zur gezielten Vermehrung der DNA in Kombination mit moderner Laborgeratetechnik.

Meine Ziele

Nach Bearbeitung dieses Kapitels kann ich
- die Vorgangsweise im Labor zur gezielten **Vermehrung der DNA** erklären;
- die einzelnen **Labormethoden zur molekularbiologischen Analytik** beschreiben.

Polymerase-Kettenreaktion (PCR)

Die **PCR** kann als wichtigste Labormethode der **molekularbiologischen Analytik** bezeichnet werden. Dabei wird ein definierter **Ausschnitt des DNA-Stranges** weniger Zellen so weit vermehrt, dass er mit der sogenannten **Elektrophorese,** einer üblichen Arbeitsmethode in Laboratorien, festgestellt (detektiert) werden kann.

Bei der PCR werden folgende Analysenschritte vorgenommen:
- **Aufbereitung des Probenmaterials:** Extraktion der DNA. Dabei muss jede Form der Kontamination mit Fremd-DNA, z. B. aus dem Staub der Luft, vermieden werden. Die Tätigkeit muss daher in Reinraumtechnik an Sterilwerkbänken vorgenommen werden.
- **Denaturierung: Auftrennung der DNA-Doppelhelix** durch Erhitzen auf ca. 90 °C in einem **Thermocycler.** Diesen Vorgang nennt man auch Schmelzen der DNA. Dabei werden die **Wasserstoffbrücken** zwischen den korrespondierenden Basenpaaren getrennt.
- **Setzen eines Primers** bei einer Temperatur von ca. 60 °C. Der Primer besteht aus einer Folge einiger Nukleotide, die an die geschmolzenen DNA-Stränge gebunden werden und den Anfang der weiteren Polymerisation von DNA kennzeichnen.
- **Elongationsphase:** Bei einer Temperatur von ca. 70 °C synthetisiert das Enzym **DNA-Polymerase,** beginnend beim Primer, einen komplementären DNA-Strang im gewählten DNA-Abschnitt. Die dafür erforderlichen Nukleotide werden als Reagenz zugesetzt. In einer Minute können bis zu 1 000 Nukleotide (Basenpaare) polymerisiert werden.
- Danach beginnt der **Zyklus** wieder bei der Auftrennung des DNA-Doppelstranges.
- **Elektrophorese:** Nach ca. 50 Vermehrungsschritten liegen die DNA-Abschnitte in einer ausreichenden Menge vor, um sie mit Elektrophorese in einem **Agarosegel** aufzutrennen und mit geeigneten Färbe- bzw. Fluoreszenzmethoden sichtbar zu machen.
- **Auswertung:** Durch Mitführen eines **Vergleichsmaterials** als Standard kann festgestellt werden, ob die Probe einen gleichen DNA-Ausschnitt aufweist. Damit ist es z. B. möglich, genetisch veränderte Maiskörner in einer Maislieferung zu detektieren oder bestimmte Viren in medizinischen Proben festzustellen.

PCR ist die Abkürzung des englischen Fachausdrucks Polymerase-Chain-Reaction.

Sterile Werkbänke ermöglichen das Arbeiten in einem Umluftstrom mikrofein gefilterter Luft.

Der Primer besteht aus einem sogenannten **Oligonukleotid.**

Thermocycler sind Laborgeräte, in denen ein Temperaturprogramm wiederholt wird.

1 = Denaturierung

2 = Primer setzen

3 = Elongation

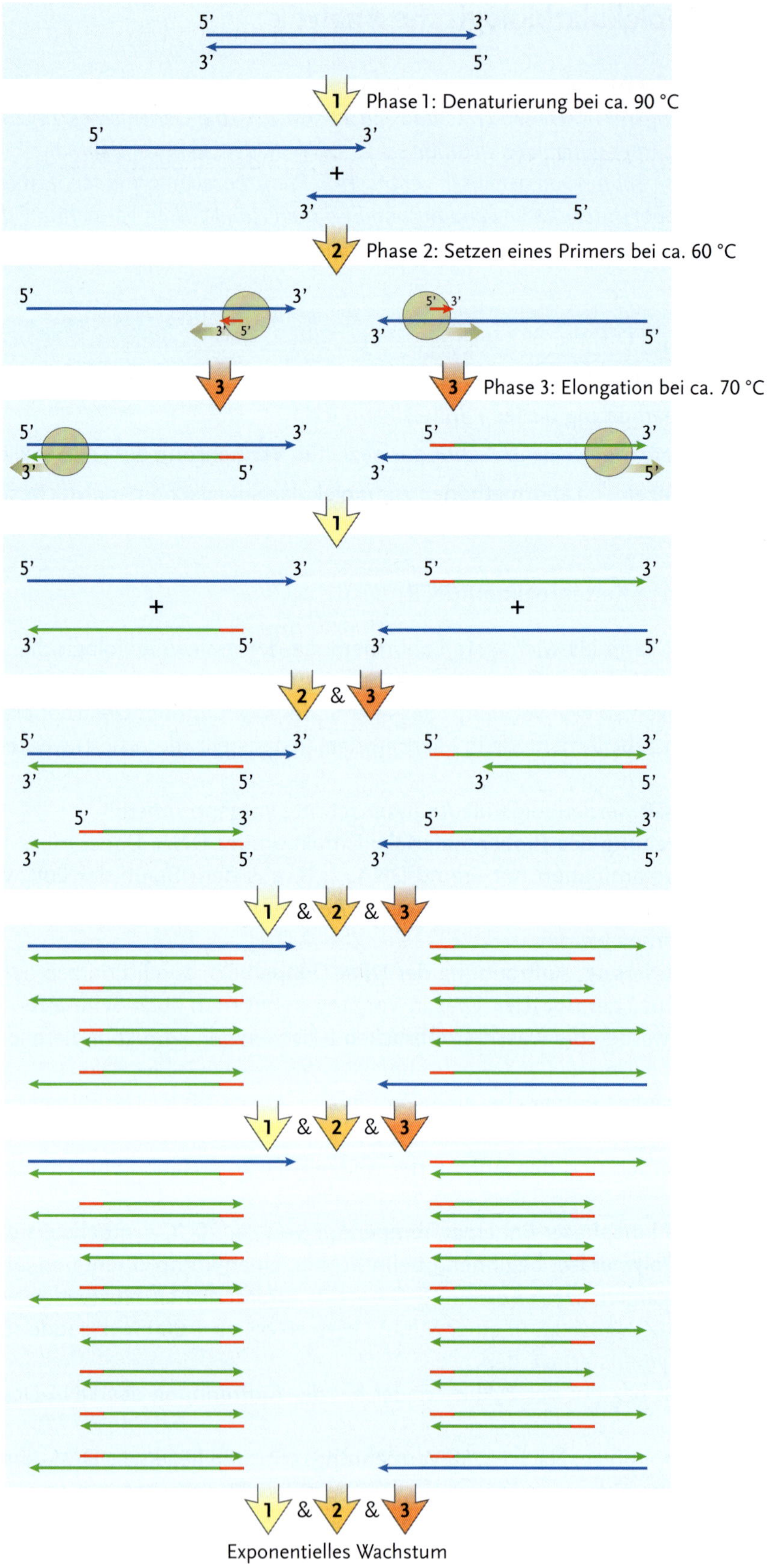

Schematische Darstellung der einzelnen Phasen der PCR

Die **Elektrophorese** ist ein Trennverfahren, bei dem Substanzen nach ihrer Molekülgröße und ihrem Ladungszustand durch Anlegen elektrischer Spannung aufgetrennt werden. Negativ geladene DNA-Abschnitte bewegen sich zum Pluspol.

Agarosegel besteht aus Galactose-Polysacchariden aus Rotalgen.

Ziele erreicht? – „Molekularbiologische Analytik"

2.3.01 + Geben Sie an, was man unter der Abkürzung PCR versteht.

2.3.02 + Beschreiben Sie den Ablauf der PCR in den einzelnen Phasen.

2.3.03 + Nennen Sie den Vorgang in einem Thermocycler.

2.3.04 ++ Beschreiben Sie den Unterschied zwischen der Replikation in der lebenden Zelle und dem Vorgang in der PCR!

2.3.05 + Erklären Sie die Auswertung nach der Gelelektrophorese der DNA-Abschnitte.

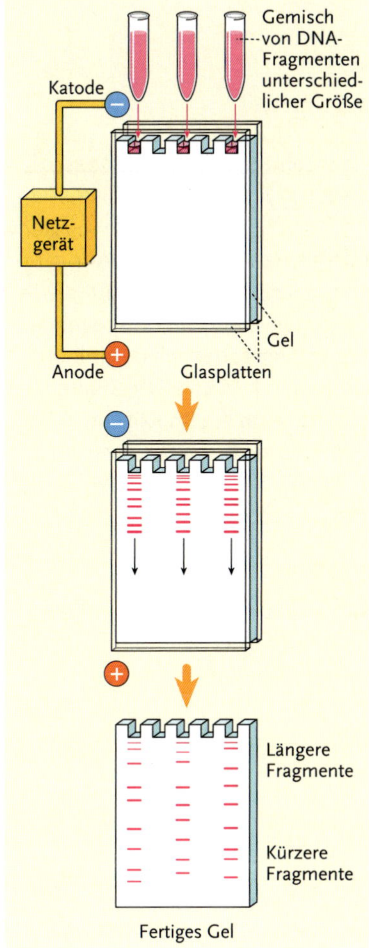

Schematische Darstellung der Arbeitsschritte bei der Agarose-Gelelektrophorese

2.4 Methoden der Gentechnik und DNA-Rekombinationstechnik

Der Wunsch, lebende Organismen nach dem Idealbild des Menschen zu gestalten, ist wahrscheinlich so alt wie die Menschheit selbst. Ein klassisches Beispiel ist die Zucht von Saatgut. Dabei wurden verschiedene Arten von Pflanzen gekreuzt und selektiert, sodass folgende Generationen bestimmte gewünschte Merkmale aufwiesen, die bei den Elterngenerationen in dieser Ausprägung noch nicht vorhanden waren. Erst mit den Methoden der modernen Gentechnik gelang es, das Genom von Bakterien, Pflanzen und Tieren direkt zu beeinflussen.

Meine Ziele

Nach Bearbeitung dieses Kapitels kann ich

- den **Einsatz bestimmter Enzyme** als Werkzeuge der Gentechnik erklären;
- die einzelnen **Methoden zur Einschleusung von Gensequenzen in Zellen** und ihren **Einbau in Genome** beschreiben;
- Fachausdrücke wie **Restriktion, Rekombination** und **Klonen** definieren.

Enzyme als Werkzeuge der Gentechnik

DNA-Polymerasen wurden sowohl bei der Zellteilung und Replikation der DNA als auch bei der Polymerase-Kettenreaktion als Labormethode beschrieben. In der Gentechnik spielen weitere Enzyme wichtige Rollen:

- **Restriktionsenzyme** schneiden aus der DNA einzelne definierte Abschnitte heraus, die sie an bestimmten Codes der Basenpaare erkennen.
- **DNA-Ligasen** verbinden DNA-Abschnitte miteinander zu rekombinanter DNA.
- **Rekombinationsenzyme** schneiden DNA-Sequenzen aus zwei DNA-Strängen und bauen sie kreuzweise, also einen Abschnitt aus Strang A in den Strang B, ein.

Außerdem ist es möglich, aus Nukleotiden kürzere DNA- oder RNA-Abschnitte (Oligonukleotide) **chemisch** zu synthetisieren.

Replikation siehe Kap. D, 2.2, **PCR** siehe Kap. D, 2.3.

Ligasen sind eine Klasse der Enzyme siehe Kap. D, 3.1.

Oligonukleotide werden z. B. als **Primer** in der PCR verwendet – siehe Kap. D, 2.3.

D

Die „Genschere“ CRISPR-Cas

Es handelt sich dabei um eine **zielgenau schneidende Ribonuclease,** die seit 2015 in den meisten molekularbiologischen Labors weltweit verwendet wird. Das Enzym wird aus Bakterien gewonnen. Eine häufig verwendete Ribonuclease aus einer Streptococcus-Spezies trägt die Bezeichnung Cas9.

Cas steht für das **C**RISPR-**as**soziierte Enzym. CRISPR selbst ist die Abkürzung für „clustered regularly interspaced short palindromic repeats“ und weist damit auf die in Bakterien entdeckten in regelmäßigen Abständen wiederholt auftretenden kurzen DNA-Sequenzen hin, die eine symmetrische Folge von Stickstoffbasen aufweisen („Palindrom“ = von beiden Seiten gleich lesbar).

Eine dynamische Darstellung findet sich z. B. hier: www.trauner.at/crispr.aspx

Die Wirkung der Ribonuclease (RNAse) CRISPR-Cas:

- Das Enzym ist ein **Nucleoprotein,** ein zusammengesetztes Protein, das aus einem Eiweißkörper und einer RNA, der sogenannten „tracr“-RNA (**tr**ans-**ac**tivating-**cr**ispr-RNA) besteht.
- Die **„tracr“-RNA** erfüllt zwei Aufgaben: Erstens ist sie für die Aktivierung des Enzyms zuständig und zweitens für die Anbindung einer weiteren RNA-Sequenz, der sogenannten „guide“- oder „Leit“-RNA.
- Die **„Leit“-RNA** lagert sich an einen hinsichtlich der Basensequenz komplementär zusammengesetzten DNA-Abschnitt („Ziel“-DNA) an und weist damit dem Enzym genau die Stelle, wo der DNA-Strang geschnitten wird.
- Durch Austausch der im Labor synthetisierten „Leit“-RNA Moleküle werden jeweils spezifisch zu schneidende DNA-Abschnitte angesteuert und im Falle von zwei nebeneinander erfolgten Schnitten ein Gen-Abschnitt entfernt.
- Nach dem Schnitt bzw. den Schnitten fügen **Reparaturenzyme (Ligasen)** die geschnittenen DNA-Abschnitte wieder zusammen. Bei Zugabe von definierten DNA-Abschnitten werden diese eingefügt.
- Das Ergebnis ist das gezielt veränderte Genom eines **„genetically edited organism“ (GEO),** im Falle des Einfügens eines transgenen Abschnitts eines **„genetically modified organism“ (GMO).**

Ein typisches Beispiel für ein zusätzliches Merkmal zum genetischen Code ist die **Antibiotikaresistenz** von Bakterien.

Transport von DNA-Sequenzen in Zellen

Nachdem nunmehr **rekombinante DNA-Sequenzen** vorliegen, die in weiterer Folge gewünschte Merkmale des Individuums ausprägen sollen, müssen diese Abschnitte in Zellen bzw. in den Zellkern **transportiert** werden. Dieser Vorgang wird **Transfektion** genannt. Dafür verwendet die Gentechnik sogenannte **Genfähren,** auch **Vektoren** genannt. Die wichtigsten Genfähren sind:

Nucleoid siehe Kap. D, 4 (prokariotische Bakterienzelle).

- **Plasmide:** Darunter versteht man meist **ringförmige DNA-Stränge,** die sich in den Zellen, meist Bakterienzellen, **außerhalb** des **Nucleoids** befinden. Plasmide übertragen somit **zusätzliche Merkmale** zum genetischen Code.
- **Bakteriophagen: Viren** sind strukturierte Aggregate aus **DNA oder RNA und Proteinen.** Sie sind **keine Lebewesen,** da sie sich weder eigenständig vermehren können, noch einen eigenen Stoffwechsel aufweisen. Zur DNA-Replikation benötigen sie eine **Wirtszelle,** die sie befallen und darin ihre DNA vermehren. Nach Zerstörung der Wirtszelle verbreiten sie sich. Viren, die **Bakterien** befallen, nennt man Bakteriophagen.
- **Bakterielle Chromosomen:** Bestimmte **Abschnitte von DNA,** die aus Bakterien gewonnen werden, eignen sich ebenfalls als Genfähren.

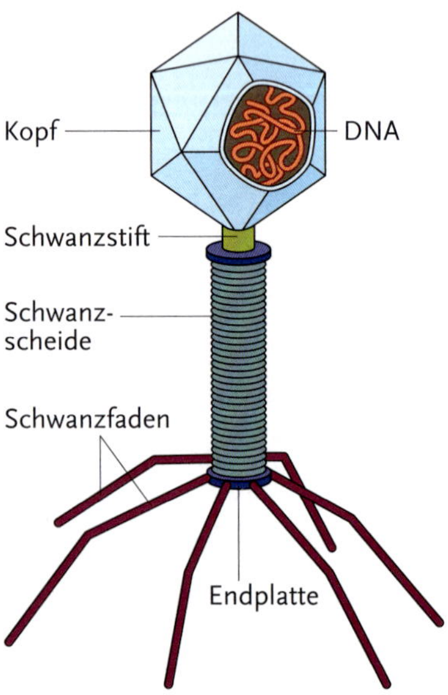

Darstellung eines **Bakteriophagen**

Die **Durchlässigkeit der Zellmembran** ist Voraussetzung für die **Transfektion.** Auf folgende Weise kann sie erreicht werden:

- **Physikalische Methoden:** Mikroinjektion, Anlegen von magnetischen oder elektrischen Feldern (Elektroporation).
- **Chemische Methoden:** Bindung der DNA an Calciumphosphatteilchen oder an Liposomen, die in die Zelle aufgenommen werden.

Unter Liposomen versteht man Aggregate aus **Lipoiden,** meist Phospholipiden (siehe Kap. D, 1.2).

Klone und Klonieren

Klone sind genetisch identische Organismen. Sie entstehen durch den Vorgang des **Klonens.** Unter **Klonieren** versteht man das Herstellen von **identischen DNA-Kopien** durch Replikation einer definierten DNA-Sequenz.

Eineiige Zwillinge entstehen durch natürliches Klonen, indem sich in einem frühen embryonalen Stadium zwei Embryonen mit identischem genetischem Code bilden.

In der sogenannten **Reproduktionsmedizin** werden Klone im **Labor** hergestellt, indem einer entkernten Eizelle ein Zellkern des zu klonenden Organismus meist mit Mikroinjektion eingesetzt wird. Der daraus durch **Replikation und Zellteilung** entstandene Embryo wird einer **Leihmutter** zur weiteren Entwicklung bis zur Geburt eingesetzt.

Eine weitere Anwendung des **Klonens im Labor** erfolgt beim sogenannten **therapeutischen Klonen,** dem Züchten von **Gewebekulturen,** z. B. Säugetierzellen zur Herstellung medizinischer Präparate, wie Impfstoffe. Bei diesem Verfahren folgt der Vermehrung durch Replikation und Zellteilung ein Verteilen der Zellen in einer Nährlösung in einem **Fermenter.**

Fermenter siehe Kap. D, 5.1.

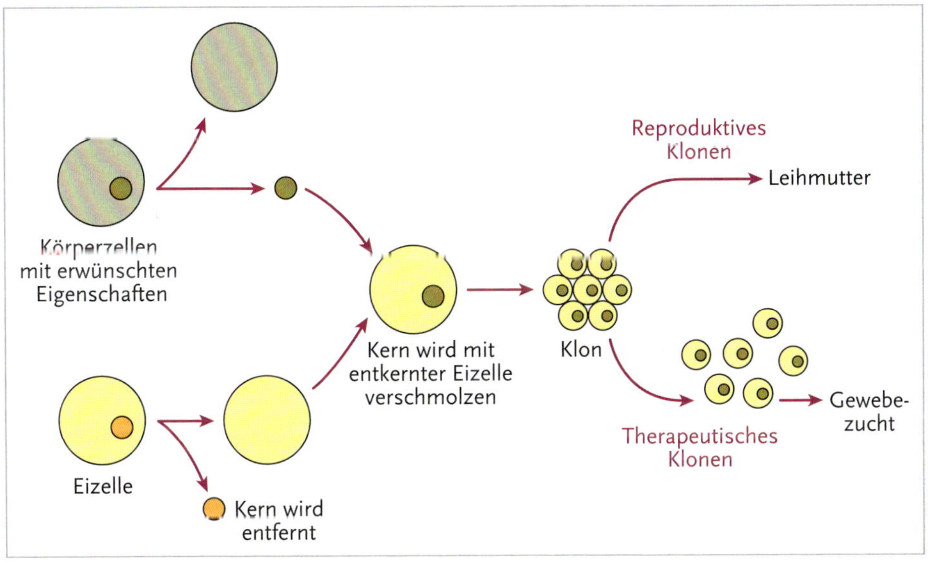

Schematische Darstellung des Klonens in der Reproduktionsmedizin und in der Zellkulturzüchtung

Ziele erreicht? – „Gentechnik und DNA-Rekombinations..."

- **2.4.01** ++ Geben Sie an, was man unter den Werkzeugen der Gentechnik versteht und welches Ziel mit ihnen verfolgt wird.
- **2.4.02** + Geben Sie an, was man unter Vektoren versteht.
- **2.4.03** ++ Beschreiben Sie den Vorgang der Transfektion.
- **2.4.04** ++ Nennen Sie den Unterschied zwischen Klonen und Klonieren.
- **2.4.05** ++ Beschreiben Sie den Unterschied zwischen reproduktivem und therapeutischem Klonen.

D

3 Stoffwechselprozesse

3.1 Metabolismus und Enzyme

Die Zellen der Organismen sind biotechnologische Fabriken im Mikromaßstab. Jede Zelle, sei sie noch so klein, enthält in wenigen Kubikmikrometern Volumen mehrere hundert chemische Verbindungen, die von mehr als 1 000 verschiedenen Enzymen in Stoffwechselprozessen umgesetzt werden.

Meine Ziele

Nach Bearbeitung dieses Kapitels kann ich

- die Unterschiede zwischen **Katabolismus** und **Anabolismus** sowie **chemotrophen** und **fototrophen Organismen** erklären;
- die **Enzyme** nach ihrer Substratspezifität und Wirkungsweise **klassifizieren;**
- das **Zusammenwirken von Enzymen und** einigen wichtigen **Coenzymen** beschreiben;
- **den Stofftransport in die und aus den Zellen** darstellen.

Katabolismus und Anabolismus

Der Stoffwechsel, **Metabolismus** genannt, kann in **zwei Richtungen** erfolgen:

- **Katabolismus:** Chemische Verbindungen werden mit dem Ziel der **Energiefreisetzung** abgebaut.
- **Anabolismus:** Chemische Verbindungen werden unter Aufwendung von Energie zu **körpereigenen Substanzen** (Gerüstsubstanzen oder Speicherstoffen) aufgebaut.

Fotosynthese siehe Kap. D, 3.2.

In diesem Zusammenhang werden **zwei Gruppen von Organismen** unterschieden:

- **Fototrophe Organismen** (grüne Pflanzen und Einzeller): bauen aus Kohlenstoffdioxid und Wasser mithilfe von **Lichtenergie (Sonnenenergie)** Zellbestandteile und Speicherstoffe auf.
- **Chemotrophe Organismen** (alle anderen Organismen): benötigen **Nährstoffe** zur Energiefreisetzung und zum Aufbau von Zellbestandteilen und Speicherstoffen.

Bei allen Stoffwechselprozessen handelt es sich um chemische Reaktionen, die bei **Umgebungsbedingungen** (Temperatur, pH-Wert, Stoffkonzentrationen) der **lebenden Zelle** ablaufen.

Daraus leiten sich einige **wesentliche Unterschiede zwischen biochemischen Reaktionen** zum **Schutz der Zelle** und organischchemischen Reaktionen ab:

- **Oxidationsvorgänge** erfolgen nicht durch Übertragung von Sauerstoff, sondern durch **Dehydrogenierung** (Abspaltung von aktiviertem Wasserstoff).

Beispiel: Dehydrogenierung (Oxidation) von Ethanol zu Ethanal (Acetaldehyd)

$C_2H_5OH \rightarrow CH_3{-}CHO + 2H^+ + 2e^-$

- Die **Kohlenstoffdioxidbildung** erfolgt nicht durch Oxidation von Kohlenstoff, sondern durch **Decarboxylierung** (Abspaltung von Kohlenstoffdioxid).

Beispiel: Oxidative Decarboxylierung von Pyruvat zu Acetat

$CH_3–CO–COO^- + H_2O \rightarrow CH_3–COO^- + CO_2 + 2H^+ + 2e^-$

- Biochemische Reaktionen spielen sich über mehrere Stufen in einer Reaktionskette über Zwischenprodukte (Metaboliten) ab. Dabei stellt sich ein **Fließgleichgewicht** (englisch: steady state) gleichbleibender Konzentrationen der Metaboliten ein. Für die Gesamtreaktion ist damit nur die Gleichgewichtseinstellung zwischen dem Ausgangsstoff und dem Endprodukt entscheidend.

Beispiel: Reaktion des Ausgangsproduktes A über die Metaboliten B und C zum Endprodukt D:

$A \rightarrow B \rightarrow C \rightarrow D$

- Energie wird in katabolischen Reaktionen zum Teil als Wärme frei, wesentlicher ist jedoch die Bildung energiereicher chemischer Verbindungen. Eine der bedeutendsten energiereichen Verbindungen im Stoffwechsel ist **Adenosintriphosphat (ATP).**

Beispiel: Reaktion des Adenosintriphosphats (ATP) durch Hydrolyse zum Adenosindiphosphat (ADP) und Phosphat (P). Dabei werden **pro Mol ATP –30 kJ** Energie freigesetzt:

$ATP + H_2O \rightarrow ADP + P$

Enzyme

Für die meisten Reaktionen sind Enzyme erforderlich, die als Biokatalysatoren fungieren.

Enzyme wirken auf folgende Weise:
- **Verringerung** der **Aktivierungsenergie** einer chemischen Reaktion, wodurch die Reaktion zum Laufen kommt.
- **Erhöhung** der **Reaktionsgeschwindigkeit.**
- Enzyme verändern jedoch **nicht das Gleichgewicht** einer chemischen Reaktion!

Enzyme katalysieren die Reaktion, indem sie mit dem Ausgangsstoff, dem **Substrat,** einen **Komplex** bilden. Nach erfolgter Reaktion des Substrates zum Produkt wird der Komplex gelöst und das Produkt freigesetzt (dissoziiert). Das Enzym steht zur nächsten Katalyse bereit.

Beispiel: Reaktion des Substrates S über die Enzymkomplexe ES und EP zum Endprodukt P:

$E + S \rightarrow ES \rightarrow EP \rightarrow E + P$

Unter **Reaktionsbedingungen der Zelle** (Temperatur, pH-Wert, Stoffkonzentrationen) benötigt ein Enzym für einen derartigen **Reaktionszyklus** wenige Millisekunden, sodass **bis zu 1 000 Moleküle je Sekunde** katalytisch umgesetzt werden können.

Pyruvat ist das Anion der 2-Oxopropansäure (Brenztraubensäure). 2-Oxosäuren wurden früher als **Alphaketosäuren** bezeichnet.

Gemäß den **thermodynamischen Gesetzmäßigkeiten** chemischer Reaktionen wird bei der Reaktion $A \rightarrow D$ ein stabilerer (energieärmerer) Zustand erreicht und Energie freigesetzt.

Verbindungen des **Adenins mit Ribose und Phosphaten** siehe Kap. D, 2.1.

Die chemische Energie von ATP liegt in der energiereichen **Anhydridbindung** zwischen den Phosphatgruppen.

Bei chemischen Reaktionen frei werdende Energie erhält ein **negatives Vorzeichen.**

Enzyme sind **Proteine** oder zusammengesetzte Proteine mit einer prosthetischen Gruppe, siehe Kap. D, 1.1.

Enzyme katalysieren Reaktionen grundsätzlich in **beide Richtungen.** Das **Gleichgewicht** zwischen der Konzentration der Ausgangs- und Endprodukte wird dabei nicht beeinflusst.

Die **Komplexbildung zwischen Enzym und Substrat** erfolgt über **Nebenvalenzbindungen** (Ionenbindungen, Wasserstoffbrücken, hydrophobe Wechselwirkungen). Dabei verändert das Enzym so lange seine Form (räumliche Struktur des Proteins), bis es das Produkt wieder freigegeben hat.

D

Enzyme weisen **zwei wesentliche Eigenschaften** auf:

- **Substratspezifität:** Ein Enzym bindet spezifisch nur einen bestimmten Stoff.
- **Wirkungs- oder Reaktionsspezifität:** Ein Enzym katalysiert spezifisch nur eine bestimmte Reaktion.

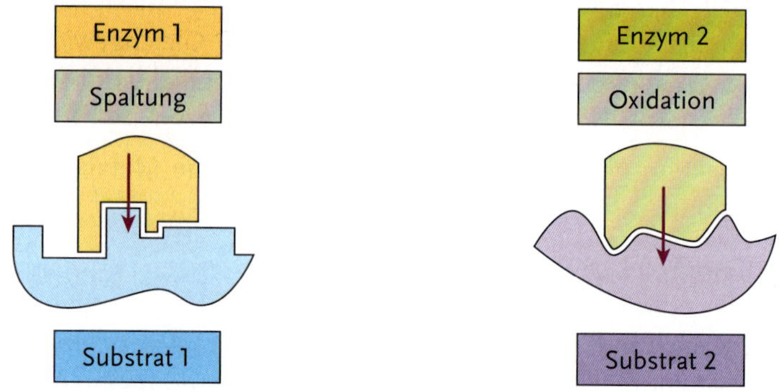

Die Abbildung zeigt schematisch die **Substratspezifität** von Enzym 1 bzw. 2 mit Substrat 1 bzw. 2 (Schlüssel-Schloss-Prinzip). Es wird jeweils nur eine Reaktion (Spaltung oder Oxidation) **wirkungs- oder reaktionsspezifisch** katalysiert.

Die **Bezeichnung** der Enzyme erfolgt nach:
Substrat-Reaktion-Endsilbe „ase"

Nach der **Wirkungs- oder Reaktionsspezifität** unterscheidet man **sechs Klassen** von Enzymen:

Klasse	Reaktion	Beispiel
Oxidoreduktasen	Oxidation (Dehydrogenierung) Reduktion (Hydrogenierung)	Glucoseoxidase Ethanoldehydrogenase Pyruvathydrogenase
Transferasen	Übertragung von funktionellen Gruppen	Glutamat-Oxalacetat-Transaminase
Hydrolasen	Hydrolytische Spaltung von: Estern Glycosidischen Bindungen Peptidbindungen	 Lipase (Esterase) Amylase (Glycosidase) Protease (Peptidase)
Lyasen	Nicht hydrolytische Spaltung	Fructose-1,6-diphosphat-Aldolase
Isomerasen	Isomerisierung	Triosephosphat-Isomerase
Ligasen	Bindung von zwei Molekülen	DNA-Polymerase

Die **Glutamat-Oxalacetat-Transaminase** hat in der medizinischen Labordiagnostik Bedeutung. Erhöhte Werte deuten z. B. auf eine Erkrankung der Leber hin.

Fructose-1,6-diphosphat und Triosephosphat siehe Kap. D, 3.2.

Coenzyme

Coenzyme, auch **Kofaktoren** genannt, sind organische Nichtproteinmoleküle, die in gleicher Weise wie das Substratmolekül einen **Komplex mit dem Enzym** eingehen und erst dadurch die katalysierte Reaktion ermöglichen. Das Coenzym geht wie das Produkt **verändert aus der Reaktion** heraus.

Beispiel: Komplexbildung des Enzyms E mit dem Coenzym Co und dem Substrat S, Reaktion im Enzymkomplex zum veränderten CoV und zum Endprodukt P, danach Dissoziation:

$$E + Co + S \rightarrow E{-}Co{-}S \rightarrow E{-}CoV{-}P \rightarrow E + CoV + P$$

Beispiele für **wichtige Coenzyme** im Stoffwechsel:

Coenzym	Reaktion	Beispiel
Nicotinamid-adenin-dinukleotid NAD$^+$	Oxidation (Dehydrogenierung) und Reduktion (Hydrogenierung), Übertragung von 2 H^+ + 2 e^-	Coenzym der Ethanol-dehydrogenase, Pyruvathydrogenase
Flavin-adenin-dinukleotid FAD	Oxidation (Dehydrogenierung) und Reduktion (Hydrogenierung), Übertragung von 2 H^+ + 2 e^-	Coenzym der Succinat-Dehydrogenase
Adenosin-triphosphat ATP	Übertragung von Phosphatgruppen; energiereiche Verbindung	Coenzym der Glucose-6-Phosphorylase (Hexokinase)
Coenzym A CoA	Übertragung von Säuregruppen; energiereiche Verbindung	Coenzym der Pyruvat-Decarboxylase und der Citratsynthase

$2H^+ + 2e^-$ wird als „aktivierter Wasserstoff" bezeichnet.

Succinat-Dehydrogenierung siehe Kap. D, 3.2.

Glucose-6-Phosphorylase siehe Kap. D, 3.2.

Pyruvat-Decarboxylierung und **Citratsynthese** siehe Kap. D, 3.2.

Biokybernetik

Biokybernetik ist die Wissenschaft von der **Steuerung biologischer Abläufe.** Wesentlich sind dabei Feedbackmechanismen, die Stoffwechselwege **aktivieren oder hemmen.**

Ein in der Biotechnologie wichtiges Beispiel ist der sogenannte **Pasteureffekt.** Hefe ist befähigt, Zucker in Gegenwart von Sauerstoff **aerob** zu metabolisieren, zu veratmen. Bei Abwesenheit von Sauerstoff kann sie Zucker **anaerob** vergären.

Louis Pasteur siehe Kap. D, 4.

Atmung (aerob):
$C_6H_{12}O_6 + 6\ O_2 \rightarrow 6\ H_2O + 6\ CO_2 + 38\ ATP$

Gärung (anaerob):
$C_6H_{12}O_6 \rightarrow 2\ C_2H_5OH + 2\ CO_2 + 2\ ATP$

Der **Steuerungseffekt** erfolgt dabei über **ATP**, das im aeroben Stoffwechselweg gegenüber dem anaeroben in 19-facher Menge entsteht:

- **Aerob** tritt ein **ATP-Überschuss** gegenüber dem Verbrauch ein. ATP wirkt als **Inhibitor** auf das Enzym Phosphofructokinase, das für den Abbau des Zuckers wesentlich ist, wodurch der Zuckerstoffwechsel verlangsamt wird.
- **Anaerob** tritt ein **ADP-Überschuss** ein, da mehr ATP zu ADP umgesetzt wird, als zur Verfügung gestellt werden kann. ADP wirkt als **Aktivator** auf das Enzym Phosphofructokinase, wodurch mehr Zucker metabolisiert wird.

Phosphofructokinase (Fructose-1,6-phosphorylase) siehe Kap. D, 3.2.

Auf molekularer Ebene erfolgt die Aktivierung oder Hemmung durch den sogenannten **allosterischen Effekt.** Dabei wird durch Anlagerung des Aktivators oder des Inhibitors an das Enzym dessen **räumliche Struktur** so verändert, dass es bei **angelagertem Aktivator das Substrat binden** kann, nicht jedoch bei gebundenem Inhibitor. Aktivator bzw. Inhibitor und Substrat werden an **unterschiedlichen Stellen** des Enzymmoleküls gebunden.

Biologische Membranen

Membranen trennen Zellen von ihrer Umgebung ab. Innerhalb einer eukaryotischen Zelle umschließen sie Organellen. Für den Stoffwechsel ist daher ein **Transport** von Wasser, Gasen, Nährstoffen und Metaboliten durch die Membran hindurch erforderlich.

Lipoide siehe Kap. D, 1.2.

Manche Zellen, sowohl Körperzellen wie auch Bakterienzellen, sind mit einer **Schleimhülle** umgeben, die aus **Polysacchariden** besteht.

Biologische Membranen bestehen aus einer **Doppelschicht aus Lipoiden,** wie Phospholipiden. Ihre hydrophoben Molekülbereiche sind zur **Innenseite** der Membran orientiert und halten die beiden Schichten durch **hydrophobe Wechselwirkungen** zusammen. Die hydrophilen Molekülbereiche sind zu den beiden Außenseiten der Membran gerichtet.

Durch die Lipoiddoppelschicht entsteht zunächst für **polare Moleküle,** auch für Wasser und die meisten ionisierten (geladenen) Moleküle der Metaboliten, eine **Sperrschicht.**

In die Lipoiddoppelschicht sind Proteine eingebettet: **Kanal-** oder **Tunnelproteine und Trägerproteine** (Carrier).

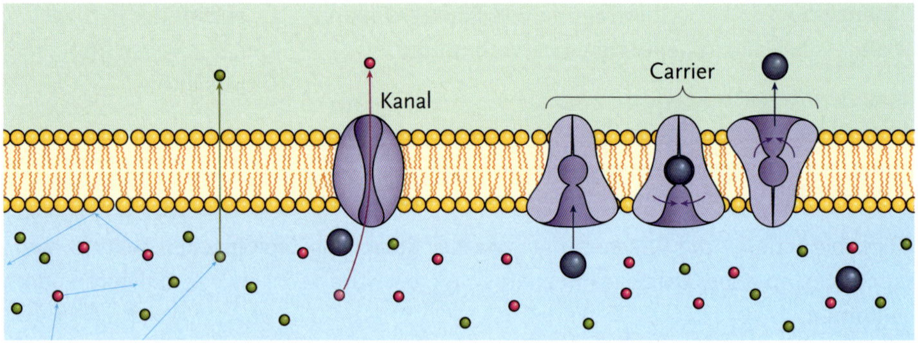

Mechanismen des **Transports durch biologische Membranen** von links nach rechts: Diffusion (passiver Transport), Tunnel- oder Kanalprotein, Trägerprotein oder Carrier (aktiver Transport).

Der Aufbau der biologischen Membran ermöglicht folgende **Transportmechanismen:**

- **Passiven Transport:** Kleine Moleküle, vor allem apolare Moleküle, z. B. die Gase Sauerstoff und Kohlendioxid, können aufgrund eines **Konzentrationsgradienten** diffundieren. Dabei wird keine Energie verbraucht.
- **Aktiven Transport:** Dabei wird **Energie in Form von ATP** verbraucht. ATP ist erforderlich, um die **Strukturen** von folgenden Proteinen zu verändern:
  - **Tunnel- oder Kanalproteine** bilden im geöffneten Zustand Poren, durch die kleinere polare Moleküle, vor allem Wasser, diffundieren können.
  - **Trägerproteine** oder **Carrier** bilden mit Substraten oder Metaboliten einen **Komplex,** ähnlich dem der Enzyme. Auf diese Weise wird z. B. der Nährstoff Glucose an der Außenseite einer Zelle gebunden, als Komplex mit dem Carrier durch die Membran geschleust und im Inneren der Zelle **dissoziiert** (abgegeben).

Ziele erreicht? – „Metabolismus und Enzyme“

3.1.01 + Erklären Sie den Unterschied zwischen Katabolismus und Anabolismus sowie zwischen fototrophen und chemotrophen Organismen!

3.1.02 ++ Beschreiben Sie die Entstehung von Kohlenstoffdioxid aus biochemischen Reaktionen. Erläutern Sie, wie in biochemischen Reaktionen eine Oxidation erfolgt.

3.1.03 + Beschreiben Sie das Prinzip des Fließgleichgewichtes.

3.1.04 ++ Erklären Sie die Bildung von Energie im Stoffwechsel.

3.1.05 + Geben Sie an, was man unter Enzymen versteht und wie sie wirken.

3.1.06 + Geben Sie an, was man unter Substrat- und Wirkungsspezifität von Enzymen versteht.

3.1.07 + Ordnen Sie folgende Enzyme in die Klassifikation der Enzyme ein: DNA-Polymerase, Lipase und Glucoseoxidase.

3.1.08 + Erklären Sie die Funktion der Coenzyme NAD^+, ATP und CoA.

3.1.09 + Beschreiben Sie die Steuerung des Zuckerverbrauchs im aeroben und anaeroben Hefestoffwechsel.

3.1.10 ++ Beschreiben und analysieren Sie den Transport von Gasen, Wasser und Glucose durch biologische Membranen.

3.2 Ausgewählte Stoffwechselwege

Nach der Aufnahme der Nahrung werden die großen Moleküle der Hauptnährstoffe Eiweiß, Fett und Kohlenhydrate durch die Verdauung zu kleinen Molekülen abgebaut, die wir über die Darmschleimhaut aufnehmen. Den größten Teil davon benötigen wir in unseren Zellen als Ausgangsstoff für die Energieproduktion. Nur dadurch ist es möglich, unsere Körperwärme, die Atmung, den Herzschlag und alle sonstigen Körperfunktionen aufrechtzuerhalten. Einen kleineren Teil der aufgenommenen Nährstoffe verbrauchen wir für den Aufbau von Körpersubstanz, dies ganz besonders in den Lebensabschnitten Kindheit und Jugend, aber auch während der Schwangerschaft. Nehmen wir allerdings darüber hinaus zu viel an Nährstoffen auf, setzen wir den Reservestoff Fett an. Nimmt die dadurch bedingte Gewichtszunahme ein großes Ausmaß an, sprechen wir von starkem Übergewicht, das ein hohes gesundheitliches Risiko darstellt.

Eine besonders starke Form des Übergewichts wird **Adipositas** genannt.

Meine Ziele

Nach Bearbeitung dieses Kapitels kann ich

- die wichtigsten Vorgänge beim **Abbau der Hauptnährstoffe** erklären;
- die **Abbauwege der Kohlenhydrate,** der **Fette** und der **Proteine** skizzieren;
- die **Produktion von Kohlenstoffdioxid** und energiereichem **Adenosintriphosphat** (ATP) im **Citratzyklus** und in der **Elektronentransportkette** (Atmungskette) darstellen;
- die **Fotosynthese** und die **Bildung von Kohlenhydraten** in grünen Pflanzen erklären.

Verdauung

Die komplex zusammengesetzten **Hauptnährstoffe** werden in unserer Verdauung zu leicht resorbierbaren kleinen Molekülen abgebaut.

Nährstoff	Abbau zu	Enzyme
Verdauliche Polysaccharide: Stärke	Glucose	Speichelamylase, Pankreasamylase
Fette: Triglyceride	Fettsäuren, Glycerol	Pankreaslipase, Lipasen der Darmschleimhaut
Proteine	Aminosäuren	Pepsin des Magens, Trypsin des Pankreas

Über das **Blut** und die **Lymphe** werden die abgebauten Nährstoffbestandteile zu den **Zellen** durch die **Zellmembran** und in die **Organellen** transportiert.

Im **Pankreas,** der **Bauchspeicheldrüse,** werden nicht nur alle wichtigen **Verdauungsenzyme** gebildet, sondern auch das Hormon Insulin, das den **Blutzuckerspiegel** regelt.
Voraussetzung für die **Wirkung der Lipasen** ist die Emulsion des aufgenommenen Fettes durch die **Gallensäuresalze.**

Die **Lymphe** ist eine klare Körperflüssigkeit. Sie spielt in unserem **Immunsystem** eine wichtige Rolle, transportiert aber auch die abgebauten **Fettbestandteile** in das venöse Blut.

D

Über den **Citratzyklus** stehen die Stoffwechselwege der Glucose, der Fettsäuren und der Aminosäuren in einem **Zusammenhang.** Dadurch wird es verständlich, dass z. B. eine große Menge an aufgenommenem Zucker zum Speicherstoff Fett umgebaut wird.

Die abgebauten Nährstoffbestandteile werden im **Stoffwechsel** umgesetzt:
- **Glucose (und Glycerol):** überwiegend zu **Energie,** ein kleiner Teil zum Speicherstoff **Glycogen.**
- **Fettsäuren:** überwiegend zu **Energie,** ein kleiner Teil (gemeinsam mit Glycerol) zum Speicherstoff **Triglyceride.**
- **Aminosäuren:** überwiegend zum Aufbau **körpereigenen Proteins** in der Proteinbiosynthese, ein kleiner Teil zur **Energieproduktion.**

Abbau von Glucose

Glucose-6-Phosphorylase (Hexokinase) und **Phosphofructokinase** siehe Kap. D, 3.1.

Der Abbau von Glucose, **Glycolyse** genannt, erfordert zunächst den Aufwand von Energie in Form von ATP, um das sonst reaktionsträge Glucosemolekül zu **aktivieren.** Dies erfolgt durch das Enzym **Glucose-6-Phosphorylase,** auch Hexokinase genannt, und das Coenzym ATP.

Für **Fructose-1,6-diphosphat** findet sich auch die Bezeichnung **Fructose-1,6-biphosphat.**

Glucose-6-phosphat wird weiter zu **Fructose-6-phosphat** umgewandelt. Danach erfolgt unter Abspaltung eines Phosphats von ATP katalysiert von der **Phosphokinase** eine weitere Phosphorylierung zu **Fructose-1,6-diphosphat.** Nach diesem Metaboliten wird der Stoffwechselweg der Glycolyse auch als **Fructose-Diphosphatweg (FDP-Weg)** bezeichnet.

Abkürzungen

Glu-6-P = Glucose-6-phosphat
Fru-6-P = Fructose-6-phosphat
Fru-1,6-bP = Fructose-1,6-bisphosphat
DHAP = Dihydroxyacetonphosphat
GAP = Glycerinaldehyd-3-phosphat
1,3-bPG = 1,3-Bisphosphoglycerat
3-PG = 3-Phosphoglycerat
2-PG = 2-Phosphoglycerat
PEP = Phosphoenolpyruvat
Pyr = Pyruvat

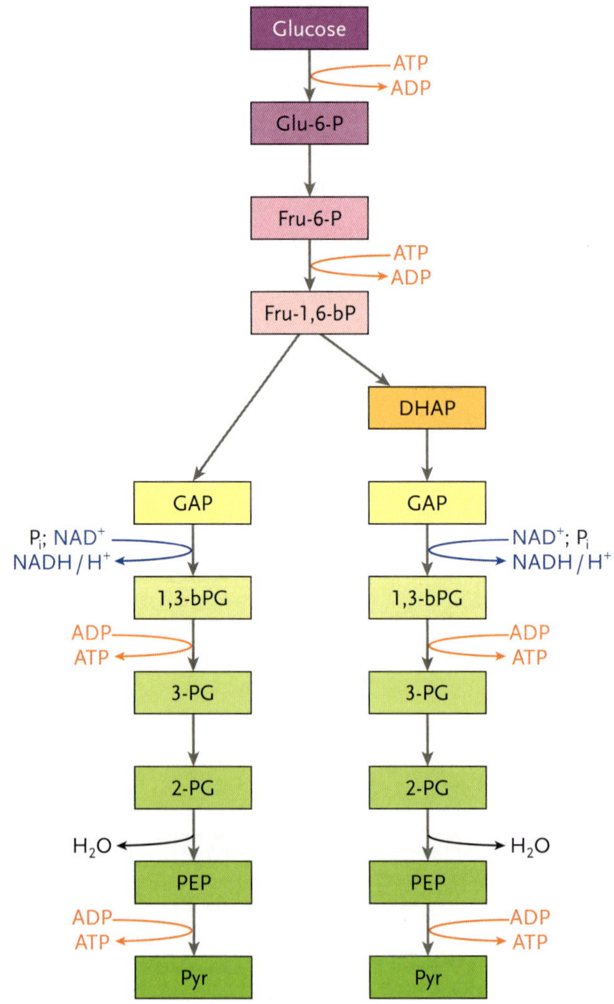

Schematische Darstellung des FDP-Weges (der Glycolyse)

Alle **Stoffwechselreaktionen** werden von Enzymen katalysiert. Die **Bezeichnung** der Enzyme siehe Kap. D, 3.1.

Die Glykolyse wird nach ihren Entdeckern **Gustav Embden, Otto Meyerhof** und **Jakub Karol Parnas** auch Embden-Meyerhof-Parnas-Weg oder **EMP-Weg** genannt. Früher war auch die Bezeichnung **FDP-Weg,** die auf das Zwischenprodukt D-Fructose-1,6-bisphosphat hinweist, gebräuchlich.

Aldolase und **Triosephosphat-Isomerase** siehe Kap. D, 3.1.

Das Enzym **Aldolase** spaltet Fructose-1,6-diphosphat in zwei Triosemoleküle, **Glycerinaldehyd-3-phosphat** und **Dihydroxyacetonphosphat,** das von der **Triosephosphat-Isomerase** wieder zu Glycerinaldehyd-3-phosphat isomerisiert wird. Somit verläuft der weitere FDP-Weg **parallel** über zwei Triosemoleküle.

Glycerinaldehyd-3-phosphat reagiert mit dem Coenzym **NAD^+** unter gleichzeitiger Bindung eines Moleküls **anorganischen Phosphats** an die Carboxylgruppe zu **1,3-Diphosphoglycerat** (1,3-Biphosphoglycerat) und $NADH+H^+$. Im nächsten Schritt wird das soeben gebundene Phosphat auf ADP unter Bildung von **ATP** und **3-Phosphoglycerat** übertragen.

3-Phosphoglycerat wird zu **2-Phosphoglycerat** umgewandelt, das unter Bildung einer C=C-Doppelbindung und Wasserabspaltung zu **Phosphoenolpyruvat** reagiert. Die energiereiche Verbindung Phosphoenolpyruvat überträgt eine Phosphatgruppe auf ADP und bildet letztendlich **ATP** und **Pyruvat.**

Die **Bilanzgleichung** des FDP-Wegs lautet somit:
$C_6H_{12}O_6 + 2\,ADP + 2\,P + 2\,NAD^+ \rightarrow$
$2\,CH_3{-}CO{-}COOH + 2\,ATP + 2\,NADH{+}H^+ + 2\,H_2O$

Ein Mol **Glucose** wird im FDP-Weg zu **2 Mol Pyruvat** (Brenztraubensäure) unter Gewinn von **zwei Mol ATP** und **zwei Mol $NADH+H^+$** abgebaut.

Da das Coenzym **NAD** im oxidierten Zustand eine positive Ladung am heterozyklischen Stickstoffatom trägt, lautet die korrekte Schreibweise **NAD^+** und in der reduzierten Form **$NADH+H^+$.**

Die Bildung von **ATP** aus anderen Reaktionsabläufen als dem der Elektronentransportkette (Atmungskette) wird **Substratphosphorylierung** genannt.

Abbau der Fettsäuren

Der Abbau von Fettsäuren, **Betaoxidation** genannt, erfordert zunächst den Aufwand von Energie in Form von ATP, um das sonst reaktionsträge Fettsäuremolekül zu **aktivieren.** Es entsteht zunächst ein Fettsäure-Adenosinmonophosphat (Acyl-AMP) unter Abspaltung eines Diphosphats. In einer weiteren Reaktion wird die Fettsäure unter Abspaltung von AMP auf das Coenzym A übertragen.

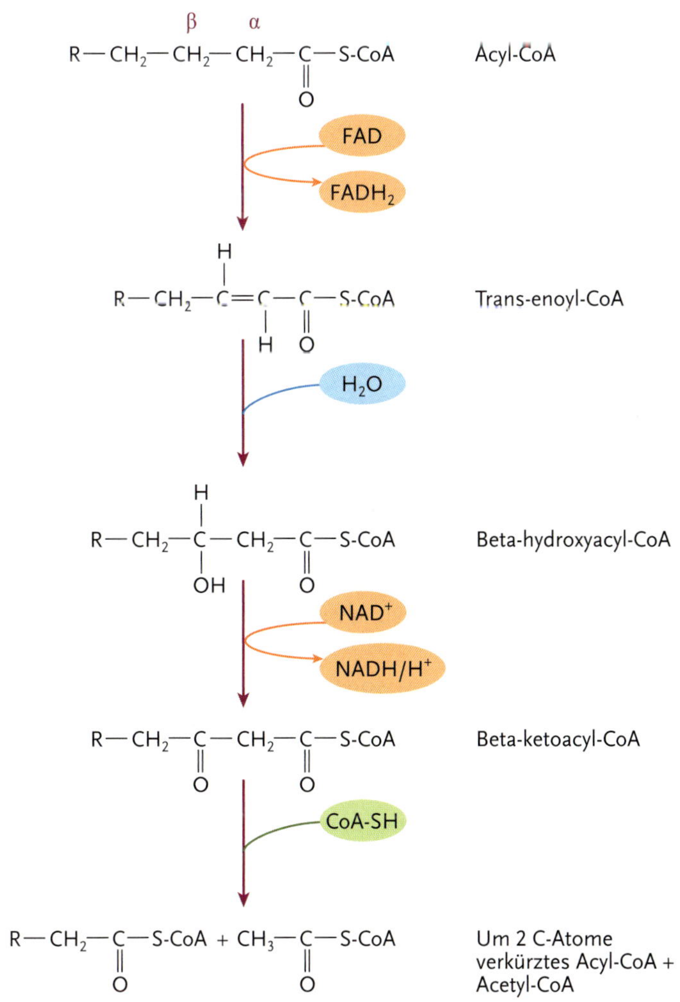

Schematische Darstellung der Betaoxidation

Das durch die lipolytische Fettspaltung entstandene **Glycerol** wird durch Phosphatübertragung vom Coenzym ATP zu Glycerolphosphat und nach Oxidation mit dem Coenzym NAD^+ zu **Glycerinaldehyd-3-phosphat** umgewandelt und in den **FDP-Weg** eingeschleust.

Aktivierung der Fettsäure am Beispiel der Stearinsäure:
$CH_3-(CH_2)_{16}-COOH + ATP \rightarrow CH_3-(CH_2)_{16}-CO-AMP + 2\ P + 2\ H_2O$
$CH_3-(CH_2)_{16}-CO-AMP + CoA-SH \rightarrow CH_3-(CH_2)_{16}-CO-S-CoA + AMP$

Beim Abbau von ungesättigten Fettsäuren entfällt an den Doppelbindungen der erste Schritt der Betaoxidation. Es wird lediglich die Cis-Doppelbindung in die Trans-Form isomerisiert.

Beim resultierenden **Acyl-CoA** ist die Fettsäure über eine **energiereiche Thioesterbindung an** das Coenzym-A gebunden. Die **freie Enthalpie** dieser Bindung liegt mit rund **–30 kJ/Mol** im Bereich der freien Enthalpie des **ATP.**

Acyl-CoA wird mit dem Coenzym **Flavin-adenin-dinukleotid (FAD)** zu **Trans-Enoyl-CoA** unter Bildung von **$FADH_2$** oxidiert. An die C=C-Doppelbindung wird Wasser angelagert. Das entstehende **Beta-hydroxyacyl-CoA** (3-Hydroxyacyl-CoA)wird mit dem Coenzym **NAD^+** zu **Beta-ketoacyl-CoA** (3-Ketoacyl-CoA)und **$NADH+H^+$** oxidiert. Diese Reaktion gibt dem Stoffwechselweg des Fettsäureabbaus den Namen **Betaoxidation.**

In einer abschließenden Reaktion wird mit einem weiteren Coenzym A eine sogenannte **thioklastische Spaltung** durchgeführt. Dabei wird nach Übertragung eines CoA auf die nunmehr **um zwei C-Atome verkürzte** Fettsäure **Acetyl-CoA** (aktivierte Essigsäure) abgespalten. Mit dem verkürzten Acyl-CoA beginnt der **Zyklus** von Neuem. Das Acetyl-CoA wird in den **Citratzyklus** eingeschleust.

Die **Bilanzgleichung** der Betaoxidation einer C-18-Fettsäure (Stearinsäure) lautet somit:
$CH_3-(CH_2)_{16}-COOH + ATP + 9\ CoA-SH + 8\ FAD + 8\ NAD^+ \rightarrow$
$9\ CH_3-CO-S-CoA + AMP + 2\ P + 8\ FADH_2 + 8\ NADH+H^+$

Ein Mol einer **gesättigten C-18-Fettsäure** (Stearinsäure) wird in der **Betaoxidation** zu **neun Mol Acetyl-CoA** (aktivierter Essigsäure) unter Aufwand von einem Mol ATP und 9 Mol Coenzym-A sowie unter Gewinn von **acht Mol $FADH_2$** und **acht Mol $NADH+H^+$** (in 8 Cyclen) abgebaut.

Abbau der Aminosäuren, Harnstoffzyklus

Der Abbau von Aminosäuren folgt dem Grundprinzip, dass aus den Reaktionen der Aminogruppe **keinesfalls giftiger Ammoniak** entsteht.

Der Abbauweg gliedert sich in vereinfachter Darstellung in folgende Abschnitte:

- Eine **Aminotransferase** (früher Transaminase) überträgt die Aminogruppe der abzubauenden Aminosäure auf eine 2-Oxosäure, auf **2-Oxoglutarat** bzw. **Oxalacetat.** Daraus entstehen als Metaboliten die 2-Oxosäure der abzubauenden Aminosäure sowie **Glutamat** und **Aspartat.**
- Die 2-Oxosäure der abzubauenden Aminosäure (das **Kohlenstoffskelett** der Aminosäure) wird zum weiteren Abbau je nach Verbindung in den **Citratzyklus** oder in den **FDP-Weg** eingeschleust.
- Über einige Zwischenschritte des sogenannten **Harnstoffzyklus** werden je zwei Aminogruppen aus Glutamat und Aspartat auf **Hydrogencarbonat** übertragen, wodurch der ungiftige und lösliche, somit leicht ausscheidbare **Harnstoff** entsteht. Pro Mol Harnstoff werden dabei **drei Mol ATP** verbraucht. Glutamat und Aspartat werden wieder in die entsprechenden 2-Oxosäuren überführt.

Hydrogencarbonat entsteht aus CO_2, dem Produkt aus Decarboxylierungsreaktionen.

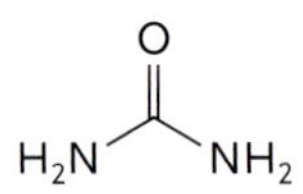

Strukturformel des Harnstoffs

Die vereinfachte **Bilanzgleichung** des Abbaues von Aminosäuren lautet somit:
$2\ \text{Aminosäuren} + 3\ ATP + CO_2 \rightarrow$
$2\ \text{Oxosäuren} + 2\ ADP + AMP + 4\ P + (NH_2)_2-CO + H_2O$

Citratzyklus

Der Citratzyklus ist ein Ausschnitt aus dem aeroben Metabolismus, dem Stoffwechsel bei Anwesenheit von Sauerstoff. Die **Verzweigung** zwischen **aerobem** und **anaerobem** Stoffwechsel erfolgt schon in einem Reaktionsschritt vor dem eigentlichen Citratzyklus, beim **Pyruvat.**

Pyruvat, das als **Endprodukt des FDP-Weges** anzusehen ist, reagiert wie folgt:

- Mit NADH+H⁺ zu **Lactat** → anaerober Stoffwechselweg der homofermentativen Lactobacteriaceae (Milchsäuregärung).
- Unter Abspaltung von CO_2 (Decarboxylierung) zu Ethanal (Acetaldehyd) und weiter mit $NADH+H^+$ zu **Ethanol** → anaerober Stoffwechselweg der Hefe.
- Unter gleichzeitiger Abspaltung von CO_2 und Bildung von $NADH+H^+$ (oxidative Decarboxylierung) sowie Bindung an das Coenzym A zu **Acetyl-CoA** (aktivierter Essigsäure) → aerober Stoffwechselweg, Einschleusung in den Citratzyklus.
- Unter Bindung von CO_2 (Carboxylierung) zu **Oxalacetat,** das zur Auffüllung des Citratcyclus eingeschleust wird → **anapleurotische Reaktion,** besonders wichtig, wenn Metaboliten aus dem Citratzyklus entnommen werden und dieser sonst zum Stillstand käme (z. B. bei der Citronensäurefermentation).

Die vier Stoffwechselwege, ausgehend vom Pyruvat (Pyruvat-Kreuzung):

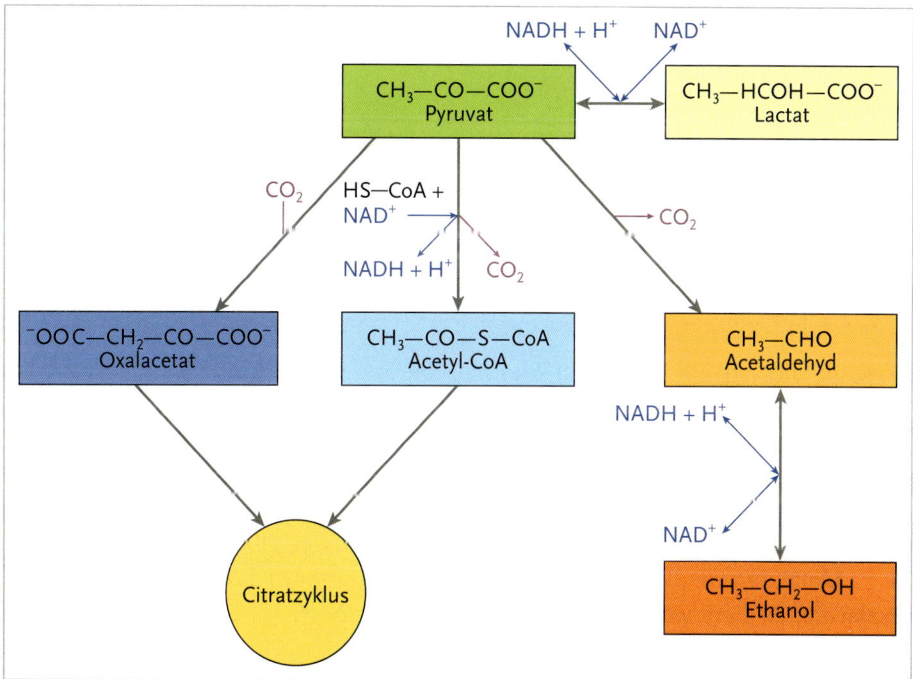

Im aeroben **Stoffwechsel** wird nach oxidativer Decarboxilierung des Pyruvats Acetyl-CoA in den Citratzyklus eingeschleust.

Acetyl-CoA reagiert mit **Oxalacetat** unter Abspaltung von Coenzym A zu **Citrat.** Über das Zwischenprodukt **Aconitat** entsteht **Isocitrat.** Die sekundäre Alkoholgruppe des Isocitrats kann nunmehr unter Bildung von $NADH+H^+$ zu **Oxalsuccinat** oxidiert werden. Oxalsuccinat ist eine instabile 3-Oxosäure und spaltet CO_2 ab, woraus **2-Oxoglutarat** entsteht.

Der **Citratzyklus** hat seinen Namen vom Citrat, dem ersten Metaboliten nach der Startreaktion, der Einschleusung von Acetyl-Coenzym A. Da die Citronensäure eine Tricarbonsäure mit drei Carboxylgruppen ist, wird er auch **Tricarbonsäurezyklus (TCC)** genannt. Ein weiterer Name ist Krebszyklus, benannt nach dem Entdecker des TCC, Hans Adolf Krebs.

HANS ADOLF KREBS, 1900 BIS 1981, DEUTSCHER, SPÄTER BRITISCHER BIOCHEMIKER

Milchsäuregärung, alkoholische Gärung der Hefe und Citronensäurefermentation (Citratfermentation) siehe Kap. D, 5.2.

IUPAC-konforme Schreibweise **„Citronensäure“;** als Handelsware und Lebensmittelzusatzstoff auch **„Zitronensäure“.**

D

C_2, C_4, C_6 bezeichnet die Anzahl der C-Atome in den einzelnen Metaboliten.

α-Ketoglutarat ist die alte Bezeichnung für 2-Oxoglutarat.

Reaktion des $FADH_2$ zu QH_2 siehe Elektronentransportkette in Kap. D, 3.2.

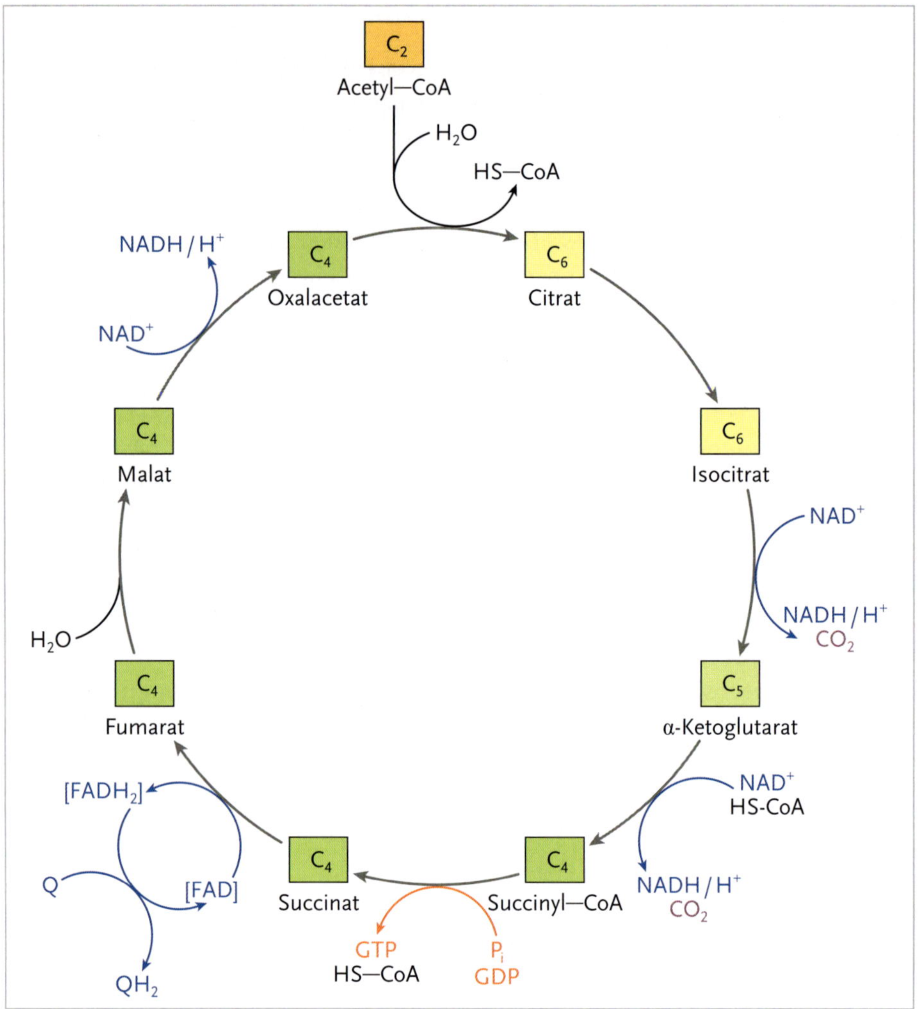

Schematische Abbildung des Citratzyklus

2-Oxoglutarat spaltet CO_2 unter Bildung von $NADH+H^+$ (oxidative Decarboxylierung) ab, gleichzeitig wird Coenzym A gebunden. Es entsteht **Succinyl-CoA.** Diese energiereiche Verbindung gibt das Coenzym A unter Übertragung der frei werdenden Energie auf GTP (Guanosintriphosphat, gleicher Energiegehalt wie ATP) ab. Es entsteht **Succinat,** das in einem weiteren Schritt unter Bildung von $FADH_2$ zu **Fumarat** oxidiert wird. Unter Anlagerung von H_2O an die Doppelbindung reagiert Fumarat zu **Malat.** Letztendlich wird diese Hydroxysäure unter Bildung von $NADH+H^+$ zu **Oxalacetat** oxidiert, wodurch der Zyklus geschlossen ist.

Die **Bilanzgleichung** des Citratzyklus lautet:
$CH_3{-}CO{-}S{-}CoA + 3\ NAD^+ + FAD + GDP + P + 2\ H_2O \rightarrow$
$2\ CO_2 + HS{-}CoA + 3\ NADH{+}H^+ + FADH_2 + GTP$

Nach der Bilanzgleichung des TCC wird ein Mol Essigsäure zu **zwei Mol CO_2** unter Bildung von **drei Mol $NADH+H^+$,** einem Mol $FADH_2$ und **einem Mol GTP** abgebaut. Unter Berücksichtigung der Energieausbeute aus der Atmungskette entstehen insgesamt **zwölf ATP.**

Elektronentransportkette (Atmungskette)

Im Zuge des Abbaus der Glucose (FDP-Weg), der Fettsäuren (Betaoxidation) und des Citratzyklus entstehen bei den **Dehydrogenierungsreaktionen** $NADH+H^+$ und $FADH_2$.

Der **aktivierte Wasserstoff** wird im aeroben Stoffwechsel in der **Elektronentransportkette,** auch **Atmungskette** genannt, auf Sauerstoff übertragen. Dieser Abschnitt des Stoffwechsels ist bei aeroben Lebewesen der bedeutendste zur **Energiegewinnung.** Gleichzeitig werden die Coenzyme zu NAD^+ und FAD regeneriert.

Die Elektronentransportkette ist die in Kaskaden geführte **zellschonende Form der Knallgasreaktion,** der Übertragung von Wasserstoff und Elektronen auf Sauerstoff unter Bildung von Wasser. Die dabei entstehende Energie wird in **ATP** gespeichert **(oxidative Phosphorylierung).**

Vergleich von Knallgasreaktion und Elektronentransportkette:
Knallgasreaktion: $H_2 + ½\ O_2 \rightarrow H_2O$; freie Enthalpie – 242 kJ/mol
Atmungskette: $NADH{+}H^+ + ½\ O_2 \rightarrow NAD^+ + H_2O$; freie Enthalpie – 219 kJ/mol
Aus einem Mol $NADH{+}H^+$ entstehen drei ATP (ca. 90 kJ).

Die Reaktionen der Elektronentransportkette erfolgen in vier **Enzymkomplexen:**

- Zwei Mol $[H^+ + e^-]$ aus $NADH{+}H^+$ werden auf **Komplex I** mit dem Coenzym FMN (Flavin-Mononukleotid) übertragen.
- Zwei Mol $[H^+ + e^-]$ werden weiter auf **Komplex II, Coenzym Q,** übertragen.
- **$FADH_2$** wird direkt auf Coenzym Q übertragen. Da dadurch eine Reaktion weniger vorliegt, beträgt die Energieausbeute auch nur **zwei Mol ATP** je Mol $FADH_2$.
- Nunmehr teilt sich die Übertragungsreaktion: **H^+** wird abgespalten, die **Elektronen** (e^-) werden auf **Komplex III** (Cytochrome b + c_1) übertragen. Dabei ändert sich die Wertigkeit bzw. Oxidationsstufe des Eisenzentralatoms von Fe^{3+} auf Fe^{2+}.
- **Cytochrom c** überträgt die Elektronen von Komplex III auf Komplex IV.
- In **Komplex IV** mit den Cytochromen a_1 und a_3 ändern die Elektronen nicht nur die Oxidationsstufe des Hämeisens von Fe^{3+} auf Fe^{2+}, sondern auch des enthaltenen Kupfers von Cu^{2+} auf Cu^+.

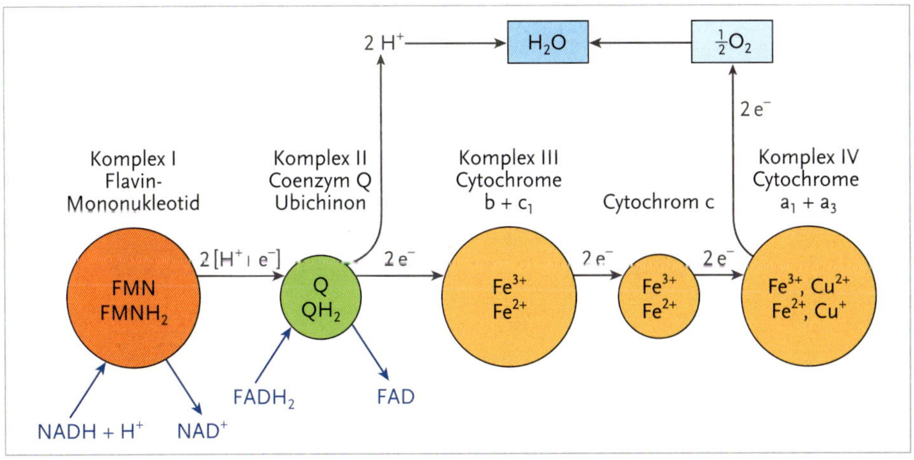

Schematische Abbildung der Elektronentransportkette (Atmungskette)

Von Komplex IV werden die Elektronen direkt auf Sauerstoff übertragen, der vom Hämoglobin zu den Zellen transportiert wurde. Dabei entstehen aus molekularem Sauerstoff in einem kurzen Übergangsstadium **Oxoniumionen** (O^-), die spontan mit je zwei H^+ zu **Wasser** reagieren.

Da die Reaktionen der Elektronentransportkette von der Verfügbarkeit von Sauerstoff (aerober Stoffwechsel) abhängen, wird die daraus entstehende Energieübertragung von Phosphat auf ADP zu ATP **oxidative Phosphorylierung** genannt. Treiber dieser Reaktion ist die sogenannte **Protonenpumpe.** Die Komplexe I, III und IV pumpen durch die frei werdende Energie Protonen (H^+) aus den Mitochondrien. Die aufgrund des Konzentrationsgefälles **zurückfließenden Protonen** sind der Treiber für das **Enzym ATP-Synthase,** die Phosphat auf ADP zu ATP überträgt.

Aktivierter Wasserstoff und **Coenzyme** siehe Kap. D, 3.1.

Da der Energiestoffwechsel in den **Mitochondrien** stattfindet, werden diese Organellen auch als **Kraftwerke der Zelle** bezeichnet – siehe Kap. D, 3.1 und Kap. D, 4.

Die **Energieausbeute** von drei Mol ATP je Mol $NADH{+}H^+$ entspricht ca. **40 %.** Die restlichen 60 % werden bei Warmblütern zur Aufrechterhaltung der **Körperwärme** verwendet.

Coenzym Q wird auch Ubichinon genannt, es ist ein Derivat der phenolischen Verbindung **Chinol.**

Phenole siehe Kap. B, 4.

Die verschiedenen **Cytochrome** enthalten wie der rote Blutfarbstoff **Hämoglobin** Eisen als Zentralatom. Während die Cytochrome Elektronen weiterleiten, transportiert Hämoglobin molekularen Sauerstoff.

D

Fotosynthese

Die Fotosynthese kann als die wichtigste Reaktion für das **Leben** auf unserem Planeten Erde bezeichnet werden. Ohne Fotosynthese gäbe es keinen lebenswichtigen **Sauerstoff** und auch keine Hauptnahrungsquelle **Kohlenhydrate.**

Der **Einzeller Euglena** (Augentierchen), ein Urtierchen, enthält ebenfalls Chlorophyll.

Fotosynthese können nur **grüne Pflanzen** und Einzeller (einzellige Algen, Cyanobakterien) mithilfe von Chlorophyll betreiben. Dabei wird zwischen der **Lichtreaktion** und der **Dunkelreaktion** unterschieden.

Cyanobakterien und **Urtierchen** siehe Kap. D, 4.

Das **Coenzym NADP$^+$** reagiert in gleicher Weise wie NAD$^+$, enthält jedoch ein zusätzliches Phosphat.

Lichtreaktion: Energiereiche Lichtquanten (Photonen) spalten im Enzymkomplex der Chloroplasten mithilfe des Chlorophylls Wasser zu ½ O_2 und 2 H^+ + 2 e^-. Letztere werden auf **NADP$^+$** (Nicotinamid-Dinukleotid-Phosphat) übertragen, weiter entsteht **ATP.**

Bilanzgleichung der Lichtreaktion:
- H_2O + 4 Photonen ($h\nu$) → ½ O_2 + 2 H^+ + 2 e^-
- H_2O + 4 Photonen ($h\nu$) + ADP + P + NADP$^+$ → ½ O_2 + ATP + NADPH+H$^+$

Dunkelreaktion: CO_2 wird unter Aufwendung des in der Lichtreaktion gebildeten ATP und NADPH+H$^+$ an Ribulose-1,5-diphosphat gebunden **(Kohlenstoffdioxidfixierung).** Im **Calvinzyklus** entsteht letztendlich aus zwei Triosen (Glycerinaldehyd-3-phosphat) ein Mol **Fructose-1,6-diphosphat.** Ribulose-1,5-diphosphat wird unter ATP-Aufwand wieder gebildet.

Abkürzungen
Rib-1,5-DP = Ribulose-1,5-diphosphat
3-PG = 3-Phosphoglycerat
GA-3-P = Glycerinaldehyd-3-phosphat
Fru-1,6-DP = Fructose-1,6-disphosphat
Rib-5-P = Ribulose-5-phosphat

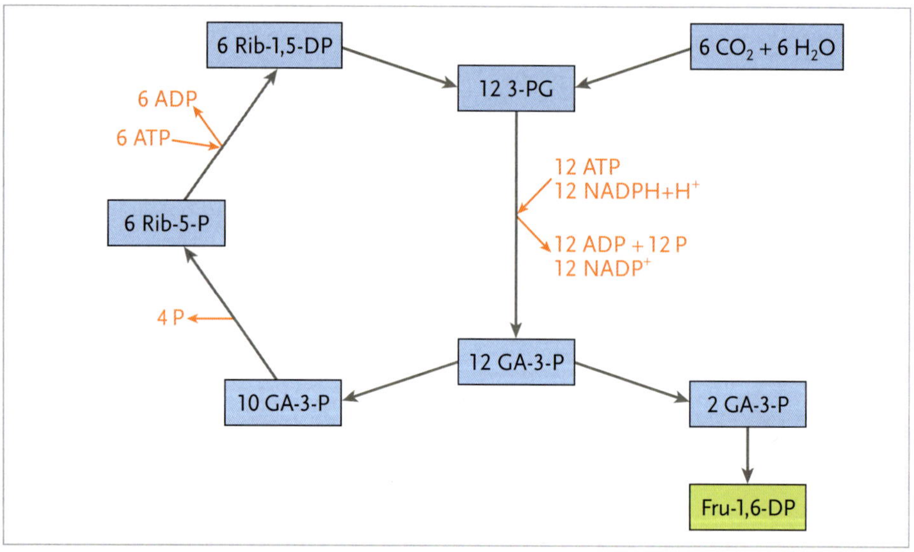

Schematische Abbildung des Calvinzyklus

Bilanzgleichung der Dunkelreaktion:
6 CO_2 + 6 H_2O + 18 ATP + 12 NADPH+H$^+$ → FDP + 18 ADP + 12 NADP$^+$ + 16 P

Pflanzen, die die CO_2-Fixierung unter Bildung von Triosen bewerkstelligen, werden **C3-Pflanzen** genannt. Bei ihnen reagiert aber nicht nur CO_2 mit Ribulose-1,5-diphosphat, sondern auch O_2 (Fotorespiration), wodurch ein Teil der Triosen nicht gebildet wird. **C4-Pflanzen** (z. B. Mais, Zuckerrohr) haben insofern einen höheren Wirkungsgrad, als sie in einem parallelen Stoffwechselweg CO_2 auch an Phosphoenolpyruvat binden können, woraus der Verlust aus der Fotorespiration ausgeglichen werden kann.

Phosphoenolpyruvat siehe FDP-Weg in Kap. D, 3.2.

Ziele erreicht? – „Ausgewählte Stoffwechselwege“

3.2.01 ++ Beschreiben Sie den Abbau der Hauptnährstoffe und die Wirkung der Enzyme in der Verdauung!

3.2.02 + Nennen Sie die Reaktionsschritte des Abbaus von Glucose und stellen Sie die Bilanzgleichung auf.

3.2.03 + Nennen Sie die Reaktionsschritte des Abbaus von Fettsäuren und stellen Sie die Bilanzgleichung einer gesättigten Fettsäure aus 12 C-Atomen auf.

3.2.04 ++ Bestimmen Sie die Reaktionsschritte des Abbaus von Aminosäuren und beurteilen Sie die Ausscheidung von Stickstoff.

3.2.05 ++ Beschreiben Sie mögliche Reaktionen von Pyruvat im Stoffwechsel.

3.2.06 + Nennen Sie die Reaktionsschritte des Abbaus von Acetat im TCC und stellen Sie die Bilanzgleichung auf.

3.2.07 ++ Nennen und beschreiben Sie die Reaktionsschritte, in denen aktivierter Wasserstoff in der Atmungskette auf Sauerstoff übertragen wird, und stellen Sie die Bilanzgleichung auf.

3.2.08 ++ Nennen und beschreiben Sie die Teilreaktionen der Fotosynthese und stellen Sie die Bilanzgleichungen auf.

4 Mikrobiologie

Im 19. Jahrhundert gelangen wesentliche wissenschaftliche Erkenntnisse im Bereich der Mikrobiologie. Namen von berühmten Forschern, wie Louis Pasteur oder Robert Koch, sind uns wohlbekannt. Die Isolierung von Bakterien und Hefen und die Aufklärung ihrer Stoffwechselvorgänge ermöglichten die Entwicklung der Impfungen als Anwendung der medizinischen Biotechnologie im Kampf gegen pathogene Bakterien. Als Weiterentwicklung gibt es heute auch Impfungen gegen Viruserkrankungen.

Penicillin als erstes Antibiotikum wurde aus Pilzen gewonnen, die das Wachstum von Bakterien hemmen.

Ein Blick in die Welt der mit freiem Auge nicht sichtbaren Lebewesen ist nicht nur Voraussetzung zum Verständnis der Biotechnologie, sondern vermittelt uns auch eine Vorstellung von der Evolution.

Louis Pasteur, 1822 bis 1895, französischer Chemiker und Mikrobiologe, und Robert Koch, 1843 bis 1910, deutscher Mediziner und Mikrobiologe, die Begründer der modernen Mikrobiologie

Alexander Fleming, 1881 bis 1955, britischer Mikrobiologe, Entdecker des Penicillins

Meine Ziele

Nach Bearbeitung dieses Kapitels kann ich

- die Unterschiede zwischen **Prokaryoten** und **Eukaryoten** erklären;
- die wichtigsten **Gattungen der Bakterien** aufzählen und ihre Stoffwechselleistungen beschreiben;
- die wichtigsten Gruppen der **einzelligen Pilze** und **Schimmelpilze** nennen und ihre Bedeutung in der Biotechnologie darstellen;
- einen Überblick über sonstige **Mikroorganismen und einzellige Lebewesen** geben.

Mikroorganismen

Die **Mikrobiologie** ist die Wissenschaft und Lehre von den **Mikroorganismen.** Darunter versteht man mikroskopisch kleine, mit freiem Auge nicht sichtbare Lebewesen. Mikroorganismen sind meist **Einzeller.** Mikroskopisch kleine **Mehrzeller,** wie z. B. Schimmelpilze, werden jedoch auch dazugezählt.

Die **Archebakterien** (Urbakterien) werden in der jüngsten Literatur auch als eigene Gruppe der Mikroorganismen (Archeae) geführt.

Die **Mikroorganismen** werden in folgende Gruppen eingeteilt:
- **Bakterien** einschließlich der **Archebakterien**
- **Pilze** (Hefen, Schimmelpilze)
- **Mikroalgen** (Cyanobakterien, früher Blaualgen)
- **Protozoen** (Urtierchen)

Viren siehe Kap. D, 2.4.

Da die **Viren** keine Lebewesen im eigentlichen Sinn sind, werden sie hier nicht als eigene Gruppe angeführt.

In der medizinischen Mikrobiologie spielt der **Unterschied zwischen Bakterien und Viren** als Krankheitserreger eine bedeutende Rolle. Bakteriell verursachte Krankheiten, z. B. eitrige Entzündungen verschiedener Körperregionen, können mit **Antibiotika** behandelt werden. Die Therapie viral bedingter Erkrankungen, z. B. Grippe, erfolgt hingegen nur mit spezifischen **Virostatika,** die die Vermehrung der Viren in den Wirtszellen hemmen.

FSME ist die durch Zecken übertragene „Frühsommer-Meningoenzephalitis", eine viral bedingte Entzündung der Gehirnhaut und des Gehirns.

Impfungen schützen spezifisch gegen bestimmte bakterielle Krankheitserreger, z. B. Typhusimpfung, Diphtherieimpfung, und gegen Viren, z. B. Poliomyelitis-Impfung, **FSME**-(„Zecken")-Impfung. Dabei werden durch vorbehandelte, nicht mehr pathogene Erreger, **Antikörper im Immunsystem** gebildet, sogenannte **Immunglobuline.** In diesem Fall spricht man von der **aktiven Immunisierung.** Bei der **passiven Immunisierung** werden bereits z. B. in Zellkulturen oder Versuchstieren vorgebildete Immunglobuline injiziert.

Globuline siehe Kap. D, 1.1.

Zellaufbau der Prokaryoten und Eukaryoten

Die **Zellen der Organismen** bestehen aus drei wesentlichen Teilen:

Proteinbiosynthese siehe Kap. D, 2.2.

- **DNA:** Träger des genetischen Codes.
- **Zytoplasma:** Innenraum der Zelle, in der sich der Stoffwechsel und die Proteinbiosynthese vollziehen.
- **Zellmembran:** Umhüllung der Zelle, Abtrennung vom umgebenden Medium oder von benachbarten Zellen, gleichzeitig Regulator des Stofftransports in die und aus der Zelle.

Die Bezeichnung **Prokaryonten** und **Eukaryonten** war früher üblich.

Nach dem Aufbau der Zellen wird zwischen **Prokaryoten** und **Eukaryoten** unterschieden. Die **Bakterien** sind Prokaryoten, alle **anderen Organismen** Eukaryoten.

Die **wesentlichsten Unterschiede** zwischen Prokaryoten und Eukaryoten:
- Bei **Eukaryoten** befindet sich die **DNA im Zellkern, Prokaryoten** haben **keinen Zellkern,** die DNA befindet sich frei im Zytoplasma.
- **Eukaryoten** weisen ein strukturiertes **Zytoplasma mit Organellen** auf, **Prokaryoten** haben **keine Organellen.**

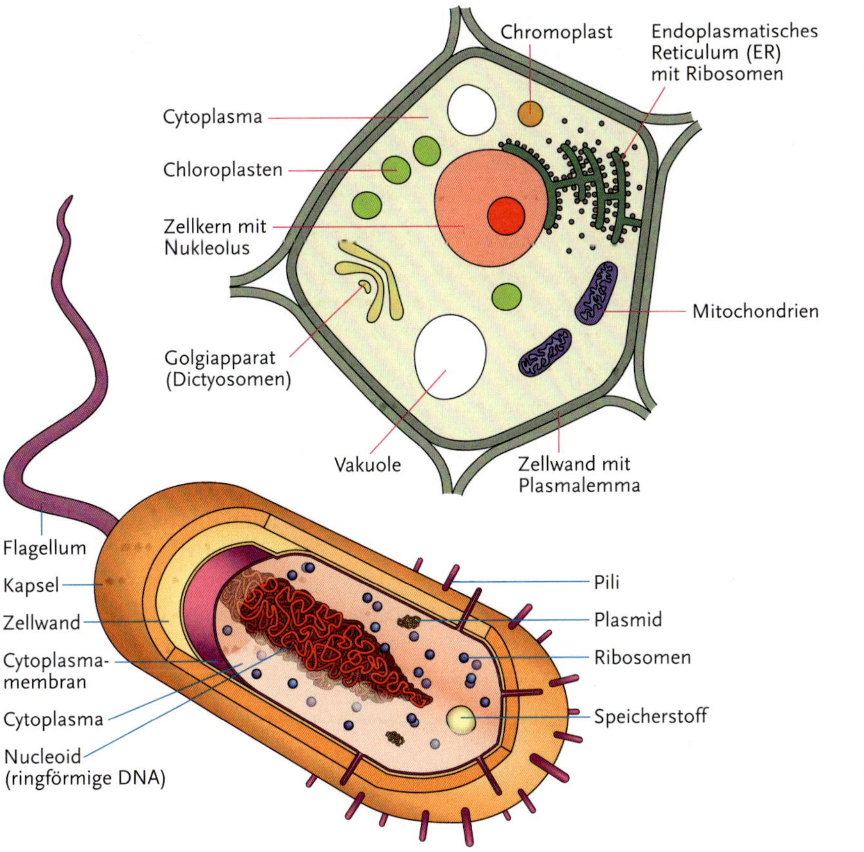

Die Abbildungen zeigen eine **prokaryotische Bakterienzelle** und eine **eukaryotische Pflanzenzelle**

Am Beispiel der Pflanzenzelle können folgende **Organellen** unterschieden werden:

- **Mitochondrien:** Energiestoffwechsel, „Kraftwerke der Zelle"
- **Endoplasmatisches Reticulum mit Ribosomen:** Proteinbiosynthese, Verbindung zwischen Organellen
- **Golgiapparat:** Hormonbildung, Transportfunktion, Fremdkörperabwehr
- **Chloroplasten:** Fotosynthese
- **Chromoplasten:** Pflanzenfarbstoffe
- **Vakuole:** Vorübergehender Speicher für Nährstoffe (z. B. Saccharose) und Deponie für im Cytoplasma toxisch wirkende sekundäre Pflanzenstoffe

Unter **Pili** versteht man haarförmige Ausstülpungen der Zellmembran mancher Bakterienarten. Mithilfe der Pili können sich Bakterien an Oberflächen und anderen Zellen festsetzen.

Unter **Flagellen** oder **Geißeln** versteht man Fortbewegungsorgane einzelliger Organismen.

Fotosynthese siehe Kap. D, 3.2.

Bakterien

Bakterien weisen meist eine **Größe von ein bis zehn Mikrometern** auf und sind daher nur im **Mikroskop** sichtbar.

Im menschlichen **Darm** leben ca. 100 Billionen Bakterien, im **Mund** etwa zehn Milliarden.

Einteilung einiger Bakterien nach der Form und weiteren Merkmalen:

Form	Weiteres Merkmal	Beispiele
Kugelförmige Kokken (in verschiedenen Anordnungen)	**Diplokokken** (paarweise)	Pneumokokken (Auslöser von Lungenentzündungen)
	Streptokokken (kettenförmig)	Enterokokken (eine Art der Milchsäurebakterien im Darm des Menschen)
	Staphylokokken (haufenförmig)	Staphylococcus aureus (Auslöser von eitrigen Entzündungen)
Stäbchenförmige Bakterien ohne Sporenbildung	**Enterobacteriaceae** (Darmbakterien)	Escherichia coli (typische Darmbakterien) oder Salmonellen (Erreger von Darmerkrankungen, wie Typhus)

Aerobe Bakterien benötigen Sauerstoff, für **anaerobe Bakterien** ist Sauerstoff toxisch.

Stäbchenförmige Bakterien ohne Sporenbildung	**Lactobacteriaceae** (Milchsäure-bakterien)	Lactobacillus acidophilus, Lactobacillus casei (in Sauermilchprodukten, Joghurt)
Stäbchenförmige Bakterien **mit Sporenbildung**	**Bacillaceae** (Bazillen); aerob	Bacillus subtilis (Heubacillus; in Mehl und Getreideprodukten, Auslöser des **Fadenziehens** von Brot)
	Clostridiaceae (Clostridien); anaerob	Clostridium botulinum (Toxinbildner, z. B. in Fleischkonserven), Clostridium tetani (Erreger des Wundstarrkrampfes)

Unter **Fadenziehen** versteht man einen bakteriellen Verderb des Brotes, bei dem die Enzyme von Bazillen die **Brotkrume** zu einer schleimigen, Fäden ziehenden Beschaffenheit auflösen.

Neben Form, Sporenbildung und der aeroben oder anaeroben Lebensweise stellt die **Gramfärbung** ein weiteres wichtiges Unterscheidungsmerkmal dar. Aus der Tabelle sind die Enterobacteriaceae **gramnegativ,** alle anderen **grampositiv.** Dieses Unterscheidungsmerkmal hat im Einsatz von **Antibiotika** gegen bakterielle Krankheitserreger Bedeutung. Einige Antibiotika wirken nämlich nur gegen grampositive, andere gegen gramnegative Bakterien.

Die **Gramfärbung** wurde vom dänischen Mikrobiologen **Hans Christian Gram** (1853 bis 1938) entwickelt. Dabei wird die Bakterienmembran mit dem **Farbstoff Gentianaviolett** behandelt. Je nach Eigenschaft der Membran kann der Farbstoff an ihr gebunden **(grampositiv)** oder wieder gelöst werden **(gramnegativ).**

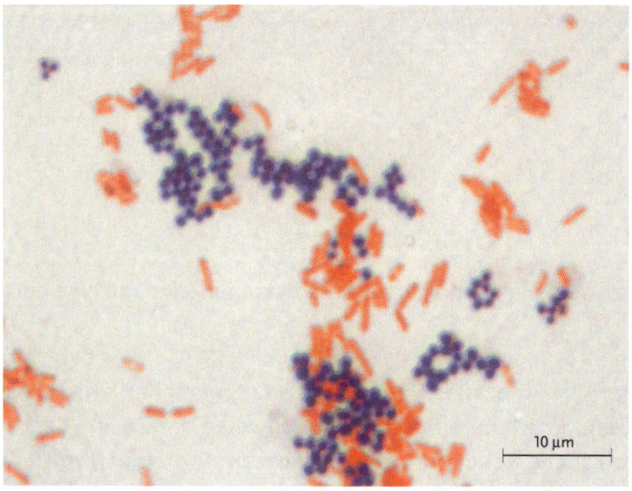

Mikroskopische Aufnahme nach Gramfärbung: grampositive Staphylokokken (violett) neben gramnegativen Enterobacteriaceae (rot)

In der **Biotechnologie** ist ein weiteres Merkmal der Bakterien von Bedeutung, nämlich ihr **primäres Stoffwechselendprodukt** bzw. ein Stoffwechselzwischenprodukt, auch Enzym. Beispiele:

- Lactobacteriaceae: Milchsäure
- Bacillus subtilis: Alphaamylase
- Clostridium acetobutylicum: Aceton, Butanol, Ethansäure (Essigsäure), Butansäure (Buttersäure)
- **Streptomyceten:** Antibiotikum Streptomycin

Unter **Streptomyceten** versteht man myzelbildende, das heißt mehrzellige, grampositive, aerobe, Sporen bildende Bakterien. Wegen der pilzähnlichen Mycelbildung wurden sie früher fälschlicherweise den Pilzen zugeordnet.

Hefen

Hefen sind einzellige Pilze, die sich durch Sprossung oder Teilung vermehren. Hefen sind eukaryotische Organismen.

Hefen stellen in der **Biotechnologie** eine der wichtigsten Gruppen von Mikroorganismen dar. Sie waren in der Geschichte der Menschheit die **ersten** für die Herstellung von Bier und Wein **biotechnologisch genutzten Organismen** und werden wegen ihres Vorkommens im Sauerteig auch zur Brotlockerung genutzt. In jüngster Zeit spielen sie bei der Herstellung von **Bioethanol (Agroethanol)** aus kohlenhydrathaltigen Rohstoffen eine vorrangige Rolle.

Hefen können unter **aeroben** und **anaeroben** Bedingungen Zucker verwerten. Unter **aeroben** Bedingungen gewinnen die Hefezellen die 19-fache Menge an energiereichem ATP, was sie zur **Vermehrung** befähigt. Damit kann **proteinreiche Biomasse,** z. B. für Futterzwecke, gewonnen werden. Unter **anaeroben** Bedingungen wird Ethanol produziert.

Reaktionsgleichungen für den aeroben und anaeroben Glucoseabbau siehe Kap. D, 3.1.

Wichtige Vertreter der Hefen:
- **Saccharomyces cerevisiae:** Backhefe, Ethanolproduktion
- **Saccharomyces carlsbergensis:** Bierhefe (für untergäriges Bier)

Bei der Gärung von **untergärigem Bier** setzt sich die Hefe am Boden des Gärgefäßes ab, bei **obergärigem Bier** schwimmt sie mit dem Schaum oben.

Schimmelpilze

Schimmelpilze sind mehrzellige Mikroorganismen, deren **Myzel,** das Pilzgeflecht, nur mit dem Mikroskop sichtbar ist. Die Vermehrung erfolgt durch **Sporen,** die auf Sporenträgern, Sporangien, gebildet werden. Die **Sporenträger** sind als Pilzrasen auf den Oberflächen von Lebensmitteln oder auf Wänden mit freiem Auge sichtbar. Nach der **Form der Sporenträger** werden die Gattungen der Schimmelpilze unterschieden.

In der **Biotechnologie** sind folgende Schimmelpilzarten von Bedeutung (Beispiele):
- Penicillium roqueforti und Penicillium camemberti: Käseherstellung
- Aspergillus niger: Citronensäure
- Penicillium chrysogenum: Penicillin (Antibiotikum)
- Aspergillus oryzae: Alphaamylase
- Fusarium venenatum: Quorn, ein vegetarischer Fleischersatz (vergleichbar mit Sojaeiweiß)

Schematische Darstellung der typischen Fruchtkörper:
links einer **Penicillium**-Art („Pinselschimmel“),
rechts einer **Aspergillus**-Art („Gießkannenschimmel“)

Ziele erreicht? – „Mikrobiologie“

4.01 + Nennen Sie Ihnen bekannte Gruppen von Mikroorganismen.

4.02 + Nennen Sie die Bestandteile einer Zelle und unterscheiden Sie dahingehend Prokaryoten und Eukaryoten.

4.03 + Beschreiben Sie folgende Bakterien nach Form, Gramfärbung und Sporenbildung: Clostridien, Enterobacteriaceae, Streptokokken, Bazillen und Lactobacteriaceae.

4.04 + Beschreiben Sie die Unterschiede zwischen Atmung und Gärung der Hefen.

4.05 ++ Zählen Sie Hefen und Schimmelpilze auf, die in der Biotechnologie Bedeutung haben.

4.06 ++ Erklären Sie, warum Hefen und Schimmelpilze in der Systematik getrennt behandelt werden. Begründen Sie dies mit ihrem Aufbau und ihrer Vermehrung.

D

5 Biotechnologische Verfahrenstechnik

Biotechnologische Verfahren werden seit mehreren Tausend Jahren angewendet. Beispiele dafür sind die Bier- und Weinherstellung durch die alkoholische Gärung mit Hefen, die Milchsäuregärung zur Herstellung gesäuerter Milchprodukte, Sauergemüse und Sauerteig. Später erlangten Bakterien und Schimmelpilze zur Käsereifung Bedeutung. Die Essigherstellung mit Bakterien war ein weiteres Verfahren. Diese traditionellen biotechnologischen Methoden basierten weitgehend auf empirischen Erkenntnissen.

Ausgangsrohstoff für viele biotechnologische Verfahren sind **nachwachsende Rohstoffe,** häufig **stärkehaltige Nutzpflanzen.** Neben der **stofflichen Nutzung** hat die **energetische** eine starke wirtschaftliche Bedeutung, z. B. in Form von **Biogas** oder **Bioethanol** (Agroethanol). Biotechnologische Produkte sind selbstverständlicher Bestandteil unseres täglichen Lebens und werden nur durch exakte Anwendungsformen dieser Ingenieurwissenschaft ermöglicht.

5.1 Fermenter und Prozessparameter

Sauerteig, lateinisch fermentum, gab den Fermenten, die in der moderneren Literatur Enzyme genannt werden, ihren Namen. Die von Fermenten ausgelösten Vorgänge werden Fermentation, deutsch Gärung, genannt. Sie finden in Fermentern statt.

Meine Ziele

Nach Bearbeitung dieses Kapitels kann ich
- die Begriffe **Fermentation** und **Fermenter** erklären;
- die verschiedenen **Bauweisen von Fermentern** und die **Belüftungssysteme bei aeroben Prozessen** darstellen;
- die Begriffe **„Upstreaming"** und **„Downstreaming"** in biotechnologischen Prozessen mit Beispielen erläutern;
- die Zusammenhänge zwischen der **Wachstumskurve von Mikroorganismen** und der **Regelung von biotechnologischen Prozessen** erkennen.

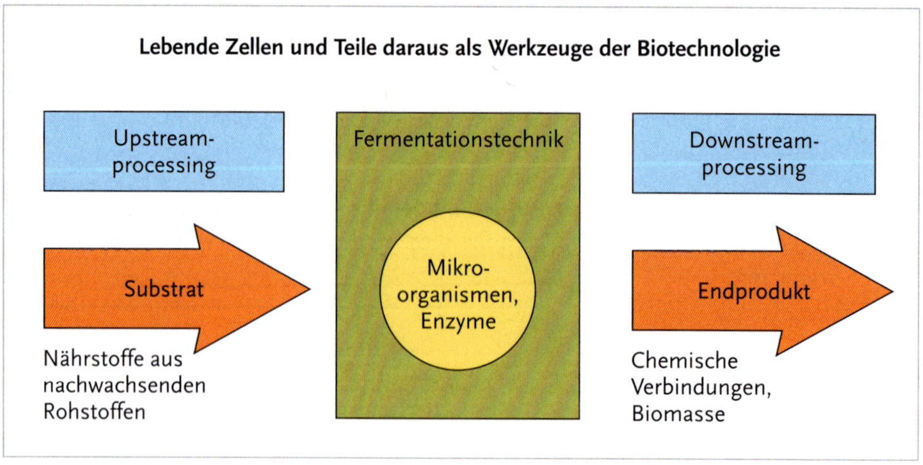

Schematische Darstellung von biotechnologischen Prozessen

Biotechnologische Prozesse gliedern sich in folgende Abschnitte:
- **Fermentation:** Zentraler Prozess, in dem die Werkzeuge der Biotechnologie, die **lebenden Zellen,** hauptsächlich Mikroorganismen, oder Bestandteile daraus, vor allem **Enzyme,** die **Umsetzung des Substrats** zum Endprodukt bewirken.
- **Upstreaming:** Aufbereitung des **Substrats,** der Nährstoffe, meist aus **nachwachsenden Rohstoffen.** In den meisten biotechnologischen Verfahren sind die **Kohlenhydrate** Stärke oder niedermolekulare Zucker der wichtigste Ausgangsstoff.
- **Downstreaming:** Aufarbeitung bzw. **Aufreinigung** der Endprodukte, das sind entweder chemische Verbindungen aus den **Stoffwechselprodukten** der lebenden Zellen oder die lebenden Zellen selbst, **Biomasse** genannt.

Die wichtigsten Vorgänge des **Upstreamings** sind:
- **Aufschluss der Nährstoffe:** z. B. Abbau von Stärke zu vergärbaren, niedermolekularen Zuckern (Glucose, Maltose) durch Hitzebehandlung (z. B. Dämpfen) zur Verkleisterung der Stärke und danach enzymatischer Abbau mit Amylasen.
- **Sterilisation des Substrats:** Durch Hitzebehandlung wird die Nährstofflösung weitgehend keimfrei gemacht, da sich nur die im Fermenter zugesetzten Zellen entwickeln sollen, nicht jedoch Fremdkeime.

⚠ Die **Vermeidung der Kontamination** (Infektion) durch Fremdkeime ist während der gesamten Fermentation eine der wichtigsten Aufgaben.

Die wichtigsten Vorgänge des **Downstreamings** sind:
- **Trennung** der lebenden Zellen von der Lösung mit den Endprodukten, z. B. durch Filtration oder Separation (Zentrifugieren).
- **Biomassegewinnung:** Aufarbeitung der lebenden Zellen zu
  - **lebenden Präparaten,** wie z. B. Backhefe, Bierhefe, Milchsäurebakterien für Joghurt- und Sauermilchprodukte; dabei spielen die Kühlung oder Tiefkühlung der lebenden Zellen sowie die Schutzverpackung zur Vermeidung von Kontaminationen die entscheidende Rolle;
  - **hitzestabilisierten Präparaten,** wie z. B. Futter- oder Nährhefe; dabei stehen die Inaktivierung der Zellen und ihre Trocknung im Mittelpunkt.
- Gewinnung von **Stoffwechselendprodukten**
  - **Aufschluss der Zellen** als vorbereitender Schritt, sofern sich die Stoffwechselendprodukte vor allem noch in den Zellen befinden; der Aufschluss erfolgt mechanisch durch Pressen durch Mikrometeröffnungen bei extrem hohem Druck oder durch Hochgeschwindigkeitsmixer (z. B. ULTRA-TURRAX®) oder durch Ultraschall.
  - **Destillation und Rektifikation:** Abtrennung mithilfe verschiedener Siedebereiche der zu gewinnenden Stoffe, z. B. Gewinnung von Ethanol.
  - **Fällung und Umkristallisation:** Leicht lösliche Stoffwechselendprodukte werden durch Zugabe von z. B. Calciumverbindungen als schwer lösliche Calciumsalze ausgefällt und danach wieder gelöst und umkristallisiert; Beispiel: Fällung von Citrat als schwer lösliches Calciumcitrat und Umkristallisation zu Citronensäure.
  - Trennung durch **Ultrafiltration** durch Kunststoffmembranen mit definierter Durchlässigkeit für Teilchen in der Größe von rund 0,01 Mikrometer. Die Durchlässigkeit wird auch als Maß für die Molmasse in Dalton zum Ausdruck gebracht, dies besonders, wenn es sich um die Abtrennung von Proteinen (Enzymen) handelt.

Unter **Rektifikation** wird ein mehrstufiges Destillationsverfahren verstanden, mit dem die Reinheit des zu gewinnenden Stoffes (hier Ethanol) erhöht wird.

Citronensäurefermentation siehe Kap. D, 5.2.

Maßeinheit **Dalton** für die Molmasse von Proteinen siehe Kap. D, 1.1.

Fermenter: Bauweisen, Belüftung

Fermenter sind die zentrale Einheit in der biotechnologischen Verfahrenstechnik. Sie werden auch als **Bioreaktoren** bezeichnet. In einfachster Ausführung bestehen sie aus einem **Gefäß** für die Umsetzung des Substrates durch die lebenden Zellen sowie Einrichtungen für die **Zufuhr** des Substrates und den **Abzug** der Endprodukte nach der Fermentation. Auch **mess- und regeltechnische Einrichtungen,** wie z. B. Thermometer für die Temperaturkontrolle, sind vorhanden.

⚠ Gärsubstrate liegen meist in Form von leicht pumpbaren Lösungen vor. Im Fall der **Sauerteiggärung** können jedoch durch den Einsatz von Dickstoffpumpen auch **hochviskose Medien** in den und aus dem Fermenter gefördert werden.

Die Zufuhr des Substrates wird als **Feeding** bezeichnet.

Mit dieser **einfachsten Form** von Fermentern lässt sich vor allem die **alkoholische Gärung** in der Bier-, Wein- und Bioethanolherstellung durchführen. Da es sich dabei um einen **anaeroben** Prozess handelt, wird durch das bei der alkoholischen Gärung gebildete Kohlenstoffdioxid, das sich über das Gärsubstrat legt, der Zutritt von **Luftsauerstoff unterbunden.**

Beispiele für einfache Konstruktionen der beschriebenen Art finden sich als offene Gärbottiche in traditionellen Brauereien und als geschlossene Gärtanks (Gärsilos) in der modernen **Brauereitechnologie** und in der **Technologie der Weinherstellung.**

Sind jedoch **aerobe Fermentationen** das verfahrenstechnische Ziel, kommen aufwendigere Konstruktionen zum Einsatz. Fermenter für aerobe Prozesse sind in jedem Fall mit Einrichtungen für die **intensive Belüftung und Sauerstoffzufuhr** ausgestattet. Damit im Zusammenhang steht die Ausstattung zur Gewährleistung einer **intensiven Umwälzung, Durchmischung und Sauerstoffverteilung** im Bioreaktor.

Zeichenerklärung zu Blasensäulen- und Airlift-Schlaufenfermeter:

AL = Abluft inkl. CO_2
L = Luftzufuhr
S = Substratzufuhr
P = Produktabzug

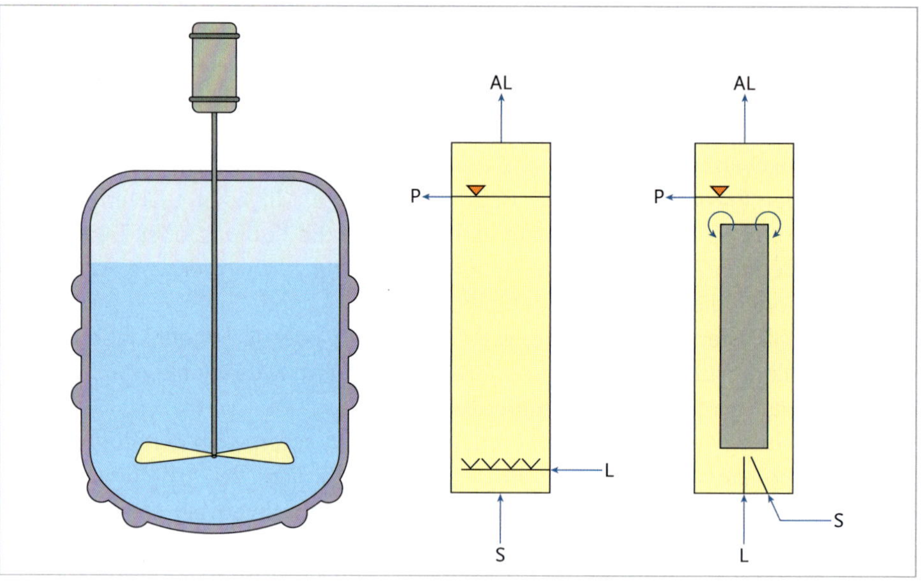

Drei Fermenterbauweisen für die aerobe Fermentation: von links nach rechts Rührkesselfermenter, Blasensäulenfermenter, Airlift-Schlaufenfermenter

Zur **Vermeidung von Kontaminationen** durch Fremdkeime muss die zugeführte Luft durch Mikrofeinfilter entkeimt werden.

Da in aeroben Prozessen der **Eintrag von Luftsauerstoff** in das Fermentationssubstrat von entscheidender Bedeutung ist, kommt neben der **zugeführten Luftmenge** auch der **Verteilung** der mikrofeinen Luftbläschen besondere Bedeutung zu. Im **Rührkesselfermenter** wird die eingebrachte Luft durch ein Rührwerk verteilt. Im **Blasensäulenfermenter** führt die eingebrachte Luft selbst die innige Durchmischung aus. Die dafür nötige Konstruktion im Unterteil des Fermenters ist entweder ein Ringrohr mit Luftauslässen oder eine mikroperforierte Platte. Im **Airlift-Schlaufenfermenter** wird die Umwälzung durch Hochströmen der Luft im Zentralrohr und Abwärtsströmen im Außenkanal erreicht.

Die **Komplexität** der biotechnologischen Verfahrenstechnik lässt sich aus der folgenden Darstellung eines Laborfermenters ableiten. Neben der Zufuhr des Substrates, dem Abzug der Endprodukte und der Belüftung sowie Durchmischung sind **Mess- und Regeleinrichtungen** für die **Steuerung des Prozesses** vorzusehen, wie dies in der Folge ausgeführt wird.

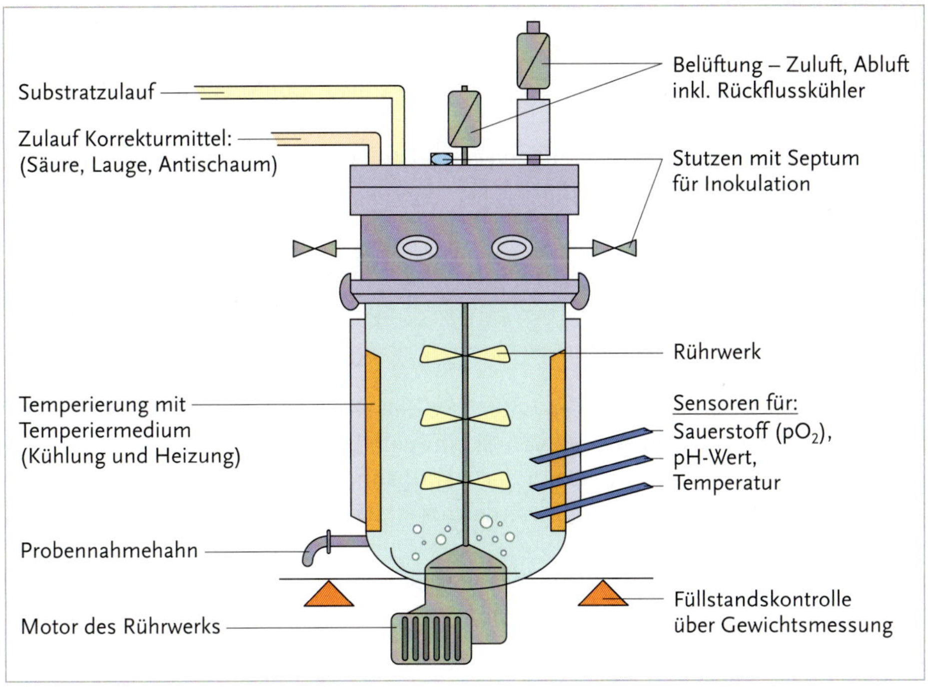

Laborfermenter mit mess- und regeltechnischen Einrichtungen zur Steuerung des biotechnologischen Prozesses

Fermenter in der biotechnologischen Industrie

Mess- und regeltechnische Einrichtungen in Fermentern – Prozessparameter

Zum Verständnis der Prozessparameter einer Fermentation und ihrer Beeinflussung durch mess- und regeltechnische Maßnahmen betrachten wir zunächst die sogenannte **Wachstumskurve von Mikroorganismen**.

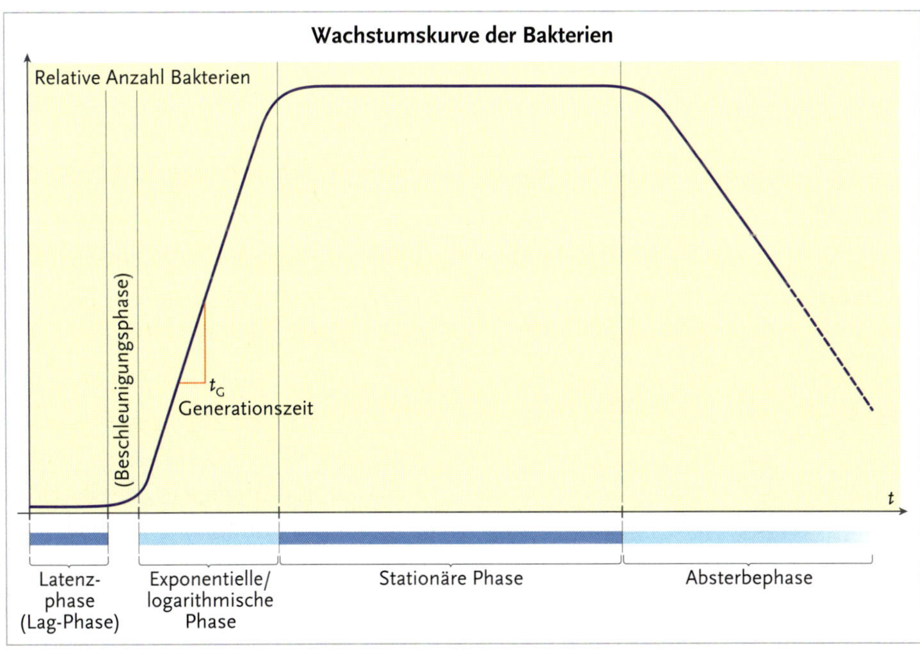

Wachstumskurve von Mikroorganismen

Die Mikroorganismen, mit denen das Substrat zu Beginn des Prozesses **geimpft** wird, nennt man **Starterkultur** oder **Anstellgut,** lateinisch inoculum.

Die **Wachstumskurve** von Mikroorganismen zeigt im Diagramm der **logarithmischen Zellzahl** (Ordinate) und der **Zeit** (Abszisse) folgende Abschnitte (Phasen):

- **Anlaufphase (Lag-Phase):** Transport der Nährstoffe durch die Zellmembran, Beginn der Stoffwechselvorgänge.
- Phase des **exponentiellen (logarithmischen) Wachstums (Log-Phase):** In der Generationszeit (t_G) verdoppelt sich die Zellzahl. Unter optimalen Bedingungen beträgt die Generationszeit bei Bakterien 20 bis 30 Minuten.

- **Stationäre Phase:** Die Zellzahl bleibt konstant, wegen des zunehmenden Mangels an Nährstoffen, auch an Sauerstoff, oder zu hoher Konzentration der Endprodukte findet keine Vermehrung mehr statt. Der Stoffwechsel hält die Zellen noch am Leben.
- **Absterbephase:** Durch anhaltenden Mangel an Nährstoffen oder Sauerstoff bzw. zu hohe Konzentration an Endprodukten sterben die Zellen ab.

Biotechnologische Verfahren werden durch die **Prozessparameter** so gesteuert, dass sich die Mikroorganismen grundsätzlich im Bereich der **Phase exponentiellen Wachstums** befinden.

Bei biotechnologischen Prozessen unterscheiden wir zunächst zwischen **Emerskulturen (Oberflächenkulturen,** z. B. von Schimmelpilzen) und **Submerskulturen,** bei denen sich die Mikroorganismen in der Nährlösung befinden. Während Emerskulturen immer **chargenweise** geführt werden, unterscheiden wir bei **Submerskulturen:**

- **Batchverfahren – chargenweise Fermentation:** Der Fermenter wird mit **Substrat** gefüllt und mit dem **Inoculum** geimpft. Der Prozess wird bis zum **Ende der exponentiellen Wachstumsphase** geführt, allenfalls noch in der **stationären Phase,** sofern in dieser die zu gewinnende Konzentration an Endprodukten zunimmt.
- **Kontinuierliche Verfahren:** Der Fermenter wird **zu Beginn** mit Substrat gefüllt und mit dem Inoculum geimpft. Im Zuge der kontinuierlichen Führung des Prozesses wird **laufend Substrat zugegeben** und Produktlösung abgezogen. Kontinuierliche Fermentationen werden in der **exponentiellen Wachstumsphase** geführt. Dies wird durch folgende Fermentertypen bewerkstelligt:
  - **Chemostat:** Verfahrensführung auf Basis **konstanter Substratkonzentration,** daraus resultierend eine konstante Endproduktkonzentration.
  - **Turbidostat:** Verfahrensführung auf Basis **konstanter Zellzahl bzw. Zellmasse.** Die Messung und Steuerung erfolgen durch eine kontinuierliche Trübungsmessung (Turbidimetrie). Die Trübung entspricht der Zellmasse.

Die Steuerung der biotechnologischen Verfahren erfolgt durch **Prozessparameter:**

Messgröße	Messeinrichtung	Regelung durch:
Temperatur	Widerstandsthermometer, z. B. „Pt 100“	Heizung bzw. Kühlung; Doppelmantelfermenter bzw. Heiz-/Kühlrohre
pH-Wert	pH-Meter mit Glaselektrode	Korrekturmittel Säure oder Lauge oder Pufferlösung
Redoxpotenzial oder O_2-Partialdruck	Redoxelektrode oder O_2-sensitive Elektrode	Lufteintrag (Luftmenge je Zeiteinheit), bei Rührkesselreaktoren zusätzlich Rührerdrehzahl
Luft- bzw. CO_2-Konzentration	Infrarot-Gaskonzentrationsmesseinrichtung	Lufteintrag (Luftmenge je Zeiteinheit), bei Rührkesselreaktoren zusätzlich Rührerdrehzahl
Ionenkonzentration	Ionensensitive Elektroden	Dosierung Korrekturmittel
Nährlösungskonzentration	Fotometer	Substratdosierung
Zellzahl	Turbidimeter	Substratdosierung

Formel für die **Zunahme der Zellzahl (Zellmasse)** in der Phase exponentiellen (logarithmischen) Wachstums:

$$\lg X_t = \lg X_0 + \lg 2 \cdot \frac{t}{t_G}$$

Dabei bedeuten:
X_t = Zellzahl nach der Zeit t
X_0 = Zellzahl zu Beginn
t_G = Generationszeit (Zeit, in der sich die Zellen verdoppeln)

Bei einer angenommenen **Generationszeit von 30 Minuten** unter optimalen Bedingungen (Prozessparametern) vermehrt sich **eine Zelle** (z. B. Bakterie) in **zwölf Stunden auf 16,8 Millionen Zellen,** bei einer **Generationszeit von 20 Minuten** auf **68,7 Milliarden** Zellen!

Ziele erreicht? – „Fermenter und Prozessparameter“

5.1.01 ++ Beschreiben Sie den Ablauf eines biotechnologischen Prozesses.

5.1.02 + Definieren Sie die Begriffe Fermentation, Upstreaming und Downstreaming und geben Sie Beispiele dafür an.

5.1.03 + Beschreiben Sie den Aufbau eines Fermenters und die konstruktiven Möglichkeiten zur Einbringung von Luft.

5.1.04 + Charakterisieren Sie die Phasen der Wachstumskurve von Mikroorganismen.

5.1.05 + Ordnen Sie die chargenweise und kontinuierliche Führung von biotechnologischen Verfahren folgenden Begriffen zu: Batchverfahren, Submerskultur, Turbidostat, Emerskultur und Chemostat.

5.1.06 ++ Berechnen Sie die Zellzahl bzw. Biomasse bei einer Ausgangszahl von 1 000 und einer Generationszeit von 40 Minuten nach zehn Stunden.

5.1.07 ++ Beurteilen Sie, welche Messwerte den Produktionsleiter eines biotechnologischen Unternehmens zur Erhöhung der Drehzahl des Rührwerks eines Rührkesselreaktors veranlassen.

5.2 Ausgewählte Beispiele – Fermentationen

Biotechnologische Produkte haben in der Weltwirtschaft große Bedeutung. Allen voran steht die traditionelle Bierproduktion. Das Werkzeug des Biotechnologen ist dabei die Bierhefe. Neben Hefen stehen Schimmelpilze und Bakterien im Mittelpunkt biotechnologischer Verfahren.

Meine Ziele

Nach Bearbeitung dieses Kapitels kann ich

- einen Überblick über die weltweit **wichtigsten biotechnologischen Erzeugnisse** geben;
- die **alkoholische Gärung** anhand ausgewählter Beispiele erklären;
- Beispiele für die **Milchsäuregärung** geben;
- die **Citratfermentation** beschreiben;
- die Bedeutung der **biotechnologischen Herstellung von Antibiotika** und **Insulin in der Pharmazie** erklären.

Die folgende Tabelle gibt einen Überblick über die wirtschaftlich bedeutendsten biotechnologischen Produkte.

Wie lautet die Reihenfolge nach dem Preis je Kilogramm der biotechnologischen Produkte?

Produkt	Weltproduktion Mio. EUR/Jahr	Weltproduktion t/Jahr
Bier	450 000	155 000 000
Wein	135 000	27 000 000
Bioethanol	9 100	35 000 000
Antibiotika	4 750	2 500
Aminosäuren	4 000	2 000 000
Backhefe	2 300	2 000 000
Insulin	1 000	8
Futterhefe	1 000	3 000 000
Citronensäure	800	1 000 000

Quelle: M. Neureiter: Skriptum „Biotechnologie“, FH Wr. Neustadt, 2010;
Zahlen für Wein: Vine-EXPO-Studie, Bordeaux (F), 2011

Die folgenden Beispiele von Fermentationen geben einen kleinen **Ausschnitt** aus der Vielfalt biotechnologischer Prozesse.

Alkoholische Gärung – Hefeproduktion

Biokybernetik des aeroben und des anaeroben Hefestoffwechsels siehe Kap. D, 3.1, **Stoffwechselwege** siehe Kap. D, 3.2, **Mikrobiologie** siehe Kap. D, 4.

Bei der Verwendung von Hefen in der Fermentation ist zunächst die grundlegende Frage der Zielsetzung zu klären.

Hefen in biotechnologischen Verfahren:
- **Ethanolproduktion** (z. B. Bier, Wein, Bioethanol): **anaerobe Fermentation**
- **Biomasseproduktion** (z. B. Backhefe, Futterhefe): **aerobe Fermentation**

Melasse ist das Nebenprodukt aus der Erzeugung von Kristallzucker (Saccharose). Es handelt sich dabei um eine sirupartige, hochviskose Masse. Da Melasse noch etwa 50 % Saccharose enthält, ist sie ein idealer Rohstoff für Fermentationen, im Besonderen die Hefefermentation.

Substrat für die Hefefermentation ist überwiegend **Glucose,** die über den **FDP-Weg** abgebaut wird. Die Glucose stammt entweder aus dem enzymatischen Abbau **stärkehaltiger Rohstoffe,** vor allem Getreide, oder aus **Melasse.** Disaccharide (Maltose, Saccharose) werden von der Hefe außen an der Zellmembran enzymatisch gespalten, die Monosaccharide (Glucose, Fructose) werden in den Zellstoffwechsel eingeschleust.

Beispiele für **biotechnologische Verfahren mit Hefen:**

Beim **Maischprozess** der Bioethanolproduktion wird Stärke zunächst mit Wasser erhitzt (verkleistert) und danach enzymatisch bis zur Glucose abgebaut.

Fermentation, Mikroorganismus	Substrat, Upstreaming	Produkt, Downstreaming
Bierproduktion Anaerobe Fermentation, Saccharomyces carlsbergensis	Gerstenmalz, Schroten (Mahlen), Maischprozess mit enzymatischem Abbau, Läutern, Würzekochen, Kühlen	Filtrieren, Abfüllen
Bioethanolproduktion Anaerobe Fermentation, Saccharomyces cerevisiae	Getreide (z. B. Mais, Weizen), Mahlen, Maischprozess mit enzymatischem Abbau (Verzuckerung), Eiweißabtrennung (Gluten)	Destillation, Rektifikation
Backhefeproduktion Aerobe Fermentation, Saccharomyces cerevisiae	Melasse, pH-Einstellung, Nährstoffzusatz (z. B. Ammoniumsalze als Stickstoffquelle)	Zentrifugieren, Filtern, in Form pressen (z. B. Haushaltshefewürfel), Verpacken

Bierproduktion – Brauereitechnologie

- **Fermentation**
  - **Untergärige Hefen** (Saccharomyces carlsbergensis): sinken während der Gärung im Gärtank (Fermenter) ab, kühle Gärführung (5 bis 10 °C), Biertyp: Pils, Märzen, Lagerbier.
  - **Obergärige Hefen** (Saccharomyces cerevisiae): steigen während der Gärung im Gärtank (Fermenter) auf, warme Gärführung (15 bis 20 °C), Biertyp: Weißbier, Kölsch, Stout (Irland).
- **Malz** (Gerstenmalz, Weizenmalz, allgemein Getreidemalz): gekeimtes Getreide, zur Haltbarmachung gedarrt (d. h. getrocknet, Darrtemperatur je nach gewünschter Farbe), **hohe Enzymaktivität.**
  - **Hemicellulasen:** Aufschluss der Zellwandbestandteile im Nährgewebe (Endosperm) des Getreidekorns.
  - **Proteasen:** Abbau des Proteins; zu viel Protein im Bier bewirkt Kältetrub (Proteinausfällung) bei kühler Lagerung, zu wenig Protein hat geringe Schaumbildung zur Folge.
  - **Amylasen:** Abbau der Stärke zu Dextrinen durch die α-Amylase und weiter zu Maltose durch die β-Amylase. Die Maltose ist die Zuckerquelle für die Hefegärung, die Dextrine sind für den Restextrakt und den Körper des Bieres verantwortlich.
- **Brauereitechnologie:** Der wichtigste Prozess ist die sogenannte **Sudhausarbeit,** die sich in folgende Schritte gliedert:
  - **Maischprozess:** In der Brauerei wird das gedarrte Malz zunächst zerkleinert (geschrotet, gemahlen) und danach mit Wasser bei etwa 60 bis 65 °C eingemaischt. Bei dieser Temperatur wird vor allem Maltose von der β-Amylase gebildet. Danach wird die Temperatur auf ca. 70 bis 75 °C angehoben, die ideale Temperatur für die α-Amylase und die Dextrinbildung. Mit der negativen Jodprobe (keine Blaufärbung zeigt an, dass die gesamte Stärke abgebaut wurde) endet der Maischprozess.
  - **Läutern:** Nach dem Maischen wird abgeläutert, vergleichbar mit einer Filtration. Die Spelzen, die äußersten Schalenteile des Gersten- bzw. Malzkorns, dienen dabei als natürliches Filterhilfsmittel.
  - **Würzekochen:** Die geläuterte Würze wird unter Zusatz von Hopfen gekocht. Dabei werden folgende Ziele verfolgt:
    - Extrahieren der Bitterstoffe des Hopfens
    - Inaktivieren der Enzyme
    - Ausfällen von Eiweißfraktionen
    - Einstellen der gewünschten Würzegrade, z. B. 12° für Lagerbiere (entsprechend der Dichte einer 12%igen Saccharoselösung)
    - Austreiben unerwünschter Aromastoffe
  - In einem **Zyklon-Sedimentationsverfahren** (Whirlpool) wird die gekochte Würze vom Trub getrennt, gekühlt und der Gärung (Fermentation) zugeleitet.

Ein **Getreidekorn** besteht aus drei Hauptteilen: Schalen, Keimling und Nährgewebe (Endosperm). Beim Mälzen beginnt die **Keimung** nach **Anheben des Wassergehalts** während der Lagerung von ca. 13 bis 14 % auf 40 bis 45 %.

Traditionelles Sudhaus

Modernes Sudhaus der Versuchsbrauerei der Brauunion Linz, OÖ

Whirlpool der Versuchsbrauerei der Brauunion Linz, OÖ, im Zentrum der Trubkegel, außen die klare Würze

Milchsäuregärung

Die Milchsäuregärung erfolgt durch **Milchsäurebakterien (Lactobacteriaceae).** Es handelt sich dabei um unterschiedlich geformte Bakterien (Langstäbchen, Kurzstäbchen, kugelförmige Kokken). Sie sind **anaerob,** allenfalls sauerstofftolerant, und können Zucker aus nährstoffreichen, komplex zusammengesetzten Substraten in **Milchsäure** und auch in andere Produkte umsetzen. Man unterscheidet zwei Arten:

- **Homofermentative Milchsäurebakterien**: Das Produkt der Fermentation ist Milchsäure.
- **Heterofermentative Milchsäurebakterien:** Neben Milchsäure entstehen auch Essigsäure, Ethanol und Kohlenstoffdioxid.

Summenformel für die **homofermentative Milchsäuregärung:**
$C_6H_{12}O_6 \rightarrow 2\ CH_3{-}CHOH{-}COOH + 2\ ATP$

Summenformel für die **heterofermentative Milchsäuregärung:**
Aus Hexosen: $C_6H_{12}O_6 \rightarrow CH_3{-}CHOH{-}COOH + C_2H_5{-}OH + CO_2 + ATP$
Aus Pentosen: $C_5H_{10}O_5 \rightarrow CH_3{-}CHOH{-}COOH + CH_3{-}COOH + 2\ ATP$

Die Glucose wird über den **FDP-Weg** abgebaut. **Pyruvat** wird mit $NADH{+}H^+$ zu **Lactat** reduziert.

Je nach Bakterienart und -stamm produzieren Milchsäurebakterien **rechtsdrehende L-Milchsäure** oder **linksdrehende D-Milchsäure.** Da die rechtsdrehende L-Milchsäure in den Zellen des Menschen rascher abgebaut werden kann, wird sie von vielen Konsumenten in Joghurts bevorzugt. Aber auch die linksdrehende D-Milchsäure kann im **Stoffwechsel** – nur etwas langsamer – umgesetzt werden.

Beispiele für die homofermentative Milchsäuregärung

- **Fermentierte Milchprodukte** (Joghurts, Sauermilch): Substrat ist pasteurisierte Milch. Die darin enthaltene Lactose wird z. B. von *Lactobacillus bulgaricus, Lactobacillus casei, Lactobacillus acidophilus, Lactobacillus bifidus, Streptococcus thermophilus* und anderen in Milchsäure (Lactat) umgesetzt, entweder in Gärtanks in der Molkerei, häufig aber auch in den Verpackungen (z. B. Joghurtbechern).
- **Milchsäure** für technische Zwecke, als Lebensmittelzusatzstoff, für die pharmazeutische Industrie oder für die Erzeugung von kompostierbaren Kunststoffen (Polylactat): Das Substrat enthält Lactose (z. B. aus Molke) oder Glucose; die Zucker werden z. B. durch *Lactobacillus rhamnosus, Lactobacillus delbrueckii, Lactobacillus helveticus* und andere zu Milchsäure fermentiert.

Einige Arten von Milchsäurebakterien entwickeln sich besonders rasch bei Temperaturen zwischen 30 und 45 °C. Sie werden als **thermophil** bezeichnet, z. B. *Lactobacillus delbrueckii, Lactobacillus acidophilus.*

Beispiel für den Downstreamingprozess von Lactat

- Als Neutralisationsmittel wird während der Fermentation Calciumcarbonat zugesetzt, wodurch die gebildete Milchsäure überwiegend als Calciumlactat vorliegt.
- Durch Erhitzung nach der Fermentation werden die Lactobacteriaceae inaktiviert und die Proteine ausgefällt.
- Der pH-Wert wird auf ca. 10 eingestellt, wobei schwer lösliches, überschüssiges Calciumcarbonat ausfällt, Calciumlactat hingegen in der Lösung bleibt.
- Nach der Filtration wird Schwefelsäure zugesetzt, die Calciumlactat in schwer lösliches Calciumsulfat überführt, die Milchsäure kann abgetrennt, filtriert (bei gewünschter hoher Reinheit mit Aktivkohle) und konzentriert werden.

Von den angeführten Milchsäurebakterien sind folgende **heterofermentativ:** *Leuconostoc mesenteroides, Lactobacillus brevis, Lactobacillus fermentum.*

Beispiele für die heterofermentative Milchsäuregärung

- **Sauerkraut:** Geschnittenes Kraut wird von Mischkulturen aus homo- und heterofermentativen Milchsäurebakterien, z. B. von *Lactobacillus plantarum, Leuconostoc mesenteroides* und anderen, in Milchsäure (Lactat) und Essigsäure (Acetat) umgesetzt.
- **Sauerteig:** Roggen- oder auch Weizenteig wird von Mischkulturen aus homo- und heterofermentativen Milchsäurebakterien, z. B. von *Lactobacillus delbrueckii, Lactobacillus plantarum, Lactobacillus brevis, Lactobacillus fermentum* und anderen, in Milchsäure (Lactat) und Essigsäure (Acetat) umgesetzt.

Citratfermentation

Citrat wird mit dem **Schimmelpilz** *Aspergillus niger* erzeugt. Zuckerreiche Substrate, wie Melasse oder verzuckerte Maisstärke, werden bei pH-Werten <3 in Emers- oder Submersverfahren **aerob** fermentiert.

FDP-Weg siehe Kap. D, 3.2.

Glucose wird zunächst über den **FDP-Weg** abgebaut und Pyruvat zu **Acetyl-Coenzym A** oxidativ decarboxyliert. Acetyl-CoA wird in den Citratzyklus eingeschleust und an Oxalacetat zu Citrat gebunden. Im stark sauren pH-Bereich kann Citrat nicht weiter metabolisiert werden, da der Zwischenschritt über Aconitat zu Isocitrat **gehemmt** wird.

Die Nährböden dürfen keine **Eisen- und Manganionen** enthalten, da diese die Umwandlung des Citrats zu Aconitat begünstigen würden.

Der stark saure pH-Bereich bewirkt auch eine **Durchlässigkeit der Zellmembranen** für Citronensäure, die damit in das Substrat austreten kann.

Im **Downstreamingprozess** wird Citronensäure aus der Nährlösung mit Calciumcarbonat als Calciumcitrat gefällt. Nach Schwefelsäurezugabe fällt Calciumsulfat aus und Citronensäure kann abfiltriert und kristallisiert werden.

Citronensäure und Citrate werden vor allem bei der Herstellung von **Lebensmitteln und pharmazeutischen Präparaten** verwendet.

Antibiotika

Antibiotika sind Stoffe, die von **Mikroorganismen** (meist Schimmelpilzen, auch Bakterien, wie Streptomyceten) gebildet werden, um sich gegen andere Mikroorganismen im Konkurrenzkampf einer vielfältigen, gemischten Population durchzusetzen. Diese Situation herrscht in natürlichen Biotopen, wie z. B. im Erdboden, vor.

Streptomyceten siehe Kap. D, 4.

> Antibiotika sind meist komplex aufgebaute organische Moleküle, die selektiv Mikroorganismen am **Wachstum hindern,** indem sie einzelne Stoffwechselvorgänge hemmen.

Für die Penicilline ist der **Betalactamring** der charakteristische Bestandteil des komplex aufgebauten Moleküls.

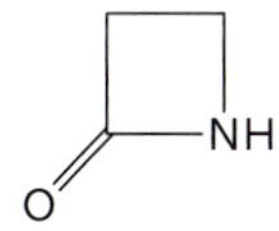

Penicilline werden von Schimmelpilzen, z. B. *Penicillium chrysogenum, Penicillium notatum,* gebildet. Sie wirken **gegen grampositive Bakterien** (z. B. Staphylococcen), indem sie deren **Zellwandbildung** beeinträchtigen, was letztendlich zu ihrem Absterben führt.

Gramfärbung siehe Kap. D, 4.

Fermentiert werden Penicilline in **aeroben Submerskulturen,** die Substrate enthalten meist aufgeschlossenen Mais. Als pharmazeutisches Präparat muss im mehrstufigen Downstreamingprozess eine besonders hohe Reinheit erzielt werden.

Streptomycine werden z. B. von *Streptomyces griseus* gebildet. Es handelt sich dabei um komplex aufgebaute Derivate von Glucosaminen (stickstoffhaltigen Monosacchariden). Streptomycine wirken **gegen gramnegative Bakterien,** wie z. B. gegen Enterobacteriaceae. Sie greifen in die **Proteinbiosynthese** ein und hemmen die Bindung der tRNA in den Ribosomen.

tRNA siehe Kap. D, 2.2.

Insulin

> Insulin ist ein **Hormon,** das in der Bauchspeicheldrüse gebildet wird und den **Zuckerstoffwechsel** reguliert. Es handelt sich dabei um ein **Peptid,** das aus einem A-Strang mit 21 Aminosäuren und einem B-Strang mit 30 Aminosäuren besteht. Drei Disulfidbrücken binden die beiden Peptidketten und zeichnen für die räumliche Struktur verantwortlich.

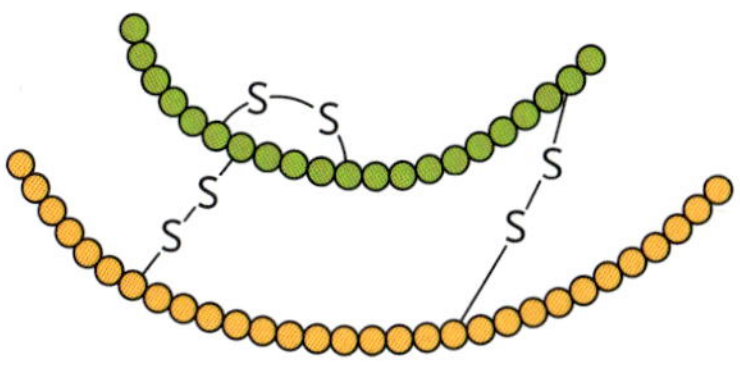

Schematische Darstellung des Insulinmoleküls mit dem A-Strang (grün), dem B-Strang (orange) und den drei Disulfidbrücken

Insulinmangel ist die Ursache der Zuckerkrankheit, des Diabetes. Da bei bestimmten Formen des Diabetes Insulingaben, vor allem per Injektion, die einzige **Behandlungsmöglichkeit** darstellen und wegen der relativ hohen Häufigkeit der Erkrankung besteht ein großer Bedarf an **synthetischem Insulin.**

Genetischer Code, Proteinbiosynthese und **Rekombinationsenzyme** siehe Kap. D, 2.1, 2.2 und 2.4.

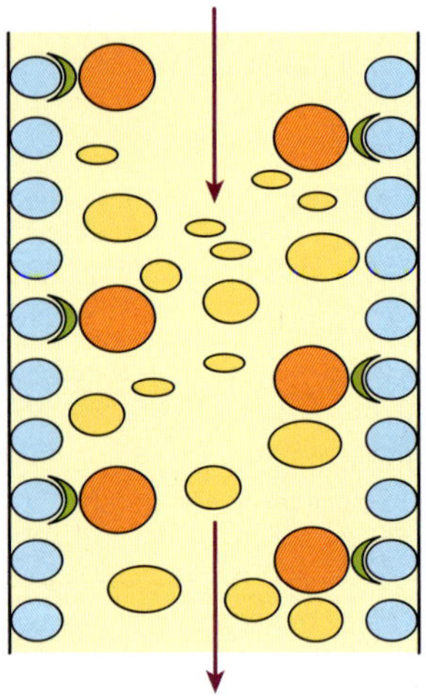

Schematische Darstellung einer Affinitätschromatografie-Säule: Die orangen Insulinmoleküle werden an die blauen Gelmoleküle der Säulenpackung über die grünen Bindungsmoleküle gebunden, die gelben Nichtinsulinmoleküle werden ausgewaschen

Eluere: lateinisch für auswaschen

Hergestellt wird es durch **Fermentation** mit einem gentechnisch **modifiziertem Bakterium,** nämlich *Escherichia coli,* kurz *E. coli* genannt. E. coli ist ein Darmbakterium der Gruppe der Enterobacteriaceae. Aufgrund der gentechnischen Modifikation unter anderem mithilfe von Rekombinationsenzymen, wird es auch als **rekombinantes Insulin** bezeichnet.

Die Herstellung von rekombinantem Insulin wird in folgenden **Schritten** vorgenommen:

- Nach der Entschlüsselung des **genetischen Codes** für Insulin kann die entsprechende DNA-Basensequenz mit **Rekombinationsenzymen** nachgebildet werden.
- Mit einem **Vektor** (Genfähre) wird das Gen in die Zellen von *E. coli* eingebracht. Gleichzeitig wird ein **Antibiotika-Resistenzgen** in die Zellen transportiert.
- Ein komplex zusammengesetztes **Substrat** mit Zucker und Proteinhydrolysat als wichtigsten Nährstoffen sowie einem **Antibiotikum** wird mit dem transgenen *E. coli* beimpft. Das Antibiotikum bewirkt, dass sich nur die **transgenen** *E. coli* vermehren können.
- Fermentiert wird unter Bedingungen der maximalen Zellvermehrung. In den Zellen wird das **Insulin** durch **Proteinbiosynthese** gebildet.
- Die Zellen von *E. coli* werden aus dem Fermenter abgezogen und mit **Zentrifugen** abgetrennt. Danach werden die Zellen durch Ultraschall **aufgeschlossen.**
- Um das Insulin vor proteolytischem Abbau zu schützen, werden in den Zellen gebildete **Proteasen** durch geeignete Chemikalien **inaktiviert.**
- Nach einer Filtration wird das Filtrat durch eine **Affinitätschromatografie-Säule** geleitet. Dabei wird das Insulin spezifisch gebunden und konzentriert. Mit einem geeigneten Puffer wird das Insulin letztendlich aus der Säule ausgewaschen (eluiert).

Ziele erreicht? – „Fermentationen“

5.2.01 + Nennen Sie die Ziele der biotechnologischen Fermentationen mit Hefen.

5.2.02 ++ Nennen Sie Ihnen bekannte Gruppen von Milchsäurebakterien sowie davon abgeleitete Milchsäuregärungen.

5.2.03 ++ Nennen Sie den Mikroorganismus, mit dem Citronensäure fermentiert wird, und beschreiben Sie das Substrat.

5.2.04 ++ Geben Sie an, in welcher Weise die Antibiotika Penicillin und Streptomycin gegen Bakterien wirken.

5.2.05 ++ Beschreiben Sie den Prozess der Herstellung von rekombinantem Insulin.

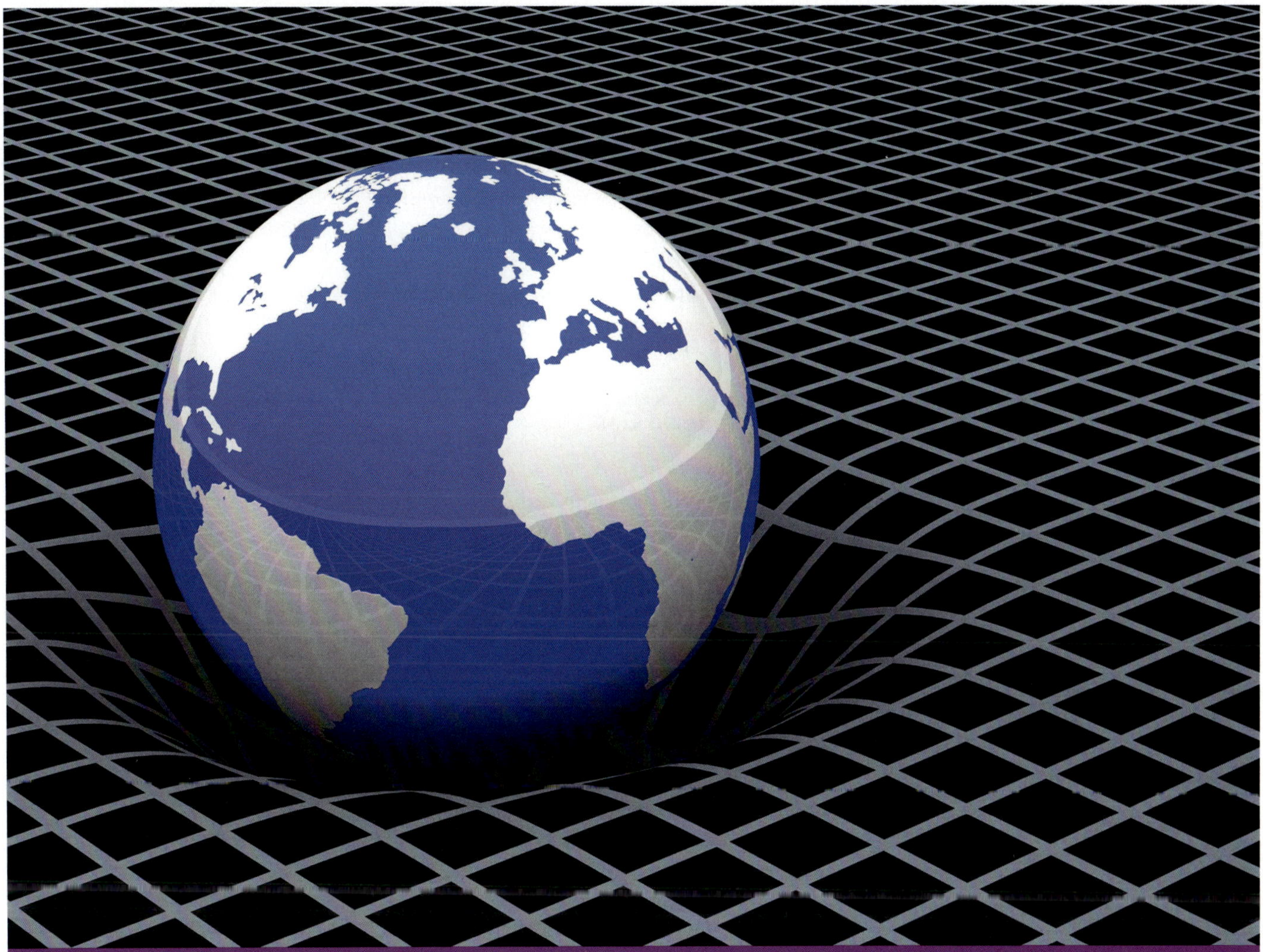

E Physikalische Phänomene und Methoden II

Diese Kompetenzmodul umfasst die Gebiete **Thermodynamik** sowie **moderne Physik.** In letzterem Bereich haben die Relativitätstheorie von Albert Einstein und die Quantenmechanik vor etwa hundert Jahren unser physikalisches Weltbild revolutioniert. Diese Theorien fordern uns und unser Denken – oft bis an die Grenze unseres Vorstellungsvermögens. Hier bewahrheitet sich die Metapher, dass unser Verständnis deswegen so weit reicht, weil wir „Zwerge auf den Schultern von Riesen sind", wie es der geniale Isaac Newton formuliert hat.

In der Thermodynamik beschäftigen Sie sich mit der kinetischen Gastheorie, in der vor allem ideale Gase studiert werden, und den Hauptsätzen der Thermodynamik, mit denen auch Kreisprozesse und Wärmekraftmaschinen behandelt werden können.

Rudolf Clausius, 1822 bis 1888, deutscher Physiker

1 Thermodynamik

1.1 Kinetische Gastheorie

*Die kinetische Gastheorie erklärt das Verhalten von Gasen durch die **Bewegungen der Atome und Moleküle,** aus denen das Gas besteht. Sie bietet eine Erklärung für die Gasgesetze und ein mikroskopisches Modell für die Begriffe Wärme und Temperatur. Bereits **Roger Bacon** vermutete, dass Wärme eine Form der Bewegung sei. Aber erst durch die Arbeiten von **Clausius, Maxwell** und **Boltzmann** wurde die kinetische Gastheorie ab etwa 1850 zu einer tragfähigen physikalischen Theorie.*

1.1.1 Das ideale Gas

*Das **ideale Gas** ist ein stark vereinfachtes Modell eines **realen Gases.** Dennoch lässt sich damit das thermodynamische Verhalten von Gasen gut beschreiben und berechnen.*

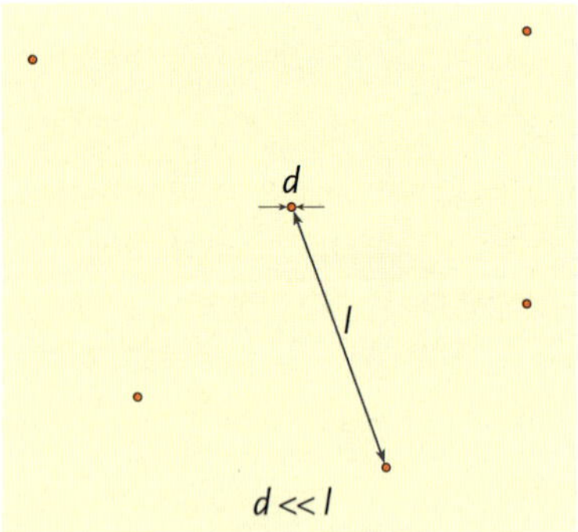

Beim idealen Gas sind die Abmessungen der Teilchen klein im Vergleich zu den Entfernungen zwischen den Teilchen

Meine Ziele

Nach Bearbeitung dieses Kapitels kann ich
- die **Eigenschaften eines idealen Gases** nennen;
- den **Gasdruck eines idealen Gases** aus den mikroskopischen Eigenschaften des Gases herleiten.

In Gasen sind die Atome oder Moleküle nicht aneinandergebunden und weisen einen großen Abstand voneinander auf.

Die folgenden **Eigenschaften** kennzeichnen ein **ideales Gas:**
- Seine Teilchen sind klein im Vergleich zu ihrem mittlerem Abstand voneinander;
- eine Wechselwirkung zwischen den Teilchen erfolgt nur durch elastische Stöße;
- die Teilchen wechselwirken mit begrenzenden Gefäßwänden nur über elastische Stöße (dies verursacht den Gasdruck).

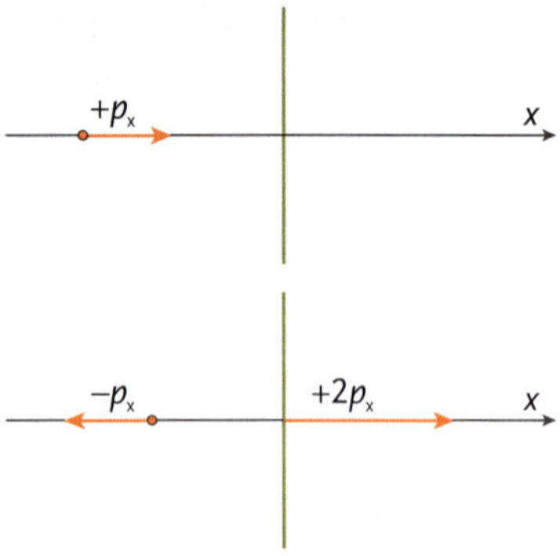

Impulsübertrag eines Teilchens beim elastischen Stoß gegen eine Gefäßwand

Modell des Gasdrucks eines idealen Gases

Wir betrachten eine Anzahl von N Teilchen der Masse m mit jeweils einer Geschwindigkeit v eingesperrt in einem Volumen V. Die Teilchendichte beträgt also N/V. Der mittlere Impulsübertrag Δp in einer Zeit Δt auf eine Wandfläche der Größe A durch elastische Stöße ergibt sich aus

$$|\Delta\vec{p}| = \frac{1}{6}\cdot\left(\frac{N}{V}\cdot A\cdot v\cdot\Delta t\right)\cdot 2mv = \frac{1}{3}\cdot\frac{N}{V}\cdot mv^2\cdot A\cdot\Delta t$$

Dabei beschreibt der Term in der Klammer die Anzahl der Teilchen, die überhaupt mit der Wandfläche wechselwirken können, weil sie in der Lage sind, die Wand in einer Zeit Δt zu erreichen. Bei Gleichverteilung der Geschwindigkeitsrichtungen hat im Mittel nur ein Sechstel dieser Teilchen auch eine Geschwindigkeitsrichtung normal zur Fläche. Der Ausdruck hinter der Klammer ist der Impulsübertrag pro elastischen Stoß eines Teilchens auf die Fläche.

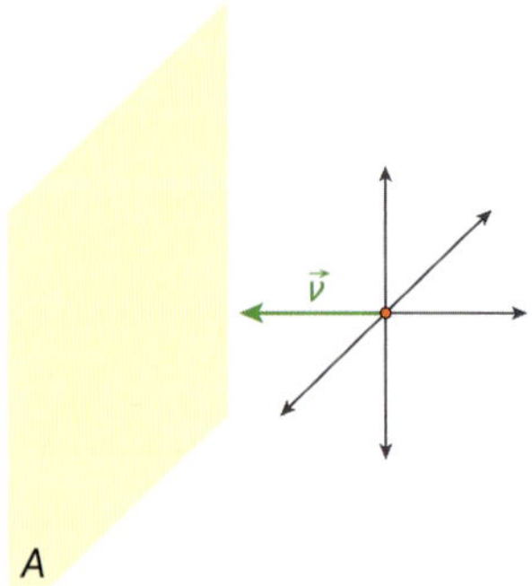

Nur eine der sechs Geschwindigkeitsrichtungen führt zu einem Stoß an die Wandfläche

Die Kraftwirkung der Teilchen auf die Wand ist der Impulsübertrag pro Zeit $|\vec{F}| = \frac{|\Delta\vec{p}|}{\Delta t} = \frac{1}{3}\cdot\frac{N}{V}\cdot mv^2\cdot A$. Da der Druck als Kraft pro Fläche definiert ist, erhält man daraus $p = \frac{|\vec{F}|}{A} = \frac{1}{3}\cdot\frac{N}{V}\cdot mv^2$.

Der Druck eines idealen Gases hängt also von seiner Teilchendichte sowie von der mittleren kinetischen Energie seiner Teilchen ab.

$$p = \frac{2}{3} \cdot \frac{N}{V} \cdot \frac{m\overline{v^2}}{2} = \frac{2}{3} \cdot \frac{N}{V} \cdot \overline{E_{kin}}$$

Zur Wiederholung: $[p] = 1\ \frac{N}{m^2} = 1$ Pascal (Pa)

Eine in der Technik häufig verwendete Einheit für den Druck ist das Bar:
1 bar – 10^5 Pa = 1 000 hPa

Beispiel 1.1.01: Mittlere Geschwindigkeit von Gasteilchen

Wie groß ist die mittlere Geschwindigkeit eines Neonatoms ($m = 3{,}349\,8 \cdot 10^{-26}$ kg), wenn $6{,}022 \cdot 10^{23}$ Moleküle in einem Volumen von 22,4 dm^3 einen Druck von 1 013,25 hPa ausüben? (Anmerkung: diese Werte entsprechen einem idealen Gas bei Normluftdruck und 0 °C.)

Mit $\overline{E_{kin}} = \frac{3}{2} \cdot \frac{p \cdot V}{N} = \frac{1}{2} \cdot m \cdot \overline{v}^2$ folgt $\overline{v} = \sqrt{\frac{3 \cdot p \cdot V}{N \cdot m}}$ und daraus erhält man

$$\overline{v} = \sqrt{\frac{3 \cdot 1{,}013\,25 \cdot 10^5\ \text{Pa} \cdot 2{,}24 \cdot 10^{-2}\ \text{m}^3}{6{,}022 \cdot 10^{23} \cdot 3{,}349\,8 \cdot 10^{-26}\ \text{kg}}} = 580{,}98\ \text{m/s}$$

In NAWI I/II, Kap. B, 4.2 wurde dargelegt, dass die Temperatur ein Maß für die mittlere Bewegungsenergie der Teilchen ist. Daraus folgt, dass der Druck eines idealen Gases von Teilchenanzahl, Volumen und Temperatur abhängt.

Ziele erreicht? – „Das ideale Gas“

1.1.01 + Was versteht man unter einem idealen Gas? Nennen Sie die entsprechenden Annahmen.

1.1.02 + Stellen Sie die Gleichung der Impulserhaltung bei einem elastischen Stoß eines Teilchens gegen eine Wand auf. Ermitteln Sie daraus den Impulsübertrag auf die Wand.

1.1.03 ++ Nennen Sie Bedingungen, unter denen die hergeleitete Formel für den Druck eines idealen Gases nicht mehr gültig ist. Begründen Sie Ihre Meinung.

1.1.2 Zustandsgleichung eines idealen Gases

Eine Herleitung der Zustandsgleichung des idealen Gases ist direkt aus der kinetischen Gastheorie oder aus den empirisch gefundenen ***Gasgesetzen von Amontons und Gay-Lussac,*** *formuliert im Jahre 1802, möglich.*

Meine Ziele

Nach Bearbeitung dieses Kapitels kann ich

- die Zustandsgleichung eines idealen Gases angeben;
- das **Gesetz von Avogadro** nennen und begründen;
- aus der Formel für den Druck eines idealen Gases und der mittleren Bewegungsenergie eines Teilchens die **Zustandsgleichung herleiten.**

Aus der statistischen Mechanik erhält man für die mittlere freie Bewegungsenergie eines Teilchens pro Freiheitsgrad ½ · $k \cdot T$. Dabei ist k die Boltzmannkonstante und T die absolute Temperatur (in Kelvin).

Manometer mit einer Messskala in Bar

1 u (Unit) = $1{,}66 \cdot 10^{-27}$ kg
Atomare Masseneinheit
≈ Masse eines Nukleons

Zu Beispiel 1.1.01:
Im **Periodensystem der Elemente** ersieht man

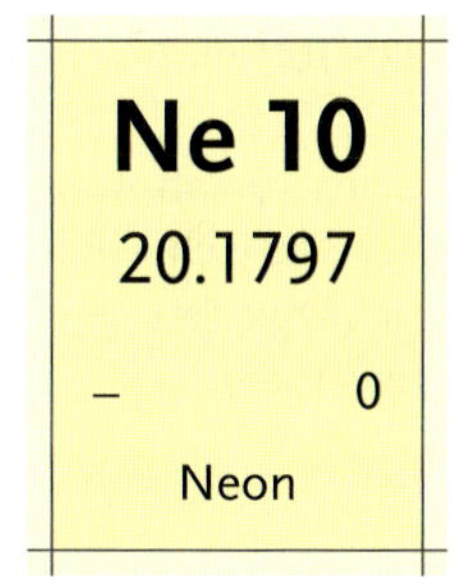

Daraus geht hervor, dass Neon die Ordnungszahl 10 hat, also 10 Protonen besitzt. Neon hat eine relative Atommasse von 20,179 7 u. Das am häufigsten vorkommende Isotop hat eine Masse von 20 u, besteht also aus 10 Protonen und 10 Neutronen. Aus den Massen der in unterschiedlicher Häufigkeit vorkommenden Isotope ergibt sich die oben angegebene relative Atommasse.

Die Boltzmannkonstante k ist nicht mit der Stefan-Boltzmann-Konstante σ aus NAWI I/II zu verwechseln!
Die **Boltzmannkonstante** wurde von Max Planck in der statistischen Mechanik eingeführt und ist nach dem österreichischen Physiker **Ludwig Boltzmann** benannt.

E

Boltzmannkonstante: $k = 1{,}380\,648\,8 \cdot 10^{-23}\,\frac{\mathrm{J}}{\mathrm{K}}$

Ein Teilchen eines idealen Gases hat für seine Bewegung die drei Achsenrichtungen einer Translation zur Verfügung und hat somit drei Freiheitsgrade. Ein Teilchen eines idealen Gases weist daher eine mittlere kinetische Energie von $\overline{E_{kin}} = \frac{3}{2}\,k \cdot T$ auf. Fügt man dies in die Gleichung für den Druck eines idealen Gases ein, erhält man $p = \frac{N}{V} \cdot k \cdot T$.

Amedeo Avogadro, 1776 bis 1856, italienischer Physiker und Chemiker

Durch Umformung ergibt sich daraus die **Zustandsgleichung** des **idealen Gases** $p \cdot V = N \cdot k \cdot T$.

Diese oben formulierte Zustandsgleichung ist die Verallgemeinerung einer von Amedeo Avogadro im Jahre 1811 entdeckten Gesetzmäßigkeit.

Gesetz von Avogadro
Ein **Mol** (N_A = 6,022 · 10^{23} Teilchen) eines **beliebigen Gases** nimmt bei einem Druck von $\boldsymbol{p_0}$ **= 1 013,25 hPa** und einer Temperatur von $\boldsymbol{T_0}$ **= 273,15 K** ein Volumen von $\boldsymbol{V_m}$ **= 22,4 dm³** ein. Dieses Volumen wird auch als Molvolumen bezeichnet.

Die Anzahl der Teilchen in einem Mol wird auch als **Avogadrokonstante** $\boldsymbol{N_A}$ bezeichnet.

$\boldsymbol{N_A = 6{,}022 \cdot 10^{23}\ \mathrm{mol}^{-1}}$

Beispiel 1.1.02: Teilchenanzahl eines Gases

Wie viele Teilchen pro Kubikdezimeter enthält ein ideales Gas bei einem Druck von 3 bar und einer Temperatur von 100 °C?

$$N = \frac{p \cdot V}{k \cdot T} = \frac{3 \cdot 10^5\ \mathrm{Pa} \cdot 10^{-3}\ \mathrm{m}^3}{1{,}38 \cdot 10^{-23}\ \mathrm{J/K} \cdot 373{,}15\ \mathrm{K}} = 5{,}826 \cdot 10^{22}\ \text{Teilchen}\ (= 0{,}096\,7\ \mathrm{mol})$$

Seit Mitte des 19. Jahrhunderts wurde hauptsächlich Kohlegas zu Beleuchtungszwecken in Großstädten verwendet.

Für ein Mol eines Gases lässt sich das Produkt aus Teilchenanzahl N_A und Boltzmannkonstante k zu einer neuen Konstante, der universellen Gaskonstante R, zusammenfassen. Die Zustandsgleichung hat dann die Form $p \cdot V = R \cdot T$.

Die vier Gasometer in Wien-Simmering wurden 1896 als Teleskopgasbehälter mit je 90 000 m³ für Kohlegas zur Versorgung der Straßenbeleuchtung errichtet

Für ***n*** **Mol** eines idealen Gases gilt dann $p \cdot V = n \cdot R \cdot T$ mit der **universellen Gaskonstante** $R = N_A \cdot k = 8{,}314\,\frac{\mathrm{J}}{\mathrm{K \cdot mol}}$

Für die **Masse** ***m*** eines idealen Gases gilt $p \cdot V = m \cdot R_s \cdot T$ mit der **spezifischen Gaskonstante** $R_s = \frac{R}{M}$ und der **Masse** ***M*** **von einem Mol** des speziellen Gases.

Ziele erreicht? – „Zustandsgleichung eines idealen Gases“

1.1.04 + Nennen Sie die Normbedingungen für das Gesetz von Avogadro. Was versteht man unter einem Molvolumen?

1.1.05 ++ Leiten Sie mit der Zustandsgleichung des idealen Gases das Gesetz von Avogadro her.

1.1.06 + Berechnen Sie den Druck, den ein Mol eines Gases in einem Volumen von 10 Litern bei 20 °C ausübt.

1.1.07 + Bestimmen Sie die Temperatur von zwei Mol eines idealen Gases, wenn sie in einem Volumen von 10 Litern einen Druck von 5 bar ausüben.

1.1.08 ++ Bewerten Sie, welche Eigenschaften von realen Gasteilchen eine Abweichung von der Theorie des idealen Gases bewirken könnten.

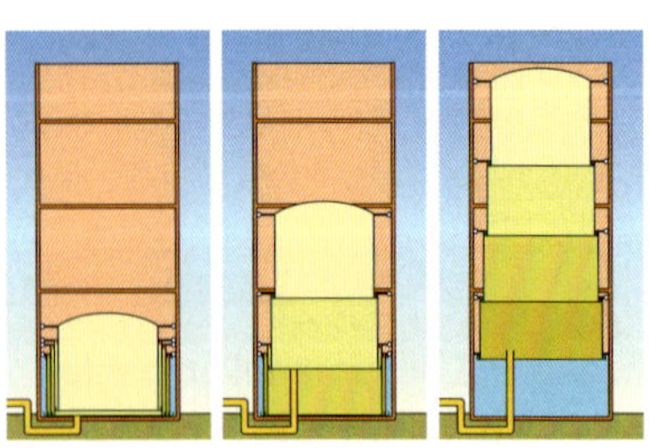

Beim Teleskopgasbehälter drückt das Gas je nach Füllstand eine Teleskopglocke, die in einem Wasserbassin steht, nach oben

1.1.3 Gasgesetze

*Bei den als **Gasgesetzen** bezeichneten physikalischen Gesetzmäßigkeiten handelt es sich um **Spezialfälle** der Zustandsgleichung des idealen Gases. Empirisch wurden sie bereits vor der Formulierung der Zustandsgleichung gefunden. In diesem Buch leiten wir die Gasgesetze alleine aus dem Modellbild des idealen Gases her.*

Meine Ziele

Nach Bearbeitung dieses Kapitels kann ich

- die **Aussagen und Randbedingungen der Gasgesetze** in verschiedenen formalen Darstellungen nennen;
- die **Gasgesetze aus der Zustandsgleichung herleiten;**
- die **Gasgesetze zu Berechnungen** bei verschiedenen Anwendungen heranziehen;
- die **Grenzen der Gültigkeit der Gasgesetze** angeben.

Der Zustand eines idealen Gases ist bei fest vorgegebener Stoffmenge von **Druck, Volumen** und **Temperatur** bestimmt. Daher bezeichnet man diese Größen als **Zustandsgrößen** des idealen Gases.

Robert Boyle, 1627 bis 1692, irischer Naturforscher

Gesetz von Boyle-Mariotte

Bei konstanter Temperatur und gleichbleibender Gasmenge sind Druck und Volumen zueinander indirekt proportional. Aus der Zustandsgleichung ergibt sich unmittelbar für T = **konstant** und n = **konstant.**

$$p \sim \frac{1}{V} \quad \text{oder} \quad p \cdot V = \text{konstant} \quad \text{oder} \quad \frac{p_1}{p_2} = \frac{V_2}{V_1}.$$

Dieses Gesetz gilt nicht unbegrenzt, da bei hohem Druck der Teilchenabstand im Gas sehr gering wird. Damit sind die theoretischen Voraussetzungen des idealen Gases nicht mehr gegeben.

Edme Mariotte, um 1620 bis 1684, französischer Geistlicher und Physiker, entdeckte kurz nach Robert Boyle und von ihm unabhängig ebenfalls das nach den beiden benannte Gasgesetz

Beispiel 1.1.03: Entweichen von Gas bei Druckabfall

Wie viel Luft entweicht aus einem nicht gasdicht verschlossenen Glas, das ein Volumen von fünf Litern hat, wenn der Luftdruck von 1 020 hPa auf 995 hPa absinkt?

$$\frac{1\,020\text{ hPa}}{995\text{ hPa}} = \frac{p_1}{p_2} = \frac{V_2}{V_1} = \frac{V_2}{5\text{ dm}^3} \text{ und somit } V_2 = \frac{1\,020\text{ hPa}}{995\text{ hPa}} \cdot 5\text{ dm}^3 = 5{,}125\text{ dm}^3$$

Es entweichen bei Druckabfall 125 cm^3 Luft.

E

Gesetz von Gay-Lussac (auch erstes Gesetz von Gay-Lussac)

Bei gleichbleibendem Druck und gleichbleibender Gasmenge sind Volumen und Temperatur eines idealen Gases zueinander direkt proportional. Wieder ersieht man unmittelbar aus der Zustandsgleichung für p = **konstant** und n = **konstant.**

$$V \sim T \quad \text{oder} \quad \frac{V}{T} = \text{konstant} \quad \text{oder} \quad \frac{V_1}{V_2} = \frac{T_1}{T_2}.$$

Joseph Louis Gay-Lussac, 1778 bis 1850, französischer Chemiker und Physiker

Beispiel 1.1.04: Ausdehnung eines Ballons bei Erwärmung

Auf welche Größe dehnt sich ein Ballon, der bei einem Luftdruck von 1 013 hPa und einer Temperatur von 20 °C einen Durchmesser von 40 cm hat, bei einer Erwärmung um 30 °C aus? Wir nehmen vereinfachend an, dass der Ballon immer ideal kugelförmig ist und der Druck der Hülle vernachlässigt wird. Es soll also nur der Umgebungsdruck auf die Füllung wirken.

$$V_1 = \frac{4\pi r^3}{3} = \frac{4\pi \cdot 0{,}2^3}{3} = 0{,}033\,51\ \text{m}^3$$

$$\frac{0{,}033\,51\ \text{m}^3}{V_2} = \frac{V_1}{V_2} = \frac{T_1}{T_2} = \frac{293{,}15\ \text{K}}{323{,}15\ \text{K}}\ \text{d. h.}\ V_2 = \frac{323{,}15\ \text{K}}{293{,}15\ \text{K}} \cdot 0{,}033\,51\ \text{m}^3 = 0{,}036\,94\ \text{m}^3$$

$$d_{\text{neu}} = 2 \cdot \sqrt[3]{\frac{3 \cdot V_2}{4\pi}} = 2 \cdot \sqrt[3]{\frac{3 \cdot 0{,}003\,694\ \text{m}^3}{4\pi}} = 0{,}413\ \text{m} = 41{,}3\ \text{cm}$$

Der Durchmesser wächst auf 41,3 cm.

Aufblasen eines Heißluftballons durch einen Brenner

Gesetz von Amontons (auch zweites Gesetz von Gay-Lussac)

Bei gleichbleibendem Volumen und gleichbleibender Stoffmenge sind Druck und Temperatur eines idealen Gases zueinander direkt proportional. Aus der Zustandsgleichung folgt für V **= konst.** und n **= konst.**

$$p \sim T \quad \text{oder} \quad \frac{p}{T} = \text{konstant} \quad \text{oder} \quad \frac{p_1}{p_2} = \frac{T_1}{T_2}.$$

GUILLAUME AMONTONS, 1663 BIS 1705, FRANZÖSISCHER PHYSIKER UND STATTHALTER VON LILLE

Bei zu hohem Druck versagt auch hier das Modell eines idealen Gases wegen der zu geringen Abstände der Gasteilchen.

Beispiel 1.1.05: Luftdicht verschlossenes Glas

Ein bei einem Luftdruck von 1 000 hPa luftdicht verschlossenes Glas mit einem gasgefüllten Volumen von 1,5 dm³ wird in einem Kühlschrank von 20 °C auf 4 °C abgekühlt.

a) Um wie viel Prozent fällt der Druck im abgekühlten Glas?
b) Welche Kraft wird dann benötigt, um den Deckel (Fläche $A = 75\ \text{cm}^2$) vom Glas zu heben?

a) $\frac{1\,000\ \text{hPa}}{p_2} = \frac{p_1}{p_2} = \frac{T_1}{T_2} = \frac{293{,}15\ \text{K}}{277{,}15\ \text{K}}$ $\qquad p_2 = \frac{277{,}15\ \text{K}}{293{,}15\ \text{K}} \cdot 1\,000\ \text{hPa} = 945{,}42\ \text{hPa}$

Der Druck sinkt bei Abkühlung um 5,458 %.

b) $F = \Delta p \cdot A = (p_1 - p_2) \cdot A = (100\,000\ \text{Pa} - 94\,542\ \text{Pa}) \cdot 75 \cdot 10^{-4}\ \text{m}^2 = 40{,}94\ \text{N}$

Zum Abheben des Deckels wird eine Kraft von 40,9 N benötigt. Dies entspricht der Gewichtskraft von über 4 kg!

Marmelade wird heiß in Gläser abgefüllt und dann verschlossen. Durch das Abkühlen der Gläser entsteht im Inneren ein Unterdruck, der die Gläser fest versiegelt.

Gesetz der Gleichförmigkeit

Das Gesetz der Homogenität besagt, dass ein ideales Gas überall dieselbe Dichte aufweist. Bei gleichbleibendem Druck und gleichbleibender Temperatur ist das Volumen direkt proportional zur Teilchenanzahl. Die Zustandsgleichung ergibt für p **= konstant** und T **= konstant.**

$$V \sim N \quad \text{oder} \quad \frac{N}{V} = \text{konstant} \quad \text{oder} \quad \frac{V_1}{V_2} = \frac{N_1}{N_2}$$

Gesetz von Dalton

Wenn Gase nicht chemisch miteinander reagieren, kann man sie beliebig vermischen. Dazu stellen wir uns vor, dass wir N_1 Teilchen eines Gases 1 und N_2 Teilchen eines Gases 2 vermischen, sodass wir dann N Teilchen in einem Volumen V haben. Aus der Zustandsgleichung ergibt sich:

$$p = \frac{N \cdot k \cdot T}{V} = \frac{(N_1 + N_2) \cdot k \cdot T}{V} = \frac{N_1 \cdot k \cdot T}{V} + \frac{N_2 \cdot k \cdot T}{V} = p_1 + p_2$$

Die **Summe der Partialdrücke** der einzelnen Gase ist gleich dem **Gesamtdruck** des Gasgemisches: $p = \sum_i p_i$

Der Partialdruck ist der Druck, den einer der Gasbestandteile alleine im gesamten Volumen V ausüben würde.

John Dalton, 1766 bis 1844, englischer Naturforscher und Lehrer

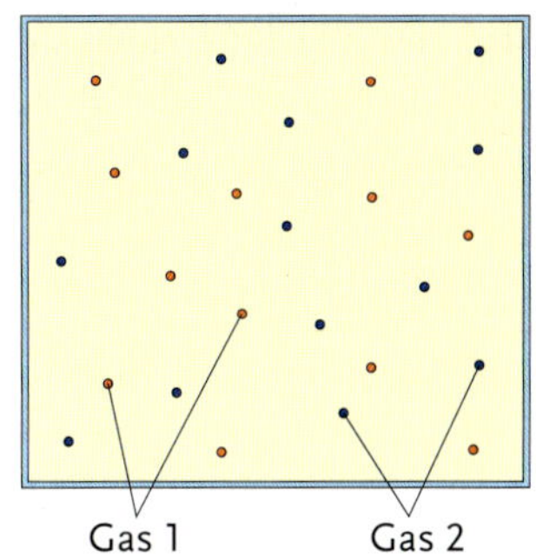

In einem Gasgemisch reagieren die einzelnen Gasteilchen nicht miteinander zu neuen Molekülen

Beispiel 1.1.06: Partialdrücke in einem Gasgemisch

Normale Luft besteht aus 78 % Stickstoff, 21 % Sauerstoff sowie aus 1 % Argon und anderen Gasen in Spuren. Berechnen Sie den Partialdruck der einzelnen drei Komponenten bei einem Luftdruck von 1 013 hPa.

$p = p_1 + p_2 + p_3 = 0{,}78p + 0{,}21p + 0{,}01p$

$p_1 = 0{,}78p = 0{,}78 \cdot 1\,013\ \text{hPa} = 790{,}14\ \text{hPa}$ Partialdruck des Stickstoffs

$p_2 = 0{,}21p = 0{,}21 \cdot 1\,013\ \text{hPa} = 212{,}73\ \text{hPa}$ Partialdruck des Sauerstoffs

$p_3 = 0{,}01p = 0{,}01 \cdot 1\,013\ \text{hPa} = 10{,}13\ \text{hPa}$ Partialdruck von Argon und Spurengasen

Gas	Dichte/kg · m⁻³
Wasserstoff	0,089 88
Helium	0,178
Neon	0,840
Luft bei 20 °C	1,204
Stickstoff	1,251
Sauerstoff	1,429
Kohlendioxid	1,977
Propan	2,019

Ziele erreicht? – „Gasgesetze"

1.1.09 + Geben Sie die Zustandsgrößen eines idealen Gases an.

1.1.10 + Nennen Sie die Gasgesetze (Bezeichnung und Formel) und geben Sie die Randbedingungen für ihre Gültigkeit an.

1.1.11 + Eine Gasflasche fasst ein Volumen von 100 L und steht unter einem Druck von 120 bar. Berechnen Sie die wievielfache Gasmenge im Vergleich zu Bedingungen des Umgebungsluftdrucks (1 013 hPa) in diesem Volumen aufbewahrt wird.

1.1.12 + In einem Zylinder, der mit einem frei beweglichen Kolben mit einem Durchmesser von 20 cm verschlossen ist, befinden sich 15 L eines Gases bei 15 °C. Berechnen Sie, um wie viel sich der Kolben hebt, wenn man das Gas um 50 °C erwärmt.

1.1.13 + In einer Gasflasche, die bei 20 °C einen Druck von 95 bar aufweist, herrscht ein Druck von 125 bar. Bestimmen Sie deren Temperatur.

1.1.14 ++ In einem Reifen (Annahme: ideal zylindrische Form mit Außendurchmesser $D = 61$ cm, Felgendurchmesser $d = 39$ cm und einer Breite $b = 18{,}5$ cm) herrscht bei 20 °C ein Druck von 2,2 bar. Berechnen Sie den Druck, der sich aufbaut, wenn die Temperatur des Reifens um 30 °C steigt.

1.1.15 + Eine Gasflasche, deren Eigenmasse 25 kg beträgt, enthält 60 L Sauerstoff unter einem Druck von 70 bar. Bestimmen Sie ihre Gesamtmasse.

1.1.16 + Bestimmen Sie, wie viele Mol sich in 30 L eines Gases bei einer Temperatur von 5 °C und einem Druck von 10 bar befinden. Berechnen Sie auch die Anzahl der Gasteilchen.

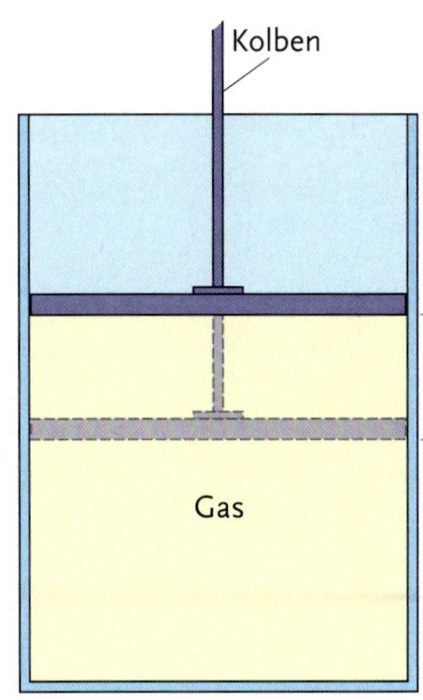

Skizze zu Aufgabe 1.1.12

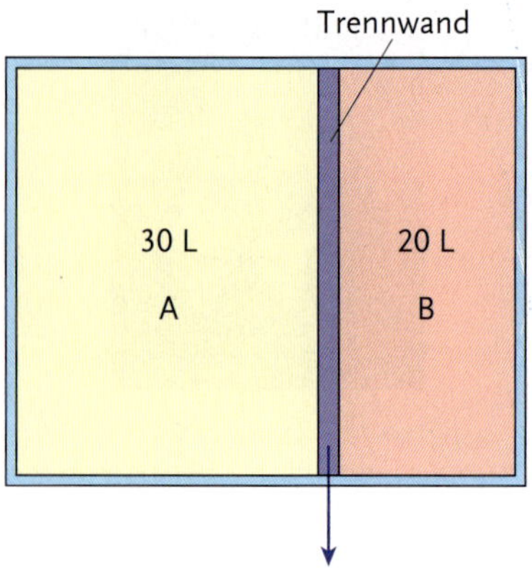

Skizze zu Aufgabe 1.1.20:
Die Trennwand wird einfach aus dem gemeinsamen Volumen herausgezogen.

1.1.17 ++ Bestimmen Sie die Dichte von CO_2 bei einer Temperatur von –5 °C und einem Druck von 1 013 hPa.

1.1.18 ++ Berechnen Sie die Dichte des Sauerstoffs in der Gasflasche von Aufgabe 1.1.15.

1.1.19 ++ Berechnen Sie die Temperatur von 50 L He bei einem Druck von 90 bar, wenn sie unter diesen Bedingungen eine Masse von 17 kg haben.

1.1.20 ++ 30 L eines Gases A unter einem Druck von 1 bar und 20 L eines zweiten Gases B unter einem Druck von 1,5 bar werden bei gleicher Temperatur im gemeinsamen Volumen von 50 L vermischt, ohne dass eine chemische Reaktion auftritt. Berechnen Sie den Druck, der sich einstellt, sowie die Werte der jeweiligen Partialdrücke.

1.1.4 Zustandsänderungen des idealen Gases

Bisher haben wir als Zustandsänderung eines Stoffes immer die Änderung seines Aggregatzustandes verstanden. Im folgenden Kapitel betrachten wir Änderungen des Zustandes eines idealen Gases bei Änderung der verschiedenen Zustandsgrößen.

Meine Ziele

Nach Bearbeitung dieses Kapitels kann ich
- die **Zustandsgrößen eines idealen Gases** nennen;
- die **Bezeichnungen der Zustandsänderungen** unter verschiedenen Zwangsbedingungen angeben;
- die formale Beschreibung dieser Zustandsänderungen aus der **Zustandsgleichung** herleiten.

Für eine **Wiederholung der Phasenübergänge eines Stoffes** und der **spezifischen Wärmen** sei auf **NAWI I/II,** Kap. B, 4 Grundlagen der Thermodynamik, verwiesen. Dort wurde die Darstellung von Zustandsänderungen in einem Phasendiagramm behandelt. Diese Grundlagen werden in den folgenden Kapiteln vorausgesetzt.

Gasflaschen mit Ventilschutzkappen für die mechanisch empfindlichen Ventile

Ventil mit Druckminderer zum Senken des Ausströmdruckes

Innerhalb der Gasphase eines idealen Gases spricht man auch dann von einer Zustandsänderung, wenn sich nur die **Zustandsgrößen *p*, *V*, *n* oder *T*** ändern, aber kein Übergang in einen anderen Aggregatzustand eintritt. In der Praxis kann dies nicht beliebig erfolgen, sondern geht unter zwingenden Randbedingungen vor sich.

Übersicht über die Zustandsänderungen eines idealen Gases

Bedingung	p = konst.	V = konst.	T = konst.
Bezeichnung	isobare	isochore	isotherme
	Zustandsänderung		
Formel	$\frac{V_1}{V_2}=\frac{T_1}{T_2}$	$\frac{p_1}{p_2}=\frac{T_1}{T_2}$	$\frac{p_1}{p_2}=\frac{V_2}{V_1}$
Gesetz	1. Gay-Lussac	2. Gay-Lussac	Boyle-Mariotte

In Unkenntnis der im vorigen Kapitel erwähnten Gasgesetze könnte man die Formeln in der Tabelle jeweils durch Division zweier Zustandsgleichungen mit den unterschiedlichen Zustandsgrößen erhalten.

Beispiel 1.1.07: Isochore Zustandsänderung

Ein Gas ist in einem konstanten Volumen verschlossen. Bei einer isochoren Erwärmung um 25 °C verhält sich der Anfangsdruck zum erreichten Enddruck wie 2 : 3. Welche Temperatur hatte das Gas vor bzw. nach der Erwärmung?

$$\frac{T_0}{T_0 + 25\text{ K}} = \frac{2p}{3p} \quad \Leftrightarrow \quad 3T_0 = 2T_0 + 50\text{ K} \quad \Leftrightarrow \quad T_0 = 50\text{ K}$$

Das Gas hatte vor der Erwärmung eine Temperatur von T_0 = 50 K = –223,15 °C und danach T_1 = 75 K = –198,15 °C.

Ziele erreicht? – „Zustandsänderungen des idealen Gases"

1.1.21 + Nennen Sie Ihnen bekannte Arten der Zustandsänderung und geben Sie an, unter welcher Bedingung sie vor sich gehen.

1.1.22 + Nennen Sie die Gasgesetze, die diesen Zustandsänderungen entsprechen.

1.1.23 + Eine in einem fixen Volumen eingeschlossene Gasmenge wird isochor um 40 °C erwärmt. Dabei verhält sich der Anfangsdruck zum erreichten Enddruck wie 3 : 7. Berechnen Sie die Temperatur vor und nach der Erwärmung.

1.1.24 + Im Kolben einer Luftpumpe wird Luft isotherm (Vereinfachung!) auf 30 % ihres Anfangsvolumens komprimiert. Berechnen Sie, wie und um welchen Prozentsatz sich der Luftdruck verändert. Erklären Sie, weshalb die Annahme eines isothermen Verlaufes nicht real ist.

1.1.25 ++ Mit einem beweglichen Kolben in einem Zylinder wird einem Gas eine isobare Zustandsänderung ermöglicht (siehe Skizze). Bei einer Erhöhung der Temperatur um 60 °C verdoppelt sich sein Volumen. Berechnen Sie die Temperatur vor und nach der Zustandsänderung.

1.1.26 ++ Bei einem Heißluftballon wird die Luft mithilfe eines Gasbrenners erwärmt. Bestimmen Sie, welche Zustandsvariablen der Luft im Ballon beim Aufblasen des Ballons bzw. beim weiteren Erwärmen des bereits aufgeblasenen Ballons konstant bleiben.

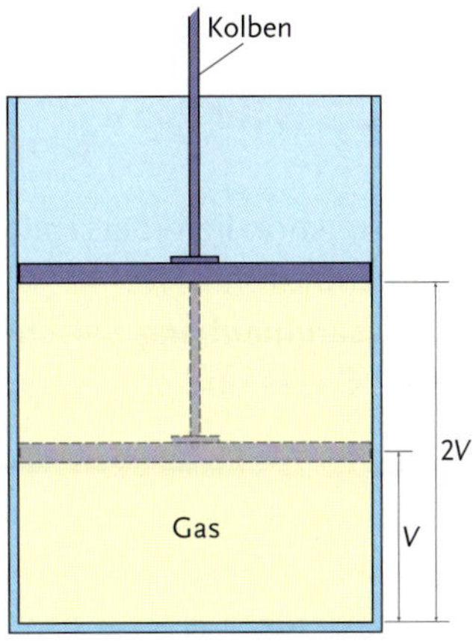

Skizze zu Aufgabe 1.1.25

Iso: griech. Präfix, gleich (in quantitativer Hinsicht).

Die Begriffe Isobare bzw. Isotherme kommen auch in der Meteorologie vor. Sie bezeichnen dort Linien gleichen Drucks bzw. gleicher Temperatur auf einer Wetterkarte.

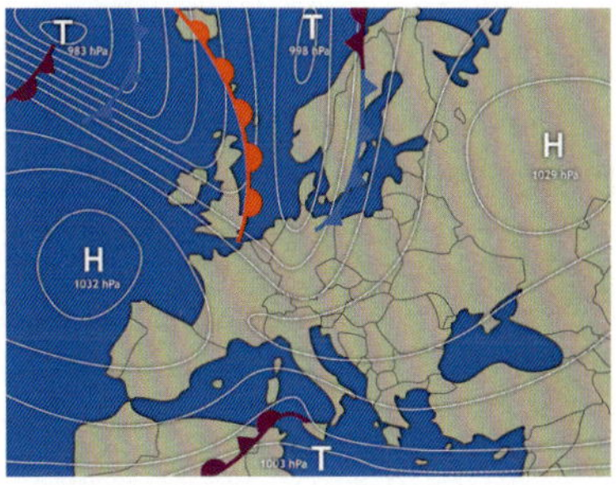
Wetterkarte von Europa mit Isobaren (Linien gleichen Luftdrucks)

Bei einer Luftpumpe erfolgt die Kompression der angesaugten Luft nur im Idealfall bei sehr langsamer Verdichtung isotherm. Man kann leicht durch Berührung der Pumpe überprüfen, wie sich die verdichtete Luft und somit die Pumpe erwärmt.

E

James Clerk Maxwell, 1831 bis 1879, schottischer Physiker, er entwickelte bedeutende Theorien im Bereich der Elektrizitätslehre und der kinetischen Gastheorie

Zentraler Grenzverteilungssatz der Statistik: Ergibt sich eine Zufallsvariable aus einer Summe beliebiger anderer voneinander unabhängiger Zufallsvariablen, so ist sie normalverteilt.

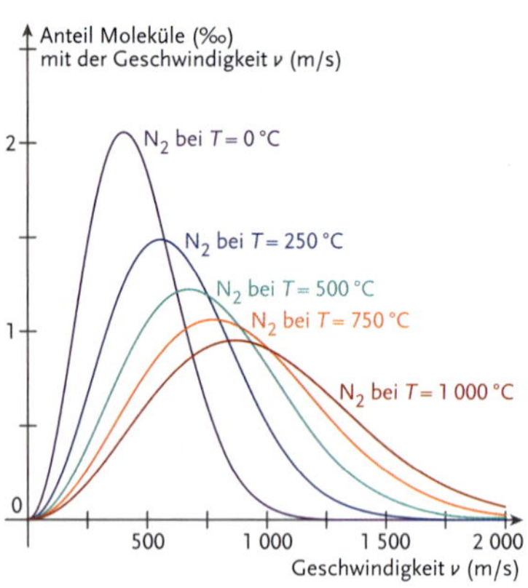

Zweidimensionale Darstellung der Verteilung der Teilchengeschwindigkeiten. Die Teilchen mit einem Geschwindigkeitsbetrag zwischen v und $v + dv$ befinden sich in der skizzierten Kugelschale.

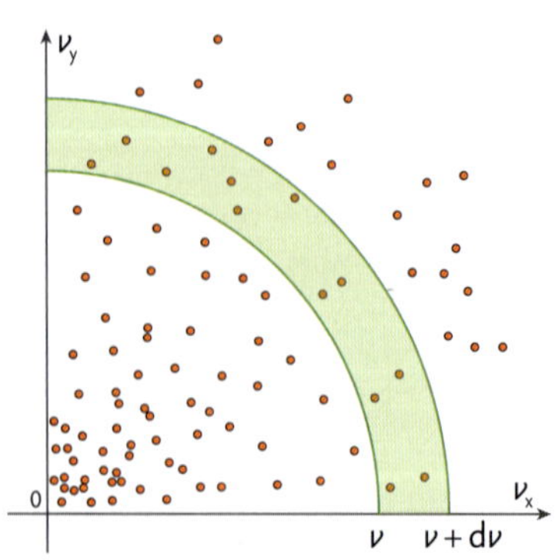

Verteilung der Teilchengeschwindigkeiten für N_2 bei verschiedenen Temperaturen

1.1.5 Kinetische Gastheorie: Maxwell-Boltzmann-Verteilung

Bei der Herleitung der Zustandsgleichung des idealen Gases wurden statistische Überlegungen der kinetischen Gastheorie umgangen, da ihre Komplexität den Anspruch dieses Buches übersteigen würde. Dieses Kapitel wird sich dennoch kurz mit diesem Themenbereich befassen.

Meine Ziele

Nach Bearbeitung dieses Kapitels kann ich

- die **Grundideen der Statistik des idealen Gases** angeben;
- die **Maxwell-Boltzmann-Verteilung** als die Geschwindigkeitsverteilung der Teilchen des idealen Gases angeben und ihre Form skizzieren.

In einem idealen Gas bei vorgegebener Temperatur bewegen sich **nicht alle Teilchen mit derselben Geschwindigkeit.** Vielmehr entspricht der Temperatur eine mittlere Geschwindigkeit der Teilchen. Um diesen Mittelwert streuen dann die Geschwindigkeiten der einzelnen Teilchen. Bei dieser Bewegung wird allerdings keine Raumrichtung bevorzugt. Die Richtungen sind gleichmäßig verteilt. Mathematisch ist das dadurch beschreibbar, dass die Geschwindigkeit in jeder Dimension (in jeder Vektorkomponente) normalverteilt ist. Dass hier die Normalverteilung auftaucht, erstaunt nicht. Der zentrale Grenzverteilungssatz der Statistik besagt ja, dass Größen, die sich aus mehreren Zufallsvariablen additiv zusammensetzen, mathematisch beweisbar normalverteilt sind.

Hergeleitet wurde die Verteilung der Geschwindigkeit der Teilchen eines idealen Gases von **James Clerk Maxwell** und **Ludwig Boltzmann** im Jahre 1860. Da die Herleitung mathematisch anspruchsvoll ist, werden hier nur die **Grundideen** angesprochen und dann wird die Lösung präsentiert.

Betrachten wir zuerst nur einen **eindimensionalen Fall.** Bei einer mit der Temperatur zunehmenden ungeordneten Bewegung der Teilchen muss der Mittelwert null sein und die Standardabweichung mit der Temperatur zunehmen. Sonst würde sich ja das Gas geordnet in eine bestimmte Richtung bewegen. Man erhält also eine Wahrscheinlichkeitsverteilung $f(v) \sim e^{-\frac{E}{k \cdot T}}$.

Für den **dreidimensionalen Fall** erhält man die Verteilung des Betrags der Geschwindigkeit durch das Integral (Summe) über alle Geschwindigkeitsvektoren in einer Kugelschale mit Radius v und Dicke dv. Durch die Kugeloberfläche entsteht dabei ein Faktor v^2 in der Verteilungsfunktion der Geschwindigkeitsbeträge.

Die **Maxwell-Boltzmann-Verteilung** der Teilchengeschwindigkeiten lautet dann:

$$f(v) = 4\pi \cdot \left(\frac{m}{2\pi kT}\right)^{\frac{3}{2}} \cdot v^2 \cdot e^{-\frac{mv^2}{2kT}}$$

Diese Funktion liefert als mittlere quadratische Geschwindigkeit $\overline{v^2} = \frac{3kT}{m}$ was gleichbedeutend ist mit $\frac{1}{2}m\overline{v^2} = \frac{3}{2}kT$. Das ist der bisher ohne weitere Begründung verwendete **Zusammenhang** zwischen der **mittleren kinetischen Energie** der Teilchen eines idealen Gases und der **Temperatur.**

Ziele erreicht?

1.1.27 + Nennen Sie die Grundideen der statistischen Beschreibung der Teilchen eines idealen Gases.

1.1.28 + Skizzieren Sie den Verlauf der Maxwell-Boltzmann-Verteilung für verschiedene Temperaturen eines Gases.

1.2 Hauptsätze der Thermodynamik

Die Entwicklung der klassischen Thermodynamik zog sich zeitlich über das gesamte 19. Jahrhundert hin und war eng verwoben mit der Entwicklung des Wissens über chemische Reaktionen.

1.2.1 Temperatur

Der zentrale Begriff in der Thermodynamik ist die Temperatur. Dennoch ist schwer zu erfassen, was Temperatur eigentlich ist. Bereits in NAWI I/II haben wir die Existenz einer empirischen Temperaturskala behandelt. Wir haben auch gesehen, dass es anfänglich deutlich einfacher war, Temperatur zu messen, als zu erklären, was sie eigentlich ist.

Meine Ziele

Nach Bearbeitung dieses Kapitels kann ich

- den **„nullten" Hauptsatz der Thermodynamik** nennen;
- die **Gesamtenergie eines Systems** in seine verschiedenen Anteile aufgliedern;
- die Möglichkeiten zur **Veränderung der Temperatur eines thermodynamischen Systems** erklären.

Mit dem Begriff der **Temperatur** verbunden ist der Begriff des **thermodynamischen Gleichgewichtes.** Darunter versteht man das Angleichen der Temperatur zweier Systeme, die miteinander in thermischen Kontakt gebracht werden. Das Gleichgewicht stellt sich unabhängig vom Material der Systeme und von der Art des thermischen Kontaktes nach langer Zeit des Kontaktes ein. Es existiert also eine Zustandsgröße, die Temperatur, die den thermischen Zustand von Systemen miteinander vergleichbar macht. Die Existenz einer solchen Temperaturskala wird im sogenannten nullten Hauptsatz der Thermodynamik formuliert.

Nullter Hauptsatz der Thermodynamik
Wenn zwei Systeme A und B mit einem dritten System C im thermodynamischen Gleichgewicht stehen, stehen sie auch zueinander im Gleichgewicht.

Man könnte diesen Zusammenhang auch folgendermaßen formulieren:

Wenn zwei Systeme im thermodynamischen Gleichgewicht stehen, dann haben sie dieselbe **Temperatur *T*.**

In der kinetischen Gastheorie hat ein Teilchen drei Freiheitsgrade der Translation. Der Zusammenhang zwischen der mittleren Bewegungsenergie der Teilchen des Gases und der Temperatur lautet daher $\overline{E_{kin}} = \frac{3}{2} k \cdot T$. Diesen Zusammenhang haben wir schon bei der Herleitung der Zustandsgleichung des idealen Gases verwendet.

Skizze einer atmosphärischen Dampfmaschine nach **Thomas Newcomen** von 1712. Sie diente zum Umpumpen von Wasser in einem Bergwerk.
Im Zeitalter der Industrialisierung wurden diese Maschinen von Ingenieuren konstruiert, denen noch nicht der komplette dazu nötige theoretische Hintergrund zur Verfügung stand.

Nicolas Léonard Sadi Carnot, 1796 bis 1832, französischer Physiker und Ingenieur; mit seiner theoretischen Betrachtung von Dampfmaschinen (Carnot-Prozess) begründete er die heutige Thermodynamik

E

Nullter Hauptsatz

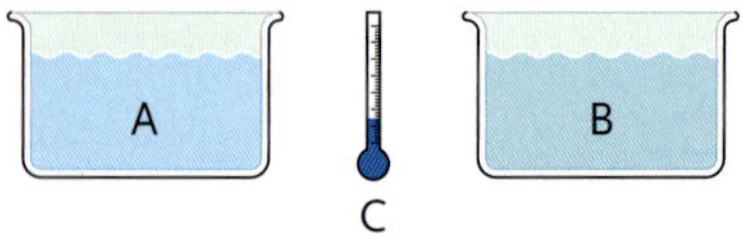

Wenn das Thermometer C im Gleichgewicht mit dem Wärmebad A und mit dem Wärmebad B ist, dann sind die beiden Wärmebäder A und B zueinander im Gleichgewicht.

Die Temperatur ist hier in der Kelvinskala anzugeben. Nur in dieser Skala besteht der wertemäßige Zusammenhang zwischen Temperatur und Teilchenbewegung so unmittelbar. Eine Temperatur von null Kelvin bedeutet also, dass keine Bewegungsenergie der Teilchen vorhanden ist. Man kann das System nicht mehr weiter abkühlen. Die Temperatur von 0 K oder –273,15 °C bezeichnet man daher auch als **absoluten Nullpunkt der Temperatur.**

Bei Teilchen mit mehr Freiheitsgraden gilt eine analoge Proportionalität zwischen der Temperatur und der mittleren Energie, die mit der Bewegung der Teilchen verbunden ist. Somit ist die **Temperatur** ein Maß für die **mittlere mit der mikroskopischen Bewegung der Teilchen verbundenen Energie.**

Im Zuge des erweiterten **Energieerhaltungssatzes** haben wir bereits gelernt, dass die Gesamtenergie eines makroskopischen Körpers in **mechanische Energie** (kinetische und potenzielle) und in **innere Energie** zu unterteilen ist. Die Temperatur stellt also ein Maß für einen Teil der inneren Energie, der mikroskopischen Bewegungsenergie, dar.

William Thomson, erster Baron Kelvin (auch Lord Kelvin), 1824 bis 1907, britischer Physiker

Erhöhung der Temperatur eines Systems

Auf welche Art kann man die Temperatur eines Systems erhöhen? Man hat dazu **zwei Möglichkeiten:**

- Eine **Zufuhr von Energie** war bisher immer mit dem **Verrichten von Arbeit** verbunden. Arbeit in Form von gleichgerichteter Bewegung erhöht allerdings nur die mechanische Energie des Systems. Betrachtet man den realen Fall einer Zufuhr von Arbeit, dann sieht man, dass Reibung immer eine Rolle spielt. Reibung verursacht eine Zufuhr von ungeordneter mikroskopischer Bewegung an den reibenden Grenzflächen. Dies erhöht die innere Energie und damit die Temperatur.

  Tatsächlich wird bei jeder Zufuhr von Arbeit ein Teil dieser Arbeit durch Reibung in Wärmeenergie umgewandelt.

- Werden zwei Systeme mit unterschiedlicher Temperatur in thermischen Kontakt gebracht, stellt sich nach langer Zeit bei beiden Systemen dieselbe Temperatur ein. Die beiden Systeme sind im thermodynamischen Gleichgewicht. Vom wärmeren System ist innere Bewegungsenergie auf das kältere System übertragen worden. Das eine System wurde abgekühlt und das andere System wurde erwärmt, bis beide dieselbe Temperatur hatten. Mikroskopisch betrachtet wird dabei an der Grenzfläche des thermischen Kontaktes Bewegungsenergie von Teilchen des einen Systems durch Stöße auf Teilchen des anderen Systems übertragen.

  Führt man einem System Wärme zu, so erhöht sich seine Temperatur. Wärme ist also eine Form des **Energieübertrags.**

  Der Begriff Wärme wird häufig inkorrekt verwendet. In vielen Fällen wird er fälschlicherweise als Begriff für die **Energieform selbst** (innere Bewegungsenergie, Wärmeenergie) verwendet.

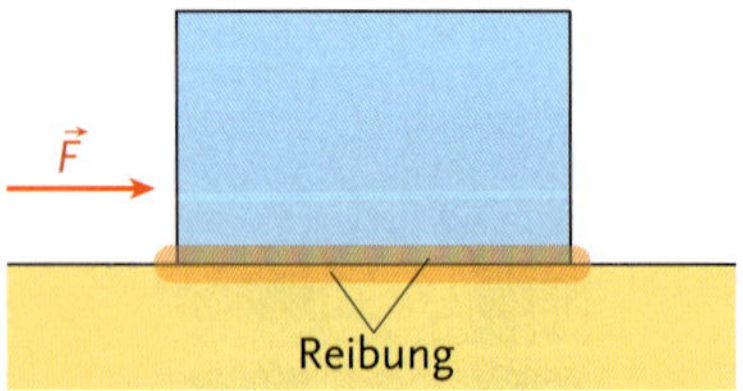

Ein auf einer Unterlage liegender Körper erfährt durch eine auf ihn wirkende Kraft eine gleichgerichtete Bewegung. Die Teilchen an der Berührungsfläche zur Unterlage werden durch **Reibung** zu einer **ungerichteten Bewegung** veranlasst.

Ziele erreicht? – „Temperatur“

1.2.01 + Nennen Sie den nullten Hauptsatz der Thermodynamik und erklären Sie, was unter dem thermodynamischen Gleichgewicht zu verstehen ist.

1.2.02 + Geben Sie an, was man unter dem Begriff Wärme versteht.

1.2.03 ++ Nennen und erläutern Sie den erweiterten Energieerhaltungssatz unter Berücksichtigung der Temperatur eines Systems.

1.2.04 ++ Erklären Sie Möglichkeiten zur Veränderung der Temperatur eines Systems.

1.2.2 Erster Hauptsatz der Thermodynamik

Die Überlegungen über die Möglichkeiten der Temperaturerhöhung eines Systems im vorigen Kapitel führen uns zum ersten Hauptsatz der Thermodynamik.

Meine Ziele

Nach Bearbeitung dieses Kapitels kann ich

- den ersten **Hauptsatz der Thermodynamik** als spezielle Formulierung der Energieerhaltung nennen;
- die **Volumenänderungsarbeit berechnen** und im ersten Hauptsatz anwenden;
- die **innere Energie und Enthalpie berechnen** und ihre Bedeutung für den Zustand eines Systems interpretieren

Erster Hauptsatz der Thermodynamik

Die **Zufuhr von Wärme Q oder von mechanischer Arbeit W** vergrößert die **innere Energie U** eines Systems.

$$Q + W = \Delta U$$

In differenzieller Form lautet der erste Hauptsatz dann $dQ + dW = dU$

Der erste Hauptsatz der Thermodynamik stellt nichts anderes dar als eine spezielle Formulierung des allgemeinen Energieerhaltungssatzes.

Für die Vorzeichen der Wärme und der mechanischen Arbeit gilt in diesem Buch die folgende Konvention: Dem System **zugeführte Wärmen** und **am System verrichtete Arbeit** sind **positiv** (**Energiezugewinn** des Systems). Dem System **entzogene Wärmen** und **vom System geleistete Arbeit** sind **negativ** (**Energieverlust** des Systems).

In der Folge betrachten wir Änderungen der inneren Energie eines idealen Gases aufgrund der Zufuhr von Wärme oder von Arbeit, also einer Änderung von jeweils einer der beiden obigen Summanden.

Volumenänderungsarbeit W

Die mechanische Arbeit zur Volumenänderung errechnet sich aus der aufgewendeten Kraft entlang des Weges zur Volumenänderung.

$$W = F \cdot \Delta s = p \cdot A \cdot \Delta s \quad \Rightarrow \quad W = -p \cdot \Delta V$$

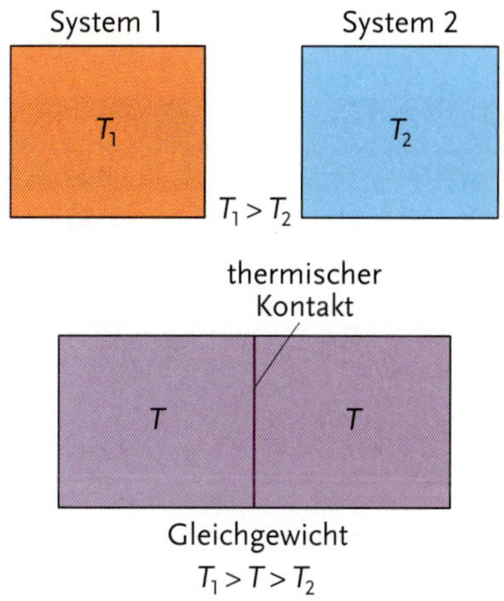

Zwischen zwei unterschiedlich warmen Systemen stellt sich nach einem Wärmeübertrag eine gemeinsame Temperatur ein. Man bezeichnet dies als **thermisches Gleichgewicht.**

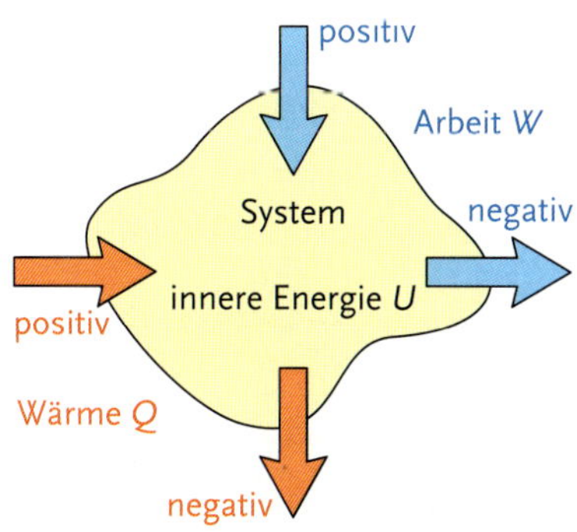

Schematische Darstellung des ersten Hauptsatzes: **Zugeführte Energien** werden **positiv, entzogene Energien** werden **negativ** gerechnet.

E

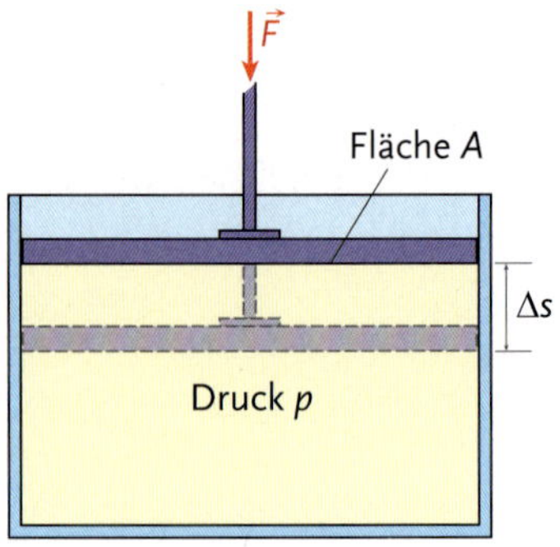

Skizze zur Volumenänderungsarbeit

Das negative Vorzeichen im Ergebnis ergibt sich aus folgender Überlegung: Bei Kompression ist die Volumenänderung negativ, es wird aber Arbeit zugeführt, also muss diese positiv sein. Bei einer Expansion ist die Volumenänderung positiv, das System verrichtet dabei aber Arbeit. Das System verliert Energie. Daher muss sie negativ sein. Der **erste Hauptsatz** hat dann die Form

$Q = \Delta U + p \cdot \Delta V$ oder in differenzieller Form $\mathrm{d}Q = \mathrm{d}U + p \cdot \mathrm{d}V$

Beispiel 1.2.01: Ausdehnungsarbeit eines Gases

Welche Ausdehnungsarbeit leistet 1 m^3 Luft, wenn sie sich bei konstantem Luftdruck von 1 013 hPa um 15 % ausdehnt?

$W = -p \cdot \Delta V = -1{,}013 \cdot 10^5\ \mathrm{Pa} \cdot 0{,}15\ \mathrm{m}^3 = -15\,195\ \mathrm{Nm} \approx -15{,}2\ \mathrm{kJ}$

Gas	$c_p/(\mathrm{kJ} \cdot \mathrm{kg}^{-1} \cdot \mathrm{K}^{-1})$	$c_V/(\mathrm{kJ} \cdot \mathrm{kg}^{-1} \cdot \mathrm{K}^{-1})$
Ammoniak	2,160	1,655
Chlor	0,745	0,552
Ethan	1,729	1,455
Helium	5,23	3,21
Kohlendioxid	0,837	0,647
Luft	1,005	0,717
Sauerstoff	0,917	0,656
Stickstoff	1,038	0,741
Wasserstoff	14,32	10,17

Spezifische Wärmekapazitäten von **Gasen** unter Normbedingung (20 °C)

Innere Energie *U*

Unter der inneren Energie versteht man die Energie, die im **gesamten System** vorhanden ist. Sie lässt sich dadurch bestimmen, dass man bei einer Zufuhr oder Entnahme von Wärme keine Volumsänderungsarbeit zulässt ($W = 0$). Dann lautet der erste Hauptsatz $Q = \Delta U$. Daher gilt $\Delta U = c_V \cdot m \cdot \Delta T$ ($= Q$) bzw.

$U = c_V \cdot m \cdot T$ mit c_V: spezifische Wärmekapazität bei konstantem Volumen

Die innere Energie einer bestimmten Menge (Masse) eines Gases ist also nur von seiner Temperatur im aktuellen Zustand abhängig.

Beispiel 1.2.02: Innere Energie eines Gases

Wie groß ist die innere Energie von 3 kg Wasserstoff bei einer Temperatur von 20 °C?

$$U = c_V \cdot m \cdot T = 10{,}17 \frac{\mathrm{kJ}}{\mathrm{kg} \cdot \mathrm{K}} \cdot 3\ \mathrm{kg} \cdot 293{,}15\ \mathrm{K} = 8\,944\ \mathrm{kJ} = 8{,}944\ \mathrm{MJ}$$

Enthalpie: vom altgriechischen „enthálpein“: erwärmen, erhitzen.

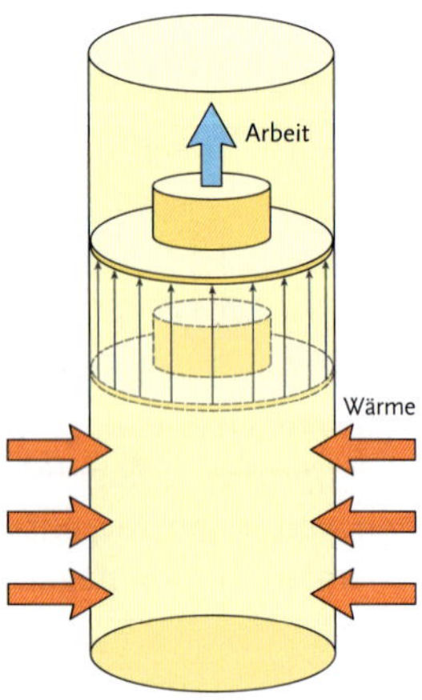

Bei **konstantem Druck** wird die einem System zugeführte Wärme zum Teil in Volumenänderungsarbeit umgewandelt. Die Änderung der inneren Energie ist nicht gleich der zugeführten Wärme.

Enthalpie *H*

Viele chemische Reaktionen oder Vorgänge in der Natur laufen unter der Bedingung eines **konstant bleibenden Umgebungsdruckes** (z. B. Luftdruckes) ab. In diesem Fall ist die Menge der **zugeführten Wärmen** eines idealen Gases **nicht gleich** der **Zunahme der inneren Energie,** da sich bei gleichbleibendem Druck das Gas ausdehnt und somit Volumenänderungsarbeit leistet.

Die Enthalpie ist definiert als

$H = U + p \cdot V$

In der Folge wird gezeigt, dass die Zunahme der Enthalpie eines idealen Gases gleich den zugeführten Wärmen ist.

$$\mathrm{d}H = \mathrm{d}U + \mathrm{d}(p \cdot V) = \mathrm{d}U + p \cdot \mathrm{d}V + V \cdot \mathrm{d}p = \mathrm{d}Q + V \cdot \mathrm{d}p$$

Für konstanten Druck ergibt sich hieraus unmittelbar $\mathrm{d}H = \mathrm{d}Q$. Trägt man die Enthalpie in einen Graphen über der Temperatur auf, so erhält man nahezu einen linearen Zusammenhang.

$$H = U + p \cdot V = c_V \cdot m \cdot T + p \cdot V$$

Daraus erhält man mit der Zustandsgleichung

$$H = c_v \cdot m \cdot T + m \cdot R_s \cdot T = m \cdot T \cdot (c_v + R_s)$$

Da die Werte in der Klammer konstant sind, ergibt sich für die **Enthalpie**

$H = c_p \cdot m \cdot T$ mit der spezifischen Wärmekapazität c_p bei konstantem Druck.

Also gilt für ein ideales Gas $c_p = c_v + R_s$ und man erhält den Zusammenhang zwischen den spezifischen Wärmen bei konstantem Druck bzw. Volumen $c_p - c_v = R_s$.

Bei **offenen** (nicht geschlossenen) Systemen, bei denen ein Strom von Teilchen auftreten kann, stellt man die **Energiebilanz** mittels der **Enthalpie** auf.

Beispiel 1.2.03: Ausdehnungsarbeit und Enthalpie eines Gases

Welche Ausdehnungsarbeit leistet 1 kg Sauerstoff, wenn er bei konstantem Druck um 10 K erwärmt wird? Wie groß ist die Enthalpie bei 30 °C?

Da die Zufuhr von Wärme sofort zur Ausdehnung des Gases führt, gilt für die Volumenausdehnungsarbeit:

$$W = Q = m \cdot R_s \cdot \Delta T = m \cdot (c_p - c_v) \cdot \Delta T =$$

$$= 1\ \text{kg} \cdot \left(0{,}917 \frac{\text{kJ}}{\text{kg} \cdot \text{K}} - 0{,}656 \frac{\text{kJ}}{\text{kg} \cdot \text{K}}\right) \cdot 10\ \text{K} = 2{,}61\ \text{kJ}$$

Die Enthalpie beträgt

$$H = c_p \cdot m \cdot T = 0{,}917 \frac{\text{kJ}}{\text{kg} \cdot \text{K}} \cdot 1\ \text{kg} \cdot 303{,}15\ \text{K} = 277{,}00\ \text{kJ}$$

Zu Aufgabe 1.2.06: Hitzeeinwirkung auf Gasflaschen kann zu sehr gefährlichem Druckanstieg führen.

DIN-Schild: Warnung vor Gasflaschen

Ziele erreicht? – „Erster Hauptsatz der Thermodynamik"

1.2.05 + Ein Kilogramm eines Gases mit den spezifischen Wärmekapazitäten $c_p = 3{,}2$ kJ/(kg · K) und $c_v = 2{,}3$ kJ/(kg · K) wird bei konstantem Druck um 10 K erwärmt. Geben Sie die geleistete Ausdehnungsarbeit an.

1.2.06 + Berechnen Sie die von einer Gasflasche mit 15 Litern Sauerstoff aufgenommene Wärmemenge, wenn der Druck von 4 bar auf 6 bar steigt.

1.2.07 + Berechnen Sie, welche Menge an Kohle mit einem Heizwert von 2,5 MJ/kg man theoretisch verfeuern müsste, um die Temperatur eines Saales mit 4 000 m^3 Luft von 8 °C auf 20 °C zu erhöhen. Anmerkung: Um einen nachhaltigen Heizeffekt zu erzielen, müssten natürlich auch die Wände auf die angegebene Temperatur erwärmt werden.

1.2.08 ++ Bestimmen Sie die beim Bremsvorgang eines Autos mit 1 300 kg Masse in den Bremsen entstehende Wärmemenge, wenn es aus einer Anfangsgeschwindigkeit von 100 km/h zum Stillstand gebracht wird.

1.2.09 ++ 10 m^3 Luft (20 °C, 1 013 hPa) werden unter Wasserkühlung mit einem Aufwand von 600 kN · m komprimiert. Es wird dabei eine Temperatur von 60 °C erreicht. Bestimmen Sie, welchen Wärmemenge das Kühlwasser aufgenommen hat.

1.2.10 ++ Ein Wasserfall hat eine Sturzhöhe von acht Metern. Bestimmen Sie, um wie viel Grad die Wassertemperatur steigen müsste, wenn die gesamte potenzielle Energie des Wassers in Wärme umgewandelt würde.

Abbildung zu Aufgabe 1.2.08:

Bremsscheibe und -backen eines Pkw; die Bremsscheibe ist zur besseren Ableitung der Wärme innen belüftet

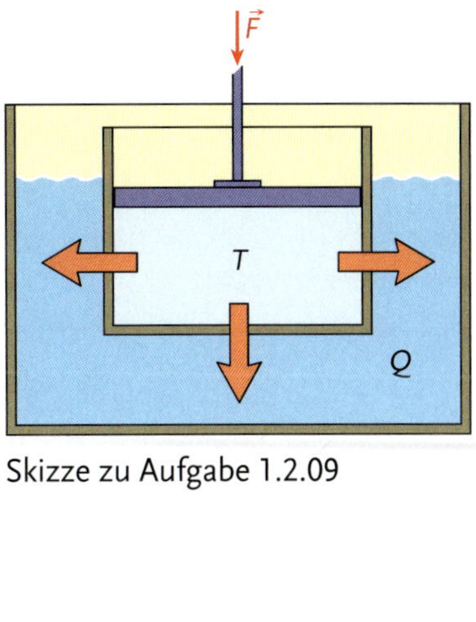

Skizze zu Aufgabe 1.2.09

E

1.2.3 Zustandsänderung des idealen Gases und erster Hauptsatz

Im Rahmen der Zustandsgleichung eines idealen Gases wurden Zustandsänderungen bereits behandelt. In diesem Kapitel werden sie unter dem Aspekt des ersten Hauptsatzes noch einmal genauer behandelt.

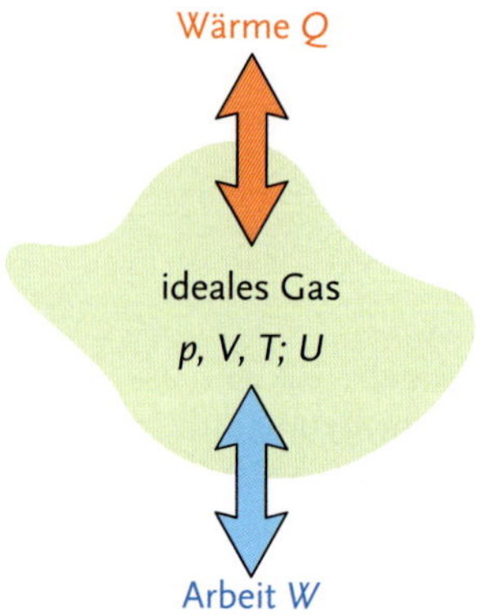

Nach dem ersten Hauptsatz der Thermodynamik kann ein ideales Gas durch **Austausch von Wärme oder über Volumenarbeit** mit seiner Umgebung **wechselwirken.** Dies hat Auswirkungen auf den Zustand des Gases und die beschreibenden Zustandsgrößen **Druck *p*, Volumen *V*** und **Temperatur *T*.**

Meine Ziele

Nach Bearbeitung dieses Kapitels kann ich

- die Begriffe der **isobaren, isochoren, isothermen und adiabatischen Zustandsänderung eines Gases** mit den Zustandsgrößen des Gases erklären;
- die **Änderungen der Zustandsgrößen** bei obigen Zustandsänderungen des Gases berechnen;
- den **ersten Hauptsatz für die Zustandsänderungen anwenden** und interpretieren.

Zur genaueren Betrachtung dieser Zustandsänderung werden die Kenntnisse über die Volumenänderungsarbeit und über die innere Energie aus dem vorigen Unterkapitel verwendet. Dabei wird jeweils von der differenziellen Form $\mathrm{d}Q + \mathrm{d}W = \mathrm{d}U$ des ersten Hauptsatzes ausgegangen. Man beachte auch hier, dass der erste Hauptsatz nichts anderes als der Energieerhaltungssatz ist. Bei einer gleichbleibenden Gasmenge sind der Druck p, das Volumen V und die Temperatur T die beschreibenden Zustandsgrößen des idealen Gases.

Isochore Zustandsänderung

Eine isochore Zustandsänderung bedeutet, dass sich das **Volumen nicht verändert ($\Delta V = 0$).** Da es keine Volumsänderungsarbeit gibt, erfolgt dabei die gesamte Änderung der inneren Energie über den Austausch von Wärme. Es gilt in der Folge

$$Q = \Delta U = c_v \cdot m \cdot \Delta T \quad \text{bzw. differenziell} \quad \mathrm{d}Q = \mathrm{d}U = c_v \cdot m \cdot \mathrm{d}T$$

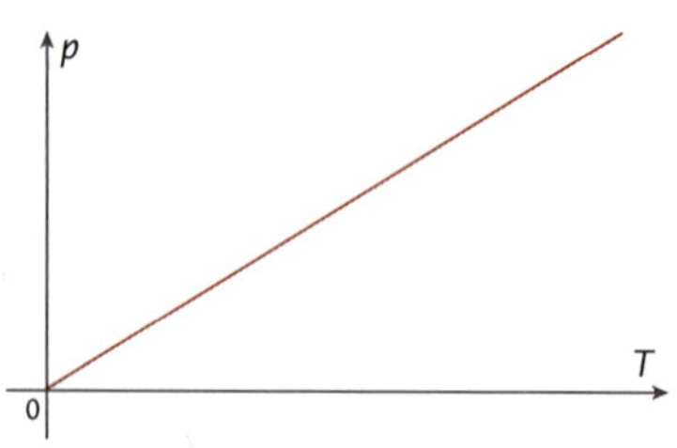

Druck-Temperatur-Diagramm einer isochoren Zustandsänderung, das Volumen bleibt konstant

Dabei ist c_v die spezifische Wärmekapazität bei konstantem Volumen. Aus der Zustandsgleichung erhält man in dieser Situation einen **linearen Zusammenhang zwischen Druck *p* und Temperatur *T*** (vgl. 2. Gesetz von Gay-Lussac, Kap. E, 1.1.3).

Beispiel 1.2.04: Erwärmung von Sauerstoff bei gleichbleibendem Volumen

Um wie viel Grad steigt die Temperatur von 2 kg Sauerstoff in einem Druckgefäß, wenn eine Wärmemenge von 10 kJ zugeführt wird?

$$Q = \Delta U = c_v \cdot m \cdot \Delta T \quad \Leftrightarrow \quad \Delta T = \frac{Q}{c_v \cdot m} = \frac{10^4\,\mathrm{J}}{656\,\frac{\mathrm{J}}{\mathrm{kg}\cdot\mathrm{K}} \cdot 2\,\mathrm{kg}} = 7{,}62\,\mathrm{K}$$

Die Temperatur erhöht sich um 7,62 Kelvin.

Isobare Zustandsänderung

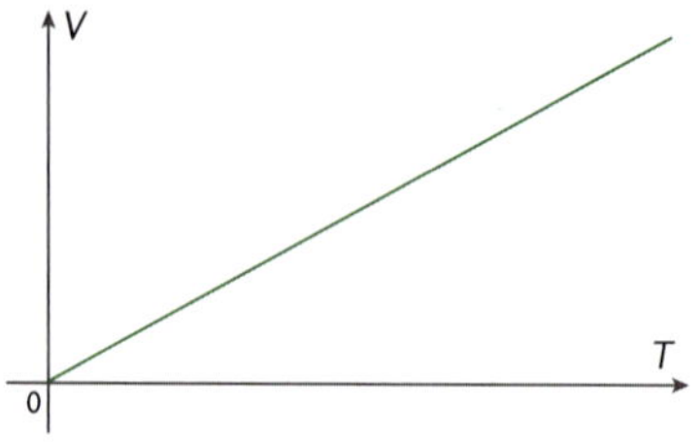

Volumen-Temperatur-Diagramm einer isobaren Zustandsänderung, der Druck bleibt konstant

Bei einer isobaren Zustandsänderung bleibt der **Druck konstant ($\Delta p = 0$).** Nach dem ersten Gesetz von Gay-Lussac herrscht zwischen den beiden Zustandsgrößen **Volumen *V* und Temperatur *T*** ein **linearer Zusammenhang.**

Die innere Energie in differenzieller Form ergibt sich dann aus

$$\mathrm{d}Q = \mathrm{d}U = c_p \cdot m \cdot \mathrm{d}T$$

Dabei ist c_p die spezifische Wärmekapazität bei konstantem Druck. Für die Volumenänderungsarbeit erhält man $W = -p \cdot \Delta V = -m \cdot R_s \cdot \Delta T$.

Beispiel 1.2.05: Isobare Ausdehnung von Luft

Welches Luftvolumen wird aus einem Heißluftballon mit 3 000 m³ Volumen unter Standardbedingungen (25 °C, 1 013 hPa) verdrängt, wenn die Luft ($\rho = 1{,}184\ \text{kg/m}^3$) im Inneren durch Verbrennung von 5 kg Propangas ohne Wärmeverlust erhitzt wird? Welche Temperatur hat dann die Luft im Ballon? Propangas hat unter Standardbedingungen einen Heizwert von 46,3 MJ/kg.

$$\Delta T = \frac{Q}{c_p \cdot m} = \frac{Q}{c_p \cdot \rho \cdot V} = \frac{5\ \text{kg} \cdot 46{,}3 \cdot 10^6\ \frac{\text{J}}{\text{kg}}}{1\,005\ \frac{\text{J}}{\text{kg} \cdot \text{K}} \cdot 1{,}184\ \frac{\text{kg}}{\text{m}^2} \cdot 3\,000\ \text{m}^3} = 64{,}85\ \text{K}$$

$$\frac{V_2}{V_1} = \frac{T_2}{T_1} \quad \Leftrightarrow \quad V_2 = \frac{T_2}{T_1} \cdot V_1 = \frac{363\ \text{K}}{298{,}15\ \text{K}} \cdot 3\,000\ \text{m}^3 = 3\,652{,}5\ \text{m}^3$$

Die Temperatur der Luft im Ballon beträgt 89,85 °C. Aus dem Ballon werden 625,5 m³ Luft verdrängt.

Brennstoff	Heizwert / $\text{MJ} \cdot \text{kg}^{-1}$
Holz, trocken	14,4 – 15,8
Steinkohle	27 – 32
Steinkohlekoks	28,7
Benzin	40 – 42
Dieselöl	42,5
Wasserstoff	120
Erdgas	32 – 45
Propan	46,3

Heizwerte bei 25 °C

Isotherme Zustandsänderung

Eine isotherme Zustandsänderung erfolgt bei konstanter Temperatur **($\Delta T = 0$)**. Nach dem Gesetz von Boyle-Mariotte verhalten sich **Druck p und Volumen V zueinander indirekt proportional.** Da sich in diesem Fall die Temperatur und somit die innere Energie des Systems nicht verändern, erfolgt eine restlose Umwandlung der zugeführten Wärmen in mechanische Arbeit.

Schon im Kapitel 1.1.4 haben wir erfahren, dass Kompression eines Gases zu einer Erwärmung aufgrund einer inneren Reibung führt. Dies geht umso stärker vor sich, je schneller der Kompressionsvorgang ist. Umgekehrt gilt für den Grenzfall einer sehr langsamen Verdichtung, dass es nur zu einer Volumenverkleinerung und nicht zu einer Temperaturerhöhung ($\Delta T = 0$) kommt. Diesen Vorgang bezeichnet man als **quasistatisch.**

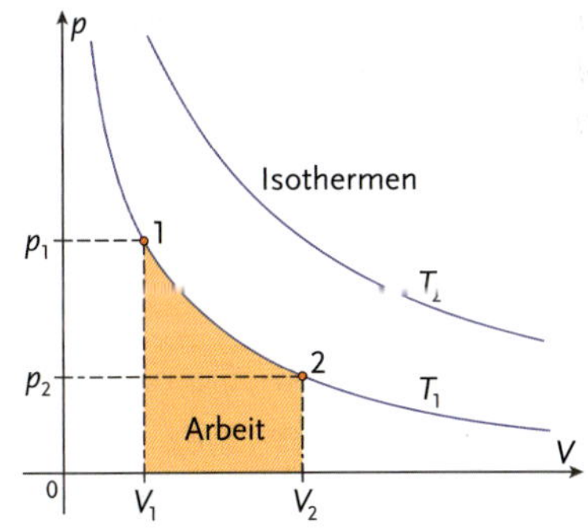

Druck-Volumen-Diagramm für isotherme Zustandsänderungen. Die Kurven gleicher Temperatur werden auch als Isothermen bezeichnet. Isothermen höherer Temperatur sind im Diagramm weiter oben.

Für die Volumsänderungsarbeit ergibt sich daraus $W = -\int_{V_1}^{V_2} p \cdot \text{d}V$. Mit $p \cdot V = m \cdot R_s \cdot T$ erhält man

$$W = -\int_{V_1}^{V_2} m \cdot R_s \cdot T \cdot \frac{\text{d}V}{V} = m \cdot R_s \cdot T \cdot \ln(V_1/V_2) = p \cdot V \cdot \ln(V_1/V_2)$$

dabei sind p und V zwei zusammengehörende Werte eines Zustands. In Drücken angegeben, lautet der Zusammenhang

$$W = m \cdot R_s \cdot T \cdot \ln(p_2/p_1) = p \cdot V \cdot \ln(p_2/p_1)$$

Beispiel 1.2.06: Isotherme Kompression von Luft

Wie viel Kubikmeter Luft mit einem Druck von 50 bar liefert ein Kompressor pro Stunde, wenn er bei einer effektiven Kompressionsleistung von 10 kW Umgebungsluft mit einem Druck von 1 bar ansaugt.

$$W = P \cdot t = 10\ \text{kW} \cdot 3\,600\ \text{s} = 36\,000\ \text{kJ} = 36\ \text{MJ}$$

Diese Arbeit von 36 MJ pro Stunde wird nun zur Verdichtung verwendet.

$$W = p_2 \cdot V_2 \cdot \ln(p_2/p_1) \quad \Leftrightarrow \quad V_2 = \frac{W}{p_2 \cdot \ln(p_2/p_1)}$$

Elektrischer **Kolbenkompressor** mit Kessel zur Speicherung der erzeugten Druckluft

F

Turbokompressor (vorderer Teil des Bildes) eines Flugzeugstrahltriebwerkes. Im Gegensatz zum Kolbenkompressor wird mit Schaufelrädern verdichtet. Im Aufbau ähnelt der Turbokompressor einer Kreiselpumpe.

$$V_2 = \frac{36 \cdot 10^6\ \text{J}}{50 \cdot 10^5\ \text{Pa} \cdot \ln(50 \cdot 10^5\ \text{Pa}/1 \cdot 10^5\ \text{Pa})} = 4{,}47\ \text{m}^3$$

Es werden bei der angegebenen Leistung 4,47 m^3 Luft mit einem Druck von 50 bar pro Stunde generiert. Erwähnt sei, dass im Realfall der Kompressor diesen Vorgang nicht isotherm ausführt.

Adiabatische (isentrope) Zustandsänderung

Eine Zustandsänderung, die **ohne Austausch von Wärme ($\Delta Q = 0$)** verläuft, bezeichnet man als adiabatische oder isentrope Zustandsänderung. Für diesen Fall lautet der erste Hauptsatz $dU + p \cdot dV = 0$. In den Zustandsvariablen T und V ausgedrückt, lautet dieser nun: $c_v \cdot m \cdot dT + \frac{m \cdot R_s \cdot T}{V} \cdot dV = 0$. Eine Trennung der Variablen und Einsetzen für R_s liefert $-c_v \cdot \frac{dT}{T} = (c_p - c_v) \cdot \frac{dV}{V}$.

Ein Übergang von einem Zustand 1 in einen Zustand 2 ist wie folgt berechenbar:

$$-c_v \cdot \int_{T_1}^{T_2} \frac{dT}{T} = (c_p - c_v) \cdot \int_{V_1}^{V_2} \frac{dV}{V} \quad \Leftrightarrow \quad -c_v \cdot \ln(T_2/T_1) = (c_p - c_v) \cdot \ln(V_2/V_1) \quad \Leftrightarrow$$

$$\Leftrightarrow \quad \left(\frac{T_1}{T_2}\right)^{c_v} = \left(\frac{V_2}{V_1}\right)^{c_p - c_v} \quad \Leftrightarrow \quad \frac{T_1}{T_2} = \left(\frac{V_2}{V_1}\right)^{\frac{c_p - c_v}{c_v}} = \left(\frac{p_1 \cdot T_2}{p_2 \cdot T_1}\right)^{\frac{c_p - c_v}{c_v}}$$

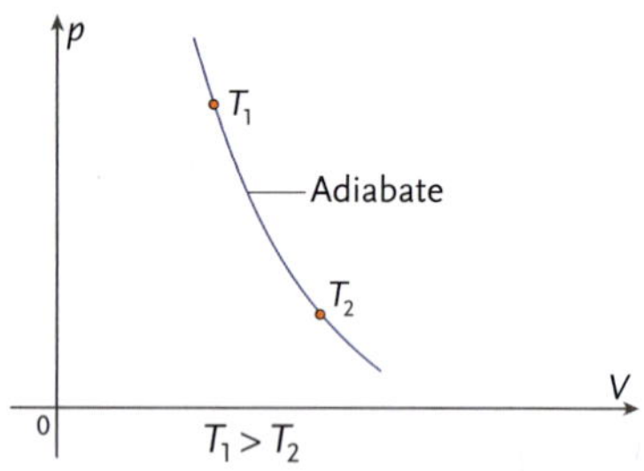

Adiabate (Isentrope) in einem Druck-Volumen-Diagramm: Eine Zustandsänderung eines idealen Gases ohne Wärmeaustausch mit der Umgebung verläuft immer entlang einer derartigen Kurve. Weiter oben liegende Punkte weisen die höhere Temperatur auf.

Die daraus resultierenden Gleichungen werden als **poissonsche Gleichungen** mit dem **Isentropenexponenten** $\kappa = \frac{c_p}{c_v}$ bezeichnet.

$$\frac{T_1}{T_2} = \left(\frac{V_2}{V_1}\right)^{\kappa - 1} \quad \text{oder} \quad T \cdot V^{\kappa - 1} = konst.$$

$$\frac{T_1}{T_2} = \left(\frac{p_1}{p_2}\right)^{\frac{\kappa - 1}{\kappa}} \quad \text{oder} \quad T^{\kappa} \cdot p^{1-\kappa} = konst.$$

Setzt man diese beiden poissonschen Gleichungen zusammen, ergibt sich das **poissonsche Gesetz:**

$$\frac{p_1}{p_2} = \left(\frac{V_2}{V_1}\right)^{\kappa} \quad \text{oder} \quad p \cdot V^{\kappa} = \text{konst.}$$

Der Isentropenexponent κ ist eine Materialkonstante.

Abbildung zu Beispiel 1.2.07:

CO_2-Patronen werden als Druckquelle beim Getränkeausschank und zum Anreichern von Getränken mit Kohlensäure verwendet. Auch zum bequemen Aufpumpen von Fahrradreifen bei einer Panne finden sie Verwendung. Zur Herstellung von Schlagobers werden 8-g-Patronen mit N_2O verwendet.

Beispiel 1.2.07: Adiabatische Ausdehnung von CO_2

Eine CO_2-Patrone mit einem Druck von 60 bar bei 20 °C wird plötzlich geöffnet. Durch die Expansion des Gases auf Umgebungsdruck von 1 bar kühlt das CO_2 in der Kapsel adiabatisch (ohne Wärmeaustausch mit der Umgebung) ab. Welche Temperatur wird erreicht?

$$\kappa = \frac{c_p}{c_v} = \frac{0{,}837}{0{,}647} = 1{,}294$$

Die Werte wurden der Tabelle der spezifischen Wärmen aus Kap. 1.2.2 entnommen.

$$\frac{T_1}{T_2} = \left(\frac{p_1}{p_2}\right)^{\frac{\kappa - 1}{\kappa}} \quad \Leftrightarrow \quad T_2 = \left(\frac{p_2}{p_1}\right)^{\frac{\kappa - 1}{\kappa}} \cdot T_1$$

$$T_2 = \left(\frac{1 \cdot 10^5\ \text{Pa}}{60 \cdot 10^5\ \text{Pa}}\right)^{0{,}227} \cdot 293{,}15\ \text{K} = 114{,}72\ \text{K}$$

Die Temperatur beträgt 115,73 K oder –157,4 °C.

Anmerkung zu Beispiel 1.2.07: Ein rein adiabatischer Vorgang ist bei dieser erreichten Temperaturdifferenz und der Entweichdauer des Gases nicht mehr realistisch, da die Wärmeleitung proportional zum Temperaturunterschied ist. Weiters ist die Abkühlungswärme der Kapsel zu berücksichtigen.

Die **Annahme,** dass eine Volumen- oder Druckänderung eines Gases **adiabatisch** verläuft, ist nur für den Fall einer sehr guten Isolation des Reaktionsgefäßes oder bei **sehr schnellem Ablauf** der Zustandsänderung realistisch.

Abbildung zu Aufgabe 1.2.13: Gasflaschen mit Manometer

Mit jeder Entnahme von Gas aus einer Druckflasche sinkt der Druck ab.

Ziele erreicht? – „Zustandsänderung des idealen Gases ..."

1.2.11 + Nennen und erklären Sie die Veränderungen in den Zustandsgrößen eines idealen Gases bei isobarer, isothermer, isochorer und isentroper Zustandsänderung.

1.2.12 + Nennen Sie die nötige Arbeit, um 20 m³ Druckluft mit 10 bar bereitzustellen, wenn der Anfangsdruck 1 bar beträgt und die Temperatur der Luft konstant bleibt.

1.2.13 + 10 kg Luft werden bei 20 °C isotherm auf den doppelten Anfangsdruck verdichtet. Geben Sie die dazu nötige Arbeit an.

1.2.14 + Aus einer 30 L fassenden Gasflasche, die unter einem Druck von 8 MPa steht, werden bei äußerem Luftdruck von 1 000 hPa 50 Liter Gas entnommen. Berechnen Sie den Betrag, auf den der Druck in der Flasche sinkt.

1.2.15 + Die Temperatur eines Gases in Grad Celsius fällt auf ein Drittel des anfänglichen Wertes, wenn sich das Volumen durch adiabatische Expansion ($\kappa = 1{,}3$) verdreifacht. Berechnen Sie Anfangs- und Endtemperatur.

1.2.16 + 10 kg Luft (20 °C, 3 bar) werden bei konstantem Volumen erwärmt. Danach kann sich die erwärmte Luft adiabatisch ausdehnen. Dabei erreicht sie wieder die Anfangstemperatur und einen Druck von 1,5 bar.
a) Berechnen Sie Druck und Temperatur nach der Erwärmung.
b) Berechnen Sie die zu Beginn zuzuführende Wärmemenge.

1.2.17 ++ Kohlenstoffdioxid mit einer Temperatur von 283 K wird zweistufig adiabatisch komprimiert, wobei sich der Druck jeweils verdoppelt. Berechnen Sie die Endtemperatur.

1.2.18 + Im Zylinder eines Ottomotors wird das angesaugte Treibstoff-Luft-Gemisch (30 °C, 1 bar) auf ein Zehntel seines Volumens zusammengedrückt. Bestimmen Sie Enddruck und Endtemperatur, wenn man eine adiabatische Verdichtung ($\kappa = 1{,}4$) annimmt.

1.2.19 ++ Bestimmen Sie die Leistungsaufnahme eines Kompressors mit einem Wirkungsgrad von 70 %, damit er aus angesaugter Luft unter Standardbedingungen (20 °C, 1 013 hPa) durch isotherme Verdichtung pro Stunde 15 m³ Druckluft von 20 000 hPa bereitstellt.

1.2.20 ++ Bestimmen Sie die einem Heißluftballon ($V = 3\,200$ m³) unter Standardbedingungen (20 °C, 1 013 hPa) mindestens zugeführte Wärmemenge, damit er seine Gesamtlast von 150 kg tragen kann.

1.2.21 ++ Ein nach außen wärmeisolierter Gasbehälter wird durch eine wärmeleitende Wand in zwei Volumina geteilt. Das Gas im Volumen $V_1 = 4$ L (molare Wärmekapazität $C_{mV1} = 10$ J/(mol · K)) befindet sich anfänglich bei einem Druck von $p_1 = 4$ bar und einer Temperatur von $T_1 = 300$ K, das Gas im Volumen $V_2 = 2$ L ($C_{mV2} = 20$ J/(mol · K)) bei $p_2 = 2$ bar und $T_2 = 600$ K.

Abbildung zu Aufgabe 1.2.17:

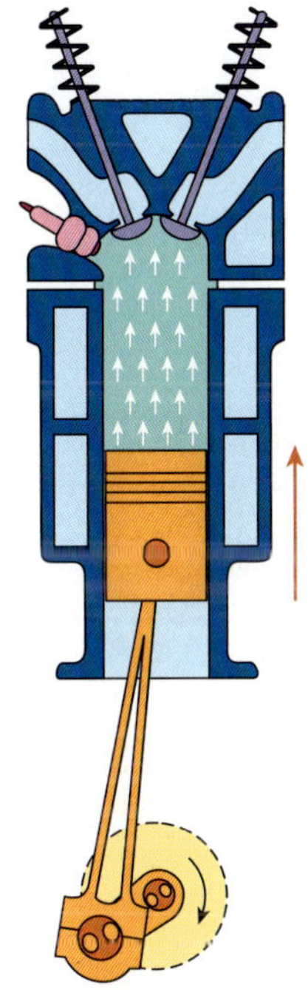

Im Zylinder eines Verbrennungsmotors wird das Treibstoff-Luft-Gemisch durch einen Kolben verdichtet.
Benzinmotoren verdichten das angesaugte Gas auf etwa ein Zehntel des Anfangsvolumens.
Dieselmotoren weisen eine Verdichtung auf ein Zwanzigstel auf; die Zündung des Gemisches erfolgt durch den dabei entstehenden Temperaturanstieg.

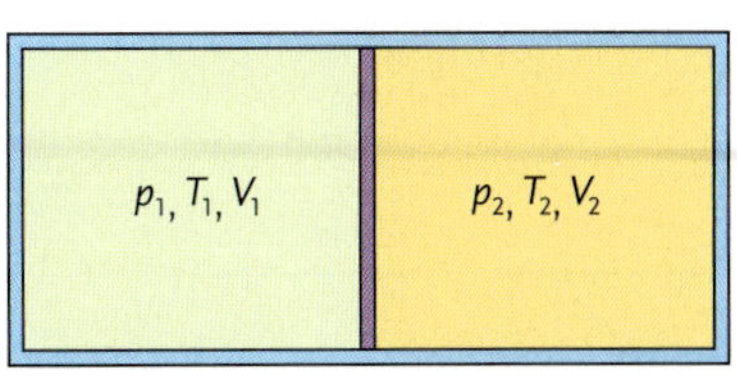

Behälterskizze zu Aufgabe 1.2.20

a) Berechnen Sie, welche Temperatur sich bei festgehaltener Wand einstellt. Bestimmen Sie auch die Drücke nach dem Temperaturausgleich.
b) Berechnen Sie Temperatur und Druck, die sich bei beweglicher Wand einstellen. Bestimmen Sie auch die Volumina.

1.2.4 Kreisprozesse

Thermodynamische Kreisprozesse wurden auf theoretische Art zum ersten Mal vom französischen Offizier, Ingenieur und Physiker ***Sadi Carnot*** *analysiert. Daher gilt er als der Begründer der Thermodynamik.*

Meine Ziele

Nach Bearbeitung dieses Kapitels kann ich

- angeben, was man unter einem **Kreisprozess** versteht;
- die von einem Kreisprozess verrichtete **Arbeit** berechnen;
- in Abhängigkeit von der **Umlaufrichtung** des Kreisprozesses die Art der Energieumwandlung erläutern.

Unter einem **Kreisprozess** verstehen wir in der Thermodynamik eine **Reihe von Zustandsänderungen,** die wieder zum ursprünglichen **Ausgangszustand** zurückführen. Dieser ist eindeutig gekennzeichnet durch die Werte der Zustandsgrößen Druck, Temperatur und Volumen. Im Kapitel 3.2.2 haben wir verschiedene Zustandsänderungen kennengelernt und in Grafiken dargestellt. Zur Visualisierung eines Kreisprozesses eignet sich aber am besten ein **Druck-Volumen-Diagramm.** In diesem Diagramm ist die vom System verrichtete Arbeit als Fläche unter der Verlaufskurve dargestellt.

Die **Volumenänderungsarbeit** ist definiert als $W = \int_{V_2}^{V_1} p(V) \cdot dV$.

Betrachten wir nun die Diagramme in der Randspalte, so sieht man, dass bei einem **Anstieg des Volumens** vom System **Arbeit verrichtet** wird (W ist **negativ**). **Sinkt** dagegen **das Volumen,** dann wird mechanische **Arbeit** in das System **investiert** (W ist **positiv**). Zeichnet man einen beliebig verlaufenden Kreisprozess in diesem Diagramm, dann ergibt sich die Möglichkeit, den gezeichneten Prozessverlauf auf zwei unterschiedliche Arten zu durchlaufen. Aus den vorigen Überlegungen erkennen wir, dass beim **Durchlauf im Uhrzeigersinn (rechts)** vom System **Arbeit verrichtet** wird. Beim **Durchlauf gegen den Uhrzeigersinn (links)** wird in das System mechanische **Arbeit investiert.**

Da Kreisprozesse wieder im Ausgangszustand enden, hat das System nach einem Durchlauf genau **dieselbe innere Energie wie zu Beginn.** Nach dem 1. Hauptsatz bedeutet dies, dass bei einem solchen Kreisprozess **Wärmen** mit dem System ausgetauscht werden müssen, damit die **Energiebilanz stimmt.** Die Summe der Änderungen der Wärmen und der Volumsänderungsarbeit ist die Änderung der inneren Energie. Und diese ist nach obiger Überlegung null.

Vorrichtungen, die wiederholt solche Kreisprozesse durchlaufen, werden als **Wärmekraftmaschinen** bezeichnet. Die von der Maschine aufgenommene Wärme verursacht somit ein Verrichten von Arbeit. Es wird Wärme in Arbeit umgewandelt (z. B. Motor, Dampfmaschine). Im anderen Fall des Durchlaufs wandelt man Arbeit in Wärme um (z. B. Kühlschrank, Wärmepumpe). Es wird in den folgenden Kapiteln eine interessante Frage sein, ob diese Umwandlungen vollständig erfolgen können, d. h., ob die ganze Wärme in Arbeit wandelbar ist oder umgekehrt.

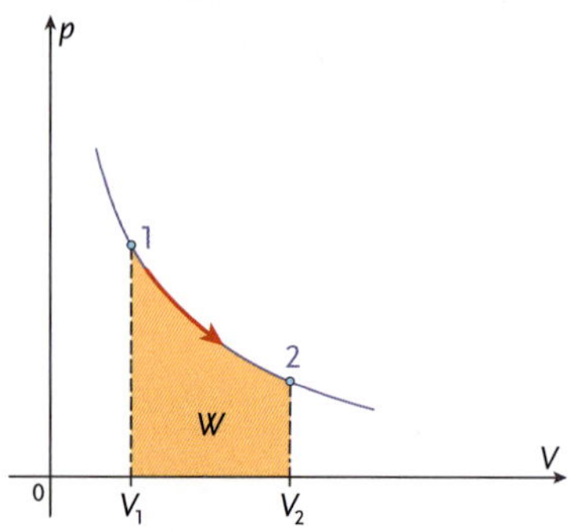

Eine Zunahme des Volumens bedeutet, dass vom System **Arbeit geleistet** wird. Diese ist gleich der Fläche unter der Kurve.

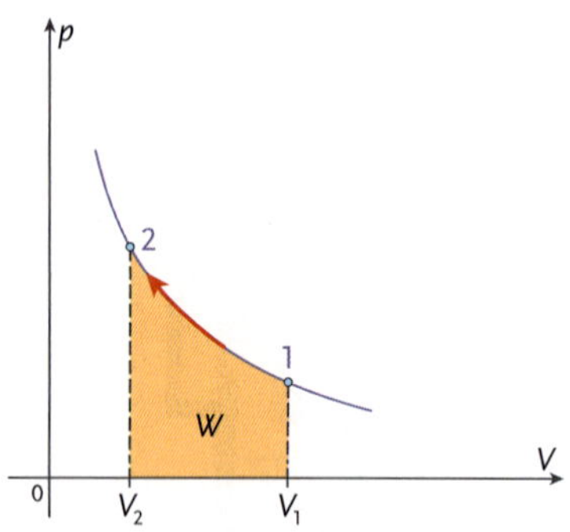

Bei Abnahme des Volumens wird vom System **Arbeit aufgenommen**

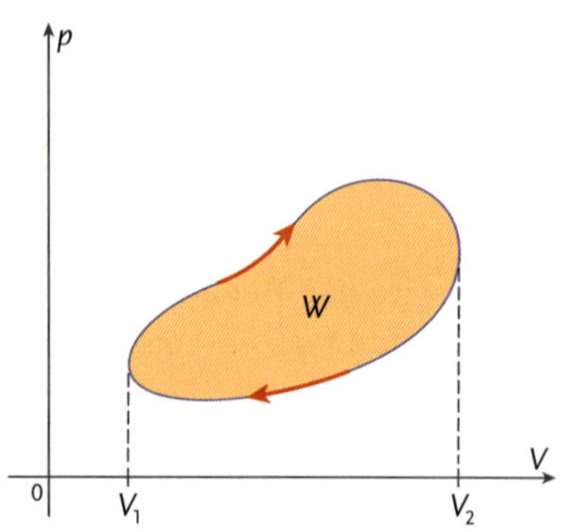

Beim Durchlauf im **Uhrzeigersinn** wird **Wärme in Arbeit** umgewandelt

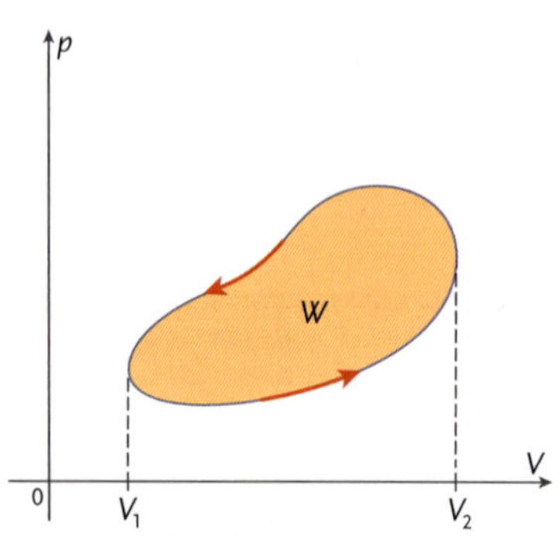

Der Durchlauf im **Gegenuhrzeigersinn** wandelt **Arbeit in Wärme** um

Beispiel 1.2.08: Kreisprozess eines idealen Gases

Ein ideales Gas expandiert isobar bei einem Druck von 3 000 hPa von 3 dm³ auf 5 dm³. Danach erfolgt isochor eine Druckabnahme um 1 000 hPa. Dann wird wieder isobar auf 3 dm³ komprimiert. Eine isochore Druckzunahme führt wieder zum Ausgangszustand zurück.

Wird in diesem Zyklus Arbeit aufgenommen oder verrichtet? Wie groß ist diese Arbeit?

Zur Beantwortung dieser Fragen zeichnen wir zuerst das p-V-Diagramm:

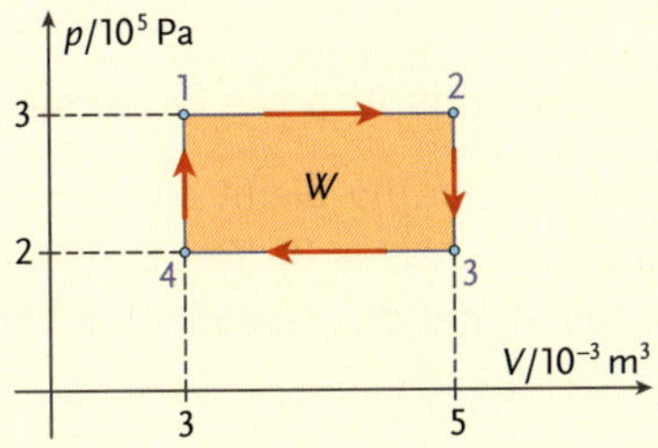

Da der Kreisprozess im Uhrzeigersinn durchlaufen wird, nimmt das Gas Wärme auf und verrichtet Arbeit. Diese entspricht der schraffierten Fläche.

$W = 10^5 \text{ Pa} \cdot 2 \cdot 10^{-3} \text{ m}^3 = 2 \cdot 10^2 \text{ J} = 0{,}2 \text{ kJ}$

Pro Durchlauf des Zyklus werden 0,2 kJ an mechanischer Arbeit geleistet.

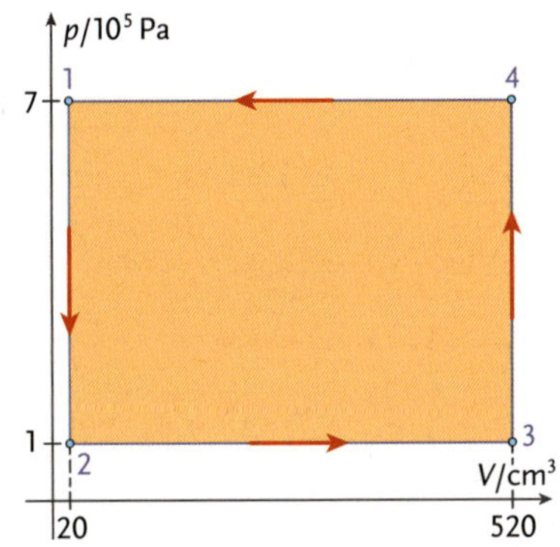

p-V-Diagramm zur Aufgabe 1.2.23

Ziele erreicht? – „Kreisprozesse"

1.2.22 + Skizzieren Sie einen Kreisprozess im p-V-Diagramm. Geben Sie an, was bei den beiden unterschiedlichen Umlaufrichtungen passiert.

1.2.23 + Geben Sie an, welche Umwandlung von Energie im Kreisprozess in der Randspalte erfolgt. Bestimmen Sie die umgesetzte Leistung, wenn der Kreisprozess dreimal in fünf Sekunden durchlaufen wird.

1.2.24 + Bestimmen Sie die Umwandlung von Energie in den Kreisprozessen a und b in der Randspalte. Geben Sie die Arbeit pro Umlaufzyklus an.

1.2.25 ++ Berechnen Sie die Arbeit einer adiabatischen Abkühlung von Sauerstoff von 100 °C auf 20 °C. Der Isentropenexponent beträgt $\kappa = 1{,}4$.

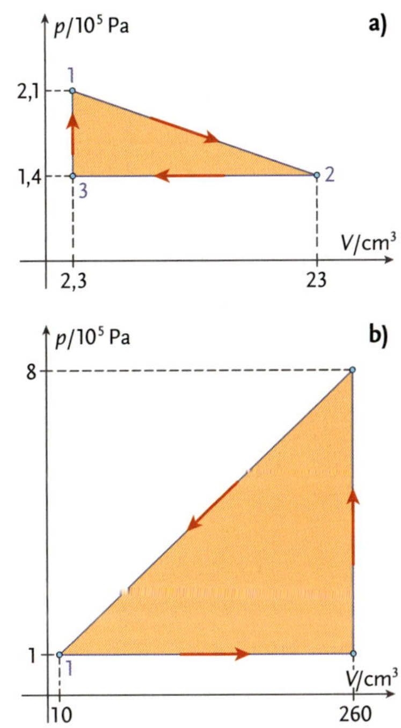

p-V-Diagramme zur Aufgabe 1.2.24 a und b

Zu Aufgabe 1.2.25:
Für die Berechnungen zu den Zustandsänderungen siehe Kap. E, 1.2.3.

1.2.5 Carnotscher Kreisprozess

Im vorigen Kapitel wurde gezeigt, wie mithilfe eines thermodynamischen Kreisprozesses Wärme in Arbeit umwandelbar ist. Aus diesen theoretischen Überlegungen heraus lassen sich verschiedene Wärmekraftmaschinen konstruieren. Für die Optimierung einer solchen Maschine, möchte man, dass ein größtmöglicher Anteil an hineingesteckter Wärme in Arbeit umgesetzt wird.

Meine Ziele

Nach Bearbeitung dieses Kapitels kann ich

- den schrittweisen **Ablauf** des carnotschen Kreisprozesses nennen;
- den **Wirkungsgrad** eines carnotschen Kreisprozesses errechnen;
- den Begriff eines **reversiblen** Prozesses aus der Energiebilanz des carnotschen Prozesses heraus erklären.

E

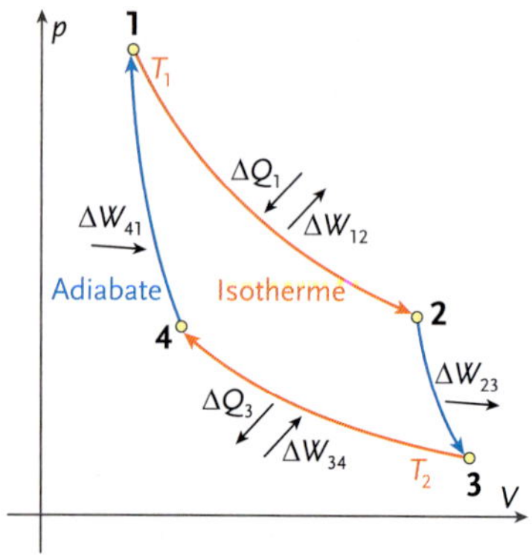

p-V-Diagramm des Carnotprozesses

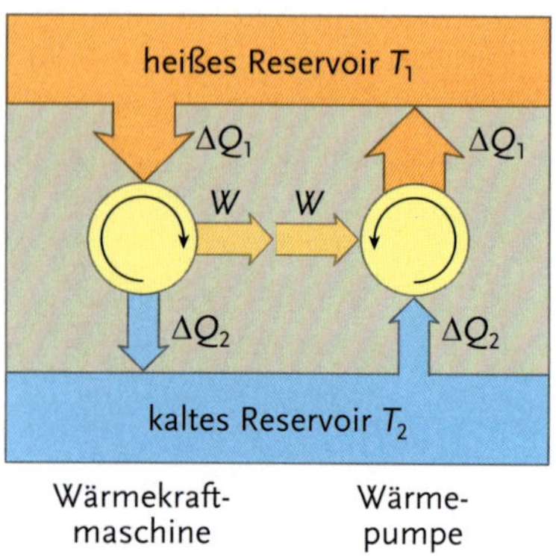

Wärmebaddarstellung des Carnotprozesses.
Als **Wärmekraftmaschine** entzieht der Prozess einem heißen Reservoir Wärme, leistet Arbeit und gibt Abwärme an ein kaltes Reservoir ab. Bei einer **Wärmepumpe** wird einem kalten Reservoir unter Aufbringung von Arbeit Wärme entzogen und an ein heißes Reservoir abgegeben.

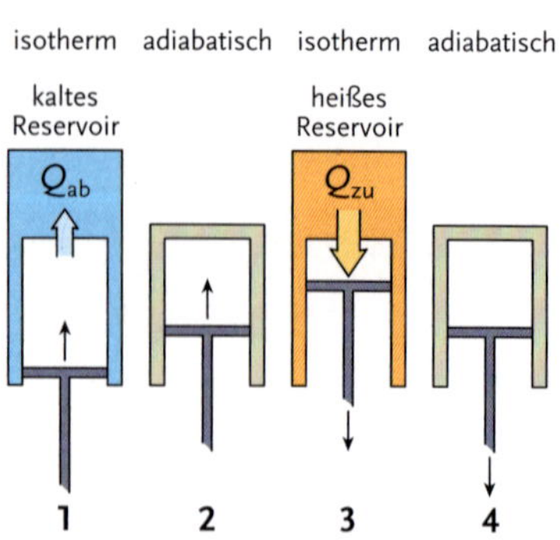

Die vier Schritte des carnotschen Kreisprozesses in einer theoretischen Realisierung mittels einer Kolbenmaschine

Der folgende Kreisprozess wurde vom französischen Physiker **Nicolas Léonard Sadi Carnot** erdacht. Er hat die Eigenschaft, dass er von allen möglichen Kreisprozessen zwischen zwei gegebenen Temperaturen des Arbeitsmediums der Prozess ist, der den höchsten Wirkungsgrad aufweist. Allerdings ist er ein rein theoretischer Prozess, der in der Praxis nur näherungsweise realisierbar ist. Unser Arbeitsmedium wird dabei wieder ein ideales Gas sein.

Der **carnotsche Kreisprozess** besteht aus einer **Abfolge von vier Zustandsänderungen.**

Erste Zustandsänderung (1 ⇒ 2): isotherme Expansion

Bei einer isothermen Zustandsänderung bleibt die Temperatur T_1 und somit auch die innere Energie konstant ($\Delta T = \Delta U = 0$). Bei der Ausdehnung muss folgende Wärme aufgenommen werden, damit das Gas nicht abkühlt:

$$Q_{zu} = m \cdot R \cdot T_1 \cdot \ln\left(\frac{V_2}{V_1}\right)$$

Da die innere Energie des Gases nicht zunimmt, muss es also Ausdehnungsarbeit im Ausmaß der zugeführten Wärme verrichten: $W_{ab} = -Q_{zu}$.

Zweite Zustandsänderung (2 ⇒ 3): adiabatische Expansion

Eine adiabatische Zustandsänderung ist dadurch gekennzeichnet, dass vom Gas keine Wärme aufgenommen wird ($\Delta Q = 0$). Somit gilt: $Q_{zu} = 0$.

Beim Verrichten von Ausdehnungsarbeit kühlt jedoch das Gas ab. Wegen

$$W_{ab} = \Delta U = c_V \cdot m \cdot \Delta T = \frac{c_p - c_V}{c_p - c_V} \cdot c_V \cdot m \cdot \Delta T = \frac{m \cdot R \cdot \Delta T}{\kappa - 1} \text{ mit } \kappa = \frac{c_p}{c_V} \text{ ergibt sich}$$

$$W_{ab} = \frac{m \cdot R}{\kappa - 1} \cdot (T_2 - T_1)$$

Dritte Zustandsänderung (3 ⇒ 4): isotherme Kompression

Dieser Schritt verläuft bei einer Temperatur T_2 analog zum Schritt von 1 nach 2 ($\Delta T = \Delta U = 0$). Diesmal gibt das Gas bei Kompression Wärme ab.

$$Q_{ab} = m \cdot R \cdot T_2 \cdot \ln\left(\frac{V_4}{V_3}\right) \qquad \text{(dieser Wert ist negativ!)}$$

$$W_{zu} = -Q_{ab} \qquad \text{(dieser Wert ist positiv!)}$$

Vierte Zustandsänderung (4 ⇒ 1): adiabatische Kompression

Beim letzten Schritt wird das Gas ohne Wärmeabgabe ($\Delta Q = 0$) komprimiert. Es erhöht daher seine Temperatur bei einer Zufuhr von Volumenänderungsarbeit.

$$Q_{ab} = 0$$

$$W_{zu} = \frac{m \cdot R}{\kappa - 1} \cdot (T_1 - T_2)$$

Betrachtet man nun den **Übertrag von Wärmen** innerhalb des **gesamten Kreisprozesses,** so sieht man $|Q_{zu}| > |Q_{ab}|$ wegen $\left|m \cdot R \cdot T_1 \cdot \ln\left(\frac{V_2}{V_1}\right)\right| > \left|m \cdot R \cdot T_2 \cdot \ln\left(\frac{V_4}{V_3}\right)\right|$.

Die Quotienten der Volumina in den beiden Logarithmen sind zueinander der Kehrwert (vgl. **poissonsche Gleichungen**). Gemäß der Energieerhaltung (Erster Hauptsatz) wird also ein **Teil der zugeführten Wärme in Arbeit umgewandelt.** Es tritt aber auch eine Abwärme auf, die eine restlose Umwandlung verhindert.

Wirkungsgrad des carnotschen Kreisprozesses

Der Wirkungsgrad η des Kreisprozesses (als Wärmekraftmaschine) errechnet sich aus dem Quotienten von geleisteter Arbeit und zugeführter Wärme.

$$\eta = \frac{W}{Q_{zu}} = \frac{Q_{zu} + Q_{ab}}{Q_{zu}} = \frac{m \cdot R \cdot T_1 \cdot \ln\left(\frac{V_2}{V_1}\right) - m \cdot R \cdot T_2 \cdot \ln\left(\frac{V_3}{V_4}\right)}{m \cdot R \cdot T_1 \cdot \ln\left(\frac{V_2}{V_1}\right)}$$

Mit $\frac{T_1}{T_2} = \left(\frac{V_3}{V_2}\right)^{\kappa-1}$ und $\frac{T_1}{T_2} = \left(\frac{V_4}{V_1}\right)^{\kappa-1}$ folgt $\frac{V_3}{V_2} = \frac{V_4}{V_1}$ und $\frac{V_2}{V_1} = \frac{V_3}{V_4}$.

Setzt man dies in die obige Formel ein, erhält man für den **Wirkungsgrad des Carnotprozesses:**

$$\eta = \frac{T_1 - T_2}{T_1} = 1 - \frac{T_2}{T_1}$$

Der Wirkungsgrad ist also umso höher, je niedriger die Temperatur der Abwärme und je höher die Temperatur der zugeführten Wärme ist. Würde die Abwärmetemperatur den Nullpunkt erreichen, dann hätte man einen Wirkungsgrad von 100 %.

Beispiel 1.2.09: Wirkungsgrad einer Carnotmaschine

Bei einem Verbrennungsmotor hat das zugeführte Treibstoffgemisch Umgebungstemperatur (nehmen wir 20 °C an) und die Verbrennungsabgase sind ca. 800 °C heiß. Welchen Wirkungsgrad hätte eine Carnotmaschine, die zwischen diesen beiden Temperaturen arbeitet?

$$\eta = 1 - \frac{293{,}15\ \text{K}}{1\,073{,}15\ \text{K}} = 0{,}726\,8$$

Eine derartige Carnotmaschine hätte einen Wirkungsgrad von etwa 73 %.

Der **Carnotprozess** ist als **ideale Wärmekraftmaschine** (Umlaufsinn im p-V-Diagramm nach **rechts**) oder als **ideale Wärmepumpe** (Kältemaschine; Umlaufsinn im p-V-Diagramm nach **links**) denkbar. Bei realen Maschinen ist eine Volumenänderung mit einem gleichzeitigen vollständigen Wärmeübertrag (isotherme Zustandsänderung) in einem einzigen Arbeitsschritt nicht realisierbar.

Wir betrachten zwei in unterschiedlicher Richtung durchlaufene Carnotprozesse (Wärmekraftmaschine und Wärmepumpe) zwischen den beiden gleichen Temperaturen. Dabei sehen wir, dass die Zu- und Abwärmen bzw. die Arbeit jeweils gleich sind und nur unterschiedliche Vorzeichen haben. Das bedeutet, dass man mit einer Wärmepumpe die von der Wärmekraftmaschine verursachte Veränderung des Systems restlos umkehren kann, ohne noch weiter Energie von außen zu benötigen.

Alle Vorgänge, die in einem **geschlossenen System** ablaufen und **ohne Energiezufuhr rückgängig** gemacht werden können, bezeichnet man als **reversible Prozesse.**

Ziele erreicht? – „Carnotscher Kreisprozess"

1.2.26 + Geben Sie an, wie sich der Wirkungsgrad einer Carnotmaschine maximieren lässt.

1.2.27 + Berechnen Sie den Wirkungsgrad einer Carnotmaschine, die zwischen den Temperaturen von 0 °C und 1 000 °C (–100 °C und 500 °C; 10 K und 1 000 K) arbeitet.

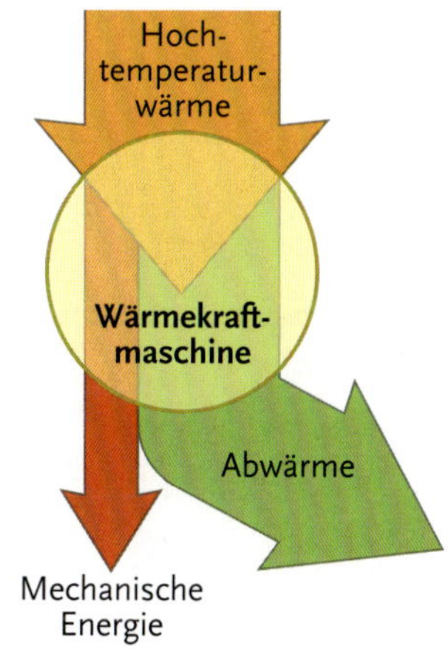

Energiefluss einer Wärmekraftmaschine: Je höher das Verhältnis von geleisteter Arbeit und zugeführter Wärme, desto größer ist ihr Wirkungsgrad

Eine **Wärmepumpe** entzieht unter Aufwand von Arbeit einem Medium Wärme und gibt einen Teil davon an ein System mit höherer Temperatur ab. Ein Abwärmeanteil geht ins kalte Medium zurück. Wärmepumpen werden zum Heizen verwendet.

Kältemaschinen sind auch Wärmepumpen. Dabei wird allerdings ein so gut wie möglich isoliertes System immer weiter abgekühlt und die Wärme an die wärmere Umgebung abgegeben.

Ein Kühlschrank ist eine Kältemaschine

1.2.28 ++ Ein Carnotprozess habe einen Wirkungsgrad von 65 %. Bei 700 °C wird eine Wärmemenge von 1,8 kJ pro Zyklus zugeführt. Wie groß ist die abgegebene Wärmemenge und bei welcher Temperatur geschieht das?

1.2.29 ++ Eine Wärmepumpe zum Heizen arbeitet mit einem umgekehrten Carnotprozess zwischen der Außentemperatur von −5 °C und der Innentemperatur von 21 °C. Berechnen Sie den Wirkungsgrad. Errechnen Sie außerdem pro Durchlaufzyklus die Wärmemenge, die der kalten Umgebung entzogen wird, die Wärmemenge, die der warmen Umgebung zugeführt wird, und die nötige Arbeit.

1.2.6 Zweiter Hauptsatz der Thermodynamik

Perpetuum mobile: lat. „sich ständig bewegend"

Seit jeher beschäftigt den Menschen die Vorstellung einer Maschine, die, einmal in Bewegung versetzt, ständig weiterläuft und dabei Arbeit verrichtet. Dieser Konstruktion wurde der Name ***Perpetuum mobile erster Art*** *gegeben. Aus dem ersten Hauptsatz der Thermodynamik (Energieerhaltung) wissen wir, dass in einem geschlossenen System die Energie konstant bleiben muss. Die oben beschriebene Maschine kann aufgrund der Energieerhaltung nicht funktionieren. Sie würde ja aus dem Nichts heraus ständig Arbeit leisten, also Energie produzieren.*

Eine aus dem Mittelalter stammende Darstellung eines **Perpetuum mobile** mit Wasserrädern zum Schleifen von Werkzeugen

Meine Ziele

Nach Bearbeitung dieses Kapitels kann ich

- **verschiedene Formulierungen** des zweiten Hauptsatzes der Thermodynamik angeben;
- die **Zustandsgröße Entropie** nennen und ihren Zusammenhang mit dem zweiten Hauptsatz und dem spontanen **Ablaufen eines thermodynamischen Vorganges** erklären;
- **Temperatur-Entropie-Diagramme** interpretieren und daraus den **Wirkungsgrad eines Prozesses** berechnen.

Wesentlich interessanter ist für uns nun die Frage, ob es eine Maschine geben kann, die **Wärme vollständig in Arbeit umwandelt.** Diese Maschine wird in den Naturwissenschaften als **Perpetuum mobile zweiter Art** bezeichnet. Eine solche Maschine könnte zum Beispiel ein Fahrzeug antreiben, indem es die Umgebungsluft abkühlt, ohne Abwärme zu produzieren.
Vom zweiten Hauptsatz der Thermodynamik existieren verschiedene Formulierungen, die alle die gleiche Bedeutung haben. Im Wesentlichen schränkt der zweite Hauptsatz die nach dem ersten Hauptsatz beliebig mögliche Umwandlung von Wärme und Arbeit ein.

Die Tischuhr Atmos-Reutter ist ein **Schein-Perpetuum-mobile.** Schwankungen des Luftdrucks bzw. der Temperatur werden verwendet, um die Feder der Uhr aufzuziehen. Die Uhr läuft scheinbar ohne weiteres Zutun von außen.

Aus den Überlegungen zum Perpetuum mobile zweiter Art formulierte **Lord Kelvin** das folgende **Postulat:**

> Es gibt keine Maschine, die einen Kreisprozess durchläuft und dabei nichts anderes macht als ihrer Umgebung **Wärme** zu entziehen und diese **vollständig in Arbeit umzuwandeln.**

Mit dem Postulat von Kelvin gleichwertig ist das **Postulat von Clausius:**

> Es gibt keine Maschine, die einen Kreisprozess durchläuft und dabei nichts anderes macht als **Wärme** einem Wärmebad zu entziehen und **an ein Wärmebad höherer Temperatur** abzugeben.

Diese Formulierung macht deutlich, dass manche Vorgänge nur in eine Richtung ablaufen können. Wärme fließt nur von Orten hoher Temperatur zu solchen mit niedriger Temperatur und nicht umgekehrt.

Beide Formulierungen könnte man als **zweiten Hauptsatz** bezeichnen. Es gibt noch eine Reihe weiterer dazu **äquivalenter Aussagen:**

- Alle Carnotprozesse zwischen zwei Temperaturen T_1 und T_2 haben den gleichen Wirkungsgrad. Sonstige Kreisprozesse zwischen diesen beiden Temperaturen weisen einen **niedrigeren Wirkungsgrad** auf.
- In der Umgebung eines beliebigen thermodynamischen Zustandes existieren andere Zustände, die nicht über einen adiabatischen Prozess erreichbar sind (adiabatische Unerreichbarkeit, **Postulat von Carathéodory**).
- Es gibt eine **Zustandsgröße,** die sogenannte **Entropie,** die bei adiabatischen Prozessen nicht kleiner wird.

Alle diese Aussagen bringen letztlich zum Ausdruck, dass es in der Thermodynamik spontan ablaufende Prozesse gibt, die man nicht ohne weiteren Einsatz von Energie rückgängig machen kann.

Die letzte obige Aussage mit dem neuen Begriff Entropie soll hier noch etwas vertieft und zu einer weiteren Formulierung des zweiten Hauptsatzes ausgebaut werden.

Die Entropie

Nach den bisherigen Überlegungen lassen sich alle in einem geschlossenen System ablaufenden Vorgänge in zwei Klassen einteilen. In Prozesse die **ohne Energiezufuhr** umkehrbar sind (**reversible** Prozesse), und Prozesse, die **von selbst nur in eine Richtung** ablaufen und somit nicht umkehrbar sind (irreversible Prozesse). Für den Carnotprozess haben wir bereits dargelegt, dass es sich um einen reversiblen Prozess handelt. Für seinen Wirkungsgrad gilt $\eta = \frac{Q_1 + Q_2}{Q_1} = \frac{T_1 - T_2}{T_1}$ mit den Wärmen Q_1 und Q_2, die bei den Temperaturen T_1 und T_2 mit der Umgebung ausgetauscht werden. Daraus ergibt sich:

$$1 + \frac{Q_2}{Q_1} = 1 - \frac{T_2}{T_1} \quad \Leftrightarrow \quad \frac{Q_1}{T_1} + \frac{Q_2}{T_2} = 0$$

Bei **reversiblen Kreisprozessen** ist die Summe der sogenannten reduzierten Wärmen Q/T null.

$$\sum \frac{Q_i}{T_i} = 0 \quad \text{oder infinitesimal:} \quad \oint \frac{dQ}{T} = 0 \text{ (für einen geschlossenen Weg)}$$

Diese Erkenntnis legt die Definition einer neuen Zustandsgröße nahe.
Die **Entropie S** ist definiert als

$$S = \int \frac{dQ}{T} \qquad [S] = 1\,\frac{J}{K}$$

Eine Änderung der Entropie lässt sich also berechnen und ausdrücken entweder differenziell als $dS = \frac{dQ}{T}$ oder als Differenz $\Delta S = S_2 - S_1 = \int_1^2 \frac{dQ}{T}$.

Der Wert der Entropie ist charakteristisch für den Zustand eines thermodynamischen Systems. Für **Zustandsänderungen des Systems** gilt:

- Bei **reversiblen** Prozessen ist $\Delta S = 0$.
- Bei **irreversiblen** Prozessen ist $\Delta S > 0$.
- ein Prozess mit $\Delta S < 0$ ist **von alleine unmöglich.** Er kann nur unter Zufuhr von Energie vonstatten gehen.

Eine der **möglichen Formulierungen des zweiten Hauptsatzes** lautet:
Der **Carnotprozess** ist der Kreisprozess mit dem **größtmöglichen Wirkungsgrad.**

Mit einem **T-S-Diagramm** lässt sich leicht zeigen, dass der Carnotprozess den optimal möglichen Wirkungsgrad aufweist. Der Wirkungsgrad eines Kreisprozesses ist definiert als

$$\eta = \frac{Q_1 + Q_2}{Q_1}$$

Die **Wärmen sind die Fläche** unter den Kurven im **T-S-Diagramm,** da in differenzieller Schreibweise gilt:

$$T \cdot dS = dQ$$

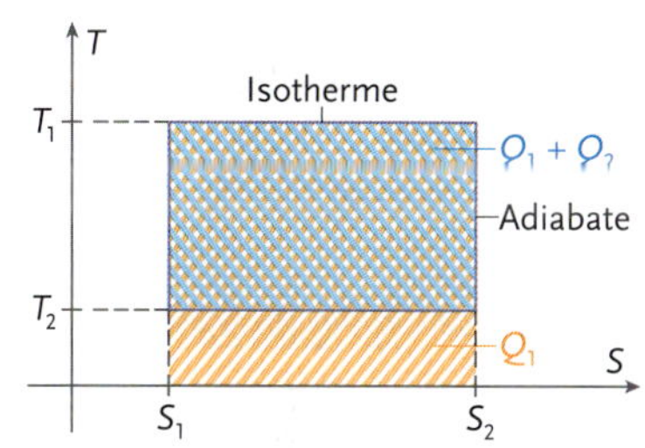

Diagramm eines Carnotprozesses mit Isothermen und Adiabaten. Entlang einer Adiabate bleibt die **Entropie konstant,** da keine Wärme ausgetauscht wird ($\Delta Q = 0$). Der resultierende Wirkungsgrad ist der Quotient aus der blau und der rot gefärbten Fläche.

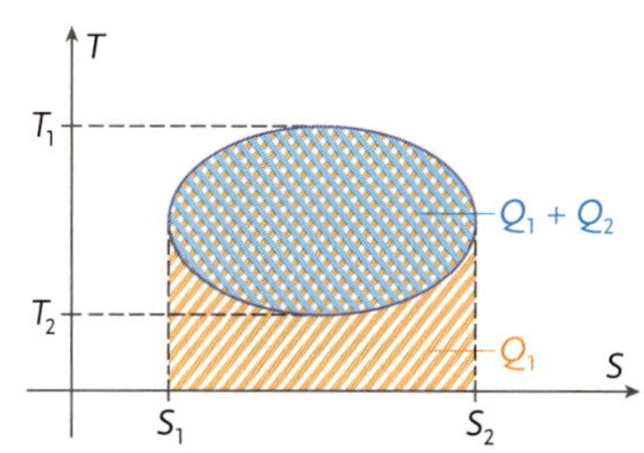

Ein Diagramm eines beliebigen Kreisprozesses zwischen denselben Temperaturen. Der Flächenquotient ist geringer als bei einem rechteckigen Verlauf. Somit hat ein rechteckiger Prozessverlauf (Carnotprozess) immer einen günstigeren Wirkungsgrad als jeder beliebige andere Kreisprozess.

Diese Erkenntnisse ermöglichen eine **weitere Formulierung des zweiten Hauptsatzes.**

Für **geschlossene** Systeme gilt: $\Delta S \geq 0$ oder
In einem abgeschlossenen System kann die Entropie **niemals abnehmen.**

Entropie und Wahrscheinlichkeit

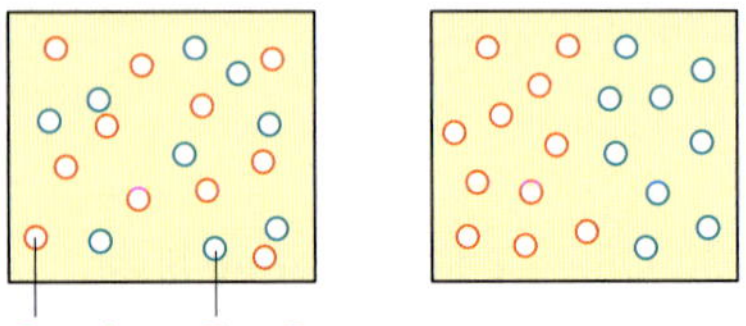

Der links dargestellte Zustand des Gasgemisches ist **wesentlich wahrscheinlicher** als der rechts dargestellte Zustand.

Betrachten wir nun ein Gemisch aus zwei Gasen A und B auf mikroskopischer Ebene und nehmen wir an, dass für jedes Atom nur ein bestimmter Platz vorhanden wäre. Es könnte nun der Zustand eintreten, dass alle Atome A auf der linken Seite und alle Atome B ausschließlich auf der rechten Seite des Behälters wären. Es ist uns klar, dass dieser Zustand relativ unwahrscheinlich, wenn auch möglich wäre. Wesentlich wahrscheinlicher ist ein **Zustand der Unordnung,** in dem alle Atome A und B zufällig durchmischt sind.
Wir haben im vorigen Abschnitt erfahren, dass bei thermodynamischen Prozessen, die von selbst ablaufen, die **Entropie zunimmt.** Ein System nimmt aber statistisch gesehen von selbst eher einen Zustand ein, der wahrscheinlicher ist. Also ist die Entropie nicht nur ein Maß für die Ungeordnetheit eines Systems, sondern auch ein Maß für die Wahrscheinlichkeit dieses Zustandes.
Der österreichische Physiker Ludwig Boltzmann fand dafür den folgenden Zusammenhang:

$S = k \cdot \ln(W)$

In dieser **Boltzmanngleichung** ist S die Entropie und W die Wahrscheinlichkeit des thermodynamischen Zustandes eines Systems. Die Konstante k hat den Wert

$k = 1{,}380\,648\,8 \cdot 10^{-23}\ \text{J/K}$

LUDWIG BOLTZMANN, 1844 BIS 1906, ÖSTERREICHISCHER PHYSIKER

Die Konstante k wurde von Max Planck gefunden und wird zu Ehren von **Ludwig Boltzmann** als **Boltzmannkonstante** bezeichnet. Nach dieser Sicht eines thermodynamischen Systems verlaufen irreversible Prozesse nur so lange von alleine ab, bis das System den Zustand größter Wahrscheinlichkeit erreicht hat, also den Zustand maximaler Entropie.

⚠ **Verwechseln Sie** die Boltzmannkonstante k **nicht** mit der Stefan-Boltzmann-Konstante σ (siehe NAWI I/II: Wärmestrahlung)!

Für die Änderung der Entropie gilt dann:

$$\Delta S = S_2 - S_1 = k \cdot \ln(W_2) - k \cdot \ln(W_1) = k \cdot \ln\left(\frac{W_2}{W_1}\right)$$

Dritter Hauptsatz der Thermodynamik

Dieser Hauptsatz wird auch als **Nernsttheorem** bezeichnet, weil er von Walther Nernst im Jahre 1906 formuliert wurde. Er besagt, dass es **nicht möglich** ist, ein **quantenmechanisches System** bis zum **absoluten Nullpunkt abzukühlen.** Er ist somit gleichwertig zur Aussage, dass der Nullpunkt der absoluten Temperatur nicht erreicht werden kann. Mit **statistischen Überlegungen** zu diesen Quantenteilchen ist diese Behauptung von Nernst nachweisbar.

WALTHER NERNST, 1864 BIS 1941, DEUTSCHER PHYSIKER UND CHEMIKER

Beispiel 1.2.10: Entropie von Wasser

Um welchen Wert hat die Entropie von 2 L Wasser zugenommen, wenn es von 0 °C auf 20 °C erwärmt wurde? Die spezifische Wärmekapazität von Wasser bei konstantem Druck beträgt $c_p = 4{,}182\ \text{kJ/(kg} \cdot \text{K)}$.

$$\Delta S = \int_{T_1}^{T_2} \frac{dQ}{T} = c_p \cdot m \cdot \int_{T_1}^{T_2} \frac{dT}{T} = c_p \cdot m \cdot \ln\left(\frac{T_2}{T_1}\right)$$

$$\Delta S = 4{,}182\,\frac{\text{kJ}}{\text{kg}\cdot\text{K}}\cdot 2\,\text{kg}\cdot\ln\left(\frac{293{,}15\,\text{K}}{273{,}15\,\text{K}}\right) = 591\,\frac{\text{J}}{\text{K}}$$

Die Entropiezunahme bei der Erwärmung beträgt 591 J/K.

Ziele erreicht? – „Zweiter Hauptsatz der Thermodynamik"

1.2.30 + Nennen Sie verschiedene Formulierungen des zweiten Hauptsatzes.

1.2.31 + Geben Sie die Definition sowie die Einheit der Entropie an.

1.2.32 + Bestimmen Sie den Zusammenhang zwischen der Änderung der Entropie und dem Verlauf der Zustandsänderung eines thermodynamischen Systems.

1.2.33 + Berechnen Sie die Entropieänderung bei isochorer Erwärmung von 5 kg Luft von 0 °C auf 50 °C. Die spezifische Wärmekapazität von Luft beträgt $c_v = 720\ \text{J}/(\text{kg}\cdot\text{K})$.

1.2.34 ++ Erläutern Sie den Zusammenhang zwischen Entropie und Wahrscheinlichkeit des Zustandes eines Systems.

1.2.35 + Berechnen Sie die Anfangstemperatur von Wasser, dessen Entropie sich verdoppelt, wenn die absolute Temperatur bei konstantem Druck um 30 % steigt.

1.2.36 ++ Bestimmen Sie, welche Menge an Wasser mit einer Temperatur von 60 °C bei konstantem Druck dieselbe Entropie wie 1 L Wasser bei 20 °C hat.

1.2.37 ++ Zeigen Sie, wie der Wirkungsgrad eines thermodynamischen Kreisprozesses aus einem T-S-Diagramm grafisch ablesbar ist.

1.2.38 ++ Zeigen Sie anhand eines T-S-Diagramms, warum der carnotsche Kreisprozess unter allen möglichen thermodynamischen Kreisprozessen den optimalen Wirkungsgrad aufweist.

Der zweite Hauptsatz scheint auch für die Ordnung im Kinderzimmer seine Gültigkeit zu haben. Ohne Zufuhr von Energie (Aufräumen) kann die Unordnung eines Systems (das Maß dafür ist die Entropie) nur größer werden.

1.2.7 Wärmekraftmaschinen

Die industrielle Revolution im 18. und 19. Jahrhundert wäre ohne die Erfindung der Dampfmaschine nicht denkbar gewesen. Maschinen übernahmen mechanische Arbeiten, die zuvor nur von menschlicher Hand verrichtet werden konnten. Die dazu nötige Arbeit lieferten Wärmekraftmaschinen, allen voran die Dampfmaschine. In der Mitte des 19. Jahrhunderts entwickelte ***Nicolaus Otto*** *den ersten verwendungstauglichen Verbrennungsmotor.*

Englische Baumwollspinnerei um 1835. Die Industrialisierung ermöglichte es, dass weniger Menschen in kürzerer Zeit mehr Waren erzeugten.

Meine Ziele

Nach Bearbeitung dieses Kapitels kann ich

- die Begriffe **Wärmekraftmaschine** und **Kraftwärmemaschine** sowie den Umlaufsinn der thermodynamischen Prozesse dieser Maschinen erläutern;
- verschiedene **Wärmekraftmaschinen** nennen und ihre **Arbeitszyklen** detailliert erklären;
- den **Wirkungsgrad eines Ottomotors** herleiten und berechnen.

Fertigung eines Verbrennungsmotors für ein Kraftfahrzeug

Als **Wärmekraftmaschine** bezeichnet man jede Art von Maschine, die Wärme in mechanische Arbeit umwandelt. Alle Formen von Verbrennungsmotoren und Turbinen sind Beispiele für Wärmekraftmaschinen. Im p-V-Diagramm sind die Kreisprozesse solcher Maschinen **rechtslaufend,** also Prozesse, die im Uhrzeigersinn durchlaufen werden.
Maschinen, die unter einem Aufwand von mechanischer Arbeit Wärme von einem Bereich niedriger zu einem Bereich hoher Temperatur transportieren, werden als **Kraftwärmemaschinen** bezeichnet. Dies sind alle Arten von Wärmepumpen und Kältemaschinen. Kraftwärmemaschinen haben im p-V-Diagramm einen **linkslaufenden** Kreisprozess.
Häufig wird aber auf die oben erklärte Unterscheidung nicht so sehr geachtet und alle diese Maschinen, die eine Umwandlung von Wärme in Arbeit und umgekehrt bewerkstelligen, werden pauschal Wärmekraftmaschinen genannt.

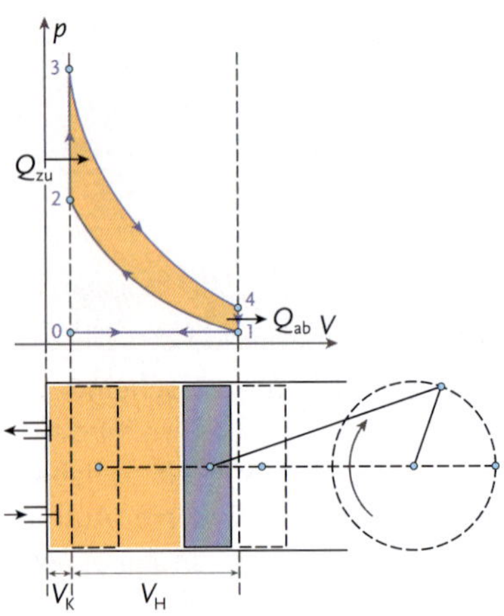

Arbeitsprozess eines Ottomotors (p-V-Diagramm und Kolbenweg)

Der Ottomotor

Dieser Verbrennungsmotor wurde von **Nicolaus Otto** entwickelt und 1876 patentiert. Er verwendet zu seinem Betrieb in **vier Arbeitstakten** ein Gemisch aus Luft und Treibstoff, das in einem Zylinder gezündet und verbrannt wird. Der Prozess des **idealen Ottomotors** läuft wie folgt ab:

- **Erster Takt:** Der Zylinder füllt sich in einem Kolbenhub mit Luft, der über den Vergaser Treibstoff zugemischt wird (0 – 1). In modernen Motoren wird der Treibstoff in der richtigen Menge in die zugeführte Luft eingespritzt.
- **Zweiter Takt:** Das Gemisch wird **adiabatisch** im Zylinder **verdichtet** (1 – 2) und **isochor** über eine Zündkerze elektrisch **gezündet** (2 – 3).
- **Dritter Takt: adiabatische Ausdehnung** des gezündeten Gemisches in einem Kolbenhub (3 – 4; Arbeitstakt).
- **Vierter Takt:** Öffnen des Auslassventils (4 – 1; **isochorer Gasausstoß**) und Ausstoßen der restlichen Verbrennungsgase durch einen Kolbendruck (1 – 0; Auspufftakt).

Zündkerze für einen Ottomotor. Ein Hochspannungsimpuls lässt einen Funken zwischen den Elektroden rechts unten überspringen, der das Gemisch zündet.

Für die zu- bzw. abgeführten Wärmen bei den isochoren Zustandsänderungen gilt $Q_{zu} = m \cdot c_v\,(T_3 - T_2) > 0$ und $Q_{ab} = m \cdot c_v \cdot (T_1 - T_4) > 0$. Dabei ist c_v die spezifische Wärmekapazität des Treibstoffgemisches bei konstantem Volumen. Für den Wirkungsgrad η des Motors ergibt sich daraus:

$$\eta = \frac{Q_{zu} + Q_{ab}}{Q_{zu}} = \frac{T_3 - T_2 + T_1 - T_4}{T_3 - T_2}$$

Mit dem Verdichtungsverhältnis r des Motors gilt für die Temperaturen auf den Adiabaten $T_1 \cdot (r \cdot V)^{\kappa-1} = T_2 \cdot V^{\kappa-1}$ sowie $T_4 \cdot (r \cdot V)^{\kappa-1} = T_3 \cdot V^{\kappa-1}$. Setzt man dies in die obige Formel ein, so ergibt sich daraus für den Wirkungsgrad:

$$\eta = \frac{T_4 \cdot r^{\kappa-1} - T_1 \cdot r^{\kappa-1} + T_1 - T_4}{T_4 \cdot r^{\kappa-1} - T_1 \cdot r^{\kappa-1}} = \frac{(T_4 - T_1) \cdot (r^{\kappa-1} - 1)}{(T_4 - T_1) \cdot r^{\kappa-1}} = \frac{r^{\kappa-1} - 1}{r^{\kappa-1}} = 1 - \frac{1}{r^{\kappa-1}}$$

Mit den realistischen Werten $r = 8$ und $\kappa = 1{,}4$ (Luft) erhält man für einen Ottomotor einen idealen Wirkungsgrad von $\eta = 0{,}56 = 56\,\%$. Der reale Wirkungsgrad eines Ottomotors beträgt jedoch maximal 40 %.

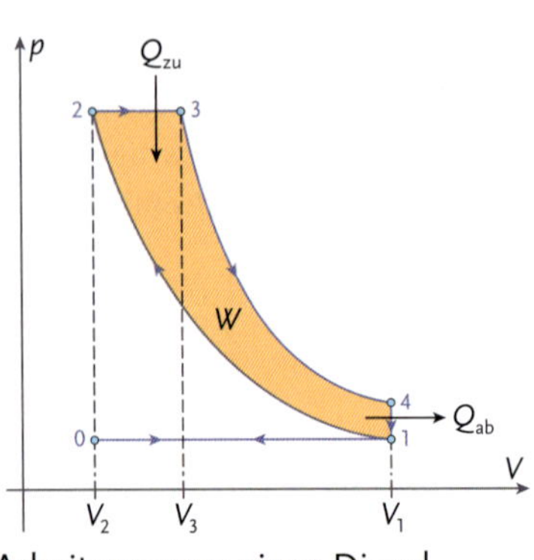

Arbeitsprozess eines Dieselmotors

Der Dieselmotor

Dieser Verbrennungsmotor arbeitet nach einem von **Rudolf Diesel** 1892 entwickelten Prozess. Der Unterschied zum Ottomotor ist die Selbstzündung des in die Luft eingespritzten Treibstoffes durch Verdichtung des Gemisches. Der Prozess des **idealen Dieselmotors** läuft wie folgt ab:

- **Erster Takt:** Der Zylinder füllt sich in einem Kolbenhub mit Luft (0 – 1), der Treibstoff wird eingespritzt.

- **Zweiter Takt:** Das Gemisch wird adiabatisch im Zylinder verdichtet (1 – 2). Die Zündung erfolgt durch die hohe Verdichtung des Gemisches bei hohen Temperaturen im Zylinder. Die Glühkerze dient nur zum Heizen des Zylinders beim Kaltstart, eine Zündkerze wie beim Ottomotor ist nicht nötig.
- **Dritter Takt:** isobare Verbrennung (2 – 3) und adiabatische Ausdehnung in einem Kolbenhub (3 – 4; Arbeitstakt).
- **Vierter Takt:** Öffnen des Auslassventils (4 – 1) und Ausstoßen der Verbrennungsgase durch einen Kolbendruck (1 – 0; Auspufftakt).

Eine Berechnung des Wirkungsgrades eines idealen Dieselmotors ist deutlich aufwendiger als beim Ottomotor. Führt man diese Berechnungen durch und nimmt ein Verdichtungsverhältnis r von 15 bis 20 an sowie $\kappa = 1{,}4$ (Luft) an, dann erhält man einen Wirkungsgrad η von 65 % bis 70 %. Der Wirkungsgrad eines realen Dieselmotors beträgt jedoch maximal 50 %. Die Konstruktion eines Dieselmotors ist jedoch aufwendiger als die eines Ottomotors und daher kommen seine Anschaffung und Wartung teurer.

Für Nutzfahrzeuge werden meist Dieselmotoren aufgrund der Wirtschaftlichkeit bei hoher Kilometerleistung verwendet

Die Wärmepumpe

Ideale Wärmepumpen verwenden zum Wärmetransport den umgekehrten carnotschen Kreisprozess. Das reale Gerät kann jedoch die Kompression und Ausdehnung des Arbeitsfluids nicht rein adiabatisch, also ohne Wärmetausch mit der Umgebung, vornehmen. Es ist nicht sinnvoll, den Wirkungsgrad des Carnotprozesses als Wärmekraftmaschine für die Wärmepumpe zu übernehmen. Sinnvoller ist es, eine **Leistungszahl (COP:** Coefficient of Power) ε_{WP} wie folgt zu definieren:

$$\varepsilon_{WP} = \frac{Q_h}{W_{mech}} < \frac{T_h}{T_h - T_n}.$$

Dabei ist Q_h die Wärmeabgabe auf dem hohen Temperaturniveau, W_{mech} die geleistete Arbeit und T_h, T_n die jeweilige Temperatur auf hohem und niedrigem Niveau. Wärmepumpen arbeiten mit einer kalten Flüssigkeit, die bei niedrigem Druck unter Wärmeentzug der Umgebung verdampft. Nach Verdichtung durch einen Kompressor kondensiert der Dampf wieder bei höherem Druck und gibt Wärme an ein geschlossenes System mit höherer Temperatur ab. Danach wird hinter einem Expansionsventil (Drossel) der Druck der Flüssigkeit vermindert und diese dadurch wieder abgekühlt. Auf diese Weise beginnt der Arbeitszyklus wieder von vorne.

Eine **Wärmepumpe** dient also zu **Heizungszwecken,** indem der **kälteren Umgebung Wärme entzogen** und diese unter Arbeitsaufwand, in der Regel durch einen strombetriebenen Kompressor, **an das zu heizende System abgegeben** wird.

Wärmepumpen sind in der Regel energieeffizienter als herkömmliche Heizungen. Allerdings hängt ihr Wirkungsgrad stark von der Temperaturdifferenz des Wärmereservoirs von den zu heizenden Räumen ab, schwankt also mit den Jahreszeiten. Der Nachteil der Wärmepumpe liegt lediglich im hohen Aufwand für das Gerät.

Wärmepumpe in einem Fernheizwerk zur Nutzung industrieller Abwärme

Beispiel 1.2.11: Ideale Leistungszahl (COP) einer Wärmepumpe

Wir berechnen die ideale Leistungszahl einer Wärmepumpe, die bei einer Temperatur des Wärmespeichers (z. B. des Erdreichs) von 10 °C einen Raum auf 20 °C erwärmen soll. Um einen ausreichenden Wärmeübertrag zu gewährleisten, nehmen wir dabei eine Vorlauftemperatur des Heizkreislaufes von 30 °C an.

$$\varepsilon_{KM} = \frac{T_h}{T_h - T_n} \approx \frac{303\ \text{K}}{303\ \text{K} - 283\ \text{K}} = 15{,}2$$

Dieser COP-Wert besagt, dass für den Entzug einer Wärmemenge Q nur etwa 1/15 von Q an mechanischer Arbeit des Kompressors nötig ist. **Real** werden derzeit nur Werte bis **maximal 7** erreicht.

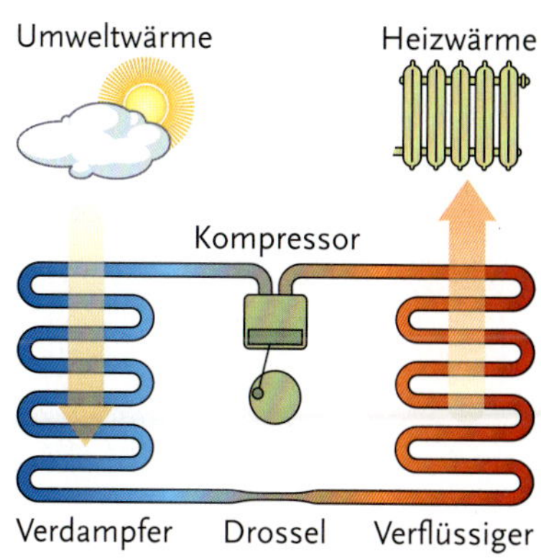

Arbeitsschema der Wärmepumpe

Klimaanlage für Außenmontage

Die Kältemaschine

Eine ideale Kältemaschine arbeitet wie die Wärmepumpe mit einem umgekehrten Carnotprozess. Die **Kältemaschine** ist dieselbe Konstruktion wie die Wärmepumpe. Es wird in diesem Fall einem so gut wie möglich **abgeschlossenen System Wärme entzogen** und diese **an die Umgebung abgegeben.** Auf diese Art wird das geschlossene System abgekühlt. Da der Arbeitsbereich der Maschine nun das niedrige Temperaturniveau ist, gilt für die Leistungszahl

$$\varepsilon_{KM} = \frac{Q_n}{W_{mech}} < \frac{T_n}{T_h - T_n}.$$

Die Kältemaschine findet ihre Hauptanwendung in Kühlgeräten und Klimaanlagen. Die im Haushalt verwendeten Kühlschränke haben lange Zeit **FCKW**-haltige Kältemittel verwendet. Diese Fluorchlorkohlenwasserstoffe sind ökologisch sehr bedenklich, da sie bei Freisetzung in die Atmosphäre die Ozonschicht der Erde abbauen. Diese dient als natürlicher Filter für den schädlichen UV-Anteil der Sonnenstrahlung. Seit Mitte der 1990er-Jahre werden daher bevorzugt Isobutan und Tetrafluorethan als Kältemittel verwendet.

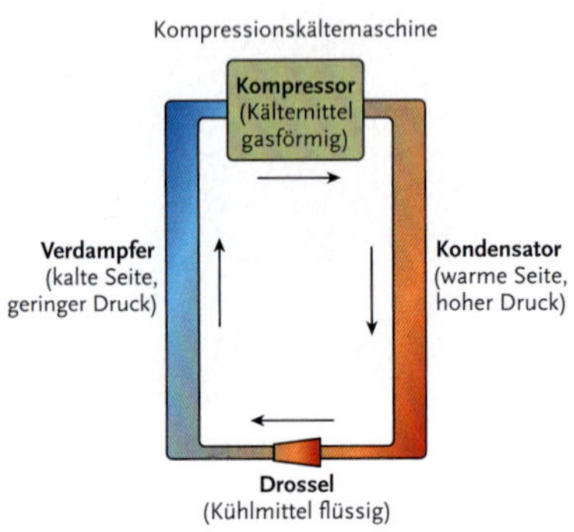

Arbeitsschema der Klimaanlage

Beispiel 1.2.12: Ideale Leistungszahl (COP) eines Kühlschrankes

Wir berechnen die ideale Leistungszahl eines Kühlschrankes, der bei einer Außentemperatur von 20 °C die Lebensmittel auf 4 °C abkühlt. Wir nehmen für ausreichenden Kälteübertrag eine Temperatur von –10 °C für den Kühlkreislauf an.

$$\varepsilon_{KM} = \frac{T_n}{T_h - T_n} \approx \frac{263\ \text{K}}{293\ \text{K} - 263\ \text{K}} = 8{,}8$$

Dieser Wert für den COP besagt, dass für den Entzug einer Wärmemenge Q nur etwa 1/9 von Q an mechanischer Arbeit des Kompressors nötig ist. Real ist ein Wert von **maximal 4.**

Im Vergleich mit Beispiel 1.2.12 sieht man, dass die realen COP-Werte etwa die Hälfte der idealen Werte betragen.

Ziele erreicht? – „Wärmekraftmaschinen"

1.2.39 + Erläutern Sie die Funktion von Wärmekraftmaschinen bzw. von Kraftwärmemaschinen durch den Umlaufsinn des thermodynamischen Arbeitsprozesses.

1.2.40 + Nennen Sie verschiedene Wärmekraftmaschinen.

1.2.41 ++ Erläutern Sie detailliert den Arbeitszyklus eines Ottomotors. Geben Sie den idealen und den realen Wirkungsgrad an.

1.2.42 ++ Erläutern Sie detailliert den Arbeitszyklus eines Dieselmotors. Geben Sie den idealen und den realen Wirkungsgrad an. Worin besteht der Unterschied zum Ottomotor?

1.2.43 ++ Erklären Sie den Arbeitszyklus einer Wärmepumpe bzw. einer Kältemaschine. Wie ist der COP-Wert definiert?

2 Moderne Physik

Handys, Laserpointer, CD-Player, GPS-Geräte und viele andere technische Hilfsmittel, die aus unserem Alltag nicht mehr wegzudenken sind, wurden erst durch die Errungenschaften der modernen Physik möglich. Zu den Paradedisziplinen der modernen Physik zählen die Relativitätstheorie, die Quantenmechanik, die Atom-, Kern- und Elementarteilchenphysik, die Hochenergiephysik und die Elektronenoptik. Die Trennung zwischen klassischer und moderner Physik ist nicht scharf, denn selbst innerhalb klassischer Gebiete kann nur die moderne Physik manche Aufgabenstellungen lösen. Andererseits sind einige Phänomene der modernen Physik auch mit den Theorien der klassischen Physik zu erklären.

ALBERT EINSTEIN, 1879 BIS 1955, DEUTSCHER PHYSIKER; BEGRÜNDER DER RELATIVITÄTSTHEORIE

2.1 Relativitätstheorie

*Die **Relativitätstheorie (RT)** wird in die **spezielle Relativitätstheorie (SRT)** und die **allgemeine Relativitätstheorie (ART)** unterteilt. Die spezielle Relativitätstheorie gilt als Krönung der klassischen Mechanik, die allgemeine Relativitätstheorie als Verallgemeinerung der newtonschen Theorie der Gravitation. Die klassische Mechanik ist durch Isaac Newton in unübertroffener Weise analysiert worden, die Relativitätstheorie durch Albert Einstein.*

ISAAC NEWTON, 1642 BIS 1727, ENGLISCHER PHYSIKER; BEGRÜNDER DER KLASSISCHEN MECHANIK UND DER KLASSISCHEN GRAVITATIONSTHEORIE

2.1.1 Die Lichtgeschwindigkeit

Licht fasziniert die Menschen seit jeher. In Science-Fiction-Darstellungen werden Lichtschwerter benutzt und Raumschiffe bewegen sich mit unvorstellbaren Geschwindigkeiten durch Raum und Zeit.

Meine Ziele

Nach Bearbeitung dieses Kapitels kann ich

- die Größenordnung der **Lichtgeschwindigkeit** angeben;
- einfache **Berechnungen** für gleichförmige Bewegungen mit Lichtgeschwindigkeit und für gleichmäßig beschleunigte Bewegungen durchführen.

Lichtschwert von Obi Wan in Starwars

Bereits **Galileo Galilei** (1564 bis 1642) vermutete, dass Licht für das Zurücklegen einer Strecke Δs eine endliche Zeit Δt benötigt. Messgenauigkeit war damals aber nur für astronomische Wegstrecken zu erreichen. **Olaf Römer** studierte 1675 das Eintreten der Jupitermonde in den Schatten ihres Planeten. Der innerste Jupitermond Io benötigt für eine Jupiterumrundung rund 42,5 Stunden, sodass Io in einem halben Jahr Jupiter etwa 103-mal umrundet. Olaf Römer stellte gegenüber den zur Verfügung stehenden Tabellen eine Verspätung von ca. 1 000 Sekunden für ein Halbjahr fest.

Die nebenstehende Skizze liefert die Erklärung, die auch Olaf Römer zur Berechnung der Lichtgeschwindigkeit benutzte. In einem halben Jahr ändert sich der Abstand unserer Erde zu Jupiter, der die Sonne in rund 11,86 Jahren umrundet, etwa um den mittleren Erdbahndurchmesser d von zwei Astronomischen Einheiten.

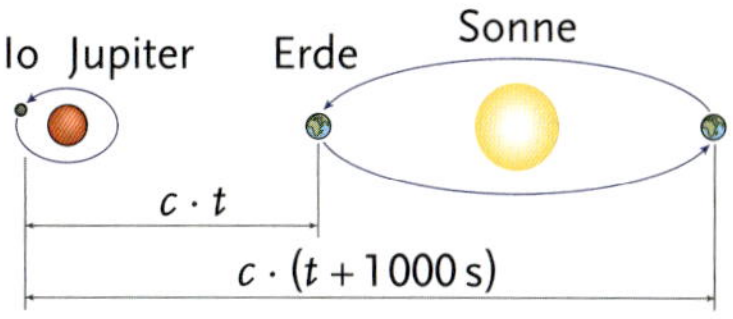

Schematische Darstellung zur Messung der Lichtgeschwindigkeit nach Olaf Römer. Der Jupitermond Io tritt gerade in den Schatten Jupiters ein. Die Verspätung dieses Eintrittszeitpunktes betrug für einen Beobachtungszeitraum von einem halben Jahr rund 1 000 Sekunden.

Beispiel 2.1.01: Lichtgeschwindigkeit nach Olaf Römer (1675)

Wir berechnen die Lichtgeschwindigkeit c_0 im Vakuum für eine gleichförmige Bewegung als Quotienten von Wegstrecke Δs und benötigter Zeit Δt.

$\Delta s \approx 2\ \text{AE} = 2 \cdot 150\ \text{Gm} = 300 \cdot 10^9\ \text{m} = 3 \cdot 10^{11}\ \text{m}$
$\Delta t = 1\,000\ \text{s}$

$$c_0 = \frac{\Delta s}{\Delta t} \approx 3 \cdot \frac{10^{11}\ \text{m}}{10^3\ \text{s}} = 3 \cdot 10^8 \frac{\text{m}}{\text{s}}$$

Man kannte also schon im 17. Jahrhundert den Wert der Vakuumlichtgeschwindigkeit relativ genau.

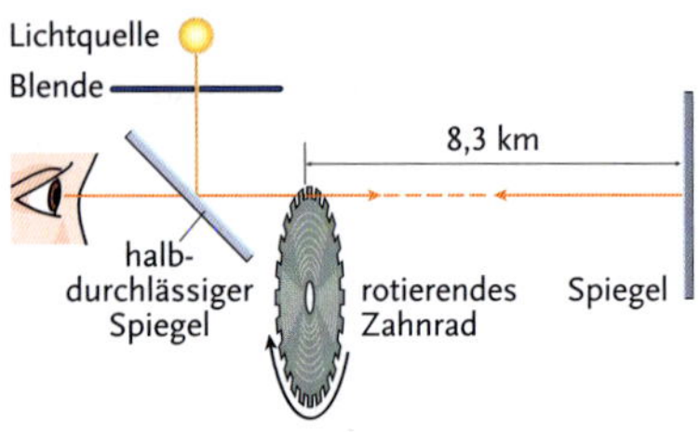

Messung der Lichtgeschwindigkeit nach Fizeau; die große Entfernung zwischen Spiegel und Zahnrad erforderte höchste Präzision bei der Ausrichtung

Die Messung der Lichtgeschwindigkeit konnte mit raffinierten Versuchsanordnungen immer weiter verfeinert werden. Wir erwähnen den Zahnradversuch von **Armand Hippolyte Louis Fizeau** im Jahr 1849 und den Drehspiegelversuch von **Jean Bernard Léon Foucault,** der auch die Lichtgeschwindigkeit in Wasser c_{Wasser} zu rund $c_0/3$ bestimmte, im Jahr 1850.
1973 wurde die Vakuumlichtgeschwindigkeit mithilfe eines Lasers als $c_0 = 299\,792\,456{,}2$ m/s ermittelt. Die Messgenauigkeit betrug ±1,1 m/s.

Armand Hippolyte Louis Fizeau, 1819 bis 1896, französischer Physiker; bestimmte die Lichtgeschwindigkeit 1849 mit einem Zahnrad

Beispiel 2.1.02: Messgenauigkeit der Vakuumlichtgeschwindigkeit im Jahr 1973

Wir rechnen die Genauigkeit der Lichtgeschwindigkeitsmessung von 1973 auf eine Wegstrecke um, damit wir ein Gefühl für die Qualität dieser historischen Messung erhalten.

Wenn wir die Strecke Linz – Wien ($\Delta s = 200$ km) mit Laserlicht vermessen würden, benötigte das Licht mit einer Geschwindigkeit von $c_0 = 299\,792\,456{,}2$ m/s

$$\Delta t = \frac{\Delta s}{c_0} = \frac{200\,000\ \text{m}}{299\,792\,456{,}2\ \text{m/s}} \approx 667{,}128\ \mu\text{s}.$$

Würde sich das Licht mit (299 792 456,2 – 1,1) m/s eine Zeit von 667,128 μs lang fortbewegen, schaffte es eine Wegstrecke von rund ≈ 199 999,999 266 m.

Die Strecke Linz – Wien könnte also mit der Messgenauigkeit der Lichtgeschwindigkeit von 1,1 m/s auf etwa einen Millimeter genau bestimmt werden.

Wir erhalten diese Messgenauigkeit der 200-km-Strecke auch, wenn wir die Messunsicherheit von 1,1 m/s mit der Zeit von 667,128 μs multiplizieren.
$\Delta s = \Delta v \cdot \Delta t \approx 1{,}1\ \text{m/s} \cdot 667{,}128\ \mu\text{s} \approx 0{,}73\ \text{mm}$

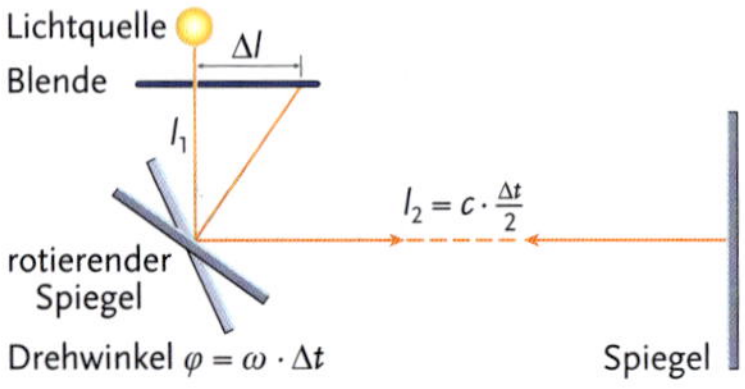

Messung der Lichtgeschwindigkeit nach Foucault, der kurze Lichtweg der Anordnung ermöglichte die Lichtgeschwindigkeitsmessung in transparenten flüssigen und festen Medien

Alle weiteren Experimente ergaben völlig überraschend, dass die Vakuumlichtgeschwindigkeit unabhängig vom Bewegungszustand ist. Daher wurde die Vakuumlichtgeschwindigkeit 1983 festgelegt.

Vakuumlichtgeschwindigkeit

Die **Vakuumlichtgeschwindigkeit** ist $c_0 = 299\,792\,458$ m/s.

Dass Licht für eine Strecke von 200 km nur etwa 0,7 Millisekunden benötigt, erstaunt uns. Die menschliche Reaktionszeit in der Größenordnung von einer Zehntelsekunde ist um den Faktor 100 größer als eine Millisekunde. Daher können wir die ungeheure Größe der Vakuumlichtgeschwindigkeit durch diese Überlegung nicht gänzlich erfassen. Die nachfolgenden Beispiele und Versuche sollen uns helfen, ein Gefühl für die Größe der Vakuumlichtgeschwindigkeit im Gegensatz zu alltäglichen Geschwindigkeiten zu bekommen. Für Schätzungen verwenden wir den Näherungswert $c_0 \approx 300\,000\ \text{km/s} = 3 \cdot 10^5\ \text{km/s} = 3 \cdot 10^8\ \text{m/s}$.

Beispiel 2.1.03: Vakuumlichtgeschwindigkeit mal 3

Wir berechnen, wie lange Licht im Vakuum
a) für die Umrundung der Erde in rund 30 km Höhe benötigen würde,
b) braucht, um die Strecke Erde – Mond zurückzulegen, und
c) wie viel Zeit Licht benötigt, um von der Sonne zur Erde zu gelangen.

a) $\Delta t = \Delta s \,/\, c_0 = 2 \cdot (r_E + h) \cdot \pi \,/\, c_0$
$\Delta t \approx 2 \cdot (6\,370 + 30) \cdot \text{km} \cdot \pi \,/\, 300\,000\ \text{km/s} \approx 0{,}134\ \text{s} = 134\ \text{ms}$
Licht würde in einer Sekunde ca. 7,5 Umrundungen der Erde schaffen.

b) $\Delta t = \Delta s \,/\, c_0 \approx 384\,400\ \text{km} \,/\, 300\,000\ \text{km/s} \approx 1{,}281\ \text{s}$.
Bei der Abstandsmessung Erde – Mond benötigt ein Radarsignal rund 2,56 Sekunden, um wieder auf der Erde anzukommen.

c) $\Delta t = \Delta s \,/\, c_0 \approx 149{,}6\ \text{Gm} \,/\, 300\,000\ \text{km/s} \approx 499\ \text{s} \approx 8{,}3$ Minuten
Wir blicken 8,3 Minuten in die Vergangenheit, wenn wir die Sonne betrachten. Mit anderen Worten: Licht, das uns von der Sonne erreicht, wurde von der Sonne (der Sonnenoberfläche) vor ca. 8,3 Minuten ausgesandt.

Versuche – Lichtgeschwindigkeit versus Schallgeschwindigkeit

- **100-m-Bahn:** Wir stellen jemanden aus der Klasse an das Ende der 100-m-Laufbahn und lassen die Person mit einem großen hölzernen Startbrett – zwei durch ein Scharnier verbundenen Brettern – mit über den Kopf erhobenen Händen ein lautes Startsignal geben. Wir stellen am Beginn der 100-m-Bahn fest, dass der Knall um rund ein Drittel einer Sekunde verzögert wahrgenommen wird.
- **Basketball:** Wir positionieren uns in einem ebenen Gelände in möglichst großem Abstand von einer Person aus der Klasse, die einen Basketball so hoch als möglich senkrecht in die Luft wirft und auf eine harte Unterlage (Asphalt, Hartplatz) fallen lässt. Bei 300 m Entfernung beträgt der Unterschied zwischen dem optischen und dem akustischen Wahrnehmen des Aufpralls auf den Boden beinahe eine Sekunde.

Bei den beiden nachfolgenden Beispielen wird die Vakuumlichtgeschwindigkeit mit alltäglichen Beschleunigungen in Verbindung gesetzt.

Beispiel 2.1.04: Vakuumlichtgeschwindigkeit und ein Pkw

Wir berechnen, wie lange wir mit einem Pkw, der für das Beschleunigen aus dem Stillstand auf 100 km/h rund 9,3 Sekunden benötigt, ohne Berücksichtigung des Luftwiderstandes und anderer Reibungsverluste beschleunigen müssten, um
a) ein Promille der Vakuumlichtgeschwindigkeit und
b) die halbe Vakuumlichtgeschwindigkeit zu erreichen.

Wir berechnen dazu die mittlere Beschleunigung a des Pkw.

$$a = \frac{\Delta v}{\Delta t} \approx \frac{(100\,/\,3{,}6)\ \text{m/s}}{9{,}3\ \text{s}} \approx 3\ \text{m/s}^2$$

a) $$\Delta t = \frac{\Delta v}{a} \approx \frac{300\,000\ \text{m/s}}{3\ \text{m/s}^2} = 100\,000\ \text{s} \approx 1\,667\ \text{Minuten} \approx 27{,}8\ \text{Stunden}$$

b) $$\Delta t = \frac{\Delta v}{a} \approx \frac{150\,000\,000\ \text{m/s}}{3\ \text{m/s}^2} = 50\,000\,000\ \text{s} \approx 833\,333\ \text{Minuten} \approx 13\,889\ \text{Stunden} \approx 579\ \text{Tage} \approx 1{,}6\ \text{Jahre}$$

Wir müssten länger als einen Tag mit rund 3 m/s^2, also einer Zunahme der Geschwindigkeit von 10,8 km/h pro Sekunde, konstant beschleunigen, um ein Promille der Vakuumlichtgeschwindigkeit zu erreichen, und länger als 1,6 Jahre, um auf 150 000 km/s zu kommen.

Jean Bernard Léon Foucault, 1819 bis 1868, französischer Physiker; bestimmte die Lichtgeschwindigkeit 1850 mit einer Drehspiegelmethode

Elektromagnetische Strahlung braucht rund 100 000 Jahre, um aus dem dichten Sonnenzentrum zur Sonnenoberfläche vorzudringen.

Die folgenden Abkürzungen werden in der physikalischen Literatur gerne verwendet:
- SRT für spezielle Relativitätstheorie und
- ART für allgemeine Relativitätstheorie.

Vakuumlichtgeschwindigkeit
$c_0 \approx 300\,000\ \text{km/s} = 3 \cdot 10^5\ \text{km/s} = 3 \cdot 10^8\ \text{m/s} = 1{,}08 \cdot 10^9\ \text{km/h} = 1{,}08 \cdot 10^{12}\ \text{m/h} = 1{,}08\ \text{Tm/h}$.

Zum Vergleich von Pkw und Vakuumlichtgeschwindigkeit: 108 km/h ist der zehnmillionste Teil der Vakuumlichtgeschwindigkeit.

E

Olaf Römer, 1644 bis 1710, dänischer Physiker; ermittelte die Lichtgeschwindigkeit im Jahr 1675

Beispiel 2.1.05: Die Vakuumlichtgeschwindigkeit und der freie Fall

Wir berechnen, wie lange wir im Vakuum frei fallen müssten, um etwa
a) ein Prozent der Vakuumlichtgeschwindigkeit und
b) 90 Prozent der Vakuumlichtgeschwindigkeit
zu erreichen.

a) $\Delta t = \Delta v \,/\, g \approx 3 \cdot 10^6\ \mathrm{m/s} \,/\, 10\ \mathrm{m/s^2} = 3 \cdot 10^5\ \mathrm{s} = 5\,000$ Minuten
$\Delta t \approx 83{,}3$ Stunden $\approx 3{,}5$ Tage
Wir müssten rund 3,5 Tage frei fallen, um ein Hundertstel der Lichtgeschwindigkeit zu erreichen, und würden dabei eine unvorstellbare Strecke von $s = g \cdot t^2 \,/\, 2 \approx 10 \cdot (3 \cdot 10^5)^2\ \mathrm{m} \,/\, 2 = 4{,}5 \cdot 10^{11}\ \mathrm{m}$, also rund die dreifache Entfernung Erde – Sonne, zurücklegen.

b) Weil die Beschleunigungszeit bei konstanter Beschleunigung linear mit der Geschwindigkeitsänderung wächst, müssten wir neunzigmal so lange frei fallen, um 90 % der Vakuumlichtgeschwindigkeit zu erreichen.
$\Delta t \approx 3{,}5$ Tage $\cdot\ 90 = 315$ Tage. Weil die Strecke bei der gleichmäßigen Beschleunigung mit dem Quadrat der Beschleunigungszeit wächst, würden wir den 8 100-fachen Weg aus a) zurücklegen,
$s \approx 4{,}5 \cdot 10^{11} \cdot 8\,100\ \mathrm{m} \approx 3{,}65 \cdot 10^{15}\ \mathrm{m}$. Das sind fast 38,5 % eines Lichtjahres, jener Strecke, die das Licht in einem Jahr zurücklegt.

Ziele erreicht? – „Die Lichtgeschwindigkeit“

2.1.01 + Geben Sie die **Vakuumlichtgeschwindigkeit** in km/s, km/h und m/s an.

2.1.02 + Beschreiben Sie die Methode zur **Lichtgeschwindigkeitsberechnung** von Olaf Römer und führen Sie die Berechnung selbst durch.

2.1.03 ++ Berechnen Sie, wie lange Sie mit einem **Sportwagen,** der in rund 5,6 Sekunden von 0 auf 100 km/h beschleunigt, ohne Berücksichtigung des Luftwiderstandes und anderer Reibungsverluste beschleunigen müssten, um ein Prozent der Lichtgeschwindigkeit zu erreichen. Welchen Weg würden Sie dabei zurücklegen? Fertigen Sie das zugehörige v-t-Diagramm an.

2.1.04 ++ Berechnen Sie, wie lange Sie im Vakuum **frei fallen** müssten, um ein Promille der Lichtgeschwindigkeit zu erreichen. Welchen Weg würden Sie dabei zurücklegen? Fertigen Sie das zugehörige v-t- und s-t-Diagramm an. Skalieren Sie das s-t-Diagramm so, dass der Graph ebenfalls eine Gerade ergibt.

Beim Interferenzversuch von Michelson und Morley wird die Lichtgeschwindigkeit in Bewegungsrichtung der Erde und senkrecht dazu bestimmt und beide Werte werden miteinander verglichen. Licht, das sich in Richtung der Erdbewegung hin und her bewegt, müsste langsamer sein, wenn ein Lichtäther existiert, als Licht, das sich senkrecht dazu bewegt.

2.1.2 Einsteinsche Postulate

Albert Einstein arbeitete 1905 in einem Schweizer Patentamt und eine Uhr soll ihn – als 26-Jährigen – zu seinen Gedankenexperimenten angeregt haben. Wir werden in diesem Kapitel logisch folgern, dass die klassische Geschwindigkeitsaddition für Licht nicht mehr gültig ist.

Meine Ziele

Nach Bearbeitung dieses Kapitels kann ich
- die beiden **einsteinschen Postulate** wiedergeben;
- die **einsteinsche Lichtuhr** qualitativ und quantitativ beschreiben;
- die Unabhängigkeit der **Lichtgeschwindigkeit im Vakuum** vom Bewegungszustand akzeptieren.

Die Physik des beginnenden 20. Jahrhunderts war noch so sehr im mechanistischen Denken verwurzelt, dass sie für die Ausbreitung von Licht – allgemeiner für die Ausbreitung elektromagnetischer Wellen – ein Trägermedium annahm. Wir wissen aus dem Kapitel Wellen, dass Luft das Trägermedium für Schallwellen in Luft ist. Mit dem von Michelson und Morley mit größter Sorgfalt durchgeführten Interferenzversuch konnte das vermutete Trägermedium, das als Lichtäther bezeichnet wurde, nicht nachgewiesen werden. Albert Einstein löste dieses Dilemma mit zwei Postulaten bzw. Prinzipien.

Mechanische Wellen benötigen ein Trägermedium.

Licht als elektromagnetische Welle kommt ohne Trägermedium aus.

Relativitätsprinzip

Die **Naturgesetze** nehmen in allen **Inertialsystemen** die gleiche mathematische Form an. Alle **Inertialsysteme** sind gleichberechtigt.

In der speziellen Relativitätstheorie werden nur unbeschleunigte Bezugssysteme verwendet und physikalische Prozesse werden relativ zu diesen Inertialsystemen beschrieben.

Aus dem Relativitätsprinzip folgt auch, dass der von Isaac Newton angenommene absolute Raum aufgegeben werden muss.

Ein **Inertialsystem** ist ein gleichförmig bewegtes Bezugssystem, in dem das Trägheitsgesetz gilt.

Trägheitsgesetz: Ein Körper verharrt im Zustand der Ruhe oder der gleichförmigen Bewegung, solange keine Kraft auf ihn einwirkt.

Inertia: lateinisch für Trägheit.

Prinzip von der Konstanz der Lichtgeschwindigkeit

Die **Geschwindigkeit des Lichts** hat im Vakuum unabhängig vom Bewegungszustand von Quelle und Beobachter in allen Inertialsystemen immer denselben Wert c_0.

Dieses zweite Postulat Einsteins legt den Zahlenwert und die Einheit von c_0 nicht fest, lediglich die Konstanz der Vakuumlichtgeschwindigkeit. Wir haben aber bereits oben angeführt, dass c_0 1983 mit 299 792 458 m/s festgelegt wurde.

Beispiel 2.1.06: Laufende Hundeliebhaberin

Wir denken an eine sportliche Hundeliebhaberin, die ihrem Vierbeiner beim Laufen einen Ball in Laufrichtung wirft.

Wenn die Laufgeschwindigkeit 18 km/h und die Abwurfgeschwindigkeit 36 km/h beträgt, hat der für den Hund geworfene Ball relativ zum Bezugssystem Erde die Geschwindigkeit

$v_{\text{Ball – Erde}} = v_{\text{Ball – Hand}} + v_{\text{Hand – Erde}} = (18 + 36)\ \text{km/h} = 54\ \text{km/h}.$

Schaltet die laufende Tierfreundin wegen Dunkelheit eine Stirnlampe ein, so ergäbe sich nach der klassischen Geschwindigkeitsaddition

$v_{\text{Licht – Erde}} = v_{\text{Licht – Mensch}} + v_{\text{Mensch – Erde}} \approx (300\,000\,000 + 5)\ \text{m/s} > c_0.$

Das Licht würde sich relativ zur Erde damit schneller ausbreiten als im Vakuum. Dies ist ein Widerspruch zum Prinzip der Konstanz der Lichtgeschwindigkeit, sodass die klassische Geschwindigkeitsaddition nicht gültig sein kann.

Hundebesitzer sollten ihren Vierbeinern viel Bewegung – oft auch mit entsprechender Geschwindigkeit – gönnen

Albert Einstein löste auch diesen Widerspruch. Er ermittelte die korrekte Formel für die Geschwindigkeitsaddition, die im Grenzfall für kleine Geschwindigkeiten in die klassische Formel übergeht.

E

Relativistische Geschwindigkeitsaddition

Die **Gesamtgeschwindigkeit (Relativgeschwindigkeit)** für die beiden Einzelgeschwindigkeiten v_1 und v_2 ergibt sich zu

$$v_{ges} = \frac{v_1 + v_2}{1 + \frac{v_1 \cdot v_2}{c_0^2}}.$$

⚠ Im Grenzfall für $v << c_0$ bestätigt die SRT die newtonsche Mechanik.

Für $v_1 << c_0$ und $v_2 << c_0$ gilt die klassische Geschwindigkeitsformel $v_{ges} = v_1 + v_2$.

Beispiel 2.1.07: Sonderfälle für die relativistische Geschwindigkeitsaddition

a) Ein mit $v < c_0$ relativ zu einem Inertialsystem (z. B. zur Erde) bewegter Körper emittiert Licht im Vakuum mit c_0. Die Geschwindigkeit des ausgesandten Lichts relativ zum Inertialsystem erhalten wir zu

$$v_{ges} = \frac{v + c_0}{1 + \frac{v \cdot c_0}{c_0^2}} = \frac{v + c_0}{1 + \frac{v}{c_0}} = \frac{v + c_0}{c_0 + v} \cdot c_0 = c_0.$$

CERN: europäisches Kernforschungszentrum; Centre Européen de Reserches Nucléaires.

b) Zwei Protonen werden im CERN mit jeweils 90 % der Lichtgeschwindigkeit, relativ zur Erde gemessen, zur Kollision gebracht. Wir berechnen die Geschwindigkeit eines Protons relativ zum anderen.

$$v_{ges} = \frac{0{,}9\ c_0 + 0{,}9\ c_0}{1 + \frac{0{,}9\ c_0 \cdot 0{,}9\ c_0}{c_0^2}} = \frac{1{,}8\ c_0}{1{,}81} \approx 0{,}994\ 5\ c_0$$

c) Ein mit Lichtgeschwindigkeit relativ zu einem Inertialsystem fliegendes Science-Fiction-Raumschiff feuert mit einer Laserwaffe. Die Geschwindigkeit des ausgesandten Laserstrahls relativ zum Inertialsystem erhalten wir zu

$$v_{ges} = \frac{c_0 + c_0}{1 + \frac{c_0 \cdot c_0}{c_0^2}} = \frac{2c_0}{2} = c_0$$

Ziele erreicht? – „Einsteinsche Postulate"

2.1.05 + Geben Sie die beiden **Postulate** von Albert Einstein an.

2.1.06 ++ Eine radioaktive Substanz wird in einer Trägerrakete ins Weltall gebracht. Berechnen Sie die Geschwindigkeit eines mit zehn Prozent der Lichtgeschwindigkeit emittierten Teilchens bei einem radioaktiven Zerfall relativ zur Erde, wenn die Rakete mit der ersten kosmischen Geschwindigkeit unterwegs ist.

Die erste kosmische Geschwindigkeit für die Erde beträgt etwa 7,91 km/s = 28 476 km/h. Ein Flugkörper benötigt die erste kosmische Geschwindigkeit, um einen Himmelskörper antriebslos auf einer Kreisbahn zu umrunden.

2.1.07 ++ Berechnen Sie die Geschwindigkeit eines Protons relativ zum entgegenkommenden, wenn die beiden Protonen mit jeweils 95 % der Lichtgeschwindigkeit, relativ zur Erde gemessen, zur Kollision gebracht werden.

2.1.08 ++ Recherchieren Sie über den Unterschied zwischen dem Relativitätsprinzip der Mechanik und dem Relativitätsprinzip von Albert Einstein.

2.1.3 Die einsteinsche Lichtuhr

Albert Einstein ersann eine Lichtuhr, die als periodischen Vorgang das Hinundherpendeln eines einzelnen Lichtteilchens (Lichtquants) zwischen zwei idealisierten planparallelen Spiegeln benutzte.

Meine Ziele

Nach Bearbeitung dieses Kapitels kann ich
- die **einsteinsche Lichtuhr** qualitativ beschreiben;
- die bewegte **einsteinsche Lichtuhr** quantitativ erfassen;
- die Folgerungen für reale Prozesse akzeptieren.

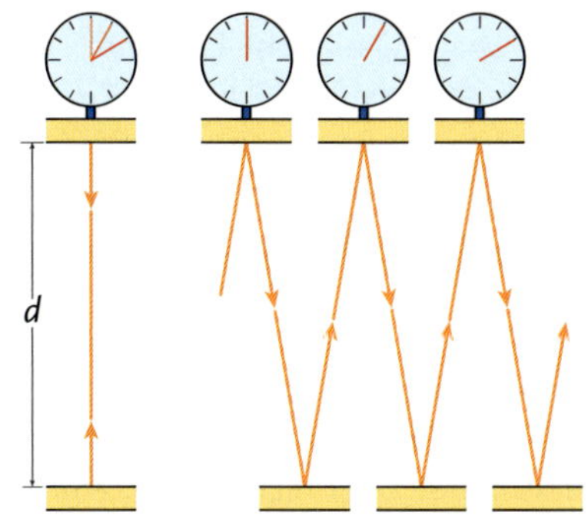

Prinzipskizze für die einsteinsche Lichtuhr; links die ruhende und rechts die gleichförmig bewegte Lichtuhr

Wir betrachten zuerst die in der Randspalte dargestellte Lichtuhr in Ruhe. Das Lichtquant wird von den Spiegeln im Abstand d jeweils reflektiert, sodass die Periodendauer T, die Zeit für einen Hin- und Rückweg, $2d / c_0$ beträgt. Diese Periodendauer misst sowohl ein in der Lichtuhr ruhender Beobachter als auch ein außerhalb der Lichtuhr ruhender Beobachter.
Wenn wir nun die Lichtuhr mit $v \approx c_0 / 2$ gleichförmig nach rechts bewegen, erhalten wir die nebenstehenden Momentaufnahmen für $t = 0$ s, $t = T / 2$ und $t = T$. Wenn wir uns mit der Lichtuhr mitbewegen, ist die Bewegung des Quants wie im Fall der ruhenden Lichtuhr senkrecht zu den Spiegeln. Wir messen im mit v gleichförmig bewegten System die Zeit t_b.
Wenn wir relativ zur Lichtuhr ruhen, hat sich die Uhr in der Zeit $T / 2$ um die Strecke $\Delta s = v \cdot T / 2$ nach rechts bewegt und das Lichtquant wird gerade am oberen Spiegel reflektiert. Nach einer weiteren halben Periodendauer ist das Lichtquant wieder beim unteren Spiegel angekommen. Wir nehmen als ruhende Beobachter eine Zickzacklinie wahr. Weil wir im ruhenden System die Zeit t_r messen, können wir den schrägen Lichtweg mit $s_r = c_0 \cdot t_r$ berechnen.
Den lotrechten Lichtweg nimmt nur ein mit der Lichtuhr mitbewegter Beobachter wahr, sodass wir ihn mit s_b bezeichnen und gemäß $s_b = c_0 \cdot t_b$ berechnen.
Die waagrechte Strecke s_w wird wiederum nur vom ruhenden Beobachter wahrgenommen, sodass $s_w = v \cdot t_r$ gilt.

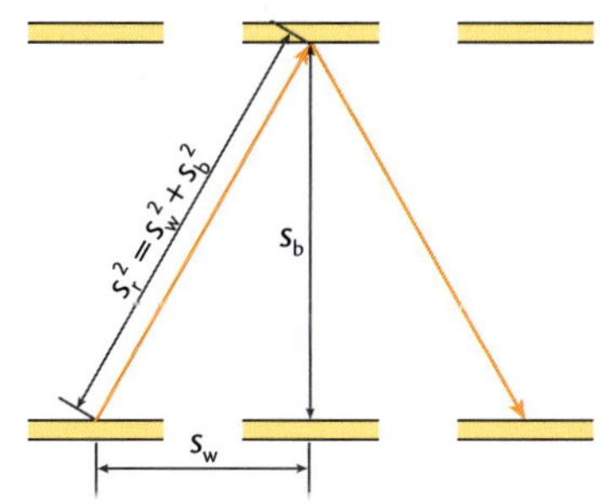

Die gleichförmig bewegte Lichtuhr $v \approx c_0 / 2$

Der Index b wird für physikalische Größen in einem gleichförmig **b**ewegten Bezugssystem verwendet, der Index r für physikalische Größen in einem **r**uhenden Bezugssystem.

Mit dem pythagoreischen Lehrsatz erhalten wir

$$s_r^2 = s_w^2 + s_b^2$$
$$(c_0 \cdot t_r)^2 = (v \cdot t_r)^2 + (c_0 \cdot t_b)^2$$

Ausquadrieren und Auflösen nach der im gleichförmig bewegten Bezugssystem gemessenen Zeit t_b liefert die Formel

$$t_b = t_r \cdot \sqrt{1 - \left(\frac{v}{c_0}\right)^2}$$

für die Zeitdehnung bei gleichförmiger Bewegung.

Zeitdehnung bzw. Zeitdilatation

Ein Vorgang, der in einem ruhenden System die Zeit t_r dauert, ergibt bei einer Messung in einem relativ dazu mit v bewegten System die kleinere Zeit t_b.

$$t_b = t_r \cdot \sqrt{1 - \left(\frac{v}{c_0}\right)^2}$$

Dilatare: lateinisch für ausdehnen.

Wir erkennen sofort, dass für $v = 0$ m/s t_b gleich t_r ist, also $t_b = t_r$.

Die einsteinsche Lichtuhr zeigt, dass die physikalische Größe Zeit vom Bewegungszustand – der Geschwindigkeit v – abhängt. Das gilt auch für die Gleichzeitigkeit.

Relativität der Gleichzeitigkeit
Ob zwei Ereignisse gleichzeitig stattfinden oder nicht, hängt vom Bewegungszustand des Beobachters ab.

Wir können uns das durch einen Waggon veranschaulichen, in dessen Mitte eine Lampe hängt. Ruht der Waggon und wird die Lampe eingeschaltet, erreicht das Licht beide Waggonenden gleichzeitig. Ist der Zug gleichförmig nach rechts bewegt, kommt das Licht für einen außerhalb des Waggons ruhenden Beobachter zuerst am linken Waggonende an.

Ein berühmtes Uhrenexperiment wurde 1971 von **Joseph Hafele** und **Richard Keating** mit vier Cäsiumuhren an Bord eines kommerziellen Linienflugzeugs durchgeführt. Sie umrundeten zweimal die Erde, zuerst ostwärts, dann westwärts, und verglichen die Anzeige der Atomuhren an Bord mit der von Atomuhren auf der Erdoberfläche.

Mit Myonen gelang im Jahre 1940 der experimentelle Nachweis der Zeitdilatation. Myonen entstehen in der oberen Erdatmosphäre durch den Aufprall kosmischer Strahlung auf Moleküle der oberen Luftschichten. Sie sind negativ geladene Elementarteilchen.

Beispiel 2.1.08: Sonderfälle für die einsteinsche Lichtuhr

a) Eine einsteinsche Lichtuhr bewege sich mit Schallgeschwindigkeit. Wir berechnen die relative Zeitänderung.

$$\frac{t_b}{t_r} = \sqrt{1 - \left(\frac{v_{Schall}}{c_0}\right)^2} \approx \sqrt{1 - \left(\frac{330\,\frac{m}{s}}{3 \cdot 10^8\,\frac{m}{s}}\right)^2} = \sqrt{1 - (1{,}1 \cdot 10^{-6})^2}$$

$$\frac{t_b}{t_r} = \sqrt{1 - 1{,}21 \cdot 10^{-12}} \approx 0{,}999\,999\,999\,999\,395$$

Wir sehen, dass bei alltäglichen Geschwindigkeiten von Körpern die Zeitdehnung im Allgemeinen vernachlässigt werden kann.

b) Eine einsteinsche Lichtuhr bewege sich mit halber Lichtgeschwindigkeit. Wir berechnen die relative Zeitänderung.

$$\frac{t_b}{t_r} = \sqrt{1 - \left(\frac{\frac{c_0}{2}}{c_0}\right)^2} \approx \sqrt{1 - \left(\frac{1}{2}\right)^2} = \sqrt{1 - \frac{1}{4}} = \sqrt{\frac{3}{4}} = \frac{\sqrt{3}}{2} \approx 0{,}866$$

Die mit halber Lichtgeschwindigkeit bewegte Uhr zeigt also eine um 13,4 % kürzere Zeit an.

c) Eine einsteinsche Lichtuhr bewege sich mit 90 % der Vakuumlichtgeschwindigkeit. Wir berechnen die relative Zeitänderung.

$$\frac{t_b}{t_r} = \sqrt{1 - \left(\frac{0{,}9 \cdot c_0}{c_0}\right)^2} \approx \sqrt{1 - (0{,}9)^2} = \sqrt{1 - 0{,}81} = \sqrt{0{,}19} \approx 0{,}436$$

Nun beträgt die Zeitverkürzung schon mehr als 56 Prozent.

Um mit GPS (**g**lobal **p**ositioning **s**ystem) auf der Erde genaue Angaben zu erhalten, müssen relativistische Effekte berücksichtigt werden.

Ziele erreicht? – „Die einsteinsche Lichtuhr“

2.1.09 + Beschreiben Sie die **einsteinsche Lichtuhr.**

2.1.10 + Berechnen Sie die **relative Zeitänderung** für eine mit $v = c_0 / 3$ gleichförmig bewegte Lichtuhr.

2.1.11 ++ Ermitteln Sie, mit welcher **Geschwindigkeit** sich eine einsteinsche Lichtuhr bewegen müsste, damit die Dauer eines Myonenzerfalles mit dem Faktor 100 gedehnt wird, und geben Sie die beiden Zeiten an. Recherchieren Sie die benötigten Daten.

2.1.4 Zeitdilatation und Längenkontraktion

Auch in populärwissenschaflichen Magazinen liest man im Zusammenhang mit der Relativitätstheorie Sätze wie „Bewegte Uhren gehen langsamer." Und: „Bewegte Maßstäbe sind verkürzt.". Wir werden in diesem Kapitel die mathematische Beschreibung dieser Aussagen liefern.

Meine Ziele

Nach Bearbeitung dieses Kapitels kann ich

- die **Zeitdilatation** und die **Längenkontraktion** angeben;
- typische Beispiele zur **Zeitdilatation** und der **Längenkontraktion** selbstständig lösen;
- die auf der Erdoberfläche gemessene **Myonenhäufigkeit** interpretieren.

Die von uns im vorangegangenen Kapitel abgeleitete Formel für die Zeitdehnung in einer gleichförmig bewegten Lichtuhr ist allgemeingültig.

Zeitdehnung bzw. Zeitdilatation

Benötigt ein bestimmter Vorgang in einem ruhenden System S_r die Zeit t_r, dann misst ein relativ zum System S_r mit v gleichförmig bewegter Beobachter die Zeit t_b.

$$t_b = t_r \cdot \sqrt{1 - \left(\frac{v}{c_0}\right)^2}$$

Der Faktor $\sqrt{1 - \left(\frac{v}{c_0}\right)^2}$ ist immer kleiner als oder gleich 1, sodass $t_b \leq t_r$.

Wenn eine ruhende Uhr beispielsweise für einen Vorgang eine Zeit t_r von einer Stunde anzeigt, dann ist t_b für $0 < v < c_0$ kleiner als eine Stunde. Die Uhr in einem gleichförmig bewegten System – die bewegte Uhr – zeigt also eine kleinere Zeitspanne als eine Stunde an und wir können schreiben: **Bewegte Uhren gehen langsamer.**

Beispiel 2.1.09: Zeitdilatation

Auf einem bestimmten Himmelskörper dauert der Fall eines nach einem Vulkanausbruch in die Höhe geschleuderten Körpers drei Sekunden. Wir berechnen, welche Zeit für diesen freien Fall auf einem Kometen, der sich mit 20 km/s relativ zum Himmelskörper bewegt, gemessen würde.

Wir schreiben die gegebenen physikalischen Größen an:
$t_r = 3$ s, $v = 20$ km/s, $c_0 = 299\,792\,458$ m/s

$$t_b = 3\text{ s} \cdot \sqrt{1 - \left(\frac{20\,000}{299\,792\,458}\right)^2} \approx 2{,}999\,999\,993\text{ s}$$

Weil wir in der SRT immer gleichförmige Bewegungen betrachten, können wir mithilfe der Zeitdilatation sofort auf die Änderungen in der Längenmessung schließen. Wir betrachten dazu eine Messstrecke der Länge l_r, die in einem ruhenden System gemessen wird. Für die Messstrecke der Länge l_r benötigt ein Lichtstrahl die Zeit $t_r = l_r / c_0$. Bewegt sich ein Beobachter relativ mit $v < c_0$ parallel zur Messstrecke, so misst er für den Lichtstrahl eine kürzere Zeit t_b. Folglich muss auch die Messstrecke für den bewegten Beobachter in Bewegungsrichtung verkürzt sein.

Man kann mit einem Augenzwinkern behaupten, dass bereits die Heilige Schrift die Zeitdehnung kennt, wenn man beispielsweise auf den Brief des Apostels Petrus verweist:
„Das eine aber, liebe Brüder, dürft ihr nicht übersehen: dass beim Herrn ein Tag wie tausend Jahre und tausend Jahre wie ein Tag sind." (2 Petrus 3, 8.)

Berechnen Sie, wie schnell sich eine Gottheit bewegen müsste, damit tausend Jahre wie ein Tag sind.

Ein sehr populäres Phänomen der SRT ist das **Zwillingsparadoxon.** Würde ein Zwilling eine sehr lange dauernde Reise mit einem sehr schnellen Raumschiff unternehmen, wäre er bei der Rückkehr zur Erde jünger als der auf der Erde im Vergleich zum Raumschiff beinahe ruhende Zwilling.

Diskutieren Sie, welche Phasen des Raumschifffluges nicht durch die SRT beschrieben werden können.

E

Längenverkürzung bzw. Längenkontraktion

Für eine Strecke der Länge l_r misst ein relativ zur Strecke mit v gleichförmig in Längsrichtung der Strecke bewegter Beobachter die Länge l_b.

$$l_b = l_r \cdot \sqrt{1 - \left(\frac{v}{c_0}\right)^2}$$

Der Wurzelfaktor ist immer kleiner als oder gleich 1, sodass $l_b \leq l_r$.
Kurz: Bewegte (Maß-)Stäbe sind in Bewegungsrichtung verkürzt bzw. kontrahiert.

Beispiel 2.1.10: Myonenzerfall und Längenkontraktion

Myonen werden in ca. 10 km Höhe über der Erdoberfläche durch die kosmische Strahlung erzeugt und bewegen sich mit rund 99,94 % der Vakuumlichtgeschwindigkeit in alle Richtungen. Ruhende Myonen haben eine mittlere Lebensdauer von rund 2,2 μs. Wir berechnen, welche Entfernung die bewegten Myonen bis zur Erde wahrnehmen.

Wir schreiben die gegebenen physikalischen Größen an:

$t_r = 2{,}2\ \mu s$, $l_r = 10\ km$, $v = 0{,}999\,4 \cdot c_0$

$$l_b = 10\ km \cdot \sqrt{1 - \left(\frac{0{,}999\,4 \cdot c_0}{c_0}\right)^2} = 10\ km \cdot \sqrt{1 - (0{,}999\,4)^2} \approx 346\ m$$

Für Myonen ist es deshalb möglich, die Erde zu erreichen, bevor sie zerfallen.

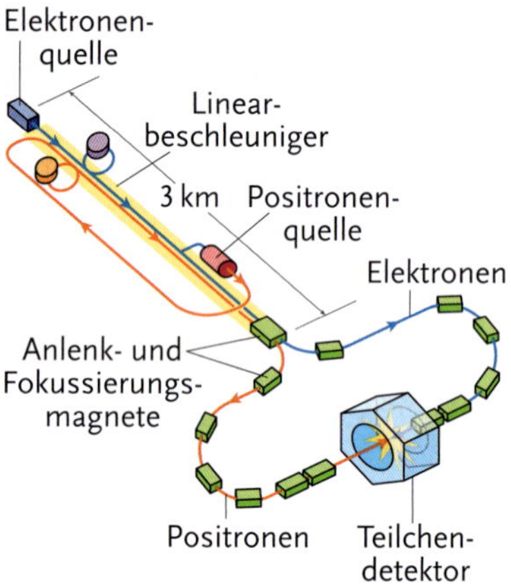

Der Linearbeschleuniger in Stanford (USA) ist 3 km lang und kann Elektronen bzw. Positronen bis 50 GeV beschleunigen.

Eine Energie von 50 GeV hat ein Elektron, wenn es von einer Spannung von 50 GV = 50 000 Millionen Volt beschleunigt wird. Eine weitere Vorstellung von dieser gewaltigen Energie von 50 GeV für ein Elektron erhalten wir im nächsten Kapitel.

Ziele erreicht? – „Zeitdilatation und Längenkontraktion"

2.1.12 + Geben Sie die Formeln für die **Zeitdilatation** und die **Längenkontraktion** an.

2.1.13 + Berechnen Sie, mit welcher Geschwindigkeit sich ein **Proton** in einem Linearbeschleuniger bewegen muss, damit die in Ruhe gemessene Beschleunigungsstrecke von einem Kilometer für das Proton um 20 Prozent kürzer ist.

2.1.14 + Berechnen Sie die **Zeitdilatation** für einen Formel-1-Piloten, wenn Sie vereinfachend annehmen, dass er auf einer kreisförmigen Teststrecke eine Stunde lang mit 200 km/h unterwegs ist.

2.1.15 ++ Recherchieren Sie über den **Myonenzerfall.** Stellen Sie den Anteil der noch nicht zerfallenen Myonen als Funktion der bereits verstrichenen Zeit sowohl klassisch als auch relativistisch dar.

2.1.5 Transformationen

Transformatoren werden im Alltag hauptsächlich mit der elektrischen Spannungswandlung in Verbindung gebracht. Beispiele sind Transformatoren für das Handyladegerät (ca. 5 Volt), das Notebook (rund 20 V), die Modelleisenbahn oder ein Kraftwerk. Mathematikerinnen und Mathematiker denken bei Transformationen allgemeiner an Verschiebungen bzw. Umformungen. In diesem Kapitel werden zwei spezielle – nach berühmten Physikern benannte – Transformationen diskutiert. Dabei werden wir dem Term $\sqrt{1-\left(\frac{v}{c_0}\right)^2}$, *den wir bei der Zeitdilatation und Längenkontraktion benötigten, wieder begegnen.*

Meine Ziele

Nach Bearbeitung dieses Kapitels kann ich
- die **Galileitransformation** und die **Lorentztransformation** unterscheiden;
- Transformationen durchführen;
- die Verknüpfung zwischen Raum und Zeit durch die **Lorentztransformation** verstehen.

Wir betrachten ein Inertialsystem I und ein relativ dazu gleichförmig mit $v << c_0$ der Einfachheit halber nur in x-Richtung bewegtes Inertialsystem I_b.

Hat ein Punkt P die Raumkoordinaten $(x \mid y \mid z)$ im Inertialsystem I, dann berechnen sich die Raumkoordinaten $(x_b \mid y_b \mid z_b)$ für das mit v nach rechts bewegte Inertialsystem I_b nach Galileo Galilei mit der Galileitransformation gemäß
$x_b = x - v \cdot t$, $y_b = y$ und $z_b = z$.

Für die Zeit gilt in der **klassischen Physik** $t_b = t$. Sie ist vom Ort und von der Bewegung unabhängig.

Bewegt sich das Inertialsystem I_b hingegen mit großer Geschwindigkeit, müssen wir die Zeitdilatation und die Längenkontraktion berücksichtigen. Wir führen die dann gültige Lorentztransformation ohne Herleitung an.

Lorentztransformation

Hat ein Punkt P die Raumkoordinaten $(x \mid y \mid z)$ im Inertialsystem I zur Zeit t, dann berechnen sich die Raumkoordinaten $(x_b \mid y_b \mid z_b)$ für das mit v nach rechts bewegte Inertialsystem I_b gemäß der **Lorentztransformation**

$$x_b = \gamma \cdot (x - v \cdot t)$$
$$y_b = y$$
$$z_b = z, \text{ mit}$$
$$\gamma = \frac{1}{\sqrt{1 - \left(\frac{v}{c_0}\right)^2}}$$

und die Zeit transformiert sich gemäß

$$t_b = \gamma \cdot \left(t - \frac{v \cdot x}{c_0^2}\right).$$

Die Rücktransformation bzw. inverse Transformation vom bewegten Inertialsystem I_b in das Inertialsystem I erfolgt gemäß

$$x = \gamma \cdot (x_b + v \cdot t_b)$$
$$y = y_b$$
$$z = z_b \text{ und}$$
$$t = \gamma \cdot \left(t_b + \frac{v \cdot x_b}{c_0^2}\right).$$

Zur Berechnung der Zeit im bewegten System muss nicht nur die Zeit des ruhenden Systems, sondern auch die x-Koordinate verwendet werden, wenn die Bewegung längs der x-Achse erfolgt. Raum und Zeit sind miteinander verknüpft, man spricht von der vierdimensionalen **Raumzeit** $(x \mid y \mid z \mid c_0 \cdot t)$.

Galileitransformation siehe NAWI I/II, Kap. B, 1.2.1.1.

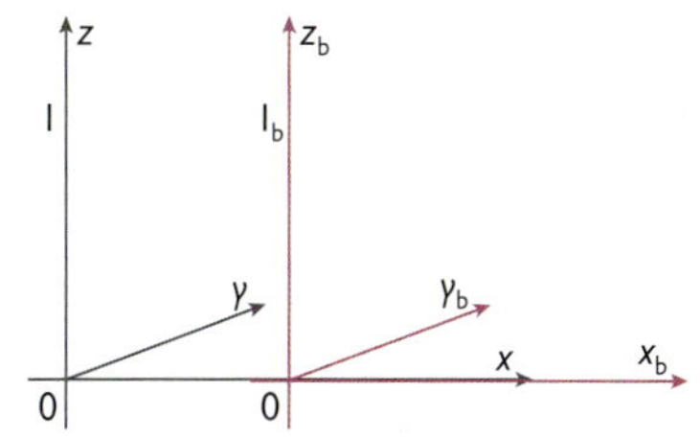

Zwei Inertialsysteme: Das zweite I_b bewegt sich mit v = konstant relativ zum ersten in die positive x-Richtung

Physikalische Größen, deren Zahlenwert von der Relativgeschwindigkeit zwischen Beobachter und beobachtetem System abhängt, heißen relative Größen. Wir haben bereits Länge, Masse und Zeit als relative physikalische Größen identifiziert.

Ist der Zahlenwert einer physikalischen Größe beobachterunabhängig, ist sie eine absolute Größe. Die Vakuumlichtgeschwindigkeit ist – wegen Einsteins Postulat von ihrer Konstanz – eine absolute Größe.

E

Hendrik Antoon Lorentz, 1853 bis 1928, niederländischer Mathematiker und Physiker, die Lorentzkraft und die Lorentztransformation sind nach ihm benannt

Hendrik Antoon Lorentz beschäftigte sich auch mit der maxwellschen Theorie der Elektrizität und des Lichts, besonders mit der Bewegung elektrisch geladener Teilchen. Er postulierte das Elektron als Träger von elektrischer Ladung und konnte damit das Verhalten von Licht beim Durchgang durch transparente Körper erklären.
Lorentz und der niederländische Physiker **Pieter Zeeman** erhielten 1902 den Nobelpreis für Physik, nachdem **Conrad Wilhelm Röntgen** 1901 den ersten Physiknobelpreis erhalten hatte.

Beispiel 2.1.11: Lorentztransformation

Wir betrachten einen Punkt P (1 m | 2 m | 3 m) im Inertialsystem I zur Zeit $t = 2$ μs. Für ein mit $v = c_0 / 2$ in x-Richtung gleichförmig bewegtes Inertialsystem I_b gilt dann:

$$x_b = \gamma \cdot (x - v \cdot t) = \frac{1}{\sqrt{1 - (0{,}5)^2}} \cdot \left(1\text{ m} - \frac{c_0}{2} \cdot 2 \cdot 10^{-6}\text{ s}\right) \approx 1{,}12\text{ m und}$$

$$t_b = \gamma \cdot (t - v \cdot x/c_0^2) = \frac{1}{\sqrt{1 - (0{,}5)^2}} \cdot \left(2\text{ μs} - \frac{c_0 \cdot 1\text{ m}}{2 \cdot c_0^2}\right) \approx 2{,}3\text{ μs.}$$

Wir leiten nun mithilfe der Lorentztransformation die Formel für die relativistische Gesamtgeschwindigkeit ab, die wir in Kapitel 2.1.2 ohne Herleitung angegeben haben.

Die abzuleitende Formel lautet $v_{ges} = \dfrac{v_1 + v_2}{1 + \dfrac{v_1 \cdot v_2}{c_0^2}}$.

Wir betrachten dazu drei Inertialsysteme I, I_1 und I_2.

Das Inertialsysteme I_1 bewege sich gleichförmig mit v_1 relativ zu I und das Inertialsystem I_2 bewege sich gleichförmig mit v_2 relativ zu I_1.

Wir wollen die Geschwindigkeit des Inertialsystems I_2 relativ zu I berechnen.

Wir nehmen ohne Einschränkung der Allgemeinheit an, dass die Bewegungen nur längs der x-Achsen erfolgen.

Aus der Rücktransformation von Lorentz erhalten wir für x

$$x = \gamma \cdot (x_1 + v_1 \cdot t_1) = \gamma \cdot t_1 \cdot \left(\frac{x_1}{t_1} + v_1\right) = \gamma \cdot t_1 \cdot (v_2 + v_1).$$

Für die Zeit t ergibt sich mit der Rücktransformation

$$t = \gamma \cdot \left(t_1 + \frac{v_1 \cdot x_1}{c_0^2}\right) = \gamma \cdot \left(t_1 + \frac{v_1 \cdot v_2 \cdot t_1}{c_0^2}\right) = \gamma \cdot t_1 \cdot \left(1 + \frac{v_1 \cdot v_2}{c_0^2}\right).$$

Wenn wir die beiden Gleichungen durcheinander dividieren, erhalten wir nach Kürzen von $\gamma \cdot t_1$

$$x/t = v_{ges} = \frac{v_2 + v_1}{1 + \dfrac{v_1 \cdot v_2}{c_0^2}}.$$

Mit dem Kommutativgesetz der Addition folgt die gesuchte Formel.

Ziele erreicht? – „Transformationen“

2.1.16 + Geben Sie die **Galileitransformation** und die **Lorentztransformation** an.

2.1.17 + Berechnen Sie die vierdimensionale **Raumzeit** $(x_b \mid y_b \mid z_b \mid c_0 \cdot t_b)$ für einen Punkt P (10 m | 5 m | 2 m) im Inertialsystem I zur Zeit $t = 6$ μs für ein mit $v = c_0 / 3$ in x-Richtung gleichförmig bewegtes Inertialsystem I_b.

2.1.18 + Leiten Sie die **Lorentztransformation** ab. Gehen Sie dazu von der Galileitransformation aus und verwenden Sie einen noch zu bestimmenden geschwindigkeitsabhängigen Faktor für ein Lichtsignal, das sich zum Zeitpunkt $t = 0$ s vom Koordinatenursprung in x-Richtung bewegt.

2.1.6 Relativistische Masse und relativistische Energie

In den vorangegangenen Kapiteln haben wir festgestellt, dass eine Bewegung mit großer Geschwindigkeit unserer alltäglichen Vorstellung von Länge, Zeit, Geschwindigkeitsaddition und Raum widerspricht. Nun werden wir analysieren, wie sich eine gleichförmige Bewegung mit einer Geschwindigkeit nahe der Vakuumlichtgeschwindigkeit auf die Masse und die Energie auswirkt. Dazu verwenden wir auch die berühmteste Formel von Albert Einstein $E = m \cdot c_0^2$. Dass Energie proportional zum Produkt aus Masse und Geschwindigkeitsquadrat ist, kennen wir bereits aus der Mechanik, denn $E_{kin} = m \cdot v^2/2$. Revolutionär war, dass Albert Einstein auch einer ruhenden Masse eine Ruheenergie zuordnete.

Meine Ziele

Nach Bearbeitung dieses Kapitels kann ich
- die Formel für die **relativistische Masse** angeben;
- einfache Berechnungen für **gleichförmig bewegte Körper** ausführen;
- den Unterschied zwischen **Ruhemasse** und **relativistischer Masse** interpretieren.

Albert Einstein schrieb einer ruhenden Masse ihre Ruheenergie zu.

Ruhemasse und Ruheenergie

Ein ruhender Körper der (Ruhe-)Masse m_0 hat die **Ruheenergie** $E_0 = m_0 \cdot c_0^2$.

Beispiel 2.1.12: Ruheenergie des Urkilogramms

Die Ruheenergie des Urkilogramms beträgt
$E_0 = m_0 \cdot c_0^2 = 1\ \text{kg} \cdot (299\,792\,458\ \text{m/s})^2 \approx 9 \cdot 10^{16}\ \text{J} = 90 \cdot 10^{15}\ \text{J} = 90\ \text{PJ}$.

Um die ungeheure Energie von rund 90 PJ in einem Kohlekraftwerk umzusetzen, müssen etwa drei Millionen Tonnen Steinkohle verbrannt werden.

Im Beispiel 5.1.05 haben wir berechnet, nach welcher Zeit ein frei fallender Körper 90 Prozent der Vakuumlichtgeschwindigkeit erreicht. Wir könnten klassisch daher berechnen, nach welcher Zeit bei konstanter Beschleunigung die Vakuumlichtgeschwindigkeit überschritten wird. Im Beispiel 5.1.07 haben wir gesehen, dass die relativistische Gesamtgeschwindigkeit niemals die Vakuumlichtgeschwindigkeit übersteigen kann. Albert Einstein löste auch diesen Widerspruch zur klassischen Mechanik, indem er die dynamische Masse m_d im Gegensatz zur Ruhemasse m_0 geschwindigkeitsabhängig definierte.

Dynamische Masse

Ein gleichförmig mit v = konstant bewegter Körper der Ruhemasse m_0 hat die **dynamische Masse**

$$m_d = \frac{m_0}{\sqrt{1-\left(\frac{v}{c_0}\right)^2}} = \gamma \cdot m_0.$$

Die dynamische Masse für einen ruhenden Körper stimmt mit seiner Ruhemasse überein: $m_d(v = 0) = m_0$.

Entwickeln wir den Faktor γ in eine Taylorreihe, so erhalten wir

$$m_d = m_0 + \frac{1}{2} \cdot m_0 \cdot \left(\frac{v}{c}\right)^2 + \frac{3}{8} \cdot m_0 \cdot \left(\frac{v}{c}\right)^4 \ldots .$$

$E = m \cdot c^2$ wird oft als die berühmteste Formel der Welt bezeichnet.

$F_{kin} = m \cdot v^2/2$
Die kinetische Energie ist das Produkt aus Masse und halbem Geschwindigkeitsquadrat.
Auch die Einheiten zeigen uns, dass die Einheit von Masse mal Geschwindigkeitsquadrat die Einheit der Energie ergibt.
$1\ \text{kg} \cdot (1\ \text{m/s})^2 = 1\ \text{kg} \cdot \text{m}^2/\text{s}^2 = 1\ \text{kg} \cdot \text{m/s}^2 \cdot \text{m} = 1\ \text{Nm} = 1\ \text{J}$

Ruheenergie $E_0 = m_0 \cdot c_0^2$

Relative Größen	Absolute Größen
Dynamische Masse	Ruhemasse
Länge	
Zeit	
Geschwindigkeit	Vakuumlichtgeschwindigkeit

Gegenüberstellung von relativen und absoluten physikalischen Größen. Relative Größen hängen vom Bewegungszustand des Beobachters – Experimentators – ab.

Die dynamische Masse ist größer als oder gleich der Ruhemasse, $m_d \geq m_0$, weil der Term

$$\sqrt{1-\left(\frac{v}{c_0}\right)^2}$$

im Nenner kleiner als oder gleich 1 ist.

Damit m_d für $v = c_0$ einen endlichen reellen Wert erhält, muss m_0 null sein. Daher haben Photonen keine Ruhemasse, sondern nur eine dynamische Masse.

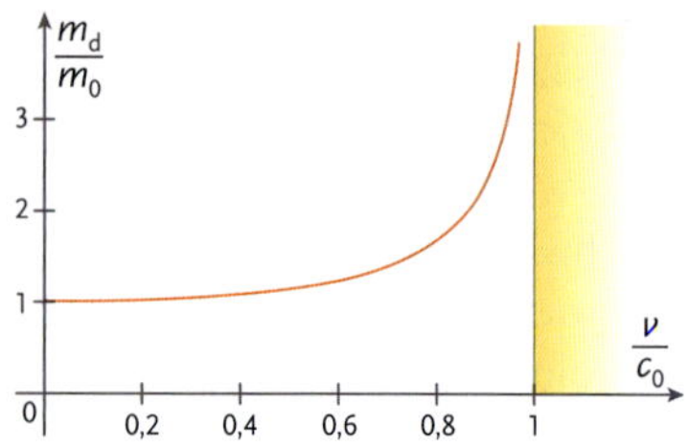

Darstellung der dynamischen Masse m_d im Vergleich zur Ruhemasse m_0

Beispiel 2.1.13: Dynamische Masse eines Protons

Ein Proton mit einer Ruhemasse von $m_0 \approx 1{,}67 \cdot 10^{-27}$ kg bewegt sich auf einer Beschleunigungsstrecke mit 99,9 % der Vakuumlichtgeschwindigkeit.

Wir berechnen die dynamische Masse des gleichförmig bewegten Protons.

Die dynamische Masse des Protons beträgt

$$m_d = \frac{m_0}{\sqrt{1 - 0{,}999^2}} \approx 22{,}4 \cdot m_0$$

Die Massenzunahme im Vergleich zur Ruhemasse beträgt unglaubliche 2 140 %.

Weil die dynamische Masse von der Geschwindigkeit abhängt, definierte Albert Einstein die Bewegungsenergie als Differenz aus relativistischer Gesamtenergie und Ruheenergie.

Relativistische Gesamtenergie

Ein gleichförmig mit v = konstant bewegter Körper der Ruhemasse m_0 hat die **relativistische Gesamtenergie**

$$E_{ges} = m_d \cdot c_0^2 = \frac{m_0}{\sqrt{1 - \left(\frac{v}{c_0}\right)^2}} \cdot c_0^2 = \gamma \cdot m_0 \cdot c_0^2.$$

Im Mikrokosmos ist die Energieeinheit ein Joule zu groß, sodass üblicherweise ein Elektronenvolt (= 1 eV) verwendet wird: $1 \text{ eV} \approx 1{,}6 \cdot 10^{-19}$ J

Beispiel 2.1.14: Relativistische Gesamtenergie eines Elektrons

Ein Elektron mit einer Ruhemasse von $m_0 \approx 9{,}1 \cdot 10^{-31}$ kg bewegt sich auf einer Beschleunigungsstrecke mit 99,9 % der Vakuumlichtgeschwindigkeit.
Die relativistische Gesamtenergie ergibt

$$E_{ges} = m_d \cdot c_0^2 = \frac{m_0}{\sqrt{1 - 0{,}999^2}} \cdot c_0^2 \approx 22{,}4 \cdot m_0 \cdot c_0^2.$$

$$E_{ges} = 22{,}4 \cdot 9{,}1 \cdot 10^{-31} \cdot 299\,792\,458^2 \text{ J} \approx 1{,}8 \cdot 10^{-12} \text{ J} \approx 1{,}1 \cdot 10^7 \text{ eV}.$$

Bei der Längenkontraktion haben wir den Linearbeschleuniger in Standford erwähnt, der Elektronen auf 50 GeV beschleunigt. Wir berechnen zum Vergleich die Ruheenergie eines Elektrons.

$$E_0 = m_0 \cdot c_0^2$$
$$E_0 \approx 9{,}1 \cdot 10^{-31} \cdot 9 \cdot 10^{16} \text{ J} = 8{,}19 \cdot 10^{-14} \text{ J} \approx 509 \text{ keV}$$

Die Elektronen werden also in Stanford auf die 100 000-fache Ruheenergie beschleunigt.

Relativistische Bewegungsenergie

Ein gleichförmig mit v = konstant bewegter Körper der Ruhemasse m_0 hat die **relativistische Bewegungsenergie**

$$E_{kin} = m_d \cdot c_0^2 - m_0 \cdot c_0^2 = (m_d - m_0) \cdot c_0^2 = \left(\frac{m_0}{\sqrt{1 - \left(\frac{v}{c_0}\right)^2}} - m_0\right) \cdot c_0^2$$

$$E_{kin} = \left(\frac{1}{\sqrt{1 - \left(\frac{v}{c_0}\right)^2}} - 1\right) \cdot m_0 \cdot c_0^2 = (\gamma - 1) \cdot m_0 \cdot c_0^2$$

Die relativistische Bewegungsenergie ist größer als oder gleich der Ruheenergie, $E_{kin} \geq E_0$, weil der Nenner

$$\sqrt{1 - \left(\frac{v}{c_0}\right)^2} \leq 1 \text{ ist.}$$

Beispiel 2.1.15: Relativistische Bewegungsenergie eines Heliumkerns

Ein Heliumkern mit einer Ruhemasse von $m_0 = m_{Heliumkern} \approx 2 \cdot (m_{Proton} + m_{Neutron}) \approx 4 \cdot 1{,}67 \cdot 10^{-27} \text{ kg} = 6{,}68 \cdot 10^{-27}$ kg bewegt sich auf einer Beschleunigungsstrecke mit 99 % der Vakuumlichtgeschwindigkeit.

Die relativistische Bewegungsenergie ergibt

$$E_{kin} = \left(\frac{1}{\sqrt{1 - 0{,}99^2}} - 1\right) \cdot m_0 \cdot c_0^2 \approx 6{,}09 \cdot m_0 \cdot c_0^2 \approx 4 \cdot 10^{-9} \text{ J} = 2{,}5 \cdot 10^{10} \text{ eV} = 25 \text{ GeV}$$

Ein Heliumkern ist das beim radioaktiven Alphazerfall emittierte Alphateilchen ($^4_2$He) und besteht aus zwei Protonen und zwei Neutronen.

Relativistischer Impuls

Ein gleichförmig mit v = konstant bewegter Körper der Ruhemasse m_0 hat den **relativistischen Impuls** $p = \gamma \cdot m_0 \cdot v$.

⚠ Der relativistische Impuls kann bei Stoßprozessen an Teilchenbeschleunigern sehr genau gemessen werden.

Ziele erreicht? – „Relativistische Masse"

2.1.19 + Geben Sie die Formeln für die **relativistische Masse** und die **Ruheenergie** an.

2.1.20 + Geben Sie Beispiele für **relative physikalische** und für **absolute physikalische Größen** an.

2.1.21 + Berechnen Sie die Massenzunahme für ein **Proton,** das in einem Zirkularbeschleuniger mit 99,99 Prozent der Lichtgeschwindigkeit kreist.

2.1.22 + Berechnen Sie die Geschwindigkeit eines **Neutrons,** das eine um 900 % größere Masse als seine Ruhemasse hat.

2.1.23 + Berechnen Sie die Geschwindigkeit eines **Elektrons,** das vom Linearbeschleuniger der Stanford-Universität in den USA bis zu einer **kinetischen Energie** von 5 GeV beschleunigt wird.

2.1.24 + Leiten Sie die **relativistische Energie-Impuls-Beziehung** ab. Gehen Sie dazu von der dynamischen Masse aus.

2.1.25 ++ Entwickeln Sie die dynamische Masse als Funktion der Geschwindigkeit in eine **Taylorreihe.**

Ruhemasse eines Neutrons $m_0 \approx 1{,}67 \cdot 10^{-27}$ kg.

Relativistischer (dynamischer) Impuls $p_d = m_d \cdot v$.

Relativistische Energie-Impuls-Beziehung $E^2 = m_0^2 \cdot c_0^4 + p_d^2 \cdot c_0^2$

2.1.7 Relativistischer Dopplereffekt

Wir alle kennen den klassischen Dopplereffekt für Schallwellen aus dem Alltag. Wenn sich uns ein Einsatzfahrzeug mit eingeschaltetem Folgetonhorn nähert, nehmen wir eine Frequenzerhöhung, beim Entfernen des Fahrzeuges – der Schallquelle – eine Frequenzerniedrigung wahr. Wir werden nun untersuchen, welche Auswirkung sich für sehr schnell bewegte Lichtquellen aufgrund der Zeitdilatation ergibt.

Klassischer Dopplereffekt des Schalls: Ein ruhender Beobachter B nimmt die Frequenz f_B wahr, wenn sich die Schallquelle mit der Geschwindigkeit v auf den Beobachter B zubewegt, f_Q die Quellenfrequenz und c die Schallgeschwindigkeit ist.

$$f_B = \frac{f_Q}{1 - \frac{v}{c}}$$

Meine Ziele

Nach Bearbeitung dieses Kapitels kann ich

- die Formel für den **relativistischen Dopplereffekt** angeben und ihn vom klassischen Dopplereffekt unterscheiden;
- einfache Dopplereffektbeispiele rechnen;
- die Bedeutung des **relativistischen Dopplereffekts** erklären.

Wir betrachten einen Beobachter B und eine Lichtquelle Q, die sich mit einer Geschwindigkeit v voneinander entfernen.

Die Periodendauer des von der Lichtquelle Q ausgesandten Lichts T_Q wird vom Beobachter nicht relativistisch gemäß $T_B = T_Q \cdot (1 + v/c_0)$ wahrgenommen. Berücksichtigen wir die Zeitdilatation für die Periodendauer des ausgesandten Lichts, so erhalten wir den relativistischen Dopplereffekt $T_B = T_Q \cdot (1 + v/c_0) \cdot \gamma$. Mit dem Kehrwert der Periodendauer erhalten wir die Frequenz f.

Der vom österreichischen Physiker **Christian Doppler** (1803 bis 1853) entdeckte Effekt wird heute vielseitig angewandt. Im angloamerikanischen Sprachraum findet sich in den meisten Spitälern der Name Doppler als Bezeichnung von Räumen, wo die Blutdurchflussgeschwindigkeit gemessen wird.

E

Beim klassischen Dopplereffekt muss man zwei Fälle unterscheiden. Entweder bewegt sich der Sender oder der Empfänger. Relativistisch ist keine Unterscheidung nötig, weil kein Ruhesystem des Ausbreitungsmediums definierbar ist.

Die Rotverschiebung der Wellenlänge von Sternen ist ein Beleg für die Expansion des Universums. Denkt man die Ausdehnung des Universums rückwärts, gelangt man zur Annahme eines Urknalls. Siehe Kap. F, 2.4 und 2.5.

Sir Arthur Stanley Eddington, 1882 bis 1944, britischer Astronom und Physiker, leitete die Expedition zur Beobachtung der Sonnenfinsternis im Jahre 1919 in Westafrika

Albert Einstein berechnete im Rahmen seiner allgemeinen Relativitätstheorie eine Lichtablenkung von rund zwei Bogensekunden an unserem Sonnenrand.

Der Erdmond verdunkelt die Sonne

Relativistischer Dopplereffekt

Entfernt sich eine Lichtquelle mit der Relativgeschwindigkeit v = konstant von einem Beobachter, so nimmt dieser die Frequenz f_B wahr, wenn f_Q die Frequenz der Lichtwelle der ruhenden Lichtquelle ist.

$$f_B = f_Q \cdot \sqrt{\frac{1 - \frac{v}{c_0}}{1 + \frac{v}{c_0}}} = f_Q \sqrt{\frac{c_0 - v}{c_0 + v}}$$

Bei Annäherung von Lichtquelle und Beobachter ist das Vorzeichen von v negativ zu nehmen.

Beispiel 2.1.16: Relativistischer Dopplereffekt

Ein Stern entfernt sich mit halber Vakuumlichtgeschwindigkeit von der Erde. Wir berechnen die Wellenlänge einer Strahlung, die vom Stern mit einer Wellenlänge von 600 nm emittiert wurde und auf der Erde detektiert wird.

$$f_B = \frac{c_0}{\lambda_Q} \cdot \sqrt{\frac{1 - \frac{v}{c_0}}{1 + \frac{v}{c_0}}} = \frac{c_0}{\lambda_Q} \cdot \sqrt{\frac{1 - \frac{1}{2}}{1 + \frac{1}{2}}} = \frac{c_0}{\lambda_Q} \cdot \sqrt{\frac{1}{3}} \approx 2{,}88 \cdot 10^{14}\ \text{Hz}$$

$$\lambda_B = \frac{c_0}{f_B} \approx 1\,039\ \text{nm}$$

Es ist eine relative Rotverschiebung von $\frac{1\,039}{600} \approx 1{,}73 = 173\ \%$ zu sehen.

Ziele erreicht? – „Relativistischer Dopplereffekt“

2.1.26 + Geben Sie die Formeln für den **klassischen** und den **relativistischen Dopplereffekt** an.

2.1.27 + Berechnen Sie die auf der Erde gemessene **Wellenlänge** einer Strahlung, die von einem Stern, der sich mit 60 % der Vakuumlichtgeschwindigkeit von der Erde entfernt, mit einer Wellenlänge von 500 nm emittiert wurde.

2.1.28 ++ Recherchieren Sie über **Dopplersonografie.**

2.1.8 Allgemeine Relativitätstheorie (ART)

Albert Einstein wurde über Nacht weltberühmt, als am 29. Mai 1919 seine Voraussage von der Ablenkung von Licht durch große Massen – in diesem Fall durch unsere Sonne – experimentell bestätigt wurde. Die Ablenkung von Licht in der Nähe von großen Massen erklärte Albert Einstein durch die Krümmung der vierdimensionalen Raumzeit.

Meine Ziele

Nach Bearbeitung dieses Kapitels kann ich

- die **spezielle Relativitätstheorie (SRT)** und die **allgemeine Relativitätstheorie (ART)** unterscheiden und die vierdimensionale Raumzeit angeben;
- die **Formeln** für die **Längen-** und **Zeitänderung** in der Nähe von großen Massen anwenden;
- die **Frequenzabnahme** von Licht beim Hochsteigen im Gravitationsfeld einer Masse verstehen.

Albert Einstein hat seine SRT 1905 veröffentlicht und danach weitere zehn Jahre für die Einbindung der Gravitation in sein neues Raum-Zeit-Konzept investiert, bevor er 1915 seine Theorie zur ART der Allgemeinheit zugänglich machte. Albert Einstein hat in der SRT lediglich gleichförmig bewegte Bezugssysteme – also Inertialsysteme – analysiert. Ab 1905 wollte er unbedingt auch beschleunigte Bezugssysteme beschreiben können und damit wegen des Äquivalenzprinzips die Gravitation selbst.

SRT	ART
Nur gleichförmige Bewegungen	Auch eine Gravitationsbeschleunigung wird berücksichtigt

Gegenüberstellung von spezieller und allgemeiner Relativitätstheorie

Äquivalenzprinzip

Beschleunigte Systeme, die keiner Gravitationswirkung unterliegen, sind von ruhenden Systemen mit Gravitation nicht unterscheidbar. Effekte von Beschleunigung und Gravitation sind allgemein ununterscheidbar. Daraus folgt die Äquivalenz von träger und schwerer Masse.

Die **SRT** wird dominiert von der Vakuumlichtgeschwindigkeit, die **ART** vom Verhältnis der Gravitationskonstante zum Quadrat der Vakuumlichtgeschwindigkeit. Um dies zu verstehen, betrachten wir ein Photon, das mit der Frequenz f_O an der Oberfläche der Erde von einer Strahlungsquelle emittiert wird. Mit der Energie $E_O = h \cdot f_O$ ergibt sich die dynamische Masse $m_d = h \cdot f_O / c_0^2$. Damit sich das Photon von der Erdoberfläche um die kleine Strecke Δh entfernen kann, muss es die Hubarbeit $W_{Hub} = m_d \cdot g \cdot \Delta h$ verrichten. Daher sinkt die Gesamtenergie des Photons und damit auch seine Frequenz. Für die Frequenz f_h in der Höhe Δh gilt daher

$$f_h = (E_O - W_{Hub})/h = (h \cdot f_O - m_d \cdot g \cdot \Delta h)/h = (h \cdot f_O - h \cdot f_O \cdot g \cdot \Delta h/c_0^2)/h.$$

Wir kürzen das plancksche Wirkungsquantum und heben die Frequenz f_O an der Oberfläche der Erde heraus:

$$f_h = f_O \cdot (1 - g \cdot \Delta h/c_0^2)$$

Diese Überlegungen lassen sich verallgemeinern.

Die allgemeine Relativitätstheorie wird gerne mit ART abgekürzt. Das sorgt auch dafür, dass sie im Englischen wie das Wort *art* (Kunst) klingt. Handelt es sich doch auch um eine kunstvolle Theorie Albert Einsteins, die ihm mathematische Kunstgriffe abverlangte.

Plancksches Wirkungsquantum $h \approx 6{,}67 \cdot 10^{-34}$ Js.
In der klassischen Physik ist das Produkt aus Energie und Zeit für einen bestimmten Vorgang im Allgemeinen um viele Zehnerpotenzen größer als das plancksche Wirkungsquantum.

Frequenzverminderung (Rotverschiebung) in der Nähe einer großen Masse

Hat eine elektromagnetische Welle an der Oberfläche einer großen Masse mit der Gravitationsbeschleunigung g die Frequenz f_O, so ist $f_h = f_O \cdot (1 - g \cdot \Delta h/c_0^2)$ die Frequenz in der Höhe Δh.

Wir erkennen, dass wegen der Größe von c_0^2 sehr große Gravitationsbeschleunigungen und/oder große Höhenunterschiede betrachtet werden müssen, um große relative Frequenzänderungen zu erhalten.

Sehr große **Gravitationsbeschleunigungen** haben Neutronensterne mit einer Dichte von rund 10^{15} kg/m³ und einem Radius von nur rund 10 km.

Beispiel 2.1.17: Rotverschiebung auf der Erde in einem Hochhaus

Wir berechnen die relative Frequenzminderung für eine elektromagnetische Welle, die vom Erdgeschoß in das zwanzigste Stockwerk eines Bürogebäudes hochsteigt, wenn eine mittlere Geschoßhöhe von 3,5 m angenommen wird.

$$f_h/f_O = 1 - g \cdot \Delta h/c_0^2 \approx 1 - 9{,}81 \cdot 70/(299\,792\,458)^2 \approx 0{,}999\,999\,999\,999\,992$$

Das ist zwar sehr wenig, kann aber experimentell nachgewiesen werden.

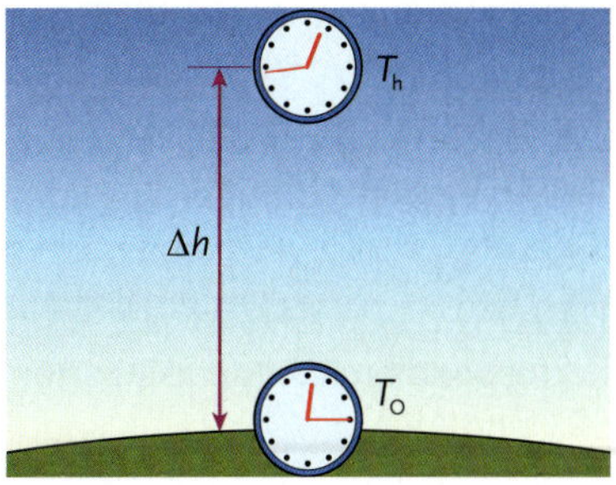

Schematische Darstellung der Zeitdilatation durch eine große Masse

Weil die Frequenz die reziproke Periodendauer ist – $f_O = 1/T_O$ und $f_h = 1/T_h$ –, folgt aus der Rotverschiebung, dass $T_O = T_h \cdot (1 - g \cdot \Delta h/c_0^2)$.
Die Zeit an der Oberfläche einer großen Masse ist **stets kleiner als in der Entfernung Δh.** Die Einschränkung auf Periodendauern ist nicht nötig, sodass der einprägsame Satz – **Uhren gehen in der Nähe von großen Massen langsamer** – gilt.

Die Masse der Sonne beträgt das rund 330 000-Fache der Erdmasse, $m_{Sonne} \approx 1{,}98 \cdot 10^{30}$ kg.

Zeitdilatation (Zeitdehnung) in der Nähe einer großen Masse

Dauert ein Ereignis in der Höhe Δh über der Oberfläche einer großen Masse mit der Gravitationsbeschleunigung g die Zeit t_h, so dauert dieses Ereignis an der Oberfläche die Zeit $t_O = t_h \cdot (1 - g \cdot \frac{\Delta h}{c_0^2})$.

Der **Großglockner** ist mit 3 798 m der höchste Berg Österreichs.

Beispiel 2.1.18: Zeitdilatation auf Meeresniveau im Vergleich zum Großglockner

Wir berechnen die relative Zeitdilatation für eine Atomuhr, die von einem Ort auf Meeresniveau auf den Großglockner (3 798 m) gebracht wird.

$$\frac{t_O}{t_h} = 1 - g \cdot \frac{\Delta h}{c_0^2} \approx 1 - 9{,}81 \cdot \frac{3\,798}{(299\,792\,458)^2} \approx 0{,}999\,999\,999\,999\,6.$$

Das ist zwar sehr wenig, ist aber für bestimmte Berge bereits nachgewiesen worden.

Weil wir die mit einem Lichtsignal gemessene Messstrecke mithilfe der für das Zurücklegen der Messstrecke benötigten Zeit ermitteln, leuchtet uns ein, dass auch Längen durch Massen verändert werden.
Albert Einstein fasste die Zeit- und Längenänderung durch Massen zur **Krümmung** der vierdimensionalen **Raumzeit** zusammen.

Vierdimensionale Raumzeit $(x \mid y \mid z \mid c_0 \cdot t)$.

Längenkontraktion (Längenverkürzung) in der Nähe einer großen Masse

Hat ein Maßstab in der Höhe Δh über der Oberfläche einer großen Masse mit der Gravitationsbeschleunigung g die Länge l_h, so ist $l_O = l_h \cdot (1 - g \cdot \frac{\Delta h}{c_0^2})$ die Länge an der Oberfläche dieser Masse.

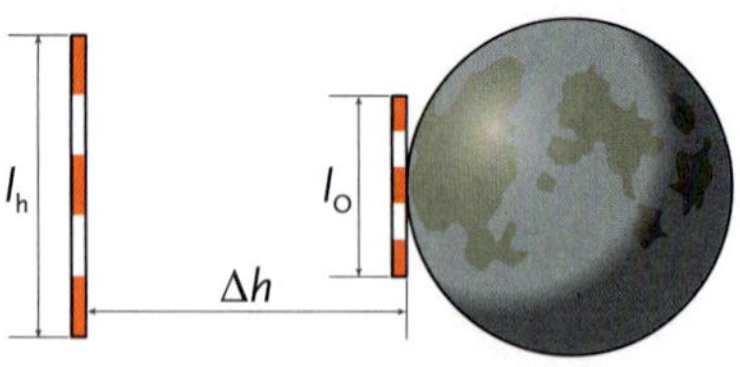

Schematische Darstellung der Längenkontraktion durch eine große Masse

Beispiel 2.1.19: Maßstabsverkürzung auf dem Mond

Wir berechnen die relative Längenänderung eines Maßstabes von einem Meter in einer Höhe von 1 km über der Mondoberfläche.

$$\frac{l_O}{l_h} = 1 - g \cdot \frac{\Delta h}{c_0^2} \approx 1 - 1{,}64 \cdot \frac{1\,000}{(299\,792\,458)^2} \approx 1 - 1{,}82 \cdot 10^{-14}$$

Das ist wahrlich nicht viel. Unser Mond hat aber auch eine sehr bescheidene Gravitationsbeschleunigung von rund 1,64 m/s^2.

Wegen der enormen Masse der Sonne erscheint es auch plausibel, dass Licht beim nahen Vorbeigang an ihr, von seiner geradlinigen Bahn abgelenkt wird. Schwarze Löcher schließlich verschlucken im Allgemeinen auftreffendes Licht.

SRT	ART
Bewegte Uhren gehen langsamer	Uhren in der Nähe von großen Massen gehen langsamer
Bewegte Maßstäbe sind in Bewegungsrichtung verkürzt	Maßstäbe sind in der Nähe von großen Massen verkürzt (kontrahiert)

Korrespondierende Merksätze zur SRT und ART

Ziele erreicht? – „Allgemeine Relativitätstheorie (ART)"

2.1.29 + Geben Sie die Formeln für die **Längenkontraktion** und die **Zeitdilatation** in der Nähe von großen Massen an.

2.1.30 + Ein Maßstab in einem **Satelliten** weist relativ zu seiner Länge auf der Erde eine Längenänderung von 0,1 % auf. Berechnen Sie die Höhe des Satelliten als Stammbruch (Zähler = 1) von $\frac{c_0^2}{g}$ über der Erde.

2.1.31 + Eine Uhr in einem **Satelliten** weist relativ zu einer Uhr auf der Erde eine Zeitänderung von 0,5 % auf. Berechnen Sie die Höhe des Satelliten als Stammbruch (Zähler = 1) von $\frac{c_0^2}{g}$ über der Erde.

2.1.32 + Berechnen Sie für einen geostationären **Satelliten** die relative Zeitdilatation aufgrund der gleichförmigen Bewegung und aufgrund der Krümmung der Raumzeit am Ort des Satelliten durch die Erde.

2.1.33 + Stellen Sie die **SRT** und die **ART** möglichst umfassend einander gegenüber.

2.1.34 + Berechnen Sie die **Gravitationsbeschleunigung** eines fiktiven Himmelskörpers, sodass auf der Oberfläche eine relative Zeitdilatation von 0,001 Promille im Vergleich zu einer Höhe Δh von 1 000 km existiert.

2.1.35 + Berechnen Sie für den mittleren Abstand Erde – Merkur die **Ungenauigkeit** in der dazu senkrechten Positionsangabe, wenn der Winkel mit einer Ungenauigkeit von 43 Bogensekunden gegeben ist.

2.1.36 + Recherchieren Sie über die **Periheldrehung** des Merkurs und die **Lichtablenkung** im Schwerefeld unserer Sonne.

2.1.37 ++ Recherchieren Sie über **globale Positionsbestimmung mithilfe von Satelliten,** also zum **GPS.** Eruieren Sie das Ausbaustadium des europäischen Satellitensystems.

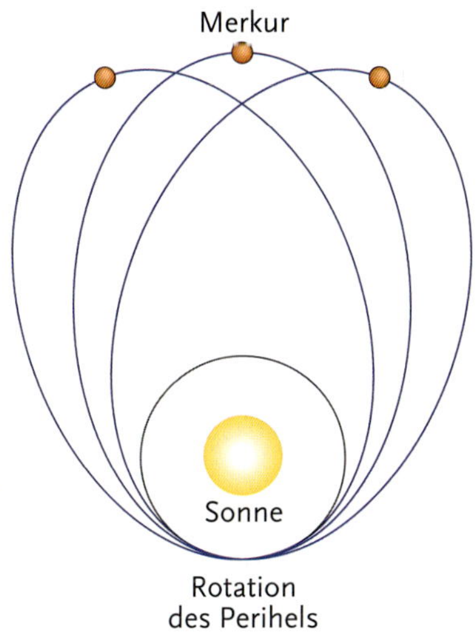

Die Periheldrehung – Drehung des sonnennächsten Punktes – des Merkurs ist ein weiterer berühmter Effekt, der die Gültigkeit der ART von Albert Einstein untermauert. Bereits die newtonsche Mechanik konnte die Periheldrehung der Merkurbahn bis auf 43 Bogensekunden pro Jahrhundert genau berechnen. Die ART konnte mit der Raumzeitkrümmung auch diese 43" erklären und berechnen.

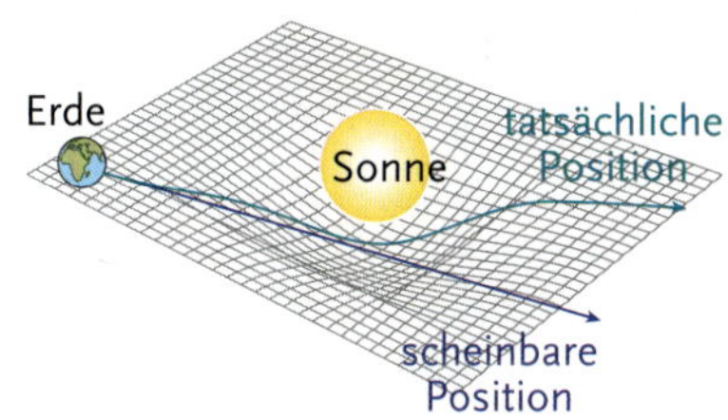

Schematische Darstellung der Raum-Zeit-Krümmung durch unsere Sonne

2.2 Quantenphysik

2.2.1 Die Lichtquantenhypothese

Am Ende des 19. Jahrhunderts waren viele angesehene Physiker der Meinung, dass das physikalische Weltbild und seine Erklärung im Wesentlichen abgeschlossen seien. Es bedürfe nur mehr einer genaueren Ausarbeitung.

An der Wende vom 19. zum 20. Jahrhundert gab es Ergebnisse von Experimenten, die man mit den herkömmlichen Theorien nicht erklären konnte, z. B. die Spektralverteilung der Strahlung eines schwarzen Körpers.

Zwei Physiker, Max Planck und Albert Einstein, führten einen Paradigmenwechsel herbei, dem letztlich eine neue Theorie, die Quantenmechanik, folgte.

MAX PLANCK, 1858 BIS 1947, DEUTSCHER PHYSIKER, BEGRÜNDER DER QUANTENTHEORIE, NOBELPREIS 1918

Meine Ziele

Nach Bearbeitung dieses Kapitels kann ich

- Licht als Überträger von Energie begreifen und die **Photonenhypothese** erklären;
- den **fotoelektrischen Effekt** beschreiben;
- einfache Berechnungen mit der **einsteinschen Gleichung** ($E_{kin} = h \cdot f - W_A$) durchführen;
- den **Comptoneffekt** interpretieren;
- die Anfänge der Quantenphysik nachvollziehen.

Ein Paradigmenwechsel ist der Wechsel von einer wissenschaftlichen Grundauffassung zu einer anderen.

Paradigma: lateinisch für Beispiel.

Max Planck löste das Problem der Strahlung des schwarzen Körpers, indem er durch Interpolation eine Formel fand, die den neuen empirischen Daten entsprach. Es gelang ihm, die in der klassischen Formel verwendeten Konstanten durch Naturkonstanten zu ersetzen, nur ein unbekannter Faktor blieb übrig. Planck nannte ihn h für „hilf".

Ein schwarzer Körper ist ein idealisierter Körper, der die ganze auftreffende Strahlung absorbiert.

Der 14. Dezember 1900 gilt als der Geburtstag der Quantenphysik. An diesem Tag hat Max Planck seine Theorie erstmals vorgestellt.

$[h]=[E \cdot t]$ Die Einheit von h ist das Produkt der Einheiten von Energie und Zeit. Die Größe $E \cdot t$ wird als Wirkung bezeichnet.

Die Temperatur und die Frequenz sind variable Größen, die ebenfalls in der Formel von Planck vorkommen.

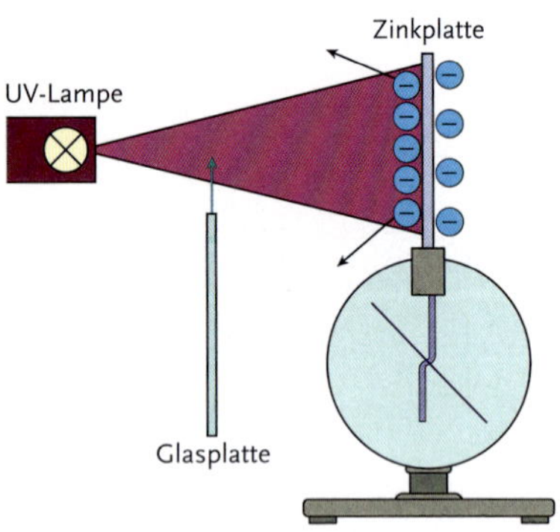

Versuchsaufbau zum fotoelektrischen Effekt

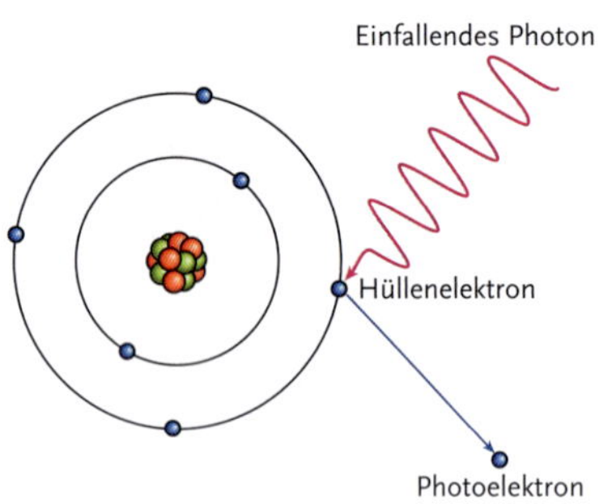

Fotoelektrischer Effekt: Ein Photon löst ein Elektron aus dem Atom

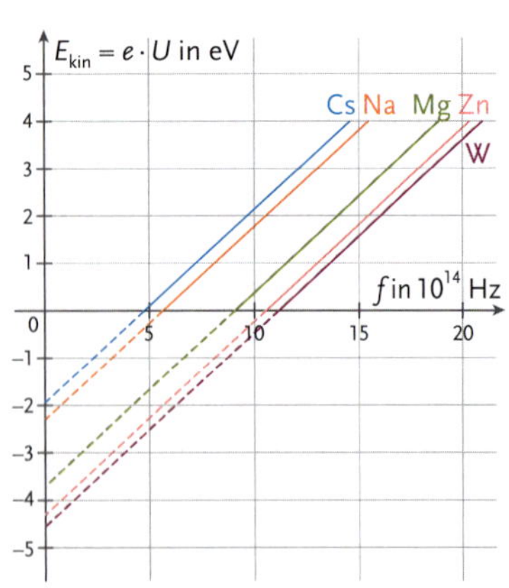

Energie-Frequenz-Grafik für verschiedene Metalle

Der Anstieg der Geraden im Energie-Frequenz-Diagramm ist für alle Materialien gleich.

Ausgehend von der verbesserten empirischen Strahlungsformel, kam Planck innerhalb weniger Monate zu einem bedeutenden Ergebnis. Das war die Geburtsstunde der Quantenphysik. Er musste sich gegen seine eigene Überzeugung eingestehen, dass die Energieabgabe nicht kontinuierlich erfolgt, sondern nur in Vielfachen von kleinsten „h"-Einheiten. Diese Konstante h wird später ihm zu Ehren als **plancksches Wirkungsquantum** bezeichnet.

Das so hergeleitete Gesetz enthält mit der Boltzmannkonstante k, der Vakuumlichtgeschwindigkeit c_0 und dem planckschen Wirkungsquantum h drei Naturkonstanten.

Ein weiteres Experiment ist der Nachweis des fotoelektrischen Effekts, der erstmals 1886 von **Heinrich Hertz** und **Wilhelm Hallwachs** erbracht wurde. Er konnte ebenfalls mit der damals gültigen Theorie nicht in Einklang gebracht werden. Die Bildung und Freisetzung von elektrisch geladenen Teilchen aus Materie, wenn sie mit Licht oder anderer elektromagnetischer Strahlung bestrahlt wird, werden als äußerer fotoelektrischer Effekt bezeichnet.

Versuchsanordnung zum fotoelektrischen Effekt

Eine Zinkplatte wird auf einem Elektroskop befestigt. Danach wird z. B. ein PVC-Stab durch Reibung aufgeladen und die Ladung auf die Zinkplatte gebracht. Das Elektroskop zeigt einen Ausschlag, es ist negativ aufgeladen. Jetzt wird eine Quecksilberdampflampe auf die Zinkplatte gerichtet.

Man kann beobachten, dass der Ausschlag des Elektrometers abnimmt, die Ladung also abgebaut wird. Die Entladung wird gestoppt, wenn während dieses Vorgangs eine Glasscheibe zwischen Zinkplatte und Lampe gebracht wird.

Das Experiment liefert folgende Ergebnisse:

- Elektronen werden erst oberhalb einer bestimmten Grenzfrequenz f_{Gr} ausgelöst.
- Es gibt keine Zeitverzögerung bis zum Auslösen der ersten Elektronen.
- Die Bewegungsenergie der Elektronen hängt nicht von der Lichtintensität, sondern nur von der Lichtfrequenz ab.

Die Wellentheorie des Lichts konnte nicht zur Erklärung dieser Ergebnisse verwendet werden. Die kinetische Energie der Elektronen müsste danach von der Lichtintensität abhängen. Vor allem das Vorhandensein einer **Grenzfrequenz** konnte ebenfalls nicht gedeutet werden.

Einstein hat sich zu dieser Zeit mit den Arbeiten von **Planck** beschäftigt und konnte mit diesen Grundlagen den fotoelektrischen Effekt deuten:

„Nach der Auffassung, dass das einfallende Licht aus Photonen der Energie hf besteht, lässt sich die Erzeugung von Elektronen durch Licht folgendermaßen auffassen. In die oberflächliche Schicht des Körpers dringen Photonen ein, und deren Energie verwandelt sich wenigstens zum Teil in kinetische Energie von Elektronen. Die einfachste Vorstellung ist die, dass ein Photon seine ganze Energie an ein einziges Elektron abgibt. Außerdem muss jedes Elektron beim Verlassen des Körpers eine (für den Körper charakteristische) Arbeit W verrichten."

Die Energie des Lichtes wird in Paketen abgegeben, ist also gequantelt.

Lichtquantenhypothese

Licht der Frequenz f besteht aus Photonen der Energie
$E = h \cdot f$ $\qquad$ $h = 6{,}626 \cdot 10^{-34}$ Js

Nobelpreis an Albert Einstein für die Deutung des lichtelektrischen Effekts

Einsteinsche Gleichung

Für die kinetische Energie der ausgelösten Elektronen gilt:
$E_{kin} = h \cdot f - W_A$ $\qquad$ W_A ist die Austrittsarbeit

W_A ist jene Arbeit, die zur Abtrennung eines Elektrons aus dem Metall notwendig ist. Sie ist charakteristisch für das jeweilige Metall.

Die erfolgreiche Interpretation des fotoelektrischen Effekts legt eine **Teilchentheorie** des Lichts nahe. Dafür spricht auch der experimentelle Befund, dass Photonen einen Impuls haben, den sie auf andere Teilchen übertragen können.

1921 erhielt Einstein für die Photonenhypothese den Nobelpreis, nicht für die spezielle Relativitätstheorie.

Dieser scheinbare Widerspruch, dass sich Elektronen oder Photonen je nach Experiment oder Situation einmal wie eine Welle und einmal wie Teilchen verhalten, kann durch eine neue Theorie aufgehoben werden. Es wurde ein neuer **Teilchenbegriff** entwickelt, das Teilchen im Sinne der Quantenphysik. Solche Teilchen sind z. B. Elektronen, Photonen, Neutronen.

Materiewellen, Doppelspaltversuch.

Die Wellen sind keine Wellen im klassischen Sinn, sie machen nur Aussagen über die **Wahrscheinlichkeit** des Eintretens von Messwerten.

Der fotoelektrische Effekt findet **Anwendung** in der Medizin, im Bereich der bildgebenden Verfahren, diagnostischen Radiologie und Nuklearmedizin. Der fotovoltaische Effekt, ein Sonderfall des fotoelektrischen Effekts, bildet die Grundlage für die Funktionsweise von Solarzellen, Belichtungsmessern und Sensoren.

Solarzellen nutzen Sonnenlicht zur Stromgewinnung

Beispiel 2.2.01: Berechnung der Grenzwellenlänge

Eine Fotokatode mit einer Austrittsarbeit von $W_A = 2$ eV wird mit Licht bestrahlt. Elektronen können aufgrund des fotoelektrischen Effekts die Oberfläche verlassen. Wir berechnen

a) die Geschwindigkeit und die Energie (in eV) bei Beleuchtung mit blauem Licht der Wellenlänge 0,45 µm,
b) die Grenzwellenlänge, ab der Elektronen ausgelöst werden können.

Blaues Licht hat eine Wellenlänge von 420 nm bis 490 nm.

a) Da $c = f \cdot \lambda$ ist, gilt für die Frequenz des Lichtes

$$f = \frac{c_0}{\lambda} \approx \frac{3 \cdot 10^8 \text{ m/s}}{0{,}45 \cdot 10^{-6} \text{ m}} = 6{,}67 \cdot 10^{14} \text{ Hz.}$$

$$E = h \cdot f \approx 6{,}63 \cdot 10^{-34} \text{ Js} \cdot 6{,}67 \cdot 10^{14} \text{ Hz} = 4{,}42 \cdot 10^{-19} \text{ J.}$$

Da $1 \text{eV} = 1{,}6 \cdot 10^{-19}$ J, gilt: $E = \dfrac{4{,}42 \cdot 10^{-19} \text{ J}}{1{,}6 \cdot 10^{-19} \text{ J/eV}} = 2{,}76$ eV.

Laut der einsteinschen Gleichung $E_{kin} = h \cdot f - W_A$ erhalten wir:
$E_{kin} = 2{,}76 - 2 = 0{,}76$ eV

Mit der Masse des Elektrons $m_e = 9{,}11 \cdot 10^{-31}$ kg können wir v berechnen.

$$v = \sqrt{\frac{2 \cdot E_{kin}}{m_e}} = \sqrt{\frac{2 \cdot 12{,}16 \cdot 10^{-20} \text{ J}}{9{,}11 \cdot 10^{-31} \text{ kg}}} = 5{,}17 \cdot 10^5 \text{ m/s}$$

Entdeckung des planckschen Wirkungsquantums

b) Bedingung für die Grenzwellenlänge ist, dass ν null wird.

$W_A = \frac{h \cdot c_0}{\lambda_{Gr}}$. Durch Umformen erhalten wir:

$$\lambda_{Gr} = \frac{h \cdot c_0}{W_A} \approx \frac{6{,}63 \cdot 10^{-34}\,\text{Js} \cdot 3 \cdot 10^{8}\,\text{m/s}}{2 \cdot 1{,}6 \cdot 10^{-19}\,\text{J}} = 0{,}62\,\mu\text{m}$$

Der Comptoneffekt

Mit dem von Albert Einstein eingeführten Photonenmodell konnte ein weiterer rätselhafter Effekt erklärt werden. Auch hier versagte die Wellentheorie des Lichtes.

Im Jahre 1922 führte der Physiker **Arthur Compton** Experimente mit Röntgenstrahlen durch. Die Streuung von Röntgenstrahlen an einem Körper, z. B. an einem Graphitblock, führt zu einer Frequenzverminderung der Strahlung. Compton deutete den Effekt als einen Stoßvorgang zwischen dem Photon und einem Elektron. Das Photon gibt einen Teil seiner Energie an das Elektron ab, daher hat es eine verringerte Energie. Diese kann mit den Erhaltungssätzen für Energie und Impuls berechnet werden. Der Comptoneffekt bestätigt die **Teilchennatur** der elektromagnetischen Strahlung.

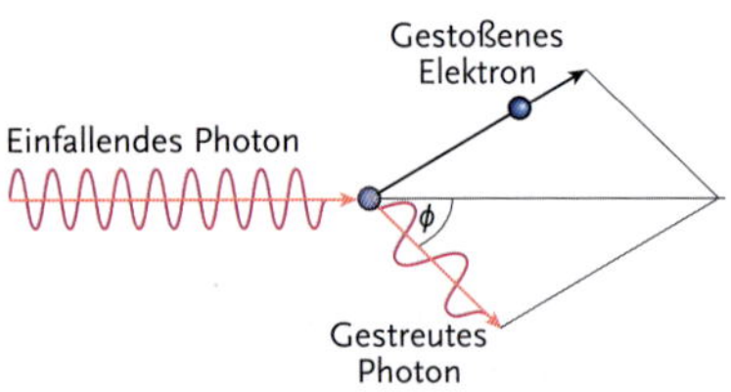

Comptoneffekt: Energie- und Impulsübertragung mithilfe des elastischen Stoßes

$$\Delta\lambda = \frac{h}{m_e c}(1 - \cos(\phi))$$

Der Comptoneffekt fand **Anwendung** im Comptonteleskop COMTEL. Dieses befand sich an Bord eines NASA-Satelliten und diente zur Erforschung von Pulsaren und Galaxien. Auch in der Medizin, Nukleartechnik und Flugsicherung dient dieser Effekt als Grundlage für moderne Geräte.

Material	Austrittsarbeit in eV
Zn	4,34
W	4,54 ... 4,6
Ta	4,19
Rb	2,13
Pt	5,32 ... 5,66
Ni	5,0
Na	2,28
Mo	4,16 ... 4,2
Li	2,2
Cs	1,7 ... 2,14

Austrittsarbeit der Elektronen in eV

Ziele erreicht? – „Die Lichtquantenhypothese“

2.2.01 + Berechnen Sie mithilfe der Tabelle in der Randspalte, um welches Kathodenmaterial es sich handelt, wenn es mit Licht der Wellenlänge 0,178 µm bestrahlt wird und Elektronen mit der Energie $E_{kin} = 1{,}5$ eV ausgelöst werden.

2.2.02 ++ Erklären Sie, warum das plancksche Wirkungsquantum eine so große Bedeutung hat.

2.2.03 ++ Nennen Sie Bereiche, in denen der fotoelektrische Effekt Anwendung findet.

2.2.04 + Beschreiben Sie in kurzen Sätzen den Versuchsaufbau des fotoelektrischen Effekts.

2.2.05 + Geben Sie an, worum es beim Comptoneffekt geht.

2.2.06 + Begründen Sie rechnerisch, dass der fotoelektrische Effekt bei Bestrahlung einer Zinkplatte mit sichtbarem Licht nicht stattfinden kann. Entnehmen Sie der Tabelle in der Randspalte die Austrittsarbeit von Zink.

2.2.2 Die De-Broglie-Welle

Der französische Adelige Louis de Broglie wurde stark von seinem um 17 Jahre älteren Bruder Maurice beeinflusst. Er beschäftigte sich zunächst mit Philosophie und Geschichte, wandte sich jedoch auch wie sein Bruder der Physik zu. In seiner Doktorarbeit mit dem Titel „Recherches sur la théorie des quantes" wagte er im Jahre 1924 den Vorschlag, dass es auch möglich sei, Massenteilchen eine Wellenlänge zuzuordnen. Seine Theorie wurde zuerst nicht wirklich ernst genommen, aber bereits 1927 durch ein Experiment bestätigt.

Louis-Victor Pierre Raymond Duc de Broglie, französischer Physiker, 1892 bis 1987, Nobelpreis für Physik 1929

„Jedes Mal, wenn es dem menschlichen Geist um den Preis großer Bemühungen gelungen war, eine Seite des Buches der Natur zu entziffern, hat sich sofort gezeigt, wie viel schwieriger erst die Entzifferung der folgenden Seite sein würde."

(Louis de Broglie)

Meine Ziele

Nach Bearbeitung dieses Kapitels kann ich

- de **Broglies Hypothesen** schildern und erläutern;
- die **Bedeutung des Doppelspaltexperiments für Quantenteilchen** verstehen;
- mithilfe der **Wahrscheinlichkeitsdeutung von Born** die Funktion der Wellen bei Elektronen erläutern;
- nachvollziehen, warum **Quanteneffekte im Alltag** nicht beobachtet werden können.

Nach Experimenten mit Licht entwickelte Einstein die **Photonenhypothese;** Photonen könnten wie Teilchen mit einem Impuls $p = h/\lambda$ beschrieben werden. De Broglie vermutete, dass dieser Zusammenhang nicht nur für Photonen, sondern auch für Elektronen und andere materielle Teilchen (mit nicht verschwindender Ruhemasse) gilt.

Fotoelektrischer Effekt

Hypothesen von de Broglie
1. Zu jedem Teilchen gehört eine Welle mit der **Wellenlänge** $\lambda = \frac{h}{p}$.
2. Zwischen der **Frequenz** f der Welle und der **Energie** E des Teilchens besteht die Beziehung $E = h \cdot f$.

Die Elektronenwelle ist keine mechanische Welle, bei der Materie schwingt. Sie bestimmt, wie die Elektronen an einem bestimmten Ort (Raumbereich) verteilt sind.

Die Wellenlänge eines Elektrons liegt in der Größenordnung von Röntgenstrahlen. Ein Nachweis von Welleneigenschaften bewegter Elektronen kann daher mit Experimenten gelingen, die auch mit Röntgenstrahlen durchgeführt werden.

Die Bestätigung der Welleneigenschaften von Elektronen gelang **Clinton Davisson** und **Lester Germer** 1927 mit einem Streuexperiment mit einem Nickelkristall. Es war nicht ihre Absicht, die Hypothesen von de Broglie experimentell nachzuweisen. Sie untersuchten die Streuung von Elektronen an Festkörpern und konnten die Ergebnisse nicht deuten.

Röntgenstrahlen haben eine Wellenlänge von ca. $1\ \text{Å} = 10^{-10}$ m.

Weitere Beugungsversuche mit Kristallen und Experimente mit Kathodenstrahlröhren bestätigten die Hypothesen von de Broglie.

Beugungserscheinungen sind nur bei Wellen möglich.

Eine Anwendung dieser Erkenntnis von de Broglie findet man beim **Elektronenmikroskop.** Anstelle von Licht werden hier Elektronen verwendet, um sehr kleine Objekte vergrößert abzubilden. Der Abstand, der mit einem Mikroskop aufgelöst werden kann, hängt direkt proportional mit der Wellenlänge zusammen.

Pollen, abgebildet mithilfe eines Elektronenmikroskops

Die wissenschaftlichen Anwendungsmöglichkeiten der höchstauflösenden Elektronenmikroskopie sind vielfältig. Es kann damit das Zusammenspiel von Atomen besser verstanden werden, das die Eigenschaften von Materialien und Bauelementen bestimmt. Die Nanotechnologie, die z. B. in der Computerindustrie (Entwicklung von immer leistungsfähigeren Mikrochips) zur Anwendung kommt, basiert ebenfalls auf diesem Wissen. Auch die Biowissenschaften erlangen dadurch einen immer besseren Einblick in den Bauplan der Natur.

E

Es gilt: $e \cdot U = \frac{1}{2} m_e \cdot v^2$

Die kinetische Energie des Elektrons ist gleich der elektrischen Energie, die das Teilchen nach Durchlaufen der Spannung U hat.

Beispiel 2.2.02: Auflösungsvermögen eines Elektronenmikroskops

Ein Elektronenmikroskop hat eine Beschleunigungsspannung von 40 kV. Wir berechnen,

a) welche Auflösung das Gerät erreichen kann und
b) das theoretische Verhältnis des Auflösungsvermögens eines Lichtmikroskops zu dem eines Elektronenmikroskops. Die Wellenlänge des Lichts nehmen wir mit 500 nm an.

a) Ein Elektron der Masse $m_e = 9{,}1 \cdot 10^{-31}$ kg und der Ladung $e = 1{,}6 \cdot 10^{-19}$ C wird durch die Spannung $U = 40$ kV beschleunigt. Es erreicht dadurch eine klassische (= nicht realistische) Geschwindigkeit von

$$v = \sqrt{\frac{2 \cdot e \cdot U}{m_e}} = \sqrt{\frac{2 \cdot 1{,}6 \cdot 10^{-19}\,\text{C} \cdot 40 \cdot 10^3\,\text{V}}{9{,}1 \cdot 10^{-31}\,\text{kg}}} = 11{,}86 \cdot 10^7\,\text{m/s}$$

Dem Elektron kann eine Wellenlänge zugeordnet werden.

$$\lambda = \frac{h}{m_e \cdot v} \approx \frac{6{,}6 \cdot 10^{-34}\,\text{Js}}{9{,}1 \cdot 10^{-31} \cdot 11{,}86 \cdot 10^7\,\text{m/s}} = 0{,}6 \cdot 10^{-11}\,\text{m}$$

b) Der kleinste auflösbare Abstand ist proportional zur Wellenlänge.

$$\frac{\lambda_{\text{Elektron}}}{\lambda_{\text{Licht}}} = \frac{0{,}6 \cdot 10^{-11}\,\text{m}}{5 \cdot 10^{-7}\,\text{m}} = 1{,}2 \cdot 10^{-5}$$

Das Auflösungsvermögen des Elektronenmikroskops liegt um fünf Größenordnungen über dem des Lichtmikroskops.

Die Wellenlänge von sichtbarem Licht liegt etwa zwischen 400 und 800 nm.

Das Doppelspaltexperiment

Das Doppelspaltexperiment ist das **zentrale Experiment** der Quantenphysik. Richard Feynman soll es als „Herz der Quantenmechanik" bezeichnet haben. Es wurde 2002 von „Physics World" (einer bedeutenden Fachzeitschrift für Physik) zum schönsten physikalischen Experiment aller Zeiten gewählt.

Richard Phillips Feynman, amerikanischer Physiker, 1918 bis 1988, Nobelpreis für Physik 1965

Beim Doppelspaltexperiment von **Thomas Young** (1801) fällt monochromatisches Licht auf eine Blende mit zwei schmalen Schlitzen, an denen das Licht gebeugt wird. Die dabei entstandenen Wellen überlagern sich und es entsteht das bekannte **Interferenzmuster.** Dies war der zwingende Beweis für eine Wellenstruktur des Lichts.

1909 wurde erstmals ein Doppelspaltexperiment mit einzelnen Photonen durchgeführt. Hier ist die Lichtquelle so schwach, dass die Photonen **einzeln** und in zufälligen Zeitabständen abgegeben werden. Trotzdem entstehen wieder die **Interferenzstreifen** auf einer Fotoplatte. Das Experiment muss jedoch lange laufen (bei den ersten Experimenten waren es ein paar Monate; heute wenige Stunden).

Interferenz am Doppelspalt in der Wellenoptik.

Claus Jönsson führte 1957 Versuche zur Interferenz von **Elektronen** am Doppelspalt durch. Es ergab sich das typische **Interferenzbild** einer **Welle.** Er erreichte mithilfe von galvanischen Methoden Spaltbreiten unter 1/1 000 mm und drang damit in ein Gebiet vor, das man heute als Nanotechnologie bezeichnet. Ähnliche Interferenzerscheinungen konnten bei Protonen, Neutronen und verschiedenen Atomen nachgewiesen werden.

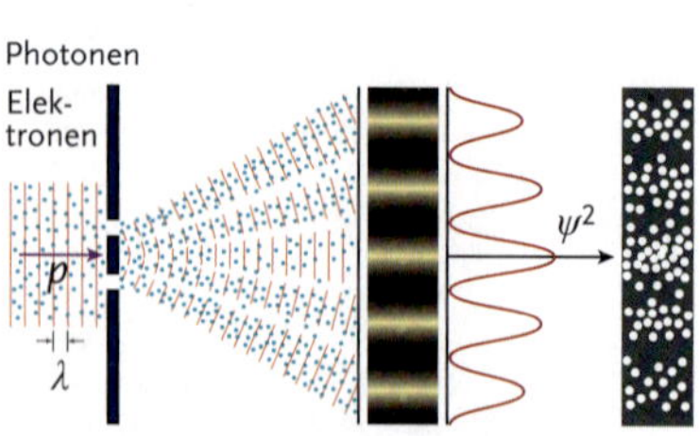

Doppelspaltversuch mit Elektronen bzw. Photonen, Schirmbild und Wahrscheinlichkeitsdichte

Um den Doppelspaltversuch zu erklären, bietet sich ein Wellenbild an. Diese Welle ist jedoch nicht als realistisch aufzufassen. Um vollständige und quantitative Aussagen über das Doppelspaltexperiment machen zu können, benötigt man die korrekte Quantentheorie (eine mathematische Theorie). Sie beruht nicht auf Bildern, sie ist nicht anschaulich.

Max Born gelang es im Jahre 1926, die Ergebnisse der Experimente zu deuten. Erst im Jahre 1954 (28 Jahre später!) erhielt er für seine Interpretation der Quantenmechanik gemeinsam mit Walter Bothe den Nobelpreis für Physik.

Max Born, deutscher Physiker, 1882 bis 1970, Nobelpreis für Physik 1954

„Sein Ehrgeiz bestand vielmehr darin, sich sogleich an die Aufgabe zu machen, die von den Wissenschaftsriesen vorgelegten Einsichten unters Volk zu bringen.“

(Fischer: Die Hintertreppe zum Quantensprung)

Bornsche Wahrscheinlichkeitsdeutung
Ein Quantenobjekt kann durch eine **Wellenfunktion** beschrieben werden.
Es kann nicht der genaue Aufenthaltsort eines Teilchens angegeben werden, sondern nur die sogenannte **Wahrscheinlichkeitsdichte.** Diese entspricht dem Betragsquadrat der Wellenfunktion.

Wir können nicht beobachten, was das Photon zwischen Quelle und Schirm „ist“ und was es „macht“. Das Teilchen hat – ohne eine Messung – keinen Weg von der Quelle zum Schirm. Werden auf dem Weg zum Schirm Eigenschaften gemessen, verschwindet die Interferenz.

Teilchen werden immer als Ganze an zufällig verteilten Orten auf dem Schirm nachgewiesen. Diese Nachweisorte sind **statistisch** verteilt. Ein Nachweisort für ein bestimmtes Teilchen ist nicht vorhersagbar. Dort, wo sich die hellen Interferenzstreifen finden, werden die meisten Teilchen auftreffen, an den dunklen Stellen eher wenige.

Man kann von einer **Wahrscheinlichkeitswelle** sprechen, die sich zwischen Quelle und Schirm ausbreitet, diese erzeugt auf dem Schirm Interferenzstreifen der Aufenthaltswahrscheinlichkeit. Die Wellenfunktion erfasst die wellenhafte Ausbreitung und das teilchenhafte Verhalten beim Nachweis der Quantenobjekte in einem einheitlichen Bild.

„Die Quantentheorie beschreibt die Natur, wie sie sich zeigt, wenn sie mit realen Messgeräten vermessen wird.“

(Mittelstaedt: Philosophische Probleme der modernen Physik)

In der Quantenmechanik ist es möglich, dass einem Quantenobjekt klassisch definierte Eigenschaften nicht zugeschrieben werden können. Das Elektron „hat“ die Eigenschaft Ort nicht, der Aufenthaltsort des Elektrons entsteht erst im Moment einer entsprechenden Messung.

„Wie sie ‚ist‘, bleibt dabei völlig offen.“

(Hübel: Was Sie schon immer über Quanten wissen wollten)

Schrödinger und Einstein hatten Probleme mit dieser Interpretation der Quantenphänomene. Um die Widersprüche aufzuzeigen, erfand Schrödinger sein berühmt gewordenes Katzenparadoxon.

Das Katzenparadoxon von Schrödinger

Parádoxos: griechisch für wider Erwarten.

Eine Katze wird in einen Kasten mit einer „Höllenmaschine“ gesteckt. In diesem Kasten befindet sich ein radioaktives Element. Wenn es zerfällt, registriert dies ein Geigerzähler und es wird mit einem Hammer ein Gefäß mit Giftgas zerschlagen, so dass die Katze stirbt. Der radioaktive Zerfall ist ein Zufallsereignis. Solange wir die Katze nicht beobachten, können wir nicht sagen, ob sie noch lebt oder bereits tot ist. Die radioaktive Substanz befindet sich in einem **Überlagerungszustand** aus **nicht zerfallen** und **zerfallen.** Es müsste sich dann auch die Katze in einem Überlagerungszustand aus **lebend** und **tot** befinden. Erst wenn in den Kasten hineingeschaut wird (eine Messung vorgenommen wird), kann ein Zustand festgestellt werden. Eine der beiden Möglichkeiten wird durch Beobachtung zur Realität.

Schrödingers Katze, lebend und tot

In der Alltagswelt beobachten wir keine Schrödingerkatzen, weil die Quanten ständig mit der Umgebung wechselwirken. Die Katze wird nicht erst zum Zeitpunkt der Messung von ihren Qualen erlöst, sondern bereits durch eine Reaktion mit der Umgebung, wie z. B. mit Luftmolekülen oder dem Tageslicht. Dieser Effekt des Zerfalls des Quantenzustands wird von den Physikern als **Dekohärenz,** eine Art Kollaps der Wellenfunktionen, bezeichnet.

Wo ist der Übergang von der klassischen Physik (der Alltagswelt) zur Quantenphysik? Wegen der großen Masse von klassischen Objekten, wie z. B. einem Ball, ist die De-Broglie-Wellenlänge sehr klein. Die Interferenzeffekte können nicht wahrgenommen werden.

Eine der faszinierendsten und noch immer offenen Fragen der modernen Physik ist, inwieweit Quantenphänomene an Objekten unserer Alltagswelt beobachtbar sind. Um dies zu beantworten, werden Quantenexperimente an immer größeren und schwereren Objekten durchgeführt. Und da bedarf es einiger Tricks, denn je größer und schwerer die im Experiment verwendeten Objekte sind, umso schwieriger wird es, Quanteneffekte sichtbar zu machen.

Schrödingers Katze in einem Kasten mit einer „Höllenmaschine“

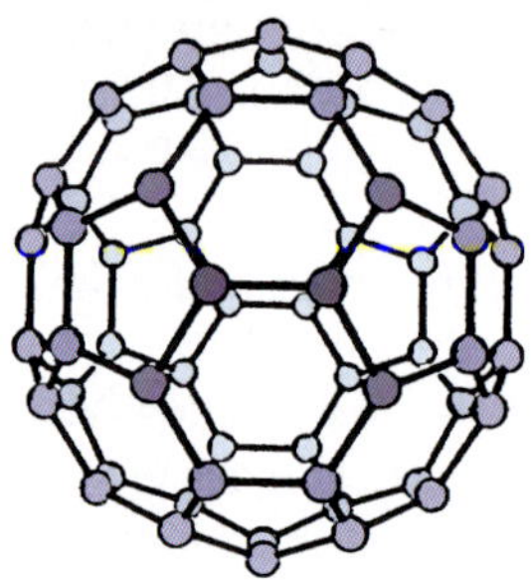

Struktur eines C_{60}-Moleküls

Da das C_{60}-Molekül Ähnlichkeit mit einem Fußball hat, wird es auch Fußballmolekül genannt.

Doppelspaltexperiment mit Molekülen

Bei Experimenten mit Fullerenen werden besondere Kohlenstoffmoleküle verwendet. Eines der am besten erforschten Fullerene ist das C_{60}-Molekül. Es wurde zu Ehren des Architekten **Richard Buckminster Fuller Buckminster-Fulleren** genannt, da es den von ihm konstruierten geodätischen Kuppeln ähnelt.

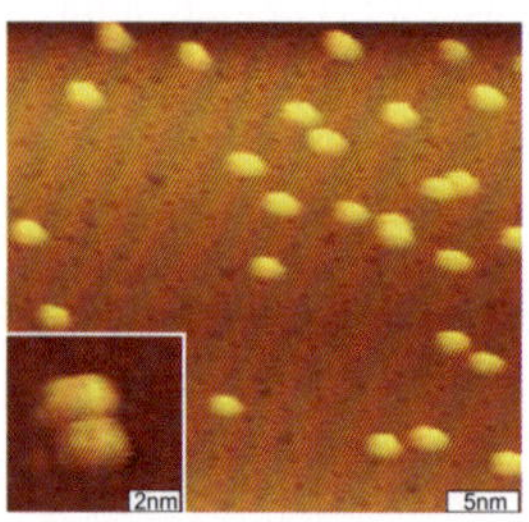

Fullerene auf einer Siliciumoberfläche, aufgenommen mit einem Rastertunnelmikroskop

An der Universität Wien wurden bereits einige solche Versuche mit verschiedenen Molekülen unter anderem mit Phthalocyanin-Molekülen durchgeführt. Die Moleküle haben eine Wellenlänge von zwei bis drei pm und auch hier können Interferenzmuster beobachtet werden.

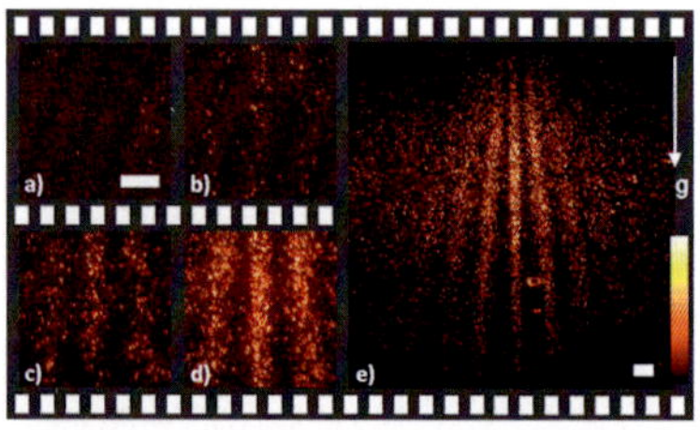

Einzelbilder aus einem Film, der die Entstehung eines Interferenzmusters einzelner Phthalocyanin-Moleküle zeigt.
Zu den einzelnen Bildern:
a) zu Beginn, b) 2 min, c) 20 min, d) 40 min und e) 90 min nach Beginn aufgezeichnet.

Phthalocyanin hat eine alternierende Stickstoff-Kohlenstoff-Ringstruktur, es kommt als schwarzer, dunkelblauer oder purpurner Kristall vor.

Ziele erreicht? – „Die De-Broglie-Welle“

2.2.07 + Berechnen Sie die De-Broglie-Wellenlänge der C_{60}-Moleküle, die im Experiment an der Uni Wien zur Interferenz gebracht wurden. Die Masse eines Kohlenstoffatoms beträgt ca. $2 \cdot 10^{-26}$ kg und die mittlere Geschwindigkeit $v = 220$ m/s.

2.2.08 + Erläutern Sie die Hypothesen von de Broglie.

2.2.09 + Nennen Sie den Bereich, in dem die Elektronenmikroskopie Anwendung findet.

2.2.10 + Erklären Sie, warum das Doppelspaltexperiment mit Elektronen eine so große Bedeutung hat.

2.2.11 + Erklären Sie, warum man nicht von der Bahn eines Elektrons sprechen kann.

2.2.12 + Geben Sie die bornsche Wahrscheinlichkeitsdeutung an.

2.2.13 ++ Begründen Sie, warum es nicht sinnvoll ist, einem Ball eine Wellenlänge im Sinne von de Broglie zuzuordnen. Zeigen Sie dies anhand einer geeigneten Rechnung.

2.2.14 ++ Analysieren Sie die Bedeutung der Wahrscheinlichkeitswelle und der Wahrscheinlichkeitsdichte.

2.2.3 Die heisenbergsche Unschärferelation

Werner Heisenberg *hat die Physik des 20. Jahrhunderts in großem Ausmaß mitbestimmt. Er interessierte sich nicht nur für Physik, er spielte konzertreif Klavier, es war ihm ein Leichtes, fremde Sprachen zu erlernen, und er besaß zudem noch sportliches Talent.*

Bereits im Alter von 24 Jahren lieferte er bahnbrechende Erkenntnisse zur Quantenmechanik und schon als 26-Jähriger war er Professor für Physik.

WERNER HEISENBERG, 1902 BIS 1976, DEUTSCHER PHYSIKER, NOBELPREIS FÜR PHYSIK 1932

Mein Ziel

Nach Bearbeitung dieses Kapitels kann ich
- die **heisenbergsche Unschärferelation** erläutern.

Heisenberg erfand ein **Gedankenexperiment,** das er zur Illustration seiner bekannten Relation verwendete. Dabei wird versucht, den Ort eines Teilchens (z. B. eines Elektrons) durch Beleuchtung mit kurzwelligem Licht festzulegen. Das Objekt streut das Licht, so dass man es mit einem Mikroskop betrachten kann und Informationen über seine Lage bekommt.

Das Auflösungsvermögen ist durch die Wellenlänge des verwendeten Lichts begrenzt. Um kleinere Objekte betrachten zu können, ist Licht kleinerer Wellenlänge notwendig. Zumindest muss ein Photon durch das Mikroskop auf das Teilchen fallen und dieses übt einen Stoß auf das Teilchen aus. Der Betrag dieses durch Streuung übertragenen Impulses liegt in der Größenordnung des Photonenimpulses. Der Impuls eines Teilchens und sein Aufenthaltsort müssen folgender Ungleichung genügen.

Die heisenbergsche Unschärferelation

Ort und Impuls eines Teilchens können nicht gleichzeitig mit beliebiger Genauigkeit gemessen werden. Es gilt:

$$\Delta x \cdot \Delta p_x \geq \frac{h}{2\pi} \qquad \left(\frac{h}{2\pi} = \hbar \text{ (h-quer)}\right)$$

$h = 6{,}626 \cdot 10^{-34}$ Js

Das Produkt aus **Ortsunschärfe** und **Impulsunschärfe** ist immer größer als oder so groß wie das plancksche Wirkungsquantum geteilt durch 2π, kann also nie null werden. Je genauer eine Größe festgelegt ist, desto größer ist die Unbestimmtheit der anderen Größe. Impuls und Ort eines Quantenteilchens werden auch als komplementäre Größen bezeichnet.

Zwei Größen sind dann komplementär zueinander, wenn die Informationen über beide nicht gleichzeitig vorhanden sein können.

Dieser Zusammenhang wirkt sich auch bei der Bahn eines Teilchens aus. Um diese angeben zu können, müssten für einen Zeitpunkt der exakte Ort und der exakte Impuls bekannt sein. Dies ist jedoch grundsätzlich nicht möglich und daher können Quantenobjekten **keine genau definierten Bahnen** zugeordnet werden. Nach Bohr und Heisenberg werden diese vollständig durch die Wellenfunktion beschrieben.

Die **Unschärfe** hat nichts mit einer Messungenauigkeit im klassischen Sinn zu tun, sie liegt in der Quantennatur des Teilchens selbst begründet.

Beispiel: 2.2.03: Bohrsches Atommodell

Wir berechnen die Ungenauigkeit des Ortes des im Wasserstoffatom kreisenden Elektrons der K-Schale mit der Geschwindigkeit $2{,}19 \cdot 10^6$ m/s. Die Masse des Elektrons beträgt $9{,}109\,4 \cdot 10^{-31}$ kg.

Schalenmodell des Atoms: Die innerste, dem Atomkern nächstgelegene Schale wird K-Schale genannt und enthält maximal zwei Elektronen.

Atomphysik, Spektrallinien.

Der Impuls eines Elektrons kann so berechnet werden:
$p = m \cdot v = 9{,}1094 \cdot 10^{-31}\ \text{kg} \cdot 2{,}19 \cdot 10^{6}\ \text{m/s} = 1{,}99 \cdot 10^{-24}\ \text{kgm/s}$

Für die Unschärfe bezüglich des Ortes ergibt sich

$$\Delta x \geq \frac{h}{2\pi \cdot \Delta p_x} \approx \frac{6{,}63 \cdot 10^{-34}\ \text{Js}}{2\pi \cdot 1{,}99 \cdot 10^{-24}\ \text{kgm/s}} = 0{,}53 \cdot 10^{-10}\ \text{m}$$

Dieser Wert ist ca. halb so groß wie der von Bohr berechnete Durchmesser für die K-Schale. Eine genaue Beschreibung der Elektronenbahnen ist nicht möglich. Das bohrsche Atommodell mit seinen Bahnen dient nur zur Anschauung.

$\Delta E \cdot \Delta t \geq \frac{h}{2\pi}$

Neben dem Zusammenhang zwischen Ort und Impuls gibt es noch weitere Paare komplementärer Größen von Quantenteilchen. Eine wichtige Unschärferelation besteht zwischen ΔE und Δt, deren Produkt ebenfalls eine Wirkung ist. Dies ist z. B. für die Energiezustände der Elektronen im Atom von Bedeutung.

Ziele erreicht? – „Die heisenbergsche Unschärferelation"

2.2.15 + Beschreiben Sie das Gedankenexperiment von Heisenberg.

2.2.16 + Erklären Sie die Aussage der heisenbergschen Unschärferelation.

2.2.17 ++ Begründen Sie, warum die heisenbergsche Unschärfe keine Auswirkungen auf klassische Teilchen hat. Zeigen Sie dies anhand eines Teilchens mit m = 0,6 mg und einer Ortsunschärfe von 0,01 mm.

2.2.18 + Begründen Sie, warum es nicht sinnvoll ist, von der Bahn eines Elektrons zu sprechen.

2.2.4 Der Tunneleffekt

Alphastrahlung.

Ernest Rutherford *machte 1899 Versuche mit radioaktivem Material, wie z. B. Uran. Dabei stellte er fest, dass es zwei Arten von Strahlung gibt, er nannte eine davon Alphastrahlung. Die Natur dieser Strahlung konnte erst 1928 unabhängig von zwei verschiedenen Forschergruppen erklärt werden.* ***George Anthony Gamow*** *gelang die Erklärung dieser Strahlung 1928 unabhängig von zwei anderen Physikern namens* ***Edward Condon*** *und* ***Ronald W. Gurney.*** *Er verwendete dazu die quantenmechanische Erklärung von Tunnelprozessen.*

Meine Ziele

Nach Bearbeitung dieses Kapitels kann ich
- den **Tunneleffekt** erklären;
- mithilfe des Tunneleffekts den **Alphazerfall** verstehen;
- wichtige **technische Anwendungen** aufzählen und deren **Verwendungsgebiete** nennen;
- die **Funktionsweise des Rastertunnelmikroskops** nachvollziehen und Anwendungsgebiete angeben.

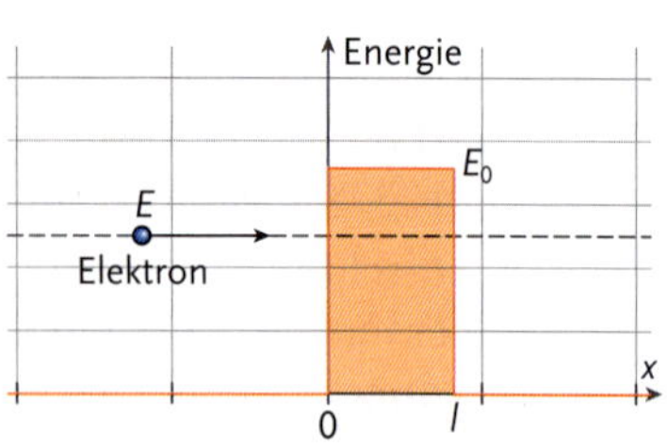

Ein Elektron mit der Energie E nähert sich einem Potenzialwall der Höhe E_0 und der Breite l

Ein Quantenteilchen, z. B. ein Elektron, hat eine Gesamtenergie E und bewegt sich auf eine Potenzialschwelle der Höhe E_0 und der Breite l zu. Da E kleiner ist als E_0, würde das Elektron aufgrund der klassischen Physik reflektiert. Aus der Sicht der Quantenmechanik kann es als Materiewelle aufgefasst werden und es besteht eine gewisse **Wahrscheinlichkeit,** dass es auf der anderen Seite auftaucht.

Schrödingergleichung.

Mithilfe der Schrödingergleichung kann die Wellenfunktion des Elektrons bestimmt werden und damit auch die **Wahrscheinlichkeitsdichte,** die als Ort des Teilchens interpretiert werden kann. Nach der Barriere ist diese Wahrscheinlichkeit zwar sehr gering, aber vorhanden. Das Teilchen bewegt sich nicht durch den Potenzialwall, das Einzige was physikalisch ausgesagt werden kann, ist, dass das Teilchen in allen drei Bereichen gefunden werden kann.

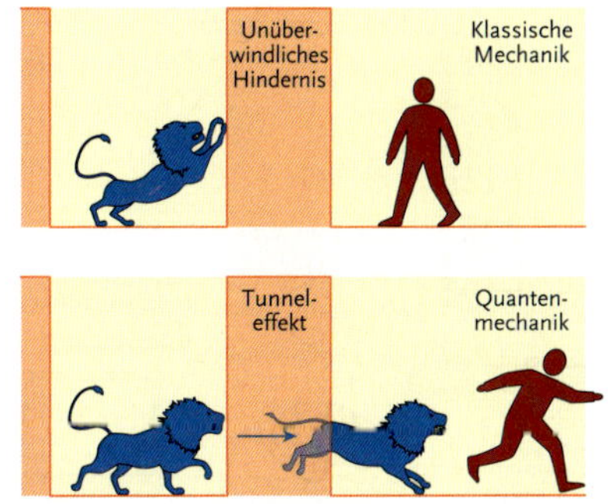

Tunneleffekt für Löwen

Der Name **Tunneleffekt** kommt daher, dass die Teilchen das Hindernis klassisch nicht überwinden können. Man muss sich den Effekt, wenn überhaupt, eher als eine Form von Durchtunneln der Barriere vorstellen.

Der sogenannte **Durchlasskoeffizient** gibt die Wahrscheinlichkeit an, mit der ein Elektron durch die Barriere hindurchkommt – also durchtunneln kann. Dieser hängt vor allem von drei Größen ab, der Teilchenmasse, der Länge des Potenzialwalls und der Energiedifferenz zwischen Teilchen und Potenzialschwelle. Angenommen, ein Elektron hat eine Energie von 5,1 eV und nähert sich einem Potenzialwall mit 6,8 eV der Länge 750 pm. Von einer Million Elektronen werden rund 45 hindurchtunneln.

Alphastrahlung.

Beispiel 2.2.04: Alphazerfall

Beim Alphazerfall wird das Alphateilchen (Heliumkern) innerhalb des Atomkerns durch eine Energiebarriere gefangen gehalten. Es gibt jedoch eine geringe Wahrscheinlichkeit, dass ein Teilchen durchtunneln kann. Die lange **Halbwertszeit** von Uran 238 von $4{,}5 \cdot 10^9$ Jahren weist darauf hin, dass es die Teilchen sehr schwer haben, die Barriere zu überwinden.

Dem Alphateilchen hilft die **Unbestimmtheitsrelation** $\Delta E \cdot \Delta t \approx h$. Es kann sich für eine sehr geringe Zeitdauer Energie kurzfristig ausborgen. Für eine Zeitdauer Δt ist die Energie um den Wert ΔE **unbestimmt.** Dieser Energiewert ist jedoch sehr hoch, daher ist die Wahrscheinlichkeit zu entkommen sehr klein und damit die Halbwertszeit sehr lang.
Der Tunneleffekt wird in vielen technischen Anwendungen genutzt.

Heisenbergsche Unschärfe-relation.

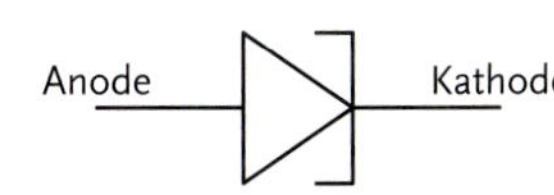

Elektronisches Schaltzeichen für eine Tunneldiode

Tunneldiode

Hier wird ein Elektronenstrom durch die Veränderung der Höhe des Potenzialwalls schnell ein- oder ausgeschaltet. Sie wird als Bauteil bei **Verstärkern** und Schwingkreisen verwendet. Da sich die Schaltungen bis in den Gigahertzbereich eignen, werden sie in der Hochfrequenztechnik gebraucht.

Soundcard mit Verstärkerbauteilen

Flash-Speicher

Flash-Speicher sind digitale Speicherchips und dienen als **Speicherkarten** für Digitalkameras, Mobiltelefone und Handhelds. Der Mechanismus, der die Elektronen durch die isolierende Oxidschicht passieren lässt, wird Fowler-Nordheim-Tunneleffekt genannt, eine spezielle Art des Tunnelns.

Speicherkarte als Nachfolgerin des Farbfilms

Rastertunnelmikroskop

Mit dem Rastertunnelmikroskop (RTM) lassen sich detaillierte Karten von **Oberflächen** anfertigen, deren Strukturen sich im atomaren Bereich befinden.

Das Prinzip: Eine sehr winzige Metallspitze wird sehr nahe (wenige Millionstel Millimeter) über die zu untersuchende Probe gebracht. Zwischen Nadel und Probe fließt ein sehr kleiner Strom (ca. 1 pA bis 10 nA), der Tunnelstrom. Beim Abrastern

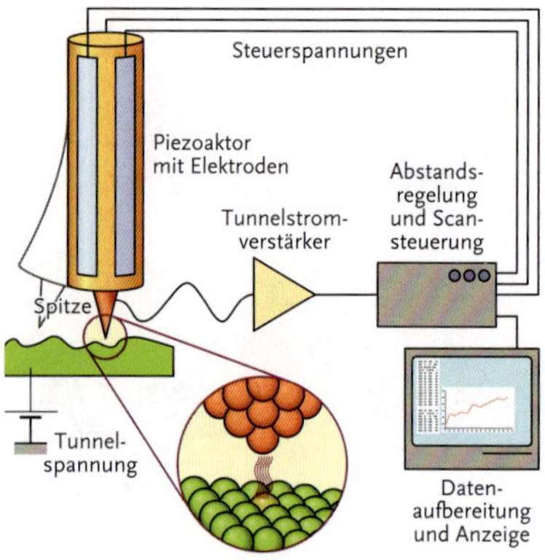

Schematischer Aufbau eines Rastertunnelmikroskops

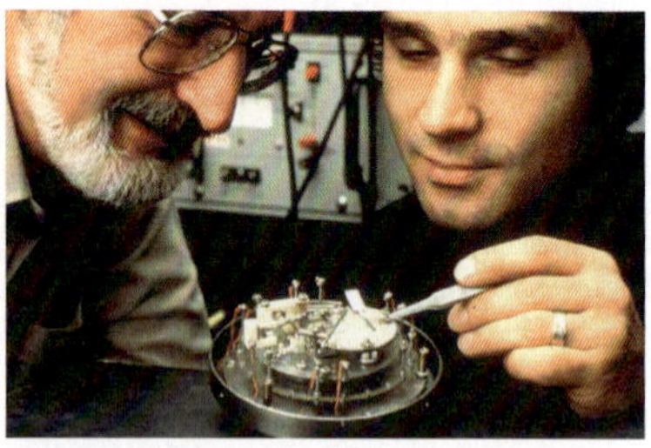

Gerd Binnig und Heinrich Rohrer mit dem ersten Rastertunnelmikroskop 1981, "Courtesy of International Business Machines Corporation, © 2012 International Business Machines Corporation"

RTM-Aufnahme von Fullerenen, Doppelspaltexperiment mit Molekülen siehe Kap. E, 2.2.2.

"It was less difficult, finally, than everybody thought. That's why everybody thought you could not do it. That's why nobody did it. And that's, I would say, a crucial thing in science. Everything is new because other people think you cannot do it."

(Heinrich Rohrer)

Erwin Schrödinger, 1887 bis 1961, österreichischer Physiker, Nobelpreis für Physik gemeinsam mit Paul Dirac 1933

der Probenoberfläche wird die Höhe der Spitze mit einer Feinmechanik (Piezoelementen) so geregelt, dass der Tunnelstrom konstant bleibt. Es entsteht ein **Höhenprofil** der Oberfläche.

Da nur **elektrisch leitende** Proben (Metalle, Halbleiter) direkt untersucht werden können, müssen auf nicht leitende Proben feine elektrisch leitende Schichten durch Dampf aufgebracht werden. Da das Mikroskop sehr stark auf äußere Einflüsse reagiert, muss es so gut wie möglich von der Umwelt abgeschirmt werden, z. B. durch Schallisolierung, Federaufhängung und thermische Isolation.

Im Gegensatz zur Elektronenmikroskopie (sie benötigt eine aufwendige Präparation der Proben und hohe Vakua) kann mit dem RTM auch unter Atmosphärenbedingungen gearbeitet werden.

Das Rastertunnelmikroskop ist zu einem wichtigen Analysegerät in der Oberflächenphysik, Materialforschung und der Chemie geworden. Die Ingenieure können damit Einblick in die Miniaturisierung von elektronischen Komponenten erhalten und Biologen die Grundbausteine des Lebens unter nahezu natürlichen Bedingungen untersuchen. Um ein besseres Verständnis von Batterien zu bekommen, beobachten Chemiker Reaktionen in einer elektrolytischen Lösung.

1998 gelang es dem Amerikaner **Don Eigler,** mit der Mikroskopspitze des Rastertunnelmikroskops Atome auf der untersuchten Oberfläche zu verschieben.
Heute gibt es bereits viele Arten von Rastertunnelmikroskopen, geeignet für die verschiedensten Untersuchungszwecke. Mit einem Rasterkraftmikroskop, einer Weiterentwicklung des RTM, ist es auch möglich, den atomaren Aufbau nicht leitender Oberflächen zu untersuchen.

Ziele erreicht? – „Der Tunneleffekt"

2.2.19 + Erklären Sie mithilfe des Modells eines Potenzialwalls das Prinzip des Tunneleffekts.

2.2.20 + Beschreiben Sie, was der Durchlasskoeffizient angibt und von welchen Größen er abhängt.

2.2.21 + Beschreiben Sie den Aufbau und die Funktionsweise eines Rastertunnelmikroskops.

2.2.22 ++ Erklären Sie, warum und wovor das RTM abgeschirmt werden muss.

2.2.23 ++ Recherchieren Sie im Internet über das Rasterkraftmikroskop. Nennen Sie besondere Eigenschaften und beurteilen Sie, wozu es benötigt wird.

2.2.5 Die Schrödingergleichung

Erwin Schrödinger *war um die vierzig Jahre alt, als er die grundlegende Gleichung der Quantenphysik im Jahre 1926 entwickelte. Sein Ziel war es, die Bewegung eines Elektrons in einem Atom zu beschreiben. Er hoffte, dies mit einer Methode tun zu können, die aus der klassischen Physik bekannt ist, mit stehenden Wellen.*

Das Ergebnis der Anstrengungen war die bekannte Gleichung, die mithilfe von komplexer Mathematik das gesuchte Ergebnis lieferte, jedoch zum Unmut Schrödingers nicht mit klassischen Methoden erklärt werden konnte, sondern spezielle mathematische Rechenregeln und quantenmechanische Sichtweisen erforderte.

Meine Ziele

Nach Bearbeitung dieses Kapitels kann ich
- **grundlegende Phänomene** angeben, die mithilfe der Schrödingergleichung erklärt werden können;
- nachvollziehen, dass mit der **Lösung der Gleichung** das Atommodell richtig beschrieben werden kann.

Das bohrsche Atommodell konnte die Bewegung von mehreren Elektronen in einem Atom nicht exakt beschreiben. Im Gegensatz dazu liefert die **Schrödingergleichung** auch für diesen Fall eine richtige Antwort.

Diese Gleichung kann als **Fundament** für fast alle praktischen Anwendungen der Quantenmechanik gesehen werden. In der modernen Physik ist sie sehr wichtig, um grundlegende Phänomene zu erklären:
- Beschreibung der Orbitale der Atome in der Chemie
- Elektronenenergie in der Halbleiterphysik
- Merkmale der Neutronen und Protonen im Atomkern
- Beschreibung der Eigenschaften von Elementarteilchen

Schrödingergleichung

Schrödingergleichung für die Wellenfunktion:
$H\psi = E\psi$

Eindimensionale zeitunabhängige (stationäre) Schrödingergleichung

$$-\frac{\hbar^2}{2m}\frac{d^2\psi(x)}{dx^2} + V\psi(x) = E\psi(x)$$

Die Schrödingergleichung hat sehr große Bedeutung, ähnlich den newtonschen Gesetzen und der Energieerhaltung in der klassischen Mechanik. Sie beinhaltet die **Wellenfunktion** $\psi(x)$, die Vorhersagen über die Wahrscheinlichkeiten von Ereignissen oder Ausgängen ermöglicht. Die einzelnen Ausgänge sind nicht festgelegt. Für eine große Anzahl an Ereignissen liefert die Schrödingergleichung die Verteilung der Ergebnisse. In Experimenten beobachtete quantenmechanische Effekte können durch die Schrödingergleichung beschrieben werden.

Die erste der beiden Formeln sieht sehr einfach aus, es steckt jedoch sehr viel in dieser Gleichung. Bei H und E handelt es sich nicht um Variablen, sondern um sogenannte Operatoren.

Die zweite Gleichung gilt für den eindimensionalen zeitunabhängigen Fall. Die **Lösungen** der zeitunabhängigen Schrödingergleichung zu finden, ist oft sehr schwierig. Aber für ein Elektron in der Umgebung eines Atomkerns erhält man z. B. als Lösungen die **Atomorbitale.**

Die Gleichung wurde von Schrödinger unter der Berücksichtigung gewisser physikalischer Prinzipien als neue Theorie postuliert. Er hat ebenfalls die bereits zu seiner Zeit anerkannten quantenmechanischen Erkenntnisse genützt.

Im Allgemeinen handelt es sich bei der Wellenfunktion um eine komplexe Funktion. Das Betragsquadrat $|\psi|^2$ der Wellenfunktion hat eine **physikalische Bedeutung** und wird als Wahrscheinlichkeitsdichte der Teilchenposition bezeichnet.

Stehende Wellen in der klassischen Physik.

"I must not give the impression that science alone interested me. As a matter of fact my early desire was to be a poet. But I speedily realized that poetry was not a paying business. Science, on the other hand, offered me a career."
(ERWIN SCHRÖDINGER)

Herstellung eines Wafers (einer Scheibe, auf der Halbleiterbauelemente durch verschiedene technische Verfahren hergestellt werden)

V ist die **potenzielle Energie** und ***E*** die **Energie des Systems.**

Ein **Operator** ist eine Rechenvorschrift, die auf eine ganze Funktion angewandt wird und diese in eine andere Funktion überführt.

E

Solvaykonferenz 1927, Erwin Schrödinger, umgeben von bekannten Physikern und Physikerinnen seiner Zeit

Der Begriff der **Verschränkung** wurde 1935 vom österreichischen Nobelpreisträger Erwin Schrödinger geprägt.

„Es scheint hart, dem Herrgott in die Karten zu gucken. Aber dass er würfelt und sich telepathischer Mittel bedient (wie es ihm von der gegenwärtigen Quantentheorie zugemutet wird), kann ich keinen Augenblick glauben."

(Brief von Einstein an Cornelius Lanczos, 21. März 1942)

Zwei verschränkte Würfel würden absolut zufällige, aber immer gleiche Zahlen zeigen

Vor der Messung ist die **Polarisation** unbestimmt.

Ein Beta-Bariumborat-Kristall wird mit Laserlicht bestrahlt, es entstehen zirkularpolarisierte UV-Photonen.

Die **Lichtgeschwindigkeit** bleibt die größte Geschwindigkeit, mit der Information übertragen werden kann.

Ziele erreicht? – „Die Schrödingergleichung"

2.2.24 + Nennen Sie grundlegende Phänomene der Physik die mithilfe der Schrödingergleichung erstmals erklärt werden konnten.

2.2.25 ++ Erklären Sie, was Atomorbitale beschreiben.

2.2.26 + Unterscheiden Sie die beiden Größen Wellenfunktion und Wahrscheinlichkeitsdichte.

2.2.27 ++ Recherchieren Sie im Internet über die Solvaykonferenz von 1927. Bewerten Sie die große Bedeutung der Konferenz in der Geschichte der Quantenphysik. Nennen Sie die großen Persönlichkeiten, die sich auf dem Foto finden lassen.

2.2.6 Verschränkte Teilchen

Für die Besatzung des Raumschiffs Enterprise gehört das Beamen längst zum Alltag. Um schnell auf einen unbekannten Planeten zu gelangen, begibt sich die Crew in den Transporterraum. Nach dem legendären „Beam me up, Scotty" löst sie sich auf und befindet sich im nächsten Augenblick in einer fremden Welt. Das Beamen von Menschen funktioniert nur in Science-Fiction-Filmen, die Quantenteleportation einzelner Photonen im Labor ist aber bereits gelungen.

Meine Ziele

Nach Bearbeitung dieses Kapitels kann ich

- erklären, was **Verschränkung** bedeutet;
- erklären, welche wichtigen **Eigenschaften verschränkte Teilchen** haben;
- **Anwendungen von verschränkten Teilchen** angeben.

Die **Verschränkung** ist eine seltsame, aber grundlegende quantenmechanische Eigenschaft. Zwei oder mehr Teilchen heißen verschränkt, wenn sie nicht unabhängig voneinander beschrieben werden können. Verschränkte Photonen kann man als ein **Quantenobjekt** sehen, sie sind miteinander in einem Gesamtzustand überlagert. Eine Wellenfunktion beschreibt diesen Zustand.

Die Erzeugung von verschränkten Photonen ist mithilfe eines speziellen Kristalls möglich. Die Polarisation ist eine Eigenschaft von verschränkten Teilchen. Diese ist für einzelne Teilchen zufällig verteilt. Ist jedoch die Polarisation des einen Teilchens bekannt, kennt man auch die des anderen. Die **Korrelation** ist von Beginn an festgelegt, sie muss nicht von einem Messort zum anderen übertragen werden. Es erfolgt auch keine Informationsübertragung mit der Verschränkung, die Grundsätze der einsteinschen Relativitätstheorie werden nicht verletzt.

Physiker/innen haben immer wieder versucht, diese Aussagen anzuzweifeln. Könnte es nicht sein, dass irgendeine verborgene Eigenschaft, die wir noch nicht kennen, für diese Ergebnisse verantwortlich ist? Albert Einstein war einer der Zweifler, er bezeichnete die Verschränkung als „spukhafte Fernwirkung". Gemeinsam mit seinen Studenten **Boris Podolsky** und **Nathan Rosen** entwickelte er ein Gedankenexperiment, genannt **EPR-Experiment.** Sie wollten damit zeigen, dass die Quantenmechanik die Realität nicht vollständig erklären kann und die quantenmechanische Unbestimmtheit auf das Wirken verborgener Parameter zurückgeführt werden kann.

Der irische Physiker **John S. Bell** bewies 1964 in seinem berühmt gewordenen Aufsatz, dass lokale verborgene Parameter mit den statistischen Vorhersagen der Quantenmechanik nicht verträglich sind. Die nach ihm benannte mathematische Relation heißt **bellsche Ungleichung.**

Quantencomputer

Ein herkömmlicher Computer verwendet Bits, die nur die Werte 0 oder 1 annehmen können. Der Quantencomputer arbeitet mit **Quantenobjekten** als Grundlage und benutzt Quantenbits, kurz QUBITS. Diese können als Quantenüberlagerungen von 0 **und** 1 existieren, genau wie ein Photon, das als Superposition verschiedener Polarisationszustände vorhanden ist. Ein Quantenrechner kann bestimmte Probleme in weniger Rechenschritten lösen und ist daher schneller als ein klassischer Rechner.

ANTON ZEILINGER, GEB. 1945, ÖSTERREICHISCHER PHYSIKER

Beispiele sind die Primzahlzerlegung von großen Zahlen, die für das Knacken von Codes wichtig ist, und das Auffinden von Eintragungen in einer Datenbank. Aber auch die rechnerische Simulation der Quantenphysik könnte mit einem Quantencomputer durchgeführt werden. Sie ist ein grundlegendes Problem in der Teilchenphysik, Chemie (Quantenchemie) und Nanotechnik.

Das theoretische Wissen über Quantencomputer und ihre Funktionsweise ist großteils schon vorhanden. Um einen in der Praxis nutzbaren Rechner zu konstruieren, müssen jedoch noch sehr viele Probleme gelöst werden.

Quantenkryptografie

Sie ist ein Verfahren, um eine **abhörsichere Datenübertragung** zu ermöglichen. Dabei werden Daten mithilfe verschränkter Photonenpaare übermittelt. Es ist nicht möglich, eines der verschränkten Photonen abzufangen, ohne bemerkt zu werden, da dadurch der sehr empfindliche Zustand zerstört wird. Eine unerkannte Abhörung kann also nicht erfolgen. Zur sicheren Datenübertragung benötigt man einen klassischen Transfer und zusätzlich einen Übertragungskanal für die verschränkten Zustände.

Die weltweit erste **quantenkryptografisch** verschlüsselte Geldüberweisung fand am Mittwoch, dem 21. April 2004, in Wien unter der Leitung von Anton Zeilinger statt. Mithilfe eines 1 500 m langen Glasfaserkabels wurden 3 000 Euro von einer Bankfiliale zum Wiener Rathaus geschickt.

Ziele erreicht? – „Verschränkte Teilchen“

2.2.28 + Erklären Sie den Begriff Verschränkung.

2.2.29 + Analysieren Sie die quantenmechanischen Eigenschaften verschränkter Teilchen.

2.2.30 ++ Erklären Sie, wodurch sich ein Quantencomputer von einem herkömmlichen Rechner unterscheidet.

2.2.31 ++ Beschreiben Sie die Funktionsweise der Quantenkryptografie.

E

2.3 Atom- und Kernphysik

Viele Menschen sind von Polarlichtern fasziniert und findige Reiseunternehmer bieten Polarlichtreisen an. An Supermarktkassen sind ebenso Laser im Einsatz wie bei der Geschwindigkeitskontrolle, in der Bauwirtschaft und der Industrie. Das warme Licht herkömmlicher Glühlampen wird von vielen Menschen dem kalten Licht von Leuchtdioden vorgezogen. Die Entdeckung und Klassifizierung der Spektrallinien durch Fraunhofer gilt in der Wissenschaftsgeschichte nach wie vor als Meilenstein. Zur Erklärung all dieser Phänomene werden Atommodelle herangezogen.

Niels Bohr, 1885 bis 1962, dänischer Physiker, Nobelpreis für Physik 1922

Atomos: griechisch für unteilbar

Atommodelle siehe auch NAWI I/II, Kap. D, 2.1.

Albert Einstein war überzeugt, dass wir zwischen der realen Welt und ihrer mathematischen Beschreibung unterscheiden müssen. Er schrieb: „Insofern sich die Sätze der Mathematik auf die Wirklichkeit beziehen, sind sie nicht sicher, und insofern sie sicher sind, beziehen sie sich nicht auf die Wirklichkeit."

2.3.1 Das bohrsche Atommodell

Das Bemühen um Anschaulichkeit von physikalischen Modellen und ihre vereinfachende mathematische Beschreibung tritt bei Atommodellen auch im historischen Zusammenhang besonders deutlich hervor.

Meine Ziele

Nach Bearbeitung dieses Kapitels kann ich

- verschiedene **Atommodelle** angeben und qualitativ beschreiben;
- einfache **Berechnungen** für das **bohrsche Atommodell** ausführen;
- die **Geschwindigkeit,** den **Bahnradius** und die **Energie** des Elektrons in Abhängigkeit von der Quantenzahl n im **Wasserstoffatom** ableiten.

Atome – unteilbare Urbausteine

Die griechischen Philosophen, insbesondere Leukipp, der im fünften Jahrhundert vor Christi Geburt lebte, und sein Schüler Demokrit, argumentierten, dass man bei ständiger Teilung eines Stabes auch mit immer raffinierteren Methoden nicht beliebig fortfahren könne, sondern letztlich zu **unteilbaren Bausteinen, den Atomen** gelangen müsse.

Atome – harte Kugeln

John Dalton begründete um 1800 den Atomismus neu und stellte sich Atome als kleine, homogene, völlig elastische Kugeln vor. In der Wärmelehre und der Chemie findet dieses **Harte-Kugel-Modell** noch Verwendung.

Sir Joseph John Thomson, 1856 bis 1940, britischer Physiker, Nobelpreis für Physik 1906, Entdecker des Elektrons

Atome – Rosinenkuchen

Sir Joseph John Thomson entwickelte 1904 das **Rosinenkuchenmodell,** wobei die Elektronen den Rosinen entsprechen und der Teig der positiven Ladung entspricht. Auch die Größe von Atomen gab Thomson bereits mit einigen 10^{-10} m (= 0,1 nm = 1 Ångström, 1 Å) an.

Der Name Geiger ist durch den **Geiger-Müller-Zähler** weltweit bekannt. **Johannes Wilhelm Geiger,** 1882 bis 1945, war ein deutscher Physiker, der gemeinsam mit seinem Doktoranden **Walther Müller** dieses Messgerät für radioaktive Strahlung entwickelte.

Atome – Elektronen sausen auf keplerschen Ellipsen um den Atomkern

Durch Streuexperimente an Goldfolien, von denen auch die dünnsten rund 7 000 Atomlagen enthielten, fand **Ernest Rutherford** mit seinen Mitarbeitern **Johannes Geiger** und **Ernest Marsden** heraus, dass die Atommasse nicht homogen über das Atomvolumen verteilt ist. Beinahe die gesamte Atommasse und daher auch die gesamte positive Ladung ist im **Atomkern** konzentriert. Sie verwendeten als Geschoße die von radioaktiven Atomen ausgesandten Alphateilchen, deren Masse

rund 7 000-mal größer ist als die Masse eines einzelnen Elektrons. Die meisten Heliumkerne wurden nicht oder nur unmerklich abgelenkt. Zu ihrem Erstaunen konnten sie einige α-Teilchen beobachten, die um sehr große Winkel abgelenkt wurden. Einige He-Kerne wurden sogar zurückgestreut. Rutherford schreibt: „Es war fast so unglaublich, als ob man eine 15-Zoll-Granate auf ein Stückchen Seidenpapier feuert, die Granate zurückkommt und man von ihr getroffen wird."
1911 formulierte er sein **Planetenmodell** des Atoms. Der Atomkern entspricht in seinem Modell der Sonne und die Elektronen entsprechen den um die Sonne kreisenden Planeten. Rutherford konnte aus den experimentellen Daten die Größenordnung von Atomkernen mit 10^{-15} m berechnen.

ERNEST RUTHERFORD, 1871 BIS 1937, NEUSEELÄNDISCHER PHYSIKER; NOBELPREIS FÜR CHEMIE 1908; SEIT 1931 BARON RUTHERFORD OF NELSON

Im Rahmen der klassischen Physik betrachtet, enthält das **rutherfordsche Planetenmodell** folgende **Widersprüche.**

- Die Atome wären **instabil,** weil eine Kreisbewegung eine mit der Zentripetalkraft beschleunigte Bewegung ist. Daher müssten die Elektronen nach der klassischen Elektrodynamik Energie in Form von elektromagnetischen Wellen abgeben. Dadurch würde ihre Geschwindigkeit abnehmen und sich der Bahnradius kontinuierlich verkleinern.
- Die Bewegung der punktförmig angenommenen Elektronen auf Keplerellipsen kann die **räumliche Gestalt** des Wasserstoffatoms nicht erklären.
- Die experimentell beobachteten **scharfen Spektrallinien** können nicht erklärt werden. Ein Bahnwechsel eines Elektrons ist nicht explizit vorgesehen.

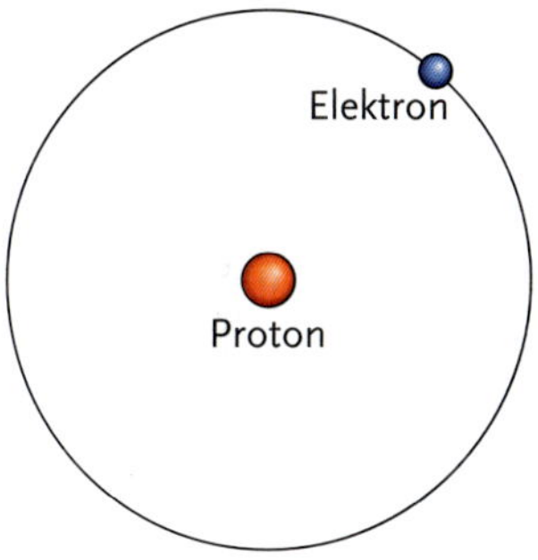

Planetenmodell des H-Atoms

Eugene Wigner, ein ungarischamerikanischer Physiknobelpreisträger, publizierte im Jahr 1960 den berühmt gewordenen Essay „The Unreasonable Effectiveness of Mathematics in the Natural Sciences", frei übersetzt: Die unbegreifliche Effizienz der Mathematik in den Naturwissenschaften.

Beispiel 2.3.01: Coulombkraft und Gravitationskraft im H-Atom

Wir berechnen das Verhältnis der Coulombkraft zur Gravitationskraft für das Elektron im Abstand r vom Proton des Wasserstoffatoms. Dazu verwenden wir die Formeln für die Coulombkraft für zwei Ladungen q_1 und q_2 und die Gravitationskraft zweier Massen m_1 und m_2.

$$F_{\text{Coulomb}} = \frac{1}{4\pi\varepsilon_0} \cdot \frac{q_1 \cdot q_2}{r^2} \qquad F_{\text{Gravitation}} = G \cdot \frac{m_1 \cdot m_2}{r^2}$$

$$\frac{F_{\text{Coulomb}}}{F_{\text{Gravitation}}} = \frac{\frac{1}{4\pi\varepsilon_0} \cdot \frac{q_1 \cdot q_2}{r^2}}{G \cdot \frac{m_1 \cdot m_2}{r^2}} = \frac{1}{G \cdot 4\pi\varepsilon_0} \cdot \frac{q_1 \cdot q_2}{m_1 \cdot m_2}$$

Wegen der indirekten Proportionalität der beiden Kräfte zu r^2 hängt ihr Verhältnis nicht vom Abstand ab. Wenn wir die Konstanten

$$G = 6{,}67 \cdot 10^{-11}\,\frac{\text{m}^3}{\text{kg} \cdot \text{s}^2},\ \varepsilon_0 = 8{,}854 \cdot 10^{-12}\,\frac{\text{A} \cdot \text{s}}{\text{V} \cdot \text{m}},\ q_1 = |q_2| = e \approx 1{,}602 \cdot 10^{-19}\,\text{C},$$

$m_1 = m_p \approx 1{,}673 \cdot 10^{-27}$ kg und $m_2 = m_e \approx 9{,}109 \cdot 10^{-31}$ kg einsetzen, erhalten wir das Kraftverhältnis

$$\frac{F_{\text{Coulomb}}}{F_{\text{Gravitation}}} = 2{,}3 \cdot 10^{39}$$

Aufgrund dieses Größenunterschiedes können wir bei der Herleitung der Radien und Geschwindigkeiten des Elektrons im H-Atom die Gravitationskraft zwischen Proton und Elektron vernachlässigen.

Atome – Bohr postuliert bestimmte Kreisbahnen

Um zwei Widersprüche des rutherfordschen Planetenmodells zu umgehen, nahm Niels Bohr an, dass sich ein Elektron nur auf ganz bestimmten Kreisbahnen um die als ruhend angenommenen Protonen bewegen darf und dabei keine Energie verliert. Dadurch erreicht Bohr die **Stabilität** der Atome und kann die **scharfen Spektrallinien** erklären.

E

Drehimpuls $L = m \cdot r \cdot v$.

Plancksches Wirkungsquantum $h \approx 6{,}626 \cdot 10^{-34}$ Js.

Plancksches Wirkungsquantum geteilt durch 2π = *h-quer* $\hbar = \frac{h}{2\pi}$.

Das Wasserstoffatom ist das einfachste Atom, weil es sich nur aus einem Proton und einem Elektron aufbaut. Daher erwartete Niels Bohr, dass die mathematische Modellierung des H-Atoms den experimentellen Befunden am nächsten kommen würde.

Erster bohrscher Radius im H-Atom $r_1 \approx 5{,}3 \cdot 10^{-11}$ m.

Dadurch wird die Größenordnung der Atome, wie sie bereits Sir Joseph John Thomson mit seinem Rosinenkuchenmodell angegeben hat, bestätigt.

Erste bohrsche Geschwindigkeit im H-Atom $v_1 \approx 2{,}2 \cdot 10^6 \frac{\text{m}}{\text{s}}$.

Sie beträgt rund 7,3 Promille der Vakuumlichtgeschwindigkeit.

Erstes bohrsches Postulat

Elektronen können den Atomkern nur auf **bestimmten, stabilen Bahnen** umkreisen. Für diese stabilen Kreisbahnen mit Radius r_n ist der **Drehimpuls L** für ein Elektron, das sich mit der Geschwindigkeit v_n auf der n-ten Kreisbahn bewegt, ein **ganzzahliges Vielfaches von $\frac{h}{(2\pi)}$**.

$$m_e \cdot r_n \cdot v_n = n \cdot \frac{h}{(2 \cdot \pi)} = n \cdot \hbar$$

Damit hatte Niels Bohr zusätzlich zur Coulombkraft als Zentripetalkraft die zweite Gleichung für die Bestimmung der beiden Unbekannten r_n und v_n gefunden.

Beispiel 2.3.02: Radius und Geschwindigkeit im H-Atom

Die Zentripetalkraft für die Kreisbewegung des Elektrons um das Proton ist die Coulombkraft, sodass die erste Gleichung $F_{Zp} = F_{Coulomb}$ lautet.

$\frac{m_e \cdot v_n^2}{r_n} = \frac{1}{4\pi\varepsilon_0} \cdot \frac{q_1 \cdot q_2}{r_n^2}$; Wir kürzen r_n und erhalten $m_e \cdot v_n^2 = \frac{1}{4\pi\varepsilon_0} \cdot \frac{q_1 \cdot q_2}{r_n}$.

Die zweite Gleichung ist $2 \cdot \pi \cdot m_e \cdot r_n \cdot v_n = n \cdot h$

Wir lösen diese Gleichung nach r_n auf und setzen den Term in die erste Gleichung ein. Nach Umformen auf den Radius der n-ten Elektronenbahn erhalten wir

$$r_n = \frac{\varepsilon_0 \cdot h^2 \cdot n^2}{\pi \cdot e^2 \cdot m_e} = r_1 \cdot n^2 \quad \text{mit} \quad r_1 = \frac{\varepsilon_0 \cdot h^2}{\pi \cdot e^2 \cdot m_e} \approx 5{,}3 \cdot 10^{-11}\ \text{m}$$

Die erlaubten Radien der Elektronenbahnen nehmen quadratisch mit der Quantenzahl n zu.
Rückeinsetzen liefert uns auch die Geschwindigkeit des Elektrons auf der n-ten Bahn.

$$v_n = \frac{e^2}{2 \cdot \varepsilon_0 \cdot h \cdot n} = \frac{v_1}{n} \quad \text{mit} \quad v_1 = \frac{e^2}{2 \cdot \varepsilon_0 \cdot h} \approx 2{,}2 \cdot 10^6\ \frac{\text{m}}{\text{s}}$$

Erwartungsgemäß nimmt die Geschwindigkeit mit wachsender Entfernung vom Kern ab, weil die Coulombkraft mit $1/r^2$ abnimmt.

Radien und Geschwindigkeiten im bohrschen H-Atom

Die Radien nehmen quadratisch mit der Quantenzahl n (= Bahnindex) zu und die Geschwindigkeiten sind indirekt proportional zu n.

$$r_n = r_1 \cdot n^2 \quad \text{mit} \quad r_1 \approx 5{,}3 \cdot 10^{-11}\ \text{m}$$

$$v_n = \frac{v_1}{n} \quad \text{mit} \quad v_1 \approx 2{,}2 \cdot 10^6\ \frac{\text{m}}{\text{s}}$$

Bisher haben wir ein Elektron auf einer Bahn um den ruhenden Atomkern (das Proton) kreisen lassen. Nun stellen wir uns die Frage, was mit dem Elektron passiert, wenn wir dem H-Atom z. B. durch eine Laserstrahlung Energie zuführen. Mit anderen Worten: Unter welchen Bedingungen kann das Elektron die Bahn wechseln?

Zweites bohrsches Postulat

Die Elektronen der Atomhülle können von einer erlaubten Bahn (Index n_1) auf eine andere erlaubte Bahn (Index n_2) wechseln. Die **Energiedifferenz** ΔE wird als Strahlungsquant (Photon) absorbiert oder emittiert.

Die Frequenz des Strahlungsquants ergibt sich aus der Gleichung
$h \cdot f = |\Delta E| = |E_{n_2} - E_{n_1}|$.

Um die Frequenz f des Photons, das den Bahnwechsel des Elektrons hervorruft bzw. ermöglicht, berechnen zu können, müssen wir die Energie des Elektrons auf der n-ten Bahn berechnen.

Beispiel 2.3.03: Energien im H-Atom

Wir schreiben die Formeln für die kinetische und die potenzielle Energie eines Elektrons im elektrischen Feld eines Protons auf der n-ten Bahn an.

$$E_{kin} = \frac{m_e \cdot v_n^2}{2} \qquad E_{pot} = -\frac{1}{4\pi\varepsilon_0} \cdot \frac{e^2}{r_n}$$

Die negative potenzielle Energie bedeutet, dass sich das Proton und das Elektron mit der Coulombkraft anziehen. Man sagt, das Elektron ist an das Proton gebunden. Wenn wir die Geschwindigkeit und den Radius in Abhängigkeit von der Quantenzahl n einsetzen, ist auch die Gesamtenergie nur mehr von der Bahnquantenzahl n abhängig. Eine kurze Rechnung liefert

$$E_n = E_{kin} + E_{pot} = -\frac{m_e \cdot e^4}{8 \cdot \varepsilon_0^2 \cdot h^2 \cdot n^2} = \frac{E_1}{n^2} \quad \text{mit} \quad E_1 = -\frac{m_e \cdot e^4}{8 \cdot \varepsilon_0^2 \cdot h^2} \approx -13{,}6 \text{ eV.}$$

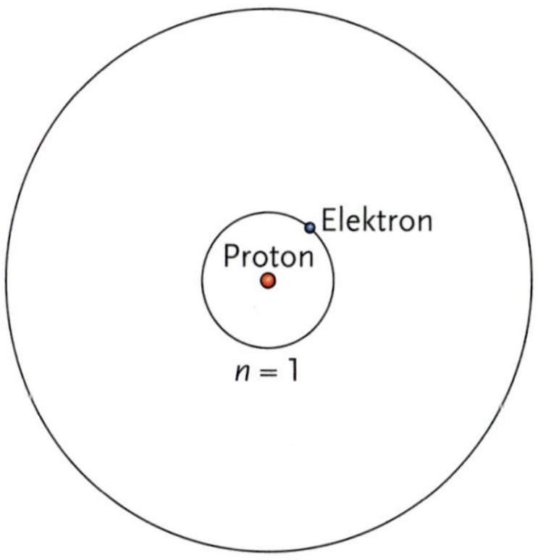

Das **H-Atom-Modell** von Bohr: eingezeichnet sind die erste und die zweite erlaubte Elektronenbahn. Das Elektron befindet sich gerade auf der Bahn eins und hat dadurch die stärkste Bindung an das Proton. Das Elektron ist im Grundzustand.

Energie im bohrschen H-Atom

Die **Bindungsenergie** E_n eines Elektrons auf der Bahn mit der Quantenzahl n ist indirekt proportional zu n^2.

$$E_n = \frac{E_1}{n^2} \quad \text{mit} \quad E_1 \approx -13{,}6 \text{ eV}$$

⚠ $1 \text{ eV} = 1 \text{ e} \cdot 1 \text{ V}$;
$1 \text{ eV} \approx 1{,}602 \cdot 10^{-19} \text{ J}$

⚠ Erste bohrsche Energie
$E_1 \approx -13{,}6 \text{ eV}$

Durch die Übereinstimmung mit der experimentell ermittelten Ionisierungsenergie von Wasserstoff, das ist jene Energie, mit der dem Wasserstoff das Elektron entrissen werden kann, wurde das bohrsche Atommodell bestätigt.

Führt man einem Elektron (auf der ersten Bahn) im H-Atom 13,6 eV zu, so ist das Elektron nicht mehr an das Proton gebunden; das H-Atom ist positiv ionisiert.

Mit der Formel $E = h \cdot f$ können wir mit der Bindungsenergie $\frac{E_1}{n^2}$ die Frequenz f berechnen.

Spektrallinien im bohrschen H-Atom

Die **Frequenz** f eines Strahlungsquants (Photons) beträgt für die Bahnen mit den Quantenzahlen n_1 und n_2

$$f = \frac{m_e \cdot e^4}{8 \cdot \varepsilon_0^2 \cdot h^3} \cdot \left| \frac{1}{n_2^2} - \frac{1}{n_1^2} \right|.$$

Diese Formel hatten **Johann Jakob Balmer** und **Johannes Robert Rydberg** bereits auf experimentellem Wege gefunden, wobei Rydberg mit $c = \lambda \cdot f$ noch auf die inverse Wellenlänge umformte.
Niels Bohr konnte nun die Rydbergkonstante aus der Elektronenmasse, der Elektronenladung, der Dielektrizitätskonstante des Vakuums, der Vakuumlichtgeschwindigkeit und dem planckschen Wirkungsquantum ableiten. Die Übereinstimmung mit dem Messwert war beeindruckend und der galileische Wahlspruch „Messen, was messbar ist, und messbar machen, was noch nicht messbar ist." erneut bestätigt.

Johann Jakob Balmer, 1828 bis 1898, Schweizer Mathematiker

Beispiel 2.3.04: Die Rydbergkonstante im bohrschen H-Atom

Der Messwert für die **Rydbergkonstante** R beträgt 10 973 731,568 539 m^{-1}. Setzen wir in den bohrschen Ausdruck $\frac{m_e \cdot e^4}{8 \cdot \varepsilon_0^2 \cdot h^3 \cdot c_0}$ die Konstanten ein, so erhalten wir $10{,}969 \cdot 10^6$ 1/m, was einer prozentuellen Abweichung von rund 0,4 Promille entspricht.

Zu Ehren von **Rydberg** wird die Konstante $\frac{m_e \cdot e^4}{8 \cdot \varepsilon_0^2 \cdot h^3 \cdot c_0}$ als Rydbergkonstante R bezeichnet.

Wir fassen die vielen Erkenntnisse über das Wasserstoffatom gemäß dem Atommodell von Niels Bohr zusammen.

Johannes Robert Rydberg, 1854 bis 1919, schwedischer Physiker

Bohrsches Atommodell des Wasserstoffs

Das Elektron kann sich mit der Geschwindigkeit v_n nur auf stabilen Kreisbahnen mit dem Radius r_n um das ruhend angenommene Proton bewegen, wenn der Drehimpuls des Elektrons die Quantenbedingung $L_n = m_e \cdot r_n \cdot v_n = n \cdot h\,/(2\pi)$ erfüllt.

$E_n \approx \frac{-13{,}6\ \text{eV}}{n^2}$,

$v_n \approx \frac{2{,}2 \cdot 10^6}{n} \cdot \frac{\text{m}}{\text{s}}$,

$r_n \approx 5{,}3 \cdot 10^{-11}\ \text{m} \cdot n^2$

Bei einem Bahnwechsel des Elektrons tritt ein Photon mit der Frequenz

$f \approx 3{,}3 \cdot 10^{15} \cdot \left|\frac{1}{n_2^{\,2}} - \frac{1}{n_1^{\,2}}\right| \cdot \text{Hz}$ auf.

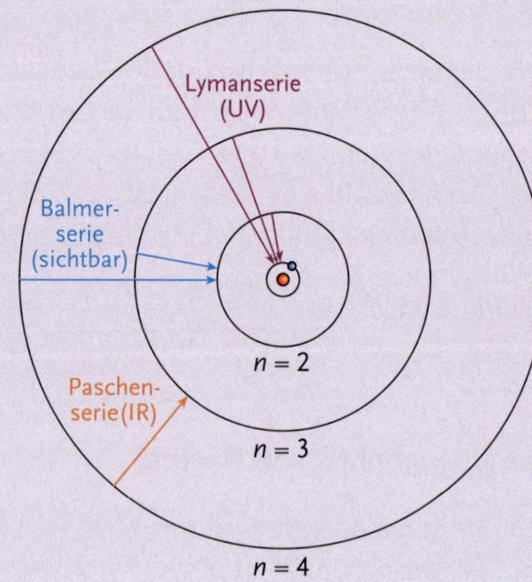

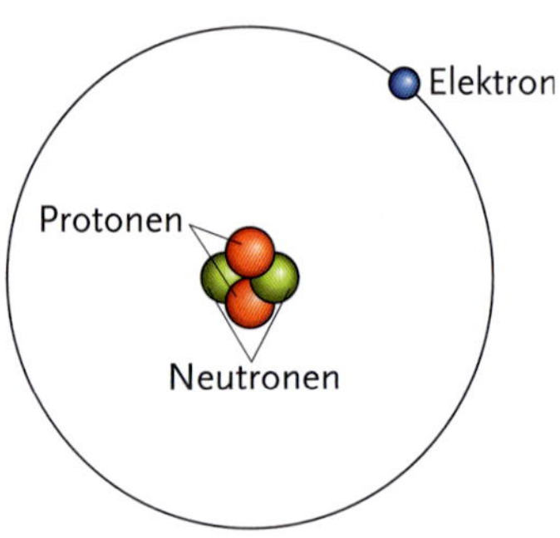

Zu den Aufgaben 2.3.05 und 2.3.06: Planetenmodell des einfach positiv ionisierten He-Atoms

Ziele erreicht? – „Das bohrsche Atommodell“

2.3.01 ++ Geben Sie mindestens vier **Atommodelle** an.

2.3.02 ++ Beschreiben Sie den **Streuversuch von Rutherford** und argumentieren Sie seine Schlussfolgerungen. Beachten Sie, dass die nebenstehende Skizze nur als Hilfe gedacht ist. Sie gibt das von Rutherford ermittelte Verhältnis von Kern- zu Atomradius mit rund $1 : 10^5$ nicht korrekt wieder.

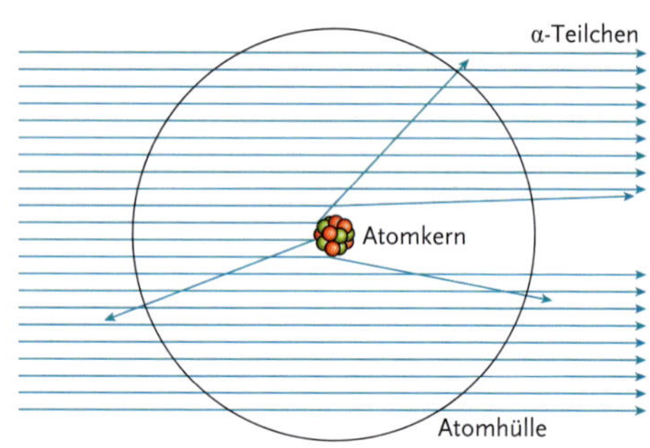

2.3.03 ++ Beschreiben Sie das **bohrsche Atommodell** qualitativ und quantitativ.

2.3.04 ++ Berechnen Sie die Frequenzen und Wellenlängen der ersten fünf Spektrallinien der **Balmerserie** des H-Atoms. Die Balmerserie ergibt sich beim Zurückspringen eines Elektrons von einer höheren Umlaufbahn auf die zweite erlaubte Bahn um das Proton.

2.3.05 ++ Für ein einfach positiv ionisiertes **He-Atom** gilt die Energiebeziehung $E_n = -54{,}4\ \text{eV}/n^2$. Berechnen Sie die fünf Spektrallinien dieses He-Atoms mit den größten Frequenzen.

2.3.06 ++ Leiten Sie die **Energiebeziehung** für ein einfach positiv **ionisiertes He-Atom** in Analogie zum bohrschen Atommodell des H-Atoms ab. Berechnen Sie dazu die Geschwindigkeit und den Radius des verbliebenen Elektrons auf seiner Kreisbahn um den He-Kern in Abhängigkeit von der Bahnquantenzahl n. Stellen Sie das **Energieniveauschema** analog zur Abbildung in der Randspalte dar.

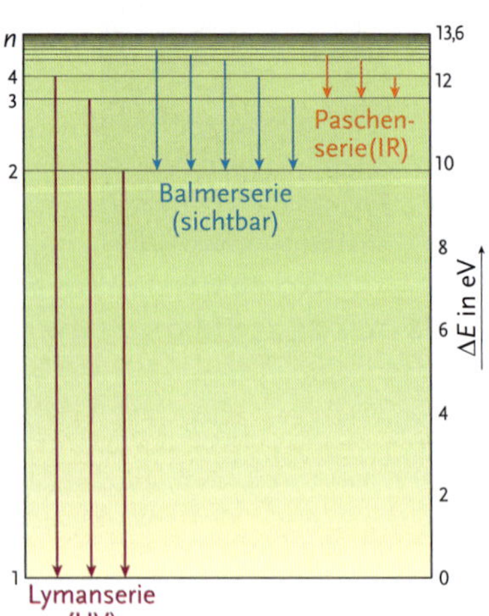

Skizze zu Aufgabe 2.3.06: **Energieniveauschema** von Wasserstoff im bohrschen Atommodell

2.3.2 Das Atommodell von Bohr und Sommerfeld und das Pauliprinzip

Um die Vielfalt der Atomspektren erklären zu können, musste das sehr einfache bohrsche Atommodell, das nur eine Quantenzahl n – die Haupt- oder Energiequantenzahl – verwendet, erweitert werden. Damit konnten die experimentellen Befunde für einige Elemente mit höherer Ordnungszahl noch zufriedenstellend erklärt werden. Eine radikale Abkehr von klassischen Vorstellungen war aber unumgänglich, um der Komplexität der Atome gerecht zu werden.

ARNOLD SOMMERFELD, 1868 BIS 1951, DEUTSCHER PHYSIKER

Meine Ziele

Nach Bearbeitung dieses Kapitels kann ich
- das **Bohr-Sommerfeld-Atommodell** beschreiben;
- die **Quantenzahlen *n*, *l*, *m*** und ***s*** qualitativ und quantitativ beschreiben;
- die **Elektronenkonfiguration** mit den vier Quantenzahlen für bestimmte Elemente des Periodensystems der Elemente angeben und die maximalen Quantenzahlkombinationen begründen.

Arnold Sommerfeld erweiterte 1915 das bohrsche Atommodell um **drei Quantenzahlen,** um ein anschauliches Modell für weitere Elemente des Periodensystems zu erhalten. Wie bei Rutherford sind bei Sommerfeld wieder Ellipsenbahnen möglich. Zur Unterscheidung von Ellipsen mit gleich großer Halbachse a führte Sommerfeld die **Nebenquantenzahl** l ein. Der Buchstabe l wurde wegen des damit unterschiedlichen Drehimpulses des Elektrons auf der Ellipsenbahn gewählt. Die Orientierung der Bahn wird durch die **Orientierungs- oder Magnetquantenzahl** m beschrieben. Um weitere Details in den gemessenen Linienspektren der Atome unterscheiden zu können, wurde die **Spinquantenzahl** s eingeführt.

Eine **Ellipse** (in erster Hauptlage) hat eine große Halbachse a und eine kleine Halbachse b mit $a \geq b$. Für den Grenzfall eines Kreises ist $a = b = r$.
Die Kreisformel $x^2 + y^2 = r^2$ für einen Kreis in Mittelpunktslage entspricht der Formel
$$\frac{x^2}{a^2} + \frac{y^2}{b^2} = 1$$
für eine Ellipse in Mittelpunktslage.

Das Atommodell von Bohr und Sommerfeld

Die Elektronen werden durch die **vier Quantenzahlen** n, l, m und s beschrieben.
- Die **Haupt-** oder **Energiequantenzahl** n kann alle natürlichen Zahlen größer als oder gleich 1 annehmen.
  $n = 1, 2 \ldots$
- Die **Neben-** oder **Drehimpulsquantenzahl** l kann alle natürlichen Zahlen größer als oder gleich 0 und kleiner als oder gleich $n - 1$ annehmen.
  $l = 0, 1, 2 \ldots n - 1$
- Die **Orientierungs-** oder **Magnetquantenzahl** m kann alle ganzen Zahlen größer als oder gleich $-l$ und kleiner als oder gleich l annehmen.
  $m = -l, -l + 1, -l + 2 \ldots -1, 0, 1, \ldots l - 2, l - 1, l$
- Die **Spinquantenzahl** s kann entweder den Wert $+\frac{1}{2}$ oder $-\frac{1}{2}$ annehmen.
  $s = +\frac{1}{2}, -\frac{1}{2}$

⚠ Der Spin ist eine quantenmechanische Größe und hat keine klassische Entsprechung.
Für ein Elektron gibt es die beiden Spinwerte $+\frac{1}{2}$ und $-\frac{1}{2}$. Die Deutung als Eigendrehimpuls greift zu kurz.

Alle klassischen Rettungsversuche der Atommodelle konnten den Siegeszug der Quantenmechanik nicht aufhalten. Victor de Broglie schrieb dazu den Elektronen Welleneigenschaften zu.

Quantenzahl	Bezeichnung
n	Haupt- oder Energiequantenzahl
l	Neben- oder Drehimpulsquantenzahl
m	Orientierungs- oder Magnetquantenzahl
s	Spinquantenzahl

Die Quantenzahlen im Bohr-Sommerfeld-Modell

Die stehenden Elektronenwellen von de Broglie

Die erlaubten Elektronenbahnen ergeben sich durch stehende Wellen, weil sich sonst die den Elektronen zugeordneten Wellen bei den zahlreichen Umläufen in einer bestimmten Zeit durch destruktive Interferenz selbst auslöschen würden.

Quantenzahl	Werte
n	1, 2, 3 ...
l	0, 1 ..., $n-1$
m	$-l, -l+1$ ..., 0 ..., $l-1$, l
s	$-\frac{1}{2}, +\frac{1}{2}$

Werte der Quantenzahlen im Bohr-Sommerfeld-Modell

Die Quantenbedingung lautet daher $2 \cdot \pi \cdot r_n = n \cdot \lambda$.

Ersetzen wir die Wellenlänge λ durch $\frac{h}{(m_e \cdot v_n)}$, erhalten wir das erste bohrsche Postulat.

Die räumliche Struktur der Atome ist durch die stehenden Wellen von de Broglie noch nicht erreicht. Dazu muss man die Elektronenwellen als dreidimensionale Schwingungszustände auffassen. Das leistet die **Schrödingergleichung.** Die Knotenpunkte der stehenden zweidimensionalen Wellen entsprechen dann Knotenflächen der dreidimensionalen stehenden Wellen. Diese Raumgebiete heißen Orbitale.

Wirkung = Energie mal Zeit und Wirkung = Impuls mal Wellenlänge.

Orbitale

Orbitale sind räumliche Aufenthaltsbereiche für die Elektronen um den Atomkern. Sie sind nicht scharf abgegrenzt. Ein Orbital legt die Energie des Elektrons fest. Orbitale werden nach steigender Energie der Reihe nach besetzt.

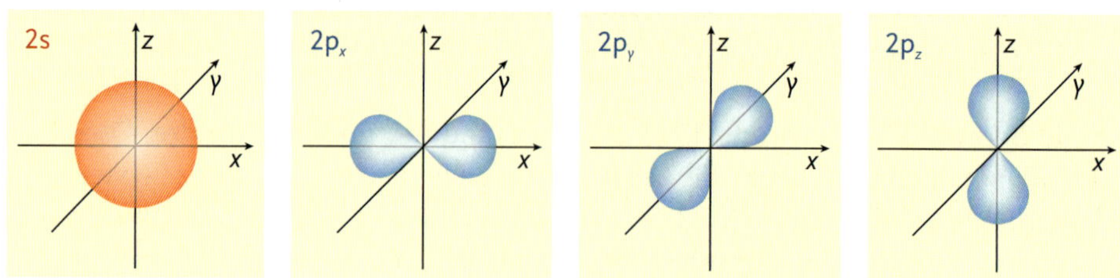

s-Orbitale: kugelsymmetrisch

p-Orbitale: hantelförmig

Der österreichische Physiker **Wolfgang Pauli** veröffentlichte 1925 das **Ausschließungsprinzip für Orbitale.**

Wolfgang Pauli, 1900 bis 1958, österreichischer Physiker, Nobelpreis für Physik 1945

Das Pauliprinzip

Jedes Atomorbital kann **höchstens zwei Elektronen** aufnehmen, die sich in ihrer Spinquantenzahl unterscheiden müssen.

Beispiel 2.3.05: Elektronenkonfiguration für Helium und Lithium

Helium hat die Ordnungszahl zwei und damit im neutralen Zustand zwei Elektronen, die nach dem **Pauliprinzip** durch die Quantenzahlen n, l, m und s, zusammengefasst zu $|n, l, m, s\rangle = |1, 0, 0, \frac{1}{2}\rangle$ sowie $|1, 0, 0, -\frac{1}{2}\rangle$, beschrieben werden. **Lithium** hat im elektrisch neutralen Zustand um ein Elektron mehr als Helium. Die drei Elektronen haben daher im Grundzustand (Zustand der geringsten Energie) des Atoms entweder die drei Quantenzahlenquadrupel $|1, 0, 0, \frac{1}{2}\rangle$, $|1, 0, 0, -\frac{1}{2}\rangle$und $|2, 0, 0, -\frac{1}{2}\rangle$ oder $|1, 0, 0, \frac{1}{2}\rangle$, $|1, 0, 0, -\frac{1}{2}\rangle$ und $|2, 0, 0, \frac{1}{2}\rangle$.

Ein **Elektron** wird durch die vier Quantenzahlen $|n, l, m, s\rangle$ im Atommodell von Bohr und Sommerfeld eindeutig beschrieben.

Ziele erreicht? – „Das Atommodell von Bohr und ...“

2.3.07 ++ Beschreiben Sie das Atommodell von **Bohr und Sommerfeld.**

2.3.08 ++ Geben Sie die vier Quantenzahlen für das Atommodell von **Bohr und Sommerfeld** an und erklären Sie ihre Bedeutung.

2.3.09 ++ Schreiben Sie die Quantenzahlkombinationen für die sieben Elektronen von neutralem **Stickstoff** gemäß dem Pauliprinzip an, wenn Sie mit den kleinsten möglichen Quantenzahlen beginnen.

Die Elektronenschalen mit den Energiequantenzahlen $n = 1$, 2, 3, 4 ... sind aufsteigend mit den Buchstaben K, L, M, N ... bezeichnet.

2.3.10 ++ Begründen Sie die **maximale Elektronenzahl** $2n^2$ in der n-ten Schale eines Atoms nach dem Pauliprinzip und schreiben Sie alle Kombinationen für die K-, L-, M- und N-Schale an.

Wert von l	Buchstabe
0	s
1	p
2	d
3	f

Buchstaben für die Werte der Neben- oder Drehimpulsquantenzahl l

2.3.3 Kernphysik

Die Reaktorkatastrophen von Fukushima im Jahr 2011 und von Tschernobyl im Jahr 1985 haben die Kernkraftbefürworter nur kurz in ihrem Engagement gebremst. Die USA planen wie andere Staaten einen weiteren Ausbau. Eine Umfrage im Jahr 2012 ergab in den Vereinigten Staaten von Amerika eine 60%ige Zustimmung zum extensiven Ausbau der Kernenergie.

Meine Ziele

Nach Bearbeitung dieses Kapitels kann ich
- die wichtigsten Kenngrößen von **Atomkernen** qualitativ beschreiben;
- die Größe und Dichte von **Atomkernen** quantitativ erfassen;
- die **Kerndichte** ableiten.

Die Streuversuche von Ernest Rutherford und anderen belegten übereinstimmend, dass die **Ladung der Atomkerne** ein ganzzahliges Vielfaches der Elementarladung e beträgt. Die Kernladungszahl ist identisch mit der Ordnungszahl Z des chemischen Elements im Periodensystem. Die Streuexperimente ergaben auch eine **Größenabschätzung** für die Atomkerne. Die **Kernmassen** stimmten recht gut mit den aus der Chemie bekannten Atommassen überein. Die endgültige Klärung lieferte aber **James Chadwick** mit der **Entdeckung des Neutrons 1932.**

Elementarladung
$e \approx 1{,}602 \cdot 10^{-19}$ C
Ladung des Elektrons $= -e$
Ladung des Protons $= +e$

Wie sicher ein Kernkraftwerk (auch als Atomkraftwerk, AKW, bezeichnet) ist, soll in der Europäischen Union auch mittels sogenannter Stresstests überprüft werden. Die im Oktober 2012 veröffentlichten Ergebnisse zeigen Mängel bei allen überprüften europäischen AKWs. Die AKWs in den Nachbarländern Österreichs haben besonders schlecht abgeschnitten.

Kernladung, Kernmasse und Kerngröße

Der Atomkern eines chemischen Elements mit der Ordnungszahl Z besteht aus Z Protonen und N Neutronen.
- $Z + N = A$ heißt **Massenzahl** und gibt die Anzahl der Kernbestandteile = Nukleonen an.
- Die **Kernmasse** berechnet sich näherungsweise als $m_{\text{Kern}} \approx A \cdot \text{u}$.
- Der **Kernradius** ergibt sich näherungsweise als $r_{\text{Kern}} \approx r_{\text{H}} \cdot A^{1/3}$. Dabei bezeichnet r_{H} den Kernradius des H-Atoms mit $r_{\text{H}} \approx 1{,}4 \cdot 10^{-15}$ m.

Beispiel 2.3.06: Kernradien für spezielle Isotope

Wir berechnen die Kernradien für ausgewählte Elemente des Periodensystems der Elemente, um ein Gefühl für die in der Natur auftretenden Atomkernradien zu erhalten.

Für das Borisotop mit der Massenzahl 8 gilt: $r_{\text{Kern}} \approx r_{\text{H}} \cdot 8^{1/3} = 2 \cdot r_{\text{H}}$.
Für das Magnesiumisotop mit der Massenzahl 27 gilt: $r_{\text{Kern}} \approx r_{\text{H}} \cdot 27^{1/3} = 3 \cdot r_{\text{H}}$.
Für das Zinkisotop mit der Massenzahl 64 gilt: $r_{\text{Kern}} \approx r_{\text{H}} \cdot 64^{1/3} = 4 \cdot r_{\text{H}}$.
Für das Tellurisotop mit der Massenzahl 125 gilt: $r_{\text{Kern}} \approx r_{\text{H}} \cdot 125^{1/3} = 5 \cdot r_{\text{H}}$.
Für das Radonisotop mit der Massenzahl 216 gilt: $r_{\text{Kern}} \approx r_{\text{H}} \cdot 216^{1/3} = 6 \cdot r_{\text{H}}$.

Somit gilt: die Atomkerne der größten bekannten Atome haben nicht mehr als den rund sechsfachen Wasserstoffkernradius.

James Chadwick, 1891 bis 1974, englischer Physiker, Nobelpreis für Physik 1935 für die Entdeckung des Neutrons

⚠ Massen der Nukleonen
$m_p \approx 1{,}673 \cdot 10^{-27}$ kg
$m_n \approx 1{,}675 \cdot 10^{-27}$ kg
$m_e \approx 9{,}109 \cdot 10^{-31}$ kg

⚠ Atomare Masseneinheit
$1\ u \approx 1{,}6605402 \cdot 10^{-27}$ kg

⚠ Masse des Elektrons in Units
$m_e \approx 0{,}000\ 548\ 58$ u

Nukleon	Masse
Proton p	1,007 276 u
Neutron n	1,008 665 u

Das Neutron hat eine um rund 0,14 % größere Masse als das Proton.

Diagnose: griechisch für Unterscheidung, Entscheidung.

Therapeia: griechisch für das Dienen, die Bedienung, die Dienstleistung, die Pflege der Kranken.

Am späten Freitagabend des 8. November 1895 beobachtete Wilhelm Conrad Röntgen, erstmals Röntgenstrahlung als – wie er es selbst beschrieb – „sich keine dienstbaren Geister mehr im Hause befanden".

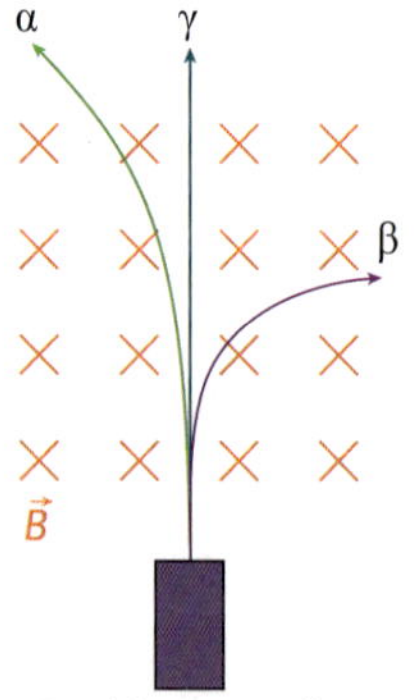

Strahlungsquelle

Durch das Magnetfeld werden natürliche radioaktive Strahlen getrennt:
- α-Strahlen werden in diesem Fall nach links und
- β-Strahlen nach rechts abgelenkt, während die
- γ-Strahlen nicht abgelenkt werden.

Weil wir nun sowohl die Kernmassen als auch die Kerndurchmesser näherungsweise in Abhängigkeit von der Massenzahl *A* angeben können, ist auch die Kerndichte berechenbar.

Kerndichte

Die Dichte von Atomkernen ist für das gesamte Periodensystem der Elemente relativ gleich und beträgt $1{,}4 \cdot 10^{17}$ kg/m³.

Ziele erreicht? – „Kernphysik"

2.3.11 + Geben Sie die Näherungsformeln für die **Atomkernmasse** und den **Atomkernradius** an. Beschreiben Sie, wie stark diese Größen in der Natur variieren.

2.3.12 + Ermitteln Sie die ungefähre Masse eines gedachten Stecknadelkopfes, der nur aus **Nukleonen** besteht.

2.3.13 ++ Berechnen Sie die **Atomkernmasse** und den **Atomkernradius** für das Kohlenstoffisotop, das zur Altersbestimmung verwendet wird.

2.3.14 + Ermitteln Sie den Radius einer **Kugel aus Nukleonen,** die die Masse der Erde besäße. Führen Sie zuvor eine nachvollziehbare Schätzung durch.

2.3.15 ++ Leiten Sie die **mittlere Kerndichte** ab und begründen Sie, warum sie von der Massenzahl beinahe unabhängig ist.

2.3.4 Radioaktivität

*Die Bedeutung der Kernenergie für die weltweite Energieversorgung haben wir bereits beschrieben. Zwischen- und Endlager für radioaktive Abfälle sind jährlich durch spektakuläre Transporte in diese Lager in den Medien. In der modernen Medizin sind Radionuklide sowohl für die Diagnose als auch für die Therapie unersetzlich. Historisch betrachtet, trug die Röntgenstrahlung, die **Conrad Wilhelm Röntgen** im Jahr 1895 entdeckte, zur positiven Einstellung der Bevölkerung zur Technisierung der Medizin entscheidend bei.*

Meine Ziele

Nach Bearbeitung dieses Kapitels kann ich
- die **drei natürlichen Strahlenarten** angeben und beschreiben;
- den α- und **β-Zerfall** quantitativ beschreiben und in **Nuklidkarten** grafisch darstellen;
- das **Zerfallsgesetz** ableiten und anwenden.

Die **Radioaktivität** wurde durch **Antoine Henri Becquerel** im Jahr 1896 und die starken radioaktiven **Strahlungsquellen Polonium und Radium** wurden durch **Marie und Pierre Curie** 1898 entdeckt. Die **drei natürlichen Strahlenarten (α-, β- und γ-Strahlen)** werden durch ihre Ablenkbarkeit in elektrischen und magnetischen Feldern und anhand ihres Durchdringungsvermögens unterschieden.

α- und β-Strahlen werden in einem Magnetfeld abgelenkt, sodass es sich um geladene Teilchen handeln muss. Weil diese geladenen Teilchen aus dem Atomkern kommen, findet bei einem Alpha- und Betazerfall eine **Elementumwandlung** statt.

Alpha-, Beta- und Gammateilchen

- α-**Teilchen** sind **Heliumkerne,** also zwei Protonen und zwei Neutronen, die aneinander gebunden sind. Die kinetische Energie von α-Teilchen beträgt einige MeV. Sie werden bereits von Papier, dünnen Folien und den obersten Hautschichten absorbiert.
- β-**Teilchen** sind **sehr schnelle Elektronen aus dem Atomkern.** Dabei wird im Atomkern ein Neutron in ein Proton, das im Kern verbleibt, und ein Elektron, das emittiert wird, umgewandelt. Die Geschwindigkeit kann bis zu 99 % der Vakuumlichtgeschwindigkeit betragen. Die Geschwindigkeitsverteilung ist aber im Gegensatz zu den α-Teilchen nicht scharf abgetrennt. β-Teilchen haben viel größere Reichweiten als α-Teilchen und werden von dünneren Metallblechen absorbiert.
- γ-**Teilchen** sind **elektromagnetische Wellen** mit Wellenlängen zwischen 10^{-13} m und 10^{-10} m, also harte Röntgenstrahlen. γ-Strahlung ist die durchdringendste Strahlenart. Nur mehrere Zentimeter dicke Metallplatten schwächen sie merklich ab. γ-Strahlen begleiten stets einen α- oder β-Zerfall.

Beispiel 2.3.07: Alphazerfall von Radium

Ein Radiumkern zerfällt unter Aussendung eines Heliumkerns in einen Radonkern. Die Halbwertszeit von Radium-216 beträgt nur rund 182 Nanosekunden.

$$^{216}_{88}Ra \rightarrow ^{212}_{86}Rn + ^{4}_{2}He$$

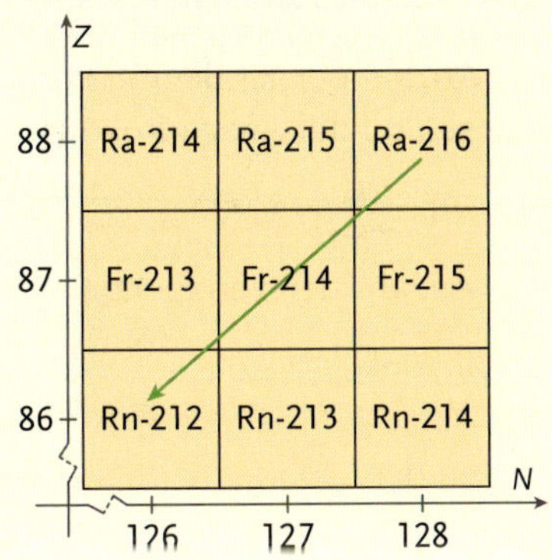

Alphazerfall

Durch Aussendung eines α-Teilchens nimmt die Ordnungszahl um zwei und die Massenzahl um vier ab. In der Nuklidkarte kommt es zu einer Verschiebung um zwei Plätze nach links und zwei Plätze nach unten.

$$^{A}_{Z}X \rightarrow ^{A-4}_{Z-2}Y + ^{4}_{2}He$$

Beispiel 2.3.08: Betazerfall von Kohlenstoff C-14

Kohlenstoff C-14 wird bei der Radiokarbonmethode zur Altersbestimmung benutzt. Unter Abgabe eines Betaminusteilchens, also eines Elektrons, wandelt er sich in Stickstoff um.

$$^{14}_{6}C \rightarrow ^{14}_{7}N + ^{0}_{-1}e^{-}$$

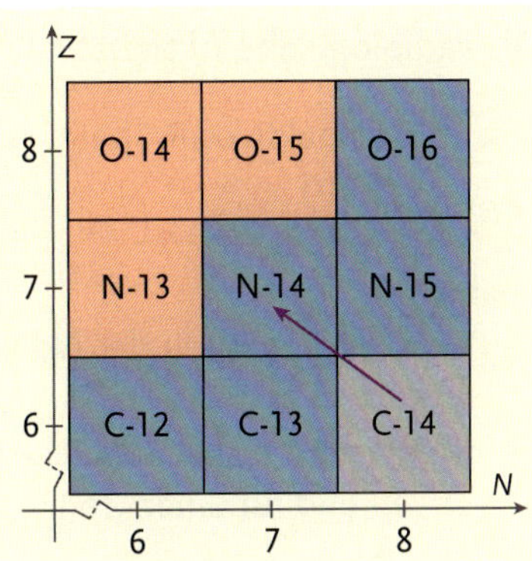

Betazerfall

Durch Aussendung eines β-Teilchens nimmt die Ordnungszahl um eins zu und die Neutronenzahl um eins ab, sodass die Massenzahl konstant bleibt. In der Nuklidkarte kommt es zu einer Verschiebung um einen Platz nach links und einen Platz nach oben.

$$^{A}_{Z}X \rightarrow ^{A}_{Z+1}Y + ^{0}_{-1}e^{-}$$

Geladene Teilchen erfahren in einem Magnetfeld die Lorentzkraft.
$\vec{F}_{Lorentz} = q \cdot \vec{v} \times \vec{B}$

Durch die Entdeckung der Elementumwandlung beim radioaktiven Zerfall durch Ernest Rutherford und Frederick Soddy im Jahr 1900 war auch die Vorstellung von der Unveränderlichkeit der Atome widerlegt.

Frederick Soddy, 1877 bis 1956, erhielt 1921 den Nobelpreis für Chemie.

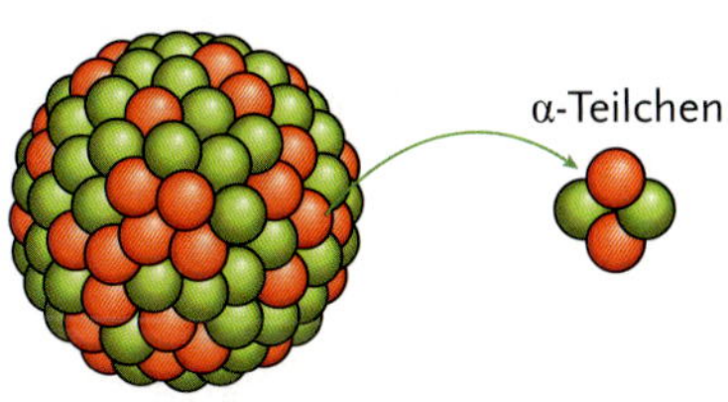

α-Zerfall von Radium-216

In einer **Nuklidkarte** sind die Elemente des PSE mit ihren Isotopen nach steigendem Z und N dargestellt.

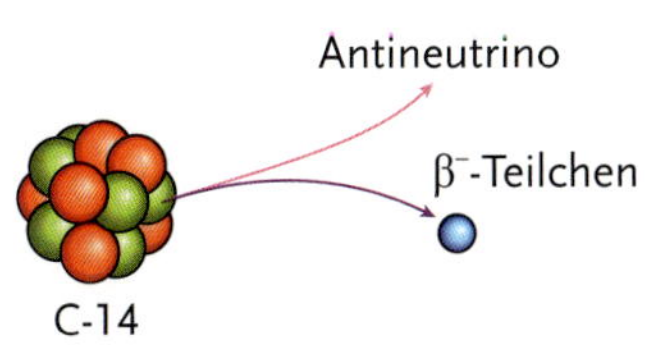

β-Zerfall von Kohlenstoff-14

Siehe Kap. F, 3.

Die bisherigen Protagonisten (Haupt- oder Erst-Handelnde) dieses Kapitels 2.3.4 erhielten alle den Nobelpreis. Beispielsweise Conrad Röntgen 1901 (als erster), Henri Becquerel, Marie und Pierre Curie im Jahr 1903.

E

Zu Neutrinos siehe Kap. E, 2.5.

Das beim Betazerfall ebenfalls emittierte Antineutrino ist für die Darstellung in einer Nuklidkarte ohne Bedeutung. Das Neutrino als Vertreter einer neuen Teilchenart (ungeladenes Lepton) wurde 1930 von Wolfgang Pauli postuliert und erst 1956 experimentell nachgewiesen.

Das Zerfallsgesetz

Halbwertszeit τ, $N(\tau) = \frac{N_0}{2}$

$N(t)$ ist die Anzahl der radioaktiven Atomkerne zur Zeit t. Es gilt
$N(t) = N_0 \cdot e^{-\lambda \cdot t}$
λ ist die materialabhängige **Zerfallskonstante.**
Für die **Halbwertszeit** τ und die **Zerfallskonstante** λ gilt: $\lambda = \frac{\ln(2)}{\tau}$.

Isotop	Halbwertszeit τ
Sauerstoff O-15	124 s
Radon Rn-222	3,83 d
Jod I-131	8,05 d
Kobalt Co-60	5,26 a
Cäsium Cs-137	30 a
Radium Ra-226	1 601 a
Kohlenstoff C-14	5 730 a
Plutonium Pu-244	$8{,}0 \cdot 10^7$ a
Uran U-235	$7{,}1 \cdot 10^8$ a
Uran U-238	$4{,}5 \cdot 10^9$ a
Thorium Th-232	$1{,}41 \cdot 10^{10}$ a

Halbwertszeiten ausgewählter Isotope

Beispiel 2.3.09: Das Zerfallsgesetz für Uran U-238

Wir berechnen, wie viele Kerne pro Sekunde in einem Kilogramm U-238 zerfallen.

Der Tabelle in der Randspalte entnehmen wir $\tau = 4{,}5 \cdot 10^9$ a.

Damit ist die Zerfallskonstante $\lambda = \frac{\ln(2)}{\tau} \approx 1{,}5 \cdot 10^{-10}\ 1/\text{a} \approx 4{,}75 \cdot 10^{-18}\ 1/\text{s}$.

Die Anzahl der zu Beginn vorhandenen Kerne erhalten wir mithilfe der molaren Masse und der Avogadrokonstante.

$N_0 = m \cdot \frac{N_A}{m_{mol}} \approx 1\,000\ \text{g} \cdot 6{,}022 \cdot 10^{23}/238\ \text{g} \approx 2{,}53 \cdot 10^{24}$

Die Anzahl der zerfallenden Kerne pro Sekunde ist der Betrag der Zerfallsgeschwindigkeit, also $\left|-\frac{dN(t)}{dt}\right|$.

Wegen der Exponentialregel und der Kettenregel für das Differenzieren gilt
$\left|-\frac{dN(t)}{dt}\right| = \lambda \cdot N(t) = 4{,}75 \cdot 10^{-18}/\text{s} \cdot 2{,}53 \cdot 10^{24} = 1{,}23 \cdot 10^7/\text{s}$.

Pro Sekunde zerfallen also rund 12,3 Millionen Uran-238-Kerne. Es entstehen ebenso viele Thorium-234-Kerne. Diese zerfallen durch Emission eines β-Teilchens wiederum in Palladium-234-Kerne. Diese Uran-Radium-Zerfallsreihe endet beim stabilen Blei-206.

Die Zahl der pro Sekunde zerfallenden Kerne heißt Aktivität.

Die radiologische Aktivität

Es gibt drei vollständig vorhandene natürliche **Zerfallsreihen:**
- die U-238-Reihe,
- die Uran-Actinium-Reihe und
- die Thoriumreihe.

Für ein radioaktives Präparat ist die radiologische **Aktivität**
$A(t) = -\frac{dN(t)}{dt}$.
Daher gilt
$A(t) = \lambda \cdot N(t)$. Einheit der Aktivität $[A] = 1/\text{s} = 1$ Becquerel (1 Bq)

Es lohnt sich, die radiologische Aktivität von einem Milligramm Radon Rn-222 zu berechnen und für einen Zeitraum von rund vier Wochen graphisch darzustellen.

Die Avogadrokonstante N_A gibt die Anzahl der Teilchen pro Mol an, $N_A \approx 6{,}022 \cdot 10^{23}\ \text{mol}^{-1}$.

Ziele erreicht? – „Radioaktivität"

2.3.16 + Geben Sie die drei natürlichen **Strahlenarten** an. Nennen Sie Möglichkeiten der Unterscheidung.

2.3.17 + Verifizieren Sie den oben festgestellten Zusammenhang zwischen **Halbwertszeit** und Zerfallskonstante. Geben Sie das Zerfallsgesetz auch in der Form $N(t) = N_0 \cdot a^t$ und $N(t) = N_0 \cdot 2^{t/b}$ an.

2.3.18 ++ Berechnen Sie, wie viel Prozent der Ausgangsmenge von Jod I-131, Cäsium Cs-137, Radium Ra-226, Kohlenstoff C-14 und Uran U-238 nach a) zehn Tagen, b) einem Jahr, c) 100 Jahren und d) 1 000 Jahren noch vorhanden sind. Skizzieren Sie die zugehörigen **Zerfallskurven,** d. h., stellen Sie $N(t)$ grafisch dar.

2.3.19 ++ Recherchieren Sie über **radioaktive Abfälle in Österreich.** Als Anregung dienen der medizinische Bereich, die Industrie und das AIT in Seibersdorf.

2.3.20 + Leiten Sie das **Zerfallsgesetz** ab. Gehen Sie davon aus, dass die momentane Änderungsrate der Atomkernanzahl direkt proportional zur momentanen Anzahl der radioaktiven Kerne ist.

Zur Aufgabe 2.3.19: Im Jahre 1956 wurde die Österreichische Studiengesellschaft zur friedlichen Nutzung der Atomenergie gegründet, die in Seibersdorf (südöstlich von Wien) das Österreichische Reaktorzentrum Seibersdorf errichtete. Der für radioaktive Abfälle zuständige Bereich nennt sich jetzt Nuclear Engineering Seibersdorf.

2.3.5 Kernspaltung und Kernfusion

*Während mithilfe der **Kernspaltung** seit Jahrzehnten die rasch wachsende Energieversorgung vieler Staaten bewältigt wird, hatten die jahrzehntelangen Bemühungen, die **Kernfusion** auch zur kommerziellen Energieversorgung heranzuziehen, bisher keinen Erfolg. In Europa sind bereits mehrere unterschiedliche Fusionsreaktoren im Forschungsbetrieb, aber ein Durchbruch scheint noch in weiter Ferne. Die Sonne zeigt, dass Kernfusion eine Erfolgsstory sein kann. Im südfranzösischen Forschungszentrum Cadarache wird der internationale Fusionsreaktor ITER errichtet. Um das Jahr 2050 soll ITER mehr Energie liefern, **als für die Heizung des Plasmas** aufgebracht werden muss.*

Lise Meitner, 1878 bis 1968, österreichischschwedische Kernphysikerin

Meine Ziele

Nach Bearbeitung dieses Kapitels kann ich
- die **Kernspaltung** und die **Kernfusion** beschreiben;
- eine typische Kernspaltung als Reaktionsgleichung anschreiben und die **kritische Masse** erklären;
- typische **Reaktortypen** unterscheiden.

Otto Hahn und sein Assistent **Fritz Straßmann** entdecken am 17. Dezember 1938 die **induzierte Kernspaltung. Lise Meitner** und **Otto Frisch** lieferten im Jänner 1939 die erste theoretische Erklärung dafür.

Coulombkraft zwischen zwei Punktladungen q_1 und q_2 im Abstand r.

$$F_{\text{Coulomb}} = \frac{1}{4\pi\varepsilon_0} \cdot \frac{q_1 \cdot q_2}{r^2}$$

Für immer kleinere Abstände r zwischen zwei Protonen wächst die abstoßende Coulombkraft über alle Grenzen. Das wird uns bei der Fusion noch beschäftigen.

Wir können uns die induzierte Kernspaltung **modellhaft** folgendermaßen vorstellen: Das in den Atomkern eindringende **Neutron** verformt den Kern und versetzt ihn in Schwingungen. Bildet sich dabei eine Einschnürung, stoßen sich die räumlich getrennten Ladungsschwerpunkte ab und die beiden Spaltprodukte fliegen mit hoher Energie auseinander. Dabei können wieder Neutronen emittiert werden, die – wenn ihre Energie nicht zu hoch ist – wiederum weitere Spaltungen induzieren können (Kettenreaktion).

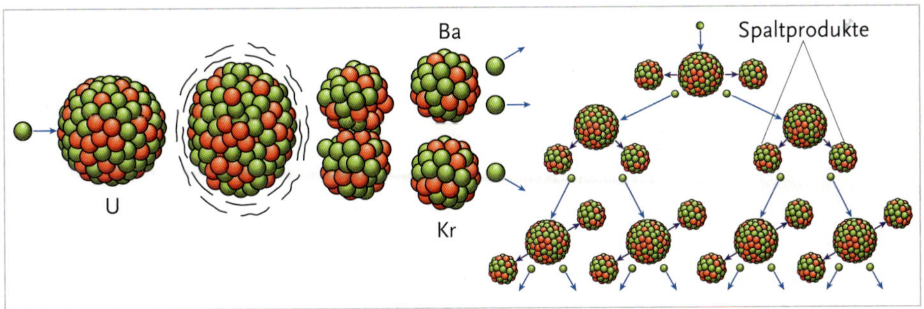

Einige Elemente des Periodensystems mit mehr als 90 Protonen: Protactinium Pa, Uran U, Neptunium Np, Plutonium Pu, Americium Am, Curium Cm, Berkelium Bk, Californium Cf, Einsteinium Es, Fermium Fm; ab Neptunium spricht man von **Transuranen.**

Otto Hahn und Fritz Straßmann entdeckten die Kernspaltung bei der Untersuchung von Transuranen.

Kernspaltung

Atomkerne mit mehr als 90 Protonen sind wegen der **Coulombabstoßung** der Protonen **nicht stabil.** Sie zerfallen meist unter Aussendung eines Alphateilchens und reduzieren so ihre Protonen- und Massenzahl.
Wird ein Kern mit einem energiereichen Teilchen (z. B. einem Neutron) beschossen, kann eine Spaltung eingeleitet (induziert) werden.
Bei einer Kernspaltung wird sehr viel Energie freigesetzt.

Beispiel 2.3.10: Induzierte Spaltung von U-235

Wird Uran-235 durch ein Neutron in Cs-140 und Rubidium-94 gespalten, so werden ein Neutron und eine Energie von rund 200 MeV frei.

$$^{235}_{92}\text{U} + ^{1}_{0}\text{n} \rightarrow ^{140}_{55}\text{Cs} + ^{94}_{37}\text{Rb} + ^{1}_{0}\text{n} + 198\ \text{MeV}$$

Zur Reaktordynamik finden Sie zahlreiche faszinierende Details in Lehrbüchern (und Atlanten) zur Atom- und Kernphysik.

Damit eine Kernspaltung zu einer kontrollierbaren Kettenreaktion führt,

- muss mindestens die **kritische Masse** an spaltbarem Material vorhanden sein
- und die Zahl der eine Spaltung herbeiführenden **Neutronen** muss konstant gehalten werden. Der Vermehrungsfaktor *k* muss 1 sein.

Die kritische Masse von radioaktivem spaltbarem Material wird auch in Medien und sogar in Agentenfilmen thematisiert.

Der Vermehrungsfaktor *k* wird durch die Wahrscheinlichkeiten der vier häufigsten **Prozesse von Neutronen** im Reaktor bestimmt.

- Einfang des Neutrons im Brennstoff mit anschließender Spaltung und Freisetzung neuer Neutronen,
- Einfang des Neutrons im Brennstoff ohne anschließender Spaltung,
- Einfang des Neutrons in anderen Materialien des Reaktors und
- Entweichen des Neutrons aus dem Reaktor.

Beispiel 2.3.11: Kritische Masse von U-235

Damit bei Uran-235 eine Kettenreaktion von Kernspaltungen ablaufen kann, muss eine Masse von mindestens 50 kg vorhanden sein.

Mit einer Dichte von rund 19,1 kg/dm^3 ergibt sich ein Kugelradius von rund 8,5 cm für die kritische Masse von U-235.

Neutronen bewegen sich nach der Emission bei einer Kernspaltung mit rund 3 % der Vakuumlichtgeschwindigkeit. Durch **Moderatoren** werden sie auf eine Geschwindigkeit von rund 2 000 m/s abgebremst. Man spricht dann von **thermischen Neutronen.** Thermische Neutronen rufen mit großer Wahrscheinlichkeit eine Kernspaltung hervor.

Zur Kontrolle einer Kernspaltungskettenreaktion verwendet man einerseits **Absorber** wie Bor oder Cadmium. Diese absorbieren Neutronen sehr stark, sodass die Anzahl der zu Kernspaltungen beitragenden Neutronen gesteuert werden kann. Andererseits helfen bei einer Kettenreaktion die **Selbstregulierung** durch den Temperaturverlauf und die **Verlangsamung** der Kettenreaktion durch verzögerte Neutronen. Diese werden erst Sekunden bis Minuten nach der eigentlichen Spaltung frei. Die Dauer einer Spaltung hat hingegen eine Größenordnung von 0,1 µs.

Thermische Neutronen haben eine Energie von rund 25 meV. Diese Energie ergibt sich in der Thermodynamik bei Raumtemperatur mit der Formel $E = N \cdot k \cdot \frac{T}{2}$.

Dabei bezeichnet *N* die Anzahl der Freiheitsgrade, *k* die Boltzmannkonstante und *T* die absolute Temperatur (Temperatur in Kelvin).

Typisches Spaltmaterial

- Bei **Natururan** (U-238 mit 0,7 % U-235) ist die Einfangwahrscheinlichkeit durch U-238 für die Neutronen so hoch, dass ein Moderator verwendet wird. Er bremst die Neutronen ab, sodass eine ausreichende Anzahl an Kernspaltungen stattfinden kann. Als Moderator dient Deuterium in Form von schwerem Wasser, D_2O. Deuterium D ist ein Wasserstoffisotop H-2.
- Bei **angereichertem Uran** (Natururan mit einem U-235-Anteil von 3 bis 30 %) kann als Moderator normales Wasser, H_2O, verwendet werden.
- **Reines Uran-235** ist wegen der starken Neutronenproduktion kaum steuerbar und wird daher für Atombomben verwendet.
- **U-233** und **Plutonium-239 (Pu-239)** gleichen in ihrem Spaltverhalten **U-235.**

- **Reines Uran-238** ist für eine Kettenreaktion nicht geeignet, weil die Einfangwahrscheinlichkeit für Neutronen zu hoch ist.

Unter der Führung von **Enrico Fermi** konnte die **erste kontrollierte Kernspaltungskettenreaktion** am 2. Dezember 1942 in Chicago verwirklicht werden.
Die bei der Kernspaltung entstehende **Wärme** wird bei Zweikreisanlagen mithilfe eines Kühlmittels aus dem Reaktorkern zum Wärmetauscher transportiert (Primärkreis). Der im Sekundärkreis des Wärmetauschers erzeugte Dampf treibt eine Turbine, an die der Generator zur Stromerzeugung angekoppelt ist, an.
Vergleichen Sie zum Primär- und Sekundärkreis die Abbildung zur Aufgabe 5.3.26. Bei Einkreisanlagen wird der im Reaktor erzeugte Dampf direkt in die Turbine geleitet (Direktkreislauf). Zur kommerziellen Nutzung der Kernspaltung sind vor allem Leichtwasserreaktoren in Betrieb.

ENRICO FERMI, 1901 BIS 1954, ITALIENISCHER PHYSIKER, NOBELPREIS FÜR PHYSIK 1938

Leichtwasserreaktor

Beim **Leichtwasserreaktor** wird angereichertes Uran verwendet. Daher kann als Moderator **normales (leichtes) Wasser** verwendet werden, das gleichzeitig als **Kühlmittel und als Wärmeüberträger** zur Turbine dient. Das angereicherte Uran wird in Form von Urandioxid, UO_2, zu Tabletten gepresst. Diese werden wegen der Wärmeableitung in metallische Hüllrohre eingeschlossen und bilden die **Brennstäbe.** Zwischen diesen sind verschiebbare **Absorberstäbe** angeordnet.

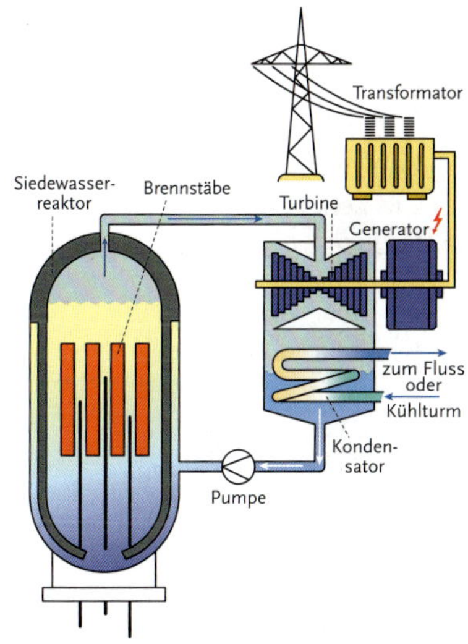

Schema eines Siedewasserreaktors

Der **Siedewasser-** und der **Druckwasserreaktor** sind die beiden wichtigsten Typen von Leichtwasserreaktoren. Intensiv geforscht wird an **Hochtemperaturreaktoren** (Wärmeabgabe vom Spaltstoff bei rund 800 bis 900 °C), bei denen als Kühlmittel meist Helium verwendet wird. Auch in **Brutreaktoren** (kurz: Brüter), bei denen neben der Energienutzung die Herstellung von neuem Spaltmaterial im Vordergrund steht, wird viel Forschungsaufwand investiert.

Weil die Entdeckung der Kernspaltung durch Hahn und Straßmann in die Wirren des Zweiten Weltkrieges fiel, lag eine militärische Nutzung nahe. Die erste Kernspaltungsbombe mit Uran-235 als Spaltmaterial wurde am 6. August 1945 über Hiroshima, die zweite mit Plutonium-239 als Spaltmaterial am 9. August 1945 über Nagasaki abgeworfen.

Nukleon	Masse
Proton p	1,007 276 u
Neutron n	1,008 665 u

Das Neutron hat eine um rund 0,14 % größere Masse als das Proton

Kernspaltungsbomben

Bei einer **Kernspaltungsbombe** wird durch eine **unkontrollierte Kettenreaktion** in reinem Uran-235 oder Plutonium-239 innerhalb kürzester Zeit (rund 100 ns) ungeheure Energie freigesetzt, sodass die Temperatur im Explosionszentrum rund 10 000 000 °C und in 100 m Entfernung noch immer rund 7 000 °C beträgt.

Masse des Elektrons in Units $m_e \approx 0{,}000\ 548\ 58$ u

Kernfusion

Die nebenstehende Abbildung zeigt, dass bei der Verschmelzung (Fusion) zweier leichter Kerne zu einem Kern mit einer Massenzahl kleiner als 50 Energie freigesetzt wird. Ebenso wird bei der Kernspaltung von schweren Elementen Energie frei. E_B ist die Bindungsenergie pro Nukleon.

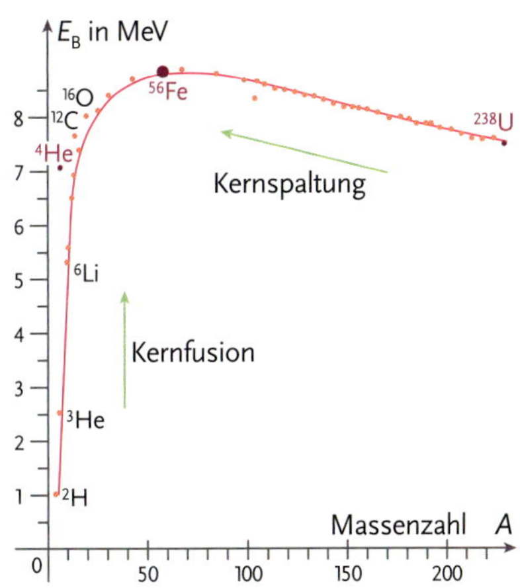

Zum Bau des Fusionsreaktors ITER (International Thermonuclear Experimental Reactor) finden Sie beispielsweise einen Beitrag im Novemberheft 2012 von Spektrum der Wissenschaft. Die technischen Probleme sind noch zahlreich und viele sind nach den Jahrzehnte dauernden Anstrengungen bereits etwas skeptisch, was die kommerzielle Nutzung der Kernfusion angeht.

Kraft	Relative Stärke	Reichweite
Gravitationskraft	10^{-38}	∞
Elektromagnetische Kraft	10^{-2}	∞
Schwache Kraft	10^{-13}	$< 10^{-18}$ m
Starke Kraft	1	$< 10^{-13}$ m

Die starke Kraft ist eine der vier fundamentalen Kräfte

Zu den vier fundamentalen Kräften siehe auch Kap. E, 2.5.

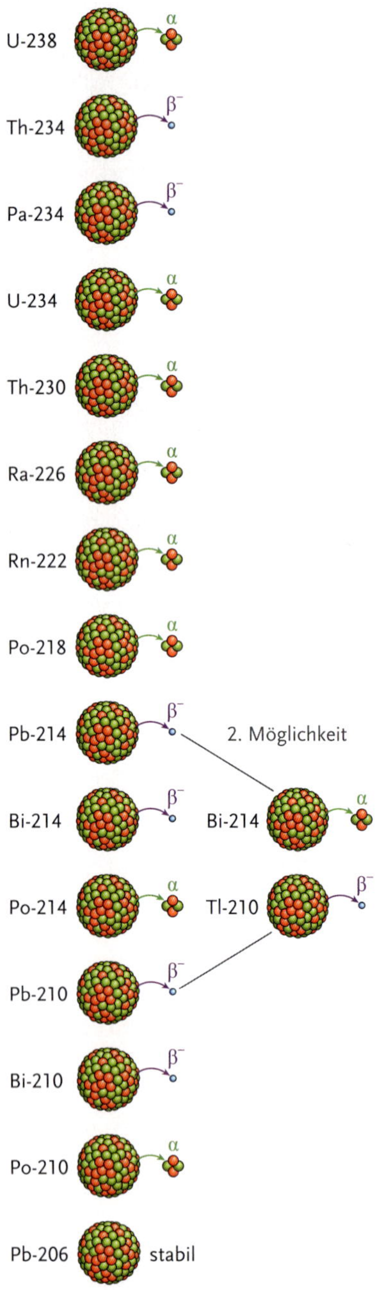

Skizze zu Aufgabe 2.3.23: Die Uran-238-Zerfallsreihe

Beispiel 2.3.12: Fusion von zwei Protonen und zwei Neutronen

Ein neutrales Helium-4-Atom besteht aus zwei Protonen, zwei Neutronen und zwei Elektronen. Addieren wir die sechs Einzelmassen, erhalten wir rund 4,032 98 u für die Massensumme der Bestandteile.

Die experimentelle Atommasse von Helium-4 beträgt aber nur 4,002 60 u. Der **Massendefekt** von 0,030 38 u gilt für das Atom. Wegen der geringen Elektronenmasse im Vergleich zu der Protonen- und Neutronenmasse kann dieser Massendefekt, multipliziert mit dem Quadrat der Vakuumlichtgeschwindigkeit, als Näherungswert für die Energiefreisetzung bei einer Fusion von zwei Protonen und zwei Neutronen verwendet werden.

Um ein Gefühl für die Größenordnung der Energiefreisetzung bei Fusionsprozessen zu erhalten, vergleichen wir sie mit der Verbrennungsenergie von Steinkohle.

Beispiel 2.3.13: Helium gegen Steinkohle

Das Verbrennen von 1 kg Steinkohle liefert rund 8 kWh = 28,8 MJ.

Der Massendefekt von 0,030 38 u entspricht einer Energie von $E \approx 4{,}53 \cdot 10^{-12}$ J pro He-Atom. Für 1 kg Helium ergibt das rund $6{,}84 \cdot 10^{14}$ J.

Man müsste also rund 23 000 000 kg Steinkohle verbrennen, um die gleiche Energie wie bei der Fusion mit 1 kg Helium als Fusionsprodukt freizusetzen.

Um zwei Atomkerne zu einer Fusion zu bringen, muss ihr Abstand so weit verringert werden, dass die **starke Kraft** (Kernkraft) die beiden Ursprungskerne zu einem neuen Kern vereint. Weil die Kernkraft eine sehr kleine Reichweite hat, muss die mit kleinerem Abstand immer stärker werdende Coulombabstoßung der Protonen überwunden werden. Daher müssen die zu fusionierenden Atome als Gas sehr hoher Temperatur vorliegen. Weil **Deuterium** im Meerwasser mit rund 30 Gramm pro Kubikmeter in ausreichender Menge vorhanden ist, versucht man eine kontrollierte **Fusion von Deuterium und Tritium** zu erreichen. **Tritium** T ist ein Wasserstoffisotop H-3. Man kann Tritium aus dem in der Erdkruste vorkommenden Lithium durch Neutronenbeschuss gewinnen.

Beispiel 2.3.14: Fusion von Deuterium und Tritium

$${}^{2}_{1}\mathrm{D} + {}^{3}_{1}\mathrm{T} \rightarrow {}^{4}_{2}\mathrm{He} + {}^{1}_{0}\mathrm{n} + 17{,}6\ \mathrm{MeV}$$

Das Atomsperrgesetz vom 5. Dezember 1978 schließt die Nutzung der Kernenergie in Österreich aus. Die Bemühungen zur Inbetriebnahme von Zwentendorf – eine am 5. November 1978 abgehaltene Volksabstimmung verhinderte die Inbetriebnahme des bereits fertiggestellten Kernkraftwerks Zwentendorf – wurden nach der Reaktorkatastrophe von Tschernobyl am 26. April 1986 eingestellt. **1999** wurde das Atomsperrgesetz in den Verfassungsrang erhoben. Seitdem trägt es die Bezeichnung **Bundesverfassungsgesetz für ein atomfreies Österreich.**

Am Ende dieses Kapitels lassen wir noch einen der beiden Physiknobelpreisträger von 1959, **Emilio Segrè** (1905 bis 1989), zu Wort kommen. In der deutschen Übersetzung seines Buches From X-rays to Quarks – Modern Physicists and Their Discoveries heißt es: „Die Entdeckung der Röntgenstrahlung, des Elektrons und des Zeeman-Effekts, aber besonders die Entdeckung der Radioaktivität markieren in den Jahren um 1895 einen Wendepunkt in der Physik."

Ziele erreicht? – „Kernspaltung und Kernfusion"

2.3.21 + Erklären Sie die **kritische Masse** und geben Sie ein Beispiel an.

2.3.22 + Beschreiben Sie typische **Spaltmaterialien.**

2.3.23 + Beschreiben Sie die in der Randspalte auf S. 356 abgebildete **U-238-Zerfallsreihe** und geben Sie für alle Zerfälle die Zerfallsprozesse in der Form wie in den Beispielen 2.3.07 und 2.3.08 an.

2.3.24 + Schreiben Sie eine mögliche **Reaktionsgleichung** für die durch ein Neutron induzierte Spaltung von U-238 in Barium und Krypton an.

2.3.25 ++ Recherchieren Sie über die Wirkung von **Kernspaltungsbomben** und von **Wasserstoffbomben.**

2.3.25 ++ Recherchieren Sie über die Rolle von Robert Oppenheimer, Enrico Fermi und John von Neumann in **Los Alamos.** In Los Alamos war in der Mitte des zwanzigsten Jahrhunderts das geheime Atomforschungszentrum der Vereinigten Staaten von Amerika untergebracht. Informieren Sie sich über die Argumente von Albert Einstein pro und kontra Atomwaffen und seinen Brief an den US-Präsidenten Franklin Roosevelt.

2.3.26 ++ Recherchieren Sie zu **Kernspaltungsreaktoren,** insbesondere über Siedewasser- und Druckwasserreaktoren und über **Fusionsreaktoren.**

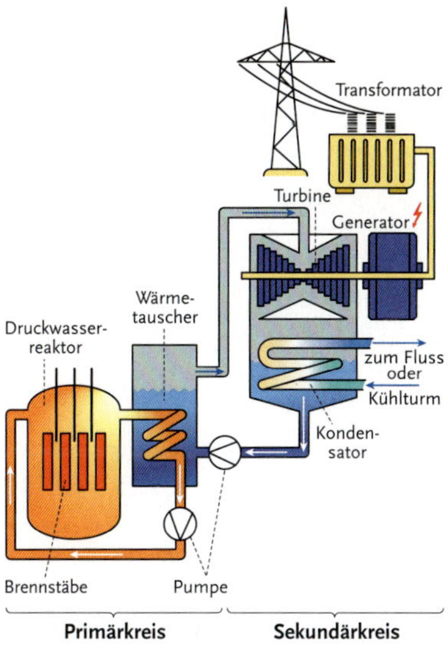

Skizze zu Aufgabe 2.3.26

2.4 Astrophysik, Gravitation

Die Astrophysik erfreut sich auch unter wissenschaftlichen Laien immer größerer Beliebtheit und wird in vielen Zeitschriften regelmäßig behandelt. Die Abkürzung SETI für Search for Extraterrestrial Intelligence – Suche nach außerirdischer Intelligenz – findet sich auch in Tageszeitungen immer häufiger. In verbreiteten Internetsuchmaschinen finden sich zum Stichwort Astrophysik durchschnittlich mehr als 2,6 Millionen Einträge.

Die **Astrophysik** untersucht die physikalischen Eigenschaften von Himmelskörpern und bildet mit der **Himmelsmechanik** und der **sphärischen Astronomie** die **drei klassischen Grunddisziplinen der Astronomie.**
Die Astronomie ist die Lehre von den Gestirnen und den physikalischen Gesetzen des Weltalls.
Die sphärische Astronomie ermöglicht die Angabe der Positionen von Gestirnen an der Sphäre (Himmelskugel) mittels geeigneter Koordinatensysteme und leitet ihre Bewegungsgesetze ab.
Die Himmelsmechanik beschreibt die Dynamik der Himmelskörper und ermittelt deren Bahnen unter Anwendung des **Gravitationsgesetzes.**

Das Abbild einer typischen Spiralgalaxie

Astron: griechisch für Stern.
Nomos: griechisch für Lehre, Gesetz.

2.4.1 Gravitationsfeld und Planetenbewegung

Meine Ziele

Nach Bearbeitung dieses Kapitels kann ich

- die **Stärke** und **Richtung** der **Kraft** zwischen zwei Punktmassen angeben und den Begriff **Gravitationsfeld** wiedergeben;
- das **Gravitationsfeld** für eine punktförmige isolierte Masse skizzieren und die **Gravitationsfeldstärke** berechnen.

Im Alltag ist zwischen **Astronomie** (Gestirnswissenschaft) und **Astrologie** (Para- oder Pseudowissenschaft) zu unterscheiden. Die Astrologie versucht, aus den Positionen von Himmelskörpern Ereignisse, Schicksale und Persönlichkeitsmerkmale von Menschen zu deuten bzw. prognostisch zu bestimmen.

E

Gravitationsgesetz und Gravitationsfeld

Newtonsches Gravitationsgesetz:
Zwei Punktmassen m_1 und m_2 im Abstand r ziehen sich immer mit der Gravitationskraft

$$F_{\text{Gravitation}} = G \cdot \frac{m_1 \cdot m_2}{r^2}$$

an.

- Der **Betrag der Kraft** zwischen zwei Punktmassen m_1 und m_2 ist direkt proportional zum Produkt der Einzelmassen und indirekt proportional zum Quadrat ihres Abstands.

  $$F_{\text{Gravitation}} = G \cdot \frac{m_1 \cdot m_2}{r^2}$$
- Die **Gravitationskraft** wirkt **stets anziehend** in Richtung der Verbindungslinie der beiden Massenmittelpunkte.
- Um die Kraftwirkung einer Masse M auf eine sich in ihrer Umgebung befindende Masse m zu beschreiben, bietet sich das **vektorielle Gravitationsfeld** mit dem Betrag $g(M, r)$ an.
- Die **Gravitationsfeldstärke** $g(M, r)$ ist die Kraft auf die Einheitsmasse im Abstand r, also die **Gravitationsbeschleunigung,** und wird in N/kg bzw. m/s^2 angegeben.
- Für eine beliebige Masse m am Ort r im **Gravitationsfeld** der Masse M ergibt sich die Gravitationskraft als $F_G = m \cdot g(M, r)$.
- Jede Masse m ist von einem **Gravitationsfeld** $\vec{g}(m, \vec{r})$ mit der Gravitationsfeldstärke $g(m, r)$ umgeben.
- Eine **Punktmasse** m besitzt ein **symmetrisches Gravitationsfeld;** die Gravitationsfeldstärke bzw. Gravitationsbeschleunigung g ist direkt proportional zu m und indirekt proportional zum Quadrat von r. Ihr Betrag berechnet sich mit dem newtonschen Gravitationsgesetz als $g(r) = \frac{G \cdot m}{r^2}$, wobei G die universelle Gravitationskonstante ist.

Universelle Gravitationskonstante:

$$G = 6{,}67 \cdot 10^{-11} \frac{\text{m}^3}{\text{kg} \cdot \text{s}^2} = 6{,}67 \cdot 10^{-11} \frac{\text{N} \cdot \text{m}^2}{\text{kg}^2}$$

Beispiel 2.4.01: Gravitationsfeldstärke der punktförmig gedachten Erde

Wenn unsere Erde zu einem Punkt verdichtet wäre, können wir seine Gravitationsfeldstärke im Abstand r gemäß $g(r) = \frac{G \cdot m_E}{r^2}$ berechnen.

- Für $r = 6\,371$ km erhalten wir

  $$g(6\,371\ \text{km}) = \frac{6{,}67 \cdot 10^{-11} \cdot 5{,}97 \cdot 10^{24}}{(6{,}371 \cdot 10^6)^2}\ \text{N/kg} = 9{,}81\ \text{N/kg} = 9{,}81\ \text{m/s}^2.$$

  Das ist genau jene Gravitationskraft pro Kilogramm also jene Gravitationsbeschleunigung, die im Mittel an der **Erdoberfläche** wirksam ist.
- Für $r = (6\,371 + 35\,786)$ km $= 42\,156$ km erhalten wir

  $$g(42\,156\ \text{km}) = \frac{6{,}67 \cdot 10^{-11} \cdot 5{,}97 \cdot 10^{24}}{(4{,}215\,6 \cdot 10^7)^2}\ \text{N/kg} = 0{,}224\ \text{N/kg} = 0{,}224\ \text{m/s}^2.$$

  Das ist genau jene Gravitationsbeschleunigung bzw. Gravitationskraft pro Kilogramm, die im Mittel auf der Umlaufbahn eines **geostationären Satelliten** wirkt.

Ein **geostationärer Satellit** ist ein künstlicher Erdsatellit, der auf einer geostationären Umlaufbahn der Erddrehung mit einer Eigengeschwindigkeit von etwa 3,07 km/s folgt. Dadurch befinden sich geostationäre Satelliten im Idealfall immer über demselben Punkt der Erdoberfläche bzw. des Äquators.

Um ein Gravitationsfeld grafisch darzustellen, verwendet man **Feldlinienbilder.** Die Feldlinien verlaufen in Richtung der wirkenden Kraft und geben damit die Bewegungsrichtung einer Punktmasse im dargestellten Gravitationsfeld an. Die Feldstärke, also die Gravitationsbeschleunigung, und damit die Kraft sind proportional zur Dichte der Feldlinien.

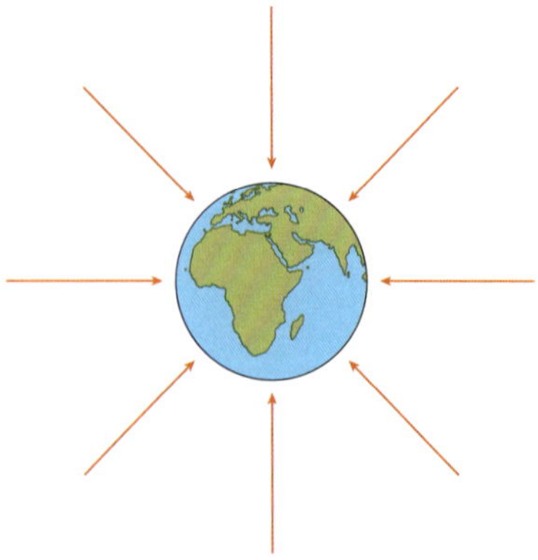

Feldlinienbild des Graviationsfeldes der Erde, aus großer Entfernung betrachtet

Sind mehr als zwei Massen vorhanden, ist das Superpositionsprinzip anzuwenden. Die **Gesamtfeldstärke** ergibt sich für jeden Punkt als **Vektorsumme** der einzelnen Feldstärken.

Beispiel 2.4.02: Gravitationsfeldstärke für ein Massenquartett

Vier gleiche Punktmassen M sind in den Ecken eines Quadrats mit der Seitenlänge a fix positioniert.

- Für den Mittelpunkt des Quadrats verschwindet die Gravitationsfeldstärke. Eine im Mittelpunkt positionierte Probemasse bleibt daher in Ruhe.
- Für einen Seitenhalbierungspunkt ergibt sich aus Symmetrieüberlegungen folgender Betrag:

$$g_{ges} = 2G \cdot \frac{M}{a^2 + \left(\frac{a}{2}\right)^2} \cdot \cos\left(\arctan\frac{1}{2}\right) \approx 1{,}788\,9 \cdot G \cdot \frac{M}{a^2 + \frac{a^2}{4}} = 7{,}155\,6 \cdot \frac{GM}{5a^2}$$

Eine im Seitenhalbierungspunkt positionierte Probemasse wird daher mit g_{ges} zum Quadratmittelpunkt hin beschleunigt.

Die in NAWI I/II vorgestellten keplerschen Gesetze der Planetenbewegung gelten streng nur für **Zweikörpersysteme.** Wir haben bei der Ableitung des dritten Keplergesetzes, nach dem sich die Quadrate der Umlaufzeiten wie die Kuben der großen Halbachsen verhalten, einen ruhenden Zentralkörper – unsere Sonne – und einen einzigen kreisförmig umlaufenden Planeten angenommen. Wenn mehr als zwei Körper, wie es im Sonnensystem stets der Fall ist, im Spiel sind, lassen sich für ihre Bewegungen keine algebraischen Lösungen angeben. Die Bahnen lassen sich dann numerisch durch iterative (fortgesetzte) Integration der Bewegungsgleichungen berechnen. Für spezielle Fälle, wie beim **Dreikörperproblem,** wenn die Masse eines Körpers gegenüber den beiden anderen vernachlässigbar klein ist, lassen sich algebraische Näherungen angeben. Da fast die gesamte Masse unseres Sonnensystems im Zentralkörper Sonne vereinigt ist, sind die Keplerellipsen die erste Näherung der Planetenbahnen.

Abschließend weisen wir noch auf die Feldlinienbilder in der Elektrostatik hin, die die Bewegungsrichtung einer positiven Probeladung im elektrischen Feld anzeigen.

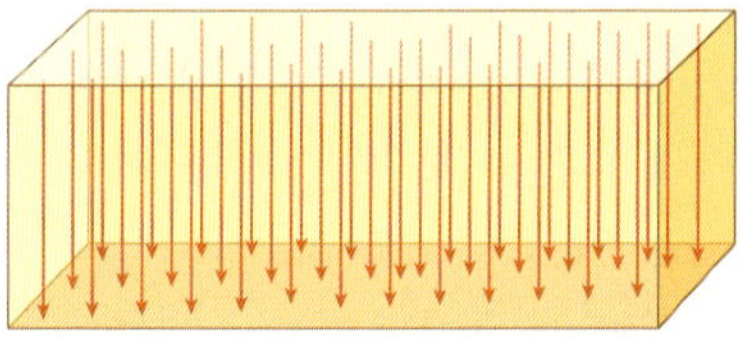

Ausschnitt aus dem Feldlinienbild der Erde auf der Erdoberfläche. Die Erdkrümmung kann auf dieser sehr klein gewählten Größenskala vernachlässigt werden, sodass sich auf dieser Skala an jedem Ort eine **parallele Gravitationsbeschleunigung** ergibt

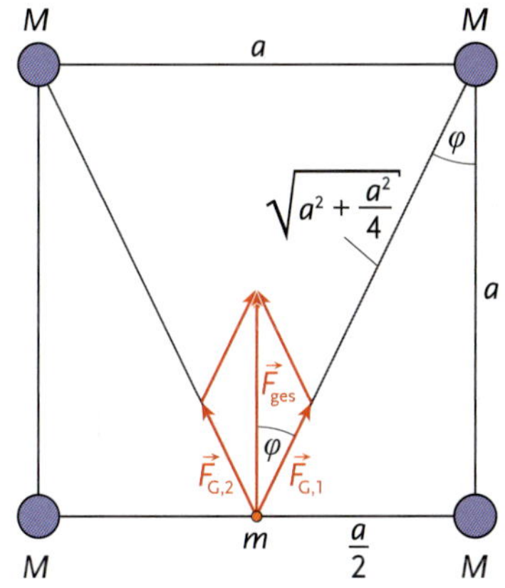

Skizze zu Beispiel 2.4.02

Ziele erreicht? – „Gravitationsfeld und Planetenbewegung"

2.4.01 + Geben Sie die Formel für die **Gravitationsfeldstärke** g einer Punktmasse m im Abstand r an und skizzieren Sie mindestens acht Gravitationsfeldlinien.

2.4.02 + Berechnen Sie die **Gravitationsfeldstärke** für eine Punktmasse von 70 kg im Abstand von 2 m, 4 m und 8 m. Welche Verhältnisse erwarten Sie?

2.4.03 + Berechnen Sie die von Ihnen am Ort Ihrer Sitznachbarin bzw. Ihres Sitznachbarn erzeugte **Gravitationsfeldstärke,** wenn Sie Ihre Masse in einem Punkt konzentriert denken.

2.4.04 + Berechnen Sie die **Gravitationsfeldstärke** im Halbierungspunkt der längeren Seite eines Rechtecks, wenn in den vier Eckpunkten vier gleiche Punktmassen positioniert sind und das Seitenverhältnis 2 : 1 beträgt.

2.4.05 + Berechnen Sie die **Gravitationsfeldstärke** im Schwerpunkt eines gleichseitigen Dreiecks, wenn in den drei Eckpunkten drei gleiche Punktmassen positioniert sind. Nützen Sie Symmetrieüberlegungen.

2.4.06 + Berechnen Sie die **Gravitationsfeldstärke** im Seitenhalbierungspunkt eines regelmäßiges Sechsecks, wenn in den sechs Eckpunkten sechs gleiche Punktmassen positioniert sind.

2.4.07 + Berechnen Sie die **Gravitationsfeldstärke** unserer Erde im Mittel auf dem Erdmond. Recherchieren Sie die benötigten Daten.

2.4.08 + Geben Sie an, für wie viele Massen sich im Allgemeinen die **Bahnen** aus dem newtonschen Gravitationsgesetz durch **algebraische Gleichungen** berechnen lassen.

⚠ Bereits Isaac Newton hat aus seinem Gravitationsgesetz gefolgert, dass das externe Gravitationsfeld einer sphärisch-symmetrischen Massenverteilung gleich ist dem einer Punktmasse in der Sphärenmitte.

E

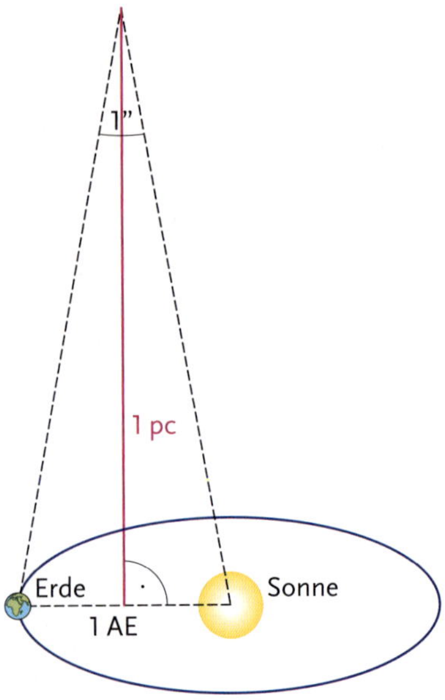

Skizze zur Veranschaulichung eines Parsec

2.4.2 Das Universum

Die zu beobachtenden Entfernungen im Universum sind so groß, dass man verschiedene Einheiten verwendet. Woraus das Universum besteht, ist jedoch nicht geklärt. Nach heutigem Wissenstand setzt sich die gesamte Masse des Universums aus 73 % dunkler Energie, 23 % dunkler Materie, die jedoch beide experimentell noch nicht nachgewiesen wurden, und aus 4 % normaler (sichtbarer) Materie zusammen.

Meine Ziele

Nach Bearbeitung dieses Kapitels kann ich

- eine **Astronomische Einheit,** ein **Lichtjahr** und ein **Parsec** angeben, einen Stern definieren und den sonnennächsten Stern nennen;
- mit den verschiedenen Einheiten rechnen.

Seit den Messungen von **Edwin Hubble** (Kap. 2.4.3) wussten Astronomen, dass das Universum expandiert. Doch sie glaubten, dass die Schwerkraft der Materie die Expansion allmählich verlangsamen sollte. 1998 entdeckten Kosmologen, dass sich die Ausdehnung des Kosmos sogar beschleunigt. Als Ursache wird dafür die dunkle Energie verantwortlich gemacht. Auf der Suche nach der dunklen Materie werden auch Neutrinoteleskope eingesetzt. Das derzeit größte Neutrinoteleskop IceCube ist am Südpol positioniert.

Längeneinheiten im Universum:
1 AE = 1 Astronomische Einheit
1 Lj = 1 Lichtjahr
1 pc = 1 Parsec = 1 **Par**allaxen**sek**unde

2011 ging der Nobelpreis für Physik an **Saul Perlmutter** (USA), **Brian P. Schmidt** (USA und Australien) und **Adam G. Riess** (USA) für die Entdeckung der beschleunigten Ausbreitung des Universums, die ihnen durch die Beobachtung entfernter Supernovae gelang.

Längeneinheiten im Universum

- **1 Astronomische Einheit (AE)** ist die mittlere Entfernung zwischen Erde und Sonne und beträgt rund 149,6 Gm $= 1{,}496 \cdot 10^{11}$ m $= 1{,}496 \cdot 10^{8}$ km.
- **1 Lichtjahr (Lj)** ist die Strecke, die Licht bei geradliniger Ausbreitung in einem Jahr (im Vakuum) zurücklegt: 1 Lj ≈ 63 240 AE $\approx 9{,}5 \cdot 10^{12}$ km.
- In einer Entfernung von **1 Parsec (pc)** erscheint eine Strecke mit einer Länge von einer Astronomischen Einheit unter einem Winkel von einer Bogensekunde: 1 pc ≈ 3,26 Lj $\approx 3{,}085 \cdot 10^{13}$ km

Beispiel 2.4.03: Planetenentfernungen in AE

Die in NAWI I/II behandelten Planeten unseres Sonnensystems Merkur, Venus, Erde, Mars, Jupiter, Saturn, Uranus und Neptun haben mittlere Entfernungen von 0,39 AE bis 30,06 AE zur Sonne.

Die Milchstraße(ngalaxie) umfasst rund 300 Milliarden Sterne und die Zahl der Galaxien wird mit rund 100 Milliarden angenommen. Obwohl die Zahl der Sterne so groß ist, machen Sie nur rund 0,4 % der Gesamtmasse im Universum aus. Denn 90 % der gewöhnlichen Materie bestehen aus Gas, das dünn im intergalaktischen Raum verteilt ist.

Das **olberssche Paradoxon** bezeichnet den Widerspruch zwischen der Vorhersage eines hellen Nachthimmels und seiner tatsächlichen dunklen Erscheinung.

Stern

Ein **Stern** ist ein massereicher, selbst leuchtender kugelförmiger **Gaskörper,** dessen **Strahlungsenergie** durch **Kernfusion** in seinem Inneren aufgebracht wird.

Eine **Supernova** ist das schnell eintretende, helle Aufleuchten eines Sterns am Ende seiner Lebenszeit durch eine Explosion, bei der der Stern selbst vernichtet wird.

Beispiel 2.4.04: Sternentfernungen in AE, Lj und pc

Der sonnennächste Stern ist Proxima Centauri. Sein Abstand zu unserem Sonnensystem beträgt etwa 268 000 AE, also rund 4,2 Lichtjahre bzw. 1,3 pc.
Alrischa ist ein Doppelstern im Sternbild Fische und ist etwa 140 Lichtjahre bzw. rund 42,9 Parsec entfernt.

Ziele erreicht? – „Das Universum"

2.4.09 + Geben Sie 1 AE, 1 Lj und 1 pc in Kilometern und Metern in normierter Gleitkommadarstellung an.

2.4.10 + Berechnen Sie die Entfernung des **Polarsterns** von (431 ± 27) Lj in Parsec.

2.4.11 + Ermitteln Sie die Entfernung des Sterns **Alkor** von unserem Sonnensystem in astronomischen Einheiten bzw. Lichtjahren, wenn seine Entfernung mit (25,056 ± 0,082) pc bekannt ist. Alkor ist der freiäugig sichtbare Begleiter des hellen Sterns Mizar im Sternbild Großer Wagen und wird daher „das Reiterlein" bzw. „der Augenprüfer" genannt.

2.4.3 Die Entwicklung von Sternen

Sterne haben die Menschen seit jeher in ihren Bann gezogen. Die Weisen aus dem Morgenland sollen einem Stern gefolgt sein und in Romanen, Fernsehserien und Filmen werden sogar Lebewesen auf Planeten um Sterne außerhalb unserer Galaxie thematisiert. Sterne bilden sich aus interstellarem Gas, das sie in ihrem Inneren durch Fusionsprozesse im Lauf der Zeit umwandeln. Die veränderte Materie wird teilweise wieder an den ungebundenen Raum abgegeben.

Die Sterne wurden bereits von **Hipparch** nach ihrer Helligkeit in **sechs Größenklassen** eingeteilt, die heute mit 1^m, 2^m, 3^m, 4^m, 5^m und 6^m bezeichnet werden. Die Sterne der ersten Klasse waren am hellsten, die der sechsten mit bloßem Auge noch sichtbar.

Magnitudo: lateinisch für Größe.

Meine Ziele

Nach Bearbeitung dieses Kapitels kann ich
- einige **Zustandsgrößen** von Sternen und das **Hubblegesetz** angeben;
- den Unterschied zwischen **scheinbarer** und **absoluter Helligkeit** erklären und die Formel für die **absolute Helligkeit** angeben und anwenden,
- das **Hertzsprung-Russell-Diagramm** interpretieren.

Zustandsgrößen von Sternen

Bei einem Gas beschränkt man sich im Allgemeinen auf die drei Zustandsgrößen Druck p, Volumen V und Temperatur T. Ein Stern kann durch viele Zustandsgrößen wie Masse, Leuchtkraft, Radius, Temperatur, Spektralklasse, mittlere Dichte, mittlere Energieerzeugung je Kubikzentimeter und Sekunde, Schwerebeschleunigung an der Oberfläche, Rotationsgeschwindigkeit, Magnetfeld und chemische Zusammensetzung beschrieben werden. Wir werden die Helligkeit, die Leuchtkraft, die effektive Temperatur und die Spektralklassen genauer beschreiben.

Damit man die **scheinbare Helligkeit** m nicht mit ihrer Einheit verwechselt, wird die Einheit hochgestellt. Beispiel Polarstern: $m = 2^m$.
Der Polarstern ist ein Stern der zweiten Größenklasse.

Helligkeit – scheinbar und absolut

- Die **Helligkeit** ist ein Maß für die von einem Himmelskörper je Quadratmeter empfangene Strahlungsleistung. Die Maßeinheit der Helligkeit ist die **Größenklasse** mit dem **Einheitenzeichen m.** Dabei wird das Zeichen m hochgestellt hinter die Zahlenangabe, bei Dezimalangabe über das Komma geschrieben.
- Die **scheinbare Helligkeit** ***m*** ist ein Maß für die an einem **Beobachtungsort** je Quadratmeter empfangene Strahlungsleistung.
- Die **absolute Helligkeit** ***M*** ist gleich der **scheinbaren Helligkeit** ***m***, die man in 10 pc Entfernung von einem Himmelskörper messen würde.

Zusammenhang zwischen **scheinbarer Helligkeit** ***m*** in **Magnitudo** und **Lichtstärke** in **Candela.**
1 cd, aus 1 m Abstand betrachtet, entspricht der Helligkeit eines Objektes von $-13{,}^m94$. Zum Vergleich: Die Vollmondhelligkeit beträgt $-12{,}^m55$.

Wenn die Entfernung r in parsec gegeben ist, erhält man die absolute Helligkeit M gemäß $M = m + 5 - 5 \cdot \lg r = m + 5 \cdot (1 - \lg r)$. Weil für $r = 10$ (pc) der dekadische Logarithmus 1 liefert, stimmt die absolute Helligkeit M mit der scheinbaren Helligkeit m definitionsgemäß überein.

1 cd entspricht der Lichtstärke von 1/60 cm^2 Oberfläche eines schwarzen Körpers bei einer Temperatur von 1 769 °C.

E

Zwei Größenklassen m_1 und m_2 sind mit den Intensitäten (Energie pro Zeit- und Flächeneinheit) I_1 und I_2 gemäß

$$\log\left(\frac{I_1}{I_2}\right) = -0{,}4 \cdot (m_1 - m_2)$$

verbunden, sodass für zwei Sterne mit einer Differenz von fünf Größenklassen m_n und m_{n+5} gilt:

$$\frac{I_1}{I_2} = 10^{-0{,}4 \cdot 5} = 10^{-2} = \frac{1}{100}.$$

Die Sternintensitäten unterscheiden sich also pro fünf Größenklassen jeweils um den Faktor 100. Bei einem Unterschied von 15 Größenklassen ($\Delta m = 15^{\mathrm{m}}$) beträgt das Verhältnis der Sternintensitäten 1 000 000 : 1.

Bellatrix (lat. „Kriegerin") ist der dritthellste Stern im Sternbild Orion und ist neben Beteigeuze der rechte Schulterstern des Orion. Bellatrix ist rund 240 Lichtjahre entfernt und hat eine scheinbare Helligkeit von $1{,}^{\mathrm{m}}6$.

Beispiel 2.4.05: Intensitätsverhältnis von Bellatrix zu Altair

Bellatrix hat eine scheinbare Helligkeit m_1 von $1{,}^{\mathrm{m}}6$. Die scheinbare Helligkeit m_2 von Altair beträgt $0{,}^{\mathrm{m}}76$.

Damit ist ihr Intensitätsverhältnis

$$\frac{I_1}{I_2} = 10^{-4 \cdot (1{,}6 - 0{,}76)} = 10^{-0{,}336} \approx \frac{1}{0{,}46}.$$

Die gemessene Intensität hängt wie die scheinbare Helligkeit von der Entfernung vom beobachteten Stern ab. Eine vom Beobachter unabhängige physikalische Größe ist die Leuchtkraft oder Strahlungsleistung eines Sterns.

Beteigeuze – der linke Schulterstern des Orion – ist ein Riesenstern und wird im Hertzsprung-Russell-Diagramm (HRD) als roter Riesenstern klassifiziert. Er hat etwa den 662-fachen Durchmesser unserer Sonne, eine etwa zehntausendmal so große visuelle Leuchtkraft und ist von der Erde aus gesehen der zehnthellste Stern.

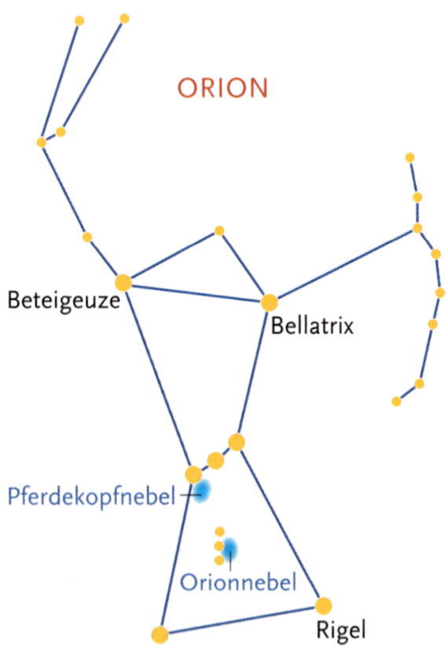

Das Sternbild des Orion liegt auf dem Himmelsäquator, der die Himmelskugel in eine Nord- und eine Südhälfte teilt

Leuchtkraft und effektive Temperatur

- Die **Leuchtkraft** L ist die gesamte von einem Himmelskörper abgegebene Strahlungsleistung. Sie wird in Watt oder in Einheiten der Sonnenleuchtkraft $L_{\text{Sonne}} = 3{,}847 \cdot 10^{26}$ W gemessen.
- Die Leuchtkraft L eines Sterns ergibt sich mit dem Stefan-Boltzmannschen Strahlungsgesetz zu
  $L = 4\pi \cdot R^2 \cdot \sigma \cdot T_{\text{eff}}^4.$
  R gibt den Sternradius an, σ die universelle Strahlungskonstante
  $\left(\sigma = 5{,}67 \cdot 10^{-8} \frac{\mathrm{W}}{\mathrm{m}^2 \cdot \mathrm{K}^4}\right)$ und T_{eff} die effektive Temperatur des Sterns.
- Die Temperatur eines schwarzen Körpers, der je Quadratmeter die gleiche, über alle Spektralbereiche aufsummierte Leistung aussendet wie ein untersuchter Körper (Stern), heißt **effektive Temperatur** oder **Effektivtemperatur.**

Beispiel 2.4.06: Radius unserer Sonne

Die Leuchtkraft der Sonne ist mit $3{,}847 \cdot 10^{26}$ W bekannt. Die **effektive Temperatur** wird mit 5 778 K angegeben.

Damit berechnet sich der Sonnenradius zu

$$R = \sqrt{\frac{L}{4\pi \cdot \sigma \cdot T_{\text{eff}}^4}} = \sqrt{\frac{3{,}847 \cdot 10^{26}}{4\pi \cdot 5{,}67 \cdot 10^{-8} \cdot 5\,778^4}}\ \mathrm{m} \approx 6{,}960 \cdot 10^8\ \mathrm{m} = 6{,}960 \cdot 10^5\ \mathrm{km}$$

Das stimmt mit dem in der Literatur angegebenen Wert von $6{,}957 \cdot 10^5$ km mit einer relativen Abweichung von rund 0,04 % sehr gut überein.

Die **Leuchtkraft** eines Sterns nimmt bei einer Supernova millionen- bis milliardenfach zu, er wird für kurze Zeit so hell wie eine ganze Galaxie.

Die Sternspektren zeigen eine große Vielfalt, sodass mithilfe einer Spektralklassifikation (erstmals an der Harvardsternwarte in den USA durchgeführt) eine Ordnung nach physikalischen Parametern erreicht wird.

Spektralklassen

Die häufigsten **Spektralklassen** werden durch einen Großbuchstaben: O, B, A, F, G, K oder M gekennzeichnet, wobei nach absteigender effektiver Temperatur geordnet ist.

Neben dieser Hauptfolge OBAFGKM (Merksatz: „**Oh Be A F**ine **G**irl **K**iss **M**e."), zu der etwa 99 % aller klassifizierbaren Sternspektren gehören, gibt es Nebenfolgen. Die Spektralklassen der Hauptreihen unterteilt man dezimal und hängt die Ziffern 0 bis 9 den großen Buchstaben an. Einzige Ausnahme: Bei der Spektralklasse O beginnt die dezimale Unterteilung erst bei O3.

Die von der Erde aus gemessene scheinbare Helligkeit *m* der Sterne gibt nicht die tatsächliche Leuchtkraft *L* der Sterne an, diese kann erst in Verbindung mit der Entfernung ermittelt werden.

Die Einteilung von Sternen in **Leuchtkraftklassen** wurde von **William Wilson Morgan** und **Philip C. Keenan** entwickelt. Sie wird nach den Anfangsbuchstaben ihrer Nachnamen als MK-System bezeichnet.

Im MK-System unterscheidet man die sechs Leuchtkraftklassen: I = Überriesen, II = helle Riesen, III = normale Riesen, IV = Unterriesen, V = Zwerge (Hauptreihensterne) und VI = Unterzwerge.

Die Leuchtkraftklasse I wird nach abnehmender Leuchtkraft noch in die Unterklassen a, ab und b unterteilt.

Mit den Spektralklassen erhält unsere Sonne die Bezeichnung G2 V, wobei G2 die Spektralklasse und V die Leuchtkraftklasse angibt.

Beispiel 2.4.07: Proxima Centauri – der sonnennächste Stern

Proxima Centauri ist ein roter Zwerg der Spektralklasse M, also ein Hauptreihenstern. Mit der Klassifikation M5,5 zählt er zu den M-Zwergsternen und hat an seiner Oberfläche (Photosphäre) eine Temperatur von 3 040 K.

Seine Leuchtkraft berechnet sich mit einem Radius von 0,145 Sonnenradien (R_{Sonne} rund 695 700 km) zu

$$L = 4\pi \cdot R^2 \cdot \sigma \cdot T_{\text{eff}}^4 = 4\pi \cdot (0{,}145 \cdot 6{,}957 \cdot 10^8)^2 \cdot 5{,}67 \cdot 10^{-8} \cdot 3\,040^4\,\text{W} \approx 6{,}193 \cdot 10^{23}\,\text{W}.$$

Trotz seiner Nähe zur Erde (*r* rund 1,3 pc) beträgt seine scheinbare Helligkeit nur $11{,}^{\text{m}}05$. Dies ist hundertmal weniger als bei den schwächsten mit bloßem Auge sichtbaren Sternen, deren Helligkeit etwa 6^{m} beträgt. Die absolute Helligkeit von Proxima Centauri beträgt

$$M = m + 5 \cdot (1 - \lg r) = 11{,}^{\text{m}}05 + 5^{\text{m}} \cdot (1 - \lg 1{,}3) = 15{,}^{\text{m}}48.$$

Trägt man die absolute Helligkeit als Funktion der Temperatur bzw. der Spektralklassen von Sternen auf, so liegen die meisten Sterne auf einer Reihe, der Hauptreihe.

Das Hertzsprung-Russell-Diagramm HRD

Im Hertzsprung-Russell-Diagramm **HRD** ist die Spektralklasse oder die Effektivtemperatur auf der Abszisse und die absolute Helligkeit *M* oder die Leuchtkraft *L* der Sterne auf der Ordinate aufgetragen.

Altair ist der hellste Stern im Sternbild Aquila (Adler) und der zwölfthellste Stern am Nachthimmel ($m = 0{,}^{\text{m}}76$). Zusammen mit den Sternen **Wega** – dem Hauptstern des Sternbildes Leier – und **Deneb** – dem hellsten Stern im Sternbild Schwan – bildet Altair das **Sommerdreieck.**
$m_{\text{Wega}} = 0{,}^{\text{m}}03$ und $m_{\text{Deneb}} = 1{,}^{\text{m}}25$.

Zu den Sternspektren:
O: heiße Sterne mit Absorptionslinien; besonders von He und H_2
B: weiße Sterne mit Absorptionslinien des He
A: weiße Sterne mit Absorptionslinien des H_2

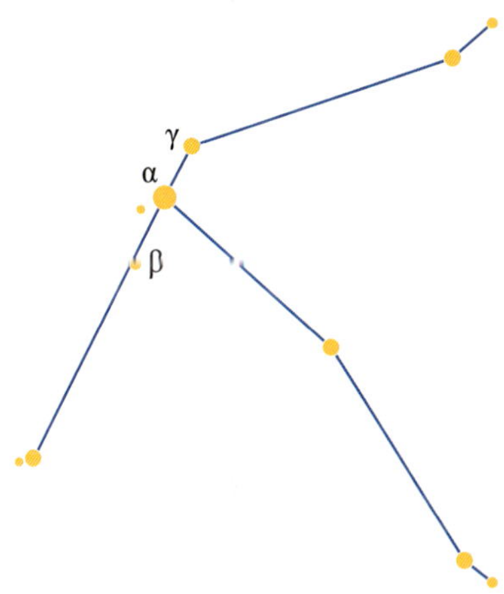

Das Sternbild des Adlers ist ein markantes Sternbild des nördlichen Sommer- und Herbsthimmels

Die **visuelle** Helligkeit berücksichtigt nur die Leuchtkraft im **sichtbaren Spektralbereich.** Die absolute visuelle Helligkeit der Sonne beträgt $4{,}^{\text{m}}83$.

Ejnor Hertzsprung (1873 bis 1967) war ein dänischer und **Henry Moris Russell** (1877 bis 1957) ein amerikanischer Astronom.

Die **bolometrische** Helligkeit bezeichnet im Gegensatz zur visuellen Helligkeit die über das **gesamte elektromagnetische Spektrum** integrierte Leuchtkraft.

Die bolometrische Helligkeit wird manchmal mit dem Index bol bezeichnet, also M_{bol} oder m_{bol}, je nachdem ob die absolute oder scheinbare bolometrische Helligkeit gemeint ist.

Weil die Erdatmosphäre für große Teile des elektromagnetischen Spektrums undurchsichtig ist und kein Detektor den gesamten Spektralbereich erfassen kann, ist die bolometrische Helligkeit von der Erde aus nicht direkt bestimmbar.

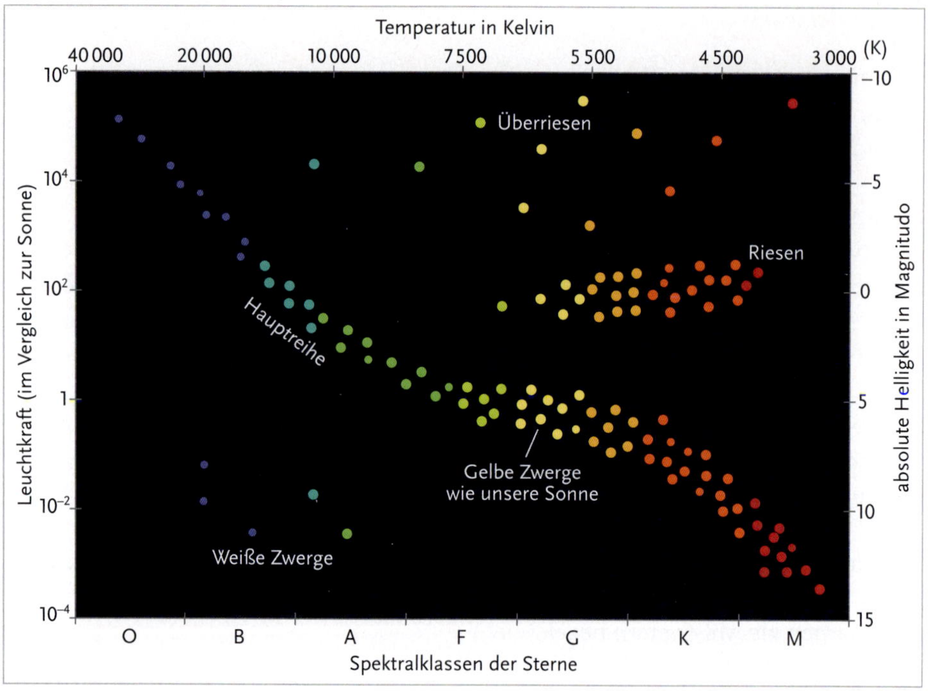

Traditionell werden die absolut hellsten Sterne oben und die Spektralklassen links beginnend aufgetragen. Im **HRD** häufen sich die klassifizierbaren Sterne in mehreren Gebieten. Die Mehrzahl liegt auf einem scharf begrenzten Ast, der **Hauptreihe.**

Die Hauptreihe erstreckt sich von den O-Sternen mit einer absoluten Helligkeit von etwa -6^m bis zu den M-Sternen mit M rund 9^m bis 16^m. Weitere Häufungsgebiete sind der **Riesenast,** der **Überriesenast** und die Gruppe der **weißen Zwerge.**

Die Hauptreihensterne verbleiben je nach ihrer Masse viele Milliarden Jahre in dieser Reihe. Bei der experimentellen Bestimmung der Sternspektren ist die Rotverschiebung zu beachten. Edwin Powell Hubble fand einen linearen Zusammenhang zwischen der Entfernung und der Fluchtgeschwindigkeit von Galaxien mit Entfernungen bis ca. 15 Mpc.

Edwin Powell Hubble, 1889 bis 1953, US-amerikanischer Astronom

Das Hubblegesetz

Die **Geschwindigkeit** v_r einer Galaxie relativ zur Erde ist proportional zur Entfernung r von der Erde.
$v_r = H_0 \cdot r$
H_0 ist die Hubblekonstante mit H_0 rund 75 km/s/Mpc.

Die Expansion des Kosmos beschleunigt sich wegen der dunklen Energie (siehe Kap. 2.4.2). Diese Entdeckung wurde 2011 mit dem Physiknobelpreis gewürdigt. Daher favorisiert man heute das vierte Weltmodell der einsteinschen Relativitätstheorie, nachdem sich das Universum bis in alle Ewigkeit beschleunigt ausdehnt. Die Hypothese, dass sich die Expansion des Universums einmal umkehren könnte und das Universum auf einen Punkt zusammenschrumpft, scheidet, solange man nicht mehr Details über die Materiedichte im Kosmos und die dunkle Energie kennt, aus. Man geht derzeit davon aus, dass die beobachtete, ungleichmäßige Verteilung der Galaxien und Galaxienhaufen nur im Nahbereich der Erde, in einer Entfernung von weniger als 350 Millionen Lichtjahren, gilt. Das expandierende Universum ist sonst aber räumlich homogen und isotrop. Das haben neueste Untersuchungen an 240 000 Galaxien ergeben.

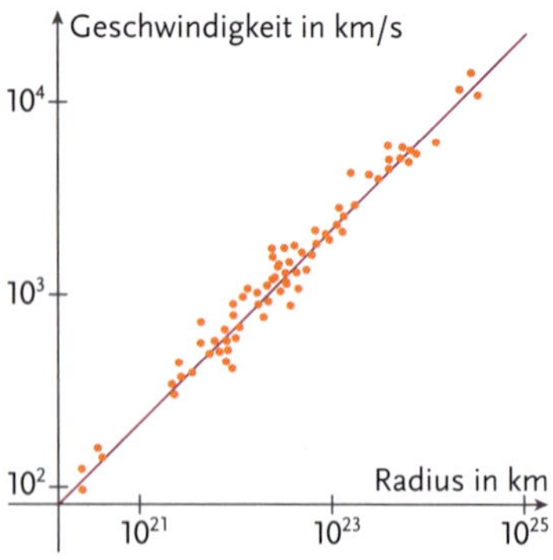

Messpunkte und die Näherungsgerade für das Hubblegesetz

Ziele erreicht? – „Die Entwicklung von Sternen"

2.4.12 + Geben Sie die Formel für die **Leuchtkraft** eines Sterns an.

2.4.13 + Berechnen Sie das **Intensitätsverhältnis** der drei Sterne des Sommerdreiecks.

2.4.14 + Bestimmen Sie die **scheinbare Helligkeit** eines Sterns, der ein Intensitätsverhältnis von 1 000 : 1 zur Sonne hat im Vergleich zur scheinbaren Helligkeit der Sonne.

2.4.15 + Berechnen Sie die **effektive Temperatur** von Beteigeuze, wenn Sie den Radius und seine Leuchtkraft als bekannt voraussetzen.

2.4.16 + Berechnen Sie den **Radius** von Pollux, wenn seine Leuchtkraft etwa das 32-Fache der Sonnenleuchtkraft und seine Effektivtemperatur rund 4 500 K beträgt.

2.4.17 + Berechnen Sie den **Radius,** den ein Stern mit der 10-, 100- bzw. 1 000-fachen Leuchtkraft unserer Sonne haben muss, wenn seine Effektivtemperatur rund 4 000 Kelvin beträgt.

2.4.18 + Berechnen Sie die **Effektivtemperatur** eines Sterns mit der 10-fachen Sonnenleuchtkraft und dem dreifachen Sonnendurchmesser.

2.4.19 + Berechnen Sie die **Leuchtkraft** eines Sterns mit dem vierfachen Sonnendurchmesser und einer Effektivtemperatur von 5 000 K.

2.4.20 + Berechnen Sie mindestens vier Parameterkombinationen für den **Sternradius** und die **Effektivtemperatur,** wenn ein Stern die 50-fache Sonnenleuchtkraft haben soll.

2.4.21 + Fassen Sie die **Sternleuchtkraft** als zweiparametrige Funktion von R und T_{eff} auf und skizzieren Sie L für Radien zwischen R_{Sonne} /1 000 und 100R_{Sonne} sowie für T_{eff} zwischen 3 000 K und 15 000 K.

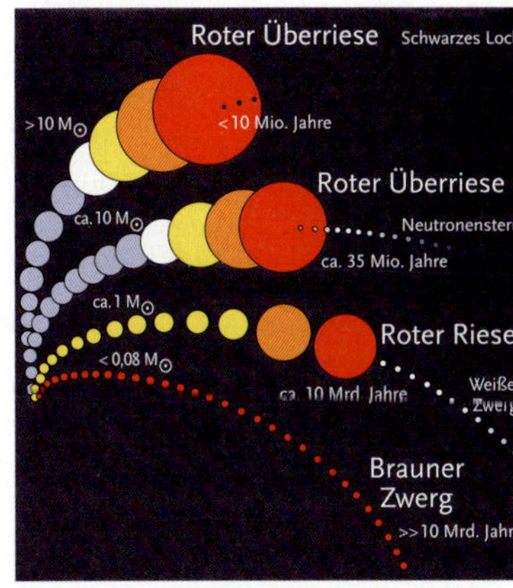

In diesem Bild ist die Entwicklung eines Sterns in Abhängigkeit von seiner Masse im Vergleich zur Sonnenmasse $M_{\odot}$ angedeutet

Bellatrix gehört als bläulicher Riesenstern der Spektralklasse B2 an und hat etwa die achtfache Sonnenmasse sowie etwa die 4 000-fache Sonnenleuchtkraft. In einigen Millionen Jahren wird sie zu einem roten Riesen werden, aber aufgrund ihrer etwas zu geringen Masse nicht explodieren, sondern als massereicher weißer Zwerg enden.

2.5 Higgs, das Standardmodell, SUSY und TOE

Am 4. Juli 2012 war das Higgs-Boson in beinahe allen internationalen Medien eines der Topthemen. Physikerinnen und Physiker des europäischen Forschungszentrums CERN verkündeten, am Beschleuniger LHC (Large Hadron Collider) ein neues Teilchen entdeckt zu haben, bei dem es sich um das schon 1964 postulierte Higgs-Boson handeln könnte. Das Higgs-Boson ist der letzte noch nicht experimentell nachgewiesene Baustein im Standardmodell der Elementarteilchenphysik und könnte, wenn sich das Boson als supersymmetrisches Teilchen outet, der Stringtheorie Aufschwung verleihen und vielleicht zu einer Theory of Everything (TOE) beitragen.

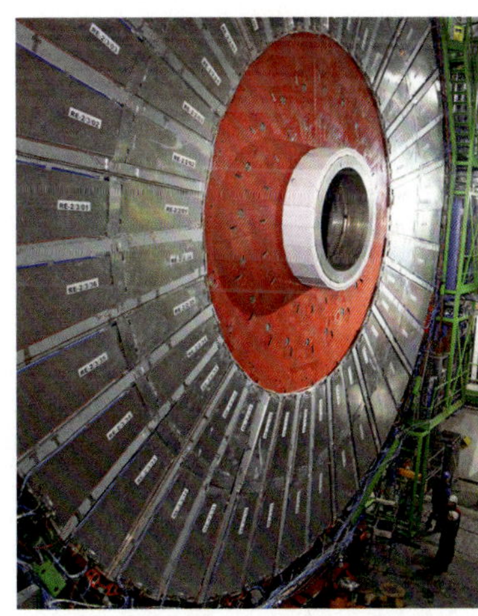

Das CMS (**C**ompact-**M**yon-**S**olenoid) ist ein Teilchendetektor am LHC (Large Hadron Collider) in CERN

2.5.1 Das Standardmodell der Elementarteilchenphysik

Meine Ziele

Nach Bearbeitung dieses Kapitels kann ich

- das **Standardmodell der Elementarteilchen** wiedergeben;
- die drei **fundamentalen Kräfte des Standardmodells** bezüglich ihrer Reichweite beschreiben.

Ein **Solenoid** ist eine Zylinderspule zum Erzeugen eines räumlich möglichst konstanten Magnetfeldes. Zum Magnetismus siehe auch Kap. A, 3, Elektrodynamik.

Um ein Stück Materie – denken Sie beispielsweise an ein Stück Würfelzucker – „erklären“ zu können, benützen Physikerinnen und Physiker ihr Standardmodell der Elementarteilchen. Dieses besteht aus **zwölf elementaren Materieteilchen** und den **Eichbosonen.** Eichbosonen sind Wechselwirkungsteilchen. Sie übertragen also Kräfte. Das bekannteste Eichboson ist das Photon, das für die Übertragung der elektromagnetischen Kraft verantwortlich ist.

Elementarladung
$e \approx 1{,}602 \cdot 10^{-19}$ C
Ladung des Elektrons $= -e$
Ladung des Protons $= +e$

Das Standardmodell behandelt alle diese „Partikel“ als geometrische Punkte. Wieder erkennen wir die notwendige Modellierung eines Materieteilchens als ausdehnungslosen Massenpunkt, wie es bereits Isaac Newton vorgezeigt hat. In der Stringtheorie wird diese Einschränkung des geometrischen Punktes zugunsten eines eindimensionalen Strings (Fadens) aufgegeben.

Quark	Ruheenergie $m_0 \cdot c^2$	Ladung/e
up	2 MeV	+2/3
down	5 MeV	−1/3
strange	950 MeV	−1/3
charm	1 250 MeV	+2/3
bottom	4 200 MeV	−1/3
top	173 000 MeV	+2/3

Die sechs Quarks, ihre Massen (in MeV) und ihre elektrischen Ladungen

Die **zwölf elementaren Materieteilchen** sind eingeteilt in
- sechs Quarks und
- sechs Leptonen.

6 Quarks und 6 Leptonen ergeben 12 elementare Materieteilchen

- **6 Quarks: up, down, strange, charm, bottom** und **top** heißen sie nach ihrer Masse (zumeist angegeben gemäß $E = m \cdot c^2$ in Vielfachen von eV) geordnet.
- Die elektrische Ladung des up-, charm- und top-Quarks beträgt +2/3 der Elementarladung e.
- Die elektrische Ladung des down-, strange- und bottom-Quarks beträgt −1/3 der Elementarladung e.
- Aus den Quarks sind Protonen, Neutronen und ein Teilchenzoo sehr kurzlebiger Teilchen aufgebaut. Quarks tragen eine sogenannte Farbladung (rot, grün oder blau) und wurden nie einzeln beobachtet.
- **6 Leptonen:** Das **Elektron** und das **Elektron-Neutrino,** das **Myon** und das **Myon-Neutrino** und das **Tau** und das **Tau-Neutrino.**
- Leptonen lassen sich einzeln beobachten und sind immun gegen die starke Kraft (Kernkraft).

Ladung des up-Quark $= +2/3e$
Ladung des down-quark $= -1/3e$

Beispiel 2.5.01: Das Proton, das Neutron und ihre Bestandteile

- Ein **Proton** besteht aus zwei up-Quarks und einem down-Quark und hat daher die Ladung $(2 \cdot 2/3 - 1/3) \cdot e = e$.
- Ein **Neutron** besteht aus einem up-Quark und zwei down-Quarks und ist daher elektrisch neutral: $(2/3 - 2 \cdot 1/3) \cdot e = 0$.

Lepton	Ladung/e
Elektron	−1
Myon	−1
Tau	−1
Elektron-Neutrino	0
Myon-Neutrino	0
Tau-Neutrino	0

Die sechs Leptonen und ihre elektrischen Ladungen

Jede Wechselwirkung (Kraft) wird durch ein **Eichboson (Eichbosonengruppe)** übertragen.

Leptonen sind Teilchen, die nur der elektromagnetischen und der schwachen Wechselwirkung unterliegen.

Beispiel 2.5.02: Das Photon und die elektromagnetische Wechselwirkung

Als Sonderfall der elektromagnetischen Wechselwirkung haben wir in der Elektrostatik das **coulombsche Kraftgesetz** für zwei ruhende elektrische Punktladungen kennengelernt. Zwei elektrische Punktladungen q_1 und q_2 im Abstand r üben aufeinander die Coulombkraft

$$F_{\text{Coulomb}} = k \cdot \frac{q_1 \cdot q_2}{r^2}$$

mit $k \approx 9 \cdot 10^9\ \text{N} \cdot \text{m}^2/\text{C}^2$ aus. Wir erkennen, dass selbst für beliebig große Abstände r die Kraft nicht verschwindet, sodass uns die **unendliche Reichweite** der elektromagnetischen Wechselwirkung einleuchtet.

Hadronen sind aus Quarks zusammengesetzte Teilchen, die der starken Wechselwirkung unterliegen.

Die Eichbosonen – Vermittler der Kräfte

- Das **Photon** (elektrische Ladung = 0 *e*, Ruheenergie = 0 eV) überträgt die **elektromagnetische Kraft** über unbegrenzte Entfernungen hinweg auf elektrisch geladene Teilchen.
- Das **Z-Boson** (0 *e*, 91 GeV) überträgt die **schwache Wechselwirkung** bei Reaktionen, welche die Identität der Teilchen nicht ändert. Reichweite rund 10^{-18} m.
- Die **W^+/W^--Bosonen** (+1*e* oder −1*e*, 80,4 GeV) übertragen die schwache Wechselwirkung bei Reaktionen, bei denen sich der „Geschmack" (Flavour) und die Ladung der Teilchen ändern. Reichweite rund 10^{-18} m.
- Die acht verschiedenen **Gluonen** (0 *e*, 0 eV) übertragen die **starke Wechselwirkung,** wobei sie auf Quarks und andere Gluonen wirken. Sie sind immun gegen die elektromagnetische und schwache Wechselwirkung. Reichweite kleiner als 10^{-15} m.
- Das **Higgs** (2012 mutmaßlich am LHC beobachtet) (0 *e*, 125 bis 126 eV) soll Quarks, Leptonen und Z-/W-Bosonen mit Masse ausstatten.

Kraft	Reichweite
Elektromagnetische Kraft	∞
Schwache Kraft	$< 10^{-18}$ m
Starke Kraft	$< 10^{-15}$ m

Die drei fundamentalen Kräfte im Standardmodell

Mit Quarks, Leptonen und Eichbosonen können die starke Wechselwirkung, der Elektromagnetismus und die schwache Wechselwirkung sowie (voraussichtlich) die Higgs-Wechselwirkung erklärt werden. Die Higgs-Wechselwirkung erklärt die Masse von Quarks, Leptonen und Z-/W-Bosonen durch die Wechselwirkung mit einem Higgs-Feld sowie die Herabsetzung der Reichweite der schwachen Kraft.

Die schwache Wechselwirkung wirkt auf Quarks und Leptonen. Ihr bekanntester Effekt ist der radioaktive Betazerfall, bei dem im Kern ein Neutron in ein Proton, ein Elektron und ein Elektron-Neutrino umgewandelt wird.

Betazerfall sowie natürliche Radioaktivität siehe auch Kap. E, 2.3.4.

Beispiel 2.5.03: Der Betazerfall

Im Standardmodell wandelt sich dabei im Kern ein d-Quark (down-Quark) in ein u-Quark (up-Quark) um. Dadurch wird ein Neutron zu einem Proton und zusätzlich entstehen ein Elektron und ein Elektron-Neutrino.

Zur Aufgabe 5.5.03: ATLAS ist ein Teilchendetektor am LHC in Cern. ATLAS stand ursprünglich für A Toroidal LHC ApparatuS, wird aber mittlerweile nur noch als Eigenname benutzt.

Neutrinos und Photonen sind die häufigsten Teilchen im Universum. Das elektrisch neutrale und sehr leichte Neutrino wurde vom Österreicher Wolfgang Pauli zur Erklärung der Energiebilanz beim Betazerfall vorerst noch als unbekanntes Teilchen 1930 gefordert. Enrico Fermi gab diesen mysteriösen Teilchen den Namen Neutrino, kleines Neutron. 1956 wurde das Neutrino bei einem Experiment an einem Kernreaktor erstmals nachgewiesen. Heute dienen Neutrinos auch als Sonden zur Erkundung des Erdinneren und für neuartige Teleskope in der Astronomie, weil sie mühelos Kontinente, Planten und Sterne durchdringen.

Pro Sekunde werden mehrere tausend Neutrinos von unserem Körper emittiert. Denn in unseren Knochen ist der β-Strahler Kalium eingebaut.

Ziele erreicht? – „Das Standardmodell der Elementar..."

2.5.01 + Geben Sie die Protagonisten des **Standardmodells der Elementarteilchen** an.

2.5.02 + Geben Sie die Zusammensetzung eines Protons und eines Neutrons aus drei **Quarks** an.

2.5.03 ++ Recherchieren Sie aktuelle Beiträge vom LHC (large hadron collider) zum **Higgs-Teilchen.**

2.5.04 + Begründen Sie mithilfe einer Formel die **Reichweite** der **elektromagnetischen Wechselwirkung.**

Das Higgs-Teilchen wurde im Vorfeld der Nobelpreisbekanntgabe für Physik 2012 als Gottesteilchen bezeichnet und die Entdecker wurden als Kandidaten für den Nobelpreis gehandelt. Dieser wurde am 9. September den beiden Quantenphysikern **Serge Haroche** (Frankreich) und **David Wineland** (USA) zugesprochen.

2.5.2 Theory of Everything – TOE

Das Standardmodell der Elementarteilchen kann „nur" drei fundamentale Kräfte (starke und schwache Wechselwirkung und Elektromagnetismus) erklären. Die vierte Naturkraft – die Gravitation – widersetzt sich bisher einer Vereinheitlichung. In einer Thoery of Everything – einer Theorie für alles oder kurz Weltformel genannt – möchten die Physikerinnen und Physiker alle vier fundamentalen Kräfte vereinheitlichen.

TOE = Theory of Everything

String: englisch für Faden.

Meine Ziele

Nach Bearbeitung dieses Kapitels kann ich

- die Abkürzungen **SUSY** und **TOE** erklären;
- einen Kandidaten für TOE nennen und den Namen und das zugehörige physikalische Modell (eines Fadens) erklären.

Beim Standardmodell wurde bereits die Modellierung aller „Elementarbausteine" als dimensionslose geometrische Punkte behandelt. In der **Stringtheorie** wird der geometrische Punkt zugunsten eines in die Länge gezogenen eindimensionalen **Strings (Fadens)** aufgegeben. An die Stelle der Elementarbausteine des Standardmodells treten jetzt submikropskopische „schwingende Fäden". Die Stringtheorie versucht, alle vier Grundkräfte zu einer einheitlichen Theorie zusammenzufassen, wobei die Supersymmetrie (kurz SUSY) zwingend vorausgesetzt wird. Manche zweifeln an der Stringtheorie, weil die Ergebnisse der letzten rund 30 Jahre Forschungsarbeit zu dürftig seien. Die Stringtheoretiker blicken auch deshalb gespannt zu den ungeheuer aufwendigen Auswertungen der bisherigen und künftigen Messungen am LHC bezüglich Supersymmetrie.

Wunderbar zu unserem Kompetenzbereich „Physikalische **Phänomene** und Methoden" passt die Aussage von Siegfried Bethke. Er ist Direktor am Max-Planck-Institut für Physik in München, spielt eine führende Rolle am CERN und ist maßgeblich am LHC-Experiment ATLAS beteiligt: „Die Entdeckung fällt allerdings in eine Zeit, in der sich allmählich das Bewusstsein der Stringtheoretiker entwickelt, dass sie ihre Theorie auch **phänomenologisch** verankern sollten. Sie müssen Voraussagen treffen, die in Experimenten überprüft werden können."

SUSY

SUSY = **Su**per**sy**mmetrie

Zwischen **Bosonen** (Teilchen mit ganzzahligem Spin) und **Fermionen** (Teilchen mit halbzahligem Spin) existiert eine **fundamentale Symmetrie.**

Bisher konnte diese Symmetrie nicht nachgewiesen werden und so hoffen die Stringtheoretiker auf ein supersymmetrisches Higgs-Teilchen. Erschwerend kommt hinzu, dass bereits im Standardmodell rund 25 freie Parameter existieren. Die Parameter müssen durch Messungen ermittelt werden. Diese Parameterzahl wird in der Supersymmetrie verfünffacht. Daher kann die Supersymmetrie nur wenig voraussagen, Entdeckungen aber im Nachhinein erklären.

Beachtlich ist auch die unglaubliche technische und organisatorische Leistung der rund 3 000 am ATLAS-Team Beteiligten. Die sich daraus rekrutierende etwa 300-köpfige Higgs-Gruppe wird von der deutschen Physikerin Sandra Kortner geleitet.

Den Bogen zurück zur zuvor behandelten Kosmologie schaffen wir mit der Stringtheorie. Genauer mit dem vermutlich leichtesten supersymmetrischen Teilchen, das keine Ladung besitzt und derzeit der heißeste Kandidat für die dunkle Materie im Universum ist.

Kraft	relative Stärke	Reichweite
Gravitationskraft	10^{-38}	∞
Elektromagnetische Kraft	10^{-2}	∞
Schwache Kraft	10^{-13}	$< 10^{-18}$ m
Starke Kraft	1	$< 10^{-15}$ m

Wann wird es eine einheitliche Theorie – eine TOE – aller vier fundamentalen Kräfte geben? Die relative Stärke der Wechselwirkungen ist relativ zur starken Kraft angegeben.

Ziele erreicht? – „Theory of Everything – TOE"

2.5.05 + Beschreiben Sie, was mit **SUSY** und **TOE** gemeint ist.

2.5.06 ++ Recherchieren Sie aktuelle Beiträge zur **Stringtheorie.**

F Ökologie und Gesellschaft II

In diesem Modul werden Ihnen in der Gesellschaft gerade äußerst aktuelle Themen vorgestellt.

- **Lebensmittel** sind aufgrund der darin enthaltenen Nähr- und Wirkstoffe essenziell. Die globale Brisanz dieser Thematik zeigt sich daran, dass viele Menschen Nahrung im Überfluss zur Verfügung haben, während andere hungern müssen und auf Lebensmittelhilfe angewiesen sind.
- Die Lust am Rausch hat den Menschen schon seit Anbeginn der Zeit begleitet. Damit einhergehend allerdings auch die **Problematik der Sucht,** die entsteht, wenn diese Lust so einen starken Einfluss gewinnt, dass sie zum Zwang wird. Der gesellschaftliche Umgang mit Sucht wird Ihnen anhand einiger Suchtmittel aufgezeigt.
- Im Gegensatz dazu ist der Themenbereich der **radioaktiven Strahlung** und von Techniken wie der **Nanotechnologie** geradezu Neuland in der Gesellschaft. Hier geht es vor allem darum, über Gefahren und Möglichkeiten dieser Technologien aufzuklären, um so eine breite gesellschaftliche Diskussion zu ermöglichen.

F

1 Suchtmittel und Gesellschaft

„Eifersucht ist eine Leidenschaft, die mit Eifer sucht, was Leiden schafft!" Ein netter Spruch, ein banaler Reim? Wie treffend hier der Volksmund das Thema Sucht auf den Punkt bringt, ist erstaunlich: Das eifrige Suchen, etwas immer wieder zu tun, von dem man weiß, dass es einem nicht guttut, dass es einen leiden lässt. Und die Erinnerung daran, dass man selber schon ... aber nur ein „bisserl" und „war dann eh schnell wieder vorbei", lässt manche sogar schmunzeln. Was, wenn es nicht vorbeigeht und krankhaft wird?

Die **Weltgesundheitsorganisation** (World Health Organization, **WHO) definiert Gesundheit** als „einen Zustand vollständigen körperlichen, geistigen und sozialen Wohlbefindens und daher weit mehr als die bloße Abwesenheit von Krankheit oder Gebrechen".

Meine Ziele

Nach Bearbeitung dieses Kapitels kann ich

- den **Begriff Sucht** definieren und zwischen stoffgebundenen und stoffungebundenen Süchten unterscheiden;
- die **Wirkungsweise von Alkohol und Nicotin** nennen;
- das **Gefahrenpotenzial von Alkohol und Nicotin** einschätzen;
- den **Umgang mit Alkohol** in verschiedenen Gesellschaftsformen beschreiben und vergleichen;
- aktuelle Berichte über das **Suchtverhalten Jugendlicher** analysieren und aus fachlicher Sicht bewerten.

Den Begriff „Sucht" auf körperliche, substanzgebundene Abhängigkeit, etwa von Alkohol oder Nicotin, einzuschränken, ist ebenso unzutreffend, wie Suchtverhalten mit schlechten Gewohnheit oder problematischen Verhaltensweisen gleichzusetzen.

Sucht hat Krankheitscharakter. Dabei wird das zugrunde liegende Problemverhalten zu einem eigendynamischen, zwanghaften Verhalten.

Körperliche Abhängigkeit kann durch medizinische Behandlung in relativ kurzer Zeit bewältigt werden. **Psychische Abhängigkeit** entwickelt sich sowohl bei den substanzgebundenen als auch bei den stoffungebundenen Verhaltenssüchten. Sie ist im Gegensatz zur körperlichen Abhängigkeit schwieriger zu überwinden und anhaltender.

Diskutieren Sie auch fächerübergreifend folgende **Suchtmerkmale:**

Einengung des Verhaltensraums: Der größte Teil des Tageszeitbudgets wird für eine bestimmte Tätigkeit genutzt.

Kontrollverlust: Unfähigkeit, Umfang und Dauer des Verhaltens zu bestimmen.

Abstinenzunfähigkeit: Es wird subjektiv als unmöglich erlebt, kürzere oder längere Zeit bestimmte Stoffe nicht zu konsumieren oder eine bestimmte Tätigkeit nicht auszuführen.

Auftreten von Entzugserscheinungen bei gewollter oder erzwungener Abstinenz.

Toleranzentwicklung: Zur Erreichung angestrebter Gefühlslagen oder Bewusstseinszustände muss die Dosis gesteigert werden.

Negative soziale Konsequenzen: Soziale Beziehungen werden vernachlässigt oder gestört, Verringerung der Arbeitsleistung, Verheimlichung oder Bagatellisierung der Abhängigkeit.

Sucht und Suchtverhalten

Mehrfachabhängigkeit ist ein schwieriges medizinisches Problem, da der Entzug wesentlich komplizierter verläuft.

Gefahrenpotenzial psychoaktiver Substanzen:
- Lebensgefahr (z. B. durch Überdosierung)
- Gefahr von Organschäden
- Gefahr der Abhängigkeit
- Gefahr des Eintretens anderer psychischer Wirkungen (z. B. Freisetzung von Aggressivität, Psychosen)
- Gefahr für Dritte (z. B. Rauchen während der Schwangerschaft, Alkohol im Straßenverkehr)

Siehe auch Kap. B, 11 Pharmazeutika – Drogen – Doping.

Alkohol – Wirkung und Folgen

Aufnahme und Abbau

Überwiegend gelangt Alkohol über die Schleimhäute des Dünndarms in den Blutkreislauf, nur ein kleiner Teil über den Magen. Wie viel Alkohol vom Körper aufgenommen wird, hängt von der Alkoholmenge, der Trinkgeschwindigkeit, dem Körpergewicht und dem Geschlecht ab.

Herstellung siehe Kap. B, 1.4 und D, 5.2.

Berechnung der Blutalkoholkonzentration (*BAK*) nach Widmark:

$$BAK \text{ in ‰} = \frac{m \text{ (Ethanol in g)}}{m \text{ (Körpergewicht in kg)} \cdot x}$$

Reduktionsfaktor x: $x_{\text{Männer}} = 0{,}70 \quad x_{\text{Frauen}} = x_{\text{Jugendliche}} = 0{,}60$

Eine 0,5 L-Flasche Bier mit 5 Vol.-% enthält rund 20 g Alkohol:

$$V = 500 \text{ mL} \cdot 0{,}05 = 25 \text{ mL} \quad \rho = 0{,}8 \text{ kg/L} \quad m = \rho \cdot V = \frac{800 \text{ g}}{\text{L}} \cdot 0{,}025 \text{ L} = 20 \text{ g}$$

Ein 80 kg schwerer Mann hat somit eine *BAK* von $\frac{20 \text{ g}}{80 \text{ kg} \cdot 0{,}7} = \frac{20 \text{ g}}{56 \text{ kg}} \approx 0{,}36$ ‰

Frauen haben einen geringeren Körperwasseranteil als Männer, so dass die Blutalkoholkonzentration schneller ansteigt.

Der dreistufige Abbau erfolgt bis zu 95 % in der Leber und dort hauptsächlich durch das Enzym Alkoholdehydrogenase, ADH. Ethanol wird mit ADH in Ethanal umgewandelt, das für den Körper wenig verträglich ist und die sogenannten Katersymptome (Kopfschmerzen, Unwohlsein) hervorruft. Im zweiten Schritt wird Ethanal enzymatisch mit Aldehyddehydrogenase (ALDH) in Essigsäure umgewandelt, die der Körper im dritten Schritt mit einer Reihe von Enzymen zu Kohlenstoffdioxid und Wasser aufspaltet. Die **Abbaugeschwindigkeit** beträgt konstant zwischen 0,1 und 0,2 Promille pro Stunde und ist nicht durch Nahrungsmittel, Kaffee oder Medikamente beeinflussbar. Etwa 5 % des aufgenommenen Alkohols werden nicht verstoffwechselt, sondern über Urin, Atem und Schweiß direkt ausgeschieden.

Enzyme siehe Kap. D, 3.1.

Wirkung

Alkohol verteilt sich über die Blutbahn im ganzen Körper und erreicht schon nach wenigen Minuten das Gehirn. Dort wird eine Reihe von Transmittersystemen beeinflusst, unter anderem wird Dopamin freigesetzt. Dieser **Neurotransmitter** spielt für das Belohnungssystem im Gehirn eine wichtige Rolle. Gleichzeitig wird die hemmende Wirkung des Neurotransmitters GABA verstärkt. Dadurch wird Angst gelindert und der Körper wird beruhigt. Die Gefäße werden erweitert, dadurch wird die periphere Durchblutung verbessert. Man hat das Gefühl, dass Alkohol wärmt, tatsächlich strahlt der Körper mehr Wärme ab – was in Einzelfällen zum Erfrieren führen kann.

Neurotransmitter sind körpereigene biochemische Botenstoffe, die Informationen von einer Nervenzelle zur anderen über die Kontaktstelle der Nervenzellen, die Synapse, weitergeben.

⚠ Die extreme Form des Rauschtrinkens wird umgangssprachlich auch als **Komasaufen** bezeichnet. Damit wird aber auch eine drohende Gefahr des exzessiven Alkoholmissbrauchs bereits genannt: Ab einer Blutalkoholkonzentration von etwa 3 Promille droht Bewusstlosigkeit! Der Körper unterkühlt sehr schnell und Schutzreflexe werden ausgeschaltet. Schließlich kann sich ein lebensgefährlicher Atemstillstand einstellen, wenn nicht umgehend Notfallmaßnahmen eingeleitet werden.

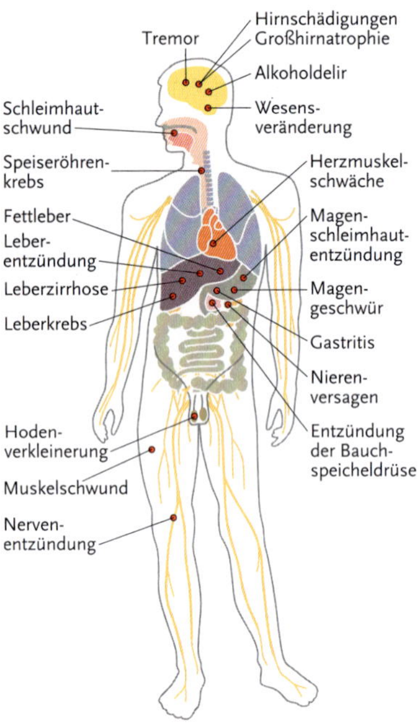

Gesundheitliche Folgen von regelmäßigem Alkoholmissbrauch

Die individuell gespürte Wirkung von Alkohol hängt in erster Linie von der Menge ab, aber auch von der körperlichen und seelischen Verfassung sowie der Gewöhnung. Bei identischer Blutalkoholkonzentration kann der Rauschzustand daher variieren. In geringen Mengen hat Alkohol typischerweise eine enthemmende Wirkung. Die Stimmung verbessert sich und die Kontaktfreudigkeit nimmt meist zu. Größere Mengen Alkohol führen jedoch zu massiven Wahrnehmungs- und Aufmerksamkeitsstörungen. Die Koordinationsfähigkeit und Sprache werden zunehmend beeinträchtigt. Schließlich stellen sich Müdigkeit und Benommenheit ein, die bei großen Mengen Alkohol in Bewusstlosigkeit mündet.

Akute Risiken bei übermäßigem Alkoholkonsum

Risikobereitschaft	Sexualverhalten	Aggression
Das räumliche Sehen und die Orientierung verschlechtern sich, die Reaktionsfähigkeit wird erheblich gestört. Die Leichtsinnigkeit steigt, während das Urteilsvermögen herabgesetzt wird. Neben Stürzen kommt es besonders im Straßenverkehr zu meist schwerwiegenden, häufig auch zu tödlichen Unfällen.	Die Neigung zu leichtsinnigen Verhaltensweisen erleichtert sexuelle Kontakte, die hinterher bereut werden. Häufig wird beim Sex unter Alkoholeinfluss auf die Verhütung vergessen. Ungewollte Schwangerschaften und die Ansteckung mit sexuell übertragbaren Krankheiten können die Folge sein.	Aufgrund der enthemmenden Wirkung neigen manche Menschen unter dem Einfluss von Alkohol zu aggressivem Verhalten und Gewalt. Alkoholisierte Personen sind jedoch nicht nur Täter, sondern werden auch leicht Opfer von Gewalt, da sie sich unter Alkoholeinfluss nur schlecht wehren können.

Langzeitfolgen

Bei regelmäßigem Alkoholkonsum sind körperliche Schäden die Regel. Da Alkohol den Körperzellen Wasser entzieht, können alle Organe irreversibel geschädigt werden.

Durch Störungen im Nervensystem kann der Tastsinn an den Händen beeinträchtigt werden. Meist durch das Absterben von Zellen des Kleinhirns bedingt, können Lähmungen der Beine und Gangunsicherheit auftreten. Gedächtnisleistungen und die Fähigkeit zur Konzentration lassen nach. Es kann zu wahnhaften und psychoseähnlichen Zuständen kommen, beispielsweise zu Eifersuchtswahn oder Verfolgungswahn.

Bei Ausbildung einer Fettleber und anschließender nicht rückbildbarer Zirrhose wird die Leber hart und kann den Körper nicht mehr entgiften. Als Folge zunehmender Vergiftung sterben weitere Hirnzellen ab und das Blut, das schwerer durch die Leber kommt, wird z. B. über die Speiseröhre umgeleitet. Diese Gefäße sind empfindlich und können platzen – durch plötzlich auftretende Blutungen in der Speiseröhre kann der Tod eintreten. Das Krebsrisiko ist drastisch erhöht.

? Recherchieren Sie die Quelle [1], die ethischen Prinzipien zum Umgang mit Alkohol aus der **Europäischen Charta Alkohol,** der beide gekennzeichneten Zitate entnommen wurden.

Als Krankheit bedarf Alkoholismus stets einer ärztlichen Behandlung!
Alle alkoholgefährdeten oder alkoholgeschädigten Menschen und ihre Familienangehörigen haben ein Recht auf Zugang zu Therapie und Betreuung [1].
Alle Menschen, die keinen Alkohol trinken möchten oder die aus gesundheitlichen oder anderen Gründen keinen Alkohol trinken dürfen, haben ein Recht darauf, keinem Druck zum Alkoholkonsum ausgesetzt und in ihrem abstinenten Verhalten bestärkt zu werden [1].

Alkohol in verschiedenen Gesellschaftsformen

Alkohol dient in verschiedenen Kulturräumen seit Jahrtausenden als Nahrungs-, Genuss-, Sucht-, Rausch- und Arzneimittel und erlangte auch als sakrales Mittel Bedeutung. Seine Funktionen und seine Bedeutung variierten in verschiedenen Zeiten und unterschiedlichen Bevölkerungsschichten.

Man kann vier Umgangsformen finden

Abstinenzkulturen	Ambivalenzkulturen	Permissivkulturen	Permissiv-funktionsgestörte Kulturen
Alkoholkonsum ist untersagt. Dies trifft gegenwärtig auf einige streng islamische Länder zu.	Zeitlich und regional beschränkt wird Alkoholkonsum toleriert. Starke gesellschaftliche Gruppen versuchen, den Zugang zum Alkohol möglichst einzuschränken.	Der Alkoholgenuss ist erlaubt, Trunkenheit und exzessive Formen des Alkoholkonsums werden aber abgelehnt.	Nicht nur das Alkoholtrinken, sondern auch der Exzess wird gebilligt.

Skandinavische Länder zeigen infolge der europäischen Einigung einen Übergang von einer Ambivalenzkultur zu einer Permissivkultur.

Österreich liegt wie andere mitteleuropäische Länder zwischen den permissiven und den permissiv-funktionsgestörten Kulturen: Als ein nicht wegzudenkender Bestandteil vieler gesellschaftlicher Anlässe und Gebräuche wird Alkoholgenuss kaum beschränkt. Bei bestimmten Gelegenheiten wird auch Trunkenheit von großen Bevölkerungsteilen akzeptiert. Erstaunlich ist, dass, wer sich nach geringem Alkoholkonsum auffällig verhält, eher geächtet wird als jemand, der sich nach exzessivem Alkoholgenuss noch kontrolliert zeigt und zu benehmen weiß. So wird in vielen Fällen Alkoholmissbrauch an den Verhaltensweisen und nicht am tatsächlichen Konsum oder an seinen gesundheitlichen Auswirkungen gemessen!

§ Die **Prohibition** in den USA verbot die Herstellung, den Verkauf und den Konsum von Alkohol in den Jahren 1919 bis 1933.

§ Der Umgang mit Alkohol wird in Österreich im **Jugendschutzgesetz** und in der **Straßenverkehrsordnung** geregelt. Während die StVO bundesweit einheitlich gilt, gibt es für Jugendliche in den einzelnen Bundesländern unterschiedliche Regelungen.

? Informieren Sie sich über die Gesetze, die für Ihre Altersgruppe in den unterschiedlichen Bundesländern gelten.

Nicotin – Wirkung und Folgen

Die ursprünglich aus Amerika stammende Tabakpflanze wurde im 16. Jahrhundert vom Franzosen **Jean Nicot** als angebliche Heilpflanze nach Europa gebracht. Nach ihm wurde der Hauptwirkstoff Nicotin benannt, ein starkes Nervengift, das die Pflanze zur Abwehr von Schädlingen produziert.

Die einjährigen Pflanzen werden hauptsächlich in China (allerdings nicht für den Export), in Indien, Brasilien und den USA in Monokulturen mit hohem Einsatz von Fungiziden und Pestiziden angebaut. In Europa ist der Tabakanbau rückläufig, in Österreich wurde der kommerzielle Anbau 2006 eingestellt.

In Form von Zigaretten konsumiert wird Tabak ab der Mitte des 19. Jahrhunderts. Zuvor waren die Zigarre und die Pfeife, Schnupftabak und Kautabak üblich.

Aus getrocknetem Rohtabak wird durch Fermentieren gebrauchsfertiger Tabak hergestellt. Bei diesem natürlichen Gärungsprozess wird einige Monate lang bei etwa 50 °C der Nicotingehalt vermindert und blatteigene Eiweißverbindungen werden abgebaut.

F

Nicotin ist als Alkaloid basisch wirkend, bei Raumtemperatur flüssig und sehr giftig. Die LD_{50} (oral, Ratte) beträgt 50 mg/kg. Der Nicotingehalt, der pro Zigarette inhaliert wird, liegt bei einer „starken“ Zigarette im Bereich von etwa 0,9 mg.

Über den alkalischen Rauch löst sich Nicotin bereits im Mund im Speichel auf und gelangt von dort und über die Lungenbläschen ins Blut. In weniger als zehn Sekunden erreicht es das Gehirn. Dort setzt es zahlreiche Neurotransmitter wie Dopamin, Serotonin und Noradrenalin mit unterschiedlichen Wirkungen auf das psychische und körperliche Befinden frei. Zu den **Nicotineffekten** gehören Beruhigung, aber auch Stimulierung sowie eine Steigerung der Wahrnehmungs- und Gedächtnisleistung, Stimmungsaufhellung, Angst-, Stress-, Schmerz- und Appetithemmung. Zusätzlich wird der Herzrhythmus beschleunigt, der Blutdruck erhöht und die Gefäße werden verengt. Die Wirkung von Nicotin hält nur wenige Minuten an. Der **Abbau** erfolgt in der **Leber,** die **Ausscheidung** über den **Urin.**

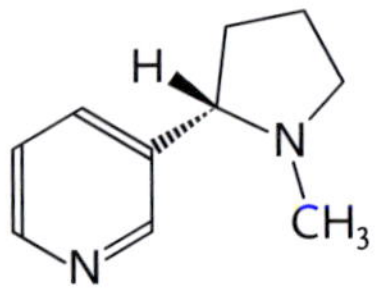

Nicotinformel

Auf der Zigarettenverpackung müssen ein gesundheitsbezogener Warnhinweis, ein Bild („Schockbild“) sowie die Hinweise auf das „Rauchfrei Telefon“ (0800 810 013) und www.rauchfrei.at aufgedruckt sein.

Diskutieren Sie, wo und wie in Österreich Nichtraucher verstärkt geschützt werden.

Gebildete Schichten wenden sich vom Rauchen ab. Mittlerweile rauchen statistisch gesehen eher Personen mit niedrigerem Intelligenzquotienten.

Zigaretten zu essen kann wegen des Nicotingehalts tödlich sein! Achten Sie daher besonders auf den Schutz von Kleinkinder!

Nicotin zählt zu den stärksten Sucht erzeugenden und erhaltenden Substanzen. Nicotinabhängigkeit erfüllt die Kriterien der Substanzabhängigkeit wie zwanghaften Konsum, wiederkehrendes zwanghaftes Verlangen, Toleranzentwicklung, Entzugserscheinungen und Gebrauch trotz erkannter Gesundheitsschädlichkeit.

Sie war lange Zeit gesellschaftlich akzeptiert, weil Abhängige keinen konsumbedingten Persönlichkeitszerfall oder negative soziale Auffälligkeiten zeigen. Schwindel, Übelkeit, Harndrang, Magenbeschwerden sind die akuten Risiken, als Langzeitfolgen gelten erhöhtes Krebsrisiko, Herz-Kreislauf-Erkrankungen und Komplikationen in der Schwangerschaft. Die Fruchtbarkeit von rauchenden Frauen und vermutlich auch die Qualität der Spermien von rauchenden Männern sind herabgesetzt.

Da Nicotin nicht isoliert konsumiert wird, muss in weiterer Folge das **Tabakrauchen als Suchtverhalten** und schwerwiegendes Gesundheitsrisiko betrachtet werden.

Nicotin erzeugt eine körperliche Abhängigkeit, das **Tabakrauchen macht** jedoch in hohem Maße auch **psychisch abhängig!**

1964 erschien in den USA der „Terry Report“, der die Schädlichkeit des Tabakrauchens, besonders das erhöhte Lungenkrebsrisiko, dokumentierte. Zigarettenhersteller versuchten durch eine Reduktion des Teergehaltes in Zigaretten und die verstärkte Vermarktung der Filterzigaretten die Kritik am Rauchen zu entschärfen. Den kausalen Zusammenhang zwischen Rauchen und der Entstehung von Krebs sowie die Sucht erzeugende Wirkung von Nicotin bestritten sie weiterhin. 1996 veröffentlichte die Weltgesundheitsorganisation (WHO) einen ersten Weltbericht über die Epidemie des Rauchens, der wiederum eindringlich auf die Gefahren aufmerksam machte.

Ausgehend von Amerika, entwickelte sich ein verstärktes Problembewusstsein, der Nicotinkonsum in bestimmten Bevölkerungsgruppen und besonders in den letzten Jahren im öffentlichen Bereich ging zurück. Die **Europäische Union** beschloss **2003** eine **Richtlinie,** die ein **weitgehendes Werbeverbot für Tabak** sowohl in allen Printmedien als auch im Internet vorsieht.

Neben Tabak enthält eine Zigarette auch Rückstände aus der Produktion (Herbizide, Pestizide), Verarbeitungshilfsmittel (Feuchtigkeitshalter), Zusatzstoffe, die das Einatmen erleichtern, den Geschmack verändern (Zucker, Honig, Kakao u. a. m.) oder die Reizwirkung mildern sollen. Die Ungiftigkeit jedes Zusatzstoffes als Nahrungsmittel muss geprüft werden, nicht jedoch seine Wirkung, wenn er bei etwa 900 Grad verbrennt oder sich zersetzt!

Der Rauch, der durch das Ziehen an der Zigarette entsteht, ist ein Gemisch aus Tausenden unterschiedlichen Stoffen, die beim Verbrennen, Verglimmen und Verglühen entstehen.

Die Gesamtmenge der darin enthaltenen mikroskopisch kleinen Partikel (ohne deren Wasseranteil und ohne Nicotin) wird als Kondensat oder **Teer** bezeichnet.

Der klebrige Teer enthält u. a. Schwermetalle, Methanol und verschiedene Aromaten. Er setzt sich beim Rauchen in den Atemwegen und der Lunge fest, geht in den Blutkreislauf über und lagert sich in zahlreichen Organen ab.

Außer dem Kondensat enthält der Rauch auch gasförmige Schadstoffe wie beispielsweise Kohlenstoffmonooxid, Formaldehyd, Blausäure, Aceton und Ammoniak. CO ist ein Atemgift und führt zu Sauerstoffmangel im Blut, da es in den roten Blutkörperchen jene Stellen besetzt, die für den Sauerstoff vorgesehen sind. Das hat zur Folge, dass sämtliche Gewebe und Organe ungenügend mit dem lebenswichtigen Sauerstoff versorgt werden.

Die **im Tabakrauch enthaltenen Reizgase** lähmen die Flimmerhärchen, mit denen die Atemwege zur Selbstreinigung ausgestattet sind. Um sich dennoch gegen die Schmutzpartikel zur Wehr zu setzen, bildet der Körper Schleim. Beim gewohnheitsmäßigen Rauchen kann der zähe Schleim im späteren Stadium oftmals nur mühsam abgehustet werden und ist ein Nährboden für Bakterien und Viren.

Im Zigarettenrauch ist auch der **α-Strahler ^{210}Po** enthalten. Diese **radioaktive Belastung** erhöht sowohl bei Rauchern als auch bei Passivrauchern die **Krebsgefahr!**

Der lange Zeit als Genussmittel angesehene Tabak wird heute in der Gesellschaft vorwiegend als Suchtmittel betrachtet. Auch die **Gefahren des Passivrauchens** wurden erkannt.

Präventionsmaßnahmen sollen den Tabakkonsum verhindern, Rauchende zum Ausstieg motivieren, Kindern und Jugendlichen das Aufwachsen in einer rauchfreien Umgebung ermöglichen und Nichtrauchende vor dem Passivrauchen schützen.

Ziele erreicht? – „Suchtmittel und Gesellschaft“

1.01 + Ordnen Sie folgende Begriffe unter „stoffgebundene“ und „stoffungebundene“ Süchte ein: Arbeitssucht, Alkoholabhängigkeit, Internetsucht, Sexsucht, Drogenabhängigkeit, Essstörungen, Medikamentenabhängigkeit, Spielsucht.

1.02 ++ Begründen Sie, warum es sich bei der Kaufsucht um eine stoffungebundene Abhängigkeit handelt, obwohl dabei „Stoff“ (Waren aller Art) und „Konsum“ kennzeichnend sind.

1.03 ++ Beschreiben Sie mithilfe der Suchtmerkmale den Tagesablauf eines Schülers/einer Schülerin, der/die seine/ihre Spielsucht im Internet auslebt.

1.04 + Stellen Sie die Stoffe, in die Alkohol im menschlichen Körper umgewandelt wird, in der chemischen Formelsprache dar.

1.05 ++ Berechnen Sie die Blutalkoholkonzentration einer Frau mit einem Körpergewicht von 60 kg auf, wenn sie rasch hintereinander drei Schnäpse (je 0,02 L) mit 40 Vol.-% getrunken hat.

Es gilt als erwiesen, dass die krebsauslösende und -fördernde Wirkung des Rauchens vor allem von den Inhaltsstoffen des Teers ausgeht.

Ein geringer Nicotingehalt einer Zigarette wird vom Raucher durch verstärktes Inhalieren kompensiert.

Als **COPD** bezeichnet man eine umgangssprachlich „Raucherhusten“ genannte Lungenerkrankung (englisch: chronic obstructive pulmonary disease).

§ 2018 trat in Österreich das Rauchverbot für unter 18-Jährige in Kraft, gefolgt am 1. 11. 2019 vom generellen Rauchverbot in der Gastronomie.

Diskutieren Sie, ob das Anheben des Alterslimits eine wirksame Maßnahme ist, den Raucheranteil in der betroffenen Altersgruppe zu senken. Welche weiteren Maßnahmen schlagen Sie vor, um das Nichtrauchen attraktiv zu machen? Informieren Sie sich auch über Gesetze und Altersbeschränkungen in anderen Ländern.

F

Alkohol und Nicotin sind in Österreich **legale Drogen.** Die Herstellung, der Vertrieb und der Verkauf von alkoholischen Getränken und Tabakwaren ist ein bedeutender österreichischer Wirtschaftszeig. Beide Produkte sind öffentlich käuflich erhältlich und werden somit besteuert. Ab welchem Alter ihr Erwerb und Konsum erlaubt sind, ist gesetzlich geregelt.

Illegale Drogen, psychotrope Substanzen und deren Vorläuferstoffe fallen unter das Bundesgesetz über Suchtgifte. Es regelt den Verkehr und den Umgang mit Suchtmitteln und enthält die entsprechenden Strafbestimmungen.

Informieren Sie sich über Angebote der Suchtprävention und Ansprechpartner sowohl im schulischen als auch im außerschulischen Bereich.

Diskutieren Sie auch fächerübergreifend Maßnahmen, Ideen und Fragen zur Suchtprävention.

1.06 ++ Ethanol ist das Antidot (Gegengift) zu Methanol. Recherchieren Sie über die Wirkungsweise dieser Behandlung und stellen Sie fest, wie es zu Methanolvergiftungen im Alltag kommt.

1.07 ++ „Antabuse“ war das erste Medikament, das bei der Alkoholentwöhnung eingesetzt wurde. Sein Wirkstoff verhindert, dass das Enzym ALHD wirksam wird. Recherchieren Sie, um welchen Wirkstoff es sich dabei handelt. Was geschieht, wenn trotzdem Alkohol getrunken wird?

1.08 ++ Analysieren und bewerten Sie aus fachlicher Sicht Medienberichte, die mit den Schlagworten „Komasaufen“ oder „Internetjunkies“ Aufmerksamkeit erregen.

1.09 ++ Analysieren Sie Berichte über Verkehrsunfälle und erheben Sie die Häufigkeit von Alkohol am Steuer als Unfallursache.

1.10 ++ Recherchieren Sie auch fächerübergreifend die Bedeutung der österreichischen Wein- und Bierproduktion. Gehen Sie dabei auf regionale Unterschiede und nachgeschaltete Wirtschaftszweige (z. B. Einzelhandel, Gastronomie) ein.

1.11 + Beschreiben Sie die Wirkungsweise von Nicotin.

1.12 ++ Nennen Sie den wesentlichen kanzerogenen Inhaltsstoff im Zigarettenrauch. Beschreiben Sie die Entstehung des sogenannten Raucherhustens.

1.13 ++ Analysieren Sie, ob das Werbeverbot für Tabakwaren in Zeitschriften und Zeitungen durch Abbildungen rauchender Werbeträger und Idole in Berichtsform umgangen wird.

1.14 ++ Überlegen Sie, ob das Rauchen mit einer Wasserpfeife (Shisharauchen) weniger gefährlich ist.

1.15 ++ Entwickeln Sie eine Formel, in der die Blutalkoholkonzentration *BAK* in Abhängigkeit von der konsumierten Alkoholmenge beschrieben wird und die auch die Zeit t berücksichtigt, die seit der Konsumation vergangen ist. Gehen Sie dabei von einem näherungsweise linearen Verlauf des Abbaus von Alkohol in der Leber aus. Die konstante Abbaugeschwindigkeit v_{Abbau} beträgt zwischen 0,1 und 0,2 Promille pro Stunde. Wie lange dauert es, bis die gesamte Alkoholmenge abgebaut wurde?

2 Lebensmittel

Lebensmittel sind die Mittel zum Leben! Während sie in den industrialisierten Staaten der nördlichen Hemisphäre im Überschuss vorhanden sind, herrschen in vielen Ländern der südlichen Hemisphäre Nahrungsmangel und Hungersnot. Um Ackerland für die Produktion von Lebensmitteln zu sichern, wurden und werden Kriege geführt. Der Einsatz von Weizen, Mais und Zuckerrohr zur Produktion von Treibstoffen – Vom Acker in den Tank – führt zu einem zusätzlichen Konfliktpotenzial. Ein vielfältiges und weit über die Grundversorgung der Bevölkerung hinausgehendes Lebensmittelangebot verleitet zu falscher und einseitiger Ernährung. Die Folgen sind Übergewicht und davon verursachte Zivilisationskrankheiten. In den wohlhabenden Ländern genießen die Menschen außerdem das Privileg, Lebensmittel nach der Erzeugungsart (z. B. Bio-Lebensmittel), nach bestimmten Diätformen (fettreduziert) oder auch gezielt nach der Herkunft auswählen zu können.

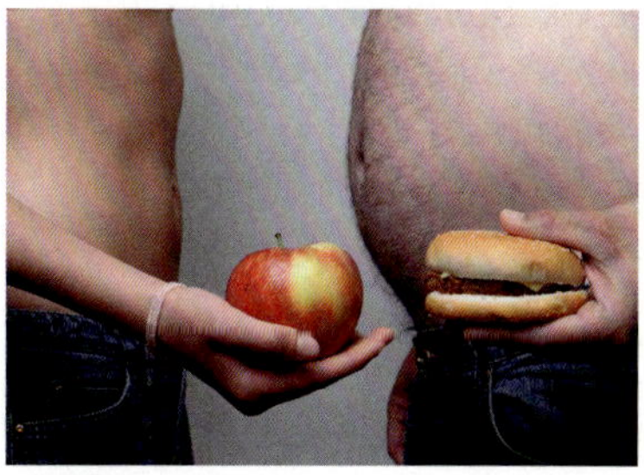

Wohlstandsbauch?

Diskutierten Sie, ob ausschließlich Überernährung im Sinne von „zu große Portionen essen" zu Übergewicht führt.

Meine Ziele

Nach Bearbeitung dieses Kapitels kann ich

- den Begriff **Lebensmittel** von verwandten Begriffen und Stoffklassen abgrenzen und zwischen **Makronährstoffen** und **essenziellen Nährstoffen** unterscheiden;
- bestimmte **Ernährungsformen** bewerten und die in einem bestimmten Lebensmittel enthaltenen **Nährstoffe und Zusatzstoffe** anhand der **Lebensmittelkennzeichnung** identifizieren und den **Nährwert** und die Auswirkung auf die Gesundheit beurteilen;
- beispielhaft einen **Speiseplan** in ernährungsphysiologischer Hinsicht analysieren und ein **Konzept zur ausgewogenen Ernährung** erstellen;
- den Begriff **Lebensmittelkontamination** erklären und Kontaminanten nach ihrer Herkunft gliedern;
- das **Gefährdungspotenzial von Kontaminanten** analysieren und Maßnahmen zur **Vermeidung von Kontaminationen** vorschlagen.

Unter **Lebensmitteln** versteht man Stoffe, die vom Menschen durch Essen oder Trinken zu Ernährungs- oder Genusszwecken aufgenommen werden.

§ Eine umfassende Definition der Lebensmittel ist in der EU-Verordnung Nr. 178/2002 „Festlegung der allgemeinen Grundsätze und Anforderungen des Lebensmittelrechts (General Food Law)" festgelegt.

Lebensmittel dienen somit primär der **Versorgung mit Makronährstoffen und essenziellen Nährstoffen.** Nicht dazugezählt werden: Pflanzen und Tiere vor dem Ernten oder Schlachten, Futtermittel, Arzneimittel, Tabakwaren, Betäubungsmittel, psychotrope Substanzen, kosmetische Mittel sowie Rückstände und Kontaminanten.

Die Energieversorgung wird über die **Makronährstoffe** Fett, Kohlenhydrate und Proteine gedeckt.

Proteine siehe Kap. D, 1.1, Kohlenhydrate siehe Kap. D, 1.2, und Fette siehe Kap. D, 1.3.

Energieinhalt	kJ/g	kcal/g
Proteine	17	4
Kohlenhydrate	17	4
Fett	37	9

Im Gegensatz zu den Makronährstoffen werden **essenzielle Nährstoffe** nur in geringen Mengen benötigt (Mikronährstoffe). Sie sind am Aufbau von Zell- und Gewebestrukturen beteiligt. Da sie im Körper selbst nicht synthetisiert werden können, müssen sie mit der Nahrung zugeführt werden.

Essenzielle Nährstoffe sind für die Funktion des Stoffwechsels und damit für die Gesunderhaltung unseres Körpers unbedingt erforderlich. Zu den Mikronährstoffen zählen essenzielle Aminosäuren, essenzielle mehrfach ungesättigte Fettsäuren, Vitamine, Mineralstoffe und Spurenelemente.

F

Ballaststoffe sind weitgehend unverdauliche Nahrungsbestandteile, die vorwiegend in pflanzlichen Lebensmitteln vorkommen (siehe Kap. B, 2.3).

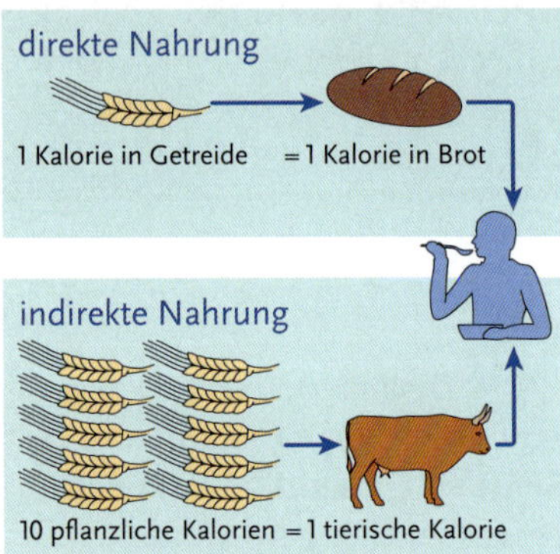

Vergleich pflanzlicher und tierischer Nahrungsmittel (1 kcal entspricht rund 4,2 kJ)

Besonders gesundheitsbewusste Menschen werden auch als LOHAS bezeichnet. LOHAS steht für „lifestyle of health and sustainability", also für einen Lebensstil, der besonderen Wert auf Gesundheit und Nachhaltigkeit legt.

EU-Biologo und AMA-Biozeichen

Bezeichnungen wie „naturnah", „umweltschonend" oder „alternativ" weisen nicht auf eine biologische Produktion hin.

Recherchieren Sie, ob das Überschreiten des Mindesthaltbarkeitsdatums unbedingt den Verderb eines Lebensmittels bedeutet.

Bei gesunder Ernährung wird dem Körper täglich durchschnittlich nur so viel Energie zugeführt, wie er wirklich benötigt. Eiweiß, Kohlenhydrate, Fett, essenzielle Nährstoffe und **Ballaststoffe** müssen in einem **ausgewogenen Verhältnis** zueinander stehen. Außerdem muss auf eine ausreichende Flüssigkeitszufuhr geachtet werden.

Vollwertkost ist aus medizinischer Sicht eine besonders ausgewogene Ernährungsweise. Sie nutzt vor allem Obst, Gemüse, Hülsenfrüchte, Vollkornprodukte und Milch. Auf tierische Produkte wird weitgehend verzichtet, ebenso auf raffinierten Zucker, künstliche Zusatzstoffe und industriell behandelte Erzeugnisse.
Rohkost ist Nahrung, die vor dem Verzehr nicht erhitzt, also weder gebacken, gebraten, gekocht noch pasteurisiert wird. Vitamine, Enzyme und Mineralstoffe bleiben in der Nahrung vollständig erhalten, sind aber mitunter nur schwer resorbierbar (z. B. wird Betakarotin – Provitamin A – aus gekochtem Gemüse wesentlich besser resorbiert).

Die in Österreich überwiegend übliche **Mischkost** greift sowohl auf tierische als auch auf pflanzliche Produkte zurück.
In den westlichen Industrieländern werden **vegetarische Ernährungsformen** immer beliebter. **Veganer** essen ausschließlich pflanzliche Kost. Sie lehnen jegliche vom Tier stammenden Stoffe oder Produkte, auch Honig, als Nahrung ab. Bei der **ovolaktovegetabilen Ernährungsform** werden Pflanzenkost, Milchprodukte und Eier gegessen, während bei der **laktovegetabilen Ernährung** Pflanzenkost nur durch Milch und Milchprodukte ergänzt wird.

Fast Food ist ein fester Bestandteil unserer Esskultur geworden. Nicht nur Burger oder Pommes frites gelten als Fast Food, auch Wurstsemmeln und Pizzen gehören dazu. Neben der raschen Zubereitung ist die Art, wie gegessen wird, typisch: schnell, oft im Stehen oder Gehen – oder vor dem Computer. Berufstätige während der kurzen Mittagspause, aber auch Kinder und Jugendliche schätzen neben dem Geschmack und der raschen Sättigung vor allem die unkomplizierte Form der Nahrungsaufnahme. Fast Food wird wegen seiner Inhaltsstoffe – es enthält meist viel Fett und Salz, wenige Ballaststoffe – unter anderem für Übergewicht und gleichzeitig für ernährungsbedingte Mangelerscheinungen verantwortlich gemacht.
Als Gegenbewegung wurde 1989 eine weltweit aktive Non-Profit-Organisation gegründet. Die Anhänger von **Slow Food** sehen ihre Aufgabe darin, einerseits die Esskultur zu pflegen und andererseits als mündige Konsumenten verantwortungsvolle Landwirtschaft und Fischerei, artgerechte Viehzucht, die Aufrechterhaltung des traditionellen Lebensmittelhandwerks und die Bewahrung der regionalen Geschmacksvielfalt zu fördern.

Durch Importe, besondere Anbautechniken, Lagerung und künstliches Nachreifen sind viele Obst- und Gemüsesorten das ganze Jahr über verfügbar.
Saisonprodukte werden zum natürlichen Reifezeitpunkt geerntet und weisen daher nicht nur ein optimales Aroma, sondern auch einen Höchstgehalt an Vitaminen auf.

„Aus biologischer (organisch-biologischer, biologisch-dynamischer oder ökologischer) Landwirtschaft" ist die Bezeichnung für österreichische **Bioprodukte.** Biologischer Landbau verzichtet auf den Einsatz von Kunstdünger, dessen Erzeugung sehr energieintensiv ist. Durch das Nützen von natürlichen Selbstregulierungsmechanismen (z. B. Fruchtfolge) wird für ein ökologisches Gleichgewicht auf den Feldern und für die Tiergesundheit gesorgt. Besonderer Wert wird auf die Ernährung des Bodens und möglichst geschlossene Kreisläufe gelegt. Bei der artgerechten Haltung der Tiere werden tierfreundliche Haltungssysteme verwendet (z. B. muss Auslauf möglich sein). Das Futter muss aus biologischer Landwirtschaft stammen.

Lebensmittel sind kostbar. Lebensmittel im Abfall verursachen nicht nur hohe Kosten, sie sind auch ein **ökologisches und ethisches Problem.**

Als **Grundnahrungsmittel** werden die Nahrungsmittel bezeichnet, die in einer bestimmten Kultur mengenmäßig den Hauptbestandteil der Ernährung der Bevölkerung ausmachen. Welche Nahrungsmittel regional konsumiert werden, hängt stark von den klimatischen und wirtschaftlichen Faktoren sowie von kulturellen Einflüssen ab. Als echte Grundnahrungsmittel für den überwiegenden Teil der Weltbevölkerung dienen Weizen, Reis, Kartoffeln, Yams, Hülsenfrüchte wie Linsen und Bohnen, Früchte wie Datteln und Feigen bzw. daraus hergestellte Produkte wie Brei und Brot. Ebenfalls dazugezählt werden Fisch, Fleisch, Milch und Eier, die neben Hülsenfrüchten zu den wichtigsten Eiweißquellen zählen.

Grundnahrungsmittel stellen die Grundversorgung mit Kohlenhydraten, Eiweiß und Fett sicher, nicht jedoch zwangsläufig eine ausreichende Versorgung mit essenziellen Nährstoffen.

Um sowohl mit Makro- als auch mit Mikronährstoffen umfassend und ausreichend versorgt zu werden, empfiehlt das österreichische Gesundheitsministerium, den täglichen Speiseplan in Anlehnung an die Ernährungspyramide zu gestalten.

Ernährungspyramide des Bundesministeriums für Gesundheit:
Sie bietet einen Überblick über optimale Mengenverhältnisse, lässt aber genügend Freiraum zur individuellen Gestaltung des Speiseplans. Sie verdeutlicht auch, dass – abhängig von der Menge – grundsätzlich jedes Lebensmittel ein Bestandteil einer gesunden Ernährung sein kann.

Recherchieren Sie unter www.BMG.gv.at, welche auf der Ernährungspyramide aufbauenden Leitlinien für Schulbuffets entwickelt wurden.

Um dem Konsumenten bereits beim Einkauf umfassende Informationen über Nährwert und Nährstoffgehalt geben zu können, müssen einheitliche und verbraucherfreundliche Informationen auf allen Lebensmittelverpackungen zu finden sein. Die **EU-Verbraucherinformationsverordnung** legt seit **2011** die Mindestschriftgröße, die Herkunftsbezeichnung, Energie- und Nährwertangaben sowie die Deklaration von Imitaten und Allergenen fest.
Die **Nährwertkennzeichnung** muss (verpflichtend ab Ende 2016) umfassen: Brennwert, Fett, gesättigte Fettsäuren, Kohlenhydrate, Zucker, Eiweiß und Salz. Der Begriff Salz beschränkt sich dabei nicht auf Natriumchlorid, sondern umfasst neben dem Speisesalz auch alle weiteren Verbindungen des Natriums, wie Nitrate, Phosphate oder Glutamate. Natrium wird demnach in „Salzäquivalenten" angegeben (Natrium mal 2,5).
Als **Allergen** muss glutenhaltiges Getreide ebenso wie, Krebstiere, Weichtiere, Eier, Milch, Fische und daraus gewonnene Erzeugnisse, Erdnüsse, Sojabohnen und eine Vielzahl von Schalenfrüchten (Nüsse), Sellerie, Senf, Sesam, Lupinen, Schwefeldioxid und Sulfite (>10 mg/kg oder >10 mg/L) angeführt sein.

Zöliakie ist eine Erkrankung des Dünndarms als Folge einer Unverträglichkeit gegenüber Gluten, einem Protein in den Getreidearten Weizen, Roggen, Gerste und Hafer.

Bei einer ausgewogenen Ernährung wird der Tagesbedarf an den acht **essenziellen Aminosäuren** gedeckt. Je nach Aminosäure werden von Valin, Leucin, Isoleucin, Methionin, Threonin, Phenylalanin, Tryptophan und Lysin zwischen 0,7 und 1,1 g benötigt. Sie sind zusammen mit zwölf weiteren **proteinogenen Aminosäuren,** die der Körper im Stoffwechsel bilden kann, für den Aufbau des Körpereiweißes unbedingt erforderlich. In Lebensabschnitten mit starkem Körperwachstum, in der Kindheit und in der Jugend, besteht erhöhter Bedarf an der Aufnahme einer weiteren Aminosäure, nämlich von **Histidin.** Diese wird auch als **semiessenzielle Aminosäure** bezeichnet. Bei gewissen vegetarischen Ernährungsformen muss auf die Kombination von Lebensmitteln geachtet werden, damit Nahrungsproteine ausreichend in körpereigene Proteine umgesetzt werden können.

Essenzielle Nährstoffe: essenzielle Aminosäuren (Tagesbedarf, biologische Wertigkeit).

F

Bei **Unterversorgung mit essenziellen Fettsäuren** kommt es zu Hautveränderungen. Bei Versuchstieren traten auch Fruchtbarkeitsstörungen auf.

Essenzielle Nährstoffe: Vitamine, Mineralstoffe, Spurenelemente (Einteilung, Beispiele, Tagesbedarf, Vorkommen, Funktion).

Von **Spuren- oder Mikroelementen** spricht man ab einer Konzentration von unter 50 mg je Kilogramm Körpergewicht.

Trinkwasser ist eine Zutat bei der Lebensmittelverarbeitung.

Vitamine siehe Kap. B, 11.1 und Kap. D, 12.

Lebensmittel und Lebensmittelzusatzstoffe: gesetzliche Grundlagen, Zusatzstoffklassen, Beispiele.

Die von vielen Konsumenten in Unkenntnis gefürchteten **E-Nummern** stellen ein **Sicherheitszertifikat für Zusatzstoffe** dar.

Essenzielle Fettsäuren weisen zumindest zwei Doppelbindungen auf und sind hauptsächlich in Pflanzenölen und Fischen (Fischölen) zu finden. Sie sind wichtige Bausteine für Membranlipide aller Säugetierzellen.

Vitamine sind organische Verbindungen, die in geringen Mengen, im Mikrogramm- bis Milligrammbereich, mit der Nahrung aufgenommen werden müssen. Sie spielen im Zellstoffwechsel eine wichtige Rolle. Einige von ihnen, insbesondere die wasserlöslichen, sind Bestandteile bzw. Vorstufen von Coenzymen. Eine Unterversorgung verursacht Mangelerscheinungen (Hypovitaminosen). Bei Überversorgung können bei fettlöslichen Vitaminen, besonders Vitamin A und D, Vergiftungen auftreten (Hypervitaminosen). Ein Überschuss an wasserlöslichen Vitaminen wird mit dem Harn ausgeschieden.

Mineralstoffe und Spurenelemente werden mit der Nahrung in Form von anorganischen Verbindungen (z. B. Salzen, Ionen) oder zusammengesetzten Proteinen (z. B. Metallproteinen) aufgenommen. Sie wirken als Elektrolyte (Na, K, Cl), Bau- und Strukturstoffe (Ca, Mg, P) oder als Reglerstoffe (Fe, Zn, Cu, Mn, F, Se, Cr, Mo, I). Einige der angeführten Spurenelemente können in höherer Dosis giftig wirken. Dies trifft vor allem auf Kupfer und Fluor, aber auch auf weitere Spurenelemente, wie Selen, Chrom und Molybdän, zu.

Unter den anorganischen Verbindungen im Stoffwechsel nimmt **Wasser** mengenmäßig den ersten Platz ein. Der **Tagesbedarf eines Erwachsenen** beträgt **zwei bis drei Liter.**

Wasser gehört zu jenen Warengruppen, die im Zusammenhang mit Lebensmitteln im **Lebensmittelsicherheits- und Verbraucherschutzgesetz** rechtlich geregelt sind. Diese Regelungen betreffen auch diätetische Lebensmittel, die den besonderen Ernährungsbedarf von bestimmten Zielgruppen, wie an Verdauungsstörungen erkrankten Personen, Schwangeren, Säuglingen oder Kleinkindern, decken. Nahrungsergänzungsmittel, Lebensmittelzusatz- und Verarbeitungshilfsstoffe werden ebenfalls erfasst. Wenn Gebrauchsgegenstände wie Verpackungen und Maschinen mit Lebensmitteln oder mit der Haut oder der Schleimhaut des Menschen in Kontakt kommen (Kleidung, Zahnbürsten), dürfen sie ebenfalls keine gesundheitsgefährdenden Stoffe abgeben.

Besonders die **Lebensmittelzusatzstoffe** stehen im Zusammenhang mit der Gesundheit der Verbraucher/innen im Brennpunkt kritischer Betrachtung.
Sie werden als Farbstoffe, Konservierungs- und Antioxidationsmittel, als Emulgatoren, Verdickungs- und Geliermittel eingesetzt. Stabilisatoren, Geschmacksverstärker und Säuerungsmittel zählen neben den Säureregulatoren und den Trennmitteln ebenfalls dazu. Auch Backtriebmittel, Süßstoffe, modifizierte Stärke, Schmelzsalze, Mehlbehandlungs-, Festigungs- und Feuchthaltemittel sind wie die Schutz- und Treibgase in Zusatzstoffklassen erfasst.
Bei der **Zulassung von Lebensmittelzusatzstoffen** prüft die **Europäische Lebensmittelsicherheits-Agentur** (**E**uropean **F**ood **S**afety **A**gency – **EFSA)** einerseits die toxikologische Unbedenklichkeit und andererseits die technologische Wirkung.

Zusatzstoffe, die den strengen Anforderungen der EFSA entsprechen, erhalten eine **E-Nummer,** die **Europäische Registrierungsnummer.**

Auf Lebensmittelverpackungen muss die Zusatzstoffklasse, gefolgt von der spezifischen Bezeichnung oder der E-Nummer, ersichtlich sein: Antioxidationsmittel Alpha-Tocopherol oder Antioxidationsmittel E 307.

Unbehandelte Lebensmittel, wie z. B. Obst, Gemüse, Frischfleisch oder pasteurisierte Milch, dürfen außer Schutzgasen keine Zusatzstoffe enthalten. Für Biolebensmittel sowie Säuglings- und Kleinkindernahrung gelten besondere Beschränkungen der Zusatzstoffverwendung.

Völlig unbedenkliche Zusatzstoffe werden „quantum satis" verwendet, das heißt „so wenig wie möglich, so viel wie erforderlich", z. B. Citronensäure (E 330).

Es dürfen nur zugelassene Zusatzstoffe in bestimmten Lebensmitteln in bestimmten Mengen verwendet werden.

Nicht nur in Hinblick auf die **Zusammensetzung** von Lebensmitteln gelten strenge Regelungen zum Schutze des Konsumenten, sondern auch für die **Produktion, Lagerung, Verarbeitung und Zubereitung.**

Lebensmittelhygiene: Maßnahmen und Vorkehrungen, die notwendig sind, um Gefahren unter Kontrolle zu bringen und zu gewährleisten, dass ein Lebensmittel unter Berücksichtigung seines Verwendungszweckes für den menschlichen Verzehr tauglich ist.

Als Gefahren für die Gesundheit des Verbrauchers, die unabsichtlich in ein Lebensmittel gelangt sind, gelten **physikalische** (z. B. Fremdkörper, wie Glas, Steine), **chemische** (z. B. giftige Verbindungen aus der Umwelt oder aus Organismen) und **biologische Gefahren** (z. B. pathogene Bakterien, Viren).

Kontamination: Vorhandensein einer Gefahr in einem Lebensmittel oder das Hereinbringen einer Gefahr.
Kontaminanten: verunreinigende Stoffe, die nach der Herkunft in Umweltkontaminanten, Kontaminanten aus Organismen und Kontaminanten aus Verarbeitungsprozessen unterschieden werden.

Unerwünschte Stoffe aus der Umwelt stammen vor allem aus industriellen und gewerblichen Emissionen sowie aus der Landwirtschaft. Aus der Gruppe der **Umweltkontaminanten** stehen vier Stoffklassen besonders im Brennpunkt kritischer Betrachtung: Schwermetalle, Dioxine, Benzo(a)pyren und Nitrat.

Beispiele für Gesundheitsschädigungen:

Blei	Nervensystem, Blutbildung; jahrzehntelange Speicherung in Knochen und Zähnen
Cadmium	Knochen, Störung des Ca-Stoffwechsels
Quecksilber	Nervensystem, generell Proteinschädigung
Dioxine	kanzerogen, Wachstumsschädigung
Benzo(a)pyren	kanzerogen, Gendefekte
Nitrat	Reduktion zu Nitrit, Bildung von kanzerogenen Nitrosaminen, bei Säuglingen Methämoglobinbildung und Ersticken

Das Hauptaugenmerk bei den **Kontaminanten aus Organismen** richtet sich auf Gifte aus Schimmelpilzen, die **Mykotoxine.** Vergiftungen mit Pilzen, die mit Speisepilzen verwechselt werden, erregen zwar durch spektakuläre Medienberichte oft große Aufmerksamkeit, sind aber quantitativ von geringer Bedeutung. Werden Lebensmittel aus Pflanzen gewonnen, die Giftstoffe zur Fressabwehr bilden, müssen die daraus resultierenden Kontaminanten berücksichtigt werden.

E-Nummern-Listen sind über das Internet verfügbar und bei Umweltschutzorganisationen, Konsumentenschutzverbänden und bei der Arbeiterkammer erhältlich.

In der Alltagssprache wird Hygiene oft mit Sauberkeit gleichgesetzt.

EU-Verordnung Nr. 852/2004 über Lebensmittelhygiene.

Rückstände sind unerwünschte Stoffe, die im Zuge der Verarbeitung in ein Lebensmittel gelangen und in kontrollierten Restmengen vorhanden sind.

Kontaminanten: Beispiele für erlaubte Höchstgehalte, belastete Lebensmittel, Auswirkungen auf die Gesundheit.

Schimmelpilze bilden Mykotoxine

F

Toxische Stoffe entstehen auch unter gewissen Reaktionsbedingungen bei der Herstellung von Lebensmitteln. Nitrosamine werden beim Erhitzen von eiweißhaltigen Lebensmitteln, die Nitrit (reduziertes Nitrat) enthalten, gebildet. Sie zeigen eine stark kanzerogene Wirkung. Ein weiterer **Kontaminant aus Verarbeitungsprozessen** ist Acrylamid. Es entsteht beim Erhitzen von Lebensmitteln als Nebenprodukt der nicht enzymatischen Bräunungsreaktion (Maillardreaktion) von reduzierenden Zuckern (z. B. Glucose) mit der Aminosäure Asparagin, besonders bei Temperaturen über 140 °C. Acrylamid gilt als höchst kanzerogen und mutagen. Daher wurden für einzelne Lebensmittel wie Pommes frites, Kartoffelchips oder Kekse von der EU-Kommission Anfang 2011 Richtwerte veröffentlicht.

Amine, Amide siehe Kap. B, 7.2.

Im Gegensatz zu Grenz- oder Höchstwerten sind **Richtwerte** rechtlich nicht verbindlich, sondern eine Orientierungshilfe für die Beurteilung von Lebensmitteln.

Mit Bakterien wie Salmonellen oder Listerien kontaminierte Lebensmittel können bei Personen mit stark geschwächter Immunabwehr sogar tödlich verlaufende Erkrankungen verursachen. Die Einhaltung der Grenzwerte für **biologische Kontaminanten** wird als Teilbereich der Lebensmittelsicherheit von der Österreichischen Agentur für Gesundheit und Ernährungssicherheit (AGES) sowie vom **Bundesamt für Ernährungssicherheit** überprüft.

Ziele erreicht? – „Lebensmittel“

2.01 + Unterscheiden Sie Lebensmittel und Grundnahrungsmittel.

2.02 + Zählen Sie die Nährstoffe auf, die man zu den Makro- bzw. zu den Mikronährstoffen zählt.

2.03 + Nennen Sie die seit Ende 2016 verpflichtenden Angaben der Nährwertkennzeichnung.

2.04 + Erheben Sie die in einem bestimmten Lebensmittel enthaltenen Nährstoffe und Zusatzstoffe anhand der Lebensmittelkennzeichnung.

2.05 ++ Führen Sie über einen begrenzten Zeitraum ein Ernährungstagebuch und analysieren Sie, ob die ermittelten Mengen und Zutaten eine ausgewogene Ernährung sicherstellen.

2.06 ++ Erstellen Sie beispielhaft einen Wochenspeiseplan, in dem Sie die Verfügbarkeit saisonaler und regionaler Produkte berücksichtigen.

2.07 + Geben Sie an, wozu der menschliche Körper essenzielle Aminosäuren und essenzielle Fettsäuren braucht.

2.08 + Erklären Sie, wie es zu einer Hypovitaminose kommen kann und wie man sie verhindern kann.

2.09 + Geben Sie an, worauf bei den Spurenelementen Fluor, Kupfer und Selen zu achten ist.

2.10 + Nennen Sie Gründe für die Verwendung von Lebensmittelzusatzstoffen.

2.11 + Geben Sie an, welche Information man aus einer E-Nummer erhält.

2.12 + Geben Sie an, wie Kontaminanten von Rückständen abgegrenzt und nach ihrer Herkunft unterschieden werden.

3 Strahlenbelastung und Nanotechnologie

Die Bilder von den Kraftwerksmitarbeitern, die nur spärlich mit Schutzkleidung ausgerüstet in Fukushima nach der Katastrophe 2011 ihrer Arbeit nachgehen mussten, sind um die Welt gegangen. Im Alltag stellt sich die Frage nach sicheren Atomkraftwerken genauso wie nach sicherem Umgang mit radioaktiver, ionisierender und elektromagnetischer Strahlung im Gesundheitswesen und in der Industrie. Die Sicherheit beim Umgang mit Stoffen der Nanotechnologie ist ein aktuelles Thema.

Siehe Kap. E, 2.3.4 Radioaktivität.

Meine Ziele

Nach Bearbeitung dieses Kapitels kann ich
- die **Ionisation** und **Absorption** beschreiben, zwischen natürlicher und künstlicher **Strahlenbelastung** unterscheiden und die Größenordnung von **Nanopartikeln** angeben;
- das **Absorptionsgesetz** für β- und γ-Strahlen anwenden;
- die **Strahlendosimetrie** verstehen.

Trifft energiereiche Strahlung auf Materie, so wird sie durch **Energieabgabe** an den Absorber geschwächt. Durch ausreichend dicke Absorberschichten dringt keine Strahlung durch; genauer: Die Strahlungsintensität sinkt unter die Nachweisbarkeitsgrenze. Für β- und γ-Strahlen gilt ein **Absorptionsgesetz.**

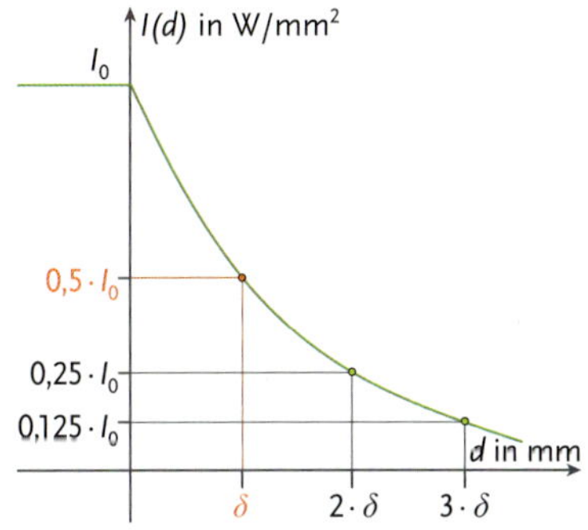

Die Intensität als Funktion der Absorberdicke d.

$I(3 \cdot \delta) = I_0 \cdot \left(\frac{1}{2}\right)^3 = \frac{I_0}{8}$

Intensität = Energie durch das Produkt aus Fläche und Zeit.

Absorptionsgesetz für Beta- und Gammastrahlen

Die Intensität $I(d)$ in der Absorbertiefe d nimmt exponentiell mit der Eindringtiefe ab. Es gilt $I(d) = I_0 \cdot e^{-\mu \cdot d}$.
- I_0 ist die Intensität vor dem Eindringen in den Absorber.
- μ ist der absorberabhängige **Schwächungs-** oder **Absorptionskoeffizient.**
- Die **Halbwertsdicke** δ ergibt sich als $\frac{\ln(2)}{\mu}$.

Halbwertsdicke bei der Absorption und Halbwertszeit beim Zerfall entsprechen einander.

Beispiel 3.01: Absorption in einem Aluminiumblech

Für Betastrahlen mit einer Maximalenergie von 3 MeV beträgt die Halbwertsdicke in Aluminium rund 0,503 mm.

Wir berechnen, nach welcher Dicke nur mehr ein Promille der Anfangsintensität vorhanden ist.

$I(d) = I_0 \cdot 2^{-\frac{d}{\delta}}$ $\quad 0{,}001 = 2^{-\frac{d}{\delta}}$ $\quad d = \delta \cdot \frac{\ln(1\,000)}{\ln(2)} \approx 0{,}5 \text{ cm} \approx 10 \cdot \delta$

Halbwertszeit τ, $N(\tau) = \frac{N_0}{2}$

Halbwertsdicke δ, $I(\delta) = \frac{I_0}{2}$

Material	Halbwertsdicke δ in cm
Luft	12 000
Wasser	14
Beton	9
Blei	1,4

Halbwertsdicken ausgewählter Materialien für γ-Strahlung mit einer Energie von 2 MeV

Folgende Wechselwirkungen treten auf, wenn **energiereiche** Strahlung auf Materie trifft:
- **Ionisation** des Absorbermaterials bei α-, β- und γ-Strahlung; bei γ-Strahlung ist das der **Fotoeffekt,**
- **Streuung** der auftreffenden Strahlung bei β- und γ-Strahlung (**Comptoneffekt** bei γ-Strahlung) und
- **Paarbildung** bei γ-Strahlung.

Weil Ionisation durch α-, β- und γ-Strahlung hervorgerufen wird, misst man die Ladung ΔQ von erzeugten Ionen eines Vorzeichens in der Masse Δm durchstrahlter trockener Luft (bei 0 °C und 1 013 mbar).

Strahlung	Q in Sv/Gy
α-Strahlen, Rückstoßkerne	20
Schnelle Neutronen, Protonen	10
Langsame Neutronen	5
Röntgen-, β- und γ-Strahlen	1

Qualitätsfaktor Q für verschiedene Strahlenarten

Strahlungsmessung – Strahlendosimetrie
- Die **Ionendosis** J ist die pro Kilogramm trockener Luft bei 0 °C und 1 013 mbar erzeugte Ladung.

  $J = \frac{\Delta Q}{\Delta m}$ Einheit der Ionendosis $[J] = \left[\frac{\Delta Q}{\Delta m}\right] = \frac{[\Delta Q]}{[\Delta m]} = \frac{1\text{ C}}{1\text{ kg}} = 1\,\frac{\text{C}}{\text{kg}}$
- Die **Energiedosis** D ist die pro Kilogramm durchstrahlter Materie abgegebene Energie.

  $D = \frac{\Delta E}{\Delta m}$ Einheit der Energiedosis $[D] = 1\,\frac{\text{J}}{\text{kg}} = 1$ Gray (1 Gy)
- Die **Äquivalenzdosis** D_Q ist die mit einem Qualitätsfaktor Q multiplizierte Energiedosis, die die biologische Strahlenwirkung besser charakterisiert.

  $D_Q = Q \cdot D$ Einheit der Äquivalenzdosis $[D_Q] = 1\,\frac{\text{J}}{\text{kg}} = 1$ Sievert (1 Sv)

Ein Coulomb ist nicht nur im atomaren Bereich eine sehr große Ladung.
$1\,e \approx 1{,}602 \cdot 10^{-19}$ C

F

Eine Energiedosis von 1 Gray ist ein sehr großer Energieübertrag von einem Joule pro Kilogramm, wie das folgende Beispiel zeigt.

Beispiel 3.02: Energiedosis und letale Dosis
Die $LD_{50|30}$-Werte (50 % Letalität nach 30 Tagen, nach Daten der IAEO) sind für Menschen mit 3 Gy bis 4,5 Gy und für Rhesusaffen mit 5,5 Gy angegeben.

Ein Joule pro Kilogramm ist ein für den menschlichen Organismus kaum zu bewältigender Energieübertrag.

Die **IAEO** ist die **Internationale Atomenergieorganisation.** Sie ist eine autonome wissenschaftlichtechnische Organisation der Vereinten Nationen mit Sitz in Wien.

Strahlenbelastung

Die ortsabhängige Strahlenbelastung eines Menschen setzt sich aus
- **natürlicher** und
- **künstlicher Strahlenbelastung** zusammen.

Bei der **natürlichen Strahlenbelastung** unterscheidet man:
- **kosmische Strahlung** oder **Höhenstrahlung,** die von der Atmosphäre teilweise absorbiert wird;
- **terrestrische Strahlung** (natürliche radioaktive Nuklide wie U-238, Th-232, Radon, K-40 und C-14);
- **innere Strahlung,** wenn sich über die Haut, Atmung und Nahrung aufgenommene Radionuklide in verschiedenen Organen ablagern (Inkorporation).

Terra: lateinisch für Erde.

Beispiel 3.03: Natürliche Strahlenbelastung in Westeuropa
Für Westeuropa wird für die natürliche Strahlenbelastung ein Mittelwert von 1,1 mSv pro Jahr angenommen. Der Beitrag der kosmischen und der terrestrischen Strahlung wird mit jeweils rund 300 μSv pro Jahr beziffert.

Folgende **gesetzliche Richtlinien und Verordnungen** sind hierfür zentral:
- Strahlenschutzgesetz und Allgemeine Strahlenschutzverordnung
- Strahlenschutzverordnung fliegendes Personal
- Natürliche Strahlenquellen-Verordnung
- Medizinische Strahlenschutzverordnung

Zur **künstlichen Strahlenbelastung** tragen vor allem
- radioaktive Strahlungsquellen in technischen und medizinischen Geräten,
- Röntgenstrahlung und
- Atomwaffen und Atomkraftwerke bei.

Beispiel 3.04: Künstliche Strahlenbelastung in Westeuropa
Die künstliche Strahlenbelastung beträgt in Westeuropa durchschnittlich 2 mSv pro Jahr und ist damit fast doppelt so hoch wie die natürliche Strahlenbelastung.

Die Wirkungen von Strahlen sind sehr genau erforscht. Bei der Untersuchung von Auswirkungen der Nanotechnologie steht man hingegen noch am Anfang.

Nanos: griechisch für Zwerg.

Nano = SI-Vorsilbe für ein Milliardstel = 10^{-9}.

Nanotechnologie

Als Nanotechnologie bzw. Nanotechnik werden die Forschung und Anwendung in der Cluster-, Oberflächen- und Halbleiterphysik und in der Oberflächenchemie sowie in Teilbereichen des Maschinenbaus und der Lebensmitteltechnologie (Nanofood) bezeichnet.

Den Nanoforschungsgebieten gemeinsam ist die gleiche Größenordnung vom Einzelatom bis zu einer Objektgröße von 100 Nanometern. Diese Größenordnung bezeichnet einen Bereich, in dem die **Oberflächeneigenschaften** gegenüber den **Volumeneigenschaften** der Materialien eine immer größere Rolle spielen und zunehmend **quantenphysikalische Effekte** berücksichtigt werden müssen.

Richard Phillips Feynman, 1918 bis 1988, US-amerikanischer Physiker; Nobelpreis für Physik 1965 für Arbeiten über die Quantenelektrodynamik

Der Begriff „Nanotechnologie" wurde 1974 erstmals gebraucht. Als Begründer der Nanotechnologie gilt **Richard Phillips Feynman.** Er hielt im Jahr 1959 einen Vortrag mit dem Titel „There's Plenty of Room at the Bottom", frei übersetzt: Ganz unten ist eine Menge Platz.

Nanomaterialien, die auf chemischem Wege oder mit mechanischen Methoden hergestellt werden, sind teilweise kommerziell verfügbar und werden in handelsüblichen Produkten eingesetzt.

Verfügbare Nanomaterialien sind Pigmente und andere Zusatzstoffe (Additive) für Lacke und Kunststoffe, wie beispielsweise hochdisperse Kieselsäuren oder Ruß. Weil Schmutzpartikel auf Nanoelementen nicht anhaften, werden Schmutz abweisende Kleidungsstücke produziert.

Nanotechnologie und Natur

- Die feinen Nanostrukturen auf den Blättern der **Lotosblume** bewirken das Abperlen von Wasser. Das Haften von Schmutzpartikeln wird minimiert.
- Haare im Nanometerbereich an Fliegenbeinen sorgen dafür, dass **Fliegen** an Decken und Wänden laufen können.
- Im Kalk von **Muschelschalen** und **menschlichen Knochen** sind organische und anorganische Stoffe im Nanobereich so eng aneinandergereiht, dass die Stabilität und Widerstandsfähigkeit maximiert werden.
- **Enzyme, Ribosomen** und **Geißelantriebe** von Bakterien sind natürliche Nanomaschinen.
- Bei jeder Verbrennung werden viele Nanopartikel frei.

Auch kritische Meldungen zur Nanotechnologie gibt es immer wieder in den Medien. Es wurde ein Vergleich mit der Gesundheitsgefährdung durch Asbest angestellt. Die Sorge, dass die gültigen Sicherheitsstandards mit der rasanten Entwicklung nicht Schritt halten können, wird oft geäußert.

Ziele erreicht? – „Strahlenbelastung und Nanotechnologie"

3.01 + Geben Sie das **Absorptionsgesetz** für β- und γ-Strahlen für die Basen zwei und die eulersche Zahl der Exponentialfunktion an.
(Hinweis: $I(d) = I_0 \cdot a^{-k \cdot d}$, mit a = Basis; zwei Spezialfälle: a = 2; a = e)

3.02 + Schreiben Sie die Definitionsgleichungen für die **Ionen-,** die **Energie-** und die **Äquivalenzdosis** an.

3.03 + Geben Sie die Größenordnung von **Nanopartikeln** an.

3.04 + Beschreiben Sie drei Beiträge zur **natürlichen Strahlenbelastung** und zwei Beiträge zur **künstlichen Strahlenbelastung.**

3.05 + Berechnen Sie die **Halbwertsdicke** eines Absorbermaterials mit Schwächungskoeffizient μ. Ermitteln Sie den numerischen Wert für einen Schwächungskoeffizienten von 14/cm.

3.06 + Die **Halbwertsdicke** eines Absorbermaterials beträgt 1 mm. Berechnen Sie, nach welcher Dicke nur mehr a) 10 %, b) 1 %, c) ein Promille und d) 0,01 % der Anfangsintensität einer Strahlung vorhanden sind. Überprüfen Sie Ihre Berechnungen durch den $I(d)$-Graphen.

3.07 ++ Recherchieren Sie zum **Qualitätsfaktor** und die biologische Strahlungswirkung. Klären Sie dabei die Begriffe a) Submersionsdosis, b) Fall-out, c) Inhalationsdosis, d) Ingestionsdosis, e) somatische Strahlenschäden – akut und latent – und f) Dosimeter. Informieren Sie sich über Schutzvorschriften für strahlenexponierte Personen.

3.08 ++ Recherchieren Sie über **Fullerene** und versuchen Sie eine qualitative und quantitative Beschreibung.

Lotuseffekt: Selbstreinigende Oberflächen.

Der Lotuseffekt

Ein **Enzym** ist ein Eiweißmolekül, das eine oder mehrere biochemische Reaktionen katalysieren kann.

Ribosomen sind makromolekulare Komplexe aus Eiweißmolekülen und Ribonukleinsäuren (RNA).

Der Schutz vor ultravioletter Strahlung in Sonnencremes beruht auf Nanopartikeln aus Titandioxid.

In der Medizin wird an Nanopartikeln als Wirkstofftransporter oder -depot, beispielsweise in der Krebstherapie, geforscht.

Die Größenordnung von Transistoren eines handelsüblichen Mikroprozessors liegt mit einer Breite von rund 30 nm im Bereich der Nanotechnologie.

Fullerene und Carbon-Nanotubes sind ebenfalls der Nanotechnologie zuzurechnen.

Fullerene siehe NAWI I/II, Kap. E, 1.2 (Kohlenstoff).

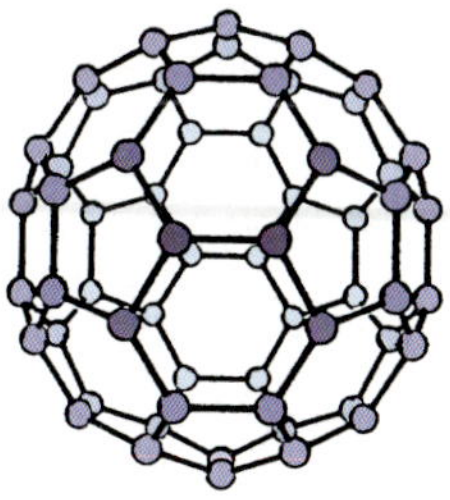

F

A „Physikalische Phänomene und Methoden I" – Antworten

1 Mechanik

1.1 Bewegungsgleichungen für Translationen

1.1.01 $m \cdot \frac{d\vec{v}}{dt} = m \cdot \frac{d^2\vec{s}}{dt^2} = \vec{F}$

1.1.02 $m \cdot \frac{d^2h}{dt^2} = -m \cdot g \qquad h(t) = -\frac{g}{2} \cdot t^2 - v_0 \cdot t + h_0$

1.1.03 $y(t) = 10 \cdot \cos(5 \cdot t) \cdot \text{cm}$

1.1.04 $m \cdot \frac{d^2y}{dt^2} = -D \cdot y - k \cdot \frac{dy}{dt}$

1.1.05 $m \cdot \frac{d^2x}{dt^2} = -D \cdot x$

1.1.06 $m \cdot \frac{d^2y}{dt^2} = m \cdot g - 6\pi\eta \cdot \frac{dy}{dt}$

$y(t) = C_1 + \frac{g}{k} \cdot t + C_2 \cdot e^{-k \cdot t}$

1.2 Bewegungsgleichungen für Rotationen

1.2.01 $J \cdot \frac{d\vec{\omega}}{dt} = J \cdot \frac{d^2\vec{\varphi}}{dt^2} = \vec{M}$

1.2.02 $\varphi(t) = 10\cos(2{,}214t)$

1.2.03 $J \cdot \frac{d^2\varphi}{dt^2} = -mgs \cdot \sin(\varphi) - k \cdot \frac{dy}{dt}$

2 Schwingungen und Wellen

2.1 Schwingungen

2.1.01 Feder-, Faden-, Dreh- und physisches Pendel

2.1.02 Die Beschleunigung ist zur Auslenkung direkt proportional und entgegengesetzt gerichtet.

2.1.03 31,6 rad/s; 5,0 Hz; 0,2 s; 22,4 rad/s; 3,6 Hz; 0,3 s; 44,7 rad/s; 7,1 Hz; 0,1 s; 2 kg

2.1.04 0,253 kg; $y(t) = 10 \cdot \sin(2\pi \cdot t - \pi/2) \cdot \text{cm}$

2.1.05 $y_1(t) = 5 \cdot \sin(2\pi \cdot t + \pi/2) \cdot \text{cm}$, $y_2(t) = 5 \cdot \sin(\pi \cdot t + \pi/2) \cdot \text{cm}$

2.1.06 Fadenlänge und Gravitationsbeschleunigung

2.1.07 1,5 rad/s; 0,2 Hz; 4,3 s; 2,1 rad/s; 0,3 Hz; 3,0 s; 4,5 m

2.1.08 0,994 m; 0,993 m für 9,802 m/s^2 am Äquator; 1 m für 9,867 m/s^2 an den Polen

2.1.09 3 896

2.1.10 Massenträgheitsmoment und Winkelrichtgröße

2.1.11 0,45 rad/s; 0,07 Hz; 14,05 s; 0,37 rad/s; 0,06 Hz; 17,21 s

2.1.12 $7{,}896 \cdot 10^{-5}\ \text{kgm}^2/\text{s}^2$

2.1.13 $0{,}125\ \text{kgm}^2$

2.1.14 Massenträgheitsmoment, Masse, Gravitationsbeschleunigung und Schwerpunktsabstand

2.1.15 1,81 rad/s; 0,29 Hz; 3,48 s; 0,83 mm

2.1.16 0,063 m

2.1.17 Kombinatorik: „4 über 2" = 6 Paare aus 2.1.14

2.1.18 Gleiche Frequenz

2.1.19 Wie die größte der beiden Einzelperioden

2.1.23 Alle ganzzahligen Vielfachen

2.1.24 Nullstellen bei $z \cdot \pi$; z eine ganze Zahl

2.1.25 Eine Figur, die bei einer Überlagerung von zwei senkrechten Schwingungen entsteht.

2.1.26 Eine breite „Acht"

2.1.27 Eine nicht geschlossene Lissajousfigur

2.1.28 Die drei Parameter sind: Amplitude, Winkelgeschwindigkeit, Nullphasenwinkel

2.1.29 Vergleichen Sie die Beispiele 2.1.14 ff

2.1.30 Man vergleicht die Eigenkreisfrequenz mit der Dämpfungskonstante.

2.1.31 $y(t) = 5 \cdot e^{-0{,}358t} \cdot \sin(8{,}937 \cdot t - \pi/2) \cdot \text{cm}$

2.1.32 43,6 %; 66,1 %; 99,5 %

2.1.33 $y(t) = 8 \cdot e^{-2t} \cdot \sin(31{,}6 \cdot t - \pi/2) \cdot \text{cm}$; 13,7 %; 1,9 %

2.1.34 Erwünschte Resonanz: Zungenfrequenzmesser, Radioempfang, elektromagnetischer Schwingkreis ...; unerwünschte Resonanz: Eigenschwingungsanregung bei Turbinen, Brücken, Hochhäusern ...

2.1.35 10 m/s

2.1.36 Die Periodendauer ist proportional zur Wurzel aus der Masse. Daher tritt die Resonanz bereits bei geringer Geschwindigkeit auf.

2.1.37 Je weiter die Dehnfugen aus einander sind, um so geringer ist die Frequenz der äußeren Kraft und um so schneller kann der Pkw fahren.

2.1.38 $E_{kin} = m \cdot v(t)^2/2$; $E_{el} = D \cdot y(t)^2/2$

2.1.39 $v_{max} = 71$ cm/s

2.1.40 $D = 2{,}5$ kg/s^2

2.1.41 $E_{ges} = E_{kin}(t) + E_{pot}(t) = 2\pi^2 m f^2 r^2$ konstant; Energieerhaltung; E_{ges} ist proportional zu m, f^2 und r^2.

2.1.42 $E_{ges} = 0{,}125$ J

2.1.43 Kopplungsstärke, Masse, Position der Kopplung, Abstand der Pendel

2.1.44 Vergleichen Sie die Randspalte beim Kapitel 2.1.8

2.1.45 $y(t) = 10 \cdot \sin(67{,}662\pi \cdot t) \cdot \text{cm}$

2.2 Wellen

2.2.01 Lineare, Flächen- und Raumwelle

2.2.02 $c =$ (Maß für die Kopplung/Maß für die Trägheit)$^{1/2}$

2.2.03 Rund 412 m/s

2.2.04 F muss um rund 96 Prozent erhöht werden. Man könnte die Dichte um rund 49 Prozent verringern; ebenso die Fläche. Wenn man Fläche und Dichte gleichzeitig verringert, genügen jeweils rund 71 % der ursprünglichen Größe.

2.2.05 Wellenausbreitung durch Interferenz aller Elementarwellen; Einfallswinkel = Reflexionswinkel

2.2.06 a) 45°; b) α und $90° - \alpha$; c) 30° und 60°

2.2.07 $\sin(\alpha)/\sin(\beta) - c_1/c_2 = \lambda_1/\lambda_2 = n_2/n_1$

2.2.08 36,87°

2.2.09 $\alpha_{Grenz} = \arcsin(c_1/c_2)$

2.2.10 $\alpha_{Grenz} = 56{,}44°$; $\alpha = 67{,}73°$

2.2.11 Verstärkung: ganzzahliges Vielfaches der Wellenlänge; Auslöschung: ungerades ganzzahliges Vielfaches der halben Wellenlänge

2.2.13 a) $f = c/(2l)$ und $f_n = nf$; b) $f = c/(4l)$ und $f_n = (2n-1)f$; c) $f = c/(2l)$ und $f_n = nf$

2.3 Geometrische und Wellenoptik

2.3.01 800 nm bis 400 nm; IR – VIS – UV

2.3.02 1,553

2.3.03 3, 4 bzw. 6

2.3.04 regulär: $\alpha = \beta$; irregulär: es gibt viele verschiedene Reflexionswinkel

2.3.05 Retroreflexion: $\alpha = \beta = 0°$

2.3.06 $\sin(\alpha)/\sin(\beta) = c_1/c_2$

2.3.07 41,8°

2.3.08 43,9°

2.3.09 36,9°; für $\alpha = 30°$ ist $\beta = 56{,}4°$

2.3.10 $v = d \cdot \sin\{\alpha - \arcsin[\sin(\alpha)/n]\}/\cos\{\arcsin[\sin(\alpha)/n]\}$

2.3.11 rot, orange, gelb, grün, blau, indigo, violett

2.3.12 0,014; rund 1,05 %

2.3.13 41,6°; 42,2°

2.3.14 41,6°

2.3.15 bis **2.3.17**
Verwenden Sie das Reflexionsgesetz; Das Lot verläuft jeweils durch den (Kugel)Mittelpunkt

2.3.18 $3r/2$; $3r/4$

2.3.19 Konvexe Linsen sind in der Mitte dicker als am Rand.

2.3.20 Konkave Linsen sind in der Mitte dünner als am Rand.

2.3.21 5 dpt

2.3.22 0,633 mm; 2,632 mm

2.3.23 $\approx$ 8,999 km^2

2.3.24 $1/f = 1/g + 1/b$

2.3.25 Beim Höhen- und Tiefenwinkel ist ein Schenkel waagrecht.

2.3.26 173,7°

2.3.27 32 dpt

2.3.28 0,519°; 0,518°

2.3.29 Der Krümmungsradius und damit die Brennweite der Augenlinse kann durch einen Ringmuskel verändert werden. Dies bezeichnet man als Akkommodation.

2.3.30 $D = 1/f \approx 58{,}8$ dpt

2.3.31 $2 \cdot n \cdot d - \lambda/2$

2.3.32 $2 \cdot n \cdot d \cdot \cos(\arcsin[\sin(\alpha) \cdot n]) - \lambda/2$

2.3.33 860 nm

2.3.34 30,51°

2.3.35 3,4 µm; 9; 17

2.3.36 Durch Streuung, Reflexion und Brechung

2.3.37 Zur Ausblendung des ordentlichen oder außerordentlichen Strahls

2.3.38 Stoffe, bei denen der ordentliche oder außerordentliche Strahl im Stoff praktisch völlig absorbiert wird, sodass einer übrig bleibt

2.3.39 Durch mechanische oder elektrische Spannung

2.3.40 $\alpha = \arctan(n_2/n_1)$

2.3.41 54,45°

2.3.42 Das Verhältnis von n_2/n_1 ist rund 1,732.

2.3.43 1,43

2.3.44 $\alpha = \arctan(n_2/n_1)$

2.4 Akustik

2.4.01 Longitudinalwelle: fest, flüssig, gasförmig; Transversalwelle: fest, Flüssigkeitsoberfläche

2.4.02 Mechanische Eigenschaften des Mediums bzw. Temperatur und Druck der Umgebung

2.4.03 0,884 mW/m^2; 0,607 Pa

2.4.04 6 931 km

2.4.05 Entfernung um 41,4 % erhöhen

2.4.06 $1{,}273 \cdot 10^{-6} \cdot I_0$

2.4.07 $I(r) = P_0/(2\pi \cdot r^2)$

2.4.08 86,4 dB

2.4.09 0,015 9 mW/m^2; 0,08 Pa

2.4.10 91 dB

2.4.11 317

2.4.12 2,67 dB; ja: logarithmisch zur Intensitätserhöhung

2.4.13 69 dB

2.4.14 Individuelle Lösungen. Die Beschallung von Räumen hat vor allem den Zweck, die Leute zum Kaufen zu animieren oder Werbung an die Zielgruppe (Kundinnen/Kunden) zu bringen. Obwohl viele die Dauerbeschallung als nervend empfinden, wollen einige Betriebe auf diese Werbemethode nicht verzichten.

2.4.15 2 001 Hz

2.4.16 Verringerung um 17,5 %

2.4.17 1 zu 2

2.4.18 Bei einseitig offener Luftsäule

2.4.19 Sender oder Empfänger oder beide bewegen sich aufeinander zu

2.4.20 $v = 30{,}9\ m/s = 111{,}3\ km/h$

2.4.21 $v = 29{,}6\ m/s = 106{,}4\ km/h$

2.4.22 $v = 17\ m/s = 61{,}2\ km/h$

2.4.23 Erhöhung der Frequenz um 6,06 %

2.4.24 $v = 18\ m/s = 64{,}8\ km/h$

2.4.25 $v = 120\ m/s = 432\ km/h$

3 Elektrodynamik

3.1 Elektromagnetische Induktion

3.1.1 Magnetfeld und Leiterschleife

3.1.01 2,25 mV

3.1.02 26 V

3.1.03 Die Flussänderung beim Herausziehen ist negativ (*U* neg.) und beim Hineinbewegen positiv (*U* pos.).

3.1.2 Lenzsche Regel; allgemeines Induktionsgesetz

3.1.04 1,44 V

3.1.05 1,039 V

3.1.06 0,2 T

3.1.07 Das Wechselfeld der Induktionsspule erzeugt in elektrisch leitenden Töpfen Kreisströme. Wegen des ohmschen Widerstandes des Metalls wird der Topfboden erhitzt. Geschirr aus Plastik oder Glas ist nicht leitend; es werden keine Kreisströme induziert und es gibt daher keine Erhitzung.

3.1.08 Der Magnet wird beim Fall deutlich gebremst. Bei der Fallbewegung wird der magnetische Fluss durch die Wand des Alurohres geändert. Die induzierten Kreisströme verursachen ein Magnetfeld, das der Flussänderung entgegengerichtet ist. Der Fall wird gebremst.

3.1.3 Selbstinduktion einer Spule

3.1.09 Induktivität: $L = \frac{\mu_r \cdot \mu_0 \cdot A \cdot N^2}{l}$; Induktionsspannung: $U_L = -L \cdot \frac{dI}{dt}$;
Schaltzeichen: Vergleichen Sie den Beginn des Kapitel 4.1.3

3.1.10 $[L] = \left[\frac{\mu_r \cdot \mu_0 \cdot A \cdot N^2}{l}\right] = 1\frac{\frac{V \cdot s}{A \cdot m} \cdot m^2}{m} = 1\frac{V \cdot s}{A} = 1\ H$

3.1.11 15,112 H

3.1.12 3,079 H

3.1.13 1,151 s

3.1.14 Von der Induktivität der Spule, von der Größe des stationären Stromes und der Dauer des Schaltvorganges

3.1.4 Energie des Magnetfeldes einer Spule

3.1.15 $E_{magn} = \frac{L \cdot I_0^2}{2}$

3.1.16 6,758 µJ

3.1.17 0,5 J; 5 W

3.1.18 a) 0,1125 J, b) 0,1125 J, c) 4,5 W, d) $E_{ohm} : E_{magn} = 2\,000 : 1$

3.2 Wechselstrom

3.2.1 Wechselspannung

3.2.01 $u = U(t) = U_0 \cdot \sin(\omega \cdot t)$
Momentanwert: Spannung zu einem gegebenen Zeitpunkt,
Spitzenspannung: Maximalwert der Spannung,
Phase: Drehwinkel $\varphi = \omega \cdot t$ der Schwingung,
Frequenz: Anzahl der Schwingungen pro Sekunde,
Periode: Zeitdauer einer Schwingung,
Effektivspannung = Spitzenspannung / $\sqrt{2}$

3.2.02 Effektivspannung 230 V + 10 % bzw. –5 % bei einer Frequenz von 50 Hz

3.2.03 58,94 V

3.2.04 Durch die Umdrehungsgeschwindigkeit der Leiterschleife im Magnetfeld

3.2.2 Wechselstromwiderstände

3.2.05 Ohmscher Widerstand: R ist unabhängig von f,
kapazitiver Widerstand: $X_C = \frac{1}{2\pi \cdot f \cdot C}$
induktiver Widerstand: $X_L = 2\pi \cdot f \cdot L$

3.2.06 Vergleichen Sie die Zeigerdiagramme in der Randspalte.

3.2.07 a) 677,25 Ω , 0,020 7 A, b) 338,63 Ω , 0,041 3 A, c) 33,86 Ω , 0,413 4 A

3.2.08 a) 31,42 Ω , 0,446 A, b) 62,83 Ω , 0,223 A, c) 628,32 Ω , 0,022 3 A

3.2.09 L wird um den Faktor μ_r größer, daher wird X_L um denselben Faktor größer.

3.2.3 Schaltung von Wechselstromwiderständen

3.2.10 Vergleichen Sie hierzu die Zeigerdiagramme in der Randspalte des Kapitels.

3.2.11 5,684 MΩ, 89,9°

3.2.12 2,459 kΩ, 12,55°

3.2.13 1 523 Ω, 10,06°, 20,97 Hz

3.2.14 33,82 Ω, 88,7°, 20,97 Hz, Stromresonanz

3.2.15 677,3 nF

3.2.16 244,9 Ω

3.2.17 Im Resonanzfall Phasenverschiebung 0°

3.2.4 Energie und Leistung im Wechselstromkreis

3.2.18 51,25 W

3.2.19 2,983 W, 0,079 W

3.2.20 Die Scheinleistung ist Produkt der Maximalwerte von Strom und Spannung; da Strom und Spannung nicht phasengleich sind, geht aber nur die Wirkleistung in Wärme verloren.

3.2.5 Der Trafo

3.2.21 Durch die Anzahl der Primär- und Sekundärwicklungen: $\frac{U_1}{U_2} = \frac{I_2}{I_1} = \frac{N_1}{N_2}$

3.2.22 21,8 Sekundärwicklungen, 0,191 A primär, 7 A sekundär

3.2.23 4 545 A, 2,632 A

3.2.24 Bei einer vorgegebenen elektrischen Leistung erhält man bei höheren Spannungen kleinere Stromstärken, dadurch ist die ohmsche Verlustleistung des Stromes kleiner.

3.2.25 Netzebene 1: Höchstspannung (380 kV und 220 kV, 380/220-kV-Umspannung)
Netzebene 2: Umspannung von Höchst- zu Hochspannung
Netzebene 3: Hochspannung (110 kV, Anlagen zwischen 36 kV und 220 kV)
Netzebene 4: Umspannung von Hoch- zu Mittelspannung
Netzebene 5: Mittelspannung (mehr als 1 kV bis einschließlich 36 kV sowie Zwischenumspannungen)
Netzebene 6: Umspannung von Mittel- zu Niederspannung
Netzebene 7: Niederspannung (1 kV und darunter)

B „Chemische Technologie“ – Antworten

1 Fossile Brennstoffe

1.01 Steinkohle hat den höheren Heizwert, weil sie den höheren C-Gehalt aufweist.
(Dazu kommt, dass Braunkohle meist einen höheren Wassergehalt hat.)

1.02 $C_{16}H_{34}$. „Hexadecan wird wegen seiner hohen Zündwilligkeit für die Definition der Cetanzahl verwendet (CZ = 100).“

1.03 Benzin: Erdöl wird der Primärdestillation (atmosphärische Destillation) unterzogen. Benzin gehört dabei zu den Topfraktionen. Anschließend wird entschwefelt (Clausverfahren) und durch Reformieren die Octanzahl erhöht. – Ein Teil des Benzins stammt aus dem Cracken von Produkten der Vakuumdestillation (ebenfalls entschwefelt und reformiert).
Dieseltreibstoff: Die Dieselfraktion der Primärdestillation muss entschwefelt werden. Weitere Verfahrensschritte sind nicht zwingend notwendig. – Auch bei Dieseltreibstoff stammt ein Teil aus dem Cracken.

1.04 98 % 2,2,4-Trimethylpentan mit 2 % Heptan.

1.05 Durch Alkohole und Ether.

1.07 $\Delta H = -33\,053$ kJ

1.08 Der Autoabgaskatalysator für den Ottomotor reduziert die Schadstoffe in den Abgasen um über 90 %. Er wandelt Stickoxide, Kohlenstoffmonoxid und unverbranntes Benzin in Kohlenstoffdioxid, Wasser und Stickstoff um.
Der Partikelfilter für den Dieselmotor hält rein mechanisch einen guten Teil Rußteilchen zurück. Von Zeit zu Zeit werden die Partikel nachverbrannt.

2 Petrochemie – Kohlenwasserstoffe

2.01 0,25 Sekunden bzw. 850 °C.

2.02
$CH_4 + Cl_2 \rightarrow CH_3Cl + HCl$
$CH_3Cl + Cl_2 \rightarrow CH_2Cl_2 + HCl$
$CH_2Cl_2 + Cl_2 \rightarrow CHCl_3 + HCl$
$CHCl_3 + Cl_2 \rightarrow CCl_4 + HCl$

2.03 $n\ CH_2{=}CHCl \longrightarrow -[CH_2-CHCl]_n-$

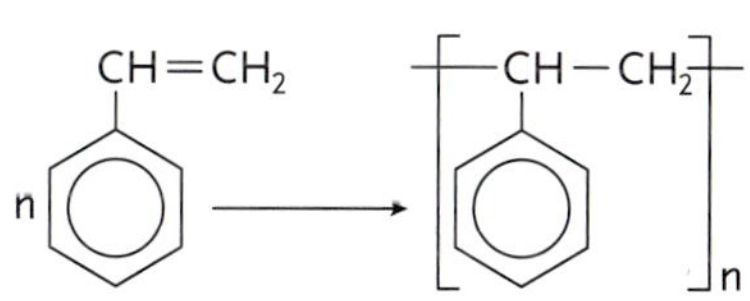

2.04 $C_2H_2 + 2\tfrac{1}{2}\,O_2 \rightarrow 2\,CO_2 + H_2O$

2.05
$CaO + 3\,C \rightarrow CaC_2 + CO$
$CaC_2 + 2\,H_2O \rightarrow C_2H_2 + Ca(OH)_2$

2.06

2.07 $CH_3-CH{=}CH_2 + H_2O \longrightarrow CH_3-CH(OH)-CH_3$

2.08 $CH_2{=}C{=}CH_2$ Propadien

2.09
a) $CH_2{=}CH-CH{=}CH_2 + Br_2 \rightarrow CH_2Br-CHBr-CH{=}CH_2$
b) $CH_2{=}CH-CH{=}CH_2 + Br_2 \rightarrow CH_2Br-CH{=}CH-CH_2Br$

2.10 C_8H_{10}

2.11

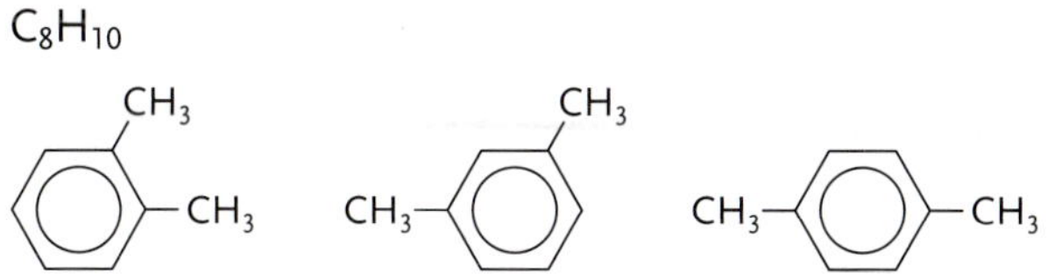

o- m- p-Xylen

2.12 Das mittlere C-Atom wäre sechsbindig.

2.13 Weil Benzen die Octanzahl in den Bereich von Superbenzin hebt.

2.14 $C_{14}H_{10}$

2.15 2; 3; 10

2.16

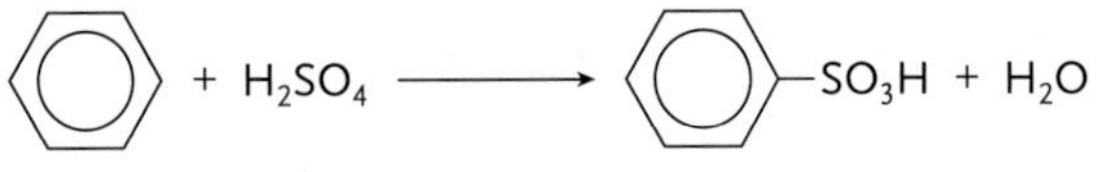

3 Halogenkohlenwasserstoffe

3.01 Die Wirkung eines Fleckputzmittels beruht auf der Fettlösekraft des Lösungsmittels (lipophiles Verhalten). Dabei spielt der eingesetzte Putzlappen und die gut saugfähige Unterlage eine wichtige Rolle. Die Nachteile chlorfreier Produkte sind die oft leichte Entflammbarkeit und in manchen Fällen die geringere Fettlösekraft.

3.02 Die Abkürzung DDT kommt vom Namen Dichlordiphenyltrichlorethan.

3.03 Man findet die Rückstände in fettreichen Nahrungsmitteln, weil DDT und 2,4,5-T sehr gut fettlöslich sind. Über die Nahrungskette wird es im Fettgewebe angereichert.

3.04 Das Entlaubungsmittel Agent Orange wurde in Fässern geliefert, die mit orangefarbenen Streifen gekennzeichnet waren. Die Verunreinigung von Agent Orange mit Dioxin hat bis heute weit reichende Spätfolgen, wie Missbildungen und Krebserkrankungen.

3.05 Freon-11 Freon-12 Freon-113

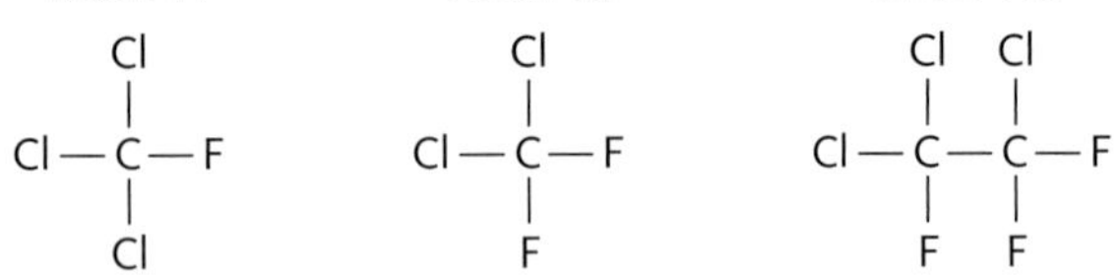

4 Alkohole – Phenole – Ether

4.01 3-Methylbutan-2-ol ist ein sekundärer Alkohol.

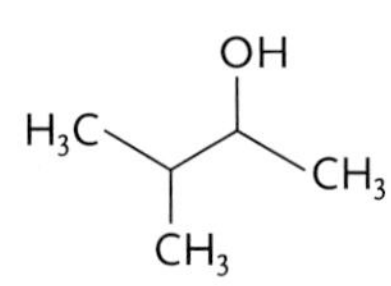

4.02 Die OH-Gruppe ist ein Dipol, der zu Wasserstoffbrücken und somit zu einer starken Anziehung zwischen den Alkoholmolekülen führt. Dadurch wird der Siedepunkt deutlich erhöht.

4.03 $C_2H_5OH \ + \ 3\ O_2 \ \rightarrow \ 2\ CO_2 \ + \ 3\ H_2O$

4.04 Berechnung des Sauerstoffgehalts von Methanol und Ethanol:
$m(CH_3OH) = 32$ u, $m(O) = 16$ u   Sauerstoffgehalt: 50 %
$m(C_2H_5OH) = 46$ u, $m(O) = 16$ u   Sauerstoffgehalt: 34,8 %
Dieser Sauerstoff im Molekül fördert zwar die Verbrennung, trägt aber nicht zum Heizwert bei. Die im Benzin enthaltenen Moleküle sind Kohlenwasserstoffe und enthalten keinen Sauerstoff.

4.05 E85 und E10 sind Mischungen von Alkohol mit Benzin. Für die Mischbarkeit ist der hydrophobe Teil im Ethanolmolekül verantwortlich. Bei reinem Ethanol wäre die Gefahr der Verfälschung mit Wasser sehr groß.

4.06 Durch die Behandlung von Steinkohlenteer mit Natronlauge bildet sich das Na-Phenolat, das sich in der Lauge löst. Die Lauge kann vom stark hydrophoben Steinkohlenteer abgetrennt werden. Durch Zugabe einer starken Säure wird das Phenolat-Ion aus seinem Salz verdrängt und liegt als Phenol vor. Eine weitere Reinigung erfolgt durch Destillation.

4.07

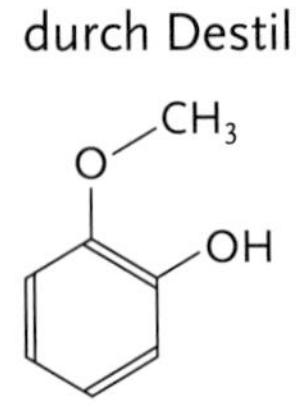

4.08 Die Verringerung des Siedepunktes von Ethern gegenüber Alkoholen mit der gleichen Summenformel hängt mit dem Fehlen von OH-Gruppen im Molekül zusammen. Ether bilden keine zwischenmolekularen Wasserstoffbrücken aus. Die Wechselwirkungen zwischen den Molekülen sind auf die schwachen Van-der-Waals-Kräfte beschränkt.

4.09 $CH_3{-}OH \ + \ HO{-}CH_2{-}CH_2{-}CH_3 \ \rightarrow \ CH_3{-}O{-}CH_2{-}CH_2{-}CH_3 \ + \ H_2O$
Methoxypropan (Methylpropylether)

4.10 ☒ ein Ether ☐ ein Amin ☒ ein Phenol ☒ ein Aldehyd ☐ eine Carbonsäure ☐ ein Ester ☐ ein Keton ☐ ein FCKW

5 Aldehyde und Ketone

5.01 * Aldehyde sind reaktiver als Ketone.
* Aldehyde sind bei gleicher Kohlenstoffzahl in Wasser schlechter löslich als Ketone.
* Aldehyde können zu Carbonsäuren oxidiert werden, Ketone nicht.
* Ketone zeigen keine positive Reaktion mit fehlingscher Lösung.

5.02 Man gewinnt Butanal.

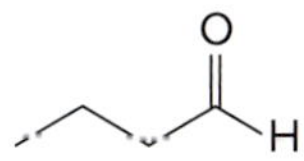

5.03 Propan-1-ol hat den höheren Siedepunkt, da sich zwischen den Molekülen Wasserstoffbrückenbindungen ausbilden.

5.04 Durch die reduzierende Wirkung des Aldehyds werden die Silberionen zu elementarem Silber reduziert. Der Aldehyd wird zur Carbonsäure oxidiert. Die Lösung färbt sich durch das fein verteilte Silber zunächst schwarz, bis sich ein Silberspiegel an der Wand der Proberöhre abscheidet (Silberspiegelreaktion).

5.05 Die desinfizierende Wirkung von Formalin beruht auf seiner denaturierenden (die Struktur verändernden) Wirkung auf Eiweiß. Es werden die Oberflächenproteine von Mikroorganismen zerstört.

5.06 Paraldehyd und Metaldehyd gehören zu den cyclischen Ethern.

5.07 Substanzname: 3,3-Dimethylpentan-2-on
Der Ausgangsstoff zur Herstellung ist 3,3-Dimethylpentan-2-ol. Die Herstellung erfolgt durch Oxidation (Dehydrierung) des Alkohols.

6 Carbonsäuren und Carbonsäureester

6.01 Eine Perle besteht zum überwiegenden Teil aus Calciumcarbonat. Speiseessig ist eine etwa 5%ige Lösung von Essigsäure in Wasser. Die Essigsäure ist eine stärkere Säure als die Kohlensäure. Sie verdrängt die Kohlensäure aus ihrem Salz ($CaCO_3$ ist ein Salz der Kohlensäure). Kohlensäure ist instabil und zerfällt in CO_2 und H_2O. Die Perle löst sich unter Aufschäumen auf.

$2\,CH_3COOH + CaCO_3 \rightarrow Ca^{2+}[CH_3COO^-]_2 + H_2CO_3$

$H_2CO_3 \rightarrow CO_2 + H_2O$

6.02

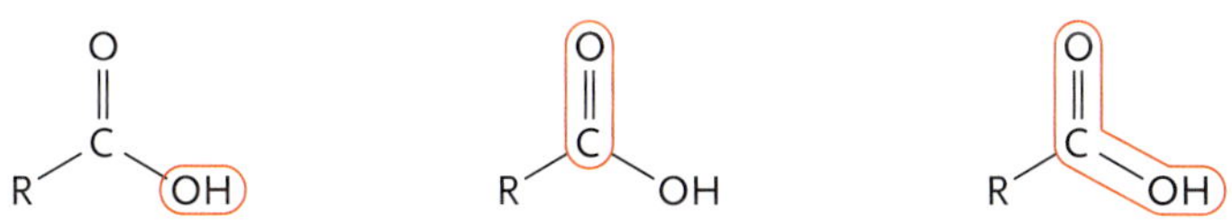

Hydroxygruppe Carbonylgruppe Carboxygruppe

6.03 Es entsteht die Methylpropansäure:

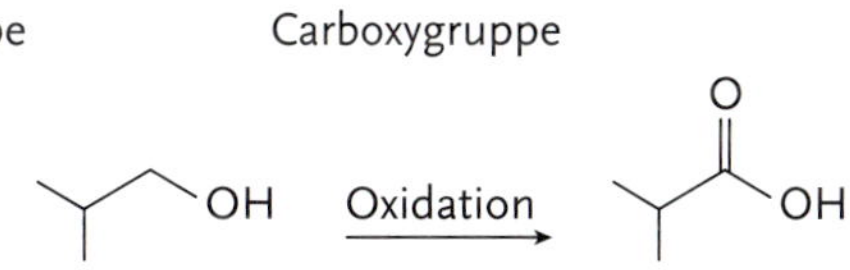

6.04 Das Chloratom übt in beiden Molekülen einen stark Elektronen anziehenden Effekt aus (–I-Effekt). Dadurch ist die Bindung des Protons an der Hydroxygruppe stark polarisiert und seine Abspaltung wird erleichtert. Bei der Trichlorethansäure ist dieser –I-Effekt durch die drei Chloratome wesentlich stärker. Darauf beruht der deutlich kleinere pK_a-Wert.

6.05 Die Siedepunkte steigen mit der C-Zahl linear an. Die Höhe der Schmelzpunkte liegt an der Bildung von Carbonsäuredimeren. Die Schmelzpunkte der ungeradzahligen Carbonsäuren sind deutlich niedriger als die Schmelzpunkte der geradzahligen Carbonsäuren. Im festen Zustand führt die Molekülstruktur bei geradzahligen Carbonsäuren dazu, dass die Wechselwirkungen zwischen den Kohlenstoffketten höher sind als bei ungeradzahligen. Die Moleküle der geradzahligen Carbonsäuren liegen enger beieinander.

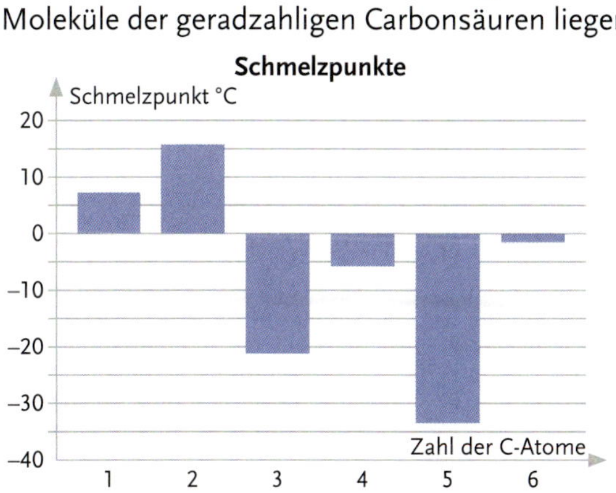

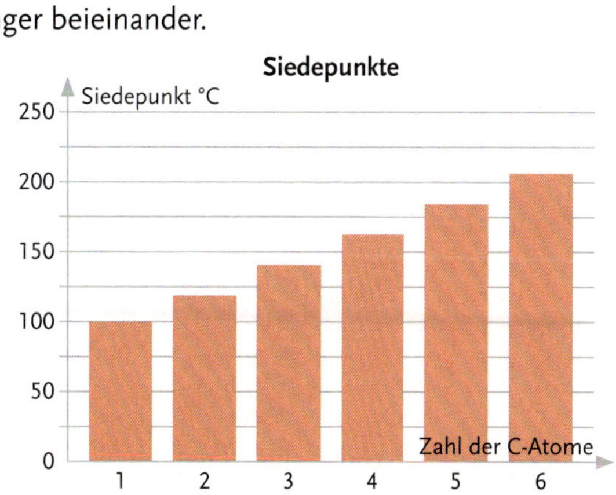

6.06 Die Oxidation von Methansäure ergibt im ersten Schritt Kohlensäure (H_2CO_3). Sie ist instabil und zerfällt zu Kohlenstoffdioxid und Wasser. Der Nachweis beruht auf der Reaktion von gelöstem $Ca(OH)_2$ (Kalkwasser) mit CO_2 zu unlöslichem $CaCO_3$ (Trübung).

6.07 Der Schmelzpunkt reiner, wasserfreier Essigsäure liegt bei 17 °C. Daher erstarrt die Essigsäure bereits in einem etwas kühleren Raum.

6.08 Die Droge ist Heroin. Sie wird durch Reaktion von Morphin mit Essigsäureanhydrid hergestellt.

6.09 Zur Herstellung von Dichlorprop wird Propansäure verwendet. Das Molekül hat ein Stereozentrum und ist optisch aktiv.

6.10 Der Zusatzstoff E 202 ist das Konservierungsmittel Kaliumsorbat, das Kaliumsalz der Sorbinsäure.

6.11 Als Carbonsäure wird Benzencarbonsäure verwendet.

6.12 Gerüstformel der Ethandisäure:

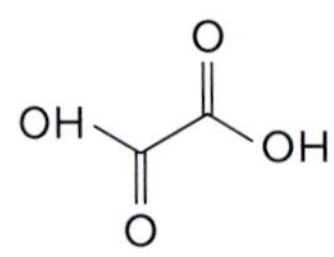

6.13 Strukturformel der Terephthalsäure:

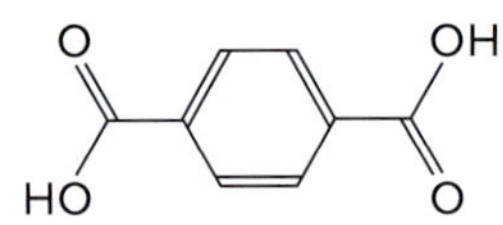

6.14 Wenn Ca^{2+}-Ionen und Oxalationen aufeinandertreffen, bildet sich sofort schwer lösliches Ca-Oxalat. In der Niere werden Nierensteine gebildet.

6.15 Als **Chiralität** bezeichnet man die Eigenschaft von Molekülen, die sich, bedingt durch die räumliche Anordnung ihrer Atome, wie Bild und Spiegelbild verhalten. Die Moleküle, **Enantiomere** genannt, können nicht zur Deckung gebracht werden. Die Ursache der Chiralität ist das Vorhandensein eines **Stereozentrums** im Molekül (meist eines Kohlenstoffatoms mit vier verschiedenen Substituenten). Chirale Stoffe sind **optisch aktiv,** d. h., sie drehen die Schwingungsebene von linear polarisiertem Licht. Eine 1:1-Mischung von Enantiomeren nennt man **Racemat.** Diese Mischung ist optisch inaktiv.

6.16 Zwei Enantiomere der Hydroxybutandisäure (Äpfelsäure) in der Fischerprojektion:

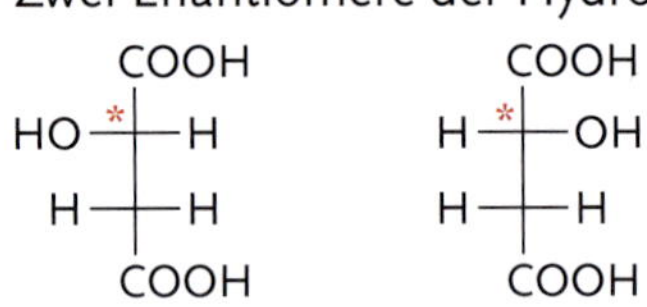

L-Äpfelsäure *D*-Äpfelsäure

6.17 Zwei Milchsäuremoleküle reagieren miteinander und verbinden sich unter Wasserabspaltung. Es findet eine Veresterung statt.

6.18 $3\ Ca(OH)_2 + 2\ C_6H_8O_7 \rightarrow Ca_3(C_6H_5O_7)_2 + 6\ H_2O$

6.19 Das Zwischenprodukt bei der Milchsäuresynthese ist das Lactonitril (2-Hydroxypropannitril).

6.20 Es handelt sich um eine Veresterung.

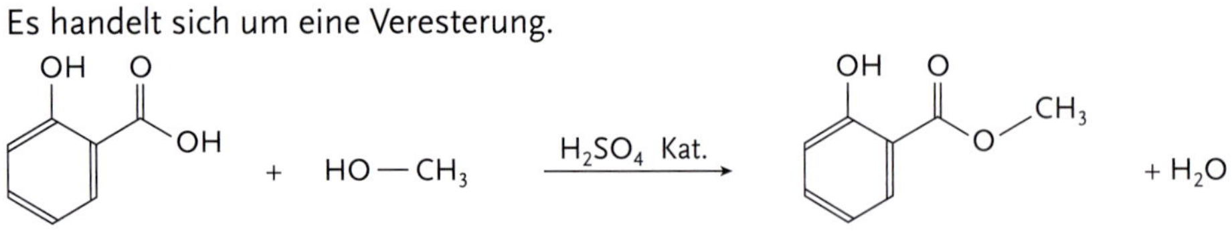

6.21 Die Ausgangsstoffe zur Herstellung von Aspirin sind 2-Hydroxybenzencarbonsäure (Salicylsäure) und Ethansäure (Essigsäure) bzw. Ethansäureanhydrid. Die chemische Reaktion ist eine Veresterung.

6.22 Als Nebenprodukt der Umesterung entsteht der dreiwertige Alkohol Propantriol (Glycerol).

7 Organische Stickstoffverbindungen

7.01

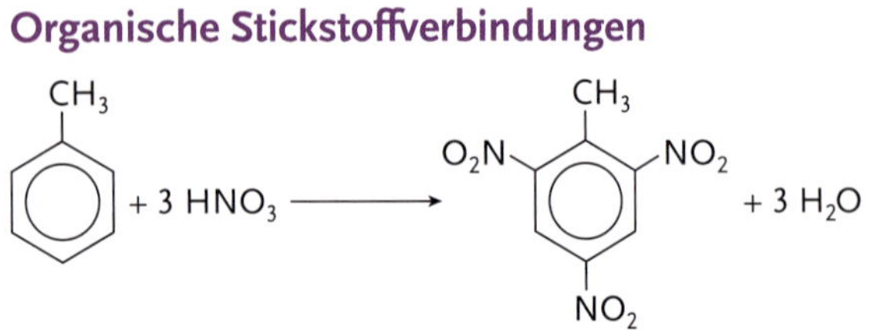

7.02 Es entstehen giftige Gase, die unter Tage die Bergleute gefährden könnten.

7.03 $CH_3{-}NH_2 + HCl \rightarrow CH_3{-}NH_3^{+}Cl^{-}$

7.04 Sie können kein Proton einfangen, weil das Stickstoffatom in quartären Verbindungen kein freies Elektronenpaar besitzt.

7.05

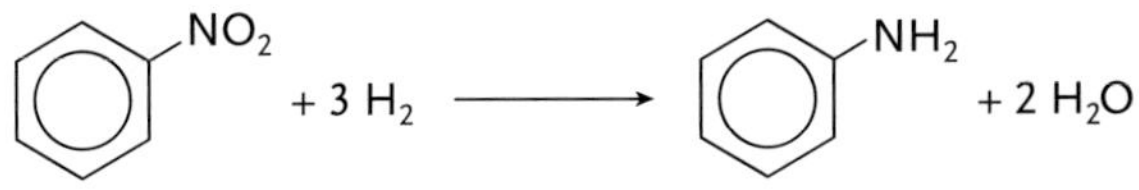

7.06

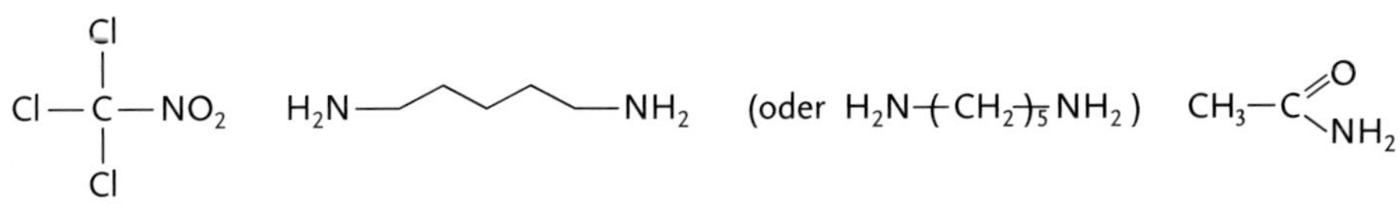

7.07

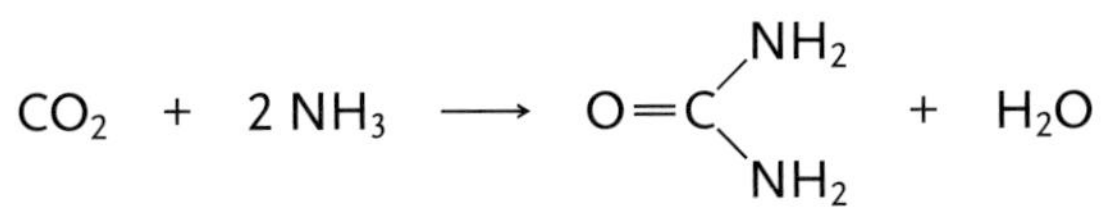

7.08 Ethansäureamid, Harnstoff, Benzenamin, Ethanamin, Natronlauge

7.09 Benzen, Anilin (Benzenamin), Ethanamin, Harnstoff

7.10

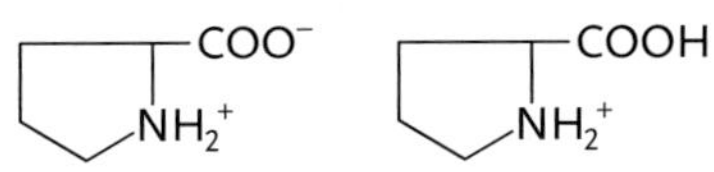

7.11 Sekundäres Amin, primäres (aromatisches) Amin, Nitroverbindung, Salpetersäureester (Nitrat), Nitril, Aminosäure, quartäres Ammoniumsalz

7.12

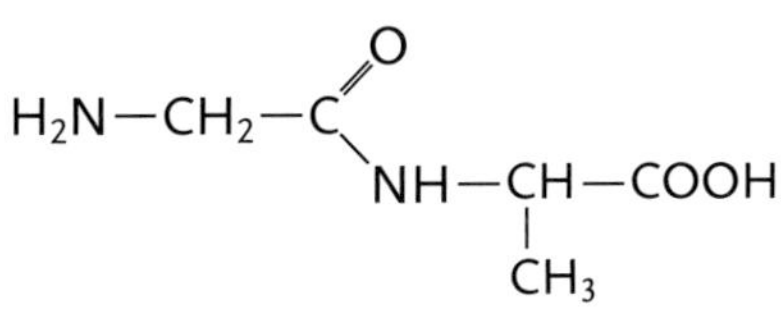

7.13 Pyrrol, Pyridin, Pyrrolidin

8 Makromolekulare Substanzen

8.01 Cellulose wird von β-D-Glucose aufgebaut. Dies bedingt zickzackförmige Moleküle, die als Faserstoffe geeignet sind. Stärke wird von α-D-Glucose gebildet. Dies bedingt einen spiraligen Aufbau, der zu knäuelförmigen Strukturen führt. Für Stärke besitzt der menschliche Körper Verdauungsenzyme.

8.02 Cellulose (inklusive Hemicellulose rund 70 %) und Lignin (etwa 25 %)

8.03 $CaCO_3$

8.04 Viskoseverfahren und Lyocellverfahren

8.05 Der Viskose wird die für das Lösen der Cellulose notwendige Natronlauge durch die Schwefelsäure (Neutralisation zu Natriumsulfat) entzogen.

8.06 Weil sie sowohl gegen Natronlauge als auch gegen Schwefelsäure beständig sein müssen

8.07

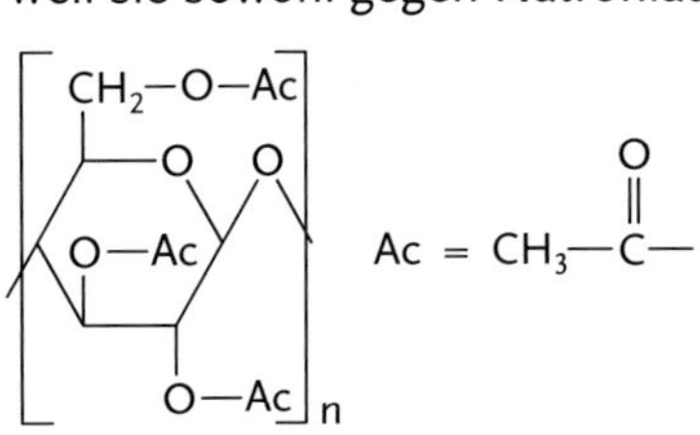

8.08 Weil Verzweigungen die Bildung einer kristallinen Ordnung erschweren

8.09 Styren (Styrol)

8.10 $CH_2{=}CH_2 + Cl_2 \rightarrow CH_2Cl{-}CH_2Cl$
$CH_2Cl{-}CH_2Cl + NaOH \rightarrow CH_2{=}CHCl + NaCl$
$n\,CH_2{=}CHCl \rightarrow {+}CH_2{-}CHCl{+}_n$

8.11

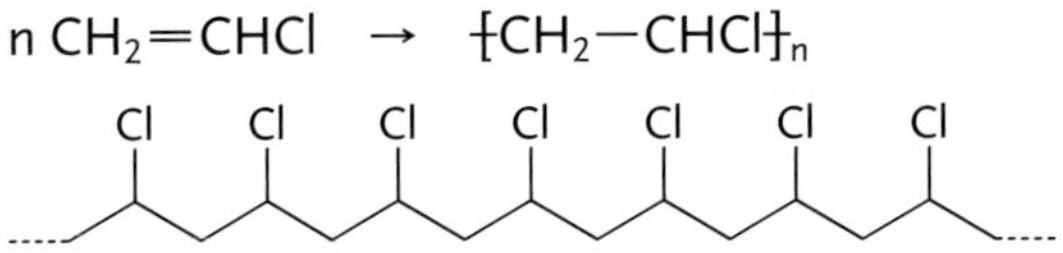

8.12 $M = 1\,120\,000$ g/mol

8.13 $CH \equiv CH + HCN \rightarrow CH_2{=}CH{-}CN$
$n\ CH_2{=}CH{-}CN \rightarrow {+}CH_2{-}CH(CN){+}_n$

8.14 Weil die Verzweigungen der Kette kristalline Strukturen verhindern

8.15

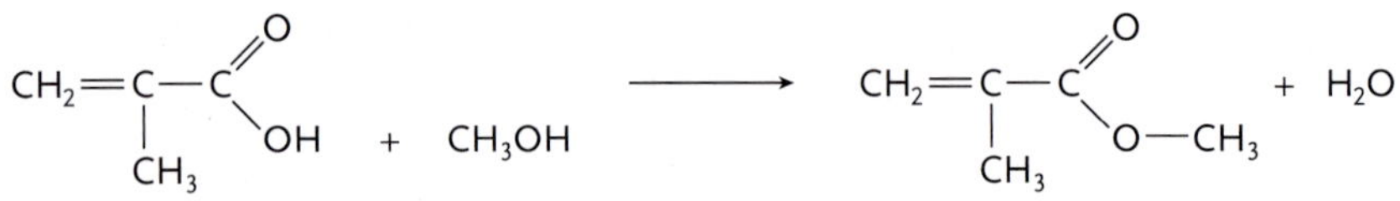

8.16

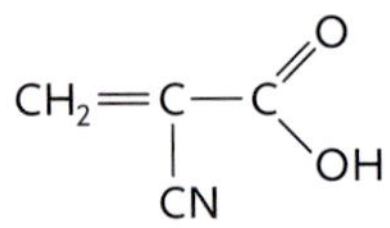

8.17

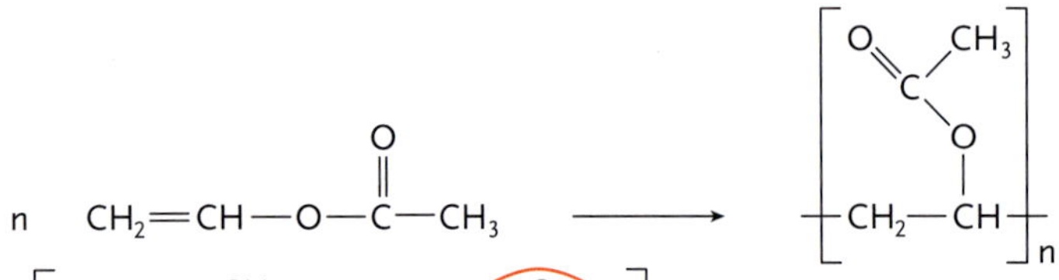

8.18

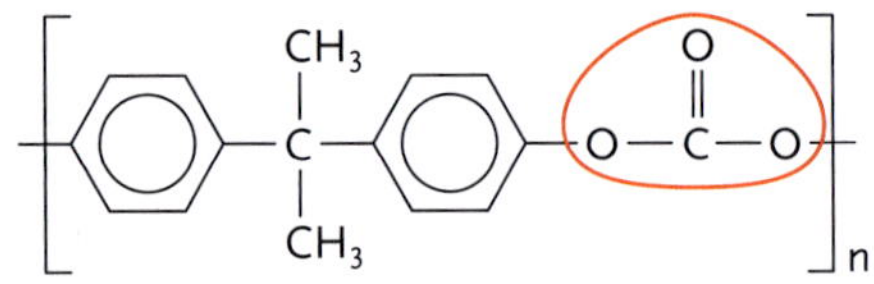

8.19

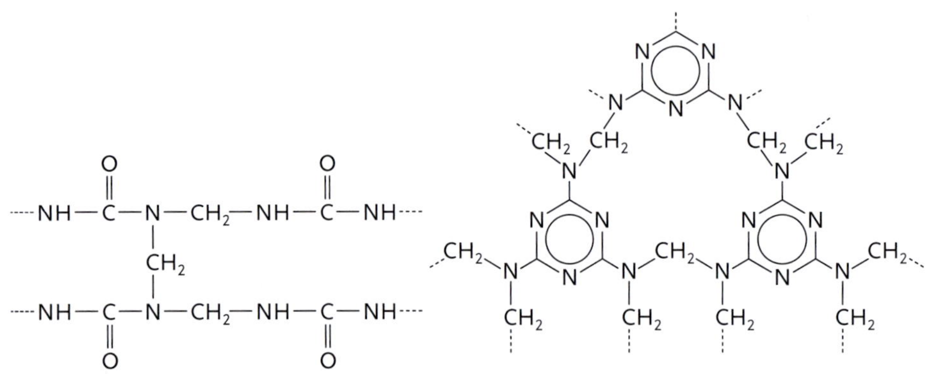

8.20

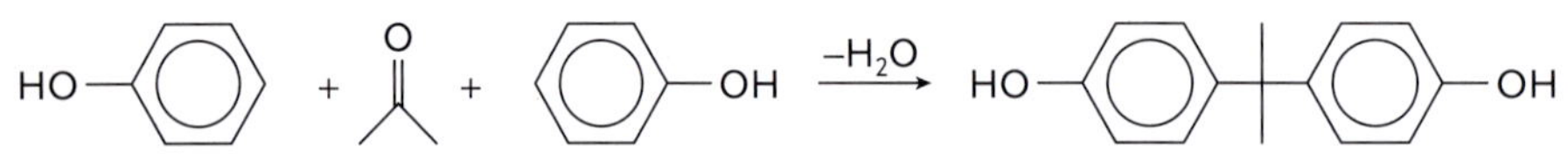

8.21 PTFE

8.22 $HOOC{-}CH{=}CH{-}COOH$

8.23 E/Z-Isomerie

8.24 Das freie Elektronenpaar sorgt dafür, dass ein durchgehendes π-Elektronensystem im Molekül vorliegt. Dieses ist verantwortlich für Leitfähigkeit und Farbe.

8.25 Einwegspritzen, Blutbeutel, Pflaster, Fasern für Nähte, Gelenkprothesen, künstliche Blutgefäße, künstliche Darmteile, künstliche Linsen nach Staroperationen, künstliche Nasen und Ohren nach Unfällen

8.26 Axialpumpe aus PU für ein menschliches Herz

8.27 Hohe Festigkeit bei geringer Masse, geringe Materialermüdung, geringe Korrosion

8.28

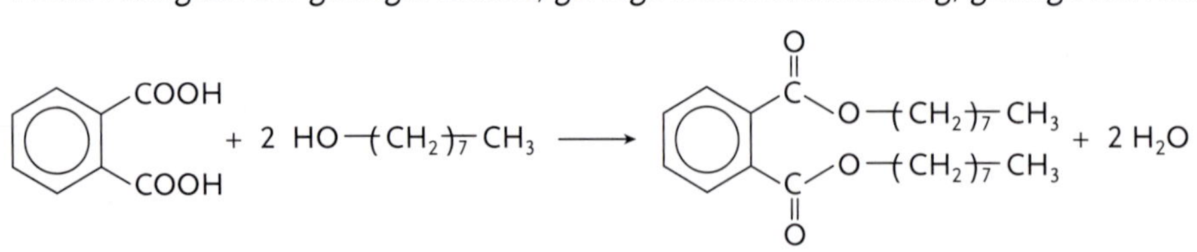

8.29 $CaCO_3$; ein Gemisch unterschiedlichster Silicate, das nicht kristallisiert

8.30 Die parallelisierten Makromoleküle machen die Fasern zugfest.

8.31 Beides ist möglich. Anorganische Farbstoffe haben eine höhere Deckkraft und bleichen weniger leicht aus, organische Farbstoffe haben eine höhere Brillanz.

8.32 Noch vorhandene Doppelbindungen der ungesättigten Fettsäuren reagieren im Laufe der Zeit mit dem Luftsauerstoff. Dadurch wird der Kunststofffilm hart und spröde.

8.33 Thermoplaste

8.34 PE und PP

8.35 Schwer brennbar sind PVC, PC, UF, MF und CA.

8.36 Rußend brennen vor allem PS, PET und PC. Sie enthalten Aromaten und damit sehr viel Kohlenstoff im Verhältnis zu Wasserstoff.

8.37 Proteine wie Haare, Horn (und auch Wolle) zeigen wie das PA die Amidbindung (Peptidbindung).

9 Wasch- und Reinigungsmittel

9.01 Tenside haben einen unpolaren, hydrophoben (wasserfeindlichen) und einen polaren, hydrophilen (wasserfreundlichen) Molekülteil. Der hydrophobe Teil ist zumeist ein linearer Kohlenwasserstoffrest, der 10 bis 20 Kohlenstoffatome umfasst. Der hydrophile Teil ist je nach Tensidart unterschiedlich aufgebaut.
Anionische Tenside haben einen negativ geladenen hydrophilen Molekülteil. **Kationische Tenside** sind **quartäre Ammoniumverbindungen** und haben einen positiv geladenen hydrophilen Molekülteil. **Amphotere Tenside** tragen im hydrophilen Teil sowohl eine positiv als auch eine negativ geladene funktionelle Gruppe. **Nicht ionische Tenside** sind im hydrophilen Teil ungeladen (aber sie sind polar).

9.02 Mizellen sind kugel- und stäbchenförmige Aggregate von Tensidmolekülen, die sich beim Auflösen von Tensiden im Wasser bilden. Sie haben eine Größe von wenigen Nanometern. Tritt ein Lichtstrahl durch eine Tensidlösung, wird er an den Mizellen gestreut (Tyndalleffekt).

9.03 Eine Seifenblase besteht aus einer sehr dünnen Lamelle aus Wasser, die durch Tensidmoleküle innen und außen stabilisiert wird. Auf beiden Seiten zeigen die Tensidmoleküle mit ihrem hydrophilen Ende zum Wasser. Die Instabilität hängt damit zusammen, dass die Lamelle sehr dünn und flüssig ist. Aufgrund der Schwerkraft fließt das Wasser der Lamelle nach unten und die Lamelle wird im oberen Teil der Blase immer dünner und reißt schlussendlich.

9.04 Tenside verringern die Oberflächenspannung des Wassers und ermöglichen ein Benetzen des Gewebes und das Eindringen von Tensidlösung in das Gewebe.
Tensidmoleküle treten in Wechselwirkung mit dem Gewebe und den hydrophoben Schmutzteilchen. Sie lagern sich an der Oberfläche des ebenfalls hydrophoben Gewebes an, dringen mit ihrem hydrophoben Teil in das Schmutzteilchen ein und schieben sich zwischen Gewebe und Schmutz. Das Schmutzteilchen löst sich vom Gewebe.
In den abgelösten Schmutz dringen weitere Tensidmoleküle ein. Dabei wird er in feinste Teilchen emulgiert und dispergiert. Die von den Tensidmolekülen bewirkte hydrophile Hülle der Schmutzteilchen verhindert eine Wiedervereinigung zu größeren Einheiten und ein erneutes Anlagern am Gewebe.
Das nun gereinigte Gewebe wird von der Waschlauge getrennt und mit frischem Wasser gespült. Dabei wird das Gewebe von anhaftenden Tensiden befreit. Ein Großteil des Wassers wird beim Schleudern aus der Wäsche entfernt.

9.05 Durch die Kochsalzzugabe löst sich das Kochsalz im Wasseranteil des Seifenleims und bildet eine Salzlösung. Dadurch wird die Emulsion zerstört. Aufgrund der nun höheren Dichte der Salzlösung mit der Restlauge (Unterlauge) trennt sie sich vom Seifenkern (mit der geringeren Dichte) ab.

9.06 Betrachtetes Seifenmolekül: Natriumsalz einer Fettsäure
$R{-}COO^- \, Na^+$ R = hydrophober Alkylrest

Seife ist das Salz einer schwachen Säure mit einer starken Base. Die Fettsäureanionen entziehen dem Wasser Protonen und setzen so OH^--Ionen frei. Die Lösung reagiert basisch.
$$R{-}COO^- \, Na^+ + H_2O \rightarrow R{-}COOH + Na^+ + OH^-$$

9.07 Es wird Seifenlösung bereitet. Man fügt Seifenlösung zu den beiden Wasserproben und schüttelt. Die Wasserprobe mit dem weichen Wasser schäumt stark. Die Wasserprobe mit dem harten Wasser schäumt kaum und es bildet sich eine deutliche Trübung oder Ausflockung (Kalkseife).

9.08 In den 1950er-Jahren wurden die Seifen in Waschmitteln durch Alkylbenzensulfonate abgelöst. Diese Verbindungen waren ursprünglich im Alkylrest stark verzweigt. Ihre biologische Abbaubarkeit wurde damals nicht geprüft. Mikroorganismen in der Natur können stark verzweigte Alkylreste nicht vollständig abbauen, sodass die Tensidwirkung erhalten blieb. Dies bewirkte starke Schaumbildung in Flussläufen und Seen. In Verbindung mit den damals in Waschmitteln verwendeten Phosphaten zur Wasserenthärtung wurde das ökologische Gleichgewicht der Gewässer massiv gestört (Eutrophierung und in der Folge davon Fischsterben). Daher musste man den Alkylrest des Tensidmoleküls so modifizieren, dass es biologisch abbaubar ist. Linear gebaute Alkylreste mit nur einer Verzweigung genügen diesem Anspruch.

9.09 Lineare Alkylbenzensulfonate (LAS) sind Salze von Sulfonsäuren; es liegt eine Bindung zwischen dem organischen Rest R und Schwefel vor.

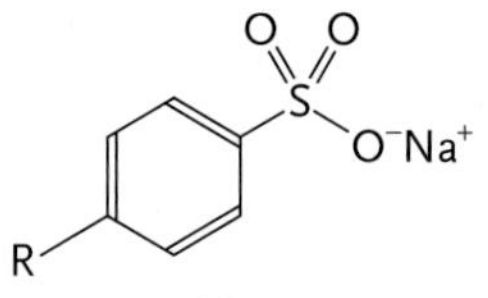

LAS

Fettalkoholsulfate (FAS) sind Ester von Fettalkoholen mit Schwefelsäure; es liegt eine Bindung zwischen dem organischen Rest R und dem Sauerstoff der Schwefelsäure vor.

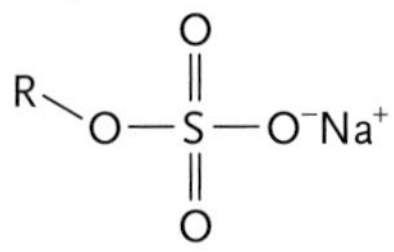

FAS

9.10 In einem Buntwaschmittel dürfen keine Bleichmittel enthalten sein.

9.11 Enzyme werden bei höheren Temperaturen denaturiert und sind daher nur in der ersten Phase des Aufheizprogramms aktiv.

10 Farbstoffe

10.01 Gelb bzw. Rot

10.02 Das konjugierte System mit drei Doppelbindungen absorbiert im UV-Bereich. Diphenyldiazen hat 13 konjugierte Doppelbindungen (und auch die freien Elektronenpaare an den N-Atomen) und ist damit deutlich leichter anregbar.

10.03 Grafit hat in seinen Schichten ein nahezu unendliches konjugiertes kondensiertes Ringsystem und absorbiert damit alle Wellenlängen des sichtbaren Lichtes.

10.04 Chlorbenzen und Stickstoff N_2

10.05

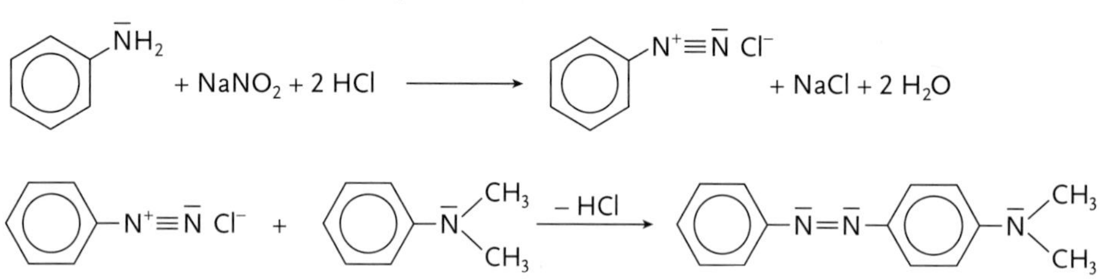

10.06 Sulfonsäuregruppen sind ionisch und werden daher hydratisiert.

10.07 Kongorot ist ein pH-Indikator und ändert daher bei Kontakt mit sauren Substanzen die Farbe (von Rot auf Blau).

10.08

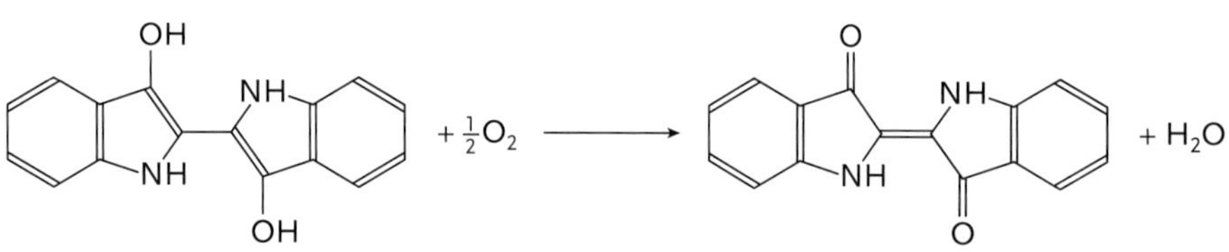

11 Pharmazeutika – Drogen – Doping

11.01 Antiseptika (Desinfektionsmittel), stopfende und abführende Mittel (Laxantien), Mittel gegen Wurmerkrankungen (Antihelminthika), Mittel für den Elektrolythaushalt, Mittel zur Behandlung diverser Organe (z. B. Lunge)

11.02 $\langle N{=}N{=}O\rangle \longleftrightarrow |N{\equiv}N{-}\overline{O}|$

11.03

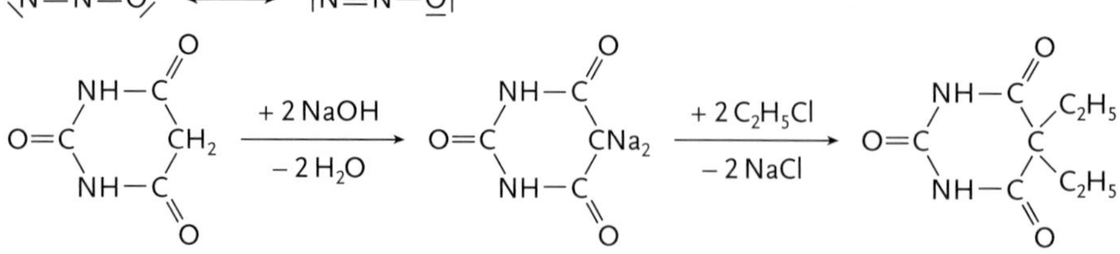

11.04 Mit Natronlauge (oder Enzymen)

11.05 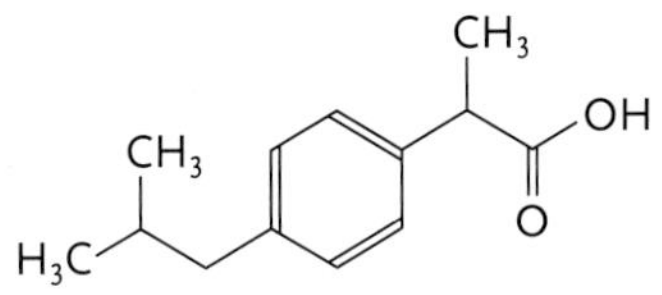 und 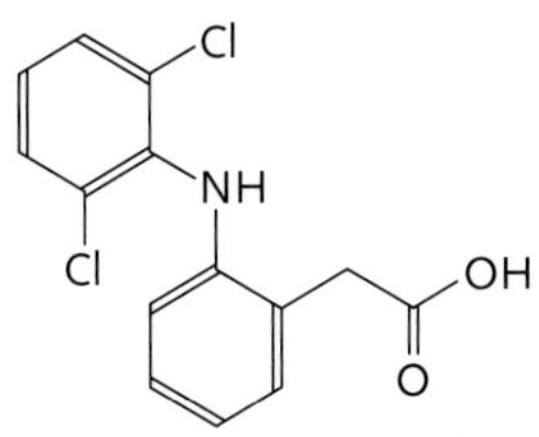

11.06 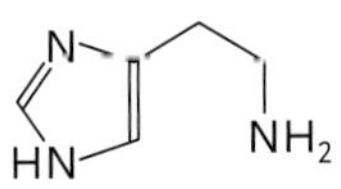

11.07 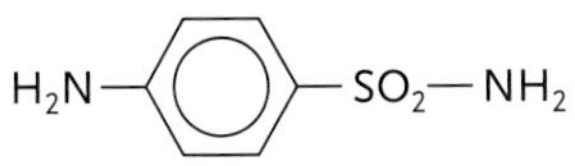 und 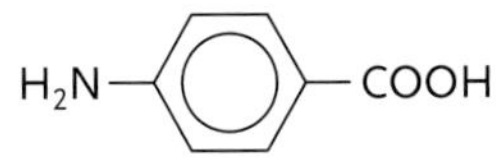

11.08 $C_{12}H_{17}NO_2$

11.09 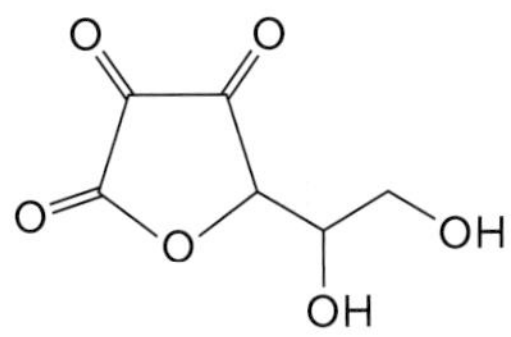

11.10 Damit Sportler nicht behaupten können, sie hätten guten Gewissens ein handelsübliches, aber dopingverseuchtes Nahrungsergänzungsmittel zu sich genommen.

11.11 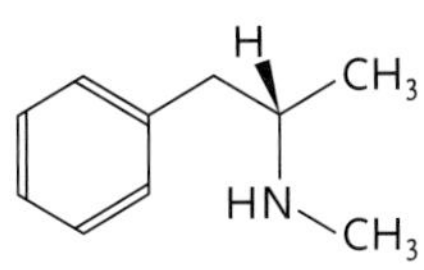

C „Ökologie und Gesellschaft I" – Antworten

1 Fossile und erneuerbare Energieträger

1.01 Primäre Energiequellen: Erdöl, Erdgas, Kohle, Torf; Wasserkraft, Sonnenenergie, Windenergie, Geothermie und Biomasse. Sekundäre Energiequellen: Strom aus Wärmekraftwerken, aufbereitete fossile Enegieträger (Benzin, Heizöl, Koks, Briketts), Biogas, Biodiesel, Bioethanol und Wasserstoff.

1.02 Eingepresstes Wasser oder Erdgas erhöht den Lagerstättendruck wieder.

1.03 Der hohe technische Aufwand ist aus Kostengründen nicht vertretbar oder die nötige Infrastruktur ist nicht vorhanden.

1.04 Zerstörung der Landschaft und dadurch nötige aufwendige Renaturierung, Einsatz von großen Mengen von Wasser als Spül- und Pumpflüssigkeit, Energieaufwand für das Erhitzen von Wasser, Lagerung von kontaminiertem Sand und Wasser in Absetzbecken (Gefahr für das Grundwasser).

1.05 Durch das plötzliche Freisetzen großer Methanmengen kann es zum Blow-out kommen. Fehlt das Methanhydrat als Stütze im Meeresboden, können Gesteinsrutsche einen Tsunami auslösen.

1.06 In Österreich wurde 1973 als Sparmaßnahme ein autofreier Tag pro Woche verordnet. Dazu wurden die Fahrzeuge mit einem Aufkleber auf der Windschutzscheibe gekennzeichnet. In den Schulen wurde eine Woche Sonderferien im Februar eingeführt, die im Anschluss als Semesterferien weitergeführt wurden. Den umgangssprachlichen Namen Energieferien führen sie heute noch.

1.07 Der Landwirt muss einen Sammelbehälter für Gülle und Kosubstrate, einen Gärbehälter (Fermenter) und einen Lagerbehälter für die Biogasgülle bauen. Das entstandene Biogas wird drucklos in einem Folienbehälter gesammelt. In einem Heizhaus werden der Verbrennungsmotor und der Generator untergebracht. Die bei der Fermentation eingesetzten Stoffe stammen aus der eigenen Vieh- oder Feldwirtschaft und werden mit regional gesammelten Bioabfällen ergänzt.

1.08 Bei der Acidogenese bauen anaerobe Bakterien niedermolekulare organische Verbindungen zu Alkoholen, organischen Säuren, Kohlenstoffdioxid und Wasserstoff ab. Als Acetogenese bezeichnet man den weiteren Abbau dieser Verbindungen durch Essigsäurebakterien zu Essigsäure und Wasserstoff. Bei der Methanogenese erzeugen Methanbakterien aus Kohlenstoffdioxid, Wasserstoff und Essigsäure die Endprodukte Methan und Wasser.

1.09 RME steht für Rapsölmethylester, AME für Altölmethylester, E5 für Benzin mit einer Beimengung von 5 % Bioethanol und PEMFC für den Bautyp einer Brennstoffzelle (polymer electrolyte membrane fuel cell).

1.10 Umesterung:

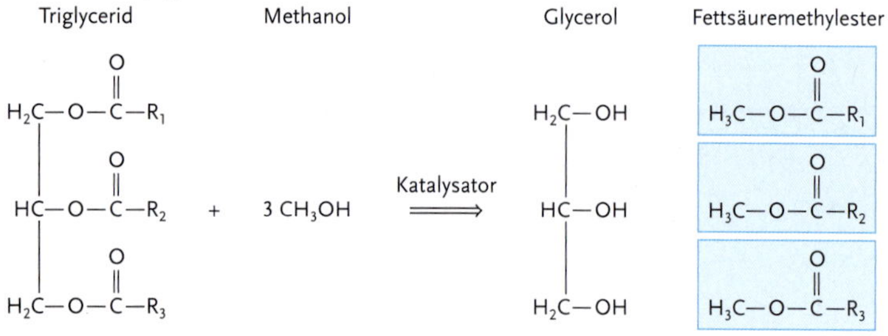

R_1, R_2, R_3: verschiedene Fettsäurereste (z.B. Stearinsäure, Ölsäure, Linolensäure)

Alkoholische Gärung: $C_6H_{12}O_6 \longrightarrow 2\,C_2H_5OH + 2\,CO_2$

1.11 Brasilien musste durch die Vergrößerung der Zuckerrohranbauflächen für die Bioethanolproduktion landwirtschaftliche Nahrungsmittel importieren.

1.12 Mehrere Lösungen möglich

2 Halogenkohlenwasserstoffe

2.01 Stabil und reaktionsträge → geeignet als Treibgas und Schäummittel
Lipophil → Lösungs- und Extraktionsmittel für ebenfalls lipophile Stoffe
Nicht entflammbar → Feuerlöschmittel
Toxisch → gezielt als Pestizide einsetzbar
Gut komprimier- und expandierbar → Kältemittel

2.02 Sein Gefrierpunkt liegt bei 0 °C.

2.03 Dadurch, dass Säuglinge und Kleinkinder ihr Spielzeug gerne in den Mund stecken, saugen sie die Schadstoffe förmlich auf.

2.04 Mehrere Lösungen möglich

2.05 Kunststoffe, besonders PVC; Dispersionen, Lacke, Dichtmassen, Klebstoffe, Kosmetika und Textilien

2.06 Im Jahre 1943 standen Forscher im Manhattanprojekt vor dem Problem, dass sie bei der Urananreicherung mit dem extrem korrosiven Uranhexafluorid umgehen mussten. PTFE fand hier wegen seiner ausgezeichneten chemischen Stabilität erstmals technische Verwendung als Korrosionsschutz.

2.07 Goretex ist der Handelsname der W. L. Gore & Associates, Newark, Delaware, für eine aus PTFE bestehende mikroporöse, wasserundurchlässige, aber dampfdiffusionsoffene Membran.

2.08 Durch die hohe Umweltstabilität wird DDT über die Nahrungskette angereichert, sodass es bis heute in hohen Konzentrationen in fettreichen Nahrungsmitteln zu finden ist.

3 Kunststoffe

3.01 Massenkunststoffe sind die vier Thermoplaste PE, PP, PVC und PS. Sie werden zu Folien, Platten, Rohren, Profilen, Hohlkörpern (Flaschen, Kanister) und Schaumstoffen verarbeitet.
Zu den technischen Kunststoffen zählt man PA, POM, PPO, PC, PET, PETP, PBTP und die Duromeren. Sie werden zu Gehäusen, tragenden Teilen und Schaltern verarbeitet.
Spezialkunststoffe sind beispielsweise PMMA, PTFE und PES. Hergestellt werden Beleuchtungskörper, Gleitlager und Trägerfolien für Schaltkreise.

3.02 Durch die große Bandbreite der mechanischen Eigenschaften der verschiedenen Kunststoffsorten ergibt sich ein eingeschränktes Anwendungsgebiet. Die dunklen Farben ergeben sich ebenfalls durch das Zusammenmischen verschiedener bunter Teile.

3.03 bis **3.06:** Individuelle Lösungen

3.07 Verpackungsflocken aus PS lösen sich rasch in Aceton auf. Stärkeflocken dagegen quellen in Wasser auf und lösen sich nach einiger Zeit. Die Stärke kann mit einer Iod-Kaliumiodid-Lösung nachgewiesen werden (Blaufärbung).

3.08 bis **3.14:** Individuelle Lösungen

3.15 Der Slogan „Jute statt Plastik!" kennzeichnete in den 1980er-Jahren die bewusste Entscheidung von Konsumenten gegen die Wegwerfgesellschaft und für soziale und ökologische Verantwortung. Die Jutetasche wurde inzwischen durch Baumwolltaschen aus ökologischem Anbau und Fairem Handel ersetzt.

3.16 Individuelle Lösungen

D „Biotechnologie“ – Antworten

1 Grundlagen der Biochemie und Ernährung

1.1 Proteine

1.1.01 Strukturproteine, Membranproteine, Speicherproteine

1.1.02 Bausteine der Proteine (20 Aminosäuren)

1.1.03 Primärstruktur: Abfolge der Aminosäuren; Sekundärstruktur: einzelne geordnete Abschnitte des Proteinmoleküls (Helix oder Faltblatt); Tertiärstruktur: räumliche Gestalt eines ganzen Proteinmoleküls; Quartärstruktur: Aggregat aus mehreren Proteinmolekülen (Untereinheiten)

1.1.04 Hydrophobe (unpolare) Aminosäuren bilden durch hydrophobe Wechselwirkungen einen inneren Zusammenhalt des Proteinmoleküls und damit seine Gestalt.

1.1.05 Asparaginsäure: saure Aminosäure (negative Ladung, elektrostatische Wechselwirkung); Leucin: apolare Aminosäure (hydrophobe Wechselwirkung); Tyrosin: polare Aminosäure (Wasserstoffbrücke); Lysin: basische Aminosäure (positive Ladung, elektrostatische Wechselwirkung); Threonin: polare Aminosäure (Wasserstoffbrücke)

1.1.06 Ovalbumin und Lactalbumin: globuläre Proteine; Kollagen und Keratin: fibrilläre Proteine

1.1.07 Bluteiweiß Albumin: globuläres Protein (gute Wasserlöslichkeit); Seide: fibrilläres Protein (Faserstruktur)

1.1.08 1,4 g Hühnerei * 13 % = 182 mg Protein / 6,25 = 29,12 mg N / 14 = 2,08 mMol N / 0,1 = 20,8 ml

1.2 Fette

1.2.01 Aufbau von Membranen; gespeicherte chemische Energie

1.2.02 Gemeinsame Eigenschaft = Löslichkeit in unpolaren Lösungsmitteln; Neutralfette: Triglyceride (Triacylglycerole); Lipoide: andere chemische Strukturen, z. B. Phospholipide

1.2.03 Gesättigte Fettsäuren: nur Einfachbindungen; mehrfach ungesättigte Fettsäuren: mehrere Doppelbindungen, jeweils durch eine CH_2-Gruppe getrennt = isolierte Doppelbindungen, alle in Cis-(Z)-Stellung; Transfettsäuren: Wasserstoffatome bzw. Fettsäurereste in Trans-(E)-Stellung an den C-Atomen der Doppelbindung

1.2.04 Schmelzbereich: Bei Raumtemperatur sind Öle flüssig, Fette fest.

1.2.05 Lecithin, Emulgator

1.2.06 Glycerol ist mit zwei Fettsäuren (apolar) und über eine Phosphorsäure mit dem Aminoalkohol Cholin (Phosphocholin = polar) verestert. Der apolare und der polare Teil des Moleküls bestimmen die Wirkung als Emulgator.

1.2.07 Sexualhormone, Gallensäuren, Cholecalciferol (Vitamin D)

1.3 Kohlenhydrate

1.3.01 $C_xH_{2y}O_y$; Einteilung nach der Anzahl der C-Atome (Hexosen, Pentosen, Triosen); Aldosen und Ketosen (Aldehydgruppe an C-1-Atom oder Ketogruppe an C-2-Atom)

1.3.02 Ribose = Monosaccharid (Pentose), Lactose = Disaccharid (Glucose + Galactose), Raffinose = Oligosaccharid (Trisaccharid: Galactose + Glucose + Fructose), Cellulose = Polysaccharid (Vielfach-Glucosen, verknüpft mit β-1,4-glycosidischer Bindung)

1.3.03 Pyranoide Form der Glucose: Sauerstoffbrücke zwischen der Aldehydfunktion am C-1-Atom und der OH-Funktion am C-5-Atom; furanoide Form der Fructose: Sauerstoffbrücke zwischen der Ketofunktion am C-2-Atom und der OH-Funktion am C-5-Atom

1.3.04 Unterschied in der Stellung der OH-Gruppe am C-1-Atom. α-Glucose: OH-Gruppe am C-1-Atom gleich ausgerichtet wie am C-4-Atom; die α-1,4-glycosidische Bindung der Stärke bedingt gleich ausgerichtete Glucosemoleküle in einem lang gestreckten, schraubenförmigen Makromolekül (Amylose). Stärke ist für den Menschen verdaulich. Die β-1,4-glycosidische Bindung der Cellulose bedingt jeweils in Folge um 180° gedrehte Glucosemoleküle in einem lang gestreckten, geradlinigen Makromolekül. Mehrere Makromoleküle können dadurch über Wasserstoffbrücken mechanisch feste Faserbündel ausbilden. Cellulose ist daher für den Menschen nicht verdaulich.

1.3.05 Reduzierender Charakter: Aldehydfunktion am C-1-Atom zumindest eines Monosaccharides ungebunden; nicht reduzierendes Disaccharid: keine freie Aldehydfunktion, C-1-Atom glycosidisch mit zweitem Monosaccharid verbunden.

1.3.06 Aldehydfunktion am C-1-Atom (bei Aldosen) bzw. Ketofunktion am C-2-Atom (bei Ketosen) reagiert unter Wasserabspaltung mit OH-Gruppe eines weiteren Zuckers. Es entsteht eine Etherbrücke.

1.3.07 Nicht quellfähige (unlösliche) Ballaststoffe: Darmfüllung; quellfähige (lösliche) Ballaststoffe: Nährstoff für Darmbakterien, Gallensäurebindung (Cholesterinsenkung), verlangsamte Aufnahme der Glucose

2 Molekulare Grundlagen der Zelle und Genetik

2.1 DNA und genetischer Code

2.1.01 Fadenförmige Chromosomen = Erbanlagen; Gene sind einzelne Abschnitte der Chromosomen. Ein Gen bestimmt ein bestimmtes Protein in der Proteinbiosynthese.

2.1.02 Körperzellen diploid, Geschlechtszellen haploid

2.1.03 Bausteine der DNA: Pentose Desoxiribose, mit Phosphat (negative Ladung) zu schraubenförmigem Makromolekül (Helix) verbunden, vier Stickstoffbasen, Adenin, Cytosin, Guanin und Thymin, sind jeweils an die Desoxiribose glycosidisch gebunden und ragen in das Innere der Helix. Zwei gegengleich ausgerichtete Makromoleküle sind über Wasserstoffbrücken der Stickstoffbasen zu einer Doppelhelix gebunden.

2.1.04 Cytosin und Thymin = Pyrimidinbasen; Adenin und Guanin = Purinbasen. Dabei sind die jeweils korrespondierenden Basenpaare Cytosin und Guanin (drei Wasserstoffbrücken) sowie Adenin und Thymin (zwei Wasserstoffbrücken).

2.1.05 Der genetische Code besteht in der Abfolge der Stickstoffbasen bzw. der korrespondierenden Basenpaare. Er ist in der Proteinbiosynthese für die Abfolge der Aminosäuren (Primärstruktur) verantwortlich.

2.2 Zellteilung und Proteinbiosynthese

2.2.01 Zellteilung = Entwicklung zweier genetisch identischer Tochterzellen aus einer Mutterzelle; Proteinbiosynthese = Übersetzung des genetischen Codes in eine Abfolge der Aminosäuren (Primärstruktur)

2.2.02 Replikation = Verdoppelung der DNA in drei Schritten: Initionsphase (Auftrennung der DNA-Doppelhelix durch Enzym Helicase, Setzen eines Primers); Elongationsphase (Synthese eines komplementären DNA-Stranges durch Enzym DNA-Polymerase); Terminationsphase (codierte Endsequenz)

2.2.03 RNA: Einfachstrang statt Doppelhelix; Ribose statt Desoxiribose; Stickstoffbase Uracil statt Thymin; Messenger-RNA (mRNA), ribosomale RNA (rRNA), Transfer-RNA (tRNA)

2.2.04 Transkription: Ein für ein Protein spezifischer Abschnitt der DNA wird auf eine Messenger-RNA (mRNA) in Form der korrespondierenden Basenpaare übertragen. Enzym ist eine RNA-Polymerase.

2.2.05 Translation: An den Ribosomen wird die mRNA schrittweise und gemäß dem übertragenen Code von der tRNA abgetastet. Die Abfolge von drei Basen determiniert eine bestimmte Aminosäure. Die tRNA transportiert diese Aminosäure und dockt an den komplementären Basen der mRNA an. Die zuvor gebildete Peptidkette wird mit der Aminosäure verknüpft.

2.3 Molekularbiologische Analytik

2.3.01 „Polymerase chain reaction" (Polymerase-Kettenreaktion)

2.3.02 Denaturierung: Auftrennung der DNA-Doppelhelix durch Erhitzen; Setzen eines Primers (Oligonukleotid); Elongationsphase: DNA-Polymerase bildet jeweils komplementäre Stränge.

2.3.03 Denaturierung bei ca. 90 °C, Setzen des Primers bei ca. 60 °C, Elongation bei ca. 70 °C.

2.3.04 Replikation in der lebenden Zelle: Initionsphase = Auftrennung der DNA-Doppelhelix durch Enzym Helicase; Denaturierung in der PCR = Auftrennung der DNA-Doppelhelix durch Erhitzen auf ca. 90 °C

2.3.05 Durch Mitführen eines Vergleichsmaterials als Standard kann festgestellt werden, ob die Probe einen gleichen DNA-Ausschnitt aufweist.

2.4 Methoden der Gentechnik und DNA-Rekombinationstechnik

2.4.01 Restriktionsenzyme: schneiden aus der DNA einzelne definierte Abschnitte heraus, die sie an bestimmten Codes der Basenpaare erkennen; DNA-Ligasen verbinden DNA-Abschnitte miteinander zu rekombinanter DNA; Rekombinationsenzyme schneiden DNA-Sequenzen aus zwei DNA-Strängen und bauen sie kreuzweise, also einen Abschnitt aus Strang A in den Strang B, ein.

2.4.02 Vektoren (Genfähren) transportieren rekombinante Gensequenzen in die Zelle bzw. in den Zellkern.

2.4.03 Transfektion: Zuerst wird die Durchlässigkeit der Zellmembran durch physikalische Methoden, wie Mikroinjektion oder Elektroporation, sowie chemische Methoden, wie Calciumphosphat oder Liposomen, hergestellt. Danach können Vektoren die rekombinante DNA in die Zelle und in den Zellkern transportieren. Als Vektoren eignen sich Plasmide (bakterielle ringförmige DNA), Bacteriophagen (Viren) oder bakterielle Chromosomen.

2.4.04 Klonen = Herstellung genetisch identischer Organismen; Klonieren = Herstellen von identischen DNA-Kopien

2.4.05 In der Reproduktionsmedizin werden Klone im Labor hergestellt, indem einer entkernten Eizelle ein Zellkern des zu klonenden Organismus meist mit Mikroinjektion eingesetzt wird. Der daraus durch Replikation und Zellteilung entstandene Embryo wird einer Leihmutter zur weiteren Entwicklung bis zur Geburt eingesetzt. Beim therapeutischen Klonen werden Gewebekulturen, z. B. Säugetierzellen, zur Herstellung medizinischer Präparate, wie Impfstoffe, in einer Nährlösung in einem Fermenter vermehrt.

3 Stoffwechselprozesse

3.1 Metabolismus und Enzyme

3.1.01 Katabolismus: Chemische Verbindungen werden mit dem Ziel der Energiegewinnung abgebaut. Anabolismus: Chemische Verbindungen werden unter Aufwendung von Energie zu körpereigenen Substanzen (Gerüstsubstanzen oder Speicherstoffen) aufgebaut.
Fototrophe Organismen (grüne Pflanzen und Einzeller): bauen aus Kohlenstoffdioxid und Wasser mithilfe von Lichtenergie (Sonnenenergie) Zellbestandteile und Speicherstoffe auf.
Chemotrophe Organismen (alle anderen Organismen): benötigen Nährstoffe zur Energiegewinnung und zum Aufbau von Zellbestandteilen und Speicherstoffen.

3.1.02 Die Kohlenstoffdioxidbildung erfolgt nicht durch Oxidation von Kohlenstoff, sondern durch Decarboxylierung (Abspaltung von Kohlenstoffdioxid). Oxidationsvorgänge erfolgen nicht durch Übertragung von Sauerstoff, sondern durch Dehydrogenierung (Abspaltung von aktiviertem Wasserstoff).

3.1.03 Biochemische Reaktionen spielen sich über mehrere Stufen in einer Reaktionskette über Zwischenprodukte (Metaboliten) ab. Dabei stellt sich ein Fließgleichgewicht (englisch: steady state) gleichbleibender Konzentrationen der Metaboliten ein. Für die Gesamtreaktion ist damit nur die Gleichgewichtseinstellung zwischen dem Ausgangsstoff und dem Endprodukt entscheidend.

3.1.04 Energie wird in katabolischen Reaktionen zum Teil als Wärme frei, wesentlicher ist jedoch die Bildung energiereicher chemischer Verbindungen. Eine der bedeutendsten energiereichen Verbindungen im Stoffwechsel ist Adenosintriphosphat (ATP).

3.1.05 Enzyme sind Proteine, die als Biokatalysatoren wirken, und zwar durch Verringerung der Aktivierungsenergie einer chemischen Reaktion, wodurch die Reaktion zum Laufen kommt, weiter durch die Erhöhung der Reaktionsgeschwindigkeit. Enzyme verändern jedoch nicht das Gleichgewicht einer chemischen Reaktion.

3.1.06 Substratspezifität: Enzyme können nur mit bestimmten Stoffen (Substraten) Komplexe bilden. Wirkungsspezifität: Enzyme können nur bestimmte Reaktionen katalysieren, diese jedoch grundsätzlich in beide Richtungen.

3.1.07 Klassifikation der Enzyme: DNA-Polymerase = Ligase; Lipase = Hydrolase; Glucoseoxidase = Oxidoreduktase

3.1.08 NAD^+: Coenzym von Oxidoreduktasen (Übertragung von $2\ H^+ + 2\ e^-$); ATP: Coenzym von Phosphorylasen (Übertragung von Phosphatgruppen; energiereiche Verbindung); CoA: Coenzym in Reaktionen, in denen Säuregruppen übertragen werden

3.1.09 Durch ATP. Im aeroben Stoffwechsel mit einer 19-fachen Menge an ATP gegenüber dem anaeroben hemmt ATP ein Enzym (Phosphofructokinase) des Zuckerstoffwechsels. Im anaeroben Stoffwechsel entstehen ein ATP-Mangel und ADP-Überschuss. ADP wirkt als Aktivator des Enzyms.

3.1.10 Gase diffundieren durch die apolare Lipiddoppelschicht (passiver Transport). Wasser und Glucose werden durch aktiven Transport unter ATP-Verbrauch in die Zellen und Organellen transportiert, Wasser durch Tunnel- oder Kanalproteine, Glucose durch Trägerproteine (Carriers).

3.2 Ausgewählte Stoffwechselwege

3.2.01 Amylasen (Speichel, Pankreas): verdauliche Kohlenhydrate (Stärke) zu Glucose; Lipasen (Pankreas, Darmschleimhaut): Fette zu Fettsäuren und Glycerol; Proteasen (Pepsin, Trypsin): Proteine zu Aminosäuren

3.2.02 Glucose + ATP → Glucose-6-Phosphat → Fructose-6-Phosphat + ATP → Fructose-1,6-diphosphat → 2 Glycerinaldehyd-3-phoshat + anorganisches Phosphat – $NADH{+}H^+$ → 1,3-Diphosphoglycerat – ATP → 3-Phosphoglycerat → 2-Phosphoglycerat – H_2O → Phosphoenolpyruvat – ATP → Pyruvat;
Bilanzgleichung: $C_6H_{12}O_6 + 2\ ADP + 2\ P + 2\ NAD^+ \rightarrow 2\ CH_3{-}CO{-}COOH + 2\ ATP + 2\ NADH{+}H^+ + 2\ H_2O$

3.2.03 Fettsäure + ATP + CoA → Acyl-CoA – AMP → Transenoyl-CoA – $FADH_2$ + H_2O → Beta-hydroxyacyl-CoA → Beta-ketoacyl-CoA – $NADH{+}H^+$ + CoA → Acyl-CoA (um 2 C verkürzt) + Acetyl-CoA;
Bilanzgleichung einer gesättigten Fettsäure aus zwölf C-Atomen:
$CH_3{-}(CH_2)_{10}{-}COOH + ATP + 9\ CoA\text{-}SH + 8\ FAD + 8\ NAD^+ \rightarrow 9\ CH_3{-}CO{-}S{-}CoA + AMP + 2\ P + 8\ FADH_2 + 8\ NADH{+}H^+$

3.2.04 Eine Aminotransferase überträgt die Aminogruppe der abzubauenden Aminosäure auf eine 2-Oxosäure, auf 2-Oxoglutarat bzw. Oxalacetat. Daraus entstehen als Metaboliten die 2-Oxosäure der abzubauenden Aminosäure sowie Glutamat und Aspartat. Die 2-Oxosäure der abzubauenden Aminosäure wird zum weiteren Abbau je nach Verbindung in den Citratzyklus oder in den FDP-Weg eingeschleust.
Über einige Zwischenschritte des sogenannten Harnstoffzyklus werden je zwei Aminogruppen aus Glutamat und Aspartat auf Hydrogencarbonat übertragen, wodurch der ungiftige und lösliche, somit leicht ausscheidbare Harnstoff entsteht.

3.2.05
- Mit $NADH+H^+$ zu Lactat → anaerober Stoffwechselweg der homofermentativen Milchsäurebakterien.
- Unter Abspaltung von CO_2 (Decarboxylierung) zu Ethanal (Acetaldehyd) und weiter mit $NADH+H^+$ zu Ethanol → anaerober Stoffwechselweg der Hefe
- Unter gleichzeitiger Abspaltung von CO_2 und Bildung von $NADH+H^+$ (oxidative Decarboxylierung) sowie Bindung an das Coenzym A zu Acetyl-CoA (aktivierter Essigsäure) → aerober Stoffwechselweg, Einschleusung in den Citratzyklus
- Unter Bindung von CO_2 (Carboxylierung) zu Oxalacetat, das zur Auffüllung des Citratzyklus eingeschleust wird → anapleurotische Reaktion

3.2.06 Acetyl-CoA + Oxalacetat → Citrat – CoA – H_2O → Aconitat + H_2O → Isocitrat → Oxalsuccinat – $NADH+H^+$ → 2-Oxoglutarat – CO_2 + CoA → Succinyl-CoA – $NADH+H^+$ – CO_2 + anorganisches Phosphat → Succinat – GTP – CoA → Fumarat – $FADH_2$ + H_2O → Malat → Oxalacetat – $NADH+H^+$.
Bilanzgleichung: $CH_3—CO—S—CoA + 3\ NAD^+ + FAD + GDP + P + 2\ H_2O \rightarrow$
$2\ CO_2 + HS\text{-}CoA + 3\ NADH+H^+ + FADH_2 + GTP$

3.2.07
- Zwei Mol $[H^+ + e^-]$ aus $NADH+H^+$ werden auf Komplex I mit dem Coenzym FMN (Flavin-Mononukleotid) übertragen.
- Zwei Mol $[H^+ + e^-]$ werden weiter auf Komplex II, Coenzym Q, übertragen.
- $FADH_2$ wird direkt auf Coenzym Q übertragen. (Eine Reaktion weniger → Energieausbeute nur zwei Mol ATP je Mol $FADH_2$).
- Geteilte Übertragungsreaktion: H^+ wird abgespalten, die Elektronen (e^-) werden auf Komplex III (Cytochrome b + c_1) übertragen. (Oxidationsstufe des Eisenzentralatoms von Fe^{3+} auf Fe^{2+}.)
- Cytochrom c überträgt die Elektronen von Komplex III auf Komplex IV.
- In Komplex IV mit den Cytochromen a_1 und a_3 ändern die Elektronen die Oxidationsstufe des Hämeisens von Fe^{3+} auf Fe^{2+}, des enthaltenen Kupfers von Cu^{2+} auf Cu^+.

Bilanzgleichung: $NADH+H^+ + \frac{1}{2}\ O_2 \rightarrow NAD^+ + H_2O$; freie Enthalpie – 219 kJ/Mol. Aus einem Mol $NADH+H^+$ entstehen drei ATP (ca. 90 kJ.)

3.2.08 Lichtreaktion: Lichtquanten (Photonen) spalten im Enzymkomplex der Chloroplasten mithilfe des Chlorophylls Wasser zu ½ O_2 und 2 H^+ + 2 e^- → Übertragung auf $NADP^+$ (Nikotinamid-Dinukleotid-Phosphat), weiter entsteht ATP. Bilanzgleichung der Lichtreaktion:
$H_2O + 4$ Photonen (h) $\rightarrow \frac{1}{2}\ O_2 + 2\ H^+ + 2\ e^-$
$H_2O + 4$ Photonen (h) $+ ADP + P + NADP^+ \rightarrow \frac{1}{2}\ O_2 + ATP + NADPH+H^+$
Dunkelreaktion: CO_2 wird mit ATP und $NADPH+H^+$ (aus der Lichtreaktion) an Ribulose-1,5-diphosphat gebunden (Kohlenstoffdioxidfixierung). Im Calvinzyklus entsteht aus zwei Triosen (Glycerolaldehyd-3-phosphat) ein Mol Fructose-1,6-diphosphat. Ribulose-1,5-diphosphat wird unter ATP-Aufwand gebildet.

4 Mikrobiologie

4.01 Bakterien (inkl. Archebakterien), Pilze (Hefen, Schimmelpilze), Mikroalgen (Cyanobakterien, früher Blaualgen), Protozoen (Urtierchen)

4.02 DNA (genetischer Code), Zytoplasma (Innenraum der Zelle; Stoffwechsel, Proteinbiosynthese), Zellmembran (Umhüllung, Abtrennung von Umgebung, Stofftransport)
Eukaryoten: DNA im Zellkern, strukturiertes Zytoplasma mit Organellen; Prokaryoten: DNA frei im Zytoplasma, keine Organellen

4.03 Clostridien: Stäbchen, grampositiv, Sporenbildung; Enterobacteriaceae: Stäbchen, gramnegativ, keine Sporenbildung; Streptokokken: kugelförmig, grampositiv, keine Sporenbildung; Bazillen: Stäbchen, grampositiv, Sporenbildung; Lactobacteriaceae: Stäbchen, grampositiv, keine Sporenbildung.

4.04 Aerobe Bedingungen – Hefeatmung: Abbau von Glucose zu Kohlenstoffdioxid und Wasser, 38 ATP je Mol Glucose → Vermehrung (Biomasse); anaerobe Bedingungen – Gärung: Abbau von Glucose zu Ethanol und Kohlenstoffdioxid, 2 ATP je Mol Glucose → keine Vermehrung.

4.05 Saccharomyces cerevisiae (Backhefe, Ethanolproduktion), Saccharomyces carlsbergensis (Bierhefe für untergäriges Bier); Penicillium roqueforti und Penicillium camemberti (Käseherstellung), Aspergillus niger (Zitronensäure), Penicillium chrysogenum (Penicillin), Aspergillus oryzae (Alphaamylase), Fusarium venenatum (Quorn, vegetarischer Fleischersatz)

4.06 Hefen: einzellige Pilze, Vermehrung durch Sprossung oder Teilung; Schimmelpilze: mehrzellig (Myzel, Pilzgeflecht), Vermehrung durch Sporen

5 Biotechnologische Verfahrenstechnik

5.1 Fermenter und Prozessparameter

5.1.01 Upstream-Processing → Fermentation → Downstream-Processing

5.1.02 Fermentation: Umsetzung des Substrates zum Endprodukt durch lebende Zellen (Mikroorganismen, Enzyme; z. B. vergären Hefen Glucose zu Ethanol und Kohlenstoffdioxid); Upstreaming: Aufbereitung des Substrates (z. B. Hitzebehandlung zur Sterilisation, Abbau von Stärke zu Glucose); Downstreaming: Aufarbeitung und Reinigung der Endprodukte (z. B. Destillation, Ultrafiltration)

5.1.03 Gefäß für die Umsetzung des Substrates durch die lebenden Zellen sowie Einrichtungen für die Zufuhr des Substrates und den Abzug der Endprodukte, mess- und regeltechnische Einrichtungen, z. B. Thermometer für die Temperaturkontrolle; Einbringung von Luft über Ringrohr oder perforierte Platte (Blasensäulenfermenter), Hochströmen der Luft im Zentralrohr, dadurch Umwälzung (Airlift-Schlaufenfermenter), mikrofeine Verteilung der Luftbläschen durch Rührwerk (Rührkesselfermenter)

5.1.04
- Anlaufphase (Lag-Phase): Transport der Nährstoffe durch die Zellmembran, Beginn der Stoffwechselvorgänge
- Phase des exponentiellen (logarithmischen) Wachstums (Log-Phase): In der Generationszeit (t_G) verdoppelt sich die Zellzahl.
- Stationäre Phase: Die Zellzahl bleibt konstant, wegen des zunehmenden Mangels an Nährstoffen, auch an Sauerstoff, oder zu hoher Konzentration der Endprodukte findet keine Vermehrung mehr statt. Der Stoffwechsel hält die Zellen noch am Leben.
- Absterbephase: Durch anhaltenden Mangel an Nährstoffen oder Sauerstoff bzw. zu hohe Konzentration an Endprodukten sterben die Zellen ab

5.1.05 Chargenweise Führung: Batchverfahren, Emerskultur, Submerskultur (auch chargenweise); kontinuierliche Führung: Submerskultur (Turbidostat oder Chemostat)

5.1.06 $\lg X_t = \lg X_0 + \lg 2 * t/t_G$

$\lg X_t = \lg 1\,000 + \lg 2 * 600/40[\text{min}]$

$\lg X_t = 3 + 0{,}301\,03 * 15$

$\lg X_t = 7{,}515\,45$

$X_t = 32\,768\,000$

5.1.07 Redoxpotenzial oder Sauerstoff-Partialdruck

5.2 Ausgewählte Beispiele – Fermentationen

5.2.01 Ethanolproduktion (anaerobe Fermentation); Biomasseproduktion (aerobe Fermentation)

5.2.02 Homofermentative Milchsäurebakterien: fermentierte Milchprodukte (Joghurts, Sauermilch), Milchsäure für technische und pharmazeutische Zwecke sowie als Lebensmittelzusatzstoff; heterofermentative Milchsäurebakterien: Sauerkraut, Sauerteig

5.2.03 Schimmelpilz Aspergillus niger; Substrat: Melasse oder verzuckerte Maisstärke, pH < 3, praktisch keine Eisen- und Manganionen

5.2.04 Penicillin beeinträchtigt die Zellmembranbildung (Zellwandbildung) grampositiver Bakterien, z. B. der Staphylococcen; Streptomycin hemmt die Proteinbiosynthese gramnegativer Bakterien, z. B. der Enterobacteriaceae.

5.2.05
- Entschlüsselung des genetischen Codes für Insulin → DNA-Basensequenz mit Rekombinationsenzymen nachgebildet.
- Mit einem Vektor (Genfähre) wird das Gen (und ein Antibiotika-Resistenzgen) in die Zellen von E. coli eingebracht.
- Ein komplex zusammengesetztes Substrat mit Zucker und Proteinhydrolysat sowie einem Antibiotikum wird mit dem transgenen E. coli beimpft. Das Antibiotikum bewirkt das ausschließliche Wachstum der transgenen E. coli.

- Die Fermentation erfolgt unter Bedingungen der maximalen Zellvermehrung. Dabei wird in den Zellen Insulin auf dem Wege der Proteinbiosynthese gebildet.
- Die Zellen von E. coli werden aus dem Fermenter abgezogen und mit Zentrifugen abgetrennt. Danach werden die Zellen durch Ultraschall aufgeschlossen.
- Um das Insulin vor proteolytischem Abbau zu schützen, werden in den Zellen gebildete Proteasen mit geeigneten Chemikalien inaktiviert.
- Nach einer Filtration wird das Filtrat durch eine Affinitätschromatografie-Säule geleitet. Dabei wird das Insulin spezifisch gebunden und konzentriert. Mit einem geeigneten Puffer wird das Insulin aus der Säule eluiert.

E „Physikalische Phänomene und Methoden II" – Antworten

1 Thermodynamik

1.1 Kinetische Gastheorie

1.1.1 Das ideale Gas

1.1.01 Teilchen sind klein gegenüber ihrem mittleren Abstand, Wechselwirkung nur über elastische Stöße, Wechselwirkung mit der Umgebung ebenfalls nur über elastische Stöße

1.1.02 Vor dem Stoß: Wand $p_W = 0$, Teilchen $p_x = +p$, Summe: $p_{ges} = +p$
Nach dem Stoß: Wand $p_W = 2 \cdot p$, Teilchen $p_x = -p$, Summe: $p_{ges} = +p$

1.1.03 Bei hohem Druck

1.1.2 Zustandsgleichung eines idealen Gases

1.1.04 Druck $p_0 = 1\,013{,}25$ hPa, Temperatur $T_0 = 273{,}15$ K

1.1.05 Einsetzen von $N_A = 6{,}022 \cdot 10^{23}$ mol^{-1}, $p_0 = 1\,013{,}25$ hPa, $T_0 = 273{,}15$ K und $k = 1{,}380\,648\,8 \cdot 10^{-23}$ J/K in die Gleichung des idealen Gases liefert ein Volumen von 22,4 dm³.

1.1.06 2 437,3 hPa

1.1.07 27,54 °C

1.1.08 Größe und Form der Teilchen, Wechselwirkung nicht nur über elastische Stöße, andere Freiheitsgrade als nur die Translation

1.1.3 Gasgesetze

1.1.09 Druck, Volumen, Temperatur

1.1.10 Gesetz von Boyle und Mariotte: $\frac{p_1}{p_2} = \frac{V_2}{V_1}$
Gesetz von Gay-Lussac: $\frac{V_1}{V_2} = \frac{T_1}{T_2}$
Gesetz von Amontons: $\frac{p_1}{p_2} = \frac{T_1}{T_2}$
Gesetz der Gleichförmigkeit: $\frac{V_1}{V_2} = \frac{N_1}{N_2}$
Gesetz von Dalton: $p = \sum_i p_i$
Die Gasgesetze sind nicht mehr gültig für zu hohen Druck, da dann das Modell des idealen Gases nicht mehr korrekt ist.

1.1.11 Etwa die 118-fache Menge, da 1 bar etwas unter dem Normluftdruck liegt

1.1.12 8,29 cm

1.1.13 112,57 °C

1.1.14 2,425 bar, 2,885 mol

1.1.15 30,923 kg

1.1.16 12,972 Mol, $7{,}812 \cdot 10^{24}$ Teilchen

1.1.17 2,014 kg/m³

1.1.18 98,72 kg/m³

1.1.19 12,7 K

1.1.20 Je 0,6 bar Partialdruck, 1,2 bar Gesamtdruck

1.1.4 Zustandsänderung des idealen Gases

1.1.21 Isobar (p = konst.), isochor (V = konst.), isotherm (T = konst.)

1.1.22 Erstes und zweites Gesetz von Gay-Lussac, Gesetz von Boyle und Mariotte

1.1.23 Vorher 30 K, nachher 70 K

1.1.24 Erhöhung um 233,33 %, bei schneller Kompression wird Luft erwärmt

1.1.25 Vorher 60 K, nachher 120 K

1.1.26 Der Druck; er wird vom Umgebungsluftdruck vorgegeben

1.1.5 Kinetische Gastheorie: Maxwell-Boltzmann-Verteilung

1.1.27 Die mittlere Geschwindigkeit der Gasteilchen hängt von der Temperatur ab. Die Geschwindigkeiten der einzelnen Gasteilchen streuen um diesen Mittelwert. Die Richtungen der Geschwindigkeit sind gleich verteilt.

1.1.28 Vgl. hierzu den Verteilungsgraphen in der Randspalte des Kapitels.

1.2 Hauptsätze der Thermodynamik

1.2.1 Temperatur

1.2.01 Systeme unterschiedlicher Temperatur tauschen so lange Wärme aus, bis sie die gleiche Temperatur aufweisen (thermodynamisches Gleichgewicht). Nullter Hauptsatz: Sind zwei Systeme mit einem dritten im Gleichgewicht, so sind sie auch zueinander im Gleichgewicht.

1.2.02 Wärme ist die mittlere Energie der mikroskopischen Bewegung der Teilchen (Atome, Moleküle), aus denen die Materie aufgebaut ist.

1.2.03 Die Summe der kinetischen, potenziellen und inneren Energie eines Systems ist konstant.

1.2.04 Zufuhr von Energie durch Arbeit am System; Energieübertrag durch thermischen Kontakt mit einem wärmeren System

1.2.2 Erster Hauptsatz der Thermodynamik

1.2.05 9 kJ

1.2.06 7,54 kJ

1.2.07 23,23 kg

1.2.08 501,5 kJ

1.2.09 254,7 kJ

1.2.10 0,018 7 °C

1.2.3 Zustandsänderung des idealen Gases und erster Hauptsatz

1.2.11 isochor: $p \sim T$, isobar: $V \sim T$, isotherm: $V \sim 1/p$, adiabatisch: $\Delta Q = 0$

1.2.12 46 MJ

1.2.13 582,2 kJ

1.2.14 78,33 bar

1.2.15 198,7 °C, 66,2 °C

1.2.16 a) 114,1 °C, 3,693 bar, b) 674,8 kJ

1.2.17 389,7 K

1.2.18 25,1 bar, 488,3 °C

1.2.19 35,5 kW

1.2.20 44,19 MJ

1.2.21 a) 360 K, 4,8 bar und 1,2 bar, b) 360 K, 3,6 bar, 5,333 L und 0,666 L

1.2.4 Kreisprozesse

1.2.22 Im Uhrzeigersinn: Wärme → Arbeit,
im Gegenuhrzeigersinn: Arbeit → Wärme

1.2.23 Arbeit wird in Wärme umgewandelt, 180 W

1.2.24 a) Wärme in Arbeit: 0,725 J, b) Arbeit in Wärme: 87,5 J

1.2.25 26,799 kJ

1.2.5 Carnotscher Kreisprozess

1.2.26 Wärme muss bei möglichst hoher Temperatur T_1 aufgenommen und bei möglichst niedriger Temperatur T_2 abgegeben werden.

1.2.27 78,5 %, 77,6 %, 99 %

1.2.28 $Q_{ab} = 630$ J bei 67,45 °C

1.2.29 8,8 %; $Q_{zu} = 800$ J, $Q_{ab} = 877{,}6$ J unter Aufwand von $W = 77{,}6$ J

1.2.6 Zweiter Hauptsatz der Thermodynamik

1.2.30 Vgl. die fünf verschiedenen Formulierungen auf der ersten Seite dieses Kapitels.

1.2.31 $S = \int \frac{dQ}{T}$, $[S] = 1\ \frac{\text{J}}{\text{K}}$

1.2.32 Reversibler Prozess: $\Delta S = 0$, irreversibler Prozess: $\Delta S > 0$, spontan unmöglicher Prozess: $\Delta S < 0$

1.2.33 605 J/K

1.2.34 Entropie ist ein Maß für die Durchmischung eines Systems und damit ein Maß für die Wahrscheinlichkeit des angenommenen Zustands, da der Zustand höherer Durchmischung wahrscheinlicher ist ($S = k \cdot \ln(W)$).

1.2.35 70,5 °C

1.2.36 0,356 kg

1.2.37 Der Wirkungsgrad ist der Quotient aus der Fläche innerhalb der geschlossenen Kreisprozesslinie im S-T-Diagramm und der Fläche zwischen der obersten Diagrammlinie und der x-Achse.

1.2.38 Ein Rechteck im T-S-Diagramm (Carnotprozess) hat immer eine größere Fläche als eine andere geschlossene Figur innerhalb dieses Rechtecks. (Vergleichen Sie auch das Diagramm in der Randspalte.)

1.2.7 Wärmekraftmaschinen

1.2.39 **Wärmekraftmaschine,** im Uhrzeigersinn: Große Wärmemenge wird auf hohem Temperaturniveau aufgenommen und in Arbeit und Abwärme umgewandelt.
Kraftwärmemaschine, Gegenuhrzeigersinn: Wärmemenge wird auf niedrigem Temperaturniveau aufgenommen und mit der hineingesteckten Arbeit als Wärme auf dem höheren Temperaturniveau abgegeben.

1.2.40 Dampfmaschine, Ottomotor, Dieselmotor

1.2.41 Erster Takt: Ansaugen; zweiter Takt: adiabatisches Verdichten, isochores Zünden; dritter Takt: adiabatische Ausdehnung, (Arbeitstakt); vierter Takt: isochorer Gasausstoß und Zylinderentleerung; $\eta_{ideal} = 56$ %, $\eta_{real} = 40$ %

1.2.42 Erster Takt: Ansaugen; zweiter Takt: adiabatisches Verdichten, Zünden durch Verdichtung; dritter Takt: isobare Verbrennung und adiabatische Ausdehnung (Arbeitstakt); vierter Takt: isochorer Gasausstoß und Zylinderentleerung; $\eta_{ideal} = 65$ % bis 70 %, $\eta_{real} = 50$ % (maximal); Unterschied zu Ottomotor: Zündung im Zuge der hohen Verdichtung, isobare Verbrennung und adiabatische Expansion als Arbeitstakt

1.2.43 1. isotherme Wärmeaufnahme auf niedrigem Temperaturniveau; 2. adiabatische Verdichtung durch Arbeitsaufwand; 3. Abgabe einer Wärmemenge auf hohem Temperaturniveau; 4. adiabatische Expansion unter Leistung von Arbeit; COP (coefficient of power): Quotient aus der Wärmeabgabe auf hohem Temperaturniveau zur geleisteten mechanischen Arbeit des Kompressors

2 Moderne Physik

2.1 Relativitätstheorie

2.1.1 Die Lichtgeschwindigkeit

2.1.01 $c_0 = 299\ 792{,}458$ km/s $= 299\ 792\ 458$ m/s $\approx 1\ 079\ 252\ 849$ km/h

2.1.02 Olaf Römer setzte die zeitliche Verzögerung des Eintritts des Jupitermondes Io in den Schatten von Jupiter mit dem Durchmesser der Erdbahn um die Sonne gemäß $v = \Delta s/\Delta t$ in Beziehung. $c_0 \approx 2{,}992 \cdot 10^8$ m/s

2.1.03 Rund 7 Tage; $9{,}059 \cdot 10^{11}$ m

2.1.04 Rund 8,492 h; $4{,}582 \cdot 10^9$ m

2.1.2 Einsteinsche Postulate und die einsteinsche Lichtuhr

2.1.05 Relativitätsprinzip: Die Naturgesetze nehmen in allen Inertialsystemen die gleiche mathematische Form an. Alle Inertialsysteme sind gleichberechtigt. Prinzip von der Konstanz der Lichtgeschwindigkeit: Die Geschwindigkeit des Lichts hat im Vakuum unabhängig vom Bewegungszustand von Quelle und Beobachter immer denselben Wert c_0.

2.1.06 $v_{ges} \approx 10{,}002\,6\ \%$ von c_0

2.1.07 $v_{ges} \approx 99{,}868\,6\ \%$ von c_0

2.1.08 Relativitätsprinzip: Die Naturgesetze nehmen in allen Inertialsystemen die gleiche mathematische Form an. Alle Inertialsysteme sind gleichberechtigt.

2.1.09 Eine Lichtuhr, die als periodischen Vorgang, das Hinundherpendeln eines einzelnen Lichtteilchens (Lichtquants) zwischen zwei idealisierten planparallelen Spiegeln benutzt

2.1.10 0,943

2.1.11 $v \approx 99{,}994\,999\,9\ \%$ von c_0

2.1.12 $t_b = t_r \cdot \sqrt{1 - \left(\frac{v}{c_0}\right)^2}$ und $l_b = l_r \cdot \sqrt{1 - \left(\frac{v}{c_0}\right)^2}$

2.1.13 $v = 60\ \%$ von c_0

2.1.14 3 599,999 999 999 938 4 s

2.1.15 Klassisch: $N(t) = N_0 \cdot 2^{-t/\tau}$ mit $\tau = 2{,}2\ \mu s$
Relativistisch: $N(t) = N_0 \cdot 2^{-0{,}035t/\tau}$ mit $\tau = 2{,}2\ \mu s$

2.1.16 Hat ein Punkt P die Raumkoordinaten $(x \mid y \mid z)$ im Inertialsystem I, dann berechnen sich die Raumkoordinaten $(x_b \mid y_b \mid z_b)$ für das mit v nach rechts bewegte Inertialsystem I_b nach Galileo Galilei gemäß
$x_b = x - v \cdot t$, $y_b = y$ und $z_b = z$; $t_b = t$.

Lorentztransformation
$x_b = \gamma \cdot (x - v \cdot t)$, $y_b = y$ und $z_b = z$; $t_b = \gamma \cdot \left(t - \frac{v \cdot x}{c_0^2}\right)$ mit $\gamma = \frac{1}{\sqrt{1 - \left(\frac{v}{c_0}\right)^2}}$

2.1.17 $x_b = -625{,}349$ m, $t_b = 6{,}352\ \mu s$

2.1.18 $x_b = \gamma \cdot (x - v \cdot t)$, $y_b = y$ und $z_b = z$; $t_b = \gamma \cdot \left(t - \frac{v \cdot x}{c_0^2}\right)$ mit dem Gammafaktor wie in **2.1.16**

2.1.19 $E_0 = m_0 \cdot c_0^2$ $\qquad m_d = \frac{m_0}{\sqrt{1 - \left(\frac{v}{c_0}\right)^2}}$

2.1.20 Relative physikalische Größen: dynamische Masse, Länge, Zeit; absolute physikalische Größen: Ruhemasse, Vakuumlichtgeschwindigkeit

2.1.21 $m_d = 1{,}180\,89 \cdot 10^{-25}$ kg

2.1.22 $v = 2{,}982\,897\,294 \cdot 10^8$ m/s

2.1.23 $v = 2{,}997\,924\,564 \cdot 10^8$ m/s

2.1.24 $E^2 = m_0^2 \cdot c_0^4 + p_d^2 \cdot c_0^2$

2.1.25 $m_d = m_0 \cdot \left(1 + \frac{v^2}{2 \cdot c_0^2} + \frac{3 \cdot v^4}{8 \cdot c_0^4} + \ldots\right)$

2.1.26 $f_B = \frac{f_Q}{1 - \frac{v}{c}}$ $\qquad f_B = f_Q \cdot \sqrt{\frac{1 - \frac{v}{c_0}}{1 + \frac{v}{c_0}}}$

2.1.27 1 000 nm

2.1.28 Die Aussagekraft der Sonografie kann durch die Anwendung des Dopplereffekts erhöht werden. Man unterscheidet eindimensionale Verfahren von zweidimensionalen, farbcodierten Anwendungen.

2.1.29 $l_0 = l_h \cdot (1 - g \cdot \Delta h/c_0^2)$
$t_0 = t_h \cdot (1 - g \cdot \Delta h/c_0^2)$

2.1.30 $9{,}161 \cdot 10^{11}$ m

2.1.31 1/(2 001)

2.1.32 1,000 000 003 905 beträgt das Verhältnis der Zeiten auf Grund der ART; 0,999 999 999 947 712 beträgt das Verhältnis der Zeiten aufgrund der SRT.

2.1.33 Längenkontraktion, Zeitdilatation in der SRT wegen v/c_0; Längenkontraktion, Zeitdilatation in der ART wegen $g \cdot \Delta h/c_0^2$;

2.1.34 $8{,}988 \cdot 10^4\ m/s^2$

2.1.35 $1{,}9 \cdot 10^7\ m$

2.1.36 Die Periheldrehung ist die Verschiebung des Perihels, des sonnennächsten Punktes, auf der Bahn eines um die Sonne laufenden Körpers.

2.2 QuantenphysiK

2.2.1 Die Lichtquantenhypothese

2.2.01 $W_A = 5{,}48$ eV, Platin

2.2.02 Die Energieabgabe erfolgt nicht kontinuierlich, sondern nur in Vielfachen von kleinsten „h"-Einheiten.

2.2.03 In der Medizin, im Bereich der bildgebenden Verfahren, diagnostischen Radiologie und Nuklearmedizin, bei Solarzellen, Belichtungsmessern und Sensoren

2.2.04 Eine Zinkplatte wird auf einem Elektroskop befestigt. Danach wird z. B. ein PVC-Stab durch Reibung aufgeladen und die Ladung auf die Zinkplatte gebracht. Das Elektroskop zeigt einen Ausschlag, es ist negativ aufgeladen. Jetzt wird eine Quecksilberdampflampe auf die Zinkplatte gerichtet.

2.2.05 Streuung von Strahlung an einem Körper führt zu einer Frequenzverminderung.

2.2.06 Für $\lambda = 400$ nm ergibt sich eine negative kinetische Energie von –1,22 eV.

2.2.2 Die de Broglie-Welle

2.2.07 $\lambda = \frac{6{,}63 \cdot 10^{-34}}{60 \cdot 2 \cdot 10^{-26} \cdot 220} \approx 2{,}51 \cdot 10^{-10}\ m \approx 2{,}5\ pm$

2.2.08 1. Zu jedem Teilchen gehört eine Welle mit der Wellenlänge $\lambda = \frac{h}{p}$.
2. Zwischen der Frequenz f der Welle und der Energie E des Teilchens besteht die Beziehung $E = h \cdot f$.
Jedem Teilchen mit Ruhemasse kann eine Wellenlänge zugeordnet werden.

2.2.09 In der Nanotechnologie, die wiederum Anwendung in der Computerindustrie und Automobiltechnik findet. Zum besseren Verständnis der Eigenschaften von Atomen und Molekülen und ihres Zusammenwirkens. Darstellung kleinster Objekte, die mit dem Lichtmikroskop nicht mehr aufgelöst werden können.

2.2.10 Es ist ein direkter Nachweis für die Richtigkeit der Hypothesen von de Broglie und damit wieder ein Beweis für die quantenmechanischen Theorien.

2.2.11 Weil keine Aussage darüber gemacht werden kann, was das Elektron zwischen Quelle und Schirm ist und macht. Es können nur Wahrscheinlichkeitsaussagen über das Auftreffen des Teilchens auf dem Schirm gemacht werden.

2.2.12 Ein Quantenobjekt kann durch eine Wellenfunktion beschrieben werden.
Es kann nicht der genaue Aufenthaltsort eines Teilchens angegeben werden, sondern nur die sogenannte Wahrscheinlichkeitsdichte. Diese entspricht dem Betragsquadrat der Wellenfunktion.

2.2.13 Wegen der großen Masse von klassischen Objekten, wie z. B. einem Ball, ist die De-Broglie-Wellenlänge sehr klein. Die Interferenzeffekte können nicht wahrgenommen werden. Ein Ball mit der Masse 0,5 kg und der Geschwindigkeit 3 m/s hat eine Wellenlänge von $4{,}42 \cdot 10^{-34}$ m.

2.2.14 Die Wellenfunktion beschreibt ein Quantenobjekt. Sie breitet sich zwischen Quelle und Schirm aus. Die Wahrscheinlichkeitsdichte ist das Betragsquadrat der Wellenfunktion und gibt (nach erfolgter Integration) die Wahrscheinlichkeit an, ein Teilchen in einem bestimmten Raumbereich zu finden.

2.2.3 Die heisenbergsche Unschärferelation

2.2.15 Von Heisenberg selbst stammt dieses Gedankenexperiment, in dem die Position eines Elektrons mit Licht gemessen werden soll. Es muss Licht sehr kurzer Wellenlänge verwendet werden, um den Ort eines Teilchens sehr genau zu bestimmen. Je kurzwelliger jedoch das Licht ist, desto größer ist seine Energie, wodurch ein starker Impuls auf das zu messende Teilchen übertragen wird. Durch die immer genauere Ortsmessung verändert man den Impuls des Teilchens immer mehr.

2.2.16 Die Unschärferelation besagt, dass Ort und Impuls eines Quantenobjekts prinzipiell nicht gleichzeitig beliebig genau bestimmt werden können. Das Produkt aus Orts- und Impulsunschärfe ist immer größer als oder so groß wie das plancksche Wirkungsquantum geteilt durch 2π.

2.2.17 $\frac{h}{2\pi \cdot m \cdot \Delta x} = 1{,}775 \cdot 10^{-23}\ m/s$;

die Unschärfe ist so klein, dass eine Messung nicht relevant ist. Die Bewegung eines Teilchens dieser Größenordnung kann mit der klassischen Physik beschrieben werden.

2.2.18 Nach Bohr und Heisenberg wird ein Quantenobjekt vollständig durch die Wellenfunktion beschrieben. Es ist nicht sinnvoll, über den Ort des nicht beobachtbaren Quantenteilchens zu sprechen. Die Teilchen haben keine reelle Existenz, sie werden erst durch die Messung zur Realität.

2.2.4 Der Tunneleffekt

2.2.19 Ein Quantenteilchen, z. B. ein Elektron, hat eine Gesamtenergie E und bewegt sich auf eine Potenzialschwelle der Höhe E_0 und der Breite l zu. Da E kleiner ist als E_0 würde das Elektron aufgrund der klassischen Physik reflektiert. Aus der Sicht der Quantenmechanik kann es als Materiewelle aufgefasst werden und es besteht eine gewisse Wahrscheinlichkeit, dass es auf der anderen Seite auftaucht.

2.2.20 Der sogenannte Durchlasskoeffizient gibt die Wahrscheinlichkeit an, mit der ein Elektron durch die Barriere hindurchkommt. Er hängt vor allem von drei Größen ab, der Teilchenmasse, der Länge des Potenzialwalls und der Energiedifferenz zwischen Teilchen und Potenzialschwelle.

2.2.21 Eine winzige Metallspitze wird sehr nahe (wenige Millionstel Millimeter) über die zu untersuchende Probe gebracht. Zwischen Nadel und Probe fließt ein sehr kleiner Strom, der Tunnelstrom. Beim Abrastern der Probenoberfläche wird die Höhe der Spitze mit einer Feinmechanik (Piezoelementen) so geregelt, dass der Tunnelstrom konstant bleibt. Es entsteht ein Höhenprofil der Oberfläche.

2.2.22 Da das Mikroskop sehr stark auf äußere Einflüsse reagiert, muss es so gut wie möglich von der Umwelt abgeschirmt werden, z. B. durch Schallisolierung, Federaufhängung und thermische Isolation.

2.2.23 Ein wichtiges Werkzeug in der Oberflächenchemie, minimale Kräfte zwischen Spitze und Probe werden gemessen, um die Oberflächenstruktur anzugeben, z. B. die von lebenden Zellen, allgemein von nicht leitenden Proben, Anwendung in den Biowissenschaften

2.2.5 Die Schrödingergleichung

2.2.24 Beschreibung der Orbitale der Atome in der Chemie, Erklärung der Eigenschaften von Elementarteilchen, Merkmale der Neutronen und Protonen im Atomkern

2.2.25 Wellenfunktionen von Elektronen in einem Atom, sie beschreiben die räumliche Verteilung der Aufenthaltswahrscheinlichkeit eines Elektrons

2.2.26 Wellenfunktion ist die Lösung der Schrödingergleichung, im Allgemeinen eine komplexe Größe. Der Betrag von ψ zum Quadrat ist immer reell und positiv. Daher hat nur das Quadrat eine physikalische Bedeutung und wird als Wahrscheinlichkeitsdichte bezeichnet.

2.2.27 Benannt nach Ernest Solvay, einem belgischen Großindustriellen, internationale Zusammenkunft wichtiger Persönlichkeiten der Physik, um über aktuelle Forschungsthemen zu diskutieren; Albert Einstein, Max Planck, Werner Heisenberg, Louis de Broglie, Niels Bohr, Marie Curie

2.2.5 Verschränkte Teilchen

2.2.28 Die Verschränkung ist eine grundlegende quantenmechanische Eigenschaft. Zwei oder mehr Teilchen heißen verschränkt, wenn sie nicht unabhängig voneinander beschrieben werden können.

2.2.29 Verschränkte Photonen kann man als ein Quantenobjekt sehen, sie sind miteinander in einem Gesamtzustand überlagert. Eine Wellenfunktion beschreibt diesen Zustand.

2.2.30 Ein herkömmlicher Computer verwendet Bits, die nur die Werte 0 oder 1 annnehmen können. Der Quantencomputer arbeitet mit Quantenobjekten als Grundlage und benutzt Quantenbits, kurz Qubits. Diese können als Quantenüberlagerungen von 0 und 1 existieren.

2.2.31 Sie ist ein Verfahen, um eine abhörsichere Datenübertragung zu ermöglichen. Dabei werden Daten mithilfe verschränkter Photonenpaare übermittelt.

2.3 Atom- und Kernpyhsik

2.3.1 Das bohrsche Atommodell

2.3.01 Das daltonsche Harte-Kugel-Modell, das thomsonsche Rosinenkuchenmodell, das rutherfordsche Planetenmodell, das bohrsche Atommodell, das bohr-sommerfeldsche Atommodell

2.3.02 Rutherford und seine Mitarbeiter schossen mit He-Kernen auf dünne Goldfolien und detektierten die Geschoße. Obwohl die Goldfolien rund 7 000 Atomlagen stark waren, wurden sehr viele Alphateilchen nicht oder kaum merklich abgelenkt, sodass Rutherford zwischen Atomkern und Atomhülle unterschied. Die Rückstreuung sehr weniger He-Kerne um große Winkel unterstützte seine Argumentation, dass fast die gesamte Masse und Ladung im winzigen Atomkern (Durchmesser $\approx 10^{-15}$ m) konzentriert sein müssen.

2.3.03 Für das H-Atom gilt: Das Elektron kann sich mit der Geschwindigkeit v_n nur auf stabilen Kreisbahnen mit Radius r_n um das ruhend angenommene Proton bewegen, wenn der Drehimpuls des Elektrons die Quantenbedingung $L_n = m_e \cdot r_n \cdot v_n = n \cdot h/(2\pi)$ erfüllt.

$E_n \approx \frac{-13{,}6\text{ eV}}{n^2}$, $v_n \approx \frac{2{,}2 \cdot 10^6}{n} \cdot \frac{\text{m}}{\text{s}}$, $r_n \approx 5{,}3 \cdot 10^{-11}\text{ m} \cdot n^2$

Bei einem Bahnwechsel des Elektrons tritt ein Photon mit der Frequenz $f = 3{,}3 \cdot 10^{15} \cdot \left|\frac{1}{n_2^2} - \frac{1}{n_1^2}\right| \cdot \text{Hz}$ auf.

Bei Atomen mit mehreren Protonen und nur einem Elektron sind die Rechnungen analog auszuführen.

2.3.04 Balmerserie:
$4{,}567 \cdot 10^{14}$ Hz, $6{,}166 \cdot 10^{14}$ Hz, $6{,}906 \cdot 10^{14}$ Hz, $7{,}308 \cdot 10^{14}$ Hz, $7{,}550 \cdot 10^{14}$ Hz
$6{,}564 \cdot 10^{-7}$ m, $4{,}862 \cdot 10^{-7}$ m, $4{,}341 \cdot 10^{-7}$ m, $4{,}102 \cdot 10^{-7}$ m, $3{,}971 \cdot 10^{-7}$ m
und in Nanometer: 656,4 nm, 486,2 nm, 434,1 nm, 410,2 nm, 397,1 nm

2.3.05 Helium
$1{,}169 \cdot 10^{16}$ Hz, $1{,}233 \cdot 10^{16}$ Hz, $1{,}263 \cdot 10^{16}$ Hz, $1{,}279 \cdot 10^{16}$ Hz, $1{,}288 \cdot 10^{16}$ Hz
25,64 nm, 24,31 nm, 23,74 nm, 23,44 nm, 23,27 nm

2.3.06 $E_n = -54{,}4\text{ eV}/n^2$

2.3.2 Das Atommodell von Bohr und Sommerfeld und das Pauliprinzip

2.3.07 Arnold Sommerfeld erweiterte das bohrsche Atommodell um **drei Quantenzahlen.** Wie bei Rutherford sind wieder Ellipsenbahnen möglich. Zur Unterscheidung von Ellipsen mit gleich großer Halbachse a führte Sommerfeld die **Nebenquantenzahl** *l* ein. Die Orientierung der Bahn wird durch die **Orientierungs-** oder **Magnetquantenzahl** *m* beschrieben. Um weitere Details in den gemessenen Linienspektren der Atome unterscheiden zu können, wurde die **Spinquantenzahl** *s* eingeführt

2.3.08 Die Elektronen werden durch die **vier Quantenzahlen** *n*, *l*, *m* und *s* beschrieben.
Die **Haupt-** oder **Energiequantenzahl** *n* kann alle natürlichen Zahlen größer als oder gleich 1 annehmen.
Die **Neben-** oder **Drehimpulsquantenzahl** *l* kann alle natürlichen Zahlen größer als oder gleich 0 und kleiner als oder gleich $n - 1$ annehmen.
Die **Orientierungs-** oder **Magnetquantenzahl** *m* kann alle ganzen Zahlen größer als oder gleich $-l$ und kleiner als oder gleich *l* annehmen.
Die **Spinquantenzahl** *s* kann entweder den Wert +½ oder – ½ annehmen.

2.3.09 $|1, 0, 0, \tfrac{1}{2}\rangle$, $|1, 0, 0, -\tfrac{1}{2}\rangle$, $|2, 0, 0, \tfrac{1}{2}\rangle$, $|2, 0, 0, -\tfrac{1}{2}\rangle$, $|2, 1, 0, \tfrac{1}{2}\rangle$, $|2, 1, 0, -\tfrac{1}{2}\rangle$, $|2, 1, 1, \tfrac{1}{2}\rangle$

2.3.10 In der *n*-ten Schale kann das Quadrupel $|n, l, m, s\rangle$ bei gleichem *l* und *m* jeweils 2-*s*-Werte annehmen. *l* kann die Werte 0 bis $n-1$ annehmen und *m* jeweils $-l$ bis *l*, sodass $2n^2$ Möglichkeiten bestehen.

2.3.3 Kernphysik

2.3.11 $m_{Kern} \approx A \cdot \text{u}$, $r_{Kern} \approx r_H \cdot A^{1/3}$; r_H = Kernradius des H-Atoms; $r_H \approx 1{,}4 \cdot 10^{15}$ m; die Kernmasse variiert von 1 u bis ca. 270 u; der Kernradius von r_H bis ca. 6,4 r_H.

2.3.12 $5{,}864 \cdot 10^{11}$ kg

2.3.13 $2{,}32 \cdot 10^{-26}$ kg; $3{,}374 \cdot 10^{-15}$ m

2.3.14 $r \approx 217$ m

2.3.15 $3\text{u}/(4 \cdot r_H^3 \cdot \pi)$; $1{,}4 \cdot 10^{17}\text{ kg/m}^3$

2.3.4 Radioaktivität

2.3.16 α-, β- und γ-Strahlen; durch ihre Ablenkbarkeit in elektrischen und magnetischen Feldern und anhand ihres Durchdringungsvermögens können sie unterschieden werden.

2.3.17 $\tau = \ln(2)/\lambda$; $b = -\tau$; $a = e^{-\lambda}$

2.3.18 Wir geben jeweils die Prozentsätze der noch vorhandenen Kerne nach zehn Tagen, einem Jahr, 100 Jahren und 1 000 Jahren an, falls sie noch wesentlich größer als null sind.
Iod I-131: 42,3 %;
Cäsium Cs-137: 99,9 %; 97,9 %; 9,9 %
Radium Ra-226: 100 %; 100 %; 95,8 %; 64,9 %
Kohlenstoff C-14: 100 %; 100 %; 98,8 %; 88,6 %
Uran U-238: 100 %; 100 %; 100 %; 100 %

2.3.19 Seibersdorf Laboratories bündelt das Wissen aus 30 Jahren Forschung und Entwicklung mit bestem Service. Das Geschäftsfeld Radiation Safety and Applications steht für Forschung und Entwicklung zum Schutz von Mensch und Umwelt bei der Anwendung von ionisierender Strahlung und repräsentiert die jahrzehntelange Seibersdorfer Tradition auf diesem Gebiet.

2.3.20 $N(t) = N_0 \cdot 2^{-t/\tau}$

2.4 Astrophysik, Gravitation

2.4.01 $g(m, r) = Gm/r^2$

2.4.02 $1{,}17 \cdot 10^{-9}$ m/s²; $2{,}92 \cdot 10^{-10}$ m/s²; $7{,}30 \cdot 10^{-12}$ m/s²

2.4.03 Individuelle Lösungen

2.4.04 $GM/(b^2\sqrt{2})$; $b = a/2$

2.4.05 $8{,}196\ GM/a^2$

2.4.06 GM/a^2

2.4.07 $2{,}7 \cdot 10^{-3}$ m/s²

2.4.08 Für 3, wenn $m_1 << m_2, m_3$

2.4.09 1 AE = $1{,}496 \cdot 10^8$ km = $1{,}496 \cdot 10^{11}$ m; 1 Lj ≈ $9{,}5 \cdot 10^{12}$ km ≈ $9{,}5 \cdot 10^{15}$ m;
1 pc ≈ $3{,}085 \cdot 10^{13}$ km ≈ $3{,}085 \cdot 10^{16}$ m

2.4.10 (132,21 ± 8,28) pc

2.4.11 ($5{,}2 \cdot 10^6 \pm 1{,}7 \cdot 10^4$) AE; (81,683 ± 0,267) Lj

2.4.12 $L = 4\pi \cdot R^2 \cdot \sigma \cdot T_{eff}^4$

2.4.13 1,96 : 1 : 0,64

2.4.14 Um 7,5 Größenklassen negativer (heller)

2.4.15 2 243 K

2.4.16 $6{,}5 \cdot 10^6$ km; rund 9,3-facher Sonnenradius

2.4.17 $4{,}6 \cdot 10^6$ km ≈ $6{,}6 \cdot R_{Sonne}$; $1{,}5 \cdot 10^7$ km ≈ $20{,}8 \cdot R_{Sonne}$; $4{,}6 \cdot 10^7$ km ≈ $65{,}8 \cdot R_{Sonne}$

2.4.18 5 926 K

2.4.19 $3{,}47 \cdot 10^{27}$ W

2.4.20 R_{Sonne} und $T_{eff} \approx$ 15 350 K; $50 \cdot R_{Sonne}$ und $T_{eff} \approx$ 2 170 K; $100 \cdot R_{Sonne}$ und $T_{eff} \approx$ 1 535 K; $500 \cdot R_{Sonne}$ und $T_{eff} \approx$ 686 K

2.5 Higgs, das Standardmodell, SUSY und TOE

2.5.01 Zwölf elementare Materieteilchen (6 Quarks und 6 Leptonen) und Bosonen

2.5.02 Proton: zwei up-Quarks und ein down-Quark; Neutron: ein up- und zwei down-Quarks

2.5.03 Individuelle Lösungen

2.5.04 Wegen $F_{Coulomb}$ prop. $1/r^2$ ist die Reichweite unendlich.

2.5.05 SUSY = Supersymmetrie; TOE = Theory of Everything

2.5.06 Individuelle Lösungen

F „Ökologie und Gesellschaft II“ – Antworten

1 Suchtmittel und Gesellschaft

1.01 Zu den stoffgebundenen Süchten gehören Alkoholabhängigkeit, Drogenabhängigkeit und Medikamentenabhängigkeit. Arbeitssucht, Internetsucht, Sexsucht, Essstörungen und Spielsucht zählen zu den stoffungebundenen Süchten.

1.02 Stoffgebundene Süchte rufen körperliche Abhängigkeit hervor. Bei der Kaufsucht stehen nicht die gekauften Waren, sondern der „Kaufrausch“ – das Einkaufen oder Bestellen – im Zentrum des Denkens und Handelns.

1.03 Individuelle Antwort. Suchtmerkmale: Einengung des Verhaltensraums, Kontrollverlust, Abstinenzunfähigkeit, Auftreten von Entzugserscheinungen, Toleranzentwicklung und negative soziale Konsequenzen.

1.04 $CH_3{-}CH_2{-}OH \rightarrow CH_3{-}CHO \rightarrow CH_3{-}COOH$;
Ethanol → Ethanal → Ethansäure

1.05 Berechnung der Blutalkoholkonzentration (BAK) nach Widmark:

$$BAK \text{ in ‰} = \frac{m(\text{Ethanol}) \text{ in g}}{m(\text{Körpergewicht}) \cdot x} \qquad x(\text{Frauen}) = 0{,}60$$

0,02 L Schnaps mit 40 Vol% enthält rund 6,4 g Alkohol:

$\rho = 0{,}8$ kg/L $\qquad V = 20 \text{ mL} \cdot 0{,}40 = 8 \text{ mL} \qquad m = \rho \cdot V = 6{,}4 \text{ g}$

Eine 60 kg schwere Frau hat somit eine *BAK* von $\frac{3 \cdot 6{,}4 \text{ g}}{60 \text{ kg} \cdot 0{,}6} = \frac{19{,}2 \text{ g}}{36 \text{ kg}} \approx 0{,}53$ ‰

1.06 Trinkalkohol (Ethanol) wird manchmal absichtlich mit Methanol versetzt (gepanscht). Methanol fällt beim Destillieren als sogenannter Vorlauf an und sollte eigentlich verworfen werden. Der Abbau von Methanol und Ethanol erfolgt durch das Enzym Alkoholdehydrogenase in der Leber. Aus Methanol entsteht dabei Formaldehyd und in einem weiteren Schritt die Ameisensäure. Diese beiden Stoffe greifen den Körper an, indem sie den Sehnerv bis zur Erblindung schädigen. Die Nieren, die Leber und das Zentralnervensystem werden ebenfalls angegriffen, es kann zum Atemstillstand kommen. Unbehandelt endet die Vergiftung daher meist tödlich. Als erste Maßnahme wird bei Methanolvergiftungen dem Patienten Ethanol verabreicht, damit dieses und nicht das Methanol mit Alkoholdehydrogenase abgebaut wird. Damit wird erreicht, dass Methanol nicht in Formaldehyd und Ameisensäure abgebaut, sondern ausgeschieden wird.

1.07 Antabuse ist ein ursprünglich gegen Wurmbefall entwickeltes Medikament mit dem Wirkstoff Disulfiram, dessen Nebenwirkung „Unverträglichkeit mit Alkohol" bei der Alkoholentwöhnung gewollt genutzt wird. Es verhindert den Abbau von Ethanal in Essigsäure, indem es das Enzym Aldehyddehydrogenase (ALDH) blockiert. Der Körper zeigt daher bereits nach dem Trinken geringer Alkoholmengen Symptome einer Ethanalvergiftung wie Kopfschmerzen, Übelkeit, Kreislaufprobleme und Unwohlsein. Der rückfällig gewordene Alkoholkranke bestraft sich gleichsam selbst, dass er nicht trocken geblieben ist. Medikamentöse Alkoholentwöhnung ist eine Therapieform, die unter ärztlicher Aufsicht erfolgt.

1.08 bis **1.10**
Individuelle Lösungen

1.11 Nicotin löst sich bereits im Mund im Speichel auf und gelangt von dort und über die Lungenbläschen ins Blut. Im Gehirn setzt es zahlreiche Neurotransmitter mit unterschiedlichen Wirkungen auf das psychische und körperliche Befinden frei: Es beruhigt und stimuliert, steigert die Wahrnehmungs- und Gedächtnisleistung, hellt die Stimmung auf, hemmt Angst, Stress, Schmerz und Appetit. Der Herzrhythmus wird beschleunigt, der Blutdruck erhöht und die Gefäße werden verengt. Die Wirkung von Nicotin hält nur wenige Minuten an.

1.12 Teer enthält zahlreiche kanzerogene Schadstoffe. Reizgase lähmen die Flimmerhärchen, mit denen die Atemwege zur Selbstreinigung ausgestattet sind. Um sich gegen die Schmutzpartikel zur Wehr zu setzen, bildet der Körper in den Atemwegen Schleim. Beim gewohnheitsmäßigen Rauchen kann der zähe Schleim im späteren Stadium oftmals nur mühsam abgehustet werden.

1.13 Individuelle Antwort

1.14 Nein. Das Wasser in der Shisha kühlt den Rauch, wodurch das Einatmen angenehmer ist. Es reinigt ihn aber nicht.

1.15 Berechnung der Blutalkoholkonzentration (BAK) nach Widmark:

$$BAK \text{ in ‰} = \frac{m(\text{Ethanol}) \text{ in g}}{m(\text{Körpergewicht}) \cdot x}$$

Reduktionsfaktor x: $x_{\text{Männer}} = 0{,}70$, $x_{\text{Frauen}} = x_{\text{Jugendliche}} = 0{,}60$
$BAK(t) = BAK_0 - v_{\text{Abbau}} \cdot t$
BAK_0 ... Anfangskonzentration zum Zeitpunkt $t = 0$
v_{Abbau} ... konstante Abbaugeschwindigkeit; 0,1 bis 0,2 Promille pro Stunde
Die gesamte Abbauzeit bis $BAK(t) = 0$ beträgt also $t = BAK_0/v_{\text{Abbau}}$

2 Lebensmittel

2.01 Unter Lebensmitteln versteht man Stoffe, die vom Menschen durch Essen oder Trinken zu Ernährungs- oder Genusszwecken aufgenommen werden. Sie dienen somit primär der Versorgung mit Makronährstoffen und essenziellen Nährstoffen. Als Grundnahrungsmittel werden die Nahrungsmittel bezeichnet, die in einer bestimmten Kultur mengenmäßig den Hauptbestandteil der Ernährung der Bevölkerung ausmachen.

2.02 Makronährstoffe sind Fette, Kohlenhydrate und Proteine. Zu den Mikronährstoffen (essenziellen Nährstoffen) zählen essenzielle Aminosäuren, essenzielle mehrfach ungesättigte Fettsäuren, Vitamine, Mineralstoffe und Spurenelemente.

2.03 Herkunftsbezeichnung, Kalorien- und Nährwertangaben sowie Imitate und Allergene müssen angegeben sein. Die Nährwertkennzeichnung umfasst Brennwert, Fett, gesättigte Fettsäuren, Kohlenhydrate, Zucker, Eiweiß und Salz.

2.04 Individuelle Lösungen.

2.05 Individuelle Lösungen.

2.06 Individuelle Lösungen.

2.07 Die acht essenziellen Aminosäuren Valin, Leucin, Isoleucin, Methionin, Threonin, Phenylalanin, Tryptophan und Lysin sind zusammen mit zwölf weiteren proteinogenen Aminosäuren, die der Körper im Stoffwechsel bilden kann, für den Aufbau des Körpereiweißes unbedingt erforderlich. Die essenziellen Fettsäuren sind wichtige Bausteine für Membranlipide.

2.08 Eine Unterversorgung mit Vitaminen verursacht Mangelerscheinungen. Bei einer ausgewogenen Ernährung mit Mischkost können keine Vitaminmangelerscheinungen auftreten.

2.09 Sie können in höherer Dosierung giftig wirken.

2.10 Sie finden Verwendung als Farbstoffe, Konservierungs- und Antioxidationsmittel, Emulgatoren, Verdickungs- und Geliermittel, Stabilisatoren, Geschmacksverstärker, Säuerungsmittel, Säureregulatoren, Trennmittel, Backtriebmittel, Süßstoffe, modifizierte Stärke, Schmelzsalze, Mehlbehandlungs-, Festigungs- und Feuchthaltemittel und Schutz- und Treibgase.

2.11 Die E-Nummer ist die Europäische Registrierungsnummer eines Lebensmittelzusatzstoffes. Bei der Zulassung von Lebensmittelzusatzstoffen prüft die Europäische Lebensmittelsicherheits-Agentur (European Food Safety Agency – EFSA) einerseits die toxikologische Unbedenklichkeit und andererseits die technologische Wirkung. Auf der Lebensmittelverpackung muss die Zusatzstoffklasse, gefolgt von der E-Nummer oder der spezifischen Bezeichnung, ersichtlich sein.

2.12 Kontaminanten sind physikalische (z. B. Fremdkörper, wie Glas, Steine), chemische (z. B. giftige Verbindungen aus der Umwelt oder aus Organismen) oder biologische Verunreinigungen (z. B. pathogene Bakterien, Viren), die unbeabsichtigt in die Lebensmittel gelangen. Es handelt sich dabei um Stoffe, die nach ihrer Herkunft in Umweltkontaminanten, Kontaminanten aus Organismen und Kontaminanten aus Verarbeitungsprozessen unterschieden werden. Rückstände sind unerwünschte Stoffe, die im Zuge der Verarbeitung in ein Lebensmittel gelangen und in kontrollierten Restmengen vorhanden sind.

3 Strahlenbelastung und Nanotechnologie

3.01 $I(d) = I_0 \cdot e^{-\mu \cdot d}$ sowie $I(d) = I_0 \cdot 2^{-d/\delta}$

3.02 Die Ionendosis J ist die pro Kilogramm trockener Luft erzeugte Ladung; $J = \Delta Q/\Delta m$
Die Energiedosis D ist die pro Kilogramm durchstrahlter Materie abgegebene Energie; $D = \Delta E/\Delta m$
Die Äquivalenzdosis D_Q ist die mit einem Qualitätsfaktor Q multiplizierte Energiedosis, welche die biologische Strahlenwirkung besser charakterisiert; $D_Q = Q \cdot D$

3.03 Größenordnung vom Einzelatom bis zu einer Objektgröße von 100 Nanometern

3.04 Natürliche Strahlenbelastung: kosmische Strahlung, terrestrische Strahlung und innere Strahlung
Künstliche Strahlenbelastung: radioaktive Strahlungsquellen in technischen und medizinischen Geräten und Atomwaffen und Atomkraftwerke

3.05 $\delta = \ln(2)/\mu$; $\delta = 4{,}951 \cdot 10^{-4}$ m

3.06 3,322 mm; 6,644 mm; 13mm

3.07 Da die Wahrscheinlichkeit stochastischer Strahlenwirkungen nicht nur von der Energiedosis, sondern auch von der Art der Strahlung abhängt, wurde der Qualitätsfaktor zur Definition der Äquivalentdosis eingeführt.
Dosimeter sind Messgeräte zur Messung der Strahlendosis – als Energiedosis oder Äquivalentdosis – im Rahmen des Strahlenschutzes.

3.08 Fullerene sind sphärische Moleküle aus Kohlenstoffatomen. Das am besten erforschte Fulleren ist C_{60}, das zu Ehren des Architekten Richard Buckminster Fuller Buckminster-Fulleren genannt wurde, da es den von ihm konstruierten geodätischen Kuppeln ähnelt. Es besteht aus 12 Fünfecken und 20 Sechsecken, die zusammen ein abgestumpftes Ikosaeder bilden.

Bildnachweis

S. 10: Isaac Newton (www.arm.ac.uk)
S. 28: Joseph Fourier (http://www.malaspina.com)
S. 30: Jules Antoine Lissajous (http://img1.liveinternet.ru)
S. 36: Tacoma-Narrows-Hängebrücke (http://www.frederikm.de)
S. 37: Pohlsches Drehpendel (http://gfs.khmeyberg.de); Zungenfrequenzmesser (http://de.academic.ru)
S. 41: Drehpendel einer Wellenmaschine (© Peter Fischer)
S. 42: Louis-Victor de Broglie (http://www.kvarkadabra.net)
S. 44: Christiaan Huygens (http://www.drebbel.net)
S. 47: Twillabrord Snel van Rojen (http://en.academic.ru)
S. 50: Interferenz in der Wellenwanne (http://gfs.khmeyberg.de)
S. 61: Augustin Jean Fresnel (http://lowres-picturecabinet.com)
S. 67: Ernst Abbe (http://www.zeiss.de)
S. 68: Teleskop (http://www3.mpifr-bonn.mpg.de)
S. 72: Beugungsmuster (http://www.elsenbruch.info)
S. 76: Sir David Brewster (http://www.stereoskopie-shop.com)
S. 86: Christian Doppler (http://de.wikipedia.org)
S. 87: Mach'scher Kegler (http://de.wikipedia.org)
S. 89: Dampfmaschinenbetriebener Generator (http://upload.wikimedia.org/wikipedia/commons); Michael Faraday (http://www-personal.umich.edu)
S. 90: Die japanische JR-Maglev-Magnetschwebebahn (http://de.wikipedia.org)
S. 91: Emil Lenz (http://objetoseducacionais2.mec.gov.br); Thomsonsche Kanone (NTL)
S. 92: Waltenhofensches Pendel (NTL)
S. 94: Joseph Henry (http://de.wikipedia.org)
S. 97: Vorführung eines Magnetkrans (http://de.wikipedia.org)
S. 114: OMV-Raffinierie (http://www.barcotec.at); Glockenboden (http://rvtpe.de)
S. 115: Formel 1 1936 (http://www.seriouswheels.com); Formel 1 Heute (http://www.f1fanatic.co.uk); Nicolaus August Otto (© Heiner Zechmann)
S. 116: Rudolf Diesel (© Heiner Zechmann)
S. 117: Dieselmotoren (http://www.bimmertoday.de); Schmieröl (© Heiner Zechmann)
S. 118: Steamcracker (Grafik 8 der BASF-Folienserie Steamcracker II)
S. 119: Carbidlampen (Urheber unbekannt)
S. 120: Gegenstände aus Polypropen (© Heiner Zechmann)
S. 122: Querschnitt eines Winterreifens (© Heiner Zechmann)
S. 123: Joseph Loschmidt (http://www.armstrongwynne.org)
S. 127: BASF-Stammwerk in Ludwigshafen (http://www.premiumorange.com); Rohrleitungen (OMV-Homepage Fotoreport)
S. 129: Etikette eines Fleckputzmittels (Urheber unbekannt)
S. 130: Icmesa (http://www.anstageslicht.de)
S. 131: Frauen beim Destillieren (http://de.wikipedia.org); Alkotestgerät (http://www.bundespolizei.de)
S. 134: Ascanio Sobrero (http://communicatescience.com)
S. 136: Joseph Lister (http://upload.wikimedia.org/wikipedia/commons)
S. 138: Wattebausch mit Ether getränkt (© Johannes Jaklin)
S. 140: Oxidierte Kupferspirale in Ethanol (© Johannes Jaklin)
S. 141: Fehlingsche Lösung vor der Reaktion (http://www.fehling-lab.de)
S. 143: Etikette mit dem Hinweis auf die Vergällung mit MEK (http://www.versuchschemie.de)
S. 144: Kleopatra (http://tinkawelt.files.wordpress.com);
S. 147: Kristalline Ethansäure (http://upload.wikimedia.org/wikipedia/commons)
S. 149: Etikette einer Fischkonserve mit Konservierungsmitteln (© Johannes Jaklin); Emil Fischer (http://ro.wikipedia.org)
S. 150: Polarimeter (http://2.bp.blogspot.com)
S. 159: AdBlue (http://de.wikipedia.org)
S. 160: Fingerabdruck (© Heiner Zechmann)
S. 161: Sandoz Österreich in Kundl (http://www.sandoz.at)
S. 163: Hermann Staudinger (http://upload.wikimedia.org/wikipedia/commons); Papiermaschine (OMYA Firmenbroschüre)
S. 168: Thermoplast (BASF-Ausbildungsbroschüre „Kunststoffphysik im Gespräch")
S. 169: Karl Ziegler (http://www.stiftung-sammlung-ziegler.de); Giulio Natta (http://media.web.britannica.com)
S. 171: Superkleber (© Heiner Zechmann)
S. 173: Perlonseil (© Heiner Zechmann)
S. 174: Steckdose (© Heiner Zechmann)
S. 175: Spraydose mit PU-Schaum; Experiment PU-Schaum (© Heiner Zechmann)
S. 176: Reparaturset mit UP (© Heiner Zechmann)
S. 177: Elastische Fugenmasse auf Siliconbasis (© Heiner Zechmann)
S. 178: Kunststoffauto (http://www.chemie-am-auto.de); Axialpumpe (http://www.aerztezeitung.de)
S. 179: Verschiedenfärbige Granulate; Polyamidplättchen (© Heiner Zechmann); Firma Omya in Gummern (http://upload.wikimedia.org/wikipedia/commons)
S. 180: Wicklung eines Stabhochsprungstabes (http://s311936601.website-start.de); Carbonfaser im Rasterelektronenmikroskop (http://upload.wikimedia.org/wikipedia/commons)
S. 181: 150-t-Kalander (http://www.schaeffler.com); Mundstück eines Extruders (http://www.lauffeuer-online.de); Fensterprofile aus Aluminium (http://www.maibaum-bauelemente.de)
S. 182: Blasen einer PE-Folie (http://www.scheyer.at); Insekt in UP-Gießharz (© Heiner Zechmann); Superkleber/Araldite (http://themarketingdirectors.files.wordpress.com)
S. 183: Elektrotauchlackierung eines Automobils (http://www.aktuelle-wochenschau.de)
S. 184: Brennprobe PMMA (© Heiner Zechmann)
S. 185: Beilsteinprobe (© Heiner Zechmann)
S. 186: Tyndalleffekt (http://silver-lightning.com)
S. 187: Phasen der Schmutzentfernung (http://www.chemie-schule.de); Wassertropfen auf Gewebe; Benetzung durch Tenside (http://www.seifen.at/museum)
S. 189: Schaumbildung am Rhein 1971 (http://thomasmayerarchive.de)
S. 190: Waschmittelwerbung von 1908 (http://www.marnach.info); Textilstück (http://www.rw-textilservice.de)
S. 191: Historische Indigoplantage in Indien (http://upload.wikimedia.org/wikipedia/commons)
S. 192: Kaiserin Eugénie (http://upload.wikimedia.org/wikipedia/commons)
S. 196: DC von Blattfarbstoffen; Küpenfärbung (© Heiner Zechmann)
S. 198: Hippokrates (http://www.neuropool.com)
S. 200: Alexander Fleming (http://www.beobachter.ch); Gerhard Domagk (http://www.medizin.uni-greifswald.de)
S. 202: James Whyte Black (http://static.guim.co.uk)
S. 203: Adolf Butenandt (http://www.rsc.org)
S. 209: Ölsand-Tagebau (http://kohletagebau.blogsport.de); Methanhydrat (http://www.spektrum.de)
S. 210: Torfmoos (© Barbara Schwaiger)
S. 211: Fridays for Future (Wolfgang Simlinger/Shutterstock.com)
S. 212: Torfabbau in Connemara; Frästorfgewinnung (© Barbara Schwaiger)
S. 213: Landwirtschaftliche Biogasanlage in Pucking (http://www.ooeferngas.at); Rapsfeld (http://t1.ftcdn.net)
S. 214: Grovesches Element (http://de.academic.ru)
S. 215: Beispiele für Brennstoffzellen (http://www.pressebox.de)
S. 226: Gerardus Johannes Mulder (http://images.ookaboo.com)
S. 242: Francis Crick (http://rpmedia.ask.com/ts?u=/wikipedia/commons); James Watson (http://upload.wikimedia.org/wikipedia/commons)
S. 259: Hans Adolf Krebs (http://edu.glogster.com)
S. 263: Louis Pasteur (http://www.sciencekids.co.nz); Robert Koch (http://www.wired.com); Alexander Fleming (http://www.chemheritage.org)
S. 271: Fermenter in der biotechnologischen Industrie (http://www.lactosan.at)
S. 275: Modernes Sudhaus und Whirlpool der Versuchsbrauerei der Brauunion Linz (© Alfred Mar)
S. 280: Rudolf Clausius (http://upload.wikimedia.org/wikipedia/commons)
S. 282: Amedeo Avogadro (http://openi.nlm.nih.gov); Teleskopgasbehälter (http://upload.wikimedia.org/wikipedia/de);
S. 283: Robert Boyle (http://upload.wikimedia.org/wikipedia/commons); Edme Mariotte (http://psv.aistleitner.at); Joseph Gay-Lussac (http://de.wikipedia.org);

S. 284: Guillaume Amontons (http://lifechums.files.wordpress.com)
S. 285: John Dalton (http://upload.wikimedia.org/wikipedia/commons)
S. 288: James Clerk Maxwell (http://www.peoplequiz.com)
S. 289: Nicolas Léonard Sadi Carnot (http://de.wikipedia.org)
S. 290: William Thomson – Lord Kelvin (http://upload.wikimedia.org/wikipedia/commons)
S. 302: Perpetuum Mobile (http://upload.wikimedia.org/wikipedia/commons); Tischuhr AtmosReutter (http://de.wikipedia.org)
S. 304: Ludwig Boltzmann (http://www.uni-graz.at); Walther Nernst (http://de.wikipedia.org)
S. 305: Englische Baumwollspinnerei (http://www.muenster.de)
S. 309: Albert Einstein – Albert Einstein (http://otacun.net); Isaac Newton (http://www.arm.ac.uk)
S. 310: Louis Fizeau (http://upload.wikimedia.org/wikipedia/commons)
S. 311: Leon Foucault (http://www.unet.univie.ac.at)
S. 312: Olaf Römer (http://de.wikipedia.org)
S. 320: Hendrik Antoon Lorentz (http://upload.wikimedia.org/wikipedia/commons)
S. 324: Sir Arthur Stanley Eddington (http://upload.wikimedia.org/wikipedia/commons)
S. 327: Briefmarke Max Planck (© Romana Fiala)
S. 329: Briefmarke Nobelpreis an Albert Einstein für die Deutung des lichtelektrischen Effekts (© Romana Fiala)
S. 330: Briefmarke plancksches Wirkungsquantum (© Romana Fiala)
S. 331: Louis-Victor de Broglie (http://upload.wikimedia.org/wikipedia/commons)
S. 332: Richard Phillips Feynman (http://www.atomicarchive.com)
S. 333: Max Born (http://s.fixquotes.com)
S. 334: Fullerene auf einer Siliciumoberfläche (Wave and Particle in Molecular Interference Lithography; http://link.aps.org/doi/10.1103/PhysRevLett.103.263601 University of Vienna, Boltzmanngasse 5, 1090 Vienna, Austria, Markus Arndt);
Einzelbilder von Molekülinterferenz (Real-time single-molecule imaging of quantum interference; Vienna Center of Quantum Science and Technology, Faculty of Physics, University of Vienna, Boltzmanngasse 5, 1090 Vienna, Austria, Markus Arndt)
S. 335: Werner Heisenberg (http://www.heig-do.de)
S. 338: Binning und Rohrer mit dem ersten Rastertunnelmikroskop (Courtesy of International Business Machines Corporation, © 2012 International Business Machines Corporation);
Erwin Schrödinger (http://www.austria-lexikon.at)
S. 340: Solvaykonferenz (http://upload.wikimedia.org/wikipedia/commons); Zwei verschränkte Würfel (http://www.schattenblick.de)
S. 341: Anton Zeilinger (http://upload.wikimedia.org/wikipedia/commons)
S. 342: Niels Bohr (http://25.media.tumblr.com); Sir Joseph John Thomson (http://iopscience.iop.org)
S. 343: Ernest Rutherford (http://upload.wikimedia.org/wikipedia/commons)
S. 345: Johann Jakob Balmer (http://upload.wikimedia.org/wikipedia/commons)
S. 346: Johannes Robert Rydberg (http://www.fisicanet.com.ar)
S. 347: Arnold Sommerfeld (http://upload.wikimedia.org/wikipedia/commons)
S. 348: Wolfgang Pauli (http://www.unfoldingdestiny.com)
S. 349: James Chadwick (http://upload.wikimedia.org/wikipedia/commons)
S. 353: Lise Meitner (http://de.wikipedia.org)
S. 355: Enrico Fermi (http://de.wikipedia.org)
S. 364: Edwin Powell Hubble (http://www.wdr3.de)
S. 379: Ernährungspyramide des BM für Gesundheit (http://upload.wikimedia.org)
S. 384: Viktor Franz Hess (http://upload.wikimedia.org/wikipedia/commons); Richard Phillips Feynman (https://cascience6.wikispaces.com)

Alle weiteren Bilder und Grafiken sind Eigentum der Trauner Verlag + Buchservice GmbH (Grafikerin Gertrud Šimec, Wien) bzw. wurden von Bildagenturen (MEV Verlag GmbH, stock.adobe.com, stock.xchng) zugekauft.

Stichwortverzeichnis